RABE

DEUTSCHE GESCHICHTE

1500–1600

HORST RABE

Deutsche Geschichte 1500–1600

Das Jahrhundert der Glaubensspaltung

VERLAG C.H.BECK MÜNCHEN

Die Deutsche Bibliothek – CIP-Titelaufnahme

Rabe, Horst:
Deutsche Geschichte 1500–1600 : das Jahrhundert der Glaubensspaltung / Horst Rabe. – München : Beck, 1991
ISBN 3 406 35501-3

ISBN 3 406 35501 3

Satz: Fotosatz Otto Gutfreund, Darmstadt
Druck- und Bindearbeiten: May & Co., Darmstadt
Gedruckt auf alterungsbeständigem (säurefreiem) Papier,
gemäß der ANSI-Norm für Bibliotheken
Printed in Germany

Für Rena, Markus und Florian

Inhalt

Erster Teil:
Deutschland um 1500.
Strukturen und Ausgangslagen der Geschichte eines Jahrhunderts

I. Deutschland, das Reich und Europa 13

1. Deutschland und das Reich. 13
2. Das Reich und seine Grenzen 13
3. Kräfte und Mittel der Außenpolitik: Dynastische Interessen, Diplomatie, Heerwesen 23
4. Spannungsfelder der europäischen Außenpolitik 29

II. Bevölkerung und Wirtschaft. 41

1. Demographische Strukturen und Konjunkturen: Von der Stagnation zur Expansion 42
2. Ökonomische Strukturen und Konjunkturen: Der säkulare Umschwung der Agrarkonjunktur und die Blüte des deutschen Frühkapitalismus 48

III. Die ständische Gesellschaft in Beharrung und Wandel 68

1. Die Stände als gesellschaftliche Gruppen der beginnenden Neuzeit 68
2. Die engeren Lebensgemeinschaften: Haus und Verwandtschaft; die Stellung der Frau 71
3. Die einzelnen Stände: Adel, Bürger, Bauern. 77
4. Randgruppen der Gesellschaft 100

IV. Die politische Verfassung: Reich, Territorien und Reichsstädte . . 103

1. Grundstrukturen der politischen Verfassung und ihrer Wandlungen zu Beginn des 16. Jahrhunderts 103
2. Das Reich 109
3. Die Territorien 127
4. Die Reichsstädte 140
5. Die Schweizer Eidgenossenschaft 144

V. Kirche und geistiges Leben am Vorabend der Reformation 148
1. Reformstreben und Reformbedürftigkeit der Kirche 148
2. Frömmigkeit am Ende des Mittelalters. 155
3. Anfänge der Säkularisierung. Der Humanismus. 160
4. Der Buchdruck 167
5. Architektur und Bildende Kunst. 169

Zweiter Teil: Ereignisse und Entscheidungen des Jahrhunderts

I. Das Reich vom Beginn des Jahrhunderts bis zum Tode Maximilians I. (1519) 177
1. Die äußeren Verhältnisse: Italien, das burgundische Erbe und die habsburgische Thronfolge in Spanien, Böhmen und Ungarn 177
2. Königtum und Stände im Streit um die Reichsverfassung. Maximilian I. und das Kaisertum 186
3. Die Fürstenpolitik Maximilians. Scheitern der Nachfolgeregelung und Tod des Kaisers 194
4. Soziale Unruhen in der Spätzeit Kaiser Maximilians 196
5. Humanismus und Kirche am Vorabend der Reformation 199
6. Die Anfänge Martin Luthers und der Reformation 203

II. Reich und Reformation in den ersten Jahren der Regierung Karls V. (1519–1526). 219
1. Kaiserwahl und europäische Politik Karls V. bis zum Scheitern des Friedens von Madrid 1526 219
2. Kaiser, Reich und Religion 1519–1522. 226
3. Reichstage und Reichsregiment 1522–1524 244
4. Die Reformation Ulrich Zwinglis in der Schweiz bis 1525 . . . 254
5. Die reformatorische Bewegung vom Wormser Edikt bis zum Bauernkrieg 263
6. Soziale Konflikte: Ritterschaftsbewegung und Bauernkrieg . . 282

III. Die Formierung des deutschen Protestantismus (1526–1545) . . . 302
1. Rahmenbedingungen der europäischen Politik: Die Konflikte mit Türken und Franzosen und der Kampf um das Konzil . . . 302
2. Reichspolitik und politische Verfestigung des deutschen Protestantismus 1526–1532. 317
3. Die Ausbreitung der Reformation von der Mitte der zwanziger bis zum Beginn der vierziger Jahre. 336

4. Innerkirchliche Entwicklungen des deutschen Protestantismus. Das Täufertum 344
5. Die Entstehung evangelischen Landes- und Stadtkirchentums. 360
6. Die Ära der Religionsgespräche 1539–1541 und die Verhärtung der konfessionellen Gegensätze 1542–1545 376
7. Die Konsolidierung der Reichsritterschaft. 389

IV. Höhepunkt und Scheitern der universalistischen Politik Karls V. (1545–1556) 392
1. Beginn des Trienter Konzils und Schmalkaldischer Krieg. . . . 392
2. Religions- und Verfassungspolitik Karls V. vom «geharnischten» Augsburger Reichstag 1547/48 bis zum Ende der zweiten Trienter Konzilsperiode 1552. 403
3. Vom Fürstenbund zum Augsburger Religionsfrieden 1552–1555. Die Abdankung Karls V. 431

V. Das Reich unter Ferdinand I. und Maximilian II. (1556–1576): Jahrzehnte der unsicheren Konsolidierung 462
1. Das Reich und die europäischen Mächte seit dem Ausgang Karls V. 462
2. Verfassungs- und sozialgeschichtliche Konsolidierungen und Konflikte. 475
3. Kräfte und innere Spannungen des deutschen Protestantismus nach 1555 487
4. Grundlagen und Anfänge katholischer Reform und Gegenreformation 514
5. Der Religionsfriede und die Reichspolitik 1556–1576. 530

VI. Der Aufstand der Niederlande 539

VII. Vom Regierungsantritt Rudolfs II. (1576) bis zum Ausgang des Jahrhunderts: Der Kampf um den Religionsfrieden 555
1. Luthertum und Calvinismus seit der Konkordienformel; die «Zweite Reformation» 555
2. Die Selbstbehauptung des deutschen Katholizismus in Abwehr und Offensive. 569
3. Außenpolitische Verwicklungen des Reichs im Zeichen verschärfter konfessioneller Konflikte 590
4. Der Verfall der Reichspolitik und die Lähmung der Reichsorgane im letzten Viertel des Jahrhunderts 603

Dritter Teil: Bilanz des Jahrhunderts

I. Das Reich und die europäischen Mächte 615

II. Bevölkerung und Wirtschaft 617

III. Die ständische Gesellschaft 629

IV. Die politische Ordnung 642

V. Kirche und geistiges Leben 652

Anhang

Nachwort 663

Literaturhinweise 669

Register 708

Erster Teil

Deutschland um 1500

Strukturen und Ausgangslagen der Geschichte eines Jahrhunderts

I.

Deutschland, das Reich und Europa

1. Deutschland und das Reich

Deutschland – das war für die Zeitgenossen des beginnenden 16. Jahrhunderts in erster Linie das Herrschaftsgebiet des Reichs als der umfassenden politischen Organisationsform Deutschlands. Zwar wurde eben jetzt auch ein anderer Begriff von Deutschland entfaltet, der weniger am Reichsgebiet als vielmehr am räumlichen Geltungsbereich von Sprache und Kultur der Deutschen orientiert war; eine solche sprachlich-ethnische Orientierung bestimmte z. B. die 1512 erschienene erste Landeskunde Deutschlands, die ‹Brevis Germaniae Descriptio› des Humanisten Johannes Cochlaeus. Das war aber nicht als Plädoyer für eine unpolitische Kulturnation gemeint, sondern als stolzes Bekenntnis zum deutschen Volk als Kernnation des Reichs. Das solcherart deutlicher werdende Nationalbewußtsein aber gewann umgekehrt auch für den Reichsgedanken und für die Reichspolitik der Zeit an Bedeutung: Seit den achtziger Jahren des 15. Jahrhunderts nannte man das Reich, auch in offiziellen Dokumenten, gern das Heilige Römische Reich deutscher Nation, und die Reichsreform des ausgehenden 15. und beginnenden 16. Jahrhunderts hatte geradezu nationalstaatliche Tendenzen. Die ältere Idee des Reichs als einer die gesamte abendländische Christenheit umfassenden politischen Ordnung trat dabei weit zurück, verschwand jedoch keineswegs völlig; auch war den politischen Führungsschichten Deutschlands und Europas durchaus geläufig, daß schon die lehensrechtlichen Herrschaftspositionen des Reichs über den deutschen Siedlungs- und Sprachraum weit hinaus reichten. Die Unabgeschlossenheit dieser Begriffsbildung und der sie bestimmenden politischen Entwicklung ließ es nicht zu einhelligen Kriterien der Reichszugehörigkeit und erst recht nicht der Grenzen des Reichs kommen: Selbst kluge politische Beobachter der Zeit wie etwa die Gesandten Venedigs oder der Kurie gingen in ihrem Urteil über die Reichsgrenzen erheblich auseinander, und diese Diskrepanzen leben bis heute in der Historiographie und der historischen Kartographie fort.

2. Das Reich und seine Grenzen

Die in der Literatur häufig getroffene und gelegentlich beklagte Feststellung des Mangels eindeutiger Reichsgrenzen ist freilich im Grunde ein Anachronismus. Die hier vermißte Eindeutigkeit der Kriterien für die Zugehörigkeit zum Reich wie die Vorstellung eines linear scharfen Grenzverlaufs setzen ja die Modellvorstellung der Gebietssouveränität des modernen Staats als einheitlicher und ausschließlicher oberster Gewalt des Staats über ein Staatsgebiet voraus; das Reich noch der frühen Neuzeit aber war nicht von solcher Art. Zum einen war die Reichsgewalt keine einheitliche Staatsgewalt; vielmehr gab es sehr unterschiedliche ältere und neuere Formen der Begründung wie der Ausgestaltung der Reichszugehörigkeit, sehr unterschiedliche Grade auch der Unterordnung unter die politische Oberhoheit von Kaiser und Reich. Die in der historischen Kartographie übliche einheitliche Flächenfarbe zur Kennzeichnung des Reichsgebiets deckt insofern wichtige historische Differenzierungen zu. Zum andern beanspruchte das Reich auch keine ausschließliche oberste Rechtsgewalt über die zu ihm gehörenden Gebiete und Personen; es war vielmehr durchaus möglich und kam in den Grenzlandschaften häufig vor, daß ein und derselbe adlige Herr ein Lehensmann zugleich des deutschen Königs und eines ausländischen Herrschers war. Je stärker solche Verwerfungen der Herrschaft im Raum die politische Struktur einer Grenzlandschaft bestimmten, desto weniger darf man sich die Reichsgrenze als scharfe lineare Scheide vorstellen; die übliche kartographische Fixierung solcher linearen Grenzen des Reichs vereinfacht deshalb die tatsächlichen Verhältnisse in wiederum sehr problematischer Weise. Das schließt natürlich nicht aus, daß es schon von jeher deutliche räumliche Verdichtungen der Herrschaft des deutschen Königs gab. Auch die Grundvorstellung einer primär gebietsbezogenen Herrschaft, wie sie für die neuzeitlichen Flächenstaaten maßgebend wurde, geht in ihren Anfängen bereits auf das hohe Mittelalter zurück. Eben diese räumlichen Verdichtungen von Herrschaftsrechten, wie sie das Reich bzw. der deutsche König im Mittelalter geschaffen hatten, waren noch im 16. Jahrhundert die eigentliche Basis der Reichszugehörigkeit.

Der Kernbereich dieser Herrschaftsrechte war seit dem 12. Jahrhundert lehensrechtlicher Art. So erscheint es sinnvoll, das Reich auch in seiner äußeren Gestalt zunächst einmal als Lehensverband, genauer: als Bereich starker räumlicher Verdichtungen von Lehensrechten des Königs zu erfassen. Dazu kamen jedoch stets auch andere Herrschaften, die, ohne in den Lehensverband des Reichs einbezogen zu sein, doch das Reichsoberhaupt als ihren obersten weltlichen Herrn anerkannten; das galt insbesondere für zahlreiche geistliche Gebiete, aber auch für die Gesamtheit der Reichsstädte. In diesem weiteren Sinne umfaßte das Reich im Süden das westliche Oberitalien von der Toskana über Mailand und Genua bis zum Herzogtum Savoyen. Im Westen erstreckte es sich von der Schweizer Eidgenossenschaft über die Freigrafschaft Burgund und das Herzogtum Lothringen bis zu den Reichslehen der burgundischen Niederlande im östlichen Flandern. Im Norden gehörte Holstein zum Reich, nicht aber Schleswig – ungeachtet des Prinzips der Unteilbarkeit beider Herzogtümer («up ewig ungedeelt»), wie sie im Vertrag von Riepen 1461 feierlich beschworen worden war. Im Nordosten war das Verhältnis der preußischen Teile des Deutschordensgebiets zum Reich umstritten; die baltischen Herrschaften des Ordens aber sowie die livländischen Bistümer und auch die Stadt Riga gehörten ziemlich eindeutig zum Reich. Weiter südlich bildeten Pommern, dann das Königreich Böhmen mit seinen Nebenländern Mähren und Schlesien die Grenzlandschaft gegenüber Polen. Im äußersten Südosten berührte das Reich mit dem Herzogtum Krain die Adria.

In der Grundsubstanz entsprach diese äußere Gestalt des Reichs der mittelalterlichen Trias von Deutschem Reich, Reichsburgund (Arelat) und Reichsitalien, und noch die geistlichen Kurfürsten des 16. Jahrhunderts haben den Titel von Reichskanzlern für die drei Regna geführt. Politisches Gewicht hat als Reichskanzler in unserer Epoche freilich nur mehr der Kurfürst von Mainz als Erzkanzler «per Germaniam» gehabt; die Ämter der Reichskanzler für Italien bzw. für das Arelat waren zu bloßen Titeln geworden. Eben diese Tatsache weist nun aber auch auf weitergehende Diskrepanzen von Anspruch und Realität der Reichszugehörigkeit hin. Man wird zwar die fortbestehende politische Bedeutung insbesondere der Lehensrechte des Reichs auch außerhalb Deutschlands nicht unterschätzen dürfen. So sind die Lehensansprüche des Reichs bis tief in die Neuzeit hinein die wichtigste Rechtsgrundlage der habsburgischen Herrschaft über Oberitalien gewesen. Darüber darf jedoch nicht verkannt werden, daß die Hoheitsrechte des Reichs hier wie überall nur dann und insoweit politisch wirklich zum Tragen kamen, als sie von einer Position realer politischer Macht aus geltend gemacht werden konnten. Den institutionellen Kern solcher politischer Macht aber bildete – je länger, desto weniger – das Lehenswesen. An seine Stelle bzw. daneben trat, vor allem seit der Reichsreform des ausgehenden 15. Jahrhunderts, die damals neu geschaffene ständische Ordnung des Reichs; diese ständische Umformung der Reichsverfassung blieb im wesentlichen auf das deutsche Reich im engeren Sinne beschränkt.

Die Reichsreform brachte eine deutlich straffere Unterordnung der Glieder des Reichs unter dessen politische Gewalt, selbst wenn diese Gewalt zwischen König und Reichsständen geteilt war. Gerade diese Tendenz der Reichsreform stieß indessen schon frühzeitig auf den Widerstand vor allem der großen Territorialherren, die ihre politische Eigenständigkeit zu erhalten und auszubauen suchten, und dieser Widerstand war stark genug, um die Entwicklung des Reichs zu einem modernen Nationalstaat zu bremsen oder überhaupt zu blockieren. Vollends eine Reihe peripher gelegener Herrschaften des älteren Reichsverbandes versagte sich der durch die Reichsreform geschaffenen strafferen politischen Ordnung des Reichs überhaupt und prinzipiell – sei es im Willen zu politischer Unabhängigkeit von den neuen Institutionen des Reichs, sei es im politischen Sog starker Nachbarstaaten, vor allem Frankreichs und Polens. Das Reich aber verfügte weder über die Machtmittel noch auch nur über den entschiedenen Willen, diese Abkoppelung von der verfassungspolitischen Entwicklung des Reichs zu unterbinden.

Im folgenden soll die äußere Gestalt des Reichs anhand einiger wichtiger Problemzonen etwas näher erörtert werden, nämlich für Reichsitalien, für die Schweizerische Eidgenossenschaft, für die Niederlande, für das Herrschaftsgebiet des Deutschen Ordens und für das Königreich Böhmen mit seinen Nebenländern Mähren und Schlesien.

Zur Zeit der Hohenstaufen hatte das Reich ganz Nord- und Mittelitalien umfaßt, mit Ausnahme nur der Republik Venedig und mit einer Sonderstellung des Patrimonium Petri, das sich als schmaler Riegel von Südwesten nach Nordosten schräg durch die Halbinsel erstreckte, im Norden bis etwas über den Po hinaus. Der Kirchenstaat konnte seine Unabhängigkeit im Kampf mit den Staufern befestigen; die Republik von San Marco aber griff seit dem 14. Jahrhundert auf das Festland über und eroberte sich hier – als terra ferma – ein Gebiet, das sie im Norden zum unmittelbaren Nachbarn der Grafschaft Tirol und des Herzogtums Krain, im Westen des Herzogtums Mailand machte. Reichsitalien umfaßte damit zu Beginn des 16. Jahrhunderts nur mehr den Nordwesten Italiens: Savoyen mit Piemont, die Herzogtümer Mailand, Modena und Parma, die Republiken Genua, Lucca, Pisa, Florenz und Siena. Und die Reichszugehörigkeit auch dieser Gebiete war nur mehr schwach ausgeprägt. Die lehensrechtlichen Bindungen an das Reich waren weithin verkümmert, die Reichsreform verzichtete von vornherein auf die Einbeziehung der italienischen Lehen in die neuen ständestaatlichen Institutionen des Reichs. Mit Ausnahme von Savoyen waren sie weder auf dem Reichstag vertreten noch waren sie in die Kreisverfassung oder in den Landfrieden des Reichs einbezogen, sie unterlagen nicht der Jurisdiktion des Reichskammergerichts und zahlten keine Reichssteuer. Im übrigen trieben sie eine durchaus eigene Politik, tauschten bezeichnenderweise auch eigene Gesandte, selbst mit dem Kaiser, aus; sogar Beteiligungen an militärischen Bündnissen gegen Kaiser und Reich – unter kaum verhohlener Mißachtung ihrer lehnsrechtlichen Treuepflichten – kamen vor. Die Möglichkeiten der italienischen Reichslehen zu einer eigenständigen Gestaltung der politischen Verhältnisse auch nur der Apenninenhalbinsel waren freilich mangels realer Macht nur bescheiden; vielmehr sahen sich die oberitalienischen Herrschaften seit dem ausgehenden 15. Jahrhundert in dauernder Abhängigkeit von der Vormachtstellung der Habsburger oder der Valois, deren Auseinandersetzungen ja zum guten Teil ein Streit um Italien waren. In diesen Auseinandersetzungen aber behielten im Endergebnis – nach französischen Erfolgen zu Beginn des Jahrhunderts – die Habsburger die Oberhand, und das bedeutete zugleich, daß die noch bestehenden Rechte des Reichs in Italien nicht weiter ausgehöhlt, sondern erhalten, ja: neu befestigt und ausgebaut wurden. So machte schon Kaiser Maximilian I., wenngleich zunächst mit nur bescheidenem Erfolg, die Ansprüche des Reichs auf Mailand geltend; nach der Verdrängung der Franzosen hat dann Karl V. als Reichsoberhaupt über Mailand verfügt und es schließlich (1540) als Reichslehen an seinen Sohn Philipp, d. h. praktisch: an die spanische Linie der Habsburger, gegeben. Genau dieser Vorgang der Belehnung mit Mailand ist freilich zugleich ein bezeichnender Beleg dafür, daß der politische Nutzen der Reichsrechte in Italien schon im 16. Jahrhundert weniger dem Reich selbst zugute kam als viemehr dem Hause Habsburg, und zwar vor allem der spanischen Linie des Hauses, das in der Folge – und nicht ohne Konflikte mit dem Reich – von seinem mailändischen Herrschaftszentrum aus ein dichtes Netz unmittelbarer wie mittelbarer Herrschaft über Oberitalien warf.

Auch in der Eidgenossenschaft waren Entfremdungs- oder doch Verselbständigungstendenzen gegenüber dem Reich schon seit dem hohen Mittelalter wirksam; im 15. Jahrhundert verstärkten sie sich zusehends. Die Gründe dafür lagen zum einen im wachsenden politischen Selbstbewußtsein der Eidgenossenschaft – im Bewußtsein auch der Andersartigkeit der eigenen, republikanisch-genossenschaftlichen Verfassung gegenüber der monarchisch-aristokratischen des Reichs –, zum andern im ständigen territorialpolitischen Gegensatz zu den Habsburgern, die seit 1438 das Reichsoberhaupt stellten; die Spannung mit den Habsburgern wirkte sich auf das Verhältnis der Eidgenossenschaft zum Reich ungemein belastend aus. Der Konflikt kulminierte im Schweizer oder Schwabenkrieg 1499, in dem König Maximilian von den Eidgenossen schwere Schlappen einstecken mußte. Obwohl kein eigentlicher Reichskrieg, hatte der Schwabenkrieg doch von vornherein grundsätzliche reichspolitische Aspekte und auch Ergebnisse: Der Friede von Basel 1499 gestand der Eidgenossenschaft ausdrücklich die Nichteinbeziehung unter die durch die Reichsreform neugeschaffenen oder doch neuverfestigten Institutionen der Reichsverfassung zu. Mit diesen Exemtionen sagte die Eidgenossenschaft freilich nicht ihre Reichszugehörigkeit auf; sie hielt im Gegenteil daran fest, daß sie bloß ihre alten, vom Reich selbst herrührenden Freiheiten behauptet habe. Und diese Auffassung bestätigte sich in der verfassungsrechtlichen Praxis der eidgenössischen Orte auch in der Folgezeit. Ihre außenpolitischen Verträge enthielten regelmäßig eine Vorbehaltsklausel zugunsten des Reichs; soweit man bisher Rechte und Herrschaften vom Reich zu Lehen getragen hatte, suchte man nach wie vor beim Kaiser um Belehnung nach; bedeutende Städte der Eidgenossenschaft ließen sich, und zwar bis tief ins 17. Jahrhundert hinein, beim Regierungsantritt jedes neuen Kaisers ihre alten kaiserlichen Privilegien bestätigen – notabene gegen gutes Geld –; vielerorts handhabte man überdies die Blutgerichtsbarkeit als äußerste Dokumentation obrigkeitlicher Gewalt ausdrücklich und ausschließlich unter Berufung auf kaiserliches Recht. Die Loslösung der Eidgenossenschaft vom Reich im Sinne einer eigenen eidgenössischen Souveränität war ohnehin erst eine Folgeerscheinung des Westfälischen Friedens. Gleichwohl darf das Gewicht der politischen Entscheidung von 1499 nicht unterschätzt werden: Indem die Eidgenossenschaft sich den Institutionen der Reichsreform entzog, schloß sie sich von der für die ganze weitere Geschichte des Reichs grundlegenden Modernisierung und Konsolidierung der Reichsverfassung aus. Bezeichnenderweise erschienen selbst die zur Eidgenossenschaft gehörigen Reichsstädte seit 1530 nicht mehr auf den Reichstagen. Das alles schwächte auf die Dauer auch die alten Bindungen ans Reich und verschärfte überdies die strukturellen verfassungspolitischen Unterschiede hier und dort. Entsprechend verstärkte sich das Bewußtsein der Eigenständigkeit und Andersartigkeit der Eidgenossenschaft gegenüber dem Reich. Der um 1499 oder bald danach in Graubünden geborene Thomas Platter erzählt in seiner berühmten Lebensbeschreibung, wie es ihn als jungen Burschen nach Jahren früher Wanderschaft wieder in die Schweiz verschlug: «Kam also uber see gan Costantz. Do ich uber bruck ußhe gieng und ettliche Schwitzer purlin in wissen iüpplinen gsach, ach min gott, wie was ich so fro; ich meint, ich weri im himelrich.»

Die Niederlande waren zu Beginn des 16. Jahrhunderts im wesentlichen ein Teil des Herrschaftsgebiets der burgundischen Herzöge, die seit der zweiten Hälfte des 14. Jahrhunderts einen umfänglichen Länderkomplex zwischen Deutschland und Frankreich unter ihre Herrschaft gebracht hatten. Zum Stammland der Bourgogne hatte schon Philipp der Kühne Flandern und Artois als überwiegend französische, die Freigrafschaft Burgund als deutsches Reichslehen erworben; unter Philipp dem Guten waren durch Kauf, Erbschaft oder pure Gewalt weite Teile der deutschen Niederlande dazu gekommen, 1443 auch das Herzogtum Luxemburg. Zu einer durchgehenden Verbindung zwischen der nördlichen und südlichen Ländergruppe Burgunds kam es allerdings nicht. Als Karl der Kühne sich um dieses Zieles willen gegen Lothringen wandte, verlor er bei Nancy 1477 Schlacht und Leben. Die Bourgogne und die Picardie fielen in der Folge an Frankreich; der Rest des burgundischen Erbes aber gelangte über Karls des Kühnen Tochter Maria und deren Gemahl, den späteren Kaiser Maximilian I., an die Habsburger, die ihre Herrschaft in langdauernden Auseinandersetzungen vor allem mit Frankreich zu behaupten und später, unter Karl V., sogar noch zu erweitern vermochten. Das Verhältnis dieser habsburgischen Niederlande zum Reich aber war bei alledem ziemlich unsicher. Zwar handelte es sich hier zum guten Teil um Reichslehen, und Maximilian I. bezog gelegentlich sogar den Gesamtbestand seiner burgundischen Besitzungen in die von der Reichsreform geschaffenen Institutionen des Reichs ein: Die Niederlande wurden in den Landfrieden des Reichs integriert, zur Zahlung von Reichssteuern verpflichtet und auch in die Organisation der Reichskreise aufgenommen. Indessen waren viele jener Lehensverbindungen zum Reich schon seit geraumer Zeit verkümmert oder sogar in Vergessenheit geraten; auch gehörten nach wie vor französische Lehen wie z. B. das Artois und Westflandern zum niederländischen Staatsverband, und die Einbeziehung der burgundischen Niederlande in die Institutionen der Reichsreform wurde in der Praxis kaum mehr als in schüchternen Ansätzen verwirklicht. Daß diese Entwicklung den Wünschen der niederländischen Stände entsprach, ist sicher. Aber auch die Habsburger verfochten als Landesherren eher die Selbständigkeit als die Unterordnung der Niederlande gegenüber dem

Reich; die eigentlich kaiserlichen und Reichsinteressen vermochten sich im großen ganzen gegenüber ihren dynastisch-landesherrlichen Interessen nicht durchzusetzen. Die Kehrseite der Medaille war freilich, daß sich das Reich immer weniger zum Schutz der Niederlande gegen Frankreich verpflichtet fühlte, und das war um so gefährlicher, als die militärischen Kräfte der habsburgischen Landesherren oft auf weit entfernten Kriegsschauplätzen gebunden waren. So hüteten sich denn die Niederländer, ihre Lösung aus dem Reichsverband allzu konsequent zu betreiben; der 1548 abgeschlossene Burgundische Vertrag sollte dann die Reichszugehörigkeit der Niederlande wie ihre Exemtion von der Mehrzahl der Hoheitsrechte des Reichs im einzelnen regeln.

Auch die Zugehörigkeit des Deutschen Ordens zum Reich war nie ganz eindeutig definiert worden. Zwar sollte der Orden nach der Goldenen Bulle von Rimini (1225) «sub monarchia imperii» stehen; diese «monarchia» war aber kaum mehr als die vom Kaiser beanspruchte Universalherrschaft über die Gesamtheit der Christenheit und begründete als solche noch keine Zugehörigkeit des Ordens zum Reich. Insbesondere verblieb der Hochmeister außerhalb des Reichslehensverbandes. Als der Orden seit der Wende des 14. Jahrhunderts von Polen-Litauen in seiner Existenz bedroht wurde, hatte das zwar eine Festigung der Bindungen an das Reich – und nun eben auch an den deutschen Kern des Reichs – zur Folge, aber die von König Sigismund vorgeschlagene Einbeziehung des Ordens in das Lehenssystem des Reichs wurde vom Hochmeister auch jetzt unter Hinweis auf die Lehensexemtion der Gründungsprivilegien des Ordens abgelehnt. Immerhin wurde der Hochmeister seitdem zu den Reichsversammlungen eingeladen und schickte seine Gesandten auch wirklich dorthin; 1440 appellierte er in einem Steuerstreit mit den preußischen Landständen an das Hofgericht des Königs, 1475 beteiligte er sich an einer Reichshilfe gegen Burgund. Daß der Orden mit seinen Eroberungen im Westen den Anschluß an das Herzogtum Pommern gefunden hatte, wirkte ebenfalls zugunsten einer engeren Bindung an das Reich. Dagegen aber wirkte die Expansionskraft Polen-Litauens, und die erwies sich – begünstigt durch innenpolitische Probleme des Ordensstaats – in zwei großen Kriegen zu Beginn und um die Mitte des Jahrhunderts als überlegen. Zwar brachte der Erste Thorner Friede von 1411 dem Orden noch keine dauernden Gebietsverluste, jedoch ging in der Folge das erst wenige Jahrzehnte zuvor an den Orden gelangte Schamaiten und mit ihm die Landverbindung zwischen dem südlichen, preußischen, und dem nördlichen Teil des Ordensgebiets im heutigen Litauen, Lettland und Estland wieder verloren. Der Zweite Thorner Friede von 1466 zerriß dann mit der Abtretung Pommerellens sowie der Gebiete um Marienburg und Elbing an Polen die so wichtige Landverbindung auch zwischen Preußen und dem Reich; zudem wurde die räumliche Geschlossenheit des preußischen Ordensgebiets durch den Verlust des Ermlandes und des Kulmerlandes schwer beeinträchtigt. Vor allem aber sollte das dem Orden verbleibende Gebiet für die

Zukunft mit Polen einen ‹unteilbaren Körper› bilden. Der Hochmeister erkannte den polnischen König als seinen Oberherrn nächst dem Papst an; jeder künftige Hochmeister sollte einen persönlichen Eid auf den Friedensvertrag schwören. Die verfassungspolitische Bedeutung dieses Eides wie überhaupt des Thorner Friedens ist in der Forschung umstritten; unstreitig aber ist, daß mit dem Vertragswerk von 1466 die Bindungen des Ordens nicht nur an den Papst, sondern auch und erst recht an Polen enger wurden als an das Reich. Indessen kam es seit dem Ende des Jahrhunderts zu einer erneuten Gegenbewegung. 1498 und wieder 1511 wählte der Orden mit Friedrich von Sachsen und Albrecht von Brandenburg-Ansbach deutsche Fürstensöhne zu Hochmeistern, und diese verweigerten mit Erfolg jenen Eid auf den Vertrag von 1466 und erst recht die Huldigung für den polnischen König – unterstützt von Kaiser Maximilian, unterstützt (seit 1509) auch von der Kurie, die sich zunächst für die polnischen Ansprüche ausgesprochen hatte. Auf dem Reichstag zu Worms 1509 appellierte der Hochmeister überdies persönlich an das Reich um Schutz gegen Polen. Die Rückendeckung von Kaiser und Reich war allerdings nur halbherzig: Maximilian handhabte die Unterstützung des Ordens schon bald nur mehr als ein Druckmittel, um den polnischen König im Streit um die ungarisch-böhmische Thronfolge zum Einlenken zu bewegen; die Masse der Reichsstände aber war viel zu sehr mit sich selbst beschäftigt, um sich mit Entschiedenheit für den Orden zu engagieren. Von einer Einbeziehung der preußischen und baltischen Gebiete des Ordens in die Reichsreform war vollends kaum die Rede. Zwar galt der Deutschmeister, das Oberhaupt der deutschen Besitzungen des Ordens, der 1494 – ungeachtet jener Gründungsprivilegien – in den Lehensverband des Reichs eingetreten war, alsbald auch als Reichsstand, nicht aber der Hochmeister selbst. Die Reichszugehörigkeit des Ordens in seinen preußischen und baltischen Teilen hing also schon um die Jahrhundertwende nur mehr an dünnen Fäden, und auch diese sollten, jedenfalls was Preußen anging, mit der Säkularisierung des preußischen Ordensgebiets zum weltlichen Herzogtum unter polnischer Lehenshoheit 1525 zerrissen werden. Um die nördlichen Teile der Ordensherrschaft aber stand es grundsätzlich nicht besser. Der livländische Zweig des Ordens war bereits seit den achtziger Jahren des 15. Jahrhunderts starkem russischem Druck ausgesetzt; daran änderte auch der militärische Sieg des Ordens am Smolinasee 1502 nur wenig. Wenn die – ohnehin schwach ausgeprägte – Bindung der baltischen Ordensgebiete wie auch der anderen geistlichen Territorien Livlands an das Reich vorerst noch nicht völlig zerbrach, so nur deshalb, weil Russen und Polen in ihrer politischen Rivalität sich gegenseitig in Schach hielten und den Livländern die Möglichkeit der Neutralität ließen. Wie lange diese Atempause dauern würde, war freilich eine offene Frage, und daß das Reich nicht viel tun würde, um seine nordöstlichen Außenposten zu schützen, war mit ziemlicher Sicherheit abzusehen.

Die Länder der böhmischen Krone schließlich umfaßten im Ausgang des Mittelalters neben den böhmischen Kurlanden selbst die Markgrafschaft Mähren, die schlesischen Fürstentümer sowie die Ober- und Niederlausitz; dazu kam noch das Egerland, das als Reichspfandschaft dem böhmischen König unterstand, ohne dem Königreich inkorporiert zu sein. Seit der Jahrtausendwende galt Böhmen als Reichslehen, sein Herzog als Reichsfürst; seit dem 12. Jahrhundert hatte er das Amt des Reichsschenken inne. Die insoweit eindeutige Zugehörigkeit zum Reich blieb auch vom Erwerb der Königswürde (endgültig 1212) unberührt; seit der Goldenen Bulle (1356) stand das Kurrecht des böhmischen Königs – er galt sogar als erster der weltlichen Kurfürsten des Reichs – außer Frage. Die fortbestehenden Lehensbeziehungen zum Reich und die Kurwürde des böhmischen Königs waren denn auch die Kernelemente der Bindungen Böhmens an das Reich noch im beginnenden 16. Jahrhundert.

Es fehlte jedoch nicht an Entwicklungen, die die Reichszugehörigkeit Böhmens zunehmend in Frage stellten. In diese Richtung wirkten schon die besonders umfänglichen Exemtionsprivilegien Böhmens gegenüber der Gerichts- und Lehenshoheit des deutschen Königs, namentlich das unbeschränkte Privilegium de non appellando et de non evocando – faktisch die Herauslösung Böhmens aus der Reichsgerichtsbarkeit –, sowie das Recht der böhmischen Stände auf die Wahl eines Königs, zumindest beim Aussterben der jeweils regierenden Dynastie. Dazu kamen seit dem 15. Jahrhundert tiefgreifende Prozesse einer religiösen und nationalen Entfremdung vom Reich, vor allem im Gefolge der Hussitenkriege. In ihrem Kampf für das kirchlich-theologische Erbe des Johannes Hus standen die Böhmen als Kernvolk der Länder der böhmischen Krone ja im Konflikt nicht nur mit der katholischen Kirche, sondern auch mit dem Reich, und der Verlauf der Hussitenkriege war nicht dazu angetan, das religiöse und nationale Selbstbewußtsein der Böhmen zu schwächen. Schon die Niederschlagung der Taboriten als des radikalen Flügels der Hussiten war ja nicht etwa das Ergebnis des Reichskriegs gegen die Hussiten, sondern das Werk des gemäßigten Flügels der Hussiten selber, und diese sogenannten Utraquisten setzten gegenüber Kaiser Sigismund wie später auch gegenüber Friedrich III. neben ihrer Kernforderung des Laienkelchs beim Abendmahl auch eine weitere politische Abschichtung Böhmens vom Reiche durch. Das nationale böhmische Königtum des Georg Podiebrad (1458–1471) verstärkte diese Tendenz noch. Als dann nach Podiebrads Tod die böhmischen Stände den Jagiellonen Wladislaw zum neuen König wählten, bedeutete dieser Übergang der böhmischen Krone an ein Mitglied der polnischen Herrscherdynastie einen weiteren Schritt der Abkehr vom Reiche. Zwar dachte Wladislaw nicht daran, sein Kurrecht aufzugeben; wohl aber forderte er weitere Reduzierungen seiner lehensrechtlichen Verpflichtungen, vor allem die Befreiung von der Pflicht zum Romzug und auch zur persönlichen Belehnung. Daß die Kurfürsten diese Forderung in klarer Erkenntnis ihrer reichspolitischen

Gefährlichkeit ablehnten – sie wäre «unserem fründe, dem Konig und der Cron zu beheim nit so viel vertreglich als dem H. Reiche abbrüchlich» –, änderte an der wenig reichsfreundlichen Einstellung Wladislaws wie auch eines Großteils der böhmischen Stände nichts.

Überdies drohte im späteren 15. Jahrhundert zeitweise überhaupt der Zerfall des böhmischen Länderkomplexes. Es handelte sich hier ja ohnehin um ein wenig einheitliches politisches Gebilde mit erheblichen inneren Spannungen, nicht zuletzt aus Gründen nationaler Diskrepanzen. So wiesen zwar Schlesien, die Lausitzen und das Egerland eine nahezu rein deutsche Bevölkerung auf, in Böhmen und Mähren dagegen spielte das Deutschtum nur in den Städten und in einigen Grenzgebieten eine Rolle. Damit hing zusammen, daß auch der Hussitismus eine im wesentlichen böhmische Angelegenheit war und blieb; die deutsche Bevölkerung war überwiegend der katholischen Kirche treu geblieben. In den Auseinandersetzungen Wladislaws mit König Matthias Corvinus von Ungarn mußte der böhmische König 1479 die Nebenländer Mähren, Schlesien und die Lausitzen an seinen ungarischen Gegner verpfänden; daraus hätte leicht eine definitive Teilung der böhmischen Länder werden können, die dann wohl den dauernden Verlust zumindest der unter ungarischer Herrschaft gelangten Gebiete für das Reich mit sich gebracht hätte. Daß es schließlich doch nicht zu jener Teilung kam, war nur der Tatsache zu verdanken, daß die Ungarn nach dem Tode des Matthias Corvinus (1490) auch ihrerseits den Jagiellonen Wladislaw zum König wählten. Die damit erneuerte Personalunion Böhmens aber mit dem nicht zum Reich gehörenden Ungarn war – ganz abgesehen von der Zugehörigkeit Wladislaws zum polnischen Königshaus – selbst wiederum ein Moment der Entfremdung Böhmens vom Reich. Wladislaw regierte seit 1490 nur noch in Ofen und war in keiner Weise für die politischen Anliegen des Reichs, insbesondere der Reichsreform, zu gewinnen; selbst die Versuche, ihn zu einer Beteiligung an der Türkenhilfe des Reichs zu bewegen, blieben erfolglos. So klagte Berthold von Henneberg, der Erzkanzler und Kurfürst von Mainz, im Jahre 1497: «Der konig von Behem ist und soll sin ein churfürst des rychs; was tut er dem rych hilff oder bystant? Es sind die lande Meren, Slesien by kurtzen zyten vom rych kumen, die doch dazu gehort haben ...»

In dieser Situation gab es – abgesehen vom fortdauernden Interesse des böhmischen Königs an seinem kurfürstlichen Recht zur Beteiligung an der Wahl des Reichsoberhaupts – eigentlich nur eine Chance für eine erneute Festigung der Bindungen Böhmens ans Reich: die Thronfolge nämlich einer unzweifelhaft deutschen Dynastie. Und diese Chance war nun immerhin insofern nicht ganz unrealistisch, als die Habsburger seit dem Tode des Königs Ladislaus Postumus aus der albertinischen Linie der Habsburger (1457) Thronfolgeansprüche auf die böhmischen Länder geltend machten und 1491 wirklich zu einem Abkommen mit König Wladislaw gelangt waren, das ihnen die Thronfolge in Böhmen einräumte, falls Wladislaw ohne männliche Nachkommen sterben sollte. Ob diese Chance wirklich realisiert werden konnte, war freilich um die Jahrhundertwende eine sehr offene Frage, und das nicht nur wegen der Unsicherheit von Leben und Tod in den beiden Königsfamilien, sondern auch wegen der Gefahr eines von den böhmischen Ständen getragenen nationalen Widerstands gegen eine etwaige habsburgische Thronfolge.

3. Kräfte und Mittel der Außenpolitik: Dynastische Interessen, Diplomatie, Heerwesen

Die europäischen Staaten des 16. Jahrhunderts waren in ihrer großen Mehrheit erbliche Monarchien, und das war auch für die Außenpolitik von prinzipieller Bedeutung. Die großen politischen Verschiebungen der europäischen Staatenwelt der Epoche waren zumeist überhaupt das Ergebnis dynastischer Entscheidungen und Ereignisse, vor allem erbrechtlich legitimierter Thronfolgen; die Vorbereitung und diplomatische Absicherung, notfalls auch die kriegerische Durchsetzung dynastisch begründeter Herrschaftsansprüche waren ein Hauptgegenstand der europäischen Politik. Dieser Bedeutung des dynastischen Elements entsprach des weiteren, daß gerade in der Außenpolitik die Fürsten selbst eine maßgebende Rolle spielten. Zwar standen sie zumeist Ständen gegenüber, die die Krongewalt mehr oder weniger beschränkten, vor allem über die Bewilligung von Steuern. Die außenpolitischen Initiativen aber kamen doch in aller Regel von den Fürsten, und bei ihnen lag auch die praktische Handhabung der Außenpolitik. Bezeichnenderweise war die gerade jetzt stark ausgebaute Diplomatie durchweg eine Angelegenheit der Fürsten – sehr im Gegensatz z. B. zur Finanzverwaltung, die weithin von den Ständen beherrscht wurde.

Die außenpolitischen Erfolge oder Mißerfolge eines erblichen Fürsten waren nun freilich in aller Regel zugleich Erfolge oder Mißerfolge seines Landes selbst. Gerade in der Außenpolitik bestand ja eine sehr unmittelbare Parallelität der Interessen der erblichen Dynastien und ihrer Länder. Wenn z. B. der französische König die Herrschaft über das Herzogtum Burgund verlor oder behauptete, so war das ein Verlust oder Gewinn nicht nur für sein fürstliches Haus, sondern zugleich für Frankreich. Und gerade in Westeuropa kam dazu noch eine wachsende Identifikation von Dynastie und Nation: Franz I. oder Heinrich II. waren nicht nur Könige Frankreichs aus dem Hause Valois, sondern in sehr lebendig empfundener Weise auch Könige der Franzosen. Entsprechendes ließe sich von den Tudors in England, vom Katholischen Königspaar und – seit der Spätzeit Karls V. – auch von den Habsburgern in Spanien sagen. Selbst von Rußland gilt, wenngleich auf ganz anderen sozialen und verfassungspolitischen Grundlagen, Analoges: Rußland war in eminenter Weise politisch im Zaren verkörpert; seine Politik, auch seine Außenpolitik, war sozusagen ohne Rest russische Politik, und das galt auch vice versa.

Im Heiligen Römischen Reich deutscher Nation war die Situation allerdings ganz anders. Das Reich war ein Wahlreich; die Interessen der königlichen Dynastie waren keineswegs zwingend mit denen des Reichs identisch. Das dynastische Interesse des Königs mußte vielmehr in erster Linie auf eine Vermehrung seiner Hausmacht abzielen und konnte durchaus im Widerspruch zu den Interessen des Reichs stehen. Zwar fehlte es nicht an politischen Feldern, auf denen Reichs- und Hausmachtinteressen des Königs einander verstärkten; das galt zu Beginn des 16. Jahrhunderts etwa für die Italienpolitik Maximilians, auch für seine Bemühungen um die böhmische Krone. Aber es gab eben doch auch immer wieder erhebliche Spannungen zwischen den dynastischen und den Reichsinteressen des Königs, und zumeist folgte das Reichsoberhaupt – Maximilian I. nicht anders als Karl V. oder dessen Nachfolger – bei solchen Diskrepanzen seinen dynastischen Interessen. Dazu kam noch, daß die konkreten Hausmachtinteressen der Habsburger des 16. Jahrhunderts gutenteils außerhalb des Reichs lagen: Weder Ungarn noch das Herzogtum Burgund, weder die Seeherrschaft im Mittelmeer noch etwa gar die amerikanischen Reiche der kastilischen Krone gingen das Reich ja sehr viel an. So war es nicht erstaunlich, daß das Reich in Gestalt der deutschen Reichsstände der Außenpolitik seiner habsburgischen Herrscher zumeist nur zögernd und unwillig folgte oder solche Gefolgschaft überhaupt verweigerte, selbst wenn die dynastischen Ziele dieser Politik mit den Reichsinteressen übereinstimmten oder, wie im Falle Karls V., durch universalistische Konzeptionen überhöht wurden. Anderseits galt aber auch für die Außenpolitik des Reichs der Primat der Krongewalt; eigene außenpolitische Initiativen sind von den Reichsständen jahrzehntelang kaum entfaltet worden. Erst die neuentstehenden konfessionellen Konflikte des Jahrhunderts sollten diese Struktur der Außenpolitik verändern. Die Politisierung des religiösen Konflikts führte folgerichtig zu einer gewissen Konfessionalisierung auch der Außenpolitik; das französische Bündnis der deutschen Protestanten – zunächst des Schmalkaldischen Bundes, dann des Fürstenbundes von 1552 – ist dafür das wichtigste Beispiel. Jedoch standen auch diese Beziehungen der Protestanten zu den Franzosen noch lange unter reichspolitischen Vorbehalten; vor allem die antihabsburgischen Kriegsbündnisse der Franzosen mit den Türken seit den dreißiger Jahren führten immer wieder zur Distanzierung der deutschen Protestanten von Frankreich. So blieb die Außenpolitik des Reichs im 16. Jahrhundert im wesentlichen eben doch dynastische Politik des habsburgischen Kaiserhauses, in deren Schlepptau, wenngleich nicht immer ganz auf Kurs zu halten, das Reich sich bewegte. Die Interessen und Desinteressen dieser habsburgischen Politik haben deshalb die Entscheidungen der Epoche für die äußeren Verhältnisse des Reichs maßgebend bestimmt.

Zu Ausgang des 15. Jahrhunderts begann mit dem Kampf Karls VIII. von Frankreich um die Vorherrschaft in Italien und damit in Europa eine neue

Epoche der europäischen Außenpolitik. Zwei Elemente dieser neuen Politik waren von besonderer Bedeutung: Zum einen wurde jetzt die Staatsräson immer ausschließlicher zum Maßstab der außenpolitischen Beziehungen, während ältere, das pure Machtinteresse der Staaten relativierende Bindungen der Politik, etwa an das Wohl der res publica christiana, ihre prägende Kraft einbüßten; die universalistischen Momente der Politik Kaiser Maximilians und erst recht Karls V. waren demgegenüber schon Anachronismen. Zum anderen verdichtete sich das Gefüge der außenpolitischen Beziehungen Europas derart, daß alle bedeutenden Mächte des Kontinents – mehr oder minder unmittelbar – in jeden außenpolitischen Konflikt von einigem Gewicht hineingezogen wurden. Nirgendwo in Europa konnten fortan außenpolitische Entscheidungen von Belang getroffen werden, ohne an anderer Stelle Reaktionen hervorzurufen; alle Außenpolitik mußte deshalb ständig die Gesamtkonstellation der europäischen Politik in ihren raschen Bewegungen ins Kalkül ziehen. Ein solch dichtes Beziehungsgeflecht der Außenpolitik hatte sich zuerst im komplizierten Gefüge der italienischen Staaten des 15. Jahrhunderts herausgebildet; jetzt weitete sich dieses italienische zu einem europäischen Staatensystem aus. Sein räumlicher Schwerpunkt lag zunächst in Süd- und Westeuropa; die außenpolitischen Verhältnisse im Osten und Nordosten des Kontinents wurden dagegen erst allmählich in die gesamteuropäische Politik einbezogen. Immerhin setzte bereits Maximilian I. auf ein russisches Bündnis, um Polen im Streit um die böhmisch-ungarische Thronfolge zum Einlenken zu bringen.

Die neue Dichte der außenpolitischen Konstellationen machte einen grundlegenden Ausbau der Diplomatie unerläßlich. Wenn bislang Gesandte von einem Herrscherhof zum anderen gereist waren, so hatte es sich dabei im wesentlichen um sozial hochgestellte Persönlichkeiten – Angehörige des hohen Klerus oder Adels – gehandelt, die für ihren Fürsten eine wichtige Vereinbarung abzuschließen oder doch vorzubereiten hatten, etwa einen Heirats- oder Erbvertrag. Bezeichnenderweise hatten diese großen Herren ihre Gesandtschaften – von den begleitenden Juristen bis hinunter zu den Stalljungen – zumeist sogar selbst finanziert; zumindest im Falle des Gelingens ihrer Mission konnten sie freilich auf materielle oder auch politische Anerkennung ihrer Bemühungen rechnen. Im Italien des 15. Jahrhunderts war nun an die Stelle dieser von Fall zu Fall eingerichteten Gesandtschaften allmählich die Institution ständiger Gesandtschaften getreten, die ihre Regierungen laufend über die politischen Vorgänge im Gastland informierten und allmählich auch mit bestimmten Verhandlungsaufgaben beauftragt wurden. Besonders frühzeitig und effektiv in Venedig und an der Kurie entwickelt, fand die neue Institution seit dem ausgehenden 15. Jahrhundert auch außerhalb Italiens Verbreitung, vor allem bei den großen Mächten West- und Mitteleuropas. Der Abschluß wichtiger – vor allem dynastischer – Vereinbarungen blieb zwar noch lange Zeit eigenen Sondergesandtschaften besonders hohen sozialen Ranges vorbehalten; aber daneben gewannen die ständigen

Gesandtschaften doch zunehmend an Bedeutung. Ihr Personal bestand zunächst vorwiegend aus Geistlichen, in erster Linie aus Kirchenjuristen, die wegen ihrer rechtswissenschaftlichen Vorbildung und wegen ihrer wirtschaftlichen Absicherung durch eine kirchliche Pfründe für den diplomatischen Dienst besonders geeignet erschienen und nicht selten auf diesem Wege auch politische oder kirchliche Karriere machten; der im Dienst Kaiser Maximilians hochgekommene Augsburger Bürgersohn Matthäus Lang, der bis zum Erzbischof und Kardinal von Salzburg aufstieg, ist dafür ein herausragendes Beispiel. Doch kamen neben den Geistlichen auch immer mehr weltliche Juristen, zumeist niederadliger oder auch bürgerlicher Herkunft, zum Zuge; der Ausbau des ständigen Gesandtschaftswesens zeigt damit genaue Analogien zur gleichzeitigen Entwicklung der Verwaltung der europäischen Staaten. Entsprechendes gilt für die Professionalisierung des Personals der neuen Diplomatie, für seine fester werdenden Ausbildungs- und Karriereroutinen, für die Regelung und Sicherung der Kommunikation zwischen den Gesandtschaften und Regierungen bis hin zur Organisation des Postwesens, nicht zuletzt auch für die Anfänge einer regelmäßigen Besoldung des diplomatischen Personals. Die für die Folgezeit und bis heute maßgebende Umgestaltung der Diplomatie zum ständigen Gesandtschaftswesen war insofern ein Phänomen nicht nur der äußeren, sondern auch der inneren Staatenbildung – sozusagen eine «Verstaatlichung» der Diplomatie.

Auch das Heerwesen der europäischen Staaten stand um die Wende des 15. Jahrhunderts im Zeichen tiefgreifender Veränderungen. In ihren Anfängen bis ins 14. Jahrhundert zurückgehend, schlugen diese Wandlungen jetzt, auch in Deutschland, voll durch. Der Kern der Entwicklung lag darin, daß anstelle der schwer gepanzerten, auf den Einzelkampf mit ihresgleichen ausgerichteten Rittern früherer Zeiten jetzt massierte und geschlossen kämpfende Einheiten von Fußsoldaten zum Rückgrat der Heere wurden. Es waren die Schweizer, die in den Auseinandersetzungen mit ihren Nachbarn zuerst diese Gewalthaufen zum Einsatz brachten; spätestens seit ihren Siegen über Karl den Kühnen von Burgund in den Schlachten von Grandson und Murten 1476 stand die Überlegenheit des neuen Systems außer Frage. Den anderen europäischen Ländern blieb nichts anderes übrig, als das Schweizer Vorbild aufzunehmen und fortzuentwickeln. Diese Fortentwicklung – vor allem die Ergänzung der Fußtruppen durch eine ihrerseits zu taktischen Gefechtskörpern formierte Reiterei und der zunehmende Einsatz von Feuerwaffen – machte die neuen Heere der großen europäischen Mächte binnen weniger Jahrzehnte sogar den Schweizern überlegen; der von den Eidgenossen eingeleitete Wandel des Heerwesens blieb aber die Grundlage der gesamten weiteren Entwicklung, und das hatte weitreichende Konsequenzen.

Die Ritter des mittelalterlichen Heeres waren Adlige gewesen; ihre zumeist lehensrechtlich begründete Waffenpflicht hatte sehr wesentlich ihre bevorzugte Stellung in der Gesellschaft begründet. Die neue Infanterie mit ihren Truppenmassen konnte nicht mehr aus dem Adel rekrutiert werden – ganz abgesehen davon, daß die adligen Herren traditionell nur den Waffendienst «hoch zu Roß» als standesgemäß ansahen; den Kern des Heeres bildete jetzt ein nichtadliges Berufssoldatentum. Für den Adel folgte daraus ein gefährlicher Verlust von politischen Funktionen und sozialem Prestige. Kein geringerer als König Maximilian sah diese Gefahren sehr deutlich und suchte ihnen entgegenzuwirken, und zwar durch die Eingliederung des Adels in das neue Heerwesen. Die sozialen Vorurteile des Adels gegenüber der nicht «ritterlichen» Kampfesweise suchte er durch sein persönliches Beispiel auszuräumen. Er trug nicht selten Rüstung und Waffen des Fußvolks und marschierte in eigener Person mit geschultertem Langspieß im ersten Glied des Gewalthaufens. Auch daß er den Fußkampf unter die ritterlichen Turnierarten aufnahm, hatte vor allem den Sinn, den Adel für das neue Heerwesen zu gewinnen. Zugleich aber bemühte sich Maximilian, seine zumeist wenig disziplinierten, beutegierigen und brutalen Söldner zu einer Elite ehrlicher Krieger umzuformen, ja: ihnen in bewußter Anknüpfung an die Blütezeit des mittelalterlichen Rittertums das Selbstbewußtsein eines eigenen Ordens zu geben. Das hatte wiederum handfeste Konsequenzen. Die deutschen Landsknechte – die Bezeichnung kam in den achtziger Jahren des 15. Jahrhunderts auf und setzte sich in der Folge rasch durch – verdankten König Maximilian weitgespannte Rechte genossenschaftlicher Selbstbestimmung, auch der eigenständigen Handhabung der militärischen Zucht. Der Ring der «Gemeinde», in dem die Landsknechte über ihre gemeinsamen Angelegenheiten berieten und beschlossen, war eine sinnfällige Dokumentation solcher Eigenständigkeit, ebenso die Selbstjustiz der Landsknechte in Form des Spießgerichts, das geradezu Elemente eines «genossenschaftlichen Ritualakts mit Reinigungscharakter» (Hans Michael Moeller) aufwies.

Die von Maximilian angestrebte Integration des Adels in das neue Heerwesen war im großen ganzen erfolgreich. Viele Edelleute stiegen vom Roß und übernahmen als Hauptleute das Kommando über die Landsknechte; nicht wenige der bedeutendsten deutschen Landsknechtsführer des 16. Jahrhunderts kamen aus dem Herren- oder Ritterstand. Auch die ausgeprägt genossenschaftliche Komponente des Landsknechtswesens setzte sich durch und wurde zum unterscheidenden Merkmal gerade des deutschen Heerwesens der Epoche. Der Versuch Maximilians, die Landsknechte zu einer disziplinierten, Kaiser und Reich in Treue verbundenen militärischen Elite umzuschaffen, hatte dagegen nicht viel Erfolg. Die deutschen Landsknechte wurden zwar zu einer sehr kampfkräftigen Truppe; gleichwohl blieben sie ein schwer zu handhabendes, in mehr als einer Hinsicht problematisches Instrument der Kriegsführung.

Der entscheidende Grund dafür lag darin, daß die Landsknechte als Söldner ihren Kriegsdienst nur auf Zeit und nur für Geld taten, unter Ausschluß aller im Soldvertrag nicht ausgehandelten Leistungen, erst recht ohne tiefergehende oder gar dauernde Bindungen an ihren jeweiligen Dienstherrn. Schon die Schweizer Heere des 15. Jahrhunderts hatten sich nicht gänzlich aus dem Landesaufgebot rekrutieren können, sondern auch auf Söldner zurückgreifen müssen; erst recht galt das für die großen europäischen Heere des 16. Jahrhunderts. Zwar wurden auch jetzt immer wieder milizartige Verbände zur Landesverteidigung aufgestellt – das Aufgebot der innerösterreichischen Länder war für die Türkenabwehr sogar von großer Bedeutung –, aber die großen Schlachten des 16. Jahrhunderts wurden ganz überwiegend von Söldnerheeren geschlagen. Auch das Reichsheer bestand zunehmend aus Söldnern; von einem stehenden Heer, wie es die westeuropäischen Monarchien der Epoche wenigstens in Ansätzen schufen, war im Reiche noch lange nicht die Rede.

Schon die kurze Laufzeit der Soldverträge, die in der Regel auf die Dauer eines Feldzugs von kaum mehr als sechs Monaten beschränkt war, brachte erhebliche Probleme mit sich: Die Söldner mußten sich immer wieder einen neuen Kriegsdienst suchen – und sie mußten ihn suchen, wo sie ihn fanden, sei es auch beim eben noch bekämpften Feind. Eine tiefere Bindung an den Kriegsherrn konnte unter diesen Verhältnissen nicht entstehen, auch keine Bindung an Kaiser und Reich, und dies um so weniger, als gerade die französischen Könige neben Schweizer Söldnern mit Vorliebe deutsche Landsknechte anwarben. Gelegentliche Verbote dieser französischen Werbungen von Reichs wegen verfingen kaum, zumal die Franzosen den reichsständischen Obrigkeiten die Erlaubnis zu den Werbungen in ihren Territorien gut bezahlten. Geschah es aber, daß die Söldner nach Beendigung eines Feldzugs keinen neuen Dienstvertrag erhielten, so standen sie arbeitslos da und mußten sehen, wie sie sich durchschlugen. Das ging bei den stets bewaffneten Landsknechten – ihre kriegerische Ausrüstung war ja ihr Eigentum, sozusagen ihr Betriebskapital – nicht ohne Gewalt, Erpressung und Räuberei ab; die «gardenden» Landsknechte waren, erst recht wenn sie in Horden auftraten, eine üble Landplage, der jahrzehntelang weder das Reich noch die Territorien wirklich Herr wurden.

Dazu kam – und das rührte an den Nerv des Kriegsdienstes –, daß die Landsknechte ihre Dienstpflichten ausschließlich für Geld, und zwar unter der Bedingung pünktlicher Soldzahlung, zu erfüllen bereit waren. Folgerichtig gingen sie beim Ausbleiben des Soldes, regelmäßig auf Grund eines Beschlusses der «Gemeinde», alsbald zu kollektiver Dienstverweigerung oder offener Meuterei über. Die ohnehin schwer in Disziplin zu haltenden Knechte gerieten dann aus jeglicher Kontrolle der Befehlshaber, raubten und plünderten wo sie nur konnten, oder gingen überhaupt zum Feinde über, wenn der ihnen eine lukrative Besoldung bot. Die Kriegsherren der Zeit, vom Kaiser bis hinunter zu einzelnen Reichsstädten, suchten diesen Gefahren nach Kräften vorzubeugen: vor allem durch die Verpflichtung der Landsknechte auf besondere Artikelbriefe, die die Fortdauer der Dienstpflicht auch bei kurzfristigem Soldverzug einschärften, die Einberufung der

«Gemeinde» an die Erlaubnis des Hauptmanns banden und überhaupt die Kommandogewalt der Befehlshaber zu stärken suchten. Die wirkliche Durchsetzung dieser Artikelbriefe blieb freilich stets unsicher; gegen die Dienstverweigerung eines ganzen Landsknechtsheeres gab es im Ernst ja keine Handhabe.

Um so wichtiger war die Rolle der Landsknechtsführer und deren Autorität bei den Landsknechten. Diese Obristen – und nicht die Fürsten oder Staaten, deren Kriege sie führten – waren es, von denen die Kampfbereitschaft und Loyalität der Landsknechte vor allem abhing; ihr Prestige war es auch, das die Landsknechte überhaupt zu den Fahnen strömen ließ. Zumeist oblag ihnen schon die Aufstellung der Regimenter selbst, die Anwerbung und Musterung der Söldner und nicht selten, zumindest im Wege der Vorfinanzierung, sogar deren Besoldung; erst recht waren sie in der Führung ihrer Truppen im Felde von ihren Kriegsherren weitgehend unabhängig, allenfalls an den Kriegsrat mit ihresgleichen gebunden. Man hat diese Obristen der Landsknechtszeit deshalb geradezu als «Kriegsunternehmer» (F. Redlich) bezeichnet, und das trifft gewiß etwas Richtiges, nicht zuletzt wegen des auch für die Landsknechtsführer typischen Risikos von Gewinn und Verlust: Nicht wenige der Kriegsobristen des 16. Jahrhunderts stiegen zu großem Reichtum auf, aber wohl ebenso viele haben im Kriegsdienst ihr Vermögen ruiniert. Freilich darf über jener griffigen Kennzeichnung als «Kriegsunternehmer» die Funktion der Landsknechtsführer als Feldherren mit oft recht anspruchsvollen militärischen Aufgaben nicht übersehen werden und auch nicht die engagierte Fürsorge mancher von ihnen für ihre Soldaten. Die Landsknechte wußten solches Engagement sehr wohl zu schätzen und vergalten es ihren Obristen gelegentlich sogar mit Verehrung; daß sie Georg von Frundsberg (1473–1528), dem bedeutendsten deutschen Landsknechtsführer der ersten Hälfte des 16. Jahrhunderts, den Beinamen eines «Vaters der Landsknechte» gaben, ist dafür ein schöner Beleg.

4. Spannungsfelder der europäischen Außenpolitik

In einer Darstellung der deutschen Geschichte kann das Gesamtgefüge der europäischen Mächtekonstellationen der Epoche und ihrer Verschiebungen nicht ausführlich erörtert werden. Unverzichtbar ist jedoch eine knappe Skizze derjenigen Grundprobleme und -konflikte der äußeren Staatenbildung und Außenpolitik Europas, die für die deutsche Geschichte des Jahrhunderts wesentliche Bedeutung erlangten. Dabei handelte es sich zum einen um die Frage der Vorherrschaft über Italien, zum andern um die Neugestaltung der Herrschaftsverhältnisse in Ostmitteleuropa – insbesondere in den Gebieten des Deutschen Ordens, in Böhmen und Ungarn –, zum dritten um die Türkenabwehr.

Um die Mitte des 15. Jahrhunderts war eine langdauernde Epoche des Kampfes der größeren italienischen Staatengebilde um die Vorherrschaft auf der Apenninen-Halbinsel zu Ende gegangen. Zuletzt hatten sich in diesem Kampf vor allem Venedig und Mailand, das damals unter den Visconti den Höhepunkt seiner politischen und kulturellen Bedeutung erlebte, gegenüber gestanden. Das Aussterben der Visconti – seit 1450 regierten in Mailand die Sforza – und der gleichzeitige Aufstieg der Medici in Florenz, die um ihrer kommerziellen Interessen willen mit kriegerischen Auseinandersetzungen nur wenig im Sinne hatten, machten den Weg frei für einige Jahrzehnte vergleichsweise friedlichen Gleichgewichts zwischen den fünf größeren Staaten, die das damals entstehende italienische Staatensystem ausmachten. Neben Venedig, Mailand und Florenz gehörten dazu der Kirchenstaat und das Königreich Neapel; letzteres, das seit dem Untergang der Staufer unter der Herrschaft der Anjou gestanden hatte, war in den dreißiger Jahren des 15. Jahrhunderts von Aragón erobert worden und wurde seit 1458 von einer Nebenlinie des aragonesischen Königshauses regiert. Neben diesen fünf Staaten spielte noch Genua eine erhebliche, wenngleich sozusagen passive Rolle in der italienischen Staatenwelt der Epoche. Abgesehen von seinen weitreichenden Handels- und Kapitalbeziehungen lag seine Bedeutung vor allem in seinem Schiffsbau und in seiner tüchtigen Flotte. Die Stadt hatte nahezu das Monopol für die Lieferung oder auch Vermietung größerer Kriegsflotten. Genua konnte dieses Monopol jedoch den eigenen politischen Interessen nur selten wirklich dienstbar machen; vielmehr stand die Stadt, fast dauernd durch interne Parteienkämpfe erschüttert, in aller Regel unter dem maßgebenden Einfluß einer auswärtigen Macht. Im 15. Jahrhundert war das für gewöhnlich Mailand; mit der Herrschaft über Mailand selbst bestimmten seit Ausgang des Jahrhunderts dann zumeist außeritalienische Mächte die Geschicke Genuas.

An sich gehörte zu den Zielen des italienischen Staatensystems im 15. Jahrhundert nicht nur die Sicherung einer friedlichen Balance zwischen den Staaten der Apenninen-Halbinsel, sondern in eins damit auch die Sicherung der Unabhängigkeit der Pentarchie gegenüber Ein- und Angriffen außeritalienischer Mächte. Diese vielberufene «Freiheit» Italiens blieb indessen stets unsicher. Neapel und Sizilien waren dynastisch mit der Krone Aragón verbunden; im Norden gehörte Asti den Orléans, die überdies immer wieder Ansprüche auf Mailand geltend machten; die Anjou hatten den Verlust Neapels nicht verwunden. Die Habsburger hatten ihre Herrschaft mit Triest, der Grafschaft Görz und Südtirol weit über die Alpen nach Süden vorgeschoben; die Lehensrechte des Reichs, deren politische Reaktivierung durchaus im Bereich realer Möglichkeiten stand, umfaßten nahezu den ganzen Nordwesten Oberitaliens, übrigens auch einen erheblichen Teil des venezianischen Festlandbesitzes. Angesichts der inneren und äußeren Konsolidierung der großen europäischen Monarchien war mithin der Unabhängigkeit der italienischen Staatenwelt keine günstige Prognose zu stellen;

über kurz oder lang stand doch das Eingreifen einer der interessierten Mächte in Italien zu erwarten, und daraus konnte kaum etwas anderes entstehen als eine europäische Auseinandersetzung um die Vorherrschaft auf der Apenninen-Halbinsel.

In der Tat wurde der Kampf um die Vorherrschaft in Italien – und damit nicht zuletzt um den beherrschenden Einfluß auf das Papsttum – zu einem der großen Konflikte der europäischen Politik des 16. Jahrhunderts. Die Geschichte dieser Auseinandersetzungen war jahrzehntelang durch rasch wechselnde, oft verwirrende Bündniskombinationen der beteiligten Mächte bestimmt – Lehrbeispiele einer wenig skrupelhaften Staatsräson, der Niccolò Machiavelli zur gleichen Zeit die Theorie schrieb. Die eigentlichen Kontrahenten des Streits aber waren, zunächst jedenfalls, Frankreich und Spanien – genauer: die unter dem Katholischen Königspaar Ferdinand und Isabella vereinigten Reiche der Kronen Kastilien und Aragón, die eben jetzt zu einem spanischen Staat zusammenzuwachsen begannen. Mit der Erbfolge des Kaiserenkels Karl in den Niederlanden (1506), in Spanien mit seinen Nebenländern (1516) und schließlich auch im Kaisertum (1519) wurde der Kampf um Italien dann zum Konflikt der Häuser Valois und Habsburg um die europäische Vorherrschaft.

Den Auftakt des Streits bildete der Zug Karls VIII. von Frankreich nach Neapel 1494/95. Für dieses Ausgreifen nach Italien waren die erbrechtlichen Ansprüche der Anjou ein wichtiges Motiv; daneben spielten der Gedanke der Vorbereitung eines Kreuzzugs, sogar die Idee einer Erneuerung der imperialen Tradition Karls des Großen eine Rolle. Das Unternehmen war diplomatisch gut vorbereitet. Vor allem hatte Karl VIII. sich mit Ludovico Moro, dem in Mailand regierenden Sforza, verständigt und damit auch die Verfügung über Genua und dessen Flotte gewonnen. Florenz, das sich den Franzosen entgegenstellte, wurde überrannt; eine unmittelbar darauf folgende Revolution in Florenz selbst führte zur Vertreibung der Medici. Der Kirchenstaat, der damals von dem berüchtigten Borgiapapst Alexander VI. (1492–1503) regiert wurde, verzichtete auf militärischen Widerstand; der Papst entging damit immerhin der akuten Gefahr, unter Mitwirkung des französischen Königs als Simonist abgesetzt zu werden. Im Februar 1495 zog Karl VIII. in Neapel ein, einen Monat später war das ganze Königreich ohne ernsthafte Gegenwehr in seiner Hand.

Der Gegenschlag der italienischen und nun eben auch der interessierten europäischen Mächte blieb freilich nicht lange aus. Noch im Frühjahr 1495 kam eine Heilige Liga zustande, der neben dem Papst, Venedig und sogar Mailand auch König Maximilian und Spanien angehörten. Es erwies sich sehr rasch, daß Frankreich nicht imstande war, seine süditalienischen Eroberungen zu behaupten oder auch nur die ständige Verbindung zwischen Neapel und Frankreich zu sichern. Vor allem spanische Truppen operierten von Sizilien aus mit Erfolg gegen die Franzosen; aber auch die Venezianer engagierten sich in Apulien und trugen wesentlich zur Rückeroberung des

Landes bei. Karl VIII. konnte sich zwar nach Frankreich durchschlagen, mußte aber 1497 einen Waffenstillstand schließen, der den Status quo ante wiederherstellte.

Trotz ihres unmittelbaren Mißerfolgs hatte die Expedition Karls VIII. die politische Struktur Italiens tiefgreifend verändert – vor allem dadurch, daß sie die politische und militärische Ohnmacht Neapels an den Tag gebracht hatte. Im Grunde schied Neapel seitdem aus der Reihe der eigenständigen Mächte der italienischen Pentarchie aus. Sein weiteres Schicksal stand offen, und natürlich wirkte das als Einladung für neue Interventionen, von welcher Seite auch immer. Eine weitere, wenngleich nicht ganz so gewichtige Folge bestand in der Schwächung von Florenz, das nach der Vertreibung der Medici jahrelang nicht zu innerer Stabilität zurückfand. Es waren dies die Jahre, in denen Savonarola eine antiaristokratische Neugestaltung der Gesellschaft auf der Grundlage eines religiösen und sittlichen Rigorismus predigte. Umgekehrt gewann der Kirchenstaat, jedenfalls in Relation zu den anderen italienischen Mittelstaaten, an Gewicht, und das setzte sich auch in den folgenden Jahren fort; die geschickte Diplomatie Alexanders VI. gegenüber den europäischen Großmächten trug dabei ebenso ihre Früchte wie der Ausbau eines schlagkräftigen Militärwesens im Kirchenstaat, für das vor allem der fürchterliche Sohn des Papstes, Cesare Borgia, verantwortlich zeichnete.

Der Waffenruhe von 1497 war keine lange Dauer beschieden. Als 1498 Ludwig XII. aus dem Hause Valois-Orléans als Nachfolger des kinderlosen Karls VIII. auf den französischen Thron gelangte, nahm er sogleich – in Erneuerung alter Ansprüche des Hauses Orléans – den Titel eines Herzogs von Mailand an und fiel bereits im Jahre darauf mit einem überlegenen Heer in das Herzogtum ein. Ludovico Moro mußte im April 1500 kapitulieren und wurde als Gefangener nach Frankreich gebracht, wo er einige Jahre später starb. Mailand aber wurde unter Mißachtung seiner lehensrechtlichen Bindungen an das Reich konsequent in den französischen Staat eingegliedert. Nach diesem raschen Erfolg griff Ludwig XII. wiederum auch auf Neapel aus. Schon seine Unternehmung gegen Mailand war durch Absprachen mit mehreren europäischen Mächten abgesichert gewesen. Im Blick auf Neapel folgte nun ein förmliches Kriegsbündnis mit dem Papst und König Ferdinand von Aragón, und zwar mit dem Ziel der Eroberung und Aufteilung des Königreichs unter Spanier und Franzosen; der Lohn des Papstes sollte in der Unterstützung der Expansion des Kirchenstaats in der Romagna bestehen. Tatsächlich kam es 1501 zu einem Zweifronten-Angriff auf das Königreich Neapel, das denn auch alsbald zusammenbrach. Zu einer Realisierung jener Teilungspläne kam es jedoch nicht, vielmehr versuchten seit 1502 Franzosen wie Spanier, je für sich die Alleinherrschaft im Lande zu erringen. Die Entscheidung fiel dank der überlegenen Führung der spanischen Truppen durch Gonsalvo de Córdoba erneut gegen die Franzosen. Im Waffenstillstand von 1504 behaupteten sie zwar den Besitz von Mailand, mußten aber die spanische Herrschaft über Neapel anerkennen, das fortan als eigenes Vizekönigreich – neben dem Vizekönigreich Sizilien – unmittelbar der Krone Aragón unterstand.

An sich wäre wohl denkbar gewesen, daß sich damit ein neues, nun freilich von außen bestimmtes Gleichgewicht der Kräfte in Italien hergestellt hätte: ein Gleichgewicht nämlich zwischen Frankreich im Norden und Spanien im Süden der Halbinsel. Daß eine solche Lösung nicht dauerhaft erreicht werden konnte, lag vordergründig an inneritalienischen Auseinandersetzungen, vor allem zwischen Rom und Venedig, die sehr bald zu erneuten Einmischungen auch der außeritalienischen Mächte führten. Der tiefere Grund für die schweren Kämpfe der Folgezeit aber lag in der zunehmenden Konfrontation zwischen den Häusern Valois und Habsburg, in der auch der ältere spanisch-französische Konflikt aufging. Zwar spielte König Maximilian in den militärischen Auseinandersetzungen um Italien zunächst nur eine Nebenrolle; in der Heiligen Liga von 1495 agierte er im Grunde bloß als Condottiere der Mailänder und Venezianer. Seine politischen Absichten aber erstreckten sich doch schon frühzeitig sehr viel weiter: zum einen auf die politische Neubelebung der alten Reichsrechte in Italien, zum andern und vor allem auf eine dynastische Verbindung mit dem spanischen Königshaus; bereits in der Reaktion auf den Einfall Karls VIII. nach Italien kam es 1496/97 zu einer Doppelhochzeit von Maximilians einzigem Sohn Philipp dem Schönen und dessen Schwester Margarete mit den spanischen Königskindern Juan und Juana. Daß diese dynastische Verbindung binnen weniger Jahrzehnte zur Vereinigung der österreichischen Erblande, der burgundischen Niederlande und der spanischen Reiche unter habsburgischer Herrschaft führen würde, war zwar nicht von vornherein abzusehen, zeichnete sich aber bereits um die Jahrhundertwende ab: mit der Geburt des späteren Kaisers Karl V. nämlich (1500) aus der Ehe Philipps des Schönen mit Juana, die infolge früher Todesfälle in der spanischen Königsfamilie zur Thronerbin der spanischen Reiche aufgerückt war. Damit kündigte sich eine tiefgreifend veränderte Konstellation der europäischen Mächte an, vor allem eine fast völlige Einkreisung Frankreichs durch die habsburgische Macht. Der französische König hatte dem kaum etwas anderes entgegenzusetzen als den Ausbau seiner Herrschaftspositionen in Italien, und zwar zunächst in Oberitalien; das aber konnte kaum anders als auf Kosten der habsburgischen und Reichsinteressen in diesem Raum geschehen. Hier waren schwere Konflikte vorprogrammiert, und diese Konflikte mußten noch unerbittlicher werden, wenn etwa der Kaiserenkel und Erbe der spanischen Kronen Karl selbst auch noch auf den Kaiserthron gelangte. Die fünf großen Kriege Karls V. mit Franz I. bzw. Heinrich II. von Frankreich um die Vorherrschaft über Italien, die in der deutschen und europäischen Geschichte der Reformationszeit eine so folgenreiche Rolle spielen sollten, beruhten mithin auf Grundkonstellationen, die sich schon zu Beginn des Jahrhunderts herausgebildet hatten.

Kaum weniger wichtig als die italienische Konfliktzone der europäischen Außenpolitik war deren ostmitteleuropäisches Spannungsfeld. In ihm stand zu Beginn des 16. Jahrhunderts neben der Zukunft des preußischen Ordenslandes vor allem die künftige Herrschaft über Ungarn und die Länder der Krone Böhmen zur Entscheidung; für Preußen und Böhmen ging es dabei zugleich – de jure oder doch de facto – um ihre Zugehörigkeit zum Reich. Das damit gegebene Reichsinteresse wurde von König Maximilian jedoch nur insoweit wahrgenommen, als es sich mit dem habsburgischen Hausmachtinteresse deckte. Dieses Hausmachtinteresse ließ Maximilian mit Energie und Ausdauer nach der böhmischen und ungarischen Krone streben; das zeitweilige und beschränkte Engagement des Königs für das preußische Ordensland hatte dagegen im wesentlichen nur den Sinn, Polen-Litauen in der Auseinandersetzung um die Thronfolge in Böhmen und Ungarn unter Druck zu setzen.

Die Haltung Polen-Litauens war nun freilich für alle wichtigen politischen Fragen Ostmitteleuropas von maßgebender Bedeutung. Seit der Mitte des 15. Jahrhunderts befand sich das Doppelreich auf einem Höhepunkt seiner Machtstellung; es erstreckte sich von der Düna im Norden bis zum Schwarzen Meer im Süden, von Posen im Westen bis zum Dnjepr im Osten. Seit dem Eindringen von Humanismus und Renaissance entfaltete zumindest der polnische Reichsteil auch eine bedeutende, auf weite Teile Europas ausstrahlende kulturelle Attraktivität. Damit verband sich ein ungewöhnliches Maß an politischen Freiheiten – Freiheiten allerdings im wesentlichen bloß des Adels und auch nicht ohne die Gefahr politischer Anarchie. Diese Gefahr konnte jedoch vorerst noch im Zaum gehalten werden; das 16. Jahrhundert, zumindest bis zum Aussterben der Jagiellonen (1572), war so etwas wie eine goldene Zeit Polen-Litauens.

Dabei war das staatsrechtliche Verhältnis zwischen Polen und Litauen noch bis in die zweite Jahrhunderthälfte hinein lediglich das einer Personalunion, und diese Personalunion war obendrein immer wieder dadurch gefährdet, daß nur im Großfürstentum Litauen – und auch hier nur bis 1499 – das Prinzip der erblichen Thronfolge galt. Polen dagegen war stets ein Wahlreich, wenngleich nicht ohne gewisse Bindungen des Wahlrechts an dynastisch begründete Erbansprüche. Tatsächlich brach die 1386 zuerst geschaffene Verbindung der beiden Reiche mehrfach wieder auseinander, zuletzt noch einmal in den neunziger Jahren des 15. Jahrhunderts. Aber sie wurde eben doch auch immer wieder neu begründet; vor allem die bedrohliche Nachbarschaft Moskaus ließ dem Großfürstentum kaum eine andere Möglichkeit als die eines engen Zusammenschlusses mit Polen, das innerhalb der Union gegenüber dem in seiner geographischen Ausdehnung viel größeren Litauen politisch, wirtschaftlich und kulturell die Führung innehatte.

Zu Beginn des Jahrhunderts sah sich Polen-Litauen – abgesehen von der Regelung der offenen Fragen im Verhältnis der beiden Teilreiche zueinander – vor vier Hauptproblemen seiner äußeren Staatenbildung, nämlich 1. der

Durchsetzung der polnischen Hoheitsansprüche gegenüber dem Deutschen Orden, 2. der Friedenssicherung im Südosten gegen die Osmanen und deren Vasallen am Schwarzen Meer, 3. dem Schutz Litauens gegen weitere Gebietsverluste an Moskau und 4. der Realisierung der jagiellonischen Thronansprüche auf Böhmen und Ungarn. Dabei zeichnete sich für das erste dieser Probleme bereits deutlich eine Lösung im Sinne der polnischen Interessen ab: Der Deutsche Orden erhielt so wenig Unterstützung aus dem Reich, daß die volle Durchsetzung der polnischen Oberhoheit nur eine Frage der Zeit sein konnte. Schwieriger gestaltete sich schon die Abwehr der Osmanen und der ihnen vasallenpflichtigen Krim-Tataren, die schon vor der Jahrhundertwende mehrfach tief nach Polen eingefallen waren. Im Jahre 1503 gelang es jedoch, zu einem in der Folge mehrfach verlängerten Waffenstillstand mit den Osmanen zu kommen; die dadurch gewonnene Zeit nutzte man zu einer Reorganisation der Verteidigung in Form einer Kombination fester Grenzplätze mit sehr beweglichen, aus der Grenzbevölkerung rekrutierten Reitertruppen, den sogenannten Kosaken. Dieses System der Grenzsicherung hatte langfristig durchaus Erfolg, die inneren Landesteile bis nach Wolhynien konnten dauerhaft gesichert werden. Dagegen blieb die Expansion des Großfürstentums Moskau eine dauernde Bedrohung Polen-Litauens. Bereits Großfürst Ivan III. (1462–1505), der sich selbst als Zar aller Russen, wenn nicht gar als eigentlichen Herrn der gesamten Christenheit verstand, brachte einen Teil der Ukraine und Weißrutheniens unter seine Herrschaft, dazu Stadt und Land Novgorod, den wichtigsten Bündnispartner Polen-Litauens im Nordosten; die in den achtziger Jahren des Jahrhunderts einsetzende Reihe der Kriege zwischen Polen-Litauen und Moskau – jahrzehntelang immer nur durch unsichere Waffenstillstände unterbrochen – führte zu weiteren Gebietsverlusten im Osten des Doppelreichs. Dieser moskowitische Druck engte die politische Handlungsfähigkeit Polen-Litauens auch gegenüber seinen westlichen Nachbarn empfindlich ein. Bezeichnenderweise knüpfte schon Maximilian I. diplomatische Verbindungen mit dem Zaren an, um im böhmisch-ungarischen Thronfolgestreit auf den polnischen König Druck auszuüben.

In diesen Thronfolgestreitigkeiten nun, deren Ausgang wiederum über Grundfragen der politischen Gestaltung Ostmitteleuropas bis ins 20. Jahrhundert hinein entschied, führten beide konkurrierenden Dynastien – Jagiellonen wie Habsburger – ihre Ansprüche letztlich auf Kaiser Sigismund zurück, der mit der Krone des Reichs auch die Kronen Ungarns und Böhmens auf sich vereinigt hatte; das bessere Recht der einen oder anderen Dynastie hing von der umstrittenen Frage des weiblichen Thronfolgerechts ab. Daneben aber beanspruchten in Böhmen wie in Ungarn – gerade angesichts des Streits der auswärtigen Dynastien – die Stände ein eigenes Wahlrecht, vor allem zugunsten eines nationalen Königtums, und setzten sich damit zunächst auch durch: in Böhmen mit der Wahl Georg Podiebrads, des Führers der böhmischen Utraquisten, in Ungarn durch die Erhebung des

Matthias Corvinus, der in der Folge ein – wenngleich nur kurzlebiges – Großreich in Südosteuropa zusammenbrachte. Zwar gelang es Kaiser Friedrich III. im Vertrag von Wiener Neustadt 1463, mit Corvinus ein ungarisches Doppelkönigtum zu vereinbaren; überdies sollte der Habsburger, falls Corvinus kinderlos stürbe, auch dessen Königserbe antreten. Die folgenden schweren Auseinandersetzungen Kaiser Friedrichs mit Matthias Corvinus und auch die ablehnende Haltung der Mehrheit der ungarischen Magnaten gegenüber dem Habsburger ließen den Vertrag jedoch schon bald undurchführbar werden. Dagegen gelang es den Jagiellonen nach dem Tode Podiebrads 1471, ihre Thronansprüche in Böhmen durchzusetzen; die böhmischen Stände wählten den polnischen Königssohn Wladislaw zum neuen König. Knapp zwanzig Jahre später folgten sogar die Ungarn dem böhmischen Beispiel: als Matthias Corvinus 1490 starb, entschlossen sich auch die Ungarn zur Wahl Wladislaws.

Es konnte wohl so scheinen, als wäre damit der Thronfolgestreit um Böhmen und Ungarn auf der ganzen Linie zugunsten der Jagiellonen entschieden. Indessen stand Wladislaw, der auf die Selbständigkeit seines Königtums auch gegenüber Polen-Litauen pochte, doch in mancherlei Spannungen zum polnischen Königshaus, die sich überdies mit innerungarischen Widerständen verbanden – sein eigener Bruder trat in Ungarn als Gegenkönig auf. Angesichts dieser Gefährdungen seiner Herrschaft suchte Wladislaw sehr bald die Verständigung mit seinem habsburgischen Konkurrenten. Im Vertrag von Preßburg (1491) übernahm und bestätigte er gegenüber König Maximilian die Abmachungen von Wiener Neustadt: Doppelkönigtum und Erbeinung in Ungarn; zusätzlich wurde die Erbeinung auf Böhmen ausgeweitet. Da die Ehe Wladislaws mit Beatrix von Neapel kinderlos geblieben war, ließ der Vertrag die Thronfolge der Habsburger in beiden Reichen sogar in greifbare Nähe rücken. Mit alledem hatten sich die dynastischen Perspektiven überraschend und grundlegend verschoben. Eine definitive Entscheidung war der Vertrag von Preßburg freilich noch immer nicht. Zum einen blieb es noch lange Zeit höchst unsicher, ob die Habsburger in dem – immerhin erwartbaren – Fall des kinderlosen Todes Wladislaws ihre erbrechtlichen Ansprüche gegenüber den Ständen Böhmens und Ungarns wirklich würden durchsetzen können; zum andern erwies sich einige Jahre später, daß auch die dynastische Rechnung noch offenstand: Im Jahr 1500 nämlich erreichte König Wladislaw vom Papst die Annullierung seiner Ehe und heiratete kurz darauf die mit dem französischen Königshaus verwandte Anne de Foix. Wenn aus dieser neuen Ehe des alten Königs noch ein Thronfolger hervorging, so konnte die Erbeinung des Preßburger Vertrags leicht zur Makulatur werden. Die künftige politische Gestalt Ostmitteleuropas war mithin zu Beginn des 16. Jahrhunderts noch durchaus offen.

Der zu Beginn des 14. Jahrhunderts noch ganz unbedeutende Staat der Osmanen in Kleinasien war im Laufe weniger Generationen zu einer

Großmacht herangewachsen, die die politische Ordnung des Abendlandes bis in ihre Grundfesten erschütterte. Nachdem die Osmanen um die Mitte des 14. Jahrhunderts die Dardanellen überschritten hatten, war schon ein Jahrzehnt später Adrianopel gefallen; bis zum Ende des Jahrhunderts hatten die Türken auch die meisten serbischen Fürstentümer und Bulgarien in ihre Hand gebracht. Unter Mehmed II., dem «Eroberer», war seit 1451 eine zweite große osmanische Expansionswelle gefolgt. 1453 war Konstantinopel erobert worden; in den sechziger Jahren hatten die Türken große Teile von Bosnien und Albanien unterworfen. Seit 1469 bereits waren die österreichischen Herzogtümer Krain, Kärnten und Steiermark den gelegentlichen Streifzügen leichter türkischer Reiterei ausgesetzt gewesen; 1480 hatten sich die Osmanen durch eine Landung bei Otranto einen Brückenkopf in Italien geschaffen. Der frühe Tod Mehmeds II. (1481) ließ zwar diese apulische Unternehmung scheitern, und die folgenden innenpolitischen, zumeist religiös bedingten Auseinandersetzungen im Osmanenreich führten für einige Zeit zu einem Nachlassen des Expansionsdrangs. Doch schufen sich die Türken, durch die vorangegangenen Kriege gegen die Venezianer über die Wichtigkeit maritimer Herrschaft belehrt, bereits in diesen Jahrzehnten relativer äußerer Ruhe eine gewaltige Flotte, die ihnen für nahezu ein Jahrhundert die Seeherrschaft im östlichen Mittelmeer garantierte. Der dritte gewaltige Expansionsstoß der Osmanen ließ denn auch nicht lange auf sich warten. Im Osten wurde 1512 bis 1514 dem Vordringen der Perser Einhalt geboten; wenige Jahre darauf eroberte Selim I. Syrien und Ägypten; 1519 unterstellte sich der Barbareskenfürst Chaireddin «Barbarossa» in Algier der osmanischen Oberhoheit und verschaffte damit dem Sultan die Verfügung über die schlagkräftigste Flotte auch des westlichen Mittelmeeres. Suleiman II. (1520–1566) lenkte dann die Stoßrichtung des osmanischen Angriffs erneut nach Norden und brachte einen Großteil Ungarns unter osmanische Herrschaft. Damit waren Österreich und Böhmen – und mit ihnen das Reich – aufs unmittelbarste bedroht; die Türkenabwehr sollte bis zum beginnenden 18. Jahrhundert ein Kernproblem der habsburgischen und Reichspolitik bleiben.

Der Konflikt mit den Türken war von prinzipiell anderer Art als die innereuropäischen Auseinandersetzungen der Epoche. Der Grund dafür lag in den tiefen Gegensätzen, in denen die Osmanen damals zur abendländischen Welt insgesamt standen, und der Kern dieser Gegensätze war religiöser Art. Die Expansion der Osmanen war ja zugleich eine Expansion des Islams, der damit zu eben der Zeit, da die arabischen Muslime auf der Pyrenäenhalbinsel unter dem Druck der spanischen Reconquista ihre letzten Bastionen räumen mußten, von Südosten her erneut und tief in den christlichen Raum einbrach. Der islamische Charakter des Osmanenreichs gewann zu Anfang des 16. Jahrhunderts sogar ein besonders geschlossenes Gepräge; Selim I. setzte nämlich damals die ausschließliche Geltung der sunnitischen Orthodoxie durch. Die Interessen des Islams waren denn auch ein dauernd lebendiges und höchst wirksames Ferment in der Politik der Osmanen gegenüber der christlichen Staatenwelt. Mit dem religiösen Gegensatz aber verbanden sich nicht minder tiefgreifende Gegensätze der politischen und sozialen Lebensformen, insbesondere der Rechtsordnungen. Wie nämlich das gesamte Recht der islamischen Gemeinschaft im Selbstverständnis der Muslime eine durch und durch religiöse Ordnung darstellte – und zwar eine exklusiv islamische Ordnung, weshalb zur außerislamischen Welt nur schwer eigentliche Rechtsbeziehungen herzustellen waren –, so gingen auch staatliches und religiöses Leben ununterscheidbar ineinander über: Das Gesetz des Propheten galt unmittelbar als Gesetz des Staates, seine Durchsetzung war Recht und Pflicht des Sultans. Der universale Geltungsanspruch des prophetischen Gesetzes aber führte mit innerer Notwendigkeit zum Anspruch auf die Weltherrschaft, und das bedeutete in der Praxis permanenten «Heiligen Krieg». Gerade die Osmanen des 16. Jahrhunderts haben sich, wie die Kalifen der Frühzeit des Islams, durchaus als «Schwert Gottes» gefühlt, und zwar in dynastischer Exklusivität: Nur sie, die Osmanen, glaubten sich zur Weltherrschaft im Namen Allahs berufen; politische Konkurrenz, auch von seiten anderer islamischer Staaten, war deshalb ebenso ein Kriegsgrund wie die permanente Weigerung der Ungläubigen, den wahren Glauben anzunehmen. Anderseits bedeutete der Anspruch auf die Universalität des Islams doch nicht die Verpflichtung zur zwangsweisen Islamisierung der unterworfenen Völker. Vor allem die Juden und Christen, deren Offenbarungsschriften ja schon von Mohammed und den Kalifen als heilige Bücher – nur eben noch ohne die abschließende Krönung durch den Koran – anerkannt worden waren, konnten ihre Religion als «Schutzbefohlene» der Muslime grundsätzlich beibehalten und genossen sogar eine gewisse rechtliche Autonomie. Gerade die Osmanen haben dieses Institut der «Schutzbefohlenen» recht pragmatisch gehandhabt, nicht zuletzt deshalb, weil nach islamischem Recht von den Schutzbefohlenen erheblich höhere Steuern eingezogen werden konnten als von den Muslimen. Und trotz der prinzipiellen Friedlosigkeit zwischen der Welt des Islams und der Welt der Ungläubigen – letztere hieß in der islamischen Rechtssprache bezeichnenderweise Dār al-Harb («Welt des Kriegs») – waren doch auch auf staatlicher Ebene von jeher gewisse Abmachungen mit den Ungläubigen nicht ganz ausgeschlossen, wenngleich immer nur sehr vorläufig und unter dem Vorbehalt islamischer Opportunitäten. Wiederum waren es die Osmanen, die auch diese Möglichkeit zwischenstaatlichen Paktierens mit zunehmender Flexibilität handhabten, um sich damit die Konflikte der europäischen Mächte untereinander zunutze zu machen. Gleichwohl waren nicht Friede und Recht, sondern der Krieg das Grundgesetz der osmanischen Politik gegenüber den christlichen Staaten. Diese Ausrichtung auf den Krieg aber bestimmte zum guten Teil auch den organisatorischen Aufbau des türkischen Staats.

Das Reich der Osmanen war nicht nur eine bedeutende Militärmacht, wie das ja auch von Spanien oder Frankreich gesagt werden könnte, sondern ein eigentlicher Kriegerstaat: Das Heer selbst – «la religion en marche» (F. Grénard) – verkörperte den Staat, dessen Regierung vor allem als militärische Funktion verstanden wurde. Die gesamte Regierungs- und Kommandogewalt aber folgte im Prinzip ausschließlich dem Willen des Sultans, für den seinerseits nur das heilige Recht des Islams verbindlich war. Ohne den hemmenden Dualismus geistlichen und weltlichen Rechts, ohne den Zwang zur Rücksichtnahme auf einen Geburtsadel, ganz zu schweigen von ständestaatlichen Bindungen, vereinigte der Herrscher der Osmanen damit eine Machtfülle in sich, die abendländischem Empfinden fremd und unerhört scheinen mußte. Daß die Sultane, um dynastischen Rivalitäten um den Thron vorzubeugen, Generationen hindurch immer wieder ihre jüngeren Brüder ermorden ließen, daß sie auch ihre Feldherren, die das Unglück einer größeren militärischen Niederlage gehabt hatten, mit dem Tode straften, verstärkte bei den Europäern noch den Eindruck des Fremdartigen und Furchtbaren.

Natürlich wurde auch auf seiten der christlichen Staaten der religiöse Gegensatz zu den Osmanen stark empfunden. Schon seit dem ausgehenden 14. Jahrhundert gab es immer erneute Projekte eines Türkenkreuzzugs, und gerade um die Wende des 15. Jahrhunderts spielten derartige Projekte in den Planungen nahezu aller großen europäischen Mächte eine nicht unerhebliche Rolle. Das religiöse Element des Konflikts verstärkte sich sogar noch. Angesichts der zunehmenden Bedrohung durch die Osmanen – und damit durch den Islam – wurde der Türkenkrieg nämlich immer weniger als Kreuzzug im herkömmlichen Sinne, d. h. als Verteidigung bestimmter, konkret verletzter Rechte der Christenheit verstanden denn als umfassender Glaubenskrieg, der einen politischen Kompromiß mit den Osmanen oder gar eine dauernde Friedensordnung als nahezu unerreichbar erscheinen ließ.

Es gab allerdings auch kräftige Gegenströmungen, die zu mancherlei inneren Brüchen in der Haltung der Christenheit zu den Osmanen führten. Nach den mittelalterlichen Rechtstraditionen der christlichen Staaten war der Unglaube der Muslime an sich weder ein Kriegsgrund noch auch nur ein grundsätzliches Hindernis für eine rechtliche Regelung der gegenseitigen Beziehungen. Im Gegenteil war man seit jeher und immer wieder gerade auf derartige rechtliche Regelungen, in praxi: auf den Abschluß von Verträgen, bedacht gewesen. Gewiß resultierten solche Bestrebungen vielfach aus politischen Zwangslagen. Wenn z. B. Venedig 1479 eine vertragliche Verständigung mit Mehmed II. suchte, so vor allem deshalb, weil der Türkenkrieg die lebenswichtigen Handelsinteressen der Lagunenstadt aufs schwerste gefährdete. Schon die Tatsache aber, daß man solchen Zwangslagen gerade durch vertragliche Vereinbarungen zu entgehen suchte, hatte ihre Wurzeln doch in tieferen Schichten des abendländischen Rechtsdenkens – im Naturrecht nämlich, das den Christen eine Brücke des Rechts auch zu den Ungläubigen baute. Die notorischen Probleme verbindlicher Verträge mit den Osmanen ergaben sich demgegenüber gerade aus dem Fehlen naturrechtlicher Traditionen auf muslimischer Seite.

Auch diese Bereitschaft der christlichen Mächte zu völkerrechtlichen Verträgen mit den Osmanen nahm nun seit dem ausgehenden 15. Jahrhundert unverkennbar zu und gewann zugleich eine neue Qualität. Ungeachtet nämlich der weitverbreiteten Verschärfung des Konflikts mit den Osmanen zu einem Glaubenskrieg, begannen einige der christlichen Mächte Europas auch in ihren Auseinandersetzungen untereinander das Bündnis mit den Türken zu suchen, um so den Expansionsdrang der Osmanen den eigenen politischen Zielen nutzbar zu machen. Daß selbst der Papst – nun freilich der ohnehin wenig skrupelhafte Alexander VI. – im Kampf gegen die Franzosen um Neapel 1495 die Unterstützung des Sultans zu erkaufen suchte, ist für diesen Wandel ungemein bezeichnend. Seit den späten zwanziger Jahren des 16. Jahrhunderts war es dann vor allem Frankreich, das in seinem Konflikt mit den Habsburgern auf das Bündnis mit den Osmanen setzte, während umgekehrt Karl V. noch lange und geradezu hartnäckig an dem Projekt eines gemeinchristlichen Kreuzzugs gegen die Türken festhielt. Die universalistische Politik des Kaisers scheiterte freilich auch mit diesem Vorhaben. Die neue Staatsräson der europäischen Mächte hatte längst begonnen, die alte Gemeinsamkeit der res publica christiana zu paralysieren.

II.

Bevölkerung und Wirtschaft

Um 1500 wiesen die europäischen Länder in ihrem räumlichen Umfang ein deutliches Ost-West-Gefälle auf. Das aus dem Großfürstentum Moskau erwachsene Zartum Rußland, das durch Personalunion mit Litauen verbundene Königreich Polen und das Osmanische Reich waren die an Ausdehnung größten politischen Gebilde auf europäischem Boden; dabei lagen die Kernzonen des Osmanenreichs sogar in Vorderasien. Den östlichen Mächten folgte an Ausdehnung das Deutsche Reich. Die westeuropäischen Nationalstaaten waren noch einmal geringeren Umfangs, von der italienischen Staatenwelt ganz zu schweigen. Gerade umgekehrt verhielt es sich mit der Bevölkerungsdichte. Sie war in Italien und Frankreich am höchsten, in Deutschland – bei ausgeprägtem West-Ost-Gefälle auch innerhalb des Reichs – durchschnittlich etwas geringer; im Osten Europas aber betrug sie mit allenfalls fünf Menschen pro Quadratkilometer kaum mehr als ein Fünftel der Bevölkerungsdichte Frankreichs oder der Landschaften im Westen Deutschlands. Ungeachtet der größeren Ausdehnung der osteuropäischen Länder war das Deutsche Reich deshalb zu Beginn der Neuzeit das wohl volkreichste Land Europas, noch vor Frankreich. Dazu kam, daß das Reich in weiten Regionen durch landwirtschaftlich gut nutzbare Böden, durch die reichsten damals überhaupt bekannten Bodenschätze des Kontinents, durch eine hervorragende außenwirtschaftliche Lage im Herzen Europas sowie durch hinreichende Flußverbindungen im Innern begünstigt war. Vor allem im Osten gab es überdies reiche natürliche Reserven des Nahrungsspielraums. Die Summe dieser natürlichen Bedingungen wies dem Reich unter den europäischen Ländern der Zeit die Chance eines ökonomischen Spitzenplatzes zu, und diese Chance wurde auch genutzt. Zwar kündigte sich einerseits mit der Abschnürung der traditionellen vorderasiatischen Routen des Indienhandels durch die Osmanen und anderseits mit der Entdeckung Amerikas sowie des Seewegs nach Indien eine folgenreiche Verlagerung der großen Handelsströme an, die den Schwerpunkt der europäischen Wirtschaft in den Westen des Kontinents verschieben sollte. Doch war das eine ganz allmähliche Entwicklung, von der zu Beginn des 16. Jahrhunderts noch kaum etwas zu spüren war.

Im folgenden sollen zunächst die Grundzüge der Bevölkerungsgeschichte Deutschlands zu Beginn der Neuzeit etwas näher erörtert werden. Aus diesen bevölkerungsgeschichtlichen Strukturen und Konjunkturen ergaben sich wesentliche Bedingungen auch für die Wirtschaft der Zeit. Deren Darstellung soll deshalb an die demographiegeschichtliche Erörterung anschließen.

1. Demographische Strukturen und Konjunkturen: Von der Stagnation zur Expansion

Die Erforschung der Bevölkerungsgeschichte des 16. Jahrhunderts, erst recht des beginnenden 16. Jahrhunderts, steht vor großen und zum Teil unausräumbaren Schwierigkeiten der Quellenlage. Die Zeit kannte keine umfassenden Bevölkerungsstatistiken, und soweit man bestimmte Bevölkerungsteile überhaupt zahlenmäßig erfaßte, geschah dies nicht aus dem theoretischen Interesse an demographischen Strukturen und Wandlungen, sondern aus handfesten, zumeist fiskalischen Motiven. Die mit Abstand wichtigsten demographischen Quellen der Zeit sind bezeichnenderweise Steuerlisten; daneben können herrschaftliche Einkunftsverzeichnisse, gelegentlich auch städtische Proviantierungslisten und ähnliche Verwaltungsakten herangezogen werden. Für fast alle diese Quellen aber gilt, daß sie nicht die einzelnen Personen der Bevölkerung erfassen, sondern – bestenfalls – die einzelnen Haushalte bzw. deren «Hausväter». Ohnehin galt der vormodernen Welt- und Lebensauffassung der Mensch weniger als Individuum denn als Glied einer kleineren oder größeren Gemeinschaft, und in diesen Gemeinschaften «zählten» manche – schon die Ehefrau und erst recht die Kinder oder das Gesinde – deutlich weniger als andere oder eben gar nicht. Man muß also, um zu absoluten Bevölkerungszahlen zu gelangen, auf Grund anderer Quellen die durchschnittlichen Haushaltsgrößen zu bestimmen suchen, und das ist eine vollends heikle Aufgabe, die denn auch bis heute erst für wenige Orte oder gar Regionen und soziale Schichten gelöst ist. Für den weiteren Verlauf der frühen Neuzeit bieten dann zwar die Kirchenbücher mit ihren Tauf-, Sterbe- und Heiratsverzeichnissen eine grundsätzlich bessere Quellengrundlage; diese Kirchenbücher setzen für Deutschland aber erst ganz allmählich seit der zweiten Hälfte des 16. Jahrhunderts ein. Die Angaben über die Bevölkerungszahlen des beginnenden 16. Jahrhunderts dürfen mithin nur als ziemlich grobe Schätzungen verstanden werden. Grundlinien der Bevölkerungsstruktur lassen sich immerhin mit zureichender Sicherheit erfassen, und ebenso die Richtung, wenn schon nicht das genauere Ausmaß ihrer Veränderungen in unserer Epoche.

Das Heilige Römische Reich deutscher Nation – einschließlich der Schweizer Eidgenossenschaft und der Niederlande, aber ohne Reichsitalien – dürfte um 1500 eine Bevölkerung von gut 16 Millionen Menschen gehabt haben, von denen etwa zwei Millionen in den Niederlanden, noch einmal gut zwei Millionen in Böhmen und seinen Nebenländern, 550 000 bis 600 000 in der Schweiz lebten. Das war nahezu ein Viertel der gesamten europäischen Bevölkerung. Von den anderen europäischen Ländern kam Frankreich mit wohl 15 bis 16 Millionen Einwohnern der Bevölkerungszahl des Reichs sehr nahe. In Italien lebten zur gleichen Zeit zehn bis elf Millionen Menschen; die Bevölkerung der Pyrenäenhalbinsel wird auf etwa neun Millionen geschätzt, die der britischen Inseln auf knapp viereinhalb

Millionen. Die Bevölkerungsdichte des Reichs war im Westen höher als im Osten, wies aber auch sonst – in Abhängigkeit vor allem von der Bodenbeschaffenheit und der wirtschaftlichen Struktur der einzelnen Regionen – große Unterschiede auf. In gewerbe- und städtereichen Landschaften etwa der Niederlande erreichte die Bevölkerungsdichte mit 70 oder mehr Einwohnern pro Quadratkilometer Spitzenwerte, wie sie das zeitgenössische Europa sonst nur in den alten Städtelandschaften Oberitaliens aufzuweisen hatte. Die durchschnittliche Bevölkerungsdichte des Gesamtreichs mag bei gut 20 Einwohnern pro Quadratkilometer gelegen haben. Das Reich war damit siedlungsmäßig vergleichsweise gut erschlossen und bot zugleich noch erhebliche Landreserven für einen Zuwachs der Bevölkerung; allerdings lagen diese Landreserven vor allem im Norden und Osten, während der dichter besiedelte Westen und Süden des Reichs, jedenfalls bei gleichbleibender landwirtschaftlicher Produktivität, eher an die Grenzen des Nahrungsspielraums stoßen mußte.

Das Reich zählte rund 4000 Städte. Das war ein erstaunliches Ergebnis der mittelalterlichen Städtepolitik; die Zahl der Städte Mitteleuropas sollte bis zum 19. Jahrhundert kaum noch zunehmen. Ihre Einwohnerzahlen waren freilich von denen des 19. und 20. Jahrhunderts noch weit entfernt. Bei nahezu 90 Prozent von ihnen handelte es sich um Kleinstädte mit deutlich unter 2000 Einwohnern, und wohl nur wenig mehr als 40 Städte erreichten eine Bevölkerungszahl von mehr als 10000 Menschen; die größten von ihnen – mit mehr als 25000 Einwohnern – waren Köln, Prag, Nürnberg, Augsburg, Lübeck und Danzig, dazu eine Reihe von Städten der weit urbanisierten Niederlande, insbesondere Gent, Brügge, Ypern, Brüssel und Antwerpen. Antwerpen wuchs in den folgenden Jahrzehnten überhaupt zur zweitgrößten europäischen Stadt nördlich der Alpen heran, nur Paris hatte stets noch mehr Einwohner. Die meisten der an Bevölkerungszahl bedeutendsten Städte Europas fanden sich ohnehin noch lange in den alten Städtelandschaften im Süden des Kontinents. Mit Ausnahme von Paris, London und – etwas später – Antwerpen lagen alle europäischen Städte mit mehr als 50000 Einwohnern in Italien oder Spanien. Und obwohl in einigen Regionen des Reichs die Urbanisierung bereits weit vorangeschritten war – die Grafschaft Holland wies um 1514 einen städtischen Bevölkerungsanteil von gut 50 Prozent auf, in Brabant dürften es zur gleichen Zeit an die 40 Prozent gewesen sein –, stellte der Grad der Verstädterung des Reichs insgesamt mit kaum mehr als 25 Prozent im europäischen Vergleich nur einen Mittelwert dar. Im übrigen fehlte es in Deutschland an der klaren ökonomischen und politischen Vorzugsstellung einer Stadt, wie sie insbesondere Paris für Frankreich oder auch London für England innehatten. Das bedeutete eine reiche Vielfalt städtischer Lebensformen, wirkte sich aber als Minderung der politischen Rolle des Bürgertums aus: Von den Möglichkeiten politischen Einflusses, wie ihn die Bürger von London oder Paris in ihren Ländern ausübten, war das deutsche Bürgertum weit entfernt. Daß die großen Kaufleute der oberdeutschen Reichsstädte im Zeichen des sogenannten Frühkapitalismus im Europa des beginnenden 16. Jahrhunderts eine nicht nur wirtschaftlich, sondern auch politisch bedeutende Position einnahmen, darf darüber freilich nicht verkannt werden.

Schon die geringere Bevölkerungsdichte wie der geringere Grad der Verstädterung unterscheiden die demographischen Verhältnisse der beginnenden Neuzeit deutlich von denen des 19. und 20. Jahrhunderts. Es gab daneben aber auch noch andere, elementare Unterschiede, deren Bedeutung für die materiellen Lebensbedingungen wie für das Lebensgefühl der Menschen jener Epoche kaum überschätzt werden kann. Der wichtigste dieser Unterschiede bestand in der bei weitem höheren Sterblichkeit des 16. Jahrhunderts, in der für jeden einzelnen nahezu ständig präsenten Gefahr des Todes. Die Medizin kannte gegen viele Krankheiten keine wirksame Abhilfe, und manche gerade der schweren Krankheiten – Ruhr, Blattern, Typhus, Virusgrippen, vor allem aber die furchtbare Geißel der Pest – wüteten im Abstand von nur wenigen Jahren oder gar Monaten in Form verheerender Epidemien, die die Sterbeziffern auf ein Mehrfaches – im Fall der Pest auf das Zehn- bis Zwanzigfache – der normalen Werte hinaufschnellen ließen. Man hat berechnet, daß im Durchschnitt jedes dritte bis vierte Jahr des 16. Jahrhunderts ein Seuchenjahr gewesen ist. Es konnte zwar durchaus geschehen, daß eine Landschaft für ein Jahrzehnt oder noch länger von großen Epidemien verschont blieb; umgekehrt waren die Abstände zwischen den Seuchenjahren häufig aber auch sehr viel kürzer als jener Durchschnittswert, und dies alles war eben in gar keiner Weise zu kalkulieren. Extrem hoch waren die Bevölkerungsverluste im übrigen immer dann, wenn die großen Epidemien mit Hungersnöten als Folge von Mißernten Hand in Hand gingen. Zwar dürften im Mitteleuropa des 16. Jahrhunderts wohl nur in Ausnahmefällen Menschen Hungers gestorben sein; die nicht seltenen Ernährungskrisen schwächten aber die Widerstandskraft gegen die gleichzeitig oder kurz danach auftretenden Seuchen mit oft tödlichen Folgen. Besonders betroffen waren natürlich stets die ohnehin Schwachen, vor allem also – neben den vergleichsweise wenigen sehr alten Menschen – die Kinder, am meisten die Säuglinge. Wenn das durchschnittliche Lebensalter der Menschen jener Zeit kaum mehr als 30 Jahre betrug, so war das in erster Linie eine Folge der ungemein hohen Säuglings- und Kindersterblichkeit. In der Stadt Genf z. B. wurden im 16. Jahrhundert über 10 Prozent aller Kinder totgeboren oder starben noch vor der Taufe; über ein Viertel aller Lebendgeborenen vollendete das erste Lebensjahr nicht, und in vielen Geborenenjahrgängen starb die Hälfte aller Kinder vor dem sechsten Lebensjahr. Diese Genfer Zahlen mögen ungewöhnlich hoch sein; ohnehin war die Sterblichkeit und auch die Kindersterblichkeit in den Städten erheblich höher als auf dem Land, und nicht in allen Städten mögen vergleichbar ungünstige Verhältnisse geherrscht haben wie in Genf. Daß aber allenfalls die Hälfte aller Neugeborenen des 16. Jahrhunderts das Erwachsenenalter erreichte, dürfte eine allgemein gültige Feststellung sein – übrigens auch, daß die Kindersterblichkeit beim niederen Volk noch deutlich höher war als in den sozial gehobenen Schichten. Merklich besser stand es um die Lebenserwartung der Erwachsenen; ein Lebensalter von 60 oder mehr Jahren war keine Seltenheit. Indessen galt ein Mann in den Fünfzigern doch schon als alt, in den Sechzigern als Greis, und vor allem: Auch die Erwachsenen in ihren besten Jahren lebten doch in dichter Nähe zum Tod. Sie sahen jedes zweite ihrer Kinder vorzeitig sterben, jeder zweite von ihnen verlor den Ehepartner nach weniger als zehnjähriger Ehedauer, und überhaupt jeder von ihnen befand sich in nahezu ständiger Unsicherheit des eigenen Lebens. Wenn es im Kirchenliede hieß «Mitten wir im Leben sind von dem Tod umfangen», so war das für die Menschen der Epoche keine mühsam verinnerlichte allgemeine Wahrheit, sondern unmittelbarer Ausdruck eines selbstverständlichen und sehr konkreten Lebensgefühls.

Der hohen Sterblichkeit der Zeit entsprach eine nicht minder hohe Geburtenrate. Sie lag mit 30–40 pro Tausend der Bevölkerung etwa doppelt so hoch wie in den mitteleuropäischen Ländern um die Mitte des 20. Jahrhunderts; nach großen Epidemien stieg sie gar auf 50 oder 60 pro Tausend an und glich damit die eingetretenen Bevölkerungsverluste in oft erstaunlich kurzer Zeit wieder aus. Bezieht man die Geburtenziffern auf die einzelnen Ehen, so ergibt sich, daß auf jede biologisch vollständige Ehe, bei der also beide Ehepartner bis zum Ende der Fruchtbarkeit der Frau lebten, durchschnittlich etwa sechs Geburten fielen. Allerdings wurden die meisten Ehen schon vorzeitig durch den Tod eines der Ehepartner aufgelöst; so war die durchschnittliche Geburtenzahl aller Ehen – der vollständigen wie der unvollständigen – beträchtlich niedriger, nämlich zwischen 4,5 und fünf, und wegen der hohen Kindersterblichkeit lag die durchschnittliche Familiengröße – also die Zahl der lebenden Eltern und Kinder – deutlich unter fünf. Gewiß gab es auch Familien mit acht oder zehn Kindern, aber das waren doch Ausnahmen, die nur in sehr reichen und hochgestellten Familien etwas häufiger vorkamen. Die durchschnittliche Familie des 16. Jahrhunderts wie überhaupt der vorindustriellen Zeit, jedenfalls in Mittel- und Westeuropa, war also beileibe keine «Großfamilie» – übigens auch nicht im Sinne einer Mehrgenerationenfamilie, in der die Großeltern mit der Kernfamilie aus Eltern und Kindern einen Haushalt gebildet hätten; grundsätzlich formierte die Kernfamilie jeder Generation einen eigenen Haushalt, zu dem außer Eltern und Kindern zwar das Gesinde sowie das berufliche Hilfspersonal des Hausherrn gehörten, aber gerade nicht die Großeltern oder Geschwister der Eltern.

Ungeachtet der hohen Geburtenrate, in deren Konsequenz trotz der hohen Kindersterblichkeit mehr als die Hälfte der gesamten Bevölkerung aus Kindern bestand, nutzte die Gesellschaft der Zeit ihre biologischen Möglichkeiten der Reproduktion bei weitem nicht aus – auch dies übrigens eine für ganz Europa geltende Erscheinung, im Gegensatz zu den meisten außereuropäischen Gesellschaften. Bei durchschnittlich über 20 fruchtbaren Lebensjahren der Frau wären ja zwölf und mehr Kinder pro Ehe biologisch durchaus möglich gewesen; die tatsächliche Geburtenzahl aber lag um mehr als die Hälfte niedriger. Die Bedeutung dieser Beschränkung der Geburtenzahl kann kaum überschätzt werden. Sie sorgte dafür, daß die Reproduktion der Bevölkerung den gegebenen Nahrungsspielraum nicht überschritt. Sie half damit vermeiden, daß große Hungerkatastrophen eine krisenhafte Anpassung der Bevölkerung an ihre ökonomischen Möglichkeiten erzwungen hätten, und ermöglichte überdies eine langfristige Kapitalakkumulation, die ihrerseits zu einem der Grundfaktoren des ökonomischen Vorsprungs der neuzeitlichen europäischen Gesellschaften wurde. Die Geburtenregelung der Epoche war aber noch keine innereheliche Familienplanung im modernen Sinne des Worts; die Beschränkung der Geburtenzahl war vielmehr eine Folge der von der Gesellschaft erzwungenen Heiratsrestriktionen. Heiraten durfte grundsätzlich nur, wer über ein hinreichendes Einkommen zur Einrichtung und Aufrechterhaltung eines eigenen Haushalts verfügte; das aber traf – abgesehen von den wenigen Angehörigen gehobener freier Berufe – im wesentlichen nur auf selbständige Landwirte, Kaufleute und Handwerksmeister zu, und deren Zahl regulierte sich nach den ökonomischen Strukturen und Konjunkturen. Wenn nicht gerade eine besonders günstige Konjunktur die Gründung neuer Landwirtschafts- oder Handwerksbetriebe nahelegte, mußte mithin jede heranwachsende Generation mit der Heirat warten, bis die ältere Generation ihre berufliche Position räumte, und vielen Menschen blieb die Möglichkeit einer Eheschließung überhaupt versagt. Eine gewisse Milderung dieser Restriktionen ergab sich immerhin für die seit dem 15. Jahrhundert neu aufkommende Schicht gewerblicher Lohnarbeiter in Stadt und Land, deren Einkommen zur Not eine Familie ernähren konnte; doch fiel deren Anteil an der Gesamtbevölkerung um 1500 noch nicht sehr ins Gewicht. Im einzelnen schwankte der Anteil der Ehelosen wie das durchschnittliche Heiratsalter beträchtlich; eine Zölibatsquote von 25 Prozent dürfte aber kaum irgendwo unterschritten worden sein, und auch das durchschnittliche Heiratsalter der Frauen lag, selbst wenn man von den Zweit- und Drittehen absieht, anscheinend deutlich über 25 Jahren. Das bedeutete eine einschneidende Verkürzung der Ehedauer gerade in den fruchtbarsten Jahren der Frauen; aus ihr ergab sich, zumal da uneheliche Geburten von der Gesellschaft scharf mißbilligt wurden, eben jene Beschränkung der Geburtenzahl.

Die hohe Konstanz der demographischen Strukturen schloß nachhaltige und folgenreiche Veränderungen in den Bevölkerungszahlen nicht aus, und gerade das beginnende 16. Jahrhundert war durch einen deutlichen Umschwung der Bevölkerungskonjunktur gekennzeichnet. Das späte Mittelalter war die Zeit eines tiefen Bevölkerungseinbruchs und einer nachfolgenden, langanhaltenden Bevölkerungsstagnation gewesen. Die um die Mitte des 14. Jahrhunderts über Europa hereinbrechende Pestwelle hatte die europäischen Völker rund ein Drittel, in manchen Regionen über die Hälfte ihrer Menschen gekostet, und von diesen Verlusten hatten sie sich über ein Jahrhundert lang nicht erholt. Zwar scheinen die im 15. Jahrhundert als Folge immer wiederkehrender Seuchenjahre eingetretenen Bevölkerungsverluste durch jeweils anschließende Erhöhungen der Geburtenzahl – in den Städten zudem durch erhöhte Zuwanderung vom Lande – einigermaßen ausgeglichen worden zu sein, und in manchen Regionen kam es wohl auch zu einer weitergehenden Erholung; aufs Ganze gesehen aber stagnierte die europäische Bevölkerung auf dem niedrigen Niveau des späteren 14. Jahrhunderts. Die ökonomischen und sozialen, auch die siedlungsgeschichtlichen Folgen dieser säkularen Bevölkerungsbaisse schnitten tief ein: Der Mangel an Nachfrage nach agrarischen Produkten führte zu einem scharfen Rückgang des Ackerbaus, in dessen Konsequenz eine Vielzahl von Höfen und ganzen Dörfern aufgegeben wurde. Man schätzt, daß von den ca. 170 000 Siedlungen, die Deutschland um die Mitte des 14. Jahrhunderts aufwies, in der Bevölkerungs- und Agrardepression des späteren Mittelalters rund 40 000 «wüst» geworden sind, und ein Großteil dieser Wüstungen war endgültig verloren, wurde also bis zum heutigen Tage nicht wieder besiedelt. Allerdings wird man von Region zu Region mit erheblichen Unterschieden nicht nur im Umfang der Wüstungen, sondern auch in deren Erscheinungsformen und Ursachen zu rechnen haben; vor allem das Wüstwerden kleiner Weiler scheint vielfach das Ergebnis einer Siedlungsballung zugunsten der größeren Dörfer oder auch der Städte gewesen zu sein, die ihrerseits mit der Agrarbaisse der Zeit in nur losem Zusammenhang stand. Die Erforschung dieser Vorgänge ist noch sehr im Fluß.

Die Grundphänomene der spätmittelalterlichen Bevölkerungskrise waren um 1500 noch weitverbreitet; doch machten sich daneben immer stärker und bald beherrschend die Zeichen eines grundlegenden Bevölkerungsumschwungs bemerkbar. Die Bevölkerung begann wieder zu wachsen, zu Beginn des 16. Jahrhunderts – und seitdem für einige Jahrzehnte – mit jährlichen Bevölkerungsüberschüssen von über sechs Prozent. In der Folge zogen die Agrarpreise an; das ließ die Erweiterung oder Neugründung bäuerlicher Betriebe rentabel werden und wirkte so wiederum als Wachstumsanreiz für die ländliche Bevölkerung. Verfallene Höfe wurden neu aufgebaut, wüst gewordene Böden neu in Kultur genommen. Im einzelnen wird man für die Datierung dieser Trendumkehr wie für ihre Ausmaße zu Beginn des 16. Jahrhunderts wiederum mit erheblichen regionalen Unterschieden zu rechnen haben. Wenn z. B. aus der sächsischen Herrschaft Lauterstein berichtet wird, um das Jahr 1500 seien von 320 Häusern noch rund hundert «ganz wüst gestorben» gewesen, so war der Umschwung im Westen des Reichs offenbar schon viel weiter vorangeschritten; in manchen traditionell dichtbesiedelten Regionen machten sich bald sogar Symptome einer drohenden Überbevölkerung bemerkbar. Unter dem Eindruck solcher Erfahrungen propagierte bereits Ulrich von Hutten ernsthaft einen großen

Türkenkrieg, um die Zahl der jungen Männer zu dezimieren und solcherart den Bevölkerungszuwachs zu beschränken – ein Vorschlag, der freilich des Zynismus nicht entbehrte. Tatsächlich hielt das Bevölkerungswachstum, wenngleich mit allmählich zurückgehenden Zuwachsraten, das ganze 16. Jahrhundert hindurch an – eine Konstante der Entwicklung, deren Bedeutung für die deutsche Wirtschafts- und Sozialgeschichte der Epoche nicht leicht zu überschätzen ist.

2. Ökonomische Strukturen und Konjunkturen: Der säkulare Umschwung der Agrarkonjunktur und die Blüte des deutschen Frühkapitalismus

Deutschland stand um 1500 am Ende einer langen Agrardepression, einer langdauernden Baisse vor allem des Ackerbaus. In den Städten waren die negativen wirtschaftlichen Folgen der gewaltigen Bevölkerungseinbrüche des 14. Jahrhunderts allem Anschein nach zumeist überwunden worden; Gewerbe und Handel florierten und waren offenbar auch in der Lage, die durch den Menschenmangel in Stadt und Land bedingten sehr hohen Löhne der Zeit zu zahlen. Für das Land aber bedeutete der Bevölkerungsrückgang des späten Mittelalters eine langfristige Schwächung der Nachfrage, der sich die Landwirtschaft nur unter großen Schwierigkeiten anzupassen vermochte. So sanken die Getreidepreise; gleichzeitig stiegen die Löhne, weil auch auf dem Land die Arbeitskräfte knapp waren. In der Folge wurde der Ackerbau, jedenfalls wenn er unter wenig günstigen Boden- und Verkehrsbedingungen betrieben wurde, unrentabel. Ertragsschwächere Äcker wurden nicht mehr bebaut, zahlreiche Höfe aufgegeben, schließlich ganze Dörfer verlassen. Besonders ausgeprägt war die agrarische Depression, wie sich übrigens auch in der räumlichen Verteilung der Wüstungen zeigt, in großen Teilen Mitteldeutschlands sowie in einigen Regionen Schwabens und Schlesiens, vergleichsweise unbedeutend dagegen in Nordwestdeutschland – hier wirkte sich die anhaltende, schon vor der Mitte des 15. Jahrhunderts deutlich ansteigende Nachfrage aus den benachbarten nordwesteuropäischen Gewerbezentren stabilisierend aus.

Das verlassene Land wurde zum Busch, schließlich zum Wald; am Beispiel eines hessischen Landkreises hat man berechnet, daß rund ein Viertel des heutigen Waldbestands als Folge der spätmittelalterlichen Agrarbaisse gewachsen ist. Vielfach aber, vor allem, wenn nur einzelne Höfe und Äcker aufgegeben worden waren, wurde das verlassene Land auch in die dörfliche Allmende einbezogen oder von den Grundherren als Weide okkupiert; denn wo kein Ackerbauer sich mehr fand, den Boden zu pflügen und mit Getreide zu bestellen, da gewannen doch Rinder und Schafe noch Nahrung, und auch der geringere Arbeitskräftebedarf sprach für die Ausdehnung der Viehwirtschaft. Nun wäre natürlich auch diese – wenigstens relative – Zunahme der

Viehwirtschaft alsbald wieder in sich zusammengebrochen, wenn der gesteigerten Produktion nicht auch eine entsprechende Nachfrage gegenübergestanden hätte. Diese Nachfrage aber war wegen der hohen Löhne in Stadt und Land bei breiten Verbraucherschichten vorhanden. Man hat das 15. Jahrhundert, vielleicht ein wenig übertreibend, als eine goldene Zeit der Lohnarbeit bezeichnet; es war jedenfalls die Zeit eines Fleischverzehrs, wie er seitdem nie wieder erreicht worden ist. Der wöchentliche Fleischverbrauch pro Kopf – einschließlich der vielen Kinder und Säuglinge – dürfte erheblich über 1 000 g gelegen und mitunter das Mehrfache dieser Menge erreicht haben; eine Berliner Verordnung aus dem Jahre 1515 sah vor, daß den zur Mühle geschickten Bäckergesellen neben reichlich Brot und Bier täglich vier Pfund Fleisch mitzugeben seien. Der Fleischbedarf überstieg sogar die Liefermöglichkeiten der deutschen Landwirtschaft. So entfaltete sich ein weiträumiger Viehhandel mit Dänemark und – vor allem – mit Ungarn, Polen und Rußland. Dänemark belieferte besonders die Gewerbestädte der Niederlande; die osteuropäischen Importe gingen in das ganze Reichsgebiet, bis in die oberdeutschen Reichsstädte oder auch nach Köln.

Wie die Viehwirtschaft hatten dank der kaufkräftigen Nachfrage aus den Städten auch einige Zweige intensiver Landwirtschaft im ausgehenden Mittelalter eine gute Konjunktur. So erreichte der Weinbau eine bis dahin nie gesehene Ausdehnung; selbst in Brandenburg, Pommern und Ostpreußen wurde Wein erzeugt – in welcher Qualität auch immer. Im Umkreis der großen Städte aber breitete sich eine arbeitsintensive Gartenwirtschaft aus, die trotz ihrer hohen Löhne keine Schwierigkeiten hatte, ihre Produkte bei der städtischen Bevölkerung abzusetzen. Auf das Ganze der Landwirtschaft gesehen, spielten diese Sonderkulturen allerdings keine große Rolle; das Grundphänomen der spätmittelalterlichen Agrarwirtschaft bestand eben doch in der langdauernden und tiefen Baisse des Ackerbaus.

Von der Depression des Ackerbaus waren nicht so sehr die kleinen, mehr oder weniger der Selbstversorgung dienenden Bauernhöfe in Mitleidenschaft gezogen als vielmehr die größeren, für den Markt produzierenden Betriebe, deren Kauf- oder Pachtsummen vom letzten Viertel des 14. bis zum Ende des 15. Jahrhunderts denn auch nicht selten auf ein Drittel oder Viertel der Ausgangswerte fielen. Und in ganz besonderer Weise betroffen waren die adligen und geistlichen Grundherren, und zwar nicht nur, wenn sie als eigenwirtschaftende Landwirte die Märkte belieferten, sondern auch dann, wenn sie im wesentlichen von den Abgaben ihrer Bauern lebten: Nicht genug damit, daß sie durch die Wüstungen eine Vielzahl abgabepflichtiger Höfe oder ganze Dörfer verloren, mußten sie, um die verbliebenen Bauern auf ihrem Land zu halten, vielfach ihre traditionellen grundherrschaftlichen Ansprüche zurücknehmen, und die Bauern ließen sich die Reduktion ihrer Abgaben mit Brief und Siegel bestätigen. Mitunter gelang es den Grundherren zwar, ihre alten Ansprüche zu behaupten oder gar deren Steigerung durchzusetzen und so die Folgen der Agrarbaisse auf ihre Bauern abzuwälzen; auch die Entstehung der sogenannten jüngeren Leibeigenschaft in einigen Regionen Süd- und Westdeutschlands gehört in diesen Zusammenhang. Indessen war eine solche Entwicklung auf Kosten der abhängigen Bauern in den alten Siedlungsgebieten des Reichs doch eher die Ausnahme. Anders war die Situation dagegen im Osten: Hier verfügten die Gutsherren, zumeist selbstwirtschaftende Landwirte, über soviel stärkere Herrschaftsrechte als die Grundherren im Westen des Reichs, daß sie es sich leisten konnten, ihre Bauern zu denjenigen Fronleistungen zu zwingen, deren sie für den Betrieb ihrer Eigenwirtschaft bedurften. Das schlichte Entlaufen der Knechte und Mägde war freilich auch hier kaum zu unterbinden, wenn man ihnen nicht höhere Löhne zahlte; diese Lohnsituation und erst recht die Schwäche der Nachfrage bescherten auch der ostdeutschen Gutswirtschaft mit ihrer durchgängigen Abhängigkeit vom Ackerbau – insbesondere vom Anbau des Roggens, der von den kaufkräftigen Städtern weniger geschätzt wurde als der Weizen – eine empfindliche Baisse.

All diese Erscheinungen bestimmten weithin noch zu Beginn des 16. Jahrhunderts das Bild der deutschen Landwirtschaft; gleichwohl waren die Zeichen eines Umschwungs der Konjunktur doch unverkennbar. Auch diese Trendumkehr ging aufs engste mit dem Umschwung der Bevölkerungskonjunktur zusammen. Nach der langen Stagnation des Spätmittelalters begann die Bevölkerung wieder zu wachsen, in der Folge erhöhte sich die Nachfrage nach Getreide. Der damit gegebene Produktionsanreiz wirkte sich, wie zumeist in der Landwirtschaft, nur verzögert aus; die Erweiterung der Produktion hielt also mit der steigenden Nachfrage nicht Schritt, die Preise begannen zu steigen. Die Entwicklung wurde noch dadurch verstärkt, daß infolge der Bevölkerungsvermehrung und der daraus resultierenden Zunahme des Arbeitskräfteangebots die Reallöhne zu sinken begannen. Die Zeit des extrem hohen Fleischverzehrs ging allmählich zu Ende; die Nachfrage verlagerte sich vom teuren Fleisch wieder stärker auf die billigeren Erzeugnisse des Ackerbaus und trug damit zusätzlich zur Erholung der Getreidepreise bei, während die Fleischpreise hinter dieser Entwicklung deutlich zurückblieben.

Mit der Agrarkonjunktur änderte sich auch die Bodennutzung gegenläufig zur Entwicklung des Spätmittelalters. Wiesen und Buschland, zum Teil auch der Wald, wurden erneut unter den Pflug genommen; die Landwirtschaft begann wiederum, in ungünstigere Lagen vorzudringen. Dabei ging die Entwicklung in aller Regel von den noch bestehenden Höfen und Dörfern aus. Zunächst wurden die brachliegenden Felder vorhandener Höfe wieder in Kultur genommen, dann folgte die Neubewirtschaftung verlassener Höfe. Zur Neubesiedlung völlig wüst gewordener Dörfer kam es freilich nur in bescheidenem Umfang; sehr viel häufiger war demgegenüber die Erweiterung der bestehengebliebenen Siedlungen. Die spätmittelalterliche Tendenz zur ländlichen Siedlungskonzentration blieb also auch jetzt maßgebend. Und noch in einer anderen Hinsicht wurde die Entwicklung der letzten 150

Jahre nicht einfach wieder rückgängig gemacht. Seit dem ausgehenden 15. Jahrhundert nämlich ergingen in rasch zunehmender Zahl landesfürstliche oder auch grundherrliche Forstordnungen, die den Waldbestand vor erneuter Rodung wie vor unkontrollierter Entnahme von Bau- und Brennholz schützten, vielfach aber auch die übliche Waldweide durch Ziegen, Schafe und Schweine untersagten oder doch einschränkten. Dahinter stand, vor allem in gewerbereichen Regionen, die Sorge vor einer zu weit gehenden Ausbeutung oder gar Vernichtung des Waldes – die verkarsteten Sonnenhänge Südtirols, deren Wälder einer allzu weitgehenden Viehweide zum Opfer gefallen waren, stellten ein warnendes Beispiel dar. Dazu kam das Interesse von Landesherren und Adel am Verkauf des Holzes auf eigene Rechnung sowie an ungeschmälerten Möglichkeiten der Jagd. Für die Landwirtschaft hatten diese Forstordnungen zur Folge, daß die in der spätmittelalterlichen Agrardepression verwaldeten Gebiete nur zum Teil wieder zu Ackerland gemacht werden konnten; gutenteils wurde also der Landesausbau auf ungünstigere Böden und Lagen abgedrängt, deren Bewirtschaftung stets krisenanfällig blieb.

Neben der neuerlichen Ausdehnung der Ackerflächen setzte sich die Intensivierung der Landwirtschaft fort: mit einer deutlichen Zunahme der im Rahmen der Fruchtwechselwirtschaft feldmäßig angebauten Fruchtarten, vor allem von Hackfrüchten und Futterpflanzen, dazu einer verbesserten Düngung, auch als Gründüngung. Indessen beschränkten sich solche Formen intensiver Landwirtschaft mit regelmäßigem Vier- oder Fünffelderfruchtwechsel auch jetzt noch lange auf die Umgebung der größeren Städte oder auf im ganzen bereits stark verstädterte Landschaften wie z. B. die Gewerberegionen Sachsens und der Rheinlande oder – vor allem – der Niederlande. Von diesen «Intensitätsinseln» (Fr. Irsigler) abgesehen blieb wie schon im späteren Mittelalter die verbesserte Dreifelderwirtschaft mit zweimaligem Pflügen der Brache und, soweit möglich, zusätzlicher Düngung das maßgebende Modell der Landwirtschaft; unter ungünstigen Boden- und Lagebedingungen, etwa in den Mittelgebirgsregionen, kam man nicht einmal über eine Zweifelderwirtschaft oder gar eine unregelmäßige Feld-Gras-Wirtschaft hinaus. Im übrigen blieb Deutschland auch jetzt für seine Fleischversorgung auf den Import angewiesen. Der Rinder- und Ochsenhandel mit Osteuropa nahm sogar noch zu und erreichte erst im späteren 16. Jahrhundert seinen Höhepunkt. Daneben gewannen die Viehlieferungen aus Dänemark, aber auch aus den norddeutschen Marschgebieten von Friesland bis Holstein, steigende Bedeutung.

Wenn die Agrardepression des späten Mittelalters vor allem die für den Markt produzierenden Höfe getroffen hatte, so kam jetzt auch die Umkehr der agrarischen Konjunktur besonders diesen Betrieben zugute, während die kleineren, zum größten Teil bloß der Eigenversorgung dienenden Höfe deutlich zurückblieben. Nur in geringem Maße durch den Anstieg der Getreidepreise begünstigt, mußten sie zugleich den, wenngleich geringeren

Anstieg der Preise für gewerbliche Produkte hinnehmen. Das galt übrigens auch für die Masse der nicht oder doch nur wenig eigenproduzierenden, von bäuerlichen Renten lebenden Grundherren im Westen und Südwesten Deutschlands, und für sie sogar in besonders empfindlicher Weise – waren sie doch viel stärker auf die Erzeugnisse des Gewerbes angewiesen als die kleinen Bauern; den Bundschuh konnte sich der Bauer schließlich selbst zurechtschneiden, für den Stiefel oder gar die Rüstung des Ritters aber bedurfte es ausgebildeter Handwerker.

Unter den marktorientierten großen landwirtschaftlichen Betrieben spielten die ostelbischen Gutswirtschaften von Holstein bis ins Baltikum hinauf eine besonders wichtige Rolle. Das hatte vor allem drei Gründe. Zum einen handelte es sich hier seit jeher um Betriebe mit erheblichen Flächengrößen, die überdies in der Zeit der spätmittelalterlichen Wüstungen noch gewachsen waren; das so dazu gewonnene Ödland konnte jetzt unter den Pflug genommen werden. Zum zweiten profitierte die Gutswirtschaft des Nordostens – ganz abgesehen von der durch den allgemeinen Bevölkerungsanstieg ausgelösten Steigerung der Nachfrage nach Getreide – von dem massierten Bedarf der großen Gewerberegionen im Nordwesten des Kontinents. Die hochentwickelte intensive Landwirtschaft dieser Regionen befriedigte zwar den gehobenen Bedarf der städtischen Bevölkerung – an Milch, Butter, Gartenfrüchten – sehr erfolgreich und gewinnträchtig, überließ aber die Deckung des Grundbedarfs an Getreide großenteils dem Import, und zu dessen wichtigsten Lieferanten wurden eben die ostelbischen Gutsbetriebe. Zum dritten schließlich kam der Gutswirtschaft des Ostens auch und erst recht in der beginnenden Agrarhausse zugute, daß sie zugleich eine Gutsherrschaft war, die ihre Bauern von langer Hand in immer stärkere Abhängigkeit gebracht hatte und auf diesem Wege jetzt noch weiter fortschritt; bereits seit dem ausgehenden 15. Jahrhundert durften die gutsuntertänigen Bauern ihr Land nur mit ausdrücklicher Bewilligung der Gutsherren verlassen. Die sozialgeschichtlichen Aspekte dieser Gutsherrschaft werden später noch genauer zu erörtern sein; hier kommt es nur darauf an, daß die ostelbischen Gutsbetriebe mit vergleichsweise niedrigen Arbeitskosten kalkulieren konnten. Gleichwohl wird man die durchschnittliche wirtschaftliche Lage der ostelbischen Güter nicht überschätzen dürfen. Ungeachtet ihrer beträchtlichen Ackerflächen von zumeist mehr als 100 ha ließ die zumeist geringe Intensität ihrer Bewirtschaftung doch nur bescheidene Erträge zu, und selbst die aktive Beteiligung der Gutsherren am Kornhandel, auf Kosten der städtischen Kaufleute, verbesserte die Situation nicht grundlegend. Anders sahen die Verhältnisse nur dann aus, wenn Böden und Verkehrslage eine intensivere Landwirtschaft zuließen. Das galt vor allem für die Gutswirtschaft des holsteinischen Adels, dessen Mitglieder über den Anbau von Getreide hinaus in großem Umfang Ochsen und Schweine mästeten und auf dieser Grundlage sehr erfolgreich auch in den Handel und das Gewerbe, ja selbst in das große Geldgeschäft der Zeit vorstießen.

Das spätmittelalterliche Gewerbe erlebte keine derart tiefgreifenden und langdauernden Konjunktureinbrüche wie die Landwirtschaft. Abgesehen von einer Depressionsphase in den ersten Jahrzehnten des 15. Jahrhunderts überwiegen durchaus Nachrichten über Blüte und Wachstum. Wenn in Nürnberg zwischen 1430 und 1440 14 neue Leinewebermeister zugelassen wurden, waren es im letzten Jahrzehnt des Jahrhunderts nicht weniger als 49; in Chemnitz stieg die Zahl der Webermeister zwischen 1494 und 1539 von 66 auf 129. In St. Gallen und Umgebung wuchs die Leinwandproduktion, zum Teil allerdings auf Kosten von Konstanz, vom Anfang bis zum Ende des 15. Jahrhunderts auf das Fünffache; in einer Vielzahl kleinerer Städte entstand überhaupt erst jetzt ein Textilgewerbe von einiger Bedeutung, das die Gründung eigener Zünfte nahelegte. Ähnliches gilt vom Metallgewerbe, in dem – bei insgesamt geringeren Beschäftigungszahlen – eine Vielfalt spezialisierter Berufe entstand und ihre zünftische Organisation fand. In vielen Branchen wurden neue Produkte entwickelt. So wurden in der Textilindustrie neben den traditionellen Woll- und Leinentüchern neue Mischgewebe in die Produktion aufgenommen, vor allem der Barchent, eine Mischung aus Baumwolle und Leinen; die Färberei, vornehmlich in Oberdeutschland, öffnete sich technischen Neuerungen aus Nordwesteuropa und nahm in der Folge einen kräftigen Aufschwung. Überhaupt fehlte es nicht an technischen Innovationen: Seit 1480 wurde das Flügelspinnrad eingeführt, bald darauf auch dessen Fußantrieb; des weiteren ist an den Buchdruck mit beweglichen Lettern zu erinnern, der seit der zweiten Hälfte des 15. Jahrhunderts rasche Verbreitung fand. Dazu kamen zahlreiche Verbesserungen und Erfindungen im Hüttenwesen und Metallgewerbe. Schon seit dem ausgehenden 14. Jahrhundert waren für die Verhüttung des Eisenerzes die alten offenen Rennfeuer durch Stücköfen abgelöst worden; in der Folge lernte man, diese Stücköfen immer größer zu bauen, und schuf damit die Voraussetzungen für eine enorme Steigerung der Produktion. Von ähnlicher Bedeutung für die Gewinnung von Edelmetallen war das Saigerverfahren, eine um die Mitte des 15. Jahrhunderts in Nürnberg entwickelte verbesserte Methode zum Ausschmelzen von Silber aus Kupfererzen. In Weiterentwicklung italienischer Produktionsmethoden gelangte man zur Herstellung sehr feiner Drähte; dazu kamen Erfindungen der Mechaniker wie z. B. die Taschenuhr des Peter Henlein in Nürnberg. Die Augsburger Geschützgießer gehörten zu den technisch am weitesten fortgeschrittenen in ganz Europa.

Das städtische Gewerbe war nach wie vor überwiegend zünftisch organisiert. Im Zuge der Ausdifferenzierung der Gewerbe wuchs die Zahl der Zünfte sogar noch beträchtlich an, auch neuentstandene Gewerbe wurden wie selbstverständlich in Zünften zusammengefaßt. Die Zünfte sorgten für die Qualität der handwerklichen Arbeit wie für die wirtschaftliche Sicherstellung ihrer Mitglieder gegen innerstädtische oder fremde Konkurrenz, nicht selten auch gegen Forderungen von Gesellenbruderschaften nach höheren Löhnen oder kürzerer Arbeitszeit. Überdies bildeten die Zünfte in vielen Städten zugleich militärische und politische Organisationen – vielfach waren sie Wahlgremien für den Stadtrat –, und auch das gesellschaftliche, ja selbst das kirchliche Leben der Handwerker spielte sich großenteils im Rahmen der Zünfte ab. Bei alledem handelte es sich um fortbestehende traditionelle Züge des Zunftwesens. Neu war dagegen, daß die Zünfte seit dem Ausgang des Mittelalters immer stärker unter den Einfluß der weltlichen Obrigkeiten gerieten, und zwar nicht nur der Stadtregimente, die schon seit langem nach solchem Einfluß gestrebt hatten, sondern auch der Fürsten, die sich der Zünfte zunehmend im Interesse landesherrlicher Wirtschafts- und Sozialpolitik zu bedienen suchten. Mitunter richtete sich diese Politik sogar gegen die Zünfte, insbesondere gegen deren Tendenzen zu einem konkurrenzscheuen Protektionismus.

An solchen Tendenzen fehlte es dem Zunftwesen allerdings nie, und es hat den Anschein, daß sie sich im ausgehenden Mittelalter in manchen Branchen und Städten noch verstärkten. Nicht ganz selten wurde die Zahl der Meister eines Gewerbes und ihrer Hilfskräfte mehr oder minder drastisch verringert; die Frauen wurden mitunter überhaupt aus den Zünften hinausgedrängt. In Frankfurt/Main ging die Zahl der Weber von 272 im Jahre 1387 auf 41 im Jahre 1495 zurück; in Hamburg schrumpfte die Zahl der Böttcher zwischen 1437 und 1506 von 200 auf 120. Gelegentlich wehrten sich die Zünfte auch gegen die Einführung technischer Neuerungen wie etwa des fußgetriebenen Flügelspinnrads – so in Elberfeld noch in den zwanziger Jahren des 16. Jahrhunderts. Vor allem aber drängten die Zünfte auf ein möglichst lückenloses städtisches Verkaufsverbot für auswärtige Handwerker, sei es aus anderen Städten, sei es vom Lande. Zum Teil wird man die Zunahme solcher Restriktionen und Protektionismen als Reaktion auf eine regional und branchenspezifisch eben doch nicht sehr günstige Konjunktur des Gewerbes zu verstehen haben. Noch wichtiger aber war die Konkurrenz nichtzünftischer Gewerbe: Vor allem das Großgewerbe der Metall- und Textilindustrie stand häufig außerhalb der Zunftverfassung; weithin handelte es sich dabei nicht einmal um städtische, sondern um ländliche Gewerbe. An sich war der Gegensatz zwischen zünftischem Stadt- und nichtzünftischem Landgewerbe nicht neu; nur hatten sich in diesen Auseinandersetzungen bisher zumeist die Städte durchgesetzt. Viele spätmittelalterliche Stadtgründungen geistlicher und weltlicher Herren waren deshalb vor allem in der Absicht erfolgt, zusätzliche Niederlassungsmöglichkeiten für Gewerbetreibende zu schaffen – auch wenn diese Gründungen nur zu «Minderstädten» (H. Stoob) führten, deren Gesamterscheinung stets ein eher dörfliches Gepräge behielt. Jetzt aber begannen sich die Gewichte deutlich zugunsten eines nichtzünftischen Großgewerbes auf dem Lande zu verschieben.

Für die Metallindustrie, insbesondere für das Hüttenwesen, war die Wahl ländlicher Standorte ohnehin vorgegeben – schon wegen der notwendigen Nähe zum Bergbau und der Verfügbarkeit von Brennholz, Kohle und Wasserkraft, auch wegen der betriebsbedingt hohen Feuergefahr. Gerade die deutsche Metallindustrie aber nahm im 15. und beginnenden 16. Jahrhundert einen enormen Aufschwung; in der Produktion und Verarbeitung sowohl von Eisen als auch von Edelmetallen rückte Deutschland, durch den Reichtum seiner Bodenschätze begünstigt, in einer geradezu hektischen Konjunktur an die Spitze der europäischen Länder. Die geographischen Schwerpunkte der Eisengewinnung lagen in der Oberpfalz, in Innerösterreich und im Siegerland. Kupfer und Silber wurden vor allem in Tirol und im Gebiet um Mansfeld abgebaut und verhüttet – das waren überhaupt die beiden bedeutendsten Kupferreviere Europas –; dazu kamen Böhmen und Sachsen sowie der Harz. Auch an Wäldern zur Gewinnung von Holzkohle fehlte es nicht. Allerdings führte der sehr hohe Energieverbrauch besonders der Eisenhütten in manchen Regionen bereits zur Übernutzung des Waldes. Hier, zuerst wohl im Siegerland, ging man deshalb zu gezielter Aufforstung mit rasch wachsenden Niederwaldbeständen über, die bereits nach knapp 20 Jahren wieder geschlagen werden konnten; das waren die sogenannten Hauberge. Die Verhüttung des Eisens erfolgte regelmäßig in der nahen Umgebung der Bergwerke, die Weiterverarbeitung dagegen in mitunter weit entfernten Gewerberegionen. So wurden im Metallgewerbe Nürnbergs und der Oberpfalz nicht nur die Halbfertigprodukte der einheimischen Hütten verarbeitet, sondern auch das qualitativ hervorragende Eisen der Steiermark, das Messing aus dem Aachener Raum sowie das sächsische Zinn. Sogar die Saigerhütten, in denen aus Rohkupfer Silber ausgeschmolzen wurde, lagen manchmal in beträchtlicher Entfernung von den Erzgruben.

Die Erfolge des deutschen Berg- und Hüttenwesens der Zeit beruhten auch auf seinem hohen technischen Standard. Von dem in Nürnberg entwickelten Saigerverfahren – eine der bedeutendsten technologischen Neuerungen im Bereich der Nichteisentechnologie seit der Antike – war schon die Rede, auch von der Einführung der Stücköfen in die Eisenhüttentechnologie. Dazu kamen Innovationen im Bergwesen, vor allem zur verbesserten Entwässerung der Gruben. Die neuen Pumpensysteme erlaubten bereits um 1500 Grubentiefen bis zu 200 Metern, einige Jahrzehnte später gar bis zu 400 Metern. Deutsche Bergingenieure waren in aller Welt gesuchte Spezialisten; die zuerst 1530 erschienenen ‹De re metallica libri XII› des sächsischen Arztes und Bergfachmanns Georg Agricola, die den bis dahin erreichten Stand der Mineralogie wie der Berg- und Hüttentechnik zusammenfaßten, wurden für Generationen zum führenden Lehrbuch des Faches.

Bergwerke und Hütten waren große, technisch komplizierte Anlagen, deren Einrichtung und Betrieb den Einsatz großer Kapitalien erforderte. Dieses Kapital konnte je länger desto weniger von den Gewerken oder auch von den Rad- und Hammermeistern der Hütten aufgebracht werden. Als Kapitaleigner und -geber begegnen deshalb in zunehmendem Maße die Territorialherren, die ohnehin über das Bergregal verfügten und damit auch am Ertrag der Bergwerke beteiligt waren, daneben reiche Adlige, vor allem aber die großen Handelsgesellschaften der Zeit. Insbesondere die Edelmetallgewinnung war zunehmend durch «parallele oder kombinierte Aktivität von Fürsten und Kaufleuten» (R. Sprandel) gekennzeichnet. Dabei richteten sich die Absichten der Fürsten anfänglich vor allem auf die Gewinnung von Münzmetall, das der Wirtschaft des Landes wie den Finanzen des Territorialstaats unmittelbar zugute kommen sollte; dem folgte bald das Engagement auch in anderen Bereichen von Bergbau und Hüttenwesen, nicht selten flankiert durch monopolistische Maßnahmen der Wirtschaftspolitik. Die Kaufleute dagegen waren zunächst vor allem am gewinnträchtigen Metallhandel interessiert, viel mehr jedenfalls als am Betrieb der Bergwerke und Hütten selbst, zumal deren Erträge starken konjunkturbedingten Schwankungen unterworfen waren. Auf die Dauer war jedoch auch der Metallhandel nur zu behaupten oder gar auszubauen, wenn man sich mit umfänglichen Darlehen oder Beteiligungen, durch die Organisation der Rohstoffbeschaffung und des Absatzes oder überhaupt durch Übernahme der Unternehmensleitung der Bergwerke und Hütten selbst engagierte. War eine solche Entscheidung aber einmal gefallen, so folgte dem mit einiger Konsequenz die Beteiligung auch an großen Betrieben der Weiterverarbeitung, insbesondere der Münzstätten, und dies alles wurde schließlich zur Grundlage eines Kreditgeschäfts von europäischem Zuschnitt und gewaltigen, wenngleich keineswegs risikolosen Chancen des Profits wie des ökonomischen und politischen Einflusses. Von zünftischen Bindungen war bei alledem nicht mehr die Rede.

Die Zahl der Kaufleute, die in dieser Weise in großem Stil unternehmerisch tätig wurden, war allerdings nicht sehr hoch. Es war im wesentlichen nur ein kleiner Kreis oberdeutscher Handelsherren, die über das nötige Ausgangskapital und über die erforderlichen wirtschaftlichen Fähigkeiten und Kenntnisse verfügten, um solch vielschichtige Komplexe von Gewerbe- und Handelsunternehmungen aufzubauen und auch in Zeiten widriger politischer oder konjunktureller Verhältnisse zu erhalten. Eben diesen oberdeutschen Kaufleuten, mit den Augsburger Fuggern an der Spitze, begegnet man denn auch überall in den maßgebenden Positionen des Berg- und Hüttenwesens, insbesondere der Edelmetallgewinnung: in Böhmen nicht anders als in Tirol und selbst im sächsischen Erzgebirge, übrigens auch in den ungarischen Silberrevieren. Neben ihnen vermochten sich einheimische Unternehmer nur mit Mühe und oft genug gar nicht zu behaupten.

Die großen Betriebe des Berg- und Hüttenwesens machten nicht nur gewaltige Konzentrationen von Kapital erforderlich, sie führten auch zu bislang unerhörten Massierungen von Arbeitskräften. In den großen Bergwerken der Zeit arbeiteten oft mehrere tausend Knappen und noch einmal so viele Hilfskräfte; dazu kamen noch die in den benachbarten Hüttenbetrieben beschäftigten Leute. Auch bei diesen Arbeitskräften des Berg- und Hüttenwesens handelte es sich durchweg nicht mehr um zünftisch organisierte Handwerker, sondern um eine – jedenfalls in dieser Massierung – neue Schicht besitzloser Lohnarbeiter, deren Lebensumstände unter mancherlei

Aspekten bereits denen der Arbeitermassen der Frühindustrialisierung des 18./19. Jahrhunderts entsprachen. Hierher gehört schon die latente Gefährdung des Arbeitsplatzes und damit der wirtschaftlichen Existenz wegen konjunktureller Schwankungen oder auch wegen der Erschöpfung einzelner Erzgruben; hierher gehört des weiteren, als Folge der Unsicherheit der Arbeit, die geringe Seßhaftigkeit der Arbeiter. Dazu kamen stereotype Klagen über die zu lange Arbeitszeit, ungenügenden Lohn und – mit besonderer Erbitterung – über den sogenannten Pfennwerthandel. Dieser Pfennwerthandel stellte eine Art Trucksystem dar, durch das die Unternehmer die Versorgung der Arbeiter mit Lebensmitteln und Kleidung in eigene Hand nahmen. Zunächst eine wichtige Hilfe, weil sonst die Versorgung der rasch zusammenströmenden Arbeitermassen kaum zu gewährleisten war, wurde dieser Pfennwerthandel bald zu einer Quelle wenig skrupelhafter Bereicherung der Unternehmer. Nach alledem ist nicht verwunderlich, daß gerade im Berg- und Hüttenwesen schon frühzeitig Arbeitskämpfe von mitunter großer Härte ausbrachen; die Quellen berichten von organisierter «Unlust» zur Arbeit, d. h. Streiks, auch von Gewalttätigkeiten – das Bündnis der Bergknappen mit den Aufständischen des Bauernkriegs von 1524–1526 kündigte sich von langer Hand an. Wie weit diese Arbeitskämpfe die Lage der Arbeiter wirklich verbesserten, ist schwer zu beurteilen. Sicher ist immerhin, daß die Knappschaften der Bergleute eine Reihe wirtschaftlicher und sozialer Sicherungen – nicht zuletzt Vorkehrungen des Arbeitsschutzes – durchsetzten, die, oft durch landesfürstliche Bergordnungen sanktioniert, überhaupt die Anfänge eines eigentlichen Arbeitsrechts in Deutschland darstellten. Darüber hinaus organisierten gerade die Knappschaften leistungsfähige ständige Hilfs- und Unterstützungskassen, deren Bedeutung die der gelegentlichen Hilfeleistungen der Zünfte für in Not geratene Mitglieder bei weitem überstieg; diese Knappschaftskassen sind zu wichtigen Vorläufern der modernen Sozialversicherung geworden. Gleichwohl bleibt festzuhalten, daß die wirtschaftliche wie die soziale Ausgestaltung des Berg- und Hüttenwesens der Zeit grundlegend nicht von den Arbeitern und deren Interessen bestimmt wurde, sondern vom privaten Unternehmertum bzw. – mit den kaufmännischen Unternehmern kooperierend oder konkurrierend – vom frühmodernen Fürstenstaat.

Ein etwas anderes Bild bietet das weiterverarbeitende Metallgewerbe, das seinen Sitz überwiegend noch in den Städten hatte und dort zumeist von selbständigen Meistern im Rahmen einer zünftischen Gewerbeverfassung betrieben wurde. Dieses weiterverarbeitende Gewerbe war vom Niederrhein und Schwarzwald im Westen bis nach Böhmen im Osten geographisch weit gestreut. In seinen wichtigsten Zentren aber, vor allem in Nürnberg und der Oberpfalz, tendierte die Entwicklung doch wiederum deutlich zum nichtzünftischen Großgewerbe in der Organisationsform des Verlagswesens: Der einzelne Handwerker kaufte sein Rohmaterial nicht selbst ein, sondern bekam es von seinem Verleger «vorgelegt», und der Verleger besorgte auch den Absatz des fertigen Produkts. Gelegentlich handelte es sich bei den Verlegern selbst um Handwerker, vor allem solche, die im Falle einer weit vorangetriebenen Arbeitsteilung am Ende des Arbeitsprozesses standen und deshalb schon traditionell mit dem Absatz des Endprodukts befaßt waren. Zumeist aber waren es auch hier Kaufleute, die auf Grund ihrer überlegenen Kenntnis der Rohstoff- wie der Absatzmärkte – zum Teil weit entfernter Auslandsmärkte –, aber auch auf Grund ihrer Kapitalkraft in der Lage waren, großgewerbliche Verlage der Metallverarbeitung aufzuziehen. Daß sie dabei nicht selten in Konflikte mit den Zünften gerieten, kann nicht überraschen; in diesen Konflikten aber konnten sich die Zünfte um so weniger durchsetzen, als es in Stadt und Land eine zunehmende Nachfrage nach Arbeitsplätzen gab, die praktisch nur von einem großgewerblichen Verleger zu befriedigen war.

In noch stärkerem Maße war das Verlagswesen für das Textilgewerbe bestimmend. Die traditionellen Schwerpunkte der Wolltucherei lagen in den südlichen Niederlanden sowie am Mittelrhein und in Hessen; daneben gab es eine Fülle kleinerer regionaler Verdichtungen der Tuchmacherei wie z. B. in Gestalt der schwäbisch-bayerischen Lodenherstellung. Die herkömmlichen Zentren der Leinenindustrie lagen in den Flachsanbaugebieten Westfalens und Niedersachsens sowie am Bodensee und in Oberschwaben; diese oberdeutsche Leinenindustrie, die ihre Rohstoffe über zum Teil große Entfernungen bezog, war seit langem ein bedeutendes Exportgewerbe. Neben diesen traditionellen Gebieten der Leinenproduktion gewann jetzt das Leinengewerbe Sachsens und Schlesiens an Bedeutung, und zwar im wesentlichen unter dem Einfluß oberdeutscher Kaufleute und Verleger. Dabei wurden die Erzeugnisse der mittel- und ostdeutschen Leinwandproduktion zur Veredelung – zum Bleichen und erst recht zum Färben – noch lange nach Oberdeutschland, vor allem nach Nürnberg, transportiert; erst ganz allmählich machte sich das sächsische und schlesische Leinengewerbe von dieser Abhängigkeit frei. Ein weiterer und wichtiger Bereich der Textilindustrie war die Barchentweberei im nördlichen Oberschwaben mit den Zentren Augsburg und Ulm. Die als Rohmaterial für den Barchent benötigte Baumwolle wurde über Venedig importiert, die fertigen Stücke gingen großenteils in den Export, vielfach in die ärmeren Regionen Osteuropas, die sich die teuren flandrischen oder englischen Wolltuche nicht leisten konnten. Die Barchentweberei war mithin in besonderer Weise auf den Fernhandel und damit auf die großen Kaufleute angewiesen, und so ist es nicht erstaunlich, daß auch hier das Verlagswesen dominierte.

An sich war das Verlagswesen mit einem kapitalkräftigen und marktkundigen Unternehmertum an der Spitze überall da sinnvoll und an sich auch den Handwerkern willkommen, wo es um die Produktion von Massenkonsumgütern für entfernte Märkte ging – insbesondere wenn umgekehrt auch die Rohstoffe importiert werden mußten oder wenn es den Handwerkern selbst an Kapital für die Ausstattung technisch anspruchsvoller Betriebe fehlte. Im einzelnen war das Verlagswesen freilich sehr unterschiedlich ausgestaltet, und so kam es nicht selten auch zu schlimmer Ausbeutung der Arbeiter. Insbesondere in wirtschaftlich strukturschwachen Regionen und erst recht bei zunehmender Bevölkerung waren die von den Verlegern gezahlten Entgelte oft zu dürftig, als daß sie für den Lebensunterhalt einer Familie ausgereicht hätten. Die nahezu unausweichliche Folge bestand dann in Frauen- und Kinderarbeit, die ja bis in die Gegenwart hinein ein charakteristisches Merkmal des Heimgewerbes geblieben ist. Und auch wenn es nicht zu solcher Ausbeutung kam, bedeutete die verlegerische Trennung des Handwerks vom Marktgeschehen für den Handwerker doch allemal eine Verengung nicht nur seines wirtschaftlichen Tätigkeitsbereichs, sondern seiner gesamten sozialen Existenz – ein «Verkümmerungsprozeß» (Fr. Lütge), der ebenfalls für weite Bereiche des Handwerks langdauernde Folgen gehabt hat.

Das ausgehende Mittelalter war eine Zeit kräftiger Expansion des Handels, vor allem des Fernhandels mit Massengütern der agrarischen und gewerblichen Produktion, und diese Expansion hielt auch im 16. Jahrhundert an. Schon seit jeher hatten die Städte, jedenfalls die größeren von ihnen, ihren Bedarf an Nahrungsmitteln und gewerblichen Rohstoffen nicht vollständig aus dem nahen Umland decken können, und umgekehrt hatten manche Zweige des städtischen Gewerbes ihre Produkte auch auf recht entfernten Märkten, selbst außerhalb des Reichsgebiets, abgesetzt. Daneben hatte der Zwischenhandel deutscher Kaufleute – der Warenaustausch vor allem zwischen den Agrargebieten Nordosteuropas und den nordwesteuropäischen Gewerberegionen, dazu die Vermittlung der Luxuswaren des Orients nach Mittel- und Nordeuropa – schon seit dem hohen Mittelalter erhebliche Bedeutung erlangt. Seit dem 15. Jahrhundert erweiterte sich mit dem Aufblühen des städtischen und ländlichen Gewerbes dessen Bedarf an Rohstoffen kräftig; gleichzeitig wuchsen die Quantitäten der Erzeugnisse des Gewerbes, für deren Absatz in nah und fern zu sorgen war. Überdies nahm – zuerst in den Gewerbezentren des europäischen Nordwestens, bald aber auch in Südeuropa, vor allem in Spanien – die Nachfrage nach Getreide aus den Agrargebieten Nordosteuropas zu und bescherte dem europäischen Zwischenhandel eine glänzende Konjunktur.

Einige Beispiele mögen diesen weiträumigen Warenaustausch der Epoche im einzelnen belegen. Was zunächst die Rohstoffversorgung des Gewerbes anging, so wurde der Flachs für das deutsche Leinengewerbe zu einem nicht unerheblichen Teil aus Osteuropa eingeführt; auch das Wollgewerbe kam mit den einheimischen Rohstoffen nicht aus, sondern importierte Wolle aus England, Spanien und – donauaufwärts – vom Balkan. Erst recht war die aufblühende schwäbische Barchentproduktion auf Baumwolle aus Süditalien und aus dem Vorderen Orient angewiesen; der Import ging zum Teil den Landweg über die Alpen, zum Teil den Seeweg durch das Mittelmeer und den Ostatlantik in die niederländischen Häfen und von dort rheinaufwärts. Das enorm expandierende deutsche Metallgewerbe der Zeit dagegen basierte im wesentlichen auf den reichen einheimischen Rohstoffen, doch wurde schon das für das Saigerverfahren benötigte Blei nicht in hinreichendem Umfang in Deutschland gewonnen, sondern mußte aus Skandinavien und England eingeführt werden; auch die Silberausbeute der ungarischen Bergreviere ging größtenteils zur Weiterverarbeitung ins Reich. Zu diesen Rohstoffimporten kam der Handel mit Rohstoffen und Halbfertigprodukten innerhalb des Reichs selbst, auch hier nicht selten über weite Strecken. So wurden in Nürnberg steirisches Eisen, Kupfer aus Thüringen, Messing aus dem Aachener Raum verarbeitet; beträchtliche Teile der ost- und mitteldeutschen Leinenproduktion gingen zur Veredlung nach Oberdeutschland. Der aus dem Waid gewonnene blaue Farbstoff wurde aus Thüringen ins ganze Reich geliefert; der Krapp, die sogenannte Färberröte, kam vor allem aus Schlesien.

Ebenso weiträumig wie die Rohstoffversorgung war der Absatz der gewerblichen Erzeugnisse, im Reich selbst und über dessen Grenzen hinaus. Die Bodenseeleinwand wurde rheinabwärts und weiter auf dem Seewege oder über Lyon auf dem Landwege in den Mittelmeerraum, in erster Linie nach Spanien, gehandelt. Das oberschwäbische Barchentgewerbe exportierte nach Ost- und Südosteuropa; Nürnberger Metallwaren fanden ihren Absatz überhaupt in ganz Europa, ja selbst im Vorderen Orient und in Afrika. Im übrigen wurden natürlich auch Fertigwaren des ausländischen Gewerbes importiert, vor allem das qualitativ unerreichte flandrische und englische Tuch – letzteres zum Teil aus spanischer Wolle verarbeitet –, dazu Seiden und andere Luxuswaren, insbesondere aus italienischer Produktion.

Neben den Rohstoffen und Erzeugnissen des Gewerbes bildeten Nahrungs- und Genußmittel ein wichtiges, mengenmäßig überhaupt das bedeutendste Handelsgut der Zeit, und auch hier nahm gerade der Fernhandel seit dem ausgehenden Mittelalter einen kräftigen Aufschwung. Am eklatantesten war dieser Aufschwung im europäischen Getreidehandel zwischen den ostelbischen Agrargebieten und den nordwesteuropäischen Gewerberegionen. Als typisches Massengut war das Getreide einigermaßen rentabel nur auf dem Wasserweg zu transportieren; so ging die Zunahme des Getreidehandels mit einer glänzenden Konjunktur der Seeschiffahrt auf Nord- und Ostsee einher. Daneben diente, insbesondere für das märkische Getreide wie für die Produkte der mittleren Elbelandschaften, die Elbe als Handelsweg zur Nordsee. Zum Handel mit Brot- und Futtergetreide kam der umfangreiche und immer noch steigende Viehimport aus Dänemark und Osteuropa, der den Fleischbedarf der städtischen Bevölkerung decken half, des weiteren der Handel mit Fischen, die von den Küsten bis tief ins Binnenland hinein verfrachtet, ja sogar nach Polen und Oberitalien exportiert wurden. Der Verbrauch an Fischen war – schon wegen der kirchlichen Fastengebote – hoch, und da die Fische trotz der zum Teil sehr langen

Transportwege vergleichsweise preiswert waren, dienten sie den ärmeren Bevölkerungsschichten auch außerhalb der Fastenzeiten als wichtiges Nahrungsmittel. Im übrigen wurden Fisch und Fleisch gern durch Pökeln oder Einsalzen haltbar gemacht, und so stieg auch der Bedarf an Salz; allein in Köln wurden pro Jahr etwa 600000 bis 700000 Zentner verbraucht. Dieser Bedarf wurde für Süddeutschland im wesentlichen aus dem Salzkammergut befriedigt, während im Norden die ergiebigsten Stätten der Salzgewinnung um Lüneburg lagen. Insbesondere die norddeutsche Salzgewinnung reichte aber nicht aus. Der überschießende Bedarf wurde durch das an der französischen Atlantikküste bei Bourgneuf gewonnene, überdies preisgünstigere Seesalz gedeckt. Dieser Importhandel mit der Bai von Bourgneuf, die sogenannten Baienfahrten, war ein wichtiger Handelszweig der Hanse.

Schließlich wirkte auch die steigende Nachfrage nach Wein und Bier stimulierend auf den Handel. Der Wein kam aus dem Elsaß, vom Rhein und von der Mosel, auch aus Ungarn und Südeuropa. Gute Qualitäten waren so begehrt, daß sie enorme Handelsspannen erlaubten. Das Bier wurde vor allem in Nordwestdeutschland gebraut – Bayern war damals noch mehr ein Weinland –; die wichtigsten Brauorte waren Hamburg und Bremen, daneben das kleine Einbeck. Seit dem späten 15. Jahrhundert setzte sich neben den älteren, ohne Hopfen gebrauten sogenannten Grutbieren zunehmend das Hopfenbier durch; so wurde neben der Braugerste der Hopfen zum Handelsgut von Bedeutung. Der Versand des Bieres erfolgte, mit Ausnahme der ausgesprochenen Weinlandschaften, in das ganze Reich; angesichts des Mangels an nichtalkoholischen Getränken wie – aus hygienischen Gründen – der Ungenießbarkeit des Wassers, jedenfalls in den Städten, war das Bier überhaupt das wichtigste Getränk für alle Bevölkerungsschichten.

Auch auf das Ganze der europäischen Wirtschaftsbeziehungen gesehen spielte der Handel deutscher Kaufleute eine wichtige, zum Teil führende Rolle. Das gilt für beide Hauptstränge des großen europäischen Handels der Zeit: für die Schiffahrt auf Nord- und Ostsee wie für den Handel zwischen Südeuropa und Mittel- bzw. Nordeuropa einschließlich des Orienthandels.

So lag der Seehandel durch Nord- und Ostsee, der den Warenverkehr zwischen dem agrarischen Nordosten und dem gewerblich orientierten Nordwesten des Kontinents vermittelte, zu einem erheblichen Teil in der Hand hansischer Kaufleute. Die Hanse, ursprünglich eine Genossenschaft von Fernhandelskaufleuten deutscher Seestädte, war seit der Mitte des 14. Jahrhunderts zu einem Städtebund geworden, der auf Grund erfolgreich geführter verkehrspolitischer Auseinandersetzungen, vor allem mit Dänemark, einen auch politisch bestimmenden Faktor in Nordeuropa darstellte. Der Zusammenhalt des Bündnisses war freilich stets durch mancherlei innere Interessenkonflikte belastet, seine politische Organisation nur schwach ausgeprägt; es gab sehr unterschiedliche Stufen der Assoziation, und nicht einmal die Gesamtzahl der Mitglieder stand jemals eindeutig fest. Gleichwohl war die Hanse mit ihren bis zu 90 Städten lange Zeit mächtig genug, ihren Kaufleuten in den Anrainerstaaten von Nord- und Ostsee einträgliche Handelsprivilegien zu sichern. Der Städtebund der Hanse erstreckte sich von der Zuidersee im Westen über Bremen und Hamburg, Lübeck – den Vorort der Hanse –, Stralsund und Danzig bis nach Riga und Reval; dazu kamen zahlreiche Städte bis tief ins Binnenland wie z. B. Köln, Braunschweig und Magdeburg. Die wichtigsten auswärtigen Niederlassungen der Hanse waren Brügge und London im Westen, Bergen im Norden und Novgorod im Nordosten; diese Kontore umspannten den Haupthandelsraum der hansischen Kaufleute. Sie vermittelten die Naturalien der Länder des Ostens – Pelze und Holz, Wachs, Pech und Teer, dazu in wachsenden Mengen das Getreide der ostelbischen Gutsbetriebe – gegen die gewerblichen Erzeugnisse und Genußmittel des Westens – vor allem hochwertige Tuche und Metallwaren, aber auch Salz und Wein. Seit dem ausgehenden 15. Jahrhundert gewann daneben der Warenaustausch der Hanse mit Spanien und Portugal an Bedeutung.

Die maßgebende Stellung der Hanse im West-Ost-Handel war um 1500 allerdings nicht mehr unangefochten, und zwar vor allem wegen der zunehmenden Gegenwirkungen staatlicher Wirtschaftspolitik in West- wie in Osteuropa. Die Hanse als lockerer Städtebund hatte dem langfristig nur wenig entgegenzusetzen, zumal sie am Reich kaum politischen Rückhalt fand. Maximilian I. und erst recht Karl V. waren als Landesherren der Niederlande mehr an deren wirtschaftlichem Wohlergehen als am Gedeihen der Hanse interessiert, und die große Mehrheit der Reichsstände nahm von den Problemen der Hanse nur wenig Notiz. Nach mancherlei schweren Beeinträchtigungen des Kontors in Novgorod schon seit den siebziger Jahren des 15. Jahrhunderts – 1478 wurden die deutschen Kaufleute sogar einmal zwangsweise nach Moskau umgesiedelt – ließ Zar Ivan III. die dortige Niederlassung der Hanse 1494 überhaupt schließen; in der Nord- und Ostseeschiffahrt aber sah sich die Hanse einer wachsenden Konkurrenz englischer und vor allem niederländischer Kaufleute ausgesetzt, die sich der lebhaften Unterstützung ihrer Regierungen erfreuten. Zwar konnte die Hanse ihren prozentualen Anteil an dem gewaltig expandierenden Ost-West-Handel noch das ganze Jahrhundert hindurch behaupten; ihre führende Position aber verlor sie an die Niederländer, deren Flottenkapazität die der Hanse bald erheblich überstieg. Im übrigen gewannen neben dem Seeverkehr auch die Landhandelswege nach dem Osten zunehmend an Bedeutung. Dieser Handel auf dem Landweg aber, für den Leipzig den wichtigsten deutschen Umschlagplatz darstellte, stand nicht unter dem beherrschenden Einfluß der Hanse; vielmehr spielten hier oberdeutsche Kaufleute, vornehmlich die Nürnberger, eine maßgebende Rolle.

Im Gegensatz zu den Kaufleuten der Hanse nahmen die oberdeutschen Handelsherren seit dem späteren 15. Jahrhundert einen steilen Aufstieg; sie wurden für einige Jahrzehnte zu den erfolgreichsten Kräften der europäischen Wirtschaft überhaupt. Im Blick auf sie sprechen wir vom deutschen Frühkapitalismus des frühen 16. Jahrhunderts.

Das Hauptinteresse der großen oberdeutschen Handelsherren galt, zunächst jedenfalls, dem anderen großen Strang des europäischen Warenverkehrs: dem Nord-Süd-Handel, besonders dem Italienhandel. Im Austausch gegen Metall- und Textilwaren wurden Seide und andere feine Stoffe, auch Baumwolle aus Italien wie aus dem Orient nach Mittel- und Nordeuropa gehandelt, dazu Gewürze und Luxuswaren aller Art. Die wichtigsten Stützpunkte dieses Italienhandels waren Mailand, Genua und – vor allen anderen – Venedig. Die Spitzenstellung Venedigs ergab sich insbesondere daraus, daß die Republik von San Marco es verstanden hatte, im Mittelmeer für den Zwischenhandel mit den Waren des Orients eine Art Monopolstellung zu erringen; die alten Landwege des Orienthandels waren ja durch das Vordringen der Osmanen in Südosteuropa so gut wie ungangbar geworden. Zu dem gewinnträchtigen Italienhandel kamen die Handelsverbindungen der Oberdeutschen mit Ungarn und Polen im Osten, mit Frankreich und – über Lyon oder über Genua – mit der Iberischen Halbinsel im Westen. Über Lissabon gewannen führende oberdeutsche Kaufleute, vor allem die Fugger und Welser, Verbindungen zu den atlantischen Inseln und auf dem neuentdeckten Seeweg um Afrika herum bis nach Ostindien; über Sevilla griff man wenig später auf die Westindischen Inseln aus. Die wirtschaftliche Bedeutung des Amerika- und Asienhandels war allerdings für Deutschland wie überhaupt für Europa im frühen 16. Jahrhundert noch recht bescheiden, zumindest mengenmäßig mit den innereuropäischen Warenströmen kaum zu vergleichen. Die Gewichte haben sich hier erst ganz allmählich verschoben; vollends die Verlagerung der Schwerpunkte des europäischen Handels in die Länder Westeuropas – der vielberufene «Wandel der Weltlage» als Folge der überseeischen Entdeckungen – ist erst im späteren 16. Jahrhundert nachhaltig in Gang gekommen.

Der Aufstieg der oberdeutschen Großkaufleute hing – abgesehen von der günstigen handelsgeographischen Lage Deutschlands – sehr eng mit der zeitgenössischen Blüte des deutschen Gewerbes zusammen. Das expandierende Großgewerbe der Textil- und Metallindustrie bedurfte des marktkundigen und zugleich kapitalkräftigen Kaufmanns für die Versorgung mit Rohstoffen bzw. Halbfertigfabrikaten wie für den Absatz seiner Produkte über oft weite Entfernungen; ja, es waren weithin die großen Kaufleute, die die Expansion der Gewerbe allererst initiierten. Der Umfang dieser Vorhaben überstieg schon bald die persönliche und finanzielle Leistungsfähigkeit des einzelnen Kaufmanns; so wurde die Handelsgesellschaft zur wichtigsten Unternehmensform des großen Handels. Dieser Schritt zur Vergesellschaftung – und zwar auf Dauer, nicht bloß für einzelne Geschäfte – war nicht selbstverständlich und wurde z. B. von den Kaufleuten der Hanse im Interesse der herkömmlichen Selbständigkeit des einzelnen nur sehr zögernd beschritten. Daß die Gesellschaft mit ihrer Bündelung von Kapital und Arbeitskraft dem Einzelkaufmann in den wichtigsten Belangen des großen Handels überlegen war, steht aber außer Frage, und so war es ein wesentliches Element des Erfolgs der oberdeutschen Kaufleute, daß gerade sie sich – gutenteils nach italienischen Vorbildern – in solchen Handelsgesellschaften organisierten. Dabei handelte es sich zumeist um Familiengesellschaften; wir sprechen noch heute einfach von den Fuggern, Welsern und Höchstettern, den Paumgartnern, Manlich und Herbrot, den Zangmeistern, Imhof und Tuchern, wenn wir eigentlich die Handelsgesellschaften von Mitgliedern dieser Familien meinen. Nicht selten taten sich aber auch Kaufleute verschiedener Familien, mitunter aus verschiedenen Orten, zusammen. Der Großen Ravensburger Handelsgesellschaft z. B., die schon gegen Ende des 14. Jahrhunderts aus einem Zusammenschluß von drei Ravensburger bzw. Konstanzer Kaufleuten entstanden war und – ausgehend vom Export der Bodenseeleinwand – mit einem breiten Warensortiment nach Nordwest- und Südeuropa handelte, traten im Laufe des 15. Jahrhunderts über 70 weitere Gesellschafter aus Oberschwaben und der Nordschweiz bei. Die große Zeit der Ravensburger Gesellschaft war um 1500 freilich schon vorbei.

Die Rechtsform der Handelsgesellschaften der Zeit ähnelte zumeist der einer modernen Offenen Handelsgesellschaft; die am Kapital beteiligten Gesellschafter arbeiteten also selbst mit und hafteten auch persönlich und unbeschränkt. Daneben wurden aber auch andere Gesellschaftsformen entwickelt, die eine Beteiligung mit einer auf die Einlage beschränkten Haftung – ähnlich der modernen Kommanditgesellschaft –, auch stille Teilhaberschaften ermöglichten. Damit konnten beträchtliche Kapitalien mobilisiert werden, die sonst wirtschaftlich kaum produktiv geworden wären. Vielfach waren die Handlungsgehilfen der Gesellschaften, nicht selten auch selbständige kleine Kaufleute und Handwerker mit im einzelnen geringen Beträgen an den Gesellschaften beteiligt. Gelegentlich legten aber auch reiche Prälaten ihr Geld in aller Stille zinsbringend bei den großen Kaufleuten an.

Zur Konzentration des Kapitals in den Handelsgesellschaften kam deren effektive Organisation, auch sie zumeist in Fortbildung italienischer Vorbilder. In diesen Zusammenhang gehörte schon die räumliche Gliederung des Unternehmens in eine Zentrale und eine mehr oder minder große Zahl ständiger auswärtiger Faktoreien und Agenturen; im Falle der Fugger umspannte dieses Netz fester Niederlassungen ganz Europa von Sevilla bis nach Hermannstadt in Siebenbürgen, von Neapel bis nach London, Reval und Narva. Des weiteren gehörte hierher eine respektable Rationalisierung der Geschäftsvorgänge, z. B. in Form der doppelten Buchführung – zuerst anscheinend bei den Tuchern in Nürnberg seit den achtziger Jahren des 15. Jahrhunderts –, sowie regelmäßiger Inventuren und Bilanzen, ferner die Ausarbeitung genauer Kalkulationen. Im Bereich des Kreditwesens entsprach diesem Streben nach Rationalisierung und Effizienz die zunehmende Verwendung des Wechsels. Als ein abstraktes, also von dem zugrundeliegenden Schuldgeschäft unabhängiges Zahlungsversprechen eignete sich der Wechsel, auch wenn man das Indossament noch nicht kannte, vorzüglich als Kreditpapier wie zur kurzfristigen Wertanlage. Bezeichnenderweise wurde übrigens auch der Wechsel in Oberdeutschland früher üblich als in den Hansestädten, wo seiner Verbreitung sehr lange Zeit recht hohe Diskontsätze entgegenstanden.

Gerade für die bedeutendsten Handelsgesellschaften der Zeit galt nun des weiteren, daß sie nicht beim Handel, schon gar nicht beim Warenhandel, stehenblieben. Zum einen nämlich beteiligten sie sich in großem Stil an den führenden Branchen des Gewerbes, vor allem an den Unternehmen der Edelmetallgewinnung und -verarbeitung; zum anderen und in engem Zusammenhang damit drangen sie in den Geldhandel vor und wurden auf diesem Wege zu den maßgebenden, wirtschaftlich wie politisch einflußreichen Bankiers der Epoche.

Der Augsburger Jakob Fugger «der Reiche» war der bedeutendste und zugleich ein sehr typischer Vertreter dieses oberdeutschen Handelskapitalismus. 1459 geboren und als jüngster Sohn der Familie zunächst für den geistlichen Stand bestimmt, wandte er sich nach dem frühen Tod des Vaters und eines der älteren Brüder der Kaufmannschaft zu und wurde nach Jahren der Ausbildung in Deutschland und Italien bereits 1485 Leiter der Innsbrukker Niederlassung des Hauses Fugger. Das war das Ausgangsdatum für eine rasch zunehmende, schließlich monopolartige Konzentration des Tiroler Silber- und Kupfergeschäfts in den Händen der Fugger; auch das Tiroler Münzwesen geriet völlig unter ihre Kontrolle. Eine wichtige Voraussetzung für diese wirtschaftlichen Erfolge bildeten die zielstrebig aufgebauten Beziehungen der Fugger zu den Habsburgern, zunächst zu Herzog Sigmund von Tirol, dann aber und vor allem zu dem Kaisersohn Maximilian. Daß Maximilian 1490 nach dem Rücktritt Herzog Sigmunds in den Besitz Tirols gelangte, paßte gut zu dieser Firmenpolitik; seit der Nachfolge Maximilians im deutschen Königtum 1493 gewann das Bündnis der Fugger mit den Habsburgern europäische Maßstäbe. Mit Unterstützung Maximilians und dank enger Geschäftsbeziehungen zu der Krakauer Kaufmannsdynastie Thurzo gewannen die Fugger jetzt den Zugang auch zu dem reichen ungarischen Bergwesen, in dem sie ebenfalls schon bald eine maßgebende Rolle spielten. Obzwar stets eine Familiengesellschaft, deren geschäftliche Entscheidungen allein von den Fuggern selbst getroffen wurden, arbeitete die Firma in erheblichem Umfang doch auch mit fremdem Geld. Der wichtigste dieser – zumeist geheimgehaltenen – Geldgeber und stillen Teilhaber war seit den späteren neunziger Jahren der Brixener Fürstbischof Melchior von Meckau, dessen Einlagen bei der Firma schließlich kaum weniger als drei Viertel des Eigenkapitals der Fuggerschen Brüder betrugen. Als König Maximilian 1498 die Fugger zu einem Kupfersyndikat mit den konkurrierenden Augsburger Firmen der Gossembrot und Paumgartner drängte, weil er sich davon finanzpolitische Vorteile versprach, konnte sich Jakob Fugger diesem Ansinnen zwar nicht entziehen, ließ dann aber die Preise des Syndikats durch seine ungarischen Geschäftsfreunde so lange konsequent unterbieten, bis die Partner aufgaben, um sich nicht zu ruinieren; am Ende war die Stellung der Fugger auf dem Kupfermarkt stärker denn zuvor. Seit 1502 war Jakob Fugger der eigentliche Leiter der Gesamtfirma, die seitdem eine immer stärkere Wirksamkeit auch im Welthandel – insbesondere durch die Finanzierung des Pfeffermonopols der portugiesischen Krone – wie auf der höchsten Ebene der europäischen Politik entfaltete: 1503 bereits bei der Wahl Papst Pius' III., fortdauernd durch die Finanzierung der Politik Maximilians I. und später auch Karls V. Als der Tod Melchiors von Meckau (1509) die Firma in erhebliche Schwierigkeiten stürzte, weil Papst Julius II. Anspruch auf den Nachlaß des Kardinals erhob, konnte sich Maximilian durch eine diplomatische Vermittlung bei der Kurie für die ihm geleisteten Dienste der Fugger erkenntlich zeigen. Schon 1507 hatte er seine Grafschaft Kirchberg mitsamt Weißenhorn und einigen anderen kleineren Herrschaften an Jakob Fugger verkauft; 1514 wurde dem Fugger als erstem deutschen Kaufmann die Würde eines Reichsgrafen zuteil. Seit den Erfahrungen nach dem Tode Meckaus suchte Fugger sein Engagement gegenüber den Habsburgern zu begrenzen, doch waren die gegenseitigen Bindungen längst zu stark, als daß eine prinzipielle Kurskorrektur möglich gewesen oder auch nur gewollt worden wäre. So kam es 1519 zu dem welthistorisch entscheidenden Beitrag der Fugger zur Finanzierung der Kaiserwahl Karls V.; der Augsburger Kaufmann brachte dafür über 850 000 Gulden auf, großenteils aus eigenem Vermögen. Die letzten Lebensjahre Fuggers waren dann durch mancherlei Schwierigkeiten mit der Wirtschaftspolitik der deutschen Reichsstände und vor allem der ungarischen Regierung belastet; dafür intensivierte sich die Kooperation mit der spanischen Krone, die dem Hause Fugger Anfang 1525 die Liegenschaftspacht der großen spanischen Ritterorden, der Maestrazgos, überließ. Als Jakob Fugger am 30. Dezember 1525 starb, betrug das Vermögen der Gesellschaft ungefähr zwei Millionen Gulden, von denen Jakob Fugger selbst kaum weniger als 1,8 Millionen verdient hatte. Über seiner wirtschaftlichen und politischen Bedeutung sollte im übrigen sein soziales Engagement nicht vergessen werden; die «Fuggerei», eine noch heute bestehende, wohldurchdachte Stiftung zugunsten alter Augsburger Bürger, war und ist ein eindrucksvolles Zeugnis solchen Engagements.

Die wirtschaftliche Machtstellung der frühkapitalistischen Kaufleute ging nicht selten mit der Verdrängung kleinerer gewerblicher oder Handelskonkurrenten und in manchen Branchen, vor allem im Metallhandel, auch mit einer Preisdiktatur der großen Gesellschaften einher. Dieser rücksichtslose Einsatz wirtschaftlicher Macht forderte eine rasch zunehmende öffentliche Kritik heraus, die sich alsbald nicht nur gegen den Mißbrauch wirtschaftlicher Macht durch die Gesellschaften richtete, sondern gegen deren Existenz überhaupt. Daß dabei die ökonomische Zweckmäßigkeit der Zusammenfassung bedeutender Kapitalien wie die Notwendigkeit eines ausgebildeten Kreditwesens zumeist verkannt wurden, ist sicher und wurde schon von der Antikritik wirtschaftskundiger Zeitgenossen wie etwa des Augsburger Syndikus Dr. Conrad Peutinger recht überzeugend dargelegt. Daß sich jene Kritik – ungeachtet einer Reihe «antimonopolistischer» Beschlüsse des Reichstags seit 1512 – politisch im Endergebnis nicht durchzusetzen vermochte, hatte seinen Grund aber nicht in besserer ökonomischer Einsicht, sondern in dem politischen Bündnis des Frühkapitalismus mit den stets kreditbedürftigen Fürsten, vor allem – aber keineswegs ausschließlich – mit den Habsburgern. Die Empörung weiter Bevölkerungskreise über die «Monopolien» blieb deshalb Jahrzehnte hindurch ein Grundthema sozialen und politischen Protests im Reiche.

III.

Die ständische Gesellschaft in Beharrung und Wandel

1. Die Stände als gesellschaftliche Gruppen der beginnenden Neuzeit

Die wichtigste Gliederung der deutschen Gesellschaft an der Schwelle zur Neuzeit war ihre ständische Ordnung. Die Zeit selbst hielt diese Ordnung für nahezu selbstverständlich, und die Historiographie ist dem durchweg gefolgt. Was freilich ein Stand eigentlich war, was ihn zum Stand machte und was die einzelnen Stände voneinander unterschied – darüber herrschte schon bei den Zeitgenossen überraschend wenig Klarheit, und auch der nachlebende Sozialhistoriker hat damit sehr seine Probleme. Zum einen nämlich wies die ständische Gliederung, die sich im Laufe des späteren Mittelalters allmählich verfestigt hatte, zu Beginn der Neuzeit noch mancherlei Offenheiten und Unabgeschlossenheiten auf; zum anderen kam es eben jetzt neben der fortschreitenden Verfestigung und Abschließung der Stände voneinander bereits wieder zu neuen Öffnungen und Durchbrechungen dieser Gliederung. Die Gesellschaft der Epoche wies mithin sehr unterschiedliche und mitunter widersprüchliche Tendenzen ihrer Entwicklung auf; das erschwert seit jeher das Verständnis der Dinge.

Wenn das frühe 16. Jahrhundert von gesellschaftlichen Gruppen als Ständen sprach, so geschah dies in einem keineswegs einheitlichen Sprachgebrauch. Geläufig war zwar die Kennzeichnung insbesondere des Adels, des Bürgertums und der Bauern als je eigener Stände, aber sie alle konnten doch auch wieder als ein Stand – nämlich als weltlicher Stand – dem Klerus gegenübergestellt werden, oder der Klerus galt als erster Stand, dem der Adel als zweiter, die Bürger als dritter und vielleicht sogar die Bauern als vierter Stand folgten – so vor allem in der politischen Verfassung des Ständewesens, die überdies nicht selten noch eine ständische Aufspaltung des Klerus oder auch des Adels kannte. Gemeinsam war allen diesen Vorstellungen immerhin, daß die Gliederung der Gesellschaft in Stände durch die Unterschiedlichkeit bestimmter grundlegender Funktionen der Stände in der Gesellschaft begründet und legitimiert sei. Eine solche Funktionsbestimmtheit der Stände ließ jeden Stand als notwendig und unverzichtbar erscheinen, hinderte aber deutliche Rangabstufungen zwischen den Ständen nicht; namentlich der Vorrang des Adels, insbesondere des hohen Adels, war nahezu unbestritten.

Die Geschlossenheit, freilich auch die Unbeweglichkeit traditionaler Gesellschaften pflegt sehr wesentlich auf der Kongruenz ihrer Gruppierungen nach Rechtsstellung, Geburt und Beruf zu beruhen. Von einer solchen Kongruenz kann für die Geschichte des Reichs an der Wende des Mittelalters jedoch nur mit großen Einschränkungen gesprochen werden. Am ehesten läßt sich die ständische Gliederung einigermaßen trennscharf noch als Rechtsordnung beschreiben. Daß der Adel nur von seinesgleichen gerichtet werden durfte, daß für den Bürger zumeist städtisches, für den Bauern dörfliches Recht galt, daß für den Klerus grundsätzlich das Personenrecht des Corpus juris canonici maßgebend war – das alles stand einigermaßen fest. Die konkrete Ausgestaltung des ständisch gebundenen Rechts wies freilich in sich enorme Abstufungen und Spannungen auf. Auch fehlte es nicht an mancherlei Randunschärfen in der rechtlichen Abgrenzung der Stände voneinander – gelegentlich zwischen Adel und Bauerntum, häufiger noch zwischen Klerus und Bürgertum; die Städte bemühten sich durchweg, das Sonderrecht wenigstens des städtischen Klerus möglichst weit zurückzudrängen und insofern ihre Kleriker zu Bürgern zu machen.

Noch sehr viel weniger fest war die Bindung des Standes an die Geburt. Die Zugehörigkeit zum Klerus konnte ja ohnehin nicht durch die Geburt, sondern nur durch das Sakrament der Weihe begründet werden; aber auch die weltlichen Stände waren doch nicht einfach Geburtsstände. Zwar wurde ein Kind adliger Eltern als Adliger, ein Bürgerkind als Bürger geboren. Doch gab es eine nicht unerhebliche soziale Mobilität, die die geburtsständische Ordnung durchbrach. So waren die Städte wegen ihrer ungünstigen Bevölkerungsbilanz stets auf den Zuzug vom Lande angewiesen, wenn sie ihre Einwohnerzahl halten oder gar vermehren wollten, und jeder Neubürger erwarb mit seinem Zuzug in die Stadt – genauer: mit der Leistung seines Bürgereids – eine neue ständische Qualität. Und auch die Zugehörigkeit zum Adel war nicht ausschließlich durch die Geburt bestimmt. Unter der Voraussetzung einer adligen Lebensführung, die freilich einen nicht ganz unbeträchtlichen Grundbesitz voraussetzte, war für reich gewordene Bürger ein Aufstieg in den Adel ohne prinzipielle Widerstände möglich – wie denn auch umgekehrt das Absinken aus dem Adel als Folge unstandesgemäßen Lebenswandels, wegen Verschwendung oder «Mißheirat», gelegentlich vorkam. Die eben jetzt verstärkt einsetzenden Nobilitierungen hoher bürgerlicher Beamter der entstehenden fürstlichen Zentralverwaltung gehören ebenfalls in diesen Zusammenhang. Allerdings gab es gerade beim Adel der Zeit – vor allem wohl als Reaktion auf die ökonomischen und politischen Verunsicherungen seiner traditionellen Stellung – auch eine sehr ausgeprägte Tendenz zu geburtsständischer Abschließung, und diese Tendenz sollte sich im Laufe des Jahrhunderts noch verstärken. Ohnehin wird man die soziale Mobilität der Epoche doch auch nicht überschätzen dürfen. Der bei weitem größte Teil der Bevölkerung verblieb lebenslang in dem Stande, in den er hineingeboren war, und Statusänderungen ergaben sich für den einzelnen vor allem als Folge des Auf- oder Abstiegs oder der Ausdifferenzierung eines ganzen Standes, weniger als Ergebnis individueller sozialer Mobilität. Die der Guts- oder Leibherrschaft unterworfenen Teile der bäuerlichen Bevölkerung mußten überdies gerade seit dem ausgehenden Mittelalter einschneidende Restriktionen ihrer Freizügigkeit und damit auch ihrer sozialen Mobilität hinnehmen.

Die ständische Ordnung war auch nur zum Teil eine berufsständische Ordnung. Zwar spielten in der Theorie berufsständische Prinzipien – über die Kirchenspaltung hinaus und gleichermaßen bei katholischen wie evangelischen Autoren – noch lange eine wichtige Rolle; die grundsätzliche, auch rechtlich eindeutige Trennung von Beruf und Stand hat sich in Deutschland wie in Europa vollends erst in der Folge der Französischen Revolution durchgesetzt. Die wirtschaftliche und soziale Entwicklung schon des Mittelalters hatte aber keine konsequente berufsständische Gliederung der Gesellschaft entstehen lassen, und die Tendenz zu berufsständischer Offenheit der Gesellschaft setzte sich in der frühen Neuzeit in charakteristischer Weise fort. Die große Gruppe der Ackerbürger z. B., die seit jeher zum typischen Bild kleinstädtischer Gesellschaften gehörte, vereinigte bürgerlichen Status und bäuerliche Tätigkeit; gerade umgekehrt verhielt es sich mit den Landgewerbetreibenden, die als Angehörige der dörflich-bäuerlichen Bevölkerung ihren Lebensunterhalt ganz oder teilweise der Tätigkeit im Gewerbe verdankten, zunehmend in Abhängigkeit von städtisch-bürgerlichen Verlegern. Gerade die Ausbreitung dieses ländlichen Verlagsgewerbes, insbesondere der Textil- und Metallindustrie, ließ die berufsständische Sonderung zwischen Stadt und Land, zwischen Bürgern und Bauern immer mehr zurücktreten. Und schließlich bot auch der Adel der Epoche ein berufsständisch keineswegs sehr geschlossenes Bild. Vor allem hatte der Adel seine traditionelle Aufgabe des rechtlichen und militärischen Schutzes des Landes zunehmend an die Territorialfürsten verloren und begann eben erst, sich im militärischen und Verwaltungsdienst der Landesherren oder auch des Kaisers Ersatz zu suchen – unter schmerzlicher Preisgabe manch herkömmlicher Unabhängigkeit und überdies, jedenfalls was die Verwaltungsstellen angeht, in mannigfacher Konkurrenz mit einer neu aufkommenden Elite bürgerlicher Juristen im Fürstendienst. In den großräumigen Herrschaftsgebieten des Ostens aber war schon seit geraumer Zeit neben jene ursprüngliche Aufgabe von Schutz und Schirm und gutenteils auch an deren Stelle die agrarische Eigenwirtschaft des Adels einschließlich des Handels mit den erwirtschafteten agrarischen Produkten getreten – letzteres durchaus auf Kosten des städtisch-bürgerlichen Handels. Daß es dem ostelbischen Adel gelang, diese Gutswirtschaft und -herrschaft als speziell adliges Privileg zu festigen und zu erhalten, bedeutete dann freilich eine neue Verfestigung berufsständischer Strukturen dieses Adels.

Im übrigen wurde die ständische Ordnung der Gesellschaft von den Zeitgenossen zugleich als Rangordnung empfunden. Die hierarchische Gliederung der Gesellschaft galt geradezu als gottgewollt. Der aufrührerische Bauernvers: «Als Adam grub und Eva spann – wo war denn da der Edelmann?» wurde deshalb weithin nicht bloß als rationale Kritik an einer traditionellen Sozialordnung empfunden, sondern als geradezu blasphemische Absage an eine göttliche Ordnung. Das bedeutete aber nicht, daß die ständische Ordnung als unveränderbar und in solcher Unveränderbarkeit überdies durch religiöse Sanktionen gestützt angesehen worden wäre; vielmehr galt die konkrete Ausgestaltung der gesellschaftlichen Verhältnisse und eben auch der ständischen Ordnung grundsätzlich als Aufgabe der Vernunft, deren Spielraum insoweit zwar durch das Naturrecht, nicht aber durch die christliche Offenbarung eingeengt sei. In dieser Auffassung waren sich die maßgebenden Theologen aller Schulrichtungen ziemlich einig. In der Praxis der sozialen und politischen Auseinandersetzungen der Epoche wurden freilich sowohl die Kritik an der bestehenden Sozialordnung als auch deren Verteidigung häufig religiös begründet; die Geschichte des Bauernkriegs 1524–1526 liefert dafür schlagende Beispiele.

2. Die engeren Lebensgemeinschaften: Haus und Verwandschaft; die Stellung der Frau

Der Begriff des Standes meint stets eine Gruppe der Gesamtgesellschaft. Gerade dieses gesamtgesellschaftliche Moment der ständischen Ordnung scheint freilich für das Selbstverständnis der Menschen noch des 16. Jahrhunderts von erst nachgeordneter Bedeutung gewesen zu sein. Zwar hatte sich seit einiger Zeit – zuerst beim Adel, dann auch bei den Bürgern – ein regional übergreifendes Standesbewußtsein herauszubilden begonnen; die eben jetzt sich verfestigende, ständisch gegliederte Organisation des Reichstags wie der Landtage beruhte bereits auf einem solchen Verständnis und trug ihrerseits zu dessen Festigung bei. Gleichwohl waren selbst für die Angehörigen des Adels dessen engere soziale Gruppierungen – die einzelnen Adelsgeschlechter, die Turniergesellschaften, auch die Gemeinschaft der Zugehörigkeit zu bestimmten fürstlichen Lehenshöfen – fortdauernd mindestens ebenso wichtig wie die Zugehörigkeit zum Adel überhaupt. Erst recht verstand sich der Bürger in erster Linie als Bürger seiner Stadt, nicht als Bürger an sich; die einzelne, konkrete Stadt galt ihren Bürgern als ihr eigentlicher Lebensraum, und zwar bis in ihre religiöse Existenz hinein, als «Corpus christianum im Kleinen» (Bernd Moeller). Vollends bei den Bauern scheint das Bewußtsein einer räumlich übergreifenden ständischen Gemeinsamkeit nur erst schwach ausgebildet gewesen zu sein. Zwar hat die sozialgeschichtliche Forschung seit einigen Jahrzehnten deutlich gemacht, daß wenigstens auf regionaler Ebene ein spezifisch bäuerliches Standesbewußtsein lebendig war; bezeichnenderweise fehlte es auch nicht ganz an politischen Vertretungen der Bauern im Rahmen kleiner und großer Territorien. Gleichwohl war und blieb für den Bauern der konkrete Lebensraum seines Dorfs mindestens ebenso bestimmend wie für den Bürger die Stadt. Ein regional übergreifendes ständisches Bewußtsein der Bauern wird überhaupt erst in der Vorgeschichte des Bauernkriegs greifbar, und noch der Aufstand von

1524–1526 selbst sollte nicht zuletzt an der Unfähigkeit der Bauern scheitern, ihre lokalen und regionalen Sonderinteressen hinreichend zu bündeln.

Der in alledem maßgebende, erst allmählich sich abschwächende Vorrang der engeren Lebensgemeinschaften war zum guten Teil einfach eine Folge der noch immer sehr beschränkten Möglichkeiten überregionaler Kommunikation. Die Wege waren schlecht; Reisen dauerten lange und waren gleichermaßen beschwerlich wie gefährlich; eine übergreifende Öffentlichkeit der Publizistik stand erst in ihren Anfängen; regelmäßig erscheinende Zeitungen gab es nicht. Die Regierungen wie auch die großen Handelsherren behalfen sich mit handschriftlichen Berichten ihrer Agenten von den Brennpunkten des Geschehens im Reich und in Europa. Immerhin gab es seit dem späten 15. Jahrhundert eine Reihe ständiger und weiträumiger Postverbindungen, um deren Organisation sich vor allem das lombardische Geschlecht der Taxis verdient machte; auch diese Postlinien dienten aber doch erst den Bedürfnissen sehr schmaler Führungsgruppen in Politik und Wirtschaft. Die wichtigsten Vermittler von Neuigkeiten für eine breitere Öffentlichkeit in Stadt und Land waren nach wie vor die reisenden Kaufleute und durchziehenden Handwerksgesellen; die wichtigsten Kommunikationszentren bildeten überall die Messen und Märkte, dazu die Gasthäuser. Der Vorrang der engeren Lebensgemeinschaften beruhte jedoch nicht nur auf der Dürftigkeit der räumlich übergreifenden Kommunikation, sondern auch auf dem Reichtum der in diesen Lebensgemeinschaften zusammengefaßten und geordneten Lebensverhältnisse. Das Dorf, die Stadt, die Kaufmannsgilde oder Handwerkerzunft, ja selbst das einzelne «Haus» – vom Hof des Fürsten bis hinunter zum Handwerkerhaushalt oder Bauernhof – umgriffen prinzipiell das ganze Leben der Menschen, nicht bloß einzelne Ausschnitte ihrer wirtschaftlichen, politischen oder geistigen Existenz. Daraus ergab sich eine gewisse Autarkie, die die gleichzeitige Zugehörigkeit zu größeren gesellschaftlichen Gruppen als vermittelt und weniger wichtig erscheinen ließ. Im Anschluß an eine glänzende Studie Otto Brunners (1952) sei das für das «Haus» als die allen Ständen gemeinsame soziale Grundeinheit noch etwas näher erörtert.

Ein sehr ursprüngliches Element der hier maßgebenden Konzeption des «Hauses» war, daß das Haus als privilegierter Friedensbezirk galt, in dem außer dem Hausherrn, abgesehen von eng umgrenzten Ausnahmefällen, niemand Herrschaft auszuüben hatte. Reste dieser Auffassung sind bis in die Gegenwart wirksam geblieben – noch heute bedürfen ja staatliche Hoheitsakte im Hause einer speziellen Ermächtigung, regelmäßig sogar durch einen Richter, und auch der Hausfrieden ist bis heute durch einen eigenen Straftatbestand besonders geschützt. Zum Haus als Herrschafts- und Friedensbereich gehörte folgerichtig dessen Abgrenzung gegenüber anderen Häusern oder sonstigen Herrschaftsbereichen; eben darin lag die rechtliche Bedeutung der Einzäunung, der – wie es wiederum noch heute heißt – Einfriedigung von Grundstücken. Dieser Vorstellung entsprach des weiteren, daß trotz des

Raummangels der spätmittelalterlichen und frühneuzeitlichen Städte die Häuser durchweg auf Lücke gebaut wurden; einheitliche, durchgehende Fassaden hat bezeichnenderweise erst der Hochabsolutismus des späten 17. Jahrhunderts durchgesetzt. Eben dieser siedlungsgeschichtliche Befund ist zugleich ein sehr sprechender Beleg dafür, daß die soziale Grundeinheit des Hauses nicht nur für den adligen und agrarischen Bereich maßgebend war, sondern prinzipiell ebenso für den städtisch-bürgerlichen, nur daß die Aufgaben des Hauses bzw. des Hausherrn hier im einzelnen anders aussahen. Der englische Rechtsgrundsatz «my home is my castle» galt insofern und prinzipiell auch für Deutschland.

Die sozialgeschichtliche Bedeutung des Hauses erschließt sich besonders klar am Verhältnis von Haus und Familie. Für die Menschen jener Epoche spielte die Familie im modernen Sinne des Worts noch eine vergleichsweise geringe Rolle. Familie, lateinisch familia, war primär nicht die aus Eltern und Kindern bestehende Kleinfamilie und schon gar nicht die Chimäre einer Großfamilie aus mehreren Generationen, sondern der Herrschaftsbereich des pater familias, und zu dessen Herrschaftsbereich gehörten neben Frau und Kindern – unbeschadet der eigenständigen und weitgehenden Schlüsselgewalt der Ehefrau – das Gesinde wie grundsätzlich alle im Hause lebenden Personen und dazu die Gesamtheit der zum Leben im Hause gehörenden Sachen. In diesem Sinne aber, als Inbegriff von Personen und Sachen unter der Leitung des Hausherrn, war die Familie für jene Zeit wiederum bloß ein – im übrigen wenig gebräuchliches – Synonym für «Haus». Und in ganz analoger Weise war das Haus die soziale Grundeinheit auch im Blick auf die wirtschaftliche Tätigkeit seiner Angehörigen. Vor allem war das Haus jener Zeit nicht nur eine Konsumtions-, sondern zugleich eine wirtschaftliche Produktionseinheit. Es gab ja prinzipiell noch kaum eine Trennung von Haushalt und Betrieb – weder im agrarischen Bereich, wo noch heute gelegentlich von der bäuerlichen «Wirtschaft» im umfassenden Sinn jener älteren Zeit gesprochen wird, noch im gewerblichen Bereich, wo der Geselle und der Lehrling grundsätzlich im Hause des Meisters lebten und arbeiteten und vom Meister nicht selten als «Kinder» apostrophiert wurden. Diese zentrale Funktion des Hauses im Wirtschaftsprozeß und damit die grundlegende Bedeutung des Hauses überhaupt für die Struktur der Gesellschaft ist definitiv erst mit der Industrialisierung zerbrochen. Ansätze dazu hat es freilich schon frühzeitig gegeben, im 16. Jahrhundert vor allem im sozialen Umfeld des Bergwerk- und Hüttenwesens. Aber das waren vorläufig doch noch ziemlich atypische Erscheinungen.

Wie sehr die Vorstellung vom Haus im übrigen sogar das politische Denken bestimmte, mag man daran ermessen, daß die Epoche auch den Staat – selbst den zur Modernisierung drängenden Fürstenstaat – gern als eine Hausherrschaft im großen begriff, wobei die Rede vom Fürsten als «Landesvater» dann nicht etwa biedermeierlich-gemütliche Konnotationen hatte, sondern den pater familias in seiner Pflicht und Fürsorge wie in der Härte seiner Herrschaftsrechte meinte. Die Casa d'Austria, das Haus Österreich, ist für diese politische Relevanz der Konzeption des Hauses nur ein Beispiel unter vielen – ein allerdings insofern besonders schlagendes Beispiel, als hier die Einheit des dynastisch definierten Hauses angesichts des Fehlens jeder auf Dauer gesicherten Personal- oder gar Realunion überhaupt die einzige Klammer war, die die politische Einheit der habsburgischen Länder garantierte.

Weniger umfassend und elementar als das «Haus», aber doch wiederum von erheblicher sozialer Bedeutung – und wiederum durch alle Stände hindurch – war die Verwandtschaft oder «Freundschaft», wie man damals sagte, insbesondere die Blutsverwandtschaft. Vor allem in Notsituationen, etwa beim vorzeitigen Tod des Ernährers einer Familie, fühlte sich die Verwandtschaft mit großer Selbstverständlichkeit zur Hilfeleistung verpflichtet. Darüber hinaus aber vermittelte die Verwandtschaft soziales Ansehen und – auf sehr konkrete Weise – soziale Positionen. Die Förderung etwa durch einen einflußreichen Onkel oder Vetter war ein völlig normales und als legitim empfundenes Element der beruflichen Karriere; ein Großteil der Führungsstellen in Stadt und Land, in der Kirche, in den Universitäten und fürstlichen Verwaltungen wurde folgerichtig von verwandtschaftlich untereinander verbundenen Gruppen beherrscht. Selbst für den hohen Adel des Reichs, der in seinen reichsständischen Spitzenpositionen und als Träger landesfürstlicher Herrschaft für gewöhnlich weniger als soziale denn als politische Gruppe interessiert, waren derartige verwandtschaftliche Beziehungen überaus wichtig: als Element eines mehr oder minder geschlossenen Heiratskreises und damit als Basis dynastischer Erbansprüche, aber auch als Stütze in Zeiten der Unmündigkeit eines Thronfolgers, insbesondere in Gestalt verwandtschaftlicher Vormundschaften. Es sollte zu den tief einschneidenden Wirkungen der Glaubensspaltung gehören, daß sie das traditionelle Konnubium des deutschen Hochadels zerschnitt und damit die soziale und politische Führungsschicht des Reichs konfessionell segmentierte.

Im Verhältnis der Geschlechter zueinander waren die Männer in vieler Beziehung gegenüber den Frauen bevorrechtigt; vor allem germanische Traditionen wirkten hier kaum gebrochen fort, durch manche Lehren der Kirche noch verfestigt und zugespitzt. Daß die Frau als natürliches Wesen schwächer und von geringerer Vollkommenheit wäre als der Mann, war allgemeine Überzeugung; deshalb stand die Frau auch unter der «Munt», der Schutzherrschaft, des Vaters oder Ehemanns, der ihre Vertretung vor Gericht wahrzunehmen hatte und auch über ihr Vermögen verfügte. Allerdings bedurfte er dafür, wenigstens für die Verfügung über Liegenschaften, nach den meisten Güterrechtssystemen der Zustimmung der Frau. Überhaupt war neben der Herrschaftsgewalt des pater familias doch auch der Konsens der Ehegenossen ein wichtiges Gestaltungsprinzip von Ehe und Familie.

Daß die – im übrigen sehr unterschiedlich ausgeprägten – ehelichen Gütergemeinschaften die von ihr erfaßten Vermögen beider Ehepartner zu gesamthänderischen Einheiten zusammenschlossen und damit die Frau zur Mitinhaberin des Vermögens auch ihres Mannes machten, ist für diese genossenschaftlichen Elemente des Eherechts bezeichnend. Von praktisch noch größerer Bedeutung war, daß das in die eheliche Gütergemeinschaft eingebrachte Vermögen jedes Ehegatten bei seinem Tode regelmäßig und ausschließlich dem Überlebenden zufiel, gleich ob Mann oder Frau – «längst Leib, längst Gut», wie das Rechtssprichwort formulierte. Die Kinder, selbst die erwachsenen Söhne, mußten also beim Tode des Vaters zugunsten der Mutter zurückstehen.

Witwen und unverheiratete Frauen, die in einem eigenen Haushalt lebten, galten in aller Regel überhaupt als voll handlungsfähig. Ältere Formen der sogenannten Geschlechtsvormundschaft über die «Munt» des Vaters und Ehegatten hinaus waren schon längst verschwunden oder nur mehr in schwachen Relikten erhalten. Aber auch die unter der «Munt» des Ehemanns stehende Frau war für den Bereich der täglichen Geschäfte des Hauses zu selbständigem und rechtsverbindlichem Handeln befugt. Diese sogenannte Schlüsselgewalt konnte in größeren Haushalten einen beträchtlichen Umfang annehmen; überdies reichte sie, da ja das Haus selbst zugleich eine wirtschaftliche Produktionseinheit darstellte, tief in die berufliche Sphäre des Mannes hinein. Von da lag dann auch eine berufliche Arbeitsteilung nicht fern, etwa in der Art, daß die Meister städtischer Handwerksbetriebe den Ladenverkauf ihrer Waren im wesentlichen ihren Ehefrauen überließen, während sie sich selbst ganz auf die Produktion konzentrierten, d. h. praktisch: in ihrer Werkstatt blieben; im Textilgewerbe war auch eine gerade umgekehrte Verteilung der beruflichen Rollen der Ehepartner weit verbreitet. Daß eine Handwerkerwitwe, wie das oft bezeugt ist, den Betrieb ihres verstorbenen Mannes zumindest für einige Zeit selbständig fortführte, wäre ohne jene Kooperation schon zu Lebzeiten des Mannes kaum denkbar gewesen. Aus Kaufmannsfamilien weiß man überdies, daß die – z. B. anläßlich der großen Messen – auf Reisen gehenden Kaufleute ihre Ehefrauen mit ihrer Vertretung beauftragten; auch diese Zeugnisse atmen den Geist einer Zusammenarbeit, die über den bloßen Gehorsam der Frau gegenüber den Weisungen des Mannes weit hinausging. Gewiß lagen die wichtigsten Entscheidungen auch in diesen Verhältnissen letztlich und rechtsverbindlich beim Ehemann; von einer Gleichberechtigung der Frauen konnte auch hier nicht die Rede sein. Gleichwohl war schon der rechtliche Spielraum der Frauen des Zeitalters, besonders in größeren städtischen Haushalten, beträchtlich – größer jedenfalls als gemeinhin im Bürgertum des 19. und frühen 20. Jahrhunderts, in dem die Ehefrauen nun wirklich auf den außerberuflichen Bereich des Hauses beschränkt waren. Im übrigen dürften die tatsächlichen, informellen Einflußmöglichkeiten der Frauen im 16. Jahrhundert – wie zu allen Zeiten – noch einmal sehr viel weiter gereicht haben.

Auch eine selbständige berufliche Tätigkeit in Handel und Gewerbe, verbunden zumeist mit der Mitgliedschaft in einer Zunft oder Gilde, war den Frauen grundsätzlich nicht versagt. Doch darf der Umfang solcher Selbständigkeit von Frauen im Berufsleben nicht überschätzt werden. Wenn in Köln zwischen 1437 und 1504 nicht weniger als 116 selbständige Seidenmacherinnen mit 765 Lehrtöchtern tätig waren und einige der im Kölner Textilgewerbe tätigen Frauen sich sogar zu erfolgreichen Verlegerinnen aufschwangen, so waren das ganz exzeptionelle Verhältnisse; in den Gewerben vieler anderer Städte gab es überhaupt keine selbständig tätigen Frauen. Des weiteren hatten manche Mitgliedschaften von Frauen in Zünften anscheinend nur den Sinn, den so Begünstigten die Heirat mit einem zur Meisterschaft aufstrebenden Gesellen zu erleichtern, und auch die Weiterführung eines Betriebs nach dem Tode des Ehemanns scheint vor allem der Versorgung der Witwe gedient zu haben – in der Regel wohl auch hier mit dem konkreten Ziel einer baldigen Wiederverheiratung, ohne voll anerkannte Position der Witwe in der Zunft. Im Handel aber brachten es die Frauen nur selten über einen kleinen Krämerladen hinaus; die beachtliche Stellung einiger Frauen im Kölner Weinhandel der Zeit war wiederum nur eine Ausnahme. Darüber hinaus kann kaum zweifelhaft sein, daß die Zünfte in wirtschaftlichen Krisenzeiten ihre Schutzfunktion zugunsten ihrer weiblichen Mitglieder sehr viel lascher wahrnahmen als gegenüber den männlichen Zunftmeistern. Dabei mag das soziale Motiv mitgespielt haben, daß die männlichen Handwerksmeister regelmäßig – und anders als wohl die meisten weiblichen Mitglieder der Zünfte – eine Familie zu ernähren hatten; an der stärkeren sozialen Unsicherheit der Frauen auch in den Zünften änderte das jedoch nichts.

Im übrigen unterschied sich die Stellung der Frau natürlich auch und sehr wesentlich nach ihrem Stand. Wenn die große Mehrheit der Frauen des Zeitalters in gewiß oft drückender persönlicher und sozialer Abhängigkeit lebte, so konnten hochgestellte Frauen – Fürstinnen etwa und besonders die Fürstenwitwen – mitunter sehr bedeutende Positionen bekleiden, etwa im Rahmen der Vormundschaft für einen unmündigen Thronfolger; die hessische Landgräfin Anna, die von 1509–1518 die Vormundschaft für ihren Sohn Philipp von Hessen führte, ist dafür ein hervorragendes Beispiel. Daneben standen fürstliche Regentinnen, wie sie seit Maximilian I. vor allem die Habsburger immer wieder als Statthalterinnen ihrer so weit zerstreuten Reiche einsetzten; so haben in den habsburgischen Niederlanden vom Tode Philipps des Schönen 1506 bis in die Zeit des niederländischen Aufstands hinein durchweg verwitwete Fürstinnen aus dem Hause Habsburg die Regentschaft für den abwesenden Herrscher geführt.

Für die Frauen aller Stände galt schließlich, daß sie sich manchen persönlichen und sozialen Bedrängnissen dadurch entziehen konnten, daß sie den Schleier nahmen. Klöster und Stifte waren nicht nur wichtige Institutionen zur Versorgung unverheirateter Töchter, die selbst vielleicht gar nicht so gern auf eine weltliche Existenz verzichteten. Sie boten vielmehr auch eine letzte und wirksame Zuflucht vor einer ungewünschten Ehe oder aus unerträglich gewordenen familiären Verhältnissen. Hinzu kam, daß das Kloster durchaus die Möglichkeit sozialen Aufstiegs eröffnen konnte; die Äbtissin eines großen und reichen Klosters stand sich in vieler Beziehung gewiß nicht schlechter als manche Fürstin oder Fürstenwitwe. Die Aufhebung der Klöster in den evangelisch werdenden Ländern und Städten des 16. Jahrhunderts war insofern gerade für die Frauen ein zweischneidiger Vorgang.

3. Die einzelnen Stände: Adel, Bürger, Bauern

Ungeachtet seines gesellschaftlichen Vorrangs war der Adel an der Schwelle zur Neuzeit eine keineswegs sehr einheitliche soziale Schicht. Zwischen einem Kurfürsten von Sachsen oder Herzog von Bayern einerseits, einem kleinen fränkischen Ritter oder pommerschen Landjunker anderseits lagen Welten, und zwischen diesen Extremen gab es eine Fülle von Abstufungen gesellschaftlichen Ranges. Diese Rangunterschiede waren eine in der Zeit und vom Adel selbst lebhaft empfundene gesellschaftliche Realität. Bezeichnender Ausdruck solchen Bewußtseins waren die Regeln über das Konnubium, also darüber, welche Heiratsverbindungen als standes- und ranggemäß zu gelten hatten. Bei genauerem Zusehen zeigen sich hier sehr diffizile und zugleich sehr wirksame Rangabstufungen. Überdies war ein einmal gewonnener Rang in der Adelshierarchie keineswegs für alle Zukunft garantiert, sondern konnte von Generation zu Generation verlorengehen, falls die einzelne Familie oder gar der einzelne Adlige den Ansprüchen der Standesgenossen in der Landschaft nicht entsprach. Das konnte sogar zum Verlust des Adels überhaupt führen, etwa für die Abkömmlinge aus einer nicht standesgemäßen Heirat. Selbst die Frage des Konnubiums des Landadels mit dem reichen Patriziat der Städte bedurfte deshalb, obzwar im 16. Jahrhundert grundsätzlich nicht problematisch, im Einzelfall immer wieder sorgfältiger Überlegungen und wohl auch Rücksprachen mit den Standesgenossen.

Die Rangabstufungen des Adels waren in den einzelnen Regionen Deutschlands nicht einheitlich und lagen überdies zu Beginn des 16. Jahrhunderts nicht schon überall fest. Immerhin setzte sich doch jetzt nahezu überall, im Anschluß an alte Rangabstufungen der Lehenspyramide, die Dreigliederung in 1. Fürsten, 2. Grafen und Herren und 3. Ritter durch; der alte, an sich ebenfalls lehensrechtlich begründete Unterschied zwischen Grafen und Herren dagegen verlor sich mit dem Aufstieg der großen Mehrheit beider Adelsgruppen zur Landeshoheit. Zwischen den Grafen und Herren einerseits, den Rittern anderseits bestanden noch einige Jahrzehnte hindurch relativ enge Verbindungen – auch des Konnubiums –; doch ließ jener Aufstieg der Grafen und Herren zur Landeshoheit die Zäsuren gegenüber den Rittern schärfer werden. Daneben spielte die Frage der Reichsunmittelbarkeit eine wichtige Rolle: Der reichsunmittelbare Adel, der nur den Kaiser als Herrn über sich anerkannte, hatte den Vorrang vor dem landsässigen, der unter einem Landesherrn stand. Die soziale Geographie des Adels läßt hier ein deutliches West-Ost-Gefälle erkennen. In Franken und Schwaben, im Elsaß und am Rhein nämlich vermochten sich neben den Grafen und Herren auch die Ritter der Herrschaft der Landesfürsten zu entziehen und sich, wenngleich noch jahrzehntelang nicht ungefährdet, als reichsunmittelbare Ritterschaft zu behaupten; in den weiträumigen Territorien des Ostens dagegen, auch in den österreichischen Erblanden, verfestigte sich die Landsässigkeit nicht nur der Ritterschaft, sondern auch der Grafen und Herren. Für die so Betroffenen bedeutete das eine Rangminderung gegenüber den Grafen und Herren des Altreichsgebiets, für die Gesamtheit des landständischen Adels in diesen Territorien des Ostens dagegen einen Zugewinn an vornehmen Positionen. Im übrigen spielte für den Adel der österreichischen Erblande die Frage der Reichsunmittelbarkeit wegen der faktischen Personalunion zwischen Kaisertum und Landesherrschaft eine vergleichsweise geringere Rolle; der österreichische Adel fühlte sich kaum weniger «reichsunmittelbar» als die Herren und Ritter im Westen des Reichs, und der Glanz des Kaiserhofes stärkte noch sein Selbstbewußtsein. Dazu kam, daß der österreichische Adel, vor allem im Osten der Erblande, ebenso aber auch der böhmische und schlesische Adel, vielfach über einen Landbesitz verfügte, dessen Ausmaß einer regulären Reichsgrafschaft im Altreichsgebiet nicht nachstand, und natürlich war auch diese Größe des Besitzes ein stets wichtiges Element adligen Prestiges. Die Bedeutung dieser komplexen sozialen Schichtung des Adels für die Territorial- wie für die Reichspolitik darf nicht unterschätzt werden. Der Adel war ja, ungeachtet mancher Krisenerscheinungen der Epoche, nach wie vor eine ökonomische, politische und militärische Potenz ersten Ranges, an der vorbei kein Landesherr und kein Kaiser politisch zu wirken vermocht hätte. Das verlangte Rücksicht auf die Rangabstufungen innerhalb des Adels; umgekehrt konnten diese Rangverhältnisse freilich auch zum Instrument der fürstlichen oder kaiserlichen Politik werden – gerade die Habsburger haben dieses Instrument sehr zielstrebig benutzt.

Der deutsche Adel der Epoche war durch alle Rangabstufungen hindurch ein im wesentlichen ländlicher Adel. Seine wichtigste Existenzgrundlage bis hinauf zu den fürstlichen Landesherren lag im agrarischen Bereich, in der Herrschaft über das Land und über die das Land bebauenden Menschen. Anders als in Italien, dessen Adel durchweg ein Stadtadel war, lebten die deutschen Adligen in ihrer großen Mehrheit auch noch selbst auf dem Land. Zwar gingen immer mehr Landesfürsten eben jetzt dazu über, feste Residenzen in Städten einzurichten; das hatte indessen für die Gesamtheit des Adels noch keine große Bedeutung – ganz abgesehen davon, daß selbst die fürstlichen Hofordnungen der Zeit vielfach einen noch recht ländlichen Zuschnitt der Lebensverhältnisse erkennen lassen. Eine Nebenfolge dieser ländlichen Existenz war, daß der größte Teil des Adels mit der in den Städten konzentrierten Kunst und Literatur nur in loser Berührung stand. Zwar fehlte es nicht ganz an kunstsinnigen Adelshöfen, aber für gewöhnlich spielten die Freuden der Jagd und der Tafel im Leben des Adels eine bei weitem größere Rolle als Wissenschaft und Literatur, bildende Kunst und Musik. Ein weltoffener und bildungsbeflissener Adliger wie der aus einer alten steirischen Familie stammende Sigmund von Herberstein, der später zwei habsburgische Gesandtschaften nach Moskau leitete und mit seinen 1549 publizierten Reiseberichten zum ersten Mal solide Informationen über Rußland nach Deutschland vermittelte, mußte sich in seiner Jugend wegen seiner Studien – und besonders wegen seiner Bemühungen um die slawischen Sprachen – viel unverständigen Spott und Hohn von seinen Standesgenossen gefallen lassen. Immerhin konnte der Adel sich je länger desto weniger der Einsicht verschließen, daß die Führungsstellen in Gerichten und Verwaltung von Reich und Territorien einen gewissen Fundus «gelehrter» Kenntnisse – vor allem des römischen Rechts – verlangten; wollte man diese Führungspositionen nicht den karrierebewußten bürgerlichen Juristen überlassen, mußte man sich selbst um eine entsprechende Bildung bemühen. Damit gewannen Schule und Universität an Bedeutung für den Adel, und in der Folge begann sich die Einstellung des Adels zum geistigen Leben überhaupt ins Positive zu verändern.

Die adlige Herrschaft über das Land und die das Land Bebauenden wies sehr unterschiedliche Ausprägungen auf, und zwar mit deutlichen regionalen Schwerpunkten. Der wichtigste dieser Unterschiede war der zwischen Grund- und Gutsherrschaft; westlich der Elbe herrschte die Grundherrschaft vor, östlich davon die Gutsherrschaft.

Für die innere Struktur der Grundherrschaft war das Nebeneinander sehr verschiedener Herrschaftsrechte bezeichnend. An sich umfaßte die Grundherrschaft als eine Art Obereigentum am bäuerlichen Besitz nur das Recht auf Abgaben und Leistungen als Entgelt für die Überlassung von Grund und Boden. Mit einiger Regelmäßigkeit aber waren damit auch Rechte der Gerichtsbarkeit, eine oft weitgespannte Polizeigewalt, dazu kirchliche Rechte wie vor allem – als Überrest früherer Eigenkirchenherrschaft des Adels – das Patronat, in einigen Regionen auch Rechte der Leibherrschaft verbunden. Eine solche Verbindung war jedoch nicht notwendig; es war vielmehr durchaus möglich, daß in ein und demselben Dorf Grund- und Leibherrschaft, Gericht und Patronat in verschiedenen Händen lagen oder daß gar einzelne bäuerliche Höfe unterschiedlichen Herren unterstanden. Zwar fehlte es nicht an Bestrebungen zu räumlicher Konzentration der Grundherrschaft wie auch zu ihrer festeren Verbindung mit anderen Formen der Herrschaft, aber diese sogenannte Territorialisierung der Grundherrschaft war um 1500 noch bei weitem nicht abgeschlossen. Im übrigen stand der Grundherrschaft ein nicht unbeträchtlicher Komplex bäuerlicher Selbstverwaltungsrechte im Dorf gegenüber; sie erstreckten sich insbesondere auf die Organisation der ländlichen Arbeit im Rahmen der Dreifelderwirtschaft, auf die dörfliche Allmende, auch auf die Mitwirkung im Schultheißengericht und – manchenorts – bei der Pfarrerwahl.

Um 1500 war die ökonomische Situation des grundherrlichen Adels noch maßgeblich von der Agrarbaisse des späten Mittelalters geprägt. Die adligen Herren – wie übrigens auch die klösterlichen Grundherrschaften – hatten sich vielfach gezwungen gesehen, ihre grundherrlichen Ansprüche zurückzunehmen, um die Bauern auf dem Lande zu halten, und nicht einmal das hatte die Aufgabe vieler Höfe und damit den Wegfall der Leistungen aus diesen Höfen an die Grundherren verhindern können. Die ihnen verbliebenen Leistungen aber – gutenteils Naturalabgaben, zumeist in Form bestimmter Anteile an der Ernte – waren überdies durch den Verfall der Getreidepreise entwertet worden. So lag um 1500 der Lebensstandard des durchschnittlichen Landadels deutlich unter dem des wohlhabenden Bürgertums. Mit dem Umschlagen der Agrarkonjunktur begannen sich die Verhältnisse für den Adel zwar wieder zu bessern; doch brauchte die Neubesetzung bäuerlicher Stellen ihre Zeit, und die Rücknahme der den Bauern in der großen Baisse zugestandenen Minderungen ihrer Abgaben und sonstigen Leistungen war überhaupt nur schwer oder gar nicht durchzusetzen. Gerade deshalb versuchten die Grundherren jetzt um so rigoroser, die herkömmlichen, aber rechtlich weniger gesicherten bäuerlichen Nutzungen der Gewässer und des Waldes zu ihren eigenen Gunsten einzuschränken. Auch das stieß freilich auf den erbitterten Widerstand der Bauern. Insbesondere die kleineren Bauern und sonstigen Angehörigen der dörflichen Unterschicht, die selbst kein Getreide auf den Markt brachten und deshalb nicht von den allmählich anziehenden Getreidepreisen profitierten, waren ja dringend auf den freien Fischfang, auch auf die Nutzung des Waldes als Viehweide oder zur Gewinnung von Bau- und Brennholz angewiesen. Die ökonomische Bedrängnis der Grundherrschaft zog mithin gefährliche soziale Spannungen der Agrarverfassung nach sich.

Anders lagen die Verhältnisse im Bereich der ostelbischen Gutsherrschaft. Grundlage dieser Gutsherrschaft war ein vergleichsweise umfänglicher Landbesitz, der von den Gutsherren seit jeher selbst bewirtschaftet wurde; überdies lagen – abgesehen von wenigen Rechten landesherrlicher Oberhoheit – grundsätzlich alle Herrschaftsrechte des Gutsbezirks in der einen Hand des Gutsherrn. Weniger krisenanfällig als die kleinen bäuerlichen Betriebe, wurden diese Gutsherrschaften zu den eigentlichen Erben der großen Wüstungen des Spätmittelalters und in der Folge zu den Hauptnutznießern des wachsenden Getreidebedarfs der nordwesteuropäischen Gewerberegionen. Das dem Getreidebau günstige Klima, dazu die guten Verkehrsmöglichkeiten auf Oder und Weichsel eröffneten den ostelbischen Gutsbetrieben bis hinauf ins Baltikum beträchtliche Exportchancen, und diese Chancen wurden vom Adel voll wahrgenommen. Das noch immer wüst liegende Land wurde erneut unter den Pflug genommen, weitere Vergrößerungen des Gutsbesitzes erfolgten auf Kosten des bäuerlichen Landes, das zu immer ungünstigeren Bedingungen ausgetan und schließlich sogar selbst zum eigenbewirtschafteten Gutsland geschlagen wurde. Gleichzeitig mußten die Gutsuntertanen erhebliche Erhöhungen ihrer Dienstpflichten hinnehmen – Arbeitskräfte waren noch immer knapp –, und als sie dem Zwang zu diesen Fronen, Hand- und Spanndiensten durch Abwanderung zu entgehen suchten, setzte der Gutsadel das Prinzip der Schollenpflichtigkeit seiner Untertanen durch: Die abhängige bäuerliche Bevölkerung verlor ihre Freizügigkeit und damit ein wesentliches Stück ihrer persönlichen Freiheit; die Gutsuntertanen wurden zum Zubehör des Guts, das mit diesem verkauft, verpfändet und übereignet werden konnte. Überdies gab es im Bereich der Gutsherrschaft so gut wie keine bäuerliche Selbstverwaltung; überall war die Gutsherrschaft, von einer schwachen landesfürstlichen Obrigkeit kaum eingeschränkt, die maßgebende Instanz.

Dieser ganze Prozeß der Ausbildung der ostelbischen Gutswirtschaft und -herrschaft war zu Beginn des 16. Jahrhunderts zwar noch nicht abgeschlossen; insbesondere die Expansion vom Ödland auf bäuerlich bewirtschaftetes Land, das sogenannte Bauernlegen, erfolgte in größerem Umfang wohl erst seit der Jahrhundertmitte, und ihre größte Ausbreitung erlangte die Gutsherrschaft überhaupt erst im 18. Jahrhundert. Gleichwohl waren ihre wesentlichen Elemente bereits um 1500 klar erkennbar, und mit ihnen der grundsätzliche Dualismus adliger Guts- und Grundherrschaft in Deutschland: Wenn der grundherrliche Adel im Altreichsgebiet, jedenfalls der Rentenadel, in erheblichen ökonomischen Schwierigkeiten steckte, so stand der ostelbische Adel als eigenwirtschaftlicher Agrarproduzent und -exporteur ganz auf der Sonnenseite der aufgehenden Agrarkonjunktur – allerdings auf Kosten einer die gewöhnlichen Verhältnisse der Grundherrschaft weit übersteigenden Belastung der abhängigen bäuerlichen Bevölkerung. Zudem waren die Herrschaftsrechte des ostelbischen Gutsadels viel exklusiver als diejenigen der Grundherrschaft. Das Fehlen nahezu aller Institutionen bäuerlicher Selbstverwaltung aber bedeutete kaum weniger als den Ausfall aller Kristallisationskerne bäuerlichen Widerstands gegen die sich verschärfende Gutsherrschaft; vermutlich liegt hierin eine wesentliche Ursache dafür, daß der Bauernkrieg von 1524–1526 nicht auf die Regionen der Gutsherrschaft übergriff.

Auch die Intensität der Gutsherrschaft konnte nun allerdings nicht darüber hinwegtäuschen, daß der Adel der Epoche im Osten wie im Westen einen erheblichen Teil seiner politischen Aufgaben, die im Grunde allererst seinen sozialen Vorrang legitimierten, verloren hatte. Seit dem 15. Jahrhundert verdrängten die Landesherren den Adel immer stärker aus dessen herkömmlichen eigenständigen Funktionen der Rechts- und Friedenswahrung; selbst die Fehde als klassisches Mittel der Rechtswahrung des Adels wurde zugunsten der territorialen, zum Teil auch der Reichsgerichtsbarkeit unterdrückt. Hand in Hand damit ging der militärische Funktionsverlust des

Adels. Angesichts der Überlegenheit des Söldnerwesens mit seinen Möglichkeiten der Massierung von Infanterie und leichter Reiterei, angesichts auch der neu aufkommenden Feldartillerie spielte das traditionelle Aufgebot schwerbewaffneter, aber wenig beweglicher, auf den Einzelkampf ausgerichteter Lehensritter eine nur mehr geringe Rolle. Bezeichnenderweise hat Karl V. 1528 die lehensrechtliche Folgepflicht der Reichsritter überhaupt aufgehoben; sie war militärisch obsolet geworden. Dieser Wegfall grundlegender gesellschaftlicher Funktionen bedeutete für den Adel – im Westen: zusätzlich zu den ökonomischen Problemen – eine tiefgreifende politische Krise, auch eine politische Bewußtseinskrise, und diese Krise wurde noch dadurch verschärft, daß die Landesfürsten beträchtliche Anstrengungen unternahmen, den Adel ihrer Länder in ihre Landesherrschaft zu integrieren und damit vom Reich zu mediatisieren. Selbst im Westen und Südwesten des Reichs, wo sich der Adel auf lange Sicht der Landesherrschaft zu entziehen vermochte, stand dieses Ergebnis um 1500 noch keineswegs fest; zu einer verfassungspolitischen und -rechtlichen Konstituierung der Reichsritterschaft als eigener, reichsunmittelbarer Gruppe des Adels neben den hochadligen Landesfürsten kam es überhaupt erst seit den vierziger Jahren des Jahrhunderts.

Als ein Ausweg zur Sicherung der eigenen politischen Existenz bot sich der korporative Zusammenschluß der Ritter und anderer kleiner reichsfreier Herren an: nicht wie die älteren Landfriedensbünde zusammen mit Territorialfürsten und Städten – diese älteren Landfriedenseinungen waren ohnehin in die Reform der Reichsverfassung eingemündet –, sondern als exklusiv oder doch überwiegend ritterschaftlicher Verband zur gegenseitigen Unterstützung. Die wichtigste dieser Adelskorporationen war die Rittergesellschaft mit Sankt Jörgen-Schild in Schwaben. Bereits zu Beginn des 15. Jahrhunderts gegründet, wurde sie gegen Ende des Jahrhunderts zu einer nicht unbedeutenden politischen Kraft im deutschen Südwesten; seit 1488 gehörte sie zum Schwäbischen Bund und war damit zwar nicht eine Institution der Reichsverfassung, aber doch an der wichtigsten territorial übergreifenden politischen Organisation Südwestdeutschlands beteiligt. Die Organisation der Gesellschaft mit Sankt Jörgen-Schild hat in manchem das Vorbild der späteren Verfassung der Reichsritterschaft abgegeben; von erheblicher unmittelbarer Bedeutung war, daß die Bundesbriefe der Gesellschaft ihren Mitgliedern die Fehde untereinander verboten und statt dessen schiedsgerichtliche Entscheidungen verbindlich machten.

Der bündische Zusammenschluß der Ritter genügte freilich auf die Dauer nicht, um die politische Autonomie der Ritterschaft zu sichern, schon gar nicht, um den einzelnen Rittern ihre wirtschaftliche Existenzgrundlage zu garantieren. Auch der Versuch mancher Herren des Adels, sich mit aggressiv geführten Fehden auf Kosten von Reichsstädten und kleineren geistlichen Herrschaften zu bereichern oder gar neuen politischen Spielraum zu gewinnen, gelang nur in Ausnahmefällen; Götz von Berlichingen war noch im ersten Viertel des 16. Jahrhunderts ein solcher erfolgreicher Fehdeunternehmer, zeitweise auch Franz von Sickingen. Nur zu oft dagegen endeten solche Versuche in bloßem Raubrittertum und schadeten damit dem Ansehen des Adels.

Es scheint nur auf den ersten Blick widerspruchsvoll, daß der Adel gerade angesichts dieses Verlusts wichtiger gesellschaftlicher Funktionen die Ideale des alten Rittertums neu entdeckte und pflegte, vor allem durch die Neubelebung des ritterlichen Turniers, aber auch – vielleicht noch bezeichnender – durch die in Haltung und Kleidung ritterliche Selbstdarstellung auf seinen Grabmälern. Natürlich hatte die ritterliche Rüstung ihren militärischen Sinn fast völlig verloren, und ebenso das Turnier, das allenfalls noch zur körperlichen Ertüchtigung und als Mutprobe dienen konnte, mit dem kriegerischen Ernstfall indessen nur mehr wenig zu tun hatte. Der eigentliche Sinn der Neubelebung ritterlicher Lebensideale – übrigens auch der sorgfältigen Auslese der «turnierfähigen» Familien – lag aber auch gar nicht in solchen pragmatischen Zwecken, sondern im Bekenntnis zum eigenen Adel und dessen Sonderart innerhalb der Gesellschaft, in der Abwehr der Versuchung zur sozialen Selbstaufgabe. In diesem Sinn hat die Neubelebung alter Ideale des Rittertums sehr wohl zur Stabilisierung des Adels in schwierigen Jahrzehnten beigetragen. Der romantische Zug dieser Berufung auf die Vergangenheit liegt freilich deutlich zutage, und die ihr innewohnende Spannung zwischen Ideal und Wirklichkeit machte sich auch im Turnierwesen selbst bemerkbar: Dem einzelnen Adligen und selbst den adligen Turniervereinigungen fehlte es nämlich alsbald am nötigen Geld zur Ausrichtung standesgemäßer Turniere. Schon im ausgehenden 15. Jahrhundert lebte die Ritterromantik des Adels deshalb gutenteils auf Kosten der Landesfürsten, die mit ihren überlegenen finanziellen Mitteln allein in der Lage waren, Turniere von einiger Bedeutung zu veranstalten. Indem aber die Landesherren diese Aufgabe wirklich übernahmen, banden sie den ritterschaftlichen Adel an ihren Hof und integrierten ihn damit zugleich wirksam in das politische System des aufstrebenden Fürstenstaats. Im übrigen ließen sie sich wohl auch selbst vom romantischen Zauber des Ritterwesens berühren; nicht ganz ohne Grund hat man Kaiser Maximilian I. «den letzten Ritter» genannt.

Überhaupt lag die Zukunft des niederen Adels in der Anlehnung an mächtigere politische Potenzen, vor allem an die Landesherren. Die Fürsten aber gingen darauf um so lieber ein, als ihnen wegen der traditionellen lokalen und regionalen Herrschaftspositionen des Adels an dessen Loyalität gelegen war. In der Tat gewann der Adel nach den schweren Funktionsverlusten des ausgehenden Mittelalters jetzt gerade im Rahmen des Fürstenstaats neue politische Führungspositionen – im Heerwesen vor allem, etwas später auch in der landesherrlichen Verwaltung. Anknüpfungspunkte der Entwicklung lieferten vor allem die traditionell weitgespannten Lehensbeziehungen zwischen dem Adel und den Landesherren; zum wichtigsten Ort der Integration des Adels in den Fürstenstaat aber wurde der Fürstenhof – als

Instrument des Fürsten zur Einbindung des Adels mitsamt seinen lokalen Verflechtungen in das Territorium und zugleich als Ort adliger Repräsentation und Einflußnahme. Besonders weitreichende Wirkungen dieser Art entfaltete der Kaiserhof, und zwar nicht nur für den Adel der österreichischen Erbländer, sondern auch für die reichsunmittelbaren Ritter, ja selbst für die Grafen und Herren des deutschen Südwestens; die politische Klientel der Habsburger unter diesen Reichsunmittelbaren formierte sich nirgendwo sonst so wirkungsvoll wie am Hofe des Kaisers. Mit alledem waren freilich die deutschen Fürstenhöfe der Epoche und selbst der Kaiserhof bei weitem noch keine Institutionen, wie sie das französische Königtum im 17. Jahrhundert zur Durchsetzung und Verherrlichung des monarchischen Absolutismus geschaffen hat. Die politische Basis des deutschen Adels bestand im 16. Jahrhundert nach wie vor in seinen agrarischen Herrschaftspositionen draußen im Lande, nicht in der höfischen Nähe zum absoluten Herrscher, und auf dieser Basis lokaler Herrschaft war und blieb der Adel zugleich ein wirksames politisches Gegenüber zum Landesherrn.

Am schnellsten ging die Neuorientierung des Adels im Heerwesen vonstatten. Die schweren Niederlagen der Ritterheere des 15. Jahrhunderts waren den adligen Herren eine gründliche Lektion gewesen; sie stellten sich auf die neue Kriegstechnik um und gewannen, allerdings in Konkurrenz mit Männern bürgerlicher oder bäuerlicher Herkunft, als Söldnerführer aufs neue maßgebende Bedeutung für das Heerwesen. Dabei waren sie zumeist auch die Organisatoren der Landsknechtsheere, die sie in großer Selbständigkeit kommandierten, und oft lag sogar die Finanzierung der Landsknechte organisatorisch in ihrer Hand. Das war ein gleichermaßen anspruchsvolles wie risikoreiches, bei kriegerischen Erfolgen allerdings auch einträgliches Geschäft, und alles zusammen verlieh ein erhebliches soziales Prestige. Georg von Frundsberg war eine der frühesten und zugleich die wohl eindrucksvollste Gestalt aus der Reihe dieser neuen adligen Söldnerführer.

Etwas langsamer vollzog sich das Eindringen des Adels in den Verwaltungsdienst des aufstrebenden Fürstenstaats. Der Aufbau der neuen staatlichen Verwaltung verlangte einen geschulten juristischen Sachverstand, über den die adligen Herren zunächst kaum verfügten; auch stand die landesherrliche Verwaltung von vornherein in mannigfacher Konfrontation zu den herkömmlichen eigenständigen Herrschaftspositionen des Adels im Lande. Es waren deshalb zum guten Teil gerade nicht Angehörige des Adels, sondern bürgerliche Juristen, die vom Landesherrn in seine Verwaltung gezogen wurden und dort ihren sozialen Aufstieg suchten. Dabei blieb es aber nicht. Der Adel begann seine Söhne, auch wenn sie nicht für eine geistliche Laufbahn bestimmt waren, in Schulen und Universitäten zu schicken, damit sie dort die fachlichen Grundkompetenzen für den Dienst in der Verwaltung erwarben; die Universitätsmatrikel schon des beginnenden 16. Jahrhunderts zeigen einen beachtlichen und rasch wachsenden Anteil adliger Studenten der Rechtswissenschaft. Dazu kam die enge Verbindung der entstehenden landesherrlichen Zentralverwaltung zum fürstlichen Hof; die wichtigsten Hofämter waren ja vielfach zugleich die maßgebenden Ämter der Zentralverwaltung. Am Hof aber war der Vorrang des Adels von jeher unbestritten, und so wurden gerade die Spitzenstellen der Verwaltung weithin aus der adligen Klientel des Landesfürsten besetzt. Unterhalb dieser obersten Ebene freilich vollzog sich das Vordringen des Adels in die fürstliche Verwaltung nur sehr allmählich; vorläufig blieben hier die bürgerlichen Juristen zumeist noch in der Vorhand.

Schließlich spielte für die Sozialstruktur des Adels auch die Kirche eine erhebliche, und zwar im wesentlichen stabilisierende Rolle. Zwar hatten sich die Klosterreformen des 15. Jahrhunderts mit ihrer Kritik an ungeistlichen Formen der Lebensführung nicht zuletzt gegen das Überwiegen adliger Standesinteressen in den geistlichen Institutionen gerichtet, und in der Folge war es auch zu einer gewissen Verbürgerlichung insbesondere der reformierten Männerklöster gekommen. Immer noch aber boten Klöster, Chorherrenstifte und Domkapitel reiche Möglichkeiten zur Versorgung der nichterbenden Söhne und Töchter des Adels, und überall dienten diese kirchlichen Gemeinschaften – jedenfalls auch – der Sicherung und Vertiefung der familiären Beziehungen des Adels im größeren regionalen Rahmen. Darüber hinaus waren mit der Mitgliedschaft in Stiften, Klöstern und Domkapiteln sehr oft Positionen politischen Einflusses verbunden; viele der geistlichen Institutionen waren ja reich und mächtig. Das gab den beteiligten Adelsfamilien politischen Rückhalt, auch die Möglichkeit eigener Einflußnahme und damit politisches Gewicht bei den Landesherren und selbst beim Kaiser. Vor allem die Bedeutung der immer exklusiver aus dem Adel besetzten Domkapitel ist in diesem Zusammenhang hoch zu veranschlagen, namentlich wegen ihres Rechts zur Wahl des Bischofs – zumeist aus den eigenen Reihen. Die Bischöfe waren in der Regel zugleich geistliche Reichsfürsten und als solche recht potente Träger politischer Herrschaft; die Bischofswahlen waren deshalb immer wieder ein besonders wirksames Mittel zur Verschiebung der politischen Gewichte im regionalen Rahmen oder gar auf Reichsebene. Es war deshalb auch nicht verwunderlich, daß manche Landesfürsten große Anstrengungen unternahmen, anstelle des Wahlrechts der Domkapitel ein eigenes landesherrliches Nominationsrecht für die Besetzung der Bistümer ihres Herrschaftsbereichs durchzusetzen. Das ist ihnen indessen nur für eine Reihe ost- und südostdeutscher Bistümer gelungen; im übrigen behaupteten die Domkapitel – und damit im wesentlichen der Adel – das Wahlrecht und die damit verbundene Möglichkeit politischen Einflusses und sozialen Aufstiegs. Auf einem anderen Blatt stand freilich, daß die sozialen und politischen Interessen des Adels mit den geistlichen der Kirche nach wie vor in mancherlei Spannungen standen. Je stärker deshalb die Kirche mit der Forderung nach innerer Reform konfrontiert wurde, desto mehr mußte auch das Verhältnis des Adels zur Kirche in die Schußlinie der

Kritik geraten. Jene Reformforderungen aber wurden schon seit Jahrzehnten immer entschiedener und lauter geltend gemacht; insofern stand die den Adel stabilisierende Funktion der Kirche schon Jahrzehnte vor der Reformation in Frage.

Seit den Anfängen des deutschen Städtewesens hatte es einen ständigen Zuzug vom Lande in die Stadt gegeben. Im 15. Jahrhundert hatte diese Wanderungsbewegung, bedingt durch die Diskrepanz zwischen der überwiegend guten Konjunktur der städtischen Gewerbe und der fortdauernden Agrarbaisse, in manchen Regionen geradezu die Dimension einer Landflucht angenommen, aber auch in der Folge blieb die Wanderungsbilanz der Städte gegenüber dem Land deutlich positiv. Die Gründe für diese Wanderungsbereitschaft lagen denn auch nicht bloß in bestimmten Konstellationen der wirtschaftlichen Konjunktur; vielmehr bot die Stadt ihren Bewohnern strukturelle Lebensbedingungen, die sie dem platten Land in vieler Beziehung überlegen machten. Das gilt schon für die ökonomischen Strukturen: Das Gewerbe und vor allem der Handel als typisch städtische Wirtschaftszweige boten bessere, raschere Aufstiegschancen als die Agrarwirtschaft, jedenfalls für die Masse der grund- oder gutsherrschaftlich gebundenen Bauern; auch lag der städtische Lebensstandard im Durchschnitt stets deutlich über dem ländlichen. Dazu aber kamen andere Vorzüge der bürgerlichen Existenz. Vor allem waren die Städte von jeher ein bevorzugter Raum persönlicher Freiheit. Gewiß gab es unter den Bürgern immer noch Reste von Leibeigenschaft, aber die Städte setzten sich – schon in ihrem eigenen finanziellen und sozialpolitischen Interesse – doch energisch und zumeist auch erfolgreich dafür ein, die aus der Leibeigenschaft folgenden Lasten, vor allem den Todfall, zu mindern oder überhaupt zu einer bloßen Rekognitionsgebühr herabzudrücken. Darüber hinaus gewährte die Stadt ihren Bürgern in der Regel ein höheres Maß an genossenschaftlicher Selbstbestimmung ihres Schicksals. Zwar dürfen die herrschaftlichen Züge auch des Stadtregiments nicht unterschätzt werden. Die Stadträte schon des 15. und erst recht des 16. Jahrhunderts verstanden sich durchaus als Obrigkeit, denen die Bürger vor allem Gehorsam schuldeten; in den Landstädten brachte sich überdies die herrschaftliche Verwaltung der Landesfürsten zunehmend zur Geltung. Unterhalb der Ebene des Stadtregiments aber, vor allem in den Zünften, blieben stets wichtige Elemente genossenschaftlicher Sozialverfassung lebendig, und in großen inneren oder äußeren Krisen der Städte oder vor sonst besonders wichtigen Entscheidungen suchte sich zumeist doch auch der Rat seiner Übereinstimmung mit der gesamten Bürgerschaft zu vergewissern. Schließlich waren die Städte, wenigstens die großen unter ihnen, die kulturellen Zentren der Nation, und wenn Humanismus und Renaissance als die großen Bewegungen des geistigen Lebens der Zeit selbst in den Städten vornehmlich eine Angelegenheit schmaler oberster Bildungsschichten blieben, so ist an der größeren geistigen Lebendigkeit der

Stadtbevölkerung auch in ihrer Breite gegenüber der des Landes kaum zu zweifeln. Das in den Städten bei weitem bessere Angebot an Schulen, mitunter auch für Mädchen, gehört ebenso in diesen Zusammenhang wie die Errichtung zahlreicher Predigtstellen durch städtische Bürger – die Bürger wünschten über die Vermittlung des Heils durch das Sakrament hinaus auch dessen Auslegung durch die Predigt; sie wollten nicht mehr bloß empfangen, sondern auch verstehen. Aus alledem erwuchs ein hohes städtisch-bürgerliches Selbstgefühl, am ausgeprägtesten natürlich in den ökonomisch wie politisch und kulturell führenden Reichsstädten, die überdies als Tagungsort der Reichstage immer wieder die Rolle des Gastgebers für Kaiser und Fürsten zu übernehmen hatten. Und dieses Selbstgefühl reichte bis weit in den kirchlichen Bereich hinein. Die großen Pfarrkirchen des späten Mittelalters, die bis in unser Jahrhundert das Stadtbild so vieler deutscher Städte bestimmt haben, waren ein bezeichnender Ausdruck dieser selbstbewußten städtischen Kirchlichkeit, der die Kirche weniger als weltumspannende Größe denn vielmehr als sakrale Überhöhung der eigenen Stadt erschien.

Über solchen Grundgemeinsamkeiten dürfen freilich sehr gewichtige soziale Unterschiede innerhalb der Stadtbevölkerung, grundlegende Differenzen auch zwischen Städten unterschiedlicher politischer und wirtschaftlicher Struktur nicht übersehen werden.

Vor allem wies die Stadtbevölkerung weite Abstufungen des gesellschaftlichen Status aus. Zunächst einmal gab es in vielen Städten eine deutlich abgegrenzte Oberschicht mit Spitzenpositionen des Vermögens wie der Rechtsstellung und des politischen Einflusses, zumeist auch der Bildung. Den Kernbereich dieser Oberschicht bildete zumeist eine Gruppe traditionell führender Geschlechter der Stadt, das Patriziat. Kaufmännischer oder auch adliger, insbesondere ministerialischer Herkunft, lebten diese Familien seit jeher vom Grundbesitz oder Handel und verfügten daraus regelmäßig über die bedeutendsten Einkommen und Vermögen in der Stadt. Ursprünglich waren sie es auch gewesen, die allein die Mitglieder des Rats und damit die politische Leitung der Bürgerschaft gestellt hatten. Das hatte sich allerdings im 14./15. Jahrhundert insofern geändert, als damals die in Zünften organisierte Handwerkschaft in vielen Städten – zunächst vor allem in Oberdeutschland – ihre Beteiligung am Stadtregiment durchgesetzt hatte. Aber auch in der Folge und selbst da, wo die Zünfte über die Mehrheit der Ratssitze verfügten, behaupteten die alten Geschlechter oft erhebliche politische und soziale Privilegien, insbesondere bei der Besetzung der führenden Ämter der Stadt – nicht zuletzt deshalb, weil sie mehr Zeit hatten, sich um die städtischen Angelegenheiten zu kümmern, als die Handwerksmeister. Zur Verteidigung dieser Privilegien aber schloß sich das Patriziat gesellschaftlich zunehmend von der übrigen Stadtbevölkerung ab. Man gründete exklusive Herrentrinkstuben, erschwerte die Neuaufnahme von Patriziern, beschränkte das Konnubium streng auf seinesgleichen und suchte verstärkt den gesellschaftlichen Anschluß an den Landadel der näheren und weiteren

Umgebung. Im großen ganzen hat diese Politik Erfolg gehabt; das Patriziat vermochte seine ökonomische und politische Führungsstellung weithin zu behaupten oder gar noch weiter zu festigen. Auch der Vorrang des Patriziats im kulturellen Leben der Städte steht außer Zweifel. Es waren in erster Linie patrizische Familien, die ihre Söhne zum Studium schickten; es war vor allem das Patriziat, das den bildenden Künsten wie dem Humanismus in den deutschen Städten der Epoche eine Heimstatt bot. Daneben fehlte es allerdings auch nicht an sehr problematischen Konsequenzen der gesellschaftlichen Abschließung des Patriziats. Eine erste derartige Problematik lag schon in der Gefahr des schlichten Aussterbens städtischer Patriziate, die sich der Aufnahme neuer Familien widersetzten; in der Tat ist das Patriziat z. B. in Basel, Hildesheim und Münster auf diese Weise völlig untergegangen. Dazu kam das Bestreben zahlreicher patrizischer Geschlechter nach adliger Lebensführung, also ein Drängen dieser Familien in den Landadel, häufig unter Aufgabe der Tätigkeit im Handel zugunsten eines grundherrschaftlichen Rentnerdaseins; auch diese «Verjunkerung» hat in nicht wenigen Städten zum völligen Verschwinden des Patriziats geführt. Und schließlich bedeutete die zunehmende Abschließung des Patriziats vieler Städte eben auch den Ausschluß wirtschaftlich aufgestiegener, nur eben später zu Reichtum gelangter Familien von den politischen und gesellschaftlichen Spitzenpositionen der Stadt; daraus erwuchsen tiefgehende Spannungen und mitunter auch gefährliche offene Konflikte.

Im Rang deutlich unterhalb der Oberschicht des Patriziats, aber doch wieder deutlich über der Menge der armen Bevölkerungsgruppen ohne volles Bürgerrecht, standen die – zumeist – in Zünften organisierten Handwerker. Die Stadtgeschichtsforschung hat sie deshalb gelegentlich als städtische Mittelschicht definiert. Man darf sich aber auch dieses Zunftbürgertum nicht als sehr homogene Gruppe gleichen gesellschaftlichen Ranges vorstellen. Vielmehr unterschieden sich die Zünfte ganz erheblich voneinander, vor allem nach dem Vermögen ihrer Mitglieder und oft auch nach ihren politischen Rechten, z. B. nach der Zahl der von ihnen zu besetzenden Ratssitze, und auch innerhalb der Zünfte gab es große Unterschiede des gesellschaftlichen Ansehens. Im einzelnen hing hier viel von der Wirtschaftsstruktur der Stadt, natürlich auch von der Tüchtigkeit des einen oder anderen Meisters ab. Generell aber gilt, daß Vermögen, politischer Einfluß und überhaupt gesellschaftlicher Rang um so höher waren, je mehr ein Meister oder gar eine ganze Zunft über das Handwerk hinaus zur Beteiligung am Handel vorgestoßen war. Allein auf diesem Wege eröffnete sich, wenn überhaupt, auch die Chance sozialen Aufstiegs in die städtische Oberschicht.

Zum Zunftbürgertum im weiteren Sinne gehörten auch die Gesellen und Lehrlinge des Handwerks. Anders als die Meister aber waren sie nicht Bürger «zu vollem Recht»; weder hatten sie Sitz und Stimme in den Zünften selbst noch auch ein aktives oder gar passives Wahlrecht zum Rat der Stadt. Wenn und solange es sich bei der Lehrlings- und Gesellenzeit nun bloß um eine Ausbildungsphase handelte – überdies blieben die Gesellen während ihrer Wanderschaft ja nicht lange in einer Stadt – entstanden aus dieser Minderberechtigung keine großen Probleme. Die wirkliche Situation aber sah oft anders aus, und zwar deshalb, weil eine Vielzahl von Zünften, um ihre Mitglieder vor allzu harter Konkurrenz zu schützen, die Zahl ihrer Handwerksbetriebe in der Stadt bewußt klein hielt. Auch der ausgelernte Geselle konnte sich deshalb noch lange nicht als Handwerksmeister niederlassen; er mußte vielmehr warten, bis ein Betrieb, regelmäßig durch den Tod des Meisters, frei wurde, und auch dann gelang der Eintritt ins Meistertum, zumal für einen Stadtfremden, oft nur über die Ehe mit der Witwe des alten Meisters. Einem zunehmenden Teil der Gesellen aber gelang es überhaupt nicht, einen eigenen Betrieb zu gründen oder zu übernehmen; damit sanken sie zu qualifizierten Lohnarbeitern herab. In der Abwehr dieser Entwicklung kam es zur Gründung selbständiger Gesellenbruderschaften, und punktuell vermochten die Gesellen – gelegentlich auch mit Hilfe von Streiks – ihre Situation immerhin zu verbessern. Eine grundsätzliche Wende aber erreichten sie nicht, und dies um so weniger, als die politischen Gewalten bis hinauf zum Reichstag ihnen keine Rückendeckung gaben, sondern die Organisationen der Gesellen und deren Aktivitäten als aufruhrverdächtig bekämpften.

Noch einmal unter den Gesellen stand die Menge der bloß angelernten oder überhaupt ungelernten Arbeiter und Arbeiterinnen des Gewerbes, der Hilfspersonen des Handels – Träger, Packer, Wieger, kleine Schreiber –, das häusliche Gesinde, schließlich am untersten Ende der Skala die Verarmten, Arbeitsunfähigen, Bettler. Ungeachtet der auch unter ihnen noch beträchtlichen Unterschiede können sie alle als Unterschicht der städtischen Gesellschaft angesehen werden, zumeist ohne Bürgerrecht, erst recht ohne politischen Einfluß, ohne Ausbildung, ohne nennenswertes eigenes Vermögen.

Die erhaltenen Steuerlisten der Zeit erlauben es, die Verteilung der bürgerlichen Vermögen und damit einen Kernaspekt der städtischen Sozialstruktur genauer zu erfassen. Dabei zeigt sich, daß die kleinen Ackerbürgerstädte zumeist eine recht ausgeglichene Verteilung der Vermögen auf insgesamt bescheidenem Niveau aufwiesen: Die Zahl der mittleren Vermögen überwog die der kleinen und erst recht der großen bei weitem, und auch die großen Vermögen wuchsen nicht in den Himmel. Etwas anders war die Situation schon in vielen der mittleren Gewerbestädte. Zwar gab es auch hier zumeist noch eine relativ breite Mittelgruppe des zünftischen Gewerbes in auskömmlichen Lebensverhältnissen, aber der Anteil der Reichen einerseits, der Armen anderseits war doch erheblich größer, und die soziale Diskrepanz verstärkte sich seit der Mitte des 15. Jahrhunderts zusehends. Die Zahl der Reichen wie der Armen wuchs zu Lasten der mittleren Vermögensgruppen. Zugleich nahm die Vermögenskonzentration bei den Reichen zu; ihr Anteil am Gesamtvermögen der Stadt stieg an, während der der Armen zurückging. Ihre schärfste Ausprägung schließlich erfuhr diese Tendenz zur sozialen

Polarisierung in den großen, vom Frühkapitalismus bestimmten Exportgewerbe- und Fernhandelsstädten Oberdeutschlands mit Augsburg an der Spitze. So zählten in Konstanz in der zweiten Hälfte des 15. Jahrhunderts über 60 Prozent der Bevölkerung zur untersten Steuergruppe, deren Anteil am Gesamtvermögen der Stadt gerade 2 Prozent betrug, während umgekehrt die 2 Prozent Reichen der Bürgerschaft über rund 40 Prozent des Gesamtvermögens verfügten. In Augsburg aber gehörten schon 1475 nicht weniger als 86,5 Prozent der Steuerzahler zur niedrigsten Steuerklasse, von denen zwei Drittel so gut wie kein Vermögen besaßen. Ihnen standen 8,5 Prozent Reiche gegenüber, die über den bei weitem größten Teil des Gesamtvermögens in der Stadt verfügten; die mittlere Vermögensgruppe machte gerade noch 5 Prozent der Steuerzahler aus. Und selbst damit war noch nicht das Extrem erreicht: In den folgenden Jahrzehnten wuchs der Anteil der Besitzlosen und Armen in Augsburg auf über 90 Prozent an. In ähnlicher Weise verschärften sich die sozialen Unterschiede in den Bergstädten, und zwar vor allem als Folge der zunehmenden Trennung von Kapital und Arbeit: Die Blüte des deutschen Silber- und Kupferbergbaus seit dem späteren 15. Jahrhundert machte den Einsatz erheblichen Kapitals notwendig, das die selbst noch mitarbeitenden Gewerke und Hauer je länger desto weniger aufbringen konnten. Sie sanken zumeist zu bloßen Lohnarbeitern herab, während sich das Kapital zunehmend bei den Handelsgesellschaften des Frühkapitalismus konzentrierte. Besser ausgeglichen waren die Verhältnisse, jedenfalls noch um die Jahrhundertwende, in den Hansestädten Norddeutschlands. Langfristig allerdings machte sich auch hier eine Polarisierung der Sozialstruktur bemerkbar; in Rostock z. B. wuchs der Anteil der niedrigsten Steuergruppe – die Besitzlosen waren dabei nicht einmal mitgezählt – zwischen dem Ende des 14. und der Mitte des 16. Jahrhunderts von knapp 25 Prozent auf 63 Prozent, während gleichzeitig der Anteil der Handwerker und kleinen Kaufleute an den Steuerzahlern von über 60 Prozent auf etwa 20 Prozent zurückging.

Nun wird man sich vor einer sozialkritischen Überinterpretation der städtischen Steuerlisten hüten müssen. Von den Bürgern, die hier zur niedrigsten Steuergruppe gezählt oder gar als «Habnits» bezeichnet wurden, nannten viele durchaus ein kleines Vermögen ihr eigen und konnten sich, jedenfalls in Zeiten guter Konjunktur, sehr wohl selbst erhalten; das gilt insbesondere für die kleinen Zunfthandwerker, die steuerlich zumeist sehr niedrig veranlagt waren. In Krisenzeiten allerdings, und zwar schon bei hohen Getreidepreisen als Folge von Mißernten, waren viele von ihnen nicht mehr imstande, sich und ihre Familien zu ernähren, und es bedurfte spektakulärer öffentlicher Hilfsaktionen, um Hungerkatastrophen abzuwenden oder doch zu mildern. In Nürnberg wurden während der großen Hungersnot von 1501 bis 1503 einmal an einem einzigen Tage 13 000 Laib Brot an die Notleidenden verteilt. Und schließlich lag ein erheblicher Teil der «Habnits» – für Augsburg schätzt man: wenigstens 25 Prozent der Gesamtbevölkerung –

in seinem Einkommen eben doch dauernd unter dem Existenzminimum und war also auf die ständige Hilfe seiner Mitbürger angewiesen.

In der Tat haben die Städte der Epoche beträchtliche Anstrengungen unternommen, ihre Armen regelmäßig zu versorgen; die Jahrzehnte des ausgehenden 15. und beginnenden 16. Jahrhunderts sahen die Anfänge und rasche Entfaltung einer organisierten kommunalen Fürsorge. Der Umfang des Armutsproblems aber führte zugleich zu grundsätzlichen Wandlungen gegenüber dem mittelalterlichen Almosenwesen. Vor allem galt die neue städtische Fürsorge nicht mehr jeder Form von Armut, sondern nur mehr der unverschuldeten; der arbeitsfähige, «starke» Bettler sollte arbeiten, nicht betteln. Um dieses Prinzip zu verwirklichen , bedurfte es freilich eingehender Kontrollen, und genau diese behördliche Kontrolle der Armen war denn auch das zweite Grundmerkmal, durch das sich die neue Fürsorge der Stadt vom mittelalterlichen Almosenwesen unterschied. Daß solche Kontrollen wie überhaupt die Bürokratisierung des Almosens in der Gefahr standen, die Menschen- und Christenwürde der Armen zu verletzen, war hellsichtigen Kritikern der Zeit durchaus bewußt. Der hochgeachtete Straßburger Prediger Geiler von Kaisersberg hat sich deshalb noch zu Beginn des 16. Jahrhunderts sehr dezidiert für die alte Art des Almosens eingesetzt. Indessen gab es für die Städte hier kein Zürück mehr; wenige Jahrzehnte später sollte überdies die Reformation mit ihrem neuen Grundverständnis der Arbeit als Liebespflicht des Christenmenschen der städtischen Armenpolitik mit ihren Restriktionen eine breite theologische Legitimation liefern. Im übrigen konnte die städtische Fürsorgepolitik immer nur einige konkrete Notsituationen, sozusagen Symptome der Armut, mildern; am Grundphänomen der Armut beträchtlicher Bevölkerungsteile vor allem der großen Gewerbestädte vermochte sie nichts zu ändern.

Die sozialen Probleme der Bürgerschaften verschärften sich noch dadurch, daß die Steuerlast der Städte seit dem ausgehenden 15. Jahrhundert rasch anwuchs. Die Landstädte wurden verstärkt von ihren Landesherren in Anspruch genommen, die für den Ausbau des Fürstenstaats Geld brauchten. Entsprechend hatten die Reichsstädte einen Großteil der Kosten für die neuen Institutionen der Reichsverfassung aufzubringen; die Reichskriege Kaiser Maximilians gegen Türken und Franzosen, Schweizer und Venezianer erforderten zusätzliche finanzielle Engagements. Auch machte der Fortschritt der Kriegstechnik, insbesondere der Artillerie, eine kostspielige Verstärkung der städtischen Verteidigungswerke wünschbar; die militärische Sicherheit war ja von jeher eine Grundvoraussetzung des Gedeihens der Städte. Daß viele Städte gleichwohl auf eine solche Modernisierung ihrer Mauerbauten verzichteten, war ein deutliches Zeichen für ihre finanzielle Überforderung. Die in raschem Abstand erforderliche Erhebung von Steuern traf auf den wachsenden Widerstand der Bevölkerung bis hin zu offener Rebellion gegen den Rat, dem man vielfach – zu Recht oder Unrecht – finanzielle Mißwirtschaft und Selbstbegünstigung vorwarf. Auch die Finanzprobleme der Städte hatten mithin erhebliche soziale und politische Spannungen innerhalb der Bürgerschaft zur Folge; nicht zuletzt wuchs die Mißstimmung gegenüber denjenigen, die zu den Steuerlasten wenig oder nichts beitrugen, vor allem gegenüber dem Klerus.

Überhaupt war das Verhältnis des Klerus zur Stadtbürgerschaft von mancherlei, zum Teil grundsätzlichen, Problemen belastet. Schon durch das Sakrament deutlich und unwiderruflich aus den Laien herausgehoben, genoß der Klerus kraft allgemeinen Kirchenrechts zugleich eine Reihe wichtiger Privilegien, die ihm eine gesellschaftliche Sonderstellung garantierten. Diese Sonderstellung schlug auch gegenüber den städtischen Bürgerschaften durch: Die Kleriker schworen grundsätzlich keinen Bürgereid, trugen deshalb nicht zu den bürgerlichen Lasten bei, waren der städtischen Gerichtsbarkeit gar nicht und dem sonstigen Stadtregiment nur mit vielen Ausnahmen unterworfen. Anderseits lebten die Kleriker in der Stadt und genossen deren Schutz, übten – nicht zuletzt über die geistliche Jurisdiktion – bedeutenden Einfluß aus und machten obendrein durch ihre nicht seltene Beteiligung an Handel und Gewerbe der Bürgerschaft ärgerliche Konkurrenz. Dieser Widerspruch war für das städtisch-bürgerliche Selbstbewußtsein nur schwer erträglich, und so bemühten sich die Städte mit Nachdruck und Zähigkeit um die Zurückdrängung der klerikalen Privilegien, zunehmend auch um die Etablierung eines vom Rat praktizierten stadtherrlichen Kirchenregiments mit weitreichenden Rechten des Eingriffs in das Personal- und Finanzwesen der Stadtkirchen. Sie erzielten damit vielerorts beachtliche Erfolge, ohne sich jedoch im Grundsätzlichen durchsetzen zu können; bezeichnenderweise gelang es den Städten in aller Regel nicht, ihre Kleriker zur Übernahme des Bürgerrechts zu bewegen. Der Klerus blieb damit letztlich ein Fremdkörper in der bürgerlichen Gesellschaft.

Für die bäuerliche Sozialstruktur des beginnenden 16. Jahrhunderts waren drei Komponenten von prägender Bedeutung: zum ersten die Agrarverfassung, vor allem das Verhältnis der Bauern zu ihren Grund- oder Gutsherren, aber auch die Ausgestaltung der dörflichen Selbstbestimmung in Verwaltung und Gericht, zum zweiten die säkularen demographischen und ökonomischen Konjunkturen, insbesondere der Umschlag der spätmittelalterlichen Agrarbaisse zur Hausse des 16. Jahrhunderts, zum dritten die Einwirkungen des sich formierenden frühmodernen Staats, vor allem der zur Staatlichkeit drängenden fürstlichen Landesherrschaft.

Was zunächst die Agrarverfassung angeht, so waren die Grundherrschaft einerseits, die Gutsherrschaft anderseits für die bäuerliche Bevölkerung von ebenso grundlegender Bedeutung wie für den Adel.

Die ostelbische Gutsherrschaft unterschied sich von der Grundherrschaft durch die weitgehende Einbeziehung der bäuerlichen Bevölkerung als Arbeitskräfte in die gutsherrliche Eigenwirtschaft und durch die Erzwingung dieses Arbeitskräfteangebots mit Hilfe der Schollenbindung der Gutsuntertanen, darüber hinaus durch die Vereinigung der Rechte aus dem Obereigentum am Boden mit der niederen Gerichtsbarkeit und der Polizeihoheit in der einen Hand des Gutsherrn und schließlich durch die weitgehende Zurückdrängung der bäuerlich-genossenschaftlichen Selbstverwaltung. Unter all diesen Aspekten bedeutete die Gutsherrschaft eine intensivere Form der Herrschaft über die bäuerliche Bevölkerung als die Grundherrschaft; gemeinsam aber war beiden Formen der Agrarverfassung, daß Grund und Boden nicht der freien Verfügung der Bauern unterstanden, daß seine Rechte am Boden vielmehr in mannigfacher Weise durch Verfügungsbeschränkungen, Abgaben und Dienste eingeschränkt und gebunden waren. Daneben gab es jedoch auch ein freies Bauerntum. Das gilt insbesondere für die späten Rodungsgebiete im Norden und Süden: an der Nordseeküste wie in Teilen des Schwarzwalds, der Schweiz, Südbayerns und Tirols - bezeichnenderweise durchweg Landschaften, in denen das Bauerntum auch politisch eine erhebliche Rolle spielte. Aber auch in Regionen vorherrschender Guts- oder Grundherrschaft fehlte es nicht an bäuerlichem Eigenbesitz. Hierher gehören z.B. die sogenannten Schlichten Zinsgüter Thüringens und Sachsens oder die Kölmischen Güter in Ost- und Westpreußen; das «Schlesische Eigen», auch das «Burgrecht» in Österreich kamen dem vollen Eigentum zumindest sehr nahe. Für oberschwäbische Gebiete hat man einen Anteil von 30–40 Prozent bäuerlichen Eigenbesitzes am Gesamtbestand der Höfe nachgewiesen, für das Allgäu gar zwischen 60 und 70 Prozent – hier allerdings standen die Bauern weithin unter der Leibherrschaft geistlicher oder weltlicher Herren, deren Belastungen sich von denen der Grundherrschaft mehr dem Rechtsgrunde nach als in ihren praktischen Auswirkungen unterschieden; ja, diese Lasten waren mitunter noch drückender als die der Grundherrschaft andernorts.

Überhaupt hat man es bei der Agrarverfassung der Zeit mit einer Fülle sehr unterschiedlicher Erscheinungen zu tun. So hat F. Lütge allein für das Altreichsgebiet fünf regionale Hauptformen der Grundherrschaft und daneben noch eine Reihe landschaftlich enger begrenzter Sonderformen herausgearbeitet; aber auch die ostelbische Gutsherrschaft trug von Ostpreußen über Böhmen bis ins östliche Österreich ein recht unterschiedliches Gepräge. Die Fülle dieser Unterschiede kann hier jedoch auf sich beruhen.

Von den praktischen Konsequenzen der unterschiedlichen Herrschaftssysteme war zunächst die Regelung des bäuerlichen Erbrechts von Bedeutung, und schon bei diesem Grundproblem unterschieden sich Grund- und Gutsherrschaft wiederum auf charakteristische Weise. Während nämlich im ostelbischen Bereich unter dem Druck der Gutsherrschaft der erbliche Besitz immer mehr zur Ausnahme, der unerbliche, sogenannte lassitische Besitz zur Regel wurde, verlief die Entwicklung im Altreichsgebiet genau umgekehrt: Hier hatten sich die Grundherren in der großen Agrarbaisse des späten Mittelalters gezwungen gesehen, den Bauern ihre Güter auf Erbzins auszutun oder doch in anderer Weise die Erblichkeit der bäuerlichen Besitzrechte zu erkennen, und diese Entwicklung war auch in der Folge nicht wieder umzukehren. Wie die freien Bauerngüter galten auch die Bauernhöfe unter der Grundherrschaft fortan – und weithin bis heute – als Familiengut, das der einzelne Bauer nur als ein Glied in der bodenständigen Geschlechterfolge seiner Familie bewirtschaftete.

Auch wenn man die verwirrende Fülle der Abgaben und Leistungen, der persönlichen und sachlichen Beschränkungen der Bauern genauer ins Auge faßt, erweist sich die Lage der bäuerlichen Bevölkerung unter der Gutsherrschaft als besonders ungünstig. Hier kumulierten in der Regel die Lasten aus Grund- und Leibherrschaft, hier gab es die aufs höchste gesteigerten Dienstpflichten, hier allein waren die persönlichen Bindungen des Bauern bis zur Schollenpflichtigkeit, bis zum Verlust der Freizügigkeit vorangetrieben. Ob man diese ostdeutsche Gutsuntertänigkeit als Leibeigenschaft bezeichnen kann und soll, ist umstritten. Gewiß ist zu konstatieren, daß die Leibeigenschaft polnischer und erst recht russischer Gutsuntertanen noch schärfer ausgeprägt war – diese galten schließlich überhaupt nur mehr als Sache, die man nach Belieben kaufen und verkaufen konnte. Indessen waren diese Unterschiede doch nur graduell; auch die deutschen Gutsuntertanen konnten als Zubehör des Guts jedenfalls mit diesem und sehr wohl gegen ihren Willen veräußert werden. Das schloß freilich gewisse Fürsorgepflichten des Gutsherrn gegenüber seinen Untertanen nicht aus; im Gegenteil galt der Gutsherr besonders in Notsituationen als hilfsverpflichtet, z.B. zur Stellung von Saatgut nach Mißernten, von Bauholz nach Brandfällen, und gelegentlich mag sich zwischen Gutsherren und -untertanen auch eine von beiden Seiten als nicht unwürdig empfundene patriarchalische Wirtschafts- und Lebensgemeinschaft entfaltet haben. Die Gefahr schlimmer Ausbeutung aber war doch immer gegeben, und oft genug war solche Ausbeutung auch die Praxis, zumal die landesfürstliche Gewalt gerade im Osten noch lange Zeit zu schwach war, um eine wirksame Politik des Bauernschutzes betreiben zu können. Daß es auch im ostelbischen Gebiet Regionen geringerer Belastungen gab, soll bei alledem nicht geleugnet werden – ganz abgesehen von der auch hier fortbestehenden erheblichen Zahl freier Bauerngüter.

Im Bereich der Grundherrschaft war die Situation der Bauern insgesamt – bei gewaltigen Unterschieden von Region zu Region, mitunter auch von Hof zu Hof – weniger drückend. Zwar mußten auch den Grundherren mancherlei Natural- oder Geldabgaben geleistet werden, dazu kam die Verpflichtung zu Hand- und Spanndiensten. Vielfach aber hatten sich die Grundherren auch bei diesen Abgaben und Leistungen in den Zeiten der spätmittelalterlichen Agrardepression zu erheblichen Zugeständnissen bequemen müssen, die sich jetzt nicht wieder rückgängig machen ließen. Am ehesten gelang es den Grundherren noch, die – bislang oft nicht genau fixierten – Besitzwechselabgaben zu steigern; daraus konnten erhebliche Zusatzbelastungen der bäuerlichen Wirtschaft erwachsen.

Ein wesentlicher Grund dafür, daß sich die Bauern in der Auseinandersetzung um die grundherrlichen Abgaben und Dienste weithin behaupten konnten, lag in der Aufsplitterung der Herrschaft. Oft standen sich ja in einem Dorf zwei oder mehrere Grundherren gegenüber, und nicht selten lag die Gerichts- und Polizeihoheit noch einmal in anderer Hand. Das machte einen Druck, wie ihn die Gutsherren des Ostens in der Konzentration ihrer Herrschaftsrechte ausüben konnten, unmöglich; vielmehr verschaffte die Konkurrenz jener Rechte den Bauern umgekehrt immer wieder beträchtlichen politischen Spielraum. Natürlich blieb den Grundherren diese strukturelle Schwäche ihrer Herrschaft – übrigens auch gegenüber den aufstrebenden landesfürstlichen Gewalten – nicht verborgen, und so bemühten sie sich bereits im 15. Jahrhundert, ihre grund- und gerichtsherrlichen Rechte durch eine gezielte Kauf- und Tauschpolitik räumlich zu konzentrieren. Je mehr dieser Prozeß der Territorialisierung der Grundherrschaft zu seinem Ziel gelangte, desto schwieriger wurde es für die Bauern, ihre im Spätmittelalter gewonnene besitzrechtliche Stellung zu bewahren, desto härter wurden die Auseinandersetzungen zwischen Bauer und Herrschaft. Zu Beginn des 16. Jahrhunderts war diese Entwicklung in vollem Gang.

Neben der Grundherrschaft und zum Teil mit ihr verquickt, gab es auch im Westen des Reichs Formen der Leibherrschaft mit erheblichen Belastungen der ihr unterworfenen bäuerlichen Bevölkerung. Zwar waren die Ansprüche aus den älteren Formen der Leibeigenschaft längst auf bloße Rekognitionsgebühren zusammengeschrumpft, die den bäuerlichen Etat nicht ernsthaft belasteten und schon gar nicht als sozial diffamierend empfunden wurden. Indessen gab es seit dem späteren Mittelalter doch auch Versuche geistlicher wie weltlicher Herren, die Leibherrschaft neu zu beleben und auszubauen, und insbesondere in Oberschwaben und im Oberrheingebiet hatten diese Versuche auch einigen Erfolg. Dabei spielte für die Herren – abgesehen vom Interesse an gesteigerten Abgaben und Leistungen ihrer Untertanen – das politische Ziel eines Ausbaus der Leibherrschaft zu einer umfassenden Gerichts-, Polizei- und Steuerhoheit eine maßgebende Rolle. In den Zusammenhang dieser Zielsetzung gehörte insbesondere, daß man die Leibherrschaft – nicht anders als die Grundherrschaft – räumlich zu konzentrieren suchte, um territorial geschlossene Bezirke der Leibherrschaft, der Endabsicht nach: geschlossene Territorien unter einer Herrschaft landeshoheitlicher Qualität zu schaffen, und auch dieser Prozeß der Territorialisierung der Leibherrschaft war um die Jahrhundertwende in vollem Gang. Die Belastungen und Einschränkungen der Bauern durch diese «jüngere Leibeigenschaft» waren beträchtlich. Schon die übliche Todfallabgabe des sogenannten Besthaupts, also des besten Stücks Vieh im Stall, stellte für eine kleinbäuerliche Wirtschaft mit allenfalls zwei oder drei Kühen eine existenzgefährdende Belastung dar. Darüber hinaus aber zog der Leibherr von einem verstorbenen Eigenmann nicht selten noch weitere Teile der Verlassenschaft ein, vor allem, wenn keine unverheirateten Kinder mehr im

Hause waren; in der Fürstabtei Kempten betrug diese Todfallabgabe nicht weniger als die Hälfte des Vermögens des verstorbenen Leibeigenen. Und nicht genug mit diesen materiellen Belastungen: Zur Sicherung ihrer Ansprüche setzten die geistlichen und weltlichen Herren weitgehend die Verpflichtung ihrer Bauern durch, sich selbst mitsamt ihren Familien und Vermögen unter keine andere Herrschaft zu begeben – im Ergebnis eine Einschränkung der Freizügigkeit, die der Schollenpflichtigkeit ostdeutscher Gutsuntertanen nicht viel nachstand. Eine nicht minder harte Einschränkung persönlicher Freiheit stellte des weiteren das Verbot der sogenannten ungenossamen Ehen dar, d.h. der Ehen mit anderen als Leibeigenen des gleichen Herrn. Solche Eheschlüsse wurden durch Güterkonfiskation geahndet, oder das Erbrecht der Kinder wurde zugunsten der Leibherren beschnitten; vielfach wurde auch der alte Rechtsgrundsatz des schwäbischen Landrechts, nach dem die Kinder dem Stand der Mutter folgten, durch das Prinzip ersetzt, daß die Kinder in jedem Fall der «ärgeren Hand» folgten, also selbst als Kinder einer freien Mutter unter Leibherrschaft gerieten. Es kann nicht wundernehmen, daß viele der Betroffenen sich, selbst unter Hinterlassung ihres Vermögens, durch die Flucht einer so verschärften Leibherrschaft zu entziehen suchten. Selbst da aber suchten die Herren vorzubeugen, vor allem durch die gegenseitige Vereinbarung der Nichtaufnahme fremder Untertanen. Der Schwäbische Bund machte derartige Verpflichtungen schon in den achtziger Jahren des 15. Jahrhunderts für alle seine Mitglieder verbindlich.

Zu den aus der Grund- und Leibherrschaft entspringenden Verpflichtungen kamen noch andere Lasten, die die Bauern drückten: vor allem der Zehnte, der als sogenannter Großzehnt vom Getreide, als Kleinzehnt von Gartenfrüchten und Kleinvieh zu leisten war. Ursprünglich eine kirchliche Abgabe, war der Zehnte im Lauf des Spätmittelalters weithin in weltliche Hände gelangt – an die Grundherren oder auch an den Landesherrn – und belastete den bäuerlichen Etat um so empfindlicher, als die geistlichen und weltlichen Zehntherren eine beträchtliche Erfindungsgabe entwickelten, um auch solche landwirtschaftlichen Produkte dem Zehnten zu unterwerfen, die, wie z.B. das Großvieh, ihm traditionell nicht unterlagen. Überdies wurden die seit dem Beginn des 16. Jahrhunderts häufiger werdenden Reichs- und Landessteuern von den Ständen immer ausschließlicher auf die Untertanen umgelegt; auch das steigerte die Gesamtbelastung der bäuerlichen Wirtschaft.

Versucht man die materiellen Belastungen der Bauern im Bereich der Grundherrschaft insgesamt, also einschließlich der Steuern und Zehnten, quantifizierend zu erfassen, so ergeben sich aus den in der Forschung bislang erschlossenen Informationen höchst unterschiedliche Zahlen, die von weniger als 15 bis über 50 Prozent der bäuerlichen Einkommen reichen. Die Durchschnittsbelastung der Höfe mag bei etwa 30 Prozent gelegen haben; doch hat dieses arithmetische Mittel wegen der starken Streuung der Werte ein nur begrenztes Interesse. Um so wichtiger ist das in vielen Landschaften deutliche Gefälle zugunsten der größeren Höfe: Die kleineren Betriebe waren in aller Regel relativ höher belastet als die größeren – ganz entsprechend übrigens dem städtischen Steuerwesen, das vielfach ebenfalls eine negative Progression vorsah. In der sozialen Realität bedeutete dieses Gefälle, daß eine Vielzahl kleiner Bauern selbst in guten Erntejahren kaum in der Lage war, finanzielle Rücklagen zu bilden, in schlechten Jahren aber sehr rasch an die Grenzen des Existenzminimums geriet. Das Leben dieser Bauern verlief in steter materieller Sorge und oft genug akuter, bitterer Not.

Nun wird man freilich den zahlenmäßigen Anteil dieser kleinbäuerlichen Betriebe nicht überschätzen dürfen. Deutschland ist vielmehr stets ein Bauernland mit überwiegend mittel- und großbäuerlichem Besitz gewesen; um 1500 dürfte der Anteil der Klein- und Kleinstbetriebe mit weniger als 5 ha Betriebsfläche, auf ganz Deutschland gesehen, kaum mehr als 10 Prozent aller Höfe betragen haben. Dabei waren die unterschiedlichen Besitzgrößen aber nicht gleichmäßig auf ganz Deutschland verteilt, sondern wiesen deutliche regionale Verdichtungen auf. Abgesehen von der ostelbischen Gutsherrschaft nämlich fanden sich – und finden sich bis heute – die mittleren und größeren Betriebe vor allem längs einer Nord-Süd-Achse, die von Schleswig-Holstein über Niedersachsen und Teile Westfalens bis nach Bayern und Tirol reicht, während umgekehrt der landwirtschaftliche Kleinbesitz in Teilen Westfalens und Oberhessens, in Unterfranken, am Mittel- und Oberrhein sowie überhaupt in den südwestdeutschen Landschaften des Reichs dominierte. Daß eben diese Gebiete gutenteils, obzwar keineswegs deckungsgleich, zu Kernregionen des Bauernkriegs von 1524–1526 wurden, war sicherlich kein Zufall.

Die aus jenem Gefälle der Feudallasten erwachsenen Probleme wurden noch dadurch verschärft, daß die Bauern erhebliche Einschänkungen ihrer herkömmlichen Rechte freier Nutzung des Waldes wie der Seen und Bäche hinnehmen mußten. Dabei kam der Grundherrschaft, besonders was die Wälder betraf, vielfach die Parallelelität ihrer Interessen mit Forderungen der Landesherren zugute – Forderungen sowohl zum Schutz des vom Raubbau bedrohten Waldes als auch im Interesse an einer möglichst ungestörten adligen Jagd; bezeichnenderweise ging die Untersagung des bislang kostenlosen und unkontrollierten Holzeinschlags in den Wäldern durchweg mit dem Verbot der bäuerlichen Jagd auf Hochwild, gelegentlich sogar auf Niederwild einher, und die Verletzung gerade dieses Verbots wurde mit drakonischen Strafen an Leib und Leben bedroht. Alle diese Einschränkungen des herkömmlichen Gemeingebrauchs an Wäldern und Gewässern waren empfindlich, und alle trafen wiederum besonders die bäuerlichen Klein- und Kleinstbetriebe, dazu die unterbäuerliche Schicht derer, die gar kein eigenes Land besaßen, sondern allenfalls ein oder zwei Stück Vieh, für deren Aufzucht sie neben den Wiesen der Allmende die herkömmliche Waldweide kaum entbehren konnten, ganz abgesehen vom Bedarf an Bau- und Brennholz aus dem Wald. Auch daß Fische vielerorts nun nicht mehr frei gefangen werden durften, sondern vom Grundherrn gekauft werden mußten, stellte besonders für die sozial Schwachen eine arge Verschlechterung dar. Die Folgen für die dörfliche Wirtschafts- und Lebensgemeinschaft wogen schwer; das Dorf geriet zunehmend unter den Druck sozialer Gegensätze innerhalb der bäuerlichen Bevölkerung.

Neben den herrschaftlichen Komponenten der Agrarverfassung dürfen die genossenschaftlichen Strukturelemente der bäuerlichen Gesellschaft nicht unterschätzt oder gar übersehen werden. Zwar die ostelbische Gutsherrschaft ließ solchen genossenschaftlichen Elementen kaum einen Raum; im Westen des Reichs aber gab es überall dörfliche Institutionen bäuerlicher Selbstverwaltung mit zum Teil weitreichenden Kompetenzen: von der Mitwirkung im dörflichen Niedergericht über die – mitunter recht komplizierte – Organisation des Arbeitsablaufs der Dreifelderwirtschaft oder der Nutzung der Allmende bis hin – jedenfalls nicht ganz selten – zur Wahl des Pfarrers. Und diese Institutionen genossenschaftlicher Selbstbestimmung funktionierten auch als Vertretung der Bauern gegenüber der Herrschaft, mitunter sogar als Prozeßgegner in rechtlichen Auseinandersetzungen, die bis vor die Landesherren oder vor die höchsten Gerichte des Reichs getragen wurden. Allerdings ist nicht zu verkennen, daß diese dörfliche Selbstverwaltung gerade seit dem ausgehenden Mittelalter allmählich eingeengt wurde, und zwar vor allem durch die innere Expansion der territorialstaatlichen Herrschaft. An der fortdauernden Bedeutung auch der genossenschaftlichen Elemente der Agrarverfassung für die bäuerliche Sozialstruktur kann aber kein Zweifel bestehen, und das sollte – über den Bauernkrieg hinaus – bis zu den Agrarreformen des frühen 19. Jahrhunderts so bleiben.

Neben den Strukturen und Wandlungen der Agrarverfassung kam der Bevölkerungs- und Wirtschaftsentwicklung der Zeit für die bäuerliche Sozialstruktur maßgebende Bedeutung zu. Wichtig war hier vor allem der Umschlag von der Bevölkerungsstagnation und Agrarbaisse des späten Mittelalters zur Bevölkerungs- und Agrarhausse des 16. Jahrhunderts. Die Zunahme der Bevölkerung und die wachsende Nachfrage nach landwirtschaftlichen Produkten führte zum Landesausbau, zur Rekultivierung wüst gewordenen Landes, frühzeitig auch schon zu neuen Rodungen; mit den Preisen für die landwirtschaftlichen Produkte, nicht selten sogar schneller als diese, stiegen die Bodenpreise; die sich daraus ergebenden Kreditchancen wurden für die Neugründung einer Vielzahl bäuerlicher Betriebe genutzt, die ihrerseits wiederum den ländlichen Bevölkerungsüberschuß aufnahmen. Das Dorf füllte sich mit Leben, mit wirtschaftlicher Aktivität, und allem Anschein nach kam dieser Aufschwung zunächst allen dörflichen Schichten zugute, zumal auch die in der Zeit des spätmittelalterlichen Arbeitskräftemangels auf dem Lande erheblich gestiegenen Arbeitslöhne noch bis in die zwanziger Jahre des 16. Jahrhunderts hinein auf ihrem hohen Niveau verharrten. Indessen machten sich schon frühzeitig auch problematische Konsequenzen des Konjunkturumschwungs bemerkbar. Zum einen waren es doch von allem Anfang an nur die größeren, in erheblichem Umfang für den Markt produzierenden Betriebe, die wirklich in den Nutzen der steigenden Getreidepreise kamen, während die agrarischen Gewinne der kleineren Betriebe durch die – wiewohl langsameren – gewerblichen Preissteigerungen wieder aufgezehrt wurden. Zum anderen zeigte sich, besonders natürlich in Regionen schon traditionell dichter Besiedlung, daß der Bevölkerungszuwachs nur begrenzt durch den Landesausbau aufzufangen war. Unter den gegebenen Bedingungen von Wirtschaft und Verkehr konnte einfach zu wenig zusätzliches Land erschlossen werden, das man erfolgreich hätte bewirtschaften können. Soweit das bäuerliche Erbrecht die Realteilung der Höfe im Erbfall erlaubte, kam es deshalb anstelle der Neugründung bäuerlicher Betriebe verstärkt zu Erbteilungen und damit zur Aufsplitterung des bäuerlichen Besitzes in Kleinst- oder Teilbetriebe, die nicht mehr imstande waren, eine bäuerliche Familie zu ernähren. Ihre Inhaber konnten noch froh sein, wenn sie Gelegenheit hatten, sich im ländlichen Verlagsgewerbe das dringend nötige Zubrot zu verdienen. In Gebieten vorherrschenden Anerbenrechts aber blieben zwar die Höfe in der Substanz erhalten und konnten, weil ökonomisch krisenfest und leistungsfähig, sogar beträchtliche Zugewinne an Land und sonstigem Vermögen verbuchen; die reichen Inhaber dieser Höfe sahen sich denn auch bald dem lebhaften Neid des zeitgenössischen Bürgertums und selbst des Adels ausgesetzt. Die nichterbenden Kinder auch dieser Höfe aber sanken desto deutlicher in unterbäuerliche Schichten landwirtschaftlichen Hilfspersonals oder armer Landgewerbetreibender ab. Auch der säkulare Umschwung der Agrarkonjunktur führte mithin nicht nur zur Steigerung bäuerlichen Wohlstands, sondern auch und in zunehmendem Maße zu einer Verschärfung der sozialen Probleme auf dem Dorf.

Was schließlich die Einwirkungen des sich ausbildenden Fürstenstaats der Epoche auf die bäuerliche Sozialstruktur angeht, so gab es hier wiederum, und zwar auf Grund der regional unterschiedlichen Verfassungsentwicklung im Reich, sehr prinzipielle Unterschiede. In den schon stärker geschlossenen Territorien des Nordens, aber auch in Hessen oder Bayern, wurde die Intensivierung der staatlichen Gewalt der Landesherren im wesentlichen in Auseinandersetzung mit den grund- bzw. gutsherrschaftlichen Ständen durchgesetzt, und dieser Vorgang war bis um die Jahrhundertwende zumeist schon so weit vorangeschritten, daß die Landesherren in den Konflikten zwischen Grundherrschaft und Bauern schiedsrichterliche oder sonst streitentscheidende Funktionen an sich ziehen konnten. In solchen Streitigkeiten ergriffen die Fürsten nicht selten für die Bauern Partei; die Anfänge einer gezielten Bauernschutzpolitik reichen in Nordwestdeutschland durchaus bis ins 15. Jahrhundert zurück. Dabei ging es den Fürsten vor allem um die Erhaltung der bäuerlichen Steuerkraft, auf die der frühmoderne Staat je länger desto weniger verzichten konnte; daß zugleich damit die soziale Position der ständischen Grundherren beschnitten wurde, war ein vielfach gern verfolgter Nebenzweck. Die unmittelbaren Einwirkungen gerade der großen landesherrlichen Gewalten auf das bäuerliche Sozialleben waren dagegen vorerst noch bescheiden – ganz zu schweigen von den ostelbischen Gebieten, in denen die Landeshoheit der Fürsten gegenüber der Gutsherrschaft ohnehin weit zurücktrat. Ganz anders lagen die Verhältnisse dagegen im politisch kleinräumigen Südwesten des Reichs mit seiner vielfach verzögerten Ausbildung territorialer Staatlichkeit. Die Territorialbildung vollzog sich hier weithin im unmittelbaren Gegenüber des zur räumlichen Konzentration und Konsolidierung seiner Herrschaftsrechte strebenden Grund- und Leibherrn mit seinen Bauern, und folgerichtig waren auch die Auseinandersetzungen der Bauern mit ihrer Herrschaft zum guten Teil zugleich Auseinandersetzungen mit der sich konsolidierenden Territorialgewalt. Soziale und politische Konflikte kumulierten hier und verschärften sich gegenseitig – wiederum eine typische Ausgangslage schon des Bauernkriegs.

4. Randgruppen der Gesellschaft

Noch die armen und ungebildeten, minderberechtigten und politisch einflußlosen Unterschichten in Stadt und Land mitsamt den zahlreichen Bettlern der Zeit waren als Glieder der ständischen Gesellschaft akzeptiert; sie waren «ehrliche Leute». Daneben aber gab es soziale Randgruppen, die auf mehr oder minder grundsätzliche Ablehnung stießen: die «unehrlichen Leute», dazu die Zigeuner und die Juden.

Die «Unehrlichkeit» war grundsätzlich keine moralische, sondern eine soziale Kategorie; sie meinte nicht die moralische Verwerflichkeit einer Person oder Gruppe, sondern den Status geminderter Ehre und damit eingeschränkter Zugehörigkeit zur Gesellschaft. Dabei beruhte die Zuschreibung von Unehrlichkeit mitunter auf wenig rationalen Vorstellungen. So galten Henker und Abdecker, weil sie mit Leichen zu tun hatten, als unehrlich und waren vom gesellschaftlichen Leben in Dorf und Stadt weithin ausgeschlossen; der Henker z. B. durfte nur eines Henkers Tochter heiraten, und selbst in ein Gasthaus durfte er vielerorts nur einkehren, wenn keine anderen Gäste anwesend waren. Wenn dagegen in vielen Landschaften die Müller als unehrliche Leute angesehen wurden, so deshalb, weil sie in dem – nun freilich moralischen – Verdacht standen, die Bauern beim Mahlen des Getreides zu betrügen. Noch einmal anders stand es um die Unehrlichkeit der fahrenden Leute, der umherziehenden Kleingewerbetreibenden also wie etwa der Kesselflicker, aber auch der Spieler, Gaukler und Musikanten, die von Markt zu Markt zogen und ihre Künste zeigten. Bei ihnen war es vor allem der Mangel an Seßhaftigkeit und damit an gesicherter, für jedermann kontrollierbarer Unterordnung unter die Normen der Gesellschaft, die zu ihrer Abdrängung an den Rand sozialer Existenz führten. Nicht selten, sogar in zunehmendem Maße, wurde die Unehrlichkeit auch auf die Kinder der unehrlichen Leute erstreckt; der Makel der Unehrlichkeit wurde damit zu einem Geburtsmakel. Vor allem die Zünfte machten sich für eine solche Ausdehnung der Unehrlichkeit stark und verweigerten den Kindern der unehrlichen Leute mit zunehmender Härte den Zugang zu einer Handwerkslehre. Die Reichsgesetzgebung versuchte diesem engherzigen und ehrpusseligen Zunftegoismus entgegenzuwirken und überhaupt das soziale Verdikt der Unehrlichkeit einzuschränken, hatte damit jedoch nur wenig Erfolg.

Gleich ein ganzes Bündel von Motiven führte zur Diskriminierung der Zigeuner, die seit dem 15. Jahrhundert vom Südosten her in das Reich einwanderten. Sie hatten sich ursprünglich gern als Nachfahren uralter christlicher Geschlechter und Verfolgte um des Glaubens willen ausgegeben; als der Betrug aufflog, wandelte sich das anfängliche Mitleid der Bevölkerung in Ablehnung und Haß. Die ethnische, auch die sprachliche Fremdartigkeit der Zigeuner, ihre Nichtseßhaftigkeit, auch die Undurchsichtigkeit ihres Erwerbslebens und der daraus genährte Verdacht ständiger Kriminalität kamen hinzu; seit dem Akutwerden der Türkengefahr wurden die Zigeuner wegen der fortdauernd engen Verbindung mit ihren unter osmanischer Herrschaft lebenden Sippen der Spionage für die Türken bezichtigt. Schon in den ersten Polizeiordnungen deutscher Territorien zu Beginn des 16. Jahrhunderts finden sich Mandate, durch die den Zigeunern der Aufenthalt im Lande verboten wurde; spätere Ordnungen erklärten sie geradezu für vogelfrei. Daß sie trotzdem, wenngleich gewiß in geringer Anzahl, in Deutschland weiter ihr Dasein fristen konnten, verdankten sie im Grunde nur der Schwäche der Staatsgewalt, die bis auf weiteres – jedenfalls in den kleinen und Zwergterritorien des Reichs – nicht in der Lage war, derartige Mandate wirksam durchzusetzen.

Den Juden schließlich kam schon nach der herkömmlichen Auffassung der Kirche nur eine Position geminderten Rechts am Rande der christlichen Gesellschaft zu. Seit Augustinus galt das Judentum als «Magd» oder «Sklavin» der Christenheit; erst am Ende der Zeiten werde die Synagoge von ihrer Verblendung frei werden, dann freilich im Bekenntnis zu Jesus Christus auch in die volle Gemeinschaft des neuen Gottesvolks eingehen. Eine solche Auffassung vertrug sich nicht mit einer blutigen Verfolgung der Juden, wohl aber mit einer diskriminierenden Ausgestaltung jenes Knechtschaftsverhältnisses und auch mit einer weitgehenden Ausgrenzung der Juden aus der Gesellschaft. Tatsächlich ist die päpstliche Politik des späteren Mittelalters gegenüber den Juden vor allem von solchen Diskriminierungs- und Ausgrenzungstendenzen bestimmt gewesen. Die Realität der jüdischen Existenz war freilich noch viel schlimmer. Sie war schon seit dem 11. Jahrhundert – in Deutschland wie überhaupt in Europa – von immer wiederkehrenden Pogromen bestimmt, denen Hunderte von jüdischen Gemeinden und Zehntausende von jüdischen Menschen zum Opfer fielen. Die Gründe dafür lagen in einem Syndrom tiefsitzender Fremdheiten, unter denen der Glaubensfeindschaft eine gewissermaßen rationalisierende, scheinbar auch legitimierende Funktion zukam. Daneben standen wirtschaftliche Gründe, insbesondere die durch die Unsicherheit der Verhältnisse bedingten und durch die christlichen Obrigkeiten gebilligten, für die Schuldner gleichwohl ruinösen Zinsforderungen jüdischer Geldverleiher in Höhe von jährlich 33 Prozent und mehr, gelegentlich wohl auch der pure Neid auf wirtschaftlich erfolgreiche Juden. In England und Frankreich gab es im späten Mittelalter überhaupt keine Juden mehr, in den Städten und Territorien des Reichs wechselten Zeiten relativer Toleranz mit Jahren schlimmer Verfolgung oder Vertreibung. Seit dem ausgehenden 14. Jahrhundert setzte sich die Nichtduldung der Juden vor allem in den Reichsstädten immer ausschließlicher durch; an der Wende des 15. Jahrhunderts waren es nur mehr einige wenige Reichsstädte – vor allem Frankfurt/Main, Worms, Regensburg –, die noch Juden in ihren Mauern duldeten. Und auch auf territorialer Ebene begann die Praxis der Judenvertreibung zu grassieren. Die Juden wurden zunächst aus den Städten auf das Land, dann aus den größeren Territorien in kleinräumige Herrschaften abgedrängt, die – wie gegenüber den Zigeunern – nicht über eine hinreichende Polizeigewalt verfügten, um eine Ausweisung der Juden zu erzwingen. In solch kleinen Herrschaften spielten sich mitunter sogar erträgliche Verhältnisse ein; bezeichnenderweise hatten jüdische Kaufleute hier nicht selten die Funktion von Finanzberatern des Landesherrn inne – Vorläufer der so einflußreichen Hoffaktoren des 17. und 18. Jahrhunderts. Unsicher und gefährdet aber blieb ihre Existenz auch hier. So verließ ein großer Teil der deutschen Juden das Reich überhaupt und ging – vor allem – nach Polen-Litauen, dessen Adel der jüdischen Einwanderung wegen der wirtschaftlichen Tüchtigkeit der Juden zumeist, jedenfalls bis auf weiteres, keine Hindernisse in den Weg legte. Auf dem Weg in den Osten nahmen die Juden ihre Sprache, ein Gemisch aus Hebräisch und Mittel- bzw. Frühneuhochdeutsch, mit; dieses «Jiddisch» ist bis in unser Jahrhundert ein grundlegendes Element des osteuropäischen Judentums geblieben und erst mit dem Holocaust untergegangen.

IV.

Die politische Verfassung: Reich, Territorien und Reichsstädte

1. Grundstrukturen der politischen Verfassung und ihrer Wandlungen zu Beginn des 16. Jahrhunderts

Die politische Ordnung Deutschlands unterlag an der Wende des Mittelalters zur Neuzeit einer tiefgreifenden Umstrukturierung. Sie bestand in einer bisher unbekannten Zusammenfassung und Vereinheitlichung der überkommenen Herrschaftsrechte, aber auch in deren Erweiterung, vor allem im Zugriff auf immer weitere Lebensbereiche der Gesellschaft; zum wichtigsten Instrument dieser Umstrukturierung wurde die fürstliche und städtische Verwaltung. Im Grunde war das nichts anderes als ein Schritt auf dem Wege zu moderner Staatlichkeit, zum «institutionalisierten Flächenstaat» der Neuzeit (Theodor Mayer). Die Anfänge dieses Wegs reichten tief ins Mittelalter zurück, und an sein Ziel kam er in Deutschland erst nach dem Ende des alten Reichs zu Beginn des 19. Jahrhunderts; die Jahrzehnte an der Wende des Mittelalters zur Neuzeit stellten jedoch eine besonders wichtige Phase dieses Modernisierungsprozesses dar. Das darf freilich nicht so verstanden werden, als hätten die Staatsmänner der Zeit – oder auch nur die weitestschauenden unter ihnen – das Ziel der Schaffung eines solchen modernen Staats fest im Auge gehabt und ihr politisches Handeln darauf abgestimmt. Die politische Theorie der Zeit war viel zu schwach ausgebildet, um geeignete theoretische Entwürfe zu liefern – Bodins ‹Six livres de la République› erschienen erst 1576, die früheste deutsche Übersetzung 1592. Nicht so sehr theoretische Entwürfe als vielmehr praktische Notlagen und Bedürfnisse trieben die maßgebenden Entscheidungsprozesse voran; daß damit entscheidende Schritte zur Ausbildung moderner Staatlichkeit getan wurden, zeigt sich erst im langfristigen historischen Rückblick.

Im Gegensatz zum neuzeitlichen Staat mit seinem souveränen Gewaltmonopol war öffentliche Gewalt im Mittelalter auf eine Vielzahl von mehr oder minder eigenständigen Machtträgern aufgesplittert. Soweit diese Herrschaftspositionen lehensrechtlich begründet waren, gingen sie zwar letztlich vom König als dem obersten Lehensherrn des Reiches aus; indessen gab es gerade in Deutschland – anders als etwa in Frankreich – von jeher viele Herrschaftsrechte, die gar nicht vom Lehensrecht erfaßt wurden, und auch die ursprünglichen lehensrechtlichen Abhängigkeiten vom König lockerten sich schon seit dem hohen Mittelalter beträchtlich. Dieser Aufsplitterung der öffentlichen Gewalt entsprach, daß es weithin überhaupt an der Vorstellung einer einheitlichen und umfassenden Staatsgewalt fehlte; die politische Herrschaft noch der mächtigsten Landesfürsten, selbst des Königs, war im Grunde nur eine Summe von Einzelrechten: vor allem der Gerichtsbarkeit, aber auch von Zoll- oder Geleitsrechten, von Münz- und Bergrechten, nicht zuletzt von Rechten gegenüber der Kirche, etwa in Form der Vogtei oder des Patronats. Alle diese Rechte konnten einzeln erworben und auch wieder veräußert oder weiterverliehen werden; im Fall dynastischer Erbteilungen war ihre Aufteilung auf mehrere Erben ohne weiteres möglich und üblich. Dazu kam des weiteren, daß die große Mehrzahl mittelalterlicher Herrschaftsrechte grundsätzlich personen-, nicht gebietsbezogen war. Die Zusammenfassung aller wichtigeren Herrschaftsrechte für ein größeres Gebiet in einer Hand war keineswegs die Regel; namentlich im Westen und Südwesten des Reichs verfügten selbst bedeutende Landesherren kaum über derart geschlossene Herrschaftsbereiche, und folgerichtig gab es hier weithin auch keine einigermaßen scharfen politischen Grenzen.

Natürlich waren unter solchen Bedingungen die Möglichkeiten einer räumlich umfassenden, das gesellschaftliche Leben wirklich gestaltenden Politik ziemlich bescheiden. In der Tat beschränkte sich die Aufgabe der weltlichen Obrigkeit nach mittelalterlicher Auffassung im wesentlichen auf die Wahrung von Frieden und Recht. Auch diese Aufgabe aber konnte oft nur unzureichend, im ausgehenden Mittelalter – nicht zuletzt wegen der Verkümmerung der politischen Funktionen des Lehensrechts – immer weniger bewältigt werden. Und das war um so schlimmer, als die zunehmende «Verdichtung» (P. Moraw) des gesellschaftlichen Lebens, die steigende Mobilität von Menschen und Gütern, auch die wachsenden sozialen Spannungen der Zeit einer solchen Wahrung und Sicherung von Frieden und Recht in besonderem Maße bedurft hätten. So war das ausgehende Mittelalter voll von Klagen über Unfrieden und Ungerechtigkeit, auch von leidenschaftlichen Forderungen nach grundlegenden politischen Reformen.

Viele dieser Reformforderungen waren utopisch, zumal wenn sie auf die Wiederbelebung eines starken Kaisertums abzielten, von dessen früherer Macht und Autorität man sich in verklärender Erinnerung gern übertriebene Vorstellungen machte. Zugleich aber kam es jetzt doch auch zu einer höchst zukunftsträchtigen Umgestaltung der politischen Ordnung, zu einer Umgestaltung nämlich im Sinne moderner Staatlichkeit. Für diese Modernisierung war überaus bezeichnend, daß man allmählich zur Vorstellung einer einheitlichen, die Vielfalt alter und neuer Herrschaftsrechte bündelnder Staatsgewalt gelangte; auf der politischen Ebene der Territorien wurde dafür der Begriff der «Landeshoheit» geläufig. Im Prinzip lief diese Vorstellung zugleich auf eine Monopolisierung der öffentlichen Gewalt hinaus; deren praktische Konsequenz bestand in der Ausscheidung fremder – geistlicher wie weltlicher – Herrschaftsrechte aus dem Lande wie in der Unterwerfung oder doch Verdrängung konkurrierender Machtträger im Lande selbst. In der Tat kam es seit dem Beginn des 16. Jahrhunderts zunehmend zu politischen Flurbereinigungen, insbesondere zwischen benachbarten Landesherrschaften oder auch Reichsstädten; man begann, genauere Grenzverläufe festzulegen, die Vorstellung einer staatlichen Gebietshoheit verfestigte sich. Noch wichtiger, freilich auch schwieriger, war die Zurückdrängung der herkömmlichen Träger eigenständiger Herrschaftsgewalt im Lande. Hier kam es zu langwierigen und mitunter harten Auseinandersetzungen, auch zu empfindlichen Rückschlägen. Der Monopolisierung öffentlicher Gewalt blieben insofern ziemlich enge Grenzen gezogen, und das sollte das ganze Jahrhundert hindurch so bleiben; die Machtmittel selbst bedeutender Landesherren waren noch lange Zeit zu schwach, um die traditionellen Herrschaftspositionen auf regionaler und lokaler Ebene auszuschalten oder auch nur entbehrlich machen zu können – von der Konkurrenz des politischen Ständewesens ganz zu schweigen. Vollends in der Verfassung des Reichs selbst konnte sich die Tendenz zur Konzentration politischer Herrschaft wegen des Dualismus von Kaiser und Reichsständen kaum durchsetzen.

Zur Vereinheitlichung und Monopolisierung der öffentlichen Gewalt kam die innere Expansion des sich formierenden Staats. Über die traditionellen Aufgaben der Rechts- und Friedenswahrung hinaus wurde jetzt der «gemeine Nutzen» zur politischen Leitvorstellung, in dessen Zeichen grundsätzlich alle Lebensbereiche der Gesellschaft der Fürsorge und Herrschaft des Staats unterworfen werden konnten. Charakteristischer gesetzgeberischer Niederschlag dieser neuen Tätigkeit des Staats waren die sogenannten Polizeiordnungen, die zu Beginn des 16. Jahrhunderts von Ad-hoc-Regelungen im Umfang weniger Artikel sehr rasch zu voluminösen Akten der Gesetzgebung anwuchsen; bereits die erste Reichspolizeiordnung von 1530 umfaßte über einhundert zum Teil recht ausführliche Paragraphen. An eine Durchsetzung der Normen dieser Gesetzgebung wie überhaupt des politischen Willens der Staatsgewalt war freilich nur mit Hilfe einer funktionsfähigen Verwaltung zu denken; eben deshalb gehörte auch der Ausbau der Verwaltung zu den Grunderscheinungen des Verfassungslebens der Epoche. Zum wichtigsten Personal dieser neuen Verwaltung, insbesondere der landesfürstlichen Zentralverwaltungen, wurden akademisch gebildete Juristen zumeist bürgerlicher Herkunft, deren Stellung bereits wesentliche Merkmale des neuzeitlichen Berufsbeamtentums aufwies.

Die langfristige und tiefgreifende Wandlung vom personenrechtlich orientierten Herrschaftspluralismus des Mittelalters zum souveränen Flächenstaat der Neuzeit war zumeist von Auseinandersetzungen zwischen dem König bzw. dem Landesfürsten einerseits, den Reichs- und Landständen anderseits begleitet oder vollzog sich überhaupt in Form dieser Auseinandersetzungen. Dabei vermochten sich die Stände vorerst – wenngleich mit erheblichen Unterschieden im einzelnen – durchaus zu behaupten, ja: das politische Ständewesen, die politische Organisation also der Reichs- und Landstände, gelangte im 16. Jahrhundert überhaupt auf den Höhepunkt seiner Bedeutung. Eben hierin liegt ein zweites grundlegendes Strukturelement der politischen Ordnung Deutschlands in unserer Epoche.

Die Wurzeln dieses politischen Ständewesens lagen zum einen in der seit jeher wirksamen Bindung der fürstlichen, auch der königlichen Herrschaft an den prinzipiellen Konsens der Großen des Landes. Diese «meliores et majores terrae», wie sie schon ein Reichsspruch von 1231 nannte, hatten sich freilich zunächst mehr oder minder ausschließlich aus dem Adel rekrutiert; seit dem ausgehenden Mittelalter gesellten sich aber auch der Klerus und die Städte, gelegentlich sogar die Bauern hinzu. Ohne ihre finanzielle Hilfe wäre die fällige Modernisierung der politischen Ordnung nicht möglich gewesen; die dafür erforderlichen Verfahren der Steuerbewilligung leiteten unmittelbar zur politischen Organisation des Ständewesens – vor allem: zu den Landtagen – hinüber. Daneben gab es jedoch noch eine andere Wurzel des politischen Ständewesens, nämlich die seit dem hohen Mittelalter vielfach bezeugten Einungen, in denen sich Gruppen des Adels und des Klerus, aber auch der Städte zusammengeschlossen hatten, um – nicht selten in weitgespanntem regionalem Rahmen – den Landfrieden oder überhaupt die eigene politische Existenz gegenüber machthungrigen Nachbarn zu sichern. Auch diese Einungen boten Anknüpfungspunkte für die Organisation des politischen Ständewesens; zudem blieb das Ziel der politischen Existenzsicherung, das schon zu jenen Einungen gehört hatte, auch in den neuen Formen des Ständewesens lebendig, in deutlicher Frontstellung nicht zuletzt gegen die expandierende Fürstenmacht.

Freilich hatte die Verfestigung der politischen Organisation des Ständewesens von Anfang an auch mit innerständischen Problemen zu tun. Die ökonomischen und sozialen Unterschiede zwischen den verschiedenen Ständen waren schon im späteren Mittelalter so groß geworden, daß es sich als zunehmend schwierig erwies, über die divergierenden Interessen der einzelnen Gruppen hinaus das gemeinsame Interesse, auch gegenüber den Fürsten, zu mobilisieren. Im Gegensatz zu dem organisatorisch ziemlich einfachen Miteinander von Klerus, Adel und Städten in den Landfriedensbünden des 13. und noch des 14. Jahrhunderts war deshalb im Ständewesen des späten 15. und erst recht des 16. Jahrhunderts eine gemeinsame Willensbildung nur mehr auf den komplizierten Wegen eines rechtlich genau geregelten Ausgleichs der Einzelinteressen der verschiedenen Stände und Ständegruppen möglich. So war das Verfahren der Landtage wie des Reichstags grundlegend von der Notwendigkeit der Auseinandersetzung und des Kompromisses nicht nur zwischen Fürst und Ständen, sondern auch zwischen den Ständen selbst bestimmt. Die daraus resultierende Umständlichkeit des Verfahrens schwächte die Handlungsfähigkeit des Reichs wie der Territorien; zugleich gab sie den Fürsten wie dem König mannigfache Gelegenheit, durch Einzelabsprachen wie durch die Ausbildung dauernder Klientelverhältnisse zu bestimmten Ständen und Ständegruppen auf die innerständische Willensbildung Einfluß zu nehmen. Vor allem die lehens- und dienstrechtlichen Beziehungen des niederen Adels zu den bedeutenderen Fürstenhöfen – nicht zuletzt zum Kaiserhof – bildeten eine wichtige Basis für solche Einflußnahmen.

In der Auseinandersetzung zwischen Fürst und Ständen waren es zumeist die Fürsten, die die Modernisierung der politischen Ordnung vorantrieben. Aber auch die Stände hatten daran durchaus ihren Anteil, nicht zuletzt durch ihre vielfach bezeugte, nachdrückliche Forderung nach einer geordneten Verwaltung insbesondere der Staatsfinanzen. In nicht wenigen deutschen Territorien gehen überhaupt schon die Anfänge der Zentralverwaltung auf das Verlangen der Stände zurück. Darüber hinaus aber darf auch die – im ganzen gewiß vorherrschende – retardierende Rolle der Stände im Prozeß neuzeitlicher Staatsbildung nicht einfach als Ausdruck kurzsichtigen Eigennutzes der Stände diffamiert werden. Die neuere Ständeforschung hat nämlich sehr deutlich gemacht, daß vom 15. Jahrhundert bis zur Französischen Revolution die Stände die wichtigsten Träger der Idee politischer Freiheit gewesen sind – in Deutschland wie in Europa, und zwar auch in Krisenzeiten, wenn der Ruf nach Ordnung gemeinhin sehr viel lauter ertönte als der Ruf nach Freiheit. Daß diese Freiheit nicht so sehr die Freiheit des Individuums im Sinne moderner liberaler Grundrechte war als vielmehr eine ständisch abgestufte und zumeist korporativ eingebundene Freiheit, ist gewiß richtig. Aber so wenig die tiefgreifenden Wandlungen der Idee politischer Freiheit von der Welt Alteuropas bis zum Zeitalter der modernen Massendemokratien verkannt und eingeebnet werden dürfen, so wenig darf man hier doch auch die Kontinuitäten auseinanderreißen – und sei es nur die Kontinuität des Protestes gegen die immer weiter fortschreitende Expansion und Intensivierung einer monopolisierten politischen Herrschaft überhaupt. Und dieser von den Ständen immer wieder formulierte Protest hat immerhin bewirkt, daß die durchgehende Monopolisierung der öffentlichen Gewalt beim Staat eine Angelegenheit erst des 19. Jahrhunderts gewesen ist, also erst nach dem Untergang der ständischen Welt Alteuropas überhaupt realisiert werden konnte. Vollends im 16. Jahrhundert waren und blieben die Stände in der großen Mehrheit der Territorien ein wirksames Korrektiv, wo nicht gar eine prinzipielle Konkurrenz der fürstlichen Macht. Sie erlangten und behaupteten durchweg das so wichtige Recht der Steuerbewilligung, vielfach auch das Recht der Zustimmung zu besonders wichtigen Regierungsakten; in Zeiten der Unmündigkeit oder sonstiger Regierungsunfähigkeit des Landesfürsten übten sie erst recht maßgebenden Einfluß auf die Regierung des Landes aus. Überdies blieben die Fürsten, weil es ihnen noch lange an den nötigen personellen und finanziellen Mitteln gebrach, für die Aufgaben ihrer Verwaltung – zumindest auf deren mittlerer und unterer Ebene – auf die Hilfe ständischer Herrschaftsträger angewiesen; die Finanzverwaltung lag ohnehin weitgehend in ständischer Hand. Noch nirgends war klar zu sehen, daß die verfassungsgeschichtliche Entwicklung langfristig auf ein eindeutiges Übergewicht der fürstlichen Gewalt, auf den Absolutismus hinauslief; vollends auf der Ebene des Reichs wurde der Krongewalt der Weg zu einer solchen Präponderanz schon zu Beginn des Jahrhunderts, im Rahmen der Reichsreform, folgenreich verbaut.

Die Grundrichtung der verfassungspolitischen Entwicklung hin zu neuzeitlicher Staatlichkeit wie die ständestaatliche Grundstruktur dieser politischen Ordnung Deutschlands entsprachen im wesentlichen den Grundlinien der inneren Staatsbildung, wie sie seit dem späteren 15. Jahrhundert auch für eine Vielzahl anderer europäischer Länder, insbesondere für die Länder Westeuropas, maßgebend waren. Dagegen unterschied sich die politische Ordnung Deutschlands durch ein drittes grundlegendes Strukturelement in charakteristischer Weise von der politischen Verfassung aller anderen europäischen Länder: durch die verfassungspolitische Konkurrenz nämlich von Reich und Territorien, die beide in sich ständestaatlich organisiert, zugleich aber durch die reichsständische Stellung der Territorialfürsten auf sehr komplexe und spannungsvolle Weise miteinander verbunden waren. Auf der Verfassungsebene des Reichs standen die Landesherren – zusammen mit den Reichsstädten – als Reichsstände dem Kaiser gegenüber; auf der Verfassungsebene der einzelnen Territorien aber repräsentierten sie selbst die fürstliche Gewalt, die ihrerseits die Landstände zum politischen Gegenüber hatte. Aus dieser Zweistufigkeit der ständestaatlichen Ordnung Deutschlands, die durch die Reichsreform des ausgehenden 15. und beginnenden 16. Jahrhunderts ihre maßgebende Form erhielt, ergaben sich mancherlei Gemeinsamkeiten der Verfassung des Reichs einerseits, der Territorien anderseits; so ist etwa das Verfahren des Reichstags nicht selten zum Vorbild der Landtage in den Territorien geworden. Noch wichtiger aber waren die Unterschiede hier und dort – vor allem die Tatsache, daß die Territorien auf dem Wege zur Modernisierung ihrer politischen Ordnung im Sinne neuzeitlicher Staatlichkeit größere und dauerhaftere Fortschritte machten als das Reich. Die königliche Gewalt war ja in Deutschland von Anfang an trotz oder gerade wegen ihrer universalistischen Ansprüche – weil nämlich diese universalistischen Ansprüche dem Königtum zermürbende Auseinandersetzungen mit dem Papsttum eintrug – nicht stark genug, um gegenüber den großen Herren des Reichs ein deutliches und dauerndes Übergewicht zu gewinnen. Und eben diese großen Herren, die der Krongewalt schon im Rahmen der vorwiegend lehensrechtlichen Ordnung des Mittelalters enge Grenzen gezogen hatten, setzten diese Politik auch im Rahmen der neuen ständischen Ordnung des Reichs, und zwar gerade unter Ausnutzung ihrer reichsständischen Rechte, fort. Nicht etwa, daß sie der Entwicklung zum Staat, zur Souveränität, zur Expansion staatlicher Aufgaben und zum Ausbau staatlicher Verwaltung prinzipiell ablehnend gegenübergestanden hätten – vielmehr suchten sie die Konzentration oder gar Expansion der königlichen Herrschaft gerade deshalb zu unterbinden, um den Ausbau ihrer eigenen staatlichen Gewalt in den Territorien desto ungestörter vorantreiben zu können.

Allerdings hat es auch bei den Reichsständen, vor allem im Zusammenhang der Reichsreform, nicht ganz an Bestrebungen zu einer Modernisierung der politischen Ordnung des Reichs gefehlt, die in die Richtung moderner Staatlichkeit wiesen. Die Festigung des Reichstags als obersten, im Prinzip souveränen politischen Entscheidungsgremiums, die Neubelebung einer höchsten Gerichtsbarkeit in Gestalt des Reichskammergerichts, die grundsätzliche Durchsetzung der Steuerpflicht jedes Reichsstands und nicht zuletzt die Einrichtung der Reichskreise als Kristallisationskerne einer Art von Provinzialverwaltung des Reichs waren die wichtigsten Elemente einer solchen verfassungspolitischen Modernisierung. Zu wirklich entscheidenden Fortschritten in der Richtung einer «Verstaatlichung» des Reichs kam es jedoch nicht. Die politischen Eigeninteressen der großen Reichsstände ließen nicht nur dem König, sondern auch den Institutionen einer «ständischen Reichsreform» nur bescheidene Spielräume für eine effektive Stärkung der Reichsgewalt.

2. Das Reich

Die Reichsverfassung des 16. Jahrhunderts beruhte zum guten Teil unmittelbar auf den Strukturveränderungen der sogenannten Reichsreform, die im ausgehenden 15. und beginnenden 16. Jahrhundert die in der Folge wichtigsten Institutionen der Reichsverfassung tiefgreifend umformte oder überhaupt neu schuf. Daneben aber blieben wichtige ältere Verfassungstraditionen lebendig, auch sie freilich in mannigfacher Wandlung begriffen. Vor allem die verfassungspolitische Stellung des Kaisers beruhte fortdauernd zu einem nicht geringen Teil auf solchen älteren Rechtsschichten der Reichsverfassung.

Einen deutlichen Hinweis auf das Fortwirken älterer, mittelalterlicher Traditionen gibt bereits der Doppeltitel des Reichsoberhaupts als deutschen Königs und römischen Kaisers; das durch die päpstliche Krönung vermittelte Kaisertum der deutschen Herrscher ging ja schon auf den Erwerb der Kaiserkrone durch Otto I. 962 zurück. In der politischen Doktrin des Mittelalters waren die Rechte und Pflichten des römischen Kaisers gerade im Unterschied zu denen des deutschen Königs scharf herausgearbeitet worden, vor allem mit der Tendenz, dem Kaisertum – und nur ihm – universalistische Funktionen gegenüber den anderen Königreichen des Abendlandes wie gegenüber der Kirche zuzuschreiben. Das bedeutete indessen noch keineswegs eine Beschränkung des Königtums auf Deutschland; neben Deutschland gehörten vielmehr auch Burgund und das sogenannte Reichsitalien zum Amtsbereich des Königs, und in der Betonung gerade der Ansprüche auf Italien haben die deutschen Könige seit Heinrich IV. auch den Titel eines Romanorum Rex geführt. Bis zum Ende des Mittelalters allerdings verlor das Reich außerhalb Deutschlands so viel an realer politischer Herrschaft, daß die Vorstellung von den tria regna des Königs verblaßte. Zugleich trat die Bindung des Kaisertums an die römische Kirche in den Hintergrund. Maximilian I. verzichtete als erster deutscher König auf die Kaiserkrönung durch den Papst und nahm 1508 den Titel eines «Erwählten Römischen Kaisers» an. Das schloß universalistische Aspirationen auch noch Maximilians I. nicht aus, und in der Gestalt Karls V. mit der Machtfülle seiner europäischen und überseeischen Reiche sollten universalistischer Anspruch und Krönung durch den Papst sogar noch einmal zusammentreffen. Karl V. ist aber der letzte Kaiser gewesen, der sich vom Papst hat krönen lassen.

Mit alledem verloren die verfassungsrechtlichen Unterschiede zwischen Kaisertum und Königtum viel von ihrer früheren Bedeutung. An der Doppelung dieser höchsten Würden des Reichs aber hielt man fest, und eine praktisch sehr bedeutsame Konsequenz daraus war die Möglichkeit der Wahl eines Königs noch bei Lebzeiten des Kaisers. Der solcherart vivente imperatore gewählte König, der den Titel eines römischen Königs führte, galt nämlich als designierter Nachfolger des Kaisers, bei dessen Tod er ungeachtet der noch ausstehenden Kaiserkrönung unmittelbar in die volle Regierung des Reichs folgte; das Rechtssprichwort formulierte: «Wenn der Kaiser stirbt, setzt sich der römische König in den Sattel.» Die Möglichkeit der Wahl des römischen Königs zu Lebzeiten des Kaisers war mithin ein wichtiges Instrument der Reichsverfassung zur Verhinderung von Thronvakanzen und Thronkämpfen; zugleich verschaffte sie dem regierenden Herrscher Einfluß auf die Wahl seines Nachfolgers und schränkte damit die Wahlmöglichkeiten der Kurfürsten ein. Eben deshalb verwundert es nicht, daß es seit dem Ende der Staufer nur mehr ausnahmsweise zu solchen Wahlen kam. Den Herrschern aus dem Hause Habsburg gelang es jedoch seit dem ausgehenden 15. Jahrhundert – zuerst mit der Königswahl Maximilians 1486 –, das Verfahren erneut zu praktizieren und üblich zu machen.

Die Möglichkeit der Wahl des römischen Königs vivente imperatore änderte nichts an der grundlegenden Tatsache, daß das Deutsche Reich von jeher ein Wahlreich war und es auch im 16. Jahrhundert wie überhaupt bis zu seinem Ende blieb, ungeachtet der regelmäßig wiederkehrenden Wahl von Mitgliedern des Hauses Habsburg zum Reichsoberhaupt. Die grundlegende Bedeutung dieser Tatsache bestand zum einen darin, daß die Kurfürsten die Wahl eines Kandidaten von Bedingungen abhängig machen konnten, durch die sie den politischen Handlungsspielraum des künftigen Reichsoberhaupts empfindlich einengten; seit der Wahl Karls V. 1519 wurden diese Bedingungen in förmlichen Wahlkapitulationen verbrieft. Zum andern machte das Fehlen einer erblichen Thronfolge das Problem der kaiserlichen Hausmacht erst so fatal, wie es wirklich war – als Problem nämlich politischer Zielkonflikte des Kaisers selbst: Er mußte als Chef des Hauses Habsburg neben den Reichsinteressen ja zugleich und legitim auch die politischen Interessen der Casa d'Austria wahrnehmen, und die beiden Interessen liefen keineswegs stets parallel. Dieser latente Widerstreit zwischen Reichs- und dynastischen Hausmachtinteressen war ein stets wirksames Ferment aller kaiserlichen Politik, und in der Regel entschied sich der Kaiser im Konfliktsfall zugunsten seiner Dynastie und gegen das Reich.

Die wesentlichen Bestimmungen für die Königswahl standen bereits in der Goldenen Bulle von 1356, die deshalb auch stets zu den Grundgesetzen des Reichs gezählt wurde. Danach war ausschließlich der enge Kreis der Kurfürsten wahlberechtigt – sie hießen «Kurfürsten» gerade um dieses ihres Rechts zur «Kür» des Königs willen. Die Wahl erfolgte mit der Mehrheit der Stimmen. Zu den Kurfürsten gehörten die Erzbischöfe von Mainz, Trier und Köln sowie als weltliche Herrscher der Herzog von Sachsen, der Markgraf von Brandenburg sowie der Pfalzgraf bei Rhein, dazu der König von Böhmen. Die böhmische Kur wurde allerdings – wie schon bei der Königswahl Maximilians 1486 – nach 1519 das ganze 16. Jahrhundert hindurch nicht mehr ausgeübt, wie denn überhaupt die Zugehörigkeit des böhmischen Königs zum Kreis der Kurfürsten, z. B. auch auf den Reichstagen, ruhte. Das war ein deutlicher verfassungspolitischer Ausdruck der seit den Tagen Karls IV. weit fortgeschrittenen Entfremdung Böhmens vom Reich, die erst seit der habsburgischen Thronfolge in Böhmen 1526 und auch dann nur in einer sehr langfristigen, bis ins 18. Jahrhundert reichenden Entwicklung rückgängig gemacht werden konnte.

Ursprünglich war die Wahl nur der erste Akt im Gesamtzusammenhang der Throngelangung des Königs. Ihr folgten die Krönung mit der Salbung und der Überreichung der Reichsinsignien, auch die Huldigung in den verschiedenen Ländern des Reichs. Schon im späten Mittelalter war aber die Wahl – und nur sie – zum verfassungsrechtlich entscheidenden Akt geworden, der ohne weiteres die volle Regierungsfähigkeit des Gewählten begründete. Wenn man gleichwohl an der Krönung als eigenem feierlichem Akt festhielt, so spielte dabei die uralte Symbolkraft der Krönung eine wichtige Rolle; die mit der Krönung verbundene Salbung stellte den König überdies unter besonderen göttlichen Schutz. Bis 1531 fand die Krönung in Aachen statt – ein wiederum symbolkräftiger Rückbezug auf das Kaisertum Karls des Großen, der freilich durch die Reformation viel von seiner Bedeutung verlor; seit 1562 erfolgte die Königskrönung denn auch gleich am Wahlort, regelmäßig also in Frankfurt/Main. Zum Zweck der Krönung wurden die Reichsinsignien – Krone, Schwert, Zepter und Reichsapfel – aus Nürnberg herbeigeschafft, wo sie seit 1424 in der Reichsburg aufbewahrt wurden. Auch die Reichsinsignien waren für viele Menschen der Zeit ein Gegenstand tiefer Verehrung. Sie wurden, zusammen mit den eigentlichen Reichsreliquien, vor allem der Heiligen Lanze, in Nürnberg alljährlich in einer Heiltumsweisung öffentlich gezeigt; wiederum hat erst die Reformation diesem Brauch ein Ende gemacht.

Der Kernbereich der Herrschaftsrechte des Königs war seit staufischer Zeit lehensrechtlicher Art; es waren die Rechte, die aus der Stellung des Königs als obersten Lehensherrn des Reichs flossen. Der größte Teil aller Reichsfürsten trug seine Herrschaft unmittelbar vom König zu Lehen, und wie sie war auch die Vielzahl der ihnen nachgeordneten Lehensträger dem König zu lehensrechtlicher Treue verpflichtet. Beim Tode jedes Lehensherrn wie jedes Lehensmannes mußte die Belehnung erneuert werden, jedesmal wurde auch der lehensrechtliche Treueschwur erneuert. Man wird die fortdauernde Bedeutung dieser lehensrechtlichen Oberhoheit des Königs nicht unterschätzen dürfen. Daß der König als oberster Lehensherr zugleich auch oberster Richter in Lehenssachen war, gab ihm bei lehensrechtlichen Konflikten zwischen den Fürsten und deren Lehensleuten – mithin für einen bedeutenden Teil der politischen Auseinandersetzungen in den Ländern überhaupt – nicht geringe Einflußmöglichkeiten; die Verweigerung der Belehnung durch den König oder auch die Drohung mit einem Felonieprozeß wegen Untreue des Lehensmanns waren überdies gefährliche politische Waffen. Trotzdem ist nicht zu leugnen, daß die politische Funktion des Lehensrechts und mit ihr die Stellung des Königs als obersten Lehensherrn schon im späteren Mittelalter viel von ihrer früheren Bedeutung verloren hatten und daß dieser Aushöhlungsprozeß auch in der frühen Neuzeit allenfalls verlangsamt, aber nicht wirklich aufgehalten und nur ausnahmsweise – am ehesten noch in Reichsitalien – in seiner Tendenz umgekehrt werden konnte. Wenn etwa das spätmittelalterliche Königtum in Frankreich die Einbehaltung frei werdender Lehen zugunsten der Krone durchsetzen und damit sich selbst eine ständig breiter werdende Machtbasis schaffen konnte – das war der entscheidende Vorgang im Aufstieg des französischen Königtums im späten Mittelalter überhaupt –, so war die lehensrechtliche Position der deutschen Könige schon längst zu schwach, um eine solche Sammlung und Konzentration der im Lehensrecht institutionalisierten Herrschaftsrechte zustande zu bringen. Im Gegenteil verfestigten sich hier die Herrschaftsrechte gerade der großen Lehensträger zur einheitlichen Staatsgewalt der Landeshoheit. Im übrigen war Deutschland freilich von jeher sehr viel weniger durchfeudalisiert als Frankreich, d.h. es gab in Deutschland viele Gebiete und Herrschaften, die als sogenannte Immunitäten der lehensrechtlichen Einbindung entzogen waren. Der französische Weg der Staatswerdung über den Einzug der großen Lehen zugunsten der Krone hätte deshalb in Deutschland ohnehin nicht sehr weit geführt. Eine eigene Bedeutung kam der – seit jeher außerhalb des Lehensrechts stehenden – Herrschaft des Königs über die königlichen bzw. Reichsstädte zu. Zwar hatten die königlichen Städte seit dem Ende der Staufer eine wachsende politische Eigenständigkeit errungen; zusammen mit einer Reihe fürstlicher und bischöflicher Städte, die die Herrschaft ihrer Stadtherren hatten abschütteln können, nannten sie sich nun Reichsstädte, und zumindest die größeren unter ihnen beanspruchten nach innen und außen eine politische Selbständigkeit, die derjenigen der fürstlichen Landesherren kaum mehr nachstand; im Aufbau einer effektiven Verwaltung gingen sie jenen zumeist sogar voran. Indessen klafften hier zwischen Anspruch und Wirklichkeit doch erhebliche Widersprüche. Insbesondere im Fall innerstädtischer Streitigkeiten – im 14. und frühen 15. Jahrhundert vor allem im Zusammenhang der Zunftkämpfe – griff der Kaiser immer wieder in das politische und gesellschaftliche Leben der Städte ein, und selbst an einschneidenden Verfassungsänderungen durch kaiserlichen Oktroi fehlte es nicht. Diese verfassungspolitische Linie des späteren Mittelalters setzte sich im 16. Jahrhundert durchaus fort; der berüchtigte Verfassungsoktroi Karls V. in den oberdeutschen Reichsstädten nach dem Schmalkaldischen Krieg war überhaupt die umfänglichste verfassungspolitische Intervention des Reichsoberhaupts, die die Reichsstädte jemals erfuhren. Wiederum darf die Bedeutung dieser Elemente königlicher Stadtherrschaft auch nicht überschätzt werden. Vor allem vermochte es der Kaiser nicht, das beträchtliche Wirtschafts- und Finanzpotential der Reichsstädte für sich selbst nutzbar zu machen. Vielmehr gelang es den Reichsstädten, sich im Zuge der Ausbildung der reichsständischen Verfassung ausgangs des 15. Jahrhunderts neben den Kurfürsten und Fürsten als eigene, wenn auch nicht voll gleichberechtigte Gruppe von Reichsständen zu etablieren. Für die Reichsstände aber galt, daß sie grundsätzlich nur auf Grund förmlicher Beschlüsse des Reichstags zu Leistungen an Kaiser und Reich verpflichtet waren; ein unmittelbarer Zugriff des Kaisers auf die Finanzen der Reichsstädte war damit ausgeschlossen oder doch sehr erschwert.

Neben den älteren Elementen der Reichsverfassung und sie überlagernd, wurden seit der Wende des 15. Jahrhunderts die institutionellen Ergebnisse der sogenannten Reichsreform für die politische Ordnung des Reichs maßgebend.

Begriff und historische Bedeutung der Reichsreform unterliegen seit einigen Jahren einer recht strittigen wissenschaftlichen Diskussion. So hat sich insbesondere Heinz Angermeier gegen das Verständnis der Reichsreform als eines Versuchs zu staatlicher Verdichtung der Reichsverfassung gewandt, statt dessen die mittelalterlichen, verfassungspolitisch «konservierenden» Elemente der Reichsreform hervorgehoben und zugleich deren zeitlichen Rahmen vom beginnenden 15. Jahrhundert bis zum Augsburger Religionsfrieden von 1555 ausgeweitet. Peter Moraw dagegen hält schon den Begriff der Reichsreform für ungeeignet, um die verfassungspolitischen Strukturveränderungen des Reichs an der Schwelle zur Neuzeit, und zwar in ihrer historischen Tragweite wie in ihrer konzeptionellen Offenheit, ja Uneinheitlichkeit, angemessen zu bezeichnen. Die mit alledem in Gang gekommene Diskussion hat jedoch bislang nicht zu einer neuen, allgemein anerkannten Sicht der Dinge geführt. Im folgenden wird deshalb am Begriff der Reichsreform wie an ihrer herkömmlichen Datierung auf die Regierungszeit Maximilians I. festgehalten; die alte Frage, ob und inwieweit die Reichsreform – gewollt oder ungewollt – die politische Ordnung des Reichs im Sinne neuzeitlicher Staatlichkeit modernisiert hat, dürfte ihre wissenschaftliche Relevanz ohnehin behaupten.

Die Reichsreform muß vor dem Hintergrund der eklatanten inneren und äußeren Schwäche des Reichs im 15. Jahrhundert gesehen werden. Weder das

Reich noch die Territorien oder Städte vermochten die innere Sicherheit – in der Terminologie der Zeit: den Landfrieden – zu gewährleisten, vom Schutz vor äußeren Feinden ganz zu schweigen; der Schrecken der Hussitenkriege wie das immer bedrohlichere Vordringen der Türken führten die Wehrlosigkeit des Reichs jedem vor Augen, der hier überhaupt sehen wollte. Im Kampf gegen diese Unsicherheiten und Gefährdungen suchten die Fürsten ihre territoriale Herrschaft zu konzentrieren und zu expandieren; gleichzeitig kam es zu einer Reihe von regionalen politischen Einungen, von denen der in den achtziger Jahren des Jahrhunderts gegründete Schwäbische Bund die bedeutendste war. Das alles aber machte eine Neuordnung und Stärkung auch der Reichsgewalt nicht überflüssig, im Gegenteil schien eine solche Erneuerung der Reichsgewalt je länger desto dringlicher. Das 15. Jahrhundert brachte deshalb eine Fülle von Reformplänen unterschiedlichster Art hervor; die sogenannte ‹Reformatio Sigismundi› und der ‹Oberrheinische Revolutionär› sind nur die bekanntesten unter ihnen. Nicht wenige dieser Vorschläge forderten eine Wiederbelebung der mittelalterlichen Macht des Kaisers, womöglich eine Stärkung der Krongewalt noch über alle mittelalterlichen Vorbilder hinaus. Das war indessen ein Romantizismus ohne reale politische Chancen. Eine Reform der Reichsverfassung mit einer deutlichen Stärkung der politischen Kompetenzen des Reichs war vielmehr nur in der Form denkbar, daß die Großen des Reichs, namentlich die mächtigen Landesherren, unter weitgehender Wahrung ihrer politischen Eigenständigkeit an seiner Leitung selbst beteiligt wurden, und der Weg dorthin führte über ihren Zusammenschluß zu Reichsständen, d. h. zu ständisch gegliederten Organisationen auf Reichsebene. In eins aber mit dieser verfassungspolitischen Verfestigung der Reichsstände vollzog sich auch ihre Auseinandersetzung mit der Krongewalt um den Vorrang des Königs oder der Stände in der künftigen politischen Ordnung des Reichs – eben das war der Kern jener Verfassungskonflikte, die wir die «Reichsreform» oder auch, wenngleich ziemlich mißverständlich, «ständische Reichsreform» nennen. Viele der konkreten Ergebnisse dieser Reichsreform waren zunächst kaum mehr als Kompromisse in sehr spezifischen Situationen, diktiert vor allem durch die jeweiligen Bedrängnisse oder auch Erfolge König Maximilians in der Außenpolitik, nicht unbedingt als Dauerlösung gemeint. Tatsächlich aber haben sich diese Kompromisse als ungemein lebensfähig und zukunftsträchtig erwiesen; das spricht dafür, daß sie den Bedürfnissen und auch den realen politischen Kräfteverhältnissen des Zeitalters einigermaßen entsprachen.

Die wichtigsten Ergebnisse der Reichsreform, die auf den Reichstagen der Regierungszeit Maximilians I. zustande gebracht wurden, waren 1. die institutionelle Festigung des Reichstags als des obersten gesetzgeberischen und politischen Beschlußorgans des Reichs, 2. die Erneuerung des Reichskammergerichts als obersten Organs der Rechtsprechung, 3. die Errichtung der Reichskreise als dezentralisierter Verwaltungsorgane des Reichs auf landschaftlicher Ebene sowie 4. die Einführung einer Reichssteuer zur Finanzierung der Institutionen des Reichs, auch des Reichsheeres. Dazu kam 5., freilich nur in einer Phase harter außenpolitischer Bedrängnis des Königs, die Etablierung eines Reichsregiments als eines überwiegend ständisch organisierten Regierungsgremiums, in dem der König kaum mehr als die Rolle eines Primus inter pares spielte. Mit alledem sicherten sich die Reichsstände neben der Krongewalt bestimmenden Einfluß auf die Reichspolitik, und so war es kein Wunder, daß schon Maximilian selbst immer wieder versuchte, die neugeschaffenen Verfassungsorgane zu umgehen, sie zumindest aber in ihren Kompetenzen zu beschneiden oder auch konkurrierende, eindeutig von der Krongewalt bestimmte Institutionen zu schaffen. In der Tat gelang es ihm sehr bald, das ärgerliche Joch des Reichsregiments wieder abzuschütteln; auch die institutionelle Verfestigung des später so bedeutenden Reichshofrats als obersten, von den Ständen völlig unabhängigen kaiserlichen Gerichts ging schon auf Initiativen Kaiser Maximilians zurück. Im übrigen aber behaupteten sich die Institutionen der Reichsreform durchaus; sie wurden für das 16. Jahrhundert wie überhaupt bis zum Ende des alten Reichs zu dessen maßgebenden Verfassungsorganen neben dem Kaiser.

Die historischen Wurzeln des Reichstags lagen zum einen im königlichen Hoftag, der im 15. Jahrhundert seine frühere Bedeutung weitgehend verloren hatte, zum andern und vor allem in der mehr oder minder institutionalisierten Funktion der Kurfürsten in der Leitung des Reichs: «Der Reichstag – das waren zunächst die Kurfürsten» (P. Moraw). Ihnen kristallisierten sich bis zum Ende des 15. Jahrhunderts die Gesamtheit der geistlichen und weltlichen Fürsten, die Grafen und Herren und schließlich auch die Reichsstädte an – aus im einzelnen sehr unterschiedlichen Gründen und mit sehr unterschiedlichem Gewicht ihrer Beteiligung, aber doch mit dem Ergebnis einer deutlich erweiterten und organisatorisch verfestigten Mitwirkung an der Regierung des Reichs. Dieser Prozeß der Erweiterung und Verfestigung wurde im Zusammenhang der Reichsreform entscheidend vorangetrieben. Auf den Reichstagen des ausgehenden 15. Jahrhunderts gelangte die Reform zum klaren Bewußtsein ihrer selbst; Hand in Hand damit ging die Institutionalisierung des Reichstags als ihres wichtigsten politischen Instruments. Freilich formierten sich die Reichsstände dabei als sehr unterschiedliche Gruppen mit weit divergierenden politischen Interessen, und das bestimmte sehr wesentlich nicht nur die Gliederung, sondern auch das Verfahren des Reichstags. Sein grundlegendes Organisationsprinzip bestand nämlich im Nebeneinander dreier ständischer Kurien, deren Kooperation miteinander wie mit dem Kaiser durch ein ausgeklügeltes, auch umständliches Verfahren der Sicherung wie des Ausgleichs der widerstreitenden Interessen geregelt wurde.

Als vornehmste dieser Kurien galt der Kurfürstenrat. Ihm gehörten alle Kurfürsten des Reichs mit Ausnahme des böhmischen Königs an. Die Beschlüsse des Gremiums bedurften der Stimmenmehrheit seiner anwesenden Mitglieder oder deren Vertreter; jeder von ihnen führte eine Stimme. Die Kurfürsten brauchten bei den Beratungen nicht in Person anwesend zu sein, sondern konnten sich durch einen oder auch mehrere Räte vertreten lassen, was sogar die Regel war; stets aber kam auf einen Kurfürsten nur eine Stimme. Als Verfahrenskern des Kurfürstenkollegs bildete sich schon frühzeitig das Prinzip der sogenannten Umfrage heraus: Der Kurfürst von Mainz – bis in die Reichstage der Reformationszeit hinein allerdings im Kompetenzstreit mit dem Kurfürsten von Sachsen – erfragte zu jeder Agende reihum in genau bestimmter Reihenfolge die Meinungen seiner Kollegen, und zwar so oft, bis sich eine einhellige Meinung oder doch eine Mehrheit der Voten herauskristallisierte. Dieses Verfahren war zeitaufwendig, sicherte aber in der Regel eine recht gründliche Beratung. Da ohne die Zustimmung des Kurfürstenrats kein Reichsbeschluß zustande kommen konnte, wog die Stimme jedes einzelnen Kurfürsten auf dem Reichstag schwer. Neben ihrem Königswahlrecht war diese Position der Kurfürsten auf den Reichstagen der deutlichste Ausdruck – und zugleich ein sehr wirksames Instrument – ihrer verfassungspolitischen Präeminenz im Reich, auf deren Erhaltung sie denn auch mit Zähigkeit bedacht waren. Selbst mancherlei Interessengegensätze von Geistlichen und Weltlichen, sogar die späteren konfessionellen Konflikte, haben diesen Esprit de corps – unfreundlicher formuliert: diesen ständischen Oligarchenklüngel – der Kurfürsten nicht wesentlich zu beeinträchtigen vermocht. Im übrigen wirkte die Parität der geistlichen und weltlichen Mitglieder des Kurfürstenrats politisch eher ausgleichend – eine Tendenz, die um die Jahrhundertmitte durch die Herausbildung einer auch konfessionellen Parität der geistlichen und weltlichen Kurfürsten noch an Bedeutung gewinnen sollte.

Wenn das Kurfürstenkolleg schon in der Goldenen Bulle von 1356 einen gewissen Abschluß seiner Institutionalisierung erreicht hatte, so ging die institutionelle Verfestigung der Fürsten zu einem politischen Stand des Reichs erst auf das spätere 15. Jahrhundert zurück, und zwar als Mittel zur Interessenwahrung gegen den Kaiser einerseits, gegen das ältere und mächtigere Kurkollegium anderseits. In einer für oppositionelle Sammlungsbewegungen typischen Manier schlossen sich die Fürsten jetzt nicht nur untereinander, sondern auch mit den ihnen lehensrechtlich nahestehenden Grafen und Herren des Reichs sowie mit den nichtgefürsteten Reichsprälaten zu gemeinsamem Handeln auf den Reichsversammlungen zusammen, und dieser Zusammenschluß blieb für die Reichstagsverfassung dauernd maßgebend; der Fürstenkurie des Reichstags gehörten bis zum Ende des alten Reichs stets auch die Grafen und Herren sowie die Reichsprälaten an. Allerdings gab es hier gewaltige Unterschiede der politischen Rechte: Nach einigen – übrigens bis heute nicht voll geklärten – Unsicherheiten und Schwankungen in den ersten Jahrzehnten des Fürstenrats bürgerte sich das Prinzip ein, daß zwar jedes der rund 70 fürstlichen Mitglieder des Gremiums eine eigene «Virilstimme» führte, daß aber die nahezu 120 Grafen und

Herren wie auch die mehr als 70 nichtgefürsteten Reichsprälaten auf je eine oder allenfalls zwei «Kuriatstimmen» beschränkt waren. Im Gegensatz zur Parität der geistlichen und weltlichen Mitglieder des Kurfürstenrats hatten in der Fürstenkurie die Geistlichen bis ins späte 16. Jahrhundert hinein stets eine klare Mehrheit, vor allem wegen der Vielzahl der Reichsbischöfe, die sämtlich im Fürstenrat Sitz und Stimme hatten. Auch das war eine für die Geschichte der Glaubensspaltung in Deutschland folgenreiche Konstellation. Die Mehrheit der Geistlichen im Fürstenrat bedeutete ja zugleich eine fortdauernde Majorität der Katholiken; da aber für Beschlüsse des Reichstags die Zustimmung auch der Fürstenkurie erforderlich war, konnte es von Reichs wegen – ganz abgesehen von der Haltung des Kurfürstenrats oder gar des Kaisers – kaum jemals zu Entscheidungen zugunsten der Reformation kommen. Im übrigen war verfassungspolitisch bedeutsam, daß auch das Erzherzogtum Österreich im Fürstenrat vertreten war: Praktisch gehörte damit der Kaiser oder doch ein Mitglied des Hauses Habsburg zugleich dem Fürstenrat an. Seit den zwanziger Jahren des 16. Jahrhunderts stand dem Erzherzog von Österreich im Wechsel mit dem Erzbischof von Salzburg sogar der Vorsitz im Fürstenrat zu; das verstärkte noch die Einflußmöglichkeiten der Krongewalt. Trotzdem war der Fürstenrat keineswegs einfach ein gefügiges Instrument in habsburgischer Hand. Es war und blieb vielmehr in erster Linie ein Gremium zur Vertretung fürstlicher Interessen, und diese fürstlichen Interessen standen mit denen des Kaiserhauses keineswegs immer in Einklang, sondern liefen, soweit nicht gerade kurfürstliche Präeminentien zur Debatte standen, auf weite Strecken mit denen der Kurfürsten parallel. Die Beschlüsse des Fürstenrats waren denn auch sehr häufig, wenngleich nicht ohne weiteres zustimmend, an den Stellungnahmen des Kurfürstenrats orientiert.

Was schließlich die etwa 65 Reichsstädte angeht, so waren ihre Reichsstandschaft und damit auch ihre Stellung auf den Reichstagen noch lange Zeit unsicher und umstritten. Daß sie sich – zuerst auf dem Reichstag von Frankfurt/Main 1489 – als geschlossenes Kollegium formierten, bedeutete noch keineswegs die Anerkennung des Städterats als einer gleichberechtigten Ständekurie. Die Stellungnahme der Städte wurde vielmehr von den Kurfürsten und Fürsten durchweg als unverbindliches *votum consultativum* betrachtet; auch wurde ihr Votum regelmäßig erst dann erfragt, wenn die oberen Stände sich bereits einig waren, ein etwa abweichendes Votum der Städte also um so leichter vernachlässigt werden konnte. Das wurde von den Städten, die ursprünglich weniger aus eigenem Antrieb als auf Betreiben des Königs bei den Reichsversammlungen erschienen waren, zunehmend als diskriminierend empfunden – nicht zuletzt angesichts ihres unverhältnismäßig hohen Beitrags zu den finanziellen Lasten des Reichs. Gerade diese fiskalische Benachteiligung aber ließ sich von seiten der oberen Stände durch den Ausschluß der Städte von der verbindlichen Willensbildung des Reichstags sehr bequem aufrechterhalten, und die großen Herren dachten gar nicht daran, auf diese Bequemlichkeit zu verzichten. Nicht einmal das konfessionelle Bündnis der reichsstädtischen Mehrheit mit den evangelischen Kurfürsten und Fürsten der Reformationszeit sollte an dieser Diskriminierung der Städte und damit des Bürgertums durch Adel und Klerus etwas Grundlegendes ändern. Das schloß freilich nicht aus, daß insbesondere die wirtschaftspolitischen Stellungnahmen der Reichsstädte wegen der ökonomischen Kompetenz ihrer Vertreter auf den Reichstagen bei den oberen Ständen doch immer wieder Resonanz fanden. Für die Beschlüsse des Städterats galt an sich das Prinzip gleichberechtigter Virilstimmen für jede Stadt, gleich ob groß oder klein. In der Praxis wurde dieses Prinzip freilich dadurch vielfach durchbrochen, daß eine große Zahl kleinerer Reichsstädte einige wenige größere zu ihrer Vertretung auf den Reichstagen bevollmächtigte. Das war nicht selten eine Konsequenz spezifisch reichsstädtischer Klientelverhältnisse; vielfach aber handelte es sich auch einfach um Sparmaßnahmen, denn eine Reichstagsgesandtschaft war stets kostenträchtig, und das wollte und konnte sich nicht jede Reichsstadt leisten. Die Leitung der Städtekurie lag bei der Stadt, in der der Reichstag stattfand.

Nach einem Beschluß schon des Reichstags von Worms 1495 sollte der Reichstag alljährlich für wenigstens einen Monat zusammentreten. Dieses Prinzip wurde jedoch bei weitem nicht durchgehalten, und zwar nicht etwa nur aus Unwilligkeit des Kaisers: Auch ein großer Teil der Reichsstände war froh, nicht allzu oft und allzu lange zum Reichstag gehen zu müssen – das Leben am Reichstag war ja nicht nur eine teuere, sondern schon wegen der räumlichen Enge und der immer wiederkehrenden Versorgungsschwierigkeiten auch eine ziemlich lästige Angelegenheit. So fand oft jahrelang kein Reichstag statt, und die meisten dauerten nur wenige Wochen. Die großen Reichstage der Reformationszeit mit ihren weltpolitischen Entscheidungen sollten dann freilich erheblich längere Zeit beanspruchen; auf dem Reichstag von Augsburg 1547/48 hielt der im Schmalkaldischen Krieg siegreiche Kaiser die Stände sogar fast zehn Monate fest, um zu einer Lösung der drängenden Verfassungs- und Religionskonflikte des Reichs zu gelangen.

Die Einberufung des Reichstags erfolgte durch ein kaiserliches Ausschreiben, das auch die Hauptagenden des Reichstags aufführte. Die formelle Leitung der Reichstagsgeschäfte einschließlich der Organisation der gesamten Kommunikation zwischen den Reichstagskurien, einschließlich auch der Formulierung der förmlichen Beschlüsse des Reichstags, lag indessen nicht beim Kaiser, sondern beim Kurerzkanzler, also beim Erzbischof von Mainz. Eine ebenso verständliche wie für die Reichstagsverhandlungen hinderliche und kaum ausrottbare Praxis der Reichsstände bestand darin, ihre Reichstagsgesandten für Beschlüsse zu bestimmten Agenden des Reichstags an eine eigens einzuholende Zustimmung des jeweiligen Reichsstandes selbst zu binden; man nannte das eine Vollmacht «auf hindersichbringen».

Die Verhandlungen des Reichstags begannen mit den Beratungen über die sogenannte Proposition des Kaisers, in der die schon im Reichstagsausschreiben genannten Agenden des Reichstags näher ausgeführt wurden; die Proposition war damit der eigentliche verfassungspolitische Ort der – alleinigen – Gesetzesinitiative des Kaisers. Kurfürsten-, Fürsten- und Städterat berieten nun zunächst getrennt über die Proposition. Nach Abschluß der internen Beratung der beiden oberen Kurien wurden deren Stellungnahmen, häufig in mehrfachem Wechsel von Bedenken und Gegenbedenken, aufeinander abgestimmt, nachträglich – wenn überhaupt – das Votum auch der Reichsstädte eingeholt. Der aus diesem Verfahren der innerständischen Beratungen resultierende Beschluß der Stände wurde alsdann durch den Kurerzkanzler dem Kaiser zugeleitet, der seine Zustimmung erklären oder auch Gegenvorschläge machen konnte, die dann wiederum von den Ständen beraten werden mußten. Auch zwischen den Reichsständen als Gesamtgruppe und dem Kaiser konnte es also ein mehrfaches Hin und Her von ständischem Beschluß, kaiserlicher Resolution, ständischer Replik, kaiserlicher Duplik, ständischer Triplik usw. geben. Waren sich der Kaiser und die Stände schließlich einig, wurde das Ergebnis zum Reichsschluß (conclusum imperii) erhoben. Entsprechend war das Verfahren für die Beratungen aller Einzelagenden des Reichstags ausgestaltet. Stets hatte also der Kaiser das alleinige Initiativrecht, und jeder Reichsschluß bedurfte der Zustimmung des Kaisers sowie der Kurfürsten- und Fürstenmehrheit. Die Reichsschlüsse jedes einzelnen Reichstags wurden bei dessen Ende zum Reichsabschied zusammengefaßt und – mit Ausnahme bestimmter geheimer Beschlüsse – publiziert.

Dieses Grundschema des Reichstagsverfahrens, wie es sich im ausgehenden 15. und beginnenden 16. Jahrhundert herausbildete, ließ freilich noch manche Fragen offen, und nicht wenige dieser Fragen blieben noch jahrzehntelang umstritten. Das gilt – abgesehen von der Stellung der Reichsstädte – insbesondere für die Frage der Zulässigkeit unmittelbarer Verhandlungen des Königs mit den einzelnen Ständekurien, aber auch für die Zusammensetzung und das Verfahren der Reichstagsausschüsse. Solche Ausschüsse hatten sich schon frühzeitig als nützlich, ja unentbehrlich erwiesen, und zwar nicht nur innerhalb der einzelnen Reichstagskurien, sondern auch – zur Erleichterung und Beschleunigung der Verhandlungen zwischen den Kurien – in Form interkurialer oder besser: interständischer Ausschüsse. Üblicherweise wurden zu diesen Ausschüssen auch die kleineren Reichsstände, insbesondere die Reichsstädte, hinzugezogen, und da die Beschlüsse dieser Ausschüsse in der Regel mit einfacher Mehrheit gefaßt wurden, so waren diese kleineren Reichsstände in den Ausschüssen sehr viel wirkungsvoller vertreten als im sonstigen Verfahren des Reichstags. Umgekehrt war die Präeminenz der Kurfürsten in den Ausschüssen bedroht, und auch abgesehen von den Kurfürsten waren manche Reichsstände gegenüber den interständischen Ausschüssen mißtrauisch, weil sie von ihnen die Gefahr einer oligarchischen Aushöhlung der Reichstagsverfassung befürchteten. Diese Gegensätze sollten noch auf den Reichstagen der zwanziger Jahre, ja selbst in der Geschichte der Reichsdeputationstage der zweiten Jahrhunderthälfte eine wichtige Rolle spielen.

Die Sachkompetenz des Reichstags war nirgends definiert und praktisch so gut wie unbegrenzt. Die Zuständigkeit für die Bewilligung von Reichssteuern bildete den harten Kern dieser Kompetenzen. Damit verbanden sich das Recht der Legislative des Reichs, Befugnisse der Aufsicht über Reichsverwaltung und -justiz, nicht zuletzt das Recht zu religionspolitischen Beschlüssen. Gravamina gegen die römische Kurie mit Beschwerden über die kuriale Finanz- und Verwaltungspraxis beschäftigten die Reichstage schon Jahrzehnte vor der Reformation; in den zwanziger Jahren sollte der Reichstag geradezu die Rechte eines Nationalkonzils beanspruchen. Und über seine einzelnen Kompetenzen hinaus war der Reichstag überhaupt das wichtigste politische Forum Deutschlands – in den Worten Leopold von Rankes: «Die Einheit der Nation fand in diesen Versammlungen ihren lebendigen Ausdruck. In den Grenzen des Reichs konnte nichts Bedeutendes vorkommen, was man nicht hier in Erwägung genommen, nichts Neues sich erheben, was sich nicht hier hätte durchsetzen müssen.»

Im Gegensatz zu der im Reich kaum bestrittenen Sachkompetenz des Reichstags war die Verbindlichkeit seiner Beschlüsse für die einzelnen Reichsstände nicht über allen Zweifel erhaben. Vor allem gegenüber den Steuerbeschlüssen des Reichstags hielt sich hartnäckig die reichspolitisch fatale Auffassung, daß ihnen nur unterworfen sei, wer ihnen explizit zugestimmt habe. Auch sonst aber gab es keine ausdrückliche verfassungsrechtliche Fixierung der Verbindlichkeit der Reichstagsbeschlüsse, und das insoweit geltende Gewohnheitsrecht schloß jedenfalls nicht aus, daß einzelne Stände oder Ständegruppen aus wichtigen Gründen durch eine förmliche Protestation einem Mehrheitsbeschluß des Reichstags die Folge verweigerten. Indessen war die politische Autorität des Reichstags doch so groß, daß es nur ziemlich selten zur offenen und förmlichen Geltendmachung solcher Vorbehalte kam; die Protestation evangelischer Reichsstände gegen die religionspolitischen Beschlüsse des Speyerer Reichstags von 1529 sollte zum wichtigsten dieser Ausnahmefälle werden. Viel schlimmer als derartige offene Widersprüche und Vorbehalte war deshalb, daß das Reich nur in Ansätzen über eine eigene Verwaltung verfügte, mit deren Hilfe die Beschlüsse des Reichstags zuverlässig und prompt hätten durchgesetzt werden können. Die Durchführung der Reichstagsabschiede lag im wesentlichen bei den einzelnen Reichsständen und blieb dort nicht selten im Konflikt mit den politischen Eigeninteressen der Reichsstände stecken – ganz abgesehen davon, daß viele der kleineren Reichsstände noch lange Zeit selbst nicht über eine Verwaltung verfügten, die es vermocht hätte, den Beschlüssen des Reichstags bis ins einzelne Nachachtung zu verschaffen.

Neben dem Reichstag war das Reichskammergericht die wichtigste auf die Reichsreform zurückgehende Institution der Reichsverfassung. Hauptziel der Neugründung bestand in der Sicherung des Landfriedens mit Hilfe einer wirklich über- und durchgreifenden Rechtsprechung, und zwar vor allem im Hinblick auf die Streitigkeiten zwischen Reichsunmittelbaren, d.h. zwischen solchen Streitgegnern, die unter keiner reichsständischen Jurisdiktion standen. Die Auseinandersetzungen und Fehden dieser großen Herren waren für das Land ja ohnehin viel gefährlicher als mancherlei kleine Landfriedensbrüche sozial deklassierter Raubritter. An sich war für solche Streitigkeiten der Reichsunmittelbaren natürlich der König als oberster Richter im Reiche zuständig. Seine Gerichtsbarkeit aber hatte sich schon seit geraumer Zeit als unzulänglich erwiesen; im 15. Jahrhundert scheint das königliche Hofgericht zeitweise überhaupt nicht bestanden zu haben. So war man vielfach dazu übergegangen, sogenannte Austräge mit schiedsgerichtlichen Funktionen zu vereinbaren, die freilich stets durch gravierende Probleme der Objektivität wie der Durchsetzbarkeit ihrer Urteile belastet blieben – vor allem, wenn ein mächtiger Reichsstand im Streit befangen war. Im Zusammenhang der Reichsreform gelang es dann, mit der Errichtung eines neuen «kaiserlichen und Reichskammergerichts» eine zukunftsträchtige Lösung zu finden. Als höchstes Gericht des Reichs stellte dieses Kammergericht in gewisser Weise eine Erneuerung und institutionelle Verfestigung des alten königlichen Hofgerichts dar; folgerichtig galt von allem Anfang an und bis zum Ende des alten Reichs der Kaiser und nur er als Gerichtsherr des Kammergerichts. Anderseits aber wurde 1495 gerade die für das Hofgericht konstitutive Verbindung des Gerichts mit dem königlichen Hof gelöst: In seiner Zusammensetzung, mit seinem festen Gerichtsort wie in seinem Verfahren stand das Kammergericht fortan durchaus selbständig neben dem Hof, und für die personelle Besetzung des Gerichts erlangten überdies die Stände ein weitgehendes Mitbestimmungsrecht.

Die erste Kammergerichtsordnung stammt aus dem Jahre 1495. In der Folge wurden Verfassung und Verfahren des Gerichts noch mehrfach ergänzt und korrigiert, bis sie in der Kammergerichtsordnung von 1555 ihre im wesentlichen dauernde Form erhielten; die politische Grundkonzeption des Gerichts blieb dabei jedoch unverändert. Danach wurde der Gerichtsvorsitzende, der sogenannte Kammerrichter, dem u. a. die einflußreiche Verteilung der Geschäfte sowie die Zusammensetzung der Senate oblag, vom Kaiser nach dessen freier Wahl ernannt; für die große Mehrheit der eigentlichen Urteiler des Gerichts aber, der sogenannten Assessoren, hatten die Reichsstände ein Präsentationsrecht. Dieses Vorschlagsrecht der Stände wie auch die Bestimmung eines ständigen und festen Gerichtsorts unabhängig vom Hof entzogen das Gericht erfolgreich und auf die Dauer dem königlichen Einfluß auf seine Rechtsprechung. Ob sich der König damit abfinden werde, war freilich zunächst noch sehr unsicher; schon die von König Maximilian initiierte Neubelebung einer rein königlichen Gerichtsbarkeit in Gestalt des Hofrats – in offener Kompetenzkonkurrenz zum Kammergericht – ließ hier mancherlei Auseinandersetzungen erwarten. Umgekehrt fehlte es auch nicht an Versuchen, die kaum errungene richterliche Unabhängigkeit vom König durch eine neue Abhängigkeit, diesmal von den Reichsständen, wieder zu beseitigen. Derartige Streitigkeiten dauerten bis in die Regierungszeit Karls V. fort; dann aber setzte sich die Konzeption eines vom Kaiser wie von den Ständen weitgehend unabhängigen obersten Gerichts doch immer entschiedener durch. Das war ein rechtspolitisch bemerkenswertes Ergebnis – nicht zuletzt übrigens die entscheidende Voraussetzung dafür, daß das Gericht in der zweiten Jahrhunderthälfte zum eigentlichen Garanten des Religionsfriedens in Deutschland werden konnte.

Die Zuständigkeit des Kammergerichts galt in erster Instanz für alle Landfriedensbrüche, für Mißachtung der Reichsacht oder der Reichsgesetze, für fiskalische Angelegenheiten des Reichs sowie für Klagen gegen Reichsunmittelbare, auch für Fälle der Rechtsverweigerung und -verzögerung. Darüber hinaus war das Kammergericht Appellationsinstanz gegen zivilrechtliche Urteile der landesfürstlichen und reichsstädtischen Gerichte sowie der adligen Austrägalgerichte, die in der Folge freilich ohnehin zugunsten des Kammergerichts verschwanden. Alles in allem bedeutete das eine empfindliche Begrenzung justizieller Selbständigkeit der Reichsstände, und vor allem die größeren unter ihnen beschwerten sich denn auch des öfteren über diese Beeinträchtigung ihrer Landeshoheit in Sachen der Justiz – ein sehr bezeichnender Beleg dafür, daß die Institutionen der Reichsreform nicht einfach den partikularistischen Eigeninteressen der Reichsstände dienten, sondern sehr wohl auch die Kompetenzen des Reichs gegen jene Eigeninteressen stärkten. Allerdings verfügten nicht wenige der großen Landesfürsten, insbesondere die Kurfürsten, über Appellationsprivilegien, durch die der Instanzenzug zum Kammergericht ausgeschlossen wurde, und manche Gebiete an den Grenzen des Reichs wie die Schweizer Eidgenossenschaft, Lothringen oder die Niederlande entzogen sich der Judikatur des Kammergerichts wie überhaupt der Beteiligung an der Reichsreform von vornherein.

Nach der Ordnung des Kammergerichts von 1495 sollte die eine Hälfte der Assessoren rechtsgelehrt, die andere von Adel, zumindest aus der Ritterschaft, sein. Diese Vorschrift war ein Kompromiß im Kampf um die Rezeption des römischen Rechts. Während nämlich das herkömmliche, freilich arg zersplitterte deutsche Recht von Laienschöffen gehandhabt werden konnte, bedurfte die Anwendung des an den italienischen Universitäten des späten Mittelalters wissenschaftlich durchgeformten und für die zeitgenössische Praxis aufbereiteten römischen Rechts akademisch gebildeter Juristen; gerade diese neue Rolle der Akademiker, die zumeist sogar bürgerlicher Herkunft waren, stellte einen Kernpunkt des Streits um die Rezeption des römischen Rechts dar. Das Kammergericht hat dann seinerseits erheblich zur Durchsetzung der Rezeption beigetragen. Nach der Ordnung von 1495 sollte es zwar nur dann den «gemeinen Rechten», d. h. dem römischen und kanonischen Recht, folgen, wenn dem nicht bewiesene und vernünftige deutsche Rechtsgewohnheiten entgegenstünden. Die Ansprüche an diesen Beweis der Gültigkeit des herkömmlichen Rechts wurden indessen bald so hoch geschraubt, daß der ursprüngliche Grundsatz der bloßen Subsidiarität des römischen Rechts sich in sein Gegenteil verkehrte; besonders für das ungeschriebene Gewohnheitsrecht war jener Geltungsbeweis oft nur schwer zu erbringen. Solchem raschen Bedeutungszuwachs des römischen Rechts für die Judikatur des Gerichts entsprach die zunehmende Tendenz zur wissenschaftlichen Vorbildung aller Assessoren: Schon die Kammergerichtsordnung von 1521 schrieb vor, daß auch die adligen Assessoren «nach Möglichkeit» rechtsgelehrt sein sollten, und ein paar Jahrzehnte später galt die wissenschaftliche Ausbildung überhaupt als zwingende Voraussetzung für das Amt aller Assessoren. Zugleich profitierten die von Herkunft bürgerlichen Assessoren – großenteils Doktoren des römischen und kanonischen Rechts – von dem mit der Rezeption aufgekommenen Prinzip, daß eine juristische Doktorpromotion einer Erhebung in den Adel gleichzuachten wäre. So wuchsen die Assessoren des Kammergerichts zu einem recht einheitlichen und selbstbewußten Kollegium von beträchtlichem Esprit de corps zusammen; eben das war ein wichtiges Element der politischen Unabhängigkeit des Gerichts sowohl vom Kaiser als auch von den Reichsständen.

Die Rezeption des römischen Rechts durch das Kammergericht wirkte für die meisten deutschen Territorien und Städte als Vorbild, nicht zuletzt natürlich wegen der Funktion des Kammergerichts als Appellationsgericht. Schleswig-Holstein und die Schweizer Eidgenossenschaft, die sich der Rezeption grundsätzlich verschlossen, bildeten insoweit eine Ausnahme; die Schweiz entzog sich ohnehin jeder Zuständigkeit des Kammergerichts. Umgekehrt war es freilich auch nicht die Regel, daß – wie etwa in Hessen – das römische Recht grundsätzlich als Ganzes übernommen wurde. Aber selbst da, wo größere Teile des alten deutschen Rechts neben dem römischen in Geltung blieben, veränderte sich doch der Umgang auch mit dem traditionellen Rechtsgut: Überall machten sich, ganz abgesehen vom Einfluß einzelner Bestimmungen des römischen Rechts, dessen rationalisierende und systematisierende Tendenzen bemerkbar. Die Rezeption hat dem deutschen Rechtsleben solcherart manchen Fortschritt in seinen wissenschaftlichen Grundlagen, dazu eine gewisse Vereinheitlichung und damit auch eine höhere Rechtssicherheit gebracht, und das war um so wichtiger, als sonst – jedenfalls von seiten des Königs und anders als etwa in Spanien oder in Frankreich – eine autoritative Rechtssammlung nicht zu erwarten war, von einer förmlichen Kodifizierung des Reichsrechts ganz zu schweigen. Die mit dem römisch-rechtlichen Verfahren regelmäßig einhergehende Verlängerung der Prozeßdauer machte diesen Gewinn an Rechtssicherheit freilich großenteils wieder zunichte. Überdies war und blieb das römische Recht dem einfachen Volk weithin fremd. In der Folge ging die Beteiligung des Volks an der Gerichtsbarkeit auch der unteren Instanzen zurück; sie mußte in den Schöffengerichten des 19. Jahrhunderts erst mühsam neu belebt werden, und bis heute ist die Rechtsfremdheit des Volkes ein ungutes Kennzeichen gerade der deutschen Rechtsgeschichte. Zu den Folgen dieser Rechtsfremdheit gehörte übrigens auch, daß man bei Gericht einen gelehrten Juristen brauchte, um seine Rechte in gehöriger Form geltend zu machen. Das verteuerte den Prozeß beträchtlich; arme Leute konnten sich mithin kaum einen Prozeß zur Durchsetzung ihrer rechtlichen Ansprüche leisten. Die Rezeption hat damit die zu Beginn des 16. Jahrhunderts ohnehin erheblichen sozialen Gegensätze des Rechtslebens sehr verschärft.

Ein weiterer kritischer Punkt der Wirksamkeit des Kammergerichts und vielleicht sein schwerster Mangel überhaupt, der nun freilich nicht mit der Rezeption zusammenhing, sondern nur eine Ausprägung eines Grundgebrechens der gesamten Reichsverfassung darstellte, war schließlich das Fehlen einer zuverlässigen Exekution seiner Urteile. Für die Durchsetzung der Entscheidungen des Gerichts waren im wesentlichen die einzelnen Reichsstände zuständig, und deren politische Opportunitäten standen mit der Reichsjustiz nur allzu oft in Widerspruch. Bessere Möglichkeiten eröffneten sich immerhin mit der Einrichtung der Reichskreise, die nach unsicheren Anfängen um 1500 binnen einiger Jahrzehnte zu nützlichen Institutionen der Rechts- und Friedenswahrung des Reichs auf landschaftlicher Ebene wurden. Den Mangel einer schlagkräftigen Exekutive der Reichsgerichtsbarkeit sollten freilich auch die Reichskreise nicht wirklich beheben können; gegenüber den großen Flächenterritorien im Norden und Osten des Reichs vermochten sie sich ohnehin kaum zu entfalten.

Gerade wegen der Schwäche der Reichsexekutive war das Fortbestehen anderer, regional begrenzter, aber in dieser Begrenzung wirkungskräftiger Institutionen des Landfriedens oberhalb der einzelnen Reichsstände von besonderer Bedeutung. Die wichtigste dieser Institutionen war der 1488 gegründete Schwäbische Bund. Der Bund war von Kaiser Friedrich III. angeregt worden, um durch die Mobilisierung von Reichsstädten und niederem Adel den Expansionsgelüsten der bayerischen Herzöge in Schwaben entgegenzuwirken. Neben der Rittergesellschaft mit Sankt Jörgen-Schild und 20 schwäbischen Reichsstädten gehörten dem Bund als Fürsten ursprünglich nur die Landesherren von Tirol und Württemberg an. Binnen kurzem aber wandelte sich die Zusammensetzung der Einung und damit auch ihre politische Funktion. König Maximilian und zahlreiche Fürsten weit über Schwaben hinaus – auch die bayerischen Herzöge – traten dem Bund bei, zeitweise erlangten die Bayern sogar den wichtigsten Einfluß auf die Einung; zur eigentlichen Aufgabe des Bundes aber wurde die Wahrung des Landfriedens. Angesichts des unfertigen Zustands der Reichskreise bildete der Schwäbische Bund damit bis in die späten zwanziger Jahre die bedeutendste politische Macht Oberdeutschlands; noch die aufständischen Bauern Schwabens und Frankens sind 1525 von einem Heer des Schwäbischen Bundes niedergeworfen worden. Im übrigen sicherte die Verfassung des Bundes dem niederen Adel wie den Reichsstädten im Rahmen eines Dreikuriensystems eine recht wirksame Mitbestimmung, und das wiederum begünstigte zugleich und langfristig die Habsburger, zu denen jene kleinen Stände ja in besonders intensiven Beziehungen standen. Noch die Ansätze Karls V. zu einer monarchischen Verfassungsreform des Reichs nach dem Schmalkaldischen Krieg 1546/47 griffen auf das Vorbild des Schwäbischen Bundes zurück.

Im späteren Mittelalter hatte sich die Schere zwischen Einnahmen und Ausgaben des Reichs weit geöffnet. Einerseits war das Reichsgut, dessen Einkünfte in früheren Zeiten die Ausgaben des Reichs einigermaßen gedeckt hatten, größtenteils in die Hände der Reichsfürsten übergegangen, anderseits wuchs der Finanzbedarf des Reichs enorm an, und zwar vor allem im militärischen Bereich. Während die früheren Ritterheere wegen des Prinzips der Selbstausrüstung und -unterhaltung der Ritter für das Reich nicht sehr kostspielig gewesen waren, wurden mit den neuen Söldnerheeren gewaltige Soldzahlungen fällig; dazu kamen noch erhebliche Ausrüstungskosten, in bislang unbekannter Höhe vor allem für die neu aufkommende Artillerie. Ein Heer von 30000 Landsknechten, 5000 Reitern und einiger Artillerie – eine für das damalige Kriegswesen übliche Heeresgröße – war für einen Feldzug von sechs Monaten nicht unter einer Million Gulden zu haben. Die für die Friedenssicherung des Reichs nach innen anfallenden Belastungen waren demgegenüber eher bescheiden; immerhin waren selbst die schon um 1500 für das Kammergericht aufzubringenden 10000 Gulden pro Jahr ein Betrag, der die dem Reich insgesamt zufließenden herkömmlichen Einkünfte aus Stadt- und Judensteuern, Zöllen und Gerichtsgebühren deutlich überstieg. Die Erschließung neuer Finanzquellen war mithin unerläßlich.

Nach Lage der Dinge kam für die Unterhaltung des Kammergerichts vor allem eine regelmäßige Steuer in Betracht, und auch für die Finanzierung des Reichsheeres lag die Erhebung einer – wenn auch nicht regelmäßigen – Steuer zumindest nahe. Wirklich setzte sich bei den Reichsständen jetzt die Auffassung durch, daß das Gemeinwohl des Reichs die Erhebung von Reichssteuern zur Sicherung des inneren Friedens rechtfertige, und auch die Verpflichtung aller Reichsstände, zur Aufstellung und Unterhaltung des Reichsheeres beizutragen, wurde grundsätzlich anerkannt. Das bedeutete aber noch nicht, daß dieser Beitrag für das Reichsheer in Form einer Geldsteuer geleistet werden sollte – dies um so weniger, als die Ablösung der herkömmlichen Pflicht zur Heeresfolge durch eine Geldzahlung beim Adel des Reichs auf tiefsitzende, letztlich in dem traditionellen Junktim zwischen Heerespflicht und Steuerfreiheit wurzelnde Widerstände stieß. So konkretisierten die Reichstage des beginnenden 16. Jahrhunderts die Beitragspflicht der Reichsstände wiederholt in der Form, daß für einen bevorstehenden Reichskrieg jeder einzelne Stand eine bestimmte Zahl von Reitern und Fußknechten zu stellen und zu besolden hatte. Als Berechnungsgrundlage dafür diente eine Matrikel, in der das Kontingent jedes Reichsstands für den traditionellen Romzug des Kaisers, der sogenannte Römermonat, festgelegt war. Im Laufe der folgenden Jahrzehnte aber setzte sich dann doch – schon wegen der offenkundigen organisatorischen Umständlichkeit der Truppenstellung durch die einzelnen Reichsstände – das Prinzip einer Geldsteuer auch zur Besoldung des Reichsheeres durch.

Für die Art dieser Reichssteuer gab es nun eine sehr prinzipielle und folgenreiche Alternative, die Erhebung nämlich als sogenannter Gemeiner Pfennig oder als Umlage aufgrund einer Geldmatrikel. Der Gemeine Pfennig – das Wort «gemein» bedeutete hier soviel wie «allgemein» – war eine von jedem Reichsuntertan zu zahlende, wenn auch nach Stand und wirtschaftlichem Vermögen gestaffelte Steuer, die nach der Vorstellung des Reichstags von 1495 durch eigene Steuerbeauftragte des Reichs auf der Basis der einzelnen Pfarreien eingenommen und an besondere Legstätten in einigen Reichsstädten abgeführt werden sollte. Die Erhebung der Steuer auf Grund einer Reichsmatrikel dagegen verpflichtete bloß die Reichsstände – die Fürsten also mit ihrem Kammergut –, und zwar im Verhältnis der in der Matrikel für jeden einzelnen Reichsstand festgelegten Beträge. Beide Steuersysteme standen bis tief ins 16. Jahrhundert hinein miteinander in Konkurrenz. Diese Konkurrenz war, zumindest auf den ersten Blick, erstaunlich; denn der Gemeine Pfennig hatte für die Reichsstände ja nicht nur den unmittelbaren Vorteil, ihr eigenes Vermögen weniger zu belasten als die Umlage nach der Matrikel, sondern versprach als allgemeine Steuer auf alle Reichsuntertanen auch den größeren Ertrag. So ging man 1495 davon aus, daß der damals beschlossene Gemeine Pfennig in den folgenden vier Jahren jeweils zwei Millionen Gulden erbringen würde, und noch in den vierziger Jahren des 16. Jahrhunderts hielt man den Gemeinen Pfennig für die Finanzierung «großer» Reichshilfen für das geeignete Instrument. Diesen Vorteilen standen jedoch gravierende Nachteile gegenüber. In manchen Territorien bedurfte die Besteuerung der Untertanen, auch wenn es sich um eine Reichssteuer handelte, einer eigenen Zustimmung der Landstände; das Verfahren der Steuerbewilligung auf dem Reichstag konnte also jeweils erst nach entsprechenden Verhandlungen der Reichsstände mit ihren Landständen zum Abschluß gebracht werden – eine umständliche und zeitraubende Prozedur. Des weiteren waren die für den Gemeinen Pfennig grundlegenden Daten – Zahl und Vermögen der Untertanen – für eine Vielzahl der Territorien höchst unsicher; der Ertrag des Gemeinen Pfennigs war also kaum vorab zu berechnen, eine vorausschauende Planung so gut wie unmöglich. Auch brachte die im Gemeinen Pfennig angelegte Kombination einer Kopfsteuer einerseits, einer Vermögens- oder Einkommenssteuer anderseits sehr schwierige, immer wieder hart umstrittene Probleme der Steuergerechtigkeit mit sich; die notorisch besonders hohe Belastung der Kaufleute war nur eine unter den vielen Fragwürdigkeiten des Gemeinen Pfennigs. Vor allem aber erregte die mit dem Gemeinen Pfennig verbundene Durchbrechung oder doch Einschränkung der Steuerhoheit der Reichsstände wachsenden Widerstand. Zwar wurde das Recht zur Einziehung des Gemeinen Pfennigs schon frühzeitig als Annex der Landeshoheit angesehen, dessen Wahrnehmung deshalb auch dem Ausbau der Landeshoheit dienen konnte; kleinere Reichsstände mit wenig sicheren Herrschaftsrechten mochten davon wohl politisch profitieren. Den großen Reichsständen aber erschien die Erhebung einer Reichssteuer im bloßen Auftrag des Reichs und direkt von den Untertanen je länger desto mehr als unerträgliche Minderung ihrer eigenen Steuerhoheit. Demgegenüber war die Umlage der Reichssteuer auf der Grundlage der Matrikel im Ertrag besser – wenngleich keineswegs wirklich sicher – vorauszuschätzen und in der Bewilligung weniger umständlich; auch erregte sie kaum Konflikte über die Steuerhoheit des Reichs bzw. der Reichsstände. Als gravierender Nachteil des Matrikelsystems verblieb mithin nur die höhere Verpflichtung der Reichsstände selbst gegenüber dem Reich. Auch dieser Nachteil wurde jedoch ausgeräumt, und zwar einfach dadurch, daß sich die Reichsstände das Recht vindizierten, ihre an das Reich zu zahlende Steuer auf ihre Untertanen abzuwälzen. Bis dieser Anspruch wirklich durchgesetzt werden konnte, vergingen freilich noch Jahrzehnte. Im übrigen gab die Höhe der Veranschlagung der einzelnen Stände in der Reichsmatrikel ähnliche Probleme der Steuergerechtigkeit auf wie der Gemeine Pfennig; der Streit darüber, die Forderung also einer Vielzahl von Reichsständen nach einer «Ringerung» ihrer Anschläge, war deshalb ein Dauerthema der Reichstage durch das ganze Jahrhundert hindurch.

3. Die Territorien

Die für das 16. Jahrhundert typische Tendenz zur Intensivierung wie zur Ausbreitung der öffentlichen Gewalt trat in der territorialen Verfassungsgeschichte besonders deutlich zutage. Träger und Nutznießer dieser Entwicklung waren durchweg die fürstlichen Landesherren, und zwar in offenem oder latentem Konflikt mit den Ständen ihres Landes, die die Expansion staatlicher Macht in den Händen des Fürsten im Interesse ihrer herkömmlichen eigenen und eigenständigen Rechtsgewalt im Lande aufzuhalten suchten. Die Verfassungsgeschichte der deutschen Territorien kann insofern als Parallele zur Entwicklung der westeuropäischen Nationalstaaten zum Frühabsolutismus gesehen werden, nur daß die Entwicklung in Deutschland eben gerade nicht auf nationaler, sondern auf territorialer Basis gründete. Die Reichsgewalt vermochte diesen Prozeß der inneren Auffüllung der Landesherrschaften mit staatlicher Gewalt schon im 16. Jahrhundert kaum noch zu verlangsamen, geschweige denn aufzuhalten.

Nun darf das Verhältnis von Landesfürst und Landständen freilich nicht, wie es in der älteren Geschichtsschreibung oft geschehen ist, als das eines bloßen Dualismus verstanden werden. Vielmehr waren Landesfürsten und Landstände zugleich aufeinander angewiesen; vor allem bedurften die Landesfürsten wie eh und je des grundsätzlichen Konsenses, der Gewährleistung ihrer Herrschaft durch die Großen des Landes. Diese komplementäre

Funktion der Stände trat in Krisenzeiten der Landesherrschaft besonders eindrucksvoll zutage, etwa bei Regierungsunfähigkeit des Landesfürsten oder Unmündigkeit des Thronfolgers – in diesen Fällen kam es nicht selten zu ständischen Vormundschaftsregierungen–, aber auch bei Landesteilungen oder anderen politischen Entscheidungen von existentieller Bedeutung. Seit dem ausgehenden Mittelalter gewann daneben die finanzielle Absicherung der landesfürstlichen Herrschaft durch die Stände maßgebende Bedeutung. Die herkömmlichen Einkünfte der Landesfürsten aus Domänen und Regalien konnten die wachsenden Ausgaben für Hof, Heer und Verwaltung je länger desto weniger decken; es lag nahe, ja es blieb gar nichts anderes übrig, als das Land selbst – besonders die finanzkräftigen Städte, aber auch den Klerus, vor allem die reichen Klöster – um Anleihen oder Steuern anzugehen. Gewiß gab es Landesherren, die über reiche eigene Einkünfte, sogenannte Kameraleinkünfte, verfügten, etwa aus Flußzöllen wie die rheinischen Kurfürsten, aus Bergrechten wie die Kurfürsten von Sachsen auf der Grundlage des sächsischen Kupfer- bzw. Silberbergbaus oder aus dem Salzregal, das Bayern und Österreich, aber auch den Herzögen von Braunschweig-Lüneburg beträchtliche Einnahmen verschaffte. Selbst diesen vergleichsweise reichen Landesfürsten aber genügten ihre Kameraleinkünfte auf die Dauer nicht zur Finanzierung der Staatsaufgaben; in der großen Mehrheit der Territorien mußte ohnehin bereits um die Wende des 15. Jahrhunderts ein überwiegender Teil des Haushalts aus Anleihen oder Steuern bestritten werden. Das bedurfte nach alter, noch lange ungebrochener Rechtsüberzeugung des Einverständnisses der Betroffenen; die daraus resultierende Notwendigkeit von Verhandlungen mit einer Fülle von Institutionen und Personen wurde überhaupt zu einem wesentlichen Impuls der institutionellen Verfestigung des politischen Ständewesens, vor allem der Landtage. Wenn früher die Gewährleistung der fürstlichen Herrschaft durch deren adlige Lehensleute – im wesentlichen auf den Hoftagen der Fürsten – genügt hatte, so wurde jetzt die Beteiligung auch des Klerus und der Städte unabdingbar. An die Stelle des Hoftags des Fürsten und seiner adligen Lehensleute trat der Landtag mit den sich formierenden politischen Ständen des Landes. Dabei konnten die neuen Institutionen zum Teil auf bereits früher entstandene korporative Zusammenschlüsse des Adels, des Klerus oder auch der Städte zurückgreifen; doch machte die verstärkte Notwendigkeit der Kooperation und des Interessenausgleichs zwischen den einzelnen Ständen auch ganz neue institutionelle Lösungen erforderlich.

Regelmäßig waren die Landtage, ähnlich dem Reichstag, in Kurien organisiert, am häufigsten in einem Dreikuriensystem von Klerus, Adel und Städten. Daß die Geistlichen auf den Landtagen eine eigene Kurie bildeten, entsprach gemeineuropäischen Verhältnissen; die Zusammenfassung geistlicher und weltlicher Fürsten im Kurfürsten- und Fürstenrat des Reichstags war demgegenüber ja eine Ausnahmeerscheinung der europäischen Verfassungsgeschichte, die ihre sehr spezifischen Wurzeln im ottonischen Reichskirchensystem hatte. Gegenüber der Praxis der Hoftage bedeutete die Notwendigkeit des interkurialen Konsenses auf den Landtagen formell eine Minderung des politischen Gewichts des Adels. Doch behauptete der Adel auf den Landtagen in aller Regel einen deutlichen politischen Vorrang vor den anderen Ständen – insbesondere gegenüber den Städten, von denen oft sogar nur einige wenige überhaupt eingeladen wurden. Einer umsichtigen Politik des Adels konnte es deshalb sehr wohl gelingen, das politische Ständewesen des Landes insgesamt für seine eigenen Interessen in Dienst zu nehmen. Der Grund für diesen Vorrang des Adels lag im wesentlichen in seiner traditionellen, zumeist lehensrechtlich begründeten Herrschaftsstellung im Lande; daneben darf die Bedeutung der fortdauernden Nähe des Adels zum Fürsten – vor allem am Hofe, der sein adliges Gepräge durchaus bewahrte – nicht unterschätzt werden. Ex negativo trat die maßgebende Rolle des Adels für das politische Ständewesen immer dann besonders deutlich zutage, wenn der Adel sich seiner reichspolitischen Mediatisierung durch den Landesfürsten zu entziehen vermochte und folgerichtig aus dem politischen Ständewesen des Landes ausschied, was im Laufe des 16. Jahrhunderts für einen Großteil der Ritterschaft im Süden und Westen des Reichs zutraf. Die solcherart geschwächten, auf zwei Kurien reduzierten Landtage wie z. B. in den fränkischen Hochstiften und Markgrafschaften oder auch in den badischen Herrschaften sanken zumeist zu politischer Bedeutungslosigkeit herab oder verschwanden überhaupt.

Im übrigen gab es von Territorium zu Territorium, von Landschaft zu Landschaft mannigfache, mitunter tiefgreifende Unterschiede des politischen Ständewesens. So bildete sich in den großen Territorien des Ostens – in Kursachsen wie in Böhmen und in den östlichen der österreichischen Erblande – neben der Ritterkurie eine eigene Herrenkurie des Adels aus. Das entsprach dem hohen sozialen Rang dieser reichen und mächtigen «Herren», der dem Status reichsunmittelbarer Grafen sehr nahe kam, und es verstärkte zugleich das Gewicht des Adels insgesamt im politischen Ständewesen dieser Länder. Nur im Osten gab es freilich auch Bischöfe, die landsässig geworden waren und den geistlichen Kurien der Landtage besonderes Gewicht verliehen; in Kurbrandenburg bildeten die Grafen und Herren zusammen mit den Prälaten die erste Ständekurie gegenüber der Ritterschaft und den Städten. Umgekehrt fehlte es nicht ganz an Territorien, in denen sich gar kein politisches Ständewesen formierte. Zu ihnen zählten – mangels hinreichender sozialer Substanz für eine solche Ständebildung – eine Vielzahl kleinräumiger Herrschaften namentlich im Südwesten des Reichs, aber auch einige geistliche Fürstentümer und vor allem die Kurpfalz; die pfälzischen Kurfürsten stützten sich fortdauernd auf ein Satellitensystem adliger Lehensleute, das über die räumlich stark zerklüfteten kurpfälzischen Territorien weit hinausreichte. Ein Mindestmaß an politischer Kommunikation der Fürsten mit ihren Untertanen gab es indessen überall. In den ständelosen geistlichen Fürstentümern – z. B. in Konstanz, Speyer, Worms und Eichstätt, aber auch in Mainz – übernahmen zumeist die Domkapitel quasiständische Funktionen; anderswo stand den Landesherren eine ständisch nicht ausdifferenzierte, im wesentlichen bäuerliche «Landschaft» gegenüber, so etwa in der Landvogtei Schwaben und in einigen anderen geistlichen und weltlichen Kleinterritorien im Südwesten des Reichs, auch in der Fürstpropstei Berchtesgaden. Diese Landschaften waren freilich organisatorisch nur wenig verfestigt; die meisten von ihnen erwachten wohl überhaupt nur in Zeiten gefährlicher Krisen zu wirklichem Leben. Wiederum waren die Bauern auch auf gut funktionierenden Landtagen einiger Territorien vertreten, im Norden z. B. in Ostfriesland, im Süden des Reichs in Vorderösterreich und Tirol, auch in Vorarlberg, im Fürstbistum Basel und zeitweise auch in Salzburg. Auf prinzipiell anderen Verfassungsstrukturen beruhte dagegen die maßgebende Rolle der Bauern in den Schweizer Landgemeinden, deren korporativ-bündische Ordnung vom Stimmrecht jedes einzelnen Genossen in der Gemeinde ausging – ganz ähnlich übrigens wie die Verfassung der Universitas Dithmarschen im äußersten Norden Deutschlands: Im 15. Jahrhundert gelegentlich ausdrücklich als Reichsstand anerkannt, wurde die Dithmarscher Bauernrepublik erst um die Mitte des 16. Jahrhunderts von Holstein unterworfen und in ihrer herkömmlichen politischen Struktur vernichtet. Daß insbesondere die Schweizer Landgemeinden den Bauern der benachbarten südwestdeutschen Landschaften als attraktive Alternative zu den eigenen Verhältnissen erschienen, ist verständlich; im Bauernkrieg sollte es denn auch zu Ansätzen einer Übernahme jenes korporativ-bündischen Modells kommen – Ansätze, die freilich mit dem Bauernkrieg selbst scheiterten.

Der Kernbereich der Aufgaben und Kompetenzen der Stände lag von vornherein und auf die Dauer im Finanzwesen des Territoriums. Diese finanzpolitischen Befugnisse stellten jedoch zugleich einen Hebel sehr viel weitergehenden Einflusses auf die Politik der Fürsten dar, und diese Einflußmöglichkeiten wurden noch dadurch gesteigert, daß mit dem Recht zur Bewilligung von Steuern zumeist auch deren Verwaltung – von der Steuererhebung bis hin zur Abrechnung der Staatsausgaben – in den Händen der Stände lag; der Landesherr verfügte in aller Regel noch nicht über eine hinreichend ausgebaute Finanzverwaltung, um die Dinge selbst in die Hand nehmen zu können. In manchen Territorien mutet dieses ständische Finanzwesen geradezu wie ein großes Kreditunternehmen mit dem Landesfürsten als Hauptschuldner an. Gleichwohl bildeten die territorialen Finanzen einen dauernden Anlaß für Konflikte zwischen Landesherren und Landständen, und das kann auch nicht verwundern – ging doch die Expansion der Aufgaben des Fürstenstaats, zu deren Finanzierung die Stände beitragen sollten, nicht zuletzt auf Kosten ihrer eigenen traditionellen Freiheiten und eigenständigen Herrschaftsrechte. Ungeachtet jenes Angewiesenseins der Fürsten auf die Stände lag hier ein nicht minder dauerhafter, struktureller Konflikt. Ständische Gewährleistung der fürstlichen Herrschaft konnte deshalb sehr unmittelbar in harsche ständische Opposition umschlagen, und latent war eine solche Opposition immer und überall vorhanden.

In diesen Auseinandersetzungen haben nun im 16. Jahrhundert, erst recht zu Beginn des Jahrhunderts, die Landesherren noch kaum irgendwo entscheidende Vorteile verbuchen können. Vielmehr gelang es den Ständen zumeist, ihre traditionellen Freiheiten und Herrschaftsrechte einigermaßen zu behaupten und insofern den Prozeß der landesfürstlichen Staatsbildung zu verlangsamen. Überdies aber vermochten die Stände mit Hilfe ihres Steuerbewilligungsrechts eine im ganzen recht wirksame Kontrolle des fürstlichen Herrschaftsgebarens auszuüben. Man braucht nur die Landtagsrezesse der Zeit anzuschauen, um eine beeindruckende Vorstellung davon zu erhalten, wieviel an kleinen und großen Mißständen und Beschwernissen im Land durch die Stände zur Sprache gebracht und durch Verhandlungen mit den Landesherren abgestellt worden ist. Zur dauernden aktiven Beteiligung der Stände an der Regierung kam es freilich nur ausnahmsweise; die eigentlich politisch gestaltenden Kräfte der Territorien waren doch die Landesherren.

Auch auf seiten der Landesfürsten gab es nun freilich tiefgreifende Unterschiede. So kam die zukunftsträchtige Entwicklung zu moderner Staatlichkeit vorrangig in einigen großräumigen Territorien zum Zuge, während die Fülle geistlicher und weltlicher Splitterterritorien, die insbesondere für die politische Geographie des deutschen Südwestens so charakteristisch waren, kaum mehr darstellten als einigermaßen abgerundete Grund- und Gerichtsherrschaften, in empfindlicher Abhängigkeit von mächtigeren territorialen Nachbarn. Daß sie ihre politische Existenz überhaupt zu erhalten vermochten, verdankten sie oft nur dem Reich und insbesondere dem habsburgischen Kaisertum, das in den kleinen Reichsständen des deutschen Südwestens seine wichtigste politische Klientel fand. Hinter solchen Unterschieden territorialer Staatsbildung standen Unterschiede nicht nur der politischen Ressourcen, sondern – vielfach – auch des politischen Bewußtseins der Landesherren: Neben solchen Fürsten, die durchaus von machtstaatlichem Streben beherrscht erschienen, standen andere, die ihre Aufgabe viel weniger in der Intensivierung fürstlicher Macht als in der ausgleichenden Wahrung von Frieden und Recht sahen. Daß gerade diese einem eher traditionellen Herrschaftsverständnis verbundenen Fürsten in der territorialpolitischen Konkurrenz mit ihren moderneren Standesgenossen zumeist ins Hintertreffen gerieten, ist unverkennbar. Der Rückgang des kursächsischen Einflusses in Nord- und Mitteldeutschland zur Zeit Kurfürst Friedrichs des Weisen, vor allem zugunsten des Hauses Hohenzollern, ist dafür ein charakteristischer Beleg.

Was die Rechtsgrundlagen der Territorialverfassung angeht, so blieb es im 16. Jahrhundert und weit darüber hinaus im wesentlichen noch ganz bei den reichsrechtlichen Fundamenten, die schon das Mittelalter ausgebildet hatte. Die mittelalterlichen Rechtsinstitute – Regalien, Gerichtsrechte, Vogteien, dazu das ganze Gefüge des Lehensrechts – mußten jetzt freilich zur Begründung einer Herrschaft dienen, die in der politischen Realität allmählich eine ganz andere Qualität bekam. Die Vorstellung einer einheitlichen Staatsgewalt aber, wie sie seit Jean Bodin zu einem Grundaxiom aller modernen Staatslehren werden sollte, blieb dem Deutschland des 16. Jahrhunderts noch sehr fremd. Zwar sprach man jetzt häufiger von der Landeshoheit als dem Inbegriff der landesfürstlichen Herrschaftsrechte, doch dachte man sich selbst diese Landeshoheit im Grunde noch immer als ein Bündel von Gerechtsamen, deren Umfang und politische Tragweite überdies immer wieder umstritten waren. Daß sich die politische Theorie der Zeit so schwer tat, die neue Realität werdender Staatlichkeit in den Territorien angemessen zu erfassen, darf im übrigen nicht bloß als Nachhinken der Theorie hinter der Praxis verstanden werden; auch in den tatsächlichen Verhältnissen lagen Altes und Neues noch oft dicht beieinander.

Wenn die Entwicklung zu moderner Staatlichkeit die Vereinheitlichung und festere Institutionalisierung der Herrschaft über ein Territorium bedeutete, so war damit zugleich die dauernde Einheit auch dieses Territoriums selbst gefordert. Eben dieser Forderung entsprach die tatsächliche verfassungspolitische Situation an der Wende des 15. Jahrhunderts erst vereinzelt. Der herkömmlichen patrimonialen Herrschaftsauffassung war die Möglichkeit dynastischer Erbteilungen selbstverständlich, und die Überwindung dieses Teilungsgrundsatzes war um so schwieriger, als gerade in dieser Frage dynastische und verfassungspolitische Interessen der Fürsten selbst immer wieder miteinander in Konflikt gerieten. Zwar hatte für die Kurfürstentümer schon die Goldene Bulle von 1356 das Prinzip der Unteilbarkeit festgeschrieben, in den übrigen weltlichen Fürstentümern aber mußte dieses Prinzip erst mühsam durchgesetzt werden. Praktisch geschah dies vor allem durch die Einführung von Primogeniturordnungen, d. h. von Thronfolgeregelungen, nach denen von mehreren Söhnen primär der Erstgeborene und dessen männliche Nachkommenschaft, bei Wegfall des Erstgeborenen ohne männliche Nachkommenschaft aber der Nächstgeborene und dessen männliche Nachkommenschaft die ungeteilte Erbschaft und Herrschaft antraten. Solche Primogeniturordnungen wurden nach dem frühen Vorgang Badens – schon im ausgehenden 14. Jahrhundert – zuerst in die Hausgesetze einiger Fürstentümer des späten 15. Jahrhunderts aufgenommen, so für Brandenburg, für Württemberg und das albertinische Sachsen, 1506 auch für Bayern. Mit Ausnahme Württembergs waren diese Regelungen jedoch noch nicht von Bestand; dauerhafte Primogeniturordnungen erfolgten zumeist erst seit der zweiten Hälfte des 16. Jahrhunderts, in manchen kleineren Territorien des Reichs bis zu dessen Ende überhaupt nie.

Das Streben nach einer möglichst weitgehenden Zusammenfassung aller Herrschaftsrechte in der Hand des Landesherrn bedeutete zum einen die Zurückdrängung konkurrierender Machtträger des Landes selbst, zum andern die Verdrängung fremder Herrschaftsrechte aus dem Land, der Tendenz nach: die Herstellung eines geschlossenen Flächenstaats, eines territorium clausum. Beide Ziele waren nur langfristig zu erreichen, und zu Beginn des 16. Jahrhunderts standen die Landesherren erst am Anfang dieses Wegs. Die traditionelle Eigenständigkeit einer Vielzahl von Trägern politischer und Rechtsmacht im Lande fand im politischen Ständewesen bis auf weiteres einen recht wirksamen Rückhalt, und auch die Verdrängung fremder Herrschaftsrechte stieß auf viele Hindernisse. Zwar wurden jetzt viele der herkömmlichen Gemeinherrschaften zweier oder mehrerer Landesherren über ein Gebiet aufgelöst, politische Enklaven sowie einzelne Hoheitsrechte fremder Herren im Lande durch Kauf oder Tausch oder auch durch mehr oder minder rechtswidrige Usurpation beseitigt, die traditionellen Wegezölle durch territoriale Gebiets-, d. h. Grenzzölle ersetzt. Überhaupt wurden zunehmend genauere Grenzverläufe der Territorien festgelegt und in der Landschaft kenntlich gemacht. Indessen waren das alles doch erst Anfänge der Ausbildung neuzeitlicher Gebietssouveränität; die durchgehende Geschlossenheit der Länder im Sinne des territorium clausum ist ja überhaupt erst ein Ergebnis der napoleonischen Politik gewesen.

Das langfristig wirksamste Moment der Zunahme staatlicher Herrschaftsgewalt der Landesherren bestand in der Einbeziehung immer weiterer Lebensbereiche unter die kontrollierende und gestaltende Gewalt des Fürstenstaats. Über die Wahrung von Frieden und Recht weit hinausgehend setzte sich jetzt die Idee des gemeinen Nutzens als Leitprinzip der Politik durch, und die Landesherren nahmen die Fürsorge für dieses bonum commune alsbald und mit Erfolg für sich selbst in Anspruch. Auf dieser Grundlage erwuchs binnen weniger Jahrzehnte aus sehr bescheidenen Anfängen eine ausgedehnte territoriale Gesetzgebung, zumeist unter dem Titel von Landes- oder auch Polizeiordnungen. Ein häufiger Schwerpunkt gerade der frühesten dieser Polizeiordnungen bestand in der Festschreibung der herkömmlichen Standesunterschiede in der Kleidung und beim Aufwand für Familienfeste; die landesherrliche Gesetzgebung trug insofern ein sozial ziemlich konservatives Gepräge. Die Tatsache aber, daß die Landesherren überhaupt derartige Kleidungs- und Festesvorschriften erließen, war ein revolutionärer Schritt auf dem Wege zu einer ins Leben der einzelnen eingreifenden inneren Expansion der Herrschaft, der Anfang einer territorialstaatlichen Sozialpolitik. Und andere Teile dieser frühen Sozialpolitik zielten auch inhaltlich durchaus auf Veränderungen der Gesellschaft ab, nicht zuletzt durch die – im wesentlichen den Reichsstädten nachgebildete – Organisation einer staatlichen Armenfürsorge.

Jene innere Expansion der landesfürstlichen Herrschaft, ihre Auffüllung mit staatlicher Substanz wäre schließlich ohne den Ausbau und die behördliche Verfestigung der landesfürstlichen Verwaltung nicht möglich gewesen, ja diese Entwicklung der Verwaltung war selbst ein Grundelement der entstehenden territorialen Staatlichkeit an der Schwelle zur Neuzeit.

Der Auf- und Ausbau dieser Territorialverwaltung nahm ganz analog der Entwicklung der Reichsbehörden seinen Ausgang vom fürstlichen Hof, und auch die Gründe waren hier wie dort dieselben: So stellte der Hof einen schon aus dem Mittelalter überkommenen, einigermaßen festgefügten organisatorischen Komplex von Personen, Ämtern und Sachmitteln beim Fürsten dar und bildete damit für die Ausbildung jedenfalls der zentralen Verwaltungsbehörden einen natürlichen Kristallisationskern. Insbesondere standen mit den bereits vorhandenen Hofämtern finanziell gesicherte Stellen zur Verfügung, deren Aufgaben sich leicht durch Verwaltungsfunktionen ergänzen oder überhaupt neu bestimmen ließen. Dazu kam – und das war kaum weniger wichtig –, daß der Hof als Forum der Kommunikation des Fürsten mit den großen Herren des Landes, aber auch mit anderen Reichsständen von jeher eine bedeutende politische Funktion hatte. Die allmähliche organisatorische Verfestigung und Verselbständigung der Zentralverwaltung gegenüber dem Hof bedeutete für den Hof selbst einen gewissen Funktionsverlust, der aber durch den Ausbau und den Zugewinn anderer politischer Funktionen mehr als ausgeglichen wurde: Insbesondere wurde der Hof jetzt zum Ort einer zunehmend wichtigen fürstlichen Repräsentation und propagandistischen Selbstdarstellung des Herrschers.

Der burgundische Hof des Spätmittelalters hat, vermittelt durch den Kaiserhof Maximilians I., dafür ein frühes Vorbild geliefert. Freilich gab es hier von Territorium zu Territorium wiederum ganz erhebliche Unterschiede. Neben prächtigen oder doch ansehnlichen Höfen, deren Fürsten zur Erhöhung des eigenen Glanzes auch ein bedeutendes Mäzenatentum gegenüber Dichtern, Musikern und bildenden Künstlern pflegten, standen andere, deren Zuschnitt eher dem eines ländlichen Gutshaushalts ähnelte. Eine Vielzahl kleinerer Höfe wäre auch schon finanziell gar nicht in der Lage gewesen, eine solche Repräsentation zu entfalten, wie sie sich etwa die Kurfürsten von Sachsen oder die Herzöge von Bayern leisteten.

Daß die Behördenentwicklung der frühneuzeitlichen Territorien ihren Ausgang vom fürstlichen Hof nahm, bedeutete gleichzeitig, daß diese Entwicklung von oben nach unten ging. Nach der Ausbildung der fürstlichen Zentralverwaltung kam es nur zögernd zum Aufbau eigener fürstlicher Mittelbehörden – sofern die Größe des Territoriums solche Mittelbehörden überhaupt erforderte. Auf der Ebene der Lokalverwaltung aber blieb es weithin überhaupt bei den herkömmlichen, personell und sachlich gering ausgestatteten, mitunter in Personalunion wahrgenommenen Ämtern der Rechtspflege, Polizei und Finanzverwaltung, die erst ganz allmählich unter straffere Kontrolle der fürstlichen Zentralbehörden gebracht werden konnten. Nicht selten fehlte es sogar an einem das ganze Territorium umspannenden Netz landesherrlicher Lokalverwaltung. So zerfiel das Kurfürstentum Brandenburg um 1500 in städtische, gutsherrliche und fürstliche Domänenbezirke, und nur die letzteren hatten überhaupt fürstliche Amtleute über sich. Doch waren die Verhältnisse sehr unterschiedlich; das Herzogtum

Württemberg z. B. war schon im 15. Jahrhundert durchweg in landesfürstliche Ämter gegliedert, deren recht effektive Organisation selbst den Städten des Landes kaum eine bevorrechtigte Stellung ließ.

Die wichtigste Behörde der territorialen Zentralverwaltung war überall der fürstliche Rat; die Errichtung dieses Ratsgremiums als ständiger Regierungsbehörde bedeutete überhaupt den ersten entscheidenden Schritt auf dem Wege zur Ausbildung einer neuzeitlichen Verwaltung. Seine Vorgeschichte reicht weit ins Mittelalter zurück. Schon seit dem 13. Jahrhundert ist in den Quellen gelegentlich von fürstlichen consiliarii die Rede, und in der Folge wurden Amt und Titel der landesherrlichen Räte zumindest in den größeren Territorien zur geläufigen Erscheinung. Erst seit dem späteren 15. Jahrhundert aber kam es zu jener behördlichen Verfestigung und Ausgestaltung der Institution, durch die sie – unter Ausbildung nahezu aller Grundelemente neuzeitlicher Verwaltung – zum effektiven Machtinstrument des Fürstenstaats wurde. Die Bezeichnungen für diese zentralen Ratsgremien waren nicht einheitlich; neben dem wohl häufigsten Terminus «Hofrat» begegnen auch die Bezeichnungen «Regiment», «Regierung» oder «Ratsstube». Am frühesten, nämlich bereits 1469, wurde ein solcher fürstlicher Rat in Kurköln eingerichtet. Bis zum Beginn des 16. Jahrhunderts verfestigte sich die neue Institution dann auch in einer Vielzahl anderer Territorien: in Tirol, in Württemberg, in Kursachsen, in Bayern. Zumeist ging die Einrichtung des Rats auf die Initiative des Landesherrn selbst zurück; gelegentlich waren es aber auch die Stände, die – vor allem bei Regierungsunfähigkeit oder Mißwirtschaft des Landesherrn – die Einsetzung «geordneter Räte» verlangten, so z. B. gerade in Kurköln, desgleichen in Tirol und in Württemberg. In diesen Fällen, wenn also die Errichtung des Rats auf ständische Forderungen zurückging, setzten die Stände vielfach auch die Besetzung des Rats mit einheimischen Räten durch, häufig mit Repräsentanten der Stände selbst, gelegentlich – als «Landrat» – in offener Konkurrenz zu den vom Landesherrn an den Hof gezogenen Räten. Das bedeutete natürlich eine besonders wirksame Verlängerung des ständischen Einflusses in die Landesregierung hinein, und eben deshalb haben die Landesherren, sobald sich nur die Gelegenheit dazu bot, diesen Einfluß der Stände wieder auszuschalten gesucht. In der Regel hatten sie dabei auch Erfolg; zu einer ständischen Mitregierung durch den Landrat ist es ohnehin nur ausnahmsweise, am ehesten noch bei Sedisvakanzen geistlicher Fürstentümer, gekommen. Die Kompetenzen des Rats variierten im einzelnen. Auch scheinen bestimmte Agenden, etwa der Justiz oder des Finanzwesens, vielfach nur von einzelnen Räten, nicht vom Plenum des Rats bearbeitet worden zu sein. Daß gleichwohl eine Fülle wichtiger Angelegenheiten der Landesregierung im Rat behandelt und entschieden wurde, steht außer Zweifel. An sich galt der Fürst selbst als Vorsitzender des Rats. Der wachsende Umfang der Geschäfte führte jedoch sehr bald dazu, daß der Landesherr einem Großteil der Sitzungen nicht selbst präsidierte; an seine

Stelle trat, und zwar nicht bloß ad hoc, sondern auf Dauer, ein eigener Ratspräsident, etwa der Obersthofmeister oder der Kanzler. Gleichzeitig wurde der Rat aus einer bloß beratenden zu einer beschließenden Behörde; schon die österreichische Hofordnung von 1498 sah vor, daß der Hofrat nur in Angelegenheiten hoher politischer Bedeutung oder im Falle zwiespältiger Voten der Ratsmitglieder die Entscheidung des Fürsten anzurufen habe. Anderseits behielt sich der Landesherr besonders gravierende Entscheidungen insbesondere der Außen- und Finanzpolitik regelmäßig selbst vor; die landesfürstliche Regierung war insofern niemals ausschließlich eine Regierung aus dem Rat, sondern immer auch – in freilich unterschiedlichem Umfang – ein persönliches Regiment des Landesherrn. Im übrigen kam es in einer Reihe größerer Territorien schon frühzeitig zur Ausgliederung oder Neueinrichtung zentraler Ratsgremien neben dem Hofrat, besonders für das Finanzwesen. In Landesherrschaften von bescheidenerem Zuschnitt blieb der Hofrat jedoch das ganze Jahrhundert hindurch die einzige «moderne», mehr oder weniger durchbürokratisierte Behörde.

Daß die landesherrliche Zentralverwaltung zum wichtigsten Machtinstrument des entstehenden Fürstenstaats werden konnte, hatte seinen Grund vor allem in der allmählichen Realisierung einer Reihe neuer Prinzipien ihrer Rekrutierung wie ihrer Arbeitsweise – Prinzipien, die seitdem und bis heute zum Grundbestand einer effektiven Verwaltung gehören.

Ein erstes solches Prinzip bestand schon in der Professionalisierung der Verwaltung: Verwaltung wurde zum Beruf, und zwar in der Regel zum alleinigen oder doch Hauptberuf der mit ihr Betrauten, die sich deshalb ganz auf ihr Geschäft konzentrieren konnten. Mit dieser Professionalisierung ging – zweitens – die gehörige Sachkompetenz des Verwaltungspersonals auf Grund einer entsprechenden Ausbildung Hand in Hand. Solche Ausbildung konnte im Dienst der Verwaltung selbst, vor allem aber und insbesondere für die höheren Ränge der Verwaltung durch ein juristisches Studium erworben werden. Zum personellen Kern der fürstlichen Verwaltung wurden so die Juristen, die kraft ihrer Schulung am römischen Recht in besonderer Weise befähigt waren, die herkömmlichen Herrschaftsstrukturen zu rationalisieren und im Dienst des Landesherrn zu intensivieren. Ihrer sozialen Herkunft nach handelte es sich bei diesen «gelehrten» Räten vor allem um Bürgersöhne, die auf dem Weg über ein juristisches Studium den sozialen Aufstieg suchten und fanden. Anderseits vergaben die Landesherren die Spitzenpositionen ihrer Verwaltung gern an Angehörige ihrer adligen Klientel im Lande, und diese Praxis gewann noch an Bedeutung, seitdem der Adel mehr und mehr dazu überging, seine Söhne zum – juristischen – Studium zu schicken und damit den Qualifikationsvorsprung der bürgerlichen gelehrten Räte wettzumachen. Im übrigen bedienten sich die Landesfürsten mitunter auch landfremder Räte, was jedoch in der Regel harte Auseinandersetzungen mit den Ständen des Landes heraufbeschwor. In den weiteren Zusammenhang der Professionalisierung der fürstlichen Verwaltung gehörten schließlich auch die – bezeichnenderweise durchweg fürstlichen – Universitätsgründungen seit dem späteren 15. Jahrhundert: Freiburg/Br. (1457), Ingolstadt (1472), Tübingen (1477), kurz nach der Jahrhundertwende dann Wittenberg (1502) und Frankfurt/Oder (1505). Natürlich war die Gründung einer Universität immer zugleich ein prestigeförderndes Unternehmen, das von der Liebe des Fürsten zu den Wissenschaften zeugen sollte – von seiner Bereitschaft, «helfen zu graben den Brunnen des Lebens», wie es Graf Eberhard im Bart bei der Tübinger Gründung formulierte. Auch verstanden sich die Universitäten selbst keineswegs nur und nicht einmal in erster Linie als Ausbildungsstätte für den Nachwuchs der landesherrlichen Verwaltung. Gleichwohl bestand eben darin doch eine ihrer Kernfunktionen. Ganz entsprechend übernahmen die Universitäten der Folgezeit, zuerst in den protestantisch werdenden Territorien, die Ausbildung der künftigen Pfarrer des Landes: Weltliche wie geistliche Amtsträger des Landes wurden solcherart frühzeitig auf den Landesherrn ausgerichtet.

Ein weiteres wichtiges Prinzip der neuen Verwaltung bestand in der grundsätzlich ausschließlichen Verpflichtung der landesherrlichen Beamten auf ihren fürstlichen Dienstherrn. Wenn die landesherrlichen Räte des späteren Mittelalters, vor allem die Mitglieder der ständisch beeinflußten Landräte, sich vielfach als Mittler zwischen Fürst und Ständen verstanden hatten, so setzte sich in den Bestallungsordnungen der fürstlichen Räte jetzt immer ausschließlicher die Verpflichtung auf den Landesherrn und auf die Wahrung seiner Interessen durch – häufig in der Form des Verbots, von irgendeinem anderen als dem Landesherrn selbst Vergütungen oder Geschenke entgegenzunehmen. Ungeachtet solcher Exklusivbestimmungen wird man freilich mit der fortdauernden Wirksamkeit politischer und sozialer Klientelverhältnisse innerhalb der Verwaltung selbst zu rechnen haben; schon der Eintritt in die landesfürstliche Verwaltung, erst recht die weitere Karriere hingen in der Regel von der Förderung durch einen höheren Beamten ab, der sich durch solche Förderung zugleich eine Art Hausmacht innerhalb der Verwaltung schuf. Daß solche Klientelverhältnisse mit jener Ausschließlichkeit der Bindung an den Landesherrn in Konflikt geraten konnten, liegt auf der Hand; der frühe Fürstenstaat konnte jedoch mangels hinreichender eigener Organisation des Ausbildungs-, Prüfungs- und Laufbahnwesens seiner Beamtenschaft auf das Funktionieren jener Klientelverhältnisse noch gar nicht verzichten.

Der Professionalisierung im grundsätzlich ausschließlichen Dienst des Landesherrn entsprach schließlich auch der Ausbau des Besoldungswesens, und zwar nicht mehr auf lehensrechtlicher Grundlage, sondern in Form von Sachbezügen und Geldvergütungen aus der landesherrlichen Kasse; auch die Anfänge eines Pensionswesens lassen sich feststellen. Die Vergütung der niederen Verwaltungsposten war sehr kärglich, die der fürstlichen Räte oder gar des Kanzlers aber zumeist recht ordentlich, mitunter sogar großzügig – eine Anerkennung der Bedeutung dieser Männer für den entstehenden

Fürstenstaat, zugleich aber auch ein unabdingbares Zugeständnis im Interesse der Bindung dieser führenden Räte an den Landesfürsten.

Für die Organisation der Verwaltung war zunächst schon das Prinzip ihrer Dauerhaftigkeit und Stetigkeit von grundlegender Bedeutung: Der fürstliche Rat und ihm folgend die anderen Ratsgremien der Zentralverwaltung waren ständige Behörden, die täglich von früh bis spät – in zehn- bis zwölfstündiger Arbeitszeit – ihre Geschäfte zu erledigen hatten. Zur Effektivität der Verwaltung gehörte des weiteren ein geregeltes Verfahren mit hinreichend bestimmten Kompetenzen und Aufgaben, auch mit klaren Anweisungen für den Ablauf der Geschäfte von der Registrierung der Eingänge bis zur Unterschrift und Versendung von Berichten, Mandaten, Erlassen usw. Der Kern dieses Verfahrens bestand in seiner Schriftlichkeit; erst mit den ständigen landesherrlichen Behörden des späten 15. und 16. Jahrhunderts begann in Deutschland eine wirklich bedeutende, seitdem nahezu unaufhaltsam wachsende Schriftlichkeit der Verwaltung. Diesen schriftlichen Niederschlag der Verwaltung nennen wir Akten; sie stellen eine für den Historiker der Neuzeit unvergleichlich wichtige Quellenart der politischen und Verfassungsgeschichte, aber auch für weite Bereiche der Sozial- und Wirtschaftsgeschichte dar.

Neben der Schriftlichkeit war die Kollegialität das wichtigste Verfahrenselement des landesfürstlichen Rats wie überhaupt der territorialen Staatsverwaltung der frühen Neuzeit. Während an der Spitze des Staats allein der Fürst entschied, war die Verwaltung auf allen überhaupt vorhandenen Stufen grundsätzlich kollegial organisiert und entschied mit der Mehrheit ihrer jeweiligen Mitglieder. Der Grund dafür bestand nicht zuletzt in der Vorstellung, daß Kollegialität gegenseitige Kontrolle bedeute und deshalb geeignet sei, Amtsmißbrauch und Korruption zu verhindern. Und solche Vorsorge gegen Amtsmißbrauch war gewiß nötig und wichtig – nicht nur, weil trotz zunehmender Schriftlichkeit die Selbstkontrolle der Verwaltung der Entwicklung ihrer Macht deutlich hinterherhinkte, sondern auch deshalb, weil es noch lange Zeit erst schüchterne Ansätze einer Verwaltungsgerichtsbarkeit gab, die als Rechtsbehelf gegen Übergriffe der Verwaltung hätte angerufen werden können.

Zu den Grundzügen der inneren Staatsbildung der deutschen Territorien um die Wende des 15. Jahrhunderts gehörte schließlich auch die Intensivierung des landesherrlichen Kirchenregiments. Die Landesherren versuchten auf alle nur denkbare Weise, ihre Einflußsphäre in die Kirche hinein zu erweitern, Entscheidungsbefugnisse für die Kirche ihres Landes in ihre Hand zu bringen und fremde Einwirkungen – auch solche von Rom her – auszuschließen. Dabei wirkten die westeuropäischen Staaten mit ihrem scharf ausgeprägten System staatlicher Kirchenhoheit als Vorbild; begünstigend kam hinzu, daß das Papsttum im Kampf gegen den Konziliarismus des 15. Jahrhunderts das kirchenpolitische Bündnis auch mit den deutschen Landesherren gesucht und ihnen dafür, vielfach in eigenen Konkordaten, kräftige Erweiterungen ihrer staatskirchenrechtlichen Befugnisse zugestanden hatte.

Ein erstes wichtiges Element dieses vorreformatorischen landesherrlichen Kirchenregiments bestand in der Verstärkung des Einflusses der Landesherren auf die Besetzung kirchlicher Ämter, insbesondere durch die zielbewußte Vermehrung der landesherrlichen Patronate über die Pfarrstellen des Landes. Des weiteren wurden die Klöster und Stifte durch den Ausbau und die Umgestaltung der traditionellen Schirmvogtei des Landesherrn unter Kontrolle gebracht; Abtsstellen und Stiftspfründen mußten überhaupt vielfach dazu herhalten, die Beamten der neuen landesfürstlichen Verwaltung – nicht zuletzt die Professoren der neugegründeten Universitäten – zu versorgen. Schwieriger war es dagegen, auf die Besetzung auch der Bistümer bestimmenden Einfluß zu gewinnen. Immerhin gelang es den großen Landesherren im Osten und Südosten des Reichs, für eine ganze Reihe von Bistümern ihres Machtbereichs auf Kosten der an sich wahlberechtigten Domkapitel vom Papst das Nominationsrecht zu erlangen; zumeist wurden diese Bischöfe auch in ihrer weltlichen Herrschaft der landesfürstlichen Hoheit untergeordnet.

Neben der Stellenbesetzung war die Gerichtsbarkeit ein Hauptfeld landesherrlicher Machterweiterung gegenüber der Kirche. Das Interesse der Landesherren lag hier vor allem in der Einschränkung der räumlichen und sachlichen Zuständigkeit der geistlichen Jurisdiktion zugunsten der eigenen Gerichtsbarkeit. Traditionell gab es einen weiten Bereich von Rechtsstreitigkeiten, für deren Entscheidung der geistliche Richter – in der Regel der bischöfliche Offizial – entweder allein oder konkurrierend mit dem weltlichen Richter zuständig war, und selbst wenn beide Gerichtsbarkeiten zur Wahl standen, wandten sich die Leute gern an den Offizial. Das Verfahren vor dem geistlichen Richter war nämlich dem weltlichen Verfahren in mehr als einer Hinsicht überlegen, nicht zuletzt wegen der sicheren Vollstreckung der Urteile des Offizials auch über die Grenzen des weltlichen Territoriums hinaus, notfalls mit Hilfe von kirchlichen Strafen wie Bann und Interdikt. Die weltlichen Landesherren gingen dagegen mit allen Mitteln an, bis hin zur Androhung von Strafen für Leib und Leben der Boten des geistlichen Gerichts. Die Überlegenheit des Verfahrens vor dem geistlichen Richter konnte freilich erst allmählich ausgeglichen werden.

Ein drittes wichtiges Element des vorreformatorischen landesherrlichen Kirchenregiments bestand im Zugriff auf die kirchlichen Finanzen. Die landesherrliche Besteuerung der Geistlichen wurde zur Regel, konkurrierende Ansprüche dagegen – z. B. das bischöfliche subsidium charitativum oder auch die päpstlichen Ansprüche auf Abgaben – wurden ausgeschlossen oder doch stark eingeschränkt. Weithin ließen sich die Landesherren sogar den kirchlichen Zehnten abtreten. Die Erlaubnis zur Verkündung von Ablässen wurde in aller Regel nur erteilt, wenn dem Landesherrn selbst ein kräftiger Anteil an den Erträgen des Ablasses zugestanden wurde. Viele

Ablässe wurden überhaupt zur Finanzierung von Vorhaben der weltlichen Obrigkeit ausgeschrieben, die – wie etwa Brücken- und Straßenbauten – mit geistlichen Zwecken kaum noch etwas zu tun hatten.

Bei alledem fehlte es manchen Landesherren freilich weder an persönlicher Frömmigkeit noch an Fürsorge für die kirchliche Devotion in ihrem Lande, z. B. durch die Pflege der Landesheiligtümer oder auch durch die Anordnung von Prozessionen und Bittmessen. Und auch für die Notwendigkeit kirchlicher Reformen hatten manche Landesherren Sinn. Bis weit in die Reformationszeit hinein waren es überhaupt weltliche Landesfürsten, die dieser innerkirchlichen Reform die kräftigsten Impulse gaben. Daß sie sich dabei, z. B. um verwahrloste Klöster zur Ordnung zurückzuführen, notfalls auch der Zwangsmittel ihrer weltlichen Herrschaft bedienten, entsprach weitverbreiteten Grundsätzen über die Aufgaben der weltlichen Obrigkeit für den Fall des Versagens der kirchlichen Instanzen. Das landesherrliche Kirchenregiment evangelischer Obrigkeiten, wie es sich seit der Mitte der zwanziger Jahre des 16. Jahrhunderts auszubilden begann, war mithin – auf das Verhältnis von geistlicher und weltlicher Obrigkeit gesehen – nur eine besonders charakteristische Ausprägung von Verhältnissen, wie sie bereits Jahrzehnte zuvor durchaus üblich geworden waren.

4. Die Reichsstädte

In der ständischen Verfassungsstruktur des Reichs standen neben den geistlichen und weltlichen Landesherren die Reichsstädte als eigene Reichsstände und damit auch als Träger von Landeshoheit. Die gerade in den Städten weit fortgeschrittene Arbeitsteilung sowie die Funktion der städtischen Märkte als ökonomischer Kommunikationszentren, dazu die oft drangvolle Enge der räumlichen Lebensverhältnisse in der Stadt verlangten in hohem Maße nach obrigkeitlicher Ordnung und Regelung, und so intensivierten gerade die Stadtregimente ihre Herrschaft über Bürger und Einwohner besonders frühzeitig; vielfach haben sie damit sogar den fürstlichen Landesherren erst das Vorbild gegeben.

Die Zahl der Reichsstädte des beginnenden 16. Jahrhunderts betrug ungefähr 65; die Unsicherheit der Zahl resultiert daraus, daß eine ganze Reihe von Reichsstädten von ihren alten Stadtherren oder von mächtigen benachbarten Territorialfürsten in ihrer Reichsunmittelbarkeit angefochten war. Mehr als 30 Reichsstädte gehörten zum Schwäbischen Kreis, weitere zehn lagen im Elsaß; der Südwesten des Reichs war mithin die eigentliche Reichsstädtelandschaft Deutschlands.

Das wichtigste Regierungsorgan aller Reichsstädte war der seit dem Ende des 12. Jahrhunderts aufgekommene Stadtrat, an dessen Spitze seit dem 14. Jahrhundert zumeist ein oder zwei Bürgermeister standen; die heutigen Stadträte der früheren Reichsstädte sind damit die ältesten weltlichen Verfassungsinstitutionen Deutschlands überhaupt. Die Ratsverfassung war nun von jeher durch die Spannung zwischen genossenschaftlichen und herrschaftlichen Tendenzen bestimmt, und das galt nicht nur für die dauernden Spannungen zwischen reichsstädtischer Selbstverwaltung und königlichen Herrschaftsrechten in der Stadt, sondern auch für die innerstädtischen Verfassungstrukturen. So lag das Ratsregiment ursprünglich zumeist in der Hand einiger weniger führender Familien der Stadt. Insbesondere die Zunftkämpfe des 14. und frühen 15. Jahrhunderts führten dann aber zu einer bedeutenden Stärkung der politischen Partizipation der Bürgerschaft: In vielen Städten vor allem Oberdeutschlands wurde die soziale Basis des Rats erweitert; zugleich fixierte man kurze Wahlperioden, verbot die Wiederwahl amtierender Räte und sah sogar die direkte Wahl von Räten und Bürgermeistern durch die Gesamtheit der Bürgerschaft vor. Schon bald kam es jedoch zu einer Reaktion zugunsten herrschaftlicher und oft genug auch oligarchischer Prinzipien. Zwar saßen nun in vielen Städten auch Angehörige der Zünfte im Rat – manchmal überhaupt nur sie –, aber ihre Herrschaft war kaum weniger obrigkeitlich und von der Bürgerschaft abgehoben als diejenige vieler patrizischer Stadtregimente. Wenn etwa in den Zunftkämpfen des 14./15. Jahrhunderts vielerorts ein eigener, sogenannter Großer Rat für die Entscheidung besonders wichtiger Angelegenheiten und zur Kontrolle des älteren, jetzt zumeist «Kleiner Rat» genannten Ratsgremiums geschaffen worden war, so wurden die Kompetenzen dieses Großen Rats, in dem die städtische Bürgerschaft sehr viel breiter vertreten war, schon bald wieder weit zurückgedrängt; ja die wichtigsten Regierungsaufgaben gingen zumeist sogar auf ein neugeschaffenes, engstes Gremium der sogenannten «Geheimen» über, die selbst gegenüber dem Kleinen Rat nur beschränkt auskunftsoder gar rechenschaftspflichtig waren. Auch das Wahlrecht der Bürgerschaften wurde vielfach ausgehöhlt oder machte überhaupt wieder der Kooptation der Ratsmitglieder Platz. Zugleich aber bauten die reichsstädtischen Obrigkeiten ihre Gesetzgebung und Verwaltung zielstrebig aus und unterwarfen damit immer weitere Bereiche der bürgerlichen Lebensführung ihrer Kontrolle. Die ursprünglich knappen Marktordnungen als Ausdruck der städtischen Satzungsgewalt des Rats wuchsen sich zu umfangreichen Regelungen aus, mit deren Hilfe der Rat eine ins einzelne gehende Gewerbepolitik, eine ständige Kontrolle der städtischen Verteidigungsbereitschaft, eine auf kommunaler Basis organisierte Armenfürsorge, überhaupt: eine genaue Aufsicht über so gut wie alle Bereiche des bürgerlichen Lebens handhabte, nicht zuletzt auch ein kräftiges stadtherrschaftliches Kirchenregiment. Gleichzeitig wuchs die ursprünglich bescheidene Zahl der städtischen Ämter und Amtsträger auf ein Vielfaches. Mit alledem wurde die Menge der einzelnen Bürger – von den unterbürgerlichen Schichten der Handwerksgesellen und -lehrlinge, Arbeiter und Dienstboten ganz zu schweigen – immer mehr zum bloßen Objekt der Ratsherrschaft. Daß der Rat seine Bürger seit dem 15. Jahrhundert zunehmend als «Untertanen», sich selbst aber als

«Herren» zu titulieren begann, wirft auf diese Verstärkung der herrschaftlichen Strukturen in der spätmittelalterlichen Stadtverfassung ein bezeichnendes Licht. Allerdings löste auch diese Entwicklung wiederum Gegenkräfte aus: Schon die siebziger und achtziger Jahre des 15. Jahrhunderts, erst recht die ersten Jahrzehnte des 16. Jahrhunderts sahen eine neue Welle von politischem Partizipationsstreben der städtischen Bürgerschaften. In vielen Städten wurden jetzt bürgerschaftliche Ausschüsse zur Kontrolle des Rats, insbesondere zur Kontrolle des obrigkeitlichen Finanzgebarens, eingesetzt; gelegentlich, vor allem unter dem verschärfenden Druck sozialer Spannungen, führten die Auseinandersetzungen sogar zur Neuformierung des Rats unter Beteiligung breiterer Schichten der Stadtbevölkerung. Man wird die langfristigen Auswirkungen dieser genossenschaftlichen Welle städtischer Verfassungspolitik zwar gewiß nicht überschätzen dürfen; sie ebbte im Laufe des Jahrhunderts auch deutlich ab. Daß aber am Vorabend der Reformation in vielen deutschen Städten ein kritisches Potential politischen Partizipationswillens der Bürger lebendig war, steht außer Zweifel.

Im übrigen gab es unter den Reichsstädten stets ganz erhebliche Unterschiede der Verfassung wie der politischen Bedeutung. So scheinen z. B. die oberschwäbischen Städte fortdauernd stärker genossenschaftliche Strukturen bewahrt zu haben als die Reichsstädte anderer Landschaften; schon von Nürnberg als der wichtigsten der fränkischen Reichsstädte gilt das Gegenteil. Manche Reichsstädte wie Nürnberg, Straßburg, Ulm, Schwäbisch Hall oder Rottweil verfügten zugleich über eine erhebliche Territorialherrschaft, deren Struktur sich nur graduell von derjenigen einer fürstlichen Landesherrschaft unterschied. Selbst so bedeutende Reichsstädte wie Augsburg oder Köln aber hatten nahezu keinen Territorialbesitz außerhalb ihrer Mauern, und andere – wie etwa Wimpfen – mußten es sich gar gefallen lassen, daß die Geleitsreiter benachbarter Fürsten bis auf ihren Marktplatz ritten. Der völligen Unabhängigkeit mancher Reichsstädte vom ehemaligen Stadtherrn standen andernorts dauernde Auseinandersetzungen um einzelne, auch wichtige Herrschaftsrechte in der Stadt gegenüber. Manche Reichsstädte gerieten sogar von neuem unter landesfürstliche Stadtherrschaft, so z. B. Trier und Mainz, die sich im 15. Jahrhundert ihrer bischöflichen Herrschaft erneut unterwerfen mußten. Überhaupt gab es manche Städte, deren Status als Reichsstadt lange Zeit hindurch nicht eindeutig geklärt, sondern umkämpft war. Das gilt für Braunschweig, das schließlich doch den Herzögen untertan blieb; das gilt auch für Soest, das im 15. Jahrhundert die kurkölnische Stadtherrschaft abschüttelte, dafür aber im Endergebnis an seinen ursprünglichen Bundesgenossen, den Herzog von Jülich-Kleve-Berg, fiel. Im übrigen gab es unter den Reichsstädten selbst mancherlei politische Klientelverhältnisse, so etwa zwischen Nürnberg und den kleineren fränkischen Reichsstädten. Dazu kamen natürlich Unterschiede der Bevölkerungszahl und der Wirtschaftsbedeutung der Reichsstädte. Den Großstädten Nürnberg, Augsburg und Köln mit 30 000 und mehr Einwohnern stand ja auch unter den Reichsstädten eine Vielzahl von Kleinstädten gegenüber, deren Bevölkerungszahl kaum jemals über 2 000 hinausging und die in ihrer Wirtschaftskraft weit hinter manchen landesherrlichen Städten zurückblieben. Der Ballung von Wirtschafts- und Finanzkraft in den großen Reichsstädten hatte dagegen so leicht niemand etwas entgegenzusetzen. Daß Nürnberg, Ulm oder Köln mit einer nicht geringeren Reichssteuer belastet waren als selbst die größten Territorien des Reichs – mit Ausnahme lediglich des österreichisch-burgundischen Länderkomplexes –, ist dafür ein sprechender Beleg. Auch wenn man in Rechnung stellt, daß die auf dem Reichstag maßgebenden oberen Stände gerade den Reichsstädten besonders hohe Steuern aufzubürden suchten. Eben diese politische Diskriminierung der Reichsstädte in der Reichstagsverfassung war freilich ihrerseits symptomatisch: In ihrer politischen Bedeutung standen die Reichsstädte hinter den fürstlichen Territorien doch deutlich zurück, und der innere Machtgewinn der Territorien ließ diese Diskrepanz noch ständig größer werden.

Angesichts der Verlagerung der politischen Gewichte im Reich zugunsten der Territorien war es nur natürlich, daß die Reichsstädte sich zu gemeinsamem politischem Handeln auf regionaler und Reichsebene zusammenzuschließen suchten. Den institutionellen Kern dieser Kooperation bildete der Städtetag, der seit den siebziger Jahren des 15. Jahrhunderts allmählich festere Gestalt gewann. Sein geographischer Schwerpunkt lag wieder im Südwesten des Reichs; von den norddeutschen Städten gehörten ihm nur wenige an – vor allem Lübeck, dazu Goslar, Mühlhausen und Nordhausen in Thüringen. Das entsprach den regional unterschiedlich dichten Beziehungen der Reichsstädte zum Reich überhaupt: Viele der norddeutschen Städte betrachteten ihren Status der Reichsunmittelbarkeit lediglich als «Option für den Krisenfall» (Georg Schmidt), die sie nur im Fall akuter Bedrohung ihrer Selbständigkeit aktivierten. Die innere Organisation des Städtecorpus begünstigte die großen Kommunen. Ihre Vertreter dominierten bei der Entscheidungsfindung des Städtetags; daß die Beiträge der einzelnen Städte zu den Kosten der Einung weniger stark gestaffelt waren als etwa die Anschläge der Reichsmatrikel, bedeutete ebenfalls eine Benachteiligung vor allem der kleineren Kommunen. Im übrigen verzichteten die Städte auf allzu strenge Organisationsregeln und Verfahrensbestimmungen wie überhaupt auf verbindliche Formulierungen ihrer politischen Ziele, von strikten Bündnispflichten zur Durchsetzung solcher Ziele ganz zu schweigen. Der Städtetag blieb vielmehr stets ein relativ lockerer, eben deshalb freilich auch politisch flexibler Verbund, und das bewährte sich in der Praxis durchaus. Vor allem gelang es dem Städtetag, eine Fülle von Spannungen zwischen Reichsstädten und fürstlichen Herrschaften auf friedlichem Wege und unter Wahrung insbesondere der wirtschaftlichen Interessen der Städte zu lösen. Daß die Reichsstädte – oder doch viele von ihnen – sich Schritt um Schritt in die politische Klientel der großen Landesfürsten begeben mußten, war freilich auf die Dauer nicht zu verhindern. Die politische Landschaft des Reichs wurde ja immer stärker durch regionale Einflußzonen der mächtigen Reichsfürsten geprägt; dem konnten auch die Reichsstädte sich nicht entziehen. Ihr fortbestehender formaler Status der Reichsunmittelbarkeit verlor damit viel von seiner politischen Bedeutung. Auch die fortdauernde Diskriminierung der Städte in den Verfassungsinstitutionen des Reichs hatte in diesen Verschiebungen der politischen Gewichte eine ihrer wichtigsten Ursachen.

5. Die Schweizer Eidgenossenschaft

Die politische Struktur der älteren Eidgenossenschaft unterschied sich grundlegend von den Verhältnissen anderer Landschaften des Reichs. Sie baute sich im wesentlichen in drei Schichten auf. Ihre älteste und ursprünglichste Ordnung war die der Gemeinden: der ländlichen sogenannten Talgemeinden von Uri, Schwyz, Unterwalden und Glarus sowie der Stadtgemeinden Zürich, Bern und Luzern, dazu des Städte- und Länderorts Zug. Diesen acht Alten Orten war es im Laufe des Spätmittelalters gelungen, die Unabhängigkeit von jeder fremden Herrschaft zu erkämpfen und zu behaupten – insbesondere gegenüber den Habsburgern, im 15. Jahrhundert dann auch gegenüber den Herzögen von Burgund; die fortdauernd anerkannte Zugehörigkeit zum Reich tat ihrer politischen Eigenständigkeit kaum Eintrag. Ihre innere Organisation trug ein stärker genossenschaftliches als herrschaftliches Gepräge, und zwar auch in den Landgemeinden; bezeichnenderweise spielte der Adel als soziale Gruppe schon frühzeitig keine eigene politische Rolle mehr. Das schloß indessen deutliche Abstufungen der politischen Rechte, auf Kosten vor allem der ländlichen Hintersassen, nicht aus; ohnehin war es zumeist nur eine Handvoll einflußreicher Geschlechter, die die Geschicke der Gemeinden maßgeblich bestimmte.

Die Acht Orte scheuten sich nun keineswegs, andere Gemeinden oder Herrschaften ihrem politischen Einfluß zu unterwerfen, und dieser Einfluß verfestigte sich alsbald zu Formen territorialer Herrschaft, deren Intensität den fürstlichen Landesherrschaften im übrigen Reich kaum nachstand – nur daß es sich in der Schweiz eben gerade nicht um fürstliche, sondern um republikanische Staatsbildungen handelte. In Deutschland entsprachen dieser zweiten Schicht der verfassungspolitischen Struktur der Eidgenossenschaft noch am ehesten die reichsstädtischen Territorialbildungen, die jedoch in ihrer politischen Bedeutung weit hinter den größeren Land- bzw. Stadtstaaten der Eidgenossenschaft zurückblieben; insbesondere dem Territorium Berns hatte keine der deutschen Reichsstädte, auch nicht Nürnberg, etwas Vergleichbares entgegenzusetzen. Im übrigen unterschieden sich die Herrschaftsverhältnisse in den einzelnen Territorien der Eidgenossenschaft untereinander beträchtlich, nicht zuletzt in dem Maß der Freiheiten, die ihre Untertanen, die sogenannten «Herrschaftsleute» – darunter ganze Gemeinden, auch Stifte und Klöster – gegenüber der Herrschaft der großen Orte zu wahren vermochten. Auch gab es seit dem frühen 15. Jahrhundert Kondominate mehrerer Orte über sogenannte «Gemeine Herrschaften».

Die dritte Schicht verfassungspolitischer Ordnung der Schweiz schließlich bildeten die Bünde, durch die sich die alten Stadt- und Landgemeinden mit den später hinzugekommenen «Zugewandten Orten» zu einem politischen Ganzen zusammengeschlossen hatten. Diese Bünde beruhten auf feierlich beschworenen Bündnisverträgen und galten als das eigentlich unterscheidende Merkmal der schweizerischen Verfassung; sie gaben dem Ganzen auch seinen bis heute gültigen Namen der «Eidgenossenschaft».

Im einzelnen wies das Bundesgeflecht der Eidgenossenschaft zu Beginn des 16. Jahrhunderts als Ergebnis einer über zweihundertjährigen Entwicklung eine ungemein komplizierte Struktur auf. Ein kurzer Rückblick auf diese Entwicklung mag das Verständnis wenigstens der Grundverhältnisse erleichtern.

Vom Ausgang des 13. Jahrhunderts bis zum Ende der luxemburgischen Herrschaft im Reich war es den alten Acht Orten gelungen, sich zu einer Landfriedenseinung zu verbinden und sich mit Hilfe dieses Bundes gegen die österreichischen Expansionsversuche zu behaupten. Auch die Anfänge der Territorialbildung der Acht Orte fielen bereits in diese Zeit; um 1415 erstreckte sich ihre Herrschaft nahezu flächendeckend von Rhein und Aare im Norden bis zu den Berner Alpen im Süden, vom Neuenburger See im Westen bis über den Zürichsee hinaus nach Osten; das 1411 hinzugekommene Appenzeller Land reichte gar bis dicht an den Bodensee. Im Privilegienregen Kaiser Sigismunds wurden den Acht Orten ihre volle Reichsunmittelbarkeit, ihre Gerichtsprivilegien und auch ihr Bund bestätigt; überdies übertrug ihnen der Kaiser mit Teilen des Aargaus die erste Gemeine Herrschaft. Dieser erste gemeineidgenössische Besitz, dem bald weitere folgten, bedeutete nicht nur eine erhebliche territoriale Arrondierung der Eidgenossenschaft; er brachte vielmehr zugleich eine folgenreiche Verfestigung des organisatorischen Zusammenhalts der Eidgenossenschaft, insbesondere der Tagsatzung als ihres zentralen Beratungsgremiums – die gemeine Verwaltung der Gemeinen Herrschaften machte ja in ganz anderer Weise als zuvor ein gemeinsames Handeln erforderlich. Im weiteren Ausbau der Eidgenossenschaft verstärkten die alten Acht Orte ihren Zusammenhalt und zugleich ihren verfassungsrechtlichen Vorrang vor den neu hinzukommenden «zugewandten» Orten. Die Zugewandten mußten ihre Einung mit den Eidgenossen – das sogenannte Burg- oder Landrecht – einseitig beschwören, auch wurden sie nur in besonderen Fällen zur Tagsatzung geladen. Im übrigen bildeten die Zugewandten selbst eine sehr uneinheitliche Gruppe: Während einige von ihnen, z.B. das Wallis und die Drei Bünde, auf der Basis weitgehender Gleichberechtigung verburgrechtet waren, hatten andere, so etwa Abt und Stadt St. Gallen, gegenüber der Eidgenossenschaft nur sehr viel schwächere Rechte der Selbst- und Mitbestimmung.

In der Zeit von 1481 bis 1513 schließlich entstand mit der Erhebung von fünf Zugewandten zu Eidgenossen die dreizehnörtige Eidgenossenschaft, die dann bis zur Zeit der Französischen Revolution Bestand gehabt hat: 1481 kamen Solothurn und Freiburg i. Ü. als Städteorte hinzu, 1501 Basel und Schaffhausen, 1513 der Länderort Appenzell. Diese fünf neuen Orte blieben allerdings von dem Kondominat über die vor ihrem Beitritt erworbenen Gemeinen Herrschaften ausgeschlossen; mit ihnen schob sich also eine neue Kategorie zwischen die alten Acht Orte und die Zugewandten. Im übrigen gab es eine ganze Reihe von Sonderbündnissen, die die verfassungspolitische Struktur der Eidgenossenschaft noch unübersichtlicher machten.

In all seiner inneren Uneinheitlichkeit mußte das Bundesgeflecht der Eidgenossenschaft mancherlei alten und neuen Gegensätzen der Bündner Rechnung tragen. Schon die vielen Abstufungen im Rechtsstatus stellten ein Moment dauernder Spannungen dar. Dazu kamen die territoriale Konkurrenz unter den Orten und auch die Unterschiedlichkeit ihrer Herrschaftsformen – in deutlichem Gegensatz zu den prinzipiell genossenschaftlich verfaßten Länderorten gab es unter den Zugewandten ja sogar einige Fürsten, z. B. den Fürstabt von St. Gallen, die Bischöfe von Basel und Sitten sowie die Grafen von Greyerz. Und noch wichtiger war schließlich der langdauernde Konflikt zwischen Städte- und Länderorten, in dem sich verfassungspolitische und ökonomische – seit der Reformation dann auch konfessionelle – Gegensätze verbanden. Gegen Ende des 15. Jahrhunderts verschärfte sich dieser Konflikt wegen der Unfähigkeit der Länderorte, mit ihrer traditionell schwachen Staatlichkeit die wilden Auszüge ihrer Reisläufer zu verhindern; bezeichnenderweise verlangten die Städte eben jetzt, insbesondere mit der Aufnahme von Freiburg i. Ü. und Solothurn unter die Eidgenossen, eine nachhaltige Stärkung des städtischen Elements in der Eidgenossenschaft. Letzten Endes liefen ihre Vorstellungen überhaupt darauf hinaus, das herkömmliche Bundesgeflecht durch einen einzigen, alle alten und neuen Orte umfassenden Bund zu ersetzen, der einer staatlichen Weiterbildung der Eidgenossenschaft den Weg ebnen sollte. Gerade diese Absicht konnte jedoch nur zum geringsten Teil realisiert werden. Nach harten inneren Auseinandersetzungen wurde 1481 mit dem Stanser Verkomniß – das Wort «Verkomniß» bedeutet «Beschluß», «Abschied» – ein Kompromiß gefunden, der zwar die Position der Obrigkeiten der einzelnen Orte gegen Zusammenrottungen von Untertanen beträchtlich stärkte, zugleich aber der Entwicklung des Gesamtbundes zu intensiverer Staatlichkeit einen Riegel vorschob. In der Folge scheiterte auch der Versuch, das Problem der Reisläufer für die gesamte Eidgenossenschaft mit Hilfe der Tagsatzung zu lösen. Überhaupt gelang es nicht, die Tagsatzung zu einem rechtsverbindlich beschließenden Organ der Eidgenossenschaft zu entwickeln. Sie blieb im wesentlichen eine Gesandtenkonferenz, und selbst wenn sie einhellige Beschlüsse faßte – das Majoritätsprinzip konnte ohnehin nicht durchgesetzt werden –, blieb die Ausführung der Beschlüsse stets dem freien Ermessen der einzelnen Orte überlassen. Gleichwohl war und blieb der Wille zu tragfähigen Kompromissen ein Kennzeichen eidgenössischer Verfassungsbildung. Existenzbedrohende Konflikte wie der Toggenburger Erbschaftskrieg (1430–1450), in dem Zürich an der Seite Österreichs gegen Schwyz und die übrigen Eidgenossen um das Erbe der Grafen von Toggenburg gekämpft hatte, wiederholten sich nicht. Dieser Wille zum politischen Kompromiß sollte sich einige Jahrzehnte später auch im Glaubensstreit bewähren. Bezeichnenderweise war es gerade die Eidgenossenschaft, der es 1531 – nach der Zerreißprobe der Kappeler Kriege – zum ersten Mal gelang, den Streit der Konfessionen durch eine politische Friedensordnung zu zähmen. Im übrigen beruhte diese Kompromißfähigkeit wie überhaupt der Zusammenhalt der Eidgenossenschaft nicht zuletzt auf einem wachsenden Bewußtsein der sozialen und politischen Andersartigkeit gegenüber den viel stärker vom Adel bestimmten Lebensformen des sonstigen Reichs – auf den Anfängen mithin eines eigenen Schweizer Nationalgefühls.

V.

Kirche und geistiges Leben am Vorabend der Reformation

1. Reformstreben und Reformbedürftigkeit der Kirche

Die deutsche und europäische Welt des ausgehenden Mittelalters war voll von Reformrufen und -aktivitäten. Kaiser und Stände rangen miteinander um die Reform des Reichs, Territorien und Städte bemühten sich um die «Reformation» ihrer herkömmlichen Rechtsordnungen, an den Universitäten stritt man um Reformen des Studiums – vor allem jedoch rief alle Welt nach einer gründlichen Reform der Kirche.

Nun war gerade der Ruf nach einer reformatio ecclesiae an sich nichts Neues. Die Überzeugung von der Reformbedürftigkeit der Kirche und auch ein ganz praktisches Reformbemühen waren vielmehr schon seit Jahrhunderten als stetes Moment der Selbstkritik und als Antrieb zu weitreichenden Änderungen geläufig. Das gilt für die Klosterreform von Cluny an der Jahrtausendwende, die zur großen Kirchenreform der folgenden Generationen wurde, wie von den Armutsbewegungen des hohen Mittelalters, die sich zwar zunächst in den großen Ketzerkirchen der Katharer und Waldenser zur Geltung brachten, dann aber von den Bettelorden verkirchlicht und kirchenreformerisch zugespitzt wurden. Im ausgehenden Mittelalter bekamen das Verlangen nach der Reform der Kirche und die dahinterstehende Kirchenkritik indessen eine neue Dimension, und zwar in dreierlei Hinsicht: Zum ersten richteten sie sich gegen die Kirche in so gut wie allen ihren Institutionen und ganz besonders gegen das Papsttum; man rief sehr betont nach einer Reform der Kirche «an Haupt und Gliedern». Zweitens gewann die Reformbewegung eine neue soziale Basis. Es waren in erster Linie nicht mehr fromme Kleriker, die jetzt die Reform der Kirche forderten, sondern Laien: Landesfürsten, städtische Obrigkeiten, dazu überhaupt das gebildete Bürgertum, insbesondere unter dem Einfluß des Humanismus. Und im Zusammenhang damit begann sich drittens die Kirchenkritik des ausgehenden Mittelalters verstärkt zu säkularisieren, d. h. für sie gewannen Kriterien, die an sich mit der Kirche gar nichts zu tun hatten, maßgebende Bedeutung. Das gilt insbesondere vom zunehmenden nationalen Akzent der Reformforderungen. So wurden etwa auf den Reichstagen seit Mitte des 15. Jahrhunderts immer wieder «Gravamina der deutschen Nation» formuliert, die die finanzielle Ausbeutung Deutschlands durch kuriale Abgaben oder auch einfach die Übertragung deutscher Pfründen an Ausländer beklagten. Erst recht verband sich bei den Hussiten die Forderung nach sittlichen Reformen des Klerus und nach einer Aufwertung der Laien – insbesondere durch die Gestattung des Laienkelchs im Abendmahl – mit nationaltschechischen

Impulsen. Im übrigen war der oft bezeugte Pfaffenhaß der Zeit weithin auch sozial motiviert.

Worin lag nun eigentlich die Reformbedürftigkeit der spätmittelalterlichen Kirche? Die Antwort ist bis heute in der Forschung nicht ganz unbestritten – vor allem, weil und soweit diese Antwort durch Kriterien mitbestimmt wird, die, wie schon der Kirchenbegriff selbst, bis heute zwischen den Konfessionen umstritten sind. Die protestantische Historiographie hat bis in unser Jahrhundert hinein das Spätmittelalter immer wieder als eine Zeit schlimmer Zersetzung und Zerrüttung der Kirche, als eine Zeit der Verdunklung des wahren Wortes Gottes verstanden; die katholische Geschichtsschreibung hat demgegenüber stets den Reichtum spätmittelalterlicher Frömmigkeit betont, der erst und gerade durch die Reformation zerstört worden sei. Nachwirkungen solcher Polemik und Apologetik sind bis heute spürbar; doch hat eine geduldige, den wissenschaftlichen Maßstäben historischer Kritik verpflichtete Forschung und Geschichtsschreibung – ungeachtet jener grundsätzlichen konfessionellen Dissense – zu einer weitgehenden Annäherung der Urteile hüben und drüben geführt. Auf protestantischer Seite sind unabhängige Geister wie Jacob Burckhardt schon seit dem späteren 19. Jahrhundert zu einer allmählich unbefangeneren Würdigung spätmittelalterlicher Kirchlichkeit gelangt. Auf katholischer Seite bedeutete die zweibändige Darstellung der «Reformation in Deutschland» durch Joseph Lortz (1939/40) den entscheidenden Schritt; in diesem Buch wurde zum ersten Mal von berufener katholischer Seite anerkannt, daß das Grundanliegen der Reformation, daß ihr Protest berechtigt gewesen sei, selbst wenn sie – wie Lortz meinte – mit der Trennung von der römischen Kirche dann einen verhängnisvoll falschen Weg beschritten habe. Hinter Lortz' kritische Thesen ist ernstzunehmende katholische Geschichtsschreibung seitdem nicht mehr zurückgefallen – im Gegenteil finden sich gerade bei neueren katholischen Autoren ungemein kritische Analysen und Urteile über die Zersetzung der spätmittelalterlichen Kirche.

Wenn die Reformbewegungen der Epoche nach einer durchgreifenden Reform der Kirche «an Haupt und Gliedern» verlangten, so lag der Akzent dabei durchaus auf dem Worte «Haupt». Gemeint war die dringende Reform des Papsttums, und in der Tat kann am inneren Zerfall, vor allem an der tiefgreifenden Verweltlichung, dieser höchsten Institution der Kirche im ausgehenden Mittelalter kein Zweifel sein.

In den Zusammenhang solcher Verweltlichung gehörte schon die Herrschaftsstellung des Papstes als Herr des Kirchenstaats, als welcher er in der politischen Praxis den Bedingungen des italienischen und europäischen Staatensystems unterworfen war. An sich war die politische Herrschaft des Papstes im späten Mittelalter gar nichts Neues; die Auseinandersetzungen des Hochmittelalters zwischen Kaisertum und Papsttum waren eine Auseinandersetzung auch um die höchste politische Gewalt im Abendland gewesen, und schon damals waren die politischen Ansprüche des Papsttums für dessen geistliches Amt nicht unproblematisch gewesen. Mittlerweile war das Papsttum aber von der Höhe solcher Auseinandersetzungen tief hinabgestürzt: Die avignonesische Gefangenschaft des Papstes hatte ihn in schmähliche Abhängigkeit vom französischen Königtum gebracht, die folgende Zeit des Schismas und der Reformkonzilien des 15. Jahrhunderts hatte die innerkirchliche Autorität des Papsttums schwer beeinträchtigt. Gleichwohl blieb der Papst doch der Herr des Kirchenstaats, der für die politischen Verhältnisse Italiens eine wichtige Rolle spielte und in diese Verhältnisse tief eingebunden war. Nun war aber Italien von den neunziger Jahren des 15. Jahrhunderts bis in die dreißiger Jahre des 16. Jahrhunderts der wichtigste Zankapfel im Streit der Häuser Valois und Habsburg um die Vorherrschaft in Europa; folgerichtig wurde auch das Papsttum in diesen hegemonialen Konflikt hineingezogen. Die daraus resultierenden politischen Abhängigkeiten hinderten das Papsttum während entscheidungsträchtiger Jahrzehnte daran, seine geistliche Führungsaufgabe in der Kirche mit der nötigen Entschiedenheit wahrzunehmen, ja die Frage der inneren Reform der Kirche wurde selbst zu einem Streitpunkt der europäischen Außenpolitik.

Zu solcher Verstrickung in weltliche Politik kam eine nicht minder tiegreifende Verweltlichung, ja Amoralisierung des Papsttums in Lebensführung und Amtsauffassung. Die Renaissancepäpste haben ihr hohes Amt ungeniert in den Dienst ihrer Familieninteressen gestellt; ihre Nepotenwirtschaft war notorisch. Bereits Sixtus IV. (1471–1484) schreckte im Kampf um die Festung der päpstlichen Herrschaft im Kirchenstaat nicht vor dem Versuch eines politischen Mordes an Lorenzo de'Medici zurück; Alexander VI. (1492–1503) und seine Familie, die Borgia, haben den Stuhl Petri vollends mit Mord und Unzucht befleckt, von subtileren Vergehen wie Simonie und Pfründenschacher ganz zu schweigen. Vielleicht noch schlimmer war die innere Zersetzung des obersten Amts der Kirche unter dem vergnügungssüchtigen und frivolen Mediceer Leo X. (1513–1521), auch wenn ihm die scheußlichsten Laster des Borgiapapstes abgingen; die Leichtfertigkeit seiner Amtsführung ist in hohem Maße für den Protest Luthers von 1517 und für die Ausweitung der causa Lutheri zur Kirchenspaltung mitverantwortlich gewesen. Sein Nachfolger Hadrian VI. (1522–1523), unter dessen – freilich allzu kurzem – Papat die Forderung der Kirchenreform zum ersten Mal an der Spitze der Kirche selbst ernsthaft gehört wurde, hat in kritischem Rückblick auf die Regierungszeit seiner Vorgänger festgestellt, das Laster sei an der Kurie so selbstverständlich geworden, daß die damit Befleckten nicht einmal mehr den Gestank der Sünde wahrgenommen hätten.

Ein ebenso spezifisches wie neuralgisches Element der Verweltlichung des Stuhls Petri war schließlich der Fiskalismus der Kurie. Daß die Regierung der Kirche Geld brauchte, war an sich in Ordnung, und zumindest akzeptabel war auch, daß sie deshalb Gebühren für kirchliche Amtshandlungen erhob bzw. erheben ließ. Untragbar aber war die Unverhältnismäßigkeit der fiskalischen Forderungen der Kurie, die ihr mit Recht – gerade in Deutschland – den Vorwurf hemmungsloser Ausbeuterei eintrugen; nicht zu vertreten war auch die Aushöhlung, wo nicht gar das völlige Verschwinden des geistlichen Sinns und Zwecks der kurialen Geldforderungen. Für die Erlangung aller bedeutenderen kirchlichen Ämter mußten gewaltige Summen nach Rom entrichtet werden; für eine Vielzahl von Ämtern stand der Kurie überdies das Einkommen des ersten Amtsjahres zu, das waren die besonders verhaßten Annaten. Hinzu kam, daß so gut wie jeder Dispens von ansonsten zwingenden Regeln des kirchlichen Rechts erlangt werden konnte, wenn man nur genug zahlte. Insbesondere der Dispens vom Verbot der Pfründenhäufung wurde so zu einer sprudelnden Einnahmequelle der Kurie. Es versteht sich, daß in diesem Klima der Vermischung von geistlichen und Geldangelegenheiten das uralte kirchenrechtliche Verbot der Simonie nicht respektiert wurde; Rom wurde zu einem Ort ausgedehnten Pfründenschachers. Vollends das Ablaßwesen wurde immer stärker von den fiskalischen Zielen der Kurie bestimmt. Ganz besonders galt das von den großen Ablässen anläßlich der sogenannten Jubeljahre, die seit 1450 in fünfundzwanzigjährigem Abstand gefeiert wurden, und entsprechend auch für den seit 1506 verkündigten Jubelablaß zugunsten des Baus der Peterskirche. Die Grundproblematik des Ablasses – die Erteilung kirchlicher Gnaden gegen Geld – wurde hier noch dadurch verschärft, daß mit der Vollmacht zur Erteilung des Ablasses als des Erlasses kirchlicher Sündenstrafen in theologisch wenig klarer Weise die Vollmacht zur Lossprechung von allen Sünden verbunden und obendrein auf die Verstorbenen ausgedehnt wurde. Die nahezu unvermeidliche Folge dieser Expansion der Ablaßgnaden bestand in einer schlimmen Verwirrung zumindest der einfacheren Geister, die sich daran gewöhnten, die Geldleistung als Hauptsache der Sündentilgung anzusehen. Im übrigen ließ sich das Papsttum, gerade im Zusammenhang mit dem Ablaßwesen, auch tief auf fragwürdige Geschäftsbeziehungen mit dem Frühkapitalismus ein; es trat sogar selbst, nämlich für das im Kirchenstaat gefundene Alaun, als Monopolist auf den europäischen Märkten auf.

Nicht viel und manchmal überhaupt nicht besser als um das Papsttum stand es um den Klerus, den hohen wie den niederen, den Säkular- wie den Ordensklerus.

In seinen oberen Rängen war er – wie das Papsttum selbst – durch eine tief problematische Verbindung geistlicher und weltlicher Rechte und Pflichten gekennzeichnet. Das gilt in besonderem Maße gerade für die Reichskirche, für die Institution nämlich des geistlichen Fürstentums, wie es aus dem ottonischen Reichskirchensystem entstanden war und in den katholisch bleibenden Ländern des Reichs bis zum Beginn des 19. Jahrhunderts fortbestehen sollte. Diese typische Vereinigung geistlicher und weltlicher Rechte in einer Hand bedeutete stets und unvermeidlich eine Gefährdung gerade der geistlichen Belange. Ein Bischof, der zugleich Reichsfürst und Landesherr war und die daraus resultierenden politischen Aufgaben auch nur mit einiger Sorgfalt wahrnahm – und genau das war im Machtkampf der territorialen Gewalten eine Forderung der schieren Selbsterhaltung – konnte kaum anders, als seine geistlichen Pflichten zu vernachlässigen. Die Verweltlichung der spätmittelalterlichen Kirche hatte gerade hier Ursachen, die weit in die Jahrhunderte zurückreichten und nur durch tiefe Eingriffe in die Reichsverfassung zu beseitigen gewesen wären.

Zur Problematik der Verbindung von geistlichen und weltlichen Aufgaben und Rechten im Amt der geistlichen Fürsten kamen ungute Verschiebungen im Verständnis des kirchlichen Amtes selbst. An sich war für das kirchliche Amt nach kanonischem Recht die untrennbare Verbindung von officium und beneficium, von persönlich verpflichtendem Amt und nutzbarem Recht als wirtschaftlicher Grundlage der Lebensführung, maßgebend. Seit geraumer Zeit aber und zunehmend trat das Amt mit seinen Pflichten ganz hinter die Pfründe zurück. Eine besonders verderbliche Ausprägung dieses Pfründedenkens bestand darin, daß hohe Geistliche wie einfache Pfarrer ihre Amtsverrichtungen vielfach durch Stellvertreter, im Fall der Pfarrer durch zumeist rohe, ungebildete und miserabel bezahlte Vikare, wahrnehmen ließen. Für die Niederlande hat man berechnet, daß mindestens ein Drittel, vielleicht die Hälfte aller Pfarreien von solchen Vikaren und nicht etwa von den Pfarrern selbst versorgt wurden; die Pfarrer lebten häufig auch gar nicht in ihrer Gemeinde, sondern am Ort einer anderen von ihnen genutzten Pfründe.

Überhaupt waren die Pfründenhäufungen ein weiteres, schlimmes Phänomen der Verkümmerung des kirchlichen Amts. Die Vereinigung von mehreren Bistümern oder Abtsstellen in einer Hand waren keine Seltenheit, die Kumulation niederer Pfründen noch viel häufiger. Ein als Pfründenjäger besonders eifriger niederländischer Kardinal besaß über 100 Benefizien in nicht weniger als 26 Diözesen mit einem Jahreseinkommen von über 26 000 Gulden; Kardinal Matthäus Lang von Wellenburg, vertrautester Rat Kaiser Maximilians und seit 1519 Erzbischof von Salzburg, soll aus seinen vielen geistlichen und weltlichen Pfründen in Deutschland, Frankreich, Italien und Spanien bereits um 1500 pro Jahr über 50 000 Gulden bezogen haben. Dieses Vorwiegen des Pfründegedankens wurde noch dadurch verstärkt, daß der Adel Versorgungsbedürfnisse seiner nachgeborenen Söhne und unverheirateten Töchter bevorzugt über kirchliche Pfründen zu befriedigen suchte. Das war ein Grund übrigens auch dafür, daß bedeutende Pfründen, wie etwa zahlreiche Stellen in Domkapiteln oder in Chorherrenstiften, in zunehmendem Maße dem Adel vorbehalten blieben. In Köln war bereits um 1474 der Nachweis von 32 turnierfähigen Ahnen für den Eintritt ins Domkapitel erforderlich, und auch andernorts wuchs die adlige Exklusivität der Kapitel und Stifte. Die geistlichen Interessen der auf diese Weise versorgten Damen und Herren aber wurden im allgemeinen mit Inbesitznahme der Pfründe nicht lebhafter, als sie es zuvor gewesen waren.

Hinzu kamen offenkundige geistliche und moralische Mißstände in weiten Teilen des Weltklerus wie bei den Ordensleuten. Die Skala solcher Defekte reichte von höchst bedenklichen Lockerungen der Klosterzucht über den weitverbreiteten Konkubinat der Geistlichen, der von allzu vielen kirchlichen Obrigkeiten eher als ergiebige Quelle von Strafgeldern, denn als ernsthaft zu bekämpfender Mißstand angesehen wurde, bis hin zur notorischen Geldgier vieler Angehöriger des geistlichen Standes, auch des Pfarrklerus, der sich durch neue Zehntforderungen oder durch willkürliche Erhöhungen der Stolgebühren zu bereichern suchte – ganz zu schweigen von der oft beklagten Spiel-, Trunk- und Rauflust der Geistlichen, die ihren weltlichen Zeitgenossen darin offenbar kaum nachstanden. Wenn weite Kreise der Laienschaft derartige Verfehlungen in Amts- und Lebensführung des Klerus mit einem wahren Pfaffenhaß quittierten, kann das nicht wundernehmen.

Daß es neben alledem auch intakte Klöster, verantwortungsvolle Priester und Bischöfe und lebendige geistliche Gemeinschaften gab, die sich bezeichnenderweise selbst durchweg als Elemente der Reform verstanden, soll damit nicht geleugnet werden. Zu nennen sind hier insbesondere die Observantenzweige der Bettelorden – Observanten deshalb, weil sie sich auf die uneingeschränkte Einhaltung der ursprünglichen Ordensregeln verpflichtet hatten –, des weiteren die von dem Kloster Bursfeld bei Göttingen ausgehende und nach ihm benannte benediktinische Reformkongregation, der sich bis 1530, also bis in die Reformationszeit hinein, nahezu 100 Benediktinerabteien anschlossen. Zu diesen monastischen Reformimpulsen kamen andere, die auch den Säkularklerus und die Laien ergriffen, vor allem die von den Niederlanden ausgehende Frömmigkeitsbewegung der Brüder vom Gemeinsamen Leben, dazu die aus dem Hussitentum erwachsenen Gemeinden der Böhmischen Brüder.

Die Gemeinschaft der Brüder vom Gemeinsamen Leben, auch Fraterherren oder – nach ihrer Kopfbedeckung – Kugelherren genannt, war schon im späten 14. Jahrhundert aus einer religiösen Erweckungsbewegung des Mystikers und Bußpredigers Gert Groote in Deventer entstanden. Zu den Fraterherren gehörten Geistliche und Laien, die ein klosterähnliches Leben mit gemeinsamem Besitz in Bruder- und Schwesterhäusern führten und nach einer verinnerlichten, zugleich aber im Alltagsleben tätig sich bewährenden Frömmigkeit der Nachfolge Christi strebten. In kritischer Distanz zur scholastischen Theologie der Zeit suchten sie die Grundlagen ihrer «neuen Frömmigkeit», lateinisch: devotio moderna, vor allem und unmittelbar in der Heiligen Schrift, deren häufige Lektüre sie empfahlen. Von den Niederlanden aus verbreitete sich die Bewegung schon frühzeitig am Niederrhein, bald auch nach Hessen und Württemberg, dann über Norddeutschland, im Osten bis nach Rostock und Kulm. Mit ihrem Gegensatz zur Scholastik wie mit ihrem unmittelbaren Rückgriff auf die Heilige Schrift bereiteten die Fraterherren dem Humanismus den Weg; die wichtigste Gestalt des Humanismus zu Beginn des 16. Jahrhunderts, Erasmus von Rotterdam, ist überhaupt aufs stärkste von der Devotio moderna geprägt worden. Es lassen sich aber auch Einflüsse auf Luther und – über die ‹Imitatio Christi› des Thomas von Kempen – auf Ignatius von Loyola nachweisen. Die Brüder vom Gemeinsamen Leben gehören damit auf sehr bezeichnende Weise in die Vorgeschichte sowohl der Reformation als auch der innerkatholischen Reform des 16. Jahrhunderts.

Die Böhmischen Brüder waren ursprünglich ein Seitenstück der hussitischen Bewegung. Während aber die Hussiten – zunächst und rasch die radikalen Taboriten, später und allmählich auch die gemäßigten Utraquisten – an Bedeutung verloren, gewannen die Böhmischen Brüder seit ihren ersten Gemeindebildungen um die Mitte des 15. Jahrhunderts trotz mancher Verfolgungen ständig neue Anhänger. Um die Jahrhundertwende dürften die Brüdergemeinden in Böhmen, Schlesien und Polen weit über 100 000 Mitglieder gehabt haben, und ihre Ausbreitung war noch lange nicht abgeschlossen. Die Brüdergemeinschaften versuchten, in Abgrenzung von der übrigen Gesellschaft ein Leben nach den Regeln der Bergpredigt zu führen. Alle nicht von der Heiligen Schrift gebotenen kirchlichen und weltlichen Ordnungen waren ihnen suspekt; Eide und Kriegsdienst, selbst richterliche Ämter galten ihnen als verwerflich oder doch tief fragwürdig. Erst ganz allmählich setzte sich, wenigstens bei der Mehrzahl der Brüder, eine weniger rigorose Einstellung gegenüber den Trägern weltlicher Gewalt durch. Seit den sechziger Jahren schufen sich die Brüdergemeinden eine eigene kirchliche Organisation unter starker Beteiligung des Laienelements, wenigstens auf der Ebene der einzelnen Gemeinden. Mit ihrer am Heilswerk Christi orientierten, alle Verdienstlichkeit der Werke ablehnenden Frömmigkeit gehören die Böhmischen Brüder zu den unmittelbaren Vorläufern der Reformation, zu der sie denn auch schon frühzeitig enge Verbindungen knüpften. Nicht wenige Texte und Weisen von Gemeindeliedern der Reformation gehen auf die Böhmischen Brüder zurück und werden noch heute in evangelischen Gottesdiensten gesungen.

Über den innerkirchlichen Reformkräften des ausgehenden Mittelalters darf im übrigen die Rolle reformfreudiger Landesherren oder auch städtischer Obrigkeiten nicht übersehen werden, die jene Reformbewegungen – häufig gegen reformunwillige Widerstände in der Kirche selbst – tatkräftig förderten. Vermutlich haben gerade die weltlichen Obrigkeiten mit ihren Reforminitiativen vor der Reformation mehr an innerkirchlichen Reformen auf den Weg gebracht als alle kirchlichen Institutionen zusammengenommen. Als Gesamtbilanz von Mißständen und Reformen aber muß festgehalten werden, daß die Bereiche intakter kirchlicher Verhältnisse – intakt nach den Maßstäben der mittelalterlichen Kirche selbst – nicht die Regel waren, sondern die Ausnahme, Inseln in einem Meer von Krisenerscheinungen.

2. Frömmigkeit am Ende des Mittelalters

Die Krise der spätmittelalterlichen Kirche war um so gravierender, als offenkundig viele Menschen der Zeit von einer sehr lebhaften Frömmigkeit beseelt waren und von da aus wachsende Ansprüche an die Kirchen stellten.

Die sozusagen expandierende Frömmigkeit der Zeit kam schon in der gewaltigen Vermehrung der Gottesdienste, insbesondere der Seelenmessen zugunsten Verstorbener, dazu der Marien- und Heiligenandachten zum Ausdruck. Allein am Allerheiligenstift in Wittenberg, der Schloßkirche Kurfürst Friedrichs des Weisen von Sachsen, feierten seit 1508 nicht weniger als 64 Priester jährlich nahezu 9000 Messen. Am Dom zu Meißen, der Schloßkirche der mit den sächsischen Kurfürsten auch in kirchlichen Dingen rivalisierenden Herzöge von Sachsen, bestand seit 1480 gar ein «ewiger Chor», in dem von 14 Kanonikern und einer Fülle geistlicher Hilfspersonen ständig, Tag und Nacht, Litaneien und Offizien gesungen wurden. Im «heiligen» Köln wurden zur gleichen Zeit in elf Stiften, 22 Klöstern, 19 Pfarrkirchen und rund 100 Kapellen täglich über 1000 Messen gelesen. In anderen Bischofsstädten, an anderen großen Kollegiatstiften und Pfarrkirchen sah es ähnlich aus.

Ein großer Teil dieser Gottesdienste ging auf besondere Stiftungen zurück, aus denen die messelesenden Altaristen bezahlt wurden. Wer es sich aber leisten konnte – und das galt zunehmend nicht nur für Angehörige des Adels, sondern auch für die reicheren Bürger der Städte –, stiftete zur Meßpfründe gleich noch einen eigenen Altar; die reich ausgestatteten, künstlerisch oft vorzüglichen spätgotischen Altäre unserer Kirchen verdanken ihre Existenz zumeist derartigen Stiftungen. So wuchs mit den Gottesdiensten auch die Zahl der Altäre und erste recht der Meßpfründen: In Breslau z. B. gab es zu Beginn des 16. Jahrhunderts an der Elisabethkirche 47 Altäre mit 122 Altaristen, in St. Magdalenen wirkten zur gleichen Zeit 114 Altaristen an 58 Altären. In kleineren Städten waren die Verhältnisse natürlich bescheidener; immerhin hat man auch für die knapp 30 oberschwäbischen Stadtpfarreien des Bistums Konstanz um 1500 über 400 Kaplaneien, Frühmeß- und Altarpfründen festgestellt.

Die gesteigerte Nachfrage nach den Gnadenschätzen der Kirche kam auch im Aufblühen des Heiligen- und Reliquienkults sowie in der Zunahme der Wallfahrten zum Ausdruck. Wichtigste Gnadenorte in Deutschland waren Aachen und Trier – hier wurde 1512 zum ersten Mal der Heilige Rock ausgestellt –, das hessische Marburg mit den Gebeinen der heiligen Elisabeth, daneben das bayerische Altötting sowie Vierzehnheiligen in Oberfranken; in der Schweiz war Maria Einsiedeln der bedeutendste Wallfahrtsort. In Aachen wurden ausgangs des 15. Jahrhunderts an einem einzigen Tage einmal 142000 Pilger gezählt, binnen 14 Tagen kamen hier Geldspenden von 85000 Gulden zusammen – das entsprach in etwa dem Jahresverdienst von 500 wohlsituierten Handwerksmeistern. Manche Landesfürsten, vor allem die

Kurfürsten und Herzöge von Sachsen sowie der Erzbischof von Mainz, brachten förmliche Reliquiensammlungen gewaltigen Umfangs zusammen; diese «Heiltümer» wurden regelmäßig auch dem Volk zugänglich gemacht und gewannen damit die Funktion von Landesheiligtümern. Der kursächsische Reliquienschatz bei der Stiftskirche Allerheiligen zu Wittenberg belief sich auf über 5 000 Partikel, mit deren Verehrung reiche Gnaden verbunden waren.

Auch der enorme Erfolg der großen Ablaßkampagnen der Zeit gehört in diesen Zusammenhang. Gewiß nahm der Ablaß gerade im späteren 15. und beginnenden 16. Jahrhundert eine im ganzen verhängnisvolle Entwicklung; vor allem die geflissentliche Verwischung des Unterschieds zwischen Sündenvergebung und Erlaß der kirchlichen Sündenstrafen war eine schlimme Irreführung der Gläubigen. Über solchen Mißbräuchen und Irrtümern darf aber doch das grundlegende Verlangen nach kirchlichen Gnaden nicht übersehen werden, das die Menschen zu den Ablaßpredigern strömen ließ – und Großveranstaltungen waren jedenfalls die wichtigeren Ablaßkampagnen allemal: Im Gefolge des Kardinals Peraudi waren 1489/90 in Nürnberg nicht weniger als 43 Priester damit beschäftigt, die Beichte zu hören und Absolution zu erteilen, und an den täglichen Prozessionen während der sechswöchigen Ablaßkampagne nahmen insgesamt rund 20 000 Menschen teil. Im übrigen wissen wir, daß gerade die Ablaßpredigten – einmal abgesehen von der Werbung für den Ablaß selbst – durch eindringliche Schilderungen des Leidens Jesu und des Mitleidens der Maria gekennzeichnet waren. Man wird nicht anzunehmen haben, daß es den Ablaßpredigern und ihren Hörern durchweg bloß um Geld und billige Gnaden ging.

Ein weiterer Bereich, in dem die Frömmigkeit des ausgehenden Mittelalters in recht eindrucksvoller Weise tätig wirksam wurde, war der der kirchlichen Liebestätigkeit, der Armen- und Krankenpflege. Zahllose Stiftungen für Hospitäler und Armenherbergen, für Waisen- und Findelhäuser entstanden, dazu kam eine erstaunliche Almosenbereitschaft gegenüber den Bettlern an den Türen der Kirchen und auf den Straßen und Plätzen. Vielfach überstiegen die Stiftungen den wirklichen Bedarf für Kranke und Alte bei weitem; insbesondere die städtischen Spitäler sind deshalb oft zu sehr großen Vermögen gekommen und haben – gelegentlich nicht ohne Druck der weltlichen Obrigkeiten – die Funktion städtischer Banken und Kreditinstitute übernommen. Für diese Almosenbereitschaft der Epoche spielte eine erhebliche Rolle, daß gerade die Gabe für die Armen als verdienstliches Werk galt, dem in besonderer Weise die Verkürzung der Qualen des Fegfeuers verheißen war; die Blüte der kirchlichen Liebestätigkeit des ausgehenden Mittelalters beruhte insofern auf der Kirchenlehre von der Verdienstlichkeit der guten Werke und war zugleich – jedenfalls auch – ein Ausdruck der vielfach bezeugten, ausgeprägten Furcht der Menschen jener Zeit vor Gericht und Fegfeuer. Die berühmten Straßburger Predigten des Johann Geiler von Kaisersberg zeigen indessen, daß als Motiv der Almosentätigkeit auch die schlichte Dankbarkeit der Gläubigen für die unverdienten Wohltaten Gottes wirksam war: «Wie könntest du also so undankbar sein, von dem, was du in reichem Maße von Gott empfangen und auf deinem Tisch liegen hast, Gott dem Herrn, der dich um eine kleine Gabe bittet, nicht einmal ein Stückchen Brot zu geben?» Die Kehrseite der Medaille bestand in dem Mißbrauch, der von Arbeitsscheuen und Betrügern mit der frommen Hilfsbereitschaft getrieben wurde. Dieser Mißbrauch trug denn auch wesentlich dazu bei, der traditionell positiven Bewertung des Bettels – eben als Möglichkeit und Anreiz zu verdienstlichem Almosengeben – allmählich den Boden zu entziehen. Man begann, verschuldete und unverschuldete Armut zu unterscheiden und dem «starken» Bettel, d.h. der Bettelei Arbeitsfähiger, den Kampf anzusagen. Die praktische Durchsetzung solcher Unterscheidungen bedurfte freilich der Organisation und Kontrolle des gesamten Armenwesens, und so kam es, zuerst in den großen Reichsstädten, seit dem späteren 15. Jahrhundert zu den Anfängen einer straff obrigkeitlich organisierten kommunalen Armenfürsorge.

Die kirchliche Liebestätigkeit der Zeit wurde weithin von halbgeistlichen Bruderschaften getragen, wie denn überhaupt das Bruderschaftswesen zur Pflege frommer Stiftungen seit der zweiten Hälfte des 15. Jahrhunderts eine ungeheuere Popularität erlangte. Nahezu jeder Heilige hatte seine eigenen Bruderschaften, und umgekehrt gab es kaum eine Zunft oder Gilde oder einen sonstigen sozialen Verband, der nicht seinen Altar und seine Heiligen gehabt hätte. Besonders beliebt waren solche Bruderschaften, durch die sich Laienbrüder und -schwestern mit Klöstern verbanden und damit die Teilhabe an den guten Werken der Mönche und Nonnen erwarben, dazu das Recht auf klösterliche Seelenmessen und Totenfürbitten. Vor allem die Bettelklöster haben solche Bruderschaften gefördert und damit die Bindungen der Laien an die Kirche mannigfach verstärkt. Vermögende Leute – der Eintritt in eine Fraternität war zumeist nicht billig – ließen sich sogar in eine Vielzahl von Bruderschaften aufnehmen. Der württembergische Herzog Eberhard im Barte verfügte in seinem Testament vom Dezember 1492, daß bei seinem Hinscheiden «von stund an on alles verziehen» die Todesnachricht an nicht weniger als elf Bruderschaften übermittelt werden sollte, auf deren Totenfürbitte der Herzog als Mitbruder Anspruch hatte; es kam sogar vor, daß jemand über 30 Bruderschaften angehörte.

Des weiteren war die steigende Nachfrage nach der Predigt wie nach anderen Formen kirchlicher Volksunterweisung ein typischer Zug der Frömmigkeit des ausgehenden Mittelalters. Die Predigt wurde traditionell insbesondere von den Bettelmönchen gepflegt, daneben gewannen die Ablaßpredigten eigene Bedeutung; vor allem aber wurden in den Städten, häufig mit Hilfe bürgerlicher Stiftungen und unter Mitwirkung der weltlichen Obrigkeiten, eigene Prädikanten berufen – in Unterordnung zwar unter den Pfarrer und eben nur für die Predigt, nicht für die Sakramentenspendung zuständig, dafür aber sehr oft gründlicher gebildet als der Pfarrer, zumeist auf Grund eines mehr oder minder ausgiebigen Studiums. Die Menschen der Zeit, gerade die städtischen Bürger, erwarteten von der Kirche nicht mehr nur die sakramentale Vermittlung des Heils, sondern auch dessen Auslegung im Sinne einer expliziten Lebens- und Weltorientierung – ein Zeichen des wachsenden Bildungsbedürfnisses der Zeit, eine Folge aber auch der tiefgreifenden Veränderungen der Welt des ausgehenden Mittelalters in Staat und Gesellschaft, Wirtschaft und geistigem Leben. Die drei Predigtsammlungen des Basler Dominikaners Johannes Herold aus der ersten Hälfte des 15. Jahrhunderts erlebten seit Erfindung der Buchdruckerkunst bis zum Jahre 1500 nicht weniger als 36 Auflagen, die Fülle der Einzelausgaben nicht mitgerechnet; ähnlich weitverbreitet waren die Predigten des Johann von Werden aus Köln oder auch des 1480 gestorbenen Dominikaners Gabriel Barletta, der überhaupt als homiletisches Vorbild galt: «Qui nescit barlettare, nescit praedicare». Gleichwohl behauptete sich in der Ordnung der Kirche der Vorrang der Sakramentenspendung vor der Predigt; die mit den Prädikaturen institutionalisierte Trennung beider Funktionen hatte deshalb nicht nur ihre theologischen Probleme, sondern führte vielfach auch zu erheblichen Spannungen zwischen Pfarrern und Prädikanten. Daß in der Folge gerade die Schicht der Prädikanten zu einer wichtigen Rekrutierungsbasis der frühen Reformation geworden ist, hängt nicht zuletzt mit diesen Spannungen zusammen.

Neben der Predigt gewannen andere Formen der Volksunterweisung an Bedeutung. Zu nennen sind vor allem die Beichte, in der – erst jetzt – statt des traditionellen Katalogs der je sieben Todsünden und Barmherzigkeitswerke der Dekalog eingelernt wurde, daneben eine Fülle bildlicher Darstellungen, insbesondere auf den vielen neugeschaffenen Altären der Zeit, eine rasch wachsende erbauliche Literatur – Messeerklärungen, Stundengebete, sonstige Andachtsbücher, Beichtspiegel und, aus ihnen entwickelt, erste «Christenspiegel» oder Katechismen –, schließlich auch die geistlichen Spiele mit oft burlesken Zügen, die sich mitunter zu tagelangen Volksfesten mit Hunderten von Darstellern auswuchsen.

Daß diese Expansion der kirchlichen Frömmigkeit des ausgehenden Mittelalters nicht frei war von problematischen Zügen, ist unbestreitbar. Die Stiftung von Altären diente gewiß oft und vor allem anderen der Erhöhung des Sozialprestiges der eigenen Familie. Die rasche Vermehrung der «Spezialheiligen» als Helfer in bestimmten Nöten spiegelte einen naiven Egoismus, nicht selten auch einen kaum verhüllten Aberglauben. Ähnliches gilt vom Wallfahrtswesen, das überdies immer wieder vom Umschlagen in religiösen Massenwahn bedroht war. Vollends im Ablaßwesen kam es zu bedenklichen Ausdünnungen der geistlichen Substanz. Die Reihe solch kritischer Beobachtungen ließe sich leicht verlängern; schon die Kritik der Humanisten und dann der Reformatoren hat diese und andere Schwachstellen schonungslos aufgedeckt. Indessen wird hier doch Vorsicht im Umgang mit der kritischen Elle geboten sein. Zumindest wird man, will man dem

Zeitalter gerecht werden, nicht ohne weiteres die Kriterien der Reformatoren oder auch nur des nachtridentinischen Katholizismus auf die kirchliche Frömmigkeit des ausgehenden Mittelalters anwenden dürfen. Und überdies verdient bedacht zu werden, daß es seit der Spätantike und bis heute keine Epoche der europäischen Geschichte gegeben hat, in der eine solche Intensität des Fragens nach dem letzten Sinn menschlicher Existenz lebendig war wie im ausgehenden Mittelalter. Vermutlich haben dabei die Erfahrungen der tiefgehenden Bedrohungen und Verunsicherungen des individuellen wie des gesellschaftlichen Lebens der Epoche eine wichtige Rolle gespielt. Vor allem die so häufigen und unberechenbaren Epidemien der Zeit mit ihrer latenten Todesdrohung, dazu das scheinbar unaufhaltsame Vordringen der Türken mit seiner Gefährdung der christlichen Kirche wie der gesamten politischen und gesellschaftlichen Ordnung des Abendlandes, aber auch die frühkapitalistische Geldwirtschaft, die in einer für die Menge der Zeitgenossen kaum begreifbaren Weise die herkömmlichen Ordnungen der materiellen Existenz obsolet machte – alles dies stieß die Menschen der Epoche wohl mit besonderem Nachdruck auf grundlegende Sinnfragen. Aber wie dem auch sei: An der Betroffenheit vieler Menschen gerade des ausgehenden Mittelalters durch solche Sinnfragen kann kein Zweifel bestehen.

Sehr bezeichnend dafür ist die enorme Bedeutung von Tod und Gericht im Denken und Fühlen der Zeitgenossen, von der die Altarbilder und Totentänze der spätmittelalterlichen Kirchen, die Fülle der Seelenmessen wie die Bußpredigten der Zeit oder auch die Andachtsbücher mit ihren immer wiederkehrenden Variationen der Ars moriendi Zeugnis geben. Der Tod wurde als Grenze alles menschlichen Tuns verstanden, als Ende aller Möglichkeiten, die eigene gottgewollte Existenz zu finden oder zu verfehlen; vom Gericht erwartete man, daß dieses Finden oder Verfehlen mit der Konsequenz ewiger seliger Gottnähe oder verworfener, höllischer Gottferne offenbar werde. Noch Luthers bohrende Frage nach der Gerechtigkeit Gottes gehört ganz in diesen Zusammenhang – als Beleg freilich auch dafür, daß die spätmittelalterliche Theologie und Kirche gegenüber jener Intensität und Radikalität der Sinnfrage nur unzureichend gerüstet war. Ernstere Naturen waren hier von Verzweiflung bedroht; der junge Luther hat solche Verzweiflung offenkundig tief durchlitten. Bei weniger differenzierten Geistern aber mochte die fromme Angst wohl umschlagen – in die Anhäufung von Ablässen und Reliquien, in massiven Aberglauben, in ein Wallfahrtswesen mit massenpsychotischen Zügen oder auch in den Hexenwahn; der berüchtigte ‹Hexenhammer› der Dominikanerinquisitoren Heinrich Institoris und Jakob Sprenger wurde zuerst 1487 in Straßburg gedruckt.

Der Hexenglaube war ein Syndrom zum Teil sehr alter Elemente des Volksaberglaubens mit Ketzervorstellungen der mittelalterlichen Kirche, die bereits in der ersten Hälfte des 15. Jahrhunderts zu einer geschlossenen Hexenlehre zusammengewachsen waren. Zu jenen alten Elementen des Volksaberglaubens gehörte die Furcht vor magischem Schadenszauber, aber auch das Phantasiegebilde fliegender weiblicher Nachtgespenster, und zwar ganzer Hexengeschwader; dazu kam die Vorstellung vom Geschlechtsverkehr zwischen Menschen und – vom Christentum zu Dämonen umgedeuteten – heidnischen Göttern.

Seit dem 14. Jahrhundert hatten diese Wahngebilde in das mittelalterliche Ketzerbild Eingang gefunden. Seitdem glaubte man weithin, daß Ketzer einen widergöttlichen Pakt mit dem Teufel schlössen und sich nächtens an entlegenen Orten mit ihresgleichen und Dämonen zu makabren Orgien träfen. Damit waren alle Momente auch des Hexenglaubens beisammen, der in der Folge für mehr als zwei Jahrhunderte zur Voraussetzung der Hexenverfolgungen wurde: Teufelspakt und -buhlschaft, Schadenszauber und Hexentanz. Daß es aufgrund solcher Vorstellungen tatsächlich zu Hexenverfolgungen kam – und diese Verfolgungen sollten im späten 16. und frühen 17. Jahrhundert geradezu epidemische Formen annehmen –, hatte allerdings noch zwei zusätzliche Ursachen. Zum einen nämlich wurde von entscheidender Bedeutung, daß die Kirche des Spätmittelalters bis hinauf zum Papst ihre frühere Ablehnung von Grundelementen des Hexenwahns als eines heidnischen Aberglaubens aufgab und die neuentstandene Hexenlehre mitsamt der Forderung nach Ausrottung der Hexen bekräftigte; der ‹Hexenhammer› war ja nichts anderes als ein offiziöses, durch die Autorität einer Papstbulle bestätigtes Handbuch der Hexenverfolgung für Inquisitoren und weltliche Obrigkeiten. Zum anderen gehörte zu den Voraussetzungen der großen Hexenprozesse die Durchsetzung des Inquisitionsprinzips im Strafrecht, d.h. des Grundsatzes, daß die Aufdeckung und Verfolgung von Straftaten von Obrigkeits wegen zu erfolgen habe, also nicht bloß auf Klage und Beweis einer geschädigten Person hin, wie es dem Strafrecht des deutschen Mittelalters geläufig gewesen war. In vieler Beziehung bedeutete diese Überwindung der älteren privatrechtlichen Auffassung des Strafrechts einen rechtspolitischen Fortschritt. Zugleich aber ermöglichte erst und gerade das Inquisitionsverfahren jene Massenprozesse, die für die Geschichte der Hexenverfolgungen so typisch wurden. Daß der Inquisitionsprozeß um die Wende des 15. Jahrhunderts noch wenig verbreitet war und erst auf Grund der Autorität der Peinlichen Halsgerichtsordnung von 1532 allmählich zu allgemeiner Geltung gelangte, war deshalb ein wichtiger Grund dafür, daß die großen Wellen der Hexenverfolgungen in Deutschland erst in der zweiten Jahrhunderthälfte einsetzten.

3. Anfänge der Säkularisierung. Der Humanismus

Ein wenig zugespitzt könnte man sagen, daß die Grundtendenz des kirchlichen Lebens am Vorabend der Reformation in der Verweltlichung der Kirche einerseits, in der Verkirchlichung der Welt anderseits bestanden habe. Luther sollte dann gegen beide Richtungen dieser Entwicklung Front machen; nichts anderes war der Kern seiner Lehre von den zwei Reichen oder Regimenten. Aber auch schon vor der Reformation gab es gegenläufige Tendenzen. Zu ihnen gehörten natürlich alle Bestrebungen einer innerkirchlichen Reform, die die Kirche zugunsten ihrer eigentlichen geistlichen Aufgabe aus ihren weltlichen Verstrickungen zu lösen versuchten. Zu diesen gegenläufigen Tendenzen gehörte aber auch die allmähliche Loslösung wichtiger Teile des individuellen wie des gesellschaftlichen Lebens von der Autorität der Kirche. Von den Zeiten der Christianisierung an war die Kirche die eigentliche Lehrmeisterin der germanischen Völker gewesen, denen sie auch die überhaupt erhalten gebliebenen Bildungsgüter der Antike überliefert hatte; Jahrhunderte hindurch hatten die Kleriker praktisch über ein Bildungsmonopol verfügt, und die kirchliche Autorität war für nahezu alle Lebensbereiche maßgebend gewesen. Das begann sich seit dem späteren Mittelalter zu ändern. Der mittelalterliche Mensch erfuhr – und schuf selbst – in zunehmendem Maße Wirklichkeiten, die nicht von der Kirche autorisiert waren, und nahm damit immer weitere Bereiche seiner persönlichen und sozialen Existenz in eigene Veranwortung.

Wichtige Voraussetzungen für diesen langfristigen Prozeß der Säkularisierung legte die spätmittelalterliche, an sich noch ganz auf die Theologie ausgerichtete Philosophie, genauer: deren via moderna, die sich im Zusammenhang des Universalienstreits herausbildete. Der Kern jenes Streits betraf die Frage, welche Realität den durch Allgemeinbegriffe bezeichneten Gattungen, den Universalien, gegenüber den Einzelwesen zukomme. Die Anhänger der via antiqua, die sich auf die Autorität des Thomas von Aquin berufen konnten, schrieben den Universalien, obschon sie nur in den Einzeldingen, nämlich als deren gemeinsames Wesen, existierten, eine ursprüngliche Realität zu. Umgekehrt hielten die Vertreter der via moderna, deren Lehre freilich nicht so einheitlich war wie die der via antiqua, die Einzelwesen für das allein wahrhaft Reale, die Universalien dagegen für bloße nomina, Ordnungsvorstellungen des menschlichen Geistes. Als eigentlicher Begründer dieses Nominalismus galt der 1349/50 gestorbene englische Franziskaner Wilhelm von Occam, der in den kirchenpolitischen Streitigkeiten seiner Zeit auch publizistisch, und zwar gegen die Kurie, hervorgetreten war. Seine Lehre setzte sich in der Folge, wenngleich mit gewissen Umformulierungen und unter Abschwächung ihrer kirchenkritischen Elemente, in der Mehrzahl der spätmittelalterlichen Universitäten durch, und das war für die europäische Geistesgeschichte von großer, auch in der historischen Forschung oft unterschätzter Bedeutung. Die folgenreichsten wissenschaftlichen Prinzipien des Nominalismus bestanden zum einen in der grundsätzlichen, erkenntnistheoretisch begründeten Trennung der Bereiche von Vernunft und Offenbarung, zum anderen in der – ebenso grundsätzlichen – Bindung aller weltlichen Wissenschaft an die konkrete Erfahrung. Mit diesen Prinzipien haben die nominalistischen Philosophen die Lösung der neuzeitlichen Wissenschaften von der Herrschaft der Theologie vorbereitet und zugleich der Entwicklung der empirischen Wissenschaften kräftige Impulse vermittelt.

Auch außerhalb der spätmittelalterlichen Schulphilosophie hatte der Prozeß der Säkularisierung bis zum Beginn des 16. Jahrhunderts wichtige Ergebnisse gezeitigt. Vor allem die Entfaltung moderner Staatlichkeit – in Westeuropa auf nationaler Basis, in Deutschland vorwiegend in territorialem oder städtischem Rahmen –, aber auch die Entwicklung der frühkapitalistischen Geld- und Kreditwirtschaft vollzogen sich ja durchaus unabhängig von jeglicher kirchlicher Autorisierung, gutenteils sogar in offenem oder latentem Konflikt mit Ansprüchen der Kirche. Hinzu kamen die großen Veränderungen des Weltbildes als Folge der überseeischen Entdeckungen: 1492 entdeckte Kolumbus Amerika, 1498 fand Vasco da Gama den Seeweg um Afrika herum nach Indien. Auch die Übernahme und Fortbildung zahlreicher wissenschaftlicher sowie literarischer und künstlerischer Neuansätze der italienischen Renaissance gehört in diesen Zusammenhang. Dabei spielte eine Teilerscheinung der Renaissance, nämlich der Humanismus, für die deutsche Geschichte der Jahrzehnte um 1500 eine besonders wichtige Rolle.

Angesichts der Schwammigkeit des heutigen Humanismusbegriffs tut man gut daran, das historische Phänomen des Renaissancehumanismus vorab etwas genauer zu definieren. Die dafür erforderlichen Abgrenzungen sind in der Forschung zwar nicht ganz unbestritten; doch hat sich weithin, vor allem dank der Arbeiten von Paul O. Kristeller, eine Begrifflichkeit durchgesetzt, die das Verständnis des Humanismus eng an dessen Selbstverständnis im 15. und 16. Jahrhundert anbindet. Als Humanist hat demnach zu gelten, wer sich den studia humanitatis widmete, d.h. den fünf Wissenschaften der Grammatik, der Rhetorik, der Poetik, der Geschichte und der Ethik. Diese Wissenschaften nämlich, so meinten die Humanisten, seien in besonderer Weise geeignet, den Menschen in seinem Menschsein zu vervollkommnen und zu bereichern. Solche Grundorientierung an den humaniora mitsamt ihrem unverkennbaren pädagogischen Impuls war zugleich von einer Geschichtsauffassung getragen, nach der die studia humanitatis in der Antike in vorbildlicher Weise gepflegt, dann aber vernachlässigt, ja vergessen worden seien, bis der Humanismus sie endlich neu entdeckt habe und nun zu neuer Blüte bringe. Genau dieser Bereich der humaniora war es deshalb recht eigentlich, für den sich die Humanisten im Rückgriff auf die ursprünglichen Quellen um die Rezeption der Antike bemühten; Hand in Hand damit kam es zur inhaltlichen Aneignung antiker Ideale der Lebensführung.

Von diesen Grundlagen aus hat das wissenschaftliche und Bildungsinteresse des Humanismus dann auch auf andere Wissens- und Lebensbereiche ausgegriffen. Das gilt insbesondere für die Jurisprudenz; Frankreich und die Niederlande verdankten dem hier besonders intensiven Einfluß des Humanismus ihre seit dem späteren 16. Jahrhundert für lange Zeit führende Stellung in der europäischen Rechtswissenschaft. Für die Naturwissenschaften dagegen dürfte der spezifische Beitrag des Humanismus – nach freilich nicht einhelliger Forschungsmeinung – eher bescheiden gewesen sein. Immerhin gehörte zum Programm des Humanismus die Erschließung doch auch der antiken Autoren zur Naturlehre, und das lebhafte Interesse vieler Humanisten an naturwissenschaftlichen Problemen ist vielfach bezeugt. An den wissenschaftlichen Vorarbeiten für den Behaimschen «Erdapfel» von 1491/92, die älteste erhaltene Darstellung der Erde in Kugelgestalt, waren neben Martin Behaim selbst eine ganze Reihe Nürnberger Frühhumanisten beteiligt. Auch der in Thorn geborene Nikolaus Kopernikus, der zuerst die Erde als einen um die Sonne kreisenden Planeten erkannte und damit dem Geozentrismus des herkömmlichen ptolemäischen Weltbilds einen entscheidenden Stoß versetzte, gehörte in den weiteren Umkreis des Humanismus. Sein berühmtes Werk ‹De revolutionibus orbium coelestium› erschien im Erstdruck Nürnberg 1543, war im Entwurf aber wohl schon Jahrzehnte zuvor abgeschlossen.

In Italien war der Humanismus bereits im späteren 14. Jahrhundert zur Blüte gekommen; Petrarca, den die Humanisten als ihren geistigen Vater ansahen, ist 1374 gestorben. In Deutschland fand die Bewegung erst rund ein Jahrhundert später Eingang; der Friese Rudolf Agricola (1444–1485) war der erste bedeutende Humanist auf deutschem Boden. Der Humanismus hat dann aber auch hier ziemlich rasch eine bedeutende und eigene Entwicklung genommen. In den ersten beiden Jahrzehnten des 16. Jahrhunderts war er überhaupt die wichtigste geistige Kraft Deutschlands. Die Glaubenskämpfe machten dieser Rolle des Humanismus dann zwar schon frühzeitig ein Ende, innerhalb der aus dem Glaubensstreit entstehenden Konfessionen aber – in der katholischen Kirche nicht anders als im Luthertum oder im Calvinismus – entfaltete der Humanismus auch in der Folge und langfristig bedeutende Wirkungen.

Entstehung und Ausbildung des Humanismus standen in seinem Ursprungsland Italien in engem Zusammenhang mit der Blüte des Städtewesens. Ökonomisch frühzeitig weit fortgeschritten und aus den politischen und gesellschaftlichen Bindungen des Feudalismus sich lösend, sprengten die Gesellschaften der italienischen Stadtstaaten auch den traditionellen Bildungskanon und suchten in der Antike das Vorbild – und die Legitimation – der eigenen politischen und sozialen Existenz. In abgeschwächter Weise traf das auch für den Humanismus nördlich der Alpen zu; für Deutschland jedenfalls gilt, daß der Humanismus weitgehend eine städtische – und das hieß hier zugleich: bürgerliche – Angelegenheit war. Seine Leit- und Legitimationsfunktion für die Stadtgesellschaft war in Deutschland freilich bei weitem nicht so ausgeprägt wie in Italien; die Bürgerschaften der deutschen Städte verstanden sich bis tief in die Neuzeit hinein viel stärker als Teil des corpus christianum, das der Legitimation aus humanistischem Geiste nicht bedurfte.

Ohnehin trug der Humanismus als Sozialgebilde mancherlei besondere Züge, die mit dem Etikett «bürgerliche» nur unzureichend erfaßt werden.

Hierher gehört insbesondere, daß der Humanismus für seine Jünger weitgehend ein Vehikel sozialen Aufstiegs bedeutete. Die Lebensgeschichte des deutschen «Erzhumanisten» Conrad Celtis (1459–1508), der es vom armen Wanderpoeten zum illustren Haupt des Wiener Collegium poetarum et mathematicorum brachte, ist dafür nur ein besonders frühes und bekanntes Exempel; ihm könnten zahlreiche Beispiele anderer Humanistenbiographien an die Seite gestellt werden, und zwar keineswegs nur Literaten- oder Gelehrtenbiographien, sondern auch und vor allem die Lebensgeschichten vieler Humanistenjuristen, die über ihre humanistische Bildung in die Führungsstellen der fürstlichen Verwaltung aufstiegen. Daneben öffneten sich freilich auch längst arrivierte städtische Oberschichten dem Humanismus. Die herausragenden Gestalten eines solchen großbürgerlichen Humanismus in Deutschland waren Willibald Pirckheimer in Nürnberg (1470–1530) und Conrad Peutinger in Augsburg (1465–1547). Beide Männer standen mitten im politischen und wirtschaftlichen Leben ihrer Stadt: Pirckheimer als Ratsherr und Diplomat, auch als Truppenführer, Peutinger als Ratssyndikus und politisch erfolgreicher Vertreter der Handelsinteressen seiner Vaterstadt auf den Reichstagen, auch als scharfsinniger Analytiker der Wirtschaft seiner Zeit. Zugleich aber bildeten beide Männer den Mittelpunkt des Humanismus wie überhaupt des kulturellen Lebens ihrer Stadt: Pirckheimer als vielseitiger Herausgeber und Übersetzer, insbesondere von griechischer Literatur ins Lateinische, als geselliger Gastgeber und Besitzer einer wertvollen Bibliothek, die allen Humanisten zu freier Benutzung offenstand, nicht zuletzt als Freund und Förderer seines Nürnberger Mitbürgers Albrecht Dürer, Peutinger aber als ein für seine Zeit hervorragender Kenner antiker Inschriften und als leidenschaftlicher Sammler von Münzen, Statuen und Vasen, dem selbst Kaiser Maximilian zuweilen einen «Sack mit heidnischen Pfennigen» übersandte; auch die von Celtis entdeckte älteste Karte Deutschlands, eine römische Straßenkarte, gelangte in Peutingers Besitz und ist bis heute als «Tabula Peutingeriana» mit seinem Namen verbunden geblieben.

Ein weiteres sehr spezifisches Merkmal des Humanismus bestand in der Kommunikation der Humanisten untereinander. Wo es irgend anging, suchten sie den mündlichen Austausch in eigenen Gesprächskreisen, die solcherart – oft unter dominierendem Einfluß eines besonders geachteten Mitglieds der Runde – zum mehr oder minder institutionalisierten Mittelpunkt des Humanismus in der Stadt oder auch in der Region wurden. Zugleich aber suchte und pflegte man die Verbindung mit seinesgleichen, vor allem natürlich mit den großen Autoritäten des Humanismus, auf nationaler und selbst europäischer Ebene: wenn es sich machen ließ, auf Reisen und also wiederum im mündlichen Gespräch, ansonsten aber und daneben durch ausgedehnte briefliche Korrespondenzen. Es wäre zu kurz gegriffen, wollte man diese Humanistenkorrespondenzen als bloße lateinische Stilübungen abtun. Gewiß waren sie auch das, und manche Künsteleien in Form und Inhalt, auch die oft nur schlecht versteckten Eitelkeiten der Autoren, lassen die Lektüre dieser Texte mitunter recht unerfreulich werden. Gleichwohl war es gerade diese Korrespondenz, die sehr wesentlich den weiträumigen Zusammenhalt der Humanisten sicherte und darüber hinaus – in Ergänzung der durch den Buchdruck publizierten humanistischen Literatur – zur Identität des Humanismus über seine lokalen und regionalen Zentren hinaus beitrug.

Eine Besonderheit gerade des deutschen Humanismus ergab sich des weiteren daraus, daß Bildung und Wissenschaft in Deutschland viel ausschließlicher als in Italien an die Universitäten gebunden waren, an denen überdies die Theologie eine dominierende Rolle spielte. Gewiß gab es auch in Deutschland Humanistenkreise außerhalb der Universitäten, so z. B. in Augsburg um Peutinger, in Nürnberg um Pirckheimer, in Basel um den Buchdrucker Johann Amerbach, gelegentlich auch im Rahmen eines kulturell besonders aufgeschlossenen Fürstenhofs wie etwa in Heidelberg unter dem Mäzenat des pfälzischen Kanzlers und Bischofs von Worms Johann von Dalberg. Sollten die studia humanitatis indessen breitere Wirkung gewinnen, so mußten sie an den Universitäten und gegen deren traditionellen, stark scholastisch gefärbten Studienbetrieb durchgesetzt werden. Das führte, zumal hier berufliche Existenzmöglichkeiten auf dem Spiele standen, zu oft harten Auseinandersetzungen und auch – bezeichnenderweise nur in Deutschland – zu dem Versuch, die studia humanitatis in Konkurrenz zur Universität zu institutionalisieren; genau dies war der Sinn des Collegium poetarum et mathematicorum, das 1501 auf Anregung des Conrad Celtis und unter Förderung Maximilians I. in Wien gegründet wurde. Das Collegium wurde im wesentlichen den vier Fakultäten der Universität gleichgestellt und erhielt die Befugnis, den Grad eines poeta laureatus zu verleihen; mit diesem Grad sollte – entsprechend dem Doktorat – das Recht zur Lehre an allen Universitäten des Reichs verbunden sein. Der Gründung war zwar keine Dauer beschieden, das Wiener Collegium ist alsbald nach Celtis' Tode eingegangen. An den Universitäten aber haben die Humanisten, jedenfalls in der Umgestaltung des Grundstudiums der artes liberales, vielerorts reüssiert; die Einrichtung eigener Professuren für Poetik oder für griechische bzw. sogar hebräische Sprache gab ihnen auch eine dauernde wirtschaftliche Absicherung.

In Wien selbst war nach Celtis' Tod der Franke Johannes Cuspinian (1473–1529) das unumstrittene Haupt der Humanisten. Ein umfassend gebildeter Mann – poeta laureatus und Doktor der Medizin, Historiker und Geograph, Professor der Rhetorik und Poetik –, spielte er auch politisch eine beachtliche Rolle, vor allem als kaiserlicher Rat und Diplomat im Dienste Maximilians I. Es war Cuspinian, der auf politischen Missionen nach Polen, Böhmen und Ungarn den Wiener Vertrag von 1515 mitsamt der Doppelhochzeit der Enkel Maximilians und der Kinder König Wladislaws vermittelte, in deren Konsequenz Böhmen und Ungarn 1526 an die Habsburger fielen. Die Beziehung zum Kaiser beschränkte sich aber nicht auf den diplomatisch-politischen Bereich; vielmehr sind die Humanisten des beginnenden 16. Jahrhunderts, vor allem natürlich die Wiener Humanisten, durch die Persönlichkeit und die Ideen Maximilians ganz entscheidend geprägt worden. Sein ritterliches Selbstverständnis, verbunden mit seinem ins Große strebenden dynastischen Ehrgeiz, dazu die neubelebten Traditionen des Kaisertums bis zurück zu den römischen Imperatoren gaben den Humanisten wesentliche Impulse und Themen – ganz abgesehen von Maximilians Mäzenatentum, das die Gelehrten und Künstler der Zeit in den Dienst der kaiserlichen Reputation zu stellen suchte. Die großen Holzschnittfolgen des maximilianeischen ‹Triumphzugs› und des ‹Triumphbogens›, auch das kaiserliche Abenteuerbuch des ‹Weißkunig› waren ja durchaus Elemente einer renaissancehaft gedachten Repräsentation des Herrschers. Erst recht gilt das von dem gewaltigen künstlerischen Vorhaben des Innsbrucker Kaisergrabs, dessen geistiges Programm auf Peutinger zurückging, und von dem – allerdings in den Anfängen steckengebliebenen – Unternehmen eines kaiserlichen Gedächtnismals für den Speyerer Dom. Wenn die Humanisten ihrerseits hofften und erwarteten, Kaiser Maximilian werde mit Hilfe der «neuen Bildung» die großen Zeitprobleme der Kirche wie der deutschen Nation lösen, so war das freilich illusionär – eine spezifisch humanistische Form romantischer Verklärung des Kaisertums, wie sie ja auch sonst weit verbreitet war. Noch diese unerfüllte Erwartung aber wirkte ungemein anregend auf den Humanismus.

Viele der deutschen Humanisten, weit über den Wiener Humanistenkreis hinaus, waren von einem lebhaften Nationalgefühl beseelt. Die italienischen Humanisten pflegten aus ihrer Verachtung der Barbarei nördlich der Alpen keinen Hehl zu machen; in der Abwehr dieser Mißachtung betonten die deutschen Humanisten die kulturellen Leistungen gerade des eigenen Volks und taten viel, um diese Leistungen auch in der Vergangenheit aufzuspüren und gebührend ans Licht zu stellen. Bereits Conrad Celtis fand jene älteste Karte Deutschlands, die als «Tabula Peutingeriana» bekannt geworden ist. Er war es auch, der die 1455 als Handschrift in einem Kloster in Löwen entdeckte ‹Germania› des Tacitus im Druck herausgab und Roswitha von Gandersheim als «deutsche Sappho» der literarischen Öffentlichkeit bekanntmachte. Seine kulturgeschichtliche Beschreibung deutscher Landschaften und Städte, die ‹Germania illustrata›, blieb freilich bloßer Entwurf. Neben und nach Celtis war es vor allem der Elsässer Humanistenkreis um Jakob Wimpfeling in Schlettstadt (1450–1528), der sich – in nationaler Konkurrenz weniger zu den Italienern als vielmehr zu den Franzosen – in patriotischer Begeisterung der deutschen Geschichte zuwandte. Neben Johannes Cuspinian in Wien hat Beatus Rhenanus, der wohl bedeutendste Kopf unter diesen elsässischen Humanisten, der deutschen Historiographie zuerst ein quellenkritisches Bewußtsein vermittelt.

Allen Richtungen des deutschen Humanismus schließlich war deutlich, daß die entscheidenden Fragen der Zeit im kirchlich-religiösen Bereich lagen, und je wichtiger die Humanisten ihre Aufgabe nahmen, desto weniger konnten und wollten sie sich einer Stellungnahme zu diesen Grundfragen der Zeit entziehen. Zu einer klaren oder gar einheitlichen Position gelangte der deutsche Humanismus hier freilich vorerst nicht. Zum einen blieben die deutschen Humanisten ungeachtet ihrer Kritik an der Scholastik in ihrer großen Mehrheit der mittelalterlichen Kirche und Theologie viel stärker verhaftet als etwa die Italiener; nur der Erfurter Humanistenkreis um Konrad Mutian (1470–1526) scheint sich in dezidierter Weise auf die Denkanstöße einer kirchlich ungebundenen Renaissancephilosophie, insbesondere der platonischen Akademie von Florenz, eingelassen zu haben. Auch pflegte man in der Regel eine durchaus kirchlich geprägte Frömmigkeit, wenngleich wohl bevorzugt in Formen der Devotio moderna. Daneben aber und mit diesem mittelalterlichen Erbe in tiefen Spannungen stand die aus der Beschäftigung mit der Antike erwachsende, allmählich klarer sich herauskristallisierende Überzeugung, daß eine sinngebende Weltorientierung auch außerhalb der Kirche und ihres Denkens möglich wäre. Der umstürzende Gehalt dieser Erkenntnis ist wohl keinem der deutschen Humanisten dieser Jahrzehnte voll bewußt geworden, aber jeder von ihnen hat doch auf seine Weise versucht, die Spannung zwischen christlicher und antik-heidnischer Bildungswelt zu lösen: «eine religiös oberflächliche Natur wie Conrad Celtis durch einen kaum verhohlenen Paganismus, ein ‹scholastischer› Humanist wie Wimpfeling durch die entschiedene Hinwendung zur alten Kirche, ein resignierter Skeptiker wie Mutian durch die bewußte Trennung von Leben und Denken, ein Träger vornehmer Gelehrsamkeit wie Pirckheimer durch die gelassene Hinnahme der ‹doppelten Wahrheit› von Glauben und Wissen» (St. Skalweit). Eine deutlichere Klärung der Positionen und Fronten des Humanismus erfolgte dann erst am späten Vorabend der Reformation – durch Erasmus' von Rotterdam Programm der «Philosophia Christi» einerseits, durch die in aggressive Antikirchlichkeit umschlagende Polemik der Dunkelmännerbriefe und Ulrichs von Hutten anderseits.

4. Der Buchdruck

Die im ausgehenden Mittelalter rasch anwachsende Nachfrage nach Büchern war durch die seit jeher übliche Form der Vervielfältigung von Texten, nämlich durch schlichtes Abschreiben, nicht mehr zu befriedigen. Das Abschreiben war allzu zeitraubend und deshalb kostspielig, obendrein fehlerträchtig. Jahrzehntelange Bemühungen an vielen Orten, unter Einbeziehung auch der technischen Kenntnisse der hochentwickelten Goldschmiedekunst der Zeit, hatten um die Mitte des 15. Jahrhunderts in Deutschland zur Lösung des Problems geführt: Johannes Gensfleisch, gen. Gutenberg, in Mainz erfand das Verfahren des Buchdrucks mit beweglichen

Lettern. Die neue Technik entsprach den Bedürfnissen der Zeit vollkommen und blieb darüber hinaus bis in die jüngste Vergangenheit die technische Basis des Buchdrucks. Ihre Bedeutung für alle Bereiche des individuellen und gesellschaftlichen Lebens der neueren Jahrhunderte ist schier unermeßlich.

Der Buchdruck verbreitete sich in kürzester Zeit über ganz Mittel- und Westeuropa. Anfangs gingen deutsche Drucker auch ins Ausland, doch fanden sich wie in Deutschland so auch in Frankreich und England, in Italien und Spanien alsbald genug tüchtige Männer, die entschlossen waren, die ökonomischen Chancen des Buchdrucks wahrzunehmen und sich die dafür erforderlichen Kenntnisse und Fähigkeiten anzueignen. Diese Ansprüche waren hoch: Vom Buchdrucker wurde nicht nur ein erhebliches Maß technischen Wissens verlangt, sondern auch die Fähigkeit zu unternehmerischer Kalkulation auf einem ganz neuen Markt – auf einem Markt überdies, auf dem man sich nur mit Hilfe einer soliden Bildung und einer beträchtlichen geistigen Urteilskraft zurechtfinden konnte. Angesichts dieser hohen Ansprüche verwundert es nicht, daß gerade das Metier der Schwarzen Kunst bald zu den angesehensten Gewerben überhaupt gehörte; daß eine erfolgreiche Offizin sehr respektable Gewinne abwarf, mochte als zusätzlicher Anreiz dienen, sich in der neuen Branche zu versuchen. Der Markt erwies sich als ungeahnt aufnahmebereit: «Alles was sagbar und schreibbar war, Literatur und Poesie, Bibel und Missalien, weltliche und geistliche Gelehrsamkeit – alles wurde mit einem Schlage der bewunderungswürdigen Schwarzen Kunst anvertraut» (E. W. Zeeden). Schon 1494 führte Sebastian Brant in seinem satirischen ‹Narrenschiff› bewegte Klage darüber, daß gar zu viele Bücher gedruckt würden und unter ihnen viele, die es nicht verdienten. Um so bemerkenswerter ist die technisch und ästhetisch hervorragende Qualität eines Großteils dieser frühen Buchproduktion. Von der 42zeiligen Gutenberg-Bibel von 1455 an stellen viele der Drucke des 15. und beginnenden 16. Jahrhunderts wahre Meisterwerke dar, deren Schönheit bis heute nie wieder übertroffen worden ist.

Die rasche Ausbreitung des gedruckten Buchs bedeutete zugleich – sozial- und bildungsgeschichtlich gesehen – die Ausbreitung der Fähigkeit des Lesens bzw. der Bereitschaft, lesen zu lernen; der Buchdruck war insofern Ausdruck und Instrument eines eminenten Bildungsstrebens. Träger dieses Bildungsstrebens war zunächst das städtische Bürgertum. In seinem Umkreis gab es zuerst ein breiteres lesendes Publikum – und Autoren, die für dieses Publikum schrieben; in seinem Umkreis bildeten sich eben jetzt auch die Anfänge einer öffentlichen Meinung aus. Indessen blieben die Wirkungen des Buchdrucks nicht auf das Bürgertum beschränkt; vielmehr durchdrangen sie in der Folge alle gesellschaftlichen Schichten, die bäuerliche Bevölkerung freilich erst in einem jahrhundertelangen Prozeß. Daß sich die Obrigkeiten die Möglichkeiten des Buchdrucks frühzeitig zunutze machten, um ihre Herrschaft zu intensivieren und den Leuten ins Bewußtsein zu bringen, versteht sich: Landesfürstliche wie städtische Regierungen, die etwas auf sich hielten, publizierten ihre Mandate und Polizeiordnungen schon bald im Druck, nicht selten in Form von Plakaten. Das Wort «Plakat» bedeutet in der deutschen Sprache des 16. Jahrhunderts überhaupt nichts anderes als «obrigkeitlicher Anschlag» und hat in dieser Bedeutung im Niederländischen sogar den älteren Begriff «Mandat» verdrängt.

Seine früheste bedeutende Wirkung entfaltete der Buchdruck im Dienst des Humanismus, dessen Ausstrahlung auf das geistige Leben Deutschlands und Europas ohne den Buchdruck überhaupt nicht zu denken wäre. Die Humanisten selbst wußten das sehr gut, und deshalb zog es sie bevorzugt an Orte mit hervorragenden Offizinen. Der lange Aufenthalt des Erasmus von Rotterdam gerade in Basel hatte seinen Grund nicht zuletzt darin, daß es hier die besten Druckereien der Epoche gab. Darüber hinaus standen manche der führenden Humanisten in lebhaftem geistigen Austausch mit ihren Druckern oder waren überhaupt mit ihnen befreundet – nicht nur im Bewußtsein gemeinsamer geschäftlicher Interessen, sondern auch im gesteigerten Selbstgefühl einer großen gemeinsamen Aufgabe. Noch einmal ganz andere Dimensionen sollte die Bedeutung des Buchdrucks dann wenig später für die Reformation erlangen. Von den 95 Thesen Martin Luthers 1517 über die Flugschriften der frühen Reformationszeit, die man die «Sturmtruppen der Reformation» genannt hat, bis hin zu den Drucken der Luther-Bibel seit der ersten Übersetzung des Neuen Testaments 1522 sorgte der Buchdruck für eine geradezu explosionsartige Verbreitung reformatorischen Denkens bei allen, die lesen konnten – und wenn das Gedruckte vorgelesen wurde, auch bei der noch immer größeren Schar von Schriftunkundigen in Stadt und Land.

5. Architektur und Bildende Kunst

Eine eingehende Erörterung der deutschen Kunst der Epoche muß eigenen Darstellungen der Kunstgeschichte vorbehalten bleiben, und dies um so mehr, als die deutsche Kunst dieser Jahrzehnte keine sehr einheitlichen Strukturen und Entwicklungstendenzen zeigt, die sich in der hier gebotenen Kürze ohne gewaltsame Vereinfachungen darlegen ließen. Immerhin sind einige grobe Einordnungen möglich. So erscheint die deutsche Kunst des beginnenden 16. Jahrhunderts im ganzen stilgeschichtlich durch den Übergang von der Gotik zur Renaissance gekennzeichnet; auch die Unterscheidung von kirchlicher, höfischer und bürgerlicher Kunst trifft Wesentliches. Indessen sind diese Zuordnungen doch allzu unscharf, um wirklich befriedigen zu können. Genaueres aber läßt sich zumeist nur für bestimmte Kunstlandschaften sagen – diese These der landschaftlichen Prägung der deutschen Kunst noch des 16. Jahrhunderts ist freilich schon als solche von historischem Belang –, und selbst innerhalb der einzelnen Kunstlandschaften des

Reichs stimmten die Tendenzen und Phasen der Entwicklung in den verschiedenen Künsten nicht immer überein, ganz abgesehen von dem alle solche Zuordnungen sprengenden künstlerischen Reichtum mancher großer Meister der Zeit. Die folgenden Hinweise sollen deshalb im wesentlichen nur dazu dienen, einige wichtige Namen und Werke der deutschen Kunst an der Schwelle der Neuzeit – Höhepunkte der deutschen und europäischen Kunst überhaupt – in Erinnerung zu rufen.

Was zunächst den Sakralbau betrifft, so ging die Zeit der großen Dome und Klosterkirchen und mit ihnen der mächtigen Stadtpfarrkirchen des Mittelalters schon vor der Reformation zu Ende. Viele der kirchlichen Bauhütten wurden überhaupt aufgelöst, so in Köln und Regensburg im späten 15. Jahrhundert, in Ulm dann 1529. Die wenigen kirchlichen Neubauten blieben dem Typ der spätgotischen Hallenkirche mit höhengleichen, durch schlanke Stützenreihen getrennten Raumschiffen verhaftet. Zugleich jedoch begannen die Proportionen sich zu verändern: «Der Raum wurde breiter, gedrungener, ‹endlicher› [...] Es ist der Wandel vom Heiligtum zur Versammlungsstätte, krass ausgedrückt: vom Ort des Opfers zum Ort der Gemeinde, der Predigt» (H. Brunner). Die Zusammenhänge dieses architektonischen Wandels mit der Geschichte der spätmittelalterlichen Frömmigkeit sind unverkennbar; daß gerade der Typ der Predigtkirche mitsamt ihren – ebenfalls schon vor 1500 bezeugten – Emporen dann vor allem im protestantischen Bereich gepflegt wurde, versteht sich danach von selbst. Von einem breiteren Eindringen der Renaissance in den Sakralbau aber kann noch kaum die Rede sein.

Das gilt auch für die fürstlichen sowie für die Bürgerbauten der Zeit. In der fürstlichen Architektur blieben vorerst überhaupt noch die traditionellen Bauprinzipien der Burg, also eines nach außen abgeschlossenen Schutz- und Trutzbaus, maßgebend. Das Schloß als Repräsentationsbau des Herrschers und seines Hofs begegnet erst seit den dreißiger Jahren des Jahrhunderts, dann freilich nahezu zeitgleich in vielen Residenzen – in Landshut wie in Prag, in Heidelberg wie in Dresden oder Torgau –, und überall unter wesentlichem Einfluß der italienischen Renaissance. Noch länger blieb die spätgotische Formensprache für die Bauten des Bürgertums maßgebend, wie vor allem die öffentlichen Gebäude der Städte vielerorts erweisen. Dabei waren nicht wenige dieser spätgotischen Bürgerbauten, z. B. die damals errichteten oder erweiterten Rathäuser in Köln, Straßburg, Rothenburg, Hannoversch-Münden oder Alsfeld, von respektabler künstlerischer Qualität. Einwirkungen der Renaissance, zunächst in Gestalt plastischen Fassadenzierats, lassen sich aber erst seit der Mitte des 16. Jahrhunderts feststellen, zumeist in Nachahmung der damals aufblühenden fürstlichen Schloßbaukunst.

Auch in der Plastik blieben noch geraume Zeit wichtige Elemente spätgotischer Formensprache maßgebend, so etwa in den sich bauschenden, knitternden Gewandmassen der Figuren. Neben diesen traditionellen Elementen aber brachte sich zunehmend auch Neues zur Geltung, das eher dem Geist und Formgefühl der Renaissance entsprach: in Charakterköpfen und -händen, wie etwa in der plastischen Ausgestaltung des Isenheimer Altars durch Nikolaus von Hagenau (um 1510), aber auch in der Gestaltung ganzer Figuren, die das Charakteristische und die Schönheit des menschlichen Körpers hervortreten ließen. Am deutlichsten ausgeprägt erscheint diese neue Formensprache wohl bei Konrad Meit in Worms (1480–1550), neben dessen Kleinplastik besonders sein Grabmal für Margarete, die Tochter Kaiser Maximilians, in Brou in der Franche-Comté hervorzuheben ist. Mit dem stilistischen Wandel verband sich ein thematischer: An die Stelle der Bilderzählung des gotischen Schnitzaltars traten allmählich allegorisch-mythologische Programme; daneben gewannen überhaupt nicht-religiöse Themen eigenes Gewicht, am eindrucksvollsten wohl in dem damals begonnenen Kaisergrabmal in Innsbruck.

Im einzelnen zeigt die deutsche Plastik der Zeit vielerlei Stufen des Übergangs von der Gotik zur Renaissance, auch eine Fülle landschaftlicher Ausprägungen; ihr künstlerischer Rang aber braucht den Vergleich mit keinem anderen Land und mit keiner anderen Zeit zu scheuen. Zum Beleg dessen seien einige Namen genannt: so der noch überwiegend der Spätgotik angehörende Tilman Riemenschneider in Würzburg, dazu Veit Stoß und Adam Krafft in Nürnberg, auch Peter Vischer und sein gleichnamiger Sohn, deren Sebaldusgrab vom ersten Entwurf 1488 bis zur Fertigstellung im Jahre 1529 formal und programmatisch aufs deutlichste den Weg von der Gotik zur Renaissance dokumentiert, in Augsburg Adolf Daucher und sein Sohn Hans, im altbayerischen Raum Hans Leinberger, in Böhmen und Wien Anton Pilgram, der den Orgelfuß und die Kanzel des Stephansdoms schuf, im Norden des Reichs Hans Brüggemann, von dem der Bordesholmer Altar in Schleswig stammt, in Lübeck Bernt Notke.

In der Malerei waren im 15. Jahrhundert die Niederlande an die Spitze der Entwicklung gerückt, vor allem durch eine hier zuerst bezeugte neue, realistische Wirklichkeitserfassung. Ein wichtiges Element dieses neuen Sehens und Darstellens bestand in der Gestaltung der Innen- und Landschaftsräume, die jetzt, im Gegensatz zur Flächigkeit mittelalterlicher Bildkunst, an Tiefe und Aussagekraft gewannen; ein anderes, nicht weniger wichtiges Element lag in der zunehmenden Bedeutung der Bildnisse – auch sie durch einen realistischen, auf die Individualität der Porträtierten abzielenden Zugriff des Malers gekennzeichnet. Die ersten großen Repräsentanten dieser neuen Wirklichkeitserfassung waren Hubert und – vor allem – Jan van Eyck (1391–1441). Neben und nach ihnen war Rogier van der Weyden (ca. 1400–1464) der einflußreichste niederländische Meister der Zeit – in wieder verstärkter Konzentration auf die geistlichen Gehalte, in gewisser Rückkehr auch zu gotischer Schönlinigkeit bei gleichzeitigem Zurücktreten der wirklichkeitsnahen Schilderung der räumlich-landschaftlichen Umgebung. Das Werk der Brüder van Eyck und Rogiers van der Weyden wurde von einer ganzen Reihe bedeutender Maler fortgeführt: von Dirk Bouts etwa und Hugo van der Goes, von dem früh verstorbenen Geertgen tot Sint Jans und Hans Memling in Brügge. Mit ihrer Lebenszeit bis ins 16. Jahrhundert hineinreichend, bedeuteten dann Gerard David (1460–1523) und Hieronymus Bosch (ca. 1450–1526) zugleich Abschluß und Neuanfang – David durch den bewußten Rückgriff über Rogier van der Weyden zurück auf die Brüder van Eyck, Hieronymus Bosch aber durch die Verknüpfung härtester Realistik mit überquellender Phantasie und hintergründiger Symbolik; seine grausam-lustvollen Darstellungen des Jüngsten Gerichts, der Todsünden, Versuchungen und Höllenstrafen, die noch den abgebrühten Betrachter des 20. Jahrhunderts zu erschrecken vermögen, bedeuteten auch gegenüber den Traditionen eines Jan van Eyck etwas sehr Anderes, Neues. Von der Vielzahl bedeutender niederländischer Maler der Folgezeit ist insbesondere Pieter Bruegel d. Ä. (1520–1569) zu nennen: als hintergründiger Darsteller der bäuerlichen Lebenswelt wie als einer der frühesten und zugleich bis heute faszinierenden Meister der Landschaftsmalerei.

Zur beherrschenden Gestalt der deutschen Malkunst zu Beginn des 16. Jahrhunderts wurde jedoch Albrecht Dürer (1471–1528). Ganz bewußt in den künstlerischen und geistigen Spannungen seiner Zeit stehend, auf mehrfachen ausgedehnten Reisen eine Vielfalt von Anregungen aus Italien und aus den Niederlanden aufnehmend und sehr selbständig verarbeitend, gelangte Dürer zu Leistungen ganz eigener Prägung und höchsten künstlerischen Ranges. Das gilt gleichermaßen für die großen Altäre und Gruppenkompositionen des Meisters wie für seine Bildnisse, die in einer bis dahin unbekannten, zwingenden Weise Geist und Charakter der Porträtierten präsent machten. Eine nähere Erörterung der Dürerschen Kunst und ihrer Voraussetzungen – etwa der von der italienischen Renaissance angeregten Proportionsstudien oder der humanistischen Diskussion über das Verhältnis des Menschen zu seiner Umwelt in Sympathie und Antipathie – muß hier freilich unterbleiben, ebenso die Hervorhebung einzelner Werke – mit Ausnahme allenfalls der «Vier Apostel» von 1526 (heute in München), die man die Summe seines Lebens genannt hat.

Neben Dürer war dessen engerer Zeitgenosse, der aus dem Mainfränkischen stammende Mathis Gothart Neithart, gen. Grünewald (1470–1528), der bedeutendste unter den deutschen Malern des beginnenden 16. Jahrhunderts. Im Gegensatz zu dem feinsinnigen Dürer war Grünewald ein Visionär erregter Farbigkeit. Das gewaltigste seiner erhaltenen Werke ist der Isenheimer Altar in Colmar. Die Kreuzigungsgruppe des Altars – der zermarterte Christus am rohen Holz, die Gruppe der fassungslos Trauernden und die Riesenfigur des Täufers, der mit ausgerecktem Zeigefinger auf das Lamm Gottes weist – hat bis heute nichts von ihrer Eindringlichkeit verloren.

Als dritter der großen deutschen Maler des beginnenden 16. Jahrhunderts darf Albrecht Altdorfer in Regensburg (1480–1538) gelten. In seinem Werk gelangte die Landschaft – mit Baum- und Strauchkulissen, Bergen und Seen, mit dem Alpenrand im Föhnhimmel – erstmalig zu dominierender Bedeutung in der Malerei, wenngleich zumeist noch im Rahmen einer symbolischen Programmatik. So überglänzt in Altdorfers «Alexanderschlacht» die aus gewaltigem Wolkenwerk sich erhebende Sonne das siegreiche Heer Alexanders, während die geschlagenen Perser im Dunkel der fliehenden Nacht zu entkommen suchen.

Neben Dürer, Grünewald und Altdorfer und gutenteils auch von ihnen beeinflußt, wirkten zu Beginn des 16. Jahrhunderts in Deutschland zahlreiche andere Maler von hohem Rang, von denen hier wiederum nur einige wenige genannt werden können: am Oberrhein Hans Baldung Grien, in Bern Niklas Manuel Deutsch, im Schwäbischen Bernhard Strigel, Martin Schaffner und der unruhige, im Bauernkrieg als Aufrührer hingerichtete Jörg Rathgeb, in Augsburg Hans Holbein d. Ä. und Hans Burgkmair, dazu Jörg Breu d. Ä., der zu Beginn des Jahrhunderts einige Jahre in Oberösterreich wirkte. Der wie Grünewald aus Mainfranken stammende Lucas Cranach d. Ä. (1472–1533), der später für die bildliche Umsetzung der reformatorischen Theologie maßgebende Bedeutung gewinnen sollte, war seit 1505 kursächsischer Hofmaler.

Sowohl die Handzeichnung als auch die Druckgraphik standen um die Wende des 15. Jahrhunders noch in ihren Anfängen. Die Handzeichnung wurde überhaupt erst jetzt aus einer bloßen Übungs- oder Vorarbeit zum selbständigen Kunstwerk, nun allerdings sehr rasch unter Einbeziehung einer Vielfalt von Techniken (Silberstift, Kreide, Rötel, Feder und Tusche usw.). Die wichtigsten Anstöße dafür gingen von Dürer aus, dessen eigene Zeichnungen – von Menschen, Landschaften, Pflanzen und Tieren – überdies sogleich ein Niveau repräsentierten, das kaum erreicht, geschweige denn überboten werden konnte.

Auch der schon im 14. Jahrhundert aufgekommene, aber ästhetisch lange Zeit anspruchslose Holzschnitt wurde jetzt als Mittel künstlerischen Ausdrucks entdeckt. Das früheste Beispiel dafür liefern einige Baseler Buchillustrationen der neunziger Jahre des 15. Jahrhunderts – vielleicht schon sie von der Hand Dürers –, dann vor allem Dürers «Apokalypse» von 1498, durch die der Holzschnitt zugleich über seine bisherige Funktion der bloßen Illustration hinauswuchs. Diese Entwicklung war um so bedeutsamer, als der Holzschnitt – wie auch der Kupferstich – dank neuer Drucktechniken hervorragend reproduziert werden konnte. Die Druckgraphik wurde so, anders als die Tafelmalerei, zur bildenden Kunst für ein breites Publikum, in Form des Flugblatts – bei freilich oft geringerer Qualität – zur wahren

Massenkunst des 16. Jahrhunderts. Hier liegt auch der Grund dafür, daß die Aufträge Kaiser Maximilians für den ‹Triumphzug› wie für den ‹Triumphbogen› eine Umsetzung gerade in Form des Holzuschnitts vorsahen. Im Anschluß an Dürer wandten sich auch andere bedeutende Künstler der Zeit dem Holzschnitt zu, so etwa Hans Baldung Grien, der die neue Technik des Helldunkelblatts erfand, Leonhard Schäuffelein – wie Hans Baldung ein Schüler Dürers –, Urs Graf in Basel, Niklas Manuel Deutsch in Bern, Hans Burgkmair – der Hauptmeister des maximilianeischen ‹Triumphzugs› – in Augsburg, aber auch Albrecht Altdorfer in Regensburg und Wolf Huber in Passau, nicht zuletzt Lucas Cranach d. Ä. Überhaupt war die erste Hälfte des 16. Jahrhunderts die große Zeit des Holzschnitts. Neben und nach den genannten Meistern repräsentierten Hans Sebald Beham und Georg Pencz, vor allem aber Hans Holbein d. J. mit seinen Bildern des Todes («Totentanz» 1523–1526, «Totenalphabet») diese Blüte der Kunst des Holzschnitts.

Schon einige Jahrzehnte vor dem Holzschnitt war der Kupferstich, insbesondere durch das Werk Martin Schongauers, zu künstlerischer Selbständigkeit gelangt. Auch dem Kupferstich aber wurden – in intensiver Verarbeitung von Anregungen der italienischen Renaissance – durch Albrecht Dürer ganz neue Möglichkeiten subtiler Erfassung von Geist und Materie erschlossen. Neben der Kupferstich-Passion (1507–1513) sind die 1513/14 entstandenen Blätter «Ritter, Tod und Teufel», «Hieronymus im Gehäuse» und «Melancholia» die berühmtesten Zeugnisse der Dürerschen Kunst des Kupferstichs; in der Konzentration auf das Wesentliche wurden sie durch einige Werke der Spätzeit, z. B. durch die Darstellung des Apostels Philippus (1526), noch übertroffen. Neben Dürer sind als bedeutende Kupferstecher der Zeit wiederum Lucas Cranach d. Ä., Albrecht Altdorfer, Urs Graf, dazu Dürers Schüler Georg Pencz und die beiden Beham, etwas später auch Heinrich Aldegrever in Soest zu nennen. Zusammen mit dem Werk Dürers lassen ihre Arbeiten das 16. Jahrhundert als eigentliche Blütezeit auch des Kupferstichs erscheinen. Dabei wurde jedoch das klassische Vorbild der Kupferstiche Dürers wie überhaupt seines graphischen Werks von kaum einem der anderen Meister der Epoche je erreicht. Es sollte mehr als ein Jahrhundert dauern, ehe mit Rembrandt ein neuer Meister der Graphik hervortrat, der Albrecht Dürer im Range vergleichbar erscheint; das bevorzugte Ausdrucksmittel der Graphik Rembrandts war dann allerdings weder der Holzschnitt noch der Kupferstich, sondern – neben der Zeichnung – die Radierung, deren Technik überhaupt erst im 16. Jahrhundert entwickelt wurde.

Zweiter Teil

Ereignisse und Entscheidungen des Jahrhunderts

I.

Das Reich vom Beginn des Jahrhunderts bis zum Tode Maximilians I. (1519)

1. Die äußeren Verhältnisse: Italien, das burgundische Erbe und die habsburgische Thronfolge in Spanien, Böhmen und Ungarn

Die Außenpolitik Maximilians I., in der historischen Literatur mitunter als sprunghaft und konzeptionslos kritisiert, war grundlegend und dauerhaft durch das Interesse an der Sicherung und Vermehrung der habsburgischen Hausmacht – und in diesem Rahmen an der Wahrnehmung der Reichsinteressen – bestimmt. Auch der überraschende Wechsel der außenpolitischen Bündnisse des Königs war von dieser Zielsetzung geleitet und im einzelnen durch die ihrerseits rasch wechselnden Bündniskonstellationen der europäischen Mächte des beginnenden 16. Jahrhunderts veranlaßt. Der gewiß unruhigen und in manchem sprunghaften Persönlichkeit Maximilians dürfte dabei eine nur untergeordnete Bedeutung beizumessen sein.

Die außenpolitischen Hauptinteressen Maximilians lagen zum einen in Oberitalien, wo sich allmählich der für das weitere 16. Jahrhundert maßgebende Konflikt zwischen den Häusern Valois und Habsburg herauskristallisierte. Ein zweiter Schwerpunkt seiner Außenpolitik bestand in der Sicherung des niederländisch-burgundischen Erbes gegen die Franzosen. Zum dritten verfolgte er mit Energie und Hartnäckigkeit die Thronfolgeansprüche seines Enkels Karl, des späteren Kaisers Karls V., in Spanien. Viertens schließlich ging es Maximilian – in relativer Unabhängigkeit von den ihrerseits eng miteinander verschlungenen Entwicklungen in Süd- und Westeuropa – um die Durchsetzung der habsburgischen Thronansprüche auf Böhmen und Ungarn.

Die Italienpolitik Maximilians war durch sehr unterschiedliche Ziele bestimmt. Zum einen ging es dem König darum, nach Rom zu ziehen und dort die Kaiserkrönung durch den Papst zu erlangen; mit diesem Motiv einer Konsolidierung seiner universalen Herrschaftsansprüche eng verbunden war die Absicht der Vorbereitung eines großen Türkenkreuzzugs, durch den er an der Spitze der europäischen Fürsten die Muslime aus Europa zu vertreiben gedachte. Dazu kam das Vorhaben einer Neubelebung der reichsrechtlichen Ansprüche in Oberitalien, insbesondere auf das reiche Mailand, und schließlich fehlte es auch nicht an der Absicht territorialpolitischer Expansion, vor allem auf Kosten Venedigs. Daß bei alledem kräftige Momente einer dynastisch-habsburgischen Politik wirksam waren, ist sicher. Wenn aber die Reichsstände die Aktivitäten des Königs in Italien überhaupt nur als habsburgische Hausmachtpolitik ansahen, für die sie namens des Reichs keinerlei Verpflichtung trügen, so war das doch eine allzu bequeme – gewiß auch durch die verfassungspolitischen Konflikte mit dem Reichsoberhaupt motivierte – Verkürzung der politischen Realität. Die Berufung des Königs auf die Interessen des Reichs in Italien, um derentwillen er von den Reichsständen finanzielle oder unmittelbar militärische Unterstützung forderte, war keineswegs bloßer Vorwand oder Heuchelei; es war ja auch wirklich eine Folge der Politik Maximilians, daß die im späteren Mittelalter weit fortgeschrittene Loslösung Reichsitaliens vom Reich jetzt den Anfang einer langfristig wirksamen Umkehrung erfuhr. Auch der Vorwurf einer windigen Projektemacherei trifft die Italienpolitik Maximilians, jedenfalls in ihren Grundzielen, nicht – nicht einmal den Plan eines Türkenkreuzzugs. Man wird sich vielmehr zu erinnern haben, daß auch Maximilians fürstliche Zeitgenossen Karl VIII. von Frankreich und Ferdinand von Aragón sehr ernsthafte Kreuzzugspläne verfolgt haben. Daß die Mehrheit der christlichen Staaten Europas wie – auf der Ebene des Reichs – die deutschen Landesfürsten nicht mehr bereit waren, sich in einer gemeinsamen Anstrengung gegen das Vordringen des Islams im Abendland zur Wehr zu setzen, war um die Wende des 15. Jahrhunderts auch ansonsten sehr realistischen Staatsmännern keineswegs so klar, wie es sich uns Nachlebenden darstellt.

Der erste wichtige Akt der Italienpolitik Maximilians war seine Heirat mit Bianca Maria Sforza, der Nichte des Gewalthabers von Mailand Ludovico Sforza (1494). Der Hintergrund dieser Ehe bestand auf seiten des Sforza in dem Interesse an einer besseren Legitimierung seiner Herrschaft über Mailand. Die Sforza waren nach dem Aussterben der Visconti durch eine Art militärischen Handstreichs in den Besitz Mailands gelangt, und Kaiser Friedrich III. hatte sich stets geweigert, sie von Reichs wegen mit Mailand zu belehnen. Daß in Frankreich mit Ludwig von Orléans, dem späteren König Ludwig XII., ein Abkömmling der Visconti zur Thronfolge anstand, machte jenen reichsrechtlichen Legitimationsmangel für Ludovico el Moro besonders empfindlich und gefährlich. So kam es zur Einigung mit Maximilian: Der Sforza wurde in aller Form mit Mailand belehnt; Maximilian erhielt Bianca zur Frau und mit ihr den Zugang zum mailändischen Kapital. Dieses Kapital aber – die Mitgift Biancas und zusätzliche mailändische Kredite – sollte nach den Vorstellungen Maximilians den finanziellen Grundstock für einen großen Türkenkreuzzug bilden. Genau darin lag überhaupt der ursprüngliche politische Sinn der mailändischen Heirat für Maximilian; hinzu kam natürlich die Hoffnung, einen verläßlichen Bundesgenossen für die habsburgischen und Reichsinteressen in Oberitalien zu gewinnen.

Das Projekt des Türkenkreuzzugs konnte nicht realisiert werden. Weder die anderen europäischen Staaten noch auch die deutschen Reichsstände bezeigten große Lust, sich für das Unternehmen zu engagieren. Der Einfall Karls VIII. von Frankreich in Italien 1494 – übrigens seinerseits mit dem

Fernziel eines Türkenkreuzzugs – schuf überhaupt eine neue Situation. Italien selbst wurde jetzt das Feld der Auseinandersetzungen, und als Gegner rückten für Maximilian die Franzosen, daneben die Venezianer, an die Stelle der Osmanen.

In diesen Auseinandersetzungen nun konnte Maximilian, in aller Regel von den Reichsständen nur dürftig unterstützt, keine sonderlich einflußreiche Rolle spielen. Die in Italien politisch wie militärisch dominierenden Mächte waren Spanien und Frankreich; nicht einmal den Venezianern war Maximilian gewachsen, wenn er nicht gerade über potente Bündnispartner verfügte. So bestand die Italienpolitik des Königs gutenteils darin, sich den wechselnden Bündniskonstellationen der anderen Mächte anzupassen, so gut es eben ging, und dabei zu versuchen, den eigenen politischen Zielen wenigstens ein Stück näher zu kommen. Die Erfolge dieser Politik ließen freilich sehr zu wünschen übrig. So gehörte Maximilian 1495–97 mit dem Papst, Spanien, Venedig und Mailand zur Heiligen Liga gegen Karl VIII. von Frankreich, ohne doch – abgesehen von der vorläufigen Sicherung der Sforza in Mailand – irgendwelche Vorteile aus dem Krieg ziehen zu können. Noch ungünstiger war die Bilanz des nächsten, durch den Einfall Ludwigs XII. in Italien ausgelösten Kriegs (1499–1504). Durch die französische Diplomatie ziemlich isoliert, hatte Maximilian auch militärisch mit dem Ausgang des Kriegs nur wenig zu tun; die Entscheidung fiel vielmehr im Kampf zwischen Franzosen und Spaniern, und das politische Ergebnis des Kriegs bestand im Gleichgewicht der spanischen Herrschaft über Süditalien einerseits, der französischen in Oberitalien anderseits – letztere auf Kosten vor allem alter Lehensrechte des Reichs. Zwar sagte Ludwig XII. im Frieden von Blois mit Maximilian 1504 gegen die Belehnung mit Mailand, in dessen Besitz er sich seit 1500 ohnehin befand, die Verheiratung seiner Tochter Claudia mit Maximilians Enkel Karl zu; für den Fall, daß Ludwig ohne Söhne bleiben werde, sollte das Paar Mailand, dazu das Herzogtum Burgund und obendrein die Bretagne erhalten. Der französische König dachte aber gar nicht daran, seine Verpflichtungen aus dem Vertrag wirklich zu erfüllen: Kaum daß er außenpolitisch ein wenig Luft bekommen hatte – vor allem durch eine gewisse Annäherung an Spanien –, verheiratete er Claudia an seinen Neffen und Nachfolger Franz von Angoulême. Schon vorher, im Schweizer- oder Schwabenkrieg von 1499, war auch Maximilians Versuch, die Eidgenossen wieder in eine nähere Verbindung zum Reich zu zwingen und damit den Franzosen das Reservoir der Schweizer Söldner wegzunehmen, kläglich gescheitert. Nicht viel besser erging es Maximilian in seinen Auseinandersetzungen mit Venedig. Zunächst nahm ein gesonderter Feldzug gegen die Venezianer im Frühjahr 1508 einen sehr ungünstigen Verlauf: Nicht nur, daß Maximilian die terra ferma nicht unter seine Kontrolle zu bringen vermochte – vielmehr wurden umgekehrt sogar erhebliche Teile der angrenzenden habsburgischen Territorien mit der Grafschaft Görz, mit Triest und Fiume von den Venezianern erobert. Bessere Chancen schienen sich immerhin zu eröffnen, als es – noch im Herbst 1508 – zu einer größeren Liga gegen Venedig kam, der außer dem Papst und Maximilian selbst auch Spanien und Frankreich angehörten; der französische König war durch das erneute Versprechen der Investitur mit Mailand gewonnen worden. Maximilians Hoffnung auf einen großen Sieg über die Republik von San Marco erfüllte sich jedoch auch jetzt nicht. Nach beträchtlichen Anfangserfolgen vor allem des französischen Heeres erlahmte die Kriegführung der Verbündeten. Schon 1509 lag die militärische Last des Bündnisses im wesentlichen allein auf Maximilian, und dem fehlte es wie zuvor an Geld und Truppen, um sich gegen die Venezianer durchzusetzen. Hinzu kam, daß Papst Julius II. angesichts der Gefahr einer weiteren Stärkung der französischen Position in Oberitalien 1510 das Bündnis überhaupt sprengte, mit Venedig Frieden schloß und zur Befreiung Italiens von den Franzosen aufrief. Bis zum Ende des Jahres 1511 erwuchs daraus eine große antifranzösische Koalition. Ihr gehörten – neben dem Papst selbst – die Schweizer Eidgenossen an, die jetzt eine eigene Vorherrschaft in Oberitalien zu begründen suchten, dazu Spanien, England und selbst Venedig. Wollte Maximilian nicht ins außenpolitische Abseits geraten, so blieb ihm kaum etwas anderes übrig, als auch seinerseits den Krieg mit Venedig abzubrechen und sich an dieser neuen Allianz zu beteiligen; deren antifranzösische Stoßrichtung entsprach freilich ohnehin den längerfristigen Interessen des Kaisers, vor allem an Mailand. In der Tat gelang es den neuen Verbündeten, die Franzosen 1512 aus Italien zu verdrängen. Das bedeutete allerdings nicht, daß Maximilian die Herrschaft oder doch eine gesicherte Oberhoheit über Mailand zurückerlangt hätte; vielmehr gerierten sich jetzt die Schweizer, die die Entscheidungsschlacht von Novara gegen die Franzosen gewonnen hatten, als die Herren Mailands und restituierten die Sforza aus eigener Machtvollkommenheit, ohne Rücksicht auf Kaiser und Reich. Obendrein zerfiel auch die antifranzösische Liga von 1510/11 sehr rasch; die Venezianer standen seit 1513 überhaupt auf französischer Seite. Der Kaiser verfügte nach wie vor nicht über das militärische Potential, um auch nur die Venezianer wirklich bedrängen zu können, dem jungen französischen König Franz I. aber gelang es 1515, die Schweizer bei Marignano vernichtend zu schlagen und Mailand wiederum in französische Hand zu bringen. Als Maximilian daraufhin erneut über die Alpen zog, um nun endlich selbst dem französischen König Oberitalien abzunehmen, geriet er gegenüber Franzosen und Venezianern vollends in übelste Bedrängnis. Wieder einmal ohne Geld zur Besoldung seiner Truppen, mußte er vor dem entscheidenden Sturm auf Mailand umkehren. Sein Heer löste sich meuternd auf, er selbst schlug sich mit knapper Not nach Tirol durch. Angesichts solcher Kalamitäten war an eine Eroberung der venezianischen terra ferma bis auf weiteres nicht zu denken, auch nicht an eine neue größere Unternehmung gegen Mailand und schon gar nicht an einen Türkenkreuzzug, dessen Chancen der Kaiser immerhin auch in diesen letzten Jahren seiner Regierung noch einmal ernsthaft ventilierte. Im Grunde mußte er froh sein, beim Friedensschluß Ende 1516 ein paar Grenzstreifen im Süden Tirols – die sogenannten Welschen Confinen – sowie eine Abrundung des habsburgischen Anteils an der Grafschaft Görz im äußersten Südosten des Reichs zu erlangen. Das Problem der Vorherrschaft über Italien aber schien, wie ansatzweise schon 1504, durch das Gleichgewicht zwischen der spanischen Herrschaft im Süden und der französischen im Norden des Landes gelöst zu sein, auf Kosten nicht zuletzt des Reichs und seiner alten Rechte in Oberitalien. Die Thronfolge von Maximilians Enkel Karl in den burgundischen Niederlanden (1506), in den spanischen Königreichen (1516), nach Maximilians Tod auch – zusammen mit seinem Bruder Ferdinand – in den österreichischen Erblanden und schließlich im Kaisertum (1519) sollte den Habsburgern dann freilich eine Machtstellung verleihen, der gegenüber die französische Position in Italien trotz hartnäckiger Gegenwehr nicht zu behaupten war.

Von größerem unmittelbarem Erfolg als die Italienpolitik Maximilians war sein Kampf um die Erhaltung des burgundischen Erbes der Habsburger. Der Hauptnutznießer der Katastrophe Karls des Kühnen bei Nancy 1477 war Frankreich gewesen: König Ludwig XI. hatte die Grafschaften Boulogne und Artois, vor allem aber das alte Herzogtum Burgund für die französische Krone erlangt. Und damit nicht genug: Unmittelbar nach Nancy hatten die Franzosen sogar die Freigrafschaft Burgund in ihre Hand gebracht, ohne sich groß um deren lehensrechtliche Zugehörigkeit zum Reich zu kümmern. Maximilian – Witwer der frühverstorbenen burgundischen Erbtochter Maria und Regent für seinen noch unmündigen Sohn Philipp, dazu seit 1493 deutscher König – hatte die Franche Comté dann aber doch als burgundisches Erbe für die Habsburger und zugleich in ihrer Reichszugehörigkeit zurückgewinnen können (Friede von Senlis 1493), und auch sonst gelang es ihm, wenigstens ein weiteres Ausgreifen der Franzosen auf burgundisches Gebiet zu verhindern. Allerdings kam es immer wieder, natürlich auch als Folge der italienischen Konflikte Maximilians mit den französischen Königen, zu politischen und militärischen Auseinandersetzungen um die beiderseitigen Hoheitsrechte in den Grenzlandschaften, insbesondere in Flandern und im Artois; darüber hinaus ließen die Franzosen keine Chance aus, auch andere territoriale Konkurrenten der Habsburger, vor allem Herzog Karl von Geldern, nach Kräften zu unterstützen. Diese fortdauernden Spannungen und Kämpfe aber waren für Maximilian um so unangenehmer, als die niederländischen Stände in ihren außenpolitischen Optionen tief gespalten waren.

Die Wurzeln dieser Spannung reichten bis in die Zeit des Hundertjährigen Kriegs zwischen England und Frankreich zurück. Die burgundischen Herzöge hatten damals versucht, den großen Konflikt durch wechselnde Bündnisse mit den verfeindeten Mächten im Interesse der eigenen Machterweiterung auszunutzen. Im einen wie im andern Fall aber hatte jeweils ein Teil der niederländischen Stände unter dieser Politik zu leiden gehabt: die in den nördlichen Provinzen gesessenen unter der Störung des Handels mit England, die in den burgundisch-französischen Grenzlandschaften beheimateten durch die französische Bedrohung ihrer Herrschaften. Der daraus erwachsene Gegensatz einer «französischen» und einer «englischen» Partei der niederländischen Stände blieb auch unter Maximilian virulent. So konnte der König in seinen Auseinandersetzungen mit Frankreich nie auf die geschlossene Unterstützung der Niederländer rechnen; sein Sohn Philipp der Schöne, der von 1494 bis zu seinem Tode 1506 das Land regierte, neigte zeitweise sogar selbst der französischen Partei zu. Die große antifranzösische Koalition von 1512, der auch England angehörte, verschärfte die Spaltung der Stände von neuem; Maximilians Tochter Margarete, die seit 1507 die Regentschaft der Niederlande führte, konnte sich je länger desto weniger im Lande durchsetzen.

Die Lösung dieser bedrohlichen Probleme konnte nur im Versuch eines innen- wie außenpolitischen Ausgleichs bestehen. Zum Exponenten dieser politischen Richtung aber wurde jetzt, und zwar sehr im Gegensatz zu den Wünschen Maximilians, der Kaiserenkel Karl, der nach seiner Volljährigkeitserklärung 1515 selbst die Regierung der Niederlande antrat, beraten vor allem von seinem Großkämmerer, dem Herrn von Chièvres. Die Bereitschaft des jungen Fürsten zu äußerer Neutralität und innerem Ausgleich wuchs noch, als mit dem Tode Ferdinands von Aragón Anfang 1516 die spanische Thronfolge akut wurde, die in Spanien selbst auf große Widerstände stieß. Es war bald klar, daß Karl sich der spanischen Angelegenheiten in eigener Person und vor Ort annehmen mußte, und nichts konnte ihm dabei hinderlicher sein, als ein innenpolitischer Zwist in den Niederlanden oder gar eine französische Intervention. So kam es im August 1516 mit Franz I. auf der Basis des status quo zum Friedensvertrag von Noyon; einige Monate später schloß sich auch Maximilian dem Frieden an. Der Vertrag erfüllte seinen Zweck für die Habsburger durchaus: Die inneren Verhältnisse der Niederlande beruhigten sich, und Karl konnte sich die spanischen Kronen durch entschlossenes Zugreifen sichern. Auf lange Sicht gesehen, war das Vertragswerk von 1516 freilich auch für die Niederlande nur eine Interimslösung; der säkulare Konflikt der Häuser Valois und Habsburg stand erst noch bevor.

Die Thronfolge der Habsburger in den spanischen Reichen, die zum Kern der habsburgischen Weltstellung im 16. Jahrhundert werden sollte, hatte ihre dynastische Grundlage in der Doppelheirat Philipps des Schönen mit Juana, einer Tochter des Katholischen Königspaars, und Don Juans, des spanischen Thronfolgers, mit Maximilians Tochter Margarete (1496/97). Durch den frühen Tod Juans und kurz darauf auch seiner nächstältesten Schwester, der mit dem portugiesischen König Manuel verheirateten Isabella, und deren Söhnchen rückte Juana als drittes Kind des Katholischen Königspaars bereits

1498 zur Thronfolgerin der spanischen Reiche auf, und als sie ihrem habsburgischen Gemahl Philipp im Jahre 1500 einen Sohn Karl gebar, stand dessen Thronfolge nicht nur in den österreichischen Erblanden und – als Enkel Marias von Burgund – in den burgundischen Niederlanden, sondern auch in den spanischen Königreichen zu erwarten.

Nun war das eine dynastische Konsequenz, die beim Zustandekommen der Heiratsabsprachen von 1495 kaum abzusehen gewesen war. Das Katholische Königspaar hatte mit der Doppelheirat zwar seine Beziehungen zu den Habsburgern dauerhaft absichern wollen, um so den Franzosen in Italien besser Paroli bieten zu können; eine habsburgische Thronfolge aber war keineswegs beabsichtigt gewesen. Viel eher dachte man – für den Fall eines vorzeitigen Todes des Thronfolgers – an eine dynastische Verbindung Spaniens mit Portugal, wie das auch weitverbreiteten Wünschen im Lande selbst entsprach. Nur der dynastische Zufall von Tod und Überleben entschied zugunsten der Habsburger. Die politische Durchsetzung dieser Thronfolge war denn auch keineswegs problemlos. Angesichts der schon früh sich abzeichnenden Geisteskrankheit Juanas hatte Isabella von Kastilien in ihrem Testament bestimmt, daß ihr Gemahl König Ferdinand die Regentschaft in Kastilien führen solle, bis Juanas Sohn und Erbe Karl mündig geworden wäre und selbst die Regierung übernehmen könne. Daß es Philipp dem Schönen nach Isabellas Tod (1504) gelang, mit Unterstützung eines Großteils des kastilischen Adels sich selbst anstelle Ferdinands zum Regenten Kastiliens zu machen, ja daß er zusammen mit Juana im Sommer 1506 von den kastilischen Cortes als rechtmäßiger König des Landes anerkannt wurde, bedeutete nur vordergründig eine Stärkung der habsburgischen Ansprüche. Zum einen nämlich bewog dieser Affront den alten König, die Vereinigung Kastiliens und Aragóns wieder in Frage zu stellen: Noch 1506 schloß er eine neue Ehe mit Germaine de Foix, einer Nichte des französischen Königs; ein Sohn aus dieser Ehe wäre nach katalanischem Erbrecht zur Thronfolge in Aragón berufen gewesen. Zum andern aber machte die Herrschaft Philipps in Kastilien, so kurz sie war – Philipp starb bereits im September 1506 –, den höchst unerfreulichen Eindruck schamloser Günstlingswirtschaft und Ausbeutung des Landes; das verstärkte die alten Vorbehalte gegen eine habsburgische Thronfolge in gefährlicher Weise. Es war deshalb nicht verwunderlich, daß Maximilian mit seinem Versuch, nach dem Tode Philipps nun selbst die Regentschaft für Juana bzw. für Karl in Kastilien zu übernehmen, keinen Erfolg hatte; die Regentschaft ging jetzt doch auf König Ferdinand über, der sie bis zu seinem Tode 1516 wahrnahm. Der Regentschaftsstreit mit Maximilian verbitterte jedoch jahrelang die Gemüter und entschärfte sich erst, als sich herausstellte, daß ein 1509 geborener Sohn der Germaine de Foix nicht lebensfähig war und weitere Nachkommen aus ihrer Ehe mit Ferdinand nicht zu erwarten standen. König Ferdinand fand sich jetzt mit der Thronfolge Juanas und ihres habsburgischen Sohnes Karl nicht nur in Kastilien, sondern auch in Aragón ab; Maximilian verzichtete seinerseits auf alle Ansprüche einer Mitregentschaft in Kastilien.

Nochmals eine gefährliche Klippe der habsburgischen Thronfolge in Spanien bedeutete schließlich das letzte Testament König Ferdinands, das angesichts der nur de facto, nicht de jure feststehenden Regierungsunfähigkeit Juanas deren Sohn Karl bis auf weiteres nur zum Regenten der spanischen Reiche bestimmte; diese Regelung hätte leicht zum Ansatzpunkt neuer Opposition werden können. Jetzt aber setzte sich der junge Fürst selbst mit raschem und entschlossenem Handeln durch: Alsbald nach dem Tode Ferdinands beanspruchte er für sich – in Gemeinschaft mit seiner Mutter – die Königswürde in Kastilien und Aragón und brachte diesen Anspruch 1517/18 persönlich, wenngleich mit maßgeblicher Unterstützung des einflußreichen Kardinals Cisneros, bei den Ständen der spanischen Königreiche zur Anerkennung. Juana galt zwar weiterhin als Königin; bis zu ihrem Tode (erst 1555!) trat Karl also nicht in die alleinige Vollgewalt der königlichen Rechte in Spanien ein. Politische Bedeutung hatte diese staatsrechtliche Klausel indessen nicht mehr; die habsburgische Thronfolge war vollzogen.

Noch unsicherer als die spanische Thronfolge war um die Jahrhundertwende die Thronfolge der Habsburger in Böhmen und Ungarn. Zwar war der Streit zwischen den Jagiellonen und den Habsburgern mit ihren konkurrierenden Ansprüchen auf die beiden Kronen im Vertrag von Preßburg 1491 vorläufig in der Weise beigelegt worden, daß der hier wie dort regierende König Wladislaw II. für den Fall seines Todes ohne männliche Nachkommen die Nachfolge Maximilians in beiden Reichen zugestand. Ob eine solche Thronfolge aber bei den böhmischen und ungarischen Ständen durchgesetzt werden könnte, ob das polnische Königshaus der Jagiellonen die Vereinbarungen Wladislaws im Ernstfall respektieren würde, ob es schließlich auch nur bei der – zunächst allerdings wahrscheinlichen – Kinderlosigkeit Wladislaws bleiben würde, war noch keineswegs ausgemacht. In der Tat wurde schon die letztere Voraussetzung der habsburgischen Thronfolge in den ersten Jahren des neuen Jahrhunderts fraglich. Wladislaw ließ die – wohl nie vollzogene – Ehe mit seiner ersten Gemahlin im Jahre 1500 annullieren und heiratete 1502 die mit dem französischen Königshaus verwandte Anne de Foix, die ihm im Jahre darauf ein erstes Kind gebar – allerdings keinen Sohn, sondern eine Tochter, die den Namen Anna erhielt; aber die Geburt auch eines Sohnes rückte damit doch in den Bereich des Wahrscheinlichen. Als dann eine schwere Krankheit Wladislaws 1505 die Nachfolgefrage akut werden ließ, zeigte sich des weiteren, daß jedenfalls in Ungarn die habsburgische Thronfolge auch bei den Ständen des Landes auf größte Schwierigkeiten stoßen würde; ein ungarischer Reichstag im Oktober des Jahres lehnte ausdrücklich und in deutlicher Wendung gegen die Habsburger jede Thronfolge eines Ausländers ab. Das brachte Maximilian nun freilich in Harnisch.

Er beharrte nicht nur auf seinen erbvertraglichen Ansprüchen, sondern traf zu deren Durchsetzung auch recht entschiedene militärische Vorbereitungen, mit finanzieller Hilfe sogar der Reichs. Das machte Eindruck, und zwar zunächst auf den alten Wladislaw selbst. Er knüpfte insgeheim Verhandlungen mit Maximilian an, und diese Verhandlungen führten im März 1506 zu einem Vertragswerk, durch das die habsburgischen Erbansprüche bestätigt und außerdem zwei habsburgisch-jagiellonische Heiraten vereinbart wurden: zwischen der kleinen Anna von Ungarn nämlich mit einem der Enkel des Kaisers und einem eventuellen, noch ungeborenen ungarischen Thronfolger mit Maximilians Enkelin Maria. Als Maximilian dann militärisch gegen die ungarischen Magnaten vorging, fanden sich auch diese zum Einlenken bereit. Die Geburt eines ungarischen Thronfolgers Ludwig im Sommer 1506, die eine habsburgische Thronfolge zwar nicht ausschloß, aber doch einigermaßen unwahrscheinlich machte, erleichterte ihnen das Nachgeben.

Die 1506 abgeschlossenen, im folgenden Jahr noch einmal modifizierten Heirats- und Erbvereinbarungen bedeuteten freilich noch immer keine endgültige Entscheidung zugunsten der – ohnehin scheinbar entfernten – erbrechtlichen Ansprüche der Habsburger. Vielmehr wurde jetzt auch noch der Widerstand des polnischen Königshauses akut. Der polnische König Sigismund August nämlich, der jüngere Bruder Wladislaws, machte von neuem die jagiellonischen Erbansprüche geltend, und dieser Druck verstärkte sich noch – jedenfalls hinsichtlich Ungarns –, als Sigismund 1512 die Schwester Johann Zapolyas, eines der führenden ungarischen Magnaten, heiratete und solcherart jagiellonische und nationalungarische Interessen miteinander verknüpfte. Aber Maximilian wußte auch diesem Widerstand erfolgreich zu begegnen, vor allem durch die Intensivierung seiner Kontakte zu den traditionellen Gegnern Polens, dem Deutschen Orden und Rußland. Mit dem Großfürsten von Moskau schloß er 1514 einen deutlich gegen Polen gerichteten Vertrag, und den Hochmeister des Deutschen Ordens, Albrecht von Brandenburg, unterstützte er in dessen Weigerung, dem polnischen König den Treueid zu leisten. Diese Flankendrohung war Sigismund so unangenehm, daß er auf dem Fürstentag zu Wien 1515 der grundsätzlichen Erneuerung der Verträge von 1505/07 mitsamt ihren Erbregelungen zustimmte; zum Gemahl der ungarischen Königstochter Anna wurde jetzt Maximilians Enkel Ferdinand bestimmt. Dafür verzichtete Maximilian auf die weitere Unterstützung der Gegner Polens; was den Deutschen Orden anging, akzeptierte er die Oberhoheit Polens über Preußen und damit dessen Verlust für das Reich. Im übrigen war natürlich auch jetzt noch keineswegs abzusehen, ob die habsburgische Thronfolge in Böhmen und Ungarn wirklich eintreten werde; der frühe Tod des jungen Königs Ludwig 1526 war wiederum nur einer jener dynastischen Zufälle, die dem Aufstieg des Hauses Habsburg so oft zugute kamen.

2. Königtum und Stände im Streit um die Reichsverfassung. Maximilian I. und das Kaisertum

Grundsätzlich war die Reichsreform, die auf dem Reichstag von Worms 1495 einen ersten Höhepunkt erreicht hatte, ein gemeinsames Anliegen von König und Ständen. Die Notwendigkeit eines dauernden Landfriedens unter Beseitigung vor allem des Fehderechts, die Notwendigkeit auch eines funktionierenden höchsten Reichsgerichts und einer hinreichenden Exekutive zur Durchsetzung der Urteile des Gerichts wie überhaupt zur Wahrung des Landfriedens, die Notwendigkeit schließlich einer Finanzierung der Aufgaben des Reichs durch eine Reichssteuer – all das war prinzipiell anerkannt, und auf dieser Grundlage hatten sich König und Stände auf eine Reihe grundlegender und konkreter Reformbeschlüsse geeinigt. Die 1495 gefundenen Kompromisse ließen freilich noch viele Probleme offen, und zwar nicht so sehr deshalb, weil man diese Probleme noch nicht voll erkannt hätte, sondern weil es neben jener Gemeinsamkeit des Reformanliegens doch auch tiefgreifende Interessengegensätze zwischen König und Ständen gab, über die man sich nicht hatte verständigen können. Die Auseinandersetzung über diese Gegensätze – in Wechselwirkung insbesondere mit den Problemlagen der Außenpolitik – gab der Reichspolitik in den ersten Jahren des 16. Jahrhunderts das Gepräge; als eigentlicher Gegenspieler des Königs erscheint der Erzkanzler und Kurfürst von Mainz, Berthold von Henneberg (gest. 1504). Im Mittelpunkt des Konflikts stand zunächst das sogenannte Erste Reichsregiment (1500–1502).

Schon auf dem Reichstag von Worms 1495 hatte das Projekt eines solchen Reichsregiments zur Diskussion gestanden. Von ständischer Seite war damals der Vorschlag eines aus den Ständen formierten Reichsrats präsentiert worden, der die königliche Regierungsgewalt empfindlich eingeengt hätte; nach Maximilians Gegenentwurf wäre das Regiment umgekehrt ein bloßes Beratungsgremium des Königs gewesen, das der Vorbereitung und Durchsetzung der königlichen Entscheidungen gedient hätte. Ein Kompromiß über diese gegensätzlichen Konzeptionen hatte sich nicht erzielen lassen, das Projekt des Reichsregiments war vorläufig fallengelassen worden. Im Jahre 1500 nun brachten es die Stände erneut auf den Tisch, und zwar in einer für Maximilian außerordentlich prekären politischen Gesamtsituation. Mit dem Verlust Mailands an die Franzosen nämlich und der Niederlage im Schweizer Krieg hatte der König Rückschläge erlitten, die nicht nur seine Autorität im Reich und in Europa schwer beeinträchtigt, sondern auch seine finanziellen Mittel erschöpft hatten. So blieb ihm nichts anderes übrig, als einen Reichstag einzuberufen und um Reichshilfe zu ersuchen. Die Stände zögerten nicht, die Notlage des Königs für ihre Ziele auszunutzen. Noch vor der offiziellen Eröffnung des Reichstags – er fand diesmal in Augsburg statt – beschloß die Mehrheit der bereits anwesenden Stände, den französischen Überfall auf Mailand nicht als Kriegsgrund anzusehen und Maximilian auf den Weg eines friedlichen Ausgleichs mit Ludwig XII. zu verweisen. Nachdem man solcherart, die eigenen Bekenntnisse zur Verteidigung des Reichs desavouierend, die Begründung der königlichen Steuerforderungen abgelehnt hatte, konnte man die tatsächliche Bewilligung von Hilfsgeldern bzw. -truppen umso ungescheuter von verfassungspolitischen Zugeständnissen Maximilians abhängig machen – vor allem eben von der Einsetzung eines Reichsregiments, und zwar durchaus nach den Vorstellungen der Stände, über die man schon 1495 verhandelt hatte.

Für die Zusammensetzung des neu formierten Regimentskollegiums waren in erster Linie ständische Gruppierungen maßgebend, wie sie auch die Zusammensetzung des Reichstags bestimmten. So gehörten dem Gremium neben den sechs Kurfürsten – Böhmen war nicht berücksichtigt – je ein weltlicher und geistlicher Fürst, ein Prälat, ein Graf und zwei Reichsstädte an; dazu kam je ein Vertreter der österreichischen und der burgundischen Erblande. Daneben aber suchte man auch dem Prinzip einer Repräsentation der verschiedenen Landschaften des Reichs Rechnung zu tragen. So gliederte man das Reich unter Ausklammerung der Kurfürstentümer und der habsburgischen Erblande in sechs Reichskreise, aus denen ebenfalls je ein Mitglied des Regiments genommen werden sollte. Der König bzw. sein Statthalter sollten zwar den Vorsitz führen, im übrigen aber auf die Rolle eines Primus inter pares beschränkt sein. Das Regiment bekam seinen ständigen Sitz in Nürnberg, wohin auch, in bewußt enger Anlehnung an das Regiment, das Reichskammergericht verlegt wurde. Das in alledem deutliche ständische Übergewicht war um so gravierender, als die Kompetenzen des Regiments sich auf nahezu alle entscheidenden Fragen der inneren wie der äußeren Politik erstreckten: auf die Verfügung über die Reichssteuer wie auf den Oberbefehl über das Reichsheer oder auch auf den diplomatischen Verkehr mit auswärtigen Mächten.

Die Regimentsordnung von 1500 konnte freilich nur in Ansätzen – und auf Dauer überhaupt nicht – in politische Realität umgesetzt werden. Maximilian war keineswegs bereit, sich mit dieser Degradierung seines Königtums abzufinden, und auch die Reichsstände, namentlich die größeren unter ihnen, fanden sich durch das Regiment in der Wahrnehmung ihrer Partikularinteressen behindert. Das Regiment selbst verfügte schon gar nicht über die Autorität, um sich im Reich kraftvoll durchzusetzen. Die Gelder zur Unterhaltung des Regiments gingen nur zögernd ein, und das Regiment tat wenig, um auch nur diesen Mißstand auszuräumen; so war das Gremium für gewöhnlich nur schwach besetzt – eine denkbar ungünstige Basis für eine tatkräftige Politik gegenüber dem König wie gegenüber den Ständen. Nicht einmal seine satzungsgemäßen Befugnisse bei der Verfügung über die Reichssteuer wagte das Regiment wahrzunehmen, und eigene politische Konzeptionen entwickelte es schon gar nicht. Bereits im Sommer 1501 wurde immer deutlicher, daß das Regiment mit der Aufgabe der Regierung des Reichs völlig überfordert war; das Pendel schwang zugunsten der monarchischen Gewalt zurück. Binnen weniger Monate gelang es Maximilian, das Regiment Schritt um Schritt auszumanövrieren. Durch eine eigenmächtige Verständigung mit Ludwig XII. von Frankreich, der seinerseits in Italien unter wachsenden militärischen Druck der Spanier geraten war, gewann er seine außenpolitische Handlungsfähigkeit zurück; dann weigerte er sich, die fällige Neuernennung eines Statthalters für das Regiment vorzunehmen, und entsandte nicht einmal mehr seinen eigenen österreichischen Vertreter in das Gremium. Bereits im März 1502 konnte er es wagen, dem Erzkanzler das große Regimentssiegel abzufordern und die wenigen noch in Nürnberg verbliebenen Regenten nach Hause zu schicken. Daß Berthold von Henneberg es bei papiernen Protesten beließ und schließlich nur mehr versuchte, mit Hilfe des Kurvereins eine neue Opposition gegen den König aufzubauen, war ein deutliches Zeichen für die Selbstaufgabe des Regiments. Die Auslieferung des Siegels zögerte sich noch bis zum Januar 1503 hin; damit war dann aber der Versuch einer ständischen Regierung des Reichs endgültig gescheitert.

In der Folge gelang es Maximilian, den mit dem Sturz des Reichsregiments erzielten Autoritätsgewinn weiter auszubauen, vor allem durch seine erfolgreiche Intervention im bayerisch-pfälzischen Erbfolgestreit (1503–1505).

Im Dezember 1503 war Herzog Georg der Reiche von Bayern-Landshut gestorben, ohne daß ein Sohn für die Thronfolge bereitgestanden hätte. So hatte Herzog Georg testamentarisch seine Tochter Elisabeth und deren Gemahl Ruprecht, den Sohn des Kurfürsten Philipp von der Pfalz, zu Alleinerben eingesetzt. Freilich hatte er damit nicht nur ältere Erbrechte seiner oberbayerischen Vettern, der Herzöge Albrecht und Wolfgang von Bayern-München, verletzt, sondern auch gegen das Reichsrecht verstoßen; denn für einen Teil des Erbes war nach dem Lehensrecht des Reichs die weibliche Erbfolge ausgeschlossen. Das Lehen war also ans Reich zurückgefallen und konnte nur vom König neu ausgegeben werden. Aus dieser Rechtslage wie aus der Gefahr einer süddeutschen Vormachtstellung der Kurpfalz ergab sich eine natürliche Interessengemeinschaft zwischen den Münchner Herzögen und König Maximilian, und dieser handelte unverzüglich. Er erklärte Georgs Testament für ungültig, belehnte statt dessen die Herzöge Albrecht und Wolfgang und setzte in Landshut bis zur endgültigen Regelung des Streitfalls eine vorläufige Regierung ein; zudem initiierte er Verhandlungen, bei denen er selbst als Schiedsrichter fungierte. Zwar scheiterte diese Vermittlung, als Pfalzgraf Ruprecht im April 1504 zur Gewalt griff und Landshut überfiel; der damit eröffnete Krieg dauerte ein ganzes Jahr und verwüstete große Teile Süddeutschlands. Über den Ausgang des Kriegs aber entschied dann doch Maximilian. Die Eroberung einiger kurpfälzischer Festungen ermöglichte einen Waffenstillstand mit Kurfürst Philipp, ein glänzender Sieg über die Truppen Ruprechts bei Regensburg und schließlich die spektakuläre Einnahme der starken Festung Kufstein brachten die Entscheidung in Bayern; im Februar 1505 kam es auch hier zum

Waffenstillstand. Maximilian konnte nunmehr, auf dem Kölner Reichstag 1505, ohne weiteres seinen Schiedsspruch fällen und durchsetzen. Die Bayernherzöge erhielten mit den südlich der Donau gelegenen Teilen Niederbayerns den größten Teil des Erbes; doch wurde für die Kinder des inzwischen verstorbenen Pfalzgrafen Ruprecht aus den bayerischen Gebieten nördlich der Donau ein neues Territorium – die sogenannte Junge Pfalz, das Fürstentum Pfalz-Neuburg – geschaffen und damit ein allzu großer Machtzuwachs des Herzogtums Bayern verhindert. Auch Württemberg und Nürnberg erhielten territoriale Entschädigungen für ihre Verluste im Krieg; unter anderem fiel Altdorf an Nürnberg, Heidenheim an Württemberg. Maximilian selbst sicherte sich, zum Teil in Nachverhandlungen 1506, Kufstein, Rattenberg, Kitzbühel und das Zillertal sowie einige weitere kleinere Herrschaften, die er freilich zur Bezahlung seiner eigenen Kriegskosten sogleich wieder verpfänden mußte.

Maximilian war klug genug, sein neu gewonnenes Prestige im Reich nicht durch den Versuch einer erneuten grundlegenden Umstrukturierung der Reichsverfassung – jetzt in monarchischem Sinne – zu gefährden. Statt dessen setzte er auf einen verfassungspolitischen Ausgleich mit den Ständen; daß Berthold von Henneberg Ende 1504 gestorben war, erleichterte diese Politik auf beiden Seiten. Zwar schlug Maximilian auf dem Reichstag zu Köln 1505 noch einmal eine Regimentsordnung vor, mit der er zu seinen Vorstellungen von 1495 zurücklenkte; als sich die Stände jedoch weigerten, das Projekt auch nur zu beraten, insistierte der König nicht auf seinem Vorschlag. Die verfassungspolitische Grundentscheidung des Kompromisses zwischen königlicher und Ständegewalt war damit bestätigt, und sie sollte auch in der weiteren Regierungszeit Maximilians prinzipiell nicht mehr in Frage gestellt werden. Im einzelnen blieb freilich manche wichtige Frage der Reichsverfassung in der Schwebe. Die politischen Möglichkeiten des Königs und damit die Möglichkeiten einer kraftvollen und einheitlichen Reichspolitik hingen wie eh und je von der Hausmacht des Königs und von seiner Fähigkeit ab, die politischen Interessen, gegenseitigen Abhängigkeiten und Konflikte der Reichsstände in seinem Sinne zu nutzen.

Die heftigen verfassungspolitischen Auseinandersetzungen, die die Reichspolitik des beginnenden Jahrhunderts beherrschten, ließen auch das Reichskammergericht nicht unberührt. Auf der einen Seite suchten die Stände das Gericht völlig unter ihren Einfluß zu bringen. Daß der Reichstag von 1500 den Sitz des neu errichteten Reichsregiments zum Sitz auch des Kammergerichts bestimmte, war dafür um so bezeichnender, als die Stände erst wenige Jahre zuvor, auf dem Wormser Reichstag von 1495, gerade um der Unabhängigkeit des Gerichts willen dessen räumliche Trennung vom königlichen Hof durchgesetzt hatten. Darüber hinaus aber machte man das Reichsregiment auch formell zur Aufsichtsbehörde für das Kammergericht und wies ihm obendrein eine eigene, mit dem Gericht konkurrierende Kompetenz für Streitigkeiten um den Landfrieden zu. Auf der anderen Seite suchte freilich auch Maximilian seine Stellung als oberster Richter im Reiche zu behaupten, so etwa – vor allem in den ersten Jahren – durch Einmischung in laufende Verfahren des Gerichts, durch eigenmächtige Ernennungen von Assessoren sowie durch die Inanspruchnahme einer konkurrierenden Gerichtsbarkeit für seinen Hofrat oder gar durch die Neubelebung des alten Hofgerichts, wenngleich unter Aufnahme von Elementen des kammergerichtlichen Prozesses, so in Augsburg 1502. Selbst aus seiner Absicht, das Kammergericht bei nächstbester Gelegenheit überhaupt wieder an seinen Hof zu ziehen, machte Maximilian keinen Hehl.

Natürlich waren derartige Auseinandersetzungen der Tätigkeit und dem Ansehen des Gerichts nicht förderlich, und das Ausbleiben der für die Unterhaltung des Gerichts bestimmten Gelder bedeutete eine mehrfach wiederkehrende Gefährdung seiner Existenz überhaupt. Trotzdem und trotz aller Mängel des Verfahrensrechts, die von allem Anfang an zu schwer erträglichen Verzögerungen der Prozesse führten, vermochte sich das Kammergericht durch seine Rechtsprechung binnen weniger Jahre doch so viel Ansehen zu erringen, daß seine Fortdauer und auch die grundsätzliche Unabhängigkeit seiner Justiz vom Hof wie von den Ständen immer weniger in Frage gestellt wurden. Wenn es zu Zeiten des Reichsregiments so ausgesehen hatte, als sollte das Kammergericht zu einem Organ der Stände werden, wenn umgekehrt seit 1502 König Maximilian weitreichenden Einfluß auf das Gericht gewonnen hatte, so kam es in der Folge – vor allem auf dem Konstanzer Reichstag von 1507 – in den wichtigsten Streitfragen zu tragfähigen Kompromissen. Allerdings trat nach der Beilegung der großen Konflikte zwischen königlicher und ständischer Gewalt die Abneigung vieler großer und kleiner Herren gegen jede Form effektiver Reichsgewalt nur um so deutlicher zutage: in der weitverbreiteten Unlust zur finanziellen Unterhaltung wie im offenen Widerstand mancher Reichsfürsten gegen die Rechtsprechung des Gerichts, insbesondere in ihren Streitigkeiten mit dem niederen Adel um dessen Unterordnung unter die fürstliche Landeshoheit. Daß in den letzten Monaten der Regierungszeit Kaiser Maximilians, seit Juni 1518, die Zahl der bei Gericht anwesenden Assessoren mangels Besoldung das für einen Urteilsspruch erforderliche Quorum nicht mehr erreichte, machte sehr deutlich, daß das Kammergericht – ungeachtet seiner prinzipiellen Anerkennung von allen Seiten – noch immer kein selbstverständlich funktionierendes Organ der Reichsverfassung war.

Ein besonders neuralgischer Punkt der Reichsverfassung war stets die Exekution der Urteile des Kammergerichts wie überhaupt die «Handhabung Friedens und Rechtens». Nach der Regimentsordnung von 1500 wären diese Aufgaben und Rechte der Landfriedenswahrung grundsätzlich in den Kompetenzbereich des Reichsregiments gefallen. Das Regiment sah sich aber nicht in der Lage, diese Kompetenz wirklich wahrzunehmen. Es blieb also praktisch bei der Hilfsverpflichtung der einzelnen Reichsstände, und die war namentlich dann so gut wie wirkungslos, wenn es sich bei dem Beklagten oder Landfriedensbrecher selbst um einen mächtigen Reichsstand handelte. Schon 1501 wußte das Reichsregiment keinen anderen Ausweg aus seinen Verlegenheiten, als sich bei dem Legaten Peraudi um die Hilfe der geistlichen Jurisdiktion zur Durchsetzung von Recht und Frieden im Reich zu bemühen. Eine solche Aufwertung von Bann und Interdikt stand freilich zu den Vorstellungen wenigstens der weltlichen Reichsstände, die in ihren eigenen Herrschaftsgebieten die geistliche Jurisdiktion seit langem zurückzudrängen suchten, in krassem Widerspruch; die auf Wunsch des Regiments tatsächlich ergangene Bulle «Considerantes» des Legaten blieb denn auch wirkungslos.

Eine Lösung des Problems bahnte sich auf ganz anderen Wegen an, gleichsam im Windschatten der verfassungspolitischen Auseinandersetzung zwischen Krongewalt und Ständen: in der Entwicklung der Reichskreise nämlich, die aus sehr bescheidenen Anfängen zu wichtigen Institutionen der politischen Ordnung des Reichs wurden.

Die Reichskreise gingen aus Ansätzen schon der mittelalterlichen Landfriedensbewegung hervor, die darauf abzielten, größere, landschaftlich zusammengehörige Gebiete zur Friedenssicherung zu vereinigen. Eine brauchbare Realisierung erfuhren diese Ansätze jedoch erst jetzt; es bedurfte des Impulses der Reichsreform, um der fortschreitenden Staatswerdung der Territorien eine Verfestigung auch der politischen Ordnung des Reichs auf landschaftlicher Ebene – eine Art von «Provinzialbildung» (Karl S. Bader) – entgegenzusetzen.

Zuerst begegnen die Reichskreise im Abschied des Augsburger Reichstags von 1500, und zwar als Rekrutierungsbezirke für einige der Mitglieder des Reichsregiments wie des Reichskammergerichts. Da jedoch ein Teil der Mitglieder des Reichsregiments wie auch der Assessoren des Kammergerichts unmittelbar von den Kurfürsten ernannt werden sollte, blieben die kurfürstlichen Gebiete – wie übrigens auch die habsburgischen Erblande – außerhalb der Kreisverfassung. Die Kreise umfaßten also zunächst nur einen Teil des Reichsgebiets, und gerade nicht die Herrschaftsgebiete der wichtigsten Reichsfürsten. Auch waren ihnen so gut wie keine eigenen Kompetenzen zugedacht; selbst die Wahl ihrer Regimentsräte und Assessoren beim Kammergericht sollte anscheinend nicht bei ihnen selbst, sondern beim Reichstag liegen. Es wäre deshalb nicht erstaunlich gewesen, wenn die Reichskreise schon bald, etwa anläßlich des unrühmlichen Endes des Regiments, wieder beseitigt worden wären. Das geschah jedoch nicht, im Gegenteil erfuhren sie – vor allem durch den Reichstag von Köln 1512 – eine grundsätzliche Aufwertung im Rahmen der Reichsverfassung. Zum einen wurden jetzt auch die kurfürstlichen Gebiete mit Ausnahme Böhmens sowie die habsburgischen Erblande und sogar das Herzogtum Savoyen in die Kreisverfassung einbezogen; zum andern aber und vor allem wurden die Reichskreise mit der Handhabung des Landfriedens wie mit der Exekution der Urteile des Reichskammergerichts betraut. Das war für alles weitere von grundlegender Bedeutung: Am Landfrieden lag jedermann, und auch die

Notwendigkeit, die Durchsetzung des Landfriedens nicht einfach den einzelnen Reichsständen oder ständischen Sonderbünden zu überlassen, sondern hierfür von Reichs wegen eine regional gegliederte Organisation zu schaffen, lag am Tage. Daß gerade die Reichskreise 1512 zu dieser Organisation wurden, verankerte ihre Existenz in der Reichsverfassung und schuf zugleich die Voraussetzung für künftige Erweiterungen ihrer politischen Funktionen. Diese breite Wirksamkeit kam dann freilich erst in einer jahrzehntelangen Entwicklung zustande. Auch blieb die politische Bedeutung der Reichskreise langfristig im wesentlichen auf den Westen und Süden des Reichs mit ihrer starken territorialen Zersplitterung und ihrer Menge kleiner Reichsstände beschränkt, während die Reichskreise im Norden und Osten gegenüber den großen Territorien kaum zur Geltung gelangten. Den grundlegenden Mangel einer wohlorganisierten, schlagkräftigen Verwaltung des Reichs vermochten mithin auch die Reichskreise nur zum Teil auszugleichen; für die reichspolitische Integration der Stände auf regionaler Ebene aber waren sie – wenigstens im Westen und Süden des Reichs – von größter Bedeutung.

Neben den außenpolitischen Konflikten und dem Streit mit den Reichsständen um die Reichsreform – und mit diesen Auseinandersetzungen eng verbunden – stand der Kampf Maximilians um die römische Kaiserkrönung. Die auf die päpstliche Krönung gegründete kaiserliche Monarchie sollte die Stellung des Reichsoberhaupts gegenüber den Reichsständen stärken; auch hätte die Krönung durch den Papst die Wahrnehmung der Interessen Maximilians in Italien gewiß erleichtert. Der immer wieder geplante Romzug ließ sich indessen nicht realisieren. Maximilian war nicht stark genug und wurde von den Reichsständen zu wenig unterstützt, um sich gegen den Widerstand Frankreichs oder auch nur Venedigs in Italien durchsetzen zu können. Dazu kam, daß auch das Papsttum den Romzugsplänen Maximilians mit nur wenig Begeisterung, seit 1506 überhaupt mit kaum verhüllter Obstruktion begegnete: Julius II. wollte seine neugewonnene Position in der italienischen Staatenwelt nicht durch eine allzu deutliche, in ihren politischen Zielen eigenständige Präsenz des deutschen Königs in Italien gefährdet sehen.

Angesichts dieser Haltung des Papsts hat Maximilian auf dem Konstanzer Reichstag 1507 die Möglichkeit erwogen, auf dem damals bevorstehenden neuen Italienzug sich selbst zum Papst und Kaiser zu machen. Daß ein solcher Versuch, hätte Maximilian ihn ernsthaft zu realisieren versucht, am Widerstand der Kirche wie auch der europäischen Mächte gescheitert wäre, ist sicher. Es kam jedoch gar nicht erst zur Probe aufs Exempel, weil nämlich die Venezianer dem König erfolgreich den Weg nach Rom verlegten. Statt dessen ließ sich Maximilian am 4. Februar 1508 im Dom zu Trient zum «Erwählten Römischen Kaiser» ausrufen. Der verfassungsrechtliche und politische Sinn des feierlichen Akts war nicht eindeutig und sollte es nach Maximilians Willen wohl auch gar nicht sein; vor allem blieb durchaus offen, ob es sich bei der Trienter Proklamation nicht doch nur um eine Etappe auf dem Weg zu einer späteren Krönung durch den Papst handelte.

Immerhin war die Zeremonie der Kaiserproklamation der traditionellen Kaiserkrönung doch dermaßen angenähert worden, daß sie durchaus als Alternative zur päpstlichen Krönung verstanden werden konnte. Maximilian selbst rechnete wohl auch schon mit der definitiven Unmöglichkeit von Romzug und Kaiserkrönung. So dokumentierte der Festakt im Trienter Dom – ungeachtet der schließlich erteilten Zustimmung Julius' II. – doch eine unverkennbare Distanzierung des Kaisertums vom Papsttum, und zwar nicht zuletzt unter nationalen Vorzeichen: Daß die Kaiserproklamation in Trient und also auf Reichsboden stattfand, war keineswegs bloß ein Zufall des königlichen Itinerars.

Zumindest zeitweise war Maximilian sogar bereit, die Loslösung des Kaisertums und mit ihm des Reichs von der römischen Kirche noch sehr viel weiter voranzutreiben. Wenn der Kaiser es auch nach 1507 immer wieder einmal für möglich hielt, kraft regulärer Wahl durch die Mehrheit der Kardinäle zum Papsttum zu gelangen, so war das zwar gewiß eine Illusion. Keineswegs so unrealistisch aber waren Maximilians Pläne, sich von den Kardinälen des von den Franzosen initiierten schismatischen Konzils von Pisa 1511 zum Papst wählen zu lassen; Ludwig XII. jedenfalls ließ dem Kaiser sein Einverständnis mit einem solchen Coup signalisieren. Das für Maximilian maßgebende Motiv bestand dabei vor allem in der Absicht, sich die finanziellen Ansprüche des Papsttums gegenüber der deutschen Kirche zu vindizieren, um so seiner ständigen Geldnot mit einem Schlage ein Ende zu machen. Daß Maximilian um dieses fiskalischen Ziels willen ein Schisma in Kauf zu nehmen, ja aktiv zu unterstützen bereit war, ließ freilich die Bindung seines Kaisertums an die römische Kirche noch sehr viel brüchiger erscheinen als die Kaiserproklamation von 1508. Bezeichnenderweise waren es denn auch nicht etwa verfassungsrechtliche oder gar Gewissensskrupel als vielmehr Gründe eines handfesten politischen Kalküls, die Maximilian schließlich von seinen Absichten auf das Papsttum abbrachten: vor allem nämlich die Einsicht, daß seine französischen Bündnispartner ihn, wenn er sich nur weit genug vorgewagt hätte, mit Sicherheit im Stich lassen und solcherart politisch isolieren würden, um ihre eigene Position in Italien desto ungestörter ausbauen zu können.

Die in Trient 1508 dokumentierte Verselbständigung des Kaisertums gegenüber Rom ist nach den durchaus gegenläufigen Tendenzen der Herrschaft Karls V. im entscheidenden erst als Folge der Reformation, nämlich mit der Thronerhebung Ferdinands I. 1558, neu in Gang gekommen; die Papstwahlpläne Maximilians I. blieben vollends eine Episode. Die Bedeutung der Trienter Kaiserproklamation darf gleichwohl nicht unterschätzt werden – nur lag sie weniger in ihren unmittelbaren politischen Konsequenzen als vielmehr darin, daß sie überhaupt neuen Konzeptionen des Kaisertums und damit auch des Reichs den Weg bereitete.

3. Die Fürstenpolitik Maximilians. Scheitern der Nachfolgeregelung und Tod des Kaisers

Die Reichsverfassung sicherte dem Reichsoberhaupt nur geringe Möglichkeiten einer eigenständigen politischen Wirksamkeit; die reicheren Entwicklungsmöglichkeiten boten sich durchweg den Reichsständen, vor allem den großen Territorialfürsten. Im Falle Maximilians hatten die immer wiederkehrenden außenpolitischen Zwangslagen und Bedrängnisse des Kaisers zusätzliche Einengungen seines politischen Spielraums im Reich zur Folge. Daß es Maximilian in der zweiten Hälfte seiner Regierungszeit gleichwohl gelang, die Position des Königtums in Deutschland zu festigen, lag vor allem in seiner Fähigkeit begründet, sich und seiner Dynastie eine beträchtliche Anhängerschaft unter den Reichsständen zu gewinnen, die sich dem König verpflichtet fühlte und seine Politik zu unterstützen bereit war. Dabei bediente sich Maximilian in genauer Kenntnis der komplexen dynastischen und sonstigen politischen Konstellationen im Reich sehr unterschiedlicher Mittel zur Erreichnung seiner Ziele.

Eines der wichtigsten Mittel dieser Art war die Heiratspolitik des Königs. Heiraten waren ja das wichtigste Instrument zur Begründung von Erbansprüchen, auch als Vehikel sozialen Aufstiegs und Prestigegewinns. Maximilian nutzte das – ganz abgesehen von seiner erfolgreichen dynastischen Politik auf der europäischen Ebene – mit Virtuosität, z. B. durch die Verheiratung seiner eigenen Schwester Kunigunde mit Herzog Albrecht von Bayern und der aus dieser Ehe entsprossenen Töchter, also der Nichten des Kaisers, in die Fürstenhäuser von Württemberg, Pfalz-Neuburg und Brandenburg-Ansbach. Hinzu kam die Vermittlung zahlreicher vorteilhafter Ehen zugunsten von Angehörigen des niederen Adels oder sogar bürgerlicher Familien, die in seinem Dienst Karriere gemacht hatten und die er sich nun durch diese Heiraten zusätzlich verpflichtete.

Ein weites Feld direkter und indirekter Einflußnahme bot sich dem König des weiteren bei der Besetzung geistlicher Stellen, insbesondere in den Domkapiteln. Wo immer es möglich war, verschaffte Maximilian den Söhnen ihm nahestehender oder von ihm umworbener Adelsfamilien Domherrenstellen. So verpflichtete er sich diese Familien zu Dank und stärkte zugleich seinen Einfluß in den jeweiligen Domkapiteln, die ja – vor allem in ihrer Funktion als Wahlkörper bei den Bischofswahlen – reichspolitisch von erheblicher Bedeutung waren. Nicht zuletzt über die Domkapitel erreichte Maximilian denn auch, daß so mancher Bischofsstuhl mit einem ihm genehmen Mann besetzt wurde. Die beiden auf den Tod Bertholds von Henneberg folgenden Wahlen des Mainzer Erzbischofs und Kurfürsten sind dafür ein wichtiges Beispiel; insbesondere der aus einer Kraichgauer Ritterfamilie stammende Uriel von Gemmingen (1508–1514) war eine stets zuverlässige Stütze der kaiserlichen Politik im Reich. In Trier hatte Maximilian schon 1503 mit Erfolg seinen Verwandten Jakob von Baden begünstigt und damit nicht nur sein gutes Verhältnis zur markgräflichen Familie befestigt, sondern zugleich einen folgenreichen Stimmungswandel des Kurfürstenkollegs zu seinen Gunsten vorbereitet. Sein besonderes Augenmerk richtete Maximilian darüber hinaus und stets auf die süddeutschen, in Reichweite Österreichs gelegenen Bistümer. So gelang es ihm, seinen engsten Berater, den Augsburger Patriziersohn und Bischof von Gurk, Matthäus Lang von Wellenburg, zum Koadjutor und Nachfolger des Erzbischofs von Salzburg zu machen.

Weitere Möglichkeiten zu politischer Einflußnahme, insbesondere zur politischen Integration der Großen des Landes, eröffneten sich dem König durch seinen Hof. Zwar konnte er sich nicht denselben Prunk leisten wie etwa der französische König; aber es gab doch eine Fülle von Anlässen – Fürstenhochzeiten, Verleihungen von Fahnenlehen, feierliche Abschlüsse wichtiger Verträge –, bei denen sich Maximilian mitsamt seinem Hof wirkungsvoll in Szene zu setzen wußte. Auch seine Inanspruchnahme von Literatur und bildender Kunst diente gutenteils der höfischen Repräsentation, wenngleich ihre Propagandawirkung weit über den Hof hinauszielte. Vollends die Turniere und Jagden des Königs waren mitunter Ereignisse von europäischem Rang. Mit alledem bot Maximilian dem Adel des Reichs den institutionellen Rahmen einer weitgespannten Kommunikation, aus der eine Fülle engerer politischer oder gar familiärer Verbindungen erwuchs. Überdies gelang es Maximilian, eine Vielzahl ehrgeiziger Söhne des Adels, die an seinen Hof drängten, mit klug verteilten Belohnungen und Auszeichnungen, mit Stellen im militärischen und Hofdienst und mit ehrenvollen Sonderaufträgen dauerhaft an sich zu binden. So rekrutierten sich die Feldherren des Kaisers zunehmend aus Reichsfürsten, die bereits als junge Leute in der Hoffnung auf Ruhm, Ehre und Kriegsbeute an den Hof Maximilians gezogen waren. An die Grenzen seiner Klientelpolitik stieß der König freilich des öfteren, wenn es um seine außenpolitischen Projekte ging: Auch für die innenpolitischen Parteigänger des Kaisers überwogen die Risiken und Kosten der Außenpolitik Maximilians die erwartbaren Gewinne doch so sehr, daß sie hier sehr oft nicht mitzuspielen bereit waren.

Gegen Ende seiner Regierungszeit war es Maximilians wichtigstes Bestreben, noch zu seinen Lebzeiten die Wahl seines Enkels Karl zum römischen König und Nachfolger zu sichern. Vorwiegend zu diesem Zweck berief er 1518 einen Reichstag – seinen letzten – nach Augsburg ein. Auch hier konnte sich Maximilian auf eine sorgsam aufgebaute Klientel stützen. Allerdings waren seine Beziehungen zu Kurfürst Friedrich dem Weisen von Sachsen, die in den neunziger Jahren sehr eng gewesen waren, im Laufe der Zeit ziemlich abgekühlt, und der Trierer Kurfürst stand gar in engen Beziehungen zu Franz I. von Frankreich, der jetzt als Konkurrent um die Nachfolge im Kaisertum auftrat und mit gewaltigen finanziellen Zuwendungen bei den Kurfürsten auf Stimmenfang ging. Immerhin gelang es Maximilian, noch während des Reichstags wenigstens fünf der sieben Kurfürsten verbindlich für die Wahl seines Enkels zum römischen König zu gewinnen. Bevor jedoch die fortgesetzten Bemühungen um die sächsische und trierische Stimme – und auch um die Überwindung des Widerstands der Kurie gegen eine Nachfolge des Kaiserenkels und Königs von Spanien – zum Erfolg gebracht werden konnten, starb Maximilian am 12. Januar 1519 in Wels. Damit wurden alle Wahlabmachungen hinfällig; der Wahlkampf entbrannte in aller Schärfe von neuem. Und damit nicht genug: daß Maximilians Testament für die österreichischen Erblande eine Erbfolge seiner Enkel Karl und Ferdinand vorsah, ohne doch irgendwelche Bestimmungen für eine gemeinsame Regierung oder für eine Erbteilung zu treffen, ließ auch für die Thronfolge in den Erblanden manche Unsicherheiten erwarten.

4. Soziale Unruhen in der Spätzeit Kaiser Maximilians

Die Spannungen im Gefüge der Agrarverfassung, verschärft durch die langanhaltende Agrarbaisse des späteren Mittelalters, hatten schon seit langem in Deutschland wie überhaupt in Europa zu bäuerlichen Unruhen und Aufstandsbewegungen geführt. Dem Auftakt der Jacquérie in Frankreich 1358 und der englischen Bauernrevolte von 1381 waren in Deutschland – ebenfalls schon seit dem ausgehenden 14. Jahrhundert – in Oberschwaben und im Schwarzwald offene Konflikte der Bauern mit ihren Herren, vor allem mit klösterlichen Grundherrschaften, gefolgt. 1431/32 war es am Mittelrhein, in der Gegend von Worms, zu bäuerlichen Tumulten gekommen; auf dem Baseler Konzil fürchtete man damals, daß die deutschen Bauern insgemein sich mit den Hussiten verbünden und zu sozialem Umsturz treiben könnten. In den vierziger Jahren hatten im Salzburgischen die Sturmglocken geläutet, wenig später auch in weiten Teilen Innerösterreichs. In der Fastenzeit des Jahres 1476 trat dann Hans Böheim, ein einfacher Hirt und Dorfmusikant aus dem Taubertal, bei der Wallfahrt von Niklashausen als prophetischer Prediger auf, in dessen Botschaft sich schwärmerische Marienfrömmigkeit mit hussitisch gefärbter Kirchenkritik und wohl auch – die Überlieferung ist allerdings sehr unsicher – mit radikalen Gleichheitsforderungen verband. Binnen kurzem fand die Niklashauser Fahrt einen gewaltigen Zulauf aus ganz Süd- und Westdeutschland. Als die kirchlichen und weltlichen Obrigkeiten im Juli 1476 eingriffen, den «Pfeifer von Niklashausen» gefangensetzten und wenige Tage später hinrichten ließen, brach die Wallfahrt zwar sehr rasch und äußerlich folgenlos in sich zusammen; im Gedächtnis des Volkes aber lebte sie fort, und auch manchen Obrigkeiten mochte sie wohl fortdauernd als Menetekel vor Augen stehen.

Es kann nicht wundernehmen, daß die Reihe dieser bäuerlichen Unruhen auch im beginnenden 16. Jahrhundert nicht abriß; die ihnen zugrundeliegenden Spannungen hatten sich mittlerweile ja eher noch verschärft, vor allem im Zusammenhang des Ausbaus territorialer Staatlichkeit. Um die Jahrhundertwende erhoben sich die Bauern in einigen Landschaften der Schweiz, im Zürcher Gebiet vor allem und dann in Solothurn; längst rumorte es auch in den Herrschaftsgebieten des Fürstabts von Kempten. 1514 kam es dann in Württemberg zum Aufstand des «Armen Konrad».

Gleichermaßen gegen die Intensivierung der herzoglichen Herrschaft wie gegen die im Lande sozial und politisch maßgebende Schicht der sogenannten, vornehmlich bürgerlichen Ehrbarkeit gerichtet, traf der Aufstand des Armen Konrad auf geschwächte Gegner, denn der Herzog und die Stände des Landes lagen ihrerseits in schweren verfassungspolitischen Streitigkeiten miteinander. Gerade die doppelte Stoßrichtung der Erhebung hatte dann allerdings zur Folge, daß der Herzog und die Landstände ihre Konflikte im Tübinger Vertrag vom 8. Juli 1514 beilegten und sich zum gemeinsamen Kampf gegen den Aufstand zusammenschlossen, der denn auch bald zusammenbrach. Der eigentliche Gewinner der ganzen Auseinandersetzung aber war die württembergische Ehrbarkeit, und zwar wegen ihres verfassungspolitischen Erfolgs gegenüber Herzog Ulrich: Der Tübinger Vertrag begründete ein gesichertes Mitspracherecht der württembergischen Stände in der Regierung des Herzogtums und wurde damit zum eigentlichen Grundgesetz Altwürttembergs.

Nahezu gleichzeitig mit dem Aufstand des Armen Konrads, 1513 und 1517, kam es auch im Breisgau und am Oberrhein zu bäuerlichen Unruhen. Ihr Führer war Joß Fritz, der schon zu Beginn des Jahrhunderts im Gebiet von Speyer einen – damals durch Verrat gescheiterten – Aufstand organisiert hatte. Zu seinem Programm gehörte nicht nur die Beseitigung der herkömmlichen Abgaben und Dienste der Bauern, sondern auch die Aufteilung des Kirchenguts sowie die Abschaffung der fürstlichen Territorialherrschaft zugunsten des Kaisers. Die Empörung wurde wiederum entdeckt und unterdrückt, ehe sie noch zu vollem Ausbruch gelangte; ihre Programmatik aber blieb im Südwesten des Reichs virulent. In Tirol schließlich konnte der Unmut des Gemeinen Mannes in Stadt und Land, auch der Bergleute, 1510 nur durch erhebliche Zugeständnisse der Landesherrschaft auf einem großen Landtag aufgefangen werden; 1516 wurde sogar eine vom Landtag bewilligte Steuer auf breiter Front verweigert. Vollends nach dem Tode Kaiser Maximilians 1519 griffen hier bauernkriegsähnliche Verhältnisse um sich, die nur mühsam unter Kontrolle gebracht werden konnten.

Die Ziele der Bauern in diesen Unruhen waren zumeist keineswegs revolutionär. Im Gegenteil ging es ihnen gerade um die Erhaltung oder Wiederherstellung der herkömmlichen Verhältnisse; sie verstanden ihren Kampf als einen Kampf um das «alte Recht». Allerdings fehlte es, wie vor allem das Beispiel des Joß Fritz zeigt, doch nicht ganz an weitergreifenden Vorstellungen, auch nicht an sozialrevolutionären Ideen. Solche Ideen einer völligen Umgestaltung von Kirche und Gesellschaft waren nun freilich nicht mehr durch den Rückgriff auf das alte Recht zu legitimieren; an seine Stelle oder doch daneben trat – wie schon im englischen Bauernaufstand von 1381 und dann bei den Hussiten – die Berufung auf das «göttliche Recht». Insbesondere diejenigen bäuerlichen Aufstandsbewegungen, die den Bundschuh zu ihrem Symbol erkoren – im Elsaß 1493, im Fürstbistum Speyer 1502, dann im Breisgau und am Oberrhein 1513 bzw. 1517 –, suchten ihre Legitimation in einem solchen göttlichen Recht. Die inhaltliche Unbestimmtheit dieses Begriffs erlaubte nahezu beliebige Ausdeutungen und machte ihn zugleich in besonderer Weise geeignet, die regionalen und ständischen Besonderheiten des alten Rechts zu überwinden; bezeichnenderweise kam es erst unter dem Vorzeichen des göttlichen Rechts zu räumlich übergreifenden Aufstandsbewegungen, unter Einbeziehung auch städtischer Unterschichten. Darüber hinaus aber machte der Rekurs auf die göttliche Autorität die im Namen des göttlichen Rechts erhobenen Forderungen juristisch und auch moralisch so gut wie unangreifbar. Wenn überhaupt ein Schlagwort geeignet war, revolutionäre Kräfte zu entfesseln, so war es gewiß dieser schillernde Begriff des göttlichen Rechts.

Neben den bäuerlichen Erhebungen und zum Teil auch im Zusammenhang mit ihnen kam es in einer Vielzahl von Städten zu gefährlichen Unruhen. Sie erfaßten einen Großteil des Reichsgebiets westlich der Elbe von Deventer im Norden bis nach Konstanz im Süden, von Lüttich im Westen bis nach Regensburg im Osten, also weit über die Regionen der Bauernaufstände hinaus. Den Höhepunkt dieser Welle bürgerlicher Unruhen bildeten die Jahre 1509 bis 1514; damals waren an die 30 Städte betroffen. In seinem Kern richtete sich der bürgerliche Protest fast durchweg gegen die Finanzpolitik der regierenden Geschlechter in den Städten, insbesondere gegen das Ungeld, das man eingeführt hatte, um die steigenden Ausgaben der Städte – nicht zuletzt für die kostspielige Modernisierung der städtischen Verteidigungsanlagen gegen die neu aufgekommene Artillerie – zu decken. Als Verbrauchssteuer auf zahlreiche Güter des täglichen Lebens traf das Ungeld die ärmeren Bevölkerungsschichten weit härter als die wohlhabenden; so gewann der Steuerprotest vielerorts das Gepräge eines Aufstands nicht nur gegen das Regiment des Rats, sondern auch gegen die Reichen der Stadt. Daß die von den Aufständischen erzwungene Offenlegung der städtischen Finanzen vor der Gemeinde nicht selten betrügerische Machenschaften zutage förderte, gab den Protesten neue Nahrung. Am Ende setzten die Aufständischen in der Regel ein erweitertes Kontroll- oder auch Mitbestimmungsrecht der Gemeinde im Finanzwesen der Stadt durch. Die seit langem intensivierten herrschaftlichen Tendenzen der Stadtverfassung wurden damit an einer wichtigen Stelle nachhaltig retardiert; umgekehrt gewann das alte bürgerliche Prinzip genossenschaftlicher Mitbestimmung kräftigen Auftrieb.

5. Humanismus und Kirche am Vorabend der Reformation

Um die Jahrhundertwende gab es im Verhältnis des deutschen Humanismus zur Kirche sehr unterschiedliche Positionen, von denen freilich kaum eine wirklich konsequent durchdacht war. Gewiß: In der Kritik am Formalismus der Scholastik und an der tausendfach verspotteten Unwissenheit der Mönche wie an manchen anderen Defekten der spätmittelalterlichen Kirche war man sich einig, und ebenso in der Berufung auf das Vorbild der klassischen Autoren des Altertums. Der Spannung zwischen christlichem und heidnisch-antikem Menschenbild aber wurde man sich erst allmählich bewußt; ob und in welcher Weise die Bildungswerte der klassischen Antike mit denen der mittelalterlichen Kirche ausgeglichen werden könnten, war vollends eine offene Frage. Daß die führenden Gestalten des deutschen Humanismus zumeist nicht bereit waren, ihre humanistischen Überzeugungen ohne weiteres der kirchlichen Autorität zu opfern, war immerhin erkennbar. Hier standen mithin grundsätzliche Auseinandersetzungen zu erwarten. In der Tat kam es bereits am Vorabend der Reformation zu manch bitterem Streit zwischen Humanisten und kirchlichen Autoritäten – nicht zuletzt mit der Folge, daß ein Großteil der deutschen Humanisten sich bereits in den Anfängen des Konflikts Martin Luthers mit der römischen Kirche auf die Seite des Wittenbergers schlug.

Wenn die Humanisten ihre Gegner mit oft maßloser Kritik überzogen, wenn sie insbesondere die Innovationskraft der Scholastik unterschätzten, so fehlte es umgekehrt auch auf seiten ihrer Gegner nicht an Unverständnis. Vor allem fiel es den scholastischen Theologen schwer, die Hochschätzung des Humanismus für außerchristliche Literaturen, Kulturen und Religionen zu tolerieren. Diese klerikale Grundeinstellung wie umgekehrt die Streitbarkeit des deutschen Humanismus fanden in dem berühmten Konflikt des Johannes Reuchlin mit dem getauften Juden Pfefferkorn und der Universität Köln ihren klassischen Ausdruck.

Der 1455 geborene Reuchlin hatte sich frühzeitig und mit hartnäckiger Gründlichkeit um das Studium nicht nur des Griechischen, sondern auch des Hebräischen bemüht – beide Sprachen wurden damals noch nicht an deutschen Universitäten und Schulen gelehrt – und war so der erste Gräzist Deutschlands und überdies der erste Hebraist des europäischen Humanismus geworden. Nun erging 1509 auf Betreiben des ehemaligen Juden Pfefferkorn aus Köln ein kaiserliches Mandat, das die Juden zur Auslieferung ihrer gegen die Christen gerichteten Bücher verpflichtete. Über die Frage einer Ausdehnung dieses Mandats auf das gesamte jüdische Schrifttum kam es zum Konflikt. Reuchlin nämlich, um ein Gutachten ersucht, sprach sich für die Einziehung lediglich der offenkundig antichristlichen Schmähschriften aus. Die philosophischen und naturwissenschaftlichen Bücher der Juden dagegen seien religiös indifferent, der Talmud enthalte neben manchen Seltsamkeiten viel Gutes; vollends die biblischen Handschriften und Kommentare der Juden seien für das Verständnis der Heiligen Schrift unentbehrlich, nur ein Esel könne für ihre Vernichtung plädieren. In dem damit eröffneten – zunächst bloß literarischen – Streit nahm sich die Kölner Theologische Fakultät der Sache Pfefferkorns an und erklärte eine Reihe von Thesen Reuchlins für häretisch, was Reuchlin seinerseits veranlaßte, in einer neuen Streitschrift gegen die «Böcke» und «Säue» der «vor Alter kindisch gewordenen Universität» zu polemisieren.

Der daraufhin eingeleitete Ketzerprozess endete nach jahrelangem Hin und Her im Jahre 1520, damals schon unter dem Eindruck der beginnenden Reformation, mit der Verurteilung Reuchlins zu ewigem Schweigen in der Streitsache. Aber schon Jahre zuvor hatten die Humanisten den Streit zum Anlaß eines literarischen Frontalangriffs auf die Scholastik genommen: Unter dem Titel ‹Epistulae virorum obscurorum› (‹Dunkelmännerbriefe›) erschienen 1515/17 zwei Sammlungen von fingierten Briefen an Ortwin Gratius, das Haupt der Kölner Theologen, die mit glänzender Satirik die wissenschaftliche Unzulänglichkeit, dazu die moralische Fragwürdigkeit, nicht zuletzt die grenzenlose Eitelkeit der Jünger der Scholastik aufs Korn nahmen. Das Verfassergeheimnis der Dunkelmännerbriefe blieb gewahrt; vermutlich geht ihr erster Teil auf Crotus Rubeanus und einige andere Mitglieder des Erfurter Humanistenkreises um Konrad Mutian zurück, während der zweite Teil mit seiner scharf antirömischen Wendung vor allem aus der Feder Ulrichs von Hutten stammte, der damit die Reihe seiner Invektiven gegen das Papsttum und gegen die weltlichen Ansprüche der Kirche eröffnete. Wenn der Streit Reuchlins mit den Kölner Theologen ursprünglich ein Kampf um die Freiheit der Wissenschaft von klerikaler Bevormundung gewesen war, so gaben die ‹Epistulae virorum obscurorum› die mittelalterliche Theologie überhaupt und mit ihr die Kirche der Lächerlichkeit preis; damit wurden kaum mehr überbrückbare Gräben aufgerissen.

Neben solcher Verschärfung der Gegensätze kam es nun aber gerade in Deutschland auch zu einer besonders engen Verbindung, ja Verschmelzung von Humanismus und Christentum, und zwar im Werk und unter dem Einfluß des Erasmus von Rotterdam. Die erasmianische Konzeption einer «Philosophia Christi» kann geradezu eine humanistische Theologie oder auch ein christlicher Humanismus genannt werden.

Erasmus wurde, vermutlich 1466, als illegitimes Priesterkind in Rotterdam geboren. Von Haus aus in dürftigen Verhältnissen und frühzeitig Vollwaise, hatte er das Glück, bei den Brüdern vom Gemeinsamen Leben in Deventer aufgenommen zu werden und eine gründliche Erziehung im Sinne der Devotio moderna zu erfahren – in einer bewußt schlichten, allen scholastischen Spitzfindigkeiten abholden Frömmigkeit, dazu in der Bildung an den lateinischen Autoren der Antike. An sich war bei den Brüdern vom Gemeinsamen Leben dieser Rückgriff auf die Antike nur als Hilfsmittel gedacht, um das Evangelium besser verstehen und vermitteln zu können; tatsächlich aber und unvermeidlich hielten mit den antiken Formen auch antike Inhalte ihren

Einzug, vor allem die antike Moralphilosophie. Diese Doppelung von Christentum und Antike, die die Jugendbildung des Erasmus bestimmte, blieb für sein ganzes weiteres Leben und Denken maßgebend, ja ihre Vertiefung und reiche Ausgestaltung ist das eigentliche Lebenswerk des Erasmus gewesen.

Von 1495 bis 1499 studierte Erasmus an der Sorbonne in Paris, dann ging er nach England, wo ihn John Colet in Oxford auf die Lebensaufgabe eines Neubaus der Theologie auf biblischer Grundlage stieß. Es folgten mehrfache Aufenthalte in den Niederlanden, in Frankreich, wiederum in England, dazwischen 1506 bis 1509 eine Reise nach Italien, seit 1514 dann auch häufigere Aufenthalte in Süddeutschland. Seit 1521 lebte Erasmus in Basel, das er jedoch 1529 – nach Einführung der Reformation in Basel – verließ, um sich in Freiburg/Br. niederzulassen. 1536 ist er, wieder in Basel, gestorben. Im zweiten und dritten Jahrzehnt des Jahrhunderts war Erasmus so etwas wie eine europäische Institution, und zwar nicht nur wegen seiner Gelehrsamkeit, sondern auch wegen seiner theologischen und kirchlichen Position, deren Grundlinien er schon 1502 in seinem ›Enchiridion militis christiani‹ (›Handbüchlein des christlichen Streiters‹) dargelegt hatte. Die Erasmianer verehrten den großen Humanisten zugleich als Autorität der kirchlichen Erneuerung, der Wiederherstellung des ursprünglichen Christentums.

Natürlich war auch für Erasmus der Rückgang auf die antiken Quellen eine bare Selbstverständlichkeit. Dabei widmete er sich jedoch nicht nur den klassischen Texten der heidnischen Antike, sondern auch – und mit eindringlicher Bemühung schon um die Edition der Quellen – den Schriften der Kirchenväter, der »christlichen Klassiker der Antike« (A. Buck). Vor allem aber drang er zur Heiligen Schrift selbst vor; sein ›Novum Instrumentum‹ von 1516 stellte die erste im Druck veröffentlichte, auf den Methoden philologischer Kritik beruhende Ausgabe des griechischen Neuen Testaments dar. In der das Werk einleitenden Ermahnung an den Leser bekannte sich Erasmus, die Idee der studia humanitatis theologisch überhöhend, zu der Auffassung, daß für die Wiederherstellung und Bildung der wahren Natur des Menschen die Beschäftigung mit der christlichen Heilslehre unerläßlich sei. Zugleich aber gelte – und damit begründete Erasmus in der Widmungsvorrede an Papst Leo X. seine Edition überhaupt –, »daß jene Heilslehre viel reiner und lebendiger aus den Quellen selbst geschöpft wird als aus Tümpeln oder abgeleiteten Bächen«. Als Kern der biblischen Heilslehre betrachtete Erasmus das im Grunde sehr einfache, wenngleich schwer zu erfüllende Gebot eines aufrichtig sittenreinen, vom Geist der Liebe geleiteten Lebens: Nicht auf theologische Spekulationen oder auf äußerliche Zeremonien komme es an, sondern allein auf die praxis pietatis, wie sie Christus gelehrt habe. Dementsprechend war Christus für Erasmus weniger der Versöhner der Menschheit mit Gott am Kreuz als vielmehr der große Lehrer des Menschengeschlechts in Weisheit, Tugend und Frömmigkeit; die »Philosophia Christi« sei es, die den Menschen zu seiner vollen Würde bilde.

Die Kehrseite dieses Entwurfs bestand auch bei Erasmus in einer deutlichen Kirchen- und Zeitkritik: geistvoll, oft ironisch, mitunter stichelnd, nicht selten auch verletzend, aber nie grobschlächtig, durchgehalten auch gegen harsche Gegenwehr der Betroffenen. Solche Kritik galt der Dummheit und Sittenlosigkeit der Zeitgenossen aller Stände, insbesondere der Unbildung und den moralischen Mißständen der Klosterleute wie überhaupt des Klerus, dem Formalismus scholastischer Theologie, allen Formen törichten Aberglaubens und geistlosen Zeremonienwesens, aber auch der Theorie und Praxis kirchlicher oder staatlicher Ketzerverfolgung – Erasmus fragte sich und seine Leser mitunter, ob die Kirche nicht vielleicht einigen Ketzern mehr verdanke als manchen Märtyrern. Überdies war Erasmus ein leidenschaftlicher Gegner des Kriegs. In seiner ›Klage des Friedens‹ (1517) rief er insbesondere die Männer der Kirche auf: »Alle sollen sich gegen den Krieg verschwören, alle ihn beschimpfen. Öffentlich und privat sollen alle den Frieden preisen, loben und sich ins Herz schreiben. Wenn sie es dann nicht erreichen können, daß nicht mit dem Schwert entschieden wird, sollen sie es nicht billigen und nicht daran teilnehmen. Erst recht gelte es nicht als Ehre, selbst Anstifter einer so frevelhaften und verdächtigen Sache zu sein«. Solche Töne wurden von manchen großen Herren der Zeit nicht gern gehört. Schon der kriegerische Papst Julius II. soll Erasmus zu sich zitiert und ihm zugesetzt haben, sich aus den Angelegenheiten der Fürsten herauszuhalten. Aber Erasmus, wiewohl von zarter Konstitution, empfindlich und oft kränklich, ließ sich nicht beirren.

Bei alledem stellte Erasmus die institutionellen und dogmatischen Grundlagen der mittelalterlichen Kirche nicht in Frage. Es war deshalb auch nur konsequent, daß er sich zu Beginn der zwanziger Jahre nicht nur von Ulrich von Hutten distanzierte, sondern – angesichts der reformatorischen Bewegung und der sich vertiefenden Kirchenspaltung – auch immer entschiedener für die alte Kirche Partei ergriff. Gleichwohl zielte sein christlicher Humanismus doch auf einschneidende Reformen in Theologie und Kirche ab, und zwar sehr wesentlich unter Berufung auf die Autorität der Heiligen Schrift; das bedeutete – gewollt oder ungewollt – eine gefährliche Schwächung der bestehenden kirchlichen Autoritäten und half damit der Reformation den Weg bereiten. Und darüber hinaus: Der Erasmianismus war wie der Humanismus überhaupt in seinem Programm wie in der Zusammensetzung seiner Anhängerschaft eine vornehmlich laikale Bildungs- und Reformbewegung, die sich dem Klerus bis hin zu den Professoren der Theologischen Fakultäten durchaus überlegen fühlte. Wenn der Klerus der mittelalterlichen Kirche auf Grund seines Bildungsmonopols jahrhundertelang der anerkannte Lehrer des Kirchenvolks in geistlichen und weithin auch in weltlichen Angelegenheiten gewesen war, so begann sich dieses Verhältnis auch bei den Erasmianern in sein Gegenteil zu verkehren; der Klerikalismus der mittelalterlichen Kirche geriet ins Wanken.

6. Die Anfänge Martin Luthers und der Reformation

Martin Luther wurde am 10. November 1483 in Eisleben geboren. In späteren Jahren berief er sich gern auf seine bäuerliche Herkunft, um zu belegen, welch geringer menschlicher Werkzeuge sich Gott bei seinem Handeln an der Welt bediene. Mit der strengen Elle der Sozialgeschichte gemessen, ist jener Hinweis freilich ungenau und führt sogar in die Irre. Zwar war der Vater Hans Luder – die Änderung des Familiennamens in die uns geläufige Form geht erst auf Martin Luther selbst zurück – ein Bauernkind, der älteste Sohn nämlich eines gutgestellten sogenannten Erbzinsers aus dem thüringischen Dorfe Möhra. Die Wohlhäbigkeit des Luderschen Hofes beruhte aber sehr wesentlich auf dem hier gültigen Anerbenrecht, das jeweils nur den jüngsten Sohn der Familie erben ließ und so die Entstehung unrentabler Kleinhöfe als Folge von Erbteilungen verhinderte. Die älteren Geschwister konnten allenfalls versuchen, auf einen anderen Hof einzuheiraten, sonst mußten sie sich als Knecht oder Magd verdingen oder überhaupt außerhalb der bäuerlichen Welt ihr Glück versuchen. Als ältester von vier Brüdern stand auch Hans Luder vor einer derartigen Entscheidung. Er entschloß sich zum Beruf eines Berghauers im mansfeldischen Bergbau, der damals als Folge des großen Edelmetallbedarfs der Zeit eine wahre Hochkonjunktur erlebte, und in diesem technisch wie betriebswirtschaftlich anspruchsvollen Berufsfeld des Berg- und Hüttenwesens schaffte er einen respektablen sozialen Aufstieg. Es war also eine weniger bäuerliche als vielmehr gewerblich-industrielle Umwelt, in der Martin Luther aufwuchs, und es war zugleich eine weniger ländliche als vielmehr städtische Umgebung, wenngleich man sich diesen Gegensatz gewiß nicht zu scharf ausgeprägt denken darf. Vollends die Mutter Martin Luthers stammte gar nicht aus dem ländlich-bäuerlichen Bereich; sie kam, jedenfalls nach der wohl zuverlässigsten Überlieferung, aus einem geachteten Bürgerhaus der Stadt Eisenach.

Für den beruflichen Aufstieg des Hans Luder war der Schritt vom bloßen, abhängigen Berghauer zum selbständigen Hüttenmeister von entscheidender Bedeutung. Die Bergbau- und Hüttenbetriebe der Mansfelder Kupferregion standen zum Teil in erblichem Besitz der Hüttenmeister, noch häufiger aber wurden sie von den Grafen von Mansfeld an selbständige Unternehmer verpachtet. Ein solcher Unternehmer war auch Hans Luder, der schließlich sechs derartige «Herrenfeuer» pachten konnte. Als er 1530 starb, belief sich sein Nachlaß auf 1250 Gulden, das war etwa der doppelte Wert des väterlichen Hofs in Möhra. Dieser Aufstieg war aber nicht frei von Risiken und Rückschlägen, vor allem deshalb, weil es Hans Luder – wie der Mehrzahl der Hüttenmeister – an Kapital für die technisch aufwendige und kostpielige Ausstattung der Schacht- und Hüttenbetriebe fehlte. Er war also auf Kredite angewiesen, und die kamen zumeist von mächtigen Handelsgesellschaften, die auch den Vertrieb des Rohkupfers besorgten. Das schuf gefährliche Abhängigkeiten, die schon bei kurzzeitigen Konjunkturschwankungen, wie sie auf dem überhitzten Edelmetallmarkt jener Jahrzehnte nicht selten vorkamen, existenzbedrohend werden konnten. Auch Hans Luder hat diese Schattenseiten frühkapitalistischer Wirtschaft erfahren müssen. Bis zur Jahrhundertwende und noch einmal im zweiten Jahrzehnt des 16. Jahrhunderts war er hoch verschuldet und zu eiserner Sparsamkeit, auch in der Fürsorge für seine zehnköpfige Familie, gezwungen; selbst die Gefahr wirtschaftlichen Zusammenbruchs war wohl nie ganz ausgeräumt. Dieser harte, wenngleich im Ergebnis erfolgreiche Kampf des Vaters um die berufliche und soziale Existenz hat Martin Luthers frühe Lebenserfahrungen nachhaltig geprägt. In seinen späteren Erinnerungen an das Elternhaus treten vor allem dessen karge und harte Züge hervor, und vermutlich gründete auch Luthers lebenslanges tiefes Mißtrauen gegenüber den großen Handelsgesellschaften der Epoche schon in diesen Kindheitserfahrungen. Im übrigen gab es in Luthers Elternhaus freilich nicht nur Arbeit und Schläge, sondern auch Gesang und Spiel, und die Härte und Strenge der Erziehung, die der junge Martin erfuhr, war gutenteils einfach zeitüblich. Der Versuch, Luthers Werdegang wesentlich von einem früh angelegten Konflikt mit dem Vater her zu deuten, hat vollends keine hinreichende Grundlage in den Quellen.

Ein wichtiges Element der Fürsorge des Vaters bestand darin, daß er, der selbst nie eine Schule besucht hatte, seinem Ältesten eine ordentliche Ausbildung zuteil werden ließ. Vermutlich seit 1491, vielleicht schon früher, ging Martin zur Mansfelder Stadtschule, die er wenigstens sechs Jahre lang besuchte. 1497/98 wurde er für ein Jahr auf die Domschule nach Magdeburg geschickt, wo er im Konvikt der Brüder vom Gemeinsamen Leben wohnte. Von da siedelte er für noch einmal drei Jahre in die renommierte Lateinschule nach Eisenach über, wo er in den frommen und zugleich gebildeten Patrizierhäusern der Schalbe und Cotta Gastfreundschaft genoß.

Nach allem was wir wissen, hat der junge Martin Luther – wie viele Schüler vor und nach ihm – die Schule nicht sonderlich geliebt, sondern eher gefürchtet und manchmal wohl auch gehaßt. So oder so aber hat ihm die Schule eine für ihre Zeit solide Grundausbildung vermittelt: vor allem eine gründliche Kenntnis der lateinischen Sprache als Grundlage allen höheren Wissens der Zeit, aber doch auch eines Grundkanons der damals bekannten lateinischen Literatur der heidnischen und christlichen Antike. Irgendwelche herausragenden Bildungserlebnisse, durch die Martin Luther in besonderer Weise auf seine spätere Wirksamkeit vorbereitet worden wäre, lassen sich in seiner schulischen Erziehung freilich nicht ausmachen; anscheinend hoben sich die Schulen von Mansfeld, Magdeburg und Eisenach – bei erheblichen Rangunterschieden im einzelnen – noch weniger vom Zeitüblichen ab als das Elternhaus.

Im Jahr 1501 bezog Luther die Universität Erfurt, eine von den Bürgern der Stadt getragene Gründung schon aus der ersten Phase deutscher Universitätsgründungen (1392), um 1500 eine hochgeachtete Stätte der Wissenschaft. Wie jeder Studienanfänger hatte er zunächst die sieben artes liberales zu studieren: Grammatik, Logik und Rhetorik – das «Trivium» zur Vertiefung des auf der Schule Gelernten –, sodann Arithmetik, Geometrie, Musik und Astronomie – das zumeist weniger gründlich betriebene «Quadrivium». Erst wer diese artes liberales erfolgreich absolviert hatte, konnte von der «Artistenfakultät» zur Juristischen, Medizinischen oder Theologischen Fakultät überwechseln und das entsprechende Fachstudium aufnehmen. Im Rahmen des Artistenstudiums, das also eine Art studium generale darstellte, nahm die Beschäftigung mit philosophischen, insbesondere logischen und erkenntnistheoretischen Problemen breiten Raum ein; Aristoteles bzw. die Hauptwerke der mittelalterlichen Aristotelesrezeption bildeten dafür den Leitfaden. Zugleich wurden bestimmte Argumentationsformen eingeübt, die die Scholastik schon des hohen Mittelalters ausgebildet hatte, nicht zuletzt die Form der Disputation. Zwar verlor dieser herkömmliche Zuschnitt des Artistenstudiums gerade jetzt unter dem Einfluß des Humanismus einiges von seiner Allgemeinverbindlichkeit, und auch in Erfurt gab es bereits zu Luthers Studienzeit humanistische Vorlesungen über klassische lateinische Literatur. Aber das war doch nicht mehr als ein Zusatzangebot für besonders Interessierte; im Kern behaupteten sich hier, wenigstens vorerst, doch die älteren Traditionen des Artistenstudiums. Und das war auch für Luthers Studium bestimmend: Er scheint zwar gelegentlich auf jenes freiere Bildungsangebot der Humanisten eingegangen zu sein und von daher wohl auch manche Bereicherung empfangen zu haben – die Dichtungen Vergils und Plautus' begleiteten ihn später sogar ins Kloster. Einen eigentlich bestimmenden Einfluß aber hat der Humanismus der Erfurter Studienzeit auf ihn anscheinend nicht ausgeübt.

Der große Schulstreit der spätmittelalterlichen Philosophie um die Realität der Universalien hatte natürlich auch Erfurt nicht unberührt gelassen. Wie an so vielen anderen Universitäten der Zeit, aber sehr im Gegensatz zur Nachbaruniversität Leipzig, hatte sich hier der Nominalismus des Wilhelm von Occam durchgesetzt, und zwar in der Gestalt, die ihm der einflußreiche Tübinger Philosoph und Theologe Gabriel Biel (gest. 1495) gegeben hatte. Das Erfurter Artistenstudium des beginnenden 16. Jahrhunderts trug also – so wenig es auch bei den Nominalisten an dialektischem Wortgeklingel fehlte – ein recht modernes, weltoffenes Gepräge, und Luther blieb davon nicht unberührt. Ungeachtet seiner Kritik an bestimmten theologischen Positionen Occams und der «Schule» hat Luther von sich selbst noch 1520 gesagt, er habe den Occamismus völlig in sich «eingesogen». Nicht nur seine kritische Einstellung zu den überkommenen Lehrautoritäten der Kirche, sondern auch die für seine Theologie grundlegende Trennung von Vernunft und Offenbarung dürfte gutenteils nominalistische Wurzeln haben. Daß diese Erbstücke des Nominalismus im Gesamtzusammenhang der späteren Theologie des Reformators eine ganz eigenständige Verwendung erfuhren, ist freilich ebenso wenig zu bestreiten; überhaupt hat ja die Untersuchung möglicher Einflüsse auf Luthers Denken dessen originäre Kraft nur um so deutlicher hervortreten lassen.

Zu Beginn des 16. Jahrhunderts pflegte man das Studium im Alter von 15 oder 16 Jahren zu beginnen; eine frühreife Gestalt wie Melanchthon war mit 17 Jahren bereits Magister artium. Luther bezog die Universität erst in diesem Alter, absolvierte sein Studium der artes liberales dann aber sehr zügig: Bereits im Herbst 1502 erwarb er – mit einem nur durchschnittlichen Examen – das Bakkalaureat, im Januar 1505 bestand er – diesmal mit glänzendem Erfolg – die Magisterprüfung. Das bestandene Examen wurde tüchtig gefeiert, mit Fackelzug, Festschmaus und Musik, wie es sich gehörte und wie Luther es liebte. Und Vater Hans war stolz auf seinen Ältesten, den er nun nicht mehr duzte, sondern mit dem höflicheren «Ihr» anredete.

Des Vaters Pläne für den Sohn reichten allerdings über das Artistenstudium weit hinaus. Martin sollte Rechtswissenschaft studieren und als solcherart «gelehrter» Jurist, womöglich gar als Doctor utriusque juris, den sozialen Aufstieg des Vaters vollenden. Dieser Wunsch lag nahe, und er war durchaus realistisch; das juristische Studium bot die besten Voraussetzungen für einen solchen Aufstieg, vielleicht sogar bis in den Adel. Wir wissen nicht, mit welcher inneren Einstellung Martin Luther sich diesen Lebensplan zu eigen gemacht, ob er ihm nicht vielleicht schon von vornherein mit gewissen Vorbehalten gegenüber gestanden hat. Sicher ist nur, daß seine nächste wichtige Entscheidung dem Wunsch des Vaters entsprach: Im Mai 1505 begann er, wiederum in Erfurt, das Studium der Jurisprudenz. Aber schon wenige Wochen später wurde diese Entscheidung durch eine ganz andere revidiert, die dem Leben Martin Luthers eine völlig neue Richtung gab. Auf dem Rückweg von einem Besuch der Eltern in Mansfeld nach Erfurt geriet er am 2. Juli 1505 auf freiem Felde nahe dem Dorf Stotternheim in ein schweres Gewitter. Ein Blitz schlug neben ihm ein und warf ihn zu Boden; in Todesangst rief er die heilige Anna, die Schutzpatronin der Bergleute an: «Hilf du, Sankt Anna, ich will ein Mönch werden».

Man wird für sicher halten dürfen, daß dieses Gelübde nicht als etwas völlig Unerwartetes, Fremdes in Luthers Leben einbrach, sondern daß Luther, wie so viele Menschen der Zeit von der Frage nach seiner Würdigkeit vor Gott bewegt, schon zuvor die Möglichkeit des Eintritts in ein Kloster als Chance eines in besonderer Weise gottgefälligen Lebens erwogen hatte. Gleichwohl hatte er das Gelübde in einer akuten Notsituation, ja in Todesangst geleistet; das stellte die bindende Kraft des Gelübdes in Frage. Luther prüfte diese Frage in den nächsten Tagen sorgfältig und erbat dazu auch den Rat seiner alten Erfurter Lehrer, deren Votum freilich nicht einheitlich ausfiel. Dann entschied er sich für die strengere Meinung – sehr wohl wissend, was er mit dem Eintritt ins Kloster aufgab, und in offenem Konflikt mit dem Vater, der plötzlich alle seine Lebenspläne für den Sohn zerstört sah und das Gelübde überhaupt für ein Blendwerk des Teufels hielt. Am frühen Morgen des 16. Juli 1505 nahm Luther vor der Pforte des Klosters der

Augustiner-Eremiten von den weinenden Freunden Abschied und bat um Aufnahme in den Orden.

Die Erfurter Augustiner-Eremiten gehörten zum Observantenzweig ihres Ordens und waren für die Strenge ihrer Ordenszucht bekannt. Diese strenge Askese war es aber nicht allein und wohl nicht einmal in erster Linie, die Luther gerade das Kloster der Augustiner-Eremiten wählen ließ; er hätte ja auch bei den noch viel rigoroseren Kartäusern im Süden der Stadt eintreten können. Hinzu kam vielmehr, daß es bei den Erfurter Augustinern eine Art Ordenshochschule gab, an der überdies die gleiche philosophisch-theologische Richtung des Nominalismus tonangebend war wie an der Erfurter Artistenfakultät, von der Luther herkam. Und das war für ihn um so wichtiger, als er davon ausgehen konnte, ja mußte, daß seine Ordensoberen ihn – schon wegen seiner Vorbildung und seines glänzenden Magisterexamens – zum Studium der Theologie bestimmen würden. Der Eintritt ins Kloster war mithin gewiß eine tiefe Zäsur in Luthers Leben, aber es fehlte doch auch nicht ganz an Kontinuitäten.

In der Tat scheinen die Erfurter Ordensoberen Bruder Martin von vornherein oder doch sehr bald für ein Studium, wo nicht gar für eine wissenschaftliche Laufbahn vorgesehen zu haben. Der formellen Aufnahme in den Orden mit Ablegung der Profeß, wohl im Spätsommer oder Herbst 1506, folgte bereits am 3. April 1507 die Priesterweihe, ohne daß man dafür eine eigene wissenschaftliche Vorbereitung als erforderlich erachtet hätte. Unmittelbar darauf, mit dem Sommersemester 1507, nahm er auf Geheiß seiner Oberen das Theologiestudium auf und erfüllte die in ihn gesetzten Erwartungen durch geradezu stürmische Fortschritte. Daß er es in wenig mehr als fünf Jahren bis zum Doktor und Professor der Theologie brachte, war eine ganz ungewöhnliche Leistung, auch wenn er sich dabei der entschiedenen Förderung seiner akademischen Lehrer erfreute.

Der bedeutendste dieser Förderer, der auch als Seelsorger für Luther wichtig werden sollte, war Johann von Staupitz, ein in der Ordenshierarchie der Ausgustiner einflußreicher Mann. Er war Provinzial der sächsischen Provinz des Gesamtordens, die den größten Teil Norddeutschlands umfaßte, und zugleich Generalvikar der zu einer eigenen Kongregation zusammengefaßten reformierten Klöster des Ordens für ganz Deutschland. Von Kurfürst Friedrich dem Weisen bei der Gründung der Universität Wittenberg (1502) zu Rate gezogen, bekleidete er dort zusätzlich zu seinen Ordensämtern die biblische Professur. Offenbar frühzeitig auf Luther aufmerksam geworden, berief er ihn im Herbst 1508 nach Wittenberg. Luther sollte hier, wie schon zuvor im Erfurter Generalstudium, ein philosophisches Lektorat versehen, dessen Besetzung nach den Wittenberger Universitätsstatuten den Augustinern zustand, zugleich aber und vor allem unter den Augen Staupitz' sein theologisches Studium vorantreiben. Bereits im Frühjahr 1509 erwarb Luther in Wittenberg den – ersten – theologischen Grad eines Bakkalaureus biblicus, ein halbes Jahr später wurde er Bakkalaureus sententiarius; mit dem

Erwerb dieses Grades war die Verpflichtung verbunden, Vorlesungen über die ‹Sentenzen› des Petrus Lombardus, die grundlegende Dogmatik des Spätmittelalters, zu halten.

Noch im Herbst 1509 freilich wurde Luther in seinen Erfurter Konvent zurückgerufen. Die Erfurter fürchteten wohl und gewiß nicht ohne Grund, daß sie Luther ganz an die Wittenberger verlieren könnten, und im übrigen brauchte man ihn wirklich: Jedenfalls war es gerade Luther, der – zusammen mit einem anderen uns unbekannten Ordensbruder – im Auftrag des Erfurter Konvents 1510/11 nach Rom ging, um sich beim Ordensgeneral für den Fortbestand der weitgehenden Selbständigkeit der Reformkongregation innerhalb des Gesamtordens einzusetzen. Der an sich durchaus reformfreudige Ordensgeneral Aegidius von Viterbo sah – in Übereinstimmung übrigens mit Staupitz als dem Generalvikar der deutschen Reformkongregation – in dieser Sonderstellung der Observanten eine Gefährdung der Einheit des Ordens, der er entgegenzusteuern suchte. Einige «renitente» Klöster der Observanz, nicht zuletzt der Erfurter Konvent, widersetzten sich diesem Kurs jedoch, weil sie dadurch die eigene Reform bedroht sahen. Luthers Romreise brachte den Erfurtern, wie ohnehin zu erwarten, keinen Erfolg. Im Gegenteil: Luther selbst änderte auf Grund seiner römischen Erfahrungen seinen ordenspolitischen Standpunkt und riet zur Aufgabe der Renitenz. Die daraus erwachsenden Spannungen innerhalb des Erfurter Konvents wurden dadurch beendet, daß Staupitz im Herbst 1511 Luther erneut nach Wittenberg versetzte; daß einige Monate später das Kapitel der deutschen Reformkongregation Luther zum Subprior des Wittenberger Konvents bestellte, bestätigte diese Entscheidung und machte sie praktisch unwiderruflich.

Sinn und Zweck dieser Personalpolitik des Generalvikars erschöpften sich freilich nicht in der Bereinigung der unerfreulichen Konfliktsituation in Erfurt. Vielmehr wollte Staupitz angesichts seiner kräftezehrenden Ämter im Orden seine – den Augustinern zur Besetzung zustehende – Professur der biblischen Theologie in Wittenberg aufgeben und glaubte in Luther den bestmöglichen Nachfolger gefunden zu haben. Luther selbst wehrte sich zunächst gegen diese Pläne, und zwar wohl nicht nur aus mönchischer Bescheidenheit, sondern auch wegen der erwartbaren, dauernden Überforderung des Nebeneinanders einer wissenschaftlichen und monastischen Laufbahn – Staupitz selbst war ja ein gutes Beispiel für derartige Überlastungen. Der Generalvikar beharrte jedoch auf seinem Vorhaben und setzte es durch. Im Oktober 1512 wurde Luther zum Doktor der Theologie promoviert; beinahe gleichzeitig folgte er Staupitz in die biblische Professur nach, die er von da an bis zu seinem Lebensende versah.

Die erhaltenen eigenhändigen Manuskripte und studentischen Nachschriften der frühen Vorlesungen Luthers – 1513 bis 1515 über die Psalmen, 1515/16 über den Römerbrief, dann über den Galater- und den Hebräerbrief – lassen sehr deutlich erkennen, mit welcher Intensität er sich um das

Verständnis der biblischen Texte und um die Vermittlung dieses Verständnisses an seine Studenten bemühte. Zu diesen Beanspruchungen aus dem Lehramt aber kamen wachsende Verpflichtungen auch in seinem Orden. Jenes Kapitel der Kongregation vom Mai 1512, durch das er zum Subprior des Wittenberger Konvents bestellt worden war, hatte zugleich bestimmt, daß er alsbald nach seiner Promotion die Leitung des auch in Wittenberg mit dem Kloster verbundenen Generalstudiums übernehmen sollte. Im Mai 1515 wurde er darüber hinaus für drei Jahre zum Distriktsvikar gewählt; er bekam damit die Aufsicht über zehn, später sogar elf Klöster der Kongregation, darunter die Konvente in Dresden und Magdeburg, auch über seinen alten Erfurter Konvent. Luther hat diese Ordenspflichten ebenso gewissenhaft wahrgenommen wie sein akademisches Lehramt: in genauer Kenntnis und Respektierung der Ordensregel, in freundlicher Bestimmtheit in kleinen und großen, materiellen und geistlichen Angelegenheiten – mit den Worten eines modernen katholischen Kirchenhistorikers: «als schlechthin vorbildlicher Mönch und Vorgesetzter der ihm unterstellten Konvente und Mitmönche» (P. Manns). Nach alledem schien absehbar, daß bald noch größere Aufgaben im Orden auf Luther zukommen würden; eine bedeutende Laufbahn in der römischen Kirche schien sich abzuzeichnen.

Daß es nicht dazu kam, daß Luther vielmehr zum Todfeind der römischen Kirche wurde und daß mit seinem Wirken die Einheit der mittelalterlichen Kirche zerbrach – das lag, unbeschadet des Mitwirkens vieler anderer Faktoren bis hin zu den politischen und sozialen Strukturen der Epoche, im wesentlichen an sehr persönlichen Problemen: an den Anfechtungen Martin Luthers nämlich, in denen ihm die Kirche nicht die Hilfe zu geben vermochte, die zu geben sie doch beanspruchte. Solche Anfechtungen, die Angst vor dem richtenden Gott, standen wohl schon hinter dem Entschluß zum Eintritt ins Kloster, legten sich aber auch im Kloster nicht, sondern verschärften sich sogar noch. Je aufrichtiger Luther sein Gewissen prüfte, je begieriger er die Gnadenmittel der Kirche in Anspruch nahm, desto ungewisser wurde ihm das Heil seiner Seele. Gewiß: Im Bußsakrament wurde ihm die Vergebung der Sünden zugesprochen, aber als Voraussetzung der Absolution galt die Reue, und nun eben nicht nur die «Galgenreue» aus Furcht vor Strafe, sondern jene Reue, die die Sünden aus Liebe zu Gott verabscheute. Konnte er sich dieser «Liebesreue» wirklich sicher sein, spielte hier nicht immer die Selbstsucht hinein, setzte sich nicht immer wieder der Wunsch nach dem eigenen Heil an die Stelle der reinen Liebe zu Gott? Und standen dann am Ende nicht doch wieder Gottes schreckliches Gericht, Hölle und ewiges Verderben? Nun waren das Fragen, die nicht nur Luther zu schaffen machten, und schon gar nicht solche Fragen, die bloß aus seiner individuellen Psyche erwuchsen; es handelte sich hier ja um Grundprobleme des christlichen Glaubens überhaupt. Luther scheint diese Anfechtungen aber mit fürchterlicher Intensität erfahren zu haben. Er hat das später einmal so beschrieben: «Ich kenne einen Menschen, der versichert hat, daß er diese

Strafen öfters erlitten habe. Sie hätten zwar nur sehr kurze Zeit gedauert, sie seien aber so schwer und so höllisch wie keine Zunge es sagen, keine Feder es schreiben, kein Unerfahrener es glauben könne; so daß, wenn sie ihren höchsten Grad erreichen oder nur eine halbe Stunde, ja nur den zehnten Teil einer Stunde dauern würden, er ganz zugrunde gehen müßte und alle seine Gebeine zu Asche vergehen würden. Hier erscheint Gott schrecklich zornig und mit ihm zugleich die gesamte Schöpfung. Da gibt es keine Flucht, keinen Trost, weder drinnen noch draußen, sondern alles wird zum Ankläger. Dann sagt man unter Tränen diesen Vers: ‹Verstoßen bin ich vor dem Antlitz Deiner Augen› (Ps. 31,23). In diesem Augenblick wagt man nicht einmal zu sagen: ‹Herr, strafe mich nicht in Deinem Zorn› (Ps. 6,2). In diesem Augenblick kann die Seele – es ist merkwürdig zu sagen – nicht glauben, daß sie jemals erlöst werden könne; nur daß sie noch nicht die volle Strafe spürt [...] Es bleibt nur das bloße Verlangen nach Hilfe und ein erschütterndes Seufzen übrig, aber sie weiß nicht, woher sie Hilfe erlangen soll».

Neben der immer wiederkehrenden Intensität dieser Anfechtungen war für Luther besonders bezeichnend und zugleich überaus folgenreich, daß er sie auch theologisch rückhaltlos reflektierte. Wenn das Bekenntnis der Heiligen Schrift und der ganzen Kirche zu Christus als dem Heil der Welt angesichts jener Anfechtungen Bestand haben sollte – wie war dann die Schrift, wie die Lehre der Kirche zu verstehen? Luther hat über solchen Reflexionen ein zunehmend kritisches Verhältnis zu großen Teilen der scholastischen Lehrtradition gewonnen, nicht zuletzt gegenüber seinem «Meister» Occam, dessen Behauptung der Fähigkeit des natürlichen Menschen zu wahrer Gottesliebe er schon frühzeitig als bloße Illusion verwarf. Anderseits gewann der Kirchenvater Augustinus mit seiner Betonung der allein und aus Gottes ewigem Ratschluß selig machenden göttlichen Gnade für ihn große Bedeutung. Johann von Staupitz, dessen Theologie und Frömmigkeit stark von Augustinus geprägt waren, hat wohl gerade von da aus Luther auch als Seelsorger beistehen können; Luther hat später sogar geäußert, es sei eigentlich Staupitz gewesen, der ihn zur Erkenntnis des Evangeliums gebracht habe. Noch wichtiger aber wurde die mit seinem Lehramt verbundene Bemühung um die Heilige Schrift. Die dabei zutage tretenden Diskrepanzen zwischen Schrift und Tradition führten ihn zur Forderung des eindeutigen Vorrangs der Schrift als Autorität der Lehre und des Lebens der Kirche, und indem er sich selbst an diese Forderung hielt, legte er in den großen biblischen Vorlesungen dieser Jahre die dauernden Fundamente seiner reformatorischen Theologie. Der innerste Kern dieser Theologie lag zum einen im Eingeständnis der Unfähigkeit des Menschen zur Erfüllung der Gebote Gottes aus wahrer, unverfälschter Gottesliebe, zum anderen aber im Bekenntnis zum gekreuzigten Christus als dem im Glauben ergriffenen einzigen Heil des Menschen: «Scriptura non debet aliter gedeut werden quam quod homo nihil sit et solus christus omnia» («Die

Schrift darf nicht anders gedeutet werden als so, daß der Mensch nichts sei, und allein Christus sei alles»). Luther arbeitete diesen Kern seiner Theologie vor allem in der exegetischen Bemühung um die Briefe des Apostels Paulus aus, die Neuentdeckung des paulinischen Verständnisses der Gerechtigkeit Gottes war dabei für ihn von zentraler und befreiender Bedeutung.

Luther hat selbst, wiederum in einem späten Rückblick, geschildert, wie ihn diese Neuentdeckung aus seiner Verzweiflung über die Gerechtigkeit Gottes befreite, die er bis dahin – mit der scholastischen Tradition – als «aktive», nämlich: die Sünder strafende Gerechtigkeit verstanden hatte: «Mit außerordentlicher Leidenschaft war ich davon besessen, Paulus im Brief an die Römer kennenzulernen. Nicht die Herzenskälte, sondern ein einziges Wort im ersten Kapitel (V. 17) war mir bisher dabei im Wege: ‹Die Gerechtigkeit Gottes wird darin (im Evangelium) offenbart› [...] Ich konnte den gerechten, die Sünder strafenden Gott nicht lieben, im Gegenteil, ich haßte ihn sogar. Wenn ich auch als Mönch untadelig lebte, fühlte ich mich vor Gott doch als Sünder, und mein Gewissen quälte mich sehr. Ich wagte nicht zu hoffen, daß ich Gott durch meine Genugtuung versöhnen könnte. Und wenn ich mich auch nicht in Lästerung gegen Gott empörte, so murrte ich doch heimlich gewaltig gegen ihn: Als ob es noch nicht genug wäre, daß die elenden und durch die Erbsünde ewig verlorenen Sünder durch das Gesetz des Dekalogs mit jeder Art von Unglück beladen sind – mußte denn Gott auch noch durch das Evangelium Jammer auf Jammer häufen und uns auch durch das Evangelium seine Gerechtigkeit und seinen Zorn androhen? So raste ich wilden und wirren Gewissens; dennoch klopfte ich beharrlich an eben dieser Stelle bei Paulus an, mit glühendheißem Durst zu erfahren, was Sankt Paulus wolle. Da erbarmte sich Gott meiner. Tag und Nacht war ich in tiefe Gedanken versunken, bis ich endlich den Zusammenhang der Worte beachtete: ‹Die Gerechtigkeit Gottes wird in ihm (im Evangelium) offenbart, wie geschrieben steht: Der Gerechte lebt aus dem Glauben›. Da fing ich an, die Gerechtigkeit Gottes als eine solche zu verstehen, durch welche der Gerechte als durch Gottes Gabe lebt, nämlich aus dem Glauben. Ich fing an zu begreifen, daß dies der Sinn sei: durch das Evangelium wird die Gerechtigkeit Gottes offenbart, nämlich die passive, durch welche uns der barmherzige Gott durch den Glauben rechtfertigt, wie geschrieben steht: ‹Der Gerechte lebt aus dem Glauben›. Da fühlte ich mich wie ganz und gar neu geboren, und durch offene Tore trat ich in das Paradies selbst ein».

Der genaue biographische Ort dieses «Turmerlebnisses» ist schwer auszumachen; auch seine Datierung – auf 1514/15 oder erst auf Frühjahr oder Sommer 1518 – ist umstritten. Diese Unsicherheit hat ihre Gründe vor allem darin, daß die Tragweite des neuen Verständnisses der Gerechtigkeit Gottes sich für Luther selbst erst allmählich erschloß, und zwar im Zusammenhang auch ganz anderer theologischer Bemühungen und Einsichten, nicht zuletzt in der Auseinandersertzung um den Ablaß seit 1517. Die Ausbildung der reformatorischen Theologie Luthers beruhte insofern auf einem längerdauernden – und wohl auch nicht restlos aufzuklärenden – religiösen Erfahrungsprozeß, in dem die Entdeckung des paulinischen Sinns der justitia Dei nur ein, wenngleich ein besonders wichtiges Element bedeutete.

Das reformatorische Bekenntnis zum Christus solus, namentlich das an Paulus neu gewonnene Verständnis der im Glauben ergriffenen, den Sünder gerecht machenden Gerechtigkeit Gottes allein aus Gnaden, hatte erhebliche und kritische Konsequenzen für weite Bereiche der Theologie wie überhaupt des kirchlichen Lebens: ganz unmittelbar für die Lehre von den guten Werken, für die Auffassung vom Gnadenschatz der Kirche, für die so geläufige Vorstellung von der Verdienstlichkeit des mönchischen Lebens, aber darüber hinaus auch für die Sakramente der Buße und des Altars, für das Priestertum, ja für den gesamten sakramentalen und Rechtsbau der mittelalterlichen Kirche. Einige dieser Konsequenzen hat Luther denn auch bereits in diesen frühen Jahren ausgearbeitet, ohne sich dabei jedoch in irgendeinem prinzipiellen Gegensatz zur Kirche zu fühlen. Zwar übte er als Prediger wie als akademischer Lehrer deutliche Kritik an dem, was ihm an kirchlichen Mißständen auffiel – und das waren weniger die sonst zumeist beklagte Sittenlosigkeit von Klerus und Laien oder der Fiskalismus der römischen Kurie als vielmehr die verderbliche Selbstsicherheit der Leute, die durch eine irreführende oder doch laxe Bußlehre und -praxis der Kirche noch gefördert wurde. Auch seine Kritik an der Scholastik wurde umfassender und grundsätzlicher; im September 1517 veranstaltete er eine förmliche Disputation ‹Contra scholasticam theologiam›, deren Schärfe jedenfalls die alten Freunde der Erfurter Universität schockierte. Keineswegs aber hatte er mit alledem die Absicht, die Kirche selbst oder auch nur das Papsttum anzugreifen. Die kirchensprengende Wirkung seiner Theologie ist ihm selbst wie den meisten seiner Zeitgenossen erst ganz allmählich aufgegangen. Der Konflikt mit der alten Kirche entzündete sich denn auch an einem Einzelproblem, das theoretisch von nicht allzu großem Belang, dafür aber von immenser praktischer Bedeutung war: an der Frage des Ablasses nämlich, und zwar an einem ganz bestimmten Ablaß.

Es ging um die Wahl Albrechts von Brandenburg, des jüngeren Bruders Kurfürst Joachims von Brandenburg, zum Erzbischof von Mainz und damit zum Primas der deutschen Kirche und Erzkanzler des Heiligen Römischen Reichs deutscher Nation – eine Wahl, durch die die Brandenburger ihre Machtstellung in Mitteldeutschland entscheidend zu verstärken gedachten. Die Wahl eines Erzbischofs durch das Domkapitel mußte von Rom bestätigt werden, und Rom verlangte dafür jeweils 14000 Gulden – etwa den fünfzigfachen Betrag des Jahresgehalts, das ein renommierter Professor oder der Leiter einer fürstlichen Verwaltung der Zeit erhielt. Nun waren in Mainz binnen weniger Jahre mehrere Bischofswahlen erforderlich geworden, und so äußerte das Domkapitel den Wunsch, der neue Erzbischof möge die nach Rom zu zahlenden Gelder selbst aufbringen. Hinzu kam, daß Albrecht bereits Erzbischof von Magdeburg und Administrator von Halberstadt war.

Wollte er zudem noch Erzbischof von Mainz werden, bedurfte er dafür eines päpstlichen Dispenses, und für diesen Dispens berechnete die Kurie weitere 10000 Gulden. Da der Brandenburger zwar grundsätzlich bereit, aber nicht ohne weiteres in der Lage war, diese erheblichen Summen zu zahlen, machte die Kurie ihm das Angebot, er möge den sogenannten Petersablaß, aus dessen Erträgen der Neubau von Sankt Peter in Rom finanziert wurde, für acht Jahre in seinen Herrschaftsgebieten verkündigen lassen; dann dürfe er die Hälfte der einkommenden Gelder für sich verwenden. Allerdings sollten jene 24000 Gulden für die Kurie sofort fällig werden; so bedurfte Albrecht eines entsprechend hohen Kredits, der gar nicht so leicht aufzutreiben war. Da sprangen – praktischerweise wiederum gleich auf Vermittlung die Kurie – die Fugger ein und streckten dem Brandenburger, natürlich gegen gute Zinsen, das Geld vor. Das weitere Geschäft wurde dann so abgewickelt, daß Beauftragte des Hauses Fugger mit den Ablaßpredigern im Lande umherzogen und die Hälfte der täglich einkommenden Ablaßgelder als Zins und Tilgung des Darlehens sofort kassierten, während die andere, für den Bau von Sankt Peter bestimmte Hälfte in Raten nach Rom abgeführt wurde. Diese Verbindung von Politik, Geldgeschäften und Frömmigkeit war ein ausgemachter Skandal, und der wurde dadurch noch schlimmer, daß die Ablaßprediger, um nur recht viele Ablaßbriefe zu verkaufen, die durch ihre Ablässe vermittelten Gnaden nicht selten skrupellos übertrieben. Das gilt auch für den Dominikaner Johann Tetzel, der seit Anfang 1517 im Bistum Halberstadt und im Stift Magdeburg umherzog. Das berüchtigte Verslein «Wenn das Geld im Kasten klingt, die Seele aus dem Fegefeuer springt» ist zwar für Tetzels Ablaßpredigt nicht sicher bezeugt, dürfte aber in der Tendenz auf ihn wie auch auf andere Ablaßprediger zutreffen. Überdies unterschied selbst die erzbischöfliche Instruktion für die Ablaßprediger nicht sauber zwischen der Vergebung der Sünden und dem Nachlaß der von der Kirche auferlegten Sündenstrafen; schon damit konnte bei Leichtgläubigen wohl der Eindruck erweckt werden, als ob das ewige Heil des Menschen käuflich wäre.

Luther bekam mit dieser Ablaßpraxis, die er als eine Verwüstung der Gewissen empfand, sehr unmittelbar als Seelsorger zu tun. Nicht wenige seiner Beichtkinder nämlich liefen über die nahe Grenze in magdeburgisches Gebiet, um dort die preiswerten Ablaßgnaden zu erwerben. Zugleich aber fühlte er sich als akademischer Lehrer der Theologie betroffen und herausgefordert, vor allem durch die fragwürdigen Formulierungen der Ablaßinstruktionen. So bat er Erzbischof Albrecht von Mainz durch einen Brief vom 31. Oktober 1517 nachdrücklich, jene ‹Instructiones confessorum› zurückzuziehen und gründlich zu korrigieren; eine entsprechende Eingabe sandte er dem – örtlich zuständigen – Bischof von Brandenburg. Zugleich oder wenig später regte er eine akademische Disputation über die anstehenden Probleme an; als Grundlage für eine solche Disputation machte er 95 Thesen über den Ablaß, die er den Schreiben an die Bischöfe beigelegt hatte, auch öffentlich bekannt. Ob diese Bekanntmachung bereits am 31. Oktober 1517 und in der symbolträchtigen Form des Anschlags der Thesen an das Portal der Wittenberger Schloßkirche erfolgte, ist nicht sicher; möglicherweise ist Luther überhaupt erst an die Öffentlichkeit gegangen, als seine kirchlichen Oberen nicht auf seine Kritik reagierten. Unbestritten aber ist, daß die mit der Publikation der Thesen angesprochene Öffentlichkeit zunächst nur eine akademische Öffentlichkeit sein sollte; Sprache, Stil und Form der Thesen waren ganz auf ein akademisches Publikum berechnet. Ebensowenig revolutionär war, jedenfalls auf den ersten Blick, auch der Inhalt der Thesen. Zwar kritisierten sie den marktschreierischen Mißbrauch der Ablässe und damit des Bußsakraments, verblieben aber mit dieser Kritik wie in ihren positiven Aussagen durchaus im Rahmen der kirchlichen Ordnung, unter ausdrücklicher Anerkennung insbesondere der päpstlichen Autorität. In diesem Rahmen allerdings machten sich doch auch zukunftsträchtige Neuorientierungen bemerkbar. So erinnerte die 26. These sehr entschieden an die Grenzen der päpstlichen Schlüsselgewalt, die 62. These definierte den Gnadenschatz der Kirche schlicht als «das heilige Evangelium der Herrlichkeit und Gnade Gottes.»

Die tatsächliche Wirkung der Thesen war ohnehin eine ganz andere als die eines bloß akademischen Aktes. Die Disputation kam nicht zustande; dafür gingen die Thesen wie ein Lauffeuer durch ganz Deutschland. Binnen weniger Wochen wurden sie in einer Vielzahl von Drucken, auch in deutscher Übersetzung, verbreitet; der Buchdruck erwies sich als ungeahnt wirksames Instrument der öffentlichen Meinung. Luther selbst war von diesem publizistischen Erfolg seiner Thesen gar nicht erbaut, zumal er sie ja keineswegs für theologische Laien geschrieben hatte. Die öffentliche Meinung war aber nicht zurückzuholen. So entschloß sich Luther, den Kern seiner Thesen in einen deutschsprachigen Sermon umzugießen – das war der Sermon von Ablaß und Gnade aus dem Frühjahr 1518 –, und dessen publizistischer Erfolg überstieg den der 95 Thesen noch bei weitem: Binnen zwei Jahren wurden von diesem Sermon in 25 Nachdrucken ca. 60000 Exemplare verkauft.

Diese unerhörte Resonanz ist gar nicht einfach zu erklären. Zumindest die 95 Thesen waren in ihrer theologischen Fachsprache alles andere als gemeinverständlich, ihr eigentliches Thema, die Theologie des Ablasses, nicht gerade weltbewegend. Irgendwelche materiellen Vorteile stellten die Thesen schon gar nicht in Aussicht, und unter dem Aspekt der Kirchenkritik gab es, etwa in der literarischen Produktion der Humanisten, genug andere Schriften, die die Thesen an Deutlichkeit und Schärfe bei weitem übertrafen. Der gewaltige Widerhall der Thesen hatte seinen Grund demgegenüber wohl vor allem darin, daß Luther die tiefe Heilssehnsucht so vieler Menschen der Zeit teilte und gerade deshalb von der geistlichen Mitte der Kirche her argumentierte, nicht – wie gutenteils die Humanisten – von außen her, in geistiger Distanz zur Kirche. Eben deshalb hofften viele Leser und Hörer der Thesen, daß die Bußtheologie Luthers über den Ablaß hinaus den Weg zu einer umfassenden und tiefgreifenden Neuorientierung der Kirche und ihrer Heilsbotschaft öffnen werde. Die sogleich aufflammende öffentliche Diskussion über die Thesen galt denn auch kaum den speziellen Problemen der Ablaßtheologie; an ihre Stelle rückten alsbald allgemeinere Fragen der Sakramentslehre, vor allem aber Fragen nach dem Recht des Papsttums und nach der Autorität der Heiligen Schrift gegenüber allen – auch den kirchlichen – Menschensatzungen.

Bei alledem fehlte es natürlich nicht an Gegnern Luthers. Der von Luther so hart attackierte Tetzel suchte sich zu wehren, so gut es eben ging, und fand dabei immerhin die Unterstützung des in literarischen Fehden erprobten Konrad Koch, gen. Wimpina, von der Universität Frankfurt/Oder. Dann waren es vor allem die Dominikaner, die – ohnehin in alten Rivalitäten mit den Augustinern befangen – gegen den Wittenberger Stellung bezogen. Während Luther auf dem Kapitel seines Ordens zu Heidelberg im April 1518 noch Gelegenheit erhielt, die übliche öffentliche Disputation zu halten und dabei die Grundlinien seiner Theologie vorzutragen, formierte sich bereits eine ziemlich festgeschlossene Front der Dominikaner gegen ihn. Vor allem Johannes Eck, Theologieprofessor in Ingolstadt, nicht weniger scharfsinnig als Luther selbst, mit glänzendem Gedächtnis begabt und ein gefürchteter Disputator, stieg jetzt in die Arena; ihm wurde die Bekämpfung Luthers und der Reformation überhaupt zur Lebensaufgabe. Für Luthers seelsorgerliche und theologische Anliegen brachten seine Gegner freilich kaum Verständnis auf, für sie zählten nur die wirklichen oder vermeintlichen Gefahren, die der alten Kirche von dem Wittenberger Augustiner drohten. Folgerichtig suchten sie Luther in dezidierten und deutlichen Gegensatz zur Kirche und besonders zum Papsttum zu bringen und ihn solcherart als Häretiker zu entlarven. Sie hatten damit auch Erfolg – jedenfalls hat Luther in diesen Auseinandersetzungen frühere und schärfere Grenzlinien zur alten Kirche gezogen, als er es sonst wohl getan hätte. Daß die alte Kirche sich den eigentlichen Anliegen der reformatorischen Theologie mehr und mehr verschloß, war freilich ein sehr problematisches, auch für sie selbst gefährliches Moment schon dieser frühen Auseinandersetzungen.

Das Bestreben der Gegner Luthers, ihn zum Ketzer zu machen, war ein Vorhaben nicht bloß der theologischen Diskussion. Vielmehr bemühte man sich sehr bald, ihn durch einen förmlichen Ketzerprozeß zu vernichten. Tetzels Hoffnung, seinen Widersacher binnen weniger Wochen auf dem Scheiterhaufen brennen zu sehen, war zwar eine Illusion, und eine törichte obendrein; im Juni 1518 aber kam es doch, vermutlich auf Betreiben vor allem der Dominikaner, zur Eröffnung des Prozesses in Rom. Im Zuge des Ermittlungsverfahrens erstellte der päpstliche Hoftheologe Prierias noch im gleichen Monat ein – obzwar ziemlich oberflächliches – Gutachten, das den Verdacht der Ketzerei gegen den Beschuldigten erhärtete. Bereits Anfang August wurde Luther über den Kardinal Cajetan, der damals als päpstlicher

Legat am Reichstag zu Augsburg teilnahm, eine Vorladung nach Rom zugestellt; ein paar Wochen später forderte ein päpstliches Breve den Kardinallegaten auf, den als notorischen Ketzer erkannten Mönch verhaften zu lassen und bis zum förmlichen Abschluß des Verfahrens in sicherem Gewahrsam zu halten.

Dazu kam es nun freilich doch nicht. Kurfürst Friedrich der Weise von Sachsen nämlich, der Landesherr Luthers, war keineswegs gesonnen, sein berühmtes Landeskind auf Grund eines Ketzerprozesses, den er für fragwürdig und jedenfalls für nicht abgeschlossen hielt, ohne weiteres auszuliefern. Er drang vielmehr darauf, daß zunächst einmal Cajetan selbst Luther verhören möge – vermutlich in der Hoffnung, daß ein persönliches Gespräch des theologisch hochgebildeten und gewissenhaften Kirchenfürsten mit Luther den Weg zu einer Beilegung des Streits weisen werde. Wirklich ließ sich die Kurie auf diese Initiative des Kurfürsten ein. Dafür waren freilich weder kirchenrechtliche noch etwa gar theologische Erwägungen maßgebend, sondern ausschließlich Gründe der großen Politik. Kaiser Maximilian nämlich bemühte sich im Sommer 1518 bei den Kurfürsten des Reichs um die Wahl seines Enkels, des jungen Königs Karl von Spanien, zum Nachfolger im Kaisertum. Die Aussicht auf eine solche Thronfolge mißfiel der Kurie zutiefst: Ein großer Teil Oberitaliens unterstand ja noch immer der Lehenshoheit des Reichs, die Königreiche Neapel und Sizilien, also der ganze Süden Italiens, gehörten zur Krone Aragón; die Vereinigung beider in einer Hand bedeutete mithin eine gefährliche Einschnürung des Kirchenstaats. Um der Wahl des jungen Habsburgers besser entgegenwirken zu können, bemühte sich die päpstliche Diplomatie nachdrücklich um gute Beziehungen zu den deutschen Kurfürsten, unter denen Friedrich der Weise eine hervorragende Stellung einnahm, und die Pflege dieser guten Beziehungen war der Kurie ungleich wichtiger als der Ketzerprozeß gegen Luther. Das Verhör vor Cajetan kam also im Oktober 1518 in Augsburg tatsächlich zustande. Es führte jedoch nur zu einer Vertiefung der Gegensätze. Der Kardinal fand seinen schon vor dem Verhör formulierten Verdacht bestätigt, daß Luther letztlich darauf aus sei, eine neue Kirche zu bauen. Luther selbst aber, nach Wittenberg zurückgekehrt, appellierte im November 1518 vom Papst an ein allgemeines Konzil und bekannte damit öffentlich, daß er – sehr im Gegensatz zu den Ansprüchen der Kurie – die päpstliche Autorität in Glaubensfragen derjenigen eines allgemeinen Konzils unterordnete; im Stillen bedrängte ihn schon der Verdacht, daß der Papst der Antichrist sei.

Der ungute Ausgang des Verhörs vor Cajetan wie auch die Konzilsappellation Luthers hatten zunächst keine, jedenfalls keine kirchenrechtlichen Folgen, und dies wiederum wegen der schwebenden Nachfolge im Kaisertum. Im Januar 1519 starb Kaiser Maximilian, ohne daß es ihm gelungen war, bei Lebzeiten die Nachfolgefrage zu lösen. Nach wie vor dringlich daran interessiert, den spanischen König und Herrn der burgundischen und österreichischen Erblande nicht auch noch zum Kaisertum gelangen zu lassen, bemühte sich die Kurie jetzt noch aufmerksamer um Kurfürst Friedrich als schon im Jahre zuvor – schließlich sogar mit dem Ansinnen, er, der Kurfürst, möge sich selber für eine Kandidatur zur Verfügung stellen. Daß die damit zugleich in Aussicht gestellte Bereitschaft Roms, einen der Freunde des Kurfürsten zum Kardinal zu machen, sich wirklich auf Luther bezog, wie es der geschwätzige Nuntius Karl von Miltitz andeutete und wohl auch wirklich meinte, ist nicht sehr wahrscheinlich, wenngleich nicht undenkbar; von dem Ketzerprozeß gegen den gefeierten Professor der Universität Wittenberg, der Lieblingsuniversität Friedrichs des Weisen, war jedenfalls bis auf weiteres nicht die Rede.

Die theologische Auseinandersetzung in Deutschland kam freilich währenddessen nicht zur Ruhe. Sie erreichte im Gegenteil in der Leipziger Disputation Luthers mit Eck im Sommer 1519 einen Höhepunkt. Ursprünglich war als Gegner Ecks für dieses Streitgespräch nur Luthers Wittenberger Universitätskollege Andreas Bodenstein von Karlstadt vorgesehen, der sich nach anfänglichen Bedenken ganz auf die Seite Luthers geschlagen und von sich aus eine publizistische Fehde gegen Eck eröffnet hatte. Im Grund ging es Eck aber, wie seine vorbereitenden Thesen deutlich zeigen, um Luther als seinen eigentlichen Gegner, und auch dieser selbst brannte auf die unmittelbare Konfrontation. So war dann das Streitgespräch mit Karlstadt nur ein Vorspiel zu der mehrtägigen und vor großem Publikum geführten Disputation zwischen Luther und Eck (vom 4. bis 16. Juli 1519). Neben der Lehre von Sünde und Buße wurde die Frage der kirchlichen Autorität zum Hauptthema des Streits. Luther hatte bereits im Frühjahr 1519 die These aufgestellt, daß die päpstliche Suprematsgewalt über alle anderen Kirchen nur aus den «schrecklichen» päpstlichen Dekretalen der letzten 400 Jahre bewiesen werden könne. Das aber war eine These, die der Sache nach schon 1415, damals in Auseinandersetzung mit Johannes Hus, vom Konstanzer Konzil verurteilt worden war. Eck zögerte denn auch nicht, Luther als einen Verteidiger des «kirchenfeindlichen Böhmen» zu denunzieren. Damit aber verschob sich die Diskussion auf die Problematik der konziliaren Autorität, und Luther schreckte nicht davor zurück, jetzt auch den Konzilien die Irrtumsfreiheit aus göttlichem Recht abzusprechen; gerade das Konstanzer Konzil habe zu Unrecht einige Sätze des Johannes Hus verurteilt, die sehr wohl in der Heiligen Schrift begründet wären. Daß diese ausdrückliche Relativierung der höchsten kirchlichen Autoritäten und damit zugleich der kirchlichen Tradition eine veritable Ketzerei darstellte, war kaum in Abrede zu stellen; die Argumentation und Strategie Ecks hatte sich insofern durchaus bewährt. Zugleich aber bedeutete dieses Ergebnis der Leipziger Disputation eine erhebliche Verschärfung der Gegensätze, die es beiden Seiten für die Zukunft so gut wie unmöglich machte, den eigentlichen Anliegen der jeweils gegnerischen Seite gerecht zu werden, ja sie überhaupt noch einigermaßen unverzerrt wahrzunehmen. Die Auseinandersetzung Luthers mit der alten Kirche wurde seitdem zu einem Kampf auf Leben und Tod.

Der Fortgang der causa Lutheri hing freilich noch von vielen anderen Faktoren ab – Faktoren vor allem des politischen Geschehens, und auch in diesem Raum des politischen Geschehens fiel gerade in den Tagen der Leipziger Disputation mit der Kaiserwahl Karls V. eine Entscheidung von weltgeschichtlicher Tragweite. Dieser Entscheidung und ihren Folgen wenden wir uns nunmehr zu.

II.

Reich und Reformation in den ersten Jahren der Regierung Karls V. (1519–1526)

1. Kaiserwahl und europäische Politik Karls V. bis zum Scheitern des Friedens von Madrid 1526

Der Versuch Kaiser Maximilians, noch zu Lebzeiten seinem Enkel Karl die Thronfolge im Reich zu sichern, war mißlungen. Beim Tode des alten Kaisers im Januar 1519 war die Nachfolgefrage also offen. Das war an sich nicht irregulär; das deutsche Königtum war ja ein Wahlkönigtum. Das Umsichgreifen von Unruhen und Gewalttaten nach dem Tode Maximilians zeigte aber sehr rasch, wie gefährlich die Vakanz der königlichen Autorität im Reiche, wie dringlich deshalb die Wahl eines handlungsfähigen Nachfolgers war. Gleichwohl verging nahezu ein halbes Jahr, bis die Wahl wirklich zustande kam. Der Grund dafür lag darin, daß die Thronfolge von 1519 Gegenstand sehr harter und hartnäckiger Auseinandersetzungen war – ein Teil der Auseinandersetzungen nämlich der Häuser Habsburg und Valois um die europäische Vorherrschaft; als Bewerber um die Kaiserkrone standen sich der junge Habsburger Karl und König Franz I. von Frankreich gegenüber. Die Bewerbung Heinrichs VIII. von England, der eine Zeitlang darauf spekulierte, sich im Streit der beiden anderen Kandidaten als lachender Dritter durchzusetzen, hatte zu keinem Zeitpunkt eine wirkliche Chance.

An sich lag es für die Kurfüsten nahe, einen Habsburger zu wählen, und als ältester männlicher Sproß der Dynastie kam dafür in erster Linie der Kaiserenkel Karl in Betracht. Dafür sprachen nicht nur gewisse geblütsrechtliche Traditionen der deutschen Königswahlen, sondern auch das politische Gewicht der Habsburger im Reich. Anderseits war der junge Karl doch nicht nur ein mächtiger Reichsfürst unter anderen, sondern als Herzog von Burgund und König der spanischen Reiche einschließlich der süditalienischen Königreiche Neapel und Sizilien eine politische Potenz ganz anderer Größenordnung, deren wichtigste Machtzentren überdies gutenteils außerhalb des Reichs lagen. Im Falle seiner Wahl drohte deshalb ein Übergewicht der monarchischen Gewalt, wie es das Reich seit Jahrhunderten nicht gekannt hatte – ein Übergewicht, das der ständischen Verfassungsstruktur des Reichs rasch gefährlich werden konnte. Außerdem war abzusehen, daß als Folge einer Wahl des Habsburgers der alte Gegensatz zwischen Frankreich und Spanien neu aufbrechen und mit neuer Gewalt auch das Reich einbeziehen werde. Schon die durch dynastische Erbfälle bewirkte Personalunion zwischen den spanischen Königreichen und den burgundischen Niederlanden bedeutete eine latente Zweifrontenbedrohung Frankreichs; mit der Herrschaft des Habsburgers über das Reich mußte sich diese Bedrohung noch ungemein verschärfen und zur Abwehr, wohl auch zu präventiver Abwehr, herausfordern. Im Falle der Wahl des französischen Königs dagegen war eine solche Zuspitzung der Gegensätze weniger zwingend, es sei denn, daß die Häuser Habsburg und Valois es so oder so auf eine Auseinandersetzung um die politische Hegemonie in Europa ankommen lassen würden – was sich in den Bewerbungen beider Könige um die Kaiserkrone allerdings anzukündigen schien.

Der Wahlkampf war fieberhaft und beschränkte sich keineswegs auf die diplomatische Bühne von Verhandlungen mit den Kurfürsten. Auch die Kurfürsten waren ja in vielfältiger Weise in das politische Gefüge des Reichs eingebunden, in ihrer Wahlentscheidung zwar rechtlich, aber nicht politisch unabhängig von den Meinungen und Optionen im Reich. So bemühten sich der Habsburger wie der Franzose auch um die einflußreicheren Fürsten und sonstigen großen Herren des Reichs – von den Herzögen von Bayern und Sachsen bis hin zu dem Reichsritter Franz von Sickingen, der sich als Heerführer einen gefürchteten Namen gemacht hatte; auch in der Schweiz warben französische und habsburgische Gesandtschaften, letztere schließlich mit Erfolg, für ein empfehlendes Votum der Eidgenossen. Begleitet wurden diese Bemühungen durch eine lebhafte Propaganda, in der die habsburgischen Publizisten mit dem Hinweis auf die Abstammung Karls aus «edelstem deutschen Blut» an das Nationalgefühl der Deutschen zu appellieren suchten – merkwürdig genug angesichts der burgundischen Erziehung, der französischen Muttersprache und der universalistischen Ziele des Habsburgers, aber offenbar keineswegs wirkungslos; eine national gestimmte Sympathie für das «edel Blut Carolus» blieb weit über die Wahl von 1519 hinaus ein kräftiger Einschlag im Gewebe der öffentlichen Meinung Deutschlands.

Auch an machtpolitischen Demonstrationen fehlte es nicht. So intervenierte der seit langem zur französischen Klientel gehörige Herzog Karl von Geldern in der sogenannten Hildesheimer Stiftsfehde, die damals große Teile Niedersachsens beunruhigte, politisch wie militärisch zugunsten des Hildesheimer Bischofs, eines geborenen Herzogs von Sachsen-Lauenburg, und des mit ihm verbündeten Herzogs von Braunschweig-Lüneburg; damit verfügte die französische Partei in Nordwestdeutschland über einige recht potente Bündnispartner mitsamt dem Rückhalt eines erfolgreichen Heeres. In Süddeutschland aber war Herzog Ulrich von Württemberg ein entschiedener Parteigänger des französischen Königs – ein Parteigänger freilich, dessen Option den Franzosen im Endergebnis mehr schadete als nützte.

Der 1487 geborene Ulrich, Sohn des geisteskranken Grafen Heinrich und Nachfolger seines von den Ständen abgesetzten Onkels Eberhard II., hatte sich schon bald nach seiner frühen Regierungsübernahme 1503 durch zügelloses Machtstreben wie durch persönliche Rücksichtslosigkeit und Gewalttätigkeit hervorgetan. Durch seine Beteiligung am Landshuter Erbfolgekrieg war es ihm zwar zunächst noch gelungen, sich – im Einverständnis mit

Kaiser Maximilian und den bayerischen Herzögen – auf Kosten der Kurpfalz territorial zu bereichern; in der Folge aber schlugen seine Expansionsgelüste in puren Landfriedensbruch um, und damit zog er sich die immer entschiedenere Mißbilligung des Kaisers und die Feindschaft des Schwäbischen Bundes zu. Zugleich lag er in heftigen und hartnäckigen Auseinandersetzungen mit den Ständen seines Herzogtums. Als er 1515 einen seiner Hofleute, den Ritter Hans von Hutten, wegen eines – nie voll geklärten – Liebes- und Ehrenhandels auf der Jagd ermordete, drohte ihm ein Todesurteil des kaiserlichen Hofgerichts. Kaiser Maximilian fand sich indessen noch einmal bereit, die Sache «hingelegt sein zu lassen», wenn Ulrich die Regierung seines Landes für sechs Jahre einem Regentschaftsrat überließe – was der Herzog zwar versprach, dann aber nicht hielt; im Gegenteil ließ er die Führer der württembergischen Ehrbarkeit, die er im Komplott mit dem Kaiser glaubte, gefangennehmen und als Majestätsverbrecher hinrichten. Zudem suchte Ulrich jetzt verstärkt das Bündnis mit allen Gegnern der Habsburger: insbesondere mit den Eidgenossen, aber eben auch mit dem französischen König. Als er 1519, beim Tode Maximilians, die Gelegenheit gekommen glaubte, sich der Reichsstadt Reutlingen zu bemächtigen und sie seinem Territorium einzuverleiben, hatte er den Bogen freilich überspannt. Der Schwäbische Bund stellte ein Heer gegen den notorischen Landfriedensbrecher ins Feld, und dem hatte Ulrich um so weniger entgegenzusetzen, als auch die Eidgenossen ihm ihre Unterstützung entzogen. Er mußte fliehen, der Schwäbische Bund besetzte das Land und nahm es unter Sequester. Überdies zögerten die Habsburger nicht, die nach der Vertreibung Herzog Ulrichs frei gewordenen Truppen des Schwäbischen Bundes für sich selbst anzuwerben; der aus der württembergischen Unternehmung folgende Prestigegewinn der Habsburger wurde so für entscheidungsträchtige Monate durch eine erhöhte militärische Präsenz in Oberdeutschland noch gesteigert.

Neben Diplomatie, Propaganda und militärischer Potenz spielte bei den Wahlverhandlungen das Geld eine entscheidende Rolle. Schon der alte Maximilian hatte im Mai 1518 den Enkel in Spanien belehrt, daß dynastische Beziehungen des Hauses Habsburg zu den deutschen Fürstenhäusern, wie wichtig sie sonst auch sein mochten, in der Wahlsache nicht viel helfen würden. Um die französische Konkurrenz auszustechen, sei vielmehr «viel Geld», nach Möglichkeit: bares Geld, erforderlich. Das war eine realistische Einschätzung. Wenn sich im Wahlkampf von 1519 schließlich nicht die französische, sondern die habsburgische Thronkandidatur durchsetzte, so hatte das seinen Grund sehr wesentlich darin, daß die von den Habsburgern angebotenen Summen – im Grunde nichts anderes als Bestechungsgelder – im Endergebnis höher waren als die der Gegenseite. Die Gesamtkosten der Wahl für die Habsburger betrugen über 850000 Gulden; davon entfiel rund die Hälfte auf Gratifikationen für die Kurfürsten und deren Räte. Daß dieses gewaltige finanzielle Engagement der Habsburger überhaupt möglich wurde, war gutenteils das Werk Jakob Fuggers des Reichen, der selbst über die Hälfte der Wahlkosten flüssig machte und damit den Weg für die Kredite auch anderer Kaufleute bereitete. Wenn der Fugger einige Jahre später an Karl V. schrieb, es liege am Tage, daß «Eure Kaiserliche Majestät die Römische Krone ohne meine Mithilfe nicht hätte erlangen können», so war das die schmucklos formulierte Wahrheit. Das schon zu Zeiten Maximilians begründete Bündnis der Habsburger mit dem oberdeutschen Handelskapital fand mit dieser Option Fuggers, die an die Grenzen auch seiner finanziellen Möglichkeiten ging, eine wirkungsreiche Verfestigung. Auch die Hilfe der Fugger hätte freilich nicht zum Zuge kommen können, wenn nicht die Habsburger selber, wenn nicht vor allem der junge König Karl von seinen spanischen Reichen aus die Verhandlungen seiner Wahlkommissare und Gesandten in Deutschland mit all ihren enormen Zusagen immer wieder gedeckt und vorangetrieben hätte. Karl begehrte das Kaisertum nach seinem eigenen Zeugnis «wie sonst nichts auf der Welt» und war bereit, für dieses Ziel aufs Ganze zu gehen. Die Wahl von 1519 war insofern, durch den ganzen unerfreulichen Wust des Bestechungspokers hindurch, letztlich doch das Ergebnis eines sehr klaren und entschiedenen politischen Willens des künftigen Kaisers.

Diese Entschlossenheit richtete sich übrigens auch gegen Erwägungen im Schoß der eigenen Familie, angesichts des erheblichen Widerstands gegen die Wahl des allzu mächtigen spanischen Königs auf eine Thronkandidatur Ferdinands, des jüngeren Bruders Karls, auszuweichen. Als am niederländischen Hof solche Überlegungen laut wurden, reagierte Karl mit leidenschaftlicher Abwehr. Er werde das Letzte an den Gewinn des Kaisertums für sich selbst setzen, denn hier gehe es um seine Ehre und zugleich um das Wohl der Christenheit. Ferdinands Machtbasis würde in jedem Fall zu schmal sein, um dem Kaisertum wirklich Geltung zu verschaffen; nur die Vereinigung aller habsburgischen Reiche werde die erforderliche Macht zur Verteidigung der Christenheit und zur Sicherheit ihres Friedens an die Hand geben. Karl Brandi, der bedeutende Biograph Karls V., hat das «im tiefsten Sinne programmatische Worte» der Regierung des Kaisers genannt.

Die Einzelheiten der Wahlverhandlungen auf ihren verschiedenen Ebenen der europäischen und Reichspolitik können hier auf sich beruhen. Im Frühsommer 1519 zeichnete sich der Erfolg der habsburgischen Kandidatur immer deutlicher ab. Auch ein später Versuch der Kurie, anstelle des französischen Königs den Kurfürsten Friedrich von Sachsen zur Kandidatur gegen den Habsburger zu bewegen, scheiterte. Am 28. Juni wählten die Kurfürsten – sechs von ihnen in Person, der böhmische König durch seine Gesandten – den Enkel Maximilians zum König und «Erwählten Römischen Kaiser».

Die verfassungsrechtliche Stellung des Reichsoberhaupts war im frühen 16. Jahrhundert bei weitem nicht erschöpfend geregelt. Die Regierungszeit Kaiser Maximilians war lange Jahre von Streitigkeiten über die Grenzen der monarchischen Gewalt erfüllt gewesen; im Vorfeld der Wahl Karls V. hatte die Sorge der Reichsstände vor einem drohenden Übergewicht des Kaisers auf Grund der enormen, überdies gutenteils außerdeutschen Ressourcen seiner Hausmacht eine nicht geringe Rolle gespielt. Eben diese Offenheit der verfassungspolitischen Situation gab freilich auch die Möglichkeit, im Rahmen der Wahlverhandlungen auf eine verbindliche Fixierung – vor allem: Begrenzung – der Regierungsrechte des Kaisers hinzuwirken. Vorstufen solcher vertraglichen Abmachungen hatte es schon im Mittelalter in Form mehr oder minder verbindlicher Wahlversprechen geistlicher Fürsten oder eben auch des Königs gegeben; die von den kurfürstlichen Räten 1519 mit den Wahlkommissaren Karls V. ausgehandelten Regelungen aber wurden zum ersten Mal in eine förmliche sogenannte Wahlkapitulation gefaßt, die der Neugewählte in feierlicher Form verbriefte. Nach Form und Inhalt ist dieses Wahlversprechen von 1519 sehr bald eine Art von Reichsgrundgesetz geworden, kaum weniger wichtig als die Goldene Bulle von 1356. Künftig mußte jedes Reichsoberhaupt eine solche Wahlkapitulation eingehen, und die Kurfürsten haben dieses Instrument immer weiter verfeinert, um die Libertät der Reichsstände, vor allem aber ihre eigene Stellung im Gefüge der Reichsverfassung zu sichern und auszubauen.

Die Bestimmungen der Wahlkapitulation von 1519 lassen sich grob in drei Gruppen einteilen, von denen die erste eine Reihe wichtiger Regierungsrechte des Kaisers an die Mitwirkung der Reichsstände oder doch der Kurfürsten band, die zweite den Einfluß außerdeutscher Interessen und Kräfte der kaiserlichen Politik auf das Reich zu beschränken suchte; dazu kamen drittens einige inhaltlich konkretisierte politische Absichtserklärungen. So wurden der Abschluß auswärtiger Bündnisse, auch die Verpfändung von Reichsgefällen an die Zustimmung der Kurfürsten geknüpft; sogar die Wiedererrichtung eines Regiments, «wie vormals bedacht und auf der Pan gewest» wurde ins Auge gefaßt. Der Kaiser sagte zu, nach Möglichkeit in Deutschland selbst zu residieren; die Reichs- und kaiserlichen Hofämter sollten ausschließlich mit geborenen Deutschen besetzt werden, in Reichsangelegenheiten, jedenfalls in den deutschsprachigen Gebieten des Reichs, nur die lateinische oder deutsche Sprache zugelassen sein. Die Ausschreibung von Reichstagen an Orte außerhalb des Reichsgebiets wurde ausgeschlossen. Der Einsatz fremden Kriegsvolks im Reich sollte nur mit Bewilligung der Reichsstände, wenigstens aber der Kurfürsten, erlaubt sein – es sei denn, daß der Kaiser «von des Reichs wegen» oder das Reich selbst angegriffen würden: «alsdann mugen wir uns dagegen aller Hilf gebrauchen». Ein eigener Paragraph verpflichtete den Kaiser, sich beim Papst für eine Reduzierung der finanziellen Ansprüche Roms gegenüber den Gliedern des Reichs zu verwenden, ein anderer, die großen Handelsgesellschaften, «so bisher mit irem gelt regirt» und «dem Reich, des inwonern und underthan merklich schaden, nachteil und beswerung zugefugt», mit Rat der Reichsstände abzuschaffen.

Die genaue Analyse der Wahlkapitulation zeigt, daß viele ihrer Bestimmungen nicht eindeutig, zumindest dehnbar oder realitätsfremd waren. Die kaiserliche Politik der Folgezeit hat es denn auch verstanden, solche Unzulänglichkeiten der Abmachungen von 1519 in ihrem eigenen Interesse auszunutzen. In ihren verfassungspolitischen Grundlinien aber ist die Wahlkapitulation vom Kaiser doch nicht nur in der konkreten Wahlsituation anerkannt, sondern auch in der Folge respektiert worden. Die grundlegenden Kräfteverhältnisse des Reichs, wie sie sich seit der Jahrhundertwende als vorläufiges Ergebnis der Reichsreform herausgebildet hatten, wurden insofern durch die Kaiserwahl von 1519 nicht umgestürzt, sondern bestätigt. Sie bildeten – ungeachtet der mit dem Glaubensstreit aufbrechenden prinzipiellen Gegensätze im Verständnis des Reichsrechts – den erstaunlich festen politischen Rahmen der dramatischen Geschichte Deutschlands in den folgenden Jahrzehnten.

Um so kräftiger veränderte die Kaiserwahl von 1519 die Konstellationen der großen Politik.

Karl V. verstand das Kaisertum als eine universalistische Ordnungsmacht der abendländischen Christenheit über allen Einzelstaaten, mit der Aufgabe der Abwehr der Ungläubigen wie der Friedenswahrung nach innen, mit Verantwortung auch für die Erhaltung und Reform der Kirche. Daß für die Wahrnehmung dieser Aufgaben die moralische Autorität des Kaisertums allein nicht ausreichen werde, stand freilich außer Zweifel; das Kaisertum bedurfte überlegener politischer Macht. Vor allem der Piemontese Mercurino Gattinara, der als Großkanzler des jungen Kaisers auf dessen politisches Denken tiefen Einfluß ausübte, hat diese realistische Notwendigkeit von vornherein und mit Nachdruck betont; das *dominium mundi,* die Weltmonarchie, die er seinem jungen Herrn als politisches Ziel wies, trug durchaus – auch – machtpolitische Züge.

In Gattinaras Konzept der «Monarchie» spielte Italien eine Schlüsselrolle. Reich an Menschen, an Wirtschaftskraft, an kultureller Ausstrahlung, bei all seiner politischen Vielgestaltigkeit, ja Zerrissenheit doch gegen alle Fremdherrschaft empfindlich, schien ihm Italien das wichtigste Entscheidungsfeld der großen Politik. Wenn es dem Kaiser gelang, hier zu maßgeblichem Einfluß zu kommen – nach Möglichkeit: durch eine «sanfte» Herrschaft, die das Selbstgefühl der Italiener nicht verletzte –, dann war ihm die politische Präponderanz in Europa so gut wie sicher. Die Pläne des Großkanzlers und dann eben auch des Kaisers selbst beschränkten sich jedoch nicht auf diese italienischen Ambitionen: Zum einen wollte man das aus dem burgundischen Herrschaftskomplex 1477 an Frankreich verlorene Herzogtum Burgund zurückgewinnen, dazu die französischen Lehensrechte in Flandern und über das Artois abschütteln; zum anderen sollte Frankreich die Provence als altes Reichslehen, das Languedoc als früheres aragonesisches Lehen herausgeben. Ein Blick auf die Landkarte läßt das geopolitische Ziel des Programms deutlich erkennen: die Herstellung einer Landbrücke nämlich zwischen den spanischen, italienischen und deutschen Herrschaftsbereichen der Habsburger auf Kosten Frankreichs, das solcherart auf die Stellung einer zweitrangigen Macht in Europa zurückgeworfen worden wäre. Auf der Gegenseite aber war Franz I. keineswegs bereit, irgendwelche Schmälerungen seiner Herrschaft und der politischen Bedeutung Frankreichs in Europa hinzunehmen – im Gegenteil ganz darauf bedacht, die Niederlage bei der Kaiserwahl wieder wettzumachen. Weite Teile Oberitaliens, vor allem Mailand, befanden sich seit seinem glänzenden Sieg über die Schweizer bei Marignano 1515 ohnehin in seiner Hand, und er dachte gar nicht daran, diese Position zu räumen. Statt dessen erhob er Ansprüche auf Neapel und auf die 1512 an Spanien verlorengegangenen Teile des Königreichs Navarra. Auch auf französischer Seite waren offensichtlich hegemoniale Absichten lebendig.

Im Frühsommer 1521 wurde klar, daß der Krieg unvermeidlich war. Schon im Jahr zuvor hatte sich Karl V. die politische Rückendeckung Heinrichs VIII. von England für die Auseinandersetzung mit Frankreich verschafft. Jetzt gelang es der kaiserlichen Diplomatie, den Papst zu einer Offensivallianz gegen die Franzosen und deren Verbündete in Italien zu bewegen; der Kirchenstaat sollte dafür die Herzogtümer Parma, Piacenza und Ferrara zurückerstattet bekommen. Nachdem zuerst Henri d'Albret, der im französischen Exil lebende König von Navarra, mit Hilfe französischer Truppen im spanischen Navarra eingefallen war, ohne jedoch seine Anfangserfolge länger als ein paar Wochen behaupten zu können, begannen in der zweiten Jahreshälfte die eigentlichen Kriegshandlungen zwischen den Hauptkontrahenten, und zwar gleichzeitig in der Champagne und in Oberitalien. Im November trat der englische König dem kaiserlich-päpstlichen Kriegsbündnis bei.

Der Krieg verlief für die Franzosen wenig glücklich. Bis zum Mai 1522 geriet ganz Oberitalien in die Hände der kaiserlichen Truppen, in Mailand wurde die Herrschaft der Sforza als Lehensleuten des Reichs restituiert. Ende Mai 1522 griffen die Engländer an der Nordfront in den Krieg ein. Wenig später ließ sich der mächtigste Vasall des französischen Königs, Herzog Karl von Bourbon, mit den Kaiserlichen in hochverräterische Verhandlungen ein, um ein eigenes Reich im Süden Frankreichs zu gründen. Die Aufstandspläne Bourbons scheiterten allerdings kläglich. Der französische Adel hielt loyal zum Königtum, Herzog Karl mußte im Herbst 1523 zum Kaiser fliehen, dem er nun als Heerführer diente. In der Folge hatten die Franzosen auch militärisch einige Erfolge zu verzeichnen. Die englische Invasion in der Picardie blieb bald stecken; der Einfall eines kaiserlichen Heeres unter Pescara und Bourbon in die Provence scheiterte im Sommer 1524 vor Marseille; zeitweise vermochten die Franzosen sogar den größten Teil Oberitaliens wieder unter ihre Kontrolle zu bringen. Noch wichtiger war, daß die italienischen Mittelstaaten, vor allem Venedig und der Papst, sich jetzt auf die Seite Frankreichs schlugen; in der öffentlichen Meinung der Apenninenhalbinsel wuchs ein antihabsburgischer Patriotismus heran, der das Italienkonzept Gattinaras obsolet machte und die kaiserliche Politik in

Italien langfristig schwer belastete. Die Entscheidung des Krieges aber fiel dann doch wieder zugunsten der Kaiserlichen. Am 24. Februar 1525, dem Geburtstag des Kaisers, schlugen die spanischen und deutschen Fußtruppen der Habsburger die schwere Reiterei der Franzosen bei Pavia vernichtend. Franz I. selbst geriet in kaiserliche Gefangenschaft.

Die Bedingungen des Friedens von Madrid (Januar 1526) blieben hinter den extremen, von Gattinara auch jetzt nachdrücklich verfochtenen Zielen der europäischen Politik Karls V. zurück; doch mußte Franz I. das Herzogtum Burgund restituieren und definitiv auf Mailand, Genua und Neapel sowie auf die französischen Lehensrechte in Flandern und über das Artois verzichten. Der Kaiser selbst verstand diesen Frieden als Versöhnungsfrieden, der einem gemeinsamen Kampf gegen Türken und Lutheraner den Weg bereiten sollte; daß er seine Schwester Eleonore dem französischen König zur Ehe versprach, war ein zusätzlicher Ausdruck des kaiserlichen Versöhnungswillens. Jedoch erwies sich diese Absicht, wie Gattinara richtig vorausgesehen hatte, sehr rasch als illusionär, der Friede als undurchführbar. Die monarchische Staatsräson wie das nationale Selbstgefühl der Franzosen wurden durch die Friedensbedingungen allzu tief verletzt; überdies stieß die mit dem Friedensschluß sich abzeichnende habsburgische Hegemonie in Europa auch außerhalb Frankreichs auf Widerstand. Franz I. erklärte den Friedensvertrag alsbald nach seiner Freilassung für erzwungen und ungültig. Bereits im Mai 1526 gelang es ihm überdies, mit Papst Clemens VII., Venedig, Florenz – dort regierten die Medici, die Familie des Papstes – und selbst Mailand eine Offensivallianz gegen den Kaiser zusammenzubringen. Schon vor dem Abschluß dieser «Heiligen Liga» von Cognac hatte er sich mit England verständigt. Der Krieg begann von neuem, ein Ende war nicht abzusehen – und dies um so weniger, als erhebliche Kräfte der Habsburger nun auch im Osten, durch den Abwehrkampf gegen die Türken, gebunden wurden. In eben diesem Sommer des Jahres 1526 nämlich drangen die osmanischen Truppen vom Balkan her tief nach Ungarn vor und wurden zu einer akuten Bedrohung des Reichs, vor allem natürlich der österreichischen Erblande der Habsburger. Bevor wir die hier sich ankündigenden schweren und folgenreichen Kämpfe weiter verfolgen, wenden wir uns jedoch zunächst den inneren Verhältnissen des Reichs seit der Kaiserwahl Karls V. zu.

2. Kaiser, Reich und Religion 1519–1522

Am 28. Juni 1519 hatte die Kaiserwahl stattgefunden, schon am 6. Juli war die Wahlnachricht am spanischen Hofe in Barcelona eingetroffen. Bis zur Krönung in Deutschland aber vergingen noch über fünfzehn Monate. Karl konnte sich nur gegen große Widerstände von Spanien lösen, weil man dort angesichts starker innerer Spannungen nicht auf die Gegenwart des Herrschers verzichten wollte; auch war es nicht ganz einfach, bei den Cortes die für die kostspielige Reise nach Norden erforderlichen Gelder aufzutreiben. Vor allem aber galt die Reise nach den Absichten der kaiserlichen Politik nicht nur der Krönung in Deutschland, sondern auch und sogar vorrangig einem Besuch beim englischen König, um ein Kriegsbündnis gegen Frankreich zu verabreden. Das kostete Zeit – und es war ein erster Hinweis darauf, daß nach einmal erfolgter Kaiserwahl die Angelegenheiten des Reichs nicht gerade zu den politischen Prioritäten Karls V. zählten. In Deutschland ließ man den Kaiser das lange Ausbleiben aber nicht entgelten. Die Krönung Karls V. in Aachen am 22./23. Oktober 1520 wurde überaus festlich begangen. Einige Pannen bei der Ausstattung des Kaisers mit den Reichsinsignien, für die die Nürnberger verantwortlich waren, wurden wohl nur von den wenigen Kennern des Zeremoniells überhaupt bemerkt. Die vom Humanismus geprägte Berichterstattung über die Krönung war vollends von nationaler Hochstimmung und großen Hoffnungen für die Zukunft getragen.

Hinzu kam, daß seit der Kaiserwahl auch die Hausmachtstellung der Habsburger in Deutschland noch einmal eine beträchtliche Verstärkung erfahren hatte, nämlich durch den Erwerb Württembergs. Beim Schwäbischen Bund, der nach der Vertreibung Herzog Ulrichs 1519 das Land besetzt und in vorläufige Verwaltung genommen hatte, wurden damals Pläne einer Zerstückelung und Aufteilung des Herzogtums an die Bundesstände diskutiert. Demgegenüber setzten es die habsburgischen Räte, übrigens mit geheimer Unterstützung einflußreicher Kreise der württembergischen Landschaft selbst, nach langwierigen Verhandlungen durch, daß das Herzogtum als Ganzes unter habsburgische Herrschaft kam; als Gegenleistung sollten nur die Kriegskosten der anderen Stände des Schwäbischen Bundes übernommen werden. Daß in Abwesenheit des Kaisers weder die habsburgische Regierung in Innsbruck noch etwa gar die Regentschaft in den Niederlanden unter des Kaisers Tante Margarete bereit waren, diese vergleichsweise bescheidenen finanziellen Verpflichtungen einzugehen, spricht nicht für ihren politischen Weitblick und stellte den Verhandlungserfolg bis zuletzt in Frage. Schließlich wagten die habsburgischen Kommissare unter dem tüchtigen Maximilian Zevenbergen, Herrn von Berghes, den Abschluß auf eigene Verantwortung. Der Besitz Württembergs erst, so schrieben sie in ihrer Rechtfertigung an den Kaiser, gebe den so zerrissenen vorderösterreichischen Herrschaften zwischen Tirol und dem Sundgau Rückhalt und Sicherheit; ja, er bürge dafür, «daß die Fürsten und Stände Ihrer Majestät müßten gehorsam sein, und daß ein Herr von Österreich stets römischer König und Kaiser sein könne», wenn er nur wolle. Solche Entschiedenheit des Handelns wie der politischen Argumentation verfehlten schließlich doch nicht ihre Wirkung: Ende Februar 1520 konnte Zevenbergen für den Kaiser die Erbhuldigung der württembergischen Ämter entgegennehmen; zugleich bestätigte er der Landschaft die Privilegien des Landes, auch den Tübinger Vertrag von 1514.

Neben solcher Stabilisierung der Herrschaft des Kaisers und damit der politischen Ordnung des Reichs waren nun allerdings auch Elemente einer tiefen Unruhe, Impulse zu grundlegenden Veränderungen der gesellschaftlichen Verhältnisse wirksam. In Teilen des Bauerntums, auch der ärmeren Bevölkerungsteile in den Städten gärte es; Gefühle der Unsicherheit, wo nicht gar der Furcht vor dem «gemeinen Mann» gehörten zur Grundstimmung selbst der Land- und Reichstage dieser Jahre. Zudem drängte der ritterschaftliche Adel auf durchgreifende Verbesserungen seiner politischen und sozialen Situation, notfalls auf Kosten der geistlichen Herrschaften und des Kirchenguts; auch hier mehrten sich die Anzeichen krisenhafter Zuspitzungen. Vor allem aber gewann der Konflikt um Martin Luther jetzt eine neue Dimension: Aus der causa Lutheri wurde eine reformatorische Bewegung, die so gut wie alle Bereiche des gesellschaftlichen Lebens – in kirchlichen wie in weltlichen Belangen – ergriff und tiefgreifend zu verändern begann.

Die Leipziger Disputation hatte gezeigt, daß Luthers Überordnung der Heiligen Schrift über alle anderen kirchlichen Traditionen, daß sein Verständnis der Rechtfertigung allein aus der im Glauben ergriffenen Gnade Gottes sehr viel mehr waren als bloß die Richtigstellung fragwürdiger Ablaßtheorien und -praktiken, daß sie vielmehr auf die Bestreitung von Grundprinzipien der mittelalterlichen Theologie und Kirche hinausliefen. Eine dieser Konsequenzen – die Leugnung der letztgültigen Lehrautorität des Papsts wie der Konzilien – hatte Luther bereits in Leipzig ausdrücklich formuliert, die wichtigsten anderen arbeitete er in den folgenden Monaten aus. Als er im Frühjahr 1521 vor den Reichstag nach Worms geladen wurde, waren seine theologischen Positionen in allen wesentlichen Punkten des Streits mit der römischen Kirche geklärt.

Solche Klärung bedeutete eine enorme geistige Anstrengung – Luther hatte ja gegen Jahrhunderte theologischer Tradition anzudenken. Um so erstaunlicher ist, daß er daneben Zeit fand für ganz unpolemische Erbauungsschriften und meditativ gestimmte Sermone, die ihn, auch wenn er sonst nichts geschrieben hätte, als einen der bedeutendsten religiösen Volksschriftsteller des Jahrhunderts erscheinen lassen. Ein Büchlein wie der Sermon ‹Von der Bereitung zum Sterben›, den Luther 1519 für einen der Räte Kurfürst Friedrichs des Weisen schrieb, darf noch heute als literarische und seelsorgerliche Kostbarkeit gelten. Von größerer öffentlicher Wirksamkeit waren freilich die dogmatischen und kirchenkritischen Traktate, an ihrer Spitze drei große Reformschriften aus dem Jahre 1520: ‹An den christlichen Adel deutscher Nation von des christlichen Standes Besserung›, ‹De captivitate Babylonica ecclesiae› und ‹Von der Freiheit eines Christenmenschen›.

Die Adelsschrift vom August 1520 enthielt, zum Teil im Anschluß an die auf den Reichstagen verhandelten «Gravamina der deutschen Nation» gegen die Kurie, eine Fülle konkreter Reformvorschläge für weite Bereiche des kirchlichen und weltlichen Lebens: für eine stärkere Unabhängigkeit der Bischöfe von der Kurie wie für das obrigkeitliche Verbot aller Zahlungen von Annaten nach Rom, für die Beschränkung der allzu hohen Zahl der Kleriker wie für die Freigabe der Priesterehe, für die Milderung der kanonischen Ehehindernisse wie für die Schließung der Bordelle, für die Beseitigung des Zinskaufs wie für die durchgehende Einrichtung einer kommunalen Armenfürsorge, um so den Bettel überflüssig zu machen. Mit solchen Reformvorschlägen verband sich massive Kritik an der Verweltlichung und den weltlichen Herrschaftsansprüchen der Kirche, insbesondere des Papsttums, grundsätzliche Kritik auch an der obersten Lehr- und Rechtsgewalt des Papsts in der Kirche. Vor allem aber plädierte Luther für eine grundlegende Revision des Verhältnisses von Klerus und Laien und damit überhaupt des Priestertums – als eines wichtigen Amts in der Christenheit, aber eines Amts unter anderen, ohne sakramentale Ausgrenzung und Verselbständigung gegenüber der Gemeinde: «dan was auß der tauff krochen ist/ das mag sich rumen/ das es schon priester Bischoff und Bapst geweyhet sey/ ob wohl nit einem yglichen zympt/ solch ampt zu uben».

Der mit solchen Sätzen geführte Angriff auf die sakramentalen Grundlagen der kirchlichen Hierarchie wurde in der Schrift ‹Von der babylonischen Gefangenschaft der Kirche› durch eine Neubestimmung des Sinns der Sakramente noch umfassender begründet und zugleich erweitert. Als eigentlicher Kern der Sakramente galt Luther das Wort der Verheißung, das im Sakrament kraft göttlicher Einsetzung mit einem sichtbaren Zeichen verbunden sei. Dieses Kriterium fand er für das Abendmahl und für die Taufe erfüllt, nicht aber für die Firmung, die Eheschließung, die Priesterweihe und die letzte Ölung, auch nicht – nach einigem Zögern – für die Buße. Noch wichtiger als die damit gegebene Beschränkung der Zahl der Sakramente war das Neuverständnis der verbleibenden Sakramente vom Wort der Verheißung, von der im Sakrament angebotenen im Glauben zu empfangenden Gnade Gottes her. Insbesondere die Auffassung des Altarsakraments als eines Sühnopfers war damit nicht zu vereinbaren, aber auch nicht die weitverbreitete Praxis der Privatmessen; Luthers Verständnis der Sakramente lief insofern auf eine existenzbedrohende Gefährdung des Einkommens zahlloser Meßpriester, ja ganzer Klöster hinaus. Im übrigen forderte Luther in der Orientierung an den biblisch bezeugten Einsetzungsworten Jesu die Freigabe des Laienkelchs beim Abendmahl; auch die Verweigerung des Laienkelchs schien ihm zu den babylonischen Gefangenschaften zu gehören, in denen die Kirche schmachtete.

Die Schrift ‹Von der Freiheit eines Christenmenschen› schließlich, der letzte der drei großen Traktate Luthers aus dem Jahre 1520 und zugleich die bis heute meistgelesene Schrift des Reformators, gab eine Neubegründung der christlichen Ethik. Den Ausgangspunkt bildete auch hier das Grundbekenntnis Luthers, daß allein die im Glauben ergriffene Gnade Gottes den Menschen rechtfertige. Das bedeute aber nicht, daß die Gebote Gottes für den Christen ihre Verbindlichkeit verloren hätten; im Gegenteil: Gerade die im Glauben gewonnene Freiheit, das neue Gottesverhältnis des gerechtfertigten Menschen, ermögliche es ihm allererst, in wirklichem Gehorsam gegen Gott dem Nächsten zu dienen – nicht in der Absicht, dadurch vor Gott Verdienste zu erwerben, sondern «frei, willig, fröhlich» und «umsonst». Luthers Rede von der Freiheit des Christenmenschen war also alles andere als ein Plädoyer für sittliche Libertinage, alles andere aber auch als eine Aufforderung zu politischer oder sozialer Revolution im Zeichen christlicher Freiheit – und das nicht etwa aus Mangel an Konsequenz: Die Dialektik des lutherischen Freiheitsbegriffs ergab sich für den Reformator vielmehr zwingend aus der Dialektik von Gesetz und Evangelium, wie er sie im Anschluß an Paulus verstand. Schon in der Eingangsthese des Traktats hieß es deshalb: «Eyn Christen mensch ist eyn freyer herr über alle ding und niemandt unterthan. Eyn Christen mensch ist eyn dienstpar knecht aller ding und jederman unterthan.» Und zugleich bedeutete Luthers theologische Ethik eine höchst folgenreiche Aufwertung der «weltlichen» Ordnungen und Aufgaben des Einzelnen wie der Gesellschaft. Mit der Ablehnung nämlich der sakramentalen Überordnung des Klerus gegenüber den Laien, mit der Ablehnung auch der besonderen Verdienstlichkeit klösterlicher Distanzierung von der Welt wurden die Institutionen der Gesellschaft insgesamt – in Luthers Sprache: deren «Ämter» und «Stände» – zum eigentlichen Ort der tätigen Bewährung des Glaubens. Vor allem Ehe und Beruf gewannen dadurch einen neuen, gegenüber mittelalterlichem Denken unerhört gesteigerten Stellenwert – ein auch langfristig bedeutsames Moment spezifisch protestantischer Ethik.

Im historischen Rückblick will es scheinen, als hätte Luther mit den Reformschriften von 1520 sehr definitive theologische Trennungsstriche zur alten Kirche gezogen. Luther selbst und viele der Zeitgenossen empfanden das jedoch nicht so. Von daher wird auch verständlich, daß Luther noch seinen Freiheitstraktat niemand anderem als gerade dem Papst gewidmet hat. Der Widmungsbrief an Leo X. enthielt, ohne daß Luther seine Angriffe gegen das Papsttum zurückgenommen oder auch nur gemildert hätte, erstaunliche Äußerungen der Kompromißbereitschaft und Ergebenheit gegenüber dem Haupt der römischen Kirche. Zwar stand diese Widmung in engem Zusammenhang mit einem erneuten Vermittlungsversuch des päpstlichen Kammerherrn und sächsischen Junkers Karl von Miltitz im Herbst 1520, und diese Bemühungen, ohnehin zu keinem Zeitpunkt von Rom wirklich autorisiert, scheiterten, kaum daß sie begonnen hatten. Daß sich Luther aber überhaupt auf Verhandlungen mit Miltitz einließ und dann eben auch jenen ‹Sendbrief› an Leo X. publizierte, ist doch bemerkenswert: Offenbar war Luther, der immerhin schon Monate zuvor offen vom Papsttum als dem Antichristen gesprochen hatte, noch immer nicht ganz ohne Hoffnung auf eine Verständigung.

Der publizistische Erfolg der großen Traktate des Jahres 1520 überstieg noch den der Ablaßschriften der Jahre 1517/18. Allein von dem Freiheitstraktat erschienen in eineinhalb Jahrzehnten nicht weniger als 36 Ausgaben in einem halben Dutzend europäischer Sprachen; die Gesamtauflage der Schriften Luthers dürfte bis zum Frühjahr 1521 eine halbe Million erreicht haben. Zustimmung kam aus allen Schichten der Bevölkerung, nicht zuletzt und in sehr verbindlicher Weise von Mitgliedern der Ritterschaft: Im Juni 1520 schrieb Sylvester von Schaumburg an Luther, er «und sonst meines Versehens hundert von Adel, die ich so Gott will aufbringen will», wollten redlich zu Luther halten und ihm im Falle der Verfolgung Schutz bieten; ein entsprechendes Angebot kam von Franz von Sickingen. Daß bei der Parteinahme gerade von Teilen der Ritterschaft für Luther politische und soziale Interessen des niederen Adels – und mancherlei Illusionen über die Chancen eines Bündnisses mit der Reformation – mitwirkten, ist sicher. Das ernsthafte Engagement mancher Vertreter der Ritterschaft für die Sache Luthers, noch vor der Entscheidung irgendeines Landesfürsten oder auch einer Reichsstadt für die Reformation, ist aber nicht in Zweifel zu ziehen. Neben Sickingen selbst, der 1522 auf der Ebernburg als erster evangelischen Gottesdienst in deutscher Sprache halten ließ, sind hier Männer wie Hartmut von Cronberg, Hans Landschad von Steinach, Dietrich von Gemmingen, Bernhard Göler von Ravensburg und Johann von Schwarzenberg zu nennen.

Besonders wichtig war, wenngleich nur für wenige Jahre, die publizistische Unterstützung durch den Ritterhumanisten Ulrich von Hutten, der damals – vor allem wegen seiner unerschrockenen Auseinandersetzung mit Herzog Ulrich von Württemberg um die Ermordung seines Vetters Hans von Hutten – bei seinen Adelsgenossen hohes Prestige genoß. 1517 von Kaiser Maximilian in Augsburg zum *poeta laureatus* gekrönt, hatte er noch im gleichen Jahr die antipäpstliche Schrift des Lorenzo di Valla über die Konstantinische Schenkung im Druck herausgegeben; wenig später war seine schärfste antirömische Schrift ‹Vadiscus sive trias Romana› erschienen. Als seine Stellung beim Erzbischof Albrecht von Mainz, in dessen Diensten er seit 1517 stand, wegen seiner antikirchlichen Polemik unhaltbar geworden war, fand er Schutz bei Franz von Sickingen, von dem er eine auf den niederen Adel gestützte Reichsreform auf Kosten von Fürsten und Geistlichkeit erhoffte. Zugleich aber setzte er sich immer entschiedener für Luther ein, in dem er jetzt, nachdem er den Ablaßstreit geraume Zeit als bloßes Mönchsgezänk verachtet hatte, einen Bundesgenossen für seinen Kampf um die deutsche Freiheit gegen Rom gefunden zu haben glaubte. 1520 suchte er auch den jungen Karl V. für seine und – wie er meinte – Luthers Sache zu gewinnen. Die Erwartung einer allgemeinen Erhebung gegen das Papsttum erwies sich zwar bald als illusionär; Huttens Appelle an Adel, Bürger und Volk wurden deshalb nur um so dringlicher. 1521 ging er gar zu förmlichen Pfaffenfehden über, die freilich wiederum die erhoffte zündende Wirkung verfehlten und Hutten immer mehr zum bloßen Raubritter abstempelten. Das Ende kam dann rasch. Als Franz von Sickingen ihn nicht mehr decken konnte, floh er 1522 nach Basel; von Erasmus abgewiesen, fand er schließlich durch Vermittlung Zwinglis auf der Insel Ufenau im Zürcher See Asyl;

einsam und durch die Folgen langjähriger Syphilis gezeichnet, starb er dort im August 1523.

Auch abgesehen von Hutten fand Luther in diesen Jahren bei den Humanisten breite Resonanz; ja, für eine gewisse Zeit flossen die humanistische und die reformatorische Bewegung überhaupt ineinander. In mehr als einer Hinsicht hatte der Humanismus Voraussetzungen für die Reformation geschaffen, und auch an aktuellen Gemeinsamkeiten fehlte es nicht. Zu jenen Voraussetzungen gehörten vor allem die philologischen Leistungen der Humanisten, ohne die Luther nicht einmal einen brauchbaren Text des griechischen Neuen Testaments zur Verfügung gehabt hätte; zu den Gemeinsamkeiten zwischen Humanismus und Reformation zählte neben der Kritik an der Scholastik auch der Rückbezug auf die Heilige Schrift. Bei genauerem Zusehen erweist sich allerdings, daß diese Gemeinsamkeiten nicht sehr tief reichten. Schon Luthers Kritik an der Scholastik war nicht so sehr bildungspolitisch als vielmehr theologisch bestimmt, und wenn sich Luther auf die Autorität der Heiligen Schrift berief, so war auch das etwas ganz anderes als der Ruf der Humanisten «ad fontes», der neben der Heiligen Schrift eben doch auch ganz andere Überlieferungen der christlichen wie der heidnischen Antike meinte. Vor allem aber stand Luthers skeptische Einschätzung des freien Willens und damit der moralischen Möglichkeiten des Menschen mit den im Humanismus geläufigen Vorstellungen in einem sehr prinzipiellen Widerspruch. Solche Unterschiede und Gegensätzlichkeiten traten indessen erst allmählich ins Bewußtsein, mit wirklicher Trennschärfe überhaupt erst seit dem Streit Luthers mit Erasmus um den freien Willen 1524/25. Und was noch wichtiger war: Eine beträchtliche Anzahl insbesondere jüngerer Humanisten machte sich doch auch das spezifisch reformatorische Anliegen Luthers zu eigen. Viele von ihnen wurden seitdem zu den wichtigsten Mitstreitern und Mitarbeitern des Reformators. An erster Stelle ist hier Philipp Melanchthon zu nennen, der 1518, gerade 21jährig als Lehrer des Griechischen an die Universität Wittenberg berufen worden war und bereits 1521 mit den ‹Loci communes rerum theologicarum› die erste reformatorische Dogmatik schrieb. Neben ihm standen der Jurist und Theologe Justus Jonas, dann Johann Bugenhagen aus Pommern, der wenige Jahre später zum Reformator zahlreicher Städte und Territorien Norddeutschlands wurde, weiter der Franke Georg Spalatin, langjähriger Beichtvater und vertrautester Ratgeber Friedrichs des Weisen in Kirchen- und Universitätsangelegenheiten, Andreas Osiander in Nürnberg, der Schwabe Johann Brenz, auch der aus dem Elsaß stammende Martin Butzer, der später – auf Grund sehr eigenständiger theologischer Positionen – wesentlich dazu beitrug, die innerprotestantischen Gegensätze in der Abendmahlslehre zu überbrücken. Dazu kamen Männer des politischen Lebens wie der kursächsische Rat und Kanzler Gregor Brück oder der Nürnberger Stadtschreiber Lazarus Spengler. Als Folge dieser frühen Amalgamierung von Humanismus und Reformation wurde die Reformation selbst – auch – zu einer Bildungsbewegung; dieser Einfluß auf die innere Gestalt der reformatorischen Kirchen ist wohl überhaupt die auf lange Sicht lebenskräftigste Wirkung des deutschen Humanismus gewesen.

Natürlich blieben auch die Gegner Luthers nicht müßig. Vor allem kam der Ketzerprozeß in Rom, der seit Herbst 1518 aus politischen Rücksichten auf die Kaiserwahl in Deutschland nicht vorangekommen war, jetzt wieder in Gang und nun auch zu einem ziemlich raschen Abschluß. Dabei war die Berufung von Johannes Eck in die für die Ausarbeitung einer Bulle gegen Luther eingesetzte Kommission offensichtlich ein wichtiger Impuls für die Verhandlungen an der Kurie. Anfang Mai 1520 lag der Entwurf der Kommission vor; in den folgenden Wochen wurde er mehrfach vom Kardinalskollegium beraten und überarbeitet. Die Ausfertigung der Bulle, die mit dem Psalmwort ‹Exsurge Domine› begann und danach bis heute diesen Namen trägt, erfolgte unter dem Datum des 15. Juni 1520. Die Bulle verurteilte 41 wörtlich zitierte Sätze aus Luthers Schriften und forderte Luther mitsamt seinen Anhängern auf, ihre Irrtümer binnen 60 Tagen zu widerrufen, widrigenfalls sie der päpstliche Bannstrahl treffen werde. Die Kurienkardinäle hatten sich nicht auf eine – an sich übliche – differenzierende Verurteilung der einzelnen Thesen Luthers einigen können und erklärten deshalb die 41 inkriminierten Sätze pauschal als «irrig, häretisch, ärgerniserregend, für fromme Ohren anstößig und für einfache Gemüter verführerisch». Im übrigen verzichtete die Bulle auch darauf, den verurteilten Lehren Luthers eine verbindliche Formulierung der katholischen Glaubenswahrheit gegenüberzustellen.

Daß die Bulle ‹Exsurge Domine› den Konflikt zwischen den entstehenden Parteien des Glaubensstreits noch einmal verschärfte – mit sehr verbindlichen Konsequenzen bis zum heutigen Tage –, ist unbestreitbar. Immerhin wird man einige formale und auch inhaltliche Eigenarten der Bulle nicht ganz übersehen dürfen, die darauf hinweisen, daß die Bannandrohung nicht unbedingt das letzte Wort Roms in der Luthersache darstellen sollte. Schon daß die Bulle den Bann nicht unmittelbar verhängte, sondern dem angeblich notorischen Ketzer eine Widerrufsfrist einräumte, gehört hierher, ebenso die Unterscheidung zwischen Person und Lehre Luthers, ja sogar zwischen irrigen und nicht-irrigen Schriften; auch fehlten die bei Konsistorialbullen üblichen und jedenfalls von Johannes Eck nachdrücklich gewünschten Unterschriften des Papsts und der Kardinäle. Historisch bedeutsame Folgen haben diese «Distinktionen und Zeichen» (M. Brecht) freilich ebensowenig gehabt wie jener Sendbrief Luthers an Leo X. – die Signale einer letzten Verständigungsbereitschaft waren zu schwach, als daß sie von der Gegenseite jeweils überhaupt noch wahrgenommen wurden.

So endete die Frist, die die Bannandrohungsbulle Luther für einen Widerruf gesetzt hatte, keineswegs mit einem solchen Einlenken. Statt dessen veranstalteten Wittenberger Studenten auf Anregung Melanchthons am 10. Dezember 1520 vor dem Elstertor eine publizitätsträchtige Bücherverbrennung, bei der neben einer Reihe von Schriften der Gegner Luthers auch ein Exemplar der päpstlichen Dekretalen, also eines Kernstücks der päpstlichen Gesetzgebung, in Flammen aufging; Luther selbst, in dem allgemeinen Getümmel übrigens kaum beachtet, warf die Bannandrohungsbulle ins Feuer. Dem folgte die angekündigte Entscheidung Roms auf dem Fuße: Die Bulle ‹Decet Romanum Pontificem› vom 3. Januar 1521 sprach die endgültige Exkommunikation Luthers aus.

Die Publikation schon der Bannandrohungsbulle war in Deutschland auf große Schwierigkeiten gestoßen. Die Nuntien, die mit der Publikation beauftragt waren, hatten sich gewaltig engagieren müssen, um auch nur die wichtigeren Reichsstände zur Entgegennahme des päpstlichen Dokuments zu bewegen. Vollends die Bannbulle wurde im Reich nur sporadisch publiziert und fand überhaupt nur wenig öffentliche Resonanz. Der großen Mehrheit der interessierten Zeitgenossen galt offensichtlich – und gewiß nicht ganz zu Unrecht – bereits die Bannandrohungsbulle vom Sommer 1520 als die eigentliche Entscheidung Roms gegen Luther. Die Bedeutung auch der Bannbulle war gleichwohl erheblich, und zwar nicht nur wegen der Endgültigkeit ihrer Verdammung Luthers, sondern auch und vor allem deshalb, weil es herkömmlichem Reichsrecht entsprach, einer päpstlichen Bannbulle ohne weitere Untersuchung die Reichsacht folgen und sie vollstrecken zu lassen – Luther wäre also vogelfrei, seine Sache verloren gewesen. Dazu kam es jedoch nicht. Eine Reihe von Reichsständen mit Kurfürst Friedrich dem Weisen von Sachsen an der Spitze war nicht bereit, das in Luther verkörperte Potential der Kirchenreform ohne weiteres dem päpstlichen Bann zu opfern, und drängte statt dessen auf ein eigenes reichspolitisches Verfahren zur Urteilsfindung, etwa in Form einer wissenschaftlichen Disputation vor einem unparteiischen Gremium. Natürlich war das vor allem ein Akt des Mißtrauens gegenüber dem römischen Ketzerprozeß gegen Luther, und daß Friedrich der Weise für seine Vorschläge breite Zustimmung fand – übrigens auch die ausdrückliche Unterstützung des Erasmus von Rotterdam –, zeigt sehr deutlich, wie schlecht es um die Autorität des Heiligen Stuhls in Deutschland bestellt war. Darüber hinaus aber stellte die Forderung nach einem unparteiischen Schiedsgericht ungeachtet der bereits ergangenen päpstlichen Entscheidung das traditionelle Verhältnis von Reich und Kirche und eben deshalb auch das herkömmliche Selbstverständnis des Reichs überhaupt in Frage. Damit trat zum ersten Mal die verfassungspolitische Sprengkraft der causa Lutheri ans Licht, die in der Folge – vom Wormser Edikt 1521 bis zum Augsburger Religionsfrieden von 1555 und darüber hinaus – zu einem Grundmoment der Reichsgeschichte werden sollte. Freilich war diese Dimension des Streits dem handelnden und beobachtenden Zeitgenossen des Winters 1520/21 noch keineswegs klar. Kaum einem von ihnen war bewußt, daß es hier um die religiöse Einheit oder Spaltung des Reichs, ja um die Einheit oder Spaltung der Kirche selbst ging; gerade deshalb konnte man überhaupt versuchen, den Konflikt im institutionellen Rahmen des Reichs und mit den Mitteln der Reichspolitik zu lösen.

Für einen solchen Versuch bot sich der Reichstag an, den der Kaiser bald nach seiner Krönung für den Januar 1521 nach Worms einberufen hatte. Wirklich wurde schon im Vorfeld des Reichstags zwischen Friedrich dem Weisen und Karl V. über ein Erscheinen Luthers in Worms verhandelt, und der Kaiser stand dem Vorschlag des Sachsen nicht einmal sehr ablehnend gegenüber. Nicht nur von einem Verhör Luthers vor dem Reichstag war da die Rede, wie es die kaiserlichen Räte zuerst konzediert hatten, sondern von einem förmlichen Schiedsgericht – wenn man nicht ohnehin gleich ein Konzil betreiben wolle, wie es der Großkanzler Gattinara zur Diskussion stellte. Der päpstliche Nuntius Aleander, der auf eine rasche Erklärung der Reichsacht durch den Kaiser, am besten ohne irgendeine Hinzuziehung der Reichsstände, gehofft hatte, war über solche Ideen freilich entsetzt: Ein Konzil war nun wahrlich das Letzte, was die Kurie wünschte! Gerade diese Reaktion des Nuntius aber bestätigte den Kaiser in seinem religionspolitischen Kurs. Wenn Karl V. sich einer Vorladung Luthers vor den Reichstag nicht ernsthaft widersetzte, so waren dafür zwar gewiß auch die aufgewühlte öffentliche Meinung Deutschlands und die mehr oder minder ausgeprägte Sympathie vieler Reichsstände für die Sache Luthers von Bedeutung; Karl V. hatte nicht das geringste Interesse daran, sich neben dem gerade zum Ausbruch gekommenen gefährlichen Aufstand der Comuneros in Spanien auch noch in Deutschland einem großen Konflikt auszusetzen. Daneben aber stellte die causa Lutheri doch ein vorzügliches Mittel dar, um den Papst kirchen- und außenpolitisch – für die anstehenden Auseinandersetzungen des Kaisers mit Frankreich – unter Druck zu setzen. Luther war insofern für die kaiserliche Politik dieser Monate ein «kostbares politisches Handelsobjekt» (H. Jedin).

Bei alledem war Karl V. freilich weit davon entfernt, sich selbst in irgendeiner Weise für Luther einzusetzen, den er vielmehr für einen überführten Ketzer hielt, und an einer wirklichen Mitbestimmung der Reichsstände über den Erlaß der Reichsacht lag ihm aus Gründen seiner kaiserlichen Autorität schon gar nichts. So begann die Behandlung der Sache Luthers auf dem Reichstag damit, daß der Kaiser den Nuntius am 13. Februar 1521 den Standpunkt der Kurie vor dem Reichstag darlegen ließ und wenige Tage darauf den Reichsständen den Entwurf eines Edikts zuleitete, durch das er aus kaiserlicher Machtvollkommenheit die Reichsacht über Luther zu verhängen gedachte. Dieser Entwurf traf jedoch bei der Mehrheit der Stände auf Widerspruch. Man forderte statt dessen zunächst einmal ein «Gehör» Luthers vor den Ständen; würde sich Luther dabei auf den Boden der herkömmlichen Glaubensartikel stellen – etwa durch einen partiellen Widerruf –, so wäre hinsichtlich seiner sonstigen Differenzen mit Rom «nach Billigkeit» zu verfahren. Allerdings kam man den Wünschen des Kaisers und der entschiedenen Gegner Luthers unter den Reichsständen insoweit entgegen, daß das verlangte «Gehör» keine Disputation, praktisch also ein bloßes Verhör sein sollte. Der Kaiser akzeptierte das ständische Begehren der Vorladung Luthers, das ja auch nur den schon mit Sachsen geführten Vorverhandlungen entsprach, versuchte aber zugleich, die Stände gegen Luther und dessen Anhänger festzulegen. Auf dieser Linie lag auch ein zweiter kaiserlicher Ediktsentwurf, der überdies vorsah, daß die Schriften Luthers sofort, also ohne den Ausgang des Verhörs abzuwarten, vernichtet werden sollten. Indessen ließ sich auch dieser zweite Entwurf bei den Ständen nicht durchsetzen; im Gegenteil trat gerade jetzt der deutliche Wille der reichsständischen Mehrheit zutage, die eigene Mitwirkung bei einer etwaigen Verhängung der Reichsacht zu wahren und sich überhaupt den eigenen kirchenpolitischen Spielraum in der causa Lutheri nicht ohne weiteres einengen zu lassen. So blieb dem Kaiser, wollte er nicht einen gefährlichen Konflikt mit den Ständen riskieren, kaum etwas anderes übrig, als Luther mit der Zusage sicheren Geleits nach Worms vorzuladen und die eigentlichen Entscheidungen bis zum Ausgang des Verhörs zu vertagen. Daß der kaiserlichen Politik dieses Zugeständnis nicht ganz leicht fiel, ist sicher, zumal da der Papst, immer erneuter Ansprüche des französischen Königs überdrüssig, sich eben jetzt außenpolitisch dem Kaiser näherte. So ließ Karl V., nahezu gleichzeitig mit dem Geleitbrief für Luther, aus eigener Vollmacht ein Sequestrationsmandat ausgehen, das den Druck und die Verbreitung der Werke Luthers bei strenger Strafe untersagte und die Ablieferung der vorhandenen Schriften an die Obrigkeiten gebot; überhaupt dürfe hinfort niemand mehr «der meinung und opinion» Luthers anhängen. Das war offenbar ein Versuch, doch noch an den Ständen vorbei vollendete Tatsachen zu schaffen – vielleicht auch in der Hoffnung, daß Luther sich angesichts einer derart feindlichen Haltung des Kaisers von der Reise nach Worms abschrecken lassen werde. Diese Rechnung ging aber nicht auf. Luther, der die Vorladung am 26. März 1521 erhalten hatte, brach Anfang April von Wittenberg auf und traf am 16. April am Ort des Reichstags ein. Trotz aller Warnungen – die Erinnerung an König Sigismunds Geleitsbruch gegenüber Johannes Hus war in vielen Köpfen lebendig – wollte Luther seine Sache in eigener Person in Worms vertreten, «wenngleich soviele Teufel drinnen wären als immer Ziegel da wären».

Bereits am 17. April 1521 fand ein erstes Verhör Luthers statt, und zwar im Bischofshof, wo der Kaiser Wohnung genommen hatte, und unter Anwesenheit auch nichtdeutscher Mitglieder des kaiserlichen Hofstaats. Die kaiserliche Politik zog damit, gewiß nicht ohne Absicht, ins Ungewisse, welchen reichsrechtlichen Status die Verhandlung hatte; jedenfalls handelte es sich dabei nicht um eine offizielle Reichstagssitzung. Luther wurde darauf hingewiesen, daß er nur Fragen zu beantworten hätte, und überhaupt wurden ihm nur zwei Fragen gestellt, nämlich 1. ob er sich als Verfasser der – ausgelegten – Bücher bekenne, und 2. ob er bei seinen darin niedergelegten Auffassungen bleiben oder etwas widerrufen wolle. Luther bejahte die erste

Frage, nachdem die Titel verlesen waren; hinsichtlich der zweiten erbat er sich Bedenkzeit. Er sprach leise, manche meinten: voller Angst; Aleander begann schon zu hoffen, die Sache werde sich mit einem Widerruf doch noch zum Guten wenden, wie er es verstand. Indessen waren das leere Spekulationen. Wenn Luther sich Bedenkzeit erbat, so gewiß nicht deshalb, weil er an der von ihm erkannten Glaubenswahrheit irre geworden war. Sein Motiv dürfte vielmehr einfach in dem Wunsch bestanden haben, seine Antwort auf die in dieser Kürze ja nicht erwarteten Fragen genau zu überlegen. Vielleicht hoffte er auch darauf, durch eine solche Vertagung doch noch die Gelegenheit zu einem Religionsgespräch, einer Disputation, zu bekommen. Eine solche Chance wurde ihm jedoch nicht eingeräumt, schon am 18. April stellte man ihm dieselben Fragen wie am Vortage. Luther antwortete in der Weise, daß er seine Schriften in drei Gruppen einteilte, nämlich in erbauliche Schriften, Schriften gegen das Papsttum und solche gegen einzelne Verteidiger der «römischen Tyrannei». Den Widerruf seiner seelsorgerlichen Werke lehnte er ab, zumal da die Gegner selbst anerkennten, daß sie nützlich und lektürewürdig seien. Den Widerruf der zweiten Gruppe von Schriften verweigerte er mit der Begründung, es sei notorisch, daß die Gesetze des Papsts die Gewissen der Gläubigen «elend in Fesseln geschlagen, mißhandelt und gefoltert» hätten und daß «in der ruhmreichen deutschen Nation Hab und Gut von unglaublicher Tyrannei ohne Ende und auf unwürdige Weise verschlungen» würden. Ein Widerruf würde solcher Tyrannei für die Zukunft vollends freie Bahn schaffen – ein in dieser kirchenpolitischen Akzentuierung offenkundiger Appell an den Antikurialismus der deutschen Reichsstände. Schließlich lehnte Luther den Widerruf auch der dritten Gruppe seiner Schriften ab und gab lediglich zu, in ihnen mitunter unangemessen schroff gewesen zu sein. Luthers Verweigerung des Widerrufs war indessen nicht unbedingt. Er erklärte nämlich zugleich, seine Schriften selbst als erster ins Feuer werfen zu wollen, wenn er auf Grund der Heiligen Schrift eines Besseren belehrt werde. Dieser Vorbehalt war nicht nur eine rhetorische Floskel und wurde auch von seinen Gegnern nicht als solche verstanden; er war vielmehr das kaum verhüllte, nochmalige Angebot einer öffentlichen Disputation über die biblischen Grundlagen seiner Theologie. Eben das aber wollte die kaiserliche Politik nach wie vor verhindern, und so ließ man Luther unter ausdrücklicher Ablehnung jeder Diskussion auffordern, eine eindeutige, unumwundene Antwort auf die Frage des Widerrufs zu geben. Darauf erfolgte dann Luthers weltberühmte Antwort: «Wenn ich nicht durch Schriftzeugnisse oder einen klaren Grund widerlegt werde – denn allein dem Papst oder den Konzilien glaube ich nicht, da es feststeht, daß sie häufig geirrt und sich auch selbst widersprochen haben –, so bin ich durch die von mir angeführten Schriftworte bezwungen. Und solange mein Gewissen durch die Worte Gottes gefangen ist, kann und will ich nicht widerrufen, weil es unsicher ist und die Seligkeit bedroht, etwas gegen das Gewissen zu tun. Gott helfe mir. Amen.» Diesem Bekenntnis folgte noch eine kurze Schlußphase des Verhörs. Als nämlich der Trierer Offizial, der im Auftrag des Kaisers das Verhör führte, Luther aufforderte, seinem Gewissen nicht zu folgen, weil es im Widerspruch zu Konzilsentscheidungen und damit im Irrtum befangen sei, bot Luther hinsichtlich der Unfehlbarkeit der Konzilien sofort den Gegenbeweis an; daraufhin ließ der Kaiser die Verhandlung abbrechen. Luthers Freunde empfanden den Ausgang des Verhörs als einen Sieg der guten Sache; Luther selbst war vor allem froh, die ihm ungewohnte und gewiß schwierige Situation des Verhörs vor Kaiser und Reich durchgestanden zu haben.

In den auf das Verhör folgenden Tagen wurde, übrigens mit Zustimmung des Kaisers, von einer Reihe von Reichsständen versucht, Luther doch noch zu einem Widerruf wenigstens einiger seiner Thesen zu veranlassen und damit zu verhindern, daß das kirchenreformerische Potential Luthers in ein kirchen- und reichspolitisches Abseits geriete oder etwa gar zu einem Schisma führte. Am 25. April aber war klar, daß Luther zu keinem Einlenken zu bewegen war; am Tage darauf reiste er von Worms ab.

Die maßgebenden politischen Anstöße gingen jetzt ohnehin im wesentlichen vom Kaiser aus. Bereits am 19. April 1521 gab er auf Grund eines eigenhändigen Entwurfs eine Erklärung gegenüber den Reichsständen ab, in der er sich mit Festigkeit und Würde zur Tradition eines tausendjährigen Vermächtnisses der Christenheit, zur Treue seiner Dynastie gegenüber Rom und zu seiner kaiserlichen Verpflichtung zum Schutz der römischen Kirche bekannte. In dieser, übrigens in französischer Sprache abgegebenen, Erklärung hieß es: «Ihr wißt, ich stamme ab von den allerchristlichsten Kaisern der edlen deutschen Nation, von den katholischen Königen Spaniens, den Erzherzögen Österreichs, den Herzögen von Burgund, die alle bis zum Tod treue Söhne der römischen Kirche gewesen sind; immer Verteidiger des katholischen Glaubens, der heiligen Zeremonien, Gesetze, Anweisungen und der heiligen Bräuche zur Ehre Gottes, Mehrung des Glaubens und zum Heil der Seelen [...] Aus diesem Grund bin ich fest entschlossen, alles aufrechtzuerhalten, was meine Vorgänger und ich bis zur Stunde aufrechterhalten haben, besonders aber, was meine Vorgänger verordnet haben sowohl auf dem Konstanzer Konzil als auf anderen; denn es ist gewiß, daß ein einzelner Bruder irrt mit seiner Meinung, die gegen die ganze Christenheit ist sowohl während der vergangenen tausend und mehr Jahre als auch in der Gegenwart – dieser Ansicht nach wäre die ganze Christenheit immer im Irrtum gewesen und würde es noch heute sein. Deshalb habe ich mich entschlossen, alles in dieser Sache daranzusetzen: meine Königreiche und Herrschaften, meine Freunde, meinen Leib, mein Blut, mein Leben und meine Seele [...] Und nachdem wir die hartnäckige Antwort gehört haben, die Luther gestern in unser aller Gegenwart gegeben hat, erkläre ich Euch, daß es mich reut, so lange gezögert zu haben, gegen den genannten Luther und seine falsche Lehre vorzugehen [...] Und, wie ich oben gesagt habe, bin ich fest entschlossen, mich zu ihm zu verhalten und gegen ihn vorzugehen als gegen einen notorischen Häretiker. Euch aber ersuche ich, daß Ihr Euch in dieser Sache als gute Christen erweist, wie Ihr es ja zu tun gehalten seid und es mir versprochen habt.» Auch dieses Bekenntnis des 21jährigen Monarchen war gewiß von weltgeschichtlichem Rang, kaum weniger als dasjenige Luthers vom Vortage.

Bereits am 22. April machte der Kaiser gegenüber dem Reichstag geltend, daß, falls Luther nicht doch noch widerrufe – jene Verhandlungen mit den Ständen waren ja noch nicht abgeschlossen –, nunmehr ohne weitere Verzögerungen die Reichsacht zu verhängen sei. Am 30. April stimmten die Stände in ihrer Mehrheit dem Erlaß eines kaiserlichen Achtsedikts zu, allerdings unter der Bedingung ihrer vorherigen Kenntnis- und Stellungnahme. Noch am gleichen oder am folgenden Tage wurde der Nuntius mit der Ausarbeitung des Edikts beauftragt, und dieser erfüllte den Auftrag unverzüglich. Nachdem der Entwurf noch einmal von den kaiserlichen Räten überarbeitet und ins Deutsche übersetzt worden war, erteilte der Kaiser am 8. Mai den förmlichen Beurkundungsbefehl – das war auch das Datum, unter dem das Wormser Edikt später tatsächlich ausgefertigt worden ist. Eine förmliche Vorlage an die Stände zu deren Stellungnahme erfolgte nicht; die kaiserlichen Räte hatten nach einigem Schwanken dazu geraten, dem Reichstag das Edikt nur zu abschließender Kenntnisnahme zu unterbreiten. Eben das geschah am 25. Mai. Im Namen der noch am Reichstag anwesenden Stände – das waren freilich nur noch wenige; die mit der Luthersache sympathisierenden Stände waren großenteils bereits abgereist – erklärte Kurfürst Joachim I. von Brandenburg, daß das Edikt des Kaisers der Meinung der Reichsstände entspreche und deshalb ohne Abstriche vollzogen werden solle. Am folgenden Tage unterzeichnete Karl V. die lateinische und die deutsche Reinschrift des Edikts. Damit hatten sich Kaiser und Reich in aller Form und Verbindlichkeit gegen Luther entschieden.

Für einen weltgeschichtlichen Augenblick konnte es wohl so scheinen, als wären Luther und seine Sache verloren. Indessen: Es schien nur so. In Wahrheit hatten Luther und die beginnende reformatorische Bewegung in Deutschland schon so viel Sympathie und auch engagierte Zustimmung gewonnen, daß sie nicht einmal mehr durch eine förmliche Reichsacht unterdrückt werden konnten. Viele Reichsstände neigten dazu, die weitere kirchenpolitische Entwicklung zunächst einmal ohne eigenes Eingreifen abzuwarten, und einige von ihnen waren überhaupt entschlossen, Luther und seine Freunde wenigstens vor akuter Verfolgung zu schützen. Zu ihnen gehörte wiederum und vor allem Kurfürst Friedrich der Weise von Sachsen. Als Luther auf der Heimreise von Worms kurz nach Überschreiten der thüringischen Grenze von einem Trupp Reiter entführt wurde und man nichts mehr von ihm hörte, verbreitete sich im Reiche das Gerücht, er sei als geächteter, vogelfreier Mann umgebracht worden. In Wirklichkeit hatte der Kurfürst sein bedrohtes Landeskind zum Schein aufheben und auf der Wartburg nahe Eisenach in Sicherheit bringen lassen. Das Wormser Edikt war mithin ein gewiß gefährlicher Schlag gegen Person und Sache Luthers, und es sollte auch nicht lange dauern, bis die ersten evangelischen Märtyrer auf dem Scheiterhaufen starben. Eine definitive Entscheidung über das Schicksal Luthers und der jungen Reformation in Deutschland aber bedeutete das Edikt nicht, und ebensowenig konnte es deshalb die anhebende religiöse und zugleich verfassungspolitische Spaltung des Reichs wieder beseitigen.

Aus der Distanz von bald fünf Jahrhunderten erscheint die Religionsfrage als das beherrschende Thema des Wormser Reichstags von 1521. Der Reichstag selber sah das nicht so. Nach ihrem eigenen Urteil hatten Kaiser und Stände in Worms noch eine ganze Reihe anderer, nicht minder bedeutsamer Entscheidungen zu treffen. Das gilt insbesondere für die Neubelebung des Reichskammergerichts, aber auch für die Verfestigung des Reichssteuerwesens sowie für die Neuformierung eines Reichsregiments.

Das 1495 eingerichtete kaiserliche oder Reichskammergericht hatte sich wegen seiner Verselbständigung gegenüber der monarchischen Gewalt zu keiner Zeit der Förderung Kaiser Maximilians erfreut; aber auch von den großen Territorialherren sah mehr als einer die übergeordnete Jurisdiktion des Gerichts mit Mißvergnügen. Kein Wunder, daß auch die Gelder zur Besoldung des Gerichtspersonals nicht ordnungsgemäß eingingen. In der Spätzeit Kaiser Maximilians war das Gericht erneut nahezu funktionsunfähig geworden, im November 1519 wurde es sogar förmlich suspendiert. Bis zur Ankunft Karls V. im Reiche nahmen sich die Kurfürsten von Sachsen und der Pfalz als Reichsvikare notdürftig der obersten Gerichtsbarkeit des Reichs an, danach – und gerade während des Reichstags – fungierte der kaiserliche Hof als oberstes Reichsgericht. Die Masse von mehr als 3000 unerledigten Prozessen der obersten Reichsjustiz sowie die laufend neu anfallenden Rechtsstreitigkeiten verlangten indessen dringend nach einer strafferen, effektiveren Gerichtsverfassung, und so wurden Kaiser und Reichsstände sich bald über die Wünschbarkeit der Neuformierung des Kammergerichts einig. In ihren Grundzügen entsprach die neue Ordnung den Regelungen, die man schon 1495 bzw. 1500 getroffen hatte. Die zu Zeiten Maximilians so umstrittene Bestimmung eines festen Gerichtsorts, d.h. die räumliche Sonderung des Gerichts vom Hofe, machte jetzt um so weniger Schwierigkeiten, als der Kaiser ohnehin nur zeitweise im Reich weilen würde. Daß das Gericht seinen Sitz wiederum am Ort des neu errichteten Reichsregiments erhielt und dessen Aufsicht unterstellt wurde, war freilich wie schon im Jahre 1500 eine für die Unabhängigkeit des Gerichts wenig glückliche Lösung, die denn auch schon wenige Jahre später (1530) mit der Auflösung des Regiments ihr Ende fand. Im übrigen begnügten sich die kaiserlichen Räte in den Wormser Verhandlungen damit, daß ihr Herr in Zukunft neben dem Kammerrichter und zwei erbländischen Beisitzern, wie es die Regelung von 1495 vorgesehen hatte, noch zwei weitere «gelehrte» Assessoren sowie zwei Grafen bzw. Herren aus dem

Reich präsentieren sollte. Die anderen zwölf der jetzt 18 Beisitzer des Gerichts aber waren nach wie vor von den Ständen zu benennen: je einer von jedem der sechs Kurfürsten – ohne Beteiligung des Böhmen –, weitere sechs aus den Reichskreisen nach deren Einteilung von 1507. Daß die Reichsstädte als solche keinen einzigen der Assessoren zu benennen hatten, entsprach ihrer auch sonst prekären reichsrechtlichen Stellung; es wurde freilich von ihnen als besondere Diffamierung empfunden, zumal die tüchtigsten Juristen des Reichs großenteils den reichsstädtischen Bürgerschaften entstammten. Im ganzen aber bedeuteten Zusammensetzung und Besetzung des Gerichts einen für das Verhältnis von Kaiser und Reichsständen tragfähigen Kompromiß, und dies um so mehr, als das Gericht gegenüber den die Beisitzer präsentierenden Institutionen ohnehin bald eine respektable Eigenständigkeit gewann.

Kaum weniger wichtig als die Neuformierung des Kammergerichts selbst war die Entscheidung des Reichstags, die Exekution der Urteile des Gerichts den Reichskreisen zu übertragen. An sich hatte schon der Reichstag von 1512 eine solche Regelung getroffen, die aber mangels hinreichender Ausführungsbestimmungen nicht recht zum Tragen gekommen war. Das änderte sich jetzt: Entsprechend der Grundsatzbestimmung des Wormser Abschieds traf die Exekutionsordnung von 1522 die erforderlichen Einzelregelungen. Damit gewannen die Reichskreise zum ersten Mal eine den einzelnen Reichsständen klar übergeordnete hoheitliche Kompetenz; zugleich brachte die größere Sicherheit der Durchsetzung von Urteilen des Kammergerichts eine nicht gering zu achtende Festigung der Autorität des Gerichts selbst.

Neben dem Kammergericht wurde 1521 auch das Reichsregiment neu belebt. Die Wahlkapitulation von 1519 hatte den Kaiser dazu verpflichtet, «ein loblich erlich regiment mit fromen, annemblichen, tapferen, verstendigen, redlichen personen Teutscher nation» zu errichten; die Erläuterung «wie vormal bedacht und auf der Pan gewest» verwies auf das im Zuge der Reichsreform im Jahre 1500 errichtete Reichsregiment, das freilich seine Ansprüche auf die Regierung weder gegenüber dem König noch gegenüber den großen Ständen des Reichs hatte durchsetzen können und schon 1502/1503 wieder aufgelöst worden war. Auch jetzt erhoben sich alsbald grundsätzliche Differenzen – wenn nicht über die Erforderlichkeit, so doch über die politische Funktion und organisatorische Ausgestaltung der neu zu errichtenden Institution.

Schon bald nach der Kaiserwahl hatten die Kurfürsten unter Berufung auf die Wahlkapitulation die Einsetzung des Reichsregiments als eines ständigen Reichsrats mit großenteils ständischen Mitgliedern begehrt, und dieser Konzeption des Regiments als eines Organs ständischer Mitregierung im Reiche schloß sich auf dem Reichstag die Mehrheit der Stände überhaupt an. Ganz im Gegensatz dazu sahen die kaiserlichen Räte im Reichsregiment im wesentlichen einen Regentschaftsrat, der vom Kaiser zu besetzen wäre und unter einem – ebenfalls vom Kaiser zu ernennenden und weisungsgebundenen – Statthalter lediglich in Zeiten der Abwesenheit des Herrschers vom Reich die Regierungsgeschäfte führen sollte. Das Reichsregiment war hier also durchaus als Instrument königlicher Herrschaft gedacht. Über diese kontroversen Positionen wurde auf dem Reichstag seit Mitte Februar über drei Monate lang hart verhandelt, bis schließlich ein Kompromiß zustandekam. Danach bestand das neue Reichsregiment neben dem Statthalter aus 22 Personen. Der Statthalter und vier Regimentsräte sollten vom Kaiser, die übrigen von den Ständen ernannt werden: je einer durch jeden der sechs Kurfürsten, durch die geistlichen und weltlichen Fürsten, durch die Prälaten und die Grafen, dazu zwei aus den Städten sowie sechs – Ritter oder Rechtsgelehrte – durch die Kreise (wiederum nach deren Einteilung von 1507). Um dem Entstehen einer Oligarchie bestimmter Reichsstände über das Reichsregiment entgegenzuwirken, sollten die Vertreter der Fürsten, Prälaten und Städte jeweils nur ein Vierteljahr amtieren und dann durch andere Repräsentanten ihres Standes abgelöst werden. Für die Kurfürsten galt das jedoch nicht; je einer von ihnen sollte im Vierteljahrsturnus sogar persönlich beim Regiment anwesend sein. Grundsätzlich sollte das Regiment nur während der Abwesenheit Karls V. vom Reiche amtieren; doch sollte es bei der Rückkehr des Herrschers bis zum nächsten Reichstag als Beratungsgremium des Kaisers fortbestehen. Die Befugnisse des Regiments waren weitgespannt, bis hin zum Abschluß von außenpolitischen Bündnissen zur Sicherung des Reichs; anderseits sollte das Regiment in wichtigen Fragen, insbesondere in außenpolitischen und größeren Lehenssachen, an das Einverständnis des Kaisers gebunden sein. Im übrigen waren die Kompetenzen des Regiments nicht durchweg in der wünschbaren Eindeutigkeit festgeschrieben; z.B. blieb die wichtige Frage offen, ob das Recht des Regiments, im Bedarfsfall weitere Reichsstände zu seinen Beratungen hinzuzuziehen, die Einberufung eines förmlichen Reichtags einschloß oder nicht.

Die genaue Interpretation der Regimentsordnung zeigt deutlich, daß sich in den vorausgehenden Verhandlungen im wesentlichen die kaiserlichen Interessen durchgesetzt hatten – eine Folge nicht nur mancher Unsicherheiten und wohl auch Dissense der Stände über den eigentlichen Sinn und Zweck des Regiments, sondern auch der überlegenen Verhandlungsführung der kaiserlichen Räte. Freilich bestand ihr Erfolg mehr in der Wahrung der kaiserlichen Herrschaftsrechte gegenüber dem Regiment als in einer effektiven Organisation der Reichsregierung für die Zeiten der Abwesenheit des Reichsoberhaupts. Ob das Reichsregiment imstande sein werde, sich zwischen den Fronten der kaiserlichen Herrschaftsansprüche einerseits, der politischen Interessen mächtiger Reichsstände anderseits zu behaupten und durchzusetzen, war von allem Anfang an unsicher.

Neben dem Reichskammergericht, den Reichskreisen und dem Reichsregiment wurden auf dem Wormser Reichstag von 1521 auch die Reichsfinanzen auf eine zwar nicht eigentlich neue, aber zum ersten Mal einigermaßen tragfähige Basis gestellt. Die Notwendigkeit einer besseren finanziellen Absicherung des Kammergerichts wie des Reichsregiments, die Notwendigkeit auch von finanziellen Beiträgen der Stände zur militärischen Verteidigung des Reichs war grundsätzlich unbestritten. Dagegen erhob sich bald eine lebhafte und strittige Diskussion darüber, woher die erforderlichen Gelder zu nehmen wären. Die Grundalternative bestand – wie schon zu Zeiten Maximilians – in der Erhebung eines Gemeinen Pfennigs oder aber in Matrikularbeiträgen der Reichsstände. Daneben wurden freilich auch ganz andere Möglichkeiten einer Finanzierung der Reichsinstitutionen diskutiert. So ging ein Vorschlag dahin, die bislang an Rom gezahlten Annaten für diesen Zweck zu verwenden, ein anderer, die im Reiche wohnenden Juden mit zusätzlichen Steuern zu belegen; wieder ein anderes Projekt sah einen fünfprozentigen Einfuhrzoll an den Grenzen des Reichs vor. Schließlich einigte man sich auf das System der Matrikularbeiträge, das man schon 1505 für die Rekrutierung des Reichsheeres, 1507 auch für die Unterhaltung des Kammergerichts zugrunde gelegt hatte. Jeder Reichsstand hatte danach einen bestimmten, in der Reichsmatrikel festgelegten Anteil an Truppen bzw. an Geld für die Besoldung des Reichsheeres und nun eben auch für den Unterhalt des Reichskammergerichts sowie des Regiments zu leisten.

Die 1521 neu fixierte Matrikel mit ihren Festsetzungen des «Romzugs» und des «Kammerzielers» sollte zwar eigentlich nur vorläufig gelten; das Reichsregiment wie die Reichstage der Folgezeit haben denn auch wiederholt über Alternativen des Reichssteuerwesens beraten. Schließlich aber wurde doch die Matrikel von 1521 zur auf Dauer verbindlichen Grundlage des Reichssteuerwesens, und zwar im wesentlichen bis zum Ende des alten Reichs 1806. Die reichspolitischen Konsequenzen waren zwiespältig. Einerseits erhielt das Kammergericht als wichtigste Institution der Reichsverfassung neben Kaiser und Reichstag eine langfristig brauchbare finanzielle Absicherung; die Geschichte der zweiten Jahrhunderthälfte sollte überdies zeigen, daß mit Hilfe des Matrikelsystems sehr erhebliche Leistungen auch für die Verteidigung des Reichs nach außen zu mobilisieren waren. Anderseits bedeutete die Grundentscheidung für das System der Matrikel die definitive steuerpolitische Mediatisierung der Untertanen des Reichs durch die Reichsstände. Der Ausbau der territorialen Finanzverwaltung wie die steuerpolitische Disziplinierung der Landstände, die sich gegen die Umlage der von Reichs wegen erhobenen Matrikularbeiträge auf die Untertanen je länger desto weniger zur Wehr setzen konnten, waren die maßgebenden Momente dieser Entwicklung. Hinzu kam noch, daß die Matrikel von 1521 die – schon nach den früheren Regelungen unverhältnismäßig große – Belastung der Städte gegenüber den Territorien noch einmal erhöhte; es sollte bis zu den Moderationsverhandlungen der vierziger Jahre dauern, ehe diese krasse Benachteiligung der Städte wenigstens zum Teil zurückgenommen wurde. Andere Unzuträglichkeiten waren überhaupt nicht auszurotten, vor allem das sogenannte «Ausziehen aus der Matrikel», d. h. die Einverleibung kleinerer reichsunmittelbarer Herrschaften in größere Territorien, ohne daß diese zu einer entsprechenden Erhöhung ihrer Steuerleistungen an das Reich bereit gewesen wären. Im übrigen ließ auch die organisatorische Praxis der Steuererhebung noch geraume Zeit sehr zu wünschen übrig; das Kammergericht und das Reichsregiment waren gerade deshalb in den zwanziger Jahren noch mehr als einmal in ihrer Existenz bedroht.

3. Reichstage und Reichsregiment 1522–1524

Bereits im Winter 1521/22 verließ der Kaiser das Reich und reiste über England nach Spanien zurück, wo der Aufstand der Comuneros die Abwesenheit des Herrschers vom Lande als schwere Gefährdung seiner Herrschaft erwiesen hatte. Anläßlich seines Abschieds vom Reiche – erst jetzt – einigte er sich in Brüssel mit seinem Bruder Ferdinand endgültig über das Erbe Maximilians I., und zwar in der Weise, daß Ferdinand gegen Übernahme beträchtlicher Schulden Maximilians nicht nur die ihm bereits früher zugestandenen nieder- und innerösterreichischen Länder, sondern auch die übrigen österreichischen Erblande einschließlich des 1520 erworbenen Herzogtums Württemberg erhielt – letztere freilich nur mit der Maßgabe der Geheimhaltung für die Dauer von sechs Jahren oder doch bis zur Kaiserkrönung durch den Papst; diesen politisch wenig sinnvollen Vorbehalt hielt der Kaiser bis zur Jahreswende 1524/25 aufrecht. Zusätzlich zu den Vereinbarungen über das Erbe Maximilians sagte Karl V. bei den Gesprächen in Brüssel Anfang 1522 dem Bruder zu, dessen Wahl zum römischen König und damit zum designierten Nachfolger im Kaisertum zu betreiben. Überdies ernannte er Ferdinand für die Zeit seiner Abwesenheit zu seinem Statthalter im Reich, freilich in Bindung dieser Statthalterschaft an das Reichsregiment.

Die Abwesenheit des Kaisers bedeutete nicht den Stillstand der Reichspolitik. Vor allem die ersten Jahre nach der Abreise des Kaisers waren – mit nicht weniger als drei Reichstagen von 1522 bis 1524 – von sehr lebhaften Bemühungen um eine Fülle von Agenden der Wirtschafts-, Rechts- und Religionspolitik des Reichs erfüllt. Der Verlauf und die Ergebnisse dieser Bemühungen aber wurden durch die Abwesenheit des Kaisers sehr wesentlich gehemmt und beeinträchtigt. Schon daß sich Karl V. auf den Reichstagen nicht nur oder überhaupt nicht durch Statthalter und Reichsregiment, sondern durch eigene und eigens instruierte Gesandte vertreten ließ, war mißlich, zumal die Instruktionen für die Gesandtschaften mit den Intentionen des Regiments keineswegs immer übereinstimmten. Dazu kam, daß sich der Kaiser faktisch das Recht der Bestätigung der Reichstagsbeschlüsse vorbehielt; die Gültigkeit der Reichsabschiede blieb also immer wieder bis zur Billigung oder Ablehnung durch den fernen Kaiser unsicher. Aber auch abgesehen von den Reichstagen erwies sich die Vertretung des Kaisers durch das Reichsregiment in Nürnberg als unzulänglich. Die Gelder zur Unterhaltung des Regiments kamen nur unvollständig und unpünktlich ein; die Benennung mancher Regimentsräte ließ auf sich warten; Maßnahmen des Regiments gegen rechtswidrige Übergriffe von Reichsständen, z. B. einiger Fürsten gegenüber den Reichsrittern, wurden von den zur Ordnung Gerufenen mit Empörung registriert; finanz- und wirtschaftspolitische Vorschläge stießen bei den jeweils Betroffenen auf heftigen Widerstand, mitunter in Form eines appellationsartigen Protests beim Kaiser selbst; vollends die Religionsmandate des Regiments erwiesen sich als undurchsetzbar. Seit dem Spätjahr 1522 wurde bei den Ständen der Wunsch nach völliger Abschaffung des Regiments laut, und bereits 1523 mußte Ferdinand interimistisch die gesamten Kosten des Regiments übernehmen, um es überhaupt am Leben zu erhalten. Pfalzgraf Friedrich, der bislang in Vertretung Ferdinands das Amt eines Statthalters beim Regiment wahrgenommen hatte, drängte auf Entlastung von dieser Bürde; bald darauf meldete Kurfürst Ludwig von der Pfalz, dessen Rechte als Reichsvikar absente rege man 1521 ziemlich schnöde beiseite geschoben hatte, erneut seine Ansprüche auf die Regentschaft an. Auf dem Nürnberger Reichstag Anfang 1524 konnte Ferdinand die Kritik der Stände am Regiment nur mehr dadurch auffangen, daß er seine Zustimmung zur Entlassung sämtlicher bisheriger Regimentsräte gab. Eine gewisse Besserung der Verhältnisse trat erst seit dem Sommer 1524 ein, als das Regiment, nunmehr in Eßlingen, seine Arbeit neu aufnahm: in neuer Besetzung, mit verminderten Kompetenzen, unter verstärktem Einfluß Ferdinands.

Neben den strukturellen Spannungen zwischen dem Reichsregiment als einer zentralen Institution des Reichs und den Partikularinteressen der einzelnen Reichsstände lag ein wesentlicher Grund für die Schwierigkeiten des Regiments in der Ungeklärtheit seiner Möglichkeiten eigenständigen politischen Handelns gegenüber dem Kaiser. Der Grund für diese Halbherzigkeit, die schon die Formulierungen der Regimentsordnung von 1521 mitbestimmt hatte, lag offensichtlich in der Sorge Karls V. vor einer Schwächung seiner eigenen Autorität während seiner Abwesenheit vom Reich; bezeichnenderweise waren die frühen Regentschaften, die Karl V. für Spanien und für die Niederlande eingesetzt hatte, mit eben demselben Mangel unzureichender Vollmachten behaftet. Im Falle des Reichs aber kam die spezielle Sorge vor einer Konkurrenz Ferdinands hinzu. Es waren ja noch keine drei Jahre vergangen, seit Karl das Projekt einer Kaiserwahl Ferdinands hatte abwehren müssen, und hier war – offensichtlich von einigen Räten des Kaisers geschürt – ein Mißtrauen geblieben, das erst im Laufe langer Jahre einigermaßen ausgeräumt werden konnte. Aus diesem Mißtrauen erwuchsen schon die quälenden Verzögerungen des Übergangs der österreichischen Erblande an Ferdinand; erst recht wirkte sich dieses Mißtrauen in der Reichspolitik des Kaisers aus. Am unzureichenden institutionellen Zuschnitt der Statthalterschaft Ferdinands änderte sich trotz dessen ständiger Klagen die ganzen zwanziger Jahre hindurch so gut wie nichts – und dies, obwohl schon die 1522 in Aussicht genommene Wahl Ferdinands zum römischen König eine wichtige Stärkung seiner politischen Position gewesen wäre. Nach herkömmlichem Reichsrecht hätte damit seine Regentschaft absente Caesare vor allen pfälzischen Vikariatsansprüchen einen sicheren Vorrang gehabt, und natürlich hätte die Königswürde auch Ferdinands Autorität bei den Reichsständen wie beim Volk nachhaltig erhöht. Indessen engagierte sich Karl V. für das Wahlprojekt lange Zeit hindurch kaum – selbst dann nicht, als die Absicht Herzog Wilhelms von Bayern, sich um die römische Königskrone zu bemühen, immer deutlicher zutage trat und 1526 sogar die ausdrückliche Unterstützung Papst Clemens' VII. fand. Tatsächlich sollte die Wahl Ferdinands zum römischen König erst 1531 erfolgen und dann gegen langdauernde Widerstände nicht nur Bayerns, sondern auch der führenden evangelischen Reichsfürsten durchgesetzt werden müssen. Im übrigen hatten Ferdinand und das Reichsregiment fortdauernd mit der politischen Konkurrenz des Schwäbischen Bundes zu tun, die wiederum vor allem von Bayern geschürt wurde; der Bund, nicht das Reichsregiment, spielte denn auch bei der Niederschlagung des Bauernaufstands in Süddeutschland 1525 die maßgebende Rolle.

Immerhin gelang es Ferdinand seit der Mitte der zwanziger Jahre, seine Position im Reich deutlich zu festigen. Seine nunmehr eindeutige Stellung als Landesherr der österreichischen Erblande stärkte seinen Einfluß auf die Klientel der Habsburger in Südwestdeutschland wie überhaupt sein Ansehen im Reiche; dazu kam der Erwerb der Königskronen Böhmens und Ungarns 1526. Auch der stärkere Einfluß Ferdinands auf das Reichsregiment seit dessen Neuformierung 1524, vermittelt vor allem durch die österreichische Regierung in Stuttgart, fügt sich in diesen Zusammenhang ein. Eine wirklich befriedigende Lösung des Regentschaftsproblems war freilich auch damit noch immer nicht erreicht; sie sollte sich erst zu Beginn der dreißiger Jahre, mit der römischen Königswahl Ferdinands und dem Fortfall des Reichsregiments, einstellen.

Wie auf dem Reichstag von Worms 1521 stand auch in den folgenden Jahren neben der Religionsfrage eine Vielzahl anderer, im Bewußtsein vieler Zeitgenossen kaum weniger dringender Probleme auf der Liste der reichspolitischen Agenden: Probleme vor allem der Reichsfinanzen und der wirtschaftspolitischen Ordnung des Reichs, daneben – weniger spektakulär, aber nicht weniger wichtig – die Aufgabe einer großen Strafrechtsreform. Aus den langjährigen Bemühungen um die Reform des Strafrechts erwuchs schließlich die berühmte, 1532 verabschiedete Peinliche Halsgerichtsordnung, von der später noch die Rede sein wird. Hier sollen zunächst die Versuche der Finanz- und Wirtschaftsreform, sodann die Religionspolitik des Reichs in den Jahren 1522 bis 1524 näher dargestellt werden.

Der Reichstag von Worms hatte sich dafür entschieden, den Geldbedarf des Reichs durch Reichssteuern zu befriedigen, die nach dem Matrikelsystem erhoben werden sollten. Diese Entscheidung war jedoch nur vorläufig gewesen; Reichsregiment und Reichstage der Folgezeit sollten die Probleme der Reichsfinanzen neu bedenken. Dieser Auftrag war um so wichtiger und dringender, als der Finanzbedarf des Reichs nach 1521 sprunghaft anstieg, nicht zuletzt wegen der Kosten der Türkenabwehr. Gerade angesichts dieses hohen Finanzbedarfs setzte sich das Reichsregiment zunächst für eine Umstellung der Reichssteuer auf das System des – für ergiebiger gehaltenen – Gemeinen Pfennigs ein. Die vorgesehenen Steuersätze sahen freilich eine sehr ungleichmäßige Belastung unterschiedlicher Vermögen bzw. Einkommen vor. So sollten die städtischen Bürger vom gleichen Vermögen rund das Zehnfache an Steuern zahlen müssen wie ein Fürst; auch die Geistlichen wollte man unverhältnismäßig zur Kasse bitten. Natürlich erregte das den heftigen Widerstand der Betroffenen, und ihnen gelang es 1524, den Kaiser, der den Vorschlag des Reichsregiments zunächst unterstützt hatte, auf ihre Seite zu bringen; damit hatte der Gemeine Pfennig als Grundlage der Reichsfinanzen praktisch keine Chance mehr. Zwar wurde die Alternative zwischen Gemeinem Pfennig und Reichsmatrikel auch auf dem dritten Nürnberger Reichstag 1524 nicht förmlich entschieden, sondern nur ohne Entscheidung vertagt, praktisch aber bedeutete das die Bestätigung des Provisoriums von 1521 zugunsten der Matrikel. Ohnehin galt die steuerpolitische Option der meisten größeren Reichsstände ja zunehmend dem System der Matrikel. Lediglich für die Türkensteuer griff man zu Anfang der vierziger Jahre noch einmal auf das System des Gemeinen Pfennigs zurück; in der zweiten Jahrhunderthälfte verschwand es völlig aus der Diskussion.

Unabhängig von der Auseinandersetzung um den Modus der Steuererhebung hatte die Türkenhilfe ihre besondere und nicht sonderlich rühmliche Geschichte. Uneinig über Art, Höhe und Aufbringung der Türkenhilfe, fanden sich die Reichsstände 1522 wenigstens im Grundsatz bereit, die dem Kaiser im Jahre zuvor bewilligte Romzugshilfe für die Türkenabwehr zu verwenden; wegen des mittlerweile ausgebrochenen Kriegs mit Frankreich hatte Karl V. seinen Zug nach Rom zur Kaiserkrönung ja bis auf weiteres verschoben. Allerdings sollten die Mittel nur freigegeben werden, wenn und soweit von den Ungarn verläßliche Zusagen über ihren Teil der militärischen Kooperation zu erhalten waren. Das aber erwies sich als ungemein schwierig – Heer und Verwaltung der Ungarn befanden sich in beträchtlicher Desorganisation –, und so flossen die Gelder der Türkenhilfe aus dem Reich jahrelang nur sehr spärlich. Etwas besser wurde die Verständigung immerhin, als nach der Katastrophe von Mohács 1526 Erzherzog Ferdinand die Thronfolge in Ungarn antrat; doch sollte es auch dann, vor allem als Folge des Umsichgreifens der antihabsburgischen Opposition in diesen Jahren, bis zur Belagerung Wiens durch die Türken 1529 dauern, ehe auch nur die bescheidenen Mittel der Romzugshilfe von 1521 wirklich ausgezahlt waren. Vollends das Vorhaben einer «währenden» oder «beharrlichen» Türkenhilfe, d. h. einer zwar nicht wirklich ständigen, aber doch wenigstens längerfristigen Finanzierung der Türkenabwehr, kam nicht vom Fleck. Die Reichsstände vertraten – verständlicherweise – die Meinung, daß die Abwehr der Türken eine Sache der gesamten Christenheit sei, und machten die Bewilligung einer «beharrlichen» Hilfe von der Beteiligung der wichtigsten anderen europäischen Mächte abhängig, zumindest aber von überzeugenden Bemühungen des Kaisers um den Frieden in Europa und im Reich; ohne einen solchen Frieden war ja an ein gemeinsames Vorgehen gegen die Türken nicht zu denken. Diese Bedingungen aber fanden die Reichsstände die ganzen zwanziger Jahre hindurch nicht erfüllt, und selbst die 1530 endlich bewilligte, aber immer noch an Bedingungen geknüpfte beharrliche Türkenhilfe – die einzige während der ganzen Regierungszeit Karls V. – kam erst 1542 wirklich zur Auszahlung.

Als Alternative zur Reichsmatrikel wie zum Gemeinen Pfennig wurden im Reichsregiment auch Möglichkeiten einer indirekten Steuer als Grundlage der Reichsfinanzen diskutiert. Dabei ging es vor allem um das Projekt eines Reichsgrenzzolls. Nach langem und heftigem Streit über die wirtschafts- und sozialpolitischen Konsequenzen eines solchen Zolls – ja sogar schon über die Frage, ob es sich dabei um einen Einfuhr- oder Ausfuhrzoll handeln solle – empfahl der zuständige Ausschuß des Nürnberger Reichstags von 1523 eine Kombination von Einfuhr- und Ausfuhrzoll in Gestalt einer Grenzabgabe von 4 % auf alle Waren, die nicht den fundamentalen Lebensbedürfnissen dienten; neben seinen fiskalischen Zwecken – und zum Teil im Widerspruch zu ihnen – sollte der Zoll auch der Eindämmung des Luxus, insbesondere des Zustroms fremder Luxusgüter, dienen. Daß dieser Vorschlag, ganz ähnlich wie das Projekt des Gemeinen Pfennigs, die Finanzlasten des Reichs vor allem auf die städtischen Bürgerschaften abzuwälzen suchte, war unschwer zu erkennen. Die Städte, insbesondere die großen oberdeutschen Fernhandelsstädte, setzten sich denn auch mit allen Mitteln zur Wehr – und zu diesen Mitteln gehörte nicht zuletzt die Intervention beim Kaiser. Das hatte auch Erfolg: Karl V. suchte alles zu vermeiden, was das oberdeutsche Handelskapital, auf dessen Kredite er für seine europäische Politik angewiesen war, schwächen konnte, und ließ deshalb seinen Gesandten beim Reichstag von 1524 nicht nur gegen den Gemeinen Pfennig, sondern auch gegen den Zoll votieren; damit hatte auch dieses Projekt keine Chance mehr.

Dieser Ausgang des Streits hing nun aufs engste mit der Geschichte einer anderen großen Auseinandersetzung um die Wirtschaftsordnung des Reichs zusammen: mit dem Streit um die großen Handelsgesellschaften.

Nach einem ersten, allerdings vergeblichen Versuch schon des Reichstags von 1512, die Tätigkeit der Handelsgesellschaften einzuschränken, hatte sich auf dem Wormser Reichstag von 1521 erneut heftige Kritik an den großen Kaufleuten erhoben, deren «Monopolia» – was immer man darunter verstand – als die eigentliche Ursache aller Verzerrungen und Verunsicherungen des zeitgenössischen Wirtschaftslebens diffamiert wurden. Es fehlte nicht einmal an Stimmen, die die völlige Aufhebung der Handelsgesellschaften forderten. Dazu mochte sich der Reichstag nun freilich nicht entschließen, aber der Auftrag an das Reichsregiment, sich um eine Lösung der anstehenden Probleme zu bemühen, hatte doch einen eindeutig antimonopolistischen Akzent, und dem entsprachen auch die bereits im folgenden Jahre vorgelegten Empfehlungen des Reichsregiments. Zwar schien auch den Räten des Regiments ein völliges Verbot der Handelsgesellschaften schon deshalb untunlich, weil man sich durchaus darüber im klaren war, daß die Finanzkraft der Städte für das Reich nicht zuletzt auf dem Reichtum ihrer großen Kaufleute beruhte. Wohl aber machte man sich für eine Begrenzung des Kapitals wie der räumlichen Ausdehnung des Geschäftsbetriebs der Handelsgesellschaften stark: Das Kapital einer Gesellschaft sollte 50000 Gulden nicht übersteigen dürfen, die Zahl der auswärtigen Kontore auf drei beschränkt werden. Die Verwirklichung dieser Vorschläge hätte in der Tat den großen Gesellschaften der oberdeutschen Kaufleute ein Ende bereitet – zugleich freilich auch einer moderneren, auf Unternehmerinitiative und Freiheit des Wirtschaftens gegründeten Entfaltung der ökonomischen Möglichkeiten Deutschlands. Der Augsburger Humanist und Stadtschreiber Conrad Peutinger hat in seinen Denkschriften für das Regiment solche negativen Konsequenzen des geplanten Gesetzes scharfsinnig prognostiziert. Diese Antikritik und die ihr zugrunde liegende neue Wirtschaftsgesinnung mit ihrer Ablehnung zünftischer oder obrigkeitlicher Gängelei verfing indessen beim Reichsregiment nur wenig, und der Reichstag von 1522/23 folgte im wesentlichen den Vorschlägen des Regiments. Überdies veranlaßte das Reichsregiment im Sommer 1523 den Reichsfiskal, Jakob Fugger und einige andere der führenden Augsburger Kaufleute mit einem strafrechtlichen Verfahren wegen Monopolvergehens zu überziehen. Mit alledem – auch das Zollprojekt stand ja noch zur Diskussion – wurde die Situation für die Handelsgesellschaften der oberdeutschen Reichsstädte nun wirklich gefährlich. Eben deshalb setzten sie jetzt aber auch zum Gegenangriff an: Die Städte protestierten förmlich gegen den Nürnberger Reichsabschied von 1523 und baten durch eine eigene Gesandtschaft an den Kaiser nach Spanien um Abstellung ihrer Beschwerden – parallel dazu schrieb Jakob Fugger selbst jenen Brief an den Kaiser, in dem er an seine bei der Kaiserwahl geleisteten Dienste erinnerte. Es hätte freilich dieses berühmten Mahnbriefs wohl gar nicht bedurft; denn Karl V. wußte ohnehin sehr gut, was er den Fuggern zu verdanken hatte und daß er auch in Zukunft auf die Unterstützung des oberdeutschen Kapitals angewiesen war. Im August 1523 sagte er den Städteboten in Valladolid verbindlich zu, sich die Entscheidung in Monopolangelegenheiten selbst vorzubehalten; der Reichsfiskal wurde angewiesen, das Verfahren gegen die Augsburger Kaufleute einzustellen. Dieser Intervention folgte im Mai 1525 ein kaiserliches Edikt, das den Begriff des – rechtswidrigen – Monopols im Anschluß an das römische Recht dermaßen eng definierte, daß der Monopolvorwurf gegen die Handelsgesellschaften nahezu gegenstandslos wurde; der gesamte Erz- und Metallhandel sollte von der Monopolgesetzgebung überhaupt ausgeschlossen bleiben. Damit waren die antimonopolistischen Aktivitäten von Reichsregiment und Reichstag zunächst einmal vom Tisch – allerdings noch nicht endgültig; auf dem Augsburger Reichstag von 1530 sollte es noch einmal zu einer leidenschaftlichen Diskussion der Monopolfrage kommen.

Mit anderen Frontstellungen als das Projekt eines Reichsgrenzzolls und eines Monopolgesetzes hatte der Versuch einer Reform des Münzwesens zu tun – das dritte wichtige Vorhaben der Wirtschaftspolitik von Reichsregiment und Reichstagen der frühen zwanziger Jahre.

Das deutsche Münzwesen der Zeit litt an vielerlei Gebrechen, die alle miteinander die Wirtschaft erheblich beeinträchtigten. Da war zum einen die kaum überschaubare Vielfalt der Münzwährungen im Reiche, die für jeden weiträumigen Handelsverkehr ein immer erneutes, lästiges Umrechnen erforderlich machte. Zum anderen – und das war noch viel schlimmer – unterlag die Festsetzung des Nominalwerts wie des Edelmetallgehalts der Münzen grundsätzlich dem freien Ermessen jedes einzelnen der vielen fürstlichen und städtischen Münzherren, und diese erlagen nur zu oft der Versuchung, sich durch stillschweigende Verschlechterung des Münzgewichts zu bereichern; inflationäre Bewegungen und dann – periodisch wiederkehrende – Verrufungen der umlaufenden Münze waren die unvermeidliche Folge. Zum dritten schließlich vernachlässigten die Münzherren die Ausprägung der Scheidemünzen gegenüber den höherwertigen Münzen, weil der Schlagschatz, d. h. der Gewinn der Münzherren, bei den hochwertigen Münzen wegen der relativ niedrigen Prägekosten größer war als bei den kleinen Scheidemünzen. Das führte zu endemischem Mangel an Kleingeld und zur Ausweitung der Kreditpraxis bis hinab in die kleinsten Alltagsgeschäfte. Zugleich verstärkte dieser Mangel natürlich die Versuchung zur Verschlechterung gerade der kleinen Münzen mit all ihren unguten Folgen insbesondere für die ärmeren, lohnabhängigen Schichten der Bevölkerung.

Schon der Wormser Reichstag von 1495 hatte die Neuordnung des Geldwesens zur Aufgabe der Reichspolitik erklärt und selbst einen ersten Anlauf zur Vereinheitlichung wenigstens der Goldmünzen gemacht. Der Versuch war jedoch mißlungen. Die politische Zersplitterung des Reichs stand allen Plänen für eine einheitliche Reichswährung als unüberwindliches Hindernis im Wege. Die Probleme lösten sich aber nicht von selbst, sondern verschärften sich sogar noch; so wurden sich Reichsregiment und Reichstag 1522 darüber einig, daß endlich etwas getan werden müsse. Das Ergebnis der Verhandlungen war die – übrigens vom Reichsregiment erlassene – Reichsmünzordnung von 1524.

Die Möglichkeiten zur Vereinheitlichung der Münze waren auch diesmal eng begrenzt. Die Interessen der rheinischen Kurfürsten mit ihren Goldgulden einerseits, Tirols und Sachsens mit ihren Silbertalern anderseits waren nicht wirklich auszugleichen; kaum anders stand es um die Gegensätze zwischen den fürstlichen Bergherren und der Masse derjenigen Reichsstände, die nicht über eigene Silbervorkommen verfügten. Schließlich einigte man sich aber doch auf ein einheitliches, allerdings recht kompliziertes Währungssystem: Die Münzordnung sah – im Anschluß an die bereits umlaufenden Münzsorten – sieben verschiedene Silbermünzen vor, die allein in Zukunft geprägt und als Reichsmünzen in Umlauf gebracht werden sollten. Daneben sollte den münzberechtigten Ständen nur noch die Prägung zusätzlicher Scheidemünzen freistehen. Für die verschiedenen Reichsmünzen wurde ein festes Wertverhältnis bestimmt, und zwar in Orientierung am Silbergulden, dem «Guldiner»; so sollten z. B. vier Orth oder 21 Groschen für einen Gulden gelten. Der Silbergulden bekam damit die Funktion einer Leitwährung. Zugleich aber setzte die Münzordnung fest, daß die Guldiner in ihrem Metallwert den rheinischen Goldgulden entsprechen sollten, und bestimmte dafür eine feste Wertrelation zwischen den beiden Währungsmetallen. Die Neuordnung beruhte letztlich also auf einer Gold- und Silber-Doppelwährung. Da man die Einziehung bzw. Ummünzung der umlaufenden Sorten für zu kostspielig hielt, wurde das Tauschverhältnis zwischen den neuen Reichsmünzen und den herkömmlichen Münzsorten in umfangreichen Valvationstabellen festgelegt.

Als Versuch, der Münzmisere in Deutschland endlich von Reichs wegen zu begegnen, war die Münzordnung von 1524 gewiß ein respektables Zeugnis des Reformeifers der Reichspolitik dieser Jahre. Ein wirklicher Erfolg blieb ihr jedoch versagt. Schon daß die – großenteils aus dem oberdeutschen Wirtschaftsraum kommenden – Väter des Gesetzes die sächsischen und böhmischen Silbertaler nicht unter die Reichsmünzen aufgenommen hatten, stand mit der tatsächlichen Bedeutung der Talerwährung so sehr im Widerspruch, daß an eine Durchsetzung dieser münzpolitischen Diskriminierung kaum zu denken war. Des weiteren erwies sich bald, daß die Fixierung eines reichseinheitlichen Münzfußes für diejenigen Reichsstände, die über keine eigenen Silbergruben verfügten, einen geradezu unwiderstehlichen Anreiz bedeutete, die ungünstige Kostenstruktur ihrer Prägestätten – sie mußten das Rohsilber ja kaufen – durch Herabsetzung des Silbergehalts ihrer Münzen auszugleichen; das alte Übel der Münzverschlechterung wurde also nicht beseitigt, sondern sogar noch verschlimmert. Im übrigen entsprachen die Umrechnungskurse jener Valvationstabellen der Vielfalt der regionalen Geldverhältnisse nur ungenügend, und die Einführung neuer, zusätzlicher Reichsmünzen vergrößerte noch das Währungschaos; die Kaufleute begannen überhaupt, statt mit realen Münzen mit einer fiktiven Münzeinheit, dem sogenannten Rechengulden, zu rechnen. Daß Karl V. bereits 1525 durch ein eigenes Mandat aus Madrid die österreichischen Erblande von der Gültigkeit der Münzordnung ausnahm, war ein schlechtes Omen; der Fehlschlag der Münzreform war damit vorgezeichnet. Es sollte bis in die zweite Jahrhunderthälfte dauern, ehe ein neuer Versuch der Münzreform – dann auch unter stärkerer Berücksichtigung regionaler Besonderheiten und Bedürfnisse – zu besseren Ergebnissen führte.

Im Gegensatz zu seiner lebhaften Aktivität in der Wirtschafts- und Finanzpolitik suchte sich das Reichsregiment aus dem Glaubensstreit zunächst herauszuhalten. Dieser Attentismus ließ sich jedoch nicht durchhalten. Zunächst war es Herzog Georg von Sachsen, der unter dem Eindruck von Unruhen in Wittenberg Anfang 1522 beim Reichsregiment ein Mandat gegen die Neuerungen und Mißbräuche im Kurfürstentum Sachsen erwirkte. Das Mandat blieb allerdings folgenlos: Nicht das Eingreifen des Reichsregiments oder sonst irgendeine obrigkeitliche Maßnahme, sondern die Predigten des von der Wartburg herbeieilenden Martin Luther ließen die Wittenberger Unruhen im Frühjahr 1522 in sich zusammenbrechen. Überdies wurden im Reichsregiment selbst alsbald Stimmen laut, die vor einer unbedachtsamen Verfolgung Luthers warnten. Vor allem der einflußreiche Vertreter Kursachsens, Hans von der Planitz, votierte in diesem Sinne. Sein Hinweis auf die – gerade eben in Wittenberg so deutlich gewordene – mäßigende Autorität des Reformators machte auch bei denjenigen Mitgliedern des Regiments Eindruck, die zwar die Ketzerei Luthers für ausgemacht hielten, aber zugleich einen Aufstand des gemeinen Mannes befürchteten. So hielt sich das Regiment in der Folgezeit religionspolitisch wieder sehr zurück; auch der Nürnberger Reichstag von 1522 zählte die causa Lutheri überhaupt nicht zu seinen Traktanden, jedenfalls nicht zu den offiziellen Verhandlungsthemen.

Die Situation änderte sich mit dem im November 1522 zusammentretenden sogenannten Zweiten Nürnberger Reichstag. Dabei ging die Initiative jedoch wiederum nicht vom Kaiser oder vom Reichsregiment und auch nicht von den Ständen aus; es war vielmehr Papst Hadrian VI., der die Religionssache jetzt erneut zum Gegenstand der Reichspolitik machte. Gleichermaßen vom Willen zur Bekämpfung der Ketzerei wie zur inneren Reform der Kirche getragen, ließ der Papst seinen Nuntius Francesco Chieregati die Reichsstände nachdrücklich zur Befolgung des Wormser Edikts ermahnen, um die deutsche Kirche von der so gefährlichen lutherischen Sekte zu reinigen. Zugleich aber bekannte Hadrian VI. in schonungsloser Offenheit die Schäden der Kirche und nicht zuletzt die Sünden der Kurie als Hauptursache der Ketzerei; er, der Papst, werde es nicht an Bemühungen fehlen lassen, um diese Gravamina auszuräumen.

Die Instruktion Hadrians VI. für Chieregati zeugte von einem sehr bemerkenswerten Sinneswandel an der Spitze der Kirche. Der frühe Tod des Papstes – er starb bereits im September 1523 nach wenig mehr als einjähriger Regierungszeit – verhinderte jedoch ein Wirksamwerden seines Reformwillens in Deutschland und Europa und erst recht an der Kurie selbst. Bei den Reichsständen aber saß das in langer Zeit gewachsene Mißtrauen gegenüber Rom so tief, daß die Mehrheit der Reichsversammlung nicht bereit war, Luther preiszugeben. Die Reformabsichten des Papstes seien zwar zu begrüßen, hieß es in der Antwort des Reichstags an den Nuntius; da aber gerade Luther die römischen Mißbräuche ans Licht gebracht habe, so würde seine Verfolgung nur den Eindruck erwecken, als wollten die Stände die evangelische Wahrheit unterdrücken und jenen Mißbräuchen Vorschub leisten, und das würde unvermeidlich zu Empörungen des gemeinen Mannes führen. Zur wirklichen Bereinigung der Situation sei vielmehr ein «freies christliches Konzil» erforderlich, das, möglichst binnen Jahresfrist, von Kaiser und Papst an einer «bequemen malstatt Teutscher Nation» einberufen werden solle. Bis dahin – und das war die einzige Konzession der Stände – wolle man den Kurfürsten von Sachsen dazu bewegen, Luther und die Seinen keine weiteren Neuerungen vornehmen und auch nichts Neues drucken zu lassen. Im übrigen sollten sich die Prediger bis zur Entscheidung durch das Konzil an «das wahre Evangelium nach Lehre und Auslegung der von der christlichen Kirche angenommenen Schrift» halten.

Daß diese Antwort der Stände, daß insbesondere die Forderung eines «freien christlichen Konzils» ein Zugeständnis an die junge Reformation darstellte, ist sicher: Sie lief praktisch auf die Aufhebung des Wormser Edikts hinaus; auch war allen Beteiligten klar, daß die begehrte Freiheit des Konzils vor allem die Freiheit von päpstlicher Herrschaft über das Konzil meinte. Ebenso sicher ist, daß die Reformation durch die jetzt vom Reichstag geknüpfte Verbindung der Sache Luthers mit dem so volkstümlichen Konzilsverlangen einen gewaltigen Auftrieb erhielt. Für die Ständemehrheit des Reichstags scheint freilich weniger diese Konsequenz maßgebend gewesen zu sein als vielmehr – wiederum – der Wunsch, die anstehenden Entscheidungen hinauszuschieben, um keine Erregung des gemeinen Mannes zu provozieren. Dieses Motiv war es wohl vor allem, das selbst die Mehrheit der altgläubigen Stände der Antwort an den Nuntius zustimmen ließ.

Das Konzilsverlangen des Reichstags fand weder in Rom noch auch nur beim Kaiser eine positive Resonanz. Die kaiserliche Proposition für den dritten Nürnberger Reichstag Anfang 1524 ging auf die Konzilsforderung der Stände überhaupt nicht ein, sondern forderte statt dessen erneut die strikte Befolgung des Wormser Edikts; von Lorenzo Campeggio, dem Legaten des neuen Papstes Clemens' VII., war nichts anderes zu vernehmen. Bei den Ständen aber hatte sich mittlerweile die Auffassung von der Unentbehrlichkeit des Konzils für eine angemessene Erörterung und Entscheidung des Glaubensstreits noch verfestigt; ja, man ergänzte das Konzilsverlangen jetzt durch die Forderung eines Nationalkonzils, das bis zu einer definitiven Entscheidung des allgemeinen Konzils eine vorläufige Lösung des Glaubensstreits in Deutschland herbeiführen sollte. Zwar widersprach der päpstliche Legat diesen Wünschen sofort und grundsätzlich. Der Erfolg dieses Einspruchs bestand aber nur darin, daß die Reichsstände ihre Forderung eines Nationalkonzils durch den Vorschlag einer – vom Plazet des Papstes unabhängigen – «gemeinen Versammlung Teutscher Nation» ersetzten. Der

Reichsabschied sah die Einberufung einer solchen Nationalversammlung – man dachte dabei an eine Versammlung aller Reichsstände analog den Reichstagen – für den November 1524 vor. Bis dahin wollten die Reichsstände dem Wormser Edikt «soviel als möglich» nachkommen; die Befolgung des Edikts wurde damit praktisch in das Belieben der einzelnen Stände gestellt.

In den nächsten Monaten begannen Erzherzog Ferdinand und das Reichsregiment mit der Vorbereitung der Reichsversammlung – Ferdinand selbst übrigens in der deutlichen Absicht, die Versammlung zu einem förmlichen Reichstag umzufunktionieren, auf dem er die Reichsstände erneut und vordringlich um Türkenhilfe angehen könne. Karl V. aber war fürs erste nicht bereit, sich auf das Vorhaben einer Nationalversammlung einzulassen. Weder der nationalkirchliche Aspekt der Versammlung noch die Infragestellung seines Edikts von Worms schienen ihm akzeptabel, und überdies wünschte er alles zu vermeiden, was sein Verhältnis zum Papst – mit möglicherweise schweren Konsequenzen für seine italienische Politik – belasten konnte. Im Sommer 1524 untersagte er die Nationalversammlung, und damit war auch dieses Projekt gescheitert.

Ob die Nationalversammlung, wäre sie zustande gekommen, wirklich eine Beilegung des Glaubensstreits auf nationaler Ebene zuwege gebracht hätte, ist freilich ohnehin zweifelhaft. Vermutlich hätte die Versammlung nur die bislang zumeist verkannte Radikalität der Gegensätze ans Licht gebracht und damit dem Attentismus so vieler Reichsstände gegenüber der Reformation ein Ende gemacht. Daß Karl V. die Nationalversammlung 1524 verhinderte, hatte insofern bloß einen retardierenden Effekt, der überdies, ganz im Gegensatz zu den Absichten des Kaisers, die weitere Ausbreitung der Reformation begünstigte.

4. Die Reformation Ulrich Zwinglis in der Schweiz bis 1525

Ulrich Zwingli wurde am 1. Januar 1484 zu Wildhaus im Toggenburg geboren. Sein Vater hatte in der Selbstverwaltung der begüterten Bauerngemeinde von Wildhaus eine geachtete Stellung inne; beide Eltern waren mit Geistlichen – unter ihnen der Abt des toggenburgischen Benediktinerklosters St. Johann – verwandt oder verschwägert. Ulrich Zwingli stammte also aus gehobenen sozialen Verhältnissen. Dem entsprach, daß er nach beinahe zehnjähriger Schulzeit in Weesen und Basel, kurze Zeit auch in Bern, seit 1498 ein akademisches Studium absolvierte, zuerst in Wien, später wiederum in Basel. Hier schloß er seine Ausbildung in den artes liberales 1506 mit dem Erwerb des Magistergrads ab und wechselte noch im gleichen Jahre in die kirchliche Praxis über, nämlich in ein Pfarramt in Glarus. Über die Schul- und Studentenzeit Zwinglis weiß man nur wenig. Ziemlich sicher – und sehr wichtig – ist immerhin, daß Zwingli durch seine philosophischen Studien, anders als Luther, nicht zum Schüler der Modernisten in der Nachfolge Wilhelms von Occam wurde, sondern in den Bahnen der via antiqua verblieb, wenngleich in der Gestalt, die Duns Scotus dem philosophischen Realismus gegeben hatte. Vermutlich hat Zwinglis scharfe Unterscheidung zwischen Sinnlichem und Geistigem, zwischen dem vergänglichen Körper und dem unsterblichen Geist – Elemente eines Weltverständnisses, die noch in seiner Abendmahlslehre und für deren Gegensatz zu Luthers Theologie wirksam werden sollten – bereits in dieser frühen philosophischen Prägung seines Denkens ihre Wurzeln.

Nicht anders als viele andere Geistliche der Zeit trat Zwingli sein Pfarramt in Glarus an, ohne ein eigentlich theologisches Studium absolviert zu haben. Im Unterschied zu vielen seiner Amtsgenossen nutzte er aber die folgenden Jahre zu intensivem Selbststudium der Scholastik, wiederum vor allem der Werke des Duns Scotus, sowie der Kirchenväter und dann auch der Heiligen Schrift. Dabei entfalteten sich zunehmend humanistische Interessen; daß er seit 1513 Griechisch lernte, um das Neue Testament im Urtext lesen zu können, war dafür bezeichnend. Für seine ganze Theologie grundlegend wurde dann sein Studium des Erasmus von Rotterdam, dem er – vermutlich 1516 – auch persönlich begegnete und von dem er einen überwältigenden Eindruck empfing. Durch Erasmus fand Zwingli einen neuen Zugang zur Bibel, in deren einfacher sprachlicher Form die tiefsten Gedanken enthalten seien: die Botschaft Christi nämlich als der Ruf zu einem wahrhaft geistigen Leben unter Beherrschung der sinnlichen Leidenschaften. An die Stelle des von kirchlichen Satzungen überladenen, von komplizierter Scholastik überwucherten Frömmigkeitslebens der Zeit müsse ein wahrhaftes, der Lehre Christi entsprechendes Tatchristentum treten, um die Kirche von innen heraus zu erneuern. Natürlich enthielten solche Forderungen, bei Zwingli wie bei Erasmus selber, kräftige Elemente der Kirchenkritik; von einem prinzipiellen Gegensatz Zwinglis zur offiziellen Kirchenlehre aber kann für diese Jahre, jedenfalls bis 1519, nicht die Rede sein, und schon gar nicht von einer Rezeption der in ihren Konsequenzen kirchensprengenden Rechtfertigungslehre Martin Luthers. Es ging Zwingli vorerst – und primär auch später – nicht «um Schuld vor Gott, sondern um richtige Diesseitsethik, garantiert durch die beste Philosophie» (J. Rogge).

Neben dem Gewinn eines theologischen Standorts konnte und wollte Zwingli sich auch politischen Positionen nicht entziehen. Dabei ging es vor allem um die habsburgische, französische oder päpstliche Orientierung der Glarner wie überhaupt der Schweizer Politik, insbesondere um die Frage, welcher der kriegführenden Mächte die Werbung der begehrten Schweizer Söldner – natürlich: gegen gutes Geld – zu gestatten sei. Zwingli plädierte für die alte Treue zum römischen Stuhl; als die Eidgenossen 1512 – im Bündnis auch mit dem Papst – die Franzosen aus Mailand vertrieben, erschienen ihm die Schweizer Truppen geradezu als Werkzeug der göttlichen Strafe über die Feinde der Braut Christi. Nach der verlustreichen Niederlage von Marignano 1515 wandelte sich die Einstellung Zwinglis jedoch grundlegend: Er wurde zum grundsätzlichen Gegner des schweizerischen Söldnerwesens. Als solcher konnte er sich in dem nunmehr profranzösischen Glarus nicht behaupten; er mußte sein dortiges Pfarramt aufgeben und ging für knapp zwei Jahre nach Einsiedeln. Dann aber holten die Zürcher Chorherren Zwingli als Leutpriester, d.h. als Pfarrer für die zum Großmünster gehörenden Kirchgenossen, in die Stadt an der Limmat. Damit begann die entscheidende Phase in Zwinglis Leben und zugleich eine der wichtigsten Phasen der europäischen Reformationsgeschichte.

Für Zwinglis Berufung nach Zürich war seine vom Humanismus geprägte kirchliche Haltung von maßgebender Bedeutung; diese Haltung entsprach der Einstellung der Chorherren selbst oder doch eines einflußreichen Teils von ihnen. Von der Predigttätigkeit des neuen Mannes versprach man sich kräftige Anstöße für eine Reform der Zürcher Kirche in erasmianischem Geiste. Im übrigen stimmte Zwinglis neu gewonnene politische Einstellung gut zur traditionellen Franzosenfeindlichkeit Zürichs. Das ließ seine Berufung auch dem Rat der Stadt erwünscht erscheinen.

Am 1. Januar 1519 trat Zwingli sein Amt in Zürich an und begann alsbald mit einer Predigtreihe über das Evangelium des Matthäus – gemeint als fortlaufende Darstellung von Leben und Werk Jesu als des Zentrums christlicher Botschaft. Daran schlossen sich Predigten über die Apostelgeschichte und über die Briefe des Apostels Paulus an Timotheus, mit denen Zwingli der Zürcher Gemeinde das Vorbild der Urchristenheit vor Augen zu stellen suchte. In dieser allgemeinsten Zielsetzung und auch formal noch ganz in den Bahnen des Erasmus, begann sich die Theologie Zwinglis in ihren inhaltlichen Schwerpunkten und Abgrenzungen jetzt doch tiefgreifend zu ändern. Sie wurde, spätestens seit 1520, zu einer eigentlich reformatorischen Theologie in grundsätzlicher Wendung gegen die alte Kirche.

Die ältere Forschung nahm überwiegend an, daß diese reformatorische Wende Zwinglis wesentlich unter dem Einfluß der Lektüre von Schriften Luthers erfolgt sei. Das trifft jedoch nicht zu. Zwar hat sich Zwingli 1522 ausdrücklich zu Luther bekannt, und seine Kenntnis von Luthers Schriften dürfte jedenfalls bis ins Jahr 1521 zurückgehen. Die Anfänge seiner theologischen Neuorientierung aber reichten doch noch weiter zurück und beruhten auf der Beschäftigung weniger mit Luther als vielmehr mit dem Kirchenvater Augustinus und der Heiligen Schrift selbst. Auch war das theologische Kernproblem, über das Zwingli zum Reformator wurde, im Grunde ein anderes als Luthers Frage nach der Gerechtigkeit Gottes. Zwingli ging es vielmehr um die maßgebende Autorität für die Neuordnung und Befreiung der Kirche, und die fand er – insoweit ähnlich wie Luther – in der Heiligen Schrift. Daß das Neue Testament die alleinige Mittlerschaft Christi zwischen Gott und den Menschen bekannte, führte ihn dann – und in diesem Punkt nun wirklich in voller Übereinstimmung mit Luther – zur Lehre nicht nur von der sola scriptura, sondern auch vom solus Christus.

Die Zürcher Predigten Zwinglis waren bald von unverhohlener und auf praktische Veränderung abzielender Kirchenkritik geprägt. So wendete sich Zwingli schon frühzeitig gegen die Verehrung der Heiligen – von den unkritischen Heiligenlegenden ganz zu schweigen, die ihn schon als Erasmianer gestört hatten. Bald zog er auch die kirchliche Lehre vom Fegfeuer in Zweifel, und darüber hinaus übte er scharfe Kritik an der Verweltlichung des kirchlichen Zins- und Zehntwesens. Im März 1522 kam es dann über der Frage der Verbindlichkeit der kirchlichen Fastenvorschriften zum offenen und provozierten Konflikt. Die Provokation bestand in einem demonstrativen Wurstessen während der Passionszeit im Hause des Buchdruckers Christoph Froschauer – eine bewußte Demonstration christlicher Freiheit gegenüber unbiblischen Lebensvorschriften der Kirche. Zwingli war selbst anwesend, ohne sich jedoch persönlich an dem Essen zu beteiligen. Ungeachtet dieser Zurückhaltung aber nahm er zwei Wochen später in einer Predigt grundsätzlich Stellung und billigte das Geschehene – andere Fastenbrüche waren seitdem gefolgt – nach Form und Inhalt und ohne Einschränkungen. Eine erweiterte Form dieser Predigt erschien noch im April 1522 unter dem Titel ‹Von Erkiesen und Freiheit der Speisen› im Druck.

Natürlich führte dies alles zu Unruhe und Unsicherheit in der Stadt, und das wiederum forderte das Eingreifen der weltlichen wie der geistlichen Obrigkeit heraus. Der Zürcher Rat holte Gutachten ein und verhandelte mit einer bischöflichen Delegation, die deswegen aus Konstanz anreiste. Im Ergebnis verurteilte der Rat den Fastenbruch, aber doch nur vorläufig, weil man von den kirchlichen Autoritäten noch eine Stellungnahme erwarte, um sicher zu gehen, daß mit den Fastengeboten nicht etwa «wider die satzungen Christi» gehandelt werde; praktisch wurde damit der alten Kirche die Beweislast für die Schriftgemäßheit der bisherigen Praxis zugeschoben. So war es kein Wunder, daß dem Fastenhandel schon bald andere öffentliche Konflikte folgten: zunächst mit den Bettelorden – diesmal provozierte Zwingli selbst den Konflikt durch eine Predigtstörung –, sodann durch einen Appell an den Bischof wie an die weltlichen Obrigkeiten der Eidgenossenschaft, die Priesterehe zu gestatten. In der daran anschließenden, unvermeidlichen Auseinandersetzung mit dem Bischof kam es zum grundsätzlichen Bruch mit der kirchlichen Hierarchie, der Zwingli jetzt – zum Schrecken des Erasmus – wegen ihres verheerenden sittlichen Zustands das Recht absprach, über Fragen der Schriftauslegung und der kirchlichen Ordnung überhaupt verpflichtende Entscheidungen zu treffen. Dies alles wurde freilich nur möglich, weil Zwingli zur gleichen Zeit in die Rolle eines maßgebenden Predigers und Theologen Zürichs hineinwuchs, und zwar unter unverhohlener Billigung der Zürcher Ratsmehrheit, die vom Wirken Zwinglis einen entscheidenden Beitrag zur Kirchenreform auf biblischer Grundlage erwartete und überdies die faktische Aufwertung ihrer eigenen, d. h. der Autorität der städtischen Obrigkeit, gegenüber der bischöflichen Macht begrüßte. Daß der Rat im November 1522 Zwingli im Interesse seines Predigtdienstes von anderen Pflichten seines Leutpriesteramts entband, gehört in diesen Zusammenhang; es war dies kaum weniger als die Verleihung eines, ja *des* evangelischen Pfarramts der Stadt durch die weltliche Obrigkeit.

Anfang 1523 rang sich der Rat dann zu einer ersten grundsätzlichen Entscheidung zugunsten der Reformation durch. Angesichts der verschärften Spannungen mit dem Bischof und der Ausdehnung des Konflikts über die Zürcher Herrschaft hinaus – seit dem Spätjahr 1522 begann sich die eidgenössische Tagsatzung kritisch zu den Veränderungen in Zürich zu äußern – hielt es der Rat für geboten, zum Schutz seiner Bürger und Untertanen nach außen wie zur Aufrechterhaltung von Frieden und Ordnung im Innern von sich aus zu verbindlichen Klärungen voranzuschreiten. Zu diesem Zweck lud man für den 29. Januar 1523 zu einer öffentlichen Disputation nach Zürich ein. Allen auf Zürcher Territorium wirkenden Geistlichkeiten, auch dem Bischof von Konstanz, sollte es frei stehen, etwaige Einwände gegen Zwinglis Predigt vorzubringen; der Rat selbst wollte dann in der Sache urteilen, und zwar nach Maßgabe der Heiligen Schrift.

Als Grundlage für das Gespräch faßte Zwingli die Kernpunkte seiner Predigt in 67 Artikeln, den ‹Schlußreden›, zusammen, in denen die Prinzipien der sola scriptura und des solus Christus in scharfer Wendung gegen die Lehre und Praxis der mittelalterlichen Kirche entfaltet und konkretisiert wurden. Im übrigen wies Zwingli – insofern im Gegensatz zu Luther – der weltlichen Obrigkeit, wenn sie denn wahrhaft christliche Obrigkeit sein wolle, das Recht wie die Pflicht zur Neuordnung der christlichen Gesellschaft, auch der spezifisch kirchlichen Angelegenheiten, zu; umgekehrt könne eine Obrigkeit auch abgesetzt werden, falls sie diese Aufgabe verfehle.

Die Disputation fand regen Zulauf. Sogar der Konstanzer Generalvikar Johannes Fabri erschien, freilich nicht, um in der Sache gegen Zwingli zu diskutieren, sondern um – kirchenrechtlich wohlbegründet – gegen die Legitimation der ganzen Veranstaltung zu protestieren. Es gelang ihm jedoch nicht, sich damit gegen die gerade insoweit vorgefaßte Meinung nicht nur Zwinglis, sondern des Rats selbst durchzusetzen, und auch die Argumente einiger anderer gegen Zwinglis Predigt fanden nur wenig Resonanz. So entschied der Rat, daß niemand die von Zwingli öffentlich bekanntgemachten Artikel seiner Predigt widerlegt habe. Er könne deshalb seine Tätigkeit fortsetzen, und auch alle anderen Prediger hätten hinfort die alleinige Richtschnur der Heiligen Schrift zu beachten; Zuwiderhandlungen würden von Rats wegen bestraft. Die ursprünglich eher gerichtsförmige Verhandlung über die Rechtmäßigkeit der Predigt Zwinglis hatte damit unter der Hand eine kirchengründende Funktion bekommen, sie war zur ersten Generalsynode der Zürcher Staatskirche geworden. Daß dabei über die Organisation des neuen Kirchenwesens kaum eine explizite Verfügung getroffen wurde, steht dem nicht entgegen; denn bei allen insoweit anstehenden Problemen handelte es sich nach der Auffassung Zwinglis wie des Zürcher Rats ohnehin bloß um Aufgaben der weltlichen Obrigkeit. Die praktische Umsetzung der konkreten Einzelforderungen Zwinglis für die Neugestaltung der Gemeinde war freilich eine Aufgabe, die sich nicht im Handumdrehen lösen ließ. Ihre Lösung wurde vielmehr zum Hauptthema der zwinglianischen Reformation in den folgenden Jahren.

Für den Reformator selbst waren die nächsten Monate durch eindringende theologische Bemühungen ausgefüllt, die in seiner – überhaupt umfangreichsten – Schrift unter dem Titel ‹Auslegen und Gründe der Schlußreden› (1523) ihren wichtigsten Niederschlag fanden. Daneben aber stand eine Fülle mehr oder minder spontaner, zum Teil wiederum provokativer Aktionen zur Umgestaltung der kirchlichen Lebensordnungen: Klosteraustritte, Gottesdienststörungen, Priesterheiraten – auch Zwingli selbst lebte seit 1522 in allerdings zunächst geheimgehaltener, erst 1524 öffentlicher Ehe –, Verweigerung von Abgaben an geistliche Institutionen, schließlich auch erste bilderstürmerische Aktionen. Das wiederum veranlaßte den Rat im Oktober 1523 zur Einberufung einer weiteren, der sogenannten Zweiten Zürcher Disputation, in der es vor allem um den schriftgemäßen Gehalt der Messe und um die Bilder ging. Die auf diese Disputation folgende Entscheidung des Rats war wiederum vorläufig und eher zurückhaltend: Man solle die Bilder bis auf weiteres unbehelligt lassen; nur die Stifterfamilien sollten das Recht haben, die von ihnen gestifteten Bilder und Altäre zurückzufordern. Auch die herkömmliche Gottesdienstordnung blieb vorerst im wesentlichen erhalten, doch wurde die Bindung der Predigt an die Heilige Schrift erneut eingeschärft und eine Zusammenfassung christlicher Lehre auf biblischer Grundlage angekündigt – Zwinglis ‹Kurze christliche Einleitung› realisierte diese Ankündigung noch im November 1523. Überdies wurde die Entsendung von städtischen Pfarrern in das Zürcher Landgebiet vorgesehen, um dort der Verkündigung des Evangeliums aufzuhelfen. Wichtiger noch als diese offiziellen Ergebnisse der Zweiten Zürcher Disputation aber war, und zwar schon während der Disputation, das offene Aufbrechen der Gegensätze zwischen Zwingli und seinen radikalen Gefolgsleuten, insbesondere Konrad Grebel und Simon Stumpf. Wenn Zwingli der Obrigkeit grundsätzlich das Recht zuerkannte, aus der Disputation die nötigen, ihr einleuchtenden Folgerungen zu ziehen – nicht zuletzt mit dem Ziel, Aufruhr zu verhüten –, so bestritten die Radikalen hier jeden Spielraum, jede eigenständige Kompetenz der Obrigkeit: «Das urteil ist schon geben, der geist gottes urteylet». Die Bilder müßten sofort abgetan, die Messe unverzüglich umgestaltet werden. Daß sich die Radikalen mit solchen Forderungen nicht durchsetzten, war ein wichtiger Schritt auf dem Wege zu ihrer Absonderung von der Reformation und bedeutete zugleich eine erneute Stärkung der Position des Rats im Prozeß der Reformation selbst; die Ansätze des obrigkeitlichen Kirchenregiments, die schon die Erste Zürcher Disputation gezeitigt hatte, wurden bestätigt und ausgebaut.

Für die Entwicklung der Folgezeit bis um die Mitte der zwanziger Jahre waren drei Momente von maßgeblicher Bedeutung: der weitere Ausbau der Theologie Zwinglis, dazu die schrittweise Neuordnung des Kirchenwesens in Zürich und im Zürcher Herrschaftsgebiet, schließlich die verstärkte Intervention der altgläubigen Mehrheit der Eidgenossenschaft.

Von Zwinglis Schriften dieser Zeit ist vor allem der ‹Commentarius de vera ac falsa religione› (1525) zu nennen. Die Schrift war König Franz I. von Frankreich gewidmet, und das war keine bloße Schmeichelei. Zwingli begründete hier Pflicht und Recht des französischen Königs als höchster weltlicher Obrigkeit seines Landes, die falsche, päpstliche Religion mit ihren elenden Folgen für die Völker durch eine wahre, christliche zu ersetzen. In Deutschland seien die Fürsten bereits auf diesem Wege; jetzt müsse es darum gehen, die gute Sache auch für Frankreich ins Werk zu setzen. Die mit dem ‹Commentarius› neu gewonnenen theologischen Positionen Zwinglis bestanden zum einen in der scharfen Betonung der Alleinwirksamkeit Gottes und damit in der entscheidenden Verwerfung des freien Willens in Dingen des Heils – nie zuvor hatte sich Zwingli so grundsätzlich von Erasmus abgegrenzt. Zum andern war Zwingli jetzt zu einer in sich gerundeten, mit seiner übrigen Theologie in Einklang stehenden Auffassung des Abendmahls und überhaupt der Sakramente gelangt, in der die sinnlich faßbaren Elemente des Sakraments nur mehr als Zeichen, als Symbole ihres eigentlichen, geistigen Gehalts verstanden wurden – in deutlichem Gegensatz zu Luthers Festhalten an der realen Gegenwart Christi im Abendmahl, im Gegensatz natürlich auch zur katholischen Lehre von der Transsubstantiation, nach der sich im canon missae die Substanz von Brot und Wein in Fleisch und Blut des Erlösers wandelt.

Die Neuordnung des kirchlichen Lebens in Zürich vollzog sich gutenteils ohne weiteres Zutun der Obrigkeit: Prozessionen wurden einfach nicht mehr begangen, herkömmliche Feiertage zu Ehren der Heiligen nicht mehr gefeiert, alte Fastenordnungen nicht mehr respektiert; die Liturgie wurde immer mehr auf die Predigt ausgerichtet. Dagegen beschloß der Rat 1524 förmlich die Entfernung der Bilder und Statuen, sogar der Kruzifixe, aus den Kirchen, jedenfalls für den engeren Stadtbereich. In der Landschaft sollte es jeder Gemeinde offenstehen, sich durch Mehrheitsentscheid für die Beibehaltung oder Beseitigung der Bilder zu entscheiden; regelmäßig entschied man sich auch hier für die Ausräumung der Kirchen. Im Frühjahr 1525 folgte die Neuordnung des Gottesdienstes, auch der Abendmahls- und Taufliturgie, nach den Vorschlägen Zwinglis und seiner Mitarbeiter, vor allem des Leo Jud. Die Liturgie wurde radikal vereinfacht; nach den Bildern verschwand jetzt auch die Kirchenmusik aus dem Gottesdienst – selbst der schlichte Psalmengesang sollte erst unter dem Einfluß Calvins in den reformierten Kirchen der Schweiz Heimatrecht gewinnen. Ebenfalls 1525 kam es, nach mancherlei Vorstufen schon in den vorangegangenen Jahren, zur Einrichtung einer Art Bibelschule, der «Prophezei», die beinahe täglich Angehörige der Stadtgeistlichkeit, Chorherren, Lateinschüler der Abschlußklassen, aber auch auswärtige Gäste im Chor des Großmünsters sowie des Fraumünsters zu exegetischen Vorträgen über das Alte und Neue Testament vereinigte. Neben Zwingli selbst beteiligten sich vor allem der Hebraist Konrad Pellikan, dazu Oswald Myconius und wiederum Leo Jud, der Pfarrer der Peterskirche, an der Prophezei. Aus ihrer Arbeit ging unter anderem eine deutsche Übersetzung der Heiligen Schrift hervor, zum Teil in enger Anlehnung an den Luthertext, in den erst später von Luther übersetzten Teilen des Alten Testaments aber als ganz eigene Schöpfung. An sich stellte die Prophezei eine reformatorische Umformung der alten kanonischen Horen am Groß- und Fraumünster dar. Die beiden geistlichen Institute selbst aber fanden bereits 1525 ihr Ende, und wenig später wurden auch die Zürcher Klöster aufgelöst. Ihr Vermögen diente hinfort unter der Verwaltung des Rats dem Schul- und Armenwesen der Stadt, daneben auch anderen öffentlichen Zwecken bis hin zum Schuldendienst in den kostspieligen Kriegen der Zeit.

Einen gewissen Abschluß der staatskirchlichen Neuordnung Zürichs schließlich bedeutete die Neueinführung einer neuen Ehegerichtsordnung, ebenfalls 1525. Die Ehegerichtsbarkeit – auch in Zürich seit langem ein Zankapfel zwischen geistlicher und weltlicher Jurisdiktion – ging jetzt grundsätzlich auf den Rat über; daß neben den sechs städtischen Richtern – vier weltlichen und zwei geistlichen – vorerst auch der bisherige bischöfliche Kommissar für Ehesachen als Notar bei dem Ehegericht tätig blieb, konnte die prinzipielle Neuorientierung der Zürcher Ehegerichtsbarkeit kaum verschleiern. Hinzu kam, daß auch die materiellen Regelungen des Eherechts ziemlich einschneidende Änderungen erfuhren, vor allem durch die Preisgabe des sakramentalen Charakters der Ehe und folgerichtig die Ermöglichung der Ehescheidung, aber auch durch eine drastische Verminderung der kanonischen Ehehindernisse. Noch wichtiger war, daß das Zürcher Ehegericht alsbald weitreichende Kompetenzen eines Sittengerichts an sich zog und damit zu einem wirksamen Instrument obrigkeitlicher Sozialdisziplinierung wurde. Allerdings kam es gerade hierüber zu gewissen Differenzen zwischen Zwingli und dem Rat, in der Folge auch zwischen Zürich und anderen zur Reformation übergegangenen Städten der Schweiz. Zwar hielt man Zuchtmaßnahmen wie den Ausschluß vom Abendmahl und selbst den großen Kirchenbann, die alte excommunicatio major, für sinnvoll und letztlich unverzichtbar – Luther blieb da zeit seines Lebens aus Sorge vor neuem Machtmißbrauch in der Kirche sehr skeptisch –; wer aber letztlich über solche Zuchtmaßnahmen entscheiden solle, vor allem über den ja tief in das bürgerliche Leben eingreifenden großen Bann, war strittig. Zwingli selbst setzte sich anfänglich und noch 1525 in dieser Sache für die Eigenständigkeit der Kirchengemeinde ein, konnte sich damit aber nicht gegenüber dem Rat durchsetzen, der diese Kompetenz statt dessen beim Ehegericht fixierte, in dem er selbst den entscheidenden Einfluß hatte. Diese erneut durchaus staatskirchliche Lösung blieb auch außerhalb Zürichs nicht unwidersprochen; insbesondere Oekolampad in Basel kritisierte Zwinglis Preisgabe der Kirchenzucht an die weltliche Obrigkeit. Im Endergebnis aber setzte sich wie in Zürich, so auch in Basel und in der Mehrzahl der oberdeutschen Städte der Reformation eine durchaus obrigkeitlich-polizeiliche Prägung der Kirchenzucht durch; allerdings verzichteten die Stadtregimente in aller Regel auf die tatsächliche Anwendung des großen Banns.

Die Einzelheiten der Zürcher Reformation können hier auf sich beruhen, auch der genauere Zusammenhang des reformatorischen Geschehens mit den gesellschaftlichen Zuständen der Stadt. Hingewiesen sei immerhin auf die Tatsache, daß die Reformation in Zürich – wie übrigens auch in Bern, Basel oder St. Gallen – nicht etwa von aufbegehrenden Unterschichten vorangetrieben und durchgesetzt worden ist. Maßgebend waren vielmehr die Führungsgruppen des zünftischen Bürgertums, die auch sonst die Geschicke der Stadt bestimmten, ohne daß spezifische soziale oder wirtschaftliche Motive dieser Führungsgruppen zugunsten der Reformation erkennbar wären. Eher lassen sich derartige materielle Interessen für die ältere Oberschicht der reichen Rentenbezieher ausmachen, die der alten Kirche durch das mittelalterliche Pfründen- und Stiftungswesen besonders eng verbunden waren und wohl auch deshalb der Reformation kritisch oder überhaupt ablehnend gegenüberstanden. Indessen war der Einfluß dieser Gruppe schon vor der Reformation deutlich zurückgegangen, allenfalls beschleunigte sich dieser Prozeß jetzt.

Zur Geschichte Zwinglis und der Zürcher Reformation in der ersten Hälfte der zwanziger Jahre gehören schließlich zunehmende Interventionen der Eidgenossenschaft, ja der Beginn ihrer konfessionellen Spaltung. Im Februar 1524 entsandten die Zwölf Orte eine Kommission nach Zürich und beschuldigten die Stadt, Haß und Zwietracht in der Eidgenossenschaft zu säen; wenige Wochen später, auf einer Tagsatzung zu Luzern, erhob sich gar der gefährliche Vorwurf, die Zürcher Reformation untergrabe die Autorität jeglicher – geistlicher wie weltlicher – Ordnung. Der Zürcher Rat suchte die Gegensätze zunächst herunterzuspielen, verteidigte seinen reformatorischen Kurs dann aber doch mit Entschiedenheit, und das wiederum hatte zur Folge, daß die Eidgenossenschaft sich in der Religionsfrage zu spalten begann: Schaffhausen nahm jetzt ganz für die Zürcher Partei, andere – wie Bern und Solothurn – wollten zwar die evangelische Predigt zulassen, von sich aus aber keine kirchlichen Veränderungen vornehmen; die Inneren Orte dagegen zeigten sich entschlossen, die Reformation mit allen Mitteln zu bekämpfen. Als es im Herbst 1524 zu punktuellen Bilderstürmen und Aufruhrhandlungen von Anhängern Zwinglis und in der Folge zu Todesurteilen von seiten altgläubiger Gerichte kam, verschärften sich die Spannungen noch; zum ersten Mal rückte ein Religionskrieg innerhalb der Eidgenossenschaft in den Bereich des Möglichen.

5. Die reformatorische Bewegung vom Wormser Edikt bis zum Bauernkrieg

Wenn das Wormser Edikt vom 26. Mai 1521 nicht das Ende der causa Lutheri bedeutete, wenn vielmehr die Sache Luthers trotz Bann und Acht binnen weniger Jahre zur Reformation, zur Begründung eines eigenen reformatorischen Kirchenwesens und damit zur Sprengung der abendländischen Kirche des Mittelalters wurde, so waren dafür weithin die gleichen Gründe maßgebend, die schon den 95 Thesen und den ihnen folgenden Schriften Luthers eine so unerhörte Resonanz verschafft und auch die Behandlung der causa Lutheri vor dem Reichstag erzwungen hatten: die Erwartung und Hoffnung nämlich, daß Luthers Theologie zum Ansatzpunkt einer wirklichen Reform der Kirche an Haupt und Gliedern werden könne, und dementsprechend der politische Wille einer erheblichen Zahl von Reichsständen, die Sache Luthers wenn schon nicht offen zu unterstützen, so doch von sich aus nicht zu unterdrücken. Zwar fehlte es an solcher Unterdrückung nicht ganz; vor allem in den habsburgischen Niederlanden, aber auch in einigen anderen entschieden katholischen Territorien wie in Bayern oder im Herzogtum Sachsen kam es bald zu blutigen Verfolgungen. Der größte Teil der Reichsstände jedoch verhielt sich abwartend, und gerade diese attentistische Haltung – weniger also ein positives Engagement für Luthers Sache – war die wichtigste politische Voraussetzung der reformatorischen Bewegung bis in die Mitte der zwanziger Jahre.

Neben jener breiten, wenngleich oft diffusen Sympathie für Luthers Anliegen und dem weitverbreiteten Attentismus fürstlicher und städtischer Obrigkeiten lag eine weitere Voraussetzung für das erstaunliche Umsichgreifen der Reformation in der Abwesenheit des Kaisers, die durch das Wirken von Statthalter und Reichsregiment bei weitem nicht ausgeglichen wurde. Ohnehin erschienen dem Kaiser selbst die Fragen der großen Politik, insbesondere der Kampf mit Franz I. um Italien, vordringlicher als die effektive Bereinigung der Ketzerfrage in Deutschland. Trotz jenes eindrucksvollen Bekenntnisses Karls V. gegen Luther in Worms 1521 spielten deshalb Reich und Reformation in der kaiserlichen Politik der zwanziger Jahre nur eine marginale Rolle, und soweit der Kaiser wirklich einmal mit Entschiedenheit in die Religionspolitik des Reichs eingriff – etwa zur Verhinderung eines deutschen Nationalkonzils 1524 –, waren das kaum mehr als punktuelle Interventionen. Daß Karl V. bei alledem die innere Wucht und die Ausstrahlungskraft der Reformation Luthers verkannte, hat er erst spät, ja zu spät gesehen. Hinzuzufügen ist freilich, daß diese Unterschätzung der Reformation von seiten des Kaisers ihre genaue Parallele in der Einstellung der Kurie hatte, der die Sache Luthers allzulange bloß als lästiges Theologengezänk galt. Die Ansätze zu einer entschiedeneren Politik der Abwehr wie der inneren Erneuerung der römischen Kirche, um die sich Hadrian VI. (1522–1523) auch und gerade im Blick auf die Verhältnisse in

Deutschland bemühte, blieben wegen seines frühen Todes eine kurzlebige Episode; dem Mediceer-Papst Clemens VII. (1523–1534) war seine florentinische Hauspolitik, waren auch seine Bauten und Gemäldesammlungen allemal wichtiger als die tiefsinnige Theologie jenes merkwürdigen Augustinermönchs im grauen Norden.

Schon der Begriff der «reformatorischen Bewegung» weist darauf hin, daß es sich bei ihr grundsätzlich nicht um Vorgänge einer Einführung der Reformation durch geistliche oder weltliche Obrigkeiten handelte. Die reformatorische Bewegung der frühen zwanziger Jahre des 16. Jahrhunderts war vielmehr durch eine sozusagen inoffizielle, aber nichtsdestoweniger breite und überaus wirksame Aufnahme von Grundanliegen Luthers – in Oberdeutschland auch: Zwinglis – in den Predigten, in der Literatur und Publizistik, darüber hinaus in Musik und bildender Kunst der Zeit gekennzeichnet. Damit verbanden sich erste Änderungen im Gottesdienst und auch in den kirchlichen Lebensformen – alles aber noch ohne obrigkeitliche Sanktionierung, erst recht ohne räumlich übergreifende Ordnungen des neu entstehenden Kirchenwesens, mit erheblichen Unterschieden auch in der Lehre und Praxis einzelner Reformatoren und reformatorischer Gemeinden.

Wenn die reformatorische Bewegung vor allem eine Predigtbewegung war, so bedeutet das zunächst nichts anderes als die Tatsache, daß eine rasch wachsende Zahl von Predigern der frühen zwanziger Jahre, Mönche wie Weltgeistliche, sich der Sache Luthers zuwandte und dieser Sache durch ihre Predigt Resonanz im Volke verschaffte. Nun war diese propagandistische Funktion der Predigt an sich nicht erstaunlich. Die Predigt war ja, vor allem auf dem weithin analphabetischen Lande, von jeher eines der wichtigsten Kommunikationsinstrumente, und gerade die großen religiösen Bewegungen schon des Mittelalters waren immer wieder auch Predigtbewegungen gewesen – von der frühen Christianisierung über die Kreuzzugspredigten Bernhards von Clairvaux bis hin zu den Bußpredigten Savonarolas. Anderseits hatte die Predigt im Gottesdienst der mittelalterlichen Kirche doch keinen selbstverständlichen und sicheren Platz gefunden. Das Kernstück des Gottesdienstes war vielmehr der canon missae im engeren Sinne, d. h. das durch den Priester vollzogene Opfer am Altar; daneben war die Predigt nicht unbedingt erforderlich. Gewiß war, vor allem in den Städten, das Bedürfnis nicht nur nach der Teilhabe an den heiligen Handlungen des Gottesdienstes, sondern auch am Verständnis des Heils und seiner Bedeutung für die eigene Existenz schon längst wach geworden, und insbesondere die Bettelorden hatten darauf mit ihrer Hinwendung zur Predigt eine Antwort zu geben versucht. Darüber hinaus waren von den Bürgern der Städte des ausgehenden Mittelalters häufig eigene Predigerstellen an den Pfarrkirchen gestiftet worden. Die Kirche als solche hatte sich aber nicht zu einer grundsätzlichen Aufwertung der Predigt entschließen können. Folgerichtig blieben auch die städtischen Prädikanten gegenüber den Pfarrern, denen sie doch oft durch ihre – zumeist sogar akademische – Bildung überlegen waren, in einer durchaus abhängigen, rechtlich benachteiligten Position. Vollends auf dem Lande gab es weithin gar keine regelmäßigen Predigten im Gottesdienst. Die zumeist ungebildeten Priester oder Vikare auf dem Lande wären dazu ohnehin nicht fähig gewesen; sie mußten froh sein, wenn sie die lateinischen Worte der Liturgie mit der richtigen Betonung lesen konnten.

Wenn die reformatorische Bewegung eine Predigtbewegung war, so bedeutete das also des weiteren, daß gerade diejenigen Angehörigen des Klerus, die in besonderer Weise der geistlichen und geistigen Orientierung der Gläubigen verpflichtet waren, zu maßgebenden Trägern der reformatorischen Botschaft wurden. Offenbar empfanden gerade sie die Unzulänglichkeiten, Schwächen und Widersprüche der alten Kirche besonders stark; dazu kam wohl, daß gerade sie – im Gegensatz zu vielen Pfarrern – über relativ gute Bildungsvoraussetzungen verfügten, um zu verstehen und selbst zu artikulieren, um was es in der Reformation eigentlich ging. Darüber hinaus aber spielte sicherlich eine Rolle, daß für die Theologie Martin Luthers – und ihm folgend der Reformation – die Kirche nicht mehr primär eine Kirche des Sakraments oder gar der Bilder, sondern eine Kirche des Worts, eben vor allem der Predigt, war – fides ex auditu, der Glaube kommt aus dem Hören, wie Luther es im Anschluß an Paulus formulierte. Die reformatorische Bewegung war also schon von ihrem theologischen Ansatz her auf eine Predigtbewegung angelegt. Im übrigen brachte die Bedeutung der Predigt für die Reformation zugleich eine enorme Aufwertung des Predigerberufs mit sich: Der Prediger wurde durch die Reformation ja recht eigentlich zum Pfarrer der Gemeinde – welch ein Unterschied zu der oft spannungsgeladenen Abhängigkeit spätmittelalterlicher Prädikanten von ihren Pfarrern! Auch aus solchen Interessenlagen heraus lag der Schritt zur Reformation hinüber wohl besonders nahe.

Die reformatorische Predigt war Predigt über die Heilige Schrift, und so war die reformatorische Bewegung auch eine Bibelbewegung. Den entscheidenden Anstoß dafür gab Luther selbst, und zwar nicht nur durch seine theologische Aufwertung der Schrift, sondern auch und vor allem durch seine Bibelübersetzung, deren ersten und wichtigsten Teil, die Übertragung des Neuen Testaments, er auf der Wartburg in der erstaunlich kurzen Zeit von etwa zehn Wochen, zwischen Mitte Dezember 1521 und Ende Februar 1522, vollendete. Der Druck – bei Melchior Lotter d. J. in Wittenberg – war im September 1522 fertiggestellt; danach heißt diese erste Luthersche Bibelübersetzung das «Septembertestament». Die Arbeiten am Alten Testament nahmen dann sehr viel mehr Zeit in Anspruch, die erste Gesamtausgabe der Luther-Bibel lag 1534 im Druck vor. Schon gemessen am geringen gelehrten Handwerkszeug, das Luther zur Verfügung stand – selbst das Studium des Griechischen und erst recht des Hebräischen steckte an den deutschen Universitäten ja noch ganz in den Anfängen –, war seine Übersetzung eine philologische Leistung ersten Ranges, die dadurch nicht gemindert wird, daß er sich nach Möglichkeit des Rats gelehrter Freunde bediente. Und ihm war diese Leistung nicht in den Schoß gefallen. Schon in den Anfängen der Arbeit bekannte er: «ich hab myr furgenommen, die Biblia tzuverteutschen, das ist myr nott geweßen, ich hette sunst wol sollen ynn dem yrthumb gestorben seyn, das ich wer gelert geweßen», und in einem späteren Rückblick äußerte er über seine Mühen der Übersetzung: «es solte michs niemandt mit gunst und golde vermocht haben, ein buch tzu transferiren, wan ichs nicht umb meines Herrn Christi willen gethan hette». Der fertigen Übersetzung sieht man solche Mühe freilich nicht mehr an: Von unvergleichlichem Klang und Rhythmus, konkret und volksnah im besten Sinne des Wortes – man müsse dem Volk aufs Maul schauen, wenn man recht übersetzen wolle, hat Luther selbst gefordert –, bei alledem von genauer Reflexion über den Sinn des in der Ursprache jeweils Gemeinten bestimmt, gehört Martin Luthers deutsche Bibel zu den bedeutendsten Dokumenten der deutschen Sprache überhaupt. Luther war nicht geradezu der Schöpfer der neuhochdeutschen Schriftsprache – deren Entstehungsgeschichte hatte vielmehr schon im 14. Jahrhundert begonnen, nicht zuletzt unter dem Einfluß der deutschen Mystik; seit dem späteren 15. Jahrhundert hatten insbesondere die fürstlichen Kanzleien die Entwicklung weiter vorangetrieben. In Anknüpfung an die sächsische Kanzleisprache hat Luther das Neuhochdeutsche dann aber ungemein bereichert und zugleich dessen Vorrang im ganzen deutschen Sprachgebiet begründet; daß seine deutsche Bibel allen älteren Übersetzungen der Heiligen Schrift binnen kurzem den Rang ablief, war dafür sehr bezeichnend.

Die reformatorische Bewegung der frühen zwanziger Jahre war des weiteren eine literarisch-publizistische Bewegung. Schon Luthers Frühschriften seit den 95 Thesen hatten ja eine gewaltige Öffentlichkeitswirkung erzielt. Das setzte sich seitdem fort, und Luther blieb als Publizist seiner Sache nicht allein; vielmehr kam jetzt eine Fülle reformatorischer Schriften auf den Markt und fand reißenden Absatz. Zu den Autoren – ihrer geistigen Herkunft nach großenteils Humanisten, deren rhetorische Schulung jetzt der reformatorischen Bewegung zugute kam – gehörten nicht nur Geistliche wie Johann Eberlin von Günzburg, Erasmus Alber oder Martin Butzer, sondern auch Laien wie der Nürnberger Stadtschreiber Lazarus Spengler oder Jörg Vögeli aus Konstanz, ebenso der als Maler hervorragende Niklas Manuel Deutsch aus Bern; auch Frauen wie z. B. Argula von Grumbach und die Straßburger Bürgertochter Katharina Zell zählten zu den frühen Publizisten der Reformation. Ungeachtet manch ausführlicher Traktate handelte es sich bei dieser Publizistik überwiegend um verhältnismäßig kurze, auf die Fassungskraft einfacher Leute abgestellte Texte zumeist in deutscher Sprache; der Buchdruck hat im Dienst der frühen Reformation überhaupt zum ersten Mal in größerem Umfang in der Volkssprache produziert. Übliche Formen waren die Predigt, auch der Dialog; der Ton war oft derb, zumeist polemisch, gelegentlich satirisch, immer volkstümlich, auch zum Vorlesen geeignet. Vor allem die billigen Einblattdrucke dieser reformatorischen Publizistik scheinen in riesigen Auflagen Verbreitung gefunden zu haben, und ihre Wirkung war um so stärker, als bei ihnen sehr oft zum Text noch – als Kupferstich oder Holzschnitt – das Bild trat: veranschaulichend, das Wesentliche des Texts betonend, oft noch einmal vergröbernd, gelegentlich aber auch in tiefer Symbolik. Natürlich fehlte es an katholischer Gegenpublizistik nicht ganz, und einige dieser frühen katholischen Kontroversschriften wie etwa die Werke des Berthold von Chiemsee oder des Kaspar Schatzgeyer, auch Thomas Murners Satire vom großen lutherischen Narren, hatten durchaus theologischen oder doch literarischen Rang. Indessen fanden sie zumeist nur geringe Resonanz; die zahlreichen Auflagen von Ecks ‹Enchiridion› gegen Luther (1525) waren eine Ausnahme.

Neben den Illustrationen zu den Flugschriften standen andere Werke der bildenden Kunst im Dienst der frühen Reformation und gehörten selbst zu den Elementen dieser reformatorischen Bewegung. Der in diesem Zusammenhang wohl bedeutendste Künstler war Lucas Cranach d. Ä., dessen Wirksamkeit sich über die ganze Reformationszeit hin erstreckte. Von seinen Arbeiten aus den frühen zwanziger Jahren sind vor allem die Illustrationen zu Luthers deutscher Bibelübersetzung hervorzuheben – seit 1523 kamen dazu die Illustrationen Hans Holbeins d. J. –; daneben waren seine Porträtstiche des Reformators selbst von Bedeutung. Schon die Porträts dieser frühen Zeit zeigen in unverkennbar propagandistischer Absicht das Bildnis eines seiner Sendung bewußten Reformators; Weiterentwicklungen des Cranachschen Porträttyps, wie z. B. ein Holzschnitt von Hans Baldung Grien, stilisierten Luther durch Lichtglorie und Geisttaube vollends zum auserkorenen Werkzeug des Heiligen Geistes.

Neben der Predigt, der deutschen Bibel, der Publizistik und der bildenden Kunst war die Musik ein wichtiges Mittel der Selbstvergewisserung der frühen Reformation wie des Kampfes gegen ihre Gegner. Die wichtigste Form dieser Musik war das geistliche Gemeindelied, der Choral. Schon die Kirche des Mittelalters hatte in ihren Gottesdiensten, vornehmlich an den hohen Festen, neben dem Chorgesang des Klerus auch von Laien gesungene Lieder gekannt, vor allem die «Leisen» – zumeist kurze, in den Ruf «Kyrieleis» ausmündende Gemeindestrophen, die in die vom Klerus gesungenen Sequenzen eingefügt wurden. Daneben gab es seit dem 14. Jahrhundert Übertragungen lateinischer Hymnen ins Deutsche. In der reformatorischen Bewegung wurden diese Ansätze nun aufgenommen und zu etwas grundsätzlich Neuem fortgebildet: Der Gemeindegesang wurde zu einem Hauptbestandteil des Gottesdienstes wie überhaupt des christlichen Lebens der evangelischen Kirchen. Luther selbst hatte daran wesentlichen Anteil, vor allem durch seine – erstmaligen – Umdichtungen biblischer Psalmen zu Gemeindeliedern, z. B. «Aus tiefer Not schrei ich zu dir» (Psalm 130), sowie durch seine Hymnenübertragungen; auch das Gesangbuch als Sammlung von Kirchenliedern für den gottesdienstlichen Gebrauch der Gemeinde geht auf ihn zurück. Seine Umsetzung der Zehn Gebote und des Credo in Liedform 1524 zielte neben der Verwendung im Gottesdienst auch auf die Katechese ab; erst recht war die von ihm veranlaßte Ausgabe reformatorischen Liedguts in mehrstimmigen Figuralsätzen von Johann Walter, ebenfalls bereits 1524, für den Schulgebrauch bestimmt. Daneben standen geistliche Volkslieder wie das als Kinderlied gedachte, allerdings etwas spätere Weihnachtslied «Vom Himmel hoch, da komm ich her». Und schließlich gab es, wiederum gerade in der frühesten Zeit, auch Lieder vom Typ des später so genannten historischen Volksliedes, die in der Hauptsache und von vornherein als publizistische Propagandamittel gedacht waren und dementsprechend in der äußeren Form des Flugblatts verbreitet wurden; Luthers Loblied auf die ersten evangelischen Märtyrer von Brüssel 1523 «Ein neues Lied wir heben an» gehört dazu. Neben Luther wirkte schon in der frühen Reformationszeit eine ganze Reihe anderer Liederdichter, deren Schöpfungen bis heute ihren Platz im Gottesdienst der evangelischen Kirche behauptet haben: Paul Speratus etwa, der 1523 im Kerker für seine Gemeinde in Iglau dichtete «Es ist das Heil uns kommen her», Michael Weiße aus dem Umkreis der Böhmisch-Mährischen Brüder, Johann Agricola, Sebald Heyden aus Nürnberg, Elisabeth Cruciger, geb. von Meseritz, oder auch Nikolaus Decius in Braunschweig, der das Agnus Dei und das Gloria in excelsis der herkömmlichen Meßliturgie in die Kirchenlieder «O Lamm Gottes unschuldig» und «Allein Gott in der Höh sei Ehr» umdichtete. Die werbende Kraft der reformatorischen Lieder, mit denen zugleich ein großer, über Jahrhunderte ungebrochener Strom evangelischer Kirchenmusik zu fließen begann, war enorm; der Jesuit Conzenius meinte später, Luthers Lieder hätten «mehr Seelen umgebracht als seine Schriften und Reden».

Natürlich kam es im Zuge der reformatorischen Bewegung auch sonst zu praktischen Änderungen im Gottesdienst und in den kirchlichen Lebensformen. Wichtige Änderungen dieser Art waren die Streichung des Opfers aus dem Meßkanon, das Angebot des Abendmahls unter beiderlei Gestalt auch an die Laien, die stärkere Orientierung des Gottesdienstes auf Schriftlesung und -auslegung in der Predigt, auch erste Übersetzungen der Meßliturgie in die deutsche Sprache. Vielerorts – den Einflußbereich Zwinglis weit überschreitend, bis nach Riga hinauf – kam es darüber hinaus zur Beseitigung der Bilder aus den Kirchen, mitunter im Zuge eines tumultuarischen Bildersturms. Gerade diese Bilderstürme müssen als besonders tiefgreifende und entschiedene Wendung gegen die alte Kirche verstanden werden: Was muß in den Köpfen und Herzen der Menschen vorgegangen sein, daß man zerschlug und verbrannte, was man bisher in Andacht gestiftet und verehrt hatte? Ähnliches gilt für das weitverbreitete «Auslaufen» von Mönchen aus ihren Klöstern, auch für das oft bezeugte Aufhören der eben noch so hochgeschätzten Bruderschaften. Dazu kamen die – zuerst 1521 bezeugten – förmlichen Eheschließungen von Priestern. Wenig später gab es auch erste Neuordnungen des kirchlichen Armenwesens; sie nahmen spätmittelalterliche Ansätze zur Kommunalisierung des Armenwesens und zur Unterdrükkung des Bettels auf und bildeten sie mit neuer Entschiedenheit weiter. Alle diese praktischen Reformen blieben aber vorerst punktuell, zumeist auf den Bereich einzelner Gemeinden beschränkt, rechtlich ungesichert; auch die Wittenberger Gottesdienstreformen des Jahres 1523, vor allem die Einführung des deutschsprachigen Taufgottesdienstes, waren nur als Vorschläge gemeint. Von einem in Theologie, Recht und Liturgie einigermaßen geschlossenen evangelischen Kirchenwesen kann für diese Jahre mithin noch nicht die Rede sein.

Die reformatorische Bewegung war vornehmlich eine städtisch-bürgerliche Bewegung. Die Städte waren ja ohnehin die Zentren der geistigen und materiellen Kommunikation. Hier fanden die Prediger ihr aufmerksamstes Publikum, hier vor allem gab es ein schriftkundiges Publikum von einiger Breite, das die Publizistik der reformatorischen Bewegung rezipieren oder auch nur die Bibel lesen konnte; die Bürger der Städte waren auch am ehesten daran gewöhnt, die Gestaltung ihrer sozialen Existenz in die eigenen Hände zu nehmen – alles miteinander günstige Voraussetzungen auch für die reformatorische Bewegung. Gleichwohl wird man nicht anzunehmen haben, daß die frühe Reformation sich auf die Städte beschränkt habe. Schon die Ritterschaft, die gerade für die Frühphasen der Reformation eine nicht unerhebliche Rolle spielte, war ein im wesentlichen ländlicher Adel, und es dürfte sicher sein, daß die reformatorische Bewegung von den Sitzen des evangelischen Adels aus die bäuerliche Bevölkerung der Umgebung ergriff. Aber auch an ganz eigenständigen Optionen und Aktionen der Bauern zugunsten der Reformation fehlte es nicht. Zwar sind die schriftlichen Zeugnisse dafür nicht sehr reichhaltig, doch hat das seinen Grund gutenteils in der Dürftigkeit der schriftlichen Quellen über das bäuerliche Leben überhaupt. Um so größeres Gewicht ist deshalb den erhaltenen Zeugnissen beizulegen, und aus ihnen ergibt sich doch mit hinreichender Deutlichkeit, daß nicht selten auch Bauern und bäuerliche Gemeinden zu Trägern der reformatorischen Bewegung auf dem Lande wurden. Dabei waren gerade für sie die kirchenkritischen Momente der frühen Reformation offenbar besonders wichtig; aber auch von positiven Engagements wissen die Quellen zu berichten, z. B. von bäuerlichen Forderungen nach Laienkelch und deutschsprachiger Taufe, von der Anstellung evangelischer Prediger durch bäuerliche Gemeinden auf deren eigene Kosten oder auch von der Verteidigung evangelischer Geistlicher durch die Bauern gegen deren katholische Obrigkeiten, z. B. zu Beginn des Bauernkriegs im Erzbistum Salzburg. Mitunter wurden dörfliche Gemeinden der frühen Reformation sogar zum Stützpunkt der reformatorischen Bewegung in benachbarten Städten, so z. B. ein Dorf in der Umgebung von Braunschweig, wo der Pfarrer seinen Bauern das Abendmahl in beiderlei Gestalt reichte. In den zeitgenössischen Reiseaufzeichnungen eines altgläubigen Klosterbruders aus Paderborn hieß es dazu: «Es waren viel Bürger von Braunschweig, die auch dorthin gingen und sich auf die neue Weise mit dem Sakrament versehen ließen. Und der Rat von Braunschweig wurde des gewahr und verbot es den Bürgern. Und als ich dort war, da waren ihrer etwa 20 bis 40, die hatten sich zusammengerottet und wollten alle miteinander vor den Rat gehen und sprechen, man solle es so bestellen, daß ihnen zu Ostern auch in Braunschweig das Heilige Sakrament in beiderlei Gestalt gegeben werde, oder sie wollten zu dem Pastor da draußen gehen und sehen, wer ihnen das wehrte». Nach alledem scheint eine strikte sozialgeschichtliche Einordnung der reformatorischen Bewegung als «städtisch-bürgerlicher» – erst recht natürlich als «ländlich-bäuerlicher» – Bewegung irreführend; es kann statt dessen nur darum gehen, die Voraussetzungen, Erscheinungsformen und Folgen der frühen Reformation hier wie dort in ihren Unterschieden wie in ihren Gemeinsamkeiten zu klären. Im übrigen ist unbestritten, daß die reformatorische Bewegung insgesamt – gutenteils aus spontanen Aktionen der Bevölkerung und jedenfalls nicht aus obrigkeitlichen Anordnungen erwachsen – als «Volksbewegung» bezeichnet werden kann. Darüber sollte freilich der Anteil breiter Schichten des Volks auch an späteren reformatorischen Vorgängen nicht unterschätzt werden.

Die reformatorische Bewegung war auf vielfache Weise mit den politischen und sozialen Konflikten der Zeit verknüpft. Schon der hier durchbrechende Antiklerikalismus hatte ja deutliche politische und soziale Komponenten: in den Städten vor allem den Willen zur Vollendung der bürgerschaftlichen Selbstbestimmung gegenüber der geistlichen Jurisdiktion wie gegenüber dem privilegium fori der Geistlichen, den Willen auch zur Beseitigung der nicht seltenen gewerblichen Konkurrenz von Klöstern und einzelnen Geistlichen. Und wenn die Botschaft Luthers in Stadt und Land als Botschaft der Befreiung verstanden wurde, so nicht nur einer Befreiung von Sündenangst, sondern einer Befreiung auch von vielen materiellen Lasten, vor allem natürlich von den finanziellen Leistungen an Rom, die sich bis ins letzte Dorf bemerkbar machten. Darüber hinaus verband sich der religiöse Konflikt häufig mit politischen und sozialen Konflikten, die mit den religiösen Problemen an sich kaum etwas zu tun hatten: in den Städten mit Auseinandersetzungen um eine stärkere Partizipation der Bürgerschaft am Stadtregiment, auf dem Lande mit dem Widerstand der Bauern gegen eine Erhöhung ihrer grund- und territorialherrschaftlichen Lasten sowie – auch hier – gegen die Zurückdrängung ihrer traditionellen Selbstverwaltungsrechte; die reformatorische Bewegung war insofern weithin, in Stadt und Land, eine zugleich genossenschaftliche Bewegung. Auch der Kampf der Ritterschaft um ihren politischen und sozialen Wiederaufstieg gehört in diesen Zusammenhang einer dichten Verschlingung religiöser und materieller Motive, deren unterschiedliches Gewicht für den nachlebenden Historiker kaum des genaueren zu bestimmen ist.

Die Offenheit und Spontaneität der reformatorischen Bewegung, nicht zuletzt ihre Verbindung mit ganz anderen – politischen und sozialen – Konflikten, brachten neben viel geistigem Reichtum und Leben auch mancherlei Gefahren mit sich: Gefahren des Verlusts grundlegender Gemeinsamkeiten und des Zerfaserns, Gefahren auch der Indienstnahme für fremde Interessen. So ist es kein Wunder, daß es schon frühzeitig, auch abgesehen von den Auseinandersetzungen mit der alten Kirche, zu theologischen und kirchenpolitischen Abgrenzungen der Reformation kam. In den Zusammenhang dieser Abgrenzungen gehören insbesondere die sogenannten Wittenberger Unruhen von 1522 sowie die Auseinandersetzungen Luthers mit Müntzer 1523 bis 1525; in den weiteren Zusammenhang dieser Abgrenzungen gehört aber auch Luthers Streit mit Erasmus von Rotterdam über die Freiheit des menschlichen Willens 1524/25.

Nach dem Wormser Reichstag von 1521 war Luther persönlich auf der Wartburg in Sicherheit, die reformatorische Bewegung aber in Wittenberg war damit mehr oder minder führerlos. In dieser Situation wurde Andreas Bodenstein, gen. Karlstadt, zur treibenden Kraft der Entwicklung. Seit geraumer Zeit Professor an der Universität Wittenberg, war er bereits 1517 auf Grund eigener Augustinus-Studien zum Bundesgenossen Luthers geworden und hatte aktiv an der Leipziger Disputation mit Johannes Eck 1519 teilgenommen. Wie er schon damals die publizistische Auseinandersetzung mit den Vertretern der alten Kirche in besonderer Schärfe vorangetrieben hatte, so drang er jetzt auch in der kirchlichen und politischen Praxis auf rasche und radikale Veränderungen. Zwar glaubten Karlstadt und seine Freunde, unter ihnen vor allem der Augustiner Gabriel Zwilling, daß die Kirche auf menschliche Ordnungen grundsätzlich verzichten könne, ja müsse, um der Leitung durch den Heiligen Geist Raum zu geben. Diese spiritualistische Grundhaltung hinderte sie aber nicht, die von ihnen für nötig gehaltenen Reformen in höchst autoritärer Manier ins Werk zu setzen. Die lateinische Sprache wurde völlig aus dem Gottesdienst eliminiert, der Empfang des Abendmahls nur mehr sub utraque specie zugelassen; Priester wurden zur Heirat, Mönche und Nonnen zum Verlassen der Klöster gedrängt. Damit nicht genug, inszenierte man im Februar 1522 einen förmlichen Bildersturm; ungefähr gleichzeitig wurden wichtige Ordnungen der Stadt Wittenberg, vor allem deren herkömmliches Stiftungswesen, grundlegend verändert. Überdies nahm man Verbindung mit geistlich verwandten Gruppen in Zwickau auf, die ihrerseits unter Berufung auf göttliche Inspirationen die endzeitliche, wahrhaft reine und geheiligte Gemeinde Christi zu konstituieren gedachten. Von Aufruhr und Gewaltanwendung gegen die weltlichen Obrigkeiten, zu denen die Zwickauer sich in einem – bald gescheiterten – Aufstand gegen ihren Stadtrat hinreißen ließen, wollten Karlstadt und seine Anhänger zwar nichts wissen; faktisch aber gerieten die Verhältnisse doch auch in Wittenberg in tumultuarische Bahnen und weithin außer Kontrolle. Der Kurfürst von Sachsen scheute, des Erfolgs unsicher, vor einem entschiedenen Eingreifen zurück, ein Mandat des Reichsregiments blieb vollends unbeachtet. Da kehrte Luther – gegen den ausdrücklichen Willen seines Landesherrn – aus seinem Versteck auf der Wartburg nach Wittenberg zurück und stellte mit den berühmten Invocavit-Predigten vom 9. bis zum 16. März 1522 die Ordnung wieder her. Einige der Reformen Karlstadts wurden rückgängig gemacht, aller Glaubenszwang beseitigt; vor allem aber erteilte Luther der schwärmerischen Erwartung, das Reich Gottes auf Erden etablieren zu können, die deutlichste Absage. Seine Auseinandersetzung mit Karlstadt war damit freilich noch nicht zu Ende, zumal da Karlstadt – seit 1523 Pfarrer in Orlamünde, nach zeitweiliger Vertreibung aus Kursachsen seit 1530 in Zürich und von 1535 bis zu seinem Tode 1541 an der Universität Basel tätig – im wesentlichen an dem Sakraments- und Kirchenverständnis festhielt, das er schon 1522 in Wittenberg in die reformatorische Praxis umzusetzen versucht hatte. Luther arbeitete seine Kritik an Karlstadt 1524/25 in einer umfänglichen Schrift ‹Wider die himmlischen Propheten von den Bildern und Sakramenten› detailliert aus und vollzog damit seine definitive Abgrenzung von den theologischen Konzeptionen Karlstadts und seiner Gesinnungsgenossen.

Luthers Absage an die «himmlischen Propheten» galt zugleich und nicht zuletzt auch Thomas Müntzer. Das festzuhalten ist nicht ganz unwichtig; die grundlegende theologische Kritik Luthers an Müntzer ist nicht etwa erst unter dem Eindruck des Bauernkriegs, sozusagen aus dem Erschrecken Luthers über die ungewollten Konsequenzen seiner Reformation erfolgt, sondern Monate und Jahre zuvor. Im übrigen handelte es sich hier um einen beiderseitigen Ablösungsprozeß; ja, Müntzer hat seine Trennung von Luther sogar mit besonderer Entschiedenheit vorangetrieben.

Thomas Müntzer stammte aus einer Handwerkerfamilie in Stolberg am Südharz. Sein Geburtsjahr ist unsicher; 1506 war er Student in Leipzig, 1512 in Frankfurt/Oder. In der Folge wirkte er einige Jahre als Lehrer und Geistlicher in Mittel- und Norddeutschland, trat bereits 1518 als Parteigänger Luthers auf und wurde auf dessen Empfehlung 1520 Prädikant und dann Pfarrer in Zwickau. Müntzer war – nicht anders als Luther – von der aus eigener Kraft unheilbaren Verderbnis des sündigen Menschen und der allein Heil schaffenden Gnade Gottes überzeugt: Für den von der Erbsünde infizierten Menschen gebe es keine Möglichkeit, sich aus Eigenem vor Gott zu behaupten oder auch nur zu ihm zu retten; Hilfe und Heil komme dem an seiner Gottferne Verzweifelnden allein von Gott selbst. Jedoch verstand Müntzer dieses Heil nicht wie Luther als die im Glauben ergriffene Rechtfertigung des Sünders durch und vor Gott, sondern – im Anschluß an die deutsche Mystik des Spätmittelalters, insbesondere wohl an Johannes Tauler – als mystische Vereinigung mit Gott im «Abgrund» des menschlichen Herzens. Damit diese mystische Vereinigung geschehen könne, müsse der Mensch freilich von allen Bindungen an seine Lüste und Begierden, von aller Hingabe an die Kreaturen und an seine eigene Kreatürlichkeit freiwerden; dieses «Leerwerden» der Seele geschehe im Leiden, das der Christ in der

Nachfolge Christi auf sich zu nehmen habe. Das Dringen gerade auf solche Bereitung zum wahren Glauben war ein Kernpunkt der Predigt Müntzers. Die Rechtfertigungslehre Luthers erschien ihm von da aus als eine «unbescheidene Rede», der von den Reformatoren gepredigte Glaube ein bloß «gedichteter» Glaube, der die Leute in falscher Sicherheit wiege und das Wirken des Geistes Gottes im Herzen unmöglich mache. In Müntzers Verständnis des Kampfs der «Auserwählten» Gottes mit der von widergöttlichen Mächten beherrschten Welt verbanden sich seine mystischen Vorstellungen des weiteren mit apokalyptischen Traditionen, vor allem aus dem Umkreis des radikalen Hussitentums. Damit gewann sein Weltbild zunehmend dualistische Konturen: Die Welt mit ihren Ordnungen, nicht zuletzt mit ihren politischen und sozialen Ordnungen, erschien ihm als immer weniger reformfähig, ja schließlich nur mehr der Vernichtung würdig. Daß Luthers naturrechtlich begründete Anerkennung der weltlichen Ordnungen mitsamt seiner Anerkennung des Gehorsamsanspruchs auch nichtchristlicher Obrigkeiten in allen weltlichen Angelegenheiten, daß überhaupt Luthers Zwei-Reiche-Lehre und nicht minder seine Skepsis gegenüber aller unmittelbaren, von Schrift und Predigt gelösten Erfahrung des Heiligen Geistes für Müntzer eine halbherzige Unentschiedenheit, ja eine bösartige Widersetzlichkeit gegen den Willen Gottes darstellten, kann nicht verwundern – und ebensowenig, daß umgekehrt auch Luther und seine Wittenberger Freunde dem Wirken Müntzers mit wachsender Kritik begegneten. Indessen dauerte es doch geraume Zeit, bis der Konflikt voll zum Ausbruch kam.

In Zwickau hatte sich, vermutlich unter taboritischem Einfluß, ein Kreis religiös Erweckter gebildet, die sich auf besondere Offenbarungen und Visionen beriefen und als Gemeinde der wahren Heiligen konventikelhaft, vielleicht sogar unter Übung der Erwachsenentaufe, von der Kirche sonderten. Mit ihnen trat Müntzer in enge Verbindung und geriet darüber in heftigen Streit mit seinem Amtskollegen Johannes Wildenauer, gen. Egranus, und bald auch mit dem Rat der Stadt. Als Müntzer im Konflikt mit der Obrigkeit die Tuchknappen auf seine Seite zu bringen suchte, wurde er der Stadt verwiesen. Er ging nach Böhmen, um hier, im Umkreis des Hussitentums, für seine Ideen zu werben, fand dort jedoch noch weniger Resonanz und kehrte bereits Ende 1521 nach Deutschland zurück. Keineswegs resigniert, sah er die Ablehnung seiner Botschaft durch die Böhmen nur als halsstarriges Verharren im Unglauben und als böswillige Verachtung des Geistes. Er selbst aber fühlte sich immer gewisser in der Rolle eines gottgesandten Propheten mit dem Auftrag, die Feinde des Glaubens «in dem Geiste Eliä zu Schanden [zu] machen».

In solchen Auffassungen sah er sich nach seiner Rückkehr nach Deutschland bestätigt, und zwar in zunehmend kritischer Haltung auch gegenüber Luther. Vor allem der Ausgang der Wittenberger Unruhen schien ihm zu zeigen, daß Luther das Gebot der endzeitlichen Heiligung und Abgrenzung der wahren Kirche von allen Halbherzigen, Schwachen, Kompromißbereiten nicht wirklich ernst nehme, weil er sich an den toten Buchstaben der Schrift statt an die lebendige Kraft des Geistes halte. Gleichwohl begnügte Müntzer sich zunächst mit einem besorgten Brief an Melanchthon und vermied vorerst eine öffentliche Auseinandersetzung mit den Wittenbergern.

Im März 1523 in das Pfarramt der kursächsischen Exklave Allstedt berufen, wirkte Müntzer alsbald mit Hingabe und Erfolg für eine konsequente Reformation seiner Gemeinde, wie er sie verstand: durch eine intensive Predigt- und Seelsorgetätigkeit, die ihm über Allstedt hinaus beträchtlichen Einfluß verschaffte, auch durch die Neuordnung des gottesdienstlichen Lebens, nicht zuletzt durch die Neufassung und – überhaupt erstmalige – Verdeutschung der gesamten Liturgie. Bei alledem traten freilich auch die spiritualistischen Züge seines Denkens immer deutlicher hervor und verstärkten sich wohl auch noch. Wenn es ihm z. B. bei seiner Verdeutschung des lateinischen Meßformulars oder des Psalters nach eigenem Bekunden vor allem darum ging, die Leute davon abzubringen, den – unverstandenen – Worten des lateinischen Texts sozusagen magische Kraft beizulegen, so suchte er dieses Ziel doch nicht etwa durch eine möglichst genaue Übersetzung zu erreichen; er lehnte es ausdrücklich ab, «menlein kegen menlein zu mahlen». Vielmehr komme alles darauf an, den Geist Gottes in den Texten zum Sprechen zu bringen – in seiner eigenen Formulierung: Er habe «in unvorrugklicher geheym des heyligen geists vordolmatzscht die psalmen, mehr nach dem sinne dan nach den worten». Im übrigen war in Müntzers Dolmetschen und Predigen mit seinem oft genug absonderlichen Vokabular eine suggestive Rhetorik am Werke, die tiefgehende und heftige Emotionen zu erwecken, ja ihre Zuhörer zu fanatisieren verstand.

Im Sommer 1523 fand es Müntzer an der Zeit, sein Verhältnis zu den Wittenberger Reformatoren in direktem Kontakt zu klären. Er schrieb an Luther und distanzierte sich von Mißdeutungen seiner eigenen Lehre – übrigens auch von den Zwickauer Propheten –, betonte aber zugleich seine persönlichen Offenbarungen als Bestätigung seiner Wirksamkeit durch den Heiligen Geist und bekannte sich im übrigen – natürlich – zur Notwendigkeit durchgreifender und rascher Erneuerung der Christenheit. Ohne die eigenen Auffassungen zu verleugnen, bemühte sich Müntzer solcherart doch um die Anerkennung Luthers; offensichtlich fühlte er sich noch immer der Reformation zugehörig. Luther antwortete nicht persönlich; statt dessen erhielt Müntzer eine Einladung zu einer theologischen Aussprache mit den Wittenbergern. Das wiederum lehnte Müntzer ab und begehrte statt dessen, wohl um der gefährlichen Tendenz zu einer Art Verhör entgegenzuwirken, eine öffentliche Diskussion, die ihrerseits bei den Wittenbergern auf nur wenig Gegenliebe stieß. Daraufhin zog Müntzer gegen Jahresende die Konsequenz der offenen Konfrontation. In seiner ‹Protestation oder Empietung Tome Müntzers [...] seine lere betreffend und zu anfang von dem rechten christenglawben und der tawffe› warf er Luther vor, durch das Festhalten an dem «vihischen affenspiel» der Kindertaufe wie durch seine mannigfaltigen Kompromisse mit der Welt das Wirken des Heiligen Geistes eher zu hemmen als zu fördern; die Reformation Luthers stelle selbst nur den letzten Akt des seit der Urchristenheit zu konstatierenden Verfalls der Kirche dar. Auf der anderen Seite gelangte jetzt auch Luther zu entschiedener Verurteilung des Allstedters, den er nun eindeutig dem «Schwärmertum» zuordnete, mit dem er schon 1522 in Wittenberg zu tun bekommen hatte – mit einer unheilvollen Verfälschung des Evangeliums, mit einer neuen spiritualistischen Gesetzlichkeit, mit der Gefährdung auch jeder weltlichen Ordnung. Kirchenpolitisch begnügte sich Luther einstweilen jedoch damit, seine Landesherren nachdrücklich vor dem «aufrührischen Geist» zu warnen.

Ungeachtet des sich verschärfenden Konflikts mit den Wittenbergern hatte es Müntzer in Allstedt vor allem und sehr konkret mit Gegenpositionen der alten Kirche zu tun, mit dem Frauenkloster Neuendorf nämlich und einer zum Kloster gehörigen Marienkapelle vor den Toren des kursächsischen Allstedts. Müntzer wetterte gegen die Kapelle als eine «Spelunke» und gegen die Verehrung des Marienbilds als «offenbarliche abgotterey». Solche Reden, vielleicht verstärkt durch den Unmut über die nach wie vor an das Kloster zu zahlenden Abgaben, trugen ihre Früchte: Am Gründonnerstag 1524 ging die Kapelle in Flammen auf. Verständlicherweise und auch rechtlich ganz korrekt wandte sich die Äbtissin des Klosters um Schutz und Rechtshilfe an den sächsischen Kurfürsten. Dieser nun ging zwar nicht gerade mit Entschiedenheit gegen die Allstedter vor – sein zuständiger Amtmann, der von der Gewalt der Müntzerschen Predigt selbst nicht unberührt gebliebene Schösser Zeiß, warnte seinen Landesherrn vor allzu deutlicher Parteinahme für das Kloster, um nicht etwa offenen Aufruhr zu provozieren. Trotzdem entwickelte sich aus dem Streit mit den Klosterleuten doch ein langwieriger und zäher Konflikt auch mit der Landesherrschaft, insbesondere mit Herzog Johann, dem jüngeren Bruder und Mitregenten des Kurfürsten, dem Friedrich die Behandlung der unerquicklichen Angelegenheit übertragen hatte. Im Frühsommer 1524 kulminierte dieser Konflikt trotz aller Beruhigungsversuche des Schössers in einem offenen Bündnis der «Auserwählten» von Allstedt mit mehreren hundert Mansfelder Bergknappen, die «mit aufgerakten fingern» schworen, zum Schutz derer, «so dem evangelio anhengig», Leib und Leben einzusetzen. Damit sagte Müntzer seiner Obrigkeit zum ersten Mal, wenngleich vorerst in defensiver Absicht, den offenen, aktiven Widerstand an.

Die Reaktion der Landesherrschaft war von der Unabgeschlossenheit ihres politischen Urteils über Müntzer bestimmt. Zwar wurde den Allstedtern ihr ungebührliches Betragen verwiesen, aber es gab keine Strafaktionen, und im übrigen wies Herzog Johann seinen ungebärdigen Prediger an, nach 14 Tagen vor ihm selbst zu predigen. Offenbar wollte sich der Herzog ungeachtet der Warnungen Luthers persönlich eine Vorstellung machen und wählte dafür die Form nicht eines Verhörs, sondern eben einer Predigt – mit allen Möglichkeiten für den Prediger, seine Auffassungen frei und anhand eines selbst gewählten biblischen Texts darzulegen. Müntzer folgte der Aufforderung in seiner sogenannten Fürstenpredigt über das zweite Kapitel des Propheten Daniel; der Herzog und sein Sohn, der spätere Kurfürst Johann Friedrich, waren anwesend. Weit davon entfernt, sich auf unbestritten gemeinreformatorische Positionen zurückzuziehen, nutzte Müntzer die Gelegenheit vielmehr zu einem eindringlichen Appell an die christliche Obrigkeit, in diesen Tagen der anbrechenden Endzeit auf ihn, Müntzer, als den Propheten Gottes – den neuen Daniel – zu hören, mit der Schärfe des Schwerts gegen jede Abgötterei vorzugehen und die Herrschaft Gottes im Lande zur Geltung zu bringen: «Der wil das regiment selbern haben, dem alle gewalt ist gegeben im hymmel und auff erden». Wenn Luther lehre, daß die Aufgabe der Obrigkeit sich grundsätzlich auf die Wahrung des äußeren Friedens beschränke, so sei das eine böse Irrlehre; «bruder mastschwein» und «bruder sanfftleben», wie er den Reformator titulierte, habe weder die Fähigkeit noch die Berufung zu einer solchen Verkürzung des göttlichen Amts der Fürsten. Niemand könne jetzt noch die Rolle eines passiven Zuschauers spielen, und wenn die Fürsten nicht handelten, werde das Volk selbst es tun; die armen Leute und Bauern erkennten den Geist Gottes ohnehin schon viel sicherer. Als Vorbild der neuen Gemeinschaft der Auserwählten im Geist aber wies Müntzer auf die urchristliche Gemeinde hin – eine Gemeinde, in der es weder Eigentum noch gesellschaftliche Rangunterschiede gegeben habe.

In der neueren Forschung – und nicht nur von marxistischer Seite – ist die Fürstenpredigt Müntzers mitunter als ein im Kern sozialrevolutionäres Programm interpretiert worden, das durch die Rede von Kirche und Geist nur eine herkömmliche theologische Einkleidung erfahren habe. Das dürfte jedoch eine anachronistische Verfremdung des Texts und seines Autors sein, der ein konsequenter Reformator der verderbten Kirche, ein Prophet Gottes sein wollte und sonst nichts. Daß eine solche Reformation und schon der Weg zu ihr nach Müntzers Vorstellungen und Wünschen auch einschneidende Veränderungen der politischen und sozialen Verhältnisse mit sich bringen würde, kann freilich nicht zweifelhaft sein. Gerade die Fürstenpredigt rückte diese Aspekte mit aller wünschenswerten Deutlichkeit ins Licht.

Die von Müntzer erhoffte Resonanz bei den Landesfürsten blieb aus. Statt dessen wurde er, wie auch einige städtische und landesherrliche Amtsträger von Allstedt, kurz darauf zu einem Verhör nach Weimar eingeladen und erhielt anschließend eine Reihe von Auflagen, die seiner Wirksamkeit für die Zukunft enge Grenzen zogen. Dazu gehörte insbesondere die amtliche Vorzensur aller seiner künftigen Publikationen, die in praxi von niemand anderem als von den Wittenberger Universitätstheologen hätte ausgeübt werden können. Wollte Müntzer seine Sache nicht preisgeben, so blieb ihm danach nur der Schritt zu offener Empörung – oder er mußte aus Allstedt weichen, um sich einen neuen Wirkungskreis zu suchen. Er wählte vorerst die zweite Alternative; noch im August 1524 verließ er die Stadt.

Der unmittelbare politische Konflikt mit der Landesherrschaft fand damit sein vorläufiges Ende, zumal Müntzer das kursächsische Territorium überhaupt räumte und sich nach Mühlhausen/Thüringen begab, das als Reichsstadt der sächsischen Landesherrschaft nicht unterstand. Um so schärfer und gereizter aber wurden jetzt seine literarischen Angriffe auf Luther, den «vergifftigen schwartzen kulckraben», und die anderen Wittenberger Theologen, jene «bößwichtischen ertzheuchler», die ihm, Müntzer, das Zeugnis des Geistes bestritten. Und auch die sächsischen Fürsten wie überhaupt das Fürstentum erschienen ihm nun als Werkzeug des Satans: Aus Gottesfeindschaft der Menschen und göttlichem Zorn über die Sünde entstanden, hätten die Fürsten ihre eigene Herrschaft an die Stelle der Herrschaft Gottes gesetzt und verhinderten auch jetzt in Eintracht mit den gottlosen Schriftgelehrten das Durchdringen der Wahrheit. Das eigentliche Opfer dieser zur Tyrannei entstellten Herrschaft aber sei der gemeine Mann, der mit seiner mühseligen Arbeit den «ertzgottlosen Tyrannen den halß gefüllet» habe: «Und sie predigen unverschempt, der arm man soll sich von den tyrannen lassen schinden und schaben». Folgerichtig kündigte Müntzer aller fürstlichen Herrschaft den bevorstehenden Untergang an; an ihre Stelle werde in dem jetzt anbrechenden Gottesreich eine Herrschaft des Volkes selbst treten – freilich des vom Heiligen Geist erleuchteten und geleiteten Volkes, mehr eine Theokratie also als eine Demokratie. Ob der gemeine Mann wirklich so frei von kreatürlichem Eigennutz war, wie es Müntzer von den wahrhaft Gläubigen und erst recht als Legitimation des Sturzes der Fürsten durch das Volk verlangte, blieb allerdings höchst fraglich und wohl auch für Müntzer selbst ein Anlaß zu Unsicherheit und Selbstzweifel.

Auch in Mühlhausen entstanden bald schwere Konflikte. Unabhängig von Müntzer hatte sich hier seit geraumer Zeit eine politische und soziale Opposition gegen Amtsmißbräuche und Arroganz der städtischen Obrigkeit herausgebildet; wir kennen solche oppositionellen Bewegungen und ihr Umschlagen in einen offenen Konflikt aus vielen Städten der Zeit. Ihren besonderen Charakter aber bekamen die Mühlhauser Geschehnisse dann doch wieder durch Müntzer, der die Auseinandersetzung auf die Ebene des Streits um Göttlichkeit oder Widergöttlichkeit des Regiments hob. Die Einbeziehung der armen Vorstadtbevölkerung in den Konflikt bewirkte eine weitere Verschärfung, nicht minder der – allerdings gescheiterte – Versuch, auch die Bauernschaft des Umlandes zu mobilisieren. Neben Müntzer scheint bei alledem sein Mitprädikant Heinrich Pfeiffer eine besonders aktive Rolle gespielt zu haben; Müntzer selbst wirkte anscheinend mehr durch seine theologischen Begründungen und Zielsetzungen der Aktionen. Gerade jene Verschärfung führte nun aber zum Zusammenschluß aller Gegner des Aufstands. Der Rat entschloß sich zu energischem Vorgehen, der

Tumult brach zusammen; Müntzer mußte – wie auch Pfeiffer – die Stadt verlassen, kaum sieben Wochen, nachdem er sein Amt angetreten hatte.

In den folgenden Monaten führte Müntzer ein unstetes Leben, dessen schwierige Bedingungen ihn jedoch nicht hinderten, seinen publizistischen Kampf gegen Luther in noch gesteigerter Polemik fortzusetzen. Für die Zukunft entscheidend wurde dann, daß er gegen Ende des Jahres 1524 über Basel in den Klettgau und Hegau zog und hier Verbindungen zu den aufständischen Bauern anknüpfte. Offenbar sah Müntzer in dem Aufstand der Bauern den ersten Akt des endzeitlichen Umsturzes, den er so sehnsüchtig erwartete. Damit begann sich sein Schicksal mit dem des Bauernkriegs zu verknüpfen, und diese Verknüpfung wurde noch enger, als es ihm im Februar 1525 gelang, nach Mühlhausen zurückzukehren. Seitdem wurde er zu einer zentralen Figur des Bauernkriegs in Mitteldeutschland, dessen Ausgang auch für ihn persönlich zur Katastrophe werden sollte.

Von ganz anderem Zuschnitt als Luthers Auseinandersetzung mit Müntzer war sein Streit mit Erasmus um die menschliche Willensfreiheit. Den Hintergrund des Streits bildete zum einen das enge Mit- und Ineinander von Humanismus und Reformation seit etwa 1519, das den Humanismus in den Augen der altkirchlichen Autoritäten zunehmend verdächtig machte; jedenfalls wünschte man je länger desto dringlicher eine klare Option gerade von seiten des Erasmus, von dem man ja wußte, daß er der Sache Luthers zumindest anfänglich mit Sympathie gegenübergestanden hatte. Erasmus aber konnte dieses Ansinnen um so weniger ablehnen, als mittlerweile viele seiner Anhänger voll zur Reformation gestoßen waren, einige andere sich aber ganz von ihr abgekehrt hatten und er, Erasmus selbst, in Gefahr geriet, seinen Einfluß hier wie dort zu verlieren. Zum anderen gehörte zur Vorgeschichte des Streits, daß es schon seit geraumer Zeit – ungeachtet mancher freundlicher Äußerungen hinüber und herüber – doch recht prinzipielle Gegensätze zwischen Luther und Erasmus gab. Diese Gegensätze bezogen sich nicht nur auf das reformatorische Vorgehen Luthers, insbesondere auf die schonungslose Öffentlichkeit dieses Vorgehens – so gewiß Erasmus gerade diese breite Öffentlichkeit mit all ihren Gefahren unabsehbarer Beunruhigungen des Volks zuwider war; sie bezogen sich vielmehr auf die Sache selbst. Luther hatte schon 1516 an Erasmus dessen semipelagianisches Festhalten an einer gewissen Verdienstlichkeit der menschlichen Werke kritisiert. Umgekehrt fürchtete Erasmus, daß Luthers Betonung der allein rechtfertigenden Gnade Gottes die moralische Verantwortlichkeit des Menschen gefährde; diese Verantwortlichkeit aber war ein Grundelement seines eigenen Reformprogramms.

1524 konnte sich Erasmus der Auseinandersetzung nicht länger entziehen. Daß er in seiner Diatribe ‹De libero arbitrio› zum eigentlichen Streitpunkt nicht die Frage von Papst und Konzilien oder die Buß- oder Sakramentenlehre erkor, sondern eben die Frage der Willensfreiheit, entsprach den

Wünschen der Kurie und der ihn drängenden katholischen Fürsten nicht sehr, um so besser aber seinen eigenen, in diesem Punkte wirklich festen Überzeugungen; denn wie könne der Mensch für seine Taten verantwortlich sein, wenn er gar nicht die Freiheit habe, so oder anders zu handeln? Nun war Erasmus natürlich gebildet genug, um zu wissen, daß auch die Bejahung der Willensfreiheit sehr schwierige theologische Konsequenzen hatte; denn was wäre ein Gott, der nicht alles in allem wirkt? Und was wäre der Mensch, der Gott seine Kriterien der Gerechtigkeit aufzuzwingen vermöchte? Um solcher Konsequenzen willen gab es bei älteren und neueren Lehren der Kirche und selbst in der Heiligen Schrift sehr unterschiedliche Aussagen über die Freiheit des menschlichen Willens, und auch das wußte Erasmus sehr gut. Um so merkwürdiger ist, daß er sich auf diese große Tradition theologischen Streits in seiner Diatribe kaum einließ und sich im Grunde damit begnügte, neben dem Heilswillen Gottes den menschlichen Willen als «Zweitursache» der Erlangung des Heils zu behaupten. Im übrigen zog er sich auf Positionen theologischer Skepsis und kirchlichen Autoritätsglaubens zurück. Feste theologische Behauptungen seien ihm so zuwider, schrieb Erasmus, daß er geneigt sei, sich «auf die Seite der Skeptiker zu begeben, wo immer es durch die unverletzliche Autorität der Heiligen Schrift und die Entscheidungen der Kirche erlaubt ist, denen ich meine Überzeugung überall gern unterwerfe, ob ich nun verstehe, was sie vorschreibt, oder ob ich es nicht verstehe». Daß Erasmus damit seinen Willen bekundete, sich keinesfalls von der alten Kirche zu lösen, war ohne weiteres deutlich, weniger deutlich war dagegen der Sinn seines Bekenntnisses zu theologischer Skepsis. Stand hier der Wunsch im Hintergrund, Luther in der so schwierigen Frage der Willensfreiheit auch seinerseits zur Anerkennung letzter, vielleicht unvermeidlicher Widersprüche seines eigenen theologischen Denkens zu bewegen und damit doch noch einmal eine Brücke im Glaubensstreit zu schlagen? Es fehlt in Erasmus' Diatribe nicht ganz an Hinweisen auf eine solche Vermittlungsbereitschaft, und sie würde auch sonst zur kirchenpolitischen Linie des Erasmus passen. Wie dem aber auch sein mochte: Luther nahm die Schrift des Erasmus nicht als Bemühen um Verständigung, sondern als Kampfansage, und schlug unbarmherzig zurück. Seine Schrift ‹De servo arbitrio› (1525) bekannte sich zunächst nachdrücklich zur Eindeutigkeit und Klarheit der Heiligen Schrift in ihrer Bezeugung der Heilstat Gottes in Christo: «Der Heilige Geist ist kein Skeptiker». Zur Thematik der Willensfreiheit selbst aber hielt Luther mit Schärfe daran fest, daß es eine Freiheit des Menschen jedenfalls in Dingen des Heils nicht geben könne. Dabei spielte – wie schon bei Augustinus – das Bekenntnis zur Erlösungstat Christi eine entscheidende Rolle: «Wenn wir glauben, daß Christus die Menschen durch sein Blut erlöst hat, so werden wir gezwungen zuzugeben, daß der ganze Mensch verloren gewesen ist; anderenfalls werden wir Christus entweder überflüssig oder zum Erlöser des geringsten Teiles des Menschen machen, was gotteslästerlich und frevlerisch ist». Dem Widerspruch zwischen Gottes Allwirksamkeit und seinem Heilswillen schließlich suchte Luther durch die Unterscheidung des verborgenen und geoffenbarten Gottes beizukommen: «Das betreibt der gepredigte Gott, daß Sünde und Tod beseitigt und wir gerettet werden [...] Dagegen der in seiner Majestät verborgene Gott beklagt weder den Tod noch hebt er ihn auf, sondern er wirkt Leben, Tod und alles in allem. Denn da hat er sich durch sein Wort nicht definiert, sondern hat sich selbst die Freiheit über alles vorbehalten». Der Glaubende aber solle und müsse sich nicht an den deus absconditus halten, sondern an den geoffenbarten, an den deus incarnatus, an den gekreuzigten Christus; er sei es, auf den allein der Mensch sein Hoffen werfen solle und dürfe.

Die mit alledem manifest gewordene Trennung zwischen Erasmus und Luther, vor allem die – mit welchen Vorbehalten auch immer versehene – Option des Erasmus für die alte Kirche, war von weittragender Bedeutung: Wer von den deutschen Humanisten sich künftig zur Reformation bekennen wollte, konnte dies nicht mehr einfach in der Konsequenz seines Humanismus tun, sondern nur im Gegensatz zu Erasmus, und wer von den Humanisten sich im Glaubensstreit auf die Seite der römischen Kirche schlug, hatte dafür die Autorität des Erasmus auf seiner Seite; das selbstverständliche Mit- und Ineinander von Humanismus und Reformation war zu Ende. Zugleich aber erwies der Streit zwischen Erasmus und Luther, daß der Humanismus nicht in der Lage war, sich im Glaubensstreit ober- oder außerhalb der kirchlichen Parteien zu behaupten. Die Wucht der religiösen Auseinandersetzung war zu groß, als daß der Humanismus sich auf die Dauer als dritte Kraft hätte formieren können; vielmehr wurde er selbst konfessionell gespalten. Zwar handelte es sich bei alledem um Konsequenzen, die nicht sogleich 1525 voll wirksam wurden. Theologisch und kirchenpolitisch vermittelnde Positionen des Humanismus haben auf katholischer wie auf evangelischer Seite noch jahrzehntelang – selbst über die Religionsgespräche der beginnenden vierziger Jahre hinaus – ihre Bedeutung gehabt. Indessen handelte es sich bei alledem doch nur mehr um Nebenstränge, überdies um allmählich sich verlierende Nebenstränge des Geschehens; im ganzen verlief die Entwicklung doch in den Bahnen, die der Streit des Erasmus mit Luther über die Willensfreiheit 1524/25 vorgezeichnet hatte. Im übrigen war das Verhältnis des Erasmus zur alten Kirche auch in der Folge nicht ungetrübt; daß nicht wenige Werke des großen Humanisten jahrhundertelang auf dem römischen Index der verbotenen Bücher gestanden haben, ist dafür ein bezeichnender Beleg.

Der Siegeszug der reformatorischen Bewegung der frühen zwanziger Jahre mochte manchem Zeitgenossen wohl unwiderstehlich erscheinen. Indessen fehlte es doch nicht an Überzeugungen und Interessen, die für ein Verharren bei der alten Kirche sprachen, und je deutlicher die reformatorische Bewegung nicht nur auf eine Reform der alten Kirche, sondern auf die Trennung von ihr hinauslief, desto entschiedener mußten sich jene Überzeugungen und Interessen zu aktivem Widerstand verdichten. Freilich war das ein Klärungsprozeß, der erst allmählich in Gang kam, zumal die Reformatoren selbst sich nachdrücklich – und aus Überzeugung – gegen den Vorwurf der Trennung von der römischen Kirche wehrten. Gleichwohl gab es schon frühzeitig, im unmittelbaren Anschluß zumindest an das Wormser Edikt, kräftige Kristallisationskerne altkirchlichen Widerstands, insbesondere bei einigen katholischen Landesfürsten. Neben der habsburgischen Regierung in den Niederlanden gehörten zu diesen dezidierten Gegnern schon der frühen Reformation vor allem Herzog Georg von Sachsen, Kurfürst Joachim I. von Brandenburg und die bayerischen Herzöge Wilhelm und Ludwig. Sehr viel Erfolg hatte diese Politik einer frühen Gegenreformation allerdings nicht; im Grunde gelang es nur den Bayern, das Umsichgreifen der Reformation in ihren Territorien einigermaßen zu unterbinden. Die bayerischen Herzöge bemühten sich überdies von vornherein nicht nur um die Abwehr der Reformation, sondern zugleich um die innere Reform der katholischen Kirche. Gerade dieses Miteinander katholischer Reform und Gegenreformation wurde langfristig zu einem der wichtigsten Momente katholischer Selbstbehauptung im Glaubensstreit.

Den Anfang einer aktiv antireformatorischen Politik Bayerns bildete die Grünwalder Konferenz der Herzöge Wilhelm und Ludwig im Februar 1522. Schon das hier beschlossene kirchenpolitische Programm suchte die Mobilisierung der landesfürstlichen Gewalt gegen Luther mit Impulsen für eine innerkatholische Reform zu verbinden – letzteres sogar vorrangig. So folgten einem antireformatorischen Religionsmandat vom März 1522 alsbald intensive Verhandlungen mit Erzbischof Matthäus Lang von Salzburg, um einen Reformkonvent der zur Salzburger Kirchenprovinz gehörenden Bischöfe unter herzoglicher Beteiligung zustande zu bringen. In der Tat kam es Ende Mai 1522 in Mühldorf zu einer derartigen Zusammenkunft. Die dort beschlossenen Reformen – u. a. eine Generalvisitation, auch die Abhaltung einer Provinzialsynode – blieben indessen unausgeführt, und zwar nicht nur wegen der Gleichgültigkeit der Bischöfe, sondern auch und vor allem wegen ihrer seit langem schwelenden Spannungen mit der landesfürstlichen Verwaltung. Daß die Bischöfe die Erfüllung der herzoglichen Reformforderungen von der Erledigung ihrer eigenen Beschwerden gegen die herzogliche Regierung abhängig machten, war dafür symptomatisch. Trotz der wachsenden Bedrohung durch die Reformation erwiesen sich die alten Konflikte zwischen geistlicher und weltlicher Gewalt als vorerst unüberwindbar. Die Herzöge waren allerdings nicht bereit, sich mit dieser Situation abzufinden. Vielmehr bemühten sie sich, und zwar unmittelbar in Rom, um den Ausbau ihres landesherrlichen Kirchenregiments, um mit dessen Hilfe die Dinge selbst in die Hand nehmen zu können. Sie hatten damit auch Erfolg. Als Ergebnis der Verhandlungen, die Johannes Eck in herzoglichem Auftrag 1523/24 mit der Kurie führte, ergingen mehrere päpstliche Privilegien, die den bayerischen Herzögen nicht nur den Anspruch auf beträchtliche Steuerleistungen des Klerus, sondern auch die Befugnis zur Visitation der bayerischen Klöster sowie eine mit der bischöflichen Jurisdiktion konkurrierende Strafgerichtsbarkeit über den Klerus zugestanden. Später wurde den Herzögen zusätzlich das Recht zur Verleihung zahlreicher Pfründen in den sogenannten «päpstlichen Monaten» überlassen, deren Besetzung an sich dem Papst zustand. Natürlich brachten diese Privilegien eine für die Kirche selbst nicht unproblematische Steigerung des herzoglichen Einflusses auf die Kirche; sie bedeuteten aber doch vor allem, daß die Herzöge recht wirksame Instrumente für ihre Politik einer katholischen Reform und Gegenreformation in die Hand bekamen. Im übrigen sollte sich die durch die römische Mission Ecks 1523/24 begründete enge Kooperation Bayerns mit der Kurie als ein sehr dauerhaftes und folgenreiches Element der deutschen und europäischen Politik erweisen.

Den nächsten wichtigen Schritt der bayerischen Religionspolitik brachte der Regensburger Konvent im Juni/Juli 1524, auf dem sich die bayerischen Herzöge mit Erzherzog Ferdinand, dem Erzbischof von Salzburg und einigen anderen süddeutschen Fürsten auf ein antireformatorisches Bündnis und zugleich – vor allem wiederum auf bayerisches Drängen – auf einen Maßnahmenkatalog innerkirchlicher Reformen einigten. Die Widerstände gegen wirklich einschneidende Reformmaßnahmen, nicht zuletzt von seiten der Bischöfe, konnten freilich auch jetzt nur in ersten Ansätzen überwunden werden, und auch dem antireformatorischen Programm des Regensburger Bündnisses blieb ein durchschlagender Erfolg versagt. Überdies vollzog die bayerische Politik kurz darauf, um dem zunehmenden politischen Gewicht Erzherzog Ferdinands im Süden des Reichs entgegenzuwirken, eine entschieden antihabsburgische Wendung, die – obzwar von Papst Clemens VII. unterstützt – den religionspolitischen Initiativen Bayerns über die Grenzen des Herzogtums hinaus enge Grenzen zog. Erst der grundsätzliche Ausgleich mit den Habsburgern in den dreißiger Jahren sollte hier neue Handlungsräume eröffnen, in denen Bayern dann wiederum und auf Dauer, wenngleich immer wieder in begrenzten Konflikten auch mit der kaiserlichen Religionspolitik, zum politischen Zentrum des Widerstands gegen die Reformation in Deutschland wurde.

6. Soziale Konflikte: Ritterschaftsbewegung und Bauernkrieg

Das frühe 16. Jahrhundert war durch eine Vielzahl sozialer Spannungen gekennzeichnet, und zwar durch alle Stände hindurch. In der Spätzeit Kaiser Maximilians war es zu einer Fülle innerstädtischer Auseinandersetzungen gekommen; die bäuerlichen Aufstände des ausgehenden 15. und beginnenden 16. Jahrhunderts hatten zunehmende, krisenhafte Spannungen auf dem Lande aufgezeigt. Dazu kam jetzt, 1522/23, die Ritterschaftsbewegung des

Franz von Sickingen; ihr folgte schon zwei Jahre darauf die ungleich tiefere Erschütterung des großen deutschen Bauernkriegs.

Die deutsche Ritterschaft befand sich in den ersten Jahrzehnten des 16. Jahrhunderts in einer wenig beneidenswerten politischen und sozialen Lage. Die Intensivierung der fürstlichen Staatlichkeit, das Vordringen bürgerlicher Juristen an die Schaltstellen der neuformierten territorialen Verwaltungen, auch der Wandel des Kriegswesens, der den ritterlichen Einzelkämpfer überflüssig machte, nahmen der Ritterschaft einen Großteil ihrer traditionellen Funktionen in der Gesellschaft. Hinzu kam, daß sich die Ritter, soweit es eben ging, ihrer Einbindung in die Institutionen der Reichsreform versagt hatten. Die neu begründete Steuerpflicht des Reichs lehnten sie ohnehin mit Berufung auf die herkömmliche Steuerfreiheit des Adels ab; aber auch sonst empfanden sie die neuen oder doch neu verfestigten Reichsinstitutionen als Einschränkung ihrer herkömmlichen Freiheit. So blieben sie sozusagen außerhalb der Reichsverfassung, vor allem: nicht auf den Reichs- und Kreistagen vertreten und damit gutenteils von den politischen Entscheidungen des Reichs ausgeschlossen. Das war eine prekäre Lage, und dies um so mehr, als gleichzeitig die großen Landesfürsten den Adel stärker in die Territorialverfassung einzubinden und damit ihrer Landeshoheit unterzuordnen suchten. Wollten die Ritter dieser Gefährdung ihrer Selbständigkeit entgehen, so mußten sie entweder eine existenzsichernde Einbindung in das Verfassungsgefüge des Reichs anstreben oder aber die sich verfestigenden territorialen Strukturen des Reichs aufzubrechen suchen, um sich aus eigener Kraft zu behaupten und durchzusetzen. Die Ritter – oder doch ein Teil der Ritterschaft – wählte zunächst den zweiten Weg, in Konfrontation vor allem mit dem geistlichen Fürstentum; die zentrale Figur dieser Ritterschaftsbewegung war Franz von Sickingen (1481–1523).

Sickingen stammte aus einer Ritterfamilie im Kraichgau und hatte einen weitgestreuten Besitz geerbt, der ihn mit dem Adel auch anderer Landschaften in Verbindung brachte. Er war als Fehdeunternehmer so erfolgreich, daß er seit etwa 1515 eine selbständige politische Kraft der Reichspolitik darstellte. Selbst die Reichsacht, in die er wegen seiner Fehden zeitweilig geriet, konnte ihm nicht viel schaden – keiner der Reichsstände riskierte die Vollstreckung der Acht. 1517 trat er überdies als Truppenführer und Feldherr in die Dienste Kaiser Maximilians, ohne sich deshalb von weiteren Fehdezügen – u. a. gegen Lothringen, Pfalz und Hessen – abhalten zu lassen; 1519 war er wesentlich an der Vertreibung Herzog Ulrichs aus Württemberg beteiligt. Auch seine militärische Präsenz während der Kaiserwahl von 1519 darf nicht unterschätzt werden. Sein Dienst als Condottiere Karls V. auf dem niederländischen Kriegsschauplatz 1521 endete zwar mit einem Mißerfolg und der Ungnade des Kaisers; sein Prestige bei den Standesgenossen wie bei den Reichsständen in Deutschland wurde dadurch aber nicht gemindert. Durch seine Freundschaft mit Hutten bekamen Sickingens Vorstellungen und Ziele für die Ritterschaft einen Zug ins Nationale; zugleich verstärkte sich der antikirchliche oder doch kirchenkritische Akzent seines Handelns und Denkens. Frühzeitig für die Reformation gewonnen, ließ Sickingen auf seiner Ebernburg als erster evangelischen Gottesdienst in deutscher Sprache feiern; auch andere seiner Burgen wurden als «Herberge der Gerechtigkeit» zur Zufluchtsstätte bedrohter reformatorischer Prediger wie z. B. Butzers und Oekolampads. Neben der Durchsetzung der Reformation aber wurde der Aufbau einer eigenen territorialen Herrschaft – und wohl überhaupt der Aufstieg der Ritterschaft zu fürstengleicher Herrschaft – zum eigentlichen Lebensziel Sickingens. Daß er dieses Ziel insbesondere auf Kosten der geistlichen Fürsten zu erreichen suchte, hing wiederum eng mit der Reformation zusammen, die ja die weltliche Herrschaft von Bischöfen und Äbten grundsätzlich für eine schlimme Vermischung von geistlicher und weltlicher Obrigkeit hielt.

Im Sommer 1522 spitzte sich der latente Konflikt zu. Weite Kreise des Adels erwarteten damals von Sickingen eine Art gewaltsamer Reichsreform, die einen politischen Wiederaufstieg der Ritterschaft bringen sollte. In dieser Erwartung wählte im August 1522 eine «Brüderliche Vereinigung» der oberrheinischen Ritterschaft, die ihrerseits mit einer Einung des fränkischen Adels in Verbindung stand, Sickingen zu ihrem Hauptmann. Kurz darauf begann Sickingen eine großangelegte Fehde gegen den Kurfürsten und Erzbischof von Trier Richard von Greiffenklau. Daß sich der Angriff Sickingens gerade gegen den Trierer Kurfürsten richtete, hatte – neben dem antifürstlichen – von vornherein einen nationalen Akzent: Die engen Beziehungen des Kurfürsten zu Frankreich waren notorisch, auch seine Unterstützung der französischen Kandidatur bei der Kaiserwahl von 1519 war nicht vergessen. Hinzu kam der religiöse Gegensatz; Sickingen selbst gab als Ziel seines Zugs gegen Trier an, er wolle «dem Evangelium eine Öffnung machen». Die Befürchtung einer allgemeinen Erhebung der Ritterschaft unter zugleich nationalem und reformatorischem Vorzeichen erwies sich jedoch bald als unbegründet; Sickingen erfuhr nur wenig Unterstützung von seinen Standesgenossen. Auf der anderen Seite aber kamen der Landgraf von Hessen und der Kurfürst von der Pfalz dem Erzbischof zu Hilfe. Im September 1522 mußte Sickingen die Belagerung Triers schon nach wenigen Tagen abbrechen; im Frühjahr 1523 folgte der überlegene Gegenschlag der Verbündeten. Sickingen mußte sich auf seine Burg Landstuhl zurückziehen und, als alle Hoffnungen auf Entsatz unerfüllt blieben, am 7. Mai 1523 kapitulieren; wenige Stunden nach der Kapitulation starb er an einer schweren Verwundung.

Im Nachspiel zur Fehde Sickingens zog im Sommer 1523 ein Heer des Schwäbischen Bundes gegen die schwäbischen und fränkischen Ritter, um auch deren Fehden, in eins damit: deren politischer Eigenständigkeit, den Garaus zu machen. Auch jetzt kam eine geschlossene Gegenwehr nicht zustande; binnen weniger Wochen gingen mehr als 30 Burgen und Schlösser der Ritterschaft in Flammen auf. Das war das Ende der Ritterschaftsbewegung als eines letzten Versuchs, die territorialen Verfassungsstrukturen des Reichs noch einmal zugunsten des niederen Adels aufzubrechen. Die politische Zukunft gehörte den Landesfürsten. Immerhin ging deren Sieg doch nicht so weit, daß sie die Ritter durchweg ihrer Landeshoheit hätten unterwerfen können. Vielmehr gelang es im Laufe der folgenden Jahrzehnte einem Großteil des Adels im Süden und Westen des Reichs, sich als reichsunmittelbare Ritterschaft, wenngleich nach wie vor ohne Beteiligung am Reichstag oder auch nur an den Reichskreisen, zu konsolidieren. Im übrigen darf angesichts der konkreten Frontstellungen der Ritterschaftsbewegung von 1522/23 der langfristige Gegensatz zwischen der Institution des geistlichen Fürstentums und der Ritterschaft nicht überschätzt werden. Vor allem blieben ja die Domkapitel der Fürstbistümer für den ritterschaftlichen Adel, sofern er nur bei der alten Kirche verharrte, eine ungemein wichtige Basis der Versorgung wie des politischen Einflusses und Aufstiegs. Seit den kritischen Entscheidungen der zwanziger Jahre des 16. Jahrhunderts haben sich die geistlichen Fürstentümer und die – katholische – Ritterschaft denn auch durchaus gegenseitig gestützt. Erst der Reichsdeputationshauptschluß von 1803 hat dieser Symbiose und damit beiden Partnern zugleich ein Ende bereitet.

Anders als die Ritterschaftsbewegung, die im Grunde nur die ohnehin begonnene politische und soziale Neuorientierung des Adels beschleunigte, erschütterte der Bauernkrieg das gesellschaftliche Gefüge Deutschlands bis in seine Grundfesten. Seine Bedeutung, die ihn sehr wesentlich auch aus der langen Reihe der vorangegangenen bäuerlichen und städtischen Empörungen heraushebt, lag zum einen schon in seiner räumlichen Ausdehnung: Der Bauernkrieg stellte einen wahren sozialen Flächenbrand dar, der von Südtirol bis nach Thüringen, von den Vogesen bis tief nach Franken hinein reichte. Zwar blieb der ganze Norden und Nordosten des Reichs nahezu unberührt, und auch im Süden und Südosten hielten sich Bayern und die böhmischen Länder abseits. Daß aber der Bauernkrieg, hätten die Aufständischen gesiegt, zu Veränderungen in der politischen und sozialen Struktur des ganzen Reichs geführt hätte, dürfte sicher sein; insofern standen mit dem Bauernkrieg doch Entscheidungen für die ganze Nation auf dem Spiel. Zum anderen waren eben diese Entscheidungen in der Sache selbst von grundlegender Bedeutung. Schon das so konservativ anmutende Begehren der Bauern nach Beseitigung neu aufgekommener Belastungen von seiten der Grund- und Territorialherrschaften stellte angesichts der veränderten ökonomischen und politischen Strukturen der Epoche in Wirklichkeit die Grundherrschaft selbst und auch den Ausbau der Territorialherrschaft in Frage. Darüber hinaus aber forderten zumindest einige Gruppen der Aufständischen ganz offen und ausdrücklich einen tiefgreifenden Umbau der politischen und sozialen Ordnung des Reichs – sei es durch die Propagierung korporativ-bündischer Verfassungsmodelle nach dem Muster der Schweizer

Landgemeinden, sei es in Form egalitärer Utopien bis hin zum Verlangen nach Aufhebung allen privaten Eigentums. Zum dritten schließlich lag die epochale Bedeutung des Bauernkriegs in seiner Verbindung mit der Geschichte der Reformation. Daß eine Reihe von Führern des Aufstands die politische und moralische Unterstützung der Reformation suchte oder überhaupt ihre eigenen Forderungen als Forderungen der Reformation verstand, steht außer Zweifel, und auch für manche reformatorische Theologen und selbst für manche städtische oder fürstliche Obrigkeiten war zunächst keineswegs klar, wie man sich angesichts dieser Berufung der Bauern auf das Evangelium zu dem Aufstand verhalten solle: War die Sache der Bauern nicht vielleicht wirklich eine Konsequenz des Wortes Gottes, dessen Lauf man doch nicht hindern, sondern nach Kräften fördern wollte? Daß sich die Reformation dann doch eindeutig gegen die aufständischen Bauern entschied, bewahrte sie nicht nur vor der politischen Katastrophe, sondern führte zugleich zu einem engeren Bündnis mit den territorialen und reichsstädtischen Obrigkeiten im Reich – eine Grundvoraussetzung für die Entstehung der evangelischen Landeskirchen der Folgezeit.

Der Bauernkrieg hatte seine Ursachen in strukturellen Konfliktlagen der wirtschaftlichen, sozialen und politischen Verhältnisse. Hinzu kamen, zumindest als auslösendes Moment des offenen Konflikts, die Umbruchstimmungen und Erwartungen im Gefolge der frühen Reformation. Jene Konfliktlagen sind bereits früher ausführlich erörtert worden; hier mögen einige erinnernde Hinweise genügen. Wichtig ist vor allem, daß es sich bei den Ursachen des Bauernkriegs um ein ganzes Syndrom konfliktträchtiger Spannungen handelte. Weitverbreitet war zunächst der Streit der Bauern mit den Grundherren um Abgaben und Dienste, zudem um die Nutzung der Allmende; in Regionen verbreiteter Leibherrschaft ging es um die persönliche Freiheit der Bauern, insbesondere um ihre Freizügigkeit und um die Freiheit der Eheschließung, dazu wiederum um Dienste und Abgaben, vor allem um den Todfall; mit allen Herrschaften schließlich bis hinauf zur Landesherrschaft gab es Konflikte um die Nutzung der Wälder und Gewässer, auch um die bäuerlich-genossenschaftliche Selbstbestimmung in Sachen der Allmende, des dörflichen Gerichts und der Pfarrerwahl; mitunter ging es zudem um die politische Mitbestimmung der Bauern auf territorialer Ebene.

Nicht wenige dieser Spannungen verschärften sich seit dem ausgehenden Mittelalter; andere kamen hinzu. Am wichtigsten waren dabei wohl die Folgen der sich intensivierenden Territorialherrschaft, und ganz besonders konfliktträchtig war die Entwicklung wiederum in solchen Gebieten, deren Herren – wie etwa der Fürstabt von Kempten und manche andere geistliche oder weltliche Herren im Südwesten des Reichs – gerade jetzt die Erweiterung ihrer grund- oder leibherrlichen Rechte gegenüber den Bauern zum Fundament einer allererst zu etablierenden, möglichst geschlossenen Territorialherrschaft zu machen suchten. Gerade die verzögerte Staatlichkeit dieser Gebiete nämlich hatte die Entwicklung einer ausgedehnten bäuerlichen

Selbstbestimmung bis hin zu Ansätzen einer politischen Vertretung der Landschaft gegenüber den Herren begünstigt. Wenn jetzt von deren Seite die Zügel angezogen wurden, so bedeutete das einen besonders tiefen Eingriff in mittlerweile selbstverständlich gewordene soziale und politische Positionen der Bauern, und überdies bildete die institutionell verfestigte Praxis genossenschaftlicher Selbst- und Mitbestimmung einen wirksamen Kristallisationskern bäuerlichen Widerstands. Freilich stand der Intensivierung der Herrschaft ohnehin und auf allen ihren Stufen ein weitverbreitetes Verlangen nach stärkerer Selbst- und Mitbestimmung der Untertanen gegenüber, und zwar gleichermaßen auf dem Land wie in den Städten; das vielfach bezeugte Bündnis der aufständischen Bauern mit städtischen Unterschichten oder auch mit den – rechtlich zumeist ungünstig gestellten – Bergleuten von Tirol und der Steiermark bis nach Thüringen hat hierin wohl seine wichtigste Ursache.

Eine vielumstrittene Frage ist schließlich die nach der ursächlichen Bedeutung der Reformation für den Bauernkrieg. Die altgläubigen Gegner der Reformation – wie des Bauernkriegs – haben der Reformation schon frühzeitig und bis vor wenigen Jahrzehnten eine maßgebende Rolle für den Aufstand beigemessen. Einige demokratische Parteigänger der Revolution von 1848 übernahmen diese These, wiewohl in ganz anderer Wertung der Dinge, und ihnen wiederum folgte Friedrich Engels, der die marxistische Auffassung des Bauernkriegs als des eigentlichen Höhepunkts der Reformation begründete; bis heute sieht die marxistische Historiographie den Bauernkrieg und die frühe Reformation als einheitlichen revolutionären Vorgang an. Anderseits haben vor allem protestantische Historiker immer wieder darauf hingewiesen, daß es Luther wie überhaupt der Mehrheit der Reformatoren keineswegs um eine soziale oder politische Revolution ging und daß sie die Berufung der Bauern auf das Evangelium als eine Verfälschung der reformatorischen Botschaft, ja als einen Mißbrauch des Evangeliums selbst ablehnten. Dieses Argument wiegt in der Tat schwer, denn es wird – wenn überhaupt – nur mit vielen Einschränkungen angehen können, die Reformation gegen das klare und ausdrückliche Selbstverständnis ihrer Träger, also der Reformatoren selbst, verstehen zu wollen. Überdies zeigt die genauere Analyse auch der bäuerlichen Quellen, daß – aufs Ganze gesehen – spezifisch reformatorische Impulse und Motive für die aufständischen Bauern wie für ihre Verbündeten unter den städtischen Bürgerschaften und Bergleuten eine nur geringe Rolle spielten; daß nicht wenige Gruppen der Aufständischen ihr Handeln unter Berufung auf die Reformation zu legitimieren suchten, ändert daran nichts. Gleichwohl schuf die frühe Reformation doch auch wichtige Voraussetzungen für den Bauernkrieg: mit der durch die Reformation entstandenen Unsicherheit so vieler traditioneller Ordnungen, mit ihrer Ablehnung einer Vielzahl herkömmlicher materieller und geistlicher Ansprüche, nicht zuletzt mit der grundsätzlichen Bestreitung der Existenzberechtigung der Klöster, mit deren grundherrschaftlichen Ansprüchen so viele Bauern konfrontiert waren.

Bei alledem dürfen im übrigen tiefgreifende regionale Unterschiede der zum Bauernkrieg führenden Verhältnisse und Konfliktlagen nicht übersehen werden. Das gilt schon für das unterschiedliche Gewicht des einen oder anderen Ursachenkomplexes, was eine Gesamtaussage über *die* Ursachen des Bauernkriegs sehr erschwert; das gilt natürlich auch und erst recht im Blick auf die Tatsache, daß der Bauernkrieg weite Landschaften des Reichs eben doch ganz unberührt ließ: den Norden und Nordosten Deutschlands, aber auch Kernlandschaften im Süden des Reichs wie das Herzogtum Bayern und das Königreich Böhmen. In Westfalen und Niedersachsen etwa war die Grundherrschaft nur mehr so schwach ausgeprägt, daß es an einem wesentlichen Ausgangskonflikt für den Bauernkrieg fehlte; erst recht gilt das von den Niederlanden, wo sich die Grundherrschaft schon völlig aufgelöst hatte. Daß im Nordwesten des Reichs traditionell das Anerbenrecht dominierte, das die Entstehung und Erhaltung großer und reicher Bauernhöfe förderte, kam noch hinzu. In abgeschwächter Form gilt das auch für Bayern; hier scheint zusätzlich die entschlossene Unterdrückung aller Unruhen von seiten der herzoglichen Regierung ein Übergreifen des Bauernkriegs verhindert zu haben. Im Osten wiederum hätte zwar die zu Schollenpflichtigkeit und Gesindezwangsdienst der Untertanen sich steigernde Gutsherrschaft hinreichenden Anlaß zur Empörung gegeben; doch fehlte es hier offenbar dermaßen an institutionellen Kristallisationskernen bäuerlichen Widerstands, daß es nicht zum Aufstand kam. Der aus sehr spezifischen Ursachen der Geschichte Preußens und des Deutschen Ordens erwachsene samländische Aufstand im Herbst 1525 war kaum mehr als eine Ausnahme, die die Regel bestätigte.

Der Bauernkrieg nahm seinen Anfang im Juni 1524 in einigen Dörfern der Herrschaft Stühlingen im Südschwarzwald. Konkrete Ursachen des aufflammenden Konflikts waren seit langem schwelende Streitigkeiten mit der Grundherrschaft. Religiöse Motive oder auch bloß Legitimationen spielten zunächst keine Rolle. Der Widerstand der Stühlinger Bauern fand jedoch alsbald Unterstützung durch die Bürger von Waldshut, die ihrerseits wegen der reformatorischen Predigt ihres Pfarrers Balthasar Hubmaier, eines Schülers von Ulrich Zwingli, in offenem Konflikt mit ihrem habsburgischen Stadtherrn standen. Damit bekam der Aufstand der Bauern zusätzlich ein kirchlich-religiöses Gepräge. Die politische Zerrissenheit der Landschaften im äußersten Südwesten, dazu die Schwäche der habsburgischen Herrschaft, vor allem in Folge der noch immer unsicheren Stellung Erzherzog Ferdinands, begünstigten die weitere Ausbreitung des Aufstands, der alsbald auf den Hegau, den Klettgau, die Baar, das Markgräflerland und auf weite Bereiche des Südschwarzwalds übergriff; selbst Breisach und Freiburg im Breisgau mußten den Aufständischen die Tore öffnen. Eine folgenreiche Zuspitzung erfuhr der Konflikt dann Anfang 1525, als der vertriebene Herzog Ulrich von Württemberg das Bündnis mit den aufständischen Bauern suchte und sich anschickte, mit einem Heer Schweizer Söldner vom

Hohentwiel aus gegen Stuttgart zu ziehen, um sein Herzogtum zurückzuerobern. Dieses Eingreifen Herzog Ulrichs nämlich rief den Schwäbischen Bund auf den Plan, der den herzoglichen Landfriedensbrecher ja erst wenige Jahre zuvor vertrieben hatte; die bayerischen Räte mit Leonhard von Eck an der Spitze brachten die lange Zeit schwankenden und unsicheren Herren des Bundes jetzt doch dazu, die Aufstellung eines stattlichen Heeres zu betreiben. Zwar rief die eidgenössische Tagsatzung nach dem Sieg der kaiserlichen Truppen über Franz I. von Frankreich bei Pavia im Februar 1525 ihre Söldner zurück, um nicht in einen großen Krieg mit Karl V. verwickelt zu werden; der Schwäbische Bund ließ sich in seinen Rüstungen aber nicht mehr irre machen.

Ohnehin war mittlerweile an anderer Stelle der Konflikt zum offenen Ausbruch gekommen – in Oberschwaben nämlich, zunächst in der Fürstabtei Kempten. Den unmittelbaren Gegenstand des Streits bildeten hier jene Versuche des Fürstabts, die Rechtsstellung seiner bäuerlichen Untertanen insgesamt zur Leibeigenschaft herabzudrücken und auf dieser Grundlage eine geschlossene Territorialherrschaft zu errichten. Demgegenüber forderten die Bauern anfänglich einfach die Wiederherstellung und Wahrung ihres alten Rechts und beschritten zur Durchsetzung dieser Forderung im Januar 1525 sogar den förmlichen Rechtsweg vor dem Gericht des Schwäbischen Bundes. Aber schon wenige Wochen darauf sprengten sie – bezeichnenderweise unter Berufung auf das göttliche Recht – diesen Rahmen der herkömmlichen Ordnung; zugleich weitete sich der Kemptener Aufstand zu einer allgemeinen Erhebung der Bauernschaft im Allgäu aus. Zum organisatorischen Kern der Erhebung wurde die Ende Februar 1525 gegründete «Christliche Vereinigung der Landart Allgäu», die sich ihrerseits bald mit benachbarten Bauernschaften zusammenschloß: mit dem «Seehaufen» aus den deutschen Uferlandschaften des Bodensees und dem «Baltringer Haufen» aus dem Gebiet rechts der Donau bis zum Lech im Osten. Über den Baltringer Haufen kam es, wie zuvor am Oberrhein, auch hier zu einer Verbindung mit Kräften der Reformation; das Zentrum dieser Verbindung lag in Memmingen, wo eben jetzt Christoph Schappeler – auch er ein Anhänger Zwinglis – der Reformation bei Rat und Bürgerschaft zum Durchbruch verhalf.

Im Umkreis der Memminger Bauernschaft entstanden Ende Februar 1525 die «Zwölf Artikel der Bauernschaft in Schwaben», die wichtigste Programmschrift des Bauernkriegs überhaupt. Als ihr Verfasser hat der Memminger Kürschnergeselle und Feldschreiber des Baltringer Haufens Sebastian Lotzer zu gelten; die Mitarbeit Christoph Schappelers dürfte ebenfalls sicher sein. Die Zwölf Artikel forderten den ersatzlosen Wegfall der Leibeigenschaft; die Grundherrschaft sollte gemildert, aber nicht aufgehoben werden. Wahl und Entsetzung des Pfarrers sollten der Gemeinde zustehen, ebenso die Verwaltung des großen oder Kornzehnten, der im übrigen einer strikten Zweckbindung unterworfen wurde: zur Besoldung des Pfarrers nämlich, zur Armenfürsorge und zur Anlage eines Vorrats für den Kriegsfall, «damit man keine Landessteuer dem armen Mann aufzuerlegen braucht» (Art. 2). Der – erst seit kurzem üblich gewordene – kleine oder Viehzehnt sollte als unbiblisch abgeschafft werden. Von der Herrschaft eingezogene Äcker und Wiesen sollten restituiert, auch die freie Nutzung von Wald und Gewässern wiederhergestellt werden. Ein eigener Artikel wandte sich überdies gegen Unregelmäßigkeiten in der Gerichtsbarkeit und besonders gegen die Festsetzung neuer Straftatbestände – gemeint waren wohl vor allem die zunehmend unter Strafe gestellten Fischerei-, Jagd- und Holzfrevel; doch wurde anderseits die Bereitschaft zum Gehorsam gegenüber der Obrigkeit «in allen gebührenden und christlichen Sachen» ausdrücklich hervorgehoben. Der Schlußartikel unterwarf alle vorangehenden Einzelforderungen dem Urteil der Heiligen Schrift, behielt den Bauern freilich auch eine Erweiterung ihres Forderungskatalogs vor, wenn sich nämlich «in der Schrift mehr Artikel fänden, die wider Gott und eine Beschwerung des Nächsten wären». Mit alledem nahmen die Zwölf Artikel gutenteils Beschwerden auf, die auch sonst – vor allem natürlich in Oberschwaben – geläufig waren, entkleideten sie aber ihrer regionalen Besonderheiten und Beschränkungen, erhoben sie damit zu einem allgemeinen Reformprogramm und suchten sie zugleich – mit der Forderung nach der Predigt des Evangeliums «ohne allen menschlichen Zusatz, Lehre und Gebot» – in die reformatorische Bewegung zu integrieren. Das war eine erstaunliche Leistung; die Zwölf Artikel wurden denn auch über Oberschwaben hinaus, bis ins Elsaß und nach Thüringen, zum maßgebenden Programm der aufständischen Bauern.

Nach der institutionellen und programmatischen Verfestigung des Aufstands im Südwesten erfolgte im März und April eine neue, gewaltige Ausweitung des Konflikts: räumlich vor allem, aber auch in seiner sozialen Basis. Zugleich nahmen die Auseinandersetzungen zunehmend gewaltsame Züge an; auch kam es jetzt zu – freilich kaum mehr als umrißhaften – Entwürfen neuer, über die Zwölf Artikel weit hinausgehender Programme gesellschaftlicher Umgestaltung.

Anfang März schlossen sich Baltringer, Allgäuer und Seehaufen zu einer übergreifenden «Christlichen Vereinigung» mit einer gemeinsamen Bundesordnung zusammen. Ihrem Beispiel folgten wenig später die fränkischen Bauern, nahezu gleichzeitig griff der Aufstand in die schwäbisch-fränkischen Grenzlandschaften, nach Württemberg und Thüringen, in die pfälzischen Gebiete und ins Elsaß über, etwas später auch nach Tirol und Salzburg und von dort nach Innerösterreich, in Ausläufern auch in die Schweiz. Zeitgenössischen Beobachtungen zufolge befanden sich auf dem Höhepunkt des Bauernkriegs im April 1525 rund 300000 Bauern im Aufstand – eine gewaltige Kraft, der bei hinreichender Geschlossenheit und tüchtiger politischer wie militärischer Führung kaum etwas entgegenzusetzen gewesen wäre. Der im Sterben liegende Kurfürst Friedrich der Weise quälte sich in diesen Wochen mit der Frage, ob es nicht vielleicht wirklich Gottes Wille wäre, die Bauern zur Herrschaft kommen zu lassen; sein altgläubiger Vetter Herzog Georg von Sachsen glaubte sich seiner Truppen für einen Kampf gegen die Bauern nicht sicher. Anfang Mai mußte sich der Erzkanzler und Kurfürst von Mainz im Miltenberger Vertrag mit seinem ganzen Stift in die Vereinigung der Bauern vom Neckartal und Odenwald aufnehmen lassen und sich auf die Zwölf Artikel verpflichten.

Zur räumlichen Ausweitung des Aufstands kam die Erweiterung seiner sozialen Basis. Daß der Adel trotz mancher gemeinsamer Gegensätze zu den Landesfürsten den Forderungen der Bauern in aller Regel ablehnend gegenüberstand, ist leicht verständlich; der Versuch Wendel Hiplers, des ehemaligen hohenlohischen Kanzlers und vielleicht bedeutendsten politischen Kopfs des Bauernkriegs, Bauern und Adel für ein gemeinsames Programm der Neugestaltung auf Kosten von Landesherren und Kirche zu gewinnen, blieb eine kurzlebige und regional beschränkte Episode. So waren es nur vereinzelte Adlige, die sich den Bauern anschlossen, sei es aus Überzeugung, wie der wohlhabende und politisch erfahrene fränkische Ritter Florian Geyer, der die Zeit der Privilegien von Adel und Klerus für vergangen hielt; sei es aus politischem Kalkül – um Einfluß auf die Bauern zu gewinnen –, wie Götz von Berlichingen, der jenen Miltenberger Vertrag vermittelte; sei es bloß aus erbitterter Pfaffenfeindschaft, wie der pfälzische Klosterplünderer Asmus von der Hauben.

Sehr viel wichtiger war schon, daß die große Mehrheit der Bergknappen in Tirol, in der Steiermark und in Thüringen zu den Bauern stieß, im wesentlichen wohl aus Unzufriedenheit mit den rechtlichen und sozialen Bedingungen des Berg- und Hüttenwesens der Zeit. Darüber hinaus aber sympathisierten erhebliche Teile auch der städtischen Bevölkerungen mit den Aufständischen oder machten überhaupt gemeinsame Sache mit ihnen. Das gilt insbesondere von der Bürgerschaft der kleinen Landstädte des Aufstandsgebiets: Mit einem starken Anteil von Ackerbürgern in ähnlichen sozialen Verhältnissen wie die Bauern selbst, fielen sie weithin den Aufständischen zu – zwar kaum irgendwo aus eigenem Antrieb, aber doch rasch bereit, den bäuerlichen Forderungen und Anträgen zu entsprechen. Anders dagegen verhielt es sich in aller Regel mit den Reichsstädten. Zwar fehlte es auch hier bei den ärmeren Bevölkerungsschichten bis weit in das Zunftbürgertum hinein nicht an Sympathien für die Bauern; vor allem das bäuerliche Verlangen nach größerer Selbst- und Mitbestimmung scheint in den Städten Resonanz gefunden und entsprechende Wünsche der Bürgerschaft verstärkt zu haben. Die reichsstädtischen Führungsgruppen aber, vor allem in den großen Städten, verhielten sich skeptisch oder ablehnend; die wenigen Reichsstädte, die sich den Bauern förmlich anschlossen – Rothenburg, Heilbronn, Kaisersberg im Elsaß –, gaben damit nur dem Druck von unten und von außen nach. Allerdings entschloß sich auch kaum eine der Reichsstädte zu aktivem, etwa gar militärischem Vorgehen gegen die Bauern; die

Gefährdung des inneren Friedens der Stadt ließ es ihnen vielmehr geraten erscheinen, eine Vermittlerrolle gegenüber den Aufständischen zu übernehmen. Straßburg und Basel, auch einige der oberschwäbischen Reichsstädte, sind in dieser Weise tätig geworden, gelegentlich durchaus mit Erfolg.

Noch einmal anders stand es um die Vielzahl der gleichzeitigen bürgerlichen Aufstandsbewegungen in Westdeutschland, von Frankfurt/Main nordwärts bis nach Westfalen und an den Niederrhein. Diese Aufstandsbewegungen begannen regelmäßig mit Unruhen städtischer Unterschichten, die in akute wirtschaftliche Nöte geraten waren. Ihre eigentliche Dimension aber gewannen die Empörungen durchweg erst mit dem Anschluß der Handwerker, die den Aufständen zugleich das Ziel einer Wiederherstellung der politischen Macht der Zünfte gegenüber dem immer stärker herrschaftlich geprägten Regiment des Rats oder auch des Stadtherrn gaben. Vor allem in den Bischofsstädten verbanden sich damit recht nachdrückliche, obzwar inhaltlich durchaus traditionelle Forderungen der Kirchenreform. Zwischen den Aufstandsbewegungen der einzelnen Städte gab es gewisse programmatische Übereinstimmungen und Abhängigkeiten. So dienten die sogenannten 42 Frankfurter Artikel, zu deren Annahme der Rat der Stadt sich Ende April 1525 bereitfand, als Vorlage für die Artikel der Aufständischen auch in Mainz, Köln, Münster und Osnabrück; die Münsteraner beriefen sich zusätzlich auf das Vorbild Kölns, in Osnabrück wollte man sich an den Ordnungen Kölns und Münsters orientieren. Doch wurden die Frankfurter Artikel – anders als etwa die Zwölf Artikel der Bauernschaft in Schwaben – nirgends unverändert übernommen, sondern jeweils auf die besonderen Verhältnisse der einzelnen Städte zugeschnitten, und in manchen Städten spielten die Frankfurter Artikel auch gar keine Rolle, so z. B. schon in Dortmund und Soest, in Bonn und Düsseldorf. Vor allem aber gab es anscheinend so gut wie keine Kooperation zwischen den Aufständischen der einzelnen Städte; von einer einheitlichen bürgerlichen Bewegung mit einem gemeinsamen Programm kann daher nicht die Rede sein. Und auch das Verhältnis dieser Stadtrebellionen zum Bauernkrieg war sehr uneinheitlich. Einerseits wurden die Unruhen zumindest in Frankfurt/Main und in Mainz ganz offensichtlich von den aufständischen Bauern angestoßen und vorangetrieben. Der Frankfurter Rat sah das von vornherein: «Nachdem sich itzt allenthalben Aufruhr und Empörung in Stadt und Land ereignet und einem ehrbaren Rat fürkommt, daß sich gleiches hie auch erheben möge [...]», schrieben die Herren vom Rat ihren Zünften schon bei den ersten Anzeichen des Aufruhrs. Wenige Tage später solidarisierten sich die rebellischen Unterschichten der Stadt, ohnehin gutenteils Ackerbürger aus der Frankfurter Neustadt, mit den Bauern der umliegenden Dörfer; Anfang Mai schien sogar eine Vereinigung der Aufständischen in der Stadt mit dem Neckartal-Odenwälder Haufen, der in diesen Tagen in Amorbach lag, unmittelbar bevorzustehen. Ähnlich enge Beziehungen bestanden in Mainz zu den aufständischen Bauern des Rheingaus, seit dem Miltenberger Vertrag auch zum Odenwälder Haufen. Daß der Schwäbische Bund den Frankfurter Rat wegen dieser Zusammenhänge mit dem Bauernkrieg zur Rede stellte – die Fürsten des Bundes sprachen überhaupt ohne nähere Differenzierung von dem Aufruhr «des gemeinen Volks in den Städten und auf dem Land» –, war insofern durchaus berechtigt, und wenn der Rat in seiner Antwort vor allem die Bauern mit dem Stigma des Aufstands zu behaften suchte, so war das nur ein apologetisches Manöver, das die wahren Verhältnisse verschleierte. Anders aber lagen die Dinge in den Städten, die von den Kernregionen des Bauernkriegs weiter ablagen. Zwar befürchteten auch hier manche Obrigkeiten wie etwa der Bischof von Münster und Osnabrück ein Übergreifen des Bauernkriegs, doch kam es nicht dazu. Die städtischen Unruhen blieben isoliert und ohne Resonanz auf dem Lande. Selbst das Wissen um den Bürgerkrieg wurde nach Norden zu immer dürftiger: Schon die zeitgenössische niederdeutsche Bischofschronik Osnabrücks sah in den aufständischen Bauern nur mehr eine Gefahr für die Kirche, und zwar eine sozusagen von außen kommende Gefahr, ähnlich wie die Türken; mit den politischen und sozialen Konflikten der Bischofsstädte selbst schien das nichts zu tun zu haben.

Die – erst in den letzten Jahrzehnten deutlicher erkannte – Ausweitung des Bauernkriegs in den städtisch-bürgerlichen Bereich hinein hat manche Historiker dazu veranlaßt, statt vom «Bauernkrieg» von einer Erhebung oder auch von einer Revolution des «gemeinen Mannes» zu sprechen; unter dem «gemeinen Mann» werden dabei, in engem Anschluß an den Wortgebrauch des 16. Jahrhunderts selbst, neben den Bauern die Bürger der landsässigen Städte, die nicht ratsfähigen Gruppen auch der reichsstädtischen Bevölkerung, dazu die Bergknappen verstanden, kurzum: die Gesamtheit der selbst nicht herrschaftsfähigen Untertanen. Das hat manches für sich – mehr jedenfalls als der in der marxistischen Historiographie übliche Begriff der «frühbürgerlichen Revolution», der mit der quantitativ wie qualitativ entscheidenden Rolle nicht der Bürger, sondern der Bauern in der großen Erhebung kaum zu vereinbaren ist. Eben diese führende Rolle der Bauern dürfte es aber auch rechtfertigen, an der herkömmlichen Bezeichnung des «Bauernkriegs» festzuhalten – freilich im Wissen darum, daß neben den Bauern sehr wohl auch andere Gruppen der Bevölkerung an dem Aufstand beteiligt waren.

Mit der Ausweitung des Bauernkriegs im Frühjahr 1525 ging eine Verschärfung des Konflikts einher, auch eine Wendung ins Grundsätzliche. Als Ziel der Aufständischen begann sich eine prinzipielle Umgestaltung der sozialen und politischen Verhältnisse abzuzeichnen; nicht mehr das «alte Recht», sondern das «göttliche Recht» wurde zunehmend zum Maßstab der Dinge.

In der ersten Phase der Auseinandersetzungen war es nicht selten zu Vereinbarungen von Schiedsgerichten oder zu sonstigen Kompromissen der Bauern mit ihren Herrschaften gekommen. Solche Kompromisse wurden jetzt immer schwieriger. Daß Georg Truchseß von Waldburg als Befehlshaber der Truppen des Schwäbischen Bundes noch am 17. April mit dem Seehaufen in Weingarten einen Vertrag schloß, in dem er den Bauern gegen deren Verzicht auf ihren Bund ein Schiedsgericht zur Entscheidung über ihre Forderungen zusagte, trug ihm bezeichnenderweise harte Kritik von seiten Bayerns und anderer führender Fürsten des Schwäbischen Bundes ein. Aber auch auf der Seite der Bauern verschärfte sich die Gangart: Noch im März begannen die Bauern damit, die Klöster und Schlösser, deren sie sich bemächtigen konnten, systematisch zu plündern und zu verbrennen. Im Fränkischen wurde das auch programmatisch legitimiert, als Voraussetzung nämlich dafür, daß Geistliche und Weltliche, Edle und Unedle hinfort nach gleichem Recht leben sollten. Wenig später glaubte Thomas Müntzer im Aufstand der Bauern überhaupt den Beginn des göttlichen Strafgerichts über die Gottlosen zu erkennen und drängte seine Anhänger zum Dreinschlagen: «Fangt an und streitet den Streit des Herrn! Es ist hohe Zeit [...] Wenn Eurer nur drei sind, die in Gott gelassen allein seinen Namen und Ehre suchen, werdet Ihr Hunderttausend nicht fürchten. Nur dran, dran, dran! Es ist Zeit. Die Bösewichter sind frei verzagt wie die Hunde [...] Sehet nicht an den Jammer der Gottlosen! Sie werden Euch so freundlich bitten, greinen, flehen wie die Kinder. Lasset Euch nicht erbarmen! [...] Dran, dran, dieweil das Feuer heiß ist! Lasset Eurer Schwert nicht kalt werden!». Trotz solcher Parolen ist es freilich zu Bluttaten der Bauern, abgesehen von den offenen militärischen Auseinandersetzungen mit ihren Gegnern, kaum gekommen. Die wichtigste Ausnahme war die Ermordung des Grafen Ludwig von Helfenstein und seiner Leute, die am 7. April 1525 bei Weinsberg von einem Bauernhaufen unter Führung des radikalen Jäcklein Rohrbach durch die Spieße gejagt wurden.

Im Verlangen nach einer Neugestaltung der Verhältnisse, die mehr sein sollte als nur die Beseitigung oder Milderung einzelner Beschwernisse des gemeinen Mannes, haben einige Führer des Bauernkriegs Utopien eines christlichen Gemeinwesens entworfen: Thomas Müntzer, wohl auch Balthasar Hubmaier – die Überlieferung ist hier freilich sehr unsicher –, schließlich und vor allem Michael Gaismair in Tirol. Müntzer wie auch Hubmaier scheinen ihre Vorstellungen allerdings nur wenig konkretisiert zu haben. So bleibt Gaismairs sogenannte Zweite Tiroler Landesordnung von 1526 das wichtigste Beispiel derartiger Entwürfe; vermutlich hat Gaismair wenigstens die Grundkonzeption seiner Landesordnung, die er erst nach dem Ende des Tiroler Aufstands im Graubündner Exil ausformulierte, schon während der Rebellion zur Geltung zu bringen gesucht. Sein Entwurf einer christlichen Gesellschaft kannte keine Stände mehr, allenfalls noch eine Differenzierung nach der beruflichen Tätigkeit, aber ohne jeden Vorrang irgendeines Berufsstands, unter Gleichberechtigung insbesondere der Bergknappen. Diese Egalität war nicht nur als eine des Rechts gedacht; sie sollte vielmehr auch die wirtschaftlichen Verhältnisse ergreifen: Adel und Klerus sollten enteignet, alle Zinsen annulliert werden. Mit dem Unterschied der Stände sollten deren politische Funktionen aufhören; aber auch der Gegenpol der Stände, der fürstliche Landesherr, sollte verschwinden. An der Spitze des Landes sah die Landesordnung Gaismairs ein Regiment vor, dessen Mitglieder aus den einzelnen Landesteilen und von den Bergknappen gewählt werden sollten; die Beteiligung einiger Theologen am Regiment sollte dessen Bindung an das Wort Gottes sichern. Im übrigen dachte sich Gaismair das christliche Tirol als eine politisch und wirtschaftlich autarke Größe mit sehr weitgehenden Befugnissen des Regiments insbesondere im Wirtschaftsleben des Landes. So sollten die Bergwerke verstaatlicht, das gesamte Handwerk staatlicher Kontrolle unterstellt und deshalb in Trient konzentriert werden; auch die Verteilung der gewerblichen Produkte sollte durch eigene Beauftragte des Staats geschehen. Daß Gaismair mit alledem wirklich «die Ehre Gottes und den gemeinen Nutzen» im Auge hatte, wie es die Landesordnung formulierte, ist glaubhaft, und das soziale Engagement des Tiroler Revolutionärs vermag noch heute zu beeindrucken. Das handels- und bürgerfeindliche Wirtschaftssystem der Landesordnung war freilich eine nur wenig zukunftsträchtige Lösung, von ihrer Überforderung des Staats ganz zu schweigen.

Neben den Entwürfen der Utopisten des christlichen Gemeinwesens bildeten sich bei den aufständischen Bauern des Frühjahrs 1525 auch andere Ansätze zu einer prinzipiellen Neugestaltung insbesondere der politischen Verhältnisse heraus. So sind aus dem Bereich der «Christlichen Vereinigung» in Schwaben und am Oberrhein, aber auch im Elsaß und – wenngleich schwächer ausgeprägt – in Franken die Umrisse eines korporativ-bündischen Modells politischer Ordnung bezeugt, dessen Kern die Einzelgemeinde, und zwar unter Egalisierung von Adel und Klerus, bilden sollte; die Landorte der Schweizer Eidgenossenschaft gaben dafür das Vorbild ab. Eine konkrete Vorstufe zur Verwirklichung eines solchen Bundesmodells stellte die Organisation der Christlichen Vereinigung selbst dar; schon deren kurze Geschichte läßt freilich sehr deutlich erkennen, daß der Realisierung einer korporativ-bündischen Verfassung auf breiterer landschaftlicher Ebene nicht nur die herkömmlichen Herrschaftsstrukturen in Stadt und Land, sondern auch eine Fülle regionaler Sonderinteressen der Bauern selbst hemmend im Wege standen. Wo des weiteren bereits gefestigte Formen fürstlicher Territorialherrschaft und territorialen Ständewesens – wie etwa in Tirol, Württemberg oder Salzburg – einen völligen Umbau der politischen Ordnung von vornherein aussichtslos erscheinen ließen, liefen die Vorstellungen der Bauern doch wenigstens auf eine Fort- und Umbildung dieser ständischen Ordnung hinaus: zum einen nämlich auf die Beseitigung der Vorrechte der privilegierten Stände bis hin zu einer dominierenden Stellung der Bauern auf den Landtagen, zum anderen auf die Ausdehnung der landständischen Rechte gegenüber den Landesherren bis hin zur Einrichtung eines ständischen oder Landschaftsregiments. Weniger radikal als jene korporativ-bündischen Modelle – von den Utopien eines Müntzer oder Gaismair einmal ganz abgesehen –, boten diese Konzepte einer Umbildung des politischen Ständewesens ungleich größere Chancen der Realisierung; die wichtigsten politischen Erfolge des Bauernkriegs wurden denn auch auf diesem Wege erreicht.

Zu einem wirklich gemeinsamen, gleichermaßen grundsätzlichen wie konkreten Programm fanden die Bauern freilich nicht, von einer gemeinsamen Strategie schon gar nicht zu reden. Zwar lud Anfang Mai der Odenwälder Haufen unter Führung des Wendel Hipler die Führer der benachbarten Bauernhaufen nach Heilbronn ein, um die regional unterschiedlichen Ziele und Strategien des Aufstands aufeinander abzustimmen; doch kam dieser Versuch viel zu spät. So schlugen die regionalen Besonderheiten und Sonderinteressen im Verhältnis der Aufständischen zueinander wie gegenüber ihren Gegnern immer wieder durch; diese Zersplitterung wurde überhaupt zur wichtigsten Ursache des Scheiterns der Bauern.

Man hat sich immer wieder gefragt, ob die Geschichte des Bauernkriegs nicht ganz anders verlaufen wäre, wenn die Reformation, wenn insbesondere Martin Luther die Forderungen der Bauern aufgenommen oder sich gar an die Spitze der Bewegung gestellt hätte. Das sind jedoch leere Spekulationen; denn Luther hätte ein Kernanliegen der Reformation und damit sich selbst aufgeben müssen, um sich auf eine solche neue Verquickung des geistlichen und weltlichen Regiments einlassen zu können; vollends der Weg der Gewalt, des Aufruhrs, als Mittel zur Ausbreitung des Wortes Gottes war für ihn unannehmbar. Seine Äußerungen zum Bauernkrieg lagen von vornherein und bis zum Schluß auf dieser Linie. Auf das Angebot der Zwölf Artikel, sich aus der Schrift eines Besseren belehren zu lassen, reagierte Luther im April 1525 mit dem öffentlichen Gewissensrat an die Bauern wie an die Herren, von ihrem gegenseitigen Haß, von Neid und Mißgunst, aber auch von Habgier und Herrschsucht abzustehen und nach vernünftigen Kompromissen zu suchen; die Bauern insbesondere warnte er vor Gewalt und Mißbrauch des Evangeliums für ihre materiellen Interessen. Luthers Mahnungen und Warnungen verfingen jedoch nicht, der Wille zur Konfrontation war auf beiden Seiten übermächtig. Seit den letzten Tagen des März 1525 gingen die Bauern zu offener Gewalt über, und zwar gerade im unmittelbaren Anschauungsbereich Luthers, in Franken und Thüringen – hier vor allem unter dem Einfluß der apokalyptischen Predigt Thomas Müntzers. Damit schien dem Reformator die öffentliche Absage an die Bauern unvermeidlich; er vollzog sie in der Anfang Mai entstandenen Schrift ‹Wider die räuberischen und mörderischen Rotten der Bauern›. Der argumentative Kern dieser zweiten Bauernschrift Luthers bestand in dem Gewissensrat an die Obrigkeiten, durch schnelles und entschlossenes Eingreifen dem Aufruhr ein Ende zu machen; tatsächlich hatte ja gerade die kurfürstlich-sächsische Regierung bislang dem Aufstand in kaum verständlicher Unentschlossenheit und Ratlosigkeit zugesehen, ohne irgendwelche Anstalten der Gegenwehr. Die Formulierungen dieses Gewissensrats waren freilich von unerhörter Härte: «Denn ein Fürst und Herr muß hier denken, wie er Gottes Amtmann und seines Zornes Diener ist (Römer 13,4), dem das Schwert über solche Buben befohlen ist, und der sich ebenso hoch vor Gott versündigt, wo er nicht straft und wehrt und sein Amt nicht vollführt, als wenn einer mordet, dem das Schwert nicht befohlen ist [...] so soll nun die Obrigkeit hier getrost vordringen und mit gutem Gewissen dreinschlagen, solange sie eine Ader regen kann. Denn hier ist der Vorteil, daß die Bauern böse Gewissen und unrechte Sachen haben, und welcher Bauer darüber erschlagen wird, mit Leib und Seele verloren und ewig des Teufels ist. Aber die Obrigkeit hat ein gut Gewissen und rechte Sachen und kann zu Gott also sagen mit aller Sicherheit des Herzens: Siehe, mein Gott, Du hast mich zum Fürsten oder Herrn gesetzt, daran ich nicht kann zweifeln, und hast mir das Schwert befohlen über die Übeltäter [...] Willst Du nun mich durch sie lassen töten und mir die Obrigkeit wieder nehmen und mich untergehen lassen, wohlan so geschehe Dein Wille, so sterbe ich doch und gehe unter in Deinem göttlichen Befehl und Wort und werde erfunden im Gehorsam Deines Befehls und meines Amts. Drum will ich strafen und schlagen, solange ich eine Ader regen kann, Du wirst's wohl richten und machen [...] Drum, liebe Herren, erlöset hier, rettet hier, helft hier, erbarmt Euch der armen Leute, steche, schlage, würge hier, wer da kann. Bleibst Du drüber tot, wohl Dir, seligeren Tod kannst Du nimmermehr erlangen. Denn Du stirbst im Gehorsam göttlichen Wortes und Befehles (Römer 13, 5 ff) und im Dienst der Liebe, Deinen Nächsten zu retten aus der Hölle und des Teufels Banden».

In der Forschung ist gelegentlich darauf hingewiesen worden, daß Luther im Bauernaufstand ein Stück des bevorstehenden Weltendes gesehen habe; von da aus sei auch die Härte seiner zweiten Bauernschrift zu erklären. Dieser Rekurs auf die apokalyptischen Erwartungen Luthers dürfte indessen den Kern der Sache kaum berühren. Nach Luthers Überzeugung stand ohnehin alles christliche Leben in der Hoffnung auf den «lieben jüngsten Tag»; die zeitliche Nähe des Weltendes war für ihn demgegenüber ohne große Bedeutung – er würde ein Apfelbäumchen pflanzen, antwortete Luther einmal auf die Frage, was er tun würde, wenn er genau wüßte, daß morgen die Welt unterginge. Von da wird auch verständlich, daß er sich gerade jetzt, auf dem Höhepunkt des Konflikts und angesichts eines drohenden Chaos von Kirche und Gesellschaft, zur Ehe entschloß: in Respektierung der Wünsche seines Vaters, zur Bestätigung seiner Lehre und als Zeichen seines Vertrauens auf Gott. Am 13. Juni 1525 heiratete er Katharina von Bora, die Tochter eines sächsischen Adligen und frühere Nonne im Zisterzienserinnenkloster Nimbschen bei Grimma. «Herr Käthe», wie Luther seine Frau in ironischer Anerkennung ihrer Tüchtigkeit gern nannte, hat seitdem die notorische Unbekümmertheit Luthers in wirtschaftlichen Dingen mit Energie und Umsicht ausgeglichen und ihrem Mann viele weltliche Sorgen, vor allem die Sorge für ein großes Haus mit zumeist vielen Gästen aus nah und fern, abgenommen. Sie ist damit zum Vorbild für Generationen evangelischer Pfarrfrauen geworden.

Für den weiteren Verlauf des Bauernkriegs hat Luthers zweite Bauernschrift eine ebenso geringe Rolle gespielt wie schon seine ‹Ermahnung zum Frieden› einige Wochen zuvor. Die politische und militärische Entscheidung des Bauernkriegs fiel nämlich bereits zu der Zeit, da Luthers Schrift gerade erst die Druckerpresse verließ. Ohnehin hätten sich jedenfalls die katholischen Fürsten des Schwäbischen Bundes mit Bayern an der Spitze, aber auch Herzog Georg von Sachsen oder der Herzog von Lothringen von Luthers Ratschlägen kaum beeinflussen lassen.

Die militärische Zerschlagung des Bauernaufstands in dessen oberdeutschen und thüringischen Kerngebieten vollzog sich innerhalb weniger Wochen, zwischen dem 12. Mai und dem 2. Juni 1525. Ein Vorspiel dazu bildete der Sieg der schwäbischen Bundestruppen über den Baltringer Haufen bei Leipheim am 4. April. Noch am 17. April aber zog es der vorsichtig operierende Georg Truchseß von Waldburg vor, sich nicht auf eine Schlacht mit dem zahlenmäßig überlegenen und wohlgerüsteten Seehaufen einzulassen; der Abschluß des Weingartner Vertrags, auf Grund dessen die Bauern gegen die Zusage eines Schiedsgerichts auseinandergingen, war freilich ein politischer Erfolg, der einem militärischen Sieg nicht viel nachstand – auch wenn sich der Truchseß wegen seiner Kompromißbereitschaft von einigen seiner Bundesoberen harte Kritik einhandelte. Am 12. Mai gelang es ihm dann, bei Böblingen die aufständischen Württemberger mitsamt den Söldnern Herzog Ulrichs auseinanderzujagen; Herzog Ulrich ging aufs neue ins Schweizer Exil. Wenige Tage später wurden die elsässischen Bauern bei Zabern von den Söldnern Herzog Antons von Lothringen geschlagen. Daß sich die Bauern in militärisch aussichtsloser Lage am Abend des 16. Mai auf Gnade und Ungnade ergaben, half ihnen nichts: Die fanatisierte Soldateska des Lothringers, der den Kampf gegen die Bauern als Kreuzzug gegen die lutherischen Ketzer propagiert hatte, fiel über die schon waffenlosen Bauern her; an die 18 000 Mann mußten ihr Leben lassen. In Franken fiel die Entscheidung Anfang Juni in der Nähe von Würzburg. Die Stadt selbst war in die Hände der Aufständischen geraten, nur die Festung Unserliebenfrauenberg behauptete sich gegen die Belagerung von 15 000 Taubertaler und Odenwälder Bauern. Nach vergeblichen Vermittlungsversuchen des Götz von Berlichingen kam es am 2. Juni bei Königshofen zum Zusammenstoß mit einem fürstlichen Entsatzheer, der mit einer raschen und verlustreichen Flucht der Bauern endete. Die letzten fränkischen Aufständischen kämpften in den Ruinen des Herrensitzes von Florian Geyer; auch Florian Geyer selbst fand den Tod. Schon gut zwei Wochen zuvor war in Thüringen die Entscheidung gefallen. Während der todkranke Kurfürst Friedrich der Weise sich noch immer nicht entschließen mochte, die Gewalt der Bauern mit obrigkeitlicher Gewalt zu brechen, erkannte Philipp von Hessen sehr nüchtern die Schwächen der Aufständischen, marschierte in Thüringen ein und schlug, unterstützt von Söldnern Herzog Georgs von Sachsen, am 15. Mai 1525 die Bauern bei Frankenhausen vernichtend. Thomas Müntzers wortgewaltige Drohungen wie seine prophetische Vorhersage göttlicher Hilfe in der höchsten Not hatten nichts genutzt; er selbst suchte sich nach der Niederlage zu verbergen, wurde aber erkannt, gefangengenommen und hingerichtet. Die Verhöre nach seiner Gefangenschaft zeigen, daß Müntzer auch jetzt, den sicheren Tod vor Augen, von seinen Grundüberzeugungen nicht abwich. Insbesondere sein Aufruf zu Umsturz und Gewalt machte ihm anscheinend bis zum Ende keine Skrupel; die eigentliche Ursache der Katastrophe sah er bei den Bauern, die ihren eigensüchtigen «kreatürlichen» Begierden zu sehr verhaftet geblieben wären, als daß Gott sie wirklich als sein Werkzeug hätte benutzen können. In Thüringen wie auch in Oberdeutschland folgte dem militärischen Sieg der Fürsten ein hartes Strafgericht mit einer Vielzahl von Todes- und hohen Geldstrafen; Luthers Mahnung zur Milde gegenüber den Besiegten konnte sich gegenüber den Rachegelüsten der Sieger wiederum nicht durchsetzen.

Am spätesten begann und endete der Bauernkrieg in den österreichischen Alpenländern und in Salzburg. Nach einem Vorspiel von Unruhen der Salzburger Bergknappen begann die Erhebung hier erst im Mai 1525, und noch am 3. Juli errangen die Salzburger Bauern bei Schladming einen beachtlichen militärischen Erfolg, der einem Kompromiß mit dem Erzbischof den Weg bereitete. In Tirol dagegen gelang es Erzherzog Ferdinand im Sommer 1525, in zähen Verhandlungen mit dem von den Bauern dominierten Landtag zu Innsbruck die bäuerlichen Forderungen Stück um Stück zurückzudrängen und zugleich die Vertreter Nord- und Südtirols auseinander zu manövrieren; die radikaleren Südtiroler verloren an Einfluß, Gaismair selbst verließ den Landtag und kehrte nach Brixen zurück. Schließlich fanden sich die Vertreter Nordtirols mit einem vermittelnden Landtagsabschied ab, der neu aufflammende Aufstand der Südtiroler wurde Ende September niedergeschlagen. Gaismair flüchtete nach Graubünden und bereitete von dort aus neue Erhebungen vor. Im Frühjahr 1526 stand er denn auch an der Spitze eines neuen Salzburger Aufstands, zu dem es gekommen war, weil die erzbischöfliche Regierung die versprochene Erledigung der bäuerlichen Beschwerden immer wieder verzögerte. Erzbischof Matthäus Lang war auf den Aufstand diesmal aber besser vorbereitet als im Vorjahr. Vor allem hatte er sich erfolgreich um eine Mitgliedschaft im Schwäbischen Bund bemüht – nicht ohne Widerstand übrigens von seiten Bayerns und Österreichs, die die Notlage Salzburgs gern ausgenutzt hätten, um das Erzstift ihren eigenen Ländern zuzuschlagen. Als Ostern 1526 der Aufstand von neuem losbrach, schickte der Schwäbische Bund ein Heer zu Hilfe, das der Erhebung Anfang Juli ein definitives Ende bereitete. Gaismair entkam wiederum und trat in die Dienste Venedigs, das ihm eine hohe Pension zahlte. Unablässig bemüht, doch noch einen Weg zur Verwirklichung seiner Pläne zu finden – und sei es auch mit Hilfe der Gegner Habsburgs in

Italien –, blieb er ein Moment latenter Unruhe. 1532 starb er in Padua von der Hand gedungener Mörder, unzweifelhaft mit Vorwissen der Regierung in Innsbruck.

Die Folgen des Bauernkriegs sind unter dem Eindruck des blutigen Strafgerichts über die Bauern nach der Niederschlagung des Aufstands schon von manchen Zeitgenossen und dann auch von der älteren Forschung als eine politische, wirtschaftliche und soziale Katastrophe beschrieben worden: Der Bauer sei vom Schauplatz der Geschichte abgetreten, aus dem politischen Leben der Nation ausgeschieden, zum bloßen Objekt ökonomischer Ausbeutung herabgesunken. Dieses Urteil bedarf indessen einer entschiedenen Revision. Genauere Analysen, vor allem für den Südwesten des Reichs, haben nämlich deutlich gemacht, daß die gesellschaftliche Situation der Bauern in den Jahren und Jahrzehnten nach dem Bauernkrieg durchaus stabilisiert worden ist – nicht zuletzt aus der Sorge vor einer neuen Erhebung des gemeinen Mannes, falls man seine Lasten nicht erträglicher mache. Schon auf dem Speyerer Reichstag von 1526 fanden ausgiebige Verhandlungen darüber statt, inwieweit man den Forderungen der Zwölf Artikel oder anderer Beschwerdeschriften des Bauernkriegs entsprechen solle. Das Ergebnis dieser Beratungen bestand in einem großen Ausschußbedenken «der Mißbräuch und Beschwerung halb der Unterthanen», das – bei gewiß eindeutigem Festhalten an der herrschaftlichen Grundstruktur der Gesellschaft – wesentliche Verbesserungen der bäuerlichen Situation empfahl. So sollte zwar die Leibeigenschaft nicht völlig beseitigt, wohl aber die Möglichkeit des Freikaufs gewährt werden; der Todfall sollte aufgehoben oder doch ermäßigt werden; auch die Besitzwechselabgaben sollten gemindert und in ihrer Höhe – nicht über 20 Prozent des bäuerlichen Vermögens – fixiert werden. Des weiteren wurden die Rückgabe entzogener Allmenden, die Reduzierung der grundherrlichen Wildbestände sowie der Ausgleich von Wildschäden durch Erleichterung der bäuerlichen Abgaben empfohlen. Zur Verbesserung der Rechtspflege plädierte der Ausschuß für eine korrekte Respektierung der Zuständigkeiten der dörflichen Gerichte und für einen geordneten Instanzenzug; auch sollten die Strafen gemindert werden. Zwar konnte dieses Ausschußbedenken schließlich nicht zum Beschluß des Reichstags erhoben werden, weil es zu stark an den oberschwäbischen Verhältnissen orientiert war, als daß es die Zustimmung der Ständemehrheit hätte finden können. Die grundsätzliche Bereitschaft der Reichsstände zur Verbesserung der bäuerlichen Lage stand aber außer Frage. Und darüber hinaus: Gerade der Schwäbische Bund, also der Hauptgegner der Bauern in den süddeutschen Kerngebieten des Aufstands, machte sich die Ausschußempfehlung ausdrücklich zu eigen und gab sie an seine Mitglieder weiter. In der Tat kam es jetzt, vor allem im Südwesten des Reichs und in Tirol, zu einer Fülle vergleichsweise bauernfreundlicher Neuregelungen. Nicht selten wurden dafür förmliche Herrschaftsverträge mit den Bauern selbst abgeschlossen, so z. B. im Markgräfler Land, in der Ortenau, in der Fürstabtei

Kempten und in der Oberpfalz; für Tirol wurde die Landesordnung von 1526 maßgebend, für Graubünden ein eigener Landtagsabschied. Damit gewannen die Bauern, zumeist auf territorialer Basis, ein gesichertes eigenes Recht, das sie in der Folge auch gegen widerstrebende Herrschaften zu behaupten wußten, nicht selten sogar unter Anrufung der höchsten Reichsgerichte. Und diesem Gewinn an Rechtspositionen und Sozialprestige entsprachen schließlich auch Gewinne im politischen Bereich: Die Bauern konnten ihre Vertretung auf den Landtagen oder sonst in der Landschaft zumeist behaupten, mitunter sogar ausweiten; in einer Reihe kleinerer Landesherrschaften des deutschen Südens und Westens setzten sie jetzt überhaupt zuerst eine eigene, wenngleich organisatorisch nur wenig verfestigte politische Vertretung durch. Man kann die Geschichte des Bauernkriegs mithin wohl als den Verlust einer großen politischen und sozialen Chance der deutschen Geschichte beklagen; säkulare negative Folgen für das Bauerntum selbst hat der Bauernkrieg aber nicht gehabt.

Schließlich wird man die Folgen des Bauernkriegs auch für die Reformation nicht überschätzen dürfen. Die früher und vornehmlich von marxistischen Historikern noch heute gern vertretene These vom Bauernkrieg als dem Ende der «Volksreformation», der dann bloß noch die Depravation der «Fürstenreformation» gefolgt wäre, ist nicht zu halten. In den Städten nahm die reformatorische Bewegung als bürgerliche Bewegung nach dem Bauernkrieg ohnehin und ungebrochen ihren Fortgang. Aber auch für das Verhältnis der Bauern zur Reformation scheint der Bauernkrieg keine wesentliche Zäsur bedeutet zu haben; die Akten der ländlichen Kirchenvisitationen – für Thüringen liegen sie bereits seit der Mitte der zwanziger Jahre vor – liefern jedenfalls kaum Belege für eine enttäuschte Abwendung der Bauern von der Reformation als Folge des Bauernkriegs. Unstreitig ist freilich, daß evangelisch gesonnene Obrigkeiten in Stadt und Land seit dem Bauernkrieg – und gewiß auch in Reaktion auf den Aufstand – in ungleich stärkerem Maße als zuvor zur obrigkeitlichen Sicherung und Regelung der Reformation übergingen. Der Bauernkrieg beschleunigte insofern die Entwicklung zum evangelischen Landes- und Stadtkirchentum.

III.

Die Formierung des deutschen Protestantismus (1526–1545)

1. Rahmenbedingungen der europäischen Politik: Die Konflikte mit Türken und Franzosen und der Kampf um das Konzil

Wenn die Geschichte des Reichs schon seit dem Regierungsantritt Karls V. mit den Konstellationen und Konflikten der europäischen Politik in enger Wechselwirkung gestanden hatte, so galt das erst recht für die Jahre nach 1526. Dabei waren drei Bereiche dieser europäischen Politik für die Entwicklung der deutschen Verhältnisse besonders wichtig: zum einen die fortdauernde Auseinandersetzung der Häuser Habsburg und Valois um die politische Präponderanz in Europa, zum anderen das Vordringen der Türken nach Ungarn und bis in die Südostflanke des Reichs, zum dritten – seit etwa 1530 – der Kampf Karls V. mit den Päpsten um das Konzil. In ihren Ursprüngen ganz unabhängig voneinander, verschränkten sich diese Konflikte bald in mannigfacher Wechselwirkung miteinander und mit den Verhältnissen im Reich.

Die nicht nur spektakulärste, sondern auch folgenreichste Verschiebung in den Konstellationen der europäischen Politik seit der Mitte der zwanziger Jahre bestand im Vordringen der Osmanen unter Sultan Suleiman II. (1520–1566) im Südosten des Kontinents. Bereits 1521 war Belgrad, die Pforte nach Ungarn, in türkische Hand gefallen; 1526 drang das osmanische Heer dann tief nach Ungarn selbst vor. In der Schlacht von Mohács im August 1526 wurden die schlecht gerüsteten und noch schlechter geführten Ungarn vernichtend geschlagen. Der junge König Ludwig II. – Schwager Karls V. und Erzherzog Ferdinands – kam auf der Flucht um. Zwar fehlte es den Osmanen vorerst an Truppen, um ganz Ungarn, und nun etwa gar auf die Dauer, zu besetzen; die Türken konnten aber doch jederzeit mit Heeresmacht an den Grenzen des Reichs auftauchen. Die Türkengefahr war fortan und bis zur Zeit der Türkenkriege des Prinzen Eugen ein akutes Problem der Reichspolitik.

Die Schlacht von Mohács war aber auch unter ganz anderen Aspekten von hoher Bedeutung. Gemäß den Wiener Verträgen von 1515 nämlich fielen die durch den Tod des noch kinderlosen König Ludwigs erledigten Throne von Böhmen und Ungarn dem Schwager des Verstorbenen, Erzherzog Ferdinand, zu. Die Stände beider Länder beanspruchten zwar ein Recht zur Wahl des neuen Königs; doch gelang es Ferdinand wenigstens in Böhmen sehr rasch – in Konkurrenz vor allem zu einer bayerischen Kandidatur –, unter

Vertagung des Grundsatzproblems von Wahl- oder Erbrecht seine Thronansprüche durchzusetzen. Seit dem Herbst 1526 gehörte mithin das Königreich Böhmen zum Länderkomplex der deutschen Habsburger. Und das war nicht nur ein dynastischer Gewinn für das Haus Habsburg, sondern ein Gewinn auch für das Reich: Wenn Böhmen seit den zwanziger Jahren des 15. Jahrhunderts sich mehr und mehr vom Reich entfernt hatte, so wurde diese Entwicklung jetzt aufgehalten, ja langfristig in ihr Gegenteil verkehrt. Selbst im böhmischen Aufstand, der den Dreißigjährigen Krieg einleitete, ist die Reichszugehörigkeit Böhmens nicht mehr bestritten gewesen, und zu Anfang des 18. Jahrhunderts sind auch seine organisatorischen Bindungen an das Reich in der sogenannten Readmission Böhmens noch einmal verfestigt worden. Die Reichszugehörigkeit Böhmens sollte erst 1806, mit dem Ende des alten Reichs selber, aufhören.

Sehr viel schwieriger als in Böhmen gestalteten sich 1526 und in der Folge die Verhältnisse in Ungarn. Die ungarischen Magnaten nämlich, von einer Thronfolge des deutschen Habsburgers gar nicht erbaut, erhoben alsbald nach dem Tode König Ludwigs einen der ihren, den Woiwoden Johann Zapolya von Siebenbürgen, zum neuen König. Von einer breiten Woge nationaler Zustimmung getragen, konnte sich Zapolya bereits im November 1526 in Stuhlweißenburg krönen lassen. Ferdinand, aufs tatkräftigste von seiner Schwester, der jungen Königinwitwe Maria, unterstützt, nahm zwar den Kampf auf und ließ sich seinerseits von einem kleinen, dem Zapolya feindlich gesonnenen Kreis von Magnaten im Dezember 1526 zum König wählen. Durchzusetzen aber war dieses Königtum vorerst nicht, und zwar nicht nur wegen des Widerstands der Mehrheit des ungarischen Adels, sondern auch und vor allem wegen der Unterstützung, die Zapolya durch die Osmanen erfuhr; ihrem Schutz nämlich – und damit auch ihrer Oberhoheit – unterstellte sich Zapolya 1528. Daß Sultan Suleiman 1529 vor Wien erschien, hatte seinen eigentlichen Grund in diesem Schutzverhältnis zu Zapolya und diente im wesentlichen dazu, den von Ferdinand militärisch hart bedrängten Woiwoden im Besitz Ungarns zu sichern. Im übrigen ging Zapolya kurze Zeit nach seiner Unterstellung unter osmanische Oberhoheit ein antihabsburgisches Bündnis auch mit den Franzosen ein, die insofern – wenigstens indirekt – also schon seit dem Winter 1528/29 im Bündnis mit den Osmanen standen.

Das folgende Jahrzehnt war von wechselhaften Auseinandersetzungen mit Zapolya und immer wieder auch mit den Osmanen erfüllt. Der erfolglosen Belagerung Wiens im Herbst 1529 folgte 1532 ein neuer und zeitweilig sehr bedrohlicher Vorstoß der Türken; seitdem wechselten Waffenstillstände und erneute Kriegshandlungen in rascher Folge. 1538 endlich gelangte Ferdinand mit Zapolya zu einer politischen Lösung nach dem Muster der Verträge von Wiener Neustadt (1463) und Preßburg (1491): Man erkannte sich gegenseitig als König von Ungarn an; nach dem Tode Zapolyas sollte Ferdinand, und zwar in völliger Unabhängigkeit von den Osmanen, die Alleinherrschaft im

Lande antreten. Als Zapolya im Juni 1540 starb, konnte Ferdinand sein Erbrecht aber wiederum nur zum geringen Teil verwirklichen. Wenige Tage vor dem Tode Zapolyas nämlich hatte ihm seine Gemahlin, die polnische Königstochter Isabella, einen Sohn geboren; dieses unmündige Kind wurde alsbald von der Mehrheit der ungarischen Magnaten als neuer König anerkannt und im Frühjahr 1541 auch vom Sultan bestätigt. In den dadurch ausgelösten neuen Konflikten mit König Ferdinand eroberten die Osmanen noch 1541 und dann in einem neuen Feldzug 1543 fast die ganze ungarische Tiefebene mitsamt der Hauptstadt Ofen und gliederten die neu gewonnenen Gebiete unmittelbar ihrem Reich ein – eine Entscheidung, die das Schicksal des Landes bis zum Ausgang des 17. Jahrhunderts bestimmen sollte.

Der militärischen Entscheidung von 1543 folgte zwei Jahre darauf ein Waffenstillstand, 1547 ein längerfristiger Friedensvertrag der Habsburger mit den Osmanen – beide Verträge im wesentlichen auf der Basis und zur Sicherung des Status quo. In der Tat trat jetzt, bedingt freilich auch durch kriegerische Verwicklungen der Osmanen mit den Persern, an der ungarischen Front für einige Zeit relative Ruhe ein. Der ungelöste Konflikt zwischen Habsburgern und Zapolyiden schwelte freilich fort.

In den Auseinandersetzungen der Häuser Valois und Habsburg hatte Karl V. einen ersten Krieg mit Franz I. von Frankreich siegreich beenden können; aber schon wenige Monate nach dem Abschluß des Friedens von Madrid (Januar 1526) suchte der französische König, jetzt in einer «Heiligen Liga» mit dem Papst und einer Reihe italienischer Mittelstaaten, die Revanche. Zunächst beschränkten sich die Kriegshandlungen auf vereinzelte Unternehmungen. Die italienischen Gegner Karls V. agierten ohne gemeinsamen Plan, auch die Franzosen engagierten sich noch kaum; die Kaiserlichen aber brauchten einige Monate, um Verstärkungen aus Spanien und Deutschland nach Italien zu bringen. Als dies geschehen war, nahmen sie – unter dem Kommando von Bourbon und Frundsberg – dann allerdings sehr entschieden das Heft in die Hand und brachten ihre Gegner bald in arge Bedrängnis. Papst und Kirchenstaat wurden dabei jedoch nach Möglichkeit geschont. Gewiß: Diplomatisch und publizistisch ließ der Kaiser den Papst scharf attackieren und ihm die Schuld an dem durch den Krieg drohenden Ruin der Christenheit zuweisen; der Papst handle nicht wie ein Vater, sondern wie ein Feind der Kirche, nicht wie ein Hirte, der er zu sein vorgebe, sondern wie ein Wolf. Überdies ließ Karl das Kollegium der Kardinäle im Dezember 1526 in aller Form auffordern, im Falle mangelnder Sinnesänderung des Papstes ein allgemeines Konzil auszuschreiben, um der Christenheit aufzuhelfen. Die militärische Strategie der Kaiserlichen machte aber doch zugleich sehr deutlich, daß man den Papst nicht so sehr bekämpfen als vielmehr zum Einlenken bringen wollte, und die Chancen dafür standen bald nach der Jahreswende nicht einmal schlecht, zumal die Franzosen als Lohn für ein tatkräftiges Eingreifen zur «Befreiung» Italiens über ihre oberitalienischen

Ansprüche hinaus jetzt auch noch Neapel forderten und damit Grundmaximen der päpstlichen Außenpolitik mißachteten. Dann aber kam doch alles ganz anders. Die kaiserlichen Truppen in der Lombardei nämlich – Deutsche und Spanier –, ohnehin schwer in Disziplin zu halten und vollends unkontrollierbar, wenn es, wie jetzt im Frühjahr 1527, an Bezahlung fehlte, wandten sich durch die Toskana in den Kirchenstaat, um sich an dem reichen und lasterhaften Rom schadlos zu halten. Frundsberg suchte die Unbotmäßigen bei Bologna unter Einsatz seines Lebens zurückzuhalten – vergebens; vom Schlag gerührt, halb gelähmt, mußte er das Heer verlassen. Erst recht fruchtlos blieben die Bemühungen des kaiserlichen Befehlshabers in Süditalien und Vizekönigs Charles de Lannoy. Ein päpstliches Angebot der Zahlung von 150000 Dukaten war zu mager und kam zu spät, um die Katastrophe noch abzuwenden. Am 6. Mai 1527 erstürmte das kaiserliche Heer die Ewige Stadt. Papst Clemens VII. mußte sich in die Engelsburg flüchten, die allein der Belagerung widerstand. Bourbon selbst war gleich zu Anfang des Sturms gefallen; die vollends führerlos gewordenen Kriegsleute überschwemmten die Stadt, plünderten und raubten ohne Hemmungen über Monate hinweg. Das war der «Sacco di Roma» – ein «gellendes Wahrzeichen für die Politiker der Kurie» (K. Brandi).

Die unmittelbare Folge der Erstürmung Roms war, daß die Herrschaft der Medici, der Familie des Papsts, auch in Florenz zusammenbrach, und das wiederum machte die Lage des Papstes in der Engelsburg unhaltbar: Am 7. Juni 1527 mußte er kapitulieren und ging in kaiserliche Gefangenschaft. Auch jetzt freilich blieb die Politik Karls V. gegenüber dem Papst sehr gemäßigt und durchaus auf Versöhnung und künftige Zusammenarbeit angelegt. Abgesehen von der Besetzung einiger päpstlicher Städte durch kaiserliche Truppen wurde der Kirchenstaat alsbald wieder restituiert; im Dezember kam der Papst auch persönlich frei. Solches Entgegenkommen hinderte jedoch nicht, daß der Schrecken des Sacco di Roma die anderen Gegner des Kaisers zu engerem Zusammenschluß und zu beträchtlichen militärischen Anstrengungen veranlaßte. Vor allem erschien jetzt ein starkes französisches Heer in Oberitalien, das sich mit den mailändischen und venezianischen Streitkräften vereinigte und bald eindrucksvolle Erfolge zu erzielen vermochte. Und diese militärischen Erfolge hatten wiederum politische Rückwirkungen: Die antikaiserliche Koalition in Italien erweiterte und aktivierte sich von neuem. Anfang 1528 konnten die Verbündeten sogar in das Königreich Neapel einfallen; seit April 1528 wurde Neapel selbst belagert, von der offenen See durch eine genuesische Flotte abgeschnitten. In dieser für den Kaiser prekären Situation aber wechselte der genuesische Admiral Andrea Doria im Sommer 1528 überraschend die Fronten und stellte damit die größte christliche Flotte des Mittelmeeres zur Disposition Karls V. Die Gründe für diesen Frontwechsel Andrea Dorias lagen vor allem in der Hoffnung, daß Genua unter einer kaiserlichen Oberhoheit über Italien eine freiere Stellung werde bewahren können als unter französischer

Herrschaft, und wirklich garantierte der Kaiser dem Genuesen in der Konvention von Madrid 1528 neben weitreichenden Handelsprivilegien die fortbestehende staatliche Unabhängigkeit Genuas. Für den Krieg in Italien aber bedeutete der Coup des Andrea Doria die definitive Entscheidung zugunsten der Kaiserlichen. Die Belagerung Neapels mußte alsbald aufgegeben werden, ja die französische Armee in Süditalien mußte kapitulieren; in Oberitalien scheiterte kurz darauf ein französischer Vorstoß auf Mailand. Da auch die versprochene englische Hilfe ausblieb, mußten sich die Franzosen erneut zum Frieden bequemen.

Der Abschluß des Friedens kam im August 1529 zu Cambrai zustande. Bei den vorausgegangenen zähen Verhandlungen hatten auf französischer Seite die Mutter des Königs, Luise von Savoyen, auf kaiserlicher Seite Karls Tante Margarete, Regentin der Niederlande, eine maßgebende Rolle gespielt; der Friede von Cambrai ist deshalb als «Damenfriede» in die Geschichte eingegangen. Der Vertrag bestätigte für die italienischen wie für die niederländischen Verhältnisse die Regelungen des Friedens von Madrid. Franz I. bestätigte also seinen Verzicht auf alle italienischen Ansprüche wie auf die alten französischen Lehensrechte über Flandern und Artois zugunsten des Reichs. Doch akzeptierte Karl V. nach den unguten Erfahrungen von 1526, daß die Restitution Burgunds nicht durchgesetzt werden könne; die Bourgogne blieb also bei Frankreich. Der weitere Verlauf der Auseinandersetzungen der Häuser Valois und Habsburg sollte zeigen, daß diese Regelung von 1529 im wesentlichen den Kräfteverhältnissen hier und dort gerecht wurde. Zwar versuchten die französischen Könige noch mehrfach, das Ergebnis von 1529 – namentlich den Verzicht auf Mailand – zu ihren Gunsten zu korrigieren; sie hatten damit jedoch keinen Erfolg. Und damit war eben doch auch die Frage der politischen Präponderanz in Europa entschieden: Sie lag, wenngleich noch jahrzehntelang nicht unbestritten, mit der Vorherrschaft über Italien für den Rest des Jahrhunderts bei den Habsburgern.

Natürlich mußten sich jetzt auch die anderen Partner der antihabsburgischen Liga in Italien mit dem Kaiser arrangieren. Dabei ließ sich der Kaiser im Frieden von Barcelona mit dem Papst – schon einige Wochen vor dem endgültigen Abschluß des Friedens von Cambrai – dazu herbei, dem Medicipapst die Wiedererrichtung des Regiments seiner Familie in Florenz zu versprechen; das lag wiederum ganz auf der Linie der kaiserlichen Politik, den Heiligen Stuhl als dauernden politischen Partner in Italien zu gewinnen. Es war diese Situation der großen Politik, in der Karl V. – aufs dringendste nach Deutschland gerufen, um hier der Spaltung der Kirche und der kirchlichen Spaltung des Reichs entgegenzuwirken – seinen Weg von Spanien über Italien nahm und sich am 22. Februar 1530 in Bologna vom Papst zum König von Italien, zwei Tage später, an seinem 30. Geburtstag, zum Kaiser krönen ließ: bewußter Ausdruck des universalistischen Herrschaftswillens des Kaisers wie der tiefen Bindung dieses Kaisertums an die römische Kirche. Daß nach 1530 kein Kaiser sich mehr vom Papst hat krönen lassen, weist zugleich sehr deutlich darauf hin, daß der Universalismus des mittelalterlichen Kaisertums mit Karl V. unwiderruflich zu Ende ging.

Ungeachtet des Friedens von Cambrai war Franz I. nicht gesonnen, seine Expansionspläne gegen Oberitalien wie gegen die Niederlande wirklich aufzugeben. Allerdings zwang ihn das Scheitern der Liga von Cognac dazu, sich andere, zumindest weitere Bundesgenossen zu suchen; für die künftige Auseinandersetzung um Italien mußte ihm insbesondere daran gelegen sein, einen Ersatz für die an den Kaiser verlorene genuesische Flottenmacht zu finden. Franz I. suchte seine neuen Bündnispartner zum einen bei den Muslimen, zum anderen bei den deutschen Protestanten.

Eine erste, noch mittelbare Allianz mit den Osmanen hatte schon das Bündnis mit Johann Zapolya Ende 1528 bedeutet. Im Mai 1534 gelang es der französischen Diplomatie dann, einen Vertrag mit dem Barbareskenfürst Chaireddin Barbarossa in Algier zustande zu bringen, der sich schon 1519 der osmanischen Oberhoheit unterstellt hatte und seit 1533 als Kapitän-Pascha der türkischen Flotte fungierte. Der Vertrag von 1534 bedeutete mithin kaum weniger als ein Flottenabkommen mit der Türkei selbst; der Verlust Genuas war für die Franzosen damit einigermaßen ausgeglichen. Zwar reagierte der Kaiser bereits 1535 recht wirkungsvoll, nämlich mit einer Flottenunternehmung gegen das kürzlich von Barbarossa eroberte Tunis. Tunis wurde erobert, die dort liegende Flotte der Barbaresken erbeutet, die Hafenfestung La Goleta dauernd besetzt. Nach Italien zurückgekehrt, wurde Karl V. als großer Sieger gegen die Ungläubigen gefeiert; seine Reise von Süditalien nach Rom glich einem Triumphzug. Die Macht Barbarossas war aber nur geschwächt, keineswegs gebrochen, und überdies hatte der Sieg Karls V. bei Tunis die politische Rückwirkung, daß sich jetzt auch der Sultan selbst in das von den Franzosen begehrte Bündnis einließ. Formell noch immer erst ein Handelsabkommen, war dieser osmanisch-französische Vertrag von 1536 der Sache nach nichts anderes als eine Offensivallianz gegen den Kaiser, die den Türken unter anderem die französischen Seehäfen als militärische Stützpunkte öffnete.

Der andere präsumptive Partner, mit dem Franz I. seit dem Beginn der dreißiger Jahre ein Bündnis gegen Karl V. suchte, war der deutsche Protestantismus, genauer: der 1531 geschlossene Schmalkaldische Bund, in dem bald die Mehrzahl der protestantischen Fürsten und Reichsstädte Deutschlands vereinigt war, um sich politisch und notfalls auch militärisch gegen eine gewaltsame Rekatholisierung zur Wehr setzen zu können. In der Tat suchten einige der deutschen Fürsten, vor allem Landgraf Philipp von Hessen als eines der Häupter des Schmalkaldischen Bundes, eine enge politische Verbindung zu Frankreich wie zu anderen europäischen Mächten, die mit den Habsburgern in politischen Kollisionen standen. Indessen waren das Reichsbewußtsein der evangelischen Stände und auch die Hoffnung auf einen konfessionellen Ausgleich im Reich noch immer so stark, daß die Schmalkaldener das förmliche Bündnisangebot des französischen Königs vom Dezember 1535 glatt ausschlugen. Seit 1536 wirkte überdies gerade das türkische Bündnis der Franzosen auf die evangelischen Reichsstände abschreckend: In welchen konfessionellen und verfassungspolitischen Konflikten auch immer sie sich mit dem Kaiser befanden – sich gegen ihn mit den Türken zu verbinden, und sei es nur auf dem Umweg über Frankreich, schien ihnen ein Ding der Unmöglichkeit. So hatte es Karl V. in seinem dritten und vierten Krieg gegen Franz I. (1536–38 und 1542–44) zwar mit einer französisch-türkischen Allianz zu tun, nicht aber zugleich mit den deutschen Protestanten. Der Reichstag, einschließlich der evangelischen Reichsstände, entschloß sich 1542 bzw. 1544 sogar zu einer nicht unbeträchtlichen Reichshilfe für den Kampf des Kaisers gegen Türken und Franzosen.

Der Krieg von 1536–38 war wiederum durch Streitigkeiten über Mailand veranlaßt. Als mit Francesco Sforza die mailändische Herzogsfamilie der Sforza 1535 ausstarb, erhob Franz I. alsbald für einen seiner Söhne Anspruch auf das Herzogtum, während der Kaiser Mailand als heimgefallenes Reichslehen ansah, das er als Lehensherr frei vergeben könne, und keinerlei Entgegenkommen gegenüber den französischen Wünschen zeigte. Wieder einmal mußten die Waffen entscheiden. Es gelang Franz I., sich durch einen überraschenden Überfall des zum Reich gehörigen Herzogtums Savoyen zu bemächtigen und es bis auf weiteres auch zu behaupten – übrigens im Bündnis mit Bern, das sich damals in den Besitz der savoyischen Waadt setzte. Der den Habsburgern politisch und dynastisch verbundene Herzog Karl III. von Savoyen wurde vertrieben, das Land Frankreich zugeschlagen. Ein Gegenangriff der Kaiserlichen in die Provence hinein blieb stecken; auch im Norden konnte das französische Heer nicht entscheidend geschlagen werden. Anderseits kamen aber auch die Franzosen nach ihrem Anfangserfolg in Savoyen nicht mehr voran. Das Bündnis mit den Türken brachte keine wirkliche militärische Kooperation, ja: die Überfälle der Flotte Barbarossas auf die italienischen Küsten hatten die politische Folge, daß der Papst wie die Venetianer sich deutlich dem Kaiser annäherten. So kam es schon 1537 in Bomy bei Thérouanne und dann 1538 in Nizza zu Waffenstillständen, um noch einmal eine friedliche Beilegung des Hegemonialstreits der Häuser Habsburg und Valois zu versuchen.

An gutem Willen zu friedlichen Lösungen hat es damals, jedenfalls auf seiten Karls V., nicht gefehlt. Im Sommer 1538, kurz nach dem Waffenstillstand von Nizza, trafen die beiden Herrscher zu einer Art Gipfeltreffen in Aigues-Mortes zusammen, bei dem man sich auch auf familiärer Basis näherzukommen suchte – Königin Eleonore, die Gemahlin Franz' I. und Schwester Karls V., erlebte damals wohl ihre glücklichsten Tage. Anfang 1539 stellte der Kaiser in der Deklaration von Toledo sogar die Vermählung entweder seiner Tochter oder aber einer der Töchter König Ferdinands mit dem zweiten Sohn des französischen Königs, also dem Herzog von Orléans, in Aussicht – und überdies, wenngleich weniger bestimmt, für den Fall des

Zustandekommens dieser Heirat die Belehnung des französischen Prinzen mit Mailand. Umgekehrt hielten sich auch die Franzosen jetzt für einige Jahre in ihrer antihabsburgischen Politik zurück, offensichtlich von der Hoffnung geleitet, Mailand, wenn es denn schon nicht mit Gewalt zu bekommen war, vielleicht doch noch durch friedliche, dynastische Mittel zu gewinnen. So verzichtete Franz I. darauf, den Aufstand der Stadt Gent 1539/40, der leicht auf große Teile der Niederlande hätte übergreifen können, durch eine französische Intervention zu unterstützen, und auch 1541, als die Türken in Ungarn eine neue große Offensive begannen, hielten die Franzosen zunächst still.

Das Bündnis Franz' I. mit den Türken blieb freilich bestehen, und ebenso dauerte der offene Konflikt zwischen Osmanen und Habsburgern an, in Ungarn nicht anders als im Mittelmeer. Eben jetzt, im Oktober 1541, versuchte Karl V., durch eine Flottenexpedition gegen Algier die Herrschaft Chaireddin Barbarossas in ihrem Zentrum zu treffen. Das Unternehmen nahm jedoch, anders als die Eroberung von Tunis 1535, einen sehr unglücklichen Verlauf: Die Flotte wurde durch einen Sturm schwer lädiert, die trotzdem versuchte Invasion mußte nach erheblichen Verlusten abgebrochen werden, um eine Katastrophe zu vermeiden. Auch die direkten Beziehungen Karls V. zu Franz I. verschlechterten sich bereits seit 1540 aufs neue, vor allem als Folge der Entscheidung des Kaisers, seinen Sohn Philipp von Reichs wegen mit Mailand zu belehnen und damit die Hoffnung der Franzosen auf das Herzogtum ein weiteres Mal zu enttäuschen.

1542 kam es wiederum zum Kriege, und zwar in einer für Franz I. vergleichsweise ungünstigen Konstellation der Mächte. Zwar brachte das türkische Bündnis für die Kaiserlichen im Mittelmeer manche Probleme mit sich. Toulon glich im Winter 1543/44 einem türkischen Kriegshafen; die Seeverbindungen zwischen Spanien, Neapel und Genua waren mehr als einmal unterbrochen, und 1543 konnten die Muslime mit französischer Unterstützung sogar Nizza erobern und plündern. Zu großangelegten Operationen gegen Italien aber reichten die Kräfte der Franzosen nicht, und dies um so weniger, als sie es im Norden nicht nur mit dem Kaiser zu tun hatten, sondern seit 1543 auch mit England, das durch die Belagerung und schließliche Eroberung von Boulogne wichtige Teile der französischen Streitkräfte band. Umgekehrt blieb das Bündnis der Franzosen mit Schottland so gut wie wirkungslos; die Schotten wurden von den Engländern bald entscheidend geschlagen. Ein weiteres Bündnis mit Christian III. von Dänemark war allenfalls handelspolitisch – wegen der Sperrung des Sunds für die holländischen Schiffe – von Bedeutung, nicht aber militärisch. Überdies schied auch Dänemark vorzeitig aus der französischen Koalition aus.

Die Entscheidung des Kriegs fiel im Norden, und hier richtete sich der erste große Schlag Karls V. gegen einen Bundesgenossen Frankreichs im Rücken der Niederlande, nämlich den Herzog von Jülich-Kleve-Berg und Geldern.

Um zu verstehen, was es mit diesem Konflikt auf sich hatte, muß man sich erinnern, daß die burgundischen Niederlande, wie sie Karl V. von seinem Vater Philipp dem Schönen geerbt hatte, eigentlich nur mit der Grafschaft Holland nach Norden über die Maas hinausgriffen. Zwar war es schon Karl dem Kühnen in den siebziger Jahren des 15. Jahrhunderts gelungen, das Herzogtum Geldern mitsamt der Grafschaft Zutphen und Veluwe sowie dem Gebiet zwischen dem Lek und der Maas, das sogenannte Reich Nimwegen, als Pfand zu erwerben; doch hatte diese Pfandschaft – an sich eine übliche Vorstufe für einen endgültigen Erwerb – den Tod Karls des Kühnen nicht überdauert. Und wenn das Bistum Utrecht mit seinem erheblichen Landbesitz nordöstlich von Zutphen zu Zeiten der burgundischen Herzöge faktisch eine geistliche Sekundogenitur des Herzogshauses gewesen war, so lockerte sich auch diese Verbindung beim Übergang Burgunds an das Haus Habsburg; rechtlich gesehen war der Bischof von Utrecht ohnehin noch immer ein reichsunmittelbarer Fürst. Karl V. und seine Regentschaften in den Niederlanden verfolgten nun aber mit Ausdauer und Geschick eine Politik der Expansion ihrer Herrschaft, und zwar nicht nur gegenüber Frankreich – insbesondere mit dem Ziel der vollen Lehenshoheit über Flandern und Artois –, sondern auch nach Norden, also gegenüber Utrecht und den politisch wenig durchorganisierten Landschaften im äußersten Nordwesten des Reichs. 1528/29 gelang es, dem Bischof von Utrecht seine weltlichen Herrschaftsrechte abzunehmen, die sogenannte Temporalität Utrecht; um die Mitte der dreißiger Jahre eröffneten sich Chancen des Erwerbs von Friesland, Drenthe und Groningen, die jeweils entschlossen genutzt wurden. Zwischen diesen Neuerwerbungen im Norden und Osten einerseits, Holland und Brabant im Süden und Westen anderseits lag jetzt nur mehr geldrischer Territorialbesitz als unangenehmer Sperriegel. So lag es nahe, daß die Habsburger danach trachteten, auch diese Gebiete in ihre Hand zu bekommen – und geradezu selbstverständlich war, daß der Herzog von Geldern sich nach Bundesgenossen umsah, die seine fortdauernde Unabhängigkeit zu garantieren oder doch zu unterstützen bereit waren; der wichtigste dieser Bundesgenossen war eben Frankreich. 1528 hatte sich Herzog Karl von Geldern gegenüber Karl V. dazu bequemen müssen, Geldern als burgundisches – genauer: brabantisches – Lehen zu empfangen, was angesichts der Kinderlosigkeit des Herzogs den Heimfall Gelderns an den Kaiser als Herzog von Brabant erwarten ließ. In der Folge aber trieb der Herzog wieder eine durchaus französische Politik. Nicht genug damit, daß er Frankreich ein Monopol für die Anwerbung von Söldnern in seinen Ländern einräumte, unterstellte er sich 1534 sogar in aller Form der französischen Oberhoheit – ein kaum verhüllter Affront gegen das Reichsrecht –, und überdies ließ er sich von den geldrischen Ständen dazu drängen, zu seinem Nachfolger Herzog Wilhelm von Jülich-Kleve-Berg zu bestimmen, was jenem Lehensvertrag von 1528 widersprach. Daß Herzog Wilhelm eine Kirchenpolitik betrieb, die, obzwar eher erasmianisch als eigentlich reformatorisch orientiert, doch manchen reformatorischen Tendenzen im Lande Raum gab, verlieh dem dynastischen und lehensrechtlichen Konflikt mit dem Kaiser noch eine zusätzliche kirchenpolitische Komponente.

1538 starb Herzog Karl. Die geldrischen Stände huldigten alsbald Herzog Wilhelm, und der setzte seinerseits von Anfang an ganz auf die französische Karte. Ein Versuch der Reichsstände, den Herzog angesichts der eindeutigen Rechtslage zum Verzicht auf Geldern zu bewegen, schlug 1541 fehl; im Gegenteil schloß Wilhelm jetzt ein neues Bündnis mit Frankreich und war zu Beginn des 1542 neu ausbrechenden Kriegs zwischen Franz I. und Karl V. überhaupt der aggressivste Gegner des Kaisers. Der Führer der geldrischen Truppen Martin van Rossem zog quer durch das wenig geschützte Nordbrabant geradewegs auf Antwerpen zu, während gleichzeitig die Franzosen gegen Artois und Flandern, im Süden auch gegen das Herzogtum Luxemburg vorstießen. Antwerpen und Löwen konnten sich nur mit Mühe halten, Luxemburg ging zeitweise an die französisch-geldrischen Truppen verloren, und überall hinterließ Martin van Rossem Verwüstungen – getreu seiner Devise, das Brennen sei das Magnifikat des Kriegs. 1543 befanden sich die Niederlande in arger Bedrängnis, zumal es unter den Niederländern an tüchtigen Heerführern fehlte. So entschloß sich der Kaiser, selbst nach Norden zu ziehen und Spanien der Regentschaft seines eben sechzehnjährigen Sohnes Philipp anzuvertrauen, den er aus diesem Anlaß mit der gleichaltrigen Infantin Maria von Portugal verheiratete. Die Maßnahmen Karls für den Krieg in den Niederlanden gingen seitdem zügig vonstatten: Spanische und deutsche Truppen wurden angeworben und in Richtung Niederlande in Marsch gesetzt; die portugiesische Mitgift für Maria erlaubte eine ordentliche Ausstattung mit Kriegsgerät und Munition. Dazu kamen politische Flankensicherungen, vor allem durch ein Kriegsbündnis mit England. Papst Paul III. allerdings sah sich auch durch das Türkenbündnis des französischen Königs nicht zu deutlicher Parteinahme für den Kaiser veranlaßt – es sei denn um den Preis Mailands für den Papstenkel Ottavio Farnese, was sich mit dem Kaiser denn doch nicht machen ließ. Im August 1543 traf Karl V. in den Niederlanden ein, wandte sich sofort und energisch gegen Geldern und gewann einen raschen und entscheidenden Sieg. Nach einem Feldzug von knapp zweieinhalb Wochen mußte Herzog Wilhelm kapitulieren. Im Vertrag von Venlo (12. September 1543) trat der Herzog Geldern und Zutphen samt der Veluwe und dem Reich Nimwegen an den Kaiser als Herzog von Burgund ab; darüber hinaus mußte er versprechen, seinen protestantischen Neigungen zu entsagen und ganz zur katholischen Kirche zurückzukehren – eine Wendung gegen die Reformation, die für das Schicksal des Protestantismus im Nordwesten des Reichs von erheblicher Konsequenz sein sollte.

Der Sieg des Kaisers über Geldern bewog Christian III. von Dänemark, sein französisches Bündnis preiszugeben; schon vorher, im Sommer 1543, hatten die Schotten mit England Frieden schließen müssen. Damit waren die

Franzosen in eine ziemlich isolierte Position geraten. Zwar konnten sie im Süden mit Hilfe der Türken noch einige Erfolge erzielen. Nach der französisch-türkischen Eroberung Nizzas gelang ihnen im April 1544 bei Ceresole in Piemont sogar ein Sieg in offener Schlacht gegen die mailändischen Truppen des Kaisers. Aber diese Erfolge hatten schon an der Südfront keine weiteren Konsequenzen; vor allem aber stieß der Kaiser jetzt, 1544, im Norden weit nach Frankreich hinein und bedrohte selbst Paris. Daß dieses Vordringen tief in Feindesland auch für das kaiserliche Invasionsheer wachsende Probleme – besonders des Nachschubs – mit sich brachte, ließ sich freilich nicht verhehlen, und so begann man auf beiden Seiten nach einem Verhandlungsfrieden Ausschau zu halten. Bereits im September 1544 konnte nach kurzen, wenngleich harten Verhandlungen in Crépy Friede geschlossen werden.

Der Friedensvertrag brachte den Verzicht Franz' I. auf sein Türkenbündnis sowie auf alle Ansprüche hinsichtlich Gelderns; ansonsten wurde im wesentlichen der territorialpolitische Status quo ante wieder hergestellt. Der Kaiser gab seine Eroberungen in Frankreich heraus. Franz I. behielt Savoyen – es blieb bis 1559 in französischer Hand –, räumte jedoch Nizza und bestätigte seinen bereits im Damenfrieden von 1529 ausgesprochenen Verzicht auf alle französischen Kronrechte und -ansprüche auf Flandern und Artois sowie auf Italien. Hinsichtlich Mailands wurde der schon 1538 in Nizza angesprochene Kompromiß einer französischen Sekundogenitur erneut ins Auge gefaßt – allerdings nur in der Form, daß der Kaiser für den Fall einer Heirat des Herzogs von Orléans mit einer habsburgischen Prinzessin zusagte, dem Paar entweder Mailand oder aber die Niederlande zuzustellen. Diese «Große Alternative» von 1544 ist in den folgenden Monaten im Staatsrat des Kaisers in Spanien wie in den Niederlanden heiß diskutiert worden, und zwar mit dem Ergebnis, daß Karl V. eine französische Sekundogenitur eher für die Niederlande als für Mailand zuzugestehen bereit war – ein klarer Hinweis auf die fortdauernde Priorität der Herrschaft über Italien für die europäische Politik Karls V. Nach dem frühen Tod des Herzogs von Orléans im Herbst 1545 war von alledem freilich nicht mehr die Rede.

Neben den territorialpolitischen Bestimmungen des Friedens von Crépy standen noch einige andere, die sehr viel klarer als jene erkennen lassen, wie deutlich sich der Kaiser auch im vierten Krieg gegen Franz I. durchgesetzt hatte. Die erst vor einigen Jahrzehnten bekanntgewordenen Geheimbestimmungen des Friedens nämlich verpflichteten den französischen König dazu, die kaiserliche Forderung eines Reformkonzils nicht länger zu blockieren, ja sogar den Kaiser bei der Rückführung der deutschen Protestanten in den Schoß der Kirche zu unterstützen, notfalls auch mit den Waffen. Der Friede von Crépy bedeutete mithin – abgesehen von jenen territorialen Verschiebungen und der Sprengung des osmanisch-türkischen Bündnisses –, daß der Kaiser den französischen König und die deutschen Protestanten voneinander isolierte und zugleich ein altes und zähes Hindernis für das Konzil aus dem Wege räumte. Das war ein beachtlicher Erfolg auch der Kirchenpolitik Karls V.

Die Einberufung eines großen Reformkonzils gehörte seit Anfang der dreißiger Jahre zu den politischen Hauptzielen des Kaisers. Die tiefen Unsicherheiten und Schäden der alten Kirche an Haupt und Gliedern schienen ihm nur mehr mit Hilfe einer solchen Kirchenversammlung behebbar, und auch für die Beilegung des Glaubensstreits in Deutschland hielt er ein Konzil zumindest für nützlich, wo nicht gar für unverzichtbar. Beriefen sich die Protestanten nicht selbst immer wieder auf die ausstehenden Konzilsentscheidungen? Und würde ein erfolgreiches Reformkonzil den deutschen Ketzern nicht den Wind aus den Segeln nehmen? Solche Überlegungen fanden indessen in Rom selbst erst sehr allmählich Resonanz. Papst Clemens VII. (1523–1534) hatte mit einer grundlegenden Reform der Kirche nur wenig im Sinn; sein Nachfolger Paul III. (1534–1549) verschloß sich der Notwendigkeit von Kirchenreform und Reformkonzil zwar nicht grundsätzlich, trug jedoch zunehmende Bedenken hinsichtlich der möglichen Beschlüsse eines Konzils zur Reform des Papsttums selbst und fürchtete überdies den übermächtigen Einfluß des Kaisers auf die Kirchenversammlung, zumal dann, wenn es an einem kräftigen französischen Gegengewicht fehlte. Der französische König aber war viel zu tief in seinem Hegemonialkonflikt mit Karl V. befangen, als daß er sich ohne Not zu kirchenpolitischen Zugeständnissen bereitgefunden hätte; insbesondere die Konfrontation zwischen dem Kaiser und den deutschen Protestanten war ja ein Aktivposten der französischen Politik, den Franz I. wenn irgend möglich nicht preisgeben wollte. Dazu kam natürlich noch das Mißtrauen der Protestanten gegen ein Konzil, dessen Freiheit von päpstlicher Herrschaft ihnen nicht gesichert erschien. Der Weg zum Konzil war also ein steiniger, dornenreicher Weg.

Karl V. hat in einem späten Rückblick die Anfänge seiner Konzilsbemühungen beim Papst auf sein Treffen mit Clemens VII. im Winter 1529/30 datiert, und man wird an der Richtigkeit dieser Aussage nicht zu zweifeln haben. Konkrete Folgen hatte freilich erst ein weiteres Treffen der beiden Häupter der Christenheit um die Jahreswende 1532/33 in Bologna. Damals ergingen Schreiben des Papstes und des Kaisers an die Reichsstände, die die baldige Eröffnung des Konzils in Aussicht stellten; im Februar 1533 erschien eine päpstlich-kaiserliche Gesandtschaft in Deutschland, um den Reichsständen – auch den evangelischen – die Konzilsbedingungen zu überbringen. Die von Kursachsen um Rat angegangenen Wittenberger Theologen fanden die Zusicherung der Freiheit des Konzils unzureichend, im übrigen aber solle man die Konzilsartikel annehmen, um sich nicht die Schuld an einem Scheitern des Konzils aufladen zu lassen. In diese Richtung ging auch die offizielle Antwort der evangelischen Stände im Sommer des Jahres: Das angekündigte Konzil sei zwar nicht das von ihnen stets erbetene, für das der Kaiser allererst sorgen möge, wie es seines Amtes sei; doch wolle man die Teilnahme nicht verweigern. Tatsächlich scheiterte die Konzilsberufung dann auch nicht an den Vorbehalten der Protestanten, sondern daran, daß der französische König seine – vom Papst für unabdingbar erklärte – Zustimmung versagte. Eben diese französische Haltung war freilich in Rom schon von vornherein bekannt gewesen. Der ganze Aufwand der Verhandlungen in Deutschland 1533 diente mithin im Grunde nur dazu, die Konzilsunwilligkeit des Papstes zu verschleiern.

Anders als Clemens VII. war Paul III. bereit, die Reform der Kirche und auch das Konzil ein Stück weit auf den Weg zu bringen. Bereits im Februar 1535, ein knappes halbes Jahr nach dem Regierungsantritt des Papstes, gingen Gesandte von Rom an die europäischen Höfe, um den grundsätzlichen Konzilsentschluß des Papstes mitzuteilen und über einen geeigneten Konzilsort zu verhandeln. Schon diese Frage des Konzilsorts machte freilich große Schwierigkeiten, und andere kamen hinzu. So wollten sich der Kaiser und auch König Ferdinand mit Rücksicht auf die Reichsstände weder auf das von dem päpstlichen Nuntius Vergerio bevorzugte Mantua noch überhaupt auf einen nicht zum Reiche gehörenden Konzilsort festlegen; die Protestanten erneuerten ihre Bedenken wegen der Freiheit des Konzils, und Franz I. von Frankreich tat überhaupt alles, um das Zustandekommen der Kirchenversammlung zu verhindern. Als die Franzosen Anfang 1536 in Savoyen einfielen und damit einen neuen Krieg gegen den Kaiser begannen, schien es vollends so, als wäre das Konzil wiederum gescheitert, bevor es noch einberufen war. Diesmal gelang es Karl V. jedoch unter persönlichem Einsatz – nicht zuletzt durch eine in der Sache wie im Ton ungemein entschiedene Rede vor dem Konsistorium der Kardinäle in Rom am Ostermontag 1536 –, die Kurie vorerst zur Fortsetzung des Konzilskurses zu bestimmen. Anfang Juni berief Paul III. das Generalkonzil auf den 23. Mai 1537 nach Mantua ein. Die Einladung erstreckte sich auch auf den Kaiser und die weltlichen Fürsten; ihre Teilnahme, wenn auch ohne offizielles Stimmrecht, schien unentbehrlich, sollte das Konzil nicht spätestens bei der Durchführung seiner Beschlüsse Schiffbruch erleiden.

In der Reaktion auf das Konzilsausschreiben kam es in Deutschland zu intensiven Verhandlungen vor allem der evangelischen Stände und ihrer Theologen. Ob der Besuch des Konzils bereits die Anerkennung des Papstes, noch dazu als Richters in eigener Sache bedeuten würde und deshalb abzulehnen sei oder ob man die Kirchenversammlung trotz allem besuchen solle, um Rechenschaft vom Glauben abzulegen; ob man ein neues Bekenntnis brauche, das in der Abgrenzung von Papsttum und römischer Kirche deutlicher wäre als die so irenische Confessio Augustana, die man dem Kaiser auf dem Reichstag von Augsburg 1530 als Begründung evangelischen Kirchenwesens überreicht hatte; ob man gegebenenfalls das Recht zur Verteidigung gegen eine Exekution schriftwidriger Konzilsbeschlüsse habe;

ob man etwa gar ein Gegenkonzil einberufen solle – alle diese und noch andere Positionen wurden ebenso ernsthaft wie kontrovers diskutiert. Auf der Tagung der evangelischen Stände in Schmalkalden im Februar 1537 setzte sich dann in den entscheidenden Fragen die kursächsische Meinung durch: Ablehnung des Konzils und des Konzilsbesuchs, aber kein Gegenkonzil. Zugleich beschloß man, die Confessio Augustana zu «übersehen» und die das Papsttum betreffenden Artikel des Bekenntnisses entschiedener zu fassen, als man es 1530 getan hatte. Der auf Grund dieses Beschlusses im wesentlichen von Melanchthon verfaßte ‹Tractatus de potestate papae› wurde von der Gesamtheit der anwesenden Theologen und Stände gebilligt. Die erheblich schärferen sogenannten Schmalkaldischen Artikel Luthers, die bereits im Dezember 1536 entstanden waren, wurden ebenfalls von der Mehrheit der anwesenden Theologen unterschrieben, wenngleich nicht zur offiziellen Stellungnahme der Stände erhoben.

So bedeutsam die Konzilsweigerung der deutschen Protestanten für die weitere Geschichte der Glaubensspaltung in Deutschland auch war: Das Scheitern des Konzils von Mantua resultierte letztlich nicht aus dieser Stellungnahme, sondern wiederum aus den europäischen Gegensätzen der Häuser Valois und Habsburg, vor allem aus der quälenden Hinhaltetaktik des französischen Königs. Zunächst erklärte Franz I. sich gegen Mantua als Konzilsort, solange er mit dem Kaiser in Italien im Krieg liege; dann verlangte er einen Konzilsort in Deutschland oder in Frankreich, was notwendigerweise an der Ablehnung durch den Papst selbst oder aber durch den Kaiser scheitern mußte. Im Frühjahr 1538 hoffte der Papst dann auf seine Vermittlung zwischen den Streitenden; auch diese Hoffnung trog. 1539 schließlich verlor Paul III. sogar die Unterstützung Karls V. für seine Konzilspläne. Die daraufhin erfolgende neue Prorogation des Konzils – es war die fünfte seit 1537 – erging ad beneplacitum, ohne Festlegung eines neuen Termins. Damit war das Mantuaner Konzilsprojekt endgültig gescheitert. Paul III. aber, der zunehmende Befürchtungen hegte, daß das Konzil die Reform auch des Haupts der Kirche kaum aussparen könne, war über dieses Scheitern nicht einmal sehr unglücklich.

Die Überzeugung von der Notwendigkeit des Konzils hatte indessen in der abendländischen Christenheit längst zu tiefe Wurzeln geschlagen, als daß ein Verzicht auf das Konzil noch ernsthaft in Frage gekommen wäre. Gerade die deutschen Katholiken waren nicht bereit, sich mit dem Nichtzustandekommen des Mantuaner Konzils abzufinden. Gemeinsam mit dem Kaiser erneuerten sie die Konzilsforderung und erwirkten überdies beim Reichstag von Regensburg 1541 einen Beschluß der Reichsstände, daß man sich beim Nichtzustandekommen des Generalkonzils auf einem Nationalkonzil oder auch auf einem Reichstag um eine Vergleichung des Religionsstreits in Deutschland bemühen wolle. Diese Drohung eines religionspolitischen Alleingangs der Deutschen verfehlte denn auch nicht ihre Wirkung: Bereits im Juli 1541 erklärte der Papst seine Bereitschaft zur Aufhebung der Konzilssuspension, und nach zähen Verhandlungen ließ er sich auch auf den kaiserlichen Vorschlag ein, das auf Reichsboden gelegene Trient zum Tagungsort zu bestimmen. Im Juni 1542 erfolgte die förmliche Berufung des Konzils; es sollte bereits zu Allerheiligen 1542 eröffnet werden.

Noch einmal scheiterte die Konzilsberufung am Widerstand Frankreichs. Seit dem Juli 1542 erneut im Krieg mit dem Kaiser, verweigerte Franz I. die Publikation der Einberufungsbulle; an ein Erscheinen französischer Prälaten in Trient war nicht zu denken. Zwar versuchte der Kaiser wiederum mit allem Nachdruck, Paul III. zu einer politischen Option gegen Frankreich und zur wirklichen Durchführung des Konzils notfalls auch ohne die Franzosen zu bewegen; der Papst blieb indessen aus Sorge vor einem französischen Schisma neutral, und damit hingen auch die weiteren Konzilsvorbereitungen in der Luft. Die Folge war, daß nur ein verschwindend kleiner Teil der Konzilsväter wirklich in Trient erschien. Selbst in Deutschland überwog die Skepsis; bis zum Sommer 1543 waren nicht mehr als zehn Bischöfe am Konzilsort versammelt. So hatte der Papst trotz des kaiserlichen Widerspruchs im Herbst 1543 gute Gründe für seine erneute Suspension der Kirchenversammlung.

Die entscheidende Wendung zugunsten des Konzils erfolgte im Jahre darauf. Im Friedensvertrag von Crépy im September 1544 mußte sich Franz I. ausdrücklich dazu verpflichten, das Konzil – in Trient, Metz oder Cambrai, jedenfalls in einer Stadt auf Reichsboden – zu beschicken; daß Karl V. dem französischen König für dessen jüngeren Sohn gleichzeitig das mailändische oder niederländische Erbe in Aussicht stellte, sicherte die Vertragstreue der Franzosen bis auf weiteres. Damit war endlich das französische Konzilshemmnis aus dem Weg geräumt. Und seit dem Sommer 1544 setzte der Kaiser auch den Papst in der Konzilsfrage erneut unter Druck: Der Reichsabschied des Speyerer Reichstags vom Juni des Jahres stellte angesichts der offenkundigen Unsicherheit des Konzils schon für den nächsten Herbst oder Winter einen neuen Reichstag in Aussicht, auf dem, durch Beratungen von Geistlichen und Laien beider Glaubensparteien vorbereitet, eine «freundliche Vergleichung» des Religionsstreits getroffen werden solle, um so, wenngleich nur bis zur definitiven Entscheidung durch das Konzil, den Frieden in Deutschland zu sichern. Diese Ankündigung von Vergleichsverhandlungen auf nationaler Ebene war – ähnlich wie schon 1541 – ein deutliches Signal für Paul III. Wollte er nicht allen Einfluß auf den Glaubensstreit verlieren, so mußte er jetzt für ein rasches Zustandekommen des Konzils sorgen. Solcherart in Zugzwang versetzt, protestierte der Papst zwar in einem großen Tadelsbreve vom August 1544 gegen die Anmaßung des Kaisers, aus eigener Machtvollkommenheit – und nun gar unter Beteiligung von Laien und selbst Häretikern – kirchliche Regelungen treffen zu wollen; in der Konzilsfrage aber lenkte er doch ein. Im November 1544 wurde die Suspension des Konzils aufgehoben; die Neuberufung erfolgte auf den 15. März des folgenden Jahres, wiederum nach Trient. Und diesmal hatte die

Konzilsberufung wirklich Erfolg. Zwar dauerte es noch bis zum Dezember 1545, ehe die Kirchenversammlung wirklich eröffnet werden konnte. Die Grundentscheidung für das Konzil aber, eine Entscheidung von welthistorischem Rang, fiel doch bereits im Sommer und Herbst des Jahres 1544, und Karl V. hatte an ihr das maßgebende Verdienst.

2. Reichspolitik und politische Verfestigung des deutschen Protestantismus 1526–1532

Die reformatorische Bewegung der frühen zwanziger Jahre hatte sich kaum irgendwo auf eine entschiedene Option der politischen Gewalten stützen können. Allerdings war es auch nur in wenigen Territorien zu einschneidenden politischen Maßnahmen gegen die Reformation gekommen. Von Reichs wegen aber hatte von einer wirksamen Durchführung des Wormser Edikts schon deshalb kaum die Rede sein können, weil das Reichsregiment, das in Abwesenheit des Kaisers die Regierung führen sollte, sich gegenüber den Territorialgewalten nicht durchsetzen konnte und überdies selbst im Glaubensstreit gespalten war. Wenn die Mehrheit der Reichsstände sich auf dem Nürnberger Reichstag 1524 schließlich dazu verstand, dem päpstlichen Legaten zu erklären, man wolle das Wormser Edikt «so viel als möglich» durchführen, so war das kaum etwas anderes als die höfliche Ablehnung einer durchgreifenden Exekution des Edikts. Auch der Schwäbische Bund als wichtigste politische Ordnungsmacht im Süden des Reichs sah sich zu keiner entschiedenen Religionspolitik imstande, weil man damit rechnen mußte, daß jeder derartige Versuch zur Sprengung des Bundes führen würde; tatsächlich ist der Schwäbische Bund ja auch um die Mitte der dreißiger Jahre nicht zuletzt an der Religionsfrage zerbrochen.

Immerhin kam es nun doch schon seit 1524 zu ersten konfessionell akzentuierten Bündnissen im Reich. Im Regensburger Bündnis schlossen sich die wichtigsten katholischen Stände Süddeutschlands – die Habsburger, Bayern, einige Bischöfe – im Interesse innerkirchlicher Reformen und zugleich zur Durchsetzung des Wormser Edikts zusammen; 1525 folgte in Dessau ein entsprechendes Bündnis nord- und mitteldeutscher Fürsten: der Herzöge von Sachsen und Braunschweig-Wolfenbüttel, des Kurfürsten von Brandenburg und des Erzbischofs von Mainz. Auf der Gegenseite brachte der junge Landgraf Philipp von Hessen, der aus einem entschiedenen Gegner zu einem ebenso entschiedenen Anhänger Luthers geworden war und schon bald zum politisch führenden Kopf der Reformation aufstieg, im Februar 1526 das hessisch-kursächsische Defensivbündnis von Torgau zustande, dem sich bald einige andere evangelische Fürsten Norddeutschlands – von den Städten freilich nur Magdeburg – anschlossen. Das waren erste Schritte auf einem langen Wege der Politisierung des Glaubensstreits: Solche politisch-konfessionellen Bündnisse sollten in der Folge, vom Schmalkaldischen Bund der dreißiger und vierziger Jahre des Jahrhunderts bis hin zu den Bündnissen der Liga und der Union am Vorabend des Dreißigjährigen Kriegs, für die deutsche Geschichte eine sehr erhebliche und problematische Bedeutung gewinnen.

Bis auf weiteres wurde die Gefahr einer offenen, möglicherweise sogar militärischen Auseinandersetzung zwischen den altgläubigen und den reformatorischen Bündnissystemen noch nicht wirklich akut. Der Bauernkrieg nahm allen Obrigkeiten die Lust zu jeglichem irgend vermeidbaren Konflikt; statt dessen kam es auf dem Reichstag zu Speyer 1526 zu einem folgenreichen Kompromiß. Zu Beginn des Reichstags hatte es zwar eher nach einer neuen Konfrontation ausgesehen. Der Kaiser hatte die auf dem Reichstag versammelten Stände erneut zur strikten Durchführung des Wormser Edikts auffordern lassen; umgekehrt hatten die Mitglieder des Torgauer Bunds einander feierlich gelobt, zum Schutz des Evangeliums wie ein Mann zusammenzustehen. Und sie demonstrierten das auch in der Öffentlichkeit: Als Kurfürst Johann und Landgraf Philipp in Speyer einritten, trug ihr zahlreiches Gefolge einheitliche Kleidung und auf den Ärmeln den Spruch: «Verbum Dei manet in aeternum» – das Wort Gottes bleibt in Ewigkeit. In den Verhandlungen des Reichstags zeigte sich dann aber bald, daß alt- wie neugläubige Stände in ihrer großen Mehrheit sich noch immer in dem Ziel einer – wenigstens – nationalkirchlichen Reform einig waren, in deren Zuge auch die Kluft zwischen den Glaubensparteien wieder geschlossen werden sollte. Ein Ausschuß des Reichstags bemühte sich um die Abgrenzung unaufgebbarer Kernstücke katholischer Lehre und Praxis von möglicherweise preiszugebenden «Menschensatzungen»; zumindest das Zugeständnis von Laienkelch und Priesterehe schien dem Ausschuß akzeptabel und empfehlenswert. Bevor jedoch der Reichstag sich die Vorschläge des Ausschusses förmlich zu eigen machen konnte, ließ Erzherzog Ferdinand eine Nebeninstruktion Karls V. verlesen, durch die der ferne Kaiser vorab jedem Beschluß des Reichstags in Sachen des Glaubens und der Kirche seine Zustimmung verweigerte. Für derartige Beschlüsse sei grundsätzlich nur ein allgemeines Konzil zuständig, über dessen Abhaltung er sich alsbald mit dem Papst zu verständigen hoffe.

Wie schon mit seinem Verbot der Nationalversammlung 1524 brach Karl V. damit den nationalkirchlichen Tendenzen der Reichsstände erneut die Spitze ab; aber ebenso wie 1524 wirkte sich die kaiserliche Stellungnahme auch diesmal nicht zugunsten der alten Kirche aus. Die Stände nämlich beschlossen eine Gesandtschaft nach Spanien, die dem Kaiser die Unmöglichkeit einer durchgreifenden Exekution des Wormser Edikts vor Augen stellen sollte. Zugleich bat man den Kaiser, für die Einberufung des Generalkonzils – oder auch einer Nationalversammlung – binnen eineinhalb Jahren zu sorgen; bis dahin wolle man sich in Sachen des Wormser Edikts so verhalten, «wie ein jeder solches gegen Gott und kaiserliche Majestät hoffe und vertraue zu verantworten». Mit diesem Beschluß wurde die Verantwortung und damit das Entscheidungsrecht im Glaubensstreit faktisch auf die einzelnen Reichsstände verlagert, und das war ein ungemein folgenreicher Kompromiß: In ihm zeichnete sich – mit der Kombination von Reformationsrecht und konfessioneller Parität der Reichsstände – zum ersten Mal die religionsrechtliche Grundkonstellation des späteren Religionsfriedens ab. Auch die unmittelbaren Auswirkungen des Reichsabschieds waren beträchtlich. An sich war der Beschluß von 1526 nur als zeitlich eng begrenzte Lösung, eben bis zur baldigen Entscheidung durch das Konzil, gedacht; ungeachtet dieser Limitierung aber wurde der Reichsabschied schon bald von nicht wenigen Reichsständen als rechtliche Grundlage für den Aufbau eines evangelischen Kirchenwesens in Anspruch genommen. Daß die Anfänge eines solchen Landes- bzw. Stadtkirchentums in die Jahre nach 1526 fallen, war zwar nicht einfach eine Folge des Speyerer Reichstagsabschieds; sie wurden durch ihn aber reichspolitisch ungemein erleichtert.

Abgesehen von den Beschlüssen des Speyerer Reichstags kam der Reformation auch eine Reihe von Verschiebungen in der Gesamtkonstellation der deutschen und europäischen Politik zugute. Zum einen standen Kaiser und Papst seit dem Abschluß der Liga von Cognac im Mai 1526 in offenem Krieg miteinander; an ein gemeinsames Vorgehen der beiden Häupter der Christenheit gegen die Reformation war bis auf weiteres nicht zu denken. Hinzu kam seit der Katastrophe von Mohács – zwei Tage nach dem Reichstagsabschied von Speyer – die Bindung der Kräfte Erzherzog Ferdinands durch seinen Kampf um die ungarische Königskrone und gegen die Türken. Und schließlich eskalierte gerade in diesen Jahren die politische Rivalität der bayerischen Wittelsbacher gegenüber den Habsburgern in gefährlicher Weise. Die bayerische Politik hatte schon seit 1524 den Schwäbischen Bund gegen das Übergewicht der Habsburger in Süddeutschland zu mobilisieren versucht, damit jedoch nur geringen Erfolg gehabt. 1526 lancierten die Bayern dann in offener Konkurrenz zu Ferdinand eine eigene Kandidatur um die böhmische Krone, freilich wiederum ohne Erfolg. Die Ambitionen des Münchner Hofs wurden deshalb aber nicht bescheidener, im Gegenteil: Sie richteten sich jetzt sogar auf die römische Königswürde und damit auf die Nachfolge im Kaisertum. Daß die Bayern dafür alsbald die Unterstützung Papst Clemens' VII. fanden, trug noch zur Verschärfung der Gegensätze bei. Zeitweise suchten die Bayernherzöge, ungeachtet aller kirchenpolitischen Gegensätze, sogar das Bündnis der evangelischen Fürsten gegen das Haus Habsburg. Es dauerte bis tief in die dreißiger Jahre, ehe es König Ferdinand gelang, sich einigermaßen mit den Wittelsbachern zu arrangieren; bis dahin beeinträchtigte die bayerische Opposition sehr fühlbar den politischen Spielraum der Habsburger und eben damit auch die Möglichkeiten einer gemeinkatholischen Abwehr der Reformation in Deutschland.

Alles das hinderte nun freilich nicht, daß nach der endgültigen Niederwerfung der aufständischen Bauern 1526 die religionspolitischen Spannungen im Reiche wieder zunahmen. Insbesondere Landgraf Philipp von Hessen wurde jetzt zum Promotor einer betont evangelischen und zugleich antihabsburgischen Politik. Daß er den vertriebenen und 1523 zur Reformation übergegangenen Herzog Ulrich von Württemberg bei sich aufnahm und dessen Rückführung in sein angestammtes Herzogtum betrieb, war für diese Politik des Landgrafen überaus bezeichnend: Eine Wiedereinsetzung Herzog Ulrichs mußte ja nicht nur den Gewinn eines weiteren großen Territoriums für die Reformation bedeuten, sondern zugleich den Verlust des Herzogtums für die Habsburger. Auch daß eine wachsende Zahl von oberdeutschen Reichsstädten immer entschiedener zur Reformation überging, tangierte die politischen Interessen des Kaiserhauses empfindlich, denn offenkundig gerieten mit diesen religionspolitischen Entscheidungen der Städte auch deren herkömmliche Loyalitäten gegenüber Kaiser und Reich ins Wanken. Bereits 1528 drohten die Spannungen im Reich überhaupt in einen offenen Krieg umzuschlagen. Die den evangelischen Reichsständen hinterbrachten Informationen über ein angeblich im Mai 1527 in Breslau geschlossenes Offensivbündnis katholischer Fürsten zur Ausrottung der «Ketzerei» beruhten zwar auf einer Fälschung des undurchsichtigen herzoglich-sächsischen Vizekanzlers Otto von Pack; noch diese Fälschung aber und erst recht die Gegenmaßnahmen Hessens und Kursachsens – Philipp von Hessen hatte 1528 schon mit militärischen Aktionen gegen Würzburg und Mainz begonnen, als die Fälschung aufgedeckt wurde – verschärften die Gegensätze aufs gefährlichste. Unter dem Eindruck dieser zunehmenden Konfrontation stand auch der Zweite Speyerer Reichstag von 1529.

Die religionspolitische Initiative lag diesmal durchaus auf seiten König Ferdinands. Sein vordringliches Ziel bestand darin, die Unterstützung der Reichsstände gegen die Türken zu gewinnen, die sich gerade zum Angriff auf Wien formierten. Zugleich aber hielt er es für geraten, erneut den Reichstag gegen die Reformation zu mobilisieren. Er stand damit in einem gewissen taktischen Gegensatz zu Karl V., der wegen seines gleichzeitigen Kriegs mit Frankreich und dem Papst, vielleicht auch unter dem Einfluß der auf Vermittlung im Glaubensstreit bedachten Humanisten in seiner Umgebung, jetzt nicht auch noch den religionspolitischen Konflikt im Reich geschürt wissen wollte. Die Anweisungen des Kaisers für den Reichstag trafen jedoch nicht rechtzeitig in Speyer ein, und so ließ König Ferdinand – obzwar im Namen des Kaisers – dem Reichstag eine eigene Proposition vortragen, in der er neben einer umfänglichen Türkenhilfe auch unzweideutige Beschlüsse der Reichsstände gegen die Reformation forderte: das Verbot aller weiteren kirchlichen Neuerungen bis zum Konzil und die Aufhebung des Religionsartikels von 1526, dazu die Androhung der Reichsacht gegen alle Zuwiderhandelnden.

Die entscheidenden Religionsverhandlungen des Reichstags fanden im Rahmen eines großen interkurialen Ausschusses statt, in dem die Altgläubigen eine erdrückende Mehrheit hatten. Die Empfehlungen des Ausschusses entsprachen denn auch im wesentlichen den Forderungen der Proposition

König Ferdinands. Natürlich erhob sich dagegen in den weiteren Verhandlungen der heftigste Widerstand der evangelischen Reichsstände; er kulminierte – am 19. April 1529 – in jener berühmten und folgenreichen «Protestation», die den Anhängern der Reformation bis auf den heutigen Tag die Bezeichnung «Protestanten» eingetragen hat. Die Protestation verwahrte sich nicht nur dagegen, daß der einhellig beschlossene Reichsabschied von 1526 jetzt durch einen bloßen Mehrheitsentscheid wieder umgestoßen werden solle; sie stellte vielmehr darüber hinaus das Prinzip auf, daß in Glaubenssachen überhaupt nicht durch Mehrheitsvoten entschieden werden dürfe, weil nämlich «in den Sachen Gottes Ehre und unser Seelen Heil und Seligkeit belangend ein jeglicher für sich selbst vor Gott stehen und Rechenschaft geben muß». Ihre endgültige Fassung erhielt die Protestation am 22. April 1529, nachdem die katholische Reichstagsmehrheit das Bedenken des Ausschusses ungeachtet des Widerspruchs der Evangelischen nahezu unverändert zum Beschluß erhoben und in den Reichsabschied aufgenommen hatte. Die Protestation wurde jetzt in die Form einer feierlichen Appellation an Kaiser und Konzil gebracht. Sie trug die Unterschrift von fünf Fürsten – des Kurfürsten Johann von Sachsen, des Landgrafen Philipp von Hessen, des Markgrafen Georg von Brandenburg-Ansbach, des Herzogs Ernst von Braunschweig-Lüneburg und des Fürsten Wolfgang von Anhalt –, dazu der Gesandten von 14 evangelischen Reichsstädten.

An sich war die Protestation einer überstimmten Minderheit oder auch eines einzelnen Reichsstands gegen Mehrheitsbeschlüsse des Reichstags keine Singularität; die grundsätzliche Verbindlichkeit von Reichstagsbeschlüssen gegenüber dissentierenden Reichsständen wurde ohnehin erst allmählich im Laufe der frühen Neuzeit durchgesetzt. Daß die Protestation von 1529 die Kompetenz des Reichs zur Entscheidung strittiger Fragen des Glaubens gegen den Willen auch nur eines einzigen Reichsstands grundsätzlich bestritt, war jedoch neu und von zukunftsweisender Bedeutung: ein erster förmlicher Schritt auf dem Wege zur Religionsfreiheit, aber auch zur Säkularisierung des Reichs, selbst wenn an dessen christlichem Charakter ansonsten festgehalten wurde.

Ob der Rechtsakt der Protestation den Kaiser und die katholische Mehrheit der Reichsstände daran hindern würde, den Beschluß des Reichstags – nötigenfalls auch mit Gewalt – gegen die evangelische Minderheit durchzusetzen, war freilich sehr zweifelhaft, und so kam es noch am Tage des Reichstagsabschieds von Speyer zwischen den führenden Fürsten und Städten der Reformation – Kursachsen, Hessen, Straßburg, Nürnberg und Ulm – zu einem ersten, geheimen Entwurf eines Defensivbündnisses. Daß sich in dieser Absprache die lutherischen Reichsfürsten und Nürnberg mit den der Reformation Ulrich Zwinglis nahestehenden Städten Straßburg und Ulm zusammenfanden, entsprach der Gemeinsamkeit ihrer Protestation gegen den Reichstagsabschied; die Artikel des Entwurfs lassen freilich zugleich sehr deutlich erkennen, daß dem politischen Zusammengehen der beiden

Flügel der Reformation, jedenfalls von seiten der Lutheraner, doch erhebliche theologische Bedenken entgegenstanden. Die protestantischen Reichsstände versuchten denn auch zunächst einmal, den Kaiser zur Zusage eines wenigstens vorläufigen Stillhaltens in Sachen des Wormser Edikts zu bewegen und solcherart den Reichstagsbeschluß von 1529 zu entschärfen. Man schickte eine Gesandtschaft an den in Italien weilenden Kaiser, um ihm die Protestation zu erläutern; eine ergänzende Erklärung der Bereitschaft zu großzügiger Türkenhilfe sollte verdeutlichen, daß die Politik der Protestierenden nicht gegen das Reich und auch nicht gegen das Haus Habsburg gerichtet wäre. Karl V. war allerdings nicht bereit, auf diese Argumentation einzugehen – und dies um so weniger, als er kurz zuvor durch die Friedensschlüsse von Barcelona und Cambrai von der Last des Kriegs gegen Frankreich und den Papst frei geworden war; die Türkenhilfe war ihm ohnehin sehr viel weniger wichtig als dem von den Osmanen unmittelbar bedrohten Ferdinand. Die protestantische Gesandtschaft mußte also unverrichteter Dinge wieder heimkehren. Auch spätere Sondergesandtschaften einzelner evangelischer Reichsstände blieben erfolglos.

Die aus alledem erwachsende Unsicherheit über die künftige Religionspolitik von Kaiser und Reich führte bei den evangelischen Reichsständen zu verstärkten Bemühungen um ein wirksames Verteidigungsbündnis. Namentlich Landgraf Philipp von Hessen betrieb ein solches Bündnis, und zwar von vornherein in der Absicht, nicht nur die dem zwinglianischen Kirchenwesen nahestehenden oberdeutschen Städten, sondern auch die reformatorischen Orte der Schweiz selbst in die Einung miteinzubeziehen. Darüber hinaus hielt er nach europäischen Bündnispartnern Ausschau, so etwa nach dem schon frühzeitig der Reformation zuneigenden und überdies in dynastischen Spannungen mit den Habsburgern stehenden Dänemark, aber auch nach Frankreich und Venedig, und bemühte sich mit alledem weniger um ein eigentlich konfessionelles Bündnis als vielmehr, wenngleich zum Schutz der Reformation, um eine große antihabsburgische Koalition in Europa. Politische Logik war diesen Plänen nicht abzusprechen: Je weiter das Bündnis gespannt werden konnte – welche Motive die Bündnispartner dabei auch immer haben mochten –, desto größer war die Chance einer politischen Sicherung der Reformation. Die Kehrseite der Medaille bestand in einer unerhörten Politisierung der Reformation selbst, in einer gewollten Politisierung auch gegen Kaiser und Reich.

Die Pläne des Landgrafen stießen nun freilich auf mancherlei Widerstände – auch im eigenen Lager, nicht zuletzt bei Luther selbst. Zum einen waren dem Reformator politische Bündnisse zum Schutz des Evangeliums per se suspekt, erst recht, wenn sie auf einen aktiven Widerstand gegen Kaiser und Reich hinausliefen; zum anderen trug er erhebliche Bedenken, sich in ein Bündnis zum Schutz des Evangeliums mit solchen Leuten einzulassen, die selbst das Evangelium in wesentlichen Punkten verfälschten – und dazu zählte er auch Zwingli und dessen Anhänger, die er seit Jahren im dringenden Verdacht der «Sakramentiererei» und «Schwärmerei» hatte. Angesichts dieser Haltung Luthers war es nur konsequent, daß Landgraf Philipp alle Anstrengungen unternahm, um die dogmatischen Gegensätze zwischen der deutschen und der schweizerischen Reformation auszuräumen. Eben diesem Ziel sollte vor allem ein Religionsgespräch dienen, zu dem der Landgraf die führenden Theologen beider Seiten im Oktober 1529 in Marburg zusammenbrachte: Luther, Melanchthon, Jonas, den schwäbischen Reformator Brenz und den Nürnberger Osiander, auf der anderen Seite Zwingli, Oekolampad aus Basel sowie Caspar Hedio und Martin Butzer aus Straßburg. Die Kolloquenten kamen sich ziemlich nahe und konnten sich in vierzehn von fünfzehn ursprünglichen Streitpunkten einigen. In der Frage der Präsenz Christi im Abendmahl aber blieb es trotz weiten Entgegenkommens Luthers, der bereit war, auf jede nähere Bestimmung der Präsenz Christi im Sakrament zu verzichten, doch beim Dissens, und dieser Dissens konnte auch nicht als unerheblich beiseite geschoben werden. So verfestigte das Marburger Religionsgespräch den theologischen Gegensatz zwischen Luther und Zwingli und schloß damit bis auf weiteres auch ein politisches Zusammengehen der deutschen und der schweizerischen Reformation aus. Wenige Tage nach dem Marburger Religionsgespräch erwies sich des weiteren, daß auch mit den oberdeutschen Städten, die in theologischer wie in kirchenpolitischer Hinsicht zwischen Luther und Zwingli standen, vorerst keine gemeinsame dogmatische Grundlage zu erreichen war: Auf dem Schwabacher Konvent vom 16. Oktober 1529 waren insbesondere Straßburg und Ulm nicht bereit, den sogenannten 17 Schwabacher Artikeln der Wittenberger, die nun allerdings auch wieder ein schroff antizwinglianisches Gepräge trugen, zuzustimmen.

In diese wenig geklärte Situation hinein – auch Luthers Bedenken wegen eines Widerstandsrechts gegen den Kaiser waren noch keineswegs ausgeräumt – traf im Winter 1529/30 die Einladung Kaiser Karls V. zu einem Reichstag nach Augsburg. Dieser Reichstag sollte in Vorbereitung und Durchführung die deutsche Religionspolitik bis zum Ende des Jahres 1530 beherrschen. Für die Reichsversammlung war zum einen von grundlegender Bedeutung, daß der Kaiser selbst anwesend war; damit bekamen die Verhandlungen eine ungleich größere Verbindlichkeit als die der anderen Reichsversammlungen seit dem Wormser Reichstag von 1521. Zum anderen war für den Verlauf der Dinge bedeutsam, daß Karl V. in Augsburg nicht einfach und von vornherein auf die Erzwingung des Wormser Edikts drang, sondern zunächst einmal gütliche Verhandlungen anbot; im Ausschreiben für den Reichstag jedenfalls begehrte der Kaiser «eines jeden Gutdünken, Opinion und Meinung» in der Religionssache zu hören. Die Motive für dieses – freilich unsichere – Entgegenkommen des Kaisers sind nicht ganz klar. Wollte er, seit dem Frühjahr 1530 endlich genauer über die deutschen Angelegenheiten orientiert, wirklich jede Verhandlungschance nutzen, um sich nicht ohne Not in eine gewaltsame Auseinandersetzung zu begeben, deren Ausgang so sicher ja doch nicht war? Oder war das Ausschreiben nur eine Finte, um die Bildung einer geschlossenen Front evangelischer Reichsstände schon vor dem Reichstag zu verhindern? In der Tat kamen die Protestanten schlecht vorbereitet und ohne gemeinsames Verhandlungskonzept nach Augsburg, eigentlich nicht einmal auf eine theologische Grundsatzdebatte eingestellt. Umgekehrt waren die Katholiken glänzend präpariert: An die 20 katholische Theologen standen für die Auseinandersetzung bereit; allein Johannes Eck hatte nicht weniger als 404 ketzerische Sätze Luthers zusammengestellt, auf die leicht zurückgegriffen werden konnte. Trotz dieser ungünstigen Ausgangsbedingungen wußten die Evangelischen dann aber doch die Chance einer grundsätzlichen Rechenschaft über die in den «ecclesiis apud nos» gepredigte Lehre zu nutzen. Unter Zugrundelegung älterer Artikelsammlungen, vor allem der Schwabacher Artikel vom Herbst 1529, arbeitete Melanchthon mit Hilfe von Jonas, Agricola und Spalatin während des Reichstags binnen weniger Tage die «Confessio Augustana» aus, und zwar zugleich in deutscher und lateinischer Sprache. Am 25. Juni 1530 wurde die Confessio samt einer Vorrede aus der Feder des sächsischen Altkanzlers Gregor Brück im Namen von fünf evangelischen Reichsständen – Kursachsen, Hessen, Braunschweig-Lüneburg, Brandenburg-Ansbach und Anhalt – sowie zwei Reichsstädten – Nürnberg und Reutlingen – öffentlich verlesen und dem Kaiser überreicht. Die vier oberdeutschen Städte Straßburg, Konstanz, Memmingen und Lindau, die wegen des Dissenses in der Abendmahlsfrage die Confessio Augustana nicht hatten unterzeichnen wollen, ließen dem Kaiser zwei Wochen später ein eigenes Bekenntnis überreichen; diese «Confessio Tetrapolitana» spielte in den folgenden Verhandlungen des Reichstags jedoch kaum eine Rolle.

Die Confessio Augustana formulierte die Grundlehren der entstehenden evangelischen Kirche vor allem in positiver Fassung der Glaubenssätze, unter weitgehender Vermeidung antikatholischer Polemik. Im Gegenteil bemühte man sich um den Nachweis der Übereinstimmung der evangelischen Lehre nicht nur mit der Heiligen Schrift, sondern auch mit der Lehrtradition der alten Kirche; im Grunde hätten die evangelischen Stände nur offenkundige Mißbräuche abgeschafft. So verschwieg die Confessio selbst die reformatorische Bestreitung des Opfercharakters der Messe und des päpstlichen Primats. Diese apologetische Argumentation entsprach gleichermaßen der ungünstigen politischen und Verhandlungsposition der Evangelischen auf dem Reichstag wie Melanchthons persönlicher, humanistisch gefärbter und bis zur Ängstlichkeit gehender Friedensliebe. Ein unmittelbarer Verhandlungserfolg war solcher Zurückhaltung jedoch nicht beschieden – letztlich einfach deshalb, weil die Confessio bei aller Betonung der Gemeinsamkeiten mit der alten Kirche und trotz aller Zurückstellung des Trennenden eben doch ein eindeutig evangelisches Bekenntnis darstellte, dessen tiefe Gegensätze zu vielen Traditionen der römischen Kirche gar nicht zu leugnen waren. Der Kaiser berief alsbald nach Überreichung des Bekenntnisses der evangelischen Stände eine katholische Theologenkommission zur Begutachtung, und deren – im wesentlichen von Eck verfaßte – Antwort geriet zur puren Ablehnung der Confessio Augustana wie überhaupt der evangelischen Lehre. Zwar lehnte der Kaiser diese «Catholica [...] responsio» wegen ihrer Länge und auch wegen ihrer polemischen Spitzen zunächst ab, gab dann aber doch den Auftrag zu einer Kürzung und Umarbeitung, die das Gutachten geeignet machen sollten, als kaiserliche Stellungnahme auszugehen. Dies geschah, und nach mehrfachen weiteren Korrekturen wurde die so entstandene «Confutatio» am 3. August 1530 im Namen des Kaisers vor den Reichsständen verlesen.

Wenn Karl V. die Confessio Augustana damit für erledigt hielt und ohne weiteres die Unterwerfung der evangelischen Stände erwartete, so täuschte er sich freilich sehr. Im Gegenteil lehnten die Protestanten alsbald ihrerseits die Confutatio ausdrücklich ab. Der Kaiser aber konnte angesichts der erneut akuten Türkengefahr vorerst nicht daran denken, die in der Confutatio geäußerte Drohung gewaltsamen Vorgehens wahr zu machen. So kam es seit Mitte August zu Vergleichsverhandlungen, in denen sich insbesondere die Humanisten beider Glaubensparteien sehr intensiv um theologische wie kirchenpolitische Kompromisse bemühten. Luther, der als Geächteter nicht am Reichstag teilnehmen konnte und derweil auf der Coburg saß, sah sich sogar wiederholt veranlaßt, seinen Freund Melanchthon und die anderen Genossen in Augsburg vor einem zu weitgehenden Entgegenkommen zu warnen. Trotz mancher Annäherungen erwies sich indessen, daß in den grundlegenden Streitfragen kein Kompromiß zu erzielen war; am 22. September verweigerte der Kaiser sogar die bloße Entgegennahme der von Melanchthon als Antwort auf die Confutatio verfaßten Apologie des Augsburgischen Bekenntnisses. Folgerichtig verhandelte man in den nächsten Wochen nur mehr über Möglichkeiten und Grenzen einer politischen Duldung der Anhänger der Confessio Augustana. Zu einer solchen reichsrechtlich fixierten Toleranz aber wollte sich Karl V. erst recht nicht verstehen – und dies um so weniger, als die Reichstagsmehrheit sich mittlerweile zur Bewilligung einer ansehnlichen Türkenhilfe entschlossen hatte: einer «eilenden» Hilfe von 40000 Landsknechten und 8000 Reitern für sechs Monate, dazu – endlich – sogar einer «beharrlichen» Hilfe von 20000 Fußknechten und 4000 Reisigen für drei Jahre; daß der Vollzug dieser Hilfe wiederum an die alte Bedingung eines europäischen Bündnisses gegen die Türken geknüpft war, schien angesichts der Friedensschlüsse des Vorjahres wenig problematisch. Im November 1530 ließ der Kaiser die Religionsverhandlungen des Reichstags abbrechen und mit Hilfe der katholischen Stände – die meisten evangelischen Reichsstände hatten den Reichstag bereits verlassen – das Wormser Edikt wieder in Kraft setzen. Zwar wurde den Anhängern der Confessio Augustana für ihre Rückkehr zur alten Kirche bis zum April 1531 Zeit gegeben; weitere Neuerungen aber sollten unterbleiben, der katholische Gottesdienst nirgends beeinträchtigt und gewaltsam entfremdetes Kirchengut restituiert werden. Darüber hinaus definierte der Reichsabschied vom 29. November überhaupt jedweden Akt reformatorischer Veränderung, auch wenn er ohne jede Gewaltanwendung geschehen würde, als Landfriedensbruch und unterstellte ihn damit den scharfen Sanktionen des Landfriedensrechts. Tatsächlich ist es in den folgenden Jahren zu einer langen Reihe von Religions- bzw. Landfriedensprozessen vor dem Kammergericht gekommen; man nannte das den «rechtlichen Krieg» gegen die Reformation.

Zur gleichen Zeit, da die Reformation in Deutschland in der Folge der Reichstage von Speyer und Augsburg 1529/30 in reichspolitisch rauhes Fahrwasser geriet, mußte die Reformation Ulrich Zwinglis in der Schweiz noch viel ärgere Schläge einstecken. Zwar hatte sich die reformierte Kirche Zürichs seit der Mitte der zwanziger Jahre zusehends gefestigt; um 1527 war auch die Abgrenzung von den Täufern vollzogen, denen Zwinglis Kirchenreformen ja schon seit langem nicht weit genug gegangen waren. Von Zürich aus hatte die Reformation darüber hinaus in anderen Orten der Schweiz Eingang gefunden: in St. Gallen, der Wirkungsstätte Vadians, in Basel, wo Oekolampad seit 1522 tätig war, in Bern und Schaffhausen; 1530 nahmen auch Neuchâtel und die Juratäler die Reformation an. Schon 1526 aber hatte sich auf einer von der Tagsatzung einberufenen Disputation zu Baden im Aargau gezeigt, daß an eine Gewinnung der gesamten Eidgenossenschaft für die Reformation nicht zu denken war, und in der Folge versteifte sich der Widerstand vor allem der altgläubigen Orte der Innerschweiz. Daß Zürich in seinen Herrschaftsgebieten mit steigender Härte gegen die katholische Opposition vorging, daß es umgekehrt in katholischen Gebieten zu protestantischen Martyrien kam, verschärfte die Situation; dazu kam noch Zwinglis Eingehen auf die ehrgeizigen Pläne Philipps von Hessen für eine umfassende Koalition aller Protestanten mit Frankreich und anderen antihabsburgischen Mächten Europas. In der Abwehr solcher Konspirationen schlossen die altgläubigen Fünf Orte – Schwyz, Uri, Unterwalden, Zug und Luzern – 1529 eine «christliche Allianz» mit König Ferdinand; schon jetzt konnte der bereits aufflammende militärische Konflikt nur mit knapper Not wieder unterbunden werden. 1531 kam es dann vollends zum Krieg. Das schlecht gerüstete, von seinen Bundesgenossen kaum unterstützte Zürich erlag rasch der Übermacht der katholischen Orte; Zwingli selbst fiel am 11. Oktober 1531 in der Entscheidungsschlacht von Kappel. Zürich mußte Frieden schließen, binnen weniger Wochen gaben auch seine Bundesgenossen – Bern, Basel und Schaffhausen – den Kampf auf. Zwar bedeutete der Sieg der Altgläubigen nicht, wie Ferdinand es anfänglich erhoffte, das Ende des Protestantismus in der Schweiz; die Friedensschlüsse von 1531/32 ließen das reformierte Bekenntnis in den protestantisch gewordenen Kantonen grundsätzlich bestehen, eingeschränkt nur durch den Schutz der katholischen Minderheiten. Anderseits mußten die reformierten Orte aber auch das katholische Bekenntnis der altgläubigen Kantone anerkennen und auf jede konfessionelle Bündnispolitik über die Eidgenossenschaft hinaus verzichten. In den Gemeinen Herrschaften kam es mancherorts sogar zu Rekatholisierungen. Die Expansionskraft der Schweizer Reformation war mit alledem fürs erste gebrochen. Lediglich in Genf eröffneten sich dem reformierten Bekenntnis jetzt – und erst jetzt – neue Chancen. Von hier aus sollte seit den vierziger Jahren der Protestantismus calvinistischer Prägung seinen europäischen Einfluß gewinnen.

In Deutschland hatte der Augsburger Reichsabschied von 1530 der diffusen Religionspolitik des Reichs seit 1521 ein Ende gemacht: Die Entscheidung des Wormser Edikts war ohne Abstriche bestätigt worden. Und Karl V. ließ auch erkennen, daß er das Reich in Zukunft nicht wieder dermaßen sich selbst überlassen wollte, wie das in den zwanziger Jahren der Fall gewesen war. Wenige Wochen nach dem Abschluß des Reichstags setzte er bei der Mehrheit der Kurfürsten – übrigens wiederum unter gewaltigem finanziellen Aufwand – die Wahl seines Bruders Ferdinand zum römischen König durch, und unmittelbar darauf übertrug er dem Neugewählten die Statthalterschaft im Reich für die Zeit der kaiserlichen Abwesenheit; vom Reichsregiment war nicht mehr die Rede. Zwar stieß die Anerkennung Ferdinands als römischen Königs auf erhebliche und langwierige Widerstände. Kurfürst Johann von Sachsen hatte aus rechtlichen wie aus politischen Gründen der Königswahl Ferdinands seine Zustimmung versagt; dem schloß sich ein erheblicher Teil der evangelischen Reichsstände an. Hinzu kam die Opposition Bayerns, das sich in der Auseinandersetzung um das römische Königtum eben jetzt sogar eng mit den führenden evangelischen Reichsfürsten zusammenschloß (Saalfelder Bündnis 1531). Ungeachtet dieser erst allmählich ausgeräumten Widerstände aber bedeuteten Statthalterschaft und römische Königswürde für Ferdinand doch einen beträchtlichen Zuwachs an Macht und Autorität, und damit gewann auch die Reichspolitik Karls V. eine neue und effektivere institutionelle Basis.

Überhaupt erfuhr das Regierungssystem des Kaisers für die Gesamtheit seiner europäischen Reiche und Herrschaften eben jetzt – in den späten zwanziger und beginnenden dreißiger Jahren – seine endgültige Ausgestaltung, und das war auch für das Reich von erheblicher Bedeutung. Die Eckpfeiler dieses Regierungssystems bildeten die Regentschaften, die der Kaiser bevorzugt mit Mitgliedern seiner Familie besetzte: mit seiner Gemahlin Isabella in Spanien, mit seiner Tante Margarete und nach deren Tod (1530) mit seiner Schwester Maria in den Niederlanden, mit seinem Bruder Ferdinand im Reich. Sie alle erhielten weitgehende Vollmachten, die es ihnen erlaubten, gegenüber den ihnen anvertrauten Ländern, nicht zuletzt gegenüber den Ständen und Behörden der Länder, als «alter ego» des Kaisers aufzutreten. Im Innenverhältnis freilich behielt sich Karl V. eine Reihe wichtiger Herrschaftsbefugnisse vor oder knüpfte ihre Ausübung doch an seine Zustimmung; vor allem aber wurden die Regenten in ein dichtes Netz politischer Kommunikation eingebunden. Das wichtigste Mittel dieser Kommunikation war die sehr dichte, nach Zehntausenden von Briefen zählende politische Korrespondenz des Kaisers und seiner führenden Räte mit den Regenten. Sie ermöglichte eine – mitunter überraschend gründliche – politische Meinungsbildung und Entscheidungsfindung, durch die der Kaiser die Gesamtziele seiner Politik mit den spezifischen Möglichkeiten, Interessen und Problemen seiner einzelnen Länder abzustimmen suchte; sie ermöglichte auch eine beachtliche Stetigkeit der politischen Präsenz des Kaisers in den Zeiten seiner persönlichen Abwesenheit. Der Interventionismus gerade der Reichspolitik Karls V. während der zwanziger Jahre wurde damit weitgehend überwunden.

Bei alledem war bemerkenswert, daß Karl V. nach dem Tode des Großkanzlers Gattinara 1530 dessen Ziel einer länderübergreifenden Zentralverwaltung mit einem gemeinsamen Staatsrat an der Spitze nicht weiter verfolgte; selbst das Amt des Großkanzlers wurde nicht von neuem besetzt. Statt dessen suchte der Kaiser die Einheitlichkeit und Effektivität seines politischen Systems durch seine persönlichen Entscheidungen auf der Grundlage direkter Kommunikation mit seinen wichtigsten Amtsträgern, vor allem eben mit den Regenten, sicherzustellen. Das schloß gewiß nicht aus, daß Karl V. vor wie nach 1530 von der Möglichkeit Gebrauch machte, zu einzelnen wichtigen Fragen den Rat der ihm nahestehenden Großen seiner Reiche einzuholen, besonders wenn diese ohnehin am Hofe weilten – ganz abgesehen davon, daß das System der zentralen Ratsgremien der einzelnen Länder bestehen blieb und mitunter, z. B. in den Niederlanden 1531, sogar kräftig ausgebaut wurde. Gerade auf der obersten, die einzelnen Länder und Herrschaften des Kaisers übergreifenden politischen Ebene aber fiel die große Mehrheit der Entscheidungen Karls V. ohne Beteiligung eines förmlichen auf die Dauer institutionalisierten Ratsgremiums. Die Regierung des Kaisers trug insofern wesentliche Merkmale eines persönlichen Regiments, wie es in der Folge für den Absolutismus typisch wurde.

Natürlich machte der Verzicht des Kaisers auf einen Staatsrat im Sinne Gattinaras die Hilfe erfahrener Räte und Sekretäre nicht überflüssig – im Gegenteil. An die Spitze dieser vertrautesten politischen Diener des Kaisers rückten seit Gattinaras Tod zum einen der Spanier Francisco de los Cobos in der Funktion, obzwar nicht mit dem förmlichen Titel, eines Staatssekretärs für die Angelegenheiten der südeuropäischen und amerikanischen Reiche, zum anderen der Burgunder Nicolas Perrenot, Herr von Granvelle, dem die mittel- und nordeuropäischen Agenden einschließlich der Reichspolitik des Kaisers oblagen. Neben Karl V. selbst, König Ferdinand und der Königinregentin Maria in den Niederlanden war Granvelle von 1530 bis zu seinem Tode 1550 die bedeutendste Figur der kaiserlichen Politik in Deutschland: ein Mann von exzellenter Kenntnis der politischen Verhältnisse Europas, umsichtig und geschickt im Umgang mit den Menschen, seinem kaiserlichen

Herrn in unbeschränkter Loyalität ergeben, dabei ein durchaus selbständiger Kopf, der sich im Falle eines tieferen Dissenses mit dem Kaiser auch wohl auf seine burgundischen Güter beurlauben ließ, bis Karl V. ihn aufs dringlichste zurückbat. Unter den Ratgebern König Ferdinands war seit den späteren zwanziger Jahren dessen Oberster Kanzler Bernhard von Cles, Kardinal und Bischof von Trient, von vergleichbarem Einfluß. Die «andere Hand» seines Fürsten, wie ihn Cuspinian gelegentlich nannte, gehörte bis zu seinem Tode 1539 zu den wichtigsten Männern der habsburgischen, auch der kaiserlichen Politik in Deutschland. Den Gesprächen mit Cles im Frühjahr 1530 in Bologna – am Vorabend der Rückkehr des Kaisers ins Reich nach mehr als achtjähriger Abwesenheit – verdankte Karl V. nach seinem eigenen Eingeständnis eine sehr viel gründlichere Kenntnis der Reichsangelegenheiten, als er sie zuvor gehabt hatte; daß Cles das Vertrauen beider habsburgischer Majestäten genoß, versetzte ihn überdies in die Lage, in den immer wieder aufbrechenden Meinungsverschiedenheiten und Interessengegensätzen Karls V. und Ferdinands, nicht zuletzt in der habsburgischen Ungarnpolitik, ausgleichend zu wirken. Er hat damit, obzwar gewiß vornehmlich im Interesse König Ferdinands, einen Beitrag auch zum Funktionieren des politischen Systems Karls V. geleistet, der nicht leicht zu überschätzen ist.

Ungeachtet der eindeutigen Entscheidungen des Augsburger Reichstags gegen die Reformation wurden in der Folge doch nur wenige ernsthafte Versuche unternommen, von Reichs wegen das Wormser Edikt wirklich durchzusetzen. Auch die Religionsprozesse vor dem Kammergericht führten zumeist nicht zu wirklichen Verurteilungen oder doch nicht zur Exekution solcher Urteile. Der Grund dafür war zum einen, daß die Habsburger schon bald wiederum in akute Konflikte mit Türken und Franzosen gerieten, die ihnen in Deutschland die Hände banden. Zum anderen aber und vor allem kam es in der Reaktion auf den Augsburger Reichstag nun doch zu einem großen Defensivbündnis der protestantischen Stände. Luthers Bedenken wegen eines aktiven Widerstands gegen den Kaiser wurden durch juristische Argumentationen ausgeräumt: Die Juristen machten geltend, daß die höchste Obrigkeit im Reiche nicht einfach beim Kaiser liege, sondern zumindest zwischen dem Kaiser und den Kurfürsten aufgespalten sei; überdies lasse das positive Reichsrecht in gewissen Fällen ausdrücklich einen Widerstand der Stände gegen das Reichsoberhaupt zu. Und wenn auch die Schweizer außerhalb der Einung blieben, so näherten sich doch die oberdeutschen Reichsstädte den lutherischen Positionen jetzt so weit an, daß sie in das Bündnis einbezogen werden konnten. Der im Februar 1531 zu Schmalkalden abgeschlossene Bund umfaßte deshalb außer Kursachsen, Hessen und einer Reihe anderer norddeutscher Fürsten und Städte auch einige der bedeutenderen süddeutschen Reichsstädte, vor allem das einflußreiche Straßburg; in den folgenden Jahren trat überhaupt die Mehrheit der deutschen protestantischen Reichsstände dem Schmalkaldischen Bund bei.

Im übrigen war die Einung freilich auch eine spezifisch ständische, insbesondere fürstliche, Allianz gegen die Übermacht des Hauses Habsburg, und eben deshalb stand selbst das katholische Bayern dem Bund nahe. Zwar war Bayern durch das Saalfelder Bündnis vom Oktober 1531 nicht mit dem Schmalkaldischen Bund als solchem, sondern nur mit dessen führenden fürstlichen Mitgliedern verbündet, und der Sinn des Vertrags bestand für Bayern auch nur im Kampf gegen die habsburgische Präponderanz im Reiche, vor allem gegen das römische Königtum Ferdinands; faktisch aber bedeutete das Saalfelder Bündnis doch eine sehr wirksame Flankendeckung des Schmalkaldischen Bundes auch in seiner Religionspolitik. Und in ähnlicher Weise war der Schmalkaldische Bund ein sozusagen natürlicher Bündnispartner aller Gegner des Kaisers auch außerhalb des Reichs. Noch 1531 schloß der Bund auf Betreiben Philipps von Hessen eine Einung mit Dänemark; 1532 verband sich Frankreich vertraglich mit dem Saalfelder Bund und leistete seitdem regelmäßige Subsidien, die faktisch dem Schmalkaldischen Bund zugute kamen.

Diese Gegengewichte der deutschen und europäischen Politik also zwangen den Kaiser in der Religionsfrage zum Einlenken, zu wenigstens zeitlich begrenzter Duldung der Evangelischen. Ihren verbindlichen Niederschlag fand diese vorläufige Duldung zuerst im sogenannten Nürnberger Anstand vom Juli/August 1532.

Die Vorverhandlungen des Nürnberger Anstands reichen bis in das Jahr 1531 zurück – im Grunde als Fortsetzung der Ausgleichsverhandlungen des Augsburger Reichstags, die der Kaiser im Herbst 1530 hatte abbrechen lassen. Wie in Augsburg selbst stellte sich ein theologischer Ausgleich des Glaubensstreits auch jetzt als kaum erreichbar dar; so ging es in den Verhandlungen mehr und mehr um einen politischen Modus vivendi der Glaubensparteien, und anders als in der Endphase des Augsburger Reichstags ließ Karl V. jetzt zu, daß die Möglichkeiten eines solchen Modus vivendi und damit einer zumindest vorläufigen Toleranz für die deutschen Protestanten ausgiebig diskutiert wurden. Hinter dieser taktischen Schwenkung der kaiserlichen Politik stand vor allem König Ferdinand. Seitdem die protestantischen Fürsten und Städte im April 1531 klar gemacht hatten, daß sie nur wenig Truppen oder auch Geld für eine Türkenhilfe aufbringen könnten, solange sie wegen ihres Bekenntnisses zum Evangelium von Reichsacht und Reichsexekution bedroht wären, setzte sich Ferdinand bei seinem kaiserlichen Bruder nachdrücklich für einen Kompromiß mit den evangelischen Ständen ein. Er hatte damit schon 1531 insofern Erfolg, als Karl V., obschon er sich nicht selbst auf entsprechende Verhandlungen einließ, doch die Vermittlungsbemühungen der katholischen Kurfürsten von Mainz und der Pfalz autorisierte. Die entscheidenden Verhandlungen fanden dann während des Reichstags von Regensburg 1532 statt – nicht auf dem Reichstag selbst, dessen katholische Mehrheit einer Politik konfessionspolitischer Zugeständnisse um der Türkenhilfe willen grundsätzlich ablehnend gegenüberstand, sondern in gesonderten Beratungen der vermittelnden Kurfürsten mit den maßgebenden evangelischen Reichsständen in Schweinfurt und dann in Nürnberg. Karl V., der während des Reichstags in Bad Abbach an der Donau zur Kur weilte, wurde über den jeweiligen Stand der Gespräche informiert und nahm auch durch eigene Stellungnahmen Einfluß auf den Gang der Verhandlungen.

Die Vorschläge der Evangelischen liefen auf eine prinzipielle Parität der Reichsstände beider Glaubensparteien und zugleich auf eine weitgehende religionspolitische Toleranz gegenüber den Untertanen hinaus. Die evangelischen Stände erklärten ihre Bereitschaft, sich der Entscheidung eines vom Kaiser ausgeschriebenen Konzils in «deutschen Landen» zu unterwerfen, dessen Beschlüsse sich allerdings ausschließlich am Worte Gottes zu orientieren hätten. Des weiteren waren sie bereit, sich auf die Confessio Augustana und die Apologie Melanchthons zu verpflichten und darüber hinaus keinerlei kirchliche Neuerungen zuzulassen, insbesondere nicht in den Artikeln der Taufe und des Abendmahls – eine deutliche Abgrenzung gegenüber den Täufern wie gegenüber den Zwinglianern. Umgekehrt aber verlangten sie, daß allen Ständen freistehen solle, die Confessio Augustana anzunehmen. Auch die Mitglieder des Kammergerichts und anderer Reichsämter sollten in ihrem Bekenntnis frei sein. Grundsätzlich sollte den Reichsständen das Recht der Religionsbestimmung für ihre Untertanen zustehen; doch sollte es, jedenfalls bis zur Entscheidung des Konzils, jedermann im Reiche erlaubt sein, das Abendmahl unter beiderlei Gestalt zu empfangen. Konfessionell dissentierende Untertanen beider Glaubensparteien sollten das Recht zur Emigration haben, aber nicht zur Emigration gezwungen werden können. Im übrigen sollten die evangelischen Stände selbst wegen ihrer Haltung zur geistlichen Jurisdiktion, zu den Kirchengütern und zu anderen Dingen, die mit der Religion im Zusammenhang stünden, weder gerichtlich noch außergerichtlich angegriffen werden; bereits laufende Religionsprozesse wären einzustellen, etwa ergangene Urteile rückgängig zu machen.

Das war ein weit ausgreifendes und zugleich zukunftsträchtiges politisches Programm – im wesentlichen eine Vorwegnahme bereits des Augsburger Religionsfriedens von 1555, mit seinen Toleranzforderungen sogar noch weitergehend als der Religionsfriede und selbst der Westfälische Friede von 1648. Das tatsächliche Ergebnis der Verhandlungen in Schweinfurt und Nürnberg war freilich sehr viel bescheidener. Karl V. fand sich lediglich dazu bereit, bis zur Entscheidung des Konzils den Schutz des Landfriedens auch auf die evangelischen Reichsstände – einschließlich derer, die in Zukunft zur Reformation stoßen würden – zu erstrecken und damit jenen ominösen Artikel des Augsburger Reichstagsabschieds von 1530 zu sistieren, der jeden noch so gewaltlosen Übergang zur Reformation als Bruch des Landfriedens deklariert hatte. Und diese Konzession sollte insofern auch rückwirkend gelten, als der Kaiser die bereits laufenden Prozesse des Kammergerichts gegen evangelische Reichsstände zu suspendieren versprach. Daß Karl V. den Nürnberger Anstand nicht förmlich durch den Reichstag verabschieden ließ, ja daß er die Suspension der Kammergerichtsprozesse sogar geheimzuhalten wünschte, ließ freilich deutliche Vorbehalte und Reserven des Kaisers gegenüber seinen eigenen Zusagen erkennen. Eine von den kaiserlichen Räten gewiß nicht unbedacht gebliebene Konsequenz der Publikationsmängel des Anstands bestand denn auch darin, daß das Kammergericht sich um die Suspendierung seiner Religionsprozesse, die ihm nicht ordnungsgemäß insinuiert wurde, nur wenig kümmerte; der rechtliche Krieg gegen die Protestanten nahm also vorerst seinen Fortgang. Trotz dieser Unsicherheiten und Vorläufigkeiten aber war der Nürnberger Anstand von großer reichsgeschichtlicher Bedeutung: Mit ihm verließ Karl V. zum ersten Mal, wenn auch nur unter dem Vorbehalt künftiger Entscheidungen des Konzils, den durch den päpstlichen Bann und die Reichsacht gegen Luther festgelegten Weg. Kaum jemand hat das so scharf gesehen wie Martin Luther, der den Nürnberger Anstand geradezu als göttliche Bestätigung des Wegs der Reformation empfand. Seit 1532 war Luther überzeugt, daß Reich und Reformation letzten Endes versöhnt werden könnten.

Im übrigen zahlte sich der Nürnberger Anstand politisch auch für die Habsburger aus. Vor allem machte er den Weg frei für die Aufstellung eines sehr beträchtlichen Reichsheeres von nahezu 80 000 Mann gegen die Türken; Sultan Suleiman brach denn auch seine so bedrohlich scheinende neue Offensive schon an den Grenzen des Burgenlandes ab, als das Reichsaufgebot sich erst im Raum um Wien versammelte. An eine Gegenoffensive freilich, wie König Ferdinand sie wünschte, war nicht zu denken: Die Mehrheit der Reichsstände beider Glaubensparteien war für solche Offensivpläne nicht zu haben, und auch der Kaiser hatte es eilig, seine italienischen Truppen zur Verstärkung seiner militärischen Präsenz auf der Apenninenhalbinsel abzuziehen; die eigentliche Front des Türkenkriegs lag für ihn ohnehin im Mittelmeer. Ein vielleicht noch wichtigerer Gewinn des Nürnberger Anstandes für die Habsburger bestand deshalb in der Sprengung des bayerisch-protestantischen Bündnisses. Die evangelischen Reichsfürsten hatten in den Verhandlungen von Schweinfurt und Nürnberg erneut klar zu erkennen gegeben, daß sie durchaus zu politischen Zugeständnissen an die Habsburger bereit wären, wenn sie nur in ihrer Religionsausübung sichergestellt würden; damit war die von Leonhard von Eck betriebene Instrumentalisierung des Glaubensstreits im politischen Interesse Bayerns gescheitert. Ein vertraglicher Ausgleich der habsburgisch-wittelsbachischen Konflikte sollte zwar erst im Linzer Vertrag 1534 zustande kommen, die eigentliche politische Entscheidung aber fiel doch schon 1532.

So wenig die Politisierung des Glaubensstreits und seiner trennenden Wirkungen für das soziale und politische Leben Deutschlands unterschätzt werden darf, so wenig dürfen diese Gegensätze doch absolut gesetzt werden. Insbesondere waren die Reichsstände noch immer durchaus in der Lage, eine respektable Reichsgesetzgebung ins Werk zu setzen, und in mancherlei strittigen Fragen der Reichspolitik verliefen die Fronten der gegensätzlichen Meinungen quer durch die allmählich sich verfestigenden konfessionellen Lager.

Das wichtigste Werk der Reichsgesetzgebung dieser Jahre war die «Peinliche Halsgerichtsordnung» von 1532, nach dem Namen des Kaisers auch «Constitutio Criminalis Carolina» genannt. Auf Vorarbeiten Johann von Schwarzenbergs beruhend, vor allem auf dessen Bamberger Halsgerichtsordnung von 1507, trug die CCC wesentlich dazu bei, die vor allem im Prozeßrecht verwilderte Strafjustiz des ausgehenden Mittelalters neu zu ordnen. Ihre langfristig wichtigste Neuerung bestand in der Durchsetzung des Offizial- und Inquisitionsprinzips im Strafrecht, d. h. der prozessualen Verbrechensverfolgung als Recht und Pflicht der öffentlichen Gewalt, unabhängig von dem Strafbegehren und den Beweisen des Geschädigten, unter prinzipiellem Ausschluß erst recht der Fehde. Daneben darf die rechtsvereinheitlichende Wirkung der Carolina nicht unterschätzt werden, die sie insbesondere durch die Einbeziehung römischen Rechts – in einer übrigens sehr behutsamen Rezeption – erreichte. Und schließlich bedeutete die Carolina auch einen Fortschritt an Humanität des Strafrechts. Zwar hielt sie an einer Fülle von Leibesstrafen und auch an der Folter als Mittel der Geständniserzwingung fest; doch suchte sie die Schwere der Delikte und der Strafen in ein angemessenes Verhältnis zu bringen und band die Anwendung der Folter an sehr enge und genaue Voraussetzungen. Gemessen an der willkürlichen und barbarischen Strafjustiz des ausgehenden Mittelalters war das ein nicht geringzuschätzender Gewinn an Gerechtigkeit wie an Rechtssicherheit. Auch das Bemühen um die Formulierung genau bestimmter Straftatbestände sowie die grundsätzliche Bindung der Strafe an die Schuld des Täters waren rechtspolitische Fortschritte von Gewicht. Als solcherart bedeutendes Werk der Strafrechtsreform von Reichs wegen wurde die Peinliche Halsgerichtsordnung in der Folge zum Vorbild zahlreicher Territorialgesetze. Im ganzen wurde sie überhaupt erst durch die großen territorialstaatlichen Kodifikationen der Aufklärungszeit überholt.

Kaum weniger wichtig als die Halsgerichtsordnung war die vom Augsburger Reichstag 1530 verabschiedete Reichspolizeiordnung, die in den folgenden Jahren zum Ausgangspunkt einer ausgedehnten Polizeigesetzgebung nicht nur des Reichs, sondern auch der Territorien wurde: wichtiges Instrument der Expansion staatlicher Verwaltung über immer weitere Bereiche des gesellschaftlichen Lebens, wichtiges Instrument auch der Festigung und Ausdifferenzierung der sozialen Ränge; vor allem die ständisch abgestuften Luxusverbote der Polizeiordnungen waren durchaus sozialpolitisch gemeint. Von den überwiegend maßvollen und lebensnahen Vorschriften der Polizeiordnung heben sich ihre willkürlich harten und diskriminierenden Bestimmungen gegen die Juden unangenehm ab. Zwar hatten die Juden an Josel von Rosheim, den schon Kaiser Maximilian zum «Befehlshaber und

Regierer der gesamten Judenheit der deutschen Nation» ernannt hatte, einen gleichermaßen gelehrten wie mutigen Anwalt ihrer Sache auf dem Reichstag; trotzdem stellte die Polizeiordnung schließlich – unter Aufhebung aller entgegenstehenden Privilegien – jedem Reichsstand frei, ob er überhaupt Juden «bei ihm leyden» wolle oder nicht. Die etwa geduldeten Juden aber hätten einen gelben Judenring an Rock oder Kappe zu tragen und seien im übrigen dermaßen zu halten, daß sie sich «des Wuchers und wucherlicher Kauff enthalten und mit ziemlicher Handthierung und Handarbeit erneh-ren» – was die Juden angesichts ihres notorischen Ausschlusses vom zünftischen Handwerk wie von städtischem oder ländlichem Grundbesitz auf niederste Hilfsarbeiten oder aber in die berufliche Illegalität verwies. Das Reich ist von diesen Prinzipien seiner Judengesetzgebung das ganze Jahrhundert hindurch nicht mehr abgegangen. Die Judenpolitik der Territorien entsprach diesen Prinzipien zwar nicht konsequent, näherte sich ihnen in den folgenden Jahrzehnten jedoch auf fatale Weise an.

Ebenfalls auf dem Augsburger Reichstag von 1530 stand erneut das Projekt eines Antimonopolgesetzes auf der Tagesordnung. Die daraus erwachsenden Verhandlungen der Reichsversammlung bildeten überhaupt den Höhepunkt der wirtschaftspolitischen und -ethischen Auseinandersetzungen im Deutschland des 16. Jahrhunderts. Die Interventionen Karls V. zugunsten der großen Handelsgesellschaften 1523 und 1525 hatten den Monopolienstreit im Reich nicht beendet. Der gegenüber dem reichen Bürgertum wirtschaftlich vielfach zurückgefallene Adel wie das durch traditionelle zünftische Wertordnungen geprägte Klein- und Mittelbürgertum der Städte forderten nach wie vor ein energisches politisches Vorgehen gegen die Handelsgesellschaften, die Sorge vor Unruhen des gemeinen Mannes wegen der «Fuggerei» verlieh den antimonopolistischen Forderungen seit dem Bauernkrieg politischen Nachdruck. Regiment und Reichstage griffen das Problem wieder auf; 1529/30 erhob der Reichsfiskal neue, diesmal genauer begründete Monopolklagen gegen einige Augsburger Gesellschaften. Der Reichstag von Augsburg 1530 schließlich bildete eine Kommission «der Monopolien halber», die nach ausführlichen Beratungen ein umfassendes Gesetz gegen die großen Handelsgesellschaften vorschlug. Die Empfehlungen des Ausschusses beruhten – ganz ähnlich wie schon 1523 – ganz auf der Wertordnung vorkapitalistischen Wirtschaftens: Sie lehnten den ökonomischen «Eigennutz» wie schon die Kapitalmassierung und auch die Internationalität der großen Handelsgesellschaften strikt ab; der «gemeine Nutzen» gebiete statt dessen die Erhaltung der durch die Gesellschaften bedrohten kleinen Kaufleute: «Wo jezundt ain große geselschafft ist, an der stat möchten sich wol zwantzigkh oder dryssig habhafften kaufleut erneren». Als konkrete Maßnahmen empfahl die Kommission, wiederum wie schon 1523, die Beschränkung des Geschäftskapitals eines Handelsunternehmens auf 20000 bis höchstens 50000 Gulden sowie die Zulassung von höchstens drei auswärtigen Faktoreien, darüber hinaus die Festsetzung obrigkeitlicher

Höchstpreise für Fernhandelsgüter, schließlich sogar das Verbot für Reichsangehörige, mit Portugal oder im Mittelmeer überhaupt Handel zu treiben. Zuwiderhandlungen sollten mit Vermögenskonfiskation und Ausweisung bestraft werden.

Der Entwurf des Ausschusses entsprach gewiß der Meinung oder doch der Stimmung eines Großteils der Reichsstände – nicht zuletzt unter den Anhängern der Reformation; Luther selbst hatte sich ja wiederholt sehr kritisch über die großen Handelsgesellschaften geäußert. Aber es gab doch auch Gegenmeinungen, und eine erneute Denkschrift des Augsburger Humanisten und Stadtsyndikus Conrad Peutinger präsentierte diese Gegenargumente in überlegener Manier – schärfer und präziser noch als 1523. Peutinger zeigte die Unverzichtbarkeit großer Kapitalien für den Betrieb bestimmter, unentbehrlicher Unternehmen des Handels und des Gewerbes, z. B. der kapitalintensiven Bergwerke, auf; auch wies er nach, daß gerade die großen Handelshäuser den internationalen Handel mit seinen Waren- und Einkommensströmen nach Deutschland lenkten und damit zum Wohlstand Vieler beitrugen. Des weiteren verdeutlichte er die marktgesetzliche Abhängigkeit der Preisbewegungen von Angebot und Nachfrage; ein obrigkeitlich festgelegter Preis wäre demgegenüber wirklichkeitsfremd, seine angeblich größere Gerechtigkeit eine bloße, unzureichend begründete Wunschvorstellung. Sinnvoller wäre es vielmehr, dem Erwerbstrieb als wichtigstem, moralisch und rechtlich legitimem Impuls wirtschaftlichen Handelns mit der Chance des Gewinns wie mit dem Risiko des Verlusts freie Bahn zu schaffen – in der Kapitalausstattung wie in der Ausdehnung des Unternehmens und auch in seiner Preisgestaltung. Die Modernität dieser Konzeption springt ins Auge; sie trug im Grunde schon ein frühliberalistisches Gepräge. Daß Peutinger mit der renaissancehaften Vorstellung der neidischen «Fortuna», die gerade den wirtschaftlich Erfolgreichen als widriges Schicksal bedrohe, die Rationalität seines ökonomischen Weltbildes selbst wieder in Frage stellte, fällt gegenüber der prinzipiellen Neuheit seiner Wirtschaftsanschauung und seines Wirtschaftsethos kaum ins Gewicht.

Natürlich bewirkte Peutingers Denkschrift keine sofortige und grundsätzliche Kursänderung in der Wirtschaftspolitik des Reichs – ihr Plädoyer für den wirtschaftlichen Eigennutz ging für die Mehrheit der von traditionellen Leitvorstellungen einer gerechten Wirtschaftsordnung geprägten Reichsstände viel zu weit. Immerhin bewirkte die Opposition gegen den Entwurf des Monopolausschusses auf dem Reichstag doch so viel, daß das vorgeschlagene Gesetz nicht verabschiedet wurde. Auch der Monopolprozeß wurde wiederum nicht zu Ende geführt; seine Akten verschwanden 1532 in Spanien, wohin der Kaiser sie sich hatte nachschicken lassen. In der Folgezeit flaute der Streit allmählich ab. Zumindest die Zulässigkeit einer angemessenen Verzinsung von Produktionskrediten wurde bald kaum mehr bestritten. Obrigkeitliche Preis- und Lohndirigismen verschwanden freilich niemals aus dem Repertoire fürstlicher und städtischer Wirtschaftspolitik.

Der trotz des Religionsstreits fortdauernd möglichen und wirksamen Kooperation der Reichsstände auf den Reichstagen entsprach die gleichzeitige Verfestigung der Reichskreise. Die den Kreisen 1521/22 übertragene Aufgabe der Landfriedenswahrung, insbesondere der Exekution von Landfriedensurteilen des Kammergerichts, wurde durch den Augsburger Reichstag 1530 ausdrücklich bestätigt. Darüber hinaus billigte der Abschied des Reichstags den Kreisen im Rahmen der Türkenhilfe gewisse militärische Funktionen in deutlicher Überordnung über die einzelnen Stände zu. Zudem sollten Angelegenheiten des Münzwesens und der Reichssteuern, vor allem das Dauerproblem einer gerechteren Festsetzung der Matrikularbeiträge (die «Moderation» oder «Ringerung der Anschläge»), von den Reichskreisen wenigstens vorberaten werden. Auch die Kooperation zwischen den einzelnen Reichskreisen, die in den zwanziger Jahren an die Vermittlung durch das Reichsregiment gebunden gewesen war und tatsächlich kaum existiert hatte, bekam jetzt allmählich eine festere und effizientere Gestalt. Seit der Mitte der dreißiger Jahre führten die Herausforderungen des Türkenkriegs wie des Münsteraner Täuferreichs sogar zu Ansätzen einer Kooperation der Reichskreise auf der Ebene des Gesamtreichs. Erste förmliche Reichskreistage kamen freilich erst um die Mitte des Jahrhunderts zustande.

Noch deutlicher als die regionale Solidarität in den Reichskreisen behauptete sich schließlich die innere Solidarität der einzelnen Stände trotz des Religionsstreits. Das gilt vornehmlich für die Kurfürsten, die ihre verfassungspolitischen Präeminentien vor den übrigen Reichsständen nach wie vor dem konfessionellen Konflikt deutlich überordneten; das gilt – entgegen älteren Forschungsmeinungen – aber auch für die Reichsstädte, die einander mit Hilfe des Städtetags ungeachtet ihrer religiösen Gegensätze immer wieder wirksam unterstützten. Entsprechendes gilt schließlich für die Reichsritterschaft; selbst deren Neuformierung zu Beginn der vierziger Jahre, die die Reichsritter in engere Abhängigkeit vom Kaiserhaus brachte, änderte daran nichts.

3. Die Ausbreitung der Reformation von der Mitte der zwanziger bis zum Beginn der vierziger Jahre

Seit der Mitte der zwanziger Jahre, verstärkt seit der Gründung des Schmalkaldischen Bundes, nahm die Reformation im Reich einen wahren Siegeslauf. Abgesehen vom Ordensland Preußen, das mit der Säkularisierung zum weltlichen Herzogtum unter polnischer Lehenshoheit 1525 aus dem Reichsverband ausschied, gingen bis 1530 Kursachsen und Hessen, Braunschweig-Lüneburg und Brandenburg-Ansbach offiziell und verbindlich zur Reformation über, dazu eine erhebliche Reihe bedeutender Städte: in Niederdeutschland – um nur die wichtigsten zu nennen – die Altstadt Magdeburg, Stralsund, Celle, Goslar, Braunschweig, Göttingen, Bremen und Hamburg, dazu Riga im fernen Livland, in Oberdeutschland Nürnberg, Straßburg, Reutlingen, Kempten, Memmingen, Konstanz und Lindau. Seit 1531 folgte in rascher Sequenz eine Vielzahl weiterer Städte und fürstlicher Territorien, unter ihnen 1534 Württemberg und Pommern, Anhalt-Dessau, die schlesischen Fürstentümer Liegnitz und Brieg, 1539 das Herzogtum Sachsen und das Kurfürstentum Brandenburg, zu Beginn der vierziger Jahre Pfalz-Neuburg und Pfalz-Sulzbach; auch Mecklenburg wurde jetzt Schritt für Schritt evangelisch. Daneben gab es eine große Anzahl weiterer weltlicher und geistlicher Territorien und Städte, in denen die Reformation sich weithin durchsetzte, ohne daß die Obrigkeiten selbst evangelisch geworden wären oder gar von sich aus ein evangelisches Kirchenwesen eingerichtet hätten. Selbst die Habsburger konnten in ihren österreichischen Erblanden nicht verhindern, daß sich die Reformation unter der Schutzherrschaft des mächtigen Adels kräftig ausbreitete. Und auch außerhalb des Reichs kam es zu evangelischen Bewegungen – in Frankreich und England, in Polen-Litauen und in Ungarn, selbst in Italien – oder sogar zur Aufrichtung lutherischer Staatskirchen, so vor allem in Dänemark und Schweden (seit 1527). In Siebenbürgen entstand in den vierziger Jahren neben einer magyarischen und einer szeklerischen Nationalkirche evangelischen Gepräges eine eigene lutherische Kirche der Deutschen im Lande, die bis in die jüngste Vergangenheit maßgeblich zur Erhaltung deutscher Sprache und Kultur bei diesen sogenannten Siebenbürger Sachsen beigetragen hat.

Die Vielzahl der regionalen und lokalen Reformationsvorgänge Deutschlands kann hier auf sich beruhen. Lediglich das Reformationsgeschehen Preußens, Lübecks, Württembergs und Kurbrandenburgs, das für den Gesamtzusammenhang der deutschen Geschichte von besonderer Bedeutung war, soll etwas genauer dargestellt werden.

Die Voraussetzungen der Reformation Preußens lagen einesteils in den seit langem virulenten Konflikten des Deutschen Ordens mit Polen, andernteils in der reformatorischen Kritik an der Institution der geistlichen Orden überhaupt. Wie schon seine Vorgänger hatte auch der 1511 zum Hochmeister des Ordens gewählte Albrecht von Brandenburg-Ansbach erfahren müssen, daß er für seinen Kampf um die Unabhängigkeit des Ordens von Polen auf keine ernsthafte Unterstützung durch Kaiser und Reich rechnen konnte. So verlief ein 1520 vom Hochmeister begonnener Krieg gegen Polen für den Orden wenig erfolgreich; man mußte froh sein, im Frühjahr 1521 einen vierjährigen Waffenstillstand zu erlangen, während dessen die strittigen Fragen in einer Schiedskommission verhandelt werden sollten. Albrecht suchte zwar die Zeit zu nutzen, um neue Bundesgenossen im Reich für eine Wiederaufnahme des Kampfs gegen Polen zu gewinnen, doch war von den Reichsständen kaum jemand bereit, für den Deutschen Orden eine Hand zu rühren. Zu dieser politischen Erfahrung kam dann eine religiöse: Albrecht wurde nämlich im Sommer 1523 in Nürnberg durch Predigten Osianders für die Reformation gewonnen. Nun hielt Luther schon seit Jahren die Institution des Deutschen Ordens für eine schriftwidrige Vermischung geistlichen und weltlichen Regiments; als er im November 1523 in Wittenberg persönlich mit Albrecht zusammentraf, riet er ihm, die Ordensregeln aufzugeben und das Ordensland in ein weltliches Herzogtum umzuwandeln. Dieser Ratschlag gewann für die weitere Geschichte Preußens entscheidende Bedeutung.

Für den Fortgang der Dinge wurde zunächst wichtig, daß die reformatorische Bewegung in Preußen dank der unverhohlenen Unterstützung durch den Hochmeister rasch Fuß faßte und erstaunliche Erfolge erzielte. Sogar die beiden Bischöfe von Samland und Pomesanien, Georg von Polentz und Erhard von Queis, stießen zur Reformation. Parallel dazu aber suchte Albrecht ein politisches Arrangement mit dem polnischen König, und dieser fand sich wirklich bereit, um seiner politischen Oberherrschaft willen die katholische Kirche in Preußen preiszugeben. Am 9. April 1525 wurde der Friede von Krakau unterzeichnet, in dem sich die Parteien über die Aufhebung des Ordens und die Belehnung Albrechts mit dem preußischen Ordensland als weltlichem, erblichem Herzogtum der Krone Polen einigten; am Tage darauf leistete Albrecht auf dem Marktplatz zu Krakau den feierlichen Huldigungseid. In der Folge löste der neue Herzog in seinem Fürstentum die Institutionen des Ordens auf – übrigens unter breitester Zustimmung der Ordensritter selbst –, ordnete die weltliche Verwaltung neu und richtete ein durchgehend evangelisches Kirchenwesen ein. Daß die beiden Bischöfe des Landes selbst evangelisch geworden waren, erleichterte die kirchliche Neuordnung. Die Bischöfe traten ihre weltlichen Rechte an den Herzog ab, behielten aber grundsätzlich alle kirchlichen Befugnisse, die ihnen auch früher zugestanden hatten: das Recht zur Ordination der Geistlichen wie die Ehegerichtsbarkeit, auch das Recht zur Visitation ihrer Diözesen; die evangelische Kirche Preußens blieb also bischöflich verfaßt. Im Dezember 1525 stimmte der preußische Landtag einer von den beiden Bischöfen ausgearbeiteten Kirchenordnung für das ganze Herzogtum zu, und seit 1526 sorgten Kirchenvisitationen für die Durchsetzung des neuen Kirchenwesens vor Ort. Kaiser und Reich reagierten zwar unwillig auf die preußischen Vorgänge; 1532 wurde Albrecht auf Betreiben des Deutschmeisters, des Haupts der im Altreichsgebiet gelegenen Ordensniederlassungen, sogar in die Reichsacht erklärt. Aber wenn die Reichsstände dem früheren Hochmeister keine effektive Hilfe gegen Polen gewährt hatten, so machten sie sich jetzt auch nicht gegen den Herzog stark – die Reichsacht wurde nicht vollstreckt. Unter der langen und tatkräftigen Regierung Albrechts (bis 1568) gedieh Preußen zu einem wirtschaftlich und kulturell blühenden Land; die 1544 gegründete Universität Königsberg entwickelte sich bald zu einem geistigen Zentrum des deutschen Nordostens und darüber hinaus zu einem wichtigen Ausgangspunkt des Protestantismus in Polen und Litauen.

Auch in Lübeck war es schon zu Beginn der zwanziger Jahre zu reformatorischen Regungen gekommen. Zwar hatte sich neben dem Domkapitel auch der patrizische Rat aus Sorge vor innerstädtischen Unruhen und vor schädlichen Folgen für den Handel der Stadt gegen die Reformation gestellt. Die Lutheraner waren aber je länger desto weniger mundtot zu machen gewesen. Für den weiteren Verlauf der Dinge maßgebend wurde dann die Verbindung der religiösen Auseinandersetzung mit sozialen und verfassungspolitischen Konflikten in der Stadt. Ähnlich wie in vielen anderen Städten der Zeit gab es auch in Lübeck eine kräftige genossenschaftliche Bewegung gegen das oligarchische Regiment der reichen Ratsgeschlechter. Diese Bewegung machte sich die reformatorischen Ideen zu eigen, ja sie wurde zum Vorkämpfer der Reformation in der Stadt. 1528 mußte sich der Rat mit der Einrichtung eines bürgerschaftlichen Kontrollgremiums aus Vertretern der nichtpatrizischen Kaufmannschaft und der Handwerker abfinden, 1530 setzte die Bürgerschaft beim Rat die Entscheidung zur Reformation der Stadt durch. Die altgläubigen Ratsmitglieder legten ihr Amt nieder oder gingen überhaupt ins Exil. Die Annahme einer von Bugenhagen verfaßten Kirchenordnung am Pfingstabend des Jahres 1531 sowie der Beitritt der Stadt zum Schmalkaldischen Bund markierten einen gewissen Abschluß des reformatorischen Geschehens. Das bedeutete jedoch noch keine Beruhigung der sozial- und verfassungspolitischen Gegensätze in der Stadt, die sich vielmehr in der Folge allererst zuspitzten und ausweiteten.

Zur zentralen Gestalt der weiteren Entwicklung wurde Jürgen Wullenweber. Um 1492 als Sohn einer Hamburger Großkaufmannsfamilie geboren, war er 1526 in Lübeck zugewandert und hatte sich hier für die bürgerlich-reformatorische Bewegung eingesetzt. Seine politischen Absichten gingen aber über das bis 1530/31 Erreichte weit hinaus, und zwar nicht nur innenpolitisch – mit dem Ziel einer durchgreifenden Entmachtung der Patrizier zugunsten einer breiteren Beteiligung der Gemeinde, insbesondere der nichtpatrizischen Kaufleute, an der Stadtherrschaft –, sondern auch außenpolitisch: Wullenweber erstrebte nichts Geringeres als die Wiederherstellung der lübischen Vormachtstellung im Ostseeraum gegen Dänemark und die Niederlande.

Innenpolitisch hatte Wullenweber zunächst Erfolg. Noch 1530 wurde ein Bürgerausschuß von 100 Kaufleuten und Handwerkern als oberste Vertretung der gesamten Gemeinde gebildet. In der Folge erlangte die nichtpatrizische Kaufmannschaft auch die Mehrheit im Rat. Wullenweber selbst wurde 1533 Bürgermeister. Daß die unteren Schichten der Stadtbevölkerung, die die bürgerschaftlich-reformatorische Bewegung sehr wesentlich mitgetragen hatten, bei alledem von der Macht ausgeschlossen blieben, entsprach ebenfalls durchaus den Vorstellungen Wullenwebers. Schwieriger gestalteten sich von allem Anfang an die außenpolitischen Verhältnisse. Als langfristig wichtigster Gegner Lübecks im Ostseeraum galten die Niederländer, die immer stärker in den Ostseehandel vordrangen. Nun standen aber die

Niederländer in handelspolitischen Auseinandersetzungen auch mit Dänemark um die Sundschiffahrt, und überdies war das niederländisch-dänische Verhältnis seit 1522/23 durch die Vertreibung und spätere Gefangennahme König Christians II., der mit einer jüngeren Schwester Karls V. verheiratet war, belastet. So lag es nahe, daß Wullenweber die Dänen für den Kampf gegen die Niederländer zu gewinnen versuchte; daß gerade Lübeck bei der Vertreibung Christians II. durch aktive Unterstützung der Aufständischen in Schweden und Dänemark eine entscheidende Rolle gespielt hatte, sprach erst recht für das von Wullenweber angestrebte Bündnis mit den Dänen. Diese jedoch versagten sich den Anträgen der Lübecker. Der in Dänemark und Holstein politisch maßgebende Adel nämlich – überwiegend katholisch und ohnehin traditionell mit den Lübeckern verfeindet – suchte eher den Ausgleich mit den habsburgischen Niederlanden. So blieb Wullenweber kaum etwas anderes übrig, als sich zunächst und unmittelbar auf eine Auseinandersetzung mit Dänemark selbst einzulassen. Auch dafür aber fand er kaum Bundesgenossen. Die norddeutschen Fürsten, Katholiken wie Lutheraner, waren in ihrer großen Mehrheit an guten Beziehungen zu Dänemark interessiert und zeigten den Lübeckern die kalte Schulter; mit Herzog Heinrich von Braunschweig-Wolfenbüttel war man ohnehin schon früher aneinandergeraten. Auch von Schweden war nichts Gutes zu erwarten: König Gustav Vasa, dem die Lübecker 1523 immerhin zum Thron verholfen hatten, suchte nur nach Gelegenheiten, um sich von den handelspolitischen Zusagen zu lösen, die er den Lübeckern als Belohnung für ihre Hilfe gegen Christian II. gemacht hatte, und stellte sich auf die Seite der Dänen. Selbst die hansischen Bruderstädte Rostock, Wismar und Stralsund verweigerten zunächst, voller Mißtrauen gegen eine handelspolitische Übervorteilung durch die Lübecker, ihre Unterstützung. Allerdings gab es in diesen Städten, ähnlich wie in Lübeck selbst, starke bürgerschaftlich-reformatorische Bewegungen, und mit ihnen konnte Wullenweber sich verbinden; so kam doch wenigstens hier ein Bündnis mit Lübeck zustande. Und der gemeinsame Gegensatz gegen den dänisch-holsteinischen Adel brachte den Lübeckern sogar bäuerliche Unterstützung: aus Dithmarschen sowie von seiten aufständischer Bauern in Schonen. Ob dieses Bündnissystem politisch wie militärisch stark genug war, um sich in einer ernsthaften Auseinandersetzung mit Dänemark und Schweden zu behaupten, war gleichwohl sehr die Frage.

Der Krieg begann 1534 mit einem von Lübeck angezettelten Einfall Graf Christophs von Oldenburg in Holstein. Wenig später konnte man Graf Johann von Hoya, einen in Finnland begüterten Schwager Gustav Vasas, als schwedischen Thronprätendenten gewinnen. Auch die Lübecker selbst erzielten in dieser sogenannten «Grafenfehde» beachtliche Anfangserfolge; Kopenhagen und Schonen fielen in ihre Hand. Bald jedoch gewannen die nordischen Königreiche eine immer deutlichere militärische Überlegenheit, und die Lübecker gerieten in arge Bedrängnis. Die sich abzeichnende militärische und außenpolitische Niederlage aber schwächte rückwirkend auch Wullenwebers innenpolitische Stellung. Als 1535 ein Mandat des Reichskammergerichts die Wiederherstellung der patrizischen Verfassung in Lübeck verlangte, fügte sich die Stadt, wenig später mußte Wullenweber von seinem Bürgermeisteramt zurücktreten. Und damit nicht genug: Auf dem Wege zu neuen Truppenwerbungen wurde Wullenweber durch Leute des Erzbischofs von Bremen gefangengenommen und an dessen Bruder, Herzog Heinrich von Braunschweig-Wolfenbüttel, ausgeliefert, der ihn als Kirchenräuber, Aufrührer und vermeintlichen Täufer 1537 hinrichten ließ. Inzwischen hatte Lübeck mit Dänemark und Schweden Frieden schließen müssen. Die Friedensverträge sicherten das evangelische Bekenntnis der Stadt, besiegelten aber zugleich das Ende der politischen Vorherrschaft Lübecks und damit der führenden Stellung der Hanse im Ostseeraum. Der alte Konflikt Dänemarks mit den Niederlanden schwelte noch einige Jahre fort; im vierten Krieg Franz' I. gegen Karl V. stand der Dänenkönig – das war jetzt Christian III. – auf französischer Seite. Im Speyerer Vertrag von 1544 verzichtete der Kaiser dann aber endgültig auf jede Unterstützung seines noch immer gefangengehaltenen Schwagers Christian II. und erlangte dafür die dänische Garantie der freien Sundschiffahrt für die Niederländer. Damit wurde – letztlich erneut auf Kosten Lübecks – eine langdauernde Interessengemeinschaft der beiden Mächte eingeleitet: politisch nützlich vor allem für Dänemark, von unschätzbarem wirtschaftlichen Wert dagegen für die Niederlande. Daß die Niederlande im weiteren Verlauf des Jahrhunderts die führende Stellung im expandierenden Ostseehandel gewinnen konnten, hatte seine Ursache nicht zuletzt in diesem Ausgleich von 1544.

In Württemberg war die Einführung der Reformation aufs engste mit der Restitution Herzog Ulrichs 1534 verknüpft. Seit der Vertreibung des Herzogs durch den Schwäbischen Bund 1519 stand das Herzogtum unter österreichischer Herrschaft; diese Herrschaft war 1530 durch die Übertragung des Herzogtums als kaiserlichen Lehens an Erzherzog Ferdinand rechtlich noch fester verankert worden. Die Expansion der habsburgischen Herrschaft in Oberdeutschland hatte jedoch bei den Reichsständen, vor allem bei den bayerischen Herzögen, manchen Unmut erweckt. Das nutzte Philipp von Hessen, um die Rückführung des inzwischen zur Reformation übergegangenen Herzogs zu betreiben: sehr bewußt in der doppelten Absicht, Württemberg aus dem habsburgischen Herrschaftskomplex im Südwesten des Reichs herauszubrechen und das Herzogtum der Reformation zuzuführen. Dieser konfessionelle Aspekt des Vorhabens mißfiel zwar den Bayern, schuf Philipp aber zusätzliche Sympathien bei den evangelischen Fürsten und Städten. Nur Kursachsen warnte vor Landfriedensbruch und Rebellion gegen den Kaiser: Kurfürst Johann Friedrich, der seinem Vater Johann 1532 in der Regierung gefolgt war, stand mit den Habsburgern in schwierigen Verhandlungen wegen der Anerkennung des römischen Königtums Ferdinands auf der einen, seiner eigenen Belehnung mit dem Kurfürstentum auf der anderen Seite, und wollte den Erfolg dieser Verhandlungen nicht ohne Not gefährden. Dafür aber fand Philipp von Hessen die Unterstützung auch des französischen Königs: Im Januar 1534 garantierte Franz I. – in der freilich leeren Hoffnung auf eine allgemeine Erhebung gegen die Habsburger – beträchtliche Subsidien für das Unternehmen gegen Württemberg; Herzog Ulrich verpfändete ihm dafür die württembergische Grafschaft Mömpelgard bei Belfort. Im Februar 1534 gelang es Philipp dann unter Ausnutzung der politischen und konfessionellen Gegensätze innerhalb des Schwäbischen Bundes, die an sich fällige Erneuerung der Einung zu verhindern und damit die Habsburger ihrer wichtigsten überterritorialen Machtbasis in Süddeutschland zu berauben. Drei Monate später folgte die militärische Unternehmung gegen Württemberg selbst. Die Österreicher waren nicht ungewarnt geblieben, hatten die Warnungen aber in den Wind geschlagen. So wurden ihre Truppen am 12. Mai 1534 bei Lauffen ohne große Mühe besiegt. Der von Kursachsen vermittelte, im Juni zu Kaaden bei Eger unterzeichnete Friedensvertrag restituierte Herzog Ulrich im Besitz des Herzogtums, wenngleich nur in der Form eines österreichischen Afterlehens, und billigte ihm implizit das Recht zur Reformation seines Landes zu; lediglich die Zwinglianer sollten in Württemberg keine Heimstatt finden. Daß die Verbündeten und auch Kurfürst Johann Friedrich das römische Königtum Ferdinands förmlich anerkannten und überdies ihre Hilfe gegen die Türken in Ungarn zusagten, war eine nicht zu verachtende Gegenleistung. Gleichwohl war es erstaunlich, wie leicht die Habsburger auf Württemberg verzichteten, dessen Schlüsselstellung für ihre Macht in Oberdeutschland ihnen doch klar sein mußte. Im Grunde richtete sich das vorwiegende Interesse der Habsburger, soweit Ferdinand es vertrat, wohl schon damals stärker auf den Osten, vor allem auf Ungarn; der Kaiser selbst aber, den deutschen Angelegenheiten ohnehin fernerstehend, war vor allem über die rasche Beendigung des gefährlichen Bündnisses deutscher Fürsten mit Frankreich erleichtert. Im übrigen bequemten sich jetzt – im Linzer Vertrag vom September 1534 – auch die bayerischen Herzöge zu einem Ausgleich ihrer Interessenkonflikte mit den Habsburgern, vor allem zur Anerkennung von Ferdinands römischem Königtum. Langfristig – und noch jahrzehntelang von Spannungen besonders in der Religionspolitik belastet – erwuchs aus diesem Ausgleich sogar eine enge Kooperation der beiden katholischen Vormächte im Süden des Reichs.

Die Reformation Württembergs stand dann von vornherein im Zeichen der Konkurrenz von Zwinglianismus und Luthertum, vor allem in der Abendmahlslehre. Ein eindeutig zwinglianisches Gepräge der Reformation war durch den Frieden von Kaaden ausdrücklich ausgeschlossen worden, doch schlugen die Straßburger den Konstanzer Ambrosius Blarer als Reformator vor, der der Lehre Zwinglis zumindest nahestand. Der Landgraf von Hessen dagegen präsentierte seinen Prediger, den schroffen Lutheraner

Erhard Schnepf. Herzog Ulrich berief beide, und es kam alsbald zu dem vorhersehbaren Konflikt. Martin Butzer suchte von Straßburg aus zu vermitteln, indem er die von den Lutheranern auf dem Marburger Religionsgespräch 1529 vorgeschlagene Einigungsformel zur gemeinsamen Annahme empfahl, aber auch dagegen erhoben sich große Widerstände. Schließlich konnte durch die Verpflichtung beider Reformatoren auf die Confessio Augustana als eine Art Minimalkonsens einigermaßen Frieden gestiftet werden. Daß Blarer mit der Reformation der südlichen, Schnepf mit der der nördlichen Landesteile beauftragt wurde, zog gleichwohl manche Brüche im reformatorischen Kirchenwesen des Landes nach sich. Im übrigen schlug der Herzog große Teile des Kirchenguts zu seinem Kammergut und verwendete es zur Schuldentilgung des Landes; das machte die kirchenpolitische und kirchliche Situation nicht erfreulicher. Die Universität Tübingen sperrte sich vollends noch jahrelang gegen die Reformation. Hier trat erst durch einen vierwöchigen Besuch Melanchthons im Herbst 1536 und die Wirksamkeit Johannes Brenz' als Professor 1537/38 ein Wandel ein. Der von Luther hochgeschätzte Brenz war es auch, der für das überwiegend lutherische Gepräge der württembergischen Landeskirche – zumindest in der Lehre, weniger in den Gottesdienstformen – und für die Ausstrahlung dieses Luthertums auf ganz Süddeutschland sorgte. Daß Brenz unter Herzog Ulrichs Sohn und Nachfolger Christoph seit den fünfziger Jahren zum eigentlichen Leiter der württembergischen Kirche wurde, ließ dieses Ergebnis der württembergischen Reformationsgeschichte endgültig werden.

In ganz anderen Bahnen als in Württemberg verlief die Reformation in der Mark Brandenburg. Hier war der 1535 gestorbene Kurfürst Joachim I. ein leidenschaftlicher Gegner der Reformation gewesen und hatte auch seine Söhne und Erben – den Kurfürsten Joachim II. und Markgraf Hans von Küstrin – eidlich auf den Katholizismus verpflichtet. Markgraf Hans bekannte sich trotzdem seit 1538 zur Reformation und richtete in seinem Landesteil, der Neumark, ein evangelisches Kirchenwesen von streng lutherischem Zuschnitt ein. Kurfürst Joachim II. dagegen, der sich vom Vater her stärker an die alte Kirche gebunden fühlte und auch die guten Beziehungen seines Hauses zu den Habsburgern nicht aufs Spiel setzen wollte, hoffte lange Zeit auf die Möglichkeit durchgreifender Reformen unter Erhaltung der Einheit der Kirche und suchte aktiv zwischen den Religionsparteien im Reich zu vermitteln. Vom Adel und von den Städten seines Landes gedrängt, ging immerhin auch er seit 1538 den Weg einer eigenen Reformation, um so zu verwirklichen, was er eigentlich vom Konzil erhoffte. An den Vorbereitungen der brandenburgischen Reformation war kein Geringerer als Melanchthon beteiligt, neben ihm freilich auch ein Mann wie Georg Witzel, der, in den zwanziger Jahren lutherischer Pfarrer, später formell zur katholischen Kirche zurückgekehrt war und sich die Wiedervereinigung der Konfessionen zum Lebensziel erkoren hatte. Im November 1539 fanden in Spandau und

Berlin Gottesdienste statt, bei denen der Bischof von Brandenburg das Abendmahl unter beiderlei Gestalt austeilte; die beginnende brandenburgische Reformation erhielt damit eine Art bischöflicher Sanktion. Überhaupt hielt Joachim II. noch lange ausdrücklich daran fest, zwar nicht «römisch», aber auch nicht «wittenbergisch», sondern «katholisch» sein zu wollen. Dementsprechend fiel auch die brandenburgische Kirchenordnung vom März 1540 ziemlich konservativ aus, vor allem die herkömmlichen Gottesdienstformen wurden fast unverändert beibehalten. Immerhin sahen die Wittenberger durch die Kirchenordnung doch den Artikel von der Rechtfertigung aus dem Glauben und die Möglichkeit schriftgemäßer Predigt gewährleistet, und das ermöglichte ihnen die Zustimmung zu dem brandenburgischen Reformationswerk. Joachim II. aber tat nach wie vor alles, um sich nicht in Gegensatz zum Kaiser zu bringen, weder in kirchlichen Belangen noch in solchen der weltlichen Politik. Das Ganze war mithin «ein Reformationsversuch mit bischöflicher und kaiserlicher Bewilligung» – im Grunde ein Versuch, «nach beiden Seiten gerecht zu sein und zwischen den Fronten zu bleiben« (E. Bizer).

Daß eine solche Einstellung angesichts der zunehmenden Ausschließlichkeit der konfessionellen Gegensätze auf die Dauer keine Chance hatte, ist gewiß richtig. Immerhin war der brandenburgische Reformationsversuch nicht der einzige Fall einer konfessionell vermittelnden Reformation in den dreißiger und vierziger Jahren. Insbesondere die stark von Erasmus beeinflußte Kirchenpolitik der Herzöge von Jülich-Kleve-Berg schlug ähnliche Wege der Vermittlung ein, und auch eine respektable Reihe von Theologen auf beiden Seiten der Front neigten – jedenfalls bis zu den dogmatischen Abgrenzungen des Konzils von Trient seit 1545 – zu solchen Positionen des Ausgleichs: auf protestantischer Seite vor allem Melanchthon, neben ihm Butzer, Agricola und andere, auf katholischer Seite Julius von Pflug, seit 1541 Bischof von Naumburg, der Mainzer Weihbischof Michael Helding, der Offizial Johannes Gropper in Köln und nicht zuletzt Kardinal Gasparo Contarini. Noch wichtiger aber war, daß auch in der Religionspolitik Karls V. der Gedanke eines konfessionellen Ausgleichs für einige Zeit eine gewisse Priorität gewann, nämlich in der Ära des Frankfurter Anstands 1539 und der Religionsgespräche 1540/41. Bevor wir uns deren Geschichte zuwenden, soll aber die innere Entwicklung des deutschen Protestantismus seit dem Bauernkrieg erörtert werden.

4. Innerkirchliche Entwicklungen des deutschen Protestantismus. Das Täufertum

Nach der reformatorischen Bewegung der frühen zwanziger Jahre brachte die Folgezeit bis zum Schmalkaldischen Krieg nicht nur die politische Formierung des deutschen Protestantismus im Reich, sondern auch kräftige innerkirchliche Verfestigungen. Dazu gehörten theologische und kirchenpolitische Abgrenzungen, für die – neben der Klärung des Verhältnisses zwischen der deutschen und der schweizerischen Reformation – die Auseinandersetzung mit täuferischen Strömungen wachsende Bedeutung gewann; dazu gehörte aber auch die Ausbildung eines protestantischen Landes- bzw. Stadtkirchentums, das der Reformation auf der politischen Ebene der einzelnen Reichsstände eine festere organisatorische Gestalt gab.

Die führende Gestalt des deutschen Protestantismus blieb Martin Luther: als maßgebende theologische Autorität, als akademischer Lehrer einer ganzen Generation künftiger Pfarrer, als Ratgeber seines Landesherrn und überhaupt der protestantischen Reichsstände in den kirchenpolitischen Entscheidungsfragen der Zeit, nicht zuletzt als Publizist, der von den Grundpositionen seiner Theologie aus zu den gesellschaftspolitischen Problemen der Zeit Stellung bezog.

Ein wichtiger Teil der Arbeit Luthers bestand auch jetzt in der Bibelübersetzung, deren erster Abschluß 1534 zugleich den Anfang langjähriger, sorgfältiger Revisionen darstellte. Noch intensiver als zuvor ließ sich Luther dabei von befreundeten Fachleuten beraten, insbesondere von Melanchthon, Bugenhagen, Justus Jonas und Caspar Cruciger, dazu von dem Hebraisten Aurogallus. Die erhaltenen Protokolle der Kommission geben von ihrer theologischen und philologischen Arbeit ein eindrucksvolles Zeugnis. Der Sprachgewalt Luthers tat diese Mitwirkung anderer aber keinen Abbruch; seine Übersetzung des Alten wie des Neuen Testaments wirkt bis heute wie aus einem Guß. Auch der buchhändlerische Erfolg der deutschen Bibel war enorm: von 1522 bis zum Tode Luthers 1546 erschienen mehr als 300 hochdeutsche Ausgaben der Gesamtbibel bzw. von Teilen der Heiligen Schrift, hinzu kamen noch einmal rund 130 niederdeutsche Ausgaben. Die Gesamtzahl der gedruckten Exemplare dürfte nicht weit unter der Millionengrenze gelegen haben. Kein anderes Buch des Jahrhunderts, vielleicht überhaupt der frühen Neuzeit, hat eine derartige Verbreitung erfahren.

Neben den Bemühungen um die deutsche Bibel nahm die Exegese biblischer Texte in Luthers Arbeit ständig einen wichtigen Platz ein – Luther hatte ja von Berufs wegen eine «biblische Professur» inne. Allein über die Genesis, das erste Buch der Bibel, hat er – freilich mit Unterbrechungen – seit 1535 über zehn Jahre lang Kolleg gehalten. Dazu kam eine ausgedehnte Predigttätigkeit, die ihm nicht minder am Herzen lag als seine wissenschaftliche Arbeit. Seine Predigten über das 14. und 15. Kapitel des Evangelisten Johannes, die Cruciger 1538 zum Druck brachte, hat Luther selbst sein bestes Buch genannt. Aus den Erfahrungen der großen sächsischen Kirchenvisitation der späten zwanziger Jahre erwuchsen Luthers Katechismen von 1529: der Kleine Katechismus, zunächst in Tafelform, als Grundlage evangelischer Kinderlehre, dann der Große Katechismus als Darstellung der wichtigsten Glaubenslehren für die Hand der Pfarrer. Beide Katechismen erlangten rasch hohes Ansehen und wurden später unter die offiziellen Bekenntnisschriften der evangelischen Kirche aufgenommen; der Kleine Katechismus hat in den lutherischen Kirchen bis in die jüngste Vergangenheit als grundlegender Lehrtext des Konfirmandenunterrichts gegolten.

Natürlich griff Luther auch immer wieder in die großen theologischen und kirchlichen Streitfragen der Zeit ein, in den späten zwanziger Jahren vor allem in Auseinandersetzung mit Zwingli und den «Schwärmern» (1528 ‹Vom Abendmahl Christi, Bekenntnis›), daneben und fortdauernd in der Abgrenzung zur römischen Kirche (1533 ‹Von der Winkelmesse und Pfaffenweihe›, 1539 – im Zusammenhang mit dem Mantuaner Konzilsprojekt – ‹Von den Konziliis und Kirchen›). Hinzu kamen sozialethische Schriften, von denen insbesondere Luthers Vorschläge für die Verbesserung des Schul- und Armenwesens wichtige Anstöße zu einer Neugestaltung gaben. Seine Invektiven gegen das Geld- und Kreditwesen der Zeit dagegen blieben ziemlich wirkungslos; ohnehin stand der Reformator – insoweit konservativer als selbst viele seiner katholischen Gegner wie etwa Johannes Eck – den Prinzipien der sich modernisierenden Wirtschaft seiner Epoche ohne tieferes Verständnis gegenüber.

Kurz- wie langfristig noch viel problematischer waren Luthers Äußerungen über die Juden, genauer: die Judenschriften des Reformators aus den späteren dreißiger und vierziger Jahren. 1523 hatte sich Luther mit Nachdruck gegen jede Unterdrückung oder Diskriminierung der Juden ausgesprochen – freilich nicht aus Gründen allgemeiner Menschenrechte, sondern aus der Verpflichtung zur Judenmission, für die er auf Grund der Wiederentdeckung des Evangeliums ganz neue Chancen zu sehen glaubte: Man solle das Gesetz der christlichen Liebe an den Juden üben und «sie freundlich annehmen, mithandeln und arbeiten lassen»; auch durch die Halsstarrigkeit einiger dürfe man sich nicht irre machen lassen. Luthers Engagement für die Juden trug ihm die polemische Kritik seiner katholischen Gegner, insbesondere wiederum Johannes Ecks, ein. Viel wichtiger aber war, daß Luthers Missionshoffnung sich nicht erfüllte. Die jüdischen Schriftgelehrten hielten an ihrer antichristlichen Exegese des Alten Testaments fest; überdies wurde in den dreißiger Jahren aus Böhmen von jüdischer Proselytenmacherei berichtet; auch hörte Luther von bösen Schmähungen Jesu und der Mutter Gottes. So gelangte er allmählich zur Überzeugung einer endzeitlichen Bedrohung der Kirche durch die Juden – ganz analog der Bedrohung durch Papsttum und Türken –, und daraus folgte ein tiefgreifender Wandel auch seiner judenpolitischen Empfehlungen. Seine Ratschläge liefen schließlich auf eine harte Unterdrückung der jüdischen Religion, wo nicht überhaupt auf eine Vertreibung der Juden hinaus: Synagogen und Schulen der Juden sollten verbrannt, den Rabbinern die Lehre verboten werden; auch ihre Betbücher und heiligen Schriften sollten vernichtet, die Juden selbst auf einfache Handarbeit verwiesen werden. Zwar wurden diese Empfehlungen durch die protestantischen Fürsten der Zeit, auch unter dem Einfluß sehr viel milderer Stellungnahmen anderer evangelischer Theologen wie etwa

Andreas Osianders in Nürnberg, bei weitem nicht in ihrer vollen Schärfe verwirklicht, und wenn es in der Folge – wie schon seit dem ausgehenden 14. Jahrhundert – zu Judenaustreibungen aus deutschen Territorien kam, so geschah das gleichermaßen unter katholischen wie protestantischen Obrigkeiten. Die Härte der Judenpolemik des alten Luther bleibt trotzdem ein dunkles Kapitel in der Geschichte des Reformators.

Neben Luther gewann Melanchthon für die Geschichte des deutschen Protestantismus zunehmende Bedeutung: auch er als akademischer Lehrer und vielbeschäftigter Gutachter, dazu als maßgebender Unterhändler der Evangelischen in nahezu allen wichtigen Religionsgesprächen mit Katholiken und Zwinglianern, nicht zuletzt als einflußreicher Reformator des Schul- und Universitätswesens – schon frühzeitig bekam er den Ehrentitel eines «praeceptor Germaniae». Ungeachtet seiner grundsätzlichen Loyalität gegenüber Luther entwickelte Melanchthon bereits seit den zwanziger Jahren eine eigene Theologie, die sich mehr als nur in Nuancen von Luthers Lehre unterschied. Dabei kam seine auf Frieden und Ausgleich angelegte Persönlichkeit ebenso zum Tragen wie sein humanistisches Erbe. Anders und sehr viel enger als Luther verstand er die Rechtfertigung bloß als Anrechnung – lateinisch: imputatio – der Gerechtigkeit Christi zugunsten des gläubigen Sünders. Gegenüber den Zwinglianern verzichtete er auf ein eindeutiges Bekenntnis zur Realpräsenz Christi im Abendmahl; gegenüber den Katholiken räumte er der Willensfreiheit des Menschen einen weit größeren Spielraum ein als Luther und sprach von der Notwendigkeit der guten Werke zum Heil. Daß gerade diese Behauptung einer Heilsnotwendigkeit der Werke zu Mißverständnissen und Auseinandersetzungen unter den Theologen der Reformation Anlaß gab, verwundert nicht; vor allem Nikolaus von Amsdorf, sodann der von Luther hochgeschätzte Konrad Cordatus nahmen scharf und deutlich gegen Melanchthon Stellung. Luther selbst suchte die Kritiker zu beschwichtigen, lehnte aber in der Sache die These von der Heilsnotwendigkeit der guten Werke ebenfalls ausdrücklich ab, weil sie katholischen Irrtümern Vorschub leiste. Daraufhin lenkte auch Melanchthon ein und gab seine These preis, ohne freilich die ihr zugrundeliegenden Anschauungen zu revidieren.

Der Streit um Melanchthons Lehre von den guten Werken blieb nicht die einzige Auseinandersetzung dieser Jahre unter den evangelischen Theologen. Insbesondere der sogenannte Antinomistenstreit über das Verhältnis von Gesetz und Evangelium erregte die Gemüter. Johannes Agricola aus Eisleben nämlich vertrat – in Auseinandersetzung wiederum zunächst mit Melanchthon – die Auffassung, daß die christliche Bußpredigt allein auf das Evangelium, nicht auf das Gesetz zu gründen sei – das Gesetz gehöre nicht in die Kirche, sondern aufs Rathaus. Das war beileibe kein Libertinismus, denn Agricola erklärte Buße und Reue keineswegs für überflüssig, sondern meinte nur, daß weniger das Gesetz als vielmehr die Besinnung auf die Wohltaten Christi den Menschen zur Umkehr bringe. Aber nicht nur

Melanchthon, sondern auch Luther widersprach Agricola mit großer Entschiedenheit: Das Gesetz sei nicht nur für die weltliche Ordnung maßgebend, es führe vielmehr auch den Sünder zur Buße und behalte überdies als Richtschnur für den Glaubenden seine Gültigkeit. Vor allem aber seien Gesetz und Evangelium strikt auseinanderzuhalten, andernfalls würde auch das Evangelium nur immer wieder zur Erkenntnis der Undankbarkeit des Menschen und damit in Tod und Verzweiflung führen. Der Streit dauerte jahrelang und flaute erst ab, als Agricola 1540 als Hofprediger Kurfürst Joachims II. von Brandenburg nach Berlin ging. Bis dahin hatte sich die Autorität Luthers und Melanchthons freilich im wesentlichen durchgesetzt.

Das Verhältnis der Reformation zur römischen Kirche war schon seit den frühen zwanziger Jahren zum ausschließenden Gegensatz geworden. Die grundlegenden theologischen Abgrenzungen standen, jedenfalls von seiten Luthers, bereits 1521 fest. Allerdings hielten zunächst keineswegs alle evangelischen Fürsten und Theologen den Gegensatz zur römischen Kirche für ganz und gar unausweichlich und unversöhnlich; es gab hier noch jahrzehntelang eine sehr ernsthafte Bereitschaft zu Ausgleich und Verständigung – ganz analog zu manchen Positionen auf katholischer Seite und hier wie dort vor allem unter dem Einfluß erasmianischer Ideen. Seit den vierziger Jahren, vollends seit den ersten dogmatischen Dekreten des Trienter Konzils, wurde der theologische und kirchenpolitische Spielraum für eine Vermittlung dann jedoch sehr eng. Die konfessionelle Konfrontation wurde zusehends auswegloser.

Für die Beziehungen zwischen Lutheranern und Zwinglianern hatte sich der Dissens in der Abendmahlslehre frühzeitig als kirchentrennender Gegensatz erwiesen; der Versuch des Marburger Religionsgesprächs von 1529 zur Überwindung dieses Gegensatzes war fehlgeschlagen. Nun war auf seiten der Schweizer auch eine Anzahl oberdeutscher Städte in den Streit einbezogen. Daß Straßburg und Konstanz, Memmingen und Lindau auf dem Reichstag von Augsburg 1530 die Unterzeichnung der Confessio Augustana verweigerten und statt dessen ein eigenes Bekenntnis, die Confessio Tetrapolitana, vorlegten, war eine deutliche theologische und zugleich politische Konsequenz dieser Sachlage. Die politische Situation der oberdeutschen Städte war jedoch seit der Niederlage ihrer Schweizer Glaubensgenossen 1531 ziemlich prekär, und daraus erwuchsen neue Bemühungen um einen Ausgleich mit den Lutheranern. Noch 1531 wurde der Beitritt der Oberdeutschen zum Schmalkaldischen Bund möglich, 1536 konnten auch die kirchentrennenden Gegensätze in der Abendmahlslehre überwunden werden. Die Seele dieser theologischen Vermittlungsbemühungen war Martin Butzer in Straßburg, der als sehr eigenständiger Theologe und Kirchenmann für diese Aufgabe die besten Voraussetzungen mitbrachte. Von lutherischer Seite war Melanchthon sein wichtigster Gesprächspartner, Landgraf Philipp von Hessen gab politische Rückendeckung.

Den Anstoß für die entscheidenden Verhandlungen bildete die Reformation Württembergs 1534 mit ihren unerfreulichen Zwistigkeiten zwischen Blarer und Schnepf. Man verständigte sich bald darauf, daß Butzer und Melanchthon in direktem Gespräch eine Einigung suchen sollten. Zur Vorbereitung des Gesprächs wurden theologische Konferenzen abgehalten, in denen einerseits die Wittenberger, anderseits die führenden Theologen der oberdeutschen und schweizerischen Reformation ihre Verhandlungspositionen absteckten. Die wichtigste dieser Konferenzen fand Ende 1534 in Konstanz statt. Hier nämlich gelang es Butzer, die anwesenden Geistlichen – vor allem aus den oberdeutschen Städten – zur Annahme von zehn Thesen zu bewegen, durch die sie anerkannten, daß die Gläubigen im Abendmahl «mit» den Zeichen Brot und Wein den wahren Leib und das wahre Blut Christi empfingen. Das war ein großer Schritt auf die Wittenberger zu, und es war zugleich die Grundlage, auf der sich wenige Wochen später Melanchthon und Butzer bei ihrem Gespräch in Kassel einigen konnten. Die Art der Verbindung zwischen den Zeichen und dem Leib und Blut Christi blieb zwar auch jetzt offen, aber Butzer bekannte, daß er Luther früher mißverstanden habe, und gab sich damit zufrieden, die Vorstellung von einer coniunctio physica oder gar von einer Heilswirkung der Speise als solcher ausgeschlossen zu wissen. Damit konnte sich auch Luther, der die Verhandlungen lange mit kaum verhohlener Skepsis betrachtet hatte, einverstanden erklären. Der daraufhin in Aussicht genommene Konvent mit Schweizern und Oberdeutschen, durch den die erzielte Einigung bestätigt werden sollte, kam jedoch nicht zustande. Vielmehr ergaben sich neue Schwierigkeiten, und zwar nicht nur bei den Schweizern, sondern auch bei den Oberdeutschen. Vor allem in Augsburg gingen die Wogen des Streits hoch. Hier setzte die evangelische Mehrheit im Rat eben jetzt ein entschiedenes Vorgehen gegen das katholische Kirchenwesen der Stadt durch; die Ausrichtung dieser Reformation an Zwingli oder an Luther aber war leidenschaftlich umstritten, und nur mit Mühe konnte der Rat der Stadt ein von Butzer verfaßtes Glaubensbekenntnis durchsetzen, das wenigstens die Aufnahme der Stadt in den Schmalkaldischen Bund möglich machte. Die Schweizer aber verabschiedeten Anfang 1536 ein eigenes Abendmahlsbekenntnis, das im wesentlichen bei der symbolistischen Deutung des Sakraments verharrte. Schließlich gelang es, wenigstens die oberdeutschen Theologen mit den Wittenbergern an einen Tisch zu bringen, und zwar in Wittenberg selbst; die entscheidenden Gespräche fanden im Mai 1536 statt. Auch hier kam es noch zu schwierigen Verhandlungen, weil die Oberdeutschen fortdauernd einen letzten Kern ihres spiritualistischen Verständnisses des Abendmahls festhielten. Zuletzt aber erwies sich eine Einigung doch als möglich; auch Luther sah sein wesentliches Anliegen – die unverkürzte Anerkennung der heilsbringenden Präsenz Christi im Abendmahl – als erfüllt an und verzichtete auf letzte dogmatische Klarstellungen. Am 25. Mai feierte man gemeinsam das Abendmahl, am folgenden Tage wurde ein Vertrag über die Einigung unterzeichnet. Die Hoffnung, daß sich nun auch die Schweizer anschließen würden, erfüllte sich zwar nicht; die oberdeutschen Städte jedoch nahmen die Wittenberger Konkordie an. Damit wurde – bei manchen fortbestehenden Differenzen in Lehre, Kultus und Kirchenordnung – die Einheit des deutschen Protestantismus auf Jahrzehnte hinaus gesichert, und das bedeutete zugleich eine wesentliche Festigung auch der politischen Geschlossenheit des Protestantismus. Für die oberdeutschen Städte aber wurde die Wittenberger Konkordie eine «Brücke zum Luthertum» (E. Bizer), die sich über die Jahrhunderte hinweg als tragfähig erweisen sollte.

Die Anfänge des Täufertums lagen in Zürich und gingen dort bis auf die Mitte der zwanziger Jahre zurück. Seine führenden Vertreter wie Konrad Grebel, Felix Manz, Simon Stumpf, Wilhelm Reublin oder Ludwig Hätzer waren frühe Anhänger, ja Vorkämpfer der Reformation Ulrich Zwinglis gewesen, hatten dem Zürcher Reformator aber schon vor 1525 Mangel an Entschiedenheit im Kampf für die Heiligung der Kirche vorgeworfen. Aus dieser Kritik entwickelte sich binnen kurzem ein grundlegender und ausschließender Gegensatz in Fragen der Lehre wie des Gottesdienstes und der Kirchenordnung. Anfang 1525 bedrohte der Zürcher Rat die Täufer mit der Ausweisung, knapp zwei Jahre darauf wurde Felix Manz als erster Märtyrer des Täufertums in der Limmat ertränkt. Damit hatten sich Zürich und die Zürcher Reformation endgültig gegen die Täufer entschieden. Gleichzeitig mit dieser Abgrenzung aber vollzog sich eine rasche Ausbreitung des Täufertums über die ganze Schweiz, bald auch nach Tirol und über Südwestdeutschland bis nach Hessen und Thüringen. Die wichtigsten Führer dieses oberdeutschen Täufertums waren Michael Sattler in Württemberg, Jörg Blaurock in Tirol, Balthasar Hubmaier in Waldshut und später in Mähren, Hans Denk in Nürnberg, Augsburg, Straßburg, in der Pfalz und im Baseler Gebiet, Hans Hut, ein ehemaliger Anhänger Thomas Müntzers, in Augsburg und Melchior Rinck in Hessen; die meisten von ihnen starben den Märtyrertod. Nach der Hinrichtung Jörg Blaurocks (1527) suchte eine starke Gruppe der Tiroler Täufer unter Führung von Jakob Hutter Zuflucht in Mähren, dessen Adel ihr manchenorts Schutz bot. Von den dort bereits vorhandenen Täufergemeinschaften übernahmen die «Hutterer» das Prinzip strenger Gütergemeinschaft nach dem Vorbild der urchristlichen Gemeinde. Von Straßburg aus fand das Täufertum, vermittelt vor allem durch Melchior Hofmann, auch in Westfalen, Ostfriesland und in den Niederlanden Eingang. Das Münsteraner Täuferreich 1534/35 brachte dann den Höhepunkt und die Katastrophe dieses niederdeutschen Täufertums.

Die Täufer hatten keine einheitliche Theologie. Ihre Glaubensbekenntnisse, z. B. das von Michael Sattler verfaßte Schleitheimer Bekenntnis von 1527 oder die Nikolsburger Artikel der mährischen Täufer, waren immer nur für einzelne, regional begrenzte Gruppen maßgebend. Auch die Versuche, mit Hilfe von Synoden wie etwa der sogenannten Augsburger Märtyrersynode von 1527 zu umfassenden Einigungen zu gelangen, schlugen fehl – nicht zuletzt wohl deshalb, weil die Täufer ohnehin allen übergemeindlichen Organisationen und Verbindlichkeiten kritisch gegenüberstanden. Immerhin lassen sich doch einige weitverbreitete Grundelemente täuferischen Selbstverständnisses feststellen. Vor allem gehört hierher der Anspruch der Täufer, die christliche Kirche in der Heiligkeit der Urgemeinde von Jerusalem wieder aufzurichten. Den Maßstab dafür lieferte ihnen die Heilige Schrift; für das richtige Verständnis der Bibel beriefen sie sich auf den Heiligen Geist, dessen sie sich ganz sicher glaubten. Zur Nachfolge Christi bedurfte es nach ihrer Auffassung einer bewußten Bekehrung, die durch die «Glaubenstaufe» zu besiegeln war. Die Kindertaufe erschien ihnen demgegenüber als sinnlos und unkräftig, ja als mißbräuchlich. Die Bezeichnung «Wiedertäufer» – ein Kampfbegriff der Gegner des Täufertums – entspricht deshalb dem täuferischen Selbstverständnis nicht. Das Abendmahl galt den Täufern, die insoweit ganz zwinglianisch dachten, als bloßes Gedächtnis- und Liebesmahl, dessen Bedeutung für den Zusammenhalt der Gemeinde sie gleichwohl sehr hoch einschätzten. Mindestens ebenso wichtig aber war ihnen die sittliche Reinhaltung ihrer Gemeinde durch eine entschlossene Handhabung der Kirchenzucht; insbesondere den Bann, die Strafe des Ausschlusses aus der Gemeinde, sahen die Täufer als unverzichtbares Merkmal der wahren Kirche an. Das mit alledem verbundene Sendungsbewußtsein, von vornherein in kritischer Wendung auch gegenüber den Kirchen der Reformation, drängte zu reger Mission, zugleich aber zu scharfer Distanzierung von allem weltlichen Treiben, das als sündig und teuflisch perhorresziert wurde. Dabei galt die täuferische Kritik nicht zuletzt dem Zinswesen wie überhaupt den Wandlungen der zeitgenössischen Wirtschaft und ihren sozialen Folgen, aber auch sehr grundsätzlich allen Formen weltlicher Obrigkeit. Allenfalls und nicht ohne Vorbehalte zu äußerem Gehorsam bereit, verweigerten die Täufer den Gehorsamseid gegenüber der Obrigkeit und erst recht die Übernahme von Ämtern, besonders im Kriegsdienst.

Neben solchen gemeinsamen Grundzügen täuferischen Selbstverständnisses lassen die Quellen große Unterschiede im Denken wie in der Lebenspraxis einzelner Täufer und Täufergruppen erkennen. So waren die frühen Zürcher Täufer überwiegend biblizistisch orientiert, aber schon unter ihnen vertraute Ludwig Hätzer mehr der Leitung des Heiligen Geistes als dem wörtlichen Verständnis der Bibel; wenig später kam es über Hans Denks spiritualistische Auffassungen im Straßburger Täufertum zum Streit. Der «Kommunismus» der Hutterer – ihre sogenannten Bruderhöfe waren wirklich Konsum- und Produktionsgemeinschaften – blieb auf das mährische Täufertum beschränkt, sonstige Formen der Gütergemeinschaft nach urchristlichem Vorbild bestanden allenfalls in Gemeinsamkeiten des Verbrauchs, nicht des Erwerbs. Das Täufertum des Balthasar Hubmaier beschränkte sich überhaupt auf die Forderung der Erwachsenentaufe, deren biblisches Recht er für unabweisbar hielt; im übrigen war und blieb er stets ein Schüler Zwinglis. Weiter verbreitet, wenngleich wiederum keineswegs Gemeingut der Täufer, war die Erwartung des unmittelbar bevorstehenden Weltendes. Zuerst für Hans Denk und Hans Hut bezeugt – bei letzterem vermutlich auf müntzerischen Einfluß zurückgehend –, wurde diese Apokalyptik vor allem durch Melchior Hofmann entfaltet und dem niederländischen Täufertum vermittelt. Dort verband sich die täuferische Naherwartung des Weltendes mit der Überzeugung, selbst, und zwar mit Gewalt, zur Aufrichtung des endzeitlichen Reiches Gottes berufen zu sein. Das Münsteraner Täufertum brachte dann die schlimme Probe aufs Exempel.

In der neueren Täuferforschung werden jene gewaltsamen Gruppen und Strömungen des Täufertums mitunter als überhaupt nichttäuferisch gekennzeichnet. Es handele sich hier um «Schwärmer» im Gegensatz zu den wahren, d.h. friedlichen und leidensbereiten Täufern. Vor allem solche Autoren, die dem Mennonitentum nahestehen, dessen historische Wurzeln selbst im Täufertum liegen, neigen zu dieser einengenden Begrifflichkeit – offensichtlich, um die eigenen historischen Ursprünge vom Makel der Gewalttätigkeit freizuhalten. Solche definitorischen Vorentscheidungen zerreißen indessen wichtige historische Zusammenhänge. Zwar ist gewiß richtig, daß viele Täufergemeinden stets Gemeinden der Liebe und des Leidens, nicht der Gewalt gewesen sind – in den Worten Konrad Grebels: «Man soll auch das Evangelium und seine Anhänger nicht mit dem Schwert schirmen, und sie sollen es auch selbst nicht tun [...] Rechte gläubige Christen sind Schafe mitten unter den Wölfen, Schafe zum Schlachten, müssen in Angst und Not, Trübsal, Verfolgung, Leiden und Sterben getauft werden, sich im Feuer bewähren und das Vaterland der ewigen Ruhe nicht durch Erwürgen leiblicher Feinde erlangen, sondern durch Tötung der geistlichen». Gleichwohl war die bei den Täufern weitverbreitete Erwartung des nahen Weltendes immer zugleich eine Erwartung des gewaltsamen Sturzes der herrschenden Ordnungen in Kirche und Welt; ob die jetzt noch verfolgte, dann aber triumphierende Gemeinschaft der Heiligen solchen Umsturz bloß geduldig erwarten solle oder aber berufen sei, bei der Aufrichtung des Reiches Gottes aktiv mitzuwirken, und sei es eben auch mit Gewalt – das war eine im Grunde nachgeordnete Alternative, deren Entscheidung leicht so oder so, in Abhängigkeit auch von der politischen Situation, ausfallen mochte. Daß es nach 1535 in Theorie und Praxis keinen Versuch einer gewaltsamen Durchsetzung des Täufertums mehr gegeben hat, lag offensichtlich an der furchtbaren Erfahrung des Münsteraner Täuferreichs und seiner Katastrophe.

In der sozialen Zusammensetzung des Täufertums überwogen die unteren Schichten der Bevölkerung. Diese Tatsache und der unverkennbar sozialkritische Aspekt des Selbst- und Weltverständnisses der Täufer, auch ihre sporadischen Verbindungen mit Aufständischen des Bauernkriegs, haben das Täufertum gelegentlich als eine im Grund soziale Bewegung verstehen lassen. Indessen entsprach das Überwiegen der unteren Bevölkerungsschichten im Täufertum doch nur der Schichtung der Gesamtbevölkerung, und auch die Kritik an Monopolen und Zinsen war in allen Schichten der Bevölkerung verbreitet. Man wird das Täufertum mithin – entsprechend seinem Selbstverständnis – primär als religiöse Bewegung zu verstehen haben. Daß Motive und Anlässe für die Ausbildung wie für die Verbreitung des Täufertums auch in den ökonomischen und sozialen Verhältnissen der Zeit lagen, daß selbst die konkrete Ausgestaltung des täuferischen Gemeindeideals durch das Gegenbild dieser Verhältnisse mitbestimmt wurde, wird dadurch nicht ausgeschlossen.

Natürlich stießen die Täufer auf den harten Widerstand der katholischen wie der reformatorischen Kirchen. Zu tief war ihr Widerspruch gegenüber der alten Kirche und deren Glaubensgut, zu deutlich auch ihr Beiseiteschieben von Grundüberzeugungen der Reformation, als daß es anders hätte sein können. Und es blieb nicht bei theologischer Antikritik, vielmehr sahen sich die Täufer alsbald harter, oft auch grausamer Verfolgung durch die weltlichen Obrigkeiten aller Konfessionen ausgesetzt. Zu den ersten Hinrichtungen kam es 1527 in Zürich und im damals habsburgischen Württemberg, Anfang 1528 stellte ein Mandat des Reichsregiments die Täufer von Reichs wegen unter Ketzerrecht. Die Reichstagsabschiede der Folgezeit bis in die fünfziger Jahre hinein fächerten den Katalog der Straftatbestände wie der Strafen dann breit auf: von der bloßen Vermahnung für reuige Mitläufer über Gefängnisstrafen und Landesverweisungen für Halsstarrige bis hin zur Todesstrafe für Rückfällige und für die Führer der Täufergemeinden. Beschlüsse der territorialen und städtischen Obrigkeiten ergänzten die Reichsabschiede, mitunter verschärfend, selten mildernd. Als Begründung für die Strafwürdigkeit des Täufertums genügte schon das durch harte Strafandrohungen sanktionierte Verbot der Wiedertaufe durch das christliche Kaiserrecht der Spätantike. Daneben waren jedoch auch andere Gründe für die Verfolgung der Täufer maßgebend, vor allem ihre Ablehnung der weltlichen Obrigkeit – konkret: des Untertaneneids. Die Täufer erschienen damit als potentielle Aufrührer, und das war in der Situation nach dem Bauernkrieg ein geradezu vernichtender Verdacht. Insbesondere die protestantischen Reichsstände, die die Gültigkeit des alten Ketzerrechts ohnehin bestritten, haben die Täufer in erster Linie als politische Verbrecher verfolgt; aber auch in den Täuferprozessen katholischer Obrigkeiten spielte der Vorwurf des Aufruhrs eine erhebliche Rolle.

Bei alledem darf freilich die mildere Haltung mancher Fürsten und Kirchenmänner nicht ganz übersehen werden. So lehnte Landgraf Philipp von Hessen, in langwieriger Konfrontation übrigens mit den Kurfürsten von Sachsen, ein Blutgericht über die Täufer wegen bloß potentiellen Aufruhrs ab; solange die Täufer keine konkreten Aufruhrhandlungen begingen oder wenigstens planten, wolle er seine Hände nicht mit ihrem Blut beflecken. Unter den Theologen war es insbesondere Martin Butzer, der viel Verständnis für die Täufer aufbrachte und sich auch bemühte, wenigstens einige ihrer Anliegen in der Kirche selbst zur Geltung zu bringen, nicht zuletzt durch

Einführung der Konfirmation in die Kirchen der Reformation; ihm gelang es in Hessen 1538/39, eine ganze Reihe von Täufergemeinden wieder in die Landeskirche zurückzuführen. Andernorts rieten die Theologen – gelegentlich, z. B. in Württemberg, in offenem Gegensatz zu den Juristen – ihren Landesherren wenigstens zur Milde in der Bestrafung der Täufer, jedenfalls gegenüber der Menge der bloß «verführten» armen Leute. An der Grundtendenz harter Unterdrückung des Täufertums änderte das alles freilich nichts. Bereits in den Jahren bis 1533 fanden an die 700 Täufer als Ketzer oder Aufrührer den Tod, vielleicht sehr viel mehr; Tausende wurden gefangengesetzt und zum Abschwören gezwungen oder aus ihrer Heimat vertrieben.

Während das Täufertum in den meisten deutschen Landschaften um die Mitte der dreißiger Jahre bereits weit zurückgedrängt war, erlebte es im Nordwesten des Reichs erst jetzt seinen Höhepunkt, freilich auch seine schlimmste Katastrophe, im Münsteraner Täuferreich nämlich von 1534/35.

Münster war in der Reformationszeit eine Mittelstadt von 7000 bis 8000 Einwohnern, als Bischofssitz ein geistiges Zentrum Nordwestdeutschlands, dazu ein regionales Zentrum von Handel und Gewerbe. Wie in vielen Bischofsstädten stand auch in Münster die Bürgerschaft seit langem in Auseinandersetzungen mit dem Bischof um die Herrschaft über die Stadt; hinzu kamen – auch das war eine im Städtewesen der Zeit häufige Erscheinung – Konflikte innerhalb der Bürgerschaft, in denen es vor allem um eine stärkere Beteiligung der Handwerksgilden am Rat ging. 1525 kam es zu Unruhen, die in eine Reihe antiklerikaler Beschlüsse der Stadt mündeten. So sollte die Gewerbetätigkeit der Klöster unterbunden, auch die Mitwirkung der Bürgerschaft bei der Bestellung der Kapläne durchgesetzt werden. Der Rat tat indessen wenig, um diesen Beschlüssen gegenüber Bischof und Domkapitel wirklich Geltung zu verschaffen. Darüber entbrannte neuer Streit, und in ihm – erst jetzt – wurden nun auch reformatorische Regungen wirksam. Ihr Vermittler war Bernhard Rothmann, Kaplan des Chorherrenstifts Sankt Mauritz vor der Stadt. Seit 1529 evangelisch beeinflußt, predigte er seit einer Reise nach Württemberg und Straßburg 1531 in reformatorischem Sinne und fand damit viel Resonanz bei der Bürgerschaft. Bischöfliche Ausweisungsbefehle hatten nur die Folge, daß er in die Stadt selbst zog, wo die Krämergilde ihm ein Haus zur Verfügung stellte, und hier erst recht aktiv für die Reformation wirkte. Bereits Anfang 1532 wurden die katholischen Priester aus der Lambertikirche verdrängt, im Spätsommer waren alle städtischen Kirchen mit evangelischen Predigern besetzt. Der Rat mußte sich dem Druck der Bürgerschaft beugen. Im November 1532 wurde die Bürgerschaft eidlich auf das Evangelium verpflichtet; einige Monate darauf gewannen die entschiedenen Anhänger der Reformation im Rat selbst die Mehrheit. Schon vorher, zu Beginn des Jahres 1533, hatte der Bischof in einem Vertrag mit der Stadt die neugeschaffenen Verhältnisse «bis zum Konzil» anerkannt.

Bis zu diesem Zeitpunkt unterschied sich die Geschichte der Reformation in Münster nicht wesentlich von den Geschehnissen in vielen anderen Städten der Zeit. Die zugrundeliegenden Konflikte, die das Geschehen bewirkenden sozialen und geistigen Kräfte, selbst die wichtigsten Phasen dieses Geschehens – alles das war nichts weniger als ungewöhnlich. Insbesondere hatten die mit dem religiösen Zwist verbundenen sozialen Auseinandersetzungen zu keiner tiefergehenden Verschiebung der Machtverhältnisse in der Stadt geführt; auch die neu in den Rat gelangten Männer gehörten im wesentlichen der Schicht jener reichen Bürger an, die schon bisher die Geschicke der Stadt geleitet hatten. Freilich fehlte es nicht ganz an Anzeichen für eine gefährliche Wendung in der weiteren Entwicklung. Rothmann selbst fand schon 1532 nichts dabei, sich mit Sakramentierern, die aus dem Gebiet von Jülich nach Münster einströmten, zu verbinden. Luther und Melanchthon sahen die Gefahr von Schwärmerei und Aufruhr und warnten Rothmann selbst wie den Rat der Stadt: Der Teufel sei ein Schalk und könne wohl feine, fromme und gelehrte Prediger verführen.

Im Sommer 1533 wurden die latenten Gegensätze in der Stadt akut. Im August erklärte Rothmann in einer Disputation die Kindertaufe für schriftwidrig. Der darauf folgende Versuch des überwiegend lutherischen Rats, Rothmann und seine Anhänger unter den Predigern abzusetzen und auszuweisen, scheiterte am Widerstand der Gilden. Die zeitweise Vertriebenen konnten gegen Jahresende in die Stadt zurückkehren. Vor allem aber gelangten jetzt täuferische Gruppen aus den Niederlanden zu bestimmendem Einfluß in der Stadt.

Das niederländische Täufertum war stark von Melchior Hofmann beeinflußt worden. Auch seine Apokalyptik war hier aufgenommen, weiter ausgesponnen und zugleich konkretisiert worden. Das Ende der Welt sollte 1534 hereinbrechen; als Ort des anhebenden Gottesreichs dachte man sich zunächst Straßburg – das entsprach noch den Vorstellungen Hofmanns, der eben deshalb 1533 nach Straßburg zurückzog –, dann aber Münster. Jan Mathys, der Nachfolger Hofmanns als Leiter der Täufergemeinde von Amsterdam, bekannte sich überdies zur kämpferischen Mitwirkung der Täufer bei der Aufrichtung des Reiches Gottes: Es sei die Aufgabe der Heiligen, die Gottlosen mit der Schärfe des Schwerts zu vernichten. Schon die Sendung der ersten holländischen Täuferapostel nach Münster Anfang 1534 hatte einen erstaunlichen Erfolg. Rothmann selbst und viele seiner Anhänger ließen sich taufen und propagierten ihrerseits die täuferische Botschaft. Wie in einem Rausch begann die Stadt die Rolle zu spielen, die ihr durch jene Prophezeiungen zugewiesen wurde, und zwar in allen ihren Bevölkerungsschichten; auch in Münster entsprach die soziale Zusammensetzung des Täufertums im wesentlichen der der Gesamtbürgerschaft. Binnen weniger Tage fielen an die 1400 Menschen den Täufern zu. Als, ebenfalls noch im Januar, Jan Beukelsz, ein Schneider aus Leiden, und Gert tom Kloster als neue Gesandte der holländischen Täufer in Münster erschienen und auf die «Reinigung» der Stadt von den Gottlosen drängten, fand auch diese Forderung breite Zustimmung. Die Gegner begannen die Stadt zu verlassen, aus Holland rückten neue Täufer nach, bei den Ratswahlen im Februar 1534 errangen die Täufer einen überwältigenden Erfolg. Die wirkliche Herrschaft über die Bürgerschaft aber ging an Jan Mathys über, der selbst nach Münster gekommen war und die Stadt nun durch seine Offenbarungen regierte. Die Gegner des Täufertums wurden jetzt vollends aus der Stadt vertrieben. Jan Mathys forderte sogar, die «Gottlosen» umzubringen – ein Schicksal, dem sie nur mit knapper Not entgingen. Dann begann die Umgestaltung der gesellschaftlichen Ordnung, nicht zuletzt durch Einführung der Gütergemeinschaft. Die Bibel, vor allem das mosaische Recht, sollte künftig das Gesetzbuch der Stadt sein.

Die Aufrichtung des Münsteraner Täuferreichs provozierte alsbald kirchliche und auch politische Gegenwirkungen, und zwar von seiten katholischer sowie protestantischer Obrigkeiten. Als erster wurde – natürlich – der Bischof von Münster, Franz von Waldeck, tätig; für ihn verband sich das kirchliche Interesse an der Niederschlagung der Ketzerei in seinem Bistum mit dem politischen der Dämpfung des Aufruhrs und darüber hinaus der Wiederherstellung seiner seit langem ausgehöhlten Herrschaft über die Stadt. Bereits im Februar 1534 begann er mit der Belagerung Münsters. Zugleich warb er bei den Reichsständen, auch bei den evangelischen, um Unterstützung. Diese Verhandlungen gingen nicht ohne Umständlichkeiten vonstatten, doch schließlich schlug das gemeinsame Interesse an der Beseitigung des Täuferreichs als des Widerspiels aller politischen und sozialen Ordnungen des Reichs durch. Nicht nur Jülich-Kleve-Berg und Köln, sondern auch Kursachsen und Hessen verbündeten sich mit dem Bischof; zum ersten Mal kam es sogar zu einer weitgespannten Kooperation der Reichskreise. Allmählich schloß sich der Belagerungsring, die Stadt wurde auch von der Hilfe aus den Niederlanden abgeschnitten.

Die materielle und geistige Kraft des Widerstands erlahmte freilich noch lange nicht. Daß es den Verteidigern trotz zunehmender Bedrängnisse gelang, mehrere Sturmversuche der Belagerer abzuschlagen, trug sogar zur Hebung ihrer Moral bei. Die Selbstbehauptung in der Zeit der Not wurde als Zeichen der endzeitlichen Auserwähltheit der Stadt verstanden. Zugleich aber und wohl auch als Folge des äußeren Drucks radikalisierte sich die Herrschaft in der Stadt. Die zentrale Figur des Geschehens war nun Jan van Leiden, der den schon im Frühjahr 1534 bei einem Ausfall aus der Stadt umgekommenen Jan Mathys in der Herrschaft abgelöst hatte. Wenn der Rat der Stadt schon unter Mathys keine große Rolle mehr gespielt hatte, so löste Jan van Leiden ihn überhaupt auf und ließ sich selbst im September 1534 zum «König Israels» ausrufen. Damit beanspruchte er nicht nur die uneingeschränkte Herrschaft über die Stadt selbst, sondern zugleich den Rang eines eschatologischen Weltherrschers; Rothmann lieferte diesem Anspruch in seiner ‹Restitution rechter und gesunder christlicher Lehre› die theologische

Begründung. Dem entsprach das biblische Zeremoniell des neuen Hofstaats, der sich bei aller Not in der Stadt mit Pomp und Prunk, mit symbolträchtigen Insignien und Riten, präsentierte. Die Kehrseite dieser äußersten Übersteigerung des Erwählungsglaubens aber bestand in der unerhörten Grausamkeit des Regimes gegenüber allen – wirklichen oder bloß vermuteten – Gegnern. Namentlich die Ansätze von Opposition gegen die im Sommer 1534 dekretierte Vielweiberei wurden im Blut erstickt, aber auch andere und mitunter nichtige Anlässe führten zu sofort vollstreckten Todesurteilen; der frühere Bürgermeister Bernhard Knipperdolling diente dem «König» als stets präsenter Henker.

Religiöse Leidenschaft und grausame Härte ließen die Münsteraner Täufer ungeachtet aller Schwierigkeiten und Entbehrungen, ungeachtet auch des zuletzt schrecklichen Hungers, länger als ein Jahr durchhalten. Ende Juni 1535 schließlich fiel die Stadt – auch dabei war noch Verrat im Spiel. Rothmann scheint schon bei der Eroberung der Stadt umgekommen zu sein; Jan van Leiden, sein Rat Bernhard Krechting und Bernhard Knipperdolling wurden gefangengenommen, monatelang unter Folterungen verhört und schließlich am 22. Januar 1536 mit glühenden Zangen zu Tode gemartert. Zur Abschreckung stellte man ihre Leichen in Eisenkäfigen am Turm der Lambertikirche in Münster zur Schau. Die Stadt wurde wieder katholisch, unter nunmehr neubefestigter Stadtherrschaft des Bischofs.

Das Münsteraner Täuferreich und seine Katastrophe diskreditierten das Täufertum im ganzen Reich und darüber hinaus nachhaltig. Gleichwohl ging das Täufertum auch jetzt nicht völlig zugrunde. Insbesondere die Hutterischen Brüder in Mähren konnten ihre Sonderexistenz bewahren; beträchtliche Reste des Täufertums erhielten sich erstaunlicherweise aber auch in den Niederlanden und in Norddeutschland. Wichtige Voraussetzungen dafür schufen die Brüder Obbe und Dirk Philipps, die sich schon frühzeitig gegen den gewalttätigen Flügel der Melchioriten und erst recht gegen das Münsteraner Täuferreich gewandt hatten; entscheidend wurde dann die Wirksamkeit des 1536 von Obbe Philipps getauften Menno Simons (1496–1561). Er verstand es, die Täufergemeinden zur entschiedenen Distanzierung von aller Gewalt, übrigens auch von Vielweiberei und Gütergemeinschaft, zu bewegen, und brachte diese Distanzierung allmählich auch in der Öffentlichkeit zur Geltung. Schließlich verlor das Täufertum seinen Beigeschmack von Aufruhr und Umsturz; daß sich im weiteren Verlauf des Jahrhunderts – abgesehen von den Hutterern – der Name «Mennoniten» für die Gesamtheit der deutschen und niederländischen Täufer durchsetzte, war für diesen Wandel wie für die historische Rolle des Menno Simons bezeichnend. Darüber hinaus aber wurde die Restitution des Täufertums in seiner mennonitischen Prägung zum Ausgangspunkt langfristig weitreichender Wirkungen: Über die Niederlande, wo die Täufer nach dem Abfall von Spanien beschränkte Duldung erlangten, wirkten sie nach England und in die amerikanischen Kolonien hinüber; die freikirchlichen Verfassungsideale der

USA gehen nicht zuletzt auf täuferische Anregungen zurück. In Deutschland wurde der Geist des Täufertums insbesondere für den Pietismus des 17. und 18. Jahrhunderts bedeutsam, aber auch manche Strömungen des modernen Protestantismus bis hin zu den Friedensbewegungen der siebziger und achtziger Jahre unseres Jahrhunderts zeigen kräftige Einschläge täuferischen Welt- und Selbstverständnisses.

Das Streben nach verinnerlichter Frömmigkeit, das die unterschiedlichsten Reformbewegungen der Epoche erfüllte, steigerte sich nicht selten zu dualistischer Geringschätzung, ja Verachtung alles Äußerlichen, Leiblichen, Materiellen. Wie jenes Streben nach Vergeistigung und Verinnerlichung war auch dieser Spiritualismus, dem der Geist Gottes und des Menschen alles, die sichtbare Kirche mit ihren Ordnungen und Sakramenten nichts galt, in der Kirchengeschichte immer wieder aufgebrochen, allerdings auch immer wieder abgewehrt worden; die für die Kirche verbindlichen Klärungen hatte schon der Kirchenvater Augustinus in seinen Auseinandersetzungen mit Manichäern und Donatisten herbeigeführt. Im Glaubensstreit des 16. Jahrhunderts nun brachten sich erneut spiritualistische Ideen zur Geltung. Die Lutheraner allerdings bekannten sich insoweit nahezu uneingeschränkt zu den Positionen der alten Kirche. Etwas anders aber stand es schon um die Zwinglianer, denen die Abendmahlslehre der alten Kirche – und auch Luthers – als allzu «grobsinnlich» erschien; von einem grundsätzlichen Spiritualismus waren jedoch auch sie weit entfernt. Sehr viel tiefer wirkten dualistische und spiritualistische Ideen dagegen auf das Täufertum ein; indessen kam es wiederum schon innerhalb des Täufertums auch zu kräftigen Gegenwirkungen, von biblizistischen Prinzipien her wie aus dem Interesse der Täufer an der – auch – äußerlichen Reinhaltung der Gemeinde mit Hilfe des Banns. Die eigentlichen Spiritualisten des Zeitalters waren demgegenüber, wie es ihren Ideen ja auch am besten entsprach, religiöse Individualisten ohne stärkere Bindung an irgendeine kirchliche Gemeinschaft.

Die beiden wichtigsten Gestalten des Spiritualismus im Deutschland des 16. Jahrhunderts waren Caspar von Schwenckfeld und Sebastian Franck.

Der 1489 geborene Caspar von Schwenckfeld war ein schlesischer Adliger, der in den frühen zwanziger Jahren maßgeblich für die Verbreitung der Reformation in Schlesien gewirkt hatte, sich dann aber wegen seines Abendmahlsverständnisses und auch wegen seiner Ablehnung jedes organisierten Kirchenwesens vom Luthertum abkehrte. Von 1529 bis 1533 lebte er in Straßburg, wo er in den lebhaften theologischen und kirchenpolitischen Diskussionen dieser Jahre eine geachtete Rolle spielte. Später auch mit den oberdeutschen und Schweizer Kirchen zerfallen, führte er eine oft bedrohte Existenz auf den Landsitzen befreundeter schwäbischer Adliger, zeitweise auch in Ulm, wo er 1561 starb. Schwenckfelds beträchtliche Wirkung beruhte vor allem auf seinem reichen schriftstellerischen Werk, das ihm eine ausgebreitete Lesergemeinde schuf. Sein Denken war ganz durch den Dualismus von Göttlichem und Irdischem, von Geist und Materie, von Innerlichem und Äußerlichem geprägt, und alles lag ihm daran, das Geistige, Göttliche, Innerliche zur lebensbestimmenden Kraft werden zu lassen. Selbst in seiner Christologie ließ er – in scharfem Gegensatz zur Lehre der Kirche seit den Konzilien des 4. und 5. Jahrhunderts, wie sie auch für die Reformatoren unverrückbar feststand – die menschliche Natur in der himmlischen Glorie des Gottessohns aufgehen. Wie aber Christus seine menschliche Natur vergöttlicht habe, so gelte es auch für den Gläubigen, seine sündige Kreatürlichkeit zu überwinden und mit dem himmlischen Christus eins zu werden. Zur Erreichung dieses mystischen Ziels seien alle äußerlichen Mittel unnütz, ja hinderlich. Der Geist Gottes binde sich nicht an äußerliche Zeremonien, Sakramente oder auch an das geschriebene Wort der Bibel, sondern allein an das Herz des Menschen. Und da nur Gott das Herz der Menschen kenne, sei auch jede organisatorische oder bekenntnismäßige Abgrenzung der Kirchen unsinnig; Schwenckfeld sprach sich deshalb konsequent für eine vollständige Religionsfreiheit jedes einzelnen aus.

Sebastian Franck (1499–1542) war, ähnlich wie Schwenckfeld, in den zwanziger Jahren als Prediger für die Sache der Reformation tätig gewesen, hatte sich dann aber vom Luthertum abgewandt und Verbindung mit Täuferkreisen aufgenommen. Auch von ihnen trennte er sich jedoch bald wieder und entwickelte seitdem eine ganz eigene Theologie. Zunächst in Nürnberg, dann in Straßburg tätig, wurde er dort auf Grund einer Beschwerde des Erasmus, den er einen Ketzer genannt hatte, ausgewiesen. Auch in Ulm, wo er seit 1533 eine Buchdruckerei betrieb, war seines Bleibens nicht; 1539 mußte er die Stadt verlassen und ging nach Basel, wo er seine letzten Lebensjahre verbrachte. Neben mehreren Chroniken, darunter der ‹Chronica, Zeitbuch und Geschichtsbibel› (1538), veröffentlichte er 1534 ein kosmographisches ‹Weltbuch›, dazu Bibelauslegungen, Sprichwörtersammlungen und Übersetzungen. Dieses umfängliche Opus entfaltete – ganz abgesehen von seinem Inhalt – in seiner sprachlichen Gestalt bedeutende Wirkungen; neben Luther hat im 16. Jahrhundert Sebastian Franck die Entwicklung der deutschen Sprache wohl am stärksten beeinflußt. Auch für Franck bestand die Kirche nur im Wirken des Geistes. Selbst die Sakramente seien bloßes Kinderwerk, das nur in der ersten Zeit der Kirche seinen Sinn gehabt hätte; die äußerlichen Satzungen der Kirche seien vollends längst obsolet, ja zu einem Element der «Verwüstung» der Kirche geworden. Auch das äußere Wort der Heiligen Schrift, der «papierne Papst», sei ohne Bedeutung, wo nicht überhaupt «tötender» Buchstabe – alles komme vielmehr auf das innerliche Wort Gottes an. Dessen Wirken aber sei nicht auf die Glieder der sichtbaren Kirche beschränkt, sondern ergreife auch Türken und Heiden, selbst wenn sie von Christus niemals eine Historie gehört, einen Buchstaben gelesen hätten. Von solchen Grundpositionen aus verwarf auch Franck jeden Zwang in Glaubensdingen; ohnehin seien seit dem Ausgang der Apostelzeit die wahren Christen stets Ketzer gewesen.

Die unmittelbare Wirkung des Spiritualismus der Schwenckfeld und Franck war nur bescheiden: Am Ende des Glaubensstreits standen nicht lockere Gemeinschaften individualistischer Spiritualisten in einem politischen Umfeld von Toleranz und Religionsfreiheit, sondern die in Bekenntnis und Ordnung fest geschlossenen und gerade nicht toleranten Konfessionskirchen. Langfristig aber haben die Spiritualisten des 16. Jahrhunderts – ähnlich wie die Täufer – beträchtliche Wirkungen gezeitigt, und zwar nicht nur für die Kirchengeschichte, sondern auch für die Geschichte der politischen Ideen. Namentlich aus der Entstehungsgeschichte des modernen Prinzips der Religionsfreiheit sind sie nicht fortzudenken.

5. Die Entstehung evangelischen Landes- und Stadtkirchentums

Die reformatorische Bewegung der frühen zwanziger Jahre hatte noch kaum irgendwo zu einer durchgreifenden Neueinrichtung des Kirchenwesens geführt, schon gar nicht auf Initiative und unter wesentlicher Beteiligung der weltlichen Obrigkeiten. Das galt selbst für das Kurfürstentum Sachsen als das Kernland der Reformation. Von einer einigermaßen konsequenten Neuordnung der Kirche mit einhelligem Bekenntnis, einheitlichem Gottesdienst und durchgehender Organisation war auch hier bis zum Ende Friedrichs des Weisen 1525 nicht die Rede – ohnehin bekannte sich der Kurfürst selbst erst auf dem Totenbett im Mai 1525 durch den Empfang des Abendmahls unter beiderlei Gestalt zur Reformation.

Von dieser abwartenden Haltung auch der mit der Reformation sympathisierenden Obrigkeiten gab es allerdings Ausnahmen, die den Anfang einer neuen, im folgenden rasch um sich greifenden Entwicklung darstellten. Die wichtigste dieser zukunftsträchtigen Ausnahmen bildete Zürich, wo der Rat bereits seit der Ersten Zürcher Disputation vom Januar 1523 die Reformation in eigene Regie genommen hatte. Das Beispiel Zürichs strahlte dann auch in die der Reformation Zwinglis nahestehenden oberdeutschen Reichsstädte aus, vor allem nach Straßburg und Konstanz, wo zumindest erste Schritte zu einem vom Rat garantierten einheitlichen Kirchenwesen getan wurden: durch das Gebot evangelischer Predigt an die Geistlichen der Stadt, durch das Verbot der Seelenmessen oder gar durch die Entfernung der Bilder aus den Kirchen. Aber auch in Nürnberg, dessen führende Theologen stärker von Luther geprägt waren, duldete der Rat nicht nur das Umsichgreifen der reformatorischen Bewegung, sondern nahm unter deren Druck schon seit 1524, vollends seit dem Ausbruch des Bauernkriegs, die Dinge selbst in die Hand. Die Predigt wurde – als Predigt des reinen Wortes Gottes – vereinheitlicht, der canon missae beseitigt, die Exemtion der Geistlichen aufgehoben. Dazu kamen Maßnahmen gegen die Klöster, nicht zuletzt eine durchgreifende Neuordnung des kirchlichen Vermögens; die durch den Wegfall der Privatmessen frei werdenden Stiftungskapitalien wurden in den

Gotteskasten überführt und bildeten fortan eine wesentliche materielle Grundlage der Nürnberger Armenfürsorge. In Norddeutschland waren es vor allem Magdeburg und Stralsund, deren Stadträte sich frühzeitig an die Spitze der reformatorischen Bewegung setzten und erste Schritte zur Einrichtung eines neuen Kirchenwesens unternahmen.

Seit der Mitte der zwanziger Jahre drängte die Entwicklung in zunehmender Breite, auch in den Territorien, über die Sturmjahre der reformatorischen Bewegung hinaus: durch verbindlicher werdende Abgrenzungen der kirchlichen Lehre, durch die breite Anerkennung bestimmter Formen des Gottesdienstes, durch die Neuregelung des Armenwesens, in geringerem Maße auch durch neue Organisationsformen anstelle der faktisch wegfallenden bischöflichen Gewalt. Gar nicht selten erfolgten solche Verfestigungen des neuen Kirchenwesens in spontaner Freiwilligkeit von Pfarrern und Gemeinden. Zunehmend aber waren es doch die weltlichen Obrigkeiten – vornehmlich Reichsstände –, die für diese Verfestigungen sorgten und damit zu bestimmenden Kräften für die Ausbildung des evangelischen Kirchenwesens wurden. Der Speyerer Reichstag von 1526 schob die religionspolitische Verantwortung im Reich – für oder gegen die Reformation – im wesentlichen den einzelnen Reichsständen zu; die Erfahrung des Bauernkriegs und auch des Täufertums mit seiner religiös begründeten Infragestellung aller politischen Ordnung ließ es den weltlichen Obrigkeiten vollends geraten erscheinen, stärker als bisher in den kirchlichen Prozeß einzugreifen. Das Prinzip des «Cuius regio eius religio» mitsamt seiner Kehrseite der Entwicklung des Reichs zu einem mehrkonfessionellen, partiell überkonfessionellen oder überhaupt säkularisierten Gebilde kündigte sich mithin schon frühzeitig an.

Die Entscheidung fürstlicher oder städtischer Obrigkeiten für oder gegen die Reformation konnte durch ein ganzes Bündel unterschiedlicher Motive und Bedingungen bestimmt sein. Neben der religiösen Überzeugung der maßgebenden Männer, ihrerseits oft durch bedeutende Theologen des Landes oder der Stadt beeinflußt, gelegentlich auch durch persönliche Bekanntschaft mit Luther oder mit einem anderen der führenden Reformatoren vermittelt, spielten dabei vor allem politische und soziale Konstellationen und Interessen eine Rolle.

So liegt auf der Hand, daß das politische Interesse der geistlichen Reichsfürsten sie in aller Regel auf der Seite der alten Kirche festhielt – es sei denn, sie entschieden sich zugleich für den Versuch einer Säkularisierung ihrer Stifter, was dann freilich einen außerordentlich tiefen Einschnitt in die politische Struktur des Reichs wie des geistlichen Fürstentums selbst bedeutete und deshalb nur geringe Erfolgschancen hatte. Nicht zuletzt der Adel der Landschaft war ja wegen seiner wirtschaftlich und politisch wichtigen Positionen im Domkapitel regelmäßig an der Erhaltung des geistlichen Fürstentums interessiert. Tatsächlich ist eine Säkularisierung von seiten des geistlichen Landesherrn nur einmal – im Falle Preußens 1525 – mit Erfolg unternommen worden. Anders als die Situation der geistlichen Reichsfürsten aber war schon die der landsässigen Bischöfe Mittel- und Ostdeutschlands. Sie standen mitsamt ihren Domkapiteln seit geraumer Zeit dermaßen unter dem politischen Einfluß ihrer Landesherren – vor allem Sachsens und später auch Brandenburgs –, daß sie sich deren Entscheidung für die Reformation auf die Dauer nicht entziehen konnten. Die weitere Folge war hier dann regelmäßig die Trennung von geistlicher und weltlicher Gewalt und damit das Ende der alten Institution des geistlichen Fürstentums.

Im Gegensatz zu den geistlichen Fürsten setzten die weltlichen Landesherren mit einem Übergang zur Reformation ihre politische Existenz nicht aufs Spiel. Im Gegenteil versprach ein solcher Schritt einen Zuwachs an politischer Macht, vor allem auf Kosten der geistlichen Jurisdiktion, unter Umständen auch fiskalische Entlastungen durch die Bereicherung an kirchlichem, insbesondere an Klostergut. Gleichwohl hielten nicht wenige weltliche Landesherren an der römischen Kirche fest, und wiederum gab es – ganz abgesehen von persönlichen Glaubensüberzeugungen – durchaus politische Aspekte, die ein solches Verharren bei der alten Kirche nahelegen konnten: die Nachbarschaft mächtiger katholischer Landesherren etwa, mit denen man es nicht verderben wollte, zeitweise – besonders in den Jahren nach dem Bauernkrieg – auch die Sorge vor politischen und sozialen Unruhen im Gefolge der Reformation. Des weiteren darf nicht übersehen werden, daß die religionspolitische Haltung der weltlichen Landesherren regelmäßig auch durch die Stände des Landes mitbestimmt wurde. Zwar war das Kräfteverhältnis von Landesherren und Ständen in den einzelnen Territorien sehr unterschiedlich; ganz ohne die Mitwirkung der Stände oder sonstigen Notabeln des Landes aber kamen landesfürstliche Entscheidungen von Belang kaum irgendwo zustande, und das gilt auch für die Religionspolitik: Keiner der deutschen Landesherren hat sich gegen das Votum seiner Stände für die Einführung der Reformation entschieden. Daß über die konkrete Ausgestaltung des neuen Kirchenwesens, daß insbesondere über das Schicksal der Klöster und Stifte und deren Vermögen zwischen Fürsten und Ständen mancherlei Auseinandersetzungen erwuchsen, änderte an jenem Grundfaktum nichts. Umgekehrt fehlt es nicht ganz an Beispielen dafür, daß die Mehrheit der Stände eines Landes evangelisch wurde, ohne ihren Landesherrn zur Einführung der Reformation auf Landesebene bestimmen zu können; der wichtigste Fall dieser Art waren die östlichen der österreichischen Erblande.

Von besonderer Bedeutung für das Votum der Stände war stets die Haltung des Adels, und der Adel seinerseits hatte bei seinen kirchlichen Optionen mancherlei politische und soziale Konstellationen zu berücksichtigen. Da gab es eine Fülle von Dienst- und Lehensbeziehungen nicht nur zum Landesherrn, sondern auch zu benachbarten geistlichen und weltlichen Fürsten, vielleicht sogar zum Kaiser selbst; die damit gegebenen Abhängigkeiten und Chancen waren sorgfältig abzuwägen. Auch die unmittelbar wirtschaftlichen Folgen eines Übergangs zur Reformation waren wohl zu bedenken. Auf der einen Seite konnten sich hier Möglichkeiten des Zugriffs auf bisheriges Kirchengut ergeben, vor allem dann, wenn es an einer starken landesherrlichen Gewalt fehlte, die – ob katholisch oder evangelisch – für die Erhaltung des kirchlichen Vermögens sorgte; auch eine etwaige Zurücknahme kirchlicher Stiftungen mochte materiell zu Buche schlagen. Anderseits fielen mit der Reformation die Klöster und, wie sich seit den dreißiger Jahren immer deutlicher herausstellte, auch der größte Teil der Chorherren- und Damenstifte weg; das bedeutete eine erhebliche Einbuße an Möglichkeiten der Versorgung für die jüngeren Söhne und nicht verheirateten Töchter des Adels. Dazu kam noch der drohende Ausschluß des Zugangs zu den Domkapiteln; hier standen neben wirtschaftlichen wiederum auch politische Positionen auf dem Spiel. Und schließlich war nicht zu übersehen, daß die kirchliche Haltung des Adels wie überhaupt der Stände auch deren verfassungspolitisches Verhältnis zum Landesherrn tangierte, zumindest im Falle konfessionell gegensätzlicher Optionen: Falls die Stände im Gegensatz zu ihrem Landesherrn zur Reformation übergingen, bestritten sie ja de facto die Religionshoheit des Landesfürsten, die sich seit dem Speyerer Reichstag von 1526 immer deutlicher, und zwar als ein sehr bedeutendes Stück der fürstlichen Landeshoheit, durchsetzte. Die unvermeidliche Folge bestand dann in der Vertiefung der verfassungspolitischen Konfrontationen zwischen Landesfürst und Ständen unter konfessionellen Vorzeichen. Nicht nur der Landesherr hatte also bei seinen religionspolitischen Entscheidungen Rücksicht auf die Stände und besonders den Adel zu nehmen, auch in umgekehrter Richtung waren Abhängigkeiten wirksam, deren Unterschätzung fatale Folgen haben konnte: So hat die Gegenreformation der deutschen Habsburger seit dem ausgehenden 16. Jahrhundert mit dem Protestantismus zugleich der Ständemacht in ihren Erblanden ein schlimmes Ende bereitet.

Neben den Territorialherren hatten die Reichsstädte die Möglichkeit der Einrichtung eines eigenen Kirchenwesens, und mit ihnen – wenngleich rechtlich weniger gesichert – auch eine Reihe anderer, zumeist wirtschaftlich bedeutender Städte, die sich der Herrschaft ihrer fürstlichen Stadtherren weitgehend zu entziehen vermocht hatten. Zu den letzteren gehörten insbesondere einige der Bischofsstädte sowie der größeren Hansestädte im Norden und Nordwesten des Reichs; für sie, vor allem für die Bischofsstädte, bedeutete der Übergang zur Reformation oft einen weiteren wichtigen Schritt auf dem Wege zur Unabhängigkeit von ihren Stadtherren. Zentren schon der frühen reformatorischen Bewegung, spielten die Städte auch bei der obrigkeitlichen Durchsetzung und innerkirchlichen Festigung der Reformation vielfach eine Vorreiterrolle. Ihre kirchenpolitischen Entscheidungen gewannen mitunter auch für die umliegenden Territorien maßgebende Bedeutung, nicht zuletzt in der Weise, daß städtische Juristen und Theologen von den Landesfürsten für die Reformation ihrer Territorien zu Hilfe gerufen wurden. Daß umgekehrt eine religionspolitisch entschiedene Haltung mächtiger territorialer Nachbarn auf die Städte zurückwirkte, versteht sich und ist oft bezeugt.

Wie die Landesherren konnten auch die städtischen Obrigkeiten, wenn sie sich die Sache der Reformation zu eigen machten, in vielfacher Weise an ihre spätmittelalterliche Kirchen- und Verfassungspolitik anknüpfen: an ihr Engagement für eine ordnungsgemäße geistliche Betreuung der städtischen Bevölkerung, an mancherlei Versuche zur Reform verlotterter Klöster und Stifte, vor allem aber an ihre traditionelle Politik der Zurückdrängung «fremder», insbesondere fremder kirchlicher Autoritäten in der Stadt. Schon die spätmittelalterliche Stadt hatte sich selbst ja als prinzipiell geschlossene, eigenständige, zugleich geistliche und weltliche Gesellschaft verstanden, der gegenüber die Institutionen der universalistischen Kirche bis hin zu dem aus der Bürgerschaft herausgehobenen Klerus der Stadt als Fremdkörper empfunden wurden. Die Reformation bot jetzt eine Chance, dieses Selbstverständnis der Stadt als «corpus christianum im kleinen» vollends in politische Realität umzusetzen. Insbesondere Zwinglis Denken war stark durch ein derartiges städtisches Selbstverständnis geprägt; daß das zwinglianische Kirchenwesen über Zürich und die Schweiz hinaus so tiefen Einfluß gerade auf die Städte Oberdeutschlands gewann, hängt damit eng zusammen. Spätmittelalterliches Städtewesen und zwinglianische Kirchenreformation waren in sehr spezifischer Weise aufeinander angelegt.

Allerdings war das Verhältnis zwischen Stadt und Reformation nun doch nicht einfach das einer sozusagen prästabilierten Harmonie. Schon die ebenfalls aus der mittelalterlichen Verfassungsgeschichte der Städte erwachsene, durch die Erfahrungen von Bauernkrieg und Täufertum verstärkte Tendenz der städtischen Obrigkeiten zur Intensivierung ihrer Herrschaft in weltlichen wie geistlichen Angelegenheiten war ein Moment häufiger und dauernder Spannungen, denn es fehlte ja nicht an reformatorischen Forderungen nach Eigenständigkeit der kirchlichen Gemeinde, etwa in Fragen der Pfarrerwahl und der Kirchenzucht. Neben diesen Spannungen zwischen geistlicher und weltlicher Obrigkeit aber waren in den städtischen Reformationsvorgängen auch mancherlei außerreligiöse Konflikte wirksam und beeinflußten Verlauf und Ergebnisse des Geschehens. So wurde der Kampf um die Durchsetzung der Reformation vielerorts zugleich als Kampf um eine breitere Partizipation der Bürgerschaft am Stadtregiment geführt. Das gilt vor allem für solche Städte, in denen eine Oligarchie der alten Geschlechter, wenngleich gelegentlich mit einigen «neureichen» Familien aus Handel und Gewerbe amalgamiert, das Heft in der Hand hatte. In Städten dieses Verfassungstyps, wie er in Norddeutschland, aber auch in Franken und bis ins nördliche Schwaben hinein weit verbreitet war, wurden die um ihre Beteiligung am Rat kämpfenden Kaufleute und Handwerker zumeist zu den maßgebenden Trägern der Reformation. Umgekehrt suchten die älteren Führungsgruppen dieser Städte das Umsichgreifen nicht nur der verfassungspolitischen und sozialen Opposition, sondern auch der Reformation zu verhindern oder doch einzudämmen. Allerdings hatten sie damit auf die Dauer zumeist keinen Erfolg. Im Gegenteil erzwangen die bislang vom Stadtregiment ausgeschlossenen vermögenden Kaufleute und Handwerker im Zeichen der Reformation – und oft unter Mobilisierung auch der städtischen Unterschichten – regelmäßig ihre Beteiligung am Rat; solcherart in seiner sozialen Basis erweitert, setzte sich der Rat dann selbst an die Spitze der reformatorischen Bewegung und sorgte für deren Durchsetzung, nicht zuletzt für deren obrigkeitliche Regulierung. Man kann hier geradezu von einer Ablaufstypik städtischer Reformation sprechen, die für einen Großteil der nord- und mitteldeutschen Städtereformationen bestimmt war. Einen anderen Verlauf dagegen nahmen die reformatorischen Ereignisse in Städten mit einer vorwiegend genossenschaftlich strukturierten Verfassung, in denen typischerweise die Zünfte die Mehrheit im Rat ausmachten. Hier nämlich vollzog sich der Übergang zur Reformation in aller Regel ohne größere Konflikte in der Bürgerschaft, mitunter sehr frühzeitig unter Führung des Rats; Zürich selbst, dazu die Mehrheit der oberschwäbischen Reichsstädte gehören zu diesem Typ städtischer Reformation.

Zur Begründung für das Umschwenken des Rats zugunsten der Reformation wie für überhaupt jedes entscheidende Eingreifen der städtischen Obrigkeiten in den Religionsstreit wurde immer wieder die Pflicht des Rats geltend gemacht, den Frieden in der Stadt zu sichern oder wiederherzustellen. Das war sicher kein bloß vorgeschobenes Argument. War die Erhaltung des Friedens nach allgemeiner Überzeugung der Zeit ohnehin eine Grundaufgabe aller weltlichen Obrigkeiten, so galt das erst recht für das so empfindliche, komplexe Sozialsystem städtischer Bürgerschaften. Gerade die Städte hatten deshalb auch wohlüberlegte politische und Rechtsverfahren zur Beilegung von Konflikten in der Bürgerschaft entwickelt, und zumeist ist die Durchsetzung der Reformation in den Städten im Rahmen eben solcher Verfahren erfolgt. Daß eine so verstandene Friedenssicherung zugleich der Stabilisierung der Ratsherrschaft dienen konnte, ist freilich nicht zu verkennen. Hinter jener Berufung auf die friedensstiftende Aufgabe der Obrigkeit konnten mithin sehr handfeste Motive der Machterhaltung stehen. Am Beispiel der Straßburger Reformationsvorgänge der zwanziger Jahre hat man dieses Durchschlagen machtpolitischer Interessen der herrschenden Ratsoligarchie im einzelnen darzulegen versucht. Die Klärung und Gewichtung unterschiedlicher, aber auf das gleiche Ergebnis – hier: auf die Einführung der Reformation – abzielender Interessen und Motive ist freilich hier wie sonst ein schwieriges Unterfangen, dessen Ergebnisse denn auch bis jetzt keine einhellige Zustimmung gefunden haben.

Nach den Anfängen eines evangelischen Stadtkirchentums in Zürich, Konstanz, Nürnberg und einigen anderen Städten kam es seit 1525 im Herzogtum Preußen zum ersten Mal zu einer obrigkeitlich gelenkten Verfestigung evangelischen Kirchenwesens auf territorialer Basis. Allerdings stand dieser früheste Fall eines evangelischen Landeskirchentums unter den sehr spezifischen Bedingungen der Säkularisierung des preußischen Ordenslandes zum weltlichen Herzogtum. Preußen war insofern in der Motivation wie in der Form der Realisierung evangelischen Kirchenwesens ein Sonderfall – abgesehen davon, daß es mit seiner Säkularisierung unter polnischer Oberlehenshoheit eindeutig und für Jahrhunderte aus dem Reich ausschied.

Weit wichtiger wurden die Vorgänge in Kursachsen unter Johann dem Beständigen, dem jüngeren Bruder und seit 1525 Nachfolger Friedrichs des Weisen. Diese kursächsische Entwicklung war vor allem deshalb von so hoher Bedeutung, weil sie sich sozusagen unter den Augen und mit Billigung Luthers vollzog. Und das war alles andere als eine Selbstverständlichkeit. Luthers Lehre von den zwei Reichen, wie er sie erst wenige Jahre zuvor mit großer Entschiedenheit formuliert hatte (‹Von weltlicher Obrigkeit, wieweit man ihr Gehorsam schuldig sei›), lief nämlich auf eine entschiedene Trennung der geistlichen und weltlichen Obrigkeit nach ihren Aufgaben wie in ihren Instrumenten hinaus: Die weltliche Obrigkeit sollte für äußeren Frieden und Recht sorgen, und zwar mit dem Schwert, mit den Mitteln der ihr allein zustehenden Zwangsgewalt; die geistliche Obrigkeit dagegen, die Amtsträger der Kirche also, sollten das Wort Gottes verkündigen und die Sakramente verwalten, und ihre Autorität sollte sich allein auf das Wort gründen. Diese Grundauffassung Luthers hat sich indessen nur ansatzweise in politische Realität umsetzen, nicht einmal theoretisch konsequent durchhalten lassen. Zwar suchte Luther jetzt wie später den Einsatz staatlicher Zwangsmittel in der Kirche möglichst zurückzudämmen; insbesondere widerstand er nachdrücklich und bis an sein Lebensende allen Tendenzen, die weltliche Gewalt zum Herrn der Kirchenzucht zu machen, wie das im zwinglianisch beeinflußten Kirchenwesen der Schweiz und Oberdeutschlands schon frühzeitig geschah. Auch Luther aber konnte sich spätestens seit 1525 nicht verhehlen, daß eine gewisse organisatorische Straffung des reformatorischen Kirchenwesens erfolgen müßte und daß man, wenn sich die eigentlich zuständigen Bischöfe dieser Aufgabe versagten, dafür die Mitwirkung der weltlichen Obrigkeit mit ihrem Verwaltungsapparat kaum entbehren könnte. Die theoretische Legitimation fand er in seiner berühmten Vorrede zum ‹Unterricht der Visitatoren an die Pfarrherren im Kurfürstentum Sachsen› (1528) in der Konzeption vom Landesfürsten als einem Notbischof, der sich um der Liebe willen – ohne irgendeine Zwangsgewalt – der kirchlichen Neuordnung annehmen solle. Freilich hat die Sicherung auch dieses Vorbehalts nicht wirklich gehalten, nicht in Kursachsen und schon gar nicht gegenüber anderen Reichsständen. Vielmehr haben die weltlichen Obrigkeiten, Fürsten wie städtische Räte, die Organisation des neuen Kirchenwesens durchweg sehr bald oder überhaupt von vornherein als ihre unmittelbare Aufgabe und damit auch als ihr Recht wahrgenommen, ohne die Subtilitäten jener Unterscheidungen des Reformators sonderlich zu beachten, ganz entsprechend den Vorformen des landesherrlichen Kirchenregiments im Spätmittelalter.

Bei alledem wird man sich freilich vor Zerrbildern des protestantischen landes- bzw. stadtherrlichen Kirchenregiments hüten müssen. Vor allem wäre es eine abwegige Vorstellung, daß die protestantischen Obrigkeiten in Stadt und Land etwa selbst über den Inhalt kirchlicher Lehrbekenntnisse entschieden hätten. Das war vielmehr in aller Regel, wenngleich nicht ganz ausnahmslos, Sache der Theologen, und überdies waren die maßgebenden Formulierungen reformatorischer Glaubenslehre – vor allem die Confessio Augustana – bereits seit den dreißiger Jahren im deutschen Protestantismus allgemein anerkannt. Hier blieben, wie selbst die innerprotestantischen Auseinandersetzungen über die Abendmahlslehre sehr deutlich zeigen, nur marginale Spielräume. Grundsätzlich nicht anders stand es um die Gottesdienstordnungen. Auch sie wurden durchweg von den Amtsträgern der Kirche ausgearbeitet und bloß nachträglich von den Obrigkeiten sanktioniert. Stärker war der Einfluß der weltlichen Obrigkeiten dagegen auf die personelle Rekrutierung der Kirche, vor allem dann, wenn Stadtrat oder Landesfürst zugleich über Patronatsrechte verfügten, wie das seit dem späteren Mittelalter nicht selten der Fall war und jetzt noch häufiger wurde; die evangelischen Reichsstände zogen ja vielfach die Patronate der aufgelösten Klöster und Stifte an sich. Insbesondere in den Reichsstädten hatten die Räte wohl in aller Regel das entscheidende Votum bei der Wahl der Pfarrer. Die Städte – vor allem die unter zwinglianischem Einfluß stehenden Städte – waren es auch, in denen das obrigkeitliche Kirchenregiment in Form der Kirchen- oder Sittenzucht seine schärfste Ausprägung erfuhr. Trotz manchen Widerspruchs von seiten bedeutender Kirchenmänner stand schon seit den frühen dreißiger Jahren fest, daß hier für eine Eigenständigkeit der Kirche kaum Platz war. Auch wo es zur Einrichtung eigener Institutionen der Kirchenzucht kam, waren sie im Grunde kaum mehr als Polizeibehörden im Dienst der weltlichen Obrigkeit. Das schließt wiederum nicht aus, daß viele der protestantischen Reichsstände ihr Kirchenregiment mit einem respektablen Verantwortungsbewußtsein wahrnahmen. Aber selbst – ja gerade – ein solches Engagement hatte langfristig auch problematische Folgen: vor allem eine gefährliche Überhöhung der obrigkeitlichen Autorität, eine gefährliche Überschätzung überhaupt der Aufgaben, Möglichkeiten und Rechte des Staats. Die ursprünglichen Intentionen der Zwei-Reiche-Lehre Luthers drohten damit in ihr Gegenteil verkehrt zu werden.

Am Anfang jeder obrigkeitlichen Organisation reformatorischen Kirchenwesens in den Territorien stand ein entsprechender Beschluß des Landesherrn, zumeist in Absprache mit den Ständen oder doch mit führenden Vertretern der Stände des Landes; analog bedurfte es in den Städten einer Entscheidung des Stadtrats. In manchen Städten – und fast nur in ihnen, nicht in den Territorien – bildete nach Zürcher Vorbild eine vom Rat veranstaltete öffentliche Disputation zwischen Anhängern der Reformation und der alten Kirche den Auftakt und lieferte zugleich die Legitimation verbindlicher Entscheidungen des Rats. In Städten mit einer vergleichsweise genossenschaftlich strukturierten Verfassung bezog der Rat gelegentlich auch die gesamte vollberechtigte Bürgerschaft formell in seine Entscheidung ein. So wurde etwa in Ulm oder auch in Memmingen rundum in den Zünften das Votum jedes einzelnen Bürgers abgefragt und aktenkundig gemacht. Andernorts, wie vielfach in Norddeutschland, kam der Reformationsbeschluß des Rats ohnehin auf Druck der Bürgerschaft zustande; hier erübrigte sich ein formelles Verfahren der Zustimmung.

Das wichtigste Instrument der Ausbildung evangelischen Kirchenwesens waren dann, vor allem auf dem Lande, die Visitationen. Man knüpfte damit auf Luthers Vorschlag an die alte bischöfliche, zumeist freilich seit langem nicht mehr wahrgenommene Visitationspflicht an, nun freilich in der Weise, daß – wie gelegentlich schon im Spätmittelalter – die weltliche Obrigkeit gemischt geistlich-weltliche Kommissionen einsetzte, die den Ist-Zustand der Kirche feststellen, insbesondere für die Erhaltung des Kirchenguts sorgen und die nötigen Maßnahmen zur Einrichtung eines evangelischen Kirchenwesens treffen oder doch vorschlagen sollten. Insofern die Visitationen den reformbedürftigen Zustand der Kirche aktenkundig machten, dienten sie zugleich, analog den Disputationen in den Städten, als Legitimation des reformatorischen Eingreifens der Obrigkeiten. Eine erste größere Visitation solcher Art fand 1526 im Herzogtum Preußen statt. Kurz darauf kam es zu einer ganzen Reihe von Visitationen in Kursachsen; sehr bald folgten auch Hessen, Brandenburg-Ansbach, Braunschweig-Lüneburg und andere fürstliche Territorien, dazu eine Reihe von Städten für ihre Landgebiete, z. B. Straßburg und Ulm. Die für die Visitationen maßgebenden Dienstanweisungen waren zumeist in eigenen Instruktionen zusammengefaßt; diese Visitationsinstruktionen, zusammen mit den Berichten der Visitationskommissionen, stellen eine erstrangige Quelle für die Erforschung der frühen Reformationsgeschichte dar. Die wichtigste der Visitationsinstruktionen überhaupt war der im wesentlichen von Melanchthon verfaßte ‹Unterricht der Visitatoren an die Pfarrherren im Kurfürstentum Sachsen› von 1528, zu dem Luther jene Vorrede schrieb, in der er die Lehre vom Landesherrn als Notbischof begründete.

Einen gewissen Abschluß der obrigkeitlichen Begründung des evangelischen Kirchenwesens bedeutete dann der Erlaß förmlicher Kirchenordnungen, in den Territorien zumeist auf Grund der Erfahrungen aus der Visitation. Die früheste von ihnen war wiederum die des Herzogtums Preußen von 1525. Ihr folgten die gemeinsame Ordnung des Markgrafentums Brandenburg-Ansbach und der Reichsstadt Nürnberg von 1528, kurz darauf die braunschweigische, diese von Bugenhagen verfaßt. Damit setzte geradezu ein Strom solcher Ordnungen ein, die das neue kirchliche Leben in immer ausführlichere und detailliertere Regelungen faßten, völlig analog dem Anwachsen auch der weltlichen Gesetzgebung in diesen Jahrzehnten. Wenn die brandenburgisch-nürnbergische Kirchenordnung von 1528 kaum vier Folien umfaßte, betrug der Umfang der Folgeordnung von 1533 schon mehr als das

Zehnfache; spätere Ordnungen waren noch viel ausführlicher. Im übrigen fehlte es nicht ganz an Initiativen für eine gemeinsame Kirchenordnung aller evangelisch gewordenen Territorien und Städte im Reich, doch ließ sich das nicht realisieren. Selbst die zeitweilige Gemeinsamkeit der Kirchenordnungen des Markgrafentums Brandenburg-Ansbach und der Reichsstadt Nürnberg, deren Landgebiete eng miteinander verzahnt waren, blieb eine Ausnahme. Wohl aber wurden des öfteren die Kirchenordnungen bestimmter Städte und Territorien – als Ganzes oder in Teilen – zum Vorbild für andere. Die enge Verwandtschaft eines Großteils der norddeutschen Kirchenordnungen hatte ihren Grund überdies darin, daß sie in Johannes Bugenhagen, der auch sonst bei der Reformation Norddeutschlands an führender Stelle mitwirkte, einen gemeinsamen Verfasser hatten. Neben der braunschweigischen Kirchenordnung von 1528 gehen die Ordnungen von Hamburg (1529), Lübeck (1531), Pommern (1534), Holstein (1542), Braunschweig-Wolfenbüttel (1543) und Hildesheim (1544) auf ihn zurück.

Die Schwerpunkte der kirchlichen Neuordnung in Territorien und Städten bestanden 1. in der Verfestigung der Lehrgrundlage, 2. in der Neuordnung des Gottesdienstes, 3. in der Sicherung der Versorgung der Gemeinden mit tüchtigen Pfarrern, 4. in Maßnahmen zur Hebung des Schulwesens und 5. in der Neuregelung des Armenwesens; dazu kam schließlich 6. die Neuordnung der Rechtsverhältnisse der Kirchen, dies freilich nur mit einem Minimum von Normen und Institutionen.

1. Als verbindliche Grundlage evangelischer Kirchenlehre galt von allem Anfang an die Heilige Schrift. Indessen erwies sich bald, daß diese Grundlage allein – so wichtig sie für die Auseinandersetzung mit der römischen Kirche war – nicht genügte, daß man vielmehr das Zeugnis der Heiligen Schrift zusammenfassend, auswählend und systematisierend aufbereiten mußte, um der Willkür individualistischer Exegese zu steuern. Diese Aufgabe ist in der Form sogenannter Bekenntnisse gelöst worden, von denen die Confessio Augustana von 1530 das wichtigste war. Im Unterschied zu den Dogmen der katholischen Kirche waren diese evangelischen Bekenntnisse zunächst nicht als eigentlich verbindliche Fixierung des Glaubensguts gemeint, sondern als eine öffentliche Bezeugung des evangelischen Verständnisses vom Wort Gottes – daher auch die Selbstbezeichnung als Confessio, Bekenntnis –, die als solche keineswegs Bekenntnisse der Kirche als solcher zu sein brauchten. Tatsächlich sind die meisten der protestantischen Bekenntnisse, wie schon die Confessio Augustana selbst, nur von bestimmten Gruppen fürstlicher oder städtischer Reichsstände zum Zweck der öffentlichen, insbesondere reichspolitischen Rechtfertigung ihres Kirchenwesens vorgelegt worden. Gleichwohl hat eine Reihe solcher Bekenntnisse für den Gesamtbereich der evangelischen Kirchen Deutschlands und darüber hinaus verpflichtende Kraft gewonnen. Für die breite und verbindliche Anerkennung insbesondere der Confessio Augustana dürfte dabei die Religionspolitik des Reichs eine wichtige Rolle gespielt haben, insofern nämlich, als das

Reich den «Verwandten» der Confessio Augustana – und nur ihnen – seit 1532 mehrfach wiederkehrende, wenngleich zunächst zeitlich beschränkte Duldung gewährte. Zu ähnlicher Bedeutung wie das Augsburger Bekenntnis gelangten die Katechismen Martin Luthers, dann Melanchthons Apologie der Confessio Augustana, auch Luthers scharf antirömische Schmalkaldische Artikel von 1536/37 sowie der wiederum sehr viel weniger polemische Traktat Melanchthons ‹De potestate et primatu papae› von 1537. Auf reformierter Seite erlangten die Confessio Basiliensis von 1534 und die aus Anlaß der Unionsverhandlungen Butzers mit den Lutheranern 1536 entstandene Confessio Helvetica prior breite Anerkennung, doch traten sie seit den späteren vierziger Jahren allmählich hinter calvinistische Formulierungen des Glaubensguts zurück (1545 Catechismus Genevensis). Die langfristig wichtigsten reformierten Bekenntnisschriften entstanden überhaupt erst in den sechziger Jahren des Jahrhunderts. Im übrigen darf man die dogmatische Geschlossenheit des protestantischen Kirchenwesens der ersten Jahrzehnte nicht überschätzen. Zur festen Lehrsubstanz von Predigt und Katechese gehörte doch nur ein schmaler Bestand theologischer Grundaussagen, wie ihn etwa Luthers Kleiner Katechismus repräsentierte, und auch dieser Bestand war nicht immer gesichert. Nach Auskunft der Visitationsberichte blieben – vor allem – katholische Traditionselemente vielerorts noch lange wirksam; auch hatte der erst allmählich beseitigte Mangel an theologischer Bildung der Pfarrer mancherlei Willkür der Lehre zur Folge.

2. Ein weiterer Schwerpunkt der Festigung evangelischen Kirchenwesens bestand in der Neuordnung des Gottesdienstes und in einer gewissen Vereinheitlichung solcher Neuordnungen. Die Anfänge dazu lagen bereits in den frühen zwanziger Jahren, und zwar nicht bei Luther, der sich mit solchen Änderungen sehr zurückhielt und nur das aus seiner Sicht unbedingt Nötige korrigierte, sondern bei äußerlich radikaleren Männern wie Gabriel Zwilling und Karlstadt in Wittenberg 1521/22, auch bei Thomas Müntzer, vor allem aber bei den Schweizern, denen eine Reihe oberdeutscher Städte bald folgte. Hier verschwanden die Bilder, auch Orgel und Chorgesang, dazu die Meßgewänder, die lateinische Sprache, überhaupt große Teile der herkömmlichen Liturgie; der Gottesdienst wurde zu dem für die reformierten Kirchen noch heute typischen schlichten, ja kargen Wortgottesdienst. Anders war es in den lutherischen Kirchen, die, seit 1526 vor allem nach dem Vorbild von Luthers ‹Deutscher Messe und Ordnung des Gottesdiensts›, den Kultus in der Regel nur sehr behutsam reformierten. Zwar wurde das Opfer aus dem Meßkanon eliminiert, auch verschwanden anstößige Berufungen auf die Heiligen. Die Predigt erhielt einen zentralen Platz im Gottesdienst, der Laienkelch wurde selbstverständlich, und der Gemeindegesang bekam Heimatrecht in der Liturgie. Ansonsten aber übernahm man die traditionellen Elemente des Gottesdienstes, übrigens auch den katholischen Festkalender, nahezu unverändert. Ungeachtet der Tiefe der theologischen Gegensätze zur alten Kirche gab es hier doch Kontinuitäten, die

manchem Zeitgenossen, besonders natürlich dem wenig gebildeten Kirchenvolk, die Unterschiede des lutherischen zum katholischen Gottesdienst als nicht sehr gravierend erscheinen lassen mochten – weniger gravierend jedenfalls als zum Gottesdienst der Zwinglianer und später der Calvinisten.

3. Zur Sicherung der Lehrgrundlage und der Neuordnung des Gottesdienstes kam die Versorgung der Gemeinden mit hinreichend gebildeten, d.h. zu Exegese und Predigt befähigten, auch wirtschaftlich hinreichend gesicherten Pfarrern. Dabei war die wirtschaftliche Versorgung nicht nur gegen den unwilligen Geiz von Bürgern und Bauern, sondern oft auch gegen adlige Bereicherungen am Kirchengut sicherzustellen. Für solche Pfarren, die in Klöster inkorporiert gewesen waren, mußte überhaupt allererst ein eigener Vermögensfundus gebildet werden. Darüber hinaus mußte man darum bemüht sein, die vor allem auf dem Lande oft erbärmlich mageren Pfarrpfründen in ihrer Ausstattung zu verbessern – es wäre sonst kaum eine Chance gewesen, tüchtige Pfarrer auf diese Stellen zu bekommen. Auch waren die evangelischen Geistlichen in der Regel verheiratet, die Pfarrpfründe mußte also zum Unterhalt einer ganzen Familie ausreichen.

In den Städten, auch in den landesfürstlichen Städten, beruhte die Neuordnung der Pfarrbesoldung regelmäßig auf der Grundlage des «Gemeinen Kastens». Das Grundprinzip dieser Einrichtung, die auf Vorschläge Luthers schon aus den frühen zwanziger Jahren zurückging, bestand in der Vereinigung aller erledigten kirchlichen Pfründen und Stiftungen, Zinsen und Gefälle der Pfarreien in einer gemeinsamen Kasse, aus der dann wiederum die notwendigen Ausgaben für den Kirchen- und Schuldienst wie für das städtische Armenwesen zu bestreiten waren. Als selbständige Pfarrpfründen verblieben im wesentlichen bloß die Pfarrländereien, die die Pfarrer verpachten oder selbst bewirtschaften konnten; im übrigen erhielten sie ihre Einkünfte von der Verwaltung des Gemeinen Kastens, die ihnen auch das konfliktträchtige Geschäft des Eintreibens der Abgaben abnahm. In Württemberg kam es darüber hinaus zur Einrichtung von Kirchenkästen für ganze Amtsbezirke, ja sogar eines Gemeinen Kirchenkastens für das gesamte Herzogtum; hier wurden auch die ländlichen Pfarreien in das neue Besoldungssystem einbezogen. Das war aber noch lange die Ausnahme, in der Regel blieben die ländlichen Pfarreien auf ihre früheren Einkunftsarten angewiesen. Soweit Aufbesserungen dieser Einkünfte unabweisbar schienen – nicht zuletzt wegen des Fortfalls früherer Stiftungen der verschiedensten Art –, wurde dazu für gewöhnlich das Vermögen eingezogener ländlicher Klöster, der zumeist benediktinischen sogenannten «Feldklöster«, herangezogen. Diese Umwidmung wie überhaupt die Regelung der finanziellen Verhältnisse der Pfarreien war eine Hauptaufgabe schon der frühen Visitationen, deren Lösung aber noch Jahrzehnte in Anspruch nahm. Als problematisch erwies sich dabei vor allem, daß jede Zuweisung klösterlichen Vermögens an eine ländliche Pfarrei einen Verzicht des Landesherrn auf Einkünfte bedeutete, die er sonst – wie anderes Klostergut – zur Bestreitung von Kosten der übergeordneten kirchlichen Verwaltung, des Bildungswesens oder auch der Landesverwaltung hätte heranziehen können. Als Ergebnis dieser Interessenkollisionen blieb die Ausstattung der ländlichen Pfarreien trotz aller Bemühungen der Visitatoren oft sehr unbefriedigend. Gegenüber ihren Amtsbrüdern in der Stadt jedenfalls blieben die Landpfarrer in der Regel deutlich benachteiligt.

Noch viel länger als die wirtschaftliche Sicherstellung dauerte die Verbesserung der theologischen Bildung der Pfarrer. Die zentrale Bedeutung der Predigt für den Gottesdienst und die Bindung der Predigt an die Auslegung der Heiligen Schrift machten vor allem eine gründliche exegetische Ausbildung erforderlich, und die wiederum verlangte vorab die Kenntnis der alten Sprachen, wenigstens des Griechischen, nach Möglichkeit auch des Hebräischen. Von da aus lag es nahe, sich der humanistischen Gelehrsamkeit zu bedienen, und in der Tat hat die theologische Ausbildung der evangelischen Pfarrer frühzeitig und für lange Zeit einen stark humanistischen Einschlag bekommen. Den entscheidenden Anteil an dieser Einschmelzung humanistischer Elemente in das Bildungswesen der evangelischen Kirchen hat Philipp Melanchthon gehabt. Auch sonst, über den Bereich der Theologie weit hinaus, erwuchs die Organisation und der Studienbetrieb der protestantischen Universitäten weithin aus Melanchthons Konzeptionen. Das gilt nicht zuletzt von der Erweiterung der alten Artistenfakultät zu einer Institution weit ausgreifender sprachlicher, literarischer und philosophischer Studien – zur Philosophischen Fakultät, wie man sie seitdem nannte.

Bei der großen Mehrheit der bereits im Amt befindlichen Pfarrer, die sich der Reformation zugewandt hatten, war an eine gründliche Vertiefung der theologischen Bildung allerdings kaum zu denken. Die krassesten Fälle von Uninformiertheit – Melanchthon begegnete wohl einem Pfarrer, der die Zehn Gebote nicht kannte – wurden zwar von den Visitatoren mit Absetzung quittiert; weithin aber mußte man sich mit der Empfehlung der Anschaffung und Lektüre einiger Bücher begnügen, und oft genug wurden auch diese Empfehlungen nicht befolgt. Die Situation änderte sich erst, als die Pfarrer aus vorreformatorischer Zeit allmählich ausstarben und die von den Theologischen Fakultäten der evangelischen Universitäten ordinierten jungen Geistlichen ins Amt kamen. Auch deren Bildungsstand wird man freilich nicht überschätzen dürfen. Angesichts des akuten Pfarrermangels durften die Ansprüche an die Bewerber noch geraume Zeit nicht allzu hoch geschraubt werden. Immerhin war doch eine grundsätzliche Wende eingeleitet, die Verhältnisse besserten sich von Jahrzehnt zu Jahrzehnt. Langfristig, im Grunde bis in unser Jahrhundert hinein, ist das evangelische Pfarrhaus überhaupt zu einer wahren Bildungsbrutstätte der Nation geworden.

4. Die Bemühungen der Reformation um das Bildungswesen galten nicht nur der verbesserten Ausbildung der Pfarrer und dem Universitätswesen, sondern auch der Schule. Das war um so wichtiger und dringender, als in den frühen zwanziger Jahren, und zwar in sehr unmittelbarem Zusammenhang

mit der reformatorischen Bewegung, das Schulwesen in schlimmen Verfall geraten war. Ein erheblicher Teil der Schulen war in vorreformatorischer Zeit von Klöstern und anderen geistlichen Institutionen unterhalten worden, deren Auflösung auch das Ende ihrer Schulen bedeutete. Dazu kam die reformatorische Hinwendung zur deutschen Sprache, die manchem schlichten Gemüt das Latein als überflüssig erscheinen ließ. Karlstadt und einige seiner schwärmerischen Anhänger waren sogar der Meinung, daß die wahre Erleuchtung nur den Ungelehrten zuteil werden könne. So nahmen viele Eltern ihre Kinder aus den Lateinschulen und ließen sie statt dessen ein Handwerk lernen, mit gravierenden Folgen für die Universitäten wie überhaupt für das Bildungswesen. Erasmus schrieb noch 1528 an Pirckheimer: «Wo immer die Lehre Luthers regiert, da ist Untergang der Wissenschaften». Allerdings hatte sich zu diesem Zeitpunkt bereits ein Umschwung angebahnt. Luther hatte schon in der Adelspredigt von 1520 und wieder 1524 – diesmal vor allem an die Adresse der städtischen Obrigkeiten – die Einrichtung von Schulen gefordert; der sächsische ‹Unterricht der Visitatoren› von 1528 machte dafür sehr konkrete Vorschläge. Die norddeutschen Kirchenordnungen Bugenhagens erklärten die Fürsorge für das Schulwesen vollends zu einer zentralen Aufgabe der kirchlichen Neuordnung. Dieser Appell der Reformatoren blieb nicht ungehört. Bereits seit Mitte der zwanziger Jahre erneuerte eine wachsende Zahl evangelisch werdender Städte ihr Schulwesen; die Zweckbestimmung des Gemeinen Kastens auch zugunsten der Schule wurde zur Regel. 1537 entstand mit dem Straßburger Gymnasium des Johannes Sturm eine Bildungseinrichtung von europäischem Rang. In den vierziger Jahren wurden im albertinischen Sachsen die fürstlichen «Gelehrtenschulen» von Pforta, Grimma und Meißen gegründet, deren Vorbild in der zweiten Jahrhunderthälfte auch auf andere Territorien ausstrahlte.

Das Schulwesen der Reformation unterschied sich von den herkömmlichen Verhältnissen zum einen dadurch, daß die Schulen – jedenfalls die Lateinschulen – durchweg unter der Regie der weltlichen Obrigkeiten standen; die Schulen wurden, modern gesprochen, zu Staatsschulen. Zum anderen wurde der Schule mit Nachdruck die Aufgabe zugewiesen, gleichermaßen für den geistlichen Stand wie für weltliche Berufe vorzubereiten. «Laßt uns das gesagt sein», schrieb Luther 1524, «daß wir das Evangelium nicht wohl werden erhalten ohne die Sprachen [...] Sie sind der Schrein, darin man dies Kleinod trägt». Aber auch das weltliche Regiment bedürfe guter Schulen und gelehrter Leute – Juristen, Schreiber, Ärzte, Schulmeister und dergleichen: «Wenn nun gleich keine Seele wäre und man der Schulen und Sprachen gar nicht bedürfte um der Schrift und Gottes willen, so wäre doch allein diese Ursache genugsam, die allerbesten Schulen, beide für Knaben und Maidlein, an allen Orten aufzurichten, darum daß die Welt, [um] auch ihren weltlichen Stand äußerlich zu halten, doch bedarf feiner, geschickter Männer und Frauen».

Die reformatorische Förderung des Schulwesens galt vor allem den Lateinschulen, und es war wiederum Melanchthon, der ihnen ihr grundlegend humanistisches Gepräge gab. Die alten Sprachen, nach Möglichkeit neben Latein auch Griechisch und Hebräisch, standen ganz im Mittelpunkt des Unterrichts; die deutsche Sprache dagegen war kein Unterrichtsfach. Geographie und Geschichte wurden nur soweit behandelt, als sie bei den behandelten Autoren der heidnischen oder christlichen Antike eine Rolle spielten. Mathematik wurde kaum betrieben, die Naturwissenschaften kamen gar nicht vor. Durchweg galt die Antike mit ihrem Wissensfundus, ihrem Schatz an Lebensweisheit und ihrer formalen Schulung als maßgebendes Vorbild. Zugleich aber war diese Bildung der natürlichen geistigen Fähigkeiten des Menschen sehr wesentlich auf das Evangelium ausgerichtet, um dessen Schätze zu heben und sie für die Welt fruchtbar zu machen. Wie wichtig diese geistliche Ausrichtung der Schule genommen wurde, zeigt die Tatsache, daß an den Schulen der Reformation zum ersten Mal ein eigener Religionsunterricht in den Lehrplan Aufnahme fand. Viele Kirchenordnungen schrieben vor, daß die Schulzeit eines ganzen Wochentags, zumeist des Samstags, ausschließlich der «christlichen Unterweisung» zu widmen sei. In ihrem Rahmen sollten immerhin – jedenfalls nach der Empfehlung Bugenhagenscher Kirchenordnungen – das Matthäus-Evangelium und einige andere Schriften des Alten und Neuen Testaments «grammatice exponirt» werden. Im übrigen galt es als selbstverständlich, daß die Schüler geschlossen an den Gottesdiensten der Gemeinde teilnahmen und für den Chorgesang in den Kirchen zu sorgen hatten. Mit alledem stellten die protestantischen Latein- oder Gelehrtenschulen Einrichtungen dar, die trotz unverkennbarer Schwächen und Einseitigkeiten auf der Höhe ihrer Zeit standen, aufs Ganze gesehen entschieden leistungsfähiger als ihre spätmittelalterlichen Vorgänger. Den damit erreichten Bildungsvorsprung des protestantischen Schulwesens haben auf katholischer Seite erst die Jesuitengymnasien des späteren 16. und 17. Jahrhunderts allmählich wettgemacht.

Im Gegensatz zu den Lateinschulen widmete die Reformation den «deutschen» Schulen nur wenig Aufmerksamkeit. Hier blieb es bei den herkömmlichen, meist auf privater Basis betriebenen Instituten, in denen die Schüler Lesen und Schreiben, dazu ein wenig Rechnen lernen konnten. Wie die Lateinschulen fanden sich auch diese deutschen Schulen, unter denen es übrigens auch Mädchenschulen gab, nur in den Städten; von einer allgemeinen Schulpflicht konnte vollends nicht die Rede sein. Immerhin forderten die reformatorischen Kirchenordnungen zumeist, daß die Kinder jeweils an den Sonntagnachmittagen anhand des Katechismus über die Grundelemente des christlichen Glaubens – die Zehn Gebote, die Glaubensartikel, das Vaterunser und die Sakramente – unterrichtet würden. Dieser Unterricht wurde gelegentlich vom Pfarrer selbst, zumeist aber vom Küster erteilt. Neben jenen deutschen Privatschulen sind diese Küsterschulen zu wichtigen Vorläufern der allgemeinen Volksschule geworden, die selbst freilich noch

Jahrzehnte auf sich warten ließ. Die Straßburger Kirchenordnung von 1598 hat zum ersten Mal die allgemeine Schulpflicht der Kinder ausgesprochen und in diesem Zusammenhang auch die Vorbildung der unterrichtenden Küster geregelt.

5. Des weiteren gehörte die Neuregelung des Armenwesens zu den Grundelementen evangelischer Kirchenbildung. Diese Neuregelung schloß an die Anfänge städtischer Sozialpolitik des späten Mittelalters an, wie sie etwa für Nürnberg oder Straßburg reich bezeugt ist. Das Ziel dieser Sozialpolitik war zum einen eine hinreichend gesicherte Versorgung der wirklich Armen der Gemeinde, zum andern aber – im Gegensatz zu älteren Vorstellungen der mittelalterlichen Kirche – die Zurückdrängung des Bettels, vor allem des nicht aus Not, sondern mit raffiniertem Geschäftssinn und oft in betrügerischer Manier betriebenen Bettels. Die Reformation verstärkte diesen Wandel der Einstellung grundsätzlich. Ihr Berufs- und Arbeitsethos ließ den freiwilligen Bettel nicht zu, und ihre Auffassung von einer christlichen Fürsorgepflicht für die Armen ließ auch den unfreiwilligen Bettel, den Bettel aus Not, als einen Mißstand ansehen, der schleunigst durch eine ordentliche Armenfürsorge zu beseitigen wäre. Als deren Träger kamen, schon gar nach dem Fortfall der Klöster und Bruderschaften, nur die Gemeinden in Frage. In der Tat sind im Gefolge der Reformation in den Städten regelmäßig Institutionen der Armenfürsorge geschaffen oder doch ausgebaut worden, die in den Gemeinen Kästen auch eine einigermaßen gesicherte finanzielle Basis erhielten. In Zeiten wirtschaftlicher Krisen war und blieb die Armut freilich oft größer als die Möglichkeiten dieser Armenfürsorge. Es fehlte oft genug an hinreichenden Mitteln, noch öfter an Erfahrung der städtischen Verwaltung mit der schwierigen Materie; schon die verbindliche Feststellung der Bedürftigkeit ließ heikle Probleme des Umgangs mit den Armen entstehen. Auf dem Lande hatte sogar schon die Einrichtung Gemeiner Kästen nur sehr sporadischen Erfolg, der Wegfall der klösterlichen Caritas konnte hier noch lange nicht ausgeglichen werden. Der Bettel verschwand mithin nicht wirklich und auf Dauer; alle Appelle der Prediger oder auch der Obrigkeiten an die Opferbereitschaft der Gemeinden konnten daran nichts ändern.

6. Was schließlich die rechtliche Verfassung der reformatorischen Kirchen angeht, so kam man oberhalb der Ebene der Pfarreien lange Zeit mit minimalen Institutionen und Regelungen aus. Das hatte seinen Grund nicht zuletzt darin, daß Luther selbst – ganz anders als wenig später Calvin – den Fragen der Kirchenverfassung ziemlich gleichgültig, ja sogar mit grundsätzlicher Skepsis gegenüberstand, weil er die Erstarrung allzu fest gefügter Rechtsformen fürchtete. So kam es im Bereich der deutschen Reformation seit den späteren zwanziger Jahren zwar weithin zur Einsetzung von Superintendenten mit der Aufgabe regelmäßiger Kirchenvisitationen; darüber stehende Behörden der Kirche oder des landesherrlichen Kirchenregiments aber wurden zunächst kaum gebildet. Das preußische Beispiel evangelischer Bischöfe blieb – abgesehen von dem kurzlebigen Versuch eines Naumburger

Bistums unter Nikolaus von Amsdorf – ohne Nachfolge, auch in den evangelisch gewordenen landsässigen Bistümern Ostmitteldeutschlands ging das Amt der Bischöfe unter. Einen gewissen Neuansatz in der Entwicklung der Kirchenorganisation bedeutete erst die Einrichtung des kursächsischen Konsistoriums von 1539; doch handelte es sich auch dabei vorerst nur um ein übergeordnetes Ehegericht, das überdies wegen seiner – dem kanonischen Recht folgenden – Anerkennung der heimlichen Eheversprechen bald in die Schußlinie der Kritik Luthers geriet. So kam es erst nach der Jahrhundertmitte in größerer Breite zu einer organisatorischen Verfestigung des landesherrlichen Kirchenregiments: im albertinischen Sachsen als Fortbildung des kursächsischen Konsistoriums, in Württemberg in Form ständiger Visitationskommissionen; der aus diesen Visitationskommissionen erwachsende württembergische Kirchenrat wurde in der Folge zum Vorbild für eine Vielzahl anderer evangelischer Landeskirchen. Im übrigen gestanden die Ordnungen der lutherischen wie der zwinglianischen Kirchen der Zeit dem Kirchenvolk kaum irgendwo eine aktive Rolle von einiger Bedeutung zu. Die Kirche war im entscheidenden durch ihre Funktionen der Predigt und der Sakramentenspendung definiert, und diese waren ausschließlich Sache des geistlichen Amts; die Entscheidungen über das kirchliche Vermögen aber kamen regelmäßig in direktem Zusammenwirken der kirchlichen Amtsträger mit den weltlichen Obrigkeiten zustande. Ungeachtet der grundsätzlichen Aufwertung der «Laien» durch die Reformation blieben die protestantischen Kirchen Pastorenkirchen, die Gemeinden «nur Gegenstand der pastoralen Arbeit» (Karl Müller). Die wichtigste Ausnahme von dieser fortgesetzten Entmündigung der Gemeinden bedeutete das auf Anregung Butzers eingerichtete Amt der Presbyter oder Ältesten in Straßburg und später auch in Hessen. Obschon eigentlich nicht als eine Vertretung der Gemeinde, sondern als eine Erweiterung des geistlichen Amts neben dem Pfarrer gedacht, wurde diese Institution der Ältesten doch zum Kristallisationskern einer größeren Eigenständigkeit der Gemeinde im Ganzen der Kirche. In Deutschland freilich nicht weit verbreitet, ist das Straßburger Modell für Calvin und über ihn für den gesamten Calvinismus Westeuropas maßgebend geworden.

6. Die Ära der Religionsgespräche 1539–1541 und die Verhärtung der konfessionellen Gegensätze 1542–1545

Nach der Ablehnung des Mantuaner Konzils durch die Protestanten hatten sich die kirchenpolitischen Spannungen im Reich merklich verschärft. Den Auftakt dafür bildete der im Januar 1538 auf Betreiben des Reichsvizekanzlers Matthias Held in Nürnberg geschlossene Bund der Habsburger mit den Herzögen von Sachsen, Bayern und Braunschweig-Wolfenbüttel sowie den

Erzbischöfen von Salzburg und Magdeburg gegen die Protestanten. Zwar erwies sich der Bund sehr bald als eine ziemlich anfällige Konstruktion: Das Herzogtum Sachsen schied schon nach dem Tode Herzog Georgs 1539 wieder aus, und Bayern verfolgte ohnehin seine eigenen Interessen. Die Protestanten empfanden das Bündnis gleichwohl als Zeichen einer sich verschärfenden Lage, und überdies war man unsicher, wie der Kaiser selbst auf die Ablehnung des Konzils durch die evangelischen Reichsstände reagieren werde. Zumindest rechnete man mit einer Intensivierung der Kammergerichtsprozesse in Religionssachen, aber selbst eine unmittelbare Kriegsgefahr wollte man nicht ausschließen. So verstärkten die Schmalkaldener vorbeugend ihre diplomatischen Beziehungen zu Franz I. und vor allem zu Dänemark, mit dem jetzt sogar ein förmliches Defensivbündnis zustande kam. Auch Gegenmaßnahmen gegen die etwaige Exekution von Kammergerichtsurteilen wurden angekündigt.

Indessen waren Karl V. und auch König Ferdinand durch ihre außenpolitischen Konflikte dermaßen in Anspruch genommen, daß an ein kriegerisches Vorgehen gegen die Protestanten im Reich vorläufig wiederum nicht zu denken war. Daran änderte sich auch nur wenig, als es im Sommer 1538 in Nizza zu einem neuen Versuch eines grundlegenden Ausgleichs zwischen Karl V. und Franz I. kam. Der französische König war nicht dazu zu bewegen, sich gegen die Lutheraner zu erklären – es sei denn, der Kaiser räume ihm unverzüglich die Herrschaft über Mailand ein. Da der Kaiser nicht bereit war, auf diese Zumutung einzugehen, blieb auch die Gefahr eines französisch-protestantischen Bündnisses weiterhin bestehen. Das war die Situation, in der König Ferdinand mit Kurfürst Joachim II. von Brandenburg in Bautzen zusammentraf und von diesem das Angebot erhielt, noch einmal durch gütliche Verhandlungen mit den evangelischen Ständen eine Beilegung des Glaubensstreits zu versuchen – der Brandenburger hielt die Maximen seiner eigenen, damals in Vorbereitung stehenden Kirchenreform für ein brauchbares Prinzip eines allgemeinen Religionsvergleichs in Deutschland. Wirklich gingen Ferdinand und dann auch Karl V. auf dieses Angebot ein, und selbst der Papst stimmte dem Vorhaben zu; von päpstlicher Seite sollte Aleander als Legat die Verhandlungen führen.

Die erste Voraussetzung für solche Verhandlungen bestand in der Festigung und Sicherung eines – wenigstens vorläufigen – Religionsfriedens im Reich, vor allem in der Abstellung der Kammergerichtsprozesse in Religionssachen. Eben das war auch die Forderung, die die Schmalkaldener durch Vermittlung Joachims II. an König Ferdinand und den Kaiser gelangen ließen; bei Gewährung dieser Forderung sei man auch zur Türkenhilfe bereit. In der Folge konzentrierten sich die Verhandlungen zunächst ganz auf diese beiden Themen; die Gespräche über einen eigentlichen Religionsvergleich wurden hinausgeschoben, Aleander blieb bis auf weiteres bloßer Zuschauer der Dinge. Der vom Kaiser beauftragte Unterhändler war Johann von Weeze, der bei der Reformation Schwedens vertriebene designierte

Erzbischof von Lund, einer der fähigsten Diplomaten Karls V. und – anders als der intransigente Reichsvizekanzler Matthias Held – ein Mann des konfessionspolitischen Ausgleichs. Die Verhandlungen gestalteten sich gleichwohl schwieriger als erwartet und waren mehr als einmal vom Scheitern bedroht. Der päpstliche Legat hielt ohnehin schon bald wieder die Gewalt für den einzigen Weg zur Ausräumung des Glaubensstreits. Schließlich aber setzten sich der politische Wille des Kaisers und das Verhandlungsgeschick Weezes durch; am 19. April 1539 konnte der Frankfurter Anstand unterzeichnet werden. Er gewährte allen derzeitigen Anhängern der Augsburgischen Konfession einen auf sechs Monate befristeten Religionsfrieden unter förmlicher Sistierung der Kammergerichtsprozesse gegen die evangelischen Stände. Die Dauer des Anstands sollte auf 15 Monate erstreckt werden, falls die Protestanten bereit wären, für diese Zeit weitere Säkularisationen von Kirchengut zu unterlassen und keine neuen Mitglieder in den Schmalkaldischen Bund aufzunehmen. Für diesen Fall wollte der Kaiser überdies darauf hinwirken, daß auch der Nürnberger Bund nicht erweitert würde. Vor allem aber nahm der Frankfurter Anstand ausdrücklich baldige Gespräche zwischen den Religionsparteien in Aussicht, um «auf eine löbliche christliche Vereinigung zu handeln» – nicht nur unabhängig vom Konzil, sondern auch ohne Beteiligung der Kurie; die Protestanten jedenfalls erklärten ausdrücklich, nur ohne Beteiligung des Papstes verhandeln zu wollen.

Daß der Frankfurter Anstand insbesondere auf katholischer Seite Unmut erweckte, ist wohl verständlich. Der päpstliche Legat ließ sogar eine förmliche Anklage gegen Johann von Weeze ausarbeiten, in der dem kaiserlichen Unterhändler Bestechung und Verrat an der katholischen Sache vorgeworfen wurde. Die Reformation des Herzogtums Sachsen im Sommer 1539 schien überdies zu zeigen, daß die Protestanten nicht bereit waren, ihren Beitrag zur Friedenssicherung zu leisten. Als der Kaiser von Madrid aus das schon für den August vorgesehene Religionsgespräch verschob und dann überhaupt absagte, drohte der Frankfurter Anstand vollends zur bedeutungslosen Episode zu werden. Aber die Bedingungen der europäischen Politik und die neuerliche Unsicherheit des Konzils ließen es Karl V. doch geraten erscheinen, die Möglichkeiten einer friedlichen Vergleichung des Religionsstreits in Deutschland noch einmal und gründlicher als je zuvor auszuloten. Im April 1540 ließ er für den Juni zu einem Religionsgespräch nach Speyer einladen; daß er sich dabei nicht auf den Frankfurter Anstand bezog, gab ihm zugleich die Möglichkeit, der Kurie die Beteiligung an dem Gespräch zu eröffnen.

Wirklich konnte der – wegen einer Seuche von Speyer nach Hagenau umdirigierte – Konvent im Juni 1540 unter dem Vorsitz von König Ferdinand eröffnet werden. Die Reihe der Teilnehmer wies allerdings problematische Lücken auf. Kurfürst Johann Friedrich von Sachsen und Landgraf Philipp von Hessen hatten ihre Teilnahme verweigert, weil die Einladung mit den Frankfurter Vereinbarungen nicht in Einklang stand. Von den protestantischen Theologen fehlte nicht nur Luther, sondern auch Melanchthon; immerhin erschienen mit Brenz und Osiander sowie mit Butzer, Capito und Calvin, den führenden Straßburger Kirchenmännern dieser Jahre, doch evangelische Theologen von Rang. Auf katholischer Seite war als einziger der geistlichen Fürsten Bischof Johann Fabri aus Wien gekommen. Zusammen mit Eck und Cochlaeus bildete er in Hagenau eine Gruppe seit langem unversöhnlicher Gegner der Reformation. Daneben aber standen mit Pflug, Gropper und Nausea auch solche Männer, die einen Ausgleich im Glaubensstreit für möglich und wünschenswert hielten. Der päpstliche Nuntius Morone war anwesend, hatte aber nur die Aufgabe, die katholischen Gesprächsteilnehmer zu beraten; dagegen war er nicht ermächtigt, irgendwelche Zusagen zu machen. Die Verhandlungen gediehen nicht weit. Schon die Frage, worüber überhaupt diskutiert werden sollte, war heftig umstritten. Während König Ferdinand – unter dem Aspekt der Vermittlung wohlüberlegt – von den in Augsburg 1530 unverglichen gebliebenen Artikeln ausgehen wollte, votierte Cochlaeus für eine Grundsatzdiskussion über Rechtfertigung und Kirche, die Protestanten dagegen wollten dem Gespräch die Confessio Augustana zugrunde legen. Noch größere Schwierigkeiten ergaben sich aus der Frage nach den theologischen Maßstäben, die für das Gespräch gelten sollten. Im Gegensatz zu den Katholiken wollten sich die Protestanten nicht auf die Autorität von Kirchenvätern und Konzilien neben der Heiligen Schrift einlassen; erst recht lehnten sie das von König Ferdinand geforderte Recht des Papstes zur Bestätigung etwaiger Ergebnisse des Gesprächs ab. Mitte Juli war klar, daß schon über den modus conciliandi keine Einigung erzielt werden konnte; das Gespräch war gescheitert, bevor es noch recht begonnen hatte. Immerhin gelang es Ferdinand, die Zustimmung der Parteien wenigstens zu einer späteren Wiederaufnahme des Gesprächs zu erlangen; die neuen Verhandlungen sollten Ende Oktober in Worms eröffnet werden. Überdies bat man den Kaiser um einen baldigen Reichstag, auf dem verbindliche Beratungen über den Ausgleich im Glaubensstreit geführt werden sollten, und um seine persönliche Anwesenheit bei dieser Reichsversammlung. Angesichts der so deutlich gewordenen Verständigungsschwierigkeiten war in der Tat abzusehen, daß Karl V. seine persönliche Autorität für die Religionsgespräche einsetzen mußte, wenn sie nicht auch in Zukunft schon in den Präliminarien steckenbleiben sollten.

Der Kaiser bestätigte den Hagenauer Abschied und lud wenig später für das kommende Frühjahr zu dem erbetenen Reichstag nach Regensburg ein. Die Leitung des Wormser Religionsgesprächs aber übertrug er seinem premier conseiller, Herrn von Granvelle – dem besten Mann, den er zur Verfügung hatte. Diese Investition lohnte sich. Zwar verzögerte sich die Ankunft Granvelles bis in die zweite Novemberhälfte, so daß das Gespräch erst mit vierwöchiger Verspätung eröffnet werden konnte, aber dann führte die überlegene Verhandlungstaktik Granvelles binnen eines weiteren Monats zu einem überraschenden Erfolg. Die offiziellen Verhandlungen wurden auch jetzt wieder – ähnlich wie in Hagenau – über Wochen hinweg durch Verfahrensstreitigkeiten aufgehalten; erst am 14. Januar 1541 konnten Melanchthon und Eck das eigentliche Religionsgespräch mit einer dreitägigen Diskussion über die Erbsünde beginnen. Die eigentliche Entscheidung aber war zu diesem Zeitpunkt schon gefallen. Granvelle hatte nämlich bereits Mitte Dezember 1540 Geheimgespräche zwischen Johann Gropper und dem kaiserlichen Rat Gérard Veltwyk – einem hochgebildeten Humanisten jüdischer Herkunft – einerseits, den Straßburger Theologen Martin Butzer und Wolfgang Capito anderseits initiiert; daß er solche Geheimverhandlungen ausdrücklich als letztes Mittel bezeichnete, um einen Religionskrieg zu vermeiden, verlieh seiner Initiative politischen Nachdruck. Butzer wie Gropper hatten sich schon früher intensiv und detailliert mit den Möglichkeiten einer theologischen Vermittlung im Glaubensstreit befaßt und sich auch selbst um solche Vermittlungen bemüht; überdies hatten sie sich in Hagenau näher kennen und wohl auch schätzen gelernt. Wirklich gelang es ihnen jetzt sehr rasch, in den Artikeln der Erbsünde und der Rechtfertigung zu einer weitgehenden Verständigung zu gelangen. Schwieriger wurden die Verhandlungen über die Autorität von Schrift und Tradition, über Messe und Heiligenverehrung; aber auch in diesen Artikeln kam man einander sehr nahe. Daß Butzer ausdrücklich anerkannte, daß «von den Aposteln her bis zur Zeit der heiligen Väter auch ein Christentum gewesen» sei, erleichterte die Einigung, im wesentlichen auf der Grundlage altchristlicher Lehren und Gebräuche. Am 31. Dezember 1540 gelangten die Gespräche mit einem ausformulierten Vergleichsentwurf zu einem erfolgreichen Abschluß.

Granvelle reagierte sofort, und zwar auf der politischen Ebene. Er empfahl dem Kaiser die erneute Verlegung des Religionsgesprächs, das offiziell ja immer noch bei seinen Präliminarien stand, auf den bevorstehenden Reichstag zu Regensburg; man dürfe hoffen, daß sich die Reichsstände dem aus den Geheimverhandlungen erwachsenen Entwurf auf dem Reichstag nicht versagen würden – jedenfalls dann nicht, wenn der Kaiser sich nachdrücklich für den Vergleich einsetzen werde. Die zustimmende Antwort des Kaisers erfolgte umgehend. Am 18. Januar 1541 wurde das Religionsgespräch nach Regensburg vertagt.

Auf dem Reichstag selbst machte sich Karl V. alsbald zum Herrn des Verfahrens. Bereits in der Reichstagsproposition vom 5. April 1541 erklärte er seinen Willen, selbst einige wenige Personen bestellen zu wollen, die dem Reichstag einen Vergleichsvorschlag zum Beschluß unterbreiten sollten, über den dann des weiteren mit dem Papst zu verhandeln sei. Die Stände, auch die katholischen, hatten zwar zunächst Bedenken gegen diesen Verfahrensvorschlag, akzeptierten ihn dann aber doch und anerkannten damit den Kaiser als die maßgebende politische Kraft einer Verständigung im Glaubensstreit. Als Teilnehmer des Gesprächs bestimmte der Kaiser auf katholischer Seite Johann Eck, Gropper und Pflug, von den Evangelischen Melanchthon, Butzer und den Hessen Pistorius; zu Vorsitzenden ernannte er

Pfalzgraf Friedrich und Granvelle. Als päpstlicher Legat war auf ausdrücklichen Wunsch Karls V. Kardinal Contarini erschienen, ein guter Kenner der protestantischen Theologie, in seinem eigenen Denken durch Augustinus und die Heilige Schrift bestimmt und vom aufrichtigen Willen zur Überwindung des Zwiespalts erfüllt. Nicht unmittelbar an den Verhandlungen beteiligt, wirkte Contarini vor allem als Berater der katholischen Kolloquenten; ihm vor allem war es zu verdanken, daß auch der streitbare Eck sich auf den Versuch einer wirklichen Versöhnung einließ.

Zur Grundlage der Verhandlungen bestimmte der Kaiser den Wormser Vergleichsentwurf, allerdings in einer von Contarini, Morone und Gropper nicht unwesentlich korrigierten Fassung. Am 27. April begannen die Verhandlungen. Über die ersten Artikel des Wormser Buchs – vom Urstand, vom freien Willen, von Sünde und Erbsünde – einigte man sich rasch. Dann, beim Artikel von der Rechtfertigung wurde es schwierig. Sowohl Eck als auch Melanchthon fanden den Wormser Entwurf allzu undeutlich; gerade der Artikel von der Rechtfertigung aber war zu wichtig, als daß die eine oder andere Seite eine Gefährdung ihrer wesentlichen Anliegen hätte hinnehmen können. Mehrere Versuche zur Neuformulierung – von Melanchthon, von Eck, sogar von Contarini – fanden keine allgemeine Zustimmung. Daß man sich am 2. Mai dann doch auf eine gemeinsame Formulierung verständigen konnte, war so etwas wie eine Sensation. Contarini, der die Einigungsformel alsbald nach Rom meldete, sprach von einem Wunder, der Kaiser von göttlicher Erleuchtung. Allerdings fehlte es auch jetzt nicht ganz an skeptischen Stimmen; daß der sächsische Kurfürst seine Reichstagsgesandten anwies, den Artikel zurückzuweisen, weil er die rechtfertigende Kraft des Glaubens nicht deutlich genug bekenne, war kein gutes Omen. Und auch in Regensburg taten sich in der Folge unüberwindliche Gräben auf. Zwar konnte man sich über weite Bereiche der Sakramentenlehre noch verständigen, aber bei dem Artikel über die Messe erwiesen sich die Gegensätze als unausräumbar. Erst recht blieb der auf den Rat Contarinis zunächst zurückgestellte Artikel von der Kirche und ihrer hierarchischen Spitze in Papsttum und Konzilien strittig. Als der Kaiser Ende Mai auf abschließende Ergebnisse der Kommission drang, wurde die Enttäuschung offenbar: Die Liste der unverglichenen Artikel war länger als die der verglichenen. Damit war die kaiserliche Vermittlungspolitik im wesentlichen gescheitert. Zwar wurden in den folgenden Wochen noch einige Versuche einer wenigstens partiellen Verständigung unternommen; vor allem ließ Karl V. sondieren, ob eine Bestätigung der verglichenen Artikel unter Duldung der nicht verglichenen bis zum Konzil eine Verhandlungschance hätte. Indessen reagierte Rom mit eindeutiger Ablehnung, und auch die Reichsstände wollten sich auf eine solche «interimistische Reichsreligion» (Pastor) nicht einlassen. Überdies erwies sich im Juni, daß auch die so dankbar begrüßte Einigung über den Rechtfertigungsartikel keinen Bestand hatte. Die Kurie verweigerte ihre Approbation, und Luther sprach von untauglichem Flickwerk, ja sogar von «papistischer Täuscherei». Mit alledem war der religionspolitische Status quo ante wieder hergestellt, nur daß die Schwierigkeiten einer Verständigung jetzt noch klarer zutage lagen als zuvor. Auch in der Konzilsfrage kamen wieder die alten Positionen zur Geltung. Die katholischen Reichsstände wie der Kaiser forderten erneut die Einberufung des Generalkonzils – das grundsätzliche Einverständnis Papst Pauls III. lag seit Mitte Juni vor –; die Protestanten erneuerten ihre Ablehnung eines «päpstlichen», weil nicht wahrhaft freien Konzils.

Der Schluß des Reichstags stand, auf den ersten Blick überraschend, im Zeichen recht weitgehender Zugeständnisse an die Protestanten. Zwar machte sich der Reichstagsabschied vom 29. Juli 1541 die katholische Konzilsforderung zu eigen, aber schon der Plan eines Nationalkonzils, falls das Generalkonzil nicht zustande käme, entsprach eher den Wünschen der Protestanten. Der Nürnberger Anstand wurde erneut für 18 Monate verlängert; die Religionsprozesse des Kammergerichts sollten eingestellt, das Gericht selbst paritätisch zusammengesetzt werden. Überdies garantierte der Kaiser den evangelischen Reichsständen den Besitz der von ihnen eingezogenen Kirchengüter und gestand bis auf weiteres sogar die «christliche Reformation» landsässiger Kirchen und Klöster zu. Daß die wichtigsten dieser Konzessionen nur in Form einer Geheimdeklaration des Kaisers ergingen, ließ freilich den Grad ihrer reichsrechtlichen Verbindlichkeit, nicht zuletzt gegenüber dem Reichskammergericht, offen. Zudem konnte für die Protestanten kaum zweifelhaft sein, daß die Zugeständnisse des Kaisers im wesentlichen nur durch die sich erneut zuspitzenden Konflikte mit Türken und Franzosen erzwungen waren, während das eigentliche Ziel der kaiserlichen Religionspolitik eben doch nach wie vor in der Rückführung der Protestanten zur katholischen Kirche – wenngleich zu einer in sich reformierten katholischen Kirche – bestand. Daß der Beitrag der Reichsstände zur Abwehr des in Ungarn vordringenden Heeres der Osmanen mit einer halben Romzugshilfe für drei oder vier Monate – immerhin die erste Türkenhilfe überhaupt seit 1530 – sehr bescheiden ausfiel, trug im übrigen gewiß nicht zu einer großzügigen Handhabung jener religionspolitischen Konzessionen durch die habsburgischen Majestäten bei.

Ohnehin nahm Karl V. auch in der Ära der Religionsgespräche jede Gelegenheit wahr, um den deutschen Protestantismus politisch zu schwächen. Und dabei fiel ihm jetzt ein bedeutender Erfolg in den Schoß. Es gelang ihm nämlich, den Landgrafen Philipp von Hessen, also eines der Häupter des Schmalkaldischen Bundes, politisch an sich zu fesseln.

Den Hintergrund für diese überraschende Wendung bildete eine Nebenehe, die Philipp im März 1540 geschlossen hatte. Luther und Melanchthon hatten diese Doppelehe zwar nicht öffentlich und von Rechts wegen für zulässig erklärt, aber um der von Philipp geltend gemachten Gewissensnot willen «beichtweis» eine geheime Dispensation für möglich gehalten. Die

Sache war indessen nicht wirklich geheimzuhalten; schon auf dem Hagenauer Religionsgespräch wußte König Ferdinand davon. Der Landgraf war damit in einer sehr schwierigen Lage, zumal da die Peinliche Halsgerichtsordnung von 1532 Bigamie mit schweren Strafen bedrohte. Philipp erwog daraufhin, die Flucht nach vorn anzutreten und sich öffentlich, auch unter Preisgabe des Beichtrats der Reformatoren, zu rechtfertigen. Er stieß damit jedoch auf den entschiedenen Widerstand Luthers, der erneut keinen Zweifel daran ließ, daß er die Sache nur vor Gott, aber nicht vor dem geltenden Recht verteidigen könne, und dazu riet, die Doppelehe öffentlich abzuleugnen. Auch bei seinen protestantischen Mitfürsten erfuhr Philipp keine Unterstützung. Die Konsequenz, die er daraus zog, war eine doppelte: Zum einen folgte er dem Rat Luthers und vermied jedes öffentliche Bekenntnis zu seiner Doppelehe, zum anderen aber trat er mit dem Kaiser in Verbindung und bot ihm gegen Sicherstellung vor einem etwaigen strafrechtlichen Verfahren seine politischen Dienste an. Karl V. ging nach einigem Zögern auf das Anerbieten Philipps ein. In einem am 13. Juni 1541 in Regensburg geschlossenen Vertrag verpflichtete sich der Landgraf, keine neuen auswärtigen Bündnisse abzuschließen und bei der Erneuerung bestehender Einungen den Kaiser als Gegner auszunehmen. Dafür sollte dem Landgrafen alles, was er gegen den Kaiser oder den römischen König «oder wider kaiserlich Gesetz und Recht und des Reichs Ordnung bis auf diesen Tag offenlich oder heimlich gehandelt hätte», gänzlich verziehen sein – wenngleich nur unter dem bedenklichen Vorbehalt, daß nicht etwa «von wegen der Religion wider alle Protestantes ein gemain Krieg bewegt wurde». Die Wirkungen dieses Vertrags machten sich bald bemerkbar. Vor allem das Verhältnis des Schmalkaldischen Bundes zu Frankreich kühlte sich merklich ab; im vierten Krieg zwischen Karl V. und Franz I. (1542–1544) stellte man auf kaiserlicher Seite sogar ernsthafte Überlegungen an, den Landgrafen als Feldherrn gegen Kleve und Frankreich zu gewinnen. Anderseits blieb Philipp doch auch jetzt einer der maßgebenden Fürsten des deutschen Protestantismus und damit in der Religionsfrage einer der wichtigsten Gegner des Kaisers. Jener Vorbehalt des Religionskriegs im Regensburger Vertrag ließ an diesem Gegensatz und an seinen möglichen Konsequenzen ja keinen Zweifel.

Nach dem Scheitern des Regensburger Religionsgesprächs waren die nächsten Reichstage von Speyer (1542) und Nürnberg (1542 und wieder 1543) durch ein Klima spannungsvoller Stagnation gekennzeichnet. Zwar gelang es König Ferdinand, die Reichsstände zu finanziellen Hilfen gegen die in Ungarn vordringenden Türken zu bewegen, aber sonst war das Ergebnis der Verhandlungen überaus mager. Insbesondere in der Religionsfrage kam man keinen Deut voran. Im Dezember 1542 lehnten die Schmalkaldischen Bundesverwandten sogar die Rechtsprechung des Kammergerichts für ihre sämtlichen Streitsachen ab, um damit ihrer Forderung nach einer paritätischen Neuordnung des Gerichts Nachdruck zu verleihen. Da der daraufhin immerhin unternommene Versuch einer gründlichen Visitation des Gerichts nicht zum erwünschten Erfolg führte, bedeutete diese «Rekusation» des Kammergerichts praktisch die Sprengung der Reichseinheit auf dem Gebiet der Rechtspflege – eine gefährliche reichspolitische Zuspitzung der konfessionellen Gegensätze.

Von anderem Zuschnitt als die Reichstage der Jahre 1542 und 1543 mit ihren wenig fruchtbaren Konfrontationen und Protesten war dann der Reichstag von 1544. Die persönliche Anwesenheit Karls V. eröffnete wie stets einen größeren Handlungsspielraum und ermöglichte weiterführende Entscheidungen. Wenn der Kaiser in seiner Proposition vom 20. Februar 1544 Hilfe gegen Türken und Franzosen verlangte, die Protestanten dagegen auf «Friede und Recht» drangen, so waren das zwar zunächst die gleichen Ausgangspositionen wie schon in den Jahren zuvor. Aber die Erfolge Karls V. gegen Geldern und Frankreich verschafften seinen Forderungen doch ungewohnten Nachdruck, und überdies hatte der Kaiser an Philipp von Hessen einen eifrigen Fürsprecher bei den Reichsständen; der Regensburger Vertrag des Kaisers mit dem Landgrafen zahlte sich jetzt voll aus. So bewilligte der Reichstag in seinem Abschied vom 10. Juni 1544 mit den Stimmen der Protestanten eine ansehnliche Hilfe nicht nur für eine künftige Offensive gegen die Osmanen – diese Offensive kam freilich wegen des Waffenstillstands von 1545 nicht mehr zustande –, sondern auch und vor allem für den Krieg gegen Frankreich. Das war ein weitreichender Erfolg der kaiserlichen Politik. Ganz abgesehen von der finanziellen Entlastung der habsburgischen Kriegskasse nämlich bedeutete dieser Beschluß die Preisgabe des latenten französischen Bündnisses durch die Protestanten; zum ersten Mal war es dem Kaiser gelungen, die zwei wichtigsten Gegner seiner deutschen und Religionspolitik voneinander zu trennen. Daß er die damit sich eröffnende Chance des «divide et impera» zu einem entscheidenden Schlag gegen die deutschen Protestanten zu nutzen gedachte, ist sicher. Die im Vertrag von Crépy, einige Monate nach dem Abschluß des Speyerer Reichstags, vom französischen König insgeheim ausbedungene Verwendung der französischen Türkenhilfe für den Ketzerkrieg in Deutschland war der nächste und folgerichtige Schritt in dieser Richtung.

Freilich war auch im Sommer 1544 der Protestantenkrieg nur eine von mehreren Alternativen der kaiserlichen Religionspolitik. Vordringlicher war jedenfalls das endliche Zustandekommen des Konzils, und da dessen wirkliche Einberufung gerade jetzt wieder sehr unsicher geworden war, stellte der Kaiser für den Herbst oder Winter einen neuen Reichstag in Aussicht, der in Ermangelung konziliarer Entscheidungen eine «christliche Reformation» für das Reich beschließen sollte. Bis dahin wurden die Reichstagsabschiede und Kammergerichtsprozesse gegen die Protestanten erneut suspendiert, eine Reform des Kammergerichts zugesagt; die geistlichen Güter sollten für Kirchen und Schulen, Armenwesen und Hospitäler verwendet werden dürfen «ohngeachtet was religion die seien». Das waren recht weitgehende Zugeständnisse – weitergehend sogar, als die Mehrheit der katholischen Reichsstände sie zu beschließen gesonnen war. Nur widerwillig gestanden sie zu, daß die Zusicherungen aus kaiserlicher Vollmacht gegeben und in den Abschied aufgenommen wurden. Erst recht empört zeigte sich die Kurie; das römische Tadelsbreve vom 24. August 1544 beschuldigte den Kaiser schwerer Verstöße gegen die kirchlichen Rechte. Eine grundsätzliche Wendung zugunsten der deutschen Protestanten bedeuteten jene Zugeständnisse freilich keineswegs. Ihr eigentliches politisches Ziel bestand vielmehr darin, den Papst mit der Drohung eines religionspolitischen Alleingangs der Deutschen zur Einberufung des Generalkonzils zu drängen. Das wurde in Rom, ungeachtet jenes Tadelsbreves, auch durchaus verstanden. Die Mitteilung über den päpstlichen Entschluß zum Konzil im Herbst 1544 – mittlerweile hatte auch Franz I. der Konzilsberufung zugestimmt – enthielt bezeichnenderweise den Hinweis, daß sich mit dem Konzilsbeschluß des Papstes eine Behandlung der Religionsfragen auf einer Reichsversammlung erübrige. Gegenüber diesen Grundzielen und -erfolgen der Politik Karls V. wollten die Speyerer Konzessionen des Kaisers wegen der Kirchengüter und schon gar wegen der Kammergerichtsprozesse gegen die Protestanten nicht viel besagen: Sie waren zeitlich begrenzt und damit korrigierbar, ein probates Mittel zudem, um einem dichteren politischen Zusammenrücken der Protestanten innerhalb wie außerhalb des Schmalkaldischen Bundes entgegenzuwirken.

Wenn die Reichstage der beginnenden vierziger Jahre seit dem Scheitern der Religionsgespräche durch eine zunehmende Verhärtung der religionspolitischen Fronten gekennzeichnet waren, so gilt das auch und erst recht von der weiteren Ausbreitung der Reformation in diesen Jahren. Vor allem standen diese regionalen Reformationsvorgänge zum ersten Mal im Zeichen eines sich versteifenden Widerstands der Altgläubigen. Die wichtigsten Auseinandersetzungen dieser Art waren die sogenannte Braunschweiger Fehde, der Naumburger Bistumsstreit sowie der Kölner Reformationsversuch des Erzbischofs Hermann von Wied.

Herzog Heinrich der Jüngere von Braunschweig-Wolfenbüttel war ein überzeugt katholischer Fürst und stand seit geraumer Zeit mit Kursachsen und Hessen als den Häuptern des Schmalkaldischen Bundes in einem erbitterten und grobianischen Flugschriftenkrieg. Als Herzog Heinrich versuchte, seine Landesherrschaft und Religionshoheit gegenüber den weitgehend unabhängigen evangelischen Städten Goslar und Braunschweig zu strikter Geltung zu bringen, nahmen die schmalkaldischen Fürsten für die Städte Partei und besetzten schließlich im Sommer 1542 das Herzogtum militärisch. Die Reformation des Kirchenwesens folgte der militärischen Okkupation auf dem Fuße. Ein Mandat des Reichskammergerichts zugunsten des vertriebenen Herzogs blieb erfolglos und gab nur den letzten

Anstoß zur Rekusation des Gerichts vom Dezember 1542. Die Frage, was mit dem Herzogtum des weiteren geschehen solle, war freilich auch unter den Verbündeten sehr strittig. Herzog Ulrich von Württemberg, der sich – nach seiner eigenen Lebensgeschichte sehr begreiflich – für die Restitution Herzog Heinrichs aussprach, konnte sich damit schon deshalb nicht durchsetzen, weil eine solche Restitution zugleich auf eine Rekatholisierung des Landes hinausgelaufen wäre. Größere Chancen hatte schon der Vorschlag, das Herzogtum bis auf weiteres unter kaiserliche Verwaltung zu stellen, doch wehrte sich Herzog Heinrich selbst dagegen mit allem Nachdruck, weil er fürchtete, seine Herrschaft solcherart auf Dauer zu verlieren. Vielmehr versuchte er mit allen Mitteln, das Herzogtum militärisch zurückzuerobern, und erzielte dabei sogar einige Erfolge. Doch dann geriet er, im Oktober 1545, in hessische Gefangenschaft, und aus der sollte ihn erst die Niederlage seiner Gegner im Schmalkaldischen Krieg befreien. Kein Geringerer als Luther, der sich schon zuvor publizistisch aufs derbste mit Herzog Heinrich auseinandergesetzt hatte (‹Wider Hans Worst› 1541), riet von einer Freilassung des Gefangenen ab: Man dürfe seine Feinde nicht so lieben, daß man sich dadurch mit fremder Sünde belade; die rechte Barmherzigkeit gegen den Herzog bestehe darin, ihn seine Tyrannei und Gotteslästerung nicht länger ausüben zu lassen. Daß Herzog Heinrich, und zwar nicht nur in seinem Streit mit Goslar und Braunschweig, eine unter den deutschen Fürsten der Zeit wenig erfreuliche Figur darstellte, ist sicher; seine Regierung war durch zahlreiche und schwere Rechtsbrüche gekennzeichnet. Umgekehrt war aber auch die Fehde der schmalkaldischen Fürsten gegen den Herzog mit dem Reichsrecht nicht zu vereinbaren, sondern bedeutete einen klaren Landfriedensbruch. Daß sich die Verbündeten an dem okkupierten Herzogtum überdies zu bereichern suchten – Luther klagte über die «Raubsucht der Unseren» –, machte das Ganze noch schlimmer.

Ähnlich fragwürdig war das kursächsische Eingreifen bei der Neubesetzung des Bischofsstuhls von Naumburg 1541. Kurfürst Johann Friedrich sah hier die erwünschte «Bequemigkeit» gegeben, sowohl der Religion als auch «des haus zu Sachsen Gerechtigkeit halben» in die Bischofswahl einzugreifen. Das Stift sollte zugleich evangelisch und landsässig werden. Um solchen Absichten entgegenzuwirken, wählte das Domkapitel alsbald nach dem Tode des seitherigen Bischofs und ohne die übliche Absprache mit dem Kurfürsten den Propst des Zeitzer Kapitels, Julius von Pflug, zum Bischof – einen bei aller Neigung zu theologischer Vermittlung und Kirchenreform entschieden zur alten Kirche stehenden Mann. Daraufhin zog der Kurfürst die weltliche Regierung des Stifts an sich und übertrug sie einem von ihm eingesetzten Stiftshauptmann. Als weder Pflug zur Resignation noch das Domkapitel zur Wahl eines dem Kurfürsten genehmen Kandidaten bereit waren, veranlaßte er darüber hinaus die zumeist der Reformation zuneigenden Stiftsstände, Nikolaus von Amsdorf zum – evangelischen –

Bischof zu wählen. Der Widerspruch dieses Verfahrens zu den herkömmlichen kirchenrechtlichen Befugnissen des Domkapitels lag vor aller Augen, und die Wittenberger Theologen zögerten denn auch mit ihrer Zustimmung. Indessen unterschied sich die Bischofswahl Amsdorfs dem Grund nach doch kaum von der Einsetzung vieler evangelischer Pfarrer durch landesfürstliche oder städtische Obrigkeiten im Zuge der Reformation: Hier wie dort folgte man dem Prinzip, daß die hergebrachten kanonischen Besetzungsrechte unter dem Vorbehalt der rechten Lehre und des rechten Gottesdienstes stünden. Luther selbst schrieb denn auch an die Stiftsstände: Ein Domkapitel, das einen Verfolger des Evangeliums zum Bischof wählen wolle, habe seine Rechte verwirkt, und: «Da die weltlichen Güter für die geistlichen Dienste bereitgestellt sind, müssen sie auch dem rechten Bischof folgen». Dem solcherart legitimierten Versuch der Einsetzung eines evangelischen Bischofs in Naumburg war jedoch kein Erfolg beschieden. Der kurfürstliche Stiftshauptmann nahm seine Befugnisse zur weltlichen Regierung des Stifts so exzessiv wie unkooperativ wahr, und auch von der kurfürstlichen Regierung empfing Amsdorf nur wenig Unterstützung; so waren seine Möglichkeiten zum Aufbau eines evangelischen Kirchenwesens von allem Anfang an sehr bescheiden. Hinzu kam, daß Julius von Pflug nicht daran dachte, seine Ansprüche aufzugeben, und dafür manche Unterstützung im Stift selbst fand. Als es ihm 1545 gelang, vom Kaiser die förmliche Belehnung mit dem Bistum zu erlangen, wurde das Bischofsamt Amsdorfs von Reichs wegen als widerrechtliche Okkupation disqualifiziert. Das faktische Ende des evangelischen Bistums Naumburg brachte freilich erst der Schmalkaldische Krieg.

In Kurköln hatte Erzbischof Hermann von Wied (1515–1547) schon in den dreißiger Jahren manche Sympathien für reformatorische Lehren erkennen lassen, ohne freilich über die grundlegenden theologischen Differenzen der Reformation zur römischen Kirche sehr klare Vorstellungen zu haben. Vermutlich waren es dann die nachdrücklichen Reformforderungen des Regensburger Reichstags von 1541, die ihn zu konkreten Reformschritten bewogen. Im Februar 1542 berief er Martin Butzer zu Gesprächen mit ihm und seinem Offizial Johannes Gropper; Gropper und Butzer hatten ja schon beim Regensburger Religionsgespräch eine gemeinsame vermittelnde Linie gefunden, und eine solche Linie sollte nach Meinung des Kurfürsten auch für die Reform seines Erzbistums maßgebend sein. Zunächst fand der Erzbischof die Unterstützung der Stadt Köln wie der kurkölnischen Stände, im März 1542 forderten die Stände für den nächsten Landtag die Vorlage eines förmlichen Reformentwurfs. Als Butzer gegen Ende des Jahres für diese Aufgabe erneut berufen wurde, formierte sich jedoch entschiedener Widerstand. Domkapitel, Universität und Stadtrat verlangten jetzt die Abberufung Butzers. Keimzellen dieses Widerstands waren das Kloster der Karmeliter unter seinem Prior Eberhard Billick und die Kartause unter dem Priorat des Gerhard Kalkbrenner, aber auch Gropper wandte sich von

Butzer ab und erstellte ein eigenes Reformprogramm. Der Kurfürst hingegen hielt nach wie vor an Butzer fest und fand dafür Rückendeckung beim Landtag, der erneut die Vorlage einer Reformationsordnung begehrte. Deren Ausarbeitung war dann von heftigen literarischen Fehden begleitet, in die auf seiten Butzers auch Melanchthon eingriff; vollends diese publizistischen Konfrontationen ließen den Erfolg einer vermittelnden Reformation, wie sie den Vorstellungen Hermanns von Wied entsprach, schon vor ihrem wirklichen Beginn überaus fraglich werden. Die Kölner Reformationsordnung selbst – neben Butzer war wiederum Melanchthon an ihrer Abfassung beteiligt – entsprach insofern reformatorischen Prinzipien, als sie die Schrift zur Norm von Kirchenlehre und Gottesdienstpraxis erklärte; im übrigen aber tastete sie das herkömmliche Kirchenwesen mitsamt der kirchlichen Hierarchie kaum an. Auch diese Zurückhaltung führte indessen nicht zur Versöhnung, sondern nur zu härterem Widerstand, und in diesem Widerstand fühlten sich Stadtrat, Universität und Domkapitel durch kaiserliche und päpstliche Interventionen noch bestätigt. Hinzu kam das wachsende Engagement der Jesuiten, die 1544 eine eigene Niederlassung in Köln gründeten. Auf der anderen Seite blieben klare Stellungnahmen der evangelischen Reichsstände zugunsten Hermanns von Wied aus. Luther selbst fand die Theologie der Kölner Reformationsordnung, insbesondere ihre Abendmahlslehre, sehr unbefriedigend. So geriet der Erzbischof in eine immer schwierigere Lage. Im Herbst 1544 verlangten seine Gegner ultimativ die Abstellung aller Neuerungen und appellierten an Kaiser und Papst; die Suffragane von Lüttich und Utrecht wie auch die Universität Löwen schlossen sich der Appellation an. Der Papst drohte mit Exkommunikation, der Kaiser schickte ein Mandat; Vermittlungsversuche des Landtags schlugen fehl. Daß Hermann von Wied den Kampt gleichwohl und wider alle politische Räson noch immer nicht aufgab, hatte schließlich nur mehr persönliche Gründe: Der Kurfürst fühlte sich in seinem Gewissen gebunden; alt und dem Tode nahe, so ließ er verlauten, wolle er nicht wider seine Erkenntnis handeln. Das endgültige Scheitern des Kölner Reformationsversuchs aber war nur mehr eine Frage der Zeit. 1546 wurde der Erzbischof exkommuniziert und abgesetzt, 1547 – im Gefolge wiederum schon des Schmalkaldischen Kriegs – folgte unter kaiserlichem Druck die förmliche Abdankung. Diese Entscheidung war über die Geschichte des Erzstifts hinaus von hoher Bedeutung. Wenn es zu Beginn der vierziger Jahre so ausgesehen hatte, als fiele der ganze Nordwesten des Reichs mitsamt seinen großen geistlichen Territorien der Reformation zu, so wurde dieser scheinbar unaufhaltsame Trend jetzt an strategisch wichtiger Stelle gebrochen. Das Scheitern des Kölner Reformationsversuchs eröffnete gute Chancen, nun auch die anderen Bistümer und Stifter des deutschen Nordwestens für den Katholizismus zu erhalten.

7. Die Konsolidierung der Reichsritterschaft

Die großen Fragen der europäischen und Religionspolitik – Türken- und Franzosenkrieg, Konzilsfrage und Glaubensstreit – waren nicht die einzigen Themen der Reichspolitik auch der beginnenden vierziger Jahre. Neben ihnen standen wiederum andere Probleme der politischen, sozialen und Wirtschaftsordnung zur Lösung an, und neben manchem unfruchtbaren Hin und Her kam es dabei auch zu zukunftsträchtigen Entscheidungen und Neuansätzen. Die wichtigsten von ihnen betrafen die Stellung der Ritterschaft im Reich.

Das Scheitern der Ritterschaftsbewegung des Franz von Sickingen hatte den niederen Adel zu einem verstärkten Engagement in kaiserlichem oder fürstlichem Militär- und Verwaltungsdienst veranlaßt. Auf diese Weise erschloß sich die Ritterschaft neue und zukunftsträchtige Berufsfelder und entschärfte zugleich den gefährlichen Konflikt mit den Landesfürsten. Die politische Eigenständigkeit der Ritter, vor allem ihre Reichsunmittelbarkeit, wurde durch solche Neuorientierungen freilich kaum gefördert. Im Gegenteil: Wenn die herkömmlichen Lehensbindungen des Adels an die großen Fürstenhöfe noch durch Dienstverhältnisse verfestigt wurden, lag der Weg in die volle Landsässigkeit besonders nahe. Nur in Württemberg hatte sich die Ritterschaft schon vor 1514 dauerhaft der Landeshoheit der Herzöge entziehen können; erst 1540 folgte der niedere Adel des Markgrafentums Brandenburg-Ansbach, und überall sonst blieb die Reichsfreiheit der Ritterschaft, sofern sie nicht ohnehin schon verloren war wie im Norden und Osten des Reichs oder auch in Bayern, noch jahrzehntelang unsicher. Es kam hinzu, daß die ritterschaftlichen Einungen, die dem einzelnen Adligen einen gewissen politischen und auch organisatorischen Rückhalt gaben, seit der Mitte der zwanziger Jahre viel von ihrer Kraft verloren. In Franken, wo der Adel wegen seiner besonders harten Gegensätze zu den geistlichen und weltlichen Fürsten traditionell ein intensives Einungswesen gepflegt hatte, führte die Annäherung von Fürsten und Rittern seit dem Bauernkrieg zum Verfall der adligen Organisationen; der Schwäbische Bund, in den die Gesellschaft mit St. Jörgen-Schild integriert war, löste sich 1534 überhaupt auf. Das zunehmende Gewicht der Fürsten in der Einung hatte schon vorher bei den Rittern manche Bundesverdrossenheit erzeugt und ließ sie auch gegenüber den Bestrebungen zur Erneuerung des Bundes nach 1534, für die sich vor allem König Ferdinand einsetzte, in hinhaltender Abwehr verharren. Das mit der Auflösung des Schwäbischen Bundes gekoppelte – wenigstens vorläufige – Ende der Gesellschaft mit St. Jörgen-Schild bedeutete im übrigen den Verlust der letzten größeren Einung, in der die Ritter noch mit den Grafen und Herren zusammengeschlossen gewesen waren. Auch das war ein Verlust an politischer Rückendeckung und an Möglichkeiten politischer Einflußnahme für den niederen Adel.

Um so wichtiger waren nun die gegenläufigen Ansätze zu einer verfassungspolitischen Stabilisierung der Ritterschaft: zur Sicherung ihrer Reichsunmittelbarkeit und zugleich zu ihrer organisatorischen Verfestigung in deutlicher Bindung an Kaiser und Reich, wenngleich nicht an die ständischen Institutionen der Reichsverfassung. Die wichtigsten Initiativen zu dieser Entwicklung gingen von den Habsburgern aus, die damit zunächst vor allem finanzielle, bald aber auch religions- und verfassungspolitische Ziele verfolgten. Zu den entscheidenden Schritten kam es im Zusammenhang der vom Speyerer Reichstag 1542 beschlossenen Türkenhilfe.

Bis tief in die zwanziger Jahre hinein hatten sich die Reichsritter unter Berufung auf ihre traditionelle Steuerfreiheit grundsätzlich allen finanziellen Verpflichtungen gegenüber dem Reich entzogen. Seit 1528 aber konnten sie sich der nachdrücklichen Forderung des Kaisers nach Beteiligung an der Türkenhilfe nicht mehr völlig entziehen. Schon dieser zunächst vereinzelte, durchaus finanzpolitisch motivierte Vorstoß Karls V. von 1528 hatte alsbald verfassungspolitische Konsequenzen: Noch im gleichen Jahre verweigerte der fränkische Adel unter Berufung auf seine finanzpolitische Reichsunmittelbarkeit, die durch die Türkenhilfe an den Kaiser gerade bestätigt worden sei, die Leistung der vom Würzburger Bischof geforderten Landsteuer. Eine nächste Initiative, nun vor allem von König Ferdinand getragen, hatte von vornherein einen vorwiegend reichs- und religionspolitischen Akzent. Angesichts der konfessionellen Spannungen innerhalb des Schwäbischen Bundes nämlich – aus Ferdinands Sicht: angesichts der Unzuverlässigkeit der evangelisch gewordenen Reichsstädte im Bund – versuchte der König, die adlige Klientel der Habsburger in Oberschwaben außerhalb des Bundes zu mobilisieren und zu einer besonderen Einung zusammenzuschließen. Ein erstes derartiges Bündnis kam im September 1531 in Überlingen zustande, allerdings unter unzureichender Beteiligung gerade der Ritter; die Einung verlief sich denn auch schon im folgenden Jahre wieder. Im weiteren Verlauf der dreißiger Jahre, zumal nach dem Auseinanderbrechen des Schwäbischen Bundes, begannen jedoch die Ritter selbst nach neuen Zusammenschlüssen Ausschau zu halten, um ihrer wachsenden reichspolitischen Isolierung entgegenzuwirken, und diese neue Bereitschaft nutzte König Ferdinand zielbewußt aus. Den konkreten Anlaß zum Handeln gab ihm der Beschluß des Speyerer Reichstags von 1542, einen Gemeinen Pfennig als Türkenhilfe zu erheben. Der Reichstag forderte, daß auch die Reichsritter sich an diesem Gemeinen Pfennig beteiligen sollten; König Ferdinand übernahm die erforderlichen Verhandlungen. Die Reichsritter konnten sich dem Verlangen der Türkenhilfe noch weniger entziehen als 1528; daß König Ferdinand hochgeachtete Mitglieder der Ritterschaft selbst mit den Verhandlungen betraute, erleichterte das Entgegenkommen. Die Aufbringung und Verwaltung der bewilligten Gelder aber machten eine – zunächst noch bescheidene – ritterschaftliche Steuerverwaltung erforderlich, und diese wiederum wurde, unter Rückgriff auf das Vorbild der Gesellschaft mit St. Jörgen-Schild, bald zum

Kristallisationskern einer umfassenden quasiterritorialen Organisation. Eben dies war der Anfang der neuzeitlichen Ritterschaft als verfassungspolitischer Institution, die in ihren Grundzügen bis zum Ende des alten Reichs Bestand haben sollte.

Im Unterschied zu allen älteren Einungen beruhte die neue Organisation nicht auf der Freiwilligkeit des Beitritts jedes einzelnen. Der Gemeine Pfennig war ja von jedermann zu leisten, und wer auch immer von den Herren des Adels seine Beteiligung an der ritterschaftlichen Steuer verweigerte, tat damit kund, daß er nicht zur Reichsritterschaft gehöre. Die einzige Alternative war dann aber die Landsässigkeit, die Unterordnung unter eine fürstliche Landesherrschaft, und gerade diese Unterordnung suchten die Ritter wenn irgend möglich zu vermeiden. Steuerpflicht und Einbindung in eine feste, nicht aufkündbare Organisation einerseits, Gewährleistung der Reichsunmittelbarkeit anderseits bedingten einander also grundsätzlich – eine wohlüberlegte und erfolgreiche Konzeption König Ferdinands und seiner Räte. Diese Einbindung der Reichsritterschaft ins Reich aber war in erster Linie eine Bindung an das Reichsoberhaupt. Nicht nur, daß Kaiser und König die Reichsritter alsbald gegen fürstliche Herrschaftsansprüche in Schutz nahmen: sie widersetzten sich in der Folge auch allen Versuchen, die Reichsritter in die Organisation der Reichskreise einzubeziehen und auf diesem Umweg unter die Kontrolle der dort dominierenden Fürsten zu stellen. Statt dessen stärkten sie die eigenen, allmählich sich verfestigenden ritterschaftlichen Organisationen auf größerer regionaler Ebene, sozusagen in institutioneller Konkurrenz zu den Reichskreisen.

IV.

Höhepunkt und Scheitern der universalistischen Politik Karls V. (1545–1556)

1. Beginn des Trienter Konzils und Schmalkaldischer Krieg

Der auf dem Reichstag von Speyer 1544 noch für den Herbst des gleichen Jahres vorgesehene Reichstag verzögerte sich bis zum Frühjahr 1545. Am 24. März ließ König Ferdinand anstelle des seit Monaten kränklichen Kaisers die Reichsversammlung in Worms eröffnen. Die Proposition schlug vor, die Religionsfragen aus den Verhandlungen ganz herauszuhalten und sie dem Konzil zu überweisen, das sich eben in Trient versammelte. Ein solches Verfahren war jedoch gegenüber den Protestanten nicht durchzusetzen; vielmehr wurde das Verhältnis zum Konzil selbst zu einem Hauptpunkt der Verhandlungen. Dabei erwies sich bald, daß die gegensätzlichen Positionen nicht miteinander zu vermitteln waren. Der Kaiser konnte und wollte nicht auf die prinzipielle Anerkennung des Konzils auch durch die Protestanten verzichten, die Protestanten verharrten in ihrer ebenso grundsätzlichen Ablehnung und verlangten die fortdauernde Gültigkeit der Friedstände wie der religionspolitischen Zugeständnisse von Speyer 1544. Der Streit blokkierte alle übrigen Verhandlungen; über keine einzige Agende des Reichstags – weder über die Türkenhilfe noch über die Anschläge, weder über die Reform des Kammergerichts noch über die wirtschaftspolitisch dringliche Regelung des Münzwesens im Reich – kam es zu verbindlichen Beschlüssen. Daß man sich schließlich auf den Versuch eines nochmaligen Religionsgesprächs einigte und alles übrige auf einen neuen Reichstag verschob, war nicht mehr als ein dilatorischer Formelkompromiß – an einen Erfolg des vorgesehenen Religionsgesprächs glaubte kaum jemand. Als der Reichstag in den ersten Augusttagen zu Ende ging, lag die Gefahr einer gewaltsamen Auseinandersetzung vor aller Augen.

Wirklich hatte Karl V. spätestens im Mai 1545 dem Krieg gegen die Protestanten die erste Priorität seiner deutschen Politik eingeräumt – jedenfalls unter der Voraussetzung, daß nach dem Erfolg des Friedens von Crépy 1544 auch die Waffenstillstandsverhandlungen mit den Osmanen zu einem guten Ende geführt werden könnten. Entsprechende Andeutungen waren sogar schon im April an die Kurie gelangt, woraufhin kein Geringerer als der Kardinalnepot Alessandro Farnese als päpstlicher Legat nach Worms gereist war. Am Pfingstsonntag, dem 24. Mai 1545, trug der Kaiser dem Nepoten ein förmliches Kriegsbündnis gegen die Stände des Schmalkaldischen Bundes an; noch im Sommer sollte der große Schlag erfolgen. Um angesichts der noch unabgeschlossenen diplomatischen Sicherungen und militärischen Rüstungen für den Krieg die Protestanten nicht zum Prävenire zu treiben, sollte die förmliche Eröffnung des Konzils verschoben werden. Farnese ging sofort auf die kaiserlichen Vorschläge ein, reiste bereits drei Tage später nach Rom zurück und gewann dort das grundsätzliche Einverständnis Pauls III. selbst. Noch im Juni versprach der Papst dem Kaiser eine Armee von 12 500 Mann für die Dauer von vier Monaten, dazu reiche Subsidien aus dem Vermögen der Kirche, nicht zuletzt die Erlaubnis zum Verkauf spanischer Kirchengüter bis zum Wert von einer halben Million Dukaten; die Konzilseröffnung könne vertagt werden.

Wenn der Kaiser trotz dieser Zusagen aus Rom den Reichstag in Worms noch über einen Monat weiterführte und schließlich sogar ein neues Religionsgespräch in Aussicht nehmen ließ, so hatte das gewiß vor allem den taktischen Zweck, die protestantischen Stände über seine Absichten zu täuschen und so für die weitere Vorbereitung des Krieges Zeit zu gewinnen. Darüber hinaus aber gab es auch im Verhältnis zum Papst noch manche Ungewißheiten, die den Verzicht auf alle Alternativen zum Krieg in Deutschland als unratsam erscheinen ließen. Am wichtigsten war dabei, daß seit dem Frühjahr 1545 in Trient ein eigenes Zentrum kirchlicher Politik wirksam wurde: Die Konzilslegaten del Monte und Cervino drängten auf die unverzügliche Eröffnung des Konzils, um so dem übermächtigen Einfluß eines in Deutschland siegreichen Kaisers auf das Konzil zuvorzukommen, und beschworen den Papst, sich nicht definitiv auf das Bündnis mit dem Kaiser einzulassen, ehe nicht die päpstliche Herrschaft über das Konzil gesichert wäre. Nach monatelangen Verhandlungen gab Karl V. zwar zu, daß das Konzil schon vorab eröffnet würde, verlangte aber gleichzeitig, die Konzilsväter sollten bis auf weiteres nur über die Reform der Kirche beraten, die Behandlung der strittigen dogmatischen Fragen dagegen bis nach dem Krieg verschieben. Der solcherart bedingte Vermittlungsvorschlag des Kaisers führte nur zu neuen Spannungen. Die Legaten in Trient waren über den Versuch kaiserlicher Einflußnahme auf das Konzil empört, der Papst fühlte sich wieder einmal in seinen Bedenken gegen die Religionspolitik Karls V. bestätigt und forderte im Gegenzug die Verlegung des Konzils tief nach Italien hinein, vielleicht gar nach Rom. Aber dann setzte sich doch – bei gewiß unterschiedlichen Motiven hier und dort – der gemeinsame Wille zum Protestantenkrieg durch: Am 13. Dezember 1545 konnte das Konzil in Trient eröffnet werden, und bis zum Frühjahr 1546 wurden sich Papst und Kaiser auch über die bis dahin noch offenen Bestimmungen ihres Bündnisses einig. Schon im Oktober 1545 hatten überdies die kaiserlichen Unterhändler in Konstantinopel den Waffenstillstand mit den Osmanen unter Dach und Fach gebracht; auch diese Voraussetzung des Protestantenkriegs war also erfüllt.

Daß der Kaiser den förmlichen Abschluß des Kriegsbündnisses auch jetzt noch hinauszögerte, lag an der Undurchsichtigkeit der Machtverhältnisse in Deutschland selbst. Zwar war es gelungen, den Kölner Erzbischof Hermann von Wied so weit in die Defensive zu treiben, daß ein weiteres Ausstrahlen seines Reformationsversuchs auf den Nordwesten des Reichs nicht mehr zu befürchten stand. Aber schon sein Nachbar Franz von Waldeck, der Bischof von Münster und Osnabrück sowie Administrator von Minden, war ein wenig berechenbarer Fürst, der der Reformation in seinen umfangreichen Herrschaftsgebieten nur wenig Hindernisse in den Weg legte, sich wohl auch mit Säkularisationsplänen trug und in verdächtig engen Beziehungen zum Schmalkaldischen Bund stand. Daß des weiteren Herzog Heinrich von Braunschweig-Wolfenbüttel 1545 in hessische Gefangenschaft geraten war, hatte die Habsburger überhaupt eines ihrer entschlossensten Bundesgenossen in Norddeutschland beraubt. Anfang 1546 ging dann auch noch der Kurfürst von der Pfalz offen zur Reformation über und suchte Anschluß an die Schmalkaldener – eine nicht nur reichspolitisch folgenreiche Entscheidung, die der Mehrheit der Katholiken im Kurfürstenrat ein Ende machte, sondern eine Entscheidung auch von aktueller strategischer Bedeutung, weil sie die Verbindung der katholischen Mächte Süddeutschlands mit den habsburgischen Niederlanden bedrohte. Von den größeren weltlichen Reichsfürsten kam danach überhaupt nur noch Bayern als Partner für den habsburgisch-päpstlichen Ketzerkrieg in Betracht; auch dessen Unterstützung aber war nicht selbstverständlich und bedurfte jedenfalls nach Art und Umfang sorgfältiger Absprachen, die noch im Frühjahr 1546 nicht zum Ziel geführt hatten. Selbst dem kriegserprobten Herzog von Alba erschien unter diesen Umständen ein allzu rasches Losschlagen bedenklich.

Der Kaiser ließ also in Deutschland vorerst noch verhandeln: mit Bayern vor allem und anderen katholischen Reichsständen, aber auch mit einigen jungen protestantischen Fürsten, die man aus der Front der protestantischen Stände herauslösen und auf die Seite des Kaisers hinüberzuziehen unternahm. Die wichtigsten von ihnen waren Markgraf Hans von Küstrin, der jüngere Bruder des Kurfürsten von Brandenburg und Landesherr der Neumark, der als Schwiegersohn Herzog Heinrichs von Braunschweig wegen dessen Gefangenschaft mit Landgraf Philipp in tiefem Zerwürfnis stand, sodann der unruhige und beutegierige Markgraf Albrecht Alkibiades von Brandenburg-Kulmbach, vor allem aber Herzog Moritz von Sachsen, der sich wegen territorialer Streitigkeiten mit seinem kursächsischen Vetter überworfen hatte und ohnehin nach größeren Gewinnen Ausschau zu halten begann. Alle diese Verhandlungen wurden im geheimen geführt, während sich Karl V. in seinen öffentlichen Erklärungen nach wie vor zu Friede und Ausgleich bekannte – eine auf Täuschung berechnete Propaganda, die trotz ihrer offensichtlichen Unglaubwürdigkeit doch lange Zeit ihren Erfolg nicht verfehlte. Die Schmalkaldischen Bundesverwandten machten noch bis zum Sommer 1546 kaum Anstalten, sich politisch und militärisch für die große Auseinandersetzung zu rüsten. Es gab hier tiefe Meinungsverschiedenheiten wegen der Behandlung Herzog Heinrichs von Braunschweig; es gab auch Mißtrauen gegen die Führer des Bundes, denen man die Verfolgung eigener Interessen mit den Mitteln des Bundes vorwarf; es gab vor allem weitverbreitete Unlust, zu den finanziellen Leistungen der Einung beizutragen. Man konnte sich nicht entschließen, die Pfalz in das Bündnis aufzunehmen, noch weniger den Bischof von Münster. Die durch Hermann von Wied erbetene Hilfe führte immerhin Anfang 1546 zu der Erklärung des Bundes, dem Erzbischof gegen Gewalt beistehen zu wollen, doch ließ sich eine Gesandtschaft der Schmalkaldener zugunsten des Erzbischofs an den Kaiser auf den kommenden Reichstag vertrösten. Vollends die militärischen Rüstungen des Bundes blieben minimal.

Das war die Situation, in der Ende Januar 1546 das in Worms vereinbarte neue Religionsgespräch in Regensburg eröffnet wurde. Um jede Konkurrenz mit dem Konzil zu vermeiden, stellte der Kaiser dem Kolloquium die Aufgabe eines Berichts für den Reichstag. Als Gesprächspartner hatte er auf katholischer Seite seinen Hofprediger Malvenda, den Kölner Karmeliter Billick, dazu den Augustiner Johannes Hoffmeister und den alten Cochlaeus bestimmt, durchweg Repräsentanten eines hart antiprotestantischen Kurses; von evangelischer Seite nahmen Brenz, Schnepf, anstelle Melanchthons Georg Major aus Wittenberg, zeitweise auch Veit Dietrich aus Nürnberg an dem Gespräch teil. Die Diskussion war von allem Anfang an von nur geringer Hoffnung auf Erfolg. So kam es nur ansatzweise zu wirklichen Sachdiskussionen, schon gar nicht zu substantiellen Annäherungen. Die evangelischen Teilnehmer brachen das Gespräch am 10. März ab und reisten einige Tage später heim. Wenn das Kolloquium überhaupt etwas gebracht hatte, dann war es die erneute Verzögerung des gewaltsamen Konflikts – im Grunde nichts anderes als ein Gewinn an Zeit für die kaiserlichen Kriegsvorbereitungen.

Während des Religionsgesprächs verlor der deutsche Protestantismus seine führende Gestalt. In der Nacht vom 17. zum 18. Februar 1546 starb Martin Luther in Eisleben, wo er auf Bitten der Grafen von Mansfeld in Streitigkeiten der gräflichen Familie als Vermittler gewirkt hatte. Auf Anordnung des Kurfürsten wurde der Leichnam nach Wittenberg überführt und in der dortigen Schloßkirche dicht bei der Kanzel beigesetzt. Noch am Abend vor seinem Tode hatte Luther die Freunde aufgefordert, für das Evangelium zu beten, «denn das Concilium zu Trient und der leidige Bapst zürnen hart mit ihm». Luthers vielleicht letzte Aufzeichnung aber, die man nach seinem Tode auf seinem Tisch fand, lautete: «1. Virgil in den Bucolica und Georgica kann keiner verstehen, er sei denn fünf Jahre lang Hirt oder Bauer gewesen. 2. Cicero in seinen Briefen, so denke ich, versteht keiner, der nicht 40 Jahre in einem großen Staatswesen zugebracht hat. 3. Keiner möge denken, er hätte die Heilige Schrift genügend geschmeckt, wenn er nicht 100 Jahre lang mit den Propheten, Elia und Elisa, Johannes dem Täufer, Christus und den Aposteln die Kirchen regiert hat. Du lege nicht Hand an die göttliche Aeneis, ehre gebeugt ihre Spuren. Wir sind Bettler, das ist wahr».

Im politischen Geschehen dieser Monate war Karl. V. gewiß die wichtigste treibende Kraft. Darüber hinaus darf aber die erneut ganz eigenständige

Rolle des Konzils von Trient nicht verkannt werden. Entgegen dem nachdrücklichen Wunsch des Kaisers nämlich beschränkten sich die Konzilsväter von vornherein nicht auf die Behandlung von Reformfragen, sondern trafen auch, ja vordringlich, Lehrentscheidungen von großer Tragweite. Anfang April 1546 wurden die ersten Lehrdekrete des Tridentinums – über Schrift und Tradition – publiziert, Mitte Juni folgte die Proklamation über die Erbsünde; dann begann man mit den Beratungen über die Rechtfertigungslehre. In alledem trat die Festlegung und Sicherung des katholischen Glaubensguts in strikter Ausgrenzung reformatorischer Lehren als Hauptziel des Konzils deutlich zutage; die Aufgaben der Kirchenreform spielten demgegenüber bis auf weiteres eine sehr viel geringere Rolle, von den kaiserlichen Wünschen einer konziliaren Beilegung des Glaubensstreits gar nicht zu reden. Freilich war Karl V. in diesen Monaten ohnehin voll mit den diplomatischen und militärischen Vorbereitungen für den Krieg beschäftigt; seine Konzilspolitik trat dahinter sehr zurück, selbst die Instruktionen für die kaiserlichen Vertreter in Trient ließen des öfteren auf sich warten.

In Deutschland fielen die wichtigsten Entscheidungen, die den Weg zum Krieg endgültig frei machten, auf dem Reichstag zu Regensburg, den der Kaiser mit erheblicher Verspätung gegenüber dem vorgesehenen Termin am 5. Juni 1546 eröffnete. Bei den Beratungen traten die Frontstellungen des Wormser Reichstags vom Vorjahr alsbald wieder zutage: Die Katholiken wollten die Religionsfrage nur mehr auf dem Konzil behandelt wissen, die Protestanten dagegen begehrten ein freies Konzil in deutschen Landen oder eine Nationalversammlung, zumindest die Bestätigung der Friedstände. Die Situation, in der diese Forderungen aufeinanderstießen, war aber eine ganz andere als in Worms. Jedermann wußte um die Bedrohlichkeit der Lage, die führenden protestantischen Fürsten waren gar nicht erst persönlich erschienen; die Verlesung der protestantischen Forderungen reizte den Kaiser zum Lachen. Und hinter den Kulissen der Reichstagsverhandlungen brachten die kaiserlichen Diplomaten in rascher Folge ihre Kriegsbündnisse zum Abschluß. Am 7. Juni unterzeichnete Karl V. den längst ausgehandelten Vertrag mit dem Papst. Am gleichen Tag schloß er mit Bayern ab: Herzog Wilhelm sicherte wohlwollende Neutralität im bevorstehenden Krieg zu, dafür wurden ihm territoriale Gewinne, unter Umständen sogar die pfälzische Kur in Aussicht gestellt; überdies verabredete man eine Ehe zwischen dem bayerischen Erbprinzen Albrecht und der ältesten Tochter König Ferdinands. Am 19. Juni folgte das Bündnis mit Herzog Moritz. Der Herzog versprach seine Beihilfe zur Herstellung von Frieden und Recht, insbesondere zur Erhaltung des Gehorsams gegenüber Kaiser und römischem König, dazu Freundschaft gegenüber dem Hause Österreich; dafür nahmen Karl V. und König Ferdinand den Herzog in ihren besonderen Schutz. Die Konkretisierung dieser allgemeinen Bestimmungen in einem gesonderten «Begnadigungsbrief» des Kaisers formulierte freilich die Pflichten des Herzogs durchweg verbindlicher und unbedingter als die Zusagen des Kaisers. Auch Moritz' Versuch, in einer mündlichen Verhandlung mit den habsburgischen Majestäten am 20. Juni die Vertragsbedingungen nachzubessern, hatte nur geringen Erfolg. Die von ihm begehrte Schutzherrschaft über die Stifter Magdeburg und Halberstadt wurde durch Auflagen zum Schutz der alten Religion wie des Vermögens der kirchlichen Institutionen entwertet; von einem Landgewinn für den Herzog auf Kosten seines kursächsischen Vetters oder gar von einem Gewinn der sächsischen Kur war überhaupt nicht die Rede. Mit alledem war Moritz' Rechnung, sich schon seine Neutralität im Krieg vom Kaiser teuer bezahlen zu lassen, nicht aufgegangen; im Gegenteil hatte die habsburgische Diplomatie den Herzog gegen bescheidene Zugeständnisse fest an die Kette gelegt. Wenn er mehr erreichen wollte als diese Zugeständnisse, mußte er wohl oder übel selbst am Krieg teilnehmen – in einer für sein Verhältnis zu seinen protestantischen Mitfürsten wie zu den Ständen seines Landes problematischen Distanzierung von der evangelischen Sache und ganz gewiß wider Treu und Glauben gegenüber Kurfürst Johann Friedrich.

Noch vorteilhafter für den Kaiser waren die Abschlüsse, zu denen er mit Hans von Küstrin und Albrecht Alkibiades gelangte; die jungen Markgrafen konnten überhaupt einfach gegen die übliche Fürstenbesoldung in Dienst genommen werden. Markgraf Hans machte immerhin einige Vorbehalte wegen der Religion: Er wollte nicht an einem Religionskrieg gegen die Evangelischen teilnehmen und überdies versichert sein, daß der Kaiser nicht etwa in Religionssachen mit Gewalt gegen ihn selbst vorginge. Die entsprechenden Zusagen König Ferdinands und auch des Kaisers waren jedoch so wenig klar und verbindlich, daß es schon der sträflichen Leichtgläubigkeit eines deutschen Fürsten bedurfte, um sich dabei zu beruhigen.

Am 16. Juni bereits hatte Karl V. auf eine Anfrage der protestantischen Reichsstände wegen seiner mittlerweile offenkundigen Rüstungen geantwortet, er müsse gegen «ungehorsame Fürsten» vorgehen. Das war nicht viel weniger als eine Kriegserklärung, und tatsächlich begannen die protestantischen Städte Oberdeutschlands und Herzog Ulrich von Württemberg unmittelbar darauf mit militärischen Werbungen, einige Tage später auch Kurfürst Johann Friedrich von Sachsen und Landgraf Philipp von Hessen. Auf der anderen Seite setzten sich die päpstlichen Hilfstruppen aus Italien nach Deutschland in Marsch. Als am 20. Juli die Reichsacht über Sachsen und Hessen erging, war man tatsächlich bereits im Krieg. Daß der Kaiser den Reichstag noch bis zum 24. Juli weiterlaufen und dann sogar förmlich verabschieden ließ, war eine bloße Spiegelfechterei, die evangelischen Reichsstände waren ohnehin mit wenigen Ausnahmen schon vor Wochen abgereist.

Die Reichsacht über Sachsen und Hessen nannte als Grund des Kriegs den Bruch des Landfriedens durch den Angriff auf Herzog Heinrich von Braunschweig-Wolfenbüttel. In Wahrheit hatte diese Begründung, obschon juristisch stichhaltig, vor allem propagandistische Bedeutung: Sie diente dazu, einer breiteren, konfessionell motivierten Solidarisierung der evangelischen

Stände mit Sachsen und Hessen entgegenzuwirken. Karl V. selbst schrieb seiner Schwester, der Königinregentin Maria in den Niederlanden: «Und obwohl dieser Vorwurf nicht lange darüber täuschen wird, daß es um die Religion geht, so dient er doch zunächst dazu, die Abgewichenen zu trennen». Im übrigen ging es dem Kaiser neben der Rückführung der Protestanten zur römischen Kirche – genauer: ihrer Unterwerfung unter das Konzil – freilich auch darum, durch die Zerschlagung des Schmalkaldischen Bundes die Macht des habsburgischen Kaisertums gegenüber den deutschen Ständen insgemein zu stärken. Von allen Kriegszielen des Kaisers am sorgfältigsten vor der Öffentlichkeit verborgen, wurden derartige Chancen kaiserlicher Machtsteigerung im engsten Kreis der Berater des Kaisers und König Ferdinands doch intensiv diskutiert. Selbst Überlegungen, die Kaiserkrone im Hause Habsburg erblich zu machen, sind im Winter 1546/47 ernsthaft angestellt worden.

Karl V. hatte die Absicht, den Krieg von vornherein nach Sachsen und Hessen hineinzutragen. Diese Absicht konnte nicht realisiert werden, weil die oberdeutschen Verbündeten Sachsens und Hessens – vor allem Württemberg, dazu mehrere der evangelischen Reichsstädte in Schwaben und Franken – dem Kaiser mit überraschender Entschlossenheit den Weg verlegten. Auch der sächsische Kurfürst und Philipp von Hessen erschienen in Oberdeutschland, das damit zum ersten wichtigen Kriegsschauplatz wurde. Die anfängliche numerische Überlegenheit des schmalkaldischen Heeres wurde bis zum September durch den Zuzug päpstlicher Truppen sowie eines Hilfscorps aus den Niederlanden ausgeglichen; die Schmalkaldener versäumten es, die noch unvereinigten Teile des kaiserlichen Heeres einzeln mit überlegener Macht anzugreifen. Eine weitere und folgenreiche Verschiebung der Kräfteverhältnisse zugunsten des Kaisers ergab sich seit dem November aus der Bedrohung Kursachsens durch Herzog Moritz und König Ferdinand. Moritz hatte sich zunächst aus dem militärischen Konflikt herausgehalten. In Unsicherheit über die weitere Haltung des Herzogs riet König Ferdinand dem Kaiser deshalb mit steigender Dringlichkeit, Moritz nun doch die sächsische Kurwürde zu versprechen, und schließlich folgte Karl V. diesem Rat. Das bestimmte den Herzog, wie es Ferdinand erwartet hatte, zu offenem Eingreifen: Im November 1546 fielen die verbündeten böhmischen und sächsischen Truppen in Kursachsen ein. Die unmittelbare Folge war, daß Kurfürst Johann Friedrich in Eilmärschen von der Donau nach Norden zog, um sein Land zu verteidigen. In der Tat gelang es ihm hier, zumal da König Ferdinand gleichzeitig in harte Auseinandersetzungen mit den widerspenstigen böhmischen Ständen geriet, die verbündeten Gegner zurückzuwerfen und zeitweise in ziemliche Bedrängnis zu bringen. Für das verbleibende Heer der Schmalkaldener an der Donau aber standen bald keine Soldgelder mehr zur Verfügung. Insbesondere die Bundesstädte waren nicht bereit, ihre Kapitalmacht nachhaltig für den Krieg zu mobilisieren; noch im November begann Ulm, mit dem Kaiser über Bedingungen einer Aussöhnung zu verhandeln. Gegen Jahresende löste sich das schmalkaldische Aufgebot in Süddeutschland überhaupt auf. Schließlich zog auch Landgraf Philipp von Hessen nach Hause. Damit war Karl V. Herr in Oberdeutschland. Er ließ sich von den um Aussöhnung bittenden Ständen enorme Kontributionen zahlen; was die Städte nicht zu ihrer Verteidigung hatten aufwenden wollen, mußten sie jetzt strafweise zahlen – Augsburg 150000 Gulden, Ulm 100000 Gulden, selbst Schwäbisch Hall 60000 Gulden. Gegen Ende des Jahres erhielt auch der alte Herzog Ulrich von Württemberg Verzeihung – gegen 300000 Gulden und kniefällige Abbitte, die seine Räte für ihn leisteten, weil er selbst, schwer gichtkrank, nicht mehr knien konnte. Besser ging es Kurfürst Friedrich von der Pfalz, dem alten Freund der Habsburger, der den Schmalkaldenern mit einem kleinen Kontingent zu Hilfe gezogen war, sich jetzt aber freiwillig unterwarf; die Hoffnungen des Bayernherzogs auf die pfälzische Kur erfüllten sich nicht. Auch das dem Herrschaftsbereich des französischen Königs gefährlich nahe benachbarte Straßburg konnte sich erträgliche Bedingungen aushandeln. Im übrigen vermied es Karl V., so sehr er die um Gnade Bittenden seine Autorität fühlen ließ, den äußersten Widerstand der Unterlegenen herauszufordern. Vor allem verzichtete er in den Aussöhnungsverträgen auf alle kirchenpolitischen Auflagen; der päpstliche Nuntius wurde zu den Aussöhnungsverhandlungen nicht einmal hinzugezogen.

Nach dem Sieg in Oberdeutschland hatte der Kaiser militärisch freie Hand, um sich gegen die schmalkaldischen Stände in Mittel- und Norddeutschland zu wenden. Von den Niederlanden aus stießen habsburgische Truppen nach Minden und Verden vor. Karl V. selbst wandte sich im März 1547 von Ulm aus über Nördlingen und Nürnberg nach Sachsen, um dort die Entscheidung zu suchen.

In eben diesen Wochen, da der Kaiser seine politische wie militärische Position in Deutschland so eindrucksvoll verbessern konnte, mußte er in seiner Kirchenpolitik gegenüber Papst und Konzil sehr empfindliche Rückschläge hinnehmen. Ein erster derartiger Rückschlag bestand schon in der offiziellen Publikation des tridentinischen Glaubensdekrets über die Rechtfertigung. Das Dekret suchte die Gnadenhaftigkeit der Rechtfertigung gegenüber pelagianischen Mißverständnissen zu sichern, betonte aber zugleich die Mitwirkung des freien Willens mit der Gnade; die reformatorische Lehre von der Rechtfertigung wurde in nicht weniger als 33 canones als ketzerisch verworfen. Daß die Verabschiedung dieses Dekrets den Protestanten die Anerkennung des Konzils nahezu unmöglich machen würde, lag klar zutage, und eben deshalb taten die kaiserlichen Oratoren in Trient alles ihnen nur Mögliche, um die Verabschiedung zu verhindern oder doch hinauszuschieben. Die Legaten indessen setzten die Publikation des Dekrets in der sechsten Sitzung des Konzils am 13. Januar 1547 durch – eine Entscheidung für Jahrhunderte.

Im Gegensatz zu dem Dekret über die Rechtfertigung fand das in derselben Sitzung promulgierte Reformdekret über die Residenzpflicht der Bischöfe und Pfarrer bei vielen Konzilsvätern nur eine ziemlich verklausulierte Zustimmung und mußte erheblich umgearbeitet werden, ehe es in der siebten Sitzung des Konzils am 3. März 1547, diesmal parallel zu einem Glaubensdekret über die Sakramente, verabschiedet werden konnte. Es enthielt einschneidende Bestimmungen gegen Verletzungen der Residenzpflicht, also auch gegen Pfründenkumulationen aller Art; zugleich erhielten die Bischöfe in ihren Diözesen die Verantwortung für die Erteilung der Weihen, auch für die Kontrolle der von der Kurie ausgestellten Weihelizenzen. Zudem wurde das bischöfliche Visitationsrecht von vielen herkömmlichen Einschränkungen zugunsten exemter Klöster und Stifte befreit. Daß damit ein wichtiger Schritt innerkirchlicher Reform getan war, ist unzweifelhaft; die tridentinische Wende der katholischen Kirche zu einer Kirche der Seelsorge fand hier zum ersten Male klaren Ausdruck. Die Hindernisse, die sich einer Verwirklichung des Dekrets entgegenstellten, waren freilich vorerst innerhalb wie außerhalb der Kirche unüberwindlich. Das Konzil selbst mußte die Materie in seiner dritten Sitzungsperiode 1562/63 neu aufnehmen und geriet darüber noch einmal in eine tiefe Krise. Die praktische Realisierung der Reform ließ, jedenfalls in Deutschland, noch viel länger auf sich warten.

Nicht nur das Konzil, sondern auch der Papst selbst trieb seit Jahreswende eine zunehmend antikaiserliche Politik. Den Anlaß dazu gaben gerade die militärischen Erfolge Karls V. in Oberdeutschland, die dem Papst die Macht des Kaisers immer bedrohlicher, eine erneute Anlehnung an Frankreich immer ratsamer erscheinen ließen. Schon beim Abschluß des Bündnisses gegen die deutschen Ketzer hatte Paul III. nicht zuletzt das Ziel verfolgt, den Kaiser durch den Protestantenkrieg für geraume Zeit militärisch und politisch zu binden – in den Worten des Papstes selber: den Kaiser in seine Sache zu verwickeln, «aus der er sich wohl nicht leicht sollte frei machen können». Folgerichtig, wenngleich unter völliger Hintansetzung des Kampfs gegen die Protestanten, schied Paul III. jetzt, nach den Siegen des Kaisers in Oberdeutschland, aus dem Krieg aus. Anfang Februar 1547 überreichte der Nuntius Verallo dem Kaiser ein päpstliches Breve, in dem das Bündnis gekündigt wurde. Gleichzeitig rief der Papst seine Truppen aus Deutschland zurück; wenig später verweigerte er auch weitere Hilfsgelder für den Krieg. Karl V. kannte Paul III. zu gut, um von dieser Wendung der Dinge völlig überrascht zu sein, war deshalb aber doch nicht weniger empört; Verallo mußte sich anhören, daß der Kaiser den Papst in böser Zweideutigkeit der «französischen Krankheit» bezichtigte. Die unmittelbaren Folgen des päpstlichen Schritts waren zwar nicht allzu gravierend, zumal da die französische Politik in diesen Monaten durch das Siechtum und den Tod Franz' I. – er starb am 31. März 1547 – an raschem Reagieren gehindert war. Der erneute Bruch zwischen den beiden Häuptern der Christenheit aber war doch tief und folgenreich.

Es kam noch ärger. Am 11. März 1547 nämlich verlegte sich das Konzil von Trient nach Bologna, die spanischen und sogar die französischen Bischöfe, die sich dieser Verlegung in eine Stadt des Kirchenstaats geschlossen widersetzt hatten, wurden nach dramatischen Auseinandersetzungen überstimmt. Die in der Historiographie schon frühzeitig vertretene Meinung, daß Paul III. selbst den Verlegungsbeschluß betrieben habe, dürfte unrichtig sein; das heute bekannte, umfangreiche Quellenmaterial erweist vielmehr den Kardinallegaten Cervino als spiritus rector der Translation. Das Vorgehen Cervinos aber entsprach durchaus den Intentionen des Papstes. Es bestand darin, das Konzil dem Einfluß Karls V. soweit wie möglich zu entziehen; daß damit der Religionspolitik des Kaisers der Boden entzogen und die religiöse Spaltung im Reich perenniert wurde, nahm man in Kauf.

Die wichtigste Folge der Translation bestand in der Tat darin, daß die grundlegende Forderung des Kaisers an die Protestanten, das Konzil anzuerkennen, gegenstandslos wurde; denn daß ein Konzil in einer Stadt des Kirchenstaats den Forderungen der Reichstagsabschiede nach einem freien Konzil nicht entsprach, stand außer Frage. Wollte Karl V. mit seiner Religionspolitik jetzt noch zum Ziele gelangen, so mußte er nicht nur die Protestanten Mittel- und Norddeutschlands unterwerfen, sondern überdies für die baldige Rückverlegung des Konzils sorgen. Es sollte sich bald zeigen, daß diese kirchenpolitische Aufgabe noch viel schwerer zu lösen war als jene militärische – ja, die Translation des Konzils vom März 1547 erwies sich als überhaupt entscheidender Schlag gegen die kaiserliche Absicht einer Rückführung der Protestanten zur alten Kirche. Indessen war diese weitreichende Konsequenz doch nicht sogleich abzusehen. Da dem Translationsbeschluß nur die italienischen Bischöfe gefolgt waren, nicht aber die spanischen und auch nicht die französischen – Heinrich II. von Frankreich wollte sich nicht vorschnell und ohne Belohnung auf die eine oder andere Seite des Streits schlagen –, drohte die Gefahr einer Spaltung des Konzils, möglicherweise sogar eines großen Schismas. Das wollte Paul III. nicht riskieren und machte deshalb die Anberaumung einer förmlichen Konzilssession vom Ausgang des deutschen Kriegs abhängig. Damit aber konnte sich wiederum, wenigstens vorläufig, auch Karl V. abfinden; war erst einmal der endgültige militärische Sieg in Deutschland errungen, mochte es dem Papst wohl schwerfallen, einer mit Nachdruck vorgetragenen kaiserlichen Forderung auf Rückverlegung des Konzils zu widerstehen.

Auf dem sächsischen Kriegsschauplatz befand sich Herzog Moritz ausgangs des Winters in erheblichen Schwierigkeiten. Markgraf Albrecht Alkibiades, der ihm zu Hilfe zog, geriet Anfang März in kursächsische Gefangenschaft. In der Folge kam es unter brandenburgischer Vermittlung sogar zu Vergleichsverhandlungen. Im April aber führte das Eingreifen Karls V. in Mitteldeutschland zu einer neuen Situation. Schon zu Beginn des Monats gelang es König Ferdinand, sich bei Eger zum Kaiser durchzuschlagen; die von den aufständischen Ständen Böhmens aufgestellten Truppen agierten zu unentschlossen, um ihm den Weg abzuschneiden. Wenig später konnten sich auch die Truppen Herzog Moritz' unbehelligt mit denen des Kaisers vereinigen. Seit dem 12. April drang der Kaiser dann mit seinen Verbündeten von Meißen aus längs der Elbe tief nach Kursachsen ein. Johann Friedrich gedachte, sich auf die Verteidigung der festen Plätze seines Landes zurückzuziehen, aber der Kaiser war schneller. Am 24. April 1547 standen sich die gegnerischen Heere nach einem anstrengenden Nachtmarsch der kaiserlichen Truppen unversehens bei Mühlberg gegenüber, nur durch die Elbe getrennt. Der Kurfürst hätte gut sein Ufer verteidigen können; statt dessen ließ er sein Heer in Richtung Wittenberg abziehen, und dieser Abzug wurde zur Flucht, als den Kaiserlichen der Übergang über den Fluß gelang. Erst gegen Abend kam es auf der Lochauer Heide zu einem wirklichen Kampf; aber da war für die Kursachsen schon nichts mehr zu retten. Der Kaiser, der selbst in prunkvoller Rüstung am Kampf teilgenommen hatte, errang einen eindeutigen Sieg. Schließlich geriet sogar Kurfürst Johann Friedrich in kaiserliche Gefangenschaft.

Trotz der Niederlage von Mühlberg wäre eine Fortführung des Kriegs von seiten Kursachsens und seiner Verbündeten keineswegs ausgeschlossen gewesen. Dem Kurfürsten selbst fehlte es nicht an wohlbefestigten Städten, deren Einnahme alles andere als ein Kinderspiel gewesen wäre. Auf dem nordwestdeutschen Kriegsschauplatz behielten die Schmalkaldener überhaupt die Oberhand; bei der vergeblichen Belagerung Bremens fiel der kaiserliche Befehlshaber Jobst von Cruningen, und im Mai wurde das habsburgische Heer bei Drakenburg an der Weser schwer geschlagen. Die Gefangennahme Kurfürst Johann Friedrichs gab dem Kaiser dann aber doch die Möglichkeit, seinen militärischen Sieg auf dem Verhandlungsweg zu vollenden. Zu kirchlichen Zugeständnissen zwar fand sich der Kurfürst trotz stärksten Drucks nicht bereit; nicht einmal, daß Karl V. ihn – in einem reichsrechtlich höchst anfechtbaren Verfahren – zum Tode verurteilen ließ, brachte ihn zum Nachgeben. In den weltlichen Angelegenheiten aber fügte er sich. So wurde am 19. Mai die Wittenberger Kapitulation unterzeichnet, in deren Folge die festen Städte des Landes den Kaiserlichen ihre Tore öffneten: damit war der Krieg auch in Sachsen zu Ende. Am 4. Juni beurkundete der Kaiser den Übergang der sächsischen Kurwürde und mit ihr eines erheblichen Teils des kurfürstlichen Territoriums an Herzog Moritz – als die versprochene Belohnung für Moritz' Teilnahme am Krieg, zugleich aber und vor allem als reichsrechtliche Degradierung des politischen Haupts des deutschen Protestantismus. Das Todesurteil gegen den gewesenen Kurfürsten wurde nicht vollstreckt, doch blieb Johann Friedrich in kaiserlicher Gefangenschaft.

Am 19. Juni unterwarf sich auch Landgraf Philipp von Hessen. In den vorbereitenden Verhandlungen hatten sich insbesondere Kurfürst Joachim von Brandenburg und auch Moritz – als Schwiegersohn Philipps – für den

Hessen eingesetzt und von Karl V. das Zugeständnis erreicht, den Landgrafen weder am Leibe noch «mit ewiger gefengnus» bestrafen zu wollen. Die vermittelnden Fürsten verstanden das, gewiß allzu leichtgläubig, als Versprechen der Freiheit für den Landgrafen und bewogen Philipp gerade damit zur Kapitulation. Nach erfolgtem Fußfall vor dem Kaiser wurde der Landgraf indessen nicht freigelassen; alle Bemühungen Kurfürst Moritz' fruchteten nicht. Auch für Philipp begannen bittere Jahre der Gefangenschaft.

Die im Widerstand verharrenden Städte und Territorien Norddeutschlands blieben nach der Niederlage der kaiserlichen Truppen bei Drakenburg bis auf weiteres unbehelligt. Die politischen und militärischen Berater Karls V. waren zu der Auffassung gelangt, daß insbesondere die Städte zu stark befestigt und außerdem zu arm wären, als daß sich der Versuch ihrer Eroberung lohne. So suchte der Kaiser die nächsten großen Entscheidungen auf politischem und nicht auf militärischem Terrain; eine grundlegende politische Neuordnung der Verhältnisse im Reich sollte in die Wege geleitet werden, der sich dann auch die niederdeutschen Fürsten und Städte nicht würden widersetzen können.

König Ferdinand nutzte die Situation nach dem Sieg in Sachsen, um die böhmische Opposition niederzuschlagen. Ein Großteil des Adels wie der Städte fügte sich ohne großes Widerstreben, der Widerstand der Prager Städte wurde Anfang Juli 1547 in mehrtägigem Kampf gebrochen. Ein blutiges Strafgericht folgte. Wichtiger als die hier gefällten Todesurteile und Güterkonfiskationen aber war die institutionelle Stärkung der königlichen Autorität im Lande, vor allem die im August 1547 vom Landtag erzwungene Anerkennung des erblichen Thronfolgerechts der Habsburger. Daß selbst diese Eingriffe in die Verfassungsstruktur Böhmens nicht tief genug gingen, um die politische – übrigens auch die religionspolitische – Eigenständigkeit der böhmischen Stände auf die Dauer zu unterdrücken, sollte sich freilich schon bald erweisen. Die insofern bloß vorläufige Entscheidung von 1547 zugunsten der Krone wurde doch erst durch die Niederlage der Stände am Weißen Berg 1620 unwiderruflich.

2. Religions- und Verfassungspolitik Karls V. vom «geharnischten» Augsburger Reichstag 1547/48 bis zum Ende der zweiten Trienter Konzilsperiode 1552

Die Vorbereitung der Neuordnung Deutschlands, die der Kaiser nach seinem Triumph über die schmalkaldischen Fürsten vorzunehmen gedachte, begann bereits im November 1546. Dabei kristallisierte sich als Hauptziel einer solchen Neuordnung – neben der Lösung der Religionsfrage und der Restitution des Kammergerichts – der Abschluß einer Liga mit den verbündeten und unterworfenen Reichsständen heraus; zunächst gegen die noch im Felde stehenden schmalkaldischen Stände, vielleicht aber auch längerfristig gegen Frankreich sowie zur Sicherung des Landfriedens im Innern des Reichs. Viele Einzelfragen blieben zunächst noch offen; alle Planungen gingen jedoch von einer inskünftig überragenden Stellung des Kaisers im Reiche aus. Es waren diese Verhandlungen über die künftige Gestalt des Reichs, in denen König Ferdinand sogar die Erblichkeit der Kaiserkrone für das Haus Habsburg zur Diskussion stellte – was der Kaiser dann freilich «dressée sur le plus hault» fand.

Die vielleicht wichtigste Entscheidung dieser Vorverhandlungen bestand darin, die Lösung der anstehenden Probleme einem Reichstag zu übertragen. An sich wäre ja denkbar gewesen – und der Kaiser selbst erwog diese Möglichkeit –, in Einzelverhandlungen mit den wichtigeren Ständen, insbesondere natürlich im Rahmen der Aussöhnungsverhandlungen mit den besiegten protestantischen Fürsten und Städten, zum Ziel zu kommen. König Ferdinand sprach sich indessen sehr nachdrücklich für einen Reichstag als das gebotene Forum der Neuordnung in Deutschland aus. Das entspreche dem Herkommen des Reichs und werde deshalb auch den Ständen am wenigsten verdächtig erscheinen; überdies könne der Kaiser gerade auf einem Reichstag seine Autorität gegenüber der Gesamtheit der Stände wirkungsvoll zur Geltung bringen und widersetzliche Machenschaften unterbinden. Solche Erwägungen hatten in der Tat manches für sich. Anderseits ist unverkennbar, daß die Selbstbindung des Kaisers an den Reichstag die Chancen einer dauernden Neuordnung des Reichs nach seinen Vorstellungen empfindlich mindern mußte. Das Verfahren des Reichstags ließ ja keine reichspolitische Entscheidung von einiger Tragweite gegen das Votum der Stände zu, und es war ungeachtet der militärischen Erfolge des Kaisers kaum zu erwarten, daß die Stände einer wesentlichen Verschiebung der politischen Kräfte zugunsten der Krongewalt ohne weiteres zustimmen würden. Hinzu kam die konfessionelle Parität im Kurfürstenrat, ohne dessen Mehrheit kein Beschluß des Reichstags zustande kommen konnte. In praxi bedeutete diese Parität kaum weniger, als daß alle religionspolitischen Entscheidungen des Reichstags vom Einverständnis der Protestanten abhingen – auch dies ein Hindernis, das zu überwinden der kaiserlichen Politik gewiß nicht leicht fallen konnte.

Der Kaiser und erst recht König Ferdinand waren zunächst davon ausgegangen, daß der Reichstag bereits im Februar oder März 1547 eröffnet werden könnte. Schon um die Jahreswende lag der Entwurf eines Reichstagsausschreibens vor, das in seiner Detailliertheit beinahe einer Proposition für den Reichstag gleichkam. Dann aber wurden die Hilferufe König Ferdinands und Herzog Moritz' vom sächsischen Kriegsschauplatz immer dringlicher. So entschloß sich der Kaiser Anfang März, selbst nach Sachsen zu gehen und den Reichstag bis zur Beendigung des Kriegs oder doch wenigstens bis zur Unterwerfung der Häupter des Schmalkaldischen Bundes zu verschieben. Zugleich aber löste er das Bundesprojekt aus den Agenden des geplanten Reichstags heraus, um es vorab zur Entscheidung zu bringen.

Die Verhandlungen zur Gründung des Bundes sollten bereits am 20. März beginnen und möglichst rasch zum Abschluß gebracht werden; als Tagungsort wurde Ulm bestimmt.

Das Hauptmotiv Karls V. für diese Separierung und Beschleunigung der Bundessache lag in finanziellen Erwägungen: Er wollte sich nach dem Auslaufen der päpstlichen Subsidien neue Geldquellen für den Krieg erschließen. Zugleich aber bot diese Verselbständigung, gerade weil sie die Bundesverhandlungen aus dem ständisch strukturierten Verfahren des Reichstags herausnahm, sehr viel weitergehende Möglichkeiten einer verfassungspolitischen Stärkung der kaiserlichen Macht. Karl V. hat diese Chance indessen nicht zielstrebig ausgenutzt. Durch den Krieg in Sachsen voll in Anspruch genommen, kümmerte er sich bis auf weiteres kaum um die Bundesverhandlungen. Sie kamen denn auch nicht zum Ziel. Es wurde Juni, bis die Beratungen in Ulm wirklich begonnen werden konnten, und auch dann waren die kaiserlichen Kommissare noch immer im unklaren über die politischen Absichten, die der Kaiser eigentlich mit dem Bundesprojekt verfolgte. Unter diesen Voraussetzungen aber war von den Ständen schon gar keine substantielle Initiative zu erwarten. Zwar ließen sie sich schließlich dazu bewegen, den Entwurf einer Bundessatzung – in Anlehnung an die Verfassung des Schwäbischen Bundes – zu beschließen; doch ließ dieser Entwurf vom 14. Juli 1547 die grundlegenden politischen Probleme der künftigen Einung, insbesondere ihres Verhältnisses zu den bestehenden Institutionen des Reichs, größtenteils offen – ganz abgesehen davon, daß der Entwurf nur als «Ratschlag» formuliert war, an den die Stände selbst noch keineswegs gebunden sein wollten. So war es sehr verständlich, daß die kaiserlichen Kommissare die Verhandlungen – noch am 14. Juli – nach Augsburg verlegten und damit unmittelbar an den Kaiser brachten, der sich auf der Reise nach Augsburg befand, um hier den nunmehr für den 1. September angesagten Reichstag zu halten. Der Kaiser selbst mochte die offenen Fragen des Bundesplans beantworten; seine Autorität mochte überhaupt die widerspenstigen Stände zum Einlenken bringen.

In der Tat nahm sich Karl V. der Bundessache jetzt mit Entschiedenheit an. Am 23. Juli in Augsburg eingetroffen, ließ er bereits am 28. Juli den Gesandten der Stände seine Resolution auf den ständischen Entwurf überreichen. Ganz vom Selbstgefühl des siegreichen Herrschers getragen, forderte diese Resolution mit rücksichtsloser Offenheit die ungesäumte Realisierung einer sehr weitreichenden Konzeption des Bundes. Der Vertrag sollte von vornherein auf zwölf, fünfzehn oder mehr Jahre abgeschlossen werden; nach Ablauf dieser Zeit wären die Stände gewiß «leichtlich» zu weiteren Verlängerungen zu bewegen. Für die gesamte Dauer des Bundes sollten alle Sondereinungen der Stände außer Kraft treten. Der Kaiser sei entschlossen, sich – insbesondere zum Schutz gegen auswärtige Feinde – mit seinen gesamten burgundischen Erblanden in den Bund zu begeben, jedoch unbeschadet der herkömmlichen Unabhängigkeit dieser Länder vom Reich.

Überdies sollte der Bund auch gegen die Reste des Schmalkaldischen Bundes in Norddeutschland eingesetzt werden; die Resolution verband damit die Forderung, dem Kaiser auf unbestimmte Zeit eine «Anzahl Kriegsvolk» zu unterhalten. Im übrigen sei es an der Zeit, die Verhandlungen zum Abschluß zu bringen; der Kaiser wünsche die Aufrichtung des Bundes jedenfalls noch vor Beginn des Reichstags.

Daß die Realisierung dieser Forderung die Kräfteverhältnisse in Deutschland und Europa erheblich zugunsten des Kaiserhauses verschoben hätte, war allen Beteiligten und Beobachtern der Szene klar. Und es war ja nicht einmal ausgemacht, daß Karl V., wenn der Bund einmal zustande gekommen war, nicht doch weiter gehen würde. War jene auf unbestimmte Zeit geforderte Unterhaltung einer Anzahl Kriegsvolks nicht schon der Anfang eines stehenden Heeres unter alleiniger Verfügungsgewalt des Kaisers? Mußte die Sistierung der ständischen Einungen nicht zu einer immer noch wachsenden Abhängigkeit aller, nicht nur der kleineren Stände vom Bund und damit vom Kaiser führen? Würde der Bund am Ende nicht überhaupt Kernbereiche der Reichsverfassung obsolet werden lassen? Eben solche Überlegungen und Befürchtungen waren es nun freilich, die gerade jetzt, in der Reaktion auf die kaiserliche Resolution, auch den Widerstand der Gegner des Bundesprojekts versteiften; Kurfürst Joachim von Brandenburg sprach von der drohenden «servitut» der Stände, die es abzuwenden gelte.

Die Taktik der ständischen Opponenten des Kaisers bestand zunächst vor allem darin, die Vorverhandlungen zu verzögern, um sie auf diese Weise zu einer Agende des Reichstags werden zu lassen und damit dem Vetorecht der Kurfürsten- und Fürstenkurie zu unterwerfen. Diese Taktik hatte auch Erfolg. Karl V. selbst konnte wegen einer schweren Gelbsucht nicht in die Verhandlungen eingreifen; seine Kommissare aber waren der Hinhaltetaktik der Stände nicht gewachsen. Am 2. September 1547, einen Tag nach der Eröffnung des Reichstags, beschlossen die Reichsstände, die Bundessache künftig nach der Geschäftsordnung des Reichstags zu behandeln. Die im Frühjahr mit der Ausgliederung der Bundessache aus den Vorhaben des Reichstags eröffnete Chance zu einer raschen und durchgreifenden Änderung der verfassungspolitischen Strukturen des Reichs zugunsten der Krongewalt war damit verpaßt; vom Reichstag hatte Karl V. in dieser Sache jedenfalls schwierige Verhandlungen zu erwarten.

Das Geschehen am Reichstag wurde nun allerdings nicht bloß von den Regeln der Geschäftsordnung bestimmt. Daneben kam es doch immer wieder entscheidend darauf an, ob der Kaiser persönlich anwesend war und wie die Konstellationen der deutschen und europäischen Politik aussahen, aus denen heraus er am Reichstag agierte. Das war auch 1547 nicht anders, und diesmal hatte Karl V. eine überragende Stellung inne. Er war triumphierender Sieger in Deutschland; auch auf europäischer Ebene gab es nach dem Tode Franz' I. und Heinrichs VIII. – der englische König war schon Ende Januar 1547, einige Wochen vor Franz I., gestorben – keinen Herrscher von vergleichbarer Macht und Autorität. Nichts schien den Kaiser hindern zu können, jetzt die Neuordnung der abendländischen Christenheit in seinem Sinne vorzunehmen: das Konzil zu einem wahren Reformkonzil zu machen, die Protestanten diesem Konzil zu unterwerfen und darüber hinaus Deutschland wie Europa eine wahre Pax Carolina zu geben, vielleicht sogar einen großen Schlag der abendländischen Christenheit gegen die muslimischen Osmanen zu führen. Jedenfalls zweifelte im Herbst 1547 kaum jemand daran, daß der Kaiser seine volle Autorität einsetzen werde, um die anstehenden Probleme der deutschen Politik in seinem Sinne zu lösen. Daß Karl V. die militärische Besatzung Augsburgs nicht aufhob und einen Großteil seiner spanischen Regimenter um die Stadt des Reichstags zusammenzog, war eine unmißverständliche Demonstration dieser kaiserlichen Autorität – es stand ein «geharnischter Reichstag» bevor. Unter diesen Umständen mochte es wohl vielen Ständen geraten erscheinen, sich mit dem Kaiser gut zu stellen; nur wenige konnten es wagen, ihm offen zu opponieren.

Dem Reichstag waren vor allem zwei große Themen gestellt: eine Regelung des Glaubensstreits und eine verfassungspolitische Neuordnung des Reichs. In den religionspolitischen Verhandlungen ging es zunächst und vor allem um die Anerkennung des Konzils und zwar eines in Trient – auf Reichsboden – tagenden Konzils, durch die protestantischen Reichsstände; als sich um die Jahreswende 1547/48 herausstellte, daß die Rückverlegung des Konzils von Bologna nach Trient bis auf weiteres nicht zu erreichen wäre, wurde die Suche nach einem vorläufigen modus vivendi der Glaubensparteien in Deutschland zum beherrschenden Thema der Religionsverhandlungen. Der verfassungspolitische Komplex der Reichstagsagenden umfaßte vor allem die Neukonstituierung und Neuordnung des Kammergerichts sowie die Reform der Landfriedensordnung, die ihrerseits aufs engste mit dem Bundesprojekt zusammenhing. Seit Februar 1548 traten an die Stelle des Bundesprojekts andere Vorhaben einer Sicherung vor allem der habsburgischen Niederlande gegen innere und äußere Friedbrüche; sie führten schließlich zum Burgundischen Vertrag vom 26. Juni 1548.

Am zügigsten, wenngleich keineswegs ohne Widerstände, kamen zunächst die Verhandlungen über die Wiedererrichtung des Kammergerichts voran. Sie waren schon durch die Aussöhnungsverträge mit den schmalkaldischen Ständen vorbereitet worden. In ihnen hatten die Stände versprechen müssen, sich der künftigen Rechtsprechung des Kammergerichts zu unterwerfen und auch zur Unterhaltung des Gerichts beizutragen. Die kaiserliche Proposition für den Reichstag forderte nun freilich, daß die gesamte Unterhaltung des Gerichts künftig allein bei den Ständen liegen sollte, und überdies verlangte der Kaiser, daß ihm die Neubesetzung des Gerichts mit Präsidenten und Beisitzern zu freiem Ermessen überlassen würde; auch wünschte er zehn weitere außerordentliche Beisitzer zu ernennen, die bei der Aufarbeitung der unerledigten Prozesse helfen und beim Ausscheiden der ordentlichen Assessoren an deren Stelle treten sollten. Die verfassungspolitische Relevanz dieser Forderungen war nicht zu übersehen: Selbst wenn es sich dabei, wie die Proposition ausdrücklich vermerkte, um eine bloß einmalige Durchbrechung der ständischen Präsentationsrechte handeln sollte, so drohte hier doch auf Jahre, wenn nicht Jahrzehnte hinaus ein weitgehender Einfluß des Kaisers auf die höchste Judikatur des Reichs. Dazu kamen noch die religionspolitischen Probleme, um derentwillen die Protestanten das Gericht ja erst wenige Jahre zuvor rekusiert hatten. Es war deshalb nicht erstaunlich, daß es in den Beratungen zunächst lebhaften Widerspruch gegen das kaiserliche Verlangen gab. Insbesondere der Besetzung der ordentlichen Assessorenstellen durch den Kaiser wollten weder die weltlichen Kurfürsten noch auch die Mehrheit des Fürstenrats zustimmen. Allerdings war man dabei nicht ganz ohne Zweifel, ob die kaiserliche Majestät, wenn man ihr Begehren rundweg abschlüge, das Gericht nicht etwa «fur sich selbst an iren hof ziehen mochten». Hinzu kamen Meinungsverschiedenheiten zwischen Kurfürsten und Fürsten, auch zwischen den geistlichen und weltlichen Mitgliedern beider Kurien, und darüber zerbröckelte die Opposition. Noch im Oktober setzte sich der Kaiser auf der ganzen Linie durch.

Einige der katholischen Reichsstände hatten nicht zuletzt deshalb für die kaiserlichen Forderungen votiert, weil sie darauf hofften, daß der Kaiser das Gericht ausschließlich mit katholischen Assessoren besetzen werde, von denen sie bei Streitigkeiten um geistliche Jurisdiktion und Kirchengut am ehesten Entscheidungen zugunsten der alten kirchlichen Institutionen erwarten zu können glaubten. Diese Hoffnung erfüllte sich indessen nicht. Anders als noch in den dreißiger Jahren setzte Karl V. jetzt vor allem auf politische, nicht auf gerichtliche Entscheidungen jener Streitigkeiten und auch nicht auf eine platte Konfessionalisierung der Reichsgerichtsbarkeit. Als er 1548 die neuen Assessoren des Kammergerichts ernannte, befanden sich unter ihnen, wenngleich deutlich in der Minderheit, auch evangelische Juristen wie z.B. Hieronymus Schurff und Joachim Mynsinger, beides übrigens erstrangige Vertreter ihres Fachs in Deutschland.

Kaum weniger wichtig als die Neuerrichtung des Reichskammergerichts selbst war die Revision der Kammergerichtsordnung, zu der sich die Stände auf Anregung der österreichischen Räte im Fürstenrat entschlossen. Keine der Agenden des Reichstags – vielleicht überhaupt kein Gesetzesvorhaben der Epoche – ist gründlicher erörtert worden als diese Neufassung der Kammergerichtsordnung. Die aus den Beratungen erwachsenen Entwürfe, Gutachten und Protokolle füllen Tausende von Seiten; auch das fertige Gesetz umfaßt in dem – übrigens vorzüglichen – frühesten Druck von Ivo Schoeffer in Mainz nicht weniger als 350 Seiten in Folio. Schon diese Ausführlichkeit läßt erkennen, welche Bedeutung man der neuen Ordnung beimaß: Es ging nicht bloß um die Sammlung und übersichtliche Zusammenstellung des verstreuten Rechtsstoffs, sondern um eine systematische, im Prinzip vollständige Regelung von Organisation, Zuständigkeit und Verfahren der obersten Reichsgerichtsbarkeit auf Grund der seit 1495 gewonnenen Erfahrungen. Eine solche Kodifikation war zuvor nie versucht worden und sollte auch später nie wieder unternommen werden; die Kammergerichtsordnung von 1548 ist im wesentlichen bis zum Ende des alten Reichs 1806 in Kraft geblieben. Daß die an den Beratungen beteiligten Verordneten der Stände ganz unbefangen davon sprachen, mit einem «ewig werk» befaßt zu sein, zeigt deutlich, daß sie sich der Bedeutung ihrer Aufgabe durchaus bewußt waren. Mit ihrer Erwartung, daß das neue Gesetz auch «in andere Sprachen und Nationen kommen» werde, verkannten sie allerdings das Eigengewicht der nationalen Rechtsentwicklung im übrigen Europa. In Deutschland aber wurde die Kammergerichtsordnung von 1548 zum verpflichtenden Vorbild für die große Mehrheit der territorialen Hof- und sonstigen Obergerichte und gewann damit eine nicht leicht zu überschätzende Bedeutung für das deutsche Rechtsleben.

Der rechtsgeschichtlich wichtigste Aspekt der Ordnung von 1548 bestand in ihrer gegenüber den bisherigen Regelungen weit vorangetriebenen Rezeption des römischen Rechts und der mit ihr einhergehenden Verwissenschaftlichung der Justiz. Schon die Kammergerichtsordnung von 1495 hatte bestimmt, daß wenigstens die Hälfte der Beisitzer des Gerichts «gelehrte» Juristen sein müßten, und 1521 war auch für die andere, aus der Ritterschaft zu besetzende Hälfte der Assessoren eine akademische Ausbildung für wünschbar erklärt worden. Die Kammergerichtsordnung von 1548 nun machte diese Wünschbarkeit zur zwingenden Voraussetzung der Ernennung; wenn diese Bedingung nicht erfüllt werden könne, seien andere akademisch gebildete Juristen zu präsentieren, «ob sie gleich nicht von der Ritterschaft wären». Damit wurde das Kammergericht definitiv zu einem Gericht gelehrter Berufsjuristen. Darüber hinaus aber machte der römischrechtliche Zuschnitt des kammergerichtlichen Prozesses mit seinem diffizilen Formalismus es einer nicht selbst rechtsgelehrten Partei so gut wie unmöglich, ihre Sache vor Gericht selbst zu vertreten. Wenn die Kammergerichtsordnung noch daran festhielt, daß «ehrliche und tugliche personen in ir selbs sachen» vor Gericht handeln dürften, so war dieser alte Grundsatz des deutschen Rechts in Wahrheit nur mehr eine Fiktion; in der Praxis herrschte kaum verhüllter Anwaltszwang. Nicht nur auf seiten des Gerichts, sondern auch auf seiten der streitenden Parteien waren mithin fast ausnahmslos akademisch gebildete Juristen unmittelbar am Prozeß beteiligt. Daß mit alledem eine gewisse Rationalisierung, auch eine gewisse – an sich wünschbare – Vereinheitlichung des Rechts Platz griff, ist unverkennbar. Die Kehrseite der Medaille bestand in der wachsenden Entfremdung der breiten Masse des Volks von seinem Recht, und die durch den Anwaltszwang bedingte Verteuerung der Prozesse war auch sozialpolitisch fragwürdig.

Eine weitere rechtspolitische Problematik der Rezeption bestand in dem römisch-kanonischen Prinzip des Vorrangs der materialen Gerechtigkeit vor der Rechtssicherheit. Der römisch-rechtliche Prozeß ermöglichte, um nur ja kein tatsachen- oder rechtsrelevantes Argument unberücksichtigt zu lassen, ein immer erneutes Vorbringen von Klagebegründungen, Einwendungen, Einreden und Beweisanträgen, und das brachte zwangsläufig die Gefahr einer überaus langen Prozeßdauer mit sich. Die Kammergerichtsordnung von 1521 hatte dieser Gefahr in einigen Stücken entgegenzuwirken gesucht, ohne damit jedoch eine fühlbare Abkürzung und Straffung des Verfahrens zu erreichen. Erst recht blieben 1547/48 die Ansätze zur Prozeßbeschleunigung zumeist auf der Strecke, ja die jetzt beschlossenen Regelungen waren noch viel ausschließlicher als die früheren Ordnungen vom Vorrang des Ziels bestimmt, der materialen Gerechtigkeit zum Sieg zu verhelfen, auch wenn es dadurch vielfach unmöglich wurde, noch zu Lebzeiten der ursprünglichen Streitgegner zu einem Endurteil zu gelangen. Eine dafür sehr bezeichnende Neuregelung war, daß jetzt auch für das Appellationsverfahren vor dem Kammergericht das Vorbringen neuer Behauptungen und neuen Beweismaterials zugelassen wurde, und zwar grundsätzlich nach eben den Verfahrensgrundsätzen, die schon den erstinstanzlichen Prozeß so sehr verzögerten. Und damit nicht genug: Die Kammergerichtsordnung von 1548 führte auch noch die Möglichkeit der Revision gegen Urteile des Kammergerichts vor einer einmal jährlich zusammentretenden Visitationskommission des Reichstags ein. Es dauerte bis tief ins 17. Jahrhundert, ehe wenigstens der Suspensiveffekt dieser Revision wieder beseitigt wurde; das Krebsübel der überlangen Prozeßdauer beeinträchtigte die Funktion wie die Autorität des Gerichts überhaupt bis zu dessen Ende. Einen gewissen Ausgleich dieses Mangels bedeutete immerhin die Möglichkeit vorläufiger Mandate des Gerichts auf Grund vereinfachter Beweisverfahren, vergleichbar etwa den einstweiligen Verfügungen des neueren Rechts.

Neben der Wiedererrichtung und Neuordnung des Kammergerichts wurde die Bundessache zum zentralen verfassungspolitischen Thema des Reichstags. Daß es der kaiserlichen Politik nicht leichtfallen würde, ihre Bundespläne durchzusetzen, stand schon zu Beginn der Reichsversammlung außer Frage. Unter dem Gewicht der kaiserlichen Autorität war allerdings die Mehrheit aller drei Ständekurien der Meinung, man werde sich den kaiserlichen Forderungen nicht ganz entziehen können. So entstanden im September/Oktober 1547, wie das dem beim Reichstag üblichen Verfahren entsprach, gesonderte Entwürfe der Kurfürsten, Fürsten und Städte für einen Bundesvertrag. Die politischen Konzeptionen dieser Entwürfe gingen jedoch weit auseinander und standen überdies mit den Wünschen des Kaisers in manchem Widerspruch. Der Fürstenrat kam den kaiserlichen Vorstellungen noch am weitesten entgegen; hier war man sogar bereit, dem Kaiser zusammen mit den kleineren Reichsständen die Majorität der Stimmen des Bundes gegenüber den Kurfürsten und Fürsten zuzugestehen. Schon die Reichsstädte aber wollten sich allenfalls auf eine Erneuerung und Verbesserung des Schwäbischen Bundes als einer landschaftlich begrenzten Landfriedensordnung einlassen. Vollends die Kurfürsten legten einen Entwurf vor, der den kaiserlichen Intentionen grundsätzlich zuwiderlief – ganz darauf angelegt, den Einfluß des Kaisers und auch König Ferdinands weit zurückzudrängen, insbesondere ein Zusammengehen der Habsburger mit den kleineren Reichsständen zur Majorisierung der kurfürstlichen und fürstlichen Mitglieder des Bundes zu verhindern.

Nach dem Verfahren des Reichstags war es die nächste Aufgabe der Kurfürsten und Fürsten, zwischen ihren unterschiedlichen Konzeptionen des Bundes einen Ausgleich zu suchen und sich zu einem einhelligen Vorschlag an den Kaiser durchzuringen. Das gelang jedoch nicht – im Grunde einfach deshalb, weil die Mehrheit der Stände dem Bundesprojekt überhaupt mit wachsender Skepsis gegenüberstand. Ein gemeinständischer Ausschuß, den die Reichsstände noch im Dezember vereinbarten, um wenigstens den fruchtlosen Austausch gegensätzlicher Stellungnahmen zu überwinden, trat gar nicht mehr zusammen. Selbst die österreichischen Räte befürchteten mittlerweile, daß in einem solchen Ausschuß die Gegner des Projekts in der Mehrheit sein würden; daß insbesondere die Bayern den kaiserlichen Plänen unter der Hand entgegenarbeiteten, war ein offenes Geheimnis. Wenn jetzt noch einmal eine grundsätzliche Wende erfolgen sollte, dann mußte Karl V. sich wiederum selbst engagieren. Wirklich forderte der Kaiser Ende Januar nun auch seinerseits die Weiterberatung der Bundessache in einem gemeinständischen Ausschuß, und auch jetzt wagten es die Stände nicht, sich diesem Begehren zu widersetzen; man begann sich darauf einzurichten, am Ende doch den kaiserlichen Wünschen entsprechen zu müssen. Aber wenn Karl V. es sonst keineswegs verschmähte, parallel zu den offiziellen Reichstagsverhandlungen seinen Einfluß in Partikularverhandlungen mit einzelnen Fürsten oder Städten geltend zu machen, ließ er den Dingen jetzt einfach ihren Lauf, und als sich in den letzten Februartagen der Mißerfolg der Verhandlungen immer deutlicher abzeichnete, reagierte er nicht einmal mehr darauf.

Der Grund für dieses plötzliche und überraschende Desinteresse des Kaisers lag in seiner veränderten Sicht der verfassungspolitischen Konsequenzen des Bundes für die habsburgischen Hausmachtinteressen. Vor allem die Königinregentin Maria und ihre niederländischen Räte nämlich stellten dem Kaiser mit steigender Dringlichkeit vor Augen, daß die straffe Ordnung der geplanten Einung, auch die mit ihr verbundene Stärkung der verfassungspolitischen Stellung des Kaisers mit der herkömmlichen Eigenständigkeit der Niederlande gegenüber den Reichsinstitutionen nicht zu vereinbaren wäre; viel besser als der vom Kaiser geplante umfassende Bund könnte ein besonderer Vertrag mit den Niederlanden, etwa nach dem Muster des lothringischen Vertrags von 1542, den Schutz des Reichs für die Niederlande sichern. Diese Bedenken setzten sich im Februar 1548 beim Kaiser durch: In der Kollision zwischen kaiserlichen und landesfürstlich-dynastischen Interessen räumte Karl V. den letzteren den Vorrang ein. An die Stelle des Bundesplans trat, wie die Niederländer es vorgeschlagen hatten, das Vorhaben einer einzelvertraglichen Fixierung des Verhältnisses der Niederlande zum Reich (der «Burgundische Vertrag»), dazu die Forderung nach einem mehrjährigen Finanzbeitrag der Stände für den Aufbau der Grenzbefestigungen gegen die Türken (das «Baugeld») sowie nach einer Kriegskasse, die den Kaiser für innen- wie außenpolitische Notfälle von den umständlichen Bewilligungen durch den Reichstag unabhängig machen sollte (der «Vorrat»).

Das wichtigste dieser Vorhaben war der Vertrag wegen der Niederlande. Die Verhandlungen darüber führten sehr rasch zum Kernpunkt des rechtlichen und verfassungspolitischen Verhältnisses der Niederlande zum Reich, und über diesen Kernpunkt gab es harten Streit. Während die Räte der Königinregentin die Auffassung vertraten, daß die Niederlande gemäß altem Herkommen reichsunabhängiger, freier Besitz der Habsburger seien, wiesen die Stände auf mancherlei Bindungen der Niederlande an das Reich hin, nicht zuletzt auf deren Einbeziehung in die Kreisverfassung des Reichs durch Kaiser Maximilian. In Wahrheit waren die zur Diskussion stehenden Rechtsverhältnisse – als Folge der verwickelten Entstehungsgeschichte des burgundischen Länderkomplexes – viel zu kompliziert, als daß man ihre zuverlässige Klärung wirklich zur Grundlage des angestrebten Vertrags hätte machen können. Es bedurfte nicht so sehr einer rechtlichen als vielmehr einer politischen Entscheidung, und eine geradezu autoritäre Resolution Karls V. vom 26. April 1548 machte dafür den Weg frei. Auch in den anschließenden Verhandlungen konnten sich die kaiserlichen Räte, unter ihnen vor allem der Niederländer Viglius van Zwichem, weithin gegenüber den Reichsständen durchsetzen. Am Ende langer und schwieriger Diskussionen resümierte der bayerische Rat Leonhard von Eck resigniert, es sei «finis in somma, er [der Kaiser] woll der exempt und immunis sein, er werd nit nachgeben». Am 26. Juni wurde das Vertragswerk unterzeichnet; es ist als «Burgundischer Vertrag» in die Geschichte eingegangen.

Der Vertrag bestätigte die bestehenden lehensrechtlichen Bindungen der Niederlande an das Reich, zog aber zugleich jeder Unterordnung der Niederlande unter die durch die Reichsreform geschaffenen oder doch konsolidierten Institutionen des Reichs enge Grenzen. Zwar wurden die Niederlande jetzt, wie es schon Kaiser Maximilian angestrebt hatte, ein eigener Reichskreis; auch verpflichtete sich der Kaiser als Landesherr der Niederlande zur Beteiligung an den künftigen Kriegslasten des Reichs. Dabei handelte es sich jedoch nicht um eine – an sich selbstverständliche – Konsequenz der Reichszugehörigkeit der Niederlande, sondern um eine isolierte vertragliche Gegenleistung für den feierlich verbrieften Schutz des Reichs zugunsten der Niederlande. Und indem der Burgundische Vertrag die Niederlande auf diese Weise dem mit der Reichsreform in Gang gekommenen Prozeß einer staatlichen Verdichtung des Reichsverbandes weithin entzog, wirkte er auch für die Zukunft jeder stärkeren Einbeziehung der Niederlande in das Reich entgegen. Die lehensrechtlichen Sicherungen der

Reichszugehörigkeit der Niederlande erwiesen sich demgegenüber schon im niederländischen Aufstand der zweiten Jahrhunderthälfte als unzureichend. Der Burgundische Vertrag dokumentierte mithin zwar keineswegs das Ausscheiden der Niederlande aus dem Reichsverband, aber er stellte doch die Weichen in diese Richtung.

Im Gegensatz zu seinen nachhaltigen Bemühungen um den Burgundischen Vertrag engagierte sich Karl V. – wieder einmal – kaum für den Schutz der ungarischen und österreichischen Erblande König Ferdinands gegen die Osmanen. Ferdinand erreichte bei den Ständen denn auch nur eine zeitlich eng begrenzte Finanzhilfe als «Baugeld» für die Grenzbefestigungen im Südosten; überdies behielten sich die Reichsstände vor, die Verwendung der Gelder zu kontrollieren.

Auf den ersten Blick erstaunlicher war, daß sich der Kaiser auch in den Verhandlungen über den «Vorrat» mit einer nur kurzfristigen und jedenfalls verfassungspolitisch unergiebigen Lösung zufriedengab. In der Vorbereitung des Reichstags war bei den habsburgischen Majestäten von der Wünschbarkeit einer ständigen, an den Kaiser und den römischen König zu zahlenden Geldrente der Reichsstände die Rede gewesen, mit deren Hilfe eine effektivere, von den Bewilligungen der Reichstage unabhängigere Handhabung der monarchischen Gewalt möglich werden sollte. Der im Juni 1548 von den Reichsständen bewilligte «Vorrat» blieb dahinter weit zurück; er bestand nur mehr auf einer einmaligen Zahlung in Höhe von 120000 Gulden, die wiederum von den Ständen mitverwaltet werden sollten. Der maßgebende Grund für diese Zurückhaltung Karls V. lag vermutlich in Erwägungen, wie sie König Ferdinand bereits Ende 1546 angestellt hatte: Die Einführung jener «rente ordinaire» brächte die Gefahr mit sich, daß das Haus Habsburg bei künftigen Wahlen die Kaiserkrone verlöre, weil nämlich diese Einkünfte auch anderen, mit geringerer Hausmacht ausgestatteten Fürsten die Führung des kaiserlichen Amts erlauben würden. Trifft diese Vermutung zu, so hat man es hier mit einer sehr engen Parallele zum Verzicht des Kaisers auf seine Bundespläne im Februar 1548 zu tun; auch in der Bundessache hatte Karl V. ja schließlich die Interessen des Kaisertums den dynastischen Interessen des Hauses Habsburg nachgeordnet.

Neben den verfassungspolitischen Problemen war die Religionsfrage das zweite wichtige, in den Augen des Kaisers überhaupt das wichtigste Thema des Reichstags, und hier wiederum war die Anerkennung des Konzils durch die Gesamtheit der Reichsstände das vorrangige Ziel Karls V. Die Verfolgung dieses Ziels wurde nun allerdings durch die Translation des Konzils nach Bologna ungemein erschwert. Auch nach dem Sieg in Deutschland war es dem Kaiser nicht gelungen, den Papst zur Rückverlegung der Kirchenversammlung nach Trient zu bewegen; das Äußerste, wozu Paul III. sich verstand, war die Vertagung der bereits anberaumten Konzilssession in Bologna, bis man sehe, zu welchen Beschlüssen der Reichstag gelange. Die Konzilspolitik des Kaisers gegenüber den deutschen Reichsständen beruhte insofern auf sehr unsicheren Voraussetzungen. Und auch auf dem Reichstag selbst erhoben sich alsbald erhebliche Widerstände. Vor allem die weltlichen Kurfürsten – auch und gerade Kurfürst Moritz von Sachsen – formulierten Konzilsbedingungen, in denen sie ihre evangelische Position ungeschmälert und sehr konkret zur Geltung brachten: Da das bisherige Konzil keine wahrhaft ökumenische Kirchenversammlung gewesen sei, wären seine Beschlüsse neu zu beraten; an solchen Neuberatungen und -beschlüssen müßten auch die Theologen der evangelischen Reichsstände teilnehmen können. Der Papst dürfe nicht das Haupt des Konzils sein, sondern müsse sich ihm selbst unterwerfen. Im übrigen möge der Kaiser seinen Einfluß geltend machen, daß das Konzil – in Trient oder sonst auf Reichsboden – nach Maßgabe der Heiligen Schrift für die Reform von Sitte und Lehre wirke. An eine Übernahme der Gesamtheit dieser Forderungen durch die katholischen Reichsstände war nicht zu denken. Zwar fand sich der – in seiner Mehrheit ja katholische – Fürstenrat zu nicht unerheblichen Konzessionen bereit; sogar die Reassumption der in Trient bereits beschlossenen Dekrete wollte man den weltlichen Kurfürsten zugestehen. Eine durchgehende Einigung aber war um so weniger zu erzielen, als die geistlichen Kurfürsten keinerlei Entgegenkommen zeigten. Nach mehr als fünfwöchigen Verhandlungen sah sich der Kaiser unterschiedlichen und zum Teil gegensätzlichen Bedenken der Kurfürsten, Fürsten und Städte gegenüber; das kurfürstliche Votum war überdies in sich selbst gespalten.

Die Aufsplitterung der ständischen Stellungnahmen lag an sich nicht im Sinne des Kaisers. Die Uneinigkeit der Stände bot ihm jedoch die Chance, seinen eigenen politischen Willen nachdrücklich zur Geltung zu bringen, und diese Chance nutzte Karl V. nun entschlossen. Die kaiserliche Resolution vom 18. Oktober referierte als Ergebnis der Beratungen der Reichsstände, daß der Religionsstreit vor das «allgemeine christliche Concilium, so allbereit zu Trient indicirt und daselbst angefangen», gewiesen werden solle. Der Kaiser stimme damit ganz überein und erwarte die gehorsame Unterwerfung aller Stände unter das Konzil. Er werde sich für die Wiederaufnahme der Beratungen in Trient einsetzen und dafür sorgen, daß die Stände der Confessio Augustana für ihre Theologen sicheres Geleit und Gehör auf dem Konzil erhielten; auch werde er sich darum bemühen, daß die Beschlüsse der Kirchenversammlung nach Maßgabe der Heiligen Schrift und der Lehre der Väter – «allen Affekt hindangesetzt» – zustande kämen. Wegen der sonstigen Konzilskautelen der weltlichen Kurfürsten möge man unbesorgt sein: Die Stände könnten sich darauf verlassen, daß der Kaiser von sich aus auf eine christliche, ehrbare und gebührliche Ordnung der Dinge achten werde.

Daß die kaiserliche Resolution die zuvor aufgebrochenen konzilspolitischen Dissense zwischen den Ständen verkürzte, daß sie insbesondere die Konzilsbedingungen der Evangelischen durch vage Absichtserklärungen ersetzte, ist unverkennbar. Und diese Abschwächungen waren auch wohlüberlegt: Der heimliche Adressat der Resolution war ja der Papst, den der Kaiser zur Rückverlegung des Konzils nach Trient bringen wollte. Auch wenn Karl V. selbst bereit gewesen wäre, den Konzilsforderungen der Evangelischen noch weiter entgegenzukommen – das wäre z. B. in der Frage der Reassumption der Trienter Dekrete, vielleicht auch hinsichtlich der Überordnung des Konzils über den Papst denkbar gewesen –, so war die Resolution in ihrer Gestalt vom 18. Oktober wohl das Äußerste, was man Paul III. und seinen Konzilslegaten in Bologna zumuten konnte. Das eigentlich Erstaunliche war demgegenüber, daß es Karl V. gelang, sich mit den Reichsständen beider Religionsparteien – insbesondere natürlich mit den evangelischen Kurfürsten – auf die Resolution zu einigen. Der Kaiser hatte denn auch schon vorab intensiv mit den wichtigsten Ständen verhandeln lassen und sogar persönlich in die Verhandlungen eingegriffen; er habe die Kurfürsten «in zwo stund allein und ad partim» bearbeitet, wußten die Straßburger Gesandten zu berichten. Im Endergebnis stimmten zwar nicht die Kurfürsten von Sachsen und Brandenburg für die Konzilserklärung des Kaisers, wohl aber Friedrich von der Pfalz, der damit die protestantische Sperrminorität des Reichstags durchbrach. Am 24. Oktober erklärten die Stände ihre generelle Annahme der kaiserlichen Resolution.

Die so erzielte Einigung war ungeachtet ihrer versteckten Dissense ein eindrucksvoller politischer Erfolg Karls V. Das vorrangige Ziel seiner Konzilspolitik in Deutschland, das wichtigste politische Ziel auch des Schmalkaldischen Kriegs, war damit erreicht. Jetzt mußte es darum gehen, auch den Papst und nicht zuletzt die Konzilslegaten in Bologna auf diese Linie der kaiserlichen Politik zu bringen.

Die Beziehungen zwischen Karl V. und Paul III. hatten sich freilich seit dem Ausscheiden des Papstes aus dem Schmalkaldischen Krieg nur kurzzeitig gebessert und gelangten im Herbst 1547 sogar auf einen neuen Tiefpunkt. Am 10. September 1547 nämlich fiel Pier Luigi Farnese, der erst kürzlich mit Parma und Piacenza belehnte Sohn des Papstes, einer Verschwörung zum Opfer, bei der der kaiserliche Statthalter von Mailand, Ferrante Gonzaga, seine Hände im Spiel hatte. Wenige Tage darauf zog Gonzaga selbst in Piacenza ein und nahm es für den Kaiser in Besitz; Parma entging dem Zugriff der Spanier nur mit knapper Not. Nun waren Parma und Piacenza strategisch von erheblicher Bedeutung: Im Bündnis mit Frankreich konnten sie französischen Heeren als Aufmarschgebiet gegen Mailand dienen, im Besitz des Kaisers aber verstärkten sie den Ring der habsburgischen Umklammerung des Kirchenstaats. Die Verschwörung von Piacenza war mithin ein empfindlicher Schlag gegen das farnesische Papsttum wie gegen Frankreich. Ihre unmittelbare Folge bestand denn auch – abgesehen von der persönlichen Trauer und Empörung Pauls III. – in Verhandlungen zwischen Heinrich II. von Frankreich und dem Papst, die sich um die Jahreswende zum Projekt eines umfassenden Offensivbündnisses, selbst unter Einbeziehung der Osmanen, gegen die «Tyrannei» des Kaisers in Italien verdichtete.

Von einer Unterstützung des Papstes für die kaiserliche Religionspolitik konnte vollends bis auf weiteres nicht die Rede sein. Zwar erschienen noch im Spätherbst Christoph Madruzzo, Kardinal von Trient, und Diego Hurtado de Mendoza, einer der glänzendsten spanischen Diplomaten Karls V., in Rom, um unter Berufung auf den Beschluß des Reichstags den Papst verbindlich um die Rückverlegung des Konzils nach Trient zu ersuchen; der Papst machte die Erfüllung dieser Forderung jedoch von einer Reihe praktisch unerfüllbarer Voraussetzungen abhängig, insbesondere von dem ausdrücklichen Verzicht der evangelischen Reichsstände auf die wichtigsten ihrer Konzilsbedingungen. Damit war die Mission der kaiserlichen Gesandten gescheitert; im Januar ließ Karl V. in Rom wie in Bologna förmlichen Protest gegen die Konzilstranslation erheben.

In den folgenden Wochen und Monaten spitzten sich die Gegensätze zwischen Kaiser und Papst noch weiter zu. Am Kaiserhof diskutierte man die Möglichkeit einer Fortführung des Konzils in Trient auch gegen den Willen des Papstes, in Rom befürchtete man gar die Säkularisation des Kirchenstaats. Mendoza hielt überhaupt einen neuen Krieg zwischen Kaiser und Papst für unvermeidbar und unmittelbar bevorstehend. Daß es nicht zu diesen äußersten Konsequenzen kam, hatte seinen Grund vor allem darin, daß Heinrich II. sich einem verbindlichen Bündnis mit dem Papst schließlich doch versagte: Die politischen und militärischen Verhältnisse in Italien schienen dem französischen König nicht sonderlich erfolgversprechend; auch fürchtete er für den Fall einer päpstlich-französischen Offensive gegen den Kaiser eine Parteinahme Englands zugunsten des Angegriffenen, was Frankreich in einen Zweifrontenkrieg gestürzt hätte. So sah sich Paul III. veranlaßt, dem Kaiser doch wenigstens in einigen Punkten entgegenzukommen, z. B. durch das Erbieten der Entsendung von Legaten oder Nuntien nach Deutschland, um hier bei der Neugestaltung der kirchlichen Ordnung mitzuwirken. Auch widersetzte sich der Papst dem Vorschlag der Bologneser Konzilslegaten, die Gesamtheit der Konzilsväter in Trient und Bologna nach Rom zu berufen und damit allen weiteren Konzilsplänen des Kaisers zuvorzukommen. Sogar die Rückführung des Konzils nach Trient – womöglich als Gegenleistung für eine Restitution Piacenzas – brachte er erneut ins Gespräch. Unter diesen Umständen verzichtete auch Karl V. auf eine weitere Zuspitzung des Konflikts und versuchte, seine Konzilsziele erneut in Verhandlungen mit der Kurie zu erreichen. Ob und wann diese Verhandlungen zum Erfolg führen würden, war freilich eine ganz offene Frage.

Um so wichtiger mußte es für den Kaiser sein, in Deutschland zu einer vorläufigen Ordnung der Religionsverhältnisse zu gelangen. Auf die Notwendigkeit einer solchen interimistischen Ordnung hatte König Ferdinand den Kaiser schon im Winter 1546/47 hingewiesen. Karl V. hatte diesen Hinweis in die Proposition für den Reichstag aufgenommen, die Reichsstände hatten ihn dann gebeten, von sich aus «Mittel und Wege» für eine solche Ordnung anzugeben. In der Tat scheint der Kaiser schon vor Beginn des Reichstags eine Kommission katholischer Theologen mit der Ausarbeitung von Vorschlägen für eine innerkirchliche Reform und für Bedingungen einer Duldung der Protestanten im Reich beauftragt zu haben. Der Kommission gehörten der Beichtvater Karls V., Pedro de Soto, der kaiserliche Hofprediger Pedro de Malvenda, der Kölner Karmelitenprovinzial Eberhard Billick sowie die Weihbischöfe von Mainz und Hildesheim, Michael Helding und Balthasar Fannemann, an – allesamt strenge Katholiken und, mit der wohl einzigen Ausnahme Heldings, Vertreter eines harten Kurses gegenüber den Protestanten. Das Ergebnis ihrer Arbeit, die in tiefstem Geheimnis stattfand – der Kaiser wollte offenbar jede verfrühte öffentliche Diskussion vermeiden – bestand in zwei Entwürfen «De reformatione morum» bzw. über eine «Reformatio in doctrina controversa usque ad concilii generalis determinationem duratura».

Der erste dieser beiden Entwürfe, die vermutlich im Spätherbst 1547 fertiggestellt wurden, stellte einen sehr beachtlichen Versuch dar, die kirchlichen Mißstände ohne Beschönigungen aufzudecken und – auf eindeutig katholischer Grundlage – auszuräumen. Die hier vorgetragene Kritik an der herkömmlichen Verflechtung der kirchlichen und weltlich-politischen Funktionen des geistlichen Fürstentums, die dringende Forderung nach Stärkung und Vergeistlichung des Bischofsamts, die Empfehlungen für eine an der Aufgabe der Seelsorge orientierte Reform des Pfründenwesens, und zwar auch der päpstlichen Benefizien, nicht minder die Vorschläge für eine Verbesserung des kirchlichen Bildungswesens – alles das waren Stücke eines respektablen Reformprogramms. Freilich war dieses Reformprogramm ganz auf die Verhältnisse der katholischen Kirche abgestellt; von irgendwelchen tolerablen Besonderheiten der evangelischen Kirchen in Sitte, Recht und Organisation war nicht die Rede. Die «Reformatio in doctrina» aber als Stellungnahme der Kommission zu den kirchlichen Lehrstreitigkeiten machte vollends deutlich, wie sich die Kommission den vorläufigen modus vivendi der Konfessionen in Deutschland dachte: als vollständige und bedingungslose Rückkehr nämlich der Protestanten zur römischen Kirche.

Die «Reformatio in doctrina» beruhte auf Vorarbeiten Pflugs, vor allem auf einer Vermittlungsformel, die der Naumburger Bischof, wohl unter Mitarbeit Michael Heldings, schon im Frühsommer 1546 für den Kaiser verfaßt hatte. Wenn aber Pflug immer wieder nach den Gemeinsamkeiten im Glaubensgut der Religionsparteien Ausschau gehalten hatte, so rekurrierte die «Reformatio in doctrina» umgekehrt gerade auf die strittigen Probleme und wies alles reformatorische Denken a limine ab. Gegenüber der rechtfertigenden Kraft der Gnade wurde gerade die Mitwirkung des freien Willens betont; die Glaubensgewißheit der reformatorischen Theologie wurde als Leichtsinn abgetan. Gegenüber der reformatorischen Lehre von der Kirche als der Gemeinschaft der Heiligen, in der das Evangelium rein gepredigt und die Sakramente rechtmäßig verwaltet werden, hieß es jetzt sehr einfach: Die wahre Kirche sei bei denen, die der Glaubens- und Sittenlehre des Heiligen

Stuhls anhingen. Die Privatmessen wurden ausdrücklich gerechtfertigt, Laienkelch und Priesterehe ebenso ausdrücklich und entschieden abgelehnt.

Die Vorschläge der kaiserlichen Theologenkommissionen waren um die Jahreswende nicht das einzige Votum, das den Kaiser zu rigorosem Vorgehen gegen die Protestanten zu drängen suchte; ähnlich kompromißlose Empfehlungen kamen von bayerischer Seite, auch vom Augsburger Kardinalbischof Truchseß von Waldburg, erst recht vom päpstlichen Nuntius Sfondrato. Indessen mußte sich Karl V. doch sagen, daß eine sofortige Restitution der römischen Kirche nach Dogma, Recht und Besitzstand im Rahmen der Reichstagsverhandlungen bei den protestantischen Reichsständen nicht durchzusetzen sein werde. Ihre Durchsetzung hätte vielmehr eines kaiserlichen Oktroi bedurft, gegen den der äußerste Widerstand der Protestanten, möglicherweise ein neuer Krieg zu erwarten gewesen wäre. Das aber lag überhaupt nicht im Sinne der kaiserlichen Politik, die vielmehr nach wie vor auf eine konziliare Lösung des Glaubenskonflikts setzte, zumal da es ihr ja bereits gelungen war, die protestantischen Stände zur grundsätzlichen Anerkennung des Konzils zu bewegen. So entschied sich Karl V., jenen Empfehlungen nicht zu folgen und auch von den Entwürfen seiner Theologenkommission keinen Gebrauch zu machen. Die unmittelbare Folge dieser Grundsatzentscheidung war freilich, daß der Kaiser mit leeren Händen dastand, als mit dem Scheitern der Mission Madruzzos und Mendozas in Rom die vorläufige Regelung der kirchlichen Verhältnisse Deutschlands neues Gewicht und neue Dringlichkeit bekam.

Es war insofern ein Akt der Verlegenheit, daß der Kaiser Mitte Januar 1548, anstatt dem Reichstag einen eigenen Vorschlag zu unterbreiten, einen gemeinständischen Ausschuß aus beiden Glaubensparteien anregte, der zusammen mit einigen kaiserlichen Räten einen Entwurf erarbeiten sollte, über den der Kaiser sich dann «umb so viel stattlicher» entschließen könne. Das Vorhaben scheiterte denn auch auf der ganzen Linie. Es gelang erst nach mehrwöchigen Verhandlungen, den Ausschuß überhaupt zustande zu bringen, und als er wirklich zusammentrat, brachen die konfessionellen Gegensätze in einer Härte auf, wie sie der ganze bisherige Reichstag noch nicht erlebt hatte. In der letzten Februarwoche ließ Karl V. die fruchtlosen Beratungen abbrechen. Damit war auch der zweite Anlauf gescheitert, zu einem tragbaren Entwurf für die religionspolitische Ordnung im Reich bis zur Entscheidung des Konzils zu gelangen.

Allerdings war die kaiserliche Politik mittlerweile nicht untätig geblieben. Der Kaiser hatte nämlich – wiederum in tiefstem Geheimnis – eine neue Kommission mit dem Entwurf für eine interimistische Ordnung der Religionsverhältnisse beauftragt, und diesmal bot schon die Zusammensetzung der Kommission die Gewähr, daß ihre Vorschläge den Intentionen des Kaisers besser entsprechen würden als die Entwürfe der Kommission vom Vorjahr. Zum einen gehörten mit Pflug und Helding jetzt doch zwei Männer zum Kern der Kommission, die ungeachtet ihrer eindeutigen Bindung an die römische Kirche den Ausgleich mit den Protestanten, soweit irgend zu verantworten, wirklich wollten; zum andern hatte der Kaiser mit dem brandenburgischen Hofprediger Johann Agricola auch einen evangelischen Theologen in die Kommission berufen, der, obzwar gewiß auch seinerseits – ganz entsprechend der religionspolitischen Linie Brandenburgs – zu Ausgleich und Vermittlung bereit, doch auf die Wahrung unverzichtbarer Elemente reformatorischen Glaubens- und Kirchenwesens bedacht sein würde. Die spätere Hinzuziehung der kaiserlichen Hoftheologen de Soto und Malvenda sowie des Hofpredigers König Ferdinands, M. Saltzer, sollte demgegenüber nur sichern, daß Helding und Pflug in ihrer Vermittlungsbereitschaft nicht etwa zu weit gingen. Wirklich gelang es der Kommission binnen weniger Wochen, sich auf einen Entwurf zu einigen; bereits am 15. März konnte ihn Agricola im Auftrag des Kaisers den Kurfürsten von der Pfalz und Brandenburg vorlegen. In der Folge wurde dieser Entwurf zur maßgebenden Textgrundlage des sogenannten Interims vom 15. Mai 1548.

Wie die «Reformatio in doctrina» vom Spätjahr 1547 beruhte auch der neue Entwurf gutenteils auf der «Formula sacrorum emendandorum» Julius Pflugs von 1546. Im Gegensatz zum Vorjahr aber wurden jetzt nicht bloß die Disposition und einzelne Sätze jener «Formula» übernommen, sondern auch deren vermittelnde Grundtendenz. Daß der Entwurf im ganzen der katholischen Kirchenlehre näher stand als der reformatorischen Theologie, entsprach nur der kirchenpolitischen Situation; um so bemerkenswerter war das Bemühen der Kommission, doch auch die theologischen Anliegen der Reformation aufzugreifen und ihnen nach Möglichkeit gerecht zu werden.

Anders als der Kommissionsentwurf vom Spätjahr 1547 konzedierte der neue Entwurf des Interims die Priesterehe wie auch die communio sub utraque ohne weiteres. Auch in den Abschnitten über die Messe kam man reformatorischem Denken insoweit entgegen, als man das Opfer der Messe ausdrücklich bloß als Gedenk- und Dankopfer, also gerade nicht als Sühnopfer definierte; zudem wurde die Aufhebung der Privatmessen empfohlen. Die Frage der Aneignung der sakramentalen Gabe freilich war ganz offengelassen; vom Glauben, der nach reformatorischer Lehre den Kern solcher Aneignung ausmachte, war nicht die Rede. Erst recht trat in den Artikeln des Entwurfs über die Rechtfertigung der Glaube ganz hinter die Liebe zurück, die den Menschen erneuere und erst damit wirklich rechtfertige. Des weiteren hielt der Entwurf an der Notwendigkeit der Fürbitte der Heiligen und an ihren Verdiensten fest, wenngleich immerhin mit der Klarstellung, daß diese Verdienste nicht aus den Werken der Heiligen herrührten – die würden zu ihrer eigenen Seligkeit nicht genügen, «sie weren so tugentsam als sie immer mochten» –, sondern aus dem Leiden Christi als dem einzigen Grund aller Seligkeit und allen Verdienstes. Ein eigener Artikel über die Heilige Schrift fehlte dem Entwurf. Der Abschnitt «Von dem gwalt und auctoritet der Kirche» bekannte sich einleitend dazu, daß die Heilige Schrift «grosser dann aller mentschen gewalt» sei, betonte dann aber sogleich und nachdrücklich die Autorität der Kirche zur Auslegung der Schrift; auch an der Gültigkeit der apostolischen Tradition der Bischöfe wurde ausdrücklich festgehalten. Überhaupt entsprachen gerade die Kirchenartikel des Entwurfs mit ihrer Bejahung der Gesetzgebungs- und Zwangsgewalt der römischen Kirche dem Kirchenverständnis der Reformation besonders wenig. Daß sie dem Papst jure divino volle Gewalt über alle Bischöfe und zur Regierung der gesamten Kirche zuerkannten, war für Agricola wohl vollends nur erträglich gewesen, weil der Text sofort hinzufügte: «aber er soll seyn gwalt, so er hat, gebrauchen nit zur zerstorung, sonder zur erbawung».

Der Entwurf des Interims war nicht als Sonderregelung für die Protestanten, sondern als Bekenntnisformel für beide Religionsparteien im Reich gedacht. Durch die harten konfessionellen Konfrontationen im gemeinständischen Ausschuß vom Januar/Februar gewarnt, bemühte sich Karl V. denn auch alsbald in Einzelverhandlungen um die Zustimmung der bedeutenderen Reichsstände auf katholischer wie auf evangelischer Seite; erst wenn diese Bemühungen zum Ziel geführt hätten, sollte der Reichstag offiziell mit der Vorlage befaßt werden. Die ersten Verhandlungen verliefen überraschend glatt. Die Kurfürsten von der Pfalz und Brandenburg akzeptierten den Interimsentwurf; damit war gesichert, daß die spätere Zustimmung des Reichstags nicht etwa durch die protestantische Sperrminorität im Kurfürstenrat verhindert würde. Eine Reihe kleinerer evangelischer Reichsstände schloß sich an. Allerdings fehlte es auch nicht an Widerstand – von seiten des Markgrafen Hans von Küstrin etwa und auch der Straßburger Städtegesandten, vor allem aber von seiten des Kurfürsten Moritz, der jede bindende Verpflichtung für sein Land ohne das vorhergehende Einverständnis seiner kursächsischen Stände strikt verweigerte. Erst recht unangenehm war für den Kaiser, daß die geistlichen und überhaupt die katholischen Reichsstände sich in ihrer großen Mehrheit ablehnend verhielten. Es war schon viel, daß sie sich bereit fanden, die Zulassung von Priesterehe und Laienkelch zuzugestehen – und auch dies nur, wenn diese Zugeständnisse allein für die protestantischen Stände gelten sollten; im übrigen wollten sie mit dem Interim nichts zu schaffen haben. Daß die Konzilsväter in Bologna sich sehr kritisch zu dem ihnen übersandten Entwurf des Interims zu äußern begannen, machte die Verhandlungssituation nur noch schwieriger; auch die Verhandlungen über die Fakultäten der nach Deutschland zu entsendenden Legaten oder Nuntien kamen nicht vom Fleck. Selbst die Gefahr eines päpstlich-französischen Kriegsbündnisses schien erneut akut zu werden.

In dieser Lage entschied sich Karl V. zu überraschendem und folgenreichem Handeln: In der zweiten Maiwoche verzichtete er gegenüber den katholischen Reichsständen darauf, das Interim auch für sie verbindlich zu machen, am 15. Mai 1548 ließ er dem Reichstag das Interim unter Verlesung der Vorrede – nicht des vollen Texts – proponieren. Nach kaum einstündiger Beratung erklärte der Erzbischof von Mainz im Namen der Stände den Dank für die Bemühungen des Kaisers sowie die Bereitschaft, der kaiserlichen Verordnung in gebührendem Gehorsam nachzukommen; man erbitte Abschriften des Interims.

Es ist bis heute zweifelhaft, ob diese Blankozustimmung des Erzkanzlers wirklich durch ein Mehrheitsvotum der Reichsstände gedeckt war. Markgraf Hans von Küstrin jedenfalls äußerte sich deutlich: Es wäre im Fürstenrat nicht die Meinung gewesen, einem Entwurf zuzustimmen, den man nicht einmal in seinem verbindlichen Wortlaut kannte. Die katholischen Reichsstände immerhin waren jetzt doch bereit, das Interim, wenn es denn nur für die Protestanten gelten sollte, zu akzeptieren, und in den folgenden Tagen gelang es dem Kaiser auch, die wichtigsten evangelischen Gegner des Interims – vor allem Kurfürst Moritz – dermaßen in Einzelverhandlungen zu verwickeln, daß eine gemeinsame förmliche Protestation der evangelischen Reichsstände unterblieb. Die opponierenden Reichsstädte wurden durch die Androhung der Einquartierung spanischen und italienischen Militärs zur Räson gebracht. Mit der Aufnahme in den Reichstagsabschied vom 30. Juni 1548 wurde das Interim formell gültiges Reichsgesetz. Ob dieses Gesetz sich wirklich durchführen lassen werde, war freilich eine von vornherein offene Frage. Vor allem, daß das Interim schließlich zu einem Sondergesetz für – oder besser: gegen – die Protestanten geworden war, mußte ja als Diskriminierung wirken, gegen die sich, vom sachlichen Gehalt des Interims einmal ganz abgesehen, auf evangelischer Seite gewiß mancher Widerstand ergeben würde.

Über den Verhandlungen um das Interim hatte Karl V. sein altes Ziel einer innerkirchlichen Reform nie aus den Augen verloren. Schon im Spätherbst 1547 hatte die vom Kaiser eingesetzte Theologenkommission einen Entwurf sehr grundsätzlicher Reformvorschläge erarbeitet, der jedoch nicht unmittelbar in die Verhandlungen mit den Reichsständen eingegangen war. In der letzten Phase des Reichstags, am 14. Juni 1548, ließ Karl V. dann den geistlichen Ständen eine «Formula reformationis» vorlegen, die, obzwar weniger radikal als der Entwurf des Vorjahres – z. B. die Grundproblematik der Vereinigung geistlicher und weltlicher Funktionen bei den geistlichen Fürsten wurde hier kaum berührt –, doch eine Fülle konkreter und praktikabler Reformmaßnahmen enthielt. Als Verfasser des neuen Entwurfs hat wohl Eberhard Billick zu gelten, der bei seiner Arbeit auf die Kommissionsentwürfe vom Vorjahre, vielleicht auch auf ein früheres Konzept Groppers zurückgriff. Die Formula suchte vor allem einer Reform des Klerus den Weg zu weisen; über den Klerus sollten dann auch die Laien erreicht werden. Zur Bischofswürde sollten grundsätzlich nur Priester gelangen; Pfründenhäufungen seien zu vermeiden. Wahl und Ordination der Pfarrer sollten nur auf Grund genauer Prüfung von Lebenswandel und Bildungsstand der Kandidaten erfolgen. Die Bischöfe wurden zur regelmäßigen – und nach Möglichkeit persönlichen – Abhaltung von Synoden und Visitationen ermahnt; die bischöfliche Visitationsgewalt sollte ungeachtet sonstiger Exemtionen die ganze Diözese vom Domkapitel bis zur letzten Pfarrkirche erfassen. Schulen und Bibliotheken wurden der besonderen Fürsorge der kirchlichen Oberen empfohlen. Zu den Reformvorschlägen für die Lebens- und Amtsführung des Klerus gehörte nicht zuletzt die dringende Empfehlung der Predigt – und als Vorbereitung dazu: des Studiums der Heiligen Schrift –, damit die Sakramente nicht zu «müßigen Schauspielen» würden.

Die Reforminitiativen des Kaisers fanden nicht sogleich die Zustimmung der geistlichen Reichsstände, und zwar nicht nur aus Reformunwilligkeit, sondern auch deshalb, weil die Forderungen des Kaisers so gut wie keine Rücksicht auf Papst und Konzil nahmen; auch der Nuntius kritisierte die Eigenmächtigkeit des Kaisers. Karl V. hatte indessen keine kirchenrechtlichen Skrupel, setzte die geistlichen Herren gehörig unter Druck und erreichte damit am vorletzten Tage des Reichstags wirklich, daß die anwesenden Bischöfe die Formula reformationis für ihre Person annahmen und sich bereit erklärten, mit ihren Domkapiteln und auch mit den anderen Bischöfen zu verhandeln, um die Reform auf den Weg zu bringen. Noch vor Martini 1548 sollten überall Diözesansynoden gehalten werden, spätestens bis Misericordia Domini 1549 auch Provinzialsynoden. Wenigstens in Sachen der Kirchenreform hatte Karl V. damit in der letzten Phase des Reichstags einen bedeutenden Erfolg erzielt. Man wird die auf Grund der Formula tatsächlich einberufenen Diözesan- und Provinzialsynoden in ihrer reformerischen Bedeutung zwar gewiß nicht überschätzen dürfen; daß die Formula reformationis von 1548 einen der wichtigsten Reformanstöße in Deutschland vor dem Wirksamwerden des Tridentinums bildete, steht aber außer Frage.

Die nach dem Abschluß des «geharnischten» Reichstags von 1547/48 wichtigste Frage der deutschen Geschichte war die nach der Durchsetzung des Interims. Paul III. erteilte noch im August 1548 drei Nuntien die Vollmacht zur Erteilung der nötigen Dispense, z. B. wegen des Laienkelchs oder wegen der nachträglichen Weihe nicht ordinierter Prediger; damit standen der Durchführung des Interims wenigstens keine prinzipiellen kirchenrechtlichen Hindernisse mehr entgegen. Allerdings wurden jene Dispensbefugnisse in der Folge außerordentlich restriktiv gehandhabt; von einer wirklichen Unterstützung der Interimspolitik Karls V. von seiten Roms konnte nicht die Rede sein. Im deutschen Protestantismus aber brach alsbald ein Widerstand auf, dessen Leidenschaftlichkeit und Härte alle Erwartungen überstieg. Wo das Interim überhaupt angenommen wurde, geschah es unter militärischem Druck des Kaisers – so in der Mehrzahl der oberdeutschen Reichsstädte, auch in Württemberg – oder aus politischer Rücksichtnahme – so in der Kurpfalz, in Straßburg, in Nürnberg und einigen benachbarten Herrschaften, auch in einer Reihe nordwestdeutscher Territorien und Städte wie etwa in Osnabrück. Aus Überzeugung bekannte sich kaum jemand zu der kaiserlichen Zwischenreligion. Am positivsten von allen evangelischen Reichsständen stand noch Joachim II. von Brandenburg, der ja ohnehin seit langem eine vermittelnde Religionspolitik betrieb, dem Interim gegenüber;

aber auch er sorgte doch dafür, daß seine Kirchenordnung von 1540 im wesentlichen unverändert fortbestand. Ein Großteil der evangelischen Pfarrer, vor allem die führenden Theologen, lehnten das Interim strikt ab und verließen lieber ihr Amt oder sogar das Land, als sich zu fügen. Wolfgang Musculus aus Augsburg und Ambrosius Blarer aus Konstanz flohen in die Schweiz, Johannes Brenz aus Schwäbisch Hall und Matthäus Alber aus Reutlingen verbargen sich im Württembergischen, Osiander nahm in Nürnberg seinen Abschied und zog zu Herzog Albrecht nach Preußen, Martin Butzer verließ Straßburg und ging ins Exil nach England, wo er 1551 in Cambridge starb. Allein in Oberdeutschland verloren rund 400 evangelische Pfarrer ihre Stelle, und es erwies sich vielerorts als unmöglich, sie durch andere Pfarrer zu ersetzen, die bereit waren, sich nach dem Interim zu richten; der Mangel an «Interimspriestern» war bald notorisch. Hinzu kam ein vielfach bezeugter, breiter Widerstand in der Bevölkerung. Eine Welle von Flugschriften, wie es sie seit der reformatorischen Bewegung der frühen zwanziger Jahre nicht mehr gegeben hatte, war Ausdruck und zugleich Mittel solchen Widerstands. Hunderte von Spott- und Bekenntnisliedern gegen das Interim machten die Runde.

Unter solchen Umständen war es nicht verwunderlich, daß die wirkliche Durchführung des Interims, auch wenn es offiziell angenommen war, vielfach zu wünschen übrig ließ. Selbst im Herzogtum Württemberg, wo Herzog Ulrich unter stärkstem politischen und militärischen Druck der Habsburger im November 1548 allen evangelischen Pfarrern hatte kündigen lassen, setzte schon ein halbes Jahr später eine Gegenbewegung ein: Die abgesetzten Pfarrer wurden jetzt als «Katechisten» oder «Pädagogen» mit Aufgaben des Jugendunterrichts, der Krankenseelsorge und selbst der Predigt neu in Dienst genommen. Das Interim war damit praktisch neutralisiert. Am erfolgreichsten war die Interimspolitik Karls V. noch gegenüber den evangelischen Reichsstädten Oberdeutschlands, deren passiver Widerstand dem Druck der kaiserlichen Macht auf die Dauer nicht standhielt. Die offene Ungnade des Kaisers wollte ohnehin keine der Reichsstädte riskieren; nicht zuletzt schreckte sie das Beispiel von Konstanz, das Karl V. im Herbst 1548 zur österreichischen Landstadt gemacht und rekatholisiert hatte. In Norddeutschland dagegen behauptete sich Magdeburg gegen die Reichsacht und wurde zugleich zu einem geistigen Zentrum des Widerstands gegen das Interim – als «unsers Herrgotts Kanzlei», wie die protestantische Publizistik die Stadt pries.

Bei alledem wurde von den Ausgleichs- und Vermittlungstendenzen, die die Interimspolitik Karls V. von Anfang an bestimmt oder doch mitbestimmt hatten, kaum noch etwas wahrgenommen. Die Zugeständnisse des Interims erschienen bloß als papistischer Betrug, die Argumentation war durchweg auf konfessionelle Polemik gestimmt. Immerhin fehlte es doch auch nicht ganz an moderaten Stellungnahmen zum Interim, und zwar nicht nur unter dem Druck politischer Zwangslagen, sondern auch in Fortführung früherer Versuche einer Vermittlung im Glaubensstreit. Daß solche Stellungnahmen auch und gerade von seiten der Wittenberger Theologen mit Melanchthon an der Spitze kamen, machte es unmöglich, sie einfach beiseite zu schieben. Der sich daraus erhebende Streit aber wurde zu einer schweren Belastung des deutschen Protestantismus.

Den unmittelbaren Anlaß des Streits bildete die kursächsische Religionspolitik im Spätjahr 1548. Kurfürst Moritz sah sich in den Monaten nach dem Augsburger Reichstag vor einem religionspolitischen Dilemma: Einerseits glaubte er es sich dem Kaiser gegenüber nicht leisten zu können, das Interim für sein Land rundheraus abzulehnen, anderseits war an eine wirkliche Durchführung des Interims angesichts des Widerstands der Theologen wie der Stände des Kurfürstentums nicht zu denken. So suchten die kursächsischen Räte nach einem Kompromiß, der es erlauben sollte, trotz gewisser Annäherungen an das Augsburger Interim doch die Essentialia der Reformation zu erhalten. Die theologische Legitimation für einen solchen Kompromiß lieferten im August 1548 einige der führenden Kirchenmänner des Landes, unter ihnen Melanchthon, durch die Unterscheidung von – unaufgebbaren – Grundartikeln und – notfalls preiszugebenden – «Mitteldingen» oder «Adiaphora». Für solche Adiaphora hielt man insbesondere eine Reihe kirchlicher Gebräuche wie etwa die Firmung und letzte Ölung, desgleichen die Fastenzeiten, auch das Fronleichnamsfest. Eine auf dieser Grundlage von den kursächsischen Räten ausgehandelte Beschlußvorlage für den Leipziger Landtag im Dezember 1548 fand gegen Jahresende die Zustimmung der Ständemehrheit, wurde jedoch nicht wirklich durchgeführt; mit der antikaiserlichen Wendung der Politik des Kurfürsten Moritz entfiel ohnehin schon kurz darauf auch der politische Zwang zum konfessionellen Kompromiß. Um so dauerhafter und zugleich leidenschaftlicher aber war der an die Leipziger Artikel anknüpfende Streit der sächsischen Theologen. Vor allem Luthers Schüler Matthias Flacius, Professor in Wittenberg, wandte sich leidenschaftlich gegen Begriff und Zugeständnis jener «Adiaphora». 1549 ging er nach Magdeburg und führte von dort aus, zusammen mit Amsdorf und Nikolaus Gallus, einen heftigen Kampf gegen das Augsburger Interim und gegen die Leipziger Artikel, die er – publizistisch sehr wirkungsvoll – als «Leipziger Interim» diskreditierte. Natürlich richtete sich dieser Kampf auch gegen Melanchthon, und dem gelang es nicht, sich überzeugend gegen seine Kritiker durchzusetzen. Daß der scharfsinnige Flacius sich in mehr als einem Punkt des Konflikts auf die Autorität Luthers berufen konnte, machte die Position Melanchthons nur noch schwieriger. Kaum drei Jahre nach dem Tode Luthers hatte damit ein bitterer Streit innerhalb des deutschen Luthertums begonnen, der dessen kirchliche Einheit über ein Vierteljahrhundert hinweg in Frage stellte.

Neben der religionspolitischen Entwicklung waren für die deutsche Geschichte dieser Jahre erneut verfassungspolitische Ereignisse und Entscheidungen von besonderer Bedeutung. Sie betrafen die schwäbischen Reichsstädte.

Der Kaiser hatte schon seit den zwanziger Jahren an den Reichsstädten nicht viel Freude gehabt. Von den rund 30 schwäbischen Reichsstädten waren nur sieben bei der katholischen Kirche verblieben, und von ihnen wiederum kam nur Überlingen und Rottweil einige Bedeutung zu; die wirklich großen und reichen Reichsstädte Schwabens mit Ulm und Augsburg an der Spitze waren sämtlich der Reformation zugefallen. Und was noch viel ärger war: Ein großer Teil von ihnen hatte sich dem Schmalkaldischen Bund angeschlossen und war damit auch in politische Opposition zum Kaiserhaus getreten; schließlich hatte man gar Krieg gegeneinander geführt. So lag es nahe, nach dem militärischen Sieg und den Aussöhnungsverträgen mit den Unterworfenen nach Mitteln und Wegen zu suchen, wie dieser Entfremdung zwischen dem Reichsoberhaupt und den Reichsstädten wirksam und auf die Dauer entgegengewirkt werden könne. Beraten von König Ferdinand – der römische König spielte hier wie schon in den Verhandlungen mit den Reichsrittern zu Beginn der vierziger Jahre eine maßgebende Rolle –, suchte Karl V. die Lösung in einem tiefen Eingriff in die reichsstädtischen Verfassungen: durch die Ausschaltung der Zünfte nämlich aus dem Stadtregiment zugunsten rein patrizischer Ratsgremien.

Die ablehnende Haltung der Habsburger gegenüber den zünftisch geprägten Stadtverfassungen der schwäbischen Städtelandschaft hatte zwei Hauptaspekte. Zum einen sah man im Zunftbürgertum im Gegensatz zum Patriziat die soziale und politische Basis der Reformation in den Städten; zum anderen war man der Meinung, daß Handwerker und kleinere Kaufleute, wie sie das Gros der Zünfte ausmachten, überhaupt nicht imstande wären, die wahren Interessen der Reichsstädte – nicht zuletzt ihr gutes Verhältnis zum Kaiser als ihrer wichtigsten Schutzmacht gegenüber den Fürsten – mit der nötigen Stetigkeit zu verfolgen. Das ganz patrizisch regierte Nürnberg, das ungeachtet seiner frühen Hinwendung zur Reformation doch stets an seiner Loyalität gegenüber dem Kaiserhaus festgehalten hatte, erschien unter diesem Aspekt als ein Gegenmodell, an dem die so unzuverlässigen schwäbischen Reichsstädte auszurichten wären; eine entsprechende, ausdrückliche Empfehlung erhielten die habsburgischen Majestäten 1547 sogar von seiten der alten Geschlechter Augsburgs.

Im August 1548, unmittelbar nach dem Ende des Augsburger Reichstags, schritt der Kaiser zur Tat. Er hob die Augsburger Zünfte auf und ersetzte den mehrheitlich zünftischen, protestantischen Stadtrat durch ein überwiegend patrizisch-katholisches Regiment. Wenige Wochen später mußte auch Ulm den Umsturz seiner Stadtverfassung hinnehmen. In beiden Städten wurden zunächst nur Bestimmungen über die personelle Besetzung der wichtigsten Ämter sowie der neuen Ratsgremien getroffen; für alles Weitere wurden die neuen Obrigkeiten auf das Vorbild Nürnbergs hingewiesen. In der Tat kam es in den folgenden Wochen und Monaten zu Verhandlungen der beiden schwäbischen Städte mit Nürnberg und auf dieser Grundlage zur Ausarbeitung der neuen Verfassungen auch im einzelnen. Die Bürgerschaften fügten sich dem Unvermeidlichen; in den anschließenden verfassungspolitischen Verhandlungen der Städte mit dem Kaiser ging es nicht mehr um das Prinzip der Verfassungsänderung, sondern nur mehr um Einzelfragen oder um typische Folgeprobleme wie etwa die Arbeitsüberlastung der jetzt nur mehr wenigen, auf Lebenszeit amtierenden Ratsherren und die Möglichkeit einer Ratsbesoldung.

Die Regimentsänderung in Augsburg und Ulm betraf die beiden bedeutendsten Reichsstädte Südwestdeutschlands, blieb aber vorerst vereinzelt. Drei Jahre später jedoch entschloß sich Karl V. zu entsprechenden Eingriffen in die Verfassung fast aller anderen schwäbischen Reichsstädte, selbst der katholisch gebliebenen – mit der einzigen Ausnahme Rottweils. Mit der Durchführung wurde der kaiserliche Rat Heinrich Haß betraut. Der frühere kurpfälzische Kanzler war, vermutlich aus Anlaß des Übergangs der Pfalz zur Reformation 1545/46, in die Dienste Karls V. übergewechselt und fand seitdem für wichtige politische Aufgaben in Oberdeutschland Verwendung. Nach seinem Namen – neben Haß begegnen auch die Formen «Haas» oder «Hase» – bezeichnete der Volksmund die neuen Stadtregimente spöttisch als «Hasenräte». Die Instruktionen für den kaiserlichen Kommissar gingen dahin, überall genau nach dem Augsburger Muster zu verfahren, also die Zünfte aufzuheben und das zünftische Stadtregiment durch patrizische, nach Möglichkeit katholische oder doch der alten Kirche nahestehende Räte zu ersetzen. Im übrigen sollte sich Haß, insbesondere bei der Auswahl geeigneter Ratspersonen, der Unterstützung ortskundiger adliger Herren aus der schwäbischen Klientel des Hauses Habsburg bedienen.

Bei der Durchführung des Auftrags (Oktober 1551 bis Februar 1552) erwies sich freilich bald, daß die Verhältnisse in den Städten vielfach anders lagen, als es die kaiserlichen Instruktionen, am Beispiel Augsburgs orientiert, vorausgesetzt hatten. Zum einen war die Zahl der patrizischen Familien in einer ganzen Reihe von Städten – so etwa in Eßlingen und Reutlingen, aber auch in Schwäbisch Hall und Schwäbisch Gmünd – seit geraumer Zeit dermaßen geschmolzen, daß der neue Rat allenfalls zum Teil aus ihnen zu rekrutieren war; mancherorts hatte sich überhaupt nie ein eigentliches Patriziat formiert. Zum anderen gab es, jedenfalls in den oberschwäbischen Städten, kaum einen konfessionellen Gegensatz zwischen Patriziat und Zünften; auch die konfessionelle Stoßrichtung der Verfassungsänderung ging also weithin ins Leere. Die tatsächliche Wirkung der Neuordnung des Stadtregiments bestand demgegenüber vor allem in der Stärkung der obrigkeitlich-herrschaftlichen Züge der städtischen Verfassung. Das aber war eine Entwicklung, die in den Städten selbst, vor allem in den niederschwäbischen, schon seit langem angelegt war; die Einrichtung der Hasenräte war insofern weniger revolutionär, als es zunächst und vordergründig den Anschein hatte. Natürlich gab es in den Bürgerschaften trotzdem manchen Unmut über den kaiserlichen Eingriff – nicht zuletzt in den katholisch gebliebenen Städten, die ihre Treue zum Kaiser und zur römischen Kirche schlecht belohnt fanden. Es dauerte jedoch nicht lange, bis sich das neue System wirklich einbürgerte. Schon als im Gefolge des Fürstenaufstands von 1552 die Hasenräte gestürzt und die Zunftverfassungen restituiert wurden, geschah das vielerorts mehr auf Druck der Kriegsfürsten als aus eigenem Antrieb der Bürgerschaften; ein paar entschiedene Mahnungen des Kaisers genügten, um diesem Zwischenspiel ein Ende zu machen. Mit wenigen Ausnahmen hat sich der Verfassungsoktroi Karls V., jedenfalls in seinen Grundzügen, bis zum Ende des alten Reichs behauptet.

Die nächste auf den «geharnischten» Reichstag folgende Reichsversammlung fand 1550/51 statt, wiederum in Augsburg und wiederum unter persönlicher Leitung des Kaisers. Der wichtigste Anlaß für den Reichstag war, daß der nach dem Tode Pauls III. (1549) gewählte Papst Julius III., der als Konzilslegat einer der entschiedensten Gegner der kaiserlichen Politik gewesen war, überraschend die Rückverlegung des Konzils angekündigt und den Kaiser gebeten hatte, die Deutschen – auch die protestantischen Reichsstände – zur Beschickung des Konzils und zur Unterwerfung unter dessen Beschlüsse anzuhalten. Karl V. hatte zugesagt, sich der Konzilssache in Deutschland persönlich anzunehmen, und machte sie jetzt zum Thema des Reichstags; daneben sollte über die Durchführung des Interims und über die weitere «Befriedung» des Reichs verhandelt werden – Bremen und Magdeburg hatten sich ja noch immer nicht unterworfen. In den Verhandlungen des Reichstags erreichte der Kaiser, daß sich die Reichsstände erneut zur Beschickung des Konzils bereit erklärten; der versteckte Dissens über die Konzilsbedingungen der Protestanten wurde freilich auch jetzt nicht ausgeräumt. Die sonstigen Ergebnisse der langen Beratungen waren erst recht mager: Im Oktober beauftragte der Reichstag Kurfürst Moritz mit der Exekution der Reichsacht gegen Magdeburg und bewilligte die nötigen Gelder für ein Belagerungsheer des Kurfürsten; ob man damit nicht bloß der Unterwerfung der Stadt unter kursächsische Herrschaft den Weg bereitete, war zweifelhaft. Mit Bremen verabredete man Verhandlungen, deren Erfolg niemand absah. Über das Interim gab es viel unfruchtbaren Streit, in dessen Verlauf die Württemberger ganz offen die Ansicht vertraten, das Scheitern des Interims sei «reichskundig»; daß der Reichstagsabschied vom 14. Februar 1551 die Stände erneut zur Förderung des Interims anhielt, war demgegenüber eine Leerformel ohne praktische Konsequenzen.

Die wichtigsten reichspolitischen Verhandlungen dieser Monate fanden ohnehin nicht auf dem Reichstag selbst, sondern hinter dessen Kulissen im engsten Kreis der habsburgischen Familie statt. Es ging um die Nachfolge im Kaisertum.

Für den habsburgischen Länderbesitz im Reich hatten schon die Brüsseler Verträge von 1522 die Weichen gestellt – jedenfalls insofern, als sie Ferdinand den erblichen Besitz der österreichischen Länder konzediert hatten. Seit der Geburt von Karls Sohn Philipp 1527 stand des weiteren außer Frage, daß Philipp der Erbe der spanischen Kronen einschließlich der Königreiche Neapel und Sizilien sein würde; dieser italienische Machtkomplex war durch die Vergabe des Herzogtums Mailand als Reichslehen an Philipp 1540 noch bedeutend erweitert worden. Länger hatte es gedauert, bis die spanische Sukzession für die Niederlande feststand. Noch zu Anfang der vierziger Jahre war es eine Alternative der dynastischen Politik Karls V. gewesen, die Niederlande an seine Tochter Maria zu vererben, die mit dem ältesten Sohn und Erben König Ferdinands verheiratet werden sollte; die Niederlande wären so in der nächsten Generation an die deutsche Linie der Habsburger gefallen. Selbst in den Testamenten von 1543 und 1544 war sich der Kaiser über die Erbfolge in den Niederlanden noch nicht schlüssig geworden. 1548 hatte er sich dann aber für die dauernde Vereinigung der Niederlande mit Spanien entschieden. 1550, als Philipp selbst in die Niederlande kam, ließ der Kaiser ihm feierlich als Erben huldigen – anscheinend ohne weitere Rücksprache mit König Ferdinand, der sich indessen mit der Entscheidung des Bruders widerspruchslos abfand.

Als sehr viel schwieriger erwies sich die Regelung der Sukzession im Kaisertum. Daß Ferdinand dem älteren Bruder in der Kaiserwürde nachfolgen werde, war durch sein römisches Königtum gesichert. Aber wer sollte der Nachfolger Ferdinands werden? Der römische König war ja nur wenige Jahre jünger als der Kaiser; was nach seinem Tode geschehen sollte, war mithin kaum weniger aktuell als die Thronfolge nach Karl V. selbst. Gemessen am reichsrechtlichen Herkommen war die römische Königswahl Ferdinands 1531 eher ungewöhnlich gewesen; der Tradition hätte es eher entsprochen, den Sohn des Kaisers zum Nachfolger des Reichsoberhaupts zu küren. Sollte diese Anomalie nach dem Tod Ferdinands durch die Thronfolge des Kaisersohns Philipp wieder ausgeglichen werden, oder sollte das Kaisertum nach dem Tode Karls definitiv auf die deutschen Habsburger übergehen? Karl V. verkannte nicht, daß gute Gründe dafür sprachen, die Nachfolge Ferdinands nicht Philipp zuzuwenden, sondern Maximilian, dem ältesten Sohn Ferdinands. Maximilians Erblande waren Teil des Reichs oder lagen ihm doch nahe, er war mit der deutschen Sprache vertraut und stand in freundschaftlichen Beziehungen zu einer ganzen Reihe deutscher Fürsten. Philipp dagegen kannte weder Land noch Leute, die Zentren seiner Herrschaft lagen weitab vom Reich. Anderseits waren Sprache und Verständnis für fremde Lebensart sehr wohl zu erlernen – war der in Spanien erzogene König Ferdinand nicht selbst ein guter Deutscher geworden? Vor allem aber: Der Kaiser hielt für ausgemacht, daß die kaiserliche Aufgabe des Schutzes der römischen Kirche nur auf der Basis solider Herrschaftspositionen in Italien erfüllt werden könne; auch dem französischen Machtstreben glaubte er nur durch die Vereinigung Italiens und der Niederlande in einer Hand wirksam begegnen zu können. Diese Erwägungen über die Konstellationen der großen Politik, dazu wohl auch die Vaterliebe Karls V., gaben den Ausschlag: Seit dem Frühjahr 1550 bemühte sich der Kaiser um dynastische Absprachen zugunsten einer Thronfolge Philipps nach Ferdinand. Die Königinregentin Maria stimmte ihrem kaiserlichen Bruder sogleich zu und setzte sich von den Niederlanden aus brieflich bei Ferdinand für das Projekt ein. Die Einwilligung des römischen Königs aber war nicht so leicht zu erlangen; er lehnte zunächst einmal rundweg ab.

Die Verhandlungen der habsburgischen Brüder selbst – der Kaiser hatte auch Philipp mitgebracht – begannen schon einige Wochen vor dem Reichstag, zeitigten aber bis zum Herbst kein anderes Ergebnis als die Forderung Ferdinands, auch Maximilian, der seit 1548 die Regentschaft in Spanien führte, zu den Beratungen hinzuzuziehen. Der Rest war Verdruß und Mißtrauen auf beiden Seiten. Daß der kluge Granvelle Ende August 1550 starb, machte die Verhandlungen nicht leichter; von seinem Sohn, dem bei den Deutschen wenig beliebten Bischof von Arras, ließen sich Ferdinand und seine Räte schon gar nicht drängen. Auch ein Besuch Marias im September 1550 half nicht weiter. Im Dezember traf dann Maximilian ein, einige Wochen später erneut Maria; wieder begann ein erbittertes Ringen, in dem man zeitweise nicht einmal mehr miteinander redete, sondern nur noch Billets austauschte. Eine zusätzliche Belastung bildeten Meinungsverschiedenheiten in der Türkenpolitik, in der sich Ferdinand wieder einmal nicht hinlänglich vom Kaiser unterstützt fand, und wegen Württembergs: Ferdinand hatte gegen den alten Herzog Ulrich wegen dessen Teilnahme am Schmalkaldischen Krieg einen Felonieprozeß eingeleitet und führte ihn nach dem Tode Ulrichs im November 1550 auch gegen dessen Nachfolger Herzog Christoph weiter, fand dafür aber nicht die Unterstützung des Kaisers, der vielmehr bloß daran interessiert war, möglichst bald seine kostspieligen Truppen aus Württemberg abziehen zu können – daß das Herzogtum damit erneut und endgültig für Ferdinand verlorenging, kümmerte ihn offensichtlich nur wenig.

Im März 1551 endlich machte es die dynastische Räson des Hauses Habsburg doch möglich, in der Thronfolgefrage zu einem Abkommen zu gelangen. Ferdinand sagte zu, bei den Kurfürsten die spätere Wahl Philipps zum römischen König zu befördern; dagegen wurde Maximilian zum Nachfolger Philipps im Kaisertum vorgesehen. Hinzu kamen ergänzende Absprachen über die Reichslehen in Italien, auch über Hilfsverpflichtungen Philipps gegenüber Ferdinand. Schließlich nahm man in Aussicht, daß Philipp nach seiner Krönung eine Tochter Ferdinands heiraten sollte.

Die Realisierung des Sukzessionsvertrags vom 9. März 1551 hätte das Reich weitgehend unter die Herrschaft der spanischen Habsburger gebracht. Philipp und Maximilian waren ja – genau wie Karl und Ferdinand – Angehörige der gleichen Generation, von nur geringem Altersunterschied; nach menschlichem Ermessen hätte also Philipp eine lange Regierungszeit als Reichsoberhaupt vor sich gehabt, Maximilian dagegen, wenn er Philipp überhaupt überlebte, nur eine recht kurze. Daß die deutschen Habsburger mit dieser fortgesetzten Rolle dynastischer Lückenbüßer nicht zufrieden waren, ist verständlich. Ferdinand erfüllte seine Verpflichtungen aus dem Vertrag in der Folge denn auch nur formell und ohne jedes Engagement; Maximilian scheute nicht einmal davor zurück, unter der Hand gegen die Wahl Philipps zu arbeiten. Im übrigen erwuchs aus den Augsburger Thronfolgeverhandlungen eine tiefgehende Entfremdung zwischen den habsburgischen Brüdern, die ihrerseits nicht ohne politische Rückwirkungen blieb: Ohne geradezu die Loyalität gegenüber dem Kaiser zu brechen, begann König Ferdinand jetzt, eine zunehmend selbständige, vorwiegend an den Interessen seiner eigenen Linie der Dynastie ausgerichtete Politik zu betreiben.

Während des Augsburger Reichstags, am 14. November 1550, hatte der Papst das Konzil auf den 1. Mai 1551 nach Trient zurückberufen. Die kaiserlichen Prälaten, die in Trient ausgeharrt hatten – vor allem Spanier –, wurden in der zweiten Jahreshälfte durch nicht weniger als 13 Bischöfe aus Deutschland und der Schweiz, darunter die drei geistlichen Kurfürsten, verstärkt; damit verloren die Italiener ihre bisherige Mehrheit. Die eigentlichen Verhandlungen des Konzils begannen erst im September; auf der Grundlage der Vorarbeiten in Trient und auch in Bologna konnte aber bereits in der 13. Sitzung am 11. Oktober das wichtige Dekret über die Eucharistie zur Verabschiedung gebracht werden. Das Dekret dogmatisierte die Transsubstantiationslehre; die Entscheidung über den Laienkelch wurde einstweilen noch aufgeschoben. In der 14. Sitzung am 25. November wurde dann das Dekret über die Buße publiziert, das die Genugtuung als notwendigen Teil des Bußsakraments definierte und die Beichte aller nach der Taufe begangenen schweren Sünden jure divino für geboten erklärte. Während diese dogmatischen Dekrete ohne große Kontroversen durchgingen, kam es in den Beratungen über die Reformdekrete, insbesondere wegen des Weihe- und Ämterrechts, erneut zu harten Auseinandersetzungen. Spanier und Deutsche fanden, daß die Legaten mit Rücksicht auf die kuriale Praxis die Reform allzu lasch betrieben, und machten aus ihrem Unmut keinen Hehl. Es gab gereizte Wortwechsel; der Erzbischof von Köln sah sich veranlaßt, die Frage nach der Freiheit des Konzils aufzuwerfen.

Erst recht unerträglich mußte die schon von manchen Konzilsvätern beanstandete Bindung des Konzils an den Papst den Gesandten der protestantischen Reichsstände erscheinen, die seit dem Herbst in Trient eingetroffen waren, ohne freilich zunächst in irgendeiner Form am Konzilsgeschehen beteiligt zu werden. Unter ihnen waren die Gesandten Kursachsens und Württembergs die wichtigsten. Sie brachten jeweils eigene Bekenntnisse mit, die zur Vorbereitung auf das Konzil ausgearbeitet worden waren und denen sich jeweils eine Reihe anderer evangelischer Stände angeschlossen hatte –

der «Confessio Virttembergica» u. a. Straßburg, das seinerseits von einigen anderen oberdeutschen Städten mit ihrer Vertretung auf dem Konzil bevollmächtigt war. Die kurbrandenburgischen Gesandten, die am 11. Oktober ihre Unterwerfung unter das Konzil erklärt hatten, spielten seitdem keine Rolle mehr. Die Kursachsen und Württemberger aber, die in einer Generalkongregation am 24. Januar 1552 endlich gehört wurden, machten die – schon früher immer wieder erhobenen – protestantischen Konzilsforderungen jetzt auch gegenüber dem Konzil selbst mit Entschiedenheit geltend, nicht zuletzt die Forderung nach Wiederaufnahme der bereits beschlossenen Dekrete. Damit trat der unausweichliche Konflikt auch in Trient offen zutage. Zwar sah das Konzil zunächst noch eine weitere Sitzung unter Teilnahme der Protestanten vor, und vor allem die Württemberger und Straßburger trafen dafür sorgfältige Vorbereitungen. So reiste Johannes Brenz mit einigen anderen Theologen eigens nach Trient, um dort die Confessio Virttembergica zu vertreten und die bisherigen Konzilsbeschlüsse in aller Form anzufechten. Indessen gelang es trotz aller Vermittlungsbemühungen der kaiserlichen Oratoren beim Konzil nicht, den Protestanten noch einmal Gehör zu verschaffen, geschweige denn weitergehende Rechte der Mitberatung und -bestimmung. Das Konzil war nicht bereit, die Protestanten ohne vorherige Unterwerfung zuzulassen – und es konnte wohl auch kaum anders handeln, ohne sich selbst aufzugeben. Ein Kompromiß war hier offenbar nicht möglich. Das aber bedeutete das definitive Scheitern auch der kaiserlichen Konzilspolitik; die Wiedervereinigung der getrennten Glaubensparteien durch das Konzil hatte sich als Illusion erwiesen. Als im April 1552 der Fürstenkrieg in Deutschland den Kaiser in akute Bedrängnis brachte und die protestantischen Truppen bis nach Tirol vorstießen, wurde das Konzil eilig und auf unbestimmte Zeit vertagt. Es sollte fast genau zehn Jahre dauern, ehe es erneut zusammentrat; von einer weiteren Beteiligung der Evangelischen am Konzil war seit dem Ende der zweiten Konzilsperiode nicht mehr die Rede.

3. Vom Fürstenbund zum Augsburger Religionsfrieden 1552–1555 Die Abdankung Karls V.

Die Dominanz Karls V. nach dem Schmalkaldischen Krieg hatte unter den Reichsständen, auch unter den Verbündeten des Kaisers im Krieg, bald Unmut erweckt. Dieser Unmut richtete sich zum einen gegen die Bedrohung der fürstlichen «Libertät» – das war mit dem bösen Wort von der «viehischen spanischen Servitut» gemeint –, zum anderen gegen den kaiserlichen Oktroi in Religionssachen, vor allem gegen das Interim. Aus dem religiösen Konflikt erwuchs nun auch der erste Ansatz zu einer Gegenwehr, die nicht bloß passiver Widerstand sein wollte. Ihre Seele war Markgraf Hans von Küstrin. Über den Kampf um das Interim hatte er sich immer mehr vom Kaiser entfernt; schließlich faßte er den Gedanken eines großen Bundes norddeutscher Fürsten, womöglich unter Einbeziehung Dänemarks und sogar Polens, zur bewaffneten Verteidigung des Evangeliums. Im Februar 1550 kam es in Königsberg zu ersten vertraglichen Abmachungen des Markgrafen mit Herzog Albrecht von Preußen und dem jungen Johann Albrecht von Mecklenburg. Das Bündnis war durchaus auf Erweiterung angelegt, an Kurfürst Moritz dachte man dabei jedoch nicht; die religiöse und politische Haltung des Kurfürsten schien allzu undurchsichtig. Ja, als sich Moritz im Oktober 1550 die Exekution der Reichsacht gegen Magdeburg übertragen ließ, faßten die Verbündeten die Entsetzung Magdeburgs als nächstes politisches Ziel ins Auge und begannen mit der Anwerbung von Söldnern. Der Kurfürst selbst argwöhnte sogar, daß die Verbündeten darauf aus wären, mit französischer Hilfe das alte Kurfürstentum Sachsen zu restituieren. Dieser Gedanke aber war dem Kurfürsten um so unangenehmer, als auch sein Verhältnis zum Kaiser wachsenden Belastungen ausgesetzt war. Gewiß: Das Bündnis mit Karl V. hatte ihm die Kurwürde und mit dem Kurkreis einen Großteil der ernestinischen Lande verschafft. Aber schon die Schutzherrschaft über die Stifte Magdeburg und Halberstadt war durch die kaiserliche Belehnung des neuen Erzbischofs Friedrich – obendrein eines brandenburgischen Prinzen – entwertet worden; auch die religionspolitischen Ansinnen des Kaisers schienen Moritz mit dem Geist des Regensburger Vertrags von 1546 nicht vereinbar. Vor allem jedoch empfand der Kurfürst die trotz seiner wiederholten Bitten fortdauernde Gefangenschaft seines Schwiegervaters Philipp von Hessen als immer unerträglichere Schädigung seiner fürstlichen Reputation im Reiche. Nichts konnte ihm also unwillkommener sein, als sich durch die Gegnerschaft der norddeutschen Fürsten in erneute und verstärkte Abhängigkeit vom Kaiser gedrängt zu sehen.

In dieser Situation nun bewies Moritz eine höchst eindrucksvolle Fähigkeit zu entschlossener und wendiger Realisierung weit ausgreifender politischer Konzeptionen. Er setzte sich nämlich selbst an die Spitze der Opposition. Wenn er sich noch im Sommer 1546 durch die kaiserliche Diplomatie ziemlich kläglich hatte ausmanövrieren lassen, so spielte er jetzt auf der ganzen Linie – gegenüber dem Kaiser wie gegenüber den norddeutschen Fürsten – ein überlegenes Spiel. Noch 1550 nahm er über Hessen Verbindungen mit Frankreich auf, Anfang 1551 sprengte er die gegen ihn gerichteten Werbungen des Fürstenbunds im Stift Verden und nahm einen Großteil der Söldner auf den Musterplätzen in eigene Dienste. Auf der damit gewonnenen politischen und militärischen Basis verhandelte er sodann mit Markgraf Hans und dessen Verbündeten. Im Mai 1551 vereinbarte man zu Torgau einen erweiterten Fürstenbund, dem außer den Partnern des Königsberger Vertrags von 1550 und Kurfürst Moritz selbst auch der junge Landgraf Wilhelm von Hessen angehörte. Ziel des Bündnisses sollten die Erhaltung der Confessio Augustana und die Befreiung des Landgrafen Philipp sein; der

Kurfürst war vorsichtig genug, sich nebenbei den status quo seines Territoriums gegen die Ernestiner garantieren zu lassen. Ebenfalls auf Verlangen des Kurfürsten wurde König Ferdinand als Gegner des Bündnisses ausgenommen. Moritz hielt damit nicht nur die Reibungsflächen gegenüber seinem böhmischen Territorialnachbarn gering, sondern bereitete zugleich die spätere Vermittlung Ferdinands in dem bevorstehenden Konflikt mit dem Kaiser vor. Die wachsenden Divergenzen der habsburgischen Majestäten waren ihm nicht verborgen geblieben; er machte sie sogleich zu Elementen eines weitschauenden politischen Kalküls.

Noch wichtiger als das innerdeutsche Bündnis der Kriegsfürsten wurde ihre Verbindung mit Heinrich II. von Frankreich: Nur wenn die militärischen Kräfte Karls V. gleichzeitig durch die Franzosen gebunden waren, konnte man hoffen, auch im Reich gegen den Kaiser die Oberhand zu behalten. Die Voraussetzungen für ein französisches Bündnis aber waren um so günstiger, als König Heinrich II. seinerseits um Bundesgenossen bemüht war, mit denen er den Kampf gegen die habsburgische Präponderanz in Europa neu aufnehmen könnte. So stand seit dem Winter 1550/51 das Herzogtum Parma – hier regierte Ottavio Farnese, der Sohn des 1547 ermordeten Pier Luigi Farnese – unter französischem Protektorat. Von Parma und Piemont aus sollte Mailand in die Zange genommen werden; man hoffte, daß sich daran eine breite Aufstandsbewegung gegen die habsburgische Vorherrschaft auf der Apenninenhalbinsel anschließen werde. Gleichzeitig verdichteten sich die französisch-osmanischen Beziehungen zu einem neuen Offensivbündnis: Sultan Suleiman wollte das Fürstentum Siebenbürgen, das sich 1550/51 zugunsten König Ferdinands aus seiner Abhängigkeit von der Pforte gelöst hatte, zurückgewinnen und war deshalb an französischer Rückendeckung interessiert. Seit dem Herbst 1551 herrschte in Italien wie im Mittelmeer und auch in Ungarn Kriegszustand.

Die entscheidenden Verhandlungen der Franzosen mit den deutschen Fürsten fanden Ende September/Anfang Oktober 1551 auf einem Jagdschloß des Kurfürsten Moritz in der Lochauer Heide statt; für die Franzosen führte Jean de Fresse, Bischof von Bayonne, die Gespräche. Der Bischof erwies sich als harter Verhandlungspartner; die Franzosen waren entschlossen, sich das Bündnis mit den deutschen Fürsten teuer bezahlen zu lassen. Markgraf Hans und Herzog Albrecht von Preußen schieden denn auch während der Verhandlungen aus, weil ihnen die von Frankreich erhobenen Ansprüche auf Kosten des Reichs unerträglich schienen. Dafür näherte sich der wilde Markgraf Albrecht Alkibiades dem Bündnis. Er war es auch, der im Anschluß an die Lochauer Verhandlungen die noch offenen Bestimmungen des Bündnisses am Hofe Heinrichs II. von Frankreich aushandelte. Am 15. Januar 1552 wurde der Vertrag zu Chambord unterzeichnet; einige ergänzende Absprachen wurden noch im Februar zu Friedewalde in Hessen getroffen. Der Vertrag nannte als Kriegsmotive der deutschen Fürsten die vom Kaiser ausgehende Gefährdung der Religion wie der Freiheit der Stände und Untertanen des Reichs, dazu die schimpfliche Gefangenschaft Landgraf Philipps. So habe man sich zu einem Offensivbündnis mit dem französischen König gegen Karl V. verbunden: «fürter wollen wir rücken nach des Kaisers Person». Der französische König verpflichtete sich zu erheblichen Subventionen; dafür konzedierte ihm der Vertrag, daß er Cambrai und die lothringischen Bischofsstädte Metz, Toul und Verdun «als Vikarius des Heiligen reichs, zu welchem titel wir seine königliche Majestät zukunftig zu befordern geneigt sein, inhabe und behalte, doch fürbehalten dem Heiligen reich sein Gerechtigkeit». Der strategische Sinn dieser Zusage bestand darin, den französischen König möglichst nahe an den Rhein zu ziehen, um so die kaiserlichen Verbindungen zwischen Oberdeutschland und den Niederlanden zu sperren. Daß die Kriegsfürsten keinerlei Recht hatten, in irgendeiner Weise über die Bischofsstädte zu verfügen, steht außer Diskussion; reichsrechtlich gesehen war der Vertrag von Chambord Landesverrat.

Karl V. blieb nicht ungewarnt, nahm diese Warnungen jedoch in offenkundiger Unterschätzung des Kurfürsten Moritz und dessen Verbündeten nicht ernst. Moritz seinerseits tat alles, um den Kaiser über seine Absichten im unklaren zu lassen. Als er am 9. November 1551 als Feldherr des Reichs seinen Einzug in Magdeburg gehalten hatte, ließ er sich insgeheim gegen Sicherstellung der Religion zum Erbherrn der Stadt annehmen; öffentlich aber nahm er die Stadt für Kaiser und Reich in Pflicht und ließ sich dafür vom Kaiser belobigen. Noch im Februar und März 1552 führte er Verhandlungen wegen eines baldigen Zusammentreffens mit dem Kaiser; die letzten Briefe in dieser Sache wurden geschrieben, als die militärische Aktion bereits in vollem Gange war. So erfaßte Karl V. den Ernst der Lage erst, als es zu spät war.

Bereits im Februar fiel König Heinrich II. mit 35 000 Mann in Lothringen ein und setzte sich in den Besitz der Bischofsstädte. Im März schlug Herzog Moritz mit seinen deutschen Verbündeten los. In raschen Märschen wandten sich die Kriegsfürsten über den Main nach Oberdeutschland; am 4. April zogen sie in Augsburg ein. Dann näherte man sich Tirol und rückte so wirklich «nach des Kaisers Person» in Innsbruck. Gleichzeitig führte Albrecht Alkibiades auf eigene Faust Krieg gegen die fränkischen Bischöfe und bald auch gegen Nürnberg – freilich mit kaum einem anderen Ziel, als sich in raubritterhafter Manier an «Pfaffen und Pfeffersäcken» reich zu machen.

Karl V. befand sich – wenigstens kurzfristig – in einer verzweifelten Situation. Auf den Schlag der Kriegsfürsten nicht vorbereitet, von Geld und Truppen entblößt, von den Niederlanden abgeschnitten, ohne potente Bündnispartner im Reich, in Spannungen selbst zu König Ferdinand, der sich in strikter Neutralität hielt, blieb ihm nichts anderes übrig, als sich auf die von den Fürsten angebotenen Verhandlungen einzulassen. Der gegebene Vermittler war, wie das Kurfürst Moritz schon frühzeitig bedacht hatte, König Ferdinand. Vom 19. April bis zum 1. Mai verhandelten Ferdinand und Moritz in Linz; der Kaiser blieb in Innsbruck, wirkte jedoch von dort aus auf die Verhandlungen ein. Moritz nannte sogleich die Forderungen der Verbündeten: die umgehende Freilassung Landgraf Philipps, eine Amnestie für die Kriegsfürsten, den Abschluß eines allgemeinen Friedens im Reich wie mit Frankreich, die Abstellung ständischer Beschwerden über die Regierungsweise des Kaisers, insbesondere über die Bevorzugung nichtdeutscher Räte in Reichsangelegenheiten, dazu die Gewährung eines dauernden Religionsfriedens nach Maßgabe des Speyerer Reichsabschieds von 1544 – die Anerkennung des evangelischen Kirchenwesens im Reiche also mitsamt seinen Verfügungen über das Kirchengut. König Ferdinand war grundsätzlich bereit, auf diese Forderungen einzugehen, der Kaiser jedoch machte vielerlei Einschränkungen und Bedingungen. Zwar konzedierte er die Entlassung des Landgrafen – jedoch erst 14 Tage, nachdem die Kriegsfürsten ihr Heer entlassen hätten, und gegen Sicherstellung, daß das Kriegsvolk nicht etwa den Franzosen zuliefe. Statt des Friedens mit Heinrich II. begehrte er umgekehrt die Unterstützung Moritz' im Krieg gegen Frankreich, und den Religionsfrieden wollte er wiederum nur bis zum nächsten Reichstag zugestehen. Ein rascher Ausgleich zwischen diesen Positionen erwies sich als unmöglich. Das einzig positive Ergebnis der Linzer Verhandlungen bestand in der Vereinbarung neuer Verhandlungen für den 26. Mai in Passau; zu diesem neuen Versuch der Vermittlung sollten alle Kurfürsten und eine Reihe anderer Reichsstände eingeladen werden.

Wenn Karl V. gehofft hatte, mit seiner Verhandlungstaktik eine militärische Atempause zu gewinnen, so erwies sich diese Hoffnung sehr rasch als Illusion. Kurfürst Moritz nämlich ließ seit dem 18. Mai seine Truppen lechaufwärts in Tirol eindringen. Schon in der Nacht darauf fiel die Ehrenberger Klause; am 23. Mai zogen die Kriegsfürsten in Innsbruck ein. Der Kaiser floh über den Brenner ins Pustertal, dann nach Villach. Die strategische Bedeutung des Unternehmens war zwar nur bescheiden: Tirol war von den mittel- und norddeutschen Machtzentren der Kriegsfürsten viel zu weit entfernt, als daß man es auf längere Zeit hätte behaupten können. Um so größer war, genau wie Moritz es beabsichtigt hatte, die propagandistische Wirkung des Zugs nach Innsbruck: Daß der mächtige Kaiser, nur mit knapper Not der Gefangennahme entgangen, vor den Kriegsfürsten die Flucht hatte ergreifen müssen, war eine demonstrative und folgenreiche Schwächung seiner Autorität. Die Auswirkungen wurden bereits in Passau spürbar.

Die Passauer Tagung begann am 1. Juni 1552. Für die Kriegsfürsten führte Moritz die Verhandlungen; der Kaiser hatte den Reichsvizekanzler Dr. Seld und den Herrn von Balançon, einen Burgunder, als Kommissare entsandt. Als Vermittler war wiederum König Ferdinand tätig, dazu kam eine Reihe «neutraler» Kurfürsten und Fürsten, geistliche wie weltliche. Die kaiserlichen Kommissare traten bald ganz hinter König Ferdinand zurück. Die Neutralen, mit untereinander weit divergierenden Interessen, waren fortdauernd von Bedeutung, weil faktisch jeder Vermittlungsvorschlag ihrer

Zustimmung bedurfte; sie entfalteten selbst jedoch keine Initiativen. Die wichtigsten Gesprächspartner in Passau waren mithin König Ferdinand und Kurfürst Moritz, die eigentlichen politischen Kontrahenten aber waren Moritz und der Kaiser; der Kurfürst mußte seinerseits auf seine Partner im Kriegsbündnis Rücksicht nehmen.

Die Verhandlungen gestalteten sich auch jetzt sehr schwierig, und wiederum lagen die Gründe dafür im wesentlichen auf seiten Karls V. Vor allem war er nach wie vor nicht bereit, den Protestanten einen dauernden Religionsfrieden zuzugestehen; aber auch bei anderen Verhandlungsgegenständen wie etwa der Freigabe des Landgrafen oder der verfassungspolitischen Gravamina der Stände ließ er sich nur auf sehr geringe, überdies vielfach bedingte und wenig verbindliche Konzessionen ein. Dabei spielten taktische Erwägungen eine erhebliche, wenn auch nicht allein maßgebliche Rolle: Es kam dem Kaiser darauf an, durch das Verzögern der Verhandlungen Zeit zu gewinnen, um seine finanziellen und militärischen Ressourcen zu mobilisieren und so eine günstigere Ausgangsbasis für weitere Verhandlungen, vielleicht sogar für eine militärische Revanche gegen die Kriegsfürsten zu gewinnen. Noch in Innsbruck hatte er Johann Friedrich aus der Haft entlassen; daß man ihn gegen Kurfürst Moritz gebrauchen könnte, schien immerhin denkbar. In Piemont konnte man im Mai einen Waffenstillstand mit den Franzosen schließen. Aus Neapel kamen beträchtliche Gelder; Anton Fugger machte ein zusätzliches Darlehen über 400 000 Gulden flüssig. Spanische und italienische Regimenter wurden formiert, der Herzog von Alba als Heerführer aus Spanien herbeigerufen – die Zeit schien für den Kaiser zu arbeiten.

In Passau selbst liefen die Dinge freilich nicht nach des Kaisers Wünschen. Vor allem zeigte sich bald, daß die neutralen Fürsten, und zwar auch die altkirchlichen, die Forderungen Kurfürst Moritz' weitgehend unterstützten, nicht zuletzt das Verlangen nach einem dauernden Religionsfrieden. Daß Albrecht Alkibiades eben erst von den fränkischen Bistümern Gebietsabtretungen und gewaltige Geldsummen erpreßt hatte, verstärkte dieses Verlangen selbst bei den geistlichen Fürsten in sehr verständlicher Weise. Gerade sie fühlten sich je länger desto stärker bedroht und zugleich vom Kaiser verlassen; so war ihnen der Religionsfriede als Mittel zur Sicherung der eigenen Existenz für den Augenblick wie für die Zukunft dringend erwünscht – selbst wenn er zugleich den Verzicht auf eine weitergehende Restitution der katholischen Kirche in Deutschland bedeutete. Vielleicht war dieser Stimmungsumschwung bei den geistlichen Reichsständen das überhaupt wichtigste Ergebnis des ganzen Fürstenaufstands; ohne diesen Umschwung wäre der Weg zum Religionsfrieden wohl noch lange nicht frei geworden.

Für den Verlauf der Passauer Verhandlungen kaum weniger wichtig war die Haltung König Ferdinands. Seine Interessen nun galten vorrangig der Sicherung Ungarns und der österreichischen Erblande; dafür aber bedurfte auch er kurz- wie langfristig des Friedens im Reiche. Daß dieses Ziel dauerhaft nur erreicht werden könnte, wenn das Reich selbst verbindlich auf jede Anwendung von Gewalt zur Wiederherstellung der kirchlichen Einheit verzichtete, war ihm deutlich, und er war bereit, daraus die politischen Konsequenzen zu ziehen. Dahinter stand ein sehr grundsätzlicher Überzeugungswandel: Im Gegensatz nämlich zu Karl V. fühlte sich Ferdinand spätestens seit 1552 nicht mehr an das traditionelle Ketzerrecht von Kirche und Reich gebunden. Die Bedeutung dieses Wandels ist nicht leicht zu überschätzen. Er schuf einen politischen Grundkonsens mit der Mehrheit der Reichsstände, der stark genug war, um – auch gegen den Willen des Kaisers – den Religionsfrieden zu tragen; zugleich damit aber löste der römische König und künftige Kaiser eine seiner wichtigsten traditionellen Bindungen an die römische Kirche.

Am 23. Juni 1552 wurde man sich in Passau über einen Vertragsentwurf einig. Katholische und evangelische Reichsstände sollten gegenseitig ihre konfessionellen Besitzstände anerkennen und darauf verzichten, einander wegen der Religion künftig in irgendeiner Weise zu beschweren oder gar mit Krieg zu überziehen. Bereits der nächste Reichstag sollte darüber hinaus einen neuen Anlauf zur Vergleichung der strittigen Religion selbst unternehmen, auch bei einem Scheitern dieses Vergleichs aber sollte der Religionsfriede weiterbestehen. Wegen der Gravamina gegen die Regierungspraxis des Kaisers nahm der Vertragsentwurf in Aussicht, daß König Ferdinand und die neutralen Stände noch vor dem künftigen Reichstag die Beschwerden beraten und über deren Abstellung beschließen sollten; vom Kaiser wurde erwartet, daß er sich nach dem Spruch der Fürsten richten werde. Die Aussöhnung der Kriegsfürsten und ihrer Anhänger bis hinunter zum letzten Söldner sollte verbindlich zugesagt werden unter der alleinigen Bedingung, daß die Ausgesöhnten ferner nicht mehr gegen den Kaiser, den König und das Reich dienen würden; der Landgraf sollte gleichzeitig mit der Abmusterung des Heeres der Kriegsfürsten freigegeben werden. An einen Schadensersatz für die im Krieg erlittenen Verluste war nicht gedacht; man wollte sich mit der Herstellung des territorialen status quo ante begnügen. Auch von Frankreich war nicht mehr die Rede; Kurfürst Moritz hatte sich ohnehin schon vor Wochen von dem französischen Bündnis abgewandt.

Nach der Einigung in Passau kam es auf die Zustimmung der übrigen Kriegsfürsten auf der einen, des Kaisers auf der anderen Seite an. Moritz eilte zu seinen Verbündeten ins Zeltlager und bemühte sich, deren Mißtrauen gegen König Ferdinand und die vermittelnden Fürsten auszuräumen. Das war noch nicht voll gelungen, als die Resolution des Kaisers über den Vertragsentwurf in Passau bekannt wurde: Karl V. lehnte den ihm vorgelegten Entwurf als «unbillig und unsinnig» rundheraus ab. Wieder war für ihn die Forderung eines dauernden Religionsfriedens der eigentliche Stein des Anstoßes, aber auch das vorgesehene Verfahren wegen der Gravamina erschien ihm als ein unerträglicher Versuch, die Stände zum Richter über den

Kaiser zu machen. Im übrigen fühlte er sich stark genug, um die Reichsstände vor einem allzu engen Zusammengehen mit den Kriegsfürsten zu warnen. Falls die Verhandlungen sich zerschlügen, ließ er verlauten, werde er sich gegen die Aufrührer zu wehren wissen. König Ferdinand war enttäuscht, der sofort nach Passau zurückgekehrte Kurfürst Moritz empört; auch die Neutralen nahmen erneut für Moritz Partei und erklärten unzweideutig, daß der Kaiser im Fall einer Wiederaufnahme des Kriegs nicht auf ihre Unterstützung rechnen könnte. Man einigte sich, daß Ferdinand persönlich die Friedensverhandlungen mit dem Kaiser fortsetzen solle. Inzwischen kündigte Moritz den für die Dauer der Verhandlungen ausgemachten Waffenstillstand und ritt erneut zu seinen Verbündeten, die das von Anhängern des Kaisers verteidigte Frankfurt/Main belagerten.

Am 8. Juli traf Ferdinand in Villach bei Karl V. ein und beschwor den Bruder zum Einlenken. Durch die Verwerfung des Vertrags werde er nicht nur sämtliche Anhänger der Confessio Augustana ins Lager der Gegner treiben, sondern sich überhaupt in Widerspruch zur allgemeinen Überzeugung der Reichsstände setzen und deshalb im Krieg völlig isoliert bleiben. Zudem fiele mit dem Vertrag jede Chance dahin, die so unentbehrliche Reichshilfe gegen die Türken zu erlangen; hier drohe der Ruin der österreichischen Erblande. Unter Tränen bat er den Kaiser, ihn vor dieser Gefahr zu bewahren. Schließlich gab Karl V. so weit nach, daß er sich überhaupt auf den Vertrag einließ – freilich nur unter tiefgreifenden Korrekturen des Entwurfs. Vor allem sollte der Religionsfriede wieder nur bis zum nächsten Reichstag gelten, auf dessen Beschlüsse in der Religionssache sich schon jetzt alle Stände festlegen sollten; die Erledigung der ständischen Gravamina behielt er sich vor.

Natürlich war sich Karl V. darüber im klaren, daß er mit dieser Verstümmelung des Vertrags das Zustandekommen des Friedens aufs äußerste gefährdete. Man hat sogar vermutet, daß er es geradezu darauf angelegt hätte, das Scheitern der Verhandlungen zu provozieren, um desto ungehinderter mit seinen mittlerweile mobilisierten Kräften gegen die verbündeten Fürsten vorgehen zu können. Die Motive des Kaisers dürften indessen komplexer gewesen sein. Zwar spielte die Möglichkeit einer Wiederaufnahme des Kriegs in Deutschland noch bis in den Herbst hinein in den kaiserlichen Planungen eine Rolle, aber daneben gewannen doch die grundsätzlichen politischen Positionen Karls V. zunehmendes Gewicht: die Überzeugung vor allem von der Unantastbarkeit der Würde des Kaisertums und seiner Verpflichtung zum Schutz der römischen Kirche. Es entsprach dieser Komplexität der Motive des Kaisers, daß er dem Bruder bei den Gesprächen in Villach für den Fall einer Ablehnung des revidierten Vertrags durch die Kriegsfürsten Alternativlösungen anbot, die dem König im Fortgang der Verhandlungen ein weiteres Entgegenkommen bis hin zu einem Vertragsabschluß auf der unveränderten Grundlage des Passauer Entwurfs ermöglicht hätten. Er selbst freilich, der Kaiser, wollte durch einen solchen Vertrag dann nicht gebunden sein – sei es, um sich für eine spätere friedliche oder gewaltsame Revision des Vertrags die Hände freizuhalten, sei es, weil er schon erwog, sich ganz aus dem Reich zurückzuziehen, um sein Gewissen nicht beschweren zu müssen.

Ferdinand fand sich indessen nicht gezwungen, auf diese äußerste Möglichkeit zurückzugreifen. Um die Verhandlungen vor dem drohenden Scheitern zu bewahren, ließen sich zunächst die neutralen Fürsten in Passau auf die Vertragsänderungen des Kaisers ein, und trotz aller Entrüstung über die Verstümmelung des Vertrags gaben schließlich auch Kurfürst Moritz und die anderen Kriegsfürsten ihre Einwilligung – mit Ausnahme nur des Markgrafen Alkibiades, der freilich ohnehin seinen eigenen Krieg führte. Gemessen am Verlauf der Verhandlungen in Passau war diese Entscheidung Kurfürst Moritz' überraschend, aber sie entsprang einer nüchternen Analyse der Lage: Noch in der vom Kaiser revidierten Form brachte der Vertrag doch die Freigabe des Landgrafen; mit der Vertagung der Religionssache auf den künftigen Reichstag war das Interim faktisch erledigt und der Abschluß eines dauernden Religionsfriedens immerhin in greifbare Nähe gerückt. Eben damit war zugleich das Odium des Verrats der evangelischen Sache von dem Kurfürsten genommen; er erschien jetzt eher als Retter des Protestantismus und obendrein als Verteidiger der ständischen Libertät. Auf der anderen Seite wäre die Fortsetzung des Kriegs mit schwer wägbaren Risiken verbunden gewesen. Die Stellung des Kaisers wurde von Woche zu Woche stärker, das französische Bündnis der Kriegsfürsten war sehr unsicher geworden. Auch die Haltung Johann Friedrichs, der seit seiner Freigabe freiwillig am Kaiserhof weilte, war kaum berechenbar. Und was würde aus Landgraf Philipp werden? Die Annahme des vom Kaiser revidierten Vertrags entsprach mithin zwar gewiß nicht allen hochgesteckten Zielen des Kurfürsten, wohl aber den realen Machtverhältnissen. Und diesen Realitäten trug auch Karl V. Rechnung. Nach einigen Tagen der Unsicherheit, ob er nicht seinerseits den verbindlichen Abschluß des Vertrags verweigern und gegen die verbündeten Fürsten losschlagen sollte, entschied er sich zur Ratifikation des Vertrags (15. August 1552). Unmittelbar darauf zog er mit seinen inzwischen gesammelten italienischen und spanischen Truppen durch Bayern und Württemberg an den Mittelrhein und dann nach Lothringen, während Kurfürst Moritz nach kurzem Aufenthalt in der sächsischen Heimat nach Ungarn ritt, um König Ferdinand gegen die Türken zu helfen.

Das vorrangige Anliegen der kaiserlichen Politik bestand jetzt wieder – wie zuletzt im vierten Krieg gegen Franz I. 1542–1544 – im Kampf gegen Frankreich, und das unmittelbare Ziel dieses Kampfs war die Verdrängung der Franzosen aus Lothringen, um so die Verbindung zwischen den Niederlanden einerseits, der Franche Comté und Oberdeutschland anderseits wieder sicherzustellen. Der Weg den Rhein hinunter war allerdings nicht frei. Markgraf Albrecht Alkibiades nämlich hatte sich mit seinen Fähnlein von

Franken an den Mittelrhein geworfen, wo er in gewohnter Manier die Gebiete der geistlichen Fürsten – jetzt waren es Mainz und Trier – verwüstete. Die erwartbare Auseinandersetzung des Kaisers mit dem Markgrafen blieb jedoch aus; statt dessen schloß Karl V. unter Vermittlung des Herzogs von Alba im Oktober überraschend einen Vertrag mit Albrecht Alkibiades, durch den er den Markgrafen für den Krieg gegen Frankreich, zunächst für die Belagerung von Metz, in Dienst nahm. Das Bündnis war militärisch sinnvoll – der Markgraf war ein tüchtiger Söldnerführer, sein Heer kampferprobt –, politisch aber höchst unklug: Die im Fürstenkrieg ohnehin brüchig gewordene Autorität des Kaisers erlitt durch dieses Bündnis mit einem notorischen Landfriedensbrecher einen schweren, kaum wiedergutzumachenden Schaden. Und nicht einmal die militärische Rechnung ging auf. Metz war eine für jene Zeit kaum einnehmbare Festung und wurde überdies durch den Herzog von Guise exzellent verteidigt. Das Belagerungsheer erlitt hohe Verluste; im hereinbrechenden Winter stockte der Nachschub. Im Januar 1553 mußte der Kaiser die Belagerung aufheben und sich in die Niederlande zurückziehen; die lothringischen Bischofsstädte blieben in französischer Hand. Albrecht Alkibiades aber marschierte wieder nach Franken und besetzte dort die von ihm beanspruchten geistlichen Gebiete – nun allerdings gegen wachsenden Widerstand: Im jetzt ausbrechenden sogenannten Markgräflerkrieg fanden die Angegriffenen zunehmende Unterstützung, vor allem von seiten König Ferdinands und Kurfürst Moritz'.

Nach dem Scheitern seiner Konzilspolitik in Trient und dem Fürstenkrieg in Deutschland war die Niederlage vor Metz für Karl V. der dritte empfindliche Schlag binnen Jahresfrist. In seinen großen politischen Plänen weit zurückgeworfen, überdies persönlich von schwerer Krankheit heimgesucht, zeigte der Kaiser erste Zeichen von Resignation. Es war wohl in diesen Wochen, daß er dem Reichsvizekanzler Seld den Entwurf einer Revokation des Passauer Vertrags wie des Vertrags von Metz mit Markgraf Albrecht diktierte: Er werde sich bemühen, das mit diesen Verträgen begangene Unrecht wiedergutzumachen – selbst die minimalen Konzessionen von Passau empfand der Kaiser offenbar als Verzicht auf Unverzichtbares. Wenn ihm das aber nicht gelänge, wolle er wenigstens «protestiert und bezeugt haben, daß alles dasjenige, was in beiden Verträgen wider Gott, wider Recht, unseres und des heiligen Reiches Abschiede und Ordnungen, auch gegen alle Billigkeit sein möchte, aus lauter unwilligem Zwang und Besorgung eines Böseren ergangen ist und hiermit gänzlich kassiert, widerrufen und abgetan» sein solle. Die Revokation wurde nicht publiziert, vermutlich auf Bitten König Ferdinands, der die unabsehbaren Folgen einer Infragestellung des Passauer Vertrags fürchtete; noch der Entwurf aber zeigt, daß Karl V. mit einem endgültigen Scheitern seiner deutschen Politik zu rechnen begann.

Indessen waren die Ressourcen des Kaisers doch noch lange nicht erschöpft. So wurde der Krieg gegen Frankreich bald mit neuer Energie fortgeführt und die Schlappe von Metz einige Monate später durch die Eroberung von Thérouanne und Hesdin wenn nicht ausgeglichen, so doch gemildert. In Italien mußten die Franzosen im Sommer 1554 sogar eine schwere Niederlage einstecken. Sie standen hier im Bündnis mit Siena, das seine spanische Besatzung im Sommer 1552 vertrieben hatte; jetzt wollte man auch die Herrschaft Herzog Cosimos von Florenz beseitigen, der seinerseits in enger Verbindung zum Kaiser stand. Im August 1554 wurde das französisch-sienesische Heer unter Pietro Strozzi bei Marciano jedoch vernichtend geschlagen; in der Folge kam Siena selbst unter die Herrschaft des Herzogs Cosimo und wurde damit erneut, fester denn zuvor, dem kaiserlichen Einflußbereich eingefügt. Daß es den Franzosen gelang, mit der Flottenunterstützung des Korsaren Dragut im Sommer 1553 das genuesische Korsika zu nehmen und bis auf weiteres gegen Andrea Doria zu behaupten, wollte demgegenüber nicht viel bedeuten.

Ungleich wichtiger noch als die militärischen Erfolge des Kaisers war, daß sich ihm eben jetzt die Möglichkeit einer dynastischen Verbindung mit dem englischen Königshaus und damit ganz neue Chancen seiner europäischen Politik eröffneten. Am 6. Juli 1553 war der erst fünfzehnjährige König Eduard VI. gestorben. Thronerbin war Maria, die stets katholisch gebliebene älteste Tochter Heinrichs VIII. aus seiner Ehe mit Katharina von Aragón, also eine Base des Kaisers: nicht mehr ganz jung – sie war 1516 geboren –, aber unzweifelhaft die glänzendste dynastische Partie, die sich denken ließ. König Ferdinand, stets auf gute Heiraten für seine Kinder bedacht, schickte bereits Ende Juli einen Gesandten auf Brautschau für seinen Zweitgeborenen, Erzherzog Ferdinand, nach England. Der Gesandte durfte sich jedoch auf Intervention des Kaisers seines Auftrags bei Maria nicht entledigen; Karl V. hatte sich nämlich entschlossen, selbst für seinen Sohn Philipp, der seit kurzem verwitwet war, um die Hand Marias anzuhalten. Im September 1553 traf Philipps Erklärung des Einverständnisses in Brüssel ein; die offizielle Werbung folgte unverzüglich – Maria konnte immerhin anhand eines Gemäldes von der Hand Tizians eine Vorstellung vom Aussehen Philipps gewinnen –, und der kaiserliche Gesandte Renard tat sein Bestes, der Königin jede Sympathie für die Wiener Kandidatur auszureden. Im Januar konnte der Ehevertrag geschlossen werden, im Juli 1554 fand die Hochzeit statt; als Hochzeitsgabe erhielt Philipp das Königreich Neapel. Die damit eröffneten Aussichten für die europäische Politik Karls V. und für die spanische Linie der Habsburger waren enorm. Die Errichtung eines habsburgischen Herrschaftskomplexes in Nordwesteuropa mußte die Einkreisung Frankreichs vollenden; angesichts der gesundheitlichen Schwäche von Don Carlos, des einzigen Sohns Philipps aus erster Ehe, war überdies damit zu rechnen, daß ein Erbe des spanisch-englischen Königspaares nicht nur über England, sondern auch über die gesamten Reiche der spanischen Krone in der Alten und Neuen Welt herrschen werde. Hinter dieser Konzeption eines mittelmeerisch-atlantischen Weltreichs verlor sogar das Kaisertum an Bedeutung. Der Kaiser ließ König Ferdinand denn auch alsbald wissen, daß er in der englischen Heirat einen Ausgleich für die zur Zeit bei den Kurfürsten doch nicht erreichbare Thronfolge Philipps im Reich sehe.

Die weitgespannten Hoffnungen Karls V. wurden freilich schon nach wenigen Jahren enttäuscht. Die dynastische Fortune, die den Habsburgern in ihrer Geschichte so oft hold war, versagte sich ihnen diesmal. Maria war unfruchtbar und starb bereits 1558; ihre Nachfolgerin Elisabeth war für ein weiteres Ehebündnis nicht zu haben. So bestand die politische Bilanz der Heirat, ganz abgesehen von der Verärgerung der deutschen Habsburger, schließlich nur in englisch-spanischen Aversionen – vor allem als Folge der gegenreformatorischen Politik des Königspaars –, in gesteigerten Kriegsanstrengungen Frankreichs und in einer erneut verschärften Gegnerschaft des Papsttums, das um die Reste seiner politischen Freiheit fürchtete. Während Julius III. immer wieder zwischen dem Kaiser und Heinrich II. von Frankreich Frieden zu stiften gesucht hatte, trieb Paul IV. (1555–1559) vom Anfang seines Pontifikats an eine unversöhnlich antispanische Politik, die 1556 sogar zum offenen Krieg führte.

Im Unterschied zu den ausgreifenden Konzeptionen seiner europäischen und Weltpolitik ließ Karl V. in seiner deutschen Politik während der Monate und Jahre nach dem Passauer Vertrag keine bedeutenden, mit Energie verfolgten Ziele erkennen. Zwar machte der Kaiser einen Anlauf, durch eine Reform seines Hofrats den Deutschen eine stärkere Stellung in der Regierung des Reichs zu geben, und fand dafür alsbald dankbare Resonanz bei den Reichsständen. Es blieb indessen bei Ansätzen. Der jüngere Granvelle, Bischof von Arras, der um seine maßgebende politische Rolle als vertrauter Ratgeber des Kaisers fürchtete, wußte alle wirklichen Reformen des Hofrats zu konterkarieren. Auch ein erneuter, an sich sinnvoller Versuch, eine – landschaftlich begrenzte – Einung nach Art des Schwäbischen Bundes zustandezubringen, blieb schon in den Anfängen stecken. Nicht einmal die substantiierten Vorschläge König Ferdinands für eine gemeinsame Deutschlandpolitik verfingen beim Kaiser, von der Einberufung des fälligen Reichstags ganz zu schweigen. Karl V. war offenkundig nicht bereit, sich wirklich mit dem Passauer Vertrag abzufinden oder gar auf die weitergehenden Wünsche der Reichsstände einzugehen, die bei den Verhandlungen in Passau so deutlich zutage getreten waren, wußte aber einstweilen doch nichts anderes dagegen zu setzen als eine Politik unwilligen Zögerns.

Es war nicht erstaunlich, daß angesichts solchen Desinteresses – und angesichts der offenkundigen Gefährdung des Landfriedens durch Albrecht Alkibiades – neue regionale Machtzentren oder doch überterritoriale Zusammenschlüsse von Reichsständen zur Wahrnehmung gemeinsamer Interessen entstanden. So schlossen sich im Frühjahr 1553 die Kurfürsten von der Pfalz, von Mainz und Trier mit Württemberg, Bayern und Jülich-Kleve zum Heidelberger Bund zusammen. Zu den Zielen des Bundes gehörten – typisch für Stimmungen, wie sie in diesen Jahren unter den Reichsständen weitverbreitet waren – die Verhinderung der Thronfolge Philipps im Reich sowie einer kaiserlichen Revision der Passauer Abmachungen, nach Möglichkeit sogar eine Vermittlung zwischen Frankreich und dem Kaiser. Neben diesen gemeinsamen Zielen stand allerdings eine Fülle divergierender Absichten der einzelnen Bundesstände; eine wirklich funktionsfähige Rechts- und Militärverfassung kam schon gar nicht zustande. So blieb der Bund politisch schwach, zu energischen Initiativen, ja überhaupt zu entschiedenem Handeln unfähig. Bezeichnenderweise verweigerte man sich auch dem von Kurfürst Moritz an den Bund herangetragenen Vorschlag, gemeinsam ein stattliches Heer aufzustellen und mit dessen Hilfe im Markgräflerkrieg eine bewaffnete Schlichtung zu erzwingen. Ebenso mißlangen spätere Versuche König Ferdinands, den Heidelberger Bund reichspolitisch zu aktivieren.

Zukunftsträchtiger als der Heidelberger Bund war das Zusammenspiel König Ferdinands und Kurfürst Moritz', in dessen Rahmen seit Ende 1552 ebenfalls die Gründung einer förmlichen Einung ins Auge gefaßt wurde. Beide Partner waren nicht nur am Frieden in Deutschland interessiert, sondern auch bereit, wirklich etwas dafür zu tun – vor allem, um den notorischen Landfriedensbrüchen des Markgrafen Albrecht ein Ende zu setzen; beide waren auch bereit, die im Passauer Vertragsentwurf vom Juni 1552 formulierten Ansätze einer religions- und verfassungspolitischen Ordnung im Reich weiterzuentwickeln. Ferdinand wünschte das Bündnis überdies als Institution der Türkenabwehr, umgekehrt lag Moritz am Einverständnis mit König Ferdinand auch als Gegengewicht gegen etwaige Tendenzen des Kaisers zu einer Restauration Johann Friedrichs. Fast alle diese Interessen standen allerdings in Spannung zu den politischen Zielen Karls V., die jedenfalls König Ferdinand nicht ganz unberücksichtigt lassen konnte; doch blieben monatelange Verhandlungen mit dem Kaiserhof in Brüssel ohne Erfolg. Schließlich einigte man sich im Mai 1553 zu Eger – ohne das Einverständnis des Kaisers, ja selbst ohne seine vorherige Information – auf den Entwurf einer Bundesordnung, die auf ein langfristiges politisches Zusammenspiel Kursachsens mit den deutschen Habsburgern angelegt war. Der Tod des Kurfürsten Moritz im Juli 1553 verhinderte dann zwar die Ratifikation des Egerer Bundes; Moritz' Bruder und Nachfolger August löste sich vorerst aus den besonderen Beziehungen zu König Ferdinand. Langfristig sollte sich die politische Konzeption des Egerer Bundes aber doch durchsetzen und zu einer der maßgebenden Konstellationen der Reichspolitik in der zweiten Hälfte des Jahrhunderts werden.

Kaum weniger wichtig war die Erneuerung alter Erbverbrüderungen zwischen Brandenburg, Hessen und den beiden Sachsen seit der Jahreswende 1553/54. Kurfürst Moritz und der alte Johann Friedrich gelangten jetzt zu einer dauernden Verständigung und waren damit für die kaiserliche Politik nicht mehr gegeneinander auszuspielen. Überdies einigten sich die Fürsten der Erbverbrüderung auf grundlegende Ziele und Wege ihrer Religionspolitik. Das hatte schon bald erhebliche reichspolitische Konsequenzen: Es war eben dieses Einverständnis, das den Abschluß eines beständigen Religionsfriedens zur vorrangigen Agende des Augsburger Reichstags von 1555 werden ließ.

Die wichtigsten politischen Entscheidungen im Reich zwischen dem Passauer Vertrag von 1552 und dem Augsburger Religionsfrieden von 1555 ergaben sich aus dem Kampf um die endliche Wiederherstellung des Landfriedens, in der Auseinandersetzung also mit Markgraf Albrecht. Die führende Gestalt dieser Auseinandersetzung war wiederum Kurfürst Moritz. Kaiser und Reich hatten sich als unfähig erwiesen, den Markgrafen zu zähmen; der Kaiser distanzierte sich nicht einmal von ihm und leistete damit Vermutungen Vorschub, daß er sich seiner zu einem neuen Kampf gegen seine protestantischen und ständischen Widersacher im Reich bedienen wolle. Die Herren des Heidelberger Bundes wünschten zwar den Frieden, waren aber nicht bereit, dafür Gut und Blut zu investieren. Jetzt übernahm Moritz die Aufgabe. Im Frühsommer 1553 einigte er sich mit den fränkischen Bischöfen und dem Herzog von Braunschweig-Wolfenbüttel über ein gemeinsames Vorgehen gegen den Markgrafen; König Ferdinand leistete politische und militärische Rückendeckung. Markgraf Albrecht, wie immer von raschem Entschluß und erstaunlicher Beweglichkeit, zog in Eilmärschen durch Thüringen nach Norden, um Moritz und den Braunschweiger zu stellen, bevor sie sich mit den Truppen Ferdinands und der fränkischen Bischöfe vereinigen könnten. Am 9. Juli 1553 kam es bei Sievershausen, einem Dorf zwischen Hannover und Braunschweig, zur Schlacht, der blutigsten des Jahrhunderts auf deutschem Boden. Nach stundenlangem schweren Ringen wurde das Heer des Markgrafen in die Flucht geschlagen, aber Moritz bezahlte den Sieg mit seinem Leben. Von Anbeginn persönlich am Kampf beteiligt, wurde er von einer Kugel getroffen und starb zwei Tage später, noch immer auf dem Schlachtfeld, in seinem Zelt im Anblick der erbeuteten Fahnen.

Die Schlacht von Sievershausen bedeutete den entscheidenden Umschwung des Markgräflerkriegs zugunsten der Gegner des Markgrafen. Im September von den Verbündeten erneut geschlagen, gegen Jahresende in die Reichsacht erklärt, verlor Markgraf Albrecht bis zum Sommer 1554 fast sein ganzes Territorium und floh nach Frankreich. Versuche, von dort aus neu im Reiche Fuß zu fassen, scheiterten; 1557 starb der unruhige Mann. Der Sieg Kurfürst Moritz' über den Markgrafen war aber zugleich von hoher reichspolitischer Bedeutung. Die von Moritz selbst mitredigierte, in seinem und König Ferdinands Namen ergangene Kriegsproklamation vom 1. Juli 1553 hatte die Absage an den Markgrafen mit der Verteidigung nicht nur des Landfriedens, sondern auch des Passauer Vertrags zum Wohle des Reichs begründet. Das war eine sehr bezeichnende Dokumentation neuer und zukunftsträchtiger Ziele der Reichspolitik; als Sachwalter dieser Politik des Reichs aber handelten jetzt König Ferdinand und Kurfürst Moritz – nicht dagegen der Kaiser, von dem in jener Proklamation nur ganz am Rande die Rede war. Der Tod des Kurfürsten hat die Entwicklung zur Friedensordnung von 1555 dann wohl verlangsamt und erschwert, aber er hat sie nicht mehr abbrechen lassen; die Weichen waren doch gestellt. Und diese Weichenstellung war es zugleich, mit der Moritz über die Statur eines skrupellosen Machtpolitikers hinausgewachsen und zur bedeutendsten Gestalt unter den deutschen Fürsten des Zeitalters geworden war: «Seine letzten Taten sind seine größten gewesen» (K. Brandi).

Im Passauer Vertrag war die Einberufung eines Reichstags binnen eines halben Jahres vorgesehen worden. Dieser Termin wurde nicht eingehalten. Karl V. hoffte noch lange auf einen militärischen Triumph über Frankreich, der ihm für die Verhandlungen mit den Reichsständen eine bessere Ausgangsposition geben sollte; so folgten auf mehrfache Ansagen des Reichstags seit Anfang 1553 ebenso viele Verschiebungen. Um die Jahreswende 1553/54 endlich fand sich der Kaiser zu ernsthaften Vorbereitungen für die Reichsversammlung bereit, allerdings von vornherein mit der Maßgabe, daß nicht er selbst, sondern König Ferdinand den Reichstag leiten sollte.

Die Vorstellungen Karls und Ferdinands für den Reichstag unterschieden sich nun freilich in charakteristischer Weise. Während nämlich der römische König den Passauer Vertrag als Grundlage aller weiteren Verhandlungen mit den Reichsständen ansah, wünschte der Kaiser gerade umgekehrt jede Festlegung auf diesen Vertrag zu umgehen; selbst das in Passau für den nächsten Reichstag vorgesehene und jetzt von Ferdinand lebhaft befürwortete neue Religionsgespräch schien dem Kaiser einstweilen nicht opportun. Allerdings konnte sich auch der Kaiser nicht verhehlen, daß auf dem Reichstag möglicherweise doch dauernde Konzessionen an die Protestanten notwendig werden würden, und eben daraus erwuchs seine Forderung, daß König Ferdinand an seiner Stelle den Reichstag halten solle. Im Juni 1554 übertrug er dem Bruder umfassende Vollmachten zum Verhandeln und Beschließen und fügte hinzu: «Und um Euch den Grund offen zu sagen, wie es sich unter Brüdern gehört und mit der Bitte, nichts anderes dahinter zu suchen: es ist nur die Sache der Religion, bezüglich deren ich jene unüberwindlichen Bedenken habe, die ich Euch im einzelnen mündlich zuletzt bei unserer Zusammenkunft in Villach dargelegt habe».

In der Geschichtsschreibung ist diese Vollmacht gelegentlich so verstanden worden, als hätte der Kaiser mit ihr im Grunde bereits die Regierung des Reichs seinem Bruder überlassen und damit zugleich den Weg zum Religionsfrieden freigegeben. Eine solche Interpretation erscheint indessen schon wegen der Begrenzung der Vollmacht auf die Dauer des Reichstags als zu weitgehend. Man wird vielmehr anzunehmen haben, daß es Karl V. mit der Reichstagsvollmacht für Ferdinand vor allem darum ging, dem Bruder die Last der Verhandlungen und der vermutlich unvermeidbaren Kompromisse aufzuladen, selbst aber gegenüber allen Beschlüssen des Reichstags freie Hand zu behalten – sei es aus Gewissensgründen, sei es im Blick auf eine mögliche spätere Revision. Das war freilich eine ziemlich fragwürdige Konstruktion, und zwar schon aus Gründen des Reichsrechts: Der römische König konnte ja überhaupt nur im Namen des Kaisers handeln, und umgekehrt war der Kaiser an dieses Handeln dann auch gebunden; eine Freistellung des Kaisers von Regierungsakten des römischen Königs war reichsrechtlich ganz abwegig. Und auch politisch war eine solche Freistellung ein Ding der Unmöglichkeit: unzumutbar schon für Ferdinand selbst, nicht minder für die Reichsstände. König Ferdinand hat sich denn auch formal nicht auf die kaiserliche Fiktion eingelassen; der Reichstag ist – durchaus gegen den Willen Karls V. – im Namen des Kaisers eröffnet worden, und auch der Reichsabschied trägt seinen Namen. Der weitergehende Versuch Ferdinands, den Kaiser fortdauernd an den Verhandlungen des Reichstags selbst zu beteiligen, blieb allerdings erfolglos. Wenn der Kaiser bei der Abfassung der Proposition noch von Brüssel aus mitgewirkt hatte, so bat er den Bruder schon wenig später, ihn jedenfalls für die Religionsverhandlungen nicht einmal mehr um Rat zu fragen. So wurde König Ferdinand nolens volens zur entscheidenden Figur des Reichstags, ohne jedoch den Kaiser aus dessen Verbindlichkeiten freizugeben oder sonst im Gewissen zu entlasten. Eben dies war die Situation, aus der im Herbst 1555 – aber eben erst als Ergebnis der Reichstagsverhandlungen, nicht schon in ihrem Vorfeld – der Entschluß des Kaisers zum Thronverzicht zugunsten König Ferdinands erwuchs.

Von der Reichstagsvollmacht für König Ferdinand im Juni 1554 bis zum Beginn des Reichstags verging nochmals über ein halbes Jahr. Der Grund dafür lag in einer überraschenden Initiative der Reichskreise, die sich um eine verbesserte Handhabung des Landfriedens bemühten. Die Notwendigkeit solcher Verbesserungen stand auf Grund der Erfahrungen mit Albrecht Alkibiades, aber auch angesichts des nahezu ungehinderten Einfalls der Franzosen in Lothringen 1552, außer Frage. Jetzt besann man sich auf die Möglichkeiten eines zweckentsprechenden Ausbaus der Kreisverfassung. Nach Vorarbeiten von Vertretern einiger Reichskreise auf einer Tagung in Worms (Juli 1554) kam es im Oktober in Frankfurt/Main zu einem – ersten – Reichskreistag, auf dem es wirklich binnen kurzem gelang, eine verbesserte Neufassung der Landfriedensordnung zu entwerfen. Die militärische Organisation der Reichskreise sollte gestrafft, die Zusammenarbeit der Reichskreise zur Überwindung mächtiger Friedensbrecher auf eine neue Grundlage gestellt werden. Entsprechend der Verfassungsstruktur des alten Schwäbischen Bundes aber, der hier überhaupt zum Vorbild diente, räumte der Entwurf dem Reichsoberhaupt die sehr selbständige Verfügung über eine schlagkräftige Exekutive und damit eine überraschend starke Stellung in der neuen Organisation der Kreise ein. Das nun war genau der Punkt, um dessentwillen Ferdinand die Einberufung des Reichstags verzögerte: Wenn eine Chance bestand, die anstehenden Verhandlungen über die Verbesserung des Landfriedens auf der politischen Ebene der Reichskreise zu führen und dabei zu einer Stärkung der Position des Reichsoberhaupts zu gelangen, so mußte man diese Chance nutzen; möglicherweise brauchte man ja dann beim Reichstag, dessen Mitglieder in ihrer Mehrheit vermutlich stärker auf die Wahrung und den Ausbau ihrer ständischen Rechte bedacht sein würden, gar nicht mehr über den Landfrieden zu verhandeln. Die Rechnung Ferdinands ging jedoch nicht auf. Die in Frankfurt anwesenden Kurfürsten nämlich, die jene Tendenz des Entwurfs bald erkannt hatten, verhinderten dessen Verabschiedung und setzten eine Vertagung auf den Reichstag durch.

Auch in der Religionsfrage wurde schon vor Beginn des Reichstags zweifelhaft, ob Ferdinands Wünsche, ob insbesondere seine Hoffnungen auf ein neues Religionsgespräch sich erfüllen würden. Von den Bischöfen jedenfalls ging kaum einer auf den Vorschlag des Königs für ein Religionsgespräch ein. Man war nach dem Verlauf der früheren Religionsgespräche skeptisch; auch hatte das Trienter Konzil mittlerweile über eine ganze Reihe wichtiger Streitpunkte entschieden. Zudem galt das Friedensbedürfnis der geistlichen Reichsstände doch vor allem der Sicherung der eigenen politischen Existenz, und die war nach Lage der Dinge kaum anders zu gewährleisten als durch einen dauernden, von dem so unsicheren Erfolg eines Religionsgesprächs gerade nicht abhängigen Friedstand mit den evangelischen Reichsständen. Erst recht gingen natürlich die Wünsche der Protestanten in diese Richtung, und auf ihrer Seite kam es sogar zu verbindlichen Absprachen für den Reichstag: Die evangelischen Kurfürsten nämlich einigten sich darauf, beim Reichstag mit Vorrang auf einen «gemeinen, beständigen, unbedingten Frieden der Religion wegen» zu dringen und sich überhaupt erst nach dessen Sicherung auf andere Verhandlungen einzulassen; Anfang Februar, unmittelbar vor Beginn des Reichstags, überreichte man König Ferdinand eine entsprechende Stellungnahme.

Am 5. Februar 1955 eröffnete der römische König den Augsburger Reichstag. Die Versammlung war schlecht besucht. Keiner der Kurfürsten war persönlich erschienen, und auch die große Mehrheit der Fürsten ließ sich durch Gesandtschaften vertreten; von den weltlichen Fürsten nahmen bloß Christoph von Württemberg und Albrecht von Bayern – und auch diese nur zeitweise – persönlich an den Beratungen teil. Die unmittelbaren Partner der Verhandlungen waren mithin ganz überwiegend die zum Reichstag abgeordneten Räte der Reichsstände. Der Reichstag war im Grunde eine Juristenversammlung, und das hatte seine Konsequenzen für Verlauf und Ergebnisse der Verhandlungen.

Die Proposition für den Reichstag beruhte im wesentlichen auf den vorausgegangenen Verhandlungen und Kompromissen Ferdinands mit dem Kaiserhof in Brüssel, trug also der bereits deutlich gewordenen Kritik der Stände an dieser politischen Linie noch keine Rechnung. Sie stellte den Religionsvergleich ganz in den Mittelpunkt der Aufgaben des Reichstags und empfahl in Formulierungen, die die konfessionellen Gegensätze bewußt abschwächten, ein Religionsgespräch als bestes Mittel zur Beilegung des Streits; vom Passauer Vertrag war mit keinem Wort die Rede, auch nicht von der Möglichkeit oder Notwendigkeit eines politischen Religionsfriedens. Neben dem Religionsgespräch nannte die Proposition die Neuordnung der Landfriedensexekution auf der Grundlage der Wormser und Frankfurter Beschlüsse der Reichskreise als Hauptagende des Reichstags. Im übrigen wurde auf die im Reichstagsausschreiben genannten Themen verwiesen; zu diesen Varia gehörte insbesondere die Anpassung der Kammergerichtsordnung von 1548 an die mittlerweile eingetretenen religionspolitischen Veränderungen.

Die Diskrepanz der Proposition zu den – ihrerseits alles andere als einheitlichen – Wünschen der Stände für den Reichstag führte zu wochenlangen Unsicherheiten über das weitere Vorgehen. Dann jedoch brachte eine kursächsische Initiative die Dinge in Bewegung. Auf Anregung Kurfürst Augusts nämlich trafen sich Anfang März die regierenden Fürsten der Häuser Sachsen, Brandenburg und Hessen in Naumburg, erneuerten ihre Erbverbrüderung und verabredeten eine im Prinzip einheitliche Reichspolitik, vor allem – ganz entsprechend der Forderung der weltlichen Kurfürsten vom Vormonat – die Forderung nach dem vorrangigen Abschluß eines immerwährenden Religionsfriedens. König Ferdinand, der mittlerweile wohl selbst über die Chancen des von ihm vorgeschlagenen Religionsgesprächs unsicher geworden war, antwortete ausweichend; die nahezu zwangsläufige Folge dieser Unentschiedenheit bestand darin, daß sich die Mehrheit der Reichsstände – Katholiken wie Protestanten – der Forderung der Naumburger Fürsten anschloß. Am 11. März 1555 beschloß der Reichstag, den «gemeinen Frieden in der Religion» zum vorrangigen Tagesordnungspunkt zu machen; erst damit und gegen die ursprüngliche Intention nicht nur des Kaisers, sondern auch König Ferdinands wurde der Augsburger Reichstag von 1555 zum Reichstag des Religionsfriedens. Das Vorhaben eines kirchlich-theologischen Ausgleichs, auf das noch Ferdinands Proposition abgezielt hatte, trat dahinter ganz zurück; der für diese Ausgleichsverhandlungen schon in Passau beschlossene ständische Ausschuß wurde in Augsburg gar nicht mehr konstituiert. Dementsprechend versiegte alsbald auch die am Vorabend und zu Beginn des Reichstags noch lebhafte theologische Diskussion über die Möglichkeiten eines Ausgleichs. Jetzt kamen die Juristen zum Zuge.

Die folgenden Verhandlungen der Stände beruhten auf der Grundentscheidung für eine gegenseitige Friedensgarantie der streitenden Religionsparteien, wie man sie schon in Passau ins Auge gefaßt hatte. Die Konkretisierung und genaue rechtliche Fassung dieses Prinzips warf jedoch eine Fülle von Fragen auf, die bisher kaum bedacht worden waren und die nun zu einer ebensolchen Fülle von Auseinandersetzungen führten. Sollte der Religionsfriede allen Untertanen des Reichs zugute kommen oder nur den Reichsständen, die für ihre Untertanen mitzuentscheiden hätten – und war für diesen

Fall ein Schutz dissentierender Untertanen vorzusehen? Sollten fürstliche Territorien und Reichsstädte gleich behandelt werden, oder sollten für die Städte eigene Regelungen beschlossen werden? Was sollte für die Reichsritter gelten, die, obzwar keinem Reichsstand untertan, doch selbst keine Reichsstände waren? Sollte der Religionsfriede den konfessionellen Status quo festschreiben oder auch den künftigen Übertritt zu einer anderen Konfession freistellen? Sollte sich der Religionsfriede auf die Zwinglianer und Calvinisten erstrecken oder nicht? Und natürlich: Was sollte aus dem Kirchengut werden?

Für die katholischen Reichsstände, insbesondere für die geistlichen Fürsten, kam als zusätzliche Schwierigkeit die Notwendigkeit der Rücksichtnahme auf Rom hinzu. Zwar schenkte die Kurie, bedingt durch den rasch aufeinanderfolgenden Tod Papst Julius' III. (23. März 1555) und Marcellus' II. (1. Juni 1555), den Vorgängen in Deutschland nur wenig Aufmerksamkeit; der als Legat zum Reichstag entsandte Kardinal Morone weilte Ende März kaum mehr als eine Woche in Augsburg, bevor er zum Konklave nach Rom zurückreiste. Immerhin äußerte er sich in diesen wenigen Tagen außerordentlich kritisch über das Friedensprogramm der Stände und versuchte König Ferdinand sogar zum Abbruch des Reichstags zu bewegen. Ein solches Votum mochte wohl manchen der katholischen Verhandlungspartner, König Ferdinand selbst nicht ausgenommen, bedenklich machen. Einen entscheidenden Einfluß auf die Verhandlungen hatte die Kritik des Legaten gleichwohl nicht; die Friedenssehnsucht der Stände wog stärker.

Auch die Fülle der konfliktträchtigen Probleme, die bei der Ausarbeitung des Religionsfriedens auftraten, konnte nach zähem Verhandlungsringen der beteiligten Räte bewältigt werden: in oft mühsam gefundenen Kompromissen, nicht selten auch nur durch die Wahl mehrdeutiger Regelungen, die den dahinterstehenden, ungelösten Dissens des tatsächlich Gewollten verdeckten, oder durch das Ausweichen in generelle Bestimmungen, die den Verzicht auf die eigentlich notwendige politische Entscheidung kunstvoll verschleierten. In der spannungsvollen Situation der Verhandlungen von 1555 wohl unvermeidlich, sollten dieses «Dissimulieren» und Ausweichen in «Generalitäten» die spätere Geschichte des Religionsfriedens schwer belasten.

Nach ausgiebigen Verhandlungen innerhalb der einzelnen Ständekurien und zwischen Kurfürsten- und Fürstenrat konnten die Reichsstände am 21. Juni König Ferdinand den gemeinständischen Entwurf eines Religionsfriedens überreichen. Dieser Entwurf enthielt bereits den Grundbestand der Regelungen, die den endgültigen Text des Religionsfriedens selbst ausmachten: den Friedstand zwischen den Ständen der Confessio Augustana und denen der alten Kirche (Art. 3 und 4), den Ausschluß aller Andersgläubigen, auch der Reformierten, aus dem Religionsfrieden (Art. 5), die Anerkennung der Einziehung von Gütern nicht reichsunmittelbarer geistlicher Institutionen, sofern diese Einziehung bereits vor dem Passauer Vertrag geschehen war (Art. 7), die Suspension der geistlichen Jurisdiktion in den protestantischen Gebieten (Art. 8), die Sicherstellung der Einkünfte altkirchlicher Institutionen einerseits, der herkömmlichen Rechte der weltlichen Obrigkeiten an diesen Einkünften zugunsten der Unterhaltung von Kirchen, Schulen und Spitälern anderseits – «ungeacht, was religion die seien» (Art. 9), das Abzugsrecht andersgläubiger Untertanen aus Territorien und Städten unter Verkauf ihres Habs und Guts (Art. 11), die Bestimmung der fortdauernden Gültigkeit des Religionsfriedens auch bei Nichtzustandekommen einer Religionsvergleichung (Art. 12), schließlich die förmliche Verpflichtung des Reichskammergerichts auf den Friedstand (Art. 15). In zwei Artikeln war der gemeinständische Entwurf jedoch «unverglichen» geblieben: Zum einen verlangten die protestantischen Reichsstände – im Widerspruch zu dem sonst akzeptierten Prinzip der territorialen Konfessionshoheit – die Garantie des Religionsfriedens auch für die landsässigen Ritterschaften sowie für die nicht reichsunmittelbaren Städte, zum andern forderten die Katholiken – im Widerspruch zu der sonst maßgebenden Freistellung des Konfessionswechsels der Reichsstände samt Land und Leuten –, daß «wo ein Herr ertzbischoff, bischof, prelat oder andere geistlich Stands von der alten religion abtretten würde, daß derselb seines Stands und ampts albald ipso jure et facto entsetzt» sein solle. Vor allem dieses katholische Sondervotum war von grundsätzlicher und weittragender Bedeutung: Es beabsichtigte ja nicht weniger als eine Bestandsgarantie für die geistlichen Fürstentümer und damit zugleich die Errichtung einer unüberwindbaren Schranke für die volle Durchsetzung der Reformation im Reich. Es war nur natürlich, daß die katholischen und evangelischen Reichsstände bei aller sonstigen Friedensbereitschaft über diesen «Geistlichen Vorbehalt» keine Einigung hatten erzielen können.

Um so wichtiger wurde die Haltung König Ferdinands, und dessen Resolution auf den ständischen Entwurf ließ keinen Zweifel daran, daß er nicht bereit war, den Protestanten weiter entgegenzukommen, als es die katholischen Reichsstände bereits getan hatten; insbesondere dem katholischen Sondervotum für den Geistlichen Vorbehalt schloß sich Ferdinand nachdrücklich an. Auch forderte er die strikte Beschränkung des Friedstands auf die Reichsstände und lehnte folgerichtig die von den Protestanten geforderte weitergehende Anerkennung des konfessionellen Selbstbestimmungsrechts der Städte wie des Adels ab, und wenn die Resolution des weiteren für die Reichsstädte den status quo der Religionsausübung garantiert sehen wollte, so lief das in praxi nur auf die Sicherung der katholischen Minoritäten in den überwiegend ja protestantischen Reichsstädten hinaus. Daß die königliche Resolution darüber hinaus die fortdauernde Gültigkeit des Religionsfriedens für den Fall des Scheiterns einer kirchlichen Reunion ablehnte und damit gewiß an den Nerv der Dinge rührte, hatte freilich vor allem verhandlungstaktische Gründe – als Warnung an die protestantischen Reichsstände, ihre religionspolitischen Forderungen nicht zu überziehen. In den gleichen Zusammenhang der Verhandlungstaktik Ferdinands gehörte es, daß er Ende Juli in Briefen an die wichtigsten Reichsstände dafür plädierte, die Verhandlungen überhaupt zu vertagen.

Daß die evangelischen Reichsstände trotz solchen Drucks nicht bereit waren, sich ohne weiteres der königlichen Resolution zu fügen, kann nicht wundernehmen. Umgekehrt zeigten sich die Katholiken ostentativ zur Behauptung ihrer Positionen entschlossen, und so drohte erneut ein Dissens über Grundbestimmungen der Friedensordnung. Aber die Verhandlungsführung König Ferdinands bewährte sich jetzt erst recht; binnen weniger Wochen erreichte er eine von allen Seiten für akzeptabel gehaltene Lösung der umstrittenen Probleme, und zwar gutenteils in direkten Verhandlungen mit den konfessionellen Ständegruppen. Schon dieses in der Reichstagsverfassung gerade nicht vorgesehene, jetzt aber von den Ständen widerspruchslos hingenommene Verfahren läßt die hohe Autorität Ferdinands in der Schlußphase des Reichstags deutlich erkennen, und dieser dominierenden Stellung des römischen Königs entsprachen auch die Ergebnisse seiner Verhandlungen: Nur die Dauergeltung des Religionsfriedens gestand er den Protestanten zu; ansonsten setzte er seine Forderungen im wesentlichen durch. So blieb die Freiheit der Religionsausübung des niederen Adels auf die Reichsritter eingeschränkt; das protestantische Votum zugunsten des landsässigen Adels blieb auf der Strecke. Des weiteren erreichte der König die Garantie der beiderseitigen Religionsausübung in den Reichsstädten – und nur in ihnen – nach Maßgabe des status quo, im wesentlichen also die Sicherung des erhalten gebliebenen oder auch seit dem Interim neu eingerichteten katholischen Gottesdienstes in den evangelischen Reichsstädten. Und auch in der Frage des Geistlichen Vorbehalts setzte sich König Ferdinand, wenngleich erst nach harten Verhandlungen und nicht ohne gewisse Einschränkungen, durch. Die ausdrückliche Zustimmung der evangelischen Reichsstände zum Geistlichen Vorbehalt mit seinem Reformationsverbot für die geistlichen Fürstentümer war zwar nicht zu erlangen – hier wurde eine Gewissensgrenze deutlich, die die Protestanten zu überschreiten nicht bereit waren. Sie gestanden jedoch schließlich zu, daß der Geistliche Vorbehalt als Anordnung des Königs kraft dessen reichsrechtlicher Autorität in den Religionsfrieden eingerückt würde. Demgegenüber konzedierte Ferdinand lediglich, daß dem Adel wie den Städten der geistlichen Territorien die Erhaltung des bei ihnen bereits eingeführten evangelischen Kirchenwesens zugesagt wurde – und auch dies nur in Form einer nicht einmal in den Reichstagsabschied aufgenommenen und damit in ihrer Rechtsverbindlichkeit, insbesondere für das Reichskammergericht, problematischen Erklärung des Königs, der sogenannten Declaratio Ferdinandea. Im übrigen stimmten die Reichsstände insgesamt der Forderung Ferdinands zu, auf einem nächsten Reichstag erneut über die «Hinlegung der schädlichen Spaltung und Trennung in unserer heiligen christlichen Religion und Glaubenssachen» zu verhandeln, «damit nicht allein von dem Wege und Maß, dardurch die

Vergleichung zu suchen, geratschlagen, sondern auch alsbald darauf in der Haupt-Sach, soviel immer möglich, fürgeschritten, würcklich und fruchtbarlich gehandelt und geschlossen werden möge». Der neue Reichstag sollte bereits im März 1556 in Regensburg stattfinden.

Am 21. September konnten die Beratungen über den Religionsfrieden abgeschlossen werden; in den darauffolgenden Tagen brachte man auch die Reform der Kammergerichtsordnung und die Exekutionsordnung für den Landfrieden unter Dach und Fach. Bei der Kammergerichtsordnung ging es insbesondere darum, die Zulassung von Protestanten zu Kammerrichtern und Assessoren ausdrücklich sicherzustellen sowie die früheren Diskreditierungen der Protestanten in den Eidesformeln der Mitglieder des Gerichts zu beseitigen. Beides ging ohne größere Schwierigkeiten durch; eine konfessionelle Parität der Assessoren wurde jedoch nicht festgelegt. Die Exekutionsordnung zum Landfrieden folgte den Wormser und Frankfurter Kreistagsbeschlüssen vom Vorjahr in der wirksamen Straffung der Kreisorganisation, und auch für die Kooperation der Reichskreise untereinander gelangte man zu deutlichen Verbesserungen der bisherigen Regelungen; größere Landfriedensexekutionen, die die Mitwirkung von mehr als fünf Reichskreisen erforderten, sollten künftig durch einen sogenannten Reichsdeputationstag unter Leitung des Mainzer Erzkanzlers koordiniert werden. Überdies wurde den Reichskreisen jetzt die Aufbietung des Reichsheeres übertragen. Die für die Beschlüsse des Vorjahres maßgebende, freilich schon damals von den Kurfürsten beanstandete Tendenz zur Stärkung des Reichsoberhaupts in der Landfriedensorganisation wurde allerdings völlig umgebogen. Die neugeschaffenen Institutionen der Kreisverfassung standen zwar in einer gewissen Spannung zu der für die Verfassung des Reichs sonst so typischen Präeminenz der Kurfürsten; ihre grundsätzliche Abhängigkeit nicht vom König, sondern von den Ständen wurde jedoch bestätigt. König Ferdinand nahm das im wesentlichen hin und begnügte sich mit der Forderung einer stimmberechtigten Beteiligung kaiserlicher Kommissare an den Kreisdeputationen. Die Einigung auch darüber fiel nicht schwer. Dagegen gab es Schwierigkeiten wegen der Einbeziehung der Niederlande in die neue Ordnung. Der Burgundische Vertrag von 1548 hatte diese Frage an sich zugunsten der Einbeziehung vorentschieden, und Karl V. legte darauf nach wie vor, nicht zuletzt wohl im Interesse des Schutzes der Niederlande gegen Frankreich, den größten Wert. Die Stände stellten sich jedoch störrisch und ließen überhaupt die Neigung erkennen, den als einseitige Begünstigung der Niederlande empfundenen Burgundischen Vertrag gründlich zu revidieren oder gar aufzuheben. Schließlich fand Ferdinand auch hier eine Lösung – mit seinem Vorschlag nämlich, die Einbeziehung der Niederlande davon abhängig zu machen, daß der Kaiser als Erbherr der Niederlande die Kompetenz des Kammergerichts in Landfriedenssachen für die Niederlande anerkannte. Eine solche Anerkennung lag in der Konsequenz des Burgundischen Vertrags und war deshalb für Karl V. wohl zumutbar, sie trug aber auch der mißtrauischen Kritik der Reichsstände an der wachsenden Entfremdung der Niederlande vom Reich Rechnung.

Am 25. September 1555 erging der Reichstagsabschied. Unmittelbar zuvor, kaum eine Stunde vor Beginn der Reichsversammlung, war überraschend einer der deutschen Kanzleiräte des Kaisers, der gebürtige Nürnberger Paul Pfintzing, aus Brüssel kommend in Augsburg eingetroffen, um König Ferdinand die bevorstehende Abdankung Karls V. anzukündigen; die förmliche Übertragung der Kaiserwürde und der Reichsregierung sollte alsbald, noch während des Reichstags, erfolgen, der Reichstagsabschied dann allein im Namen Ferdinands ergehen. Der Kaiser hatte damit die Konsequenz nicht nur aus den inneren Widersprüchen seiner Reichstagsvollmacht für König Ferdinand vom Juni 1554, sondern überhaupt aus dem Scheitern seiner universalistischen Kaiserpolitik gezogen. Die Sendung Pfintzings kam freilich zu spät, um Ferdinand noch vom vorgesehenen Abschluß des Reichstags abzuhalten. Der römische König informierte die Reichsstände überhaupt nicht von der Botschaft aus Brüssel, verabschiedete den Reichstag – so, wie er ihn eröffnet hatte – im Namen Karls V. und schickte Pfintzing mit dem Auftrag nach Brüssel zurück, den Kaiser um ein Überdenken seines Abdankungsbeschlusses zu bitten. In der Tat sollte sich der endgültige Rücktritt Karls von der Reichsregierung noch um ein rundes Jahr, die förmliche Nachfolge König Ferdinands im Kaisertum gar bis zum Frühjahr 1558 verzögern. Die Grundentscheidung Karls V. zur Preisgabe des Kaisertums wie überhaupt zum Verzicht auf alle seine Reiche war aber doch gefallen.

Gerade deshalb konnte der Kaiser wohl auch darauf verzichten, seine noch am 19. September 1555 angeordnete Revokation aller Beschlüsse des Reichstags, die der römischen Kirche zum Nachteil gereichen würden, wirklich zu vollziehen. Die Rechtsgültigkeit des Religionsfriedens stand mithin außer Frage. Auch ein päpstlicher Protest blieb aus. Paul IV. war mit dem Augsburger Religionsfrieden zwar gewiß nicht einverstanden, bemaß seine Stellungnahme aber vorrangig nach politischen Prioritäten, und unter denen stand die Gegnerschaft gegen das Haus Habsburg, besonders gegen dessen spanische Linie, ganz obenan. So ließ der Papst um eines Bündnisses gegen den Kaiser willen noch im Frühjahr 1556 über kirchenpolitische Konzessionen an die Protestanten verhandeln, die sogar die Zugeständnisse des Augsburger Religionsfriedens bei weitem überschritten hätten. Zwar führten diese Verhandlungen zu keinem positiven Ergebnis und hatten wohl überhaupt zu keiner Zeit eine wirkliche Erfolgschance; sie zeigten jedoch sehr deutlich, daß der Augsburger Religionsfriede und damit das Schicksal der katholischen Kirche in Deutschland für Paul IV. von nur nachgeordnetem Interesse war. Im übrigen führte die Gegnerschaft Pauls IV. zur Herrschaft der Spanier in Italien schon wenig später zu dramatischen Zuspitzungen. Im Juli 1556 ließ der Papst einen förmlichen kanonischen Prozeß gegen den Kaiser und König Philipp mit dem Ziel ihrer Exkommunikation und des

Verlustes aller ihrer Würden und Herrschaften einleiten; im September – nun freilich schon nach der Übertragung der spanischen Reiche an König Philipp – brach mit dem Einmarsch des Herzogs von Alba in den Kirchenstaat der offene Krieg aus. Die Geschichte dieses Kriegs, in dem Paul IV. bald seine Ohnmacht gegenüber den spanischen Waffen erkennen mußte, gehört nicht unmittelbar in den Zusammenhang der deutschen Geschichte und ist deshalb hier nicht des genaueren zu verfolgen. Festzuhalten aber sind die politischen Prioritäten des Carafa-Papstes, die auch bei den deutschen Katholiken tiefgehende Irritationen auslösten. In ihrer Auseinandersetzung mit dem Augsburger Religionsfrieden jedenfalls konnten die Katholiken bis auf weiteres nicht mit der Hilfe Roms rechnen.

Der Religionsfriede von 1555 gehört zu den Grundereignissen der deutschen Geschichte. Mit der reichsrechtlichen Anerkennung der evangelischen Kirchen und dem Schutz des Landfriedens für die beiden großen Bekenntnisse im Reich brachte er einen gewissen Abschluß der deutschen Reformation; die Geschichtsschreibung sieht ihn denn auch zumeist als Epochengrenze des Zeitalters der Reformation in Deutschland an. Langfristig wurden seine Prinzipien zu Grundbestandteilen der politischen Ordnung des alten Reichs; seine Fernwirkungen reichen überhaupt bis in die Gegenwart. Das ist um so erstaunlicher, als der Religionsfriede ein nicht nur mühsam errungener, sondern auch sehr fragmentarischer Kompromiß voll tiefer innerer Spannungen war, aus denen denn auch sehr bald neue, jahrzehntelange Auseinandersetzungen erwuchsen – bis hin zum Dreißigjährigen Krieg. Daß man nach den furchtbaren Erschütterungen des großen Kriegs im Westfälischen Frieden von 1648 dann doch wieder zu den Grundsätzen des Religionsfriedens zurückkehrte, ist freilich ein deutlicher Hinweis darauf, daß die Ordnung von 1555 trotz ihrer unleugbaren Schwächen und Inkonsequenzen doch eine langfristig tragfähige, vielleicht überhaupt die einzig mögliche Pazifizierung des Glaubensstreits in Deutschland darstellte. Seit 1648 gehörten die Prinzipien des Augsburger Religionsfriedens bis zum Ende des alten Reichs zu den unbestrittenen Kernstücken der Reichsverfassung. Im folgenden sollen die langfristig bedeutsamen Grundsätze des Religionsfriedens, aber auch seine inneren Spannungen noch etwas näher erörtert werden.

Zunächst einmal: Der Augsburger Religionsfriede war kein Ausgleich im Glaubensstreit selbst, er war vielmehr lediglich eine weltliche Friedensordnung. Er schloß den fortdauernden kirchlich-theologischen Streit, ja selbst den Absolutheitsanspruch der beiden großen Konfessionen nicht aus; er verwies die Auseinandersetzung aber auf friedliche Wege und zähmte sie damit politisch. Daß der Glaubensstreit sich auch zukünftig nicht auf Glaubenssätze und kirchliche Gebräuche beschränken, sondern auf materielle Interessen – Herrschaftspositionen etwa oder Möglichkeiten der Verfügung über Kirchengut – ausgreifen werde, war jedermann klar. Auch diese Konflikte aber sollten nicht mit Gewalt durchgefochten, sondern mit friedlichen Mitteln beigelegt werden, notfalls durch Entscheid des Reichskammergerichts als des höchsten weltlichen Gerichts des Reichs. Diese Justizialisierung des Glaubenskonflikts war – neben dem Gewaltverbot selbst – das wichtigste Element der Friedenssicherung in der Ordnung von 1555.

Die Grundkonzeption einer politisch-gerichtlichen Friedensgarantie des Reichs für die Konfessionen bedeutete einen folgenreichen Schritt zur Säkularisierung des Reichs wie überhaupt der politischen Ordnung Deutschlands; die religiöse Neutralität des neuzeitlichen Staats und mit ihr das moderne Grundrecht der Religionsfreiheit haben hier eine ihrer wichtigsten Wurzeln. Durch Luthers Zwei-Reiche-Lehre und auch durch die Friedstände der dreißiger und vierziger Jahre vorbereitet, stellte diese grundsätzliche Wende zur konfessionellen Neutralität des Reichs doch eine tiefgehende, aus dem Abstand der Jahrhunderte kaum nachzuempfindende Zäsur dar. Daß das Reichsrecht seit 1555 selbst den Häretiker gegen das kirchliche Recht zu schützen unternahm, war eine grundstürzende Neuerung und wurde von den Zeitgenossen auch so empfunden.

Der Augsburger Religionsfriede bedeutete nun allerdings bloß einen ersten, der Not gehorchenden Schritt in diese Richtung. Zunächst einmal stellte der Religionsfriede neben der katholischen Kirche ja nur die Kirchen der Augsburger Konfession unter seinen Schutz; alle anderen kirchlichen Gemeinschaften – nicht nur die Täufer, sondern selbst die schweizerischen Reformierten – blieben ausgeschlossen. Vor allem aber blieb das wirklich freie und unbelastete Recht der Bekenntniswahl, abgesehen einmal von den Bürgern der gemischtkonfessionellen Reichsstädte, auf die weltlichen Reichsstände sowie die Reichsritter beschränkt. Schon die geistlichen Reichsstände konnten gemäß dem Geistlichen Vorbehalt ja nur unter Preisgabe ihrer sämtlichen geistlichen und weltlichen Würden und Herrschaften zum Protestantismus übergehen; vollends die Untertanen der Reichsstände – gleich welcher Konfession – mußten damit rechnen, daß sie im Falle des religiösen Dissenses mit ihrem Landesherrn das Land verlassen mußten. Einen unmittelbaren und ausweglosen Glaubenszwang gegenüber den Untertanen freilich schloß der Religionsfriede durch die Garantie des Rechts zur Auswanderung unter regulärem Verkauf von Hab und Gut ausdrücklich aus. Dieses beneficium emigrandi war nicht nur «das erste allgemeine Grundrecht, das das Reich durch das geschriebene Verfassungsrecht jedem Deutschen garantierte» (M. Heckel), sondern auch eine in der Sache sehr bedeutsame Milderung der Zwänge des Staatskirchentums, durch die das Reich der großen Mehrheit der europäischen Staaten um ein Jahrhundert und mehr vorauseilte.

Die politisch bedeutsamste Regelung des Religionsfriedens war freilich, daß er das Recht der weltlichen Reichsstände zur freien Konfessionswahl mit dem Recht zur Bestimmung der Konfession ihres ganzen Landes – dem jus reformandi – verband; man hat diesen Grundsatz später auf die einprägsame Formel «cuius regio eius religio» gebracht. Wenn also der Religionsfriede auf der politischen Ebene des Reichs ein staatskirchenrechtliches System weitgehender konfessioneller Offenheit und Parität begründete, so erhielt und festigte er auf der Ebene der Territorien ein gerade entgegengesetztes System konfessioneller Geschlossenheit und Imparität. Diese Doppelschichtigkeit der staatskirchenrechtlichen Ordnung von 1555 hatte sich bereits im Reichstagsabschied von 1526 angekündigt und seitdem immer deutlicher als einzig tragfähiger Rahmen eines politischen Friedens zwischen den Konfessionen im Reiche herauskristallisiert; die verfassungspolitische Grundstruktur des Reichs ließ keinen anderen Weg. Die politischen Folgen dieser Doppelschichtigkeit mit ihrer Aufsplitterung der Religionshoheit auf die einzelnen Reichsstände aber waren enorm. Zum einen besiegelte der Augsburger Religionsfriede damit den konfessionellen Föderalismus des Reichs, was zugleich eine langfristig wirksame Stärkung der föderalistischen, wo nicht gar partikularistischen Strukturen der politischen Ordnung Deutschlands bedeutete; zum anderen führte die im Religionsfrieden anerkannte Religionshoheit der Reichsstände zu einem nachhaltigen – und nicht unproblematischen – Macht- und Autoritätsgewinn insbesondere der großen Territorialfürsten in ihren Herrschaftsgebieten. Von der Religionshoheit der Reichsstände und dem landesherrlichen Kirchenregiment gingen kräftigste Impulse für die Intensivierung territorialer Staatlichkeit aus.

Bei alledem hielt der Religionsfriede doch an einer grundlegenden christlichen Wesensbestimmung von Reich und Reichsrecht fest. Genau das war schon der Sinn des Vorbehalts der Religionsvergleichung, unter dem die gesamten Friedensregelungen standen. Noch immer galt ja der Religionsfriede mit seiner Neutralisierung der Wahrheitsfrage letztlich bloß als interimistische Lösung, wenngleich unter der Garantie ihrer Beständigkeit bis zu einem friedlichen Vergleich im Religionsstreit selbst; der mit dem Religionsfrieden vollzogene Schritt zur Säkularisierung des Reichs war auch insofern noch immer ein erst vorläufiger Schritt. Und selbst die traditionellen Bindungen von Kaiser und Reich an die römische Kirche wurden nur durchbrochen, nicht aber aufgehoben: Die herkömmliche Stellung des Kaisers als advocatus ecclesiae blieb gegenüber der römischen Kirche grundsätzlich erhalten, und sogar das kanonische Recht mitsamt der geistlichen Jurisdiktion der Bischöfe blieb als Teil des Reichsrechts in allgemeiner Geltung, soweit es nicht mit theologisch begründeten Rechtspositionen der Protestanten in Widerspruch stand.

Solche theologisch begründeten Gegensätze der Rechtsauffassung gab es nun freilich nicht bloß punktuell; sie waren vielmehr umfassend und von grundsätzlicher Art. Der Glaubensstreit hatte auch das Rechtsdenken hüben und drüben in der Tiefe verändert, Konzeption und Verständnis des Religionsfriedens konnten davon nicht unberührt bleiben. Problematisch waren hier vor allem die offengebliebenen Lücken sowie die – unbewußten oder bewußten – Unklarheiten der Friedensregelung, die selbst kardinale Punkte des Streits betrafen. Daß der Religionsfriede es gutenteils offenließ, in welchem Umfang das jus reformandi der Reichsstände zur Verfügung über das Kirchengut berechtigen sollte – über Pfarr- oder auch Klostervermögen? –, war nur ein, freilich ein besonders neuralgisches Problem dieser Art. Nach welchen Prinzipien sollten solche Unklarheiten beseitigt, solche Lücken geschlossen werden?

In der Auseinandersetzung über diese und andere Fragen der Auslegung des Religionsfriedens kamen bald sehr grundsätzliche, im Wortlaut der Regelungen von 1555 selbst zumeist verdeckte Dissense zum Tragen. Der wichtigste dieser Dissense betraf das grundsätzliche Verständnis des Religionsfriedens als Rechtsordnung überhaupt. Die Protestanten sahen den Religionsfrieden zumeist als lex fundamentalis für das Verhältnis der Konfessionen zueinander an, dessen Lücken und Unklarheiten deshalb durch Analogieschluß aus den klaren Prinzipien des Gesetzes selbst zu beseitigen wären. Als solche Prinzipien betrachteten sie zum einen ihre vollständige Befreiung – in Religionssachen – von aller fremdkonfessionellen Herrschaft der katholischen Hierarchie wie der katholischen Reichsorgane, zum anderen die grundsätzliche, im Religionsfrieden selbst freilich nur mit Einschränkungen verwirklichte Parität der Konfessionen im Reich. Im Gegensatz dazu neigten die Katholiken zu der Auffassung, daß die Ordnung von 1555 nur einige Ausnahmen von dem ansonsten in voller Geltung bleibenden kanonischen Recht statuiert habe. Der Religionsfriede müsse also restriktiv ausgelegt werden; seine Lücken seien nicht in Analogie zu jenen von den Protestanten behaupteten Prinzipien der religionspolitischen Autonomie und Parität zu schließen, sondern nach Maßgabe des kanonischen Rechts. Daß aus solchem Dissens eine Fülle von bitteren Streitigkeiten erwachsen mußte, liegt auf der Hand.

Langfristig vielleicht noch gefährlicher war das Verständnis des Religionsfriedens als einer bloßen Notordnung, die, an sich unrechtmäßig, nur um der Vermeidung eines noch größeren Übels willen zu akzeptieren sei. Ein solches Verständnis war insbesondere auf katholischer Seite weit verbreitet und wurde hier mit der scholastischen Lehre von der Erlaubtheit des minus malum begründet: Nur als ein solches Notrecht schienen die tiefen Eingriffe des Religionsfriedens in die – auf göttlichem Recht beruhende – geistliche Jurisdiktion von Papst und Bischöfen wie überhaupt die dem kanonischen Recht widersprechenden Zugeständnisse an die Protestanten akzeptabel. Noch Pius XII. hat zum vierhundertjährigen Jubiläum des Religionsfriedens 1955 dessen Anerkennung mit dem Rückgriff auf solche Notrechtsargumente legitimiert. Nun steht außer Zweifel, daß diese Argumentation – jedenfalls auch – ein Ausdruck des Bemühens war, das mittelalterliche Vermächtnis der Einheit des göttlichen und menschlichen Rechts und damit der göttlichen Legitimation allen Rechts zu bewahren. Gleichwohl folgte aus ihr eine schlimme Unsicherheit des Religionsfriedens; denn was war der feierlichste Vertrag wert, wenn er nur so lange galt, als nicht einer der Partner über die Macht verfügte, den Gegner in erneutem Kampf – und sei es im Kampf um ein höheres, göttliches Recht – niederzuringen? Diese Gefährdung des Religionsfriedens wurde schon von den Zeitgenossen lebhaft empfunden und hat deshalb in der Folge, bis ins 18. Jahrhundert hinein, immer wiederkehrende gegenseitige Versicherungen der Gültigkeit des Religionsfriedens provoziert. Das aus dem Notrechtsargument geborene Mißtrauen wurde dadurch freilich nur zum geringsten Teil ausgeräumt; es blieb eine dauernde Belastung des Religionsfriedens.

Im übrigen fehlte es natürlich bei den Beratungen über den Religionsfrieden wie in den späteren Auseinandersetzungen über seinen Inhalt nicht an Versuchen aller Parteien, den jeweiligen Gegner offen oder insgeheim zu übervorteilen. Die 1555 an den Augsburger Verhandlungstischen sitzenden Juristen waren mit allen Wassern gewaschen, und ihre Nachfolger in den Religionsprozessen der Folgezeit waren es nicht minder. Gleichwohl wird man die inneren Spannungen und Inkonsequenzen des Religionsfriedens nicht bloß als Resultat kleinlichen Interessengerangels abtun dürfen; im Grunde repräsentierten sie doch sehr bedeutende historische Kräfte, die bruchlos miteinander auszugleichen ein Ding der Unmöglichkeit gewesen wäre. Gemessen an der Größe und Komplexität seiner Aufgabe war der Augsburger Religionsfriede alles in allem doch eine erstaunliche Leistung.

Die im September 1555, unmittelbar vor dem Ende des Augsburger Reichstags, vom Kaiser angekündigte Abdankung und förmliche Übertragung der Reichsregierung an König Ferdinand wurde auf dessen Wunsch zunächst verschoben. Für den Fall der Abdankung des Kaisers – anders als bei dessen Tod – kam nach dem Urteil der Reichsjuristen die Thronfolge des römischen Königs nicht ipso facto zustande, sondern bedurfte einer Wahl oder doch eines wahlähnlichen Akts der Kurfürsten, und Ferdinand wollte sich seiner Sache ganz sicher sein, bevor er sich den Kurfürsten stellte. Diese Voraussetzung aber schien ihm zur Zeit nicht gegeben, zumal da es ein offenes Geheimnis war, daß Heinrich II. von Frankreich sich in mancherlei Verhandlungen – vor allem mit dem neu zur Regierung gekommenen Kurfürsten Ottheinrich von der Pfalz – um die Verhinderung der habsburgischen Thronfolge bemühte. Im übrigen standen die Habsburger in offenem Konflikt mit Frankreich und dem Papst; auch die Inanspruchnahme durch diesen Krieg war einem reibungslosen Übergang des kaiserlichen Amts nicht günstig.

Die Zeit arbeitete aber für Ferdinand. Im Februar 1556 konnte in Vaucelles ein fünfjähriger Waffenstillstand mit Frankreich geschlossen werden; die Versuche des französischen Königs, die Thronfolge Ferdinands zu hintertreiben, fanden bei den Kurfürsten nur wenig Resonanz. Zudem gelang es Ferdinand, durch umsichtig betriebene Einungen und Bündnisse mit wichtigen Reichsständen seinen Einfluß im Reich zu stärken. Vor allem brachten die österreichischen Räte im Juni 1556 mit Bayern, Salzburg und Augsburg den sogenannten Landsberger Bund zustande, der sich bald durch den Beitritt der beiden fränkischen Bischöfe und der Reichsstadt Nürnberg verstärkte. Die von Ferdinand beabsichtigte – betont überkonfessionelle – Erweiterung des Bundes um Württemberg, Frankfurt/Main und die Grafen der Wetterau gelang zwar nicht; auch ohne diese Erweiterung aber wurde der Landsberger Bund doch zu einem Element dauerhafter politischer Stabilisierung im Süden des Reichs. In ähnlicher Weise stabilisierend wirkte die umfassende Verständigung Ferdinands mit Kurfürst August von Sachsen, die seine frühere Kooperation mit Kurfürst Moritz aufnahm und fortbildete; sie wurde, ebenfalls 1556, durch eine feierliche Erneuerung der alten sächsisch-böhmischen Erbverbrüderung besiegelt. Dann freilich gab es erneut außenpolitische Schwierigkeiten, diesmal in Ungarn. Im Frühjahr 1556 begannen die Osmanen eine neue Offensive; gleichzeitig brach in Siebenbürgen ein Aufstand gegen die österreichische Herrschaft aus. Ferdinand hatte alle Hände voll zu tun, um Geld und Truppen für die Verteidigung zu mobilisieren, die Angelegenheiten der Reichspolitik mußten demgegenüber zurückstehen. Der bereits für Ende März in Regensburg vorgesehene Reichstag wurde bis in den Juli verschoben, die Teilnahme des Königs an der Reichsversammlung ließ gar bis zum Jahresende auf sich warten; erst recht zögerte Ferdinand, die Kurfürsten offiziell mit dem Thronwechsel zu befassen.

Dem Kaiser jedoch war es je länger desto dringlicher darum zu tun, von der Last des Kaisertums – wie von all seinen anderen herrscherlichen Würden und Bürden – freizuwerden. Das Königreich Neapel war bereits 1554, anläßlich der englischen Heirat, an Philipp gelangt; im Oktober 1555 hatte Karl dann in einer bewegenden Szene im großen Schloß zu Brüssel die Herrschaft über die Niederlande an den Sohn übertragen; im Januar 1556 war die Abtretung der spanischen Reiche mitsamt den kastilischen Vizekönigreichen in der Neuen Welt gefolgt. Spätestens im Herbst des Jahres wollte Karl endgültig nach Spanien übersiedeln, um dort, auf einem Landsitz in unmittelbarer Nachbarschaft des Hieronymitenklosters Yuste, in Ruhe sein Leben zu beschließen. Daran hielt er auch fest, als sich immer deutlicher herausstellte, daß der Thronwechsel in Deutschland bis zur geplanten Abreise nach Spanien nicht mehr vollzogen werden könnte. Am 8. August 1556 überließ er es Ferdinand zu dessen freier Entscheidung, Zeit und Ort der Nachfolgeverhandlungen mit den Kurfürsten zu bestimmen. Er selbst, der Kaiser, werde für die Verhandlungen eine Gesandtschaft bevollmächtigen und instruieren, die auf Abruf in Brüssel bereitstehen werde. Freilich hielt Karl V. bei alledem den vollen Übergang des Kaisertums auf Ferdinand noch immer nicht für gesichert oder gar selbstverständlich und sah deshalb als Alternativlösung eine Übertragung nur der uneingeschränkten und unwiderruflichen «administration» des Reichs vor, während er selbst «nom et tiltre» behalten werde; ja selbst damit rechnete er, daß es nur zu einer

Regierungsvollmacht der Art kommen werde, wie sie der Kaiser für die Zeit seiner Abwesenheit vom Reiche ohnehin jederzeit ausstellen konnte.

In der Tat war es genau diese Minimallösung, die für die nächsten eineinhalb Jahre den verfassungsrechtlichen Rahmen der Reichsregierung Ferdinands bestimmte. Angesichts der nicht vollzogenen Thronfolge – die Verhandlungen mit den Kurfürsten hatten noch nicht einmal begonnen – blieb dem Kaiser bei seiner Abreise nach Spanien im September 1556 kaum etwas anderes übrig, als den Bruder wenigstens mit der Reichsregierung «in absentia imperatoris» zu beauftragen. Die Rechtsstellung Ferdinands gegenüber dem Reich unterschied sich nach dieser Vollmacht grundsätzlich nicht von der, mit der er auch in anderen Fällen der Abwesenheit des Kaisers die Regierung geführt hatte; im Innenverhältnis zwischen Karl und Ferdinand allerdings fielen jetzt alle kaiserlichen Zustimmungs- und Vorbehaltsrechte fort, durch die die Amtsführung des römischen Königs bislang eingeschränkt gewesen war. So ging in praxi die volle kaiserliche Gewalt auf Ferdinand über, der in der Folgezeit dann auch die formelle Vollendung des Thronwechsels mit Geduld und Umsicht vorbereitete. Als die Kurfürsten im Februar 1558 in Frankfurt/Main zur Beratung über die Thronfolge zusammentraten und Ferdinand wenige Wochen später als «Erwählter Römischer Kaiser» mit allen Rechten und Titeln des Reichsoberhaupts inthronisiert wurde, war das nur mehr die feierliche Bestätigung einer mittlerweile selbstverständlich gewordenen politischen Realität.

Hinter dieser Selbstverständlichkeit stand freilich ein folgenreich verändertes Verständnis von Kaiser und Reich, und gerade die Inthronisation Ferdinands machte das sehr deutlich. Angesichts des evangelischen Bekenntnisses aller drei weltlichen Kurfürsten war eine Krönung durch den Papst undenkbar geworden; der Titel des «Erwählten Römischen Kaisers» war deshalb – sehr viel bestimmter als bei der Kaiserproklamation Maximilians I. 1508 und durchaus im Gegensatz zum Kaisertum Karls V. – als permanenter und definitiver Titel des Reichsoberhaupts gedacht. Daß die damit neu aufgenommene Loslösung des Kaisertums von Rom jetzt zusätzlich einen konfessionsrechtlichen Akzent trug, verstärkte die Distanzierung noch. Es war deshalb keineswegs erstaunlich, daß Papst Paul IV. – nicht nur ein erbitterter Feind der Habsburger, sondern auch ein unnachgiebiger Verfechter alter päpstlicher Herrschaftsansprüche – das Kaisertum Ferdinands I. nicht anerkannte. Erst sein Nachfolger Pius IV. fand sich 1560 bereit, die neue Situation zu akzeptieren, um nicht etwa einem protestantischen Kaisertum den Weg zu bereiten; eine – an sich wenig verbindliche – Obödienzleistung des Kaisers gegenüber dem Papst lieferte die formelle Voraussetzung für das Einlenken der Kurie.

Karl V. hat von Yuste aus gelegentlich noch mit Ratschlägen und Mahnungen in das Getriebe der großen Politik eingegriffen, vor allem zugunsten der Vorbereitung einer habsburgischen Thronfolge in Portugal. Von vergleichbaren Stellungnahmen zu den Angelegenheiten des Reichs dagegen findet sich in den Akten keine Spur. Vollends der Tod des alten Kaisers am 21. September 1558 blieb im Reich zwar nicht ohne ehrende Anteilnahme: Nachdem König Philipp dem verstorbenen Vater im Dezember 1558 eine pompe funèbre von düsterer Pracht ausgerichtet hatte, ließ auch Ferdinand I. im Februar 1559 in Augsburg eine großartige Totenfeier stattfinden, bei der die Großen des Reichs – wenigstens durch ihre Gesandtschaften – dem Toten noch einmal ihre Reverenz erwiesen; Anhänger wie Gegner Karls V. wußten sehr wohl, daß mit ihm einer der Großen der Weltgeschichte dahingegangen war. Unmittelbare politische Wirkungen aber gingen von alledem nicht aus. Die Ära Karls V. war für das Reich doch bereits zu Ende gegangen, als die kaiserlichen Schiffe am 13. September 1556 für die Fahrt nach Spanien die Anker gelichtet hatten.

V.

Das Reich unter Ferdinand I. und Maximilian II. (1556–1576): Jahrzehnte der unsicheren Konsolidierung

1. Das Reich und die europäischen Mächte seit dem Ausgang Karls V.

Die Resignation Karls V. und die Thronfolge Ferdinands I. als Kaiser waren sehr viel mehr als ein bloßer Regierungswechsel. In eins damit vollzog sich ja die Trennung des Kaisertums von den auf Philipp II. übergehenden Ländern, und Philipps Erbschaft mit den spanischen und amerikanischen Reichen, mit den Königreichen Neapel und Sizilien, mit Mailand und den Niederlanden einschließlich der Franche-Comté machte den Löwenanteil des Imperiums Karls V. aus. Ferdinand gewann demgegenüber zwar die Kaiserkrone, und die blieb auch in der Folge bei den deutschen Habsburgern; die Hausmacht Ferdinands aber hielt keinen Vergleich mit derjenigen seines spanischen Neffen aus und war jedenfalls viel zu gering, als daß Ferdinand oder seine Nachfolger an eine Neuaufnahme der imperialen Politik Karls V. hätten denken können.

Das Machtgefälle zwischen den spanischen und deutschen Habsburgern verstärkte sich in der Folgezeit noch. Auf der einen Seite wurden die österreichischen Erblande auf Grund testamentarischer Verfügungen Ferdinands – eines gerade bei Ferdinand schwer verständlichen Rückfalls in patrimoniale Staatsauffassungen – 1564 auseinandergerissen: Ferdinands ältester Sohn und Nachfolger im Kaisertum, Maximilian II., erhielt zwar Ober- und Niederösterreich, dazu die Königreiche Böhmen und Ungarn, mußte aber Tirol und Vorderösterreich seinem Bruder Ferdinand, Innerösterreich seinem Bruder Karl einräumen. Unter Maximilians Nachfolger Rudolf II. sollte diese Dispersion von Macht und Ansehen der deutschen Habsburger dann sogar noch zunehmen – bis hin zur Staatskrise des habsburgischen Bruderzwistes zu Beginn des 17. Jahrhunderts. Auf der anderen Seite gelang es Philipp II., den von seinem Vater überkommenen Krieg mit Frankreich im Frieden von Cateau-Cambrésis 1559 sehr erfolgreich zu beenden. Philipp behauptete seine Herrschaft über die burgundischen Niederlande ungeschmälert, die Franzosen mußten ihre Positionen in Savoyen und auf Korsika preisgeben und damit auf alle italienischen Ambitionen verzichten; der den Spaniern eng verbundene Cosimo de' Medici konnte Siena und die Südtoskana mit Florenz vereinigen. An eine Revision dieses Friedensschlusses von französischer Seite war bis auf weiteres nicht zu denken. Die französischen Staatsfinanzen einschließlich des Kredits der Könige bei den europäischen Geldleuten waren völlig erschöpft; die Krone war nicht einmal mehr in der Lage, die ihr gewährten Darlehen zurückzuzahlen – mit der Folge übrigens des Konkurses zahlreicher oberdeutscher Kaufleute, die jahrzehntelang sehr beträchtliche Kredite an Frankreich vergeben hatten. Die wenige Jahre nach dem Frieden von 1559 in Frankreich ausbrechenden Religionskriege stürzten das Land dann vollends in eine politische Existenzkrise, in der das französische Königtum außenpolitisch kaum noch handlungsfähig war. Mit dem Übergewicht über Frankreich aber fixierte der Friede von Cateau-Cambrésis zugleich die spanische Vorherrschaft in Europa. Durch den glänzenden Seesieg von Lepanto über die türkische Flotte (1571) und die Thronfolge Philipps in Portugal (1580) noch verstärkt, bildete die spanische Präponderanz bis zum Ende des Jahrhunderts ein Grunddatum der europäischen Staatenwelt. Die deutschen Habsburger und mit ihnen das Reich traten demgegenüber weit zurück, ja sie hörten auf, im europäischen Staatensystem eine eigentlich aktive politische Rolle zu spielen.

Schon unter Maximilian I. und selbst unter Karl V. hatten sich die Reichsstände nur schwer zu irgendeinem außenpolitischen Engagement bewegen lassen. Sie hatten die europäische Politik der Kaiser für gewöhnlich nur gebremst, sie allenfalls halbherzig unterstützt, und dies auch dann, wenn wirklich Interessen des Reichs und nicht nur des Hauses Habsburg auf dem Spiele standen. Daneben hatte es zeitweise eine eigene, den Zielen des Kaisers offen zuwiderlaufende Außenpolitik vor allem protestantischer Reichsstände gegeben. Die Verbindungen des Schmalkaldischen Bundes, erst recht das offene Bündnis der aufständischen Fürsten mit Frankreich 1552 waren dafür die wichtigsten Beispiele gewesen. Mit der Resignation Karls V. endete nun auch die Zugkraft seiner weltweiten Hausmacht auf die Reichspolitik; damit spielten sich erneut politische Konstellationen ein, wie sie schon unter Maximilian I. maßgebend gewesen waren.

Es kam hinzu, daß das durch den Augsburger Religionsfrieden bestimmte empfindliche Gleichgewicht der Konfessionen in Deutschland ein Eingreifen des Reichs in die zumeist konfessionell geprägten oder doch affizierten Konflikte im übrigen Europa so gut wie unmöglich machte. Daß das Reich sich nicht entschließen konnte, die innere, durch die Religionskriege bedingte Schwäche Frankreichs mit Nachdruck zur Rückgewinnung der lothringischen Bischofsstädte zu nutzen, war dafür ebenso bezeichnend wie seine Neutralität gegenüber dem Aufstand der Niederlande. Immerhin fanden dank des Religionsfriedens auch die mancherlei Ansätze zu konfessionell bestimmten Bündnissen einzelner Reichsstände oder Ständegruppen mit auswärtigen Mächten in den ersten Jahrzehnten nach 1555 im Reich keine große Resonanz. Wiederholte Initiativen katholischer Reichsstände, vor allem Bayerns, den Herzog von Alba als Statthalter der spanischen Niederlande in den Landsberger Bund hineinzuziehen, scheiterten schon am Widerstand der deutschen Habsburger. Auf protestantischer Seite kam es zwar seit 1562 zu gelegentlichen Geld- und später auch Truppenhilfen zugunsten der Hugenotten, 1567 sogar zu Verhandlungen mit der Königinregentin Katharina von Medici über ein französisch-protestantisches Bündnis; seit den späteren sechziger Jahren fanden auch die aufständischen Niederlande unter Führung Wilhelms von Oranien wiederholt Unterstützung aus dem Reich, vor allem durch den calvinistischen Kurfürsten Friedrich III. von der Pfalz und die Grafen von Nassau, die Brüder Wilhelms von Oranien. Indessen blieben das alles Einzelaktionen von sehr begrenzter Bedeutung, und als 1568 – diesmal auf Anregung Landgraf Wilhelms von Hessen – bei den protestantischen Reichsständen wirklich einmal das Projekt eines großen Bündnisses mit den protestantischen Mächten West- und Nordeuropas, vor allem Englands, zur Diskussion stand, da erwies sich alsbald die Chancenlosigkeit eines solchen Projekts: Die große Mehrheit jedenfalls der lutherischen Reichsstände war nicht bereit, den Religionsfrieden im Reich durch eine europäische Konfessionspolitik aufs Spiel zu setzen. Dem Reich selbst erwuchsen aus solcher Zurückhaltung oder auch nur Unentschlossenheit freilich kaum zusätzliche Handlungsmöglichkeiten. Von Ferdinand I. über Maximilian II. bis zu Rudolf II. haben Kaiser und Reich in der Außenpolitik weniger agiert als vielmehr bloß reagiert, und oft genug nicht einmal das. Es war deshalb auch kein Wunder, daß es unter den Nachfolgern Karls V. zu erneuten und dauernden Verlusten an der Peripherie des Reichs kam. Die Verfestigung der französischen Herrschaft über die lothringischen Bischofsstädte – mit ersten Ausgriffen sogar auf die Bistümer selbst – gehört ebenso in diesen Zusammenhang wie die wachsende Entfremdung Savoyens vom Reiche; noch wichtiger waren der Verlust Livlands an Polen bzw. Schweden und die fortschreitende Loslösung der nördlichen Niederlande vom Reich. Im Grunde war es wohl sogar erstaunlich, daß das Reich, so plötzlich aus dem gewaltigen Machtkomplex Kaiser Karls V. herausgelöst und in seinen außenpolitischen Handlungsmöglichkeiten eingeschränkt, in der zweiten Jahrhunderthälfte nicht noch viel schwerere Einbußen erlitt, und die Erklärung dafür liegt denn auch nur darin, daß die dem Reich benachbarten europäischen Mächte in diesen Jahrzehnten ihrerseits, zumeist wegen innerer Konflikte, das Reich einigermaßen in Ruhe ließen. Vor allem war Frankreich seit den frühen sechziger Jahren bis in die Anfänge der Regierung Heinrichs IV., also bis in die beginnenden neunziger Jahre des Jahrhunderts, mit seinen eigenen Religionskriegen und der damit verbundenen Krise von Staat und Gesellschaft beschäftigt; aber auch der große Nachbar des Reichs im Osten, Polen-Litauen, hatte seit dem Aussterben der Jagiellonen 1572 erhebliche innenpolitische Probleme. Ähnliches gilt von den Osmanen seit dem Tode Suleimans des Prächtigen 1566 und in gewisser Weise sogar von Spanien – die Bindung der militärischen und finanziellen Mittel Spaniens durch den Aufstand der Niederlande trug wesentlich dazu bei, seine politische Expansion in Oberitalien, die nicht zuletzt auf Kosten der Lehensrechte des Reichs ging, zu zügeln und jedenfalls nicht zum Anlaß für einen offenen Konflikt werden zu lassen. Die relative außenpolitische

Ruhe des Reichs in der zweiten Jahrhunderthälfte war also gutenteils bloß eine Konsequenz der innenpolitischen Schwäche seiner Nachbarn. Als diese Bedingung seit dem Ausgang des Jahrhunderts fortfiel, geriet das Reich alsbald, vollends im Dreißigjährigen Krieg, in existenzbedrohende Probleme seiner äußeren Staatenbildung.

Angesichts der spanischen Präponderanz in Europa war das Verhältnis zu Philipp II. auch für Kaiser und Reich von erstrangiger Bedeutung. Für dieses Verhältnis spielten dynastische Beziehungen zwischen der deutschen und der spanischen Linie der Habsburger eine wichtige Rolle; zu einer Überschneidung der beiderseitigen Interessen – und damit zur Gefahr von Konflikten – kam es vor allem in Oberitalien und in den Niederlanden.

Die Eintracht der Casa d'Austria hatte durch den Augsburger Familienvertrag von 1551 einen schweren Stoß erlitten. Die hier vom Kaiser durchgesetzte Thronfolgeregelung – insbesondere die Vereinbarung einer Nachfolge Philipps im Kaisertum nach dem Tode Ferdinands – hatte zu persönlicher Entfremdung und politischer Distanzierung zwischen den deutschen und spanischen Habsburgern geführt. Karl V. selbst und sein Sohn Philipp hatten jedoch bald eingesehen, daß eine Thronfolge Philipps in Deutschland kaum durchzusetzen sein werde. Die englische Heirat von 1554 war ihnen bereits als Alternative erschienen, die im Grunde sogar mehr versprach als das Kaisertum mit seinem Mißverhältnis von Rechten und Pflichten; im August 1555 hatte Philipp gegenüber Ferdinand ausdrücklich seinen Verzicht auf eine Thronkandidatur im Reiche erklärt. Das hatte die Beziehungen hinüber und herüber wesentlich geklärt und verbessert. Zwar blieben, namentlich zwischen Maximilian und Philipp, fortdauernd persönliche und auch politische Reserven wirksam, vertieft noch durch Maximilians protestantische Neigungen; trotzdem spielte sich ausgangs der fünfziger Jahre eine gewisse Kooperation der beiden habsburgischen Linien in der europäischen Außenpolitik ein. Für die deutschen Habsburger war dabei ein ebenso virulentes wie dauerhaftes dynastisches Interesse von Bedeutung. Die männliche Thronfolge der spanischen Habsburger war nämlich während der gesamten Regierungszeit Philipps II. niemals wirklich gesichert: Der bis zu seinem Tode einzige Sohn Don Carlos starb 1568; von den späteren, aus der Ehe mit Anna von Österreich stammenden Söhnen Philipps überlebte nur Philipp III., der dem Vater 1598 auf den Thron folgte, das Kindesalter. Die kinderreichen deutschen Habsburger konnten sich mithin gute Hoffnungen darauf machen, den spanischen Zweig der Dynastie zu beerben. Maximilian II., der als junger Fürst zusammen mit seiner Gemahlin Maria, der Tochter Karls V., schon einmal einige Jahre für den Kaiser die Regentschaft in Spanien geführt hatte, ließ mit Rücksicht auf solche Chancen seit 1563 seine beiden ältesten Söhne in Madrid erziehen, und als Isabel de Valois, die dritte Gemahlin Philipps II., im Jahre 1568 starb, wurde eine vierte Ehe Philipps mit der ältesten Tochter Maximilians, der eben schon genannten Anna von Österreich, vereinbart – auch das eine, allerdings längerfristig gedachte, dynastisch-erbrechtliche Anspruchsbegründung der deutschen Habsburger. Im übrigen bedeutete die Kooperationsbereitschaft der beiden habsburgischen Linien in der europäischen Politik keineswegs eine Identifikation der politischen Ziele hier und dort, und wenn die beiderseitigen Interessen einander unmittelbar widersprachen, kam es auch zu langwierigen und zähen, wenngleich nie in einen offenen militärischen Konflikt umschlagenden Auseinandersetzungen.

Ein Beispiel für die Gleichgültigkeit des spanischen Königs gegenüber den Interessen der deutschen Habsburger bestand schon darin, daß der Friede von Cateau-Cambrésis die lothringischen Städte und Bistümer mit keinem Wort erwähnte, ihrer Entfremdung von Kaiser und Reich also in keiner Weise entgegenwirkte. Daß der durch den Frieden von 1559 restituierte Herzog Emanuel Philibert von Savoyen seine Bindungen an das Reich in der Folge zielstrebig lockerte, sah man von spanischer Seite ohnehin um so lieber, als die politische Präsenz des Reichs in dem strategisch so wichtigen Herzogtum der spanischen Italienpolitik nur störend im Wege stand. Darüber hinaus war Oberitalien aber auch das Feld langdauernder unmittelbarer Auseinandersetzungen zwischen Kaiser und Reich einerseits, den Spaniern anderseits. Maximilian I. und erst recht Karl V. hatten die Entfremdung der alten italienischen Reichslehen vom Reiche aufgehalten; die fast schon vergessenen Lehensbande zur großen Mehrheit der oberitalienischen Herrschaften waren neu geknüpft und politisch mit Leben gefüllt worden. Das Reichsrecht gewann in den alten italienischen Lehen des Reichs eine seit langem nicht mehr gekannte Geltung, der Reichshofrat wurde mit immer größerer Selbstverständlichkeit als oberstes Gericht in Anspruch genommen. Dieser Refeudalisierungsprozeß kam aber nicht nur dem Reiche zugute, der hauptsächliche Nutznießer war vielmehr Spanien. Die Belehnung Philipps mit Mailand 1540 hatte dafür die Grundlage geschaffen. Seit der Trennung der habsburgischen Linien bemühten sich die Spanier darüber hinaus, die traditionell von Mailand abhängigen, 1540 aber direkt dem Kaiser unterstellten Reichslehen – vor allem in der Lunigiana – und noch weitere Reichslehen, die an sich mit Mailand gar nichts zu tun hatten, unter ihre Herrschaft zu bringen, sei es als unmittelbares oder aber als sogenanntes Afterlehen des Reiches. Das von König Philipp bereits 1557 an Cosimo de' Medici von Florenz verliehene Siena war ein solches Afterlehen; der für die Sicherung des Seeverkehrs zwischen Spanien, Genua und Neapel wichtige Stato dei Presidii an der toskanischen Küste kam 1559 als unmittelbares Reichslehen an die spanische Krone. Daß Philipp II. darüber hinaus – wenngleich vergeblich – versuchte, unter Berufung auf den habsburgischen Familienpakt von 1551 von Kaiser Ferdinand ein förmliches Reichsvikariat über Italien zu erlangen, ließ keinen Zweifel an Philipps Ziel einer möglichst geschlossenen spanischen Herrschaft in Oberitalien. Der spanische König und erst recht seine Gouverneure in Mailand schreckten auch nicht vor nackter Gewalt zurück, um der Verwirklichung ihrer Absichten, zunächst und vor allem durch die Unterwerfung strategisch besonders wichtiger Gebiete, näherzukommen. Dem Kaiserhof blieb mehr als einmal nur die Möglichkeit eines papiernen Protestes. So brachten die Spanier 1570 die Grafschaft Finale in ihre Hand; eine Reihe alter Reichslehen in der Lunigiana kam hinzu. Die bei alledem zutage tretende Schwäche des Reichs wirkte überdies als Anreiz auf Savoyen und auf das Papsttum, auch ihrerseits Herrschaftsansprüche auf italienische Reichslehen zu erheben. So krönte Pius V. 1569 Cosimo de' Medici von Florenz zum Großherzog von Toskana, und erst nach sechsjährigem Streit konnte Maximilian II. die fortbestehende Lehensabhängigkeit des neuen Großherzogtums vom Reich sicherstellen. Im letzten Viertel des Jahrhunderts sollte sich die Bedrohung der italienischen Reichslehen von seiten der Spanier – und auch der Päpste – sogar noch verstärken. Eine grundlegende Wende brachte hier erst der politische Niedergang Spaniens im 17. Jahrhundert.

Neben Italien waren die Niederlande das andere große Konfliktfeld der zweiten Jahrhunderthälfte, auf dem die Interessen Spaniens und des Reichs sich unmittelbar berührten. Im Unterschied zu Italien waren die Rechte des Reichs hier aber weniger durch die Spanier bedroht als vielmehr durch die Aufständischen – es war kein Zufall, daß am Ende des Konflikts die völlige Loslösung der nördlichen Niederlande nicht nur von der spanischen Krone, sondern auch vom Reiche stand, während umgekehrt die spanischen Könige für die unter ihrer Herrschaft verbleibenden südlichen Provinzen nach wie vor den Burgundischen Vertrag von 1548 als gültige Grundlage ihrer Bindung an Kaiser und Reich anerkannten. An eine Intervention des Reichs in den niederländischen Aufstand aber war schon wegen dessen konfessioneller Frontstellungen nicht zu denken; eine solche Intervention hätte mit hoher Wahrscheinlichkeit das System des Religionsfriedens im Reich selbst gesprengt. Im übrigen genoß das harte spanische Regiment über die Niederlande im Reich zwar nicht eben viel Sympathien, umgekehrt aber gab es bei der großen Mehrheit der Reichsstände auch gegenüber den Aufständischen erhebliche konfessionelle und verfassungspolitische Vorbehalte. So blieben Kaiser und Reich gegenüber dem niederländischen Konflikt im großen ganzen neutral, wenn auch nicht völlig untätig: Man bemühte sich immer wieder wenigstens um Vermittlung und Ausgleich, und jedenfalls Maximilian II. verfolgte dabei doch auch das Ziel, die Rechte des Reichs in den Niederlanden zu wahren und womöglich zu festigen.

Zu ersten derartigen Vermittlungsversuchen kam es bereits 1566 und wieder 1568. Das blutige Regiment Albas, dazu sein wenig skrupelhaftes militärisches Operieren über die niederländischen Grenzen hinweg in die westdeutschen Territorien hinein, veranlaßte Kaiser Maximilian – unter Zustimmung übrigens nicht nur der evangelischen Reichsstände, sondern auch der geistlichen Kurfürsten –, die Spanier zur Zurückhaltung zu mahnen. Allerdings fehlte dem Kaiser selbst wie den Reichsständen die nötige Entschlossenheit zur Durchsetzung dieser Mahnung. So konnte König

Philipp es sich leisten, den unerbetenen Rat der Deutschen brüsk abzuweisen.

Ein neuer Vermittlungsversuch erfolgte 1574. Vorausgegangen war der Versuch der Grafen von Nassau sowie des zum Calvinismus übergegangenen Pfälzer Kurfürsten Friedrichs des Frommen, den Aufständischen in den Niederlanden über die schon früher gewährten Finanz- und Sachhilfen hinaus durch eine eigene militärische Digression zu Hilfe zu kommen. Der Versuch war gescheitert; das pfälzisch-nassauische Heer hatte im April 1574 auf der Mooker Heide eine vernichtende Niederlage erlitten, einer der Söhne des Pfalzgrafen und zwei der drei regierenden Brüder der nassauischen Grafenfamilie waren gefallen. Gerade der Tod der drei Fürstensöhne für die Sache der Niederländer aber hatte nun bei den Reichsständen zu einer tiefen Erregung geführt, deren politische Konsequenzen – bis hin zur Gefahr einer Verwicklung des Reichs in den niederländischen Aufstand – schwer abzusehen waren. So versuchte Maximilian erneut zu vermitteln, freilich wiederum ohne Erfolg: Keine der streitenden Parteien war ernsthaft bereit, sich auf einen Kompromiß einzulassen. Die Gefahr einer Involvierung des Reichs in den Konflikt ließ immerhin mit dem Tode des Pfälzer Kurfürsten (1576) nach; sein lutherischer Sohn und Nachfolger Ludwig VI. löste sich von dem Bündnis mit Nassau und damit überhaupt von dem niederländischen Engagement Friedrichs des Frommen. Daß Ludwigs jüngerer Bruder, der wiederum calvinistische Johann Kasimir, als Landesherr des neugeschaffenen Fürstentums Pfalz-Lautern auch jetzt noch politisch wie militärisch zugunsten der Aufständischen agierte, fiel demgegenüber vorerst nicht sehr ins Gewicht; der junge Pfalzgraf, in dem sich calvinistische Glaubensüberzeugungen mit unruhiger Abenteuerlust verbanden, genoß einstweilen weder im Reich noch auch bei den Niederländern selbst viel Vertrauen. Zudem begann Wilhelm von Oranien als führender politischer Kopf der Niederlande in diesen Jahren, von sich aus statt der wenig effektiven Unterstützung der protestantischen Reichsstände die Hilfe Frankreichs zu suchen. So schien – trotz fortdauernder Beunruhigung der Grenzgebiete mit schweren Schäden für den Handel rheinauf- und abwärts – die niederländische Krise doch einigermaßen isoliert zu sein, ohne daß die Zugehörigkeit der Niederlande zum Reich grundsätzlich in Frage gestellt worden wäre. Die Geschichte der folgenden Jahrzehnte sollte freilich erweisen, daß das Reich so billig nicht davonkam. Vielmehr wirkte der niederländische Konflikt ungemein verschärfend auf die konfessionellen Auseinandersetzungen in Deutschland selbst zurück, und zugleich lösten sich die aufständischen Provinzen der Niederlande immer entschiedener von allen noch bestehenden Bindungen an das Reich.

Die religiöse Spaltung Deutschlands wie die Minderung der politischen Macht des Kaiserhauses, die dem Reich im niederländischen Konflikt nur die Möglichkeit wenig aussichtsreicher Vermittlungsbemühungen ließen, bestimmten auch das Verhältnis von Kaiser und Reich zum Kampf um Livland. Schon die Hilferufe des Deutschen Ordens im späten 15. und beginnenden 16. Jahrhundert hatten im Reich nicht viel Resonanz gefunden, und selbst die Säkularisation des preußischen Ordensstaats und die Unterstellung des neuen Herzogtums Preußen unter polnische Oberlehenshoheit 1525 hatten zu keiner nachhaltigen Reaktion geführt; Karl V. selbst war ohnehin nicht geneigt gewesen, sich um des königsfernen und überdies evangelisch gewordenen Preußens willen mit Polen anzulegen. Erst recht beschämend aber war die Tatenlosigkeit des Reichs, als der Einfall der Russen in Livland 1558 die Auseinandersetzung der Mächte Ost- und Nordeuropas um das baltische Erbe eröffnete.

Livland war um die Mitte des 16. Jahrhunderts ein – dank seines Rußlandhandels – wirtschaftlich blühendes, aber politisch brüchiges Gebilde: eine Föderation aus dem livländischen Zweig des Deutschen Ordens, dem Erzstift Riga, der Fürstbistümer Kurland, Dorpat, Ösel-Wieck sowie der Stadt Riga; die einzige gemeinsame Institution dieser Föderation war der livländische Landtag. Außenpolitisch war Livland seit dem Beginn des Jahrhunderts auf eine schwierige und oft genug bedrohte Neutralität zwischen Polen-Litauen und Rußland angewiesen; innenpolitisch wurde das Land durch die dauernden Auseinandersetzungen zwischen dem Landmeister des Ordens und dem Erzbischof von Riga um die Vorherrschaft in der Föderation geprägt – eine latente Einladung für auswärtige Interventionen. Die Reformation hatte in Livland frühzeitig Fuß gefaßt. Riga war schon 1525 eine evangelische Stadt geworden, und bis um die Mitte des Jahrhunderts hatte sich die Reformation überall, auch auf dem Lande, weitgehend durchgesetzt; 1551 nahm der Ordensmeister am evangelischen Gottesdienst im Dom zu Riga teil. Mit diesem Übergang zur Reformation verloren die wichtigsten Herrschaften des Landes – der Orden wie die Fürstbistümer – ihre unverzichtbare Existenzgrundlage in der katholischen Kirche. Sie wurden zu einem Widerspruch in sich selbst. Es fehlte dem Land jedoch eine politische Kraft, die stark genug gewesen wäre, den morschen Bau einzureißen und statt seiner eine neue politische Ordnung von zeitgemäßer Staatlichkeit zu errichten. Zwar hatte Herzog Albrecht schon bald nach der Säkularisierung des preußischen Ordensstaats 1525 dem livländischen Ordensmeister Wolter von Plettenberg nahegelegt, dem preußischen Beispiel zu folgen, doch hing der hochbetagte Plettenberg zu sehr an der alten Kirche und auch am Reich, um sich zu einem solchen Schritt durchringen zu können. Zudem scheute er die offensichtliche Gefahr einer Eskalation der innenpolitischen Gegensätze im Land. Im Gegenteil betrieb er nach dem Ausscheiden des Hochmeisters aus dem Orden seine eigene förmliche Erhebung zum Reichsfürsten, die denn auch bereits 1526 erfolgte; 1530 ließ er sich von Reichs wegen mit dem Ordensgebiet Livland belehnen. Eine wirkliche Lösung der baltischen Probleme bedeutete das freilich nicht. So unternahm wenig später Markgraf Wilhelm von Brandenburg, ein jüngerer Bruder Herzog Albrechts von

Preußen, der seit 1530 Koadjutor, seit 1539 Erzbischof von Riga war, einen Anlauf zur Säkularisierung und gleichzeitigen politischen Einigung Livlands. Er war einer solchen Aufgabe jedoch in keiner Weise gewachsen, und dies um so weniger, als selbst der evangelische Teil der erzstiftischen Ritterschaft einen lehensrechtlichen Anschluß an Polen-Litauen analog dem preußischen Beispiel nicht in Kauf zu nehmen bereit war – «und wollen liever all darover sterven ehr wy uns dem hylgen Ricke und duitscher Nation wolden laten affwenden». Diese Haltung der evangelischen Ritter war, ebenso wie die des alten Ordensmeisters, gewiß ehrenhaft; sie überschätzte indessen auf verhängnisvolle Weise die eigenen politischen Möglichkeiten wie die Chancen einer Hilfe durch das Reich. Der Schlüssel für das Schicksal Livlands lag längst nicht mehr in den Händen des livländischen Landtags oder auch des Reichstags; maßgebend waren vielmehr das Interesse und die Politik der nord- und osteuropäischen Staaten.

Hier nun war entscheidend, daß der russische Zar Ivan IV. Groznyj in den fünfziger Jahren in Konkurrenz zu Polen-Litauen die auf Livland gerichtete Expansionspolitik seines Großvaters Ivan III. wieder aufnahm. 1554 hatte sich Livland nur unter demütigenden Bedingungen noch einmal den Frieden erkaufen können; eine Klausel des Vertrags untersagte den Livländern jedes Bündnis mit Polen-Litauen. Eben diese Klausel wurde problematisch, als der Erzbischof von Riga wieder einmal mit dem Orden in bitteren Streit geriet und beim polnischen König Unterstützung fand. Der polnischen Übermacht hoffnungslos unterlegen, mußte sich der Orden 1557 auf einen Vertrag mit Polen einlassen, der formell und auch in seiner politischen Tendenz dem Vertrag mit Moskau von 1554 widersprach. Im Januar 1558 fielen daraufhin die Russen mit ihren tatarischen Hilfsvölkern in das Ordensgebiet ein und eröffneten damit ein mehr als zwanzigjähriges Ringen der ost- und nordeuropäischen Mächte um die Herrschaft über Livland – für das Land selbst eine Zeit voll furchtbarer Zerstörungen, Angst und Entsetzen, Mord und Brand.

Der Orden und erst recht die Fürstbistümer waren militärisch schon zahlenmäßig schwach, dazu schlecht gerüstet und unzureichend geführt; Geldmangel verhinderte auch die Anwerbung und Unterhaltung schlagkräftiger Söldnerkontingente. So hatten die Livländer gegen die Russen keine Chance; von 1558 bis 1560 eroberten die Truppen des Zaren den größten Teil des Landes. Schon im Mai 1558 fiel die Ordensfeste Narva, wenige Wochen später das strategisch wichtige Dorpat. Im August 1560 schlug und verlor der Orden bei Ermes seine letzte große Feldschlacht; zum Schluß – beim Fall der Feste Fellin – war noch Meuterei der Söldner im Spiel. Der Ordensmeister Wilhelm von Fürstenberg starb in russischer Gefangenschaft. Das Angebot, dem Zaren zu huldigen und von ihm in Livland wieder eingesetzt zu werden, hatte er mannhaft abgelehnt; er wolle den Eid nicht brechen, den er dem Römischen Reiche geleistet habe.

Natürlich hatten die Livländer alsbald nach dem Einfall der Russen Hilferufe an die europäischen Mächte gesandt, vor allem in das Reich.

Hier fand das Schicksal der Livländer denn auch breiten publizistischen Widerhall; die Buchdrucker hatten mit Flugschriften über die moskowitischen Greuel große Konjunktur. Politisch aber tat sich kaum etwas: Die Mahnung zum Frieden an den Zaren wie das kaiserliche Verbot der Waffenausfuhren nach Rußland waren das Papier nicht wert, auf das sie geschrieben waren. Eine Geldbeihilfe wurde zwar beschlossen, kam aber nicht wirklich zustande. Der Appell an die Hilfsbereitschaft Polen-Litauens, Schwedens und Dänemarks wirkte angesichts der eigenen Untätigkeit eher peinlich und konnte angesichts der virulenten Interessen all dieser Mächte an Livland eigentlich nur dazu dienen, ihre Festsetzung im Lande von Reichs wegen zu legitimieren. Nur die von den Herrschaftsverhältnissen im Ostseeraum unmittelbar betroffenen Reichsstände des deutschen Nordostens zeigten einige Bereitschaft, sich energischer für Livland einzusetzen; aber schon Lübeck, das wegen seines Rußlandhandels in scharfer Konkurrenz zu den livländischen Städten stand, blieb abseits. Schließlich schauten Kaiser und Reich dem livländischen Debakel tatenlos zu.

Keineswegs untätig blieben dagegen die nordischen Mächte. Schon seit 1558 setzten die Schweden sich im Norden des Landes fest; 1561 unterstellte sich der größte Teil Estlands mit Reval dem Schutz des schwedischen Königs, um so eine gewisse Sicherheit gegen das russische Vordringen zu finden. 1559 erwarb der Dänenkönig die Bistümer Ösel-Wieck und Kurland für seinen Bruder, Herzog Magnus von Holstein. Vollends entscheidend aber wurde die Haltung Polen-Litauens. Der neue Ordensmeister Gotthard Kettler, der dem unglücklichen Fürstenberg 1559 im Amt gefolgt war, hatte schon seit langem ganz auf die polnische Karte gesetzt und hielt auch jetzt daran fest – in der nüchternen Einsicht, daß nur so wirksame Hilfe gegen die Russen zu erlangen wäre, zugleich freilich in der Hoffnung, sich ganz Livland als weltliches Herzogtum unter polnischer Oberhoheit zu sichern, wie das Herzog Albrecht 1525 im Falle Preußens gelungen war. Die Polen ließen sich mit ihrer Hilfe allerdings viel Zeit, wirkten auch anderweitigen Hilfsplänen bewußt entgegen; denn je größer die Not der Livländer, desto höher mußte der Lohn werden, den sie für ein wirksames polnisches Eingreifen zu zahlen bereit waren. Im November 1561 war es dann soweit: Der Ordensmeister und Erzbischof Wilhelm mußten sich zum Vertrag von Wilna bequemen, durch den Gotthard Kettler zwar das Ordensgebiet südlich der Düna als erbliches polnisches Lehensherzogtum für sich erwarb; das «überdünische» Livland aber mitsamt dem Erzstift Riga gelangte unmittelbar unter polnische Herrschaft – genauer: zunächst an das Großfürstentum Litauen, das 1569 mit Polen in Realunion verschmolz. Lediglich die Stadt Riga konnte sich vorerst noch in ihrer Selbständigkeit und Zugehörigkeit zum Reich halten; 1581 mußte aber auch sie sich der polnischen Herrschaft unterwerfen. Das «Privilegium Augusti» von 1561 konzedierte dem livländischen Adel – auch für das polnisch gewordene Livland – die Augsburgische

Konfession, deutsches Recht und deutsche Obrigkeit im Lande, dazu das Recht des Indigenats. Es dauerte jedoch nicht lange, bis eine intensive Polonisierungs- und Rekatholisierungspolitik einsetzte. Ihre Erfolge beschränkten sich allerdings im wesentlichen auf die ländlichen Unterschichten; die adlige und bürgerliche Oberschicht des Landes blieb überwiegend deutsch und lutherisch und prägte damit das kulturelle Gesicht des Landes bis ins 20. Jahrhundert.

Der Vertrag von Wilna 1561 entschied über den Verlust Livlands für das Reich, aber noch nicht über die endgültigen Herrschaftsverhältnisse im Lande. Ihretwegen lieferten sich in den folgenden Jahrzehnten die nord- und osteuropäischen Mächte eine lange Reihe blutiger und für Livland selbst – im vollen Sinne des Wortes – verheerender Kriege. Im Verlauf dieser Auseinandersetzungen gelang es den zeitweise vereinten Bemühungen Polens und Schwedens zu Anfang der achtziger Jahre, die Russen noch einmal aus Livland zurückzudrängen. Erst Peter der Große sollte diese Niederlage im Zweiten Nordischen Krieg 1721 korrigieren. Schweden konnte seine Herrschaft in Estland befestigen, die Dänen wurden auf die Insel Ösel zurückgedrängt, im übrigen setzten sich die Polen durch. Der genauere Verlauf dieser Kriege kann hier auf sich beruhen. Eine Episode aber, in der die alten Bindungen des Landes an Kaiser und Reich noch einmal auflebten, verdient Erwähnung: Der Stettiner Friede von 1570 nämlich, der einen siebenjährigen Krieg zwischen Dänemark und Schweden um die Vorherrschaft im Ostseeraum beendete, sah vor, daß Schweden seinen gesamten Besitz in Livland an Kaiser und Reich abtreten sollte, «als denen das directum dominium an der gantzen province liefflandt unwiedersprächlich zustände»; dann sollte der König von Dänemark unter der Oberhoheit des Kaisers den Schutz des Landes übernehmen. Indessen fand sich im Reich kaum jemand zu den finanziellen Opfern für die im Vertrag vorgesehene Entschädigung Schwedens bereit. Daraufhin erklärte der schwedische König 1577 die Ansprüche von Kaiser und Reich für erloschen. Damit war die letzte Chance des Reichs in Livland vertan.

Anläßlich des Kampfs um Livland hatte Kaiser Ferdinand mehr als einmal den Vorwurf zu hören bekommen, er vernachlässige die Angelegenheiten des Reichs zugunsten der ungarischen Interessen des Hauses Habsburg. Nun betrieben Ferdinand wie seine Nachfolger in Ungarn gewiß – jedenfalls auch – eine hausmachtorientierte Politik. Gleichwohl beruhte jener Vorwurf insofern auf einer falschen Alternative, als es bei der Abwehr der Türken in Südosteuropa doch auch um die Sicherheit des Reichs ging: Ungarn war ein strategisch vorgelagertes Glacis, von dessen Verlust auch für Deutschland unabsehbare Folgen zu befürchten waren. Der von Ferdinand schon seit den zwanziger Jahren betriebene Ausbau der sogenannten Militärgrenze in Ungarn – eines von persönlich freien, wehrhaften Bauern besiedelten, von ständigen Truppenstützpunkten planmäßig durchsetzten Grenzstreifens – lag deshalb durchaus im Interesse auch des Reichs, und Ferdinand hatte gute politische Gründe, für dieses Verteidigungssystem wie für die Besoldung eines Heeres gegen die seit 1556 erneut vordringenden Türken die Hilfe der Reichsstände zu beantragen. Wirklich verschlossen sich die Reichstage von Regensburg (1556/57) und Augsburg (1559) dem Ansinnen des Kaisers nicht völlig; die von ihnen bewilligten Summen lagen sogar an der oberen Grenze der Bewilligungen, zu denen man sich zu Zeiten Karls V. entschlossen hatte. Die tatsächlichen Kosten der Türkenabwehr betrugen allerdings ein Vielfaches dieser Hilfen. Selbst mit den vom Augsburger Reichstag 1559 bewilligten 500000 Gulden ließ sich die Militärgrenze kaum länger als ein halbes Jahr finanzieren; an die Unterhaltung auch nur eines Kerns ständiger, geübter und disziplinierter Truppen außerhalb der Grenzbefestigungen war schon gar nicht zu denken. So mußte Ferdinand froh sein, in dem 1562 geschlossenen Türkenfrieden mit vergleichsweise geringen Gebietsverlusten davonzukommen. Die Erhöhung der jährlichen Tributzahlung an den Sultan auf 30000 Gulden war freilich eine finanziell wie politisch sehr unerfreuliche Bedingung des Friedens; überdies mußte Ferdinand bis auf weiteres allen Ansprüchen auf Siebenbürgen entsagen.

Nun war Siebenbürgen, das von Johann II. Zapolya als Vasall des Sultans regiert wurde, ein geographisch wenig geschlossenes Gebiet mit weithin unsicherem Grenzverlauf auch gegenüber dem habsburgischen Ungarn. Aus diesen Unsicherheiten erwuchsen nie enden wollende Streitigkeiten und Kleinkämpfe, in denen beide Seiten ihre Herrschaft abzurunden trachteten. Auch der Friedensschluß von 1562 änderte daran nichts. Im Gegenteil eskalierten diese Auseinandersetzungen, als der Zapolyide beim Tode Kaiser Ferdinands 1564 die Gelegenheit für einen großen Schlag gekommen glaubte, zu einem förmlichen Krieg. Das militärische Unternehmen Zapolyas schlug zwar nach Anfangserfolgen fehl; schon 1565 eroberten die kaiserlichen Truppen unter Lazarus von Schwendi die verlorenen Gebiete zurück und drangen ihrerseits auf das rechte Theißufer, also in siebenbürgisches Gebiet, vor. Das aber führte zu erneutem Eingreifen der Türken, die ihre Schutzherrschaft über Siebenbürgen nicht beeinträchtigen lassen wollten. Der mittlerweile fünfundsiebzigjährige Suleiman stellte ein gewaltiges Heer auf und zog an der Spitze seiner Hauptarmee selbst nach Ungarn; nicht ohne Grund fürchtete man im Reich erneut um Wien und um die österreichischen Erblande. Indessen staute sich der türkische Vormarsch im Herbst 1566 einen vollen Monat vor der von Nikolaus Zrinyi mit großer Tapferkeit verteidigten Festung Sziget, und als Suleiman drei Tage vor der schließlichen Erstürmung der Festung im Feldlager plötzlich starb, brach die türkische Offensive in sich zusammen. Für einen wirksamen Gegenangriff fehlte es dem Kaiser wieder einmal an Geld und Truppen; aber die aus dem Tode Suleimans resultierenden innenpolitischen Schwierigkeiten des Osmanenreichs minderten doch auch die Kampfbereitschaft des – ohnehin wenig kriegerischen – neuen Sultans Selim II. Im Februar 1568 kam es auf der Basis des status quo zu einem erneuten Friedensschluß. Zunächst für acht Jahre vereinbart, wurde der Friede in der Folge mehrfach verlängert; ungeachtet der nie wirklich aufhörenden Raub- und Plünderungszüge an der Grenze blieben Ungarn und das Reich seit dem Frieden von 1568 für ein Vierteljahrhundert von einem großen Türkenkrieg verschont.

In die Spätzeit der Regierung Maximilians II. fielen schließlich noch Ereignisse der polnischen Geschichte, die sich – von ihren Ergebnissen her gesehen – für die deutsche Geschichte zwar als bloße Randgeschehnisse ausnehmen, die aber bei einem für die Habsburger glücklicheren Verlauf der Dinge große Bedeutung für Kaiser und Reich hätten erlangen können. Es handelte sich um die Thronfolge nach dem überraschenden Tod Königs Sigismunds II. August (1572), mit dem das Königshaus der Jagiellonen ausstarb. Da kein Nachfolger designiert worden war und der einzige in Frage kommende nähere Blutsverwandte der alten Dynastie – der Sohn Sigismund aus der Ehe einer Schwester des verstorbenen Königs mit dem schwedischen König – noch in zartem Kindesalter stand, war die Thronfolge praktisch offen. Die beiden Hauptbewerber um die Krone waren Heinrich von Valois, der Bruder König Karls IX. von Frankreich, und Erzherzog Ernst, einer der Söhne Kaiser Maximilians. Der Habsburger hatte nicht einmal schlechte Chancen; zumindest unter dem hohen polnischen Adel genoß er manche Sympathien. Auch versprach die Wahl eines Habsburgers immerhin eine verbesserte Koordination der Türkenabwehr in Osteuropa. Der polnische Reichstag einigte sich jedoch Anfang 1573 darauf, daß die Wahl des neuen Königs durch den gesamten, auf einen Elektionsreichstag einzuberufenden polnischen Adel erfolgen solle, und die Mehrheit dieses riesigen Wahlgremiums von rund 50000 Personen, die im Mai 1573 auf dem Wahlfeld von Wola bei Warschau zusammentraten, entschied sich für den französischen Kandidaten, der in seinen Versprechungen für den Fall seiner Wahl sehr viel bedenkenloser verfahren war als sein habsburgischer Konkurrent.

Im Februar 1574 wurde Heinrich in Krakau gekrönt. Seine Regierungszeit war freilich nur kurz und bedeutete für die Polen eine einzige Enttäuschung. Schon im Mai 1574 nämlich erbte Heinrich infolge des Todes seines Bruders Karls IX. den französischen Thron und verließ Polen ebenso rasch wie heimlich – zwar ohne förmliche Niederlegung der polnischen Krone, aber auch ohne irgendeine ernsthafte Vorsorge für das Land; seine Wahlversprechungen hatte er ohnehin nicht eingelöst. Nach Monaten vergeblichen Wartens auf die Rückkehr des Königs sahen sich die Polen erneut zur Königswahl veranlaßt. Wieder erwog man die Wahl eines Habsburgers, diesmal sogar des Kaisers selbst, und im Dezember 1575 wurde Maximilian mit Unterstützung der hohen Würdenträger des polnischen Senats wirklich zum König ausgerufen. Schon wenige Tage darauf kam es jedoch zu einer Gegenwahl zugunsten des Fürsten von Siebenbürgen, Stefan Báthory, und dessen Partei gewann – nicht zuletzt dank des entschlossenen Vorgehens ihres Kandidaten selbst – bald die Oberhand. Die mit dem Aussterben der Jagiellonen aufblitzende Chance einer habsburgischen Thronfolge und in deren Konsequenz einer engeren Verbindung zwischen Polen und dem Reich war damit bis auf weiteres vertan.

2. Verfassungs- und sozialgeschichtliche Konsolidierungen und Konflikte

Die Thronfolge in den Reichen Karls V. nach dessen Resignation brachte eine fühlbare Schwächung der Hausmacht des neuen Kaisers mit sich. Das bedeutete freilich auch eine gewisse Beruhigung der Verhältnisse im Reich; vor allem trat bei den Ständen das Gefühl einer Bedrohung ihrer Libertät durch die Übermacht des habsburgischen Kaisertums zurück. Hinzu kam, daß seit der Resignation Karls V. der Augsburger Religionsfriede als gesichert gelten konnte; denn weder der Kaiser noch auch die wichtigeren katholischen oder evangelischen Reichsfürsten dieser Jahrzehnte zogen einen großen oder gar etwa gewaltsamen Konflikt um die Friedensordnung von 1555 ernsthaft in Betracht – was freilich, insbesondere bei den protestantischen Reichsständen, weder die Forderung nach gewissen Änderungen des Religionsfriedens noch auch kräftige Verstöße gegen manche seiner Bestimmungen ausschloß. Im Grunde war die große Mehrheit der Reichsstände froh, die Gefahr eines verzehrenden Religionskriegs durch einen politischen modus vivendi der Konfessionen einigermaßen gebannt zu haben, und Ferdinand I. wie auch Maximilian II. dachten nicht anders. Die dauerhaft guten Beziehungen des Kaiserhauses nicht nur zu den großen katholischen Reichsfürsten mit Herzog Albrecht V. von Bayern an der Spitze, sondern auch zu Kurfürst August von Sachsen als dem bedeutendsten der evangelischen Reichsfürsten der Zeit entsprachen dieser innenpolitischen Beruhigung und waren selbst eines ihrer wichtigsten Instrumente. Daß Maximilian, nachdem er seine Treue zur katholischen Kirche beschworen hatte, 1562 ohne größere Probleme, mit Zustimmung schließlich sogar des zunächst widerstrebenden Kurfürsten Friedrich von der Pfalz, zum römischen König gewählt wurde, paßt ebenso in die politische Grundstimmung dieser Jahre. Gleichwohl standen die politischen Verhältnisse des Reichs auch in der Regierungszeit Ferdinands I. und Maximilians II. keineswegs im Zeichen einer behäbigen Spannungslosigkeit.

Im Gegenteil gab es eine Fülle von Auseinandersetzungen vor allem konfessioneller, aber auch politischer und sozialer Natur, die die politische Ordnung des Reichs mitunter gründlich erschütterten, und es fehlte auch nicht an Versuchen einer weniger lautstarken, aber deshalb nicht weniger grundlegenden Verschiebung der politischen Gewichte im Reich, vor allem in der Reichsverfassung. Allerdings führten die meisten dieser Spannungen und Konflikte im Endergebnis nicht zur Veränderung, sondern gerade umgekehrt zur Verfestigung der bestehenden Ordnung; die aus den tiefgreifenden Umwälzungen der Zeit Maximilians I. und Karls V. erwachsenen Konstellationen alter und neuer Kräfte waren bis auf weiteres nur schwer auszuhebeln. Erst die zunehmend härteren konfessionellen Gegensätze des ausgehenden Jahrhunderts sollten hier neue und wiederum tiefgreifende Veränderungen bringen – freilich nicht mit dem Ergebnis einer inneren Erneuerung, sondern einer weitgehenden Zerstörung der politischen Ordnung des Reichs.

Die spektakulärste Auseinandersetzung der späteren fünfziger und dann vor allem der sechziger Jahre waren die Grumbachschen Händel. Auf den ersten Blick nicht viel mehr als eine Kette grober Landfriedensbrüche eines mit seinem Dienst- und Lehensherrn unzufriedenen Reichsritters, erweist sich die Geschichte des Wilhelm von Grumbach bei näherem Zusehen als ein gefährlicher, in manchem freilich schon anachronistischer Ausläufer der spätmittelalterlichen Krise des deutschen Adels.

Der 1503 geborene Wilhelm von Grumbach stammte aus einem recht vermögenden fränkischen Adelsgeschlecht, dessen Mitglieder seit langem zu den bedeutendsten Lehensleuten des Bischofs von Würzburg gehörten, aber auch zu anderen fränkischen Fürsten in Lehensbeziehungen standen. Daß die großen Herrschaftsträger im fränkischen Raum – die Bischöfe von Würzburg und Bamberg, der Markgraf von Brandenburg-Ansbach und die Reichsstadt Nürnberg – in mannigfacher politischer Konkurrenz miteinander standen, erhöhte noch den politischen Stellenwert Grumbachs wie überhaupt des fränkischen Adels. Am markgräflichen Hofe zu Ansbach erzogen und seinerseits Erzieher des jungen Markgrafen Albrecht Alkibiades, spielte Grumbach in der Geschichte seines Würzburger Lehensherrn bei der Bischofswahl nach dem Tode Konrads von Thüngen (1540) zum ersten Mal eine maßgebende Rolle: Er wußte es durchzusetzen, daß nicht sein Gegner Melchior Zobel von Giebelstadt, sondern der ihm nahestehende Konrad von Bibra gewählt wurde. Der neue Bischof ernannte Grumbach alsbald zu seinem Hofmarschall und machte ihm überdies weitgehende Zugeständnisse zur Beilegung eines auf die Zeiten Konrads von Thüngen zurückgehenden Streits um den Gramschatzer Wald. Adelsparteiungen innerhalb der würzburgischen Vasallenschaft führten indessen dazu, daß das Domkapitel nach dem frühen Tode Konrads von Bibra (1544) nun doch Melchior Zobel zum Bischof wählte, und das bedeutete für Grumbach nicht bloß das Ende seines Hofmarschallamts, sondern auch die Erneuerung seines besitz- und lehensrechtlichen Streits mit dem Bistum. In den folgenden, über zwei Jahrzehnte andauernden Auseinandersetzungen verstand es Grumbach, sich mit bedeutenden Potenzen politischer und auch konfessioneller Unruhe und Veränderung im Reich zu verbinden und sie für seine Zwecke auszunutzen oder gar erst in Bewegung zu bringen. Eben daraus resultierte nicht bloß die lange Dauer der Grumbachschen Händel, sondern auch ihre Gefährlichkeit über den ursprünglichen Gegenstand des Streits hinaus.

Zum ersten wichtigen Bundesgenossen Grumbachs wurde Albrecht Alkibiades, dessen pfaffenfeindliche Politik 1552/53 im Markgräflerkrieg kulminierte. Seit 1551 Statthalter des Markgrafen – durch dessen Vermittlung übrigens auch mit einem französischen Oberstenpatent ausgestattet –, profitierte Grumbach von den militärischen Erfolgen Albrecht Alkibiades' gegenüber den fränkischen Bistümern und erreichte nicht nur eine Erweiterung seines würzburgischen Lehensbesitzes, sondern auch dessen Allodifizierung, die Loslösung also aus der lehensrechtlichen Abhängigkeit vom Bischof. Nach der Ächtung und Vertreibung des Markgrafen war Melchior Zobel freilich nicht bereit, diese Zusagen einzuhalten; im Gegenteil zog er die Grumbachschen Güter für das Bistum ein und gab sie trotz eines für Grumbach günstigen Urteils des Reichskammergerichts nicht heraus. Natürlich suchte Grumbach seine vertraglichen Ansprüche auch jetzt mit Hilfe der Institutionen des Reichs durchzusetzen, zusätzlich aber hielt er nach anderen Bundesgenossen Ausschau. So trat er in die Dienste des willensschwachen Herzogs Johann Friedrich II. von Sachsen, dem er Hoffnungen auf eine Rückgewinnung der verlorenen sächsischen Kurwürde zu erwecken verstand; vor allem aber warb er mit Hilfe einer rührigen Publizistik um die Unterstützung seiner adligen Standesgenossen. Dabei propagierte Grumbach – und das entsprach wohl auch seiner Überzeugung – seinen Streit mit Würzburg als Kampf für altadlige Rechte und Lebensformen gegen die Ansprüche des modernen Fürstenstaats. Das war eine im Grunde bereits anachronistische Einstellung; es erwies sich jedoch, daß die seit den Zeiten Sickingens vorangetriebene politische Neuformierung des Adels – sei es im Verband der großen Territorien, sei es in der sich verfestigenden Organisation der Reichsritterschaft – noch immer nicht weit genug gediehen war, um Grumbach mit seiner Propaganda ins Leere laufen zu lassen. Nicht nur in Franken, das in seiner politischen Entwicklung ja ohnehin zurückhing, sondern auch in anderen Landschaften des Reichs erfuhr der fränkische Ritter mancherlei Solidaritätsbekundungen von seiten des niederen Adels. Daß es ihm gelang, unter Ausnutzung seiner alten Verbindungen zu Frankreich nach dem Frieden von Cateau-Cambrésis 1559 eine erkleckliche Zahl der aus französischen Diensten nach Deutschland zurückkehrenden adligen Hauptleute für sich zu gewinnen, bedeutete überdies den Gewinn einer rasch mobilisierbaren militärischen Potenz. Zur entscheidenden Zuspitzung des Konflikts kam es dann wiederum in Franken selbst: 1558 ermordeten Anhänger Grumbachs, wenngleich wohl ohne dessen Wissen und Wollen, den Würzburger Bischof; 1563 überfiel Grumbach, in alter Rittermanier nach vorheriger Fehdeansage, Stadt und Bistum Würzburg und zwang das Domkapitel, die Anklage wegen Mordes an Bischof Melchior niederzuschlagen und ihn in seinen Gütern zu restituieren. Auch dieser offenkundige Landfriedensbruch und selbst die im Herbst 1563 verkündete Reichsacht isolierten Grumbach noch nicht von seinen Sympathisanten. Bei den Reichsfürsten griffen Befürchtungen um sich, daß die Reichsritter, die gerade in diesen Jahren an vielen Fronten um ihre politische Eigenständigkeit rangen, in das Schlepptau Grumbachs geraten wären; sogar den landsässigen Adel glaubte man von solchen Konspirationen erfaßt. Bayern, Württemberg, Kursachsen und andere Reichsfürsten begannen sich auf eine große Auseinandersetzung mit dem Adel vorzubereiten. Die Zerschlagung der bayerischen Adelsopposition durch Herzog Albrecht von Bayern 1563/64 stand durchaus im Zusammenhang solcher Befürchtungen.

Das Ende wurde durch Maximilian II. eingeleitet, der sich dem von Grumbach und dessen adligen Anhängern erträumten Bündnis des Adels mit dem Kaiser gegen die Fürsten versagte und die endgültige Entscheidung des Streits noch 1564 dem Reichstag übertrug; das Votum des Reichstags konnte nicht zweifelhaft sein. Zudem konsolidierte sich das Verhältnis der Reichsritter zu den Fürsten. Die Reichsfürsten überzeugten sich, daß die Reichsritterschaft alles andere als umstürzlerische Ziele verfolgte, daß ihre Kantone und Kreise sich vielmehr gerade umgekehrt – ungeachtet mancher fortbestehender Interessengegensätze zu den Fürsten – der Verfassung des Reichs in ihren sachlichen und räumlichen Strukturen einzupassen suchten. Erst recht erwies sich, daß man die Gefahr einer Rebellion des landsässigen Adels bei weitem überschätzt hatte. Der Reichstag von Augsburg 1566 erneuerte die Reichsacht über Grumbach. Da Herzog Johann Friedrich von Sachsen, abhängig von dubiosen Prophezeiungen eines «Engelsehers» und schlecht beraten von seinem Kanzler Brück, am Bündnis mit Grumbach festhielt und sich sogar um französische Hilfe bemühte, verfiel auch er im Dezember 1566 der Reichsacht; die Exekution wurde Kurfürst August von Sachsen übertragen.

Die Katastrophe kam im April 1567 mit einer Meuterei der Truppen Johann Friedrichs in dem belagerten Gotha. Grumbach wie auch der Herzog selbst gerieten in Gefangenschaft. Johann Friedrich verlor seine Herrschaft an seinen Bruder und mußte eine lebenslange Haft auf sich nehmen, in der er erst 1597 starb; Grumbach aber und auch der Kanzler Brück wurden nach grausamer Folterung lebendig gevierteilt. So endete die letzte bedeutende Erhebung eines Reichsritters gegen das Landesfürstentum und damit zugleich gegen die durch die Reichsreform geschaffene Landfriedensordnung Deutschlands mit einer vernichtenden Niederlage. Die Reichsritterschaft als solche aber konnte ihre verfassungspolitische Stellung behaupten und ausbauen. Auf dem gleichen Reichstag von Augsburg 1566, der die Entscheidung zur Exekution der Reichsacht gegen Grumbach und dessen Anhänger brachte, bestätigte Kaiser Maximilian förmlich die Kantone der Reichsritterschaft in ihrem Besitzstand; in den siebziger Jahren schlossen sich die Kreise der Ritterschaft in Schwaben, Franken und am Rhein zu einem Gesamtbund der Reichsritterschaft (Corpus liberae et immediatae imperii nobilitatis) zusammen.

Sehr viel weniger spektakulär, aber deshalb kaum weniger wichtig als die Grumbachschen Händel waren gewisse Verschiebungen im institutionellen Gefüge der Reichsverfassung: in der Entwicklung vor allem des Reichshofrats, aber auch der reichsständischen Repräsentationen sowie des Reichskammergerichts.

Der kaiserliche Hofrat war unter Karl V. ein institutionell wenig verfestigtes Gebilde gewesen, mit stark wechselnder, zuzeiten nur minimaler Besetzung, mit einigermaßen durchgehender Zuständigkeit wohl nur als Supplikationsrat, ohne sichere Kompetenzabgrenzung gegenüber anderen Ratsgremien oder auch gegenüber einzelnen vertrauten Räten des Kaisers, allem Anschein nach sogar ohne eine eigene, ihm ständig zugeordnete Kanzlei. Die Ordnung des kaiserlichen oder – wie er jetzt auch genannt wurde – Reichshofrats aus dem Jahre 1559, die die Grundelemente der Institution für die nächsten zweieinhalb Jahrhunderte festlegte, knüpfte demgegenüber an ein anderes, spezifisch österreichisches Vorbild an: an die sehr viel straffere Ordnung des Hofrats nämlich, die Ferdinand selbst als Landesherr der österreichischen Erblande bereits 1527 erlassen und später, 1537 und zuletzt 1541, novelliert hatte. Eine solche Übertragung des erbländischen Modells auf die Reichsverfassung lag um so näher, als sich Ferdinand schon als Statthalter und später als römischer König bei seiner Wahrnehmung der Geschäfte der Reichsregierung für den abwesenden Kaiser dieses seines österreichischen Hofrats – und ebenso der österreichischen Hofkanzlei – bedient hatte. Eine ebenso naheliegende Folge dieser Entstehungsgeschichte war dann freilich, daß auch die Ordnung von 1559 die Kompetenzen des Reichshofrats sowohl auf das Reich wie auf die österreichischen Erblande erstreckte und damit einer Vermengung von Reichs- und habsburgischen Hausmachtinteressen Vorschub leistete, in der Regel gewiß zugunsten der letzteren. Erst 1637 sollte Kaiser Ferdinand III. diese Kompetenzdoppelung aufgeben – und auch dann im wesentlichen bloß aus habsburgischem Hausmachtinteresse, um nämlich die Regierung seiner Erblande von jedem etwaigen Einfluß der Reichsinstitutionen freizuhalten.

Nach der Ordnung von 1559 war der Reichshofrat eine festgefügte Behörde mit weitgespannten Zuständigkeiten in Verwaltungs- wie Justizangelegenheiten einschließlich der Supplikations- und Gnadensachen. In seinen gerichtlichen Funktionen stand er in vielfacher Kompetenzkonkurrenz mit dem Reichskammergericht; für die politisch besonders bedeutsamen Rechtsstreitigkeiten um Reichslehen gewann er überhaupt die alleinige Zuständigkeit. Darüber hinaus oblag ihm die Beratung des Herrschers in den sogenannten «Staatssachen», d. h. in allen innen- und außenpolitischen Agenden von besonderer Wichtigkeit. Dem Reichshofrat übergeordnet war nur ein aus wenigen vertrauten Ratgebern des Kaisers bestehender Geheimer Rat; namentlich die Gutachten des Reichshofrats in Staatssachen liefen durch diesen Geheimen Rat, bevor der Kaiser seine Entscheidung traf. In aller Regel setzten sich die Voten des Reichshofrats aber auch im Geheimen

Rat durch und bildeten so die Grundlage der kaiserlichen Beschlüsse. Der Reichshofrat wurde damit zur einflußreichsten Behörde der kaiserlichen Regierung überhaupt. Um so wichtiger war, daß er von allem Anfang an eine Behörde ausschließlich des Kaisers war, frei von jedem ständischen Einfluß. Seine 12 bis 18 Mitglieder – zum Teil adlige Herren, zum Teil gelehrte Räte aus den Erblanden wie aus dem Reich – wurden allein vom Kaiser ernannt; das Gremium hatte seinen Dienstort am Hofe; der Kaiser hatte jederzeit die Möglichkeit, Agenden des Rats an sich zu ziehen; in problematischen Fällen war ohnehin ein votum ad imperatorem üblich. Die dienstrechtliche Bindung der Hofräte an die Person des Kaisers war sogar so stark, daß der Reichshofrat mit dem Tode jedes Herrschers zu bestehen aufhörte und vom Thronfolger allererst neu – und in möglicherweise anderer Zusammensetzung – berufen werden mußte. An sich wäre es nicht erstaunlich gewesen, wenn diese ausschließliche Bindung der wichtigsten Behörde der Reichsregierung an den Kaiser den Widerspruch der Stände herausgefordert hätte. Auch ein konfessionell motivierter Widerstand der Protestanten hätte wohl nahegelegen, insbesondere gegen die höchstrichterlichen Kompetenzen des durchweg katholisch besetzten Hofrats – hatte man nicht jahrelang mit Leidenschaft für eine paritätische Besetzung oder doch ein paritätisches Verfahren des Reichskammergerichts gekämpft? Tatsächlich aber haben sich solche Widerstände und Proteste zunächst kaum erhoben, und auch die Protestanten haben nicht selten ihr Recht vor dem Reichshofrat gesucht, weil nämlich das Verfahren hier in der Regel zügiger abgewickelt wurde als vor dem Kammergericht. Erst die Ausweitung der konfessionellen Gegensätze zu Ausgang der achtziger Jahre hat die breite Akzeptanz des Reichshofrats in Frage gestellt; die Forderung nach einer ständischen Kontrolle wurde mit Nachdruck überhaupt erst im 17. Jahrhundert erhoben. In der Zwischenzeit hatte sich der Reichshofrat indessen so fest etabliert, daß seine Existenz wie auch die wesentlichen Elemente seiner organisatorischen Struktur nicht mehr ernsthaft gefährdet werden konnten.

Von den Institutionen der reichsständischen Repräsentation war seit dem Ausgang des 15. Jahrhunderts die bei weitem wichtigste der Reichstag. Alle großen reichspolitischen Entscheidungen der Reformationszeit waren auf den Reichstagen und in dessen Verfahren, d.h. als Ergebnis der Einigung zwischen den ständischen Reichstagskurien untereinander und mit dem Kaiser, zustande gekommen. Allerdings hatte es schon frühzeitig nicht ganz an Tendenzen gefehlt, die Eigenständigkeit der Ständekurien des Reichstags und damit zugleich die von den Kurfürsten beanspruchte Präeminenz, aber auch die Ausschließlichkeit der Kompetenz des Reichstags für alle wichtigen politischen Probleme des Reichs zu beseitigen oder doch einzuschränken. So hatte es bereits seit den neunziger Jahren des 15. Jahrhunderts immer wieder gemeinständische Ausschüsse des Reichstags mit zum Teil umfassenden Zuständigkeiten gegeben, die in pleno, ohne vorhergehende Beratungen und Beschlüsse in einzelnen Ständekurien, verhandelten und namens des Reichstags entschieden. Jedoch hatten sich diese interständischen Ausschüsse, an denen regelmäßig auch Vertreter der Reichsstädte mit vollem Stimmrecht beteiligt gewesen waren, auf die Dauer nicht durchsetzen können. Vor allem die Kurfürsten hatten dagegen auf dem Prinzip der nach Kurien getrennten Beratungen beharrt, das ihnen ihren maßgebenden Einfluß auf alle Entscheidungen des Reichstags sicherte. Ein letzter Versuch Karls V., das auch für die kaiserliche Politik hinderliche Kurialverfahren des Reichstags durch Einsetzung eines «Großen Ausschusses» zu überspielen, war auf dem Augsburger Reichstag 1547/48 am Widerstand der Kurfürsten gescheitert.

Offener waren um die Jahrhundertmitte die Chancen einer anderen Alternative zur verfassungspolitischen Struktur des Reichstags, in Gestalt nämlich der Reichskreistage. Die Kompetenzen der Reichskreise hatten sich in den vorangegangenen Jahrzehnten nahezu kontinuierlich aufgefüllt, und dieser Prozeß der inneren Stärkung der Reichskreise als eine Art Provinzialverwaltung des Reichs setzte sich auch nach der Jahrhundertmitte fort. Neben der Wahrung des Landfriedens wurden den Reichskreisen jetzt Kompetenzen für die Organisation des Reichsheeres übertragen, dazu die Aufsicht über das Münzwesen sowie die Vorbereitung einer gründlichen Reform dieses für das Wirtschaftsleben so wichtigen Bereichs. Weitere Aufgaben der Handels- und Gewerbepolitik, des Steuer- und Polizeiwesens folgten; auch das konfliktträchtige Problem der Anpassung der Reichsmatrikel an die Leistungsfähigkeit der einzelnen Reichsstände, die «Moderation der Anschläge», wurde vor allem den Reichskreisen aufgehalst. Viele dieser Aufgaben machten nun eine Zusammenarbeit der Reichskreise auf Reichsebene notwendig, und diese Zusammenarbeit erfuhr um die Jahrhundertmitte – nach Vorstufen schon in der Zeit des Münsteraner Täuferreichs – ihre institutionelle Verfestigung in Form von Reichskreistagen. In ihrem Zusammentreten wie in ihren Beschlüssen vom Reichstag grundsätzlich unabhängig, standen diese Reichskreistage von vornherein in einer gewissen, wenigstens latenten Konkurrenzsituation zu den Reichstagen. Das aber war um so gravierender, als in der Organisation der Kreise und dann auch der Reichskreistage die ständische Qualität ihrer Mitglieder zwar auch eine Rolle spielte, aber doch nicht mit der Konsequenz ständisch abgesonderter Kurien wie auf dem Reichstag; statt dessen war hier – die ständischen Gruppierungen überkreuzend und relativierend – die Idee der Repräsentation der einzelnen Kreise maßgebend. Der Gegensatz zur Verfassung des Reichstags, ganz besonders wiederum zur bevorrechtigten Stellung der Kurfürsten auf den Reichstagen, war offenkundig – und der Widerspruch der Kurfürsten war es denn auch, der die Institution der Reichskreistage nicht zur Entfaltung kommen ließ. Ehe noch allen Teilnehmern der Reichskreistage deren Besonderheit gegenüber den Reichstagen ganz klar geworden war, setzten die Kurfürsten 1567 durch, daß künftige Beratungen und Beschlüsse der Reichskreise auf Reichsebene nur auf Grund besonderen Auftrags durch den Reichstag und lediglich zur Vorbereitung der allein verbindlichen Beschlüsse des Reichstags erfolgen sollten. Der solcherart in seinen politischen Möglichkeiten beschnittene Reichskreistag hatte keine Zukunft; der Frankfurter «Moderationstag» von 1577 war der letzte Reichskreistag überhaupt. Der Reichstag mitsamt seinem Kurialverfahren behauptete sich als die maßgebende reichsständische Repräsentationsform des Jahrhunderts.

Eine gewisse Einschränkung bedeutete demgegenüber allein die Einrichtung der sogenannten ordentlichen Reichsdeputationstage. Zuerst im Reichstagsabschied von 1548 vorgesehen, wurde diese Institution der ordentlichen Deputationstage auf dem Augsburger Reichstag von 1555 fest in der Verfassung verankert, und zwar primär für Aufgaben der Landfriedenswahrung. Dem Deputationstag – und nicht etwa dem Reichskreistag – oblag seit 1559 die Koordination der Reichskreise für den Fall großer, die Abwehr des ganzen Reichs erfordernder Landfriedensbrüche; auch sollte der Deputationstag in Notfällen anstelle des Reichstags selbst tätig werden können und damit die Handlungsfähigkeit des Reichs auch in Krisensituationen sichern. In der Folge weiteten sich die Kompetenzen des Deputationstags auf eine Fülle anderer Materien aus, vor allem auf das Münz- und Matrikelwesen – hier übernahm der Deputationstag seit den siebziger Jahren die früher von den Reichskreistagen wahrgenommenen Aufgaben –, aber auch auf das Polizeiwesen: Die umfängliche und als Vorbild der Legislative vieler Territorien wichtige Reichspolizeiordnung von 1577 z.B. war das Werk eines Deputationstags, nicht eines Reichstags. Mit alledem übte der Deputationstag eine Entlastungsfunktion für den Reichstag aus. Zugleich aber wuchs ihm eine gewisse Selbständigkeit gegenüber dem Reichstag zu. Anders nämlich als die sogenannten außerordentlichen Deputationstage, die von Fall zu Fall durch den Reichstag eingesetzt wurden, war der ordentliche Deputationstag in seinem Zusammentreten wie in seinen Beschlüssen vom Reichstag grundsätzlich unabhängig; die personelle Überschaubarkeit des Ausschusses – seit 1559 gehörten ihm 16, auch nach der definitiven Regelung von 1570 nicht mehr als 19 ständische Mitglieder an – erhöhte noch seine Effektivität. So wurde der Deputationstag nicht nur im äußersten Notfall, wie schon 1555 vorgesehen, sondern, jedenfalls der Tendenz nach, überhaupt zu einem Ersatz, ja zu einer Konkurrenz für den Reichstag. Das aber war wiederum eine nicht bloß organisatorisch relevante Tendenz. Zwar waren auf dem Deputationstag alle reichstagsberechtigten Ständegruppen vertreten, seit 1570 unter bewußter Berücksichtigung aller Landschaften des Reichs – konkret: aller Reichskreise –; die für die Ordnung des Deputationstags maßgebenden Reichstagsabschiede von 1555 und 1559 sahen aber keine Sonderberatungen und -beschlüsse in eigenen ständischen Kurien vor, sondern – ganz analog zu den Reichskreistagen – einfache Mehrheitsentscheidungen im Plenum. Damit war wiederum der Konflikt mit den Kurfürsten vorprogrammiert; aber auch sonst gab es Widerstand von seiten vieler Reichsstände, die ein oligarchisches Regiment des Deputationstags im Zusammenspiel mit dem Kaiser auf Kosten des Reichstags fürchteten. Diese

Widerstände setzten sich durch. Als König Maximilian versuchte, den von ihm geleiteten Wormser Deputationstag von 1564 trotz der Warnungen Kaiser Ferdinands zu einer politischen Alternative des Reichstags zu machen, scheiterte dieses Vorhaben kläglich. Die Stände des Deputationstags selbst machten klar, daß sie für die Entscheidung jedenfalls über Grundfragen der politischen Ordnung des Reichs allein den Reichstag für zuständig erachteten; überdies setzten die Kurfürsten die Absonderung ihrer Verhandlungen in einem eigenen Kurfürstenrat durch, ohne dessen Einverständnis in Zukunft kein Beschluß des Deputationstags mehr zustande kommen konnte. Diese erneute und eindeutige verfassungspolitische Vorordnung des Reichstags wie die wiederum durchgesetzte Präeminenz der Kurfürsten wurden auch in der Folge behauptet; in dem dadurch festgelegten Rahmen – und immerhin mit einer Beteiligung der Prälaten, Grafen und Reichsstädte, die deren Mitwirkungsrechte bei den Reichstagen erheblich überstieg – haben die Deputationstage dann jedoch bis zum Ende des Jahrhunderts respektable Funktionen der Reichspolitik wahrgenommen.

Von den Leistungen der Reichs- und Reichsdeputationstage jener Jahrzehnte waren die Münzordnungen von 1559 bzw. 1566 sowie die «Kriegsartikel» des Reichstags von Speyer 1570 die bedeutendsten – Akte der Legislative des Reichs, die auf drängende Fragen der Zeit sinnvolle, wenn auch nicht gerade epochemachende Antworten gaben.

Das für alles wirtschaftliche Gedeihen so wichtige Währungswesen des Reichs beruhte noch um die Jahrhundertmitte auf der Eßlinger Münzordnung von 1524, deren System sich jedoch nicht sehr bewährt hatte. Weder ihre Gleichbewertung von Gold- und Silbergulden noch ihre Diskriminierung des in Nord- und Mitteldeutschland längst weitverbreiteten Talers hatten sich durchsetzen lassen, auch nicht die Bestimmung fester Münzgewichte für die damals neu eingeführten Reichsmünzen – ganz zu schweigen von einer Regulierung der Landesmünzen nach dem Maßstab der Reichsmünzen. Die frühzeitig laut werdende Kritik an der Eßlinger Ordnung führte jahrzehntelang nur zu einem unzulänglichen Flickwerk von Novellierungen; 1559 gelang endlich eine gründlichere Neuordnung. Die Doppelwährung von Gold- und Silbergulden wurde zugunsten einer bloßen Parallelwährung der beiden Gulden aufgehoben. Daß der Silbergulden künftig 60 Kreuzer, der Goldgulden dagegen 72 gelten sollte, entsprach dem tatsächlichen Verhältnis des Werts der beiden Edelmetalle einigermaßen, wirkte damit dem oft beklagten Abfluß des bislang unterbewerteten Goldguldens entgegen und trug überdies dazu bei, den fiktiven Rechengulden der Kaufleute, der ohnehin zu 60 Kreuzern gerechnet wurde, überflüssig zu machen. Auch die unrealistische Minderbewertung des Talers gegenüber dem Gulden, die noch die Münzordnung von 1551 aufrechterhalten hatte – immer noch in der unverhohlenen Absicht, den Taler überhaupt aus dem Verkehr zu drängen –, machte jetzt einer vernünftigen Bewertung des Talers, nämlich zu 68 Kreuzern, Platz; 1566 folgte die ausdrückliche Anerkennung des

Talers als Reichsmünze, als «Reichsspeziestaler». Der erneute Versuch der Münzordnung von 1559, in langen Valvationstabellen den Wert der zahlreichen Landesmünzen im Verhältnis zu den Reichsmünzen festzulegen, erwies sich allerdings wiederum als unpraktikabel; es war unmöglich, die Unterschiedlichkeit der regionalen Verhältnisse hinreichend zu berücksichtigen. So übertrug der Reichstag von Augsburg 1566 den Reichskreisen die Aufgabe, in Verhandlungen mit ihren Mitgliedern dafür zu sorgen, daß die Landesmünzen «auf den Gehalt und Wert der Reichsmünzen regulirt und geordnet» würden, und diese Verlagerung auf die Ebene der Reichskreise bewährte sich: Sie schuf die reichspolitische Grundlage für die nunmehr einsetzenden und bis tief ins 18. Jahrhundert hinein immer wieder erneuerten, wirtschaftspolitisch durchaus nützlichen Münzkonventionen der Reichskreise.

Daß eine einheitliche Leitwährung für die Wirtschaft des Reichs förderlicher gewesen wäre als das nach wie vor komplizierte und für Mißbräuche anfällige Währungssystem der Münzordnungen von 1559 und 1566, ist gewiß richtig; unter den gegebenen politischen Verhältnissen des Reichstags – vor allem angesichts der münzpolitischen Sonderinteressen derjenigen Reichsstände, die über eigene Silberbergwerke verfügten – war indessen kaum mehr zu erreichen. Überhaupt war ja der Reichstag infolge der internen Interessengegensätze der Stände nicht in der Lage, eine Wirtschaftspolitik und -gesetzgebung von einiger Geschlossenheit zu entwickeln. Seine wirtschaftspolitischen Maßnahmen, z. B. die Kontingentierung der Wollausfuhr oder das Verbot der Preisabsprachen im zünftischen Lokalgewerbe, blieben interventionistisch, zusammenhanglos und überdies gutenteils undurchführbar. Auf mancherlei Fehlentwicklungen insbesondere des Arbeitsmarkts, etwa in Gestalt zünftischer Erschwerungen der Berufswahl und Ausbildung, reagierte der Reichstag überhaupt nicht.

Auch in der Gesellschaftspolitik vermochte die Legislative des Reichs kaum neue, zukunftsträchtige Akzente zu setzen. Selbst die Reichspolizeiordnung von 1577 setzte im Grunde nur die gesellschaftspolitischen Vorstellungen der früheren Polizeiordnungen von 1530 und 1548 in umfänglichere, detailliertere Regelungen um; schon gar nichts tat der Reichstag wiederum, um den in der zweiten Jahrhunderthälfte zunehmenden Verkrustungen der ständischen Ordnung des Reichs entgegenzuwirken.

Ein deutlicheres Problembewußtsein und auch einen entschiedeneren Willen zur Innovation bewies der Reichstag hinsichtlich der Heeresverfassung des Reichs. Das Hauptverdienst daran kam Lazarus von Schwendi (1522–1584) zu. Dieser in jahrzehntelangen Kämpfen gegen Türken und Franzosen zu Kriegsruhm gekommene Sohn eines württembergischen Adligen, als Feldherr wie als Kriegstheoretiker von hohem Rang, dazu leidenschaftlich an der inneren und äußeren Stärkung des Reichs interessiert, forderte seit den sechziger Jahren in umfassenden Denkschriften eine Verbesserung der Kriegsverfassung wie überhaupt des Kriegswesens im Reiche.

Schwendi sprach sich grundsätzlich gegen das Söldnerwesen mit seinem Vorrang materieller Interessen vor allen ethischen Verpflichtungen gegenüber Land und Leuten, Reich und Kaiser aus: Bei den «alten Teutschen», die er insoweit als Vorbild ansah, habe es keine Landsknechte oder sonstigen Söldner gegeben; vielmehr seien «die Unterthonen inngemein gewerth gewesen», und mit ihrer Hilfe habe man, wenn nötig, Krieg geführt. In den Reformvorschlägen, die Schwendi dem Reichstag von Speyer 1570 vorlegte, verzichtete er zwar auf seine frühere Forderung einer allgemeinen Wehrpflicht, plädierte aber für ein grundsätzlich nur aus Deutschen, wenngleich aus deutschen Söldnern, bestehendes Reichsheer; umgekehrt wären ausländische Werbungen im Reich zu verbieten oder doch an die Zustimmung des Kaisers und der Kurfürsten zu binden. Der militärische Oberbefehl über das Reichsheer sollte allein beim Kaiser liegen. Im übrigen sollten die Führungsstellen des Heeres mit körperlich, geistig und sittlich hervorragenden, dazu militärisch sorgfältig geschulten Männern des deutschen Adels besetzt werden; gerade von ihnen erhoffte sich Schwendi den entscheidenden Beitrag zu einer inneren Reform des Heeres. Dagegen sollte das traditionelle Selbstbestimmungsrecht der Landsknechte vor dem Erfordernis eines strikten militärischen Gehorsams zurücktreten. Um das Reich vor bösen Überraschungen zu schützen, empfahl Schwendi des weiteren Maßnahmen der Vorsorge für den Kriegsfall, nicht zuletzt in Form wohlversehener Zeughäuser.

Die Reformvorschläge Schwendis gingen zu weit, als daß der Reichstag sie im ganzen hätte akzeptieren können. Insbesondere war eine durchgreifende Stärkung der militärischen Befehlsgewalt des Kaisers bei den Ständen nicht durchzusetzen. Immerhin untersagte der Reichsabschied von 1570 doch alle ausländischen Truppenwerbungen im Reich ohne kaiserliche Genehmigung. Vor allem aber beschloß der Reichstag ein «Kriegsrecht» für Reiterei und Fußvolk des Reichsheeres, das mit mancherlei Auswüchsen des Landsknechtswesens aufräumte und auch die herkömmlichen Rechte der Landsknechtsgemeinde zugunsten einer strafferen Befehlsgewalt zu beseitigen oder doch einzuschränken suchte. Zwar haperte es mit der Durchführung dieser Reformen beträchtlich; die Landsknechte verstanden es vor wie nach 1570 immer wieder, sich beträchtliche Rechte der Selbstbestimmung auszuhandeln. Aber das Kriegsrecht von 1570 war doch Ausdruck eines breiteren, auch verbindlicheren politischen Willens zu einer neuen Gestalt des Heerwesens. Das Ende des Zeitalters der Landsknechte kündigte sich an.

Wie der Reichstag konnte auch das Reichskammergericht – ungeachtet der Konkurrenz des Reichshofrats – während der Regierungszeit Ferdinands I. und Maximilians II. seine Stellung in der Reichsverfassung festigen. Ein maßgebliches Moment dieser Konsolidierung des Kammergerichts lag darin, daß Kaiser und Reich ihm 1555 die Funktion eines Garanten des Religionsfriedens – sozusagen oberhalb der streitenden Glaubensparteien – zugewiesen hatten, die das Gericht mit bemerkenswerter Objektivität wahrzunehmen verstand. Die Beiträge der Reichsstände zur Unterhaltung des Kammergerichts kamen mit bisher unbekannter Pünktlichkeit ein; die jährlichen Visitationen durch die Visitationskommission des Reichstags gingen ordnungsgemäß vonstatten und trugen mehrfach dazu bei, Verbesserungen des materiellen und Prozeßrechts, zumeist auf Anregung der Mitglieder des Gerichts selbst, in die Gesetzgebung des Reichstags einzuführen. Auch die außerordentlich geringe Zahl von Revisionsanträgen gegen Urteile des Gerichts – von 1559 bis 1589 wurden nicht mehr als sieben solcher sogenannter Syndikatsklagen erhoben – spricht für die Achtung, deren sich das Reichskammergericht in diesen Jahrzehnten erfreute. Das alte Übel der zu langen Prozeßdauer konnte freilich nicht ausgeräumt werden, weder durch Änderungen des Verfahrensrechts, insbesondere im Beweisverfahren, noch durch die zeitweilige oder gar dauernde Vermehrung der Assessorenstellen. Die Zahl der unerledigten Prozesse des Gerichts, die sich schon 1556 auf etwa 5 000 belief, wurde auch in der Folge nicht geringer, im Gegenteil. Daß gegen Ende des Jahrhunderts vom Kaiserhof vorgeschlagen wurde, diesem Mißstand durch massenhafte Erteilung von Appellationsprivilegien abzuhelfen, zeugte freilich nur von Unverständnis für die wahren Belange des Gerichts und überhaupt der Rechtspflege; denn die Existenzberechtigung des Kammergerichts lag ja nicht zuletzt in seiner Funktion als Appellationsinstanz auch gegenüber den höchsten Gerichten der einzelnen Reichsstände, soweit dem eben nicht spezielle Appellationsprivilegien entgegenstanden. Um so wichtiger war, daß das Kammergericht den – obzwar nie ganz unbestrittenen – Ruf der Objektivität in religionspolitisch relevanten Fällen erwarb und behauptete. Eine wichtige Voraussetzung dafür war, daß die jeweils erkennenden Senate des Gerichts konfessionell paritätisch zusammengesetzt wurden. Durch den Religionsfrieden von 1555 nicht festgelegt, scheint dieser, von protestantischer Seite ohnehin stets als Konsequenz des Religionsfriedens vertretene Grundsatz in der Praxis des Gerichts alsbald beachtet worden zu sein; seit der Visitation von 1560 war der Kammerrichter überdies formell auf das Prinzip der konfessionellen Parität verpflichtet. Soweit der Religionsfriede eindeutige Bestimmungen getroffen hatte, scheute sich das Reichskammergericht denn auch nicht, entsprechend eindeutige Entscheidungen zu treffen: über die Anerkennung des reichsständischen Reformationsrechts oder über das Emigrationsrecht dissentierender Untertanen ebenso wie über die Suspension der geistlichen Jurisdiktion in Glaubenssachen oder über die Einkünfte geistlicher Institutionen aus protestantischen Gebieten. Daneben gab es freilich zahlreiche juristisch umstrittene und politisch brisante Probleme der Friedensordnung von 1555. Das galt insbesondere vom Reformationsrecht der Reichsstädte, von der Verbindlichkeit der Declaratio Ferdinandea sowie von der Frage der Einziehung landsässiger Klöster und Stifte durch evangelische Obrigkeiten. In Streitigkeiten über diese Probleme führte die konfessionelle Parität der jeweils zuständigen Senate des Gerichts regelmäßig zur Stimmenparität der Assessoren und damit zur Unmöglichkeit einer gerichtlichen Entscheidung überhaupt. Natürlich war diese Entwicklung weder der Sicherung des Religionsfriedens noch dem Prestige des Gerichts förderlich. So bemühte sich das Kammergericht bereits seit 1557 wiederholt um eine politische Entscheidung der umstrittenen Fragen durch den Reichstag. Zu einer solchen reichspolitischen Fortschreibung des Religionsfriedens aber kam es nicht; die zunehmende Härte der konfessionellen Auseinandersetzungen ließ den Kaiser wie die Reichsstände je länger desto mehr befürchten, daß schon der Versuch einer solchen Fortschreibung zum Scheitern des Religionsfriedens selbst führen würde. Hier kündigten sich gravierende Probleme für das Kammergericht an. Seine politische Lahmlegung am Ende des Jahrhunderts hatte insofern eine lange Vorgeschichte.

3. Kräfte und innere Spannungen des deutschen Protestantismus nach 1555

Die Geschichtsschreibung läßt das Zeitalter der Reformation für Deutschland in aller Regel mit dem Augsburger Religionsfrieden enden; die folgenden Jahrzehnte bis zum Ausbruch oder auch bis zum Ende des Dreißigjährigen Kriegs werden dann zumeist als Zeitalter der Gegenreformation oder auch des Konfessionalismus bezeichnet. Für diese Abgrenzung der Epochen sprechen gute Gründe. Es darf darüber aber nicht verkannt werden, daß die Ausbreitung des Protestantismus in Deutschland auch nach 1555 noch fortschritt; die Peripetie der Entwicklung wurde erst in den siebziger Jahren des Jahrhunderts erreicht. Dabei handelte es sich ganz überwiegend um Gewinne des Luthertums. Daneben erlangte jedoch – von der Schweiz wie von Frankreich und den Niederlanden her – der Calvinismus eine gewisse Bedeutung, und zwar gutenteils auf Kosten des lutherischen Kirchenwesens, das sich seinerseits mit zunehmender Härte theologisch wie politisch vom Calvinismus abgrenzte. Diese Abgrenzung ging nicht ohne Konflikte auch innerhalb des Luthertums vonstatten. Die Bedeutung Calvins für die Geschichte des deutschen Protestantismus der Epoche lag denn auch zunächst nicht so sehr in der Durchsetzung calvinistischen Kirchenwesens im Reich als vielmehr in den durch den Calvinismus angestoßenen innerprotestantischen Auseinandersetzungen. Erst seit den späteren siebziger Jahren konnte sich der Anspruch der Calvinisten, die von Luther und in den evangelischen Kirchen allererst begonnene Reformation fortzuführen – vor allem durch «Emendationen» in den Gottesdienstformen, in der kirchlichen Ordnung und in der Sittenzucht –, auf etwas breiterer Ebene durchsetzen. Seitdem führte eine ganze Reihe von Reichsständen insbesondere West- und Nordwestdeutschlands ein calvinistisches – in der Terminologie der Calvinisten selbst: «reformiertes» – Kirchenwesen in ihren Territorien und Städten ein. Auch der im Vergleich zum Luthertum bei weitem radikalere politische Gegensatz der Calvinisten zum Katholizismus mitsamt ihrer grundsätzlichen Infragestellung des Religionsfriedens fand erst allmählich, nicht zuletzt als Reaktion auf die erstarkende Gegenreformation, breitere Resonanz im deutschen Protestantismus. Seit dem Ausgang des Jahrhunderts gab dann freilich die calvinistische Minorität die entscheidenden Impulse zur Sprengung des Religionsfriedens im Reiche.

Zu den wichtigsten Gewinnen des deutschen Protestantismus in den Jahrzehnten nach dem Augsburger Religionsfrieden gehörte zunächst der definitive Übergang der nordost- und norddeutschen Fürstbistümer zur Reformation. Die Wahl evangelischer Administratoren, zumeist aus den Fürstenhäusern der benachbarten großen Territorien, war dabei in der Regel das entscheidende Datum. Nicht wenige der Fürstbistümer wurden auf diese Art zu Sekundogenituren der evangelischen Fürstendynastien Norddeutschlands. Von den landsässigen Bistümern im Nordosten wurden einige schließlich überhaupt aufgelöst, ihr Vermögen dem fürstlichen Kammergut zugeschlagen. Als Zugeständnisse an den Adel des Landes blieben die evangelisch gewordenen Domkapitel vielfach erhalten; ihrem fortbestehenden Recht zur Wahl der Bischöfe oder Administratoren waren jedoch enge politische Grenzen gezogen.

Seit 1556 stand das Bistum Kammin unter der Regierung von Titularbischöfen aus dem pommerschen Herzogshaus. Die Bistümer Brandenburg und Havelberg waren schon vor dem Augsburger Religionsfrieden an Mitglieder des Hauses Hohenzollern gelangt, jetzt folgte auch Lebus; alle drei Bistümer wurden schließlich aufgehoben. Dem weithin evangelisch gewordenen Erzbistum Magdeburg gab Erzbischof Sigismund von Brandenburg 1562 eine evangelische Kirchenordnung; als seine Nachfolger regierten stets hohenzollerische Administratoren. Im Bistum Halberstadt, wo die Augsburgische Konfession ebenfalls bereits seit den vierziger Jahren toleriert worden war, wurde zwar – nach jahrzehntelanger Personalunion mit dem Erzbistum Magdeburg – noch 1566 der damals gerade zweijährige Enkel Heinrich Julius des entschieden katholischen Herzogs Heinrich des Jüngeren von Braunschweig-Wolfenbüttel zum Bischof postuliert. Sein Vater Julius aber ließ ihn evangelisch erziehen; alsbald nach Antritt seines Bischofsamts führte Heinrich Julius denn auch die Reformation Halberstadts durch. Die Hochstifter Naumburg und Merseburg wurden in den sechziger Jahren kursächsischer Verwaltung unterstellt, Naumburg sogar formell in ein weltliches Fürstentum umgewandelt. 1581 mußte der letzte katholische Bischof von Meißen sein Amt niederlegen; seit 1587 amtierten auch hier kursächsische Administratoren. Schon 1554/55 war das Bistum Ratzeburg an Mecklenburg gefallen. In Lübeck wurden seit 1556 – übrigens von einem stets gemischtkonfessionellen Domkapitel – nur mehr protestantische Administratoren gewählt, seit den achtziger Jahren ausschließlich Mitglieder des Hauses Holstein-Gottorf. In Bremen und Verden versuchte zwar Erzbischof Christoph von Braunschweig, der Bruder Herzog Heinrichs des

Jüngeren, bis zu seinem Tode 1558 die Reformation zu unterdrücken; sein jüngerer Bruder und Nachfolger Georg, seit 1553 bereits Bischof von Minden, legte der Reformation dann jedoch kaum noch Hindernisse in den Weg, neigte wohl auch selbst dem Luthertum zu. Nach seinem Tode (1566) eröffnete in Bremen Heinrich von Lauenburg die Reihe der protestantischen Administratoren; im Jahre darauf schaffte Bischof Eberhard von Holle im Dom zu Verden die katholische Messe ab. Auch in Minden kam die Reformation seit den sechziger Jahren kräftig voran; ihr endgültiger Sieg war ausgemacht, als Bischof Heinrich Julius von Braunschweig-Wolfenbüttel – ähnlich wie in seinem Bistum Halberstadt – 1583 die Augsburgische Konfession zur verpflichtenden Norm aller Predigten im Lande machte. Daß hier von 1587 bis 1599 mit Otto von Schauenburg noch einmal ein erklärter Katholik auf dem Bischofsstuhl saß, war nur mehr ein Zwischenspiel ohne größere Bedeutung. In Osnabrück suchte nach den heftigen Schwankungen der Regierungszeit Franz' von Waldeck der 1553 gewählte Bischof Johann von Hoya das katholische Kirchenwesen erneut zu festigen, jedoch ohne durchschlagende Wirkung; nach seinem Tode (1574) begann auch für Osnabrück mit Heinrich von Schauenburg die Zeit protestantischer Bischöfe bzw. Administratoren. Immerhin erhielt sich hier, vor allem auf dem Land, auch katholisches Kirchenwesen; langfristig spielten sich in Osnabrück gemischtkonfessionelle Verhältnisse ein.

In den beiden anderen westfälischen Bistümern, Münster und Paderborn, waren Adel und Städte zwar ebenfalls zumeist der Reformation zugefallen und selbst die Domkapitel konfessionell gespalten; doch gelang es Johann von Hoya, der 1566 bzw. 1568 die beiden Bistümer zusätzlich zum Fürstbistum Osnabrück übernahm, mit Hilfe der katholischen Mehrheit der Domkapitel den Bestand der katholischen Kirche einigermaßen zu stabilisieren. Erst recht begrenzt blieben die Erfolge der Protestanten nach dem Scheitern des Reformationsversuchs Erzbischof Hermanns von Wied in Köln – allerdings sollten hier in den achtziger Jahren unter Erzbischof Gebhard Truchseß von Waldburg noch einmal gefährliche Konflikte aufbrechen. Völlig ungefährdet blieben dagegen die Fürstbistümer im Süden des Reichs. Zwar fehlte es auch in ihren Gebieten nicht an protestantischen Regungen und Bewegungen, wohl aber an mächtigen protestantischen Reichsständen der Nachbarschaft, die den Übergang der Fürstbistümer zur Reformation politisch abgesichert oder überhaupt durchgesetzt hätten.

Neben den der Reformation zufallenden geistlichen Territorien im Norden und Nordosten Deutschlands gab es eine Reihe weltlicher Herrschaften, die sich in den Jahrzehnten nach 1555, wenngleich zumeist als Abschluß einer längeren Zeit der Ausbreitung evangelischen Kirchenwesens im Lande, von Obrigkeits wegen und definitiv für die Reformation entschieden. Bereits 1555/56 geschah das in Baden-Durlach, kurz darauf – unter Kurfürst Ottheinrich, der damit ein katholisches Zwischenspiel in den Jahren nach dem Schmalkaldischen Krieg beendete – in der Kurpfalz mitsamt der

Oberpfalz; 1557 folgte das linksrheinische Pfalz-Simmern. Auch im Unterelsaß und an der Saar ging jetzt die Mehrzahl der – zumeist kleineren – Herrschaften zur Reformation über. Dagegen ließ die politische Dominanz der Habsburger im Oberelsaß wie in den rechtsrheinischen Gebieten bis hinüber zur württembergischen und bayerischen Grenze dem Protestantismus kaum Chancen einer weiteren Ausbreitung. Nur in der unteren Markgrafschaft Baden (Baden-Baden) schien sich in den sechziger Jahren, wie schon zuvor in Baden-Durlach, die Reformation durchzusetzen; eine bayerische Vormundschaftsregierung für den unmündigen Markgrafen Philipp leitete jedoch seit 1569 die Rekatholisierung des Landes ein, und Philipp selbst setzte sie nach seinem Regierungsantritt 1571 fort. Dafür gewann die Reformation in Norddeutschland noch einmal ein bedeutendes Territorium: Nach dem Tode Herzog Heinrichs des Jüngeren (1568) wurde das Fürstentum Braunschweig-Wolfenbüttel evangelisch. Seitdem war der Bischof von Hildesheim mit dem ihm aus der Stiftsfehde verbliebenen Teil seines Fürstentums, dem sogenannten Kleinen Stift, der nordöstliche Vorposten des Katholizismus in Deutschland.

Kaum weniger wichtig als die – mehr oder minder förmliche – Einführung der Reformation von Obrigkeits wegen war deren tatsächliche Durchsetzung gegenüber den überall noch vorhandenen Resten katholischen Kirchenwesens. Der Augsburger Religionsfriede, der den fürstlichen Reichsständen das jus reformandi zugestanden hatte, bot dafür die Rechtsgrundlage. Es handelte sich hier um im einzelnen sehr vielgestaltige Vorgänge der konfessionellen Vereinheitlichung der Territorien wie auch – und vorab – der kirchlichen Verfestigung selbst in Lehre, Gottesdienstformen und Gebräuchen. Dabei spielte der Kampf um die katholischen Klöster und Stifte im Lande eine besonders wichtige Rolle, und zwar nicht nur, weil diese Institutionen vielfach einen Kern des konfessionellen Widerstands bildeten, sondern auch wegen ihres oft beträchtlichen Vermögens, das die zur Reformation übergegangenen Landesherren für die Finanzierung des neuen Kirchenwesens oder auch für andere öffentliche Vorhaben zu verwenden suchten. Die bereits vor 1552 geschehenen Einziehungen solchen Kirchenvermögens waren durch den Religionsfrieden ausdrücklich sanktioniert worden; in welchem Umfang aber das jus reformandi der Reichsstände den Zugriff auf katholisches Kirchengut auch für die Zukunft legitimierte, war höchst unsicher, und jedenfalls hinsichtlich der Klöster und Stifte hatte die katholische Auffassung, nach der der Religionsfriede diese «reichsmittelbaren» Kirchengüter dem Reformationsrecht der Reichsstände entzogen und also in ihrem Bestand garantiert habe, manches für sich. Dieses Verständnis des Religionsfriedens aber lief auf eine erhebliche Benachteiligung der erst jetzt zur Reformation stoßenden Reichsstände hinaus: nicht nur gegenüber den bereits vor 1552 evangelisch gewordenen Reichsständen, sondern auch gegenüber den katholischen Fürsten, die immerhin einige Aussicht hatten, die katholische Kirche auf dem Verhandlungswege zur Preisgabe beträchtlicher Teile ihres Vermögens für öffentliche Aufgaben, und sei es für die Abwehr der Türken, zu bewegen. Tatsächlich haben denn auch die erst nach 1555 zur Reformation übergegangenen Reichsstände die Klöster und Stifte ihrer Herrschaftsgebiete weithin eingezogen. Daß Kaiser und Reich dieses Vorgehen jahrzehntelang hinnahmen, ohne anderseits das Recht des Religionsfriedens eindeutig dieser Praxis anzupassen, war eine höchst problematische Unentschiedenheit, die spätestens dann gefährliche Folgen zeitigen mußte, wenn die katholische Glaubenspartei im Reich sich stark genug fühlte, die Einhaltung des Religionsfriedens, wie sie ihn verstand, rechtlich und politisch einzuklagen. Eben das geschah gegen Ende des Jahrhunderts, und gerade der Streit um die Einziehung katholischer Klöster durch evangelische Obrigkeiten sollte dann wesentlich dazu beitragen, das System des Religionsfriedens zu sprengen und das Reich in eine schwere politische und Verfassungskrise zu stürzen.

Auch unter der Herrschaft katholisch bleibender Reichsfürsten breiteten sich reformatorische Glaubensüberzeugungen und Lebensformen nach 1555 weiter aus. Als Träger dieser Entwicklung spielte zunehmend der landständische Adel eine führende Rolle. Dabei verband sich der konfessionelle Dissens gegenüber dem Landesherrn häufig mit verfassungspolitischen Gegensätzen. Das Bekenntnis zur Reformation legitimierte die verfassungspolitische Opposition der Stände gegenüber dem katholischen Landesherrn und verschärfte sie zugleich; umgekehrt waren die verfassungspolitischen Interessen der katholischen Reichsstände ein wesentlicher Impuls ihres Kampfes auch gegen die Reformation. Die für die Reichsgeschichte wichtigsten Konflikte dieser Art wurden in den östlichen Erblanden der Habsburger ausgetragen.

In den habsburgischen Erblanden hatte die evangelische Bewegung schon seit den zwanziger Jahren Eingang gefunden. In Tirol und Vorarlberg war das Luthertum zwar im Gefolge des Bauernkriegs weitgehend ausgerottet worden und schlug auch bei erneutem Eindringen keine tiefen Wurzeln; in Ober- und Niederösterreich aber und in den innerösterreichischen Herzogtümern setzte sich die Reformation im Adel wie im städtischen Bürgertum und weithin auch in der bäuerlichen Bevölkerung durch. Die Stellung der habsburgischen Landesherren war gerade in ihren weiträumigen östlichen Erblanden vorerst zu schwach, um der von den Ständen geförderten Reformation wirksam entgegentreten zu können. Schon frühzeitig wurden die Schriften Luthers und anderer Reformatoren eifrig gelesen und verbreitet; landesherrliche Mandate gegen die «sektischen Bücher» fanden nur wenig Beachtung. Seit den dreißiger Jahren schickte der Adel seine Söhne zum Studium bevorzugt an evangelische Universitäten des Reichs und berief umgekehrt von dort junge evangelische Theologen als Erzieher oder Kapläne auf seine Schlösser. Adel und Stadträte nutzten ihre Patronatsrechte zur Berufung reformatorischer Prediger; auch wurden zunehmend evangelische Schulmeister angestellt. Gerade in den österreichischen Erblanden war die Reformation insofern gutenteils eine Bildungsbewegung. In Innerösterreich breitete sich das Luthertum folgerichtig zunächst vor allem beim deutschen Bevölkerungsteil aus. Doch bald griff die Reformation auch unter den Slowenen Platz; der selbst aus Krain stammende Primus Truber (1508–1586) wurde zum eigentlichen Begründer dieser slowenischen Reformation – übrigens auch, vor allem durch seinen Katechismus von 1550, zum Begründer einer eigenen slowenischen Schriftsprache.

Bei alledem verband sich die evangelische Bewegung eng mit verfassungspolitischen und sozialen Interessen der Stände, vor allem des Adels, und auch diese Interessen standen vielfach in Kollision mit denen der habsburgischen Landesherren; insbesondere konkurrierten Landesherr und Stände in dem Bestreben, ihre Herrschaftspositionen über die Kirche zu festigen und auszubauen. Wie die Erzherzöge über die Bistümer, Klöster und Stifte im Lande verfügten, so wollte es der Adel für die Pfarreien und kleineren Pfründen seines Herrschaftsbereichs tun, und wie der Landesherr die fürstliche Gerichtsbarkeit gegen die geistliche Jurisdiktion gesichert und ausgedehnt hatte, so wünschte es sich der Adel für seine patrimoniale Gerichtsbarkeit. Um ihre Ziele durchzusetzen, trieb die Mehrheit der evangelisch gewordenen weltlichen Stände – der Herren, Ritter und Städte – eine durchaus zielstrebige Politik: vor allem durch die Zurückdrängung der Prälaten aus den Führungsstellen der ständischen wie der landesfürstlichen Verwaltung, aber auch durch die Bindung ihrer Steuerbewilligungen auf den Landtagen an religionspolitische Zusagen des Landesherrn. Das bei alledem angestrebte verfassungspolitische Ziel war letztlich nichts anderes als die konfessionsrechtliche Gleichstellung der österreichischen Stände mit den Reichsständen; konfessionspolitisch liefen die Forderungen der Stände auf die verbindliche Freigabe der Confessio Augustana, wo nicht gar auf die völlige Reformation des Landes hinaus.

Ferdinand I. suchte dieser Politik der evangelischen Stände durch ein ganzes Bündel von Initiativen und Maßnahmen entgegenzuwirken: durch die Förderung kirchlich-theologischer Einigungsversuche zwischen den Glaubensparteien, durch die Bemühung um innerkirchliche Reformen, durch Anträge bei Papst und Konzil auf Zulassung von Laienkelch, Priesterehe und Fastenerleichterungen, schließlich auch durch Verbotsmandate gegen die kirchlichen Neuerungen. Dagegen gab es schon seit der Jahrhundertmitte kaum mehr gewaltsame Maßnahmen der Abwehr. Diese im großen ganzen recht milde, ja nachgiebige Religionspolitik Ferdinands war zum einen gewiß das Ergebnis verfassungspolitischer Schwächen und finanzpolitischer Zwangslagen angesichts der latenten Türkengefahr; zum anderen aber kam dabei auch die nie aufgegebene Hoffnung des Herrschers auf eine kirchliche Wiedervereinigung zum Tragen. Daß Ferdinand, ungeachtet seiner Hochschätzung für die Jesuiten, einen Theologen wie den am Niederrhein wirkenden Georg Cassander an seinen Hof zu ziehen suchte, der als Bedingung der kirchlichen Einheit lediglich die Gemeinsamkeit einiger weniger «apostolischer» Grundlehren forderte – unter Freigabe aller weiteren dogmatischen und liturgischen Besonderheiten –, war dafür bezeichnend. Der Niederländer Kaspar von Nidbruck, der der Hofbibliothek Ferdinands vorstand, auch der 1554 berufene Hofprediger Johann Sebastian Pfauser vertraten ähnliche Auffassungen wie Cassander; zumindest Pfauser neigte dem Luthertum zu. Allerdings hatte Ferdinand mit seinen Anregungen für eine Beilegung des Glaubensstreits ebensowenig Erfolg wie mit seinen Mandaten gegen die Reformation. Die kirchliche Spaltung des Landes griff weiter um sich, das Luthertum gewann zusehends an Bedeutung.

Diese Richtung des Geschehens verstärkte sich noch unter Maximilian II. Zwar hatte er infolge der Erbteilung Ferdinands von 1564 neben Ungarn und Böhmen nur Ober- und Niederösterreich erhalten, während Innerösterreich bzw. Tirol mit Vorderösterreich an seine Brüder Karl und Ferdinand gefallen waren. Aber Maximilian war als ältester der Brüder seit dem Tode Ferdinands I. das Haupt der Casa d'Austria – jedenfalls der deutschen Linie des Hauses – und überdies der Nachfolger seines Vaters im Kaisertum; so strahlte seine Religionspolitik doch auf die Gesamtheit der habsburgischen Erblande aus.

Maximilian war nun alles andere als ein überzeugter und zuverlässiger Katholik. Ferdinand I. hatte schon seit 1547 wiederholt Anlaß gesehen, den Sohn vor dem Abfall vom Glauben der Väter zu warnen. Noch deutlicher näherte sich Maximilian, anscheinend vor allem unter dem Einfluß Pfausers, seit der Mitte der fünfziger Jahre lutherischen Auffassungen. Als der Kaiser im Oktober 1555 den Hofprediger wegen dessen kritischer Äußerungen über die Verdienstlichkeit der guten Werke und über die Heiligenverehrung zur Rede stellte, nahm Maximilian für Pfauser Partei und erklärte seinerseits zur Bestürzung Ferdinands die Heiligenverehrung für sinnlos und götzendienerisch. Pfauser verlor seine Stelle als Hofprediger, durfte aber vorerst in Wien bleiben; Maximilian besorgte ihm eine andere Predigerstelle in der Stadt. Im übrigen dachte Maximilian nicht daran, seine Auffassungen zu revidieren. Im Gegenteil verweigerte er 1557 unter Berufung auf sein Gewissen die Teilnahme an der Fronleichnamsprozession; auch ging er seitdem, weil er den Laienkelch nicht nehmen durfte, überhaupt nicht mehr zur Kommunion. Im übrigen stand er in den freundschaftlichsten Beziehungen zu einer ganzen Reihe evangelischer Reichsfürsten, insbesondere zu Herzog Christoph von Württemberg. So war es nicht erstaunlich, daß der Papst wachsende Zweifel an der Eignung Maximilians für die Nachfolge im Kaisertum hegte, und auch Ferdinand ließ den Sohn wissen, daß er für dessen Wahl im Reich keinen Finger krümmen werde, wenn Maximilian seine kirchliche Haltung nicht ändere. Zugleich aber mußte Maximilian immer deutlicher erkennen, daß er im Falle eines Konflikts um die Thronfolge bei den evangelischen Reichsfürsten keine ernsthafte Unterstützung finden würde. Also blieb nur die Alternative zwischen politischem Verzicht oder konfessionellem Nachgeben, und schließlich entschied sich Maximilian für die zweite dieser Möglichkeiten. Der Kaiser aber und auch der Papst suchten Maximilian das Entgegenkommen nach Kräften zu erleichtern. So bat Ferdinand den Papst 1560/61 um einen Dispens, der es Maximilian ermöglichen sollte, bei der bevorstehenden ungarischen Königswahl das Abendmahl unter beiderlei Gestalt zu empfangen – und Papst Pius entsprach nicht nur dieser Bitte, sondern erlaubte überdies, von dem Dispens auch bei anderen Gelegenheiten Gebrauch zu machen. Im Frühjahr 1562 legte Maximilian dann nach wochenlangen intensiven Gesprächen mit seinem kaiserlichen Vater zu Prag einen förmlichen Eid ab, die katholische Kirche nicht verlassen zu wollen. Damit war der Weg für die Thronfolge im Reich wie in den österreichischen Erblanden frei; zugleich war damit entschieden, daß die Erblande auch nach Ferdinands Tod keinen evangelischen Herrscher bekommen würden.

Wie es in Wahrheit um die religiösen Überzeugungen Maximilians bestellt war, ist in der Geschichtsschreibung bis heute umstritten und wird sich vielleicht überhaupt nie mit hinreichender Sicherheit klären lassen. Seine Einstellung als »Reformkatholizismus» zu kennzeichnen, hieße wohl, sein kirchenreformerisches Engagement wie die katholische Orthodoxie seines Denkens zu überschätzen. Anderseits war er auch nicht einfach ein geheimer Lutheraner – schon der doch ernstzunehmende Eid von 1562 verbietet eine solche Auffassung. Vermutlich neigte er ungeachtet seiner lutherischen Sympathien einem sozusagen vorkonfessionellen Christentum humanistischer Färbung zu, wie es ja auch sonst am Hofe Ferdinands verbreitet war. Von solchen Positionen aus ließ sich eine offizielle Zugehörigkeit zur römischen Kirche wohl legitimieren – nicht dagegen eine einseitige Parteinahme im Glaubensstreit und erst recht kein konfessionalistisches Kämpfertum; die tiefe Antipathie Maximilians gegen die Jesuiten hatte hierin vermutlich ihre wichtigste Wurzel.

In Ober- und Niederösterreich brachte die Regierung Maximilians der evangelischen Bewegung alsbald neue Impulse und Chancen. Bereits im Herbst 1564 strich die Wiener Universität auf Veranlassung Maximilians im Wortlaut ihres Promotionseids das Bekenntnis zur «römischen» Kirche; die Eidesformel nannte fortan nur mehr die «katholische» Kirche, zu der, als der «allgemeinen» Kirche, sich ja auch die Lutheraner bekannten. Die Folge bestand in einem verstärkten Eindringen evangelischer Juristen in die höheren Stellen der landesfürstlichen Ämter und damit in einem verstärkten Einfluß der Lutheraner auf die Landespolitik. 1568 gab Maximilian dann die Augsburgische Konfession für den Adel mitsamt dessen Hausgenossen und ländlichen Untertanen in Ober- und Niederösterreich ausdrücklich frei. Allerdings erfolgte diese Freistellung zunächst nur vorläufig; sie sollte erst dann definitiv werden, wenn sich die Evangelischen eine Kirchenordnung nach Art anderer Kirchen der Augsburgischen Konfession gegeben und damit für eine gewisse Einheitlichkeit in Lehre, Kultus und kirchlicher Organisation gesorgt hätten. Wirklich einigten sich die niederösterreichischen Stände auf ein von dem Melanchthon-Schüler David Chyträus verfaßtes Corpus kirchlicher Ordnungen; daraufhin wurden 1571 die Zugeständnisse von 1568 durch eine eigene «Assekuration» feierlich bestätigt. In Oberösterreich kam es als Folge innerlutherischen Theologenstreits zwar nicht zu einer gemeinsamen Kirchenordnung; die Resolution von 1568 wurde aber auch hier bis auf weiteres nicht in Frage gestellt. Überdies begannen die Protestanten hier wie dort, die zum Teil wenig klar formulierten landesherrlichen Zugeständnisse extensiv auszulegen. Der Adel und sogar die Städte beanspruchten und handhabten ein weitgespanntes jus reformandi, führten selbst in den von ihnen nur verwalteten landesherrlichen oder kirchlichen Besitzungen evangelische Prediger ein und gestalteten die sogenannten Landesschulen in Wien, Krems und anderen Städten zu protestantischen Bildungsanstalten um. Die Konturen einer lutherischen Ständekirche für Ober- und Niederösterreich zeichneten sich ab.

Die rechtlichen und politischen Grundlagen dieser neuen Kirchenbildung waren freilich trotz der landesfürstlichen Konzessionen von 1568 und 1571 nicht sehr sicher. Insbesondere gegenüber den Städten und Märkten des Landes hatte Maximilian prinzipiell ja keineswegs auf seine landesfürstliche Religionshoheit verzichtet; auch ließ er bald sehr deutlich erkennen, daß er gar nicht daran dachte, die von seinen Vorfahren erworbenen landesherrlichen Rechte gegenüber der Kirche zugunsten eines ständischen Kirchenwesens preiszugeben. So errichtete er 1568 den sogenannten Klosterrat als landesfürstliche Behörde zur Sicherung der Rechte und des Vermögens der Klöster, Stiftungen und Pfarreien. Schon bald mit Befugnissen auch der Stellenbesetzung betraut, wurde der Klosterrat in der Folge das wichtigste Instrument des landesfürstlichen Kirchenregiments, zugleich aber ein Bollwerk gegen die Auflösung der katholischen Institutionen des Landes.

In den innerösterreichischen Ländern, deren Landesherr wegen der Türkengefahr am dringendsten auf ständische Steuerbewilligungen angewiesen war, mußte sich Erzherzog Karl 1572 für die Steiermark zu einer «Pazifikation» bequemen, die im wesentlichen der niederösterreichischen Assekuration Maximilians vom Vorjahr entsprach. Auf einem innerösterreichischen Generallandtag zu Bruck an der Mur (1578) erweiterte der Erzherzog den Geltungsbereich der Grazer Pazifikation dann auf alle innerösterreichischen Länder und ergänzte sie noch durch – freilich bloß mündliche – Zusagen zugunsten der Städte und Märkte; zumindest in den größeren Städten sollten die Protestanten eigene Prediger bestellen und Schulen einrichten dürfen. Auf dieser staatskirchenrechtlichen Grundlage gewann das evangelische Kirchenwesen ganz Innerösterreichs – auch hier im wesentlichen nach Entwürfen des David Chyträus – ein zunehmend klares Profil: ein eindeutig lutherisches Bekenntnis als Lehrgrundlage, eine lose, aber doch funktionsfähige Organisation unter Kontrolle der Landtage, dazu ein großzügig ausgestattetes Schulwesen nach melanchthonischen Ideen. Daß die landesfürstliche Regierung jenen Zusagen von 1578 alsbald eine sehr restriktive Fassung zu geben suchte, verhieß freilich für die Zukunft neue Konflikte. Überhaupt war es auch in Innerösterreich ein Moment gefährlicher Unsicherheit des neuen Kirchenwesens, daß es sich dabei um eine ständische Kirchengründung handelte, während der Landesherr selbst katholisch blieb. In der Tat sollte gerade Innerösterreich schon in den achtziger Jahren zum Kerngebiet der Gegenreformation und dann auch des konfessionellen Absolutismus in den österreichischen Erblanden werden.

In Böhmen, dessen innere Verhältnisse mehr noch als in den österreichischen Erblanden durch die mächtigen Stände des Landes bestimmt wurden, galten die Lutheraner bis über die Jahrhundertmitte hinaus als den Utraquisten zugehörig und wurden als solche gemäß den Prager Kompaktaten von 1433 geduldet. In Wirklichkeit hatten sich die zahlreichen evangelischen Gemeinden vom Utraquismus längst gelöst; den in der Vergangenheit mehrfach verfolgten, aber doch immer wieder vom Adel des Landes geschützten Böhmischen Brüdern standen sie nahe, ohne doch mit ihnen zu verschmelzen. Als sich unter Maximilian die Chance einer staatskirchenrechtlichen Anerkennung aller Utraquisten – also auch der Lutheraner und der Böhmischen Brüder – eröffnete, einigten sich die drei Richtungen auf ein gemeinsames Glaubensbekenntnis und legten es auf dem Prager Landtag von 1575 dem Kaiser vor. Diese sogenannte «Confessio Bohemica» fand bei Maximilian zwar freundliche Aufnahme, aber keine förmliche Anerkennung; das feierliche Versprechen des landesherrlichen Schutzes für die lutherischen und Brüdergemeinden war dafür kein vollgültiger Ersatz, zumal da Maximilian wiederum in der Schwebe ließ, inwieweit dieses Versprechen nicht nur dem Adel, sondern auch den Städten gelten sollte. Trotz dieser Unsicherheiten breitete sich die Reformation auch nach 1575 kräftig weiter aus; nicht nur der Adel, sondern weithin auch die königlichen Städte führten jetzt evangelischen Gottesdienst ein.

In Mähren behauptete sich die katholische Kirche insgesamt besser als in Böhmen. Die Eigenständigkeit des Adels auch in kirchlichen Belangen aber war in Mähren eher noch stärker ausgeprägt, und so fanden die Brüdergemeinden wie das Luthertum auch hier vielerorts Schutz und Möglichkeiten der Entfaltung. Im übrigen bot der Adel des Landes – wie schon seit den Zeiten Jakob Hutters – selbst den Täufern Asyl: Seit der Mitte der sechziger Jahre strömten Täuferflüchtlinge aus Polen und Siebenbürgen, aus Tirol, Vorarlberg und der Schweiz nach Mähren ein und gründeten hier ihre Gemeinden; in der Folge ging von Mähren sogar noch einmal eine täuferische Mission aus.

Auch in dem zur böhmischen Krone gehörenden Schlesien stand die habsburgische Herrschaft einem mächtigen Adel gegenüber; die schlesischen Fürsten und Herren, soweit nicht ohnehin reichsunmittelbar, übten seit langem eine nahezu unabhängige Herrschaft über Land und Leute aus. Das war der Reformation schon in den zwanziger und dreißiger Jahren des Jahrhunderts zugute gekommen, und so blieb es auch in der zweiten

Jahrhunderthälfte. Fast der gesamte Adel des Landes war oder wurde jetzt evangelisch, ebenso die Mehrheit der städtischen Bürgerschaften. Daß der Bischof von Breslau in seinem eigenen Fürstentum Neiße die Anstellung evangelischer Prediger in den Städten verhindern konnte, war schon viel; selbst hier bekannte sich die große Mehrheit des Adels zur Augsburgischen Konfession. Schließlich waren in der Gesamtdiözese Breslau nur mehr 10 bis 15 Prozent der Pfarreien katholisch. Gleichzeitig stabilisierte sich das evangelische Kirchenwesen in Lehre und Organisation, im wesentlichen auf der Ebene der einzelnen Fürstentümer und Herrschaften; das Konsistorium in Brieg bildete einen gemeinsamen organisatorischen Mittelpunkt der schlesischen Kirchen. Die habsburgischen Herrscher konnten diese Entwicklung nicht aufhalten, nicht einmal in dem 1556 an die Krone zurückgefallenen Fürstentum Oppeln-Ratibor. Auch die Anfänge einer innerkatholischen Reform seit den achtziger Jahren des Jahrhunderts änderten an der Vorherrschaft des Protestantismus im Lande nur wenig. Einen grundlegenden Umschwung sollte hier – wie in Böhmen und Mähren – erst die Niederlage des Heeres der böhmischen Stände in der Schlacht am Weißen Berge 1620 bringen: Mit dem Sieg des habsburgischen Frühabsolutismus kam auch in Schlesien die Gegenreformation zum Zuge.

Neben der fortschreitenden Ausbreitung der Reformation in den Territorien darf schließlich die Entwicklung in den Reichsstädten, obschon von geringerer Bedeutung als in der reformatorischen Bewegung der zwanziger Jahre, nicht ganz übersehen werden. Zwar war das jus reformandi der Reichsstädte rechtlich umstritten; der Städteartikel des Augsburger Religionsfriedens stand zumindest einer völligen Beseitigung des noch bestehenden katholischen Kirchenwesens in den der Reformation zugefallenen Städten entgegen. Gleichwohl machte die Reformation auch in den Reichsstädten nach 1555 noch immer bedeutende Fortschritte. Insbesondere diejenigen Städte, die sich dem Interim Kaiser Karls V. hatten beugen müssen, warfen dieses Joch – soweit nicht schon seit 1552 geschehen – nun ab: vor allem Straßburg, aber auch Eßlingen, Heilbronn, Schwäbisch Hall. Dazu kamen andere Städte, die jetzt überhaupt zuerst zur Reformation übergingen, insbesondere – als Ergebnis einer sehr kontinuierlichen, in den siebziger Jahren im wesentlichen abgeschlossenen Entwicklung – das bedeutende Dortmund, dazu Mühlhausen in Thüringen, das nur in den vierziger Jahren kurzzeitig zur Reformation gezwungen worden war, des weiteren Hagenau und Colmar im Elsaß, auch die niederschwäbischen Reichsstädte Aalen und – zuletzt – Wimpfen.

Im Unterschied zur reformatorischen Bewegung der zwanziger Jahre wurde die «Spätreformation» der Reichsstädte überwiegend von den städtischen Oberschichten getragen, die auch das Stadtregiment beherrschten. Die übrige Stadtbevölkerung war eher Objekt als Subjekt dieser Ratsreformation; in Hagenau war gar die Mehrheit der Stadtbevölkerung zur Zeit des Übergangs der Stadt zur Reformation eindeutig katholisch. Diese obrigkeitliche Dominanz der Spätreformation in den Städten entsprach der Entwicklung des Städtewesens der Epoche überhaupt: Gegenüber den genossenschaftlichen Traditionen der Städte, die mit der frühen Reformation vielerorts eine so enge Verbindung eingegangen waren, hatten sich längst wieder und zumeist stärker denn zuvor die herrschaftlichen Elemente der Stadtverfassung durchgesetzt. Um so wichtiger war das alte und neue politische Ziel der Stadtregimente, die eigene Herrschaft in der Stadt von auswärtigen Einflüssen unabhängig zu machen. So hatte die Einführung der Reformation in Colmar und Hagenau eine ausgeprägt antihabsburgische Stoßrichtung, Aalen machte sich durch die Reformation vom Einfluß der Fürstpropstei Ellwangen frei. Im übrigen kam es wenigstens im Gefolge der städtischen Spätreformation nicht selten zu einer Neubelebung des politischen Partizipationsverlangens der Bürgerschaft, in Hagenau schließlich sogar in Gestalt einer – freilich singulären – bürgerlichen Gegenreformation.

Zur obrigkeitlichen Einführung oder doch Legitimierung der Reformation kam auch in den Städten der Kampf um die tatsächliche Kirchen- und Glaubenseinheit der Bürgerschaft, nicht selten in Widerspruch zum Städteartikel des Augsburgischen Religionsfriedens. Die Stadträte sahen konfessionell dissentierende Minderheiten in der Bürgerschaft ja ebenso ungern wie die Fürsten in ihren Territorien. Soweit es die politischen Verhältnisse nicht verhinderten – etwa die Abhängigkeit vom Kaiser oder von mächtigen katholischen Fürsten der Nachbarschaft –, suchten daher die reichsstädtischen Obrigkeiten die Reste katholischen Kirchenwesens in ihren Mauern zu beseitigen oder doch möglichst weit zurückzudrängen. So wurden Nürnberg und Straßburg jetzt nahezu rein protestantische Städte; auch in Ulm, Eßlingen und andernorts erhielten sich nur unbedeutende katholische Überbleibsel. Von den Reichsstädten, die gemäß dem Augsburger Religionsfrieden gemischtkonfessionelle Verhältnisse in ihren Mauern grundsätzlich respektierten, war Augsburg die wichtigste – und zugleich eine der wenigen, in denen der konfessionelle Frieden einigermaßen, zumindest bis in die achtziger Jahre, gewahrt werden konnte. Eine besonders verhängnisvolle Entwicklung hingegen nahm das durch den Religionsfrieden geforderte Nebeneinander der Konfessionen in Donauwörth. Schon seit den sechziger Jahren gab hier die evangelische Konfessionspolitik des Rats, z. B. bei der Neuaufnahme von Bürgern, Anlaß zu heftigem Widerspruch von seiten der katholischen Minderheit; Kontroverspredigten in der evangelischen Stadtkirche wie in der katholischen Kirche des Benediktinerklosters machten die gegenseitige Verbitterung noch schlimmer. Die Katastrophe kam dann zu Anfang des 17. Jahrhunderts, als Kaiser Rudolf den bayerischen Herzog Maximilian mit dem Schutz des katholischen Gottesdienstes in der Stadt beauftragte (1606): Donauwörth verlor faktisch seine Reichsunmittelbarkeit an Bayern, das die Stadt in der Folge rekatholisierte – ein Vorspiel bereits des Dreißigjährigen Kriegs.

Im übrigen fehlte es nicht ganz an Reichsstädten, in denen die Reformation sich nicht auf die Dauer behaupten konnte – so etwa in Aachen – oder überhaupt nicht entscheidend zum Zuge kam. Letzteres gilt vor allem für das so wichtige Köln, aber auch für Rottweil, Schwäbisch Gmünd – hier trotz einer zeitweise breiten protestantischen Mehrheit der Stadtbevölkerung –, für Überlingen und einige andere der kleineren Reichsstädte Oberschwabens und des Elsaß'. Zumeist spielten dabei, wie umgekehrt auch bei der Einführung der Reformation, die auswärtigen Verhältnisse der Städte eine wichtige Rolle. So wirkte im Elsaß und in Oberschwaben der dominierende Einfluß Habsburgs der Reformation entgegen; die Entscheidung im Aachener Streit, der sich bis zum Vorabend des Dreißigjährigen Kriegs hinzog, fiel überhaupt auf der Ebene der Reichspolitik.

Das calvinistische Kirchenwesen wurde von vornherein und auf die Dauer in erstaunlichem Maße von Calvin selbst geprägt – viel ausschließlicher, als es etwa für die evangelischen Kirchen von Martin Luther gesagt werden könnte. Auch eine Darstellung der Anfänge des Calvinismus in Deutschland wird deshalb von Person und Lehre Calvins ihren Ausgang nehmen müssen.

Jean Caulvin, latinisiert: Johannes Calvin, wurde 1509 in Noyon in der Picardie als Sohn des Verwalters der Güter des dortigen Domkapitels geboren und empfing im Haus eines adligen Gönners Erziehung und ersten Unterricht. Frühzeitig durch kirchliche Pfründen wirtschaftlich gesichert, widmete er sich juristischen und humanistischen Studien; seine Erstlingsschrift (1532) war ein Kommentar zu Senecas Schrift ‹De clementia›. Vermutlich unter dem Einfluß des erasmianischen Humanismus und dessen erbitterter Bekämpfung der Scholastik löste sich Calvin 1533 innerlich von der römischen Kirche und gelangte von da aus binnen weniger Monate zu reformatorischen Überzeugungen. Wenig später mußte er von der Sorbonne und überhaupt aus Frankreich fliehen und ging nach Basel. Dort publizierte er 1536 mit der «Institutio christianae religionis» (‹Unterweisung in der christlichen Religion›) eine erste systematische Darstellung seiner Glaubenslehre – übrigens mit einer Widmungsvorrede an König Franz I. von Frankreich; der unmittelbare Zweck des Werks war die Verteidigung der Anhänger der Reformation in Frankreich gegen den altkirchlichen Vorwurf der Ungewißheit ihrer Lehre wie der Erregung von Unruhe und Aufruhr. In der Erstauflage ein schmales Büchlein von sechs Kapiteln, wuchs die Institutio bis zu ihrer letzten Fassung von 1559 auf vier Bücher in 80 Kapiteln an; die Erweiterungen und Änderungen des Buchs spiegeln die theologische Entwicklung Calvins über die Jahrzehnte hin.

Als Calvin 1536 auf einer Reise nach Genf kam, drängte ihn der Genfer Reformator Farel zum Bleiben, um die zunächst eher politisch motivierte Entscheidung der Bürgerschaft für die Reformation – es war vor allem um die Unabhängigkeit der Stadt vom Herzogtum Savoyen und vom Genfer Bistum gegangen – religiös mit Inhalt und Sinn zu erfüllen. Calvin empfand das als eine göttliche Berufung, blieb in Genf und widmete sich seiner Aufgabe mit allem Nachdruck seiner starken Persönlichkeit. Bereits 1537 veranlaßte er die Einführung einer strengen Sittenzucht; unmittelbar darauf gab er einen Katechismus und als Beigabe dazu ein Glaubensbekenntnis heraus, auf das die gesamte Bevölkerung eidlich verpflichtet werden sollte. Die Schnelligkeit und Radikalität dieses Vorgehens war freilich zu viel für die Bürger Genfs, auch gab es harte Auseinandersetzungen mit dem Rat der Stadt um die von Calvin angestrebte Unabhängigkeit des Kirchenregiments von der weltlichen Gewalt. 1538 erhielten die Gegner Calvins im Rat der Stadt die Mehrheit; der Reformator mußte die Stadt verlassen.

Nach kurzem Aufenthalt in Basel holten die Straßburger Reformatoren Butzer, Capito und Sturm den zunächst zögernden Calvin nach Straßburg, wo er die Leitung der französischen Flüchtlingsgemeinde übernahm. In der Zusammenarbeit mit den Straßburger Theologen gewann Calvin reiche Erfahrungen in der praktischen Arbeit an der Gemeinde- und Gottesdienstordnung; sein künftiges Wirken beruhte sehr wesentlich auf dieser Straßburger Lehrzeit. Anders als die Zwinglianer, aber in Übereinstimmung mit Butzer und dessen Straßburger Freunden, bejahte und wünschte Calvin fortdauernd die kirchliche Gemeinschaft mit der deutschen Reformation. Selbst in den heiklen Fragen der Abendmahlslehre erschienen ihm die Wittenberger Konkordie von 1536 und die den Oberdeutschen entgegenkommenden Formulierungen Melanchthons in der Confessio Augustana variata von 1540 als eine tragfähige Basis. So nahm Calvin denn auch wiederholt mit anderen führenden Theologen der deutschen Reformation an den Religionsgesprächen der frühen vierziger Jahre teil; Martin Luther selbst ist er allerdings persönlich nie begegnet.

In Genf war es schon bald nach Calvins Weggang zu neuen Parteikämpfen und auch sonst zu höchst unerquicklichen Verhältnissen gekommen. So rief man Calvin 1540 zurück – und dieser folgte dem Ruf im Jahre darauf, nachdem er sich für sein kirchenreformerisches Wirken weitgehende Vollmachten hatte geben lassen. Bereits im November 1541 wurde die im wesentlichen nach Straßburger Vorbild gestaltete Kirchenordnung Calvins von der Stadt angenommen; eine Gottesdienstordnung folgte bald darauf, dazu ein neuer Katechismus. Auch jetzt gab es freilich noch jahrelangen Widerstand, insbesondere gegen die strenge Kirchenzucht des Reformators; doch konnte sich Calvin schließlich durchsetzen. Als seine Gegner bei der Ratswahl von 1550 unterlagen und sich zu Demonstrationen, ja selbst zu bewaffnetem Widerstand hinreißen ließen, war ihr Schicksal besiegelt; sie wurden hingerichtet oder verbannt. Damit war Calvin endgültig Herr der Lage. Seitdem und bis zu seinem Tode 1564 wirkte er von Genf aus nachhaltig auf den europäischen Protestantismus ein. Wichtigstes Mittel solchen Einflusses war seine ausgedehnte Korrespondenz mit Theologen und Staatsmännern bis hinauf zu den Königen nahezu aller europäischen Länder, daneben die 1559 eröffnete Genfer theologische Akademie, die bald zur Pflanzschule für den Nachwuchs an calvinistischen Predigern in aller Welt wurde.

Ausgangspunkt der Theologie Calvins war die reformatorische Überzeugung von der allein und ohne alles menschliche Verdienst gerechtmachenden Gnade Gottes, und zwar mit der Konsequenz auch einer harten Prädestinationslehre: Das göttliche Dekret der Gnadenwahl habe von Ewigkeit bestimmte Menschen zur Seligkeit, andere aber zur Verdammnis vorausbestimmt. Der tiefste Grund für diese schroffe Prädestinationslehre lag in Calvins Gottesbegriff; er sah den letzten Sinn und Zweck allen Seins in der unendlichen Selbstverherrlichung Gottes, die irgendein Geschehen außerhalb des göttlichen Wissens und Wollens undenkbar machte. Stand Calvin mit dieser Gnaden- und Prädestinationslehre den deutschen Lutheranern, und zwar gerade deren strengerem Flügel, sehr nahe, so neigte er in seiner Auffassung des Abendmahls einem Kompromiß mit genuin zwinglianischen Auffassungen zu, wie sie sich auch nach dem Tode Zwinglis in der schweizerischen Reformation behauptet hatten. Zwar verstand Calvin das Abendmahl – anders als Zwingli – nicht bloß als symbolische Handlung der Gemeinde, sondern als Gnadengabe Gottes an die Gläubigen, denen durch den Heiligen Geist der Leib Christi zu geistlichem Genuß gespendet werde; mit Zwingli aber verstand Calvin das «est» der Einsetzungsworte doch als «significat», gab also die Realpräsenz Christi im Abendmahl, die Luther so vehement gegen Zwingli verteidigt hatte, preis. Das hatte weitreichende, auch kirchenpolitische Folgen. 1549 einigte sich Calvin mit den Zürchern in der Abendmahlsfrage (Consensus Tigurinus), und daraus erwuchs eine auch organisatorische Vereinigung der Schweizer Kirchen der Reformation unter bestimmendem Einfluß Calvins; damit aber wurde zugleich ein breiter Graben gegenüber dem deutschen Protestantismus aufgerissen, den Calvin trotz mancher Bemühungen insbesondere um Melanchthon als den maßgebenden evangelischen Theologen nach Luthers Tod nicht mehr zuzuschütten vermochte. Die bald nach Calvins Tod von der großen Mehrheit der protestantischen Kirchen der Schweiz angenommene Confessio Helvetica posterior (1566) brachte dann die endgültige Abgrenzung der Schweizer von den deutschen Kirchen der Reformation. Im Gottesdienst beseitigte Calvin die von Luther nur vorsichtig reformierte römische Messe vollständig; sie galt ihm als Götzendienst. Die Genfer Gottesdienstordnung von 1542 kannte außer der Predigt nur mehr das Gebet und – immerhin – den Gesang von alttestamentlichen Psalmen. Orgeln, Bilder, Kreuze, Kerzen und Altäre wurden aus den Kirchen entfernt, die Feiertage mit Ausnahme der drei hohen Feste beseitigt – alles dies in unverkennbarer Nähe zu Zwingli.

Für die kirchliche und politische Wirksamkeit des Calvinismus von höchster Bedeutung war schließlich die Kirchenlehre Calvins mitsamt ihren organisatorischen Konsequenzen. Während Luther und mit ihm die deutsche Reformation überhaupt gegen die Fragen der äußeren Kirchenorganisation ziemlich gleichgültig waren, galt dem Genfer Reformator gerade die Verfassung der Kirche als von Gott geboten, die Kirche als sichtbare Darstellung der erwählten Gemeinde Christi – dazu bestimmt, Gott zu verherrlichen, die Erwählten zu heiligen und die Nichterwählten wenigstens unter das Gesetz Gottes zu beugen. Strenge Sittenzucht war unter diesen Voraussetzungen ebenso selbstverständlich wie harter Dogmenzwang; Gewissensfreiheit galt als muslimische Irrlehre. Unter den kirchlichen Ämtern und sonstigen Institutionen kam dem Konsistorium besondere Bedeutung zu. Aus Pastoren und Gemeindeältesten zusammengesetzt, fungierte dieses calvinistische Konsistorium als selbständige Vertretung der Kirche zur Leitung ihrer Angelegenheiten, die vor allem die Kirchenzucht übte, d.h. praktisch das gesamte Leben der Gemeinde überwachte. Sittliche und religiöse Vergehen – und dazu gehörten nicht nur Trinken und Kartenspielen, sondern auch Tanzen und Singen zu unrechter Zeit – wurden durch geistliche Strafen, z.B. durch öffentliche Abbitte vor der Gemeinde, geahndet; wenn das nicht fruchtete, erwirkten die Ältesten, die zugleich Mitglieder des Rats waren, weltliche Strafen, und zwar bis zur Hinrichtung als Strafe für Gotteslästerung, Ehebruch und Unzucht. Auch sonst hielt Calvin den Einsatz staatlicher Zwangs- und Strafgewalt zur Bekämpfung religiöser Delikte für legitim und geboten; daß der spanische Arzt Michael Servet, der als Leugner der Trinitätslehre freilich nirgendwo im damaligen Europa auf eine sichere Duldung rechnen konnte, gerade in Genf verbrannt wurde (1553), war dafür bezeichnend. Bei alledem legte Calvin jedoch großen Wert auf die Selbständigkeit der Kirche gegenüber der weltlichen Obrigkeit, und gerade die Kirchenzucht galt ihm als unverzichtbare Aufgabe der Kirche selbst, die dafür die weltliche Obrigkeit in Dienst zu nehmen hätte – und nicht etwa umgekehrt. In der Realität seiner Auseinandersetzungen mit den Herrschaftsansprüchen des Genfer Rats sah sich Calvin freilich nicht ganz selten zu für ihn ärgerlichen Zugeständnissen gezwungen.

Noch sehr viel geringer waren die organisatorischen und Zwangsmöglichkeiten des Calvinismus natürlich in solchen Staaten, in denen er nicht zur Staatskirche wurde, sondern eine nur geduldete oder gar verfolgte Minderheit darstellte. Auch und gerade hier aber entwickelte der Calvinismus wichtige Verfassungsinstitutionen und Rechtsprinzipien. So haben die französischen Hugenotten die Synodalverfassung als übergemeindliche, vom Staat unabhängige Organisationsform der Kirche ausgebildet; dieses Verfassungselement ist in der Folge vor allem in den Niederlanden und in den deutschen Territorien am Niederrhein, aber auch in Schottland übernommen worden und von da in den englisch-amerikanischen Presbyterianismus übergegangen. Noch wichtiger war, daß die Calvinisten, die in katholisch bleibenden Staaten lebten, aus dem Gedanken der Unterordnung des Staats unter die Souveränität Gottes die Pflicht der Gläubigen folgerten, in schonungslosem Kampf eine irrgläubige Obrigkeit durch eine rechtgläubige zu ersetzen. Das war der Ursprung einer spezifisch calvinistischen Umformung der alten Idee der Volkssouveränität wie auch des Widerstandsrechts des christlichen Volkes bis hin zum Tyrannenmord – Ideen, die in der englischen Revolution des 17. Jahrhunderts voll durchschlugen, in abgeschwächter

Form aber im gesamten politischen Denken Westeuropas und Nordamerikas bis heute nachwirken. Anderseits konnte es freilich auch geschehen und geschah faktisch gerade in Deutschland, daß das calvinistische Kirchenwesen von vornherein unter den bestimmenden Einfluß eines landesherrlichen Kirchenregiments geriet und sich in seiner organisatorischen Struktur den lutherischen Landeskirchen annäherte; auch die – dann obrigkeitlich reglementierte – Sittenzucht der zum Calvinismus übergehenden deutschen Territorien unterschied sich nicht grundsätzlich von der Praxis lutherischer Landeskirchen.

In Deutschland war die Kurpfalz das erste und bis in die späteren siebziger Jahre einzige Territorium, das durch seinen Landesherrn dem Calvinismus zugeführt wurde. Dabei handelte es sich um eine Folge von Entscheidungen und Maßnahmen, die – von dem persönlichen Bekenntnis Kurfürst Friedrichs III. 1561 bis zum Erlaß der kurpfälzischen Presbyterial- und Synodalordnung 1571 – ein rundes Jahrzehnt in Anspruch nahm. In diesem langdauernden Prozeß ging es nicht nur um die Durchsetzung des Calvinismus im Lande, sondern zugleich und allererst um die Herausbildung und Verfestigung der Konzeption einer calvinistischen Landeskirche. Der von Friedrich III. eingeschlagene Kurs der Kirchenpolitik stand nämlich zunächst – in engem Anschluß an die Einführung der Reformation unter Ottheinrich – durchaus im Zeichen humanistisch beeinflußter Reformideen, in denen dogmatische und überhaupt spezifisch konfessionelle Festlegungen gegenüber dem Verlangen nach einer tatkräftigen schriftgemäßen Erneuerung des Lebens ganz zurücktraten. Solche Reformideen und -initiativen gab es schon längst und auch anderswo: in einigen der oberdeutschen Reichsstädte, nicht minder in den Niederlanden und in Nordwestdeutschland; vor allem die Neugestaltung der Kirche Ostfrieslands durch Johannes a Lasco (1542–1543) war ein glänzendes Beispiel einer solchen «vor-konfessionellen» Reformation. Ähnliche Anschauungen lebten aber auch in genuin lutherischen Landeskirchen fort, selbst in Kursachsen. Hier vertraten vor allem Philipp Melanchthon und dessen Schüler, die «Philippisten», derartige Anschauungen, standen damit freilich in hartem Gegensatz zu den Gnesiolutheranern, die unter Berufung auf Luther einen härteren Kurs konfessioneller und insbesondere dogmatischer Abgrenzungen steuerten.

Die Besonderheit der kurpfälzischen Entwicklung bestand nun darin, daß Kurfürst Friedrich die konfessionell vermittelnden Positionen jener Reformbewegungen zugunsten eines immer ausschließlicher akzentuierten und konfessionell abgegrenzten Calvinismus verließ. Auch dann noch entsprach freilich seine Umgestaltung der kurpfälzischen Kirche keineswegs einfach den Vorstellungen Calvins und schon gar nicht dem Genfer Muster des Calvinismus; es entstand vielmehr ein recht eigenständiges, in manchem nach wie vor sogar den lutherischen Landeskirchen der Epoche nahestehendes Kirchenwesen. Zwar die «Reinigung» der Kirchen von allen Bildern und Altären mit Ausnahme eines schmucklosen Altartisches, die Vereinfachung der Liturgie und die Abschaffung aller lateinischen Texte und Gesänge im Gottesdienst entsprach durchaus den Forderungen Calvins – wie ja im Grunde bereits Zwinglis. Aber schon die für die Kurpfalz wie später überhaupt für den deutschen Calvinismus wichtige Sitte des Brotbrechens ging in ihrer biblizistischen Bindung an die Einsetzungsworte des Abendmahls gerade nicht auf Calvin zurück, sondern auf die Kirchenordnung des Johannes a Lasco für die protestantischen Flüchtlingsgemeinden Englands (1550); diese Kirchenordnung war in ihrer durch Marten Micron überarbeiteten Fassung von 1554 überhaupt eine wichtige Grundlage der Umgestaltung des kurpfälzischen Kirchenwesens. Auch der von Caspar Olevian und – vor allem – Zacharias Ursinus verfaßte Heidelberger Katechismus (1563), der in der Folge zur wichtigsten Bekenntnisschrift des deutschen und europäischen Calvinismus wurde, folgte zwar in seiner Abendmahlslehre wie in seiner Christologie und nicht minder in seiner puritanischen Auslegung des Dekalogs der Theologie Calvins; schon die Prädestinationslehre des Genfer Reformators aber fand keinen Eingang in den Katechismus, und die Sittenzucht und Kirchenordnung des genuinen Calvinismus wurden in der Kurpfalz vollends kaum rezipiert. Wenn sich Kurfürst Friedrich 1571 auf das Drängen der strengen Calvinisten in seiner Umgebung hin entschloß, Presbyterien und Synoden einzurichten, so war er doch keineswegs bereit, eine wirkliche Unabhängigkeit der Kirche von der landesherrlichen Gewalt zu konzedieren, wie es Calvin stets gefordert hatte – von einer breiteren Beteiligung der Laien an der Leitung der Kirche gar nicht zu reden.

Die Reformen Friedrichs III. mitsamt ihren konfessionellen Verfestigungen und Abgrenzungen waren obrigkeitliche Maßnahmen, die in der Bevölkerung zunächst nur wenig positive Resonanz fanden. Zwar in der Rheinpfalz hatte das Luthertum in den wenigen Jahren der Reformation unter Ottheinrich noch nicht sehr tiefe Wurzeln geschlagen, so daß sich der Übergang zum Calvinismus hier ohne größere Schwierigkeiten vollzog. In der Oberpfalz hingegen, wo die Reformation Martin Luthers schon seit Jahrzehnten heimisch geworden war und beim Adel wie in der Residenzstadt Amberg einen starken Rückhalt hatte, kam die calvinistische Umgestaltung des Kirchenwesens jahrzehntelang nicht recht zum Zuge; die offene konfessionelle Opposition der Oberpfalz stand zugleich deren stärkerer politischer Einordnung in den Kurstaat entgegen. Auch der dem Heidelberger Hof traditionell lehens- und dienstrechtlich eng verbundene Reichsadel im Südwesten des Reichs ging den Weg zum Calvinismus zumeist nicht mit. Das führte zu Entfremdungen, die das politische Gewicht der Kurpfalz in der Region empfindlich minderten und erst gegen Ende des Jahrhunderts einigermaßen überwunden werden konnten.

Unter ganz anderen Bedingungen und in anderen Formen als in der Kurpfalz fand der Calvinismus des weiteren – von den Niederlanden und später auch von England aus – am Niederrhein Verbreitung: in den Vereinigten Herzogtümern Kleve, Jülich und Berg sowie in den großen Reichsstädten der Nachbarschaft – Köln und Aachen –, in geringerem Umfang auch in den Grafschaften Mark und Ravensberg, ja sogar in den kurkölnischen Territorien.

Vor allem die Vereinigten Herzogtümer hatten sich schon seit den dreißiger Jahren einer Kirchenreform geöffnet, die stark von erasmianischen Ideen bestimmt war. Seit dem Augsburger Religionsfrieden von 1555 bekamen diese Reformen dann ein überwiegend lutherisches Gepräge. Der Erasmianismus verlor hier wie anderswo seine Bedeutung als eigenständige Kraft der Kirchenreform; zugleich wirkte sich die grundsätzliche Anerkennung der Augsburgischen Konfession durch den Religionsfrieden zu deren Gunsten aus. Daran änderte sich auch kaum etwas, als Herzog Wilhelm – schwer krank und unter politischem Druck der Spanier aus den Niederlanden – seit 1565 Verordnungen gegen die kirchlichen Neuerungen erließ; gegen den Widerstand des Adels und gutenteils auch der Städte der Herzogtümer fanden diese Mandate nur wenig Gehorsam. Daneben aber breiteten sich zunehmend auch calvinistische Glaubens- und Lebensformen aus, vermittelt insbesondere durch Glaubensflüchtlinge aus den spanischen Niederlanden und – seit der katholischen Restauration unter Maria Tudor – aus England. Sogar die bereits bestehenden evangelischen Gemeinden schlossen sich vielerorts dieser calvinistischen Bewegung an; in den Vereinigten Herzogtümern, weniger freilich in den Grafschaften Mark und Ravensberg, gewann der Protestantismus allmählich ein vorwiegend calvinistisches Aussehen.

Nicht ganz selten konnten die calvinistischen Gemeinden die Zulassung öffentlichen Gottesdienstes erreichen, zumeist jedoch mußten sie sich im Verborgenen halten; sie nannten sich selbst die «Kirche unter dem Kreuz». Eine straffe Organisation unter starker Beteiligung auch der Laien an den kirchlichen Leitungsämtern stärkte ihre Widerstandskraft in Zeiten der Verfolgung; daß die heimliche Gemeinde zu Köln selbst dem härtesten Eingreifen des Rats 1571 nicht erlag, ist dafür ein charakteristisches Beispiel. Völlig unabhängig von den territorialen Obrigkeiten richteten die Gemeinden unter dem Kreuz zur Sicherung ihrer Gemeinsamkeit in Lehre und Gottesdienst sogar eine eigene übergemeindliche Ordnung auf. Sie beruhte auf den Presbyterien der Einzelgemeinden, über denen zunächst die Klassikalkonvente für einen größeren Kirchenbezirk, dann die Synoden und schließlich eine Generalsynode standen, sämtlich unter starker Beteiligung der Laien. Auf der Ebene der Generalsynode waren die Kirchen unter dem Kreuz überdies mit den calvinistischen Gemeinden der Niederlande organisatorisch verbunden. Diese Verbindung, die durch die Synode von Emden 1571 ihre dauernde Gestalt erhielt, war zugleich eine der wichtigsten Brükken des geistigen Austausches zwischen dem deutschen und dem westeuropäischen Protestantismus.

Die schon seit den ausgehenden zwanziger Jahren des Jahrhunderts begonnene Verfestigung der Reformation zum evangelischen Stadt- und Landeskirchentum setzte sich nach 1555 auf der nunmehr rechtlich gesicherten Grundlage des jus reformandi der Reichsstände verstärkt fort. Die bisher zumeist recht lose landeskirchliche Organisation stabilisierte sich: Nahezu überall wurde das den Pfarrern übergeordnete Amt der Superintendenten üblich, die neben mancherlei Verwaltungs- und gelegentlich auch Gerichtsfunktionen vor allem Aufgaben der Visitation wahrnahmen. Zur Zentralbehörde des landesherrlichen Kirchenregiments aber wurden – jedenfalls in den größeren Territorien – die Konsistorien, die sich aus bloßen Ehegerichten, wie zunächst in Sachsen, zu wirklichen Behörden der landesherrlichen Kirchenleitung entwickelten, weithin nach dem Vorbild des 1553 in Württemberg eingerichteten «Kirchenrats». Die mit geistlichen und nichtgeistlichen Mitgliedern besetzten Konsistorien waren zumeist aus dem übrigen Gefüge der territorialen Zentralverwaltung herausgenommen und direkt dem Landesherrn unterstellt, der sich nicht selten, z. B. im herzoglichen Sachsen 1561, sogar den persönlichen Vorsitz vorbehielt. Die solcherart herausgehobene Sonderstellung des Kirchenregiments erweckte mitunter sogar den Neid der weltlichen Instanzen, die – wie etwa in Mansfeld 1554 – den Theologen des Konsistoriums vorwarfen, erneut «nach dem weltlichen schwert» zu greifen und sich «viel regierens und herrschens» zu unterfangen. Umgekehrt fehlte es freilich auch nicht an Klagen von Pfarrern und Superintendenten über das Regime der Juristen in den Konsistorien – und dies wohl mit grundsätzlich größerem Recht: Die Gefahr einer Indienstnahme der Kirche für die weltlichen Zwecke des Staats war im Rahmen des landesherrlichen Kirchenregiments gewiß größer als die Gefahr eines neuen Klerikalismus. Im großen ganzen scheint die Kooperation der Theologen und Juristen in den Konsistorien aber recht gut funktioniert zu haben. Eine allmähliche, trotz mancher Rückschläge auch dauerhafte Verbesserung der kirchlichen Verhältnisse war jedenfalls unverkennbar. Die Glaubenslehren wie die Gottesdienstformen erhielten eine gewisse Einheitlichkeit, sogar über die einzelnen Landeskirchen hinaus; die materielle Ausstattung der Pfarreien und auch die Ausbildung der Geistlichen wurden verbessert, Stipendien für angehende Theologen gestiftet. Durch Predigt, Schul- und Katechismusunterricht wurde die Bevölkerung, insbesondere die Jugend, in die Grundlagen christlichen Glaubens und Lebens eingewiesen. Periodische Visitationen kontrollierten die kirchlichen Fortschritte bis in die letzte Dorfkirche und lieferten mit ihren Befunden mancherlei Anregungen für die nächsten kirchenpolitischen Maßnahmen. Gewiß gab es daneben auch Hindernisse und Widerstände, die vorerst kaum oder überhaupt nicht überwunden werden konnten: nicht enden wollende Streitigkeiten mit Junkern und Bauern um die Einkünfte der Pfarreien, vor allem um die kirchlichen Baulasten; mißbräuchliche Inanspruchnahme der ländlichen Pfarrer durch ihre adligen Patrone zu Schreibdiensten auf dem Schloß oder gar als Knechte bei der Jagd; Verweigerung des Besuchs von Schul- und Katechismusunterricht, weil die Kinder als Arbeitskräfte beansprucht wurden; gelegentlich auch konfessionelle Opposition oder überhaupt religiöse Gleichgültigkeit; dazu das Fortleben heidnischer Bräuche, nicht zuletzt eines massiven, schier unausrottbaren Wunder- und Aberglaubens – die Visitationsberichte sind voll von Klagen über solche und andere Mißstände. Man wird mithin den Grad kirchlicher Durchformung der evangelisch gewordenen Bevölkerungen auch nach der Sicherung des jus reformandi durch den Augsburger Religionsfrieden nicht überschätzen dürfen. Daß diese Durchformung im Lauf der Jahrzehnte intensiver wurde und mitunter ein beachtliches Niveau erreichte, steht nach Ausweis der Visitationsberichte aber außer Frage.

Hand in Hand mit dieser inneren Festigung des Kirchenwesens ging die fortschreitende Abgrenzung von den Kirchen anderer Bekenntnisse: von der katholischen wie von den calvinistischen Kirchen und stets auch von den Täufergemeinden. Man hielt das eigene Bekenntnis – und nur dieses – für wahr, den eigenen Gottesdienst – und nur ihn – für recht; alles andere galt als Irrglaube, Mißbrauch, Verführung der Seelen und teuflische Verblendung. Neben der Maßgeblichkeit der reichsständischen Obrigkeiten für das Kirchenwesen und der Intensivierung der kirchlichen Durchdringung von Land und Leuten war diese polemische Abgrenzung von anderen Bekenntnissen und Kirchen das überhaupt entscheidende Merkmal des Konfessionalismus, der dem Luthertum – nicht anders freilich auch dem Katholizismus und dem Calvinismus – seit der Jahrhundertmitte immer stärker das Gepräge gab.

Für diese konfessionelle Abgrenzung nun waren die Unterscheidungen der Kirchenlehre von höchster Bedeutung. Das war nicht selbstverständlich; bis ins 16. Jahrhundert war die Kirche ja mit einem Minimum verpflichtender Dogmen ausgekommen. Der mit der Reformation aufbrechende Glaubensstreit führte dagegen zu überaus umfangreichen und zugleich diffizilen Festlegungen verbindlicher Glaubenssätze und zu nicht weniger zahlreichen und diffizilen Verurteilungen abweichender Lehren auf allen Seiten des Streits. In eins damit aber vollzog sich eine unerhörte Intellektualisierung des Dogmas, dessen feine Distinktionen für die Frömmigkeit und die praktische Lebensführung der einfachen Gläubigen kaum noch nachzuvollziehen waren. Zwar spielten die dogmatische Apologetik und Polemik auch auf den Kanzeln eine wichtige Rolle, und mitunter war den Leuten die konfessionelle Kontroverse geläufiger als die Grundlehren des Katechismus; doch handelte es sich dabei durchgängig nur um grobe Verzerrungen der eigentlichen theologischen Diskussion. Ein Pfarrer, der um 1570 die Unterschiede der Rechtfertigungslehre der reformatorischen Bekenntnisschriften einerseits, des Tridentinums anderseits dogmatisch korrekt wiederzugeben wußte, war gewiß eine seltene Ausnahme. Im übrigen führte die dogmatische Ausdifferenzierung der Glaubenslehre auch innerhalb der einzelnen Kirchen zu höchst problematischen Frontbildungen – problematisch nicht zuletzt deshalb, weil es sich bei alledem ja nicht bloß um gelehrte Theologendispute handelte, sondern nach Meinung aller Beteiligten um den Gegensatz von Wahrheit und Irrtum, von Heil und Verderben. Die daraus erwachsende Gefahr der Kirchenspaltung bedrohte grundsätzlich alle Konfessionen, die katholische Kirche mit ihrer strafferen Unterordnung unter die dogmatischen Entscheidungen des Konzils freilich in geringerem Maße als die Protestanten, die Calvinisten erst später – nämlich im arminianischen Streit (1604–1619) – als die Lutheraner. Diese aber hatten vom Streit um die Adiaphora seit 1548 bis zu den Entscheidungen der Konkordienformel 1577 eine lange Reihe von Lehrstreitigkeiten durchzustehen, die mehr als einmal ihre bekenntnismäßige Einheit in Frage stellten.

Den wichtigsten Ausgangspunkt dieser Streitigkeiten bildeten die Unterschiede der Theologie Luthers einerseits, Melanchthons anderseits, wie sie sich schon seit den späteren zwanziger Jahren herauskristallisiert und auch kirchenpolitische Bedeutung gewonnen hatten. In der Abendmahlslehre war Melanchthon den Oberdeutschen und später Calvin entgegengekommen; in seinen Anschauungen über die Willensfreiheit und die guten Werke, ja selbst über die kirchliche Leitungsgewalt des Papstes, stand er den Positionen der alten Kirche fortdauernd näher als Luther. Auch seine Rechtfertigungslehre verkürzte wichtige theologische Positionen Luthers, wie der scharfsinnige Flacius in der Auseinandersetzung mit Melanchthon seit 1548 wiederholt deutlich gemacht hatte. Zu Lebzeiten Luthers hatten diese Lehrunterschiede, obwohl von beiden Reformatoren deutlich und mitunter wohl auch schmerzlich wahrgenommen, die Gemeinsamkeit ihres reformatorischen Wirkens und die Bekenntniseinheit der entstehenden evangelischen Kirche nicht ernsthaft in Frage gestellt. Seit dem Tode Luthers begann sich das jedoch zu ändern. Der Streit um das Leipziger Interim war die erste Probe aufs Exempel. Sie zeigte, daß der Versuch Melanchthons und seiner Wittenberger Freunde, durch die Abschichtung von Adiaphora den Glaubensstreit mit der alten Kirche zu begrenzen und damit zu entschärfen, in den evangelischen Kirchen nicht durchzusetzen war; ein Großteil der lutherischen Theologen und Obrigkeiten, auch des Kirchenvolks, sah in Melanchthons Vermittlungsbereitschaft einen Verzicht auf Unverzichtbares, ja einen Verrat an der Sache des Evangeliums. Es gelang Melanchthon auch in der Folge nicht, das hier erwachsene Mißtrauen gegen ihn wieder aus der Welt zu schaffen. Seine Autorität genügte künftig nicht mehr, die theologischen Streitigkeiten in der reformatorischen Kirche zu entscheiden; er wurde selbst zur Partei im Streit.

Dabei stand Melanchthon allerdings nicht allein. Tüchtige Theologen und Kirchenmänner wie Georg Major, Justus Menius, Johannes Pfeffinger, Caspar Cruciger, Christoph Pezel, seit dem Ende der fünfziger Jahre auch Viktorin Strigel, der als einer der ersten Professoren an der neugegründeten Universität Jena wirkte, teilten prinzipiell die Auffassungen Melanchthons und vertraten sie in der Öffentlichkeit. Von den Tausenden evangelischer Pfarrer in Stadt und Land, die sich selbst nicht aktiv, jedenfalls nicht publizistisch an den Streitigkeiten beteiligten, standen gewiß ebenfalls viele auf der Seite ihres alten Lehrers. Nur: Sie alle waren eben bloß eine theologische und kirchenpolitische Partei, der ihre Gegner denn auch den typischen Parteinamen «Philippisten» beilegten, während diese Gegner selbst als «Gnesiolutheraner» das wahre Erbe Martin Luthers für sich beanspruchten. Und zu diesen Gnesiolutheranern zählten nicht minder bedeutende Männer: Luthers alter Kampfgenosse Nikolaus von Amsdorf etwa, der hochgelehrte und streitfreudige, auch als Kirchenhistoriker bedeutende Matthias Flacius, der von Magdeburg aus wie kein anderer das Interim Karls V. in Norddeutschland zu Fall gebracht hatte, dazu Johannes Wiegand, der spätere evangelische Bischof von Pomesanien und Samland im Herzogtum Preußen, Joachim Mörlin, Tilemann Heßhusen und viele andere. Im übrigen gab es bei den Philippisten und erst recht bei den Gnesiolutheranern selbst mancherlei Unterschiede und Streitigkeiten in der Lehre, vor allem, weil der eine oder andere der Kampfhähne seine Thesen gar zu sehr zuspitzte; daß Matthias Flacius sich 1560 dazu hinreißen ließ, die Erbsünde zur Substanz des Menschen zu erklären, war ein charakteristisches Beispiel für solch einseitige Zuspitzungen, ebenso die berüchtigte Proposition Amsdorfs über die Schädlichkeit der guten Werke (1559).

Die Lehrstreitigkeiten zwischen Philippisten und Gnesiolutheranern kreisten vor allem und immer wieder um drei Problembereiche: zum einen um die Ausschließlichkeit der göttlichen Gnade als Grund des Heils in ihrem Verhältnis zur Verantwortlichkeit des Menschen – das war die innerlutherische Fortsetzung der Diskussion mit der katholischen Kirche –, zum anderen um die Art der Gegenwart Christi im Abendmahl – das war die unabgeschlossene Diskussion mit den Oberdeutschen und mit Calvin –, zum dritten schließlich um die Eigenständigkeit der Kirche gegenüber der weltlichen Gewalt – das war ein auch kirchenpolitisch bedeutsames Grundthema aller Konfessionen, in dessen Diskussion jetzt die Gnesiolutheraner mit leidenschaftlicher Entschiedenheit die übergeordnete Autorität des Evangeliums betonten. Aus dem Abstand der Jahrhunderte gesehen, erscheinen die Lehrdifferenzen, um die damals mit solcher Härte gestritten wurde, zumeist minimal. Insbesondere die Auseinandersetzungen um die Mitwirkung des menschlichen Willens bei der Rechtfertigung, um die Bedeutung des Gesetzes für die Gläubigen und über die Notwendigkeit der guten Werke beruhten gutenteils bloß auf terminologischen Differenzen, nicht auf wirklichen Gegensätzen in der Sache. Die Leidenschaft der Streitigkeiten erklärt sich denn auch nur daraus, daß den evangelischen Theologen der Zeit die reine Lehre, und zwar bis in ihre diffizilsten Konsequenzen hinein, als Hauptmerkmal der wahren Kirche und folgerichtig jede Abweichung von dieser Lehre als Leugnung des wahren Glaubens erschienen – um so teuflischer, wenn sie sich innerhalb der eigenen Kirche breitmachte. Im übrigen wurde die theologische Debatte, und zwar auf allen Seiten des Streits, durch eine zunehmende Rezeption scholastischer Begrifflichkeit bestimmt, die für die genuine Theologie der Reformation je länger desto mehr zum Prokrustesbett wurde; von den Wortführern des Theologenstreits der Epoche hat aber wohl nur Flacius diese Gefahr der beginnenden protestantischen Orthodoxie mit einiger Deutlichkeit gesehen.

Mitten im Streit, am 19. April 1560, wurde Philipp Melanchthon durch den Tod von der «rabies theologorum», die er so sehr verabscheut hatte, erlöst. In seinen besten Zeiten von europäischem Ansehen, ein glänzender Gelehrter und Organisator, in Wahrheit ein praeceptor Germaniae seiner Epoche, der maßgebende Vermittler vor allem des Humanismus für den deutschen Protestantismus, hat er – neben dem gewiß übermächtigen Luther – die Reformation auch durch seinen eigenen Geist geprägt. Seine fortdauernde Bereitschaft, um des Friedens willen den konfessionellen Gegnern soweit wie irgend verantwortbar entgegenzukommen, erweckte ihm im letzten Jahrzehnt seines Lebens harten Widerstand aus den eigenen Reihen, und gewiß deckte dieser Widerstand mancherlei theologische, kirchenpolitische und auch menschliche Schwächen Melanchthons auf. Einer der wahrhaft Großen des Jahrhunderts aber war er allemal – und doch auch einer der Väter der evangelischen Kirche, die ihm ein weniger freundliches Andenken bewahrt hat, als er es wohl verdient hätte.

Die lutherischen Lehrstreitigkeiten hatten notwendigerweise zugleich kirchenpolitische Relevanz, und zwar schon deshalb, weil jede Lehrabweichung einer reichsstädtischen oder Landeskirche von der Confessio Augustana ihre reichsrechtliche Anerkennung gefährdete. So blieb auch den evangelischen Reichsständen kaum etwas anderes übrig, als selbst im Streit Partei zu ergreifen. Daß dabei manche politischen Interessen und Gegensätze wirksam wurden, die an sich mit den theologischen Streitigkeiten kaum etwas zu tun hatten, ist nicht erstaunlich. So war das albertinische Kursachsen mit der Universität Wittenberg auch nach dem Tode Melanchthons ein Zentrum des Philippismus, umgekehrt aber das ernestinische Sachsen, das mit der Kurwürde 1548 auch die Universität Wittenberg verloren und statt dessen die Universität Jena gegründet hatte, ein Hort der Gnesiolutheraner; seit 1557 hatte sogar Flacius einen Lehrstuhl in Jena inne. Die Jahre der härtesten Auseinandersetzung zwischen Philippisten und Gnesiolutheranern waren denn auch nicht zufällig die Zeit, in der sich der Ernestiner Johann Friedrich der Mittlere noch einmal – und zuletzt, im Bündnis mit Grumbach, auch mit Waffengewalt – um die Wiedererlangung der Kurwürde für sein Haus bemühte. Im Grunde drängte aber gerade das politische Interesse der evangelischen Reichsstände auf einen Ausgleich der theologischen Streitigkeiten. Daß auf dem Wormser Religionsgespräch zwischen Katholiken und Protestanten 1557 die herzoglich-sächsischen Theologen aus dem Umkreis des Matthias Flacius ihren philippistischen Amtsbrüdern aus Kursachsen das Recht bestritten, sich auf die Confessio Augustana zu berufen – mit kaum absehbaren Folgen für den Religionsfrieden im Reich –, gab für die Interventionen der evangelischen Reichsstände den letzten Anstoß. Der Erfolg ließ freilich auf sich warten. Das Eigengewicht der zerstrittenen kirchlichen Parteien war doch zu groß, als daß die Landesherren durch politische Vereinbarungen untereinander und Mandate gegenüber ihren Landeskirchen ohne weiteres eine Einigung hätten erzwingen können.

Ein erster Vermittlungsentwurf schon aus dem Jahre 1558, der sogenannte Frankfurter Rezeß, der – nach einem Entwurf Melanchthons – im wesentlichen nur einen Minimalkonsens festschreiben wollte, scheiterte am Widerstand Herzog Johann Friedrichs und seiner flacianischen Streittheologen, die ihrerseits im Jahre darauf ein schroff antiphilippistisches Bekenntnis, das Weimarer Confutationsbuch, vorlegten, das natürlich erst recht keine allgemeine Anerkennung fand. Auch ein Fürstentag zu Naumburg 1561 führte nicht weiter; daß die versammelten Fürsten den schon damals offenkundig zum Calvinismus neigenden Kurfürsten Friedrich III. von der Pfalz gleichberechtigt zu den Verhandlungen zuließen, führte nur zu weiterer Verhärtung des Widerstands der Gnesiolutheraner. Nach diesen Mißerfolgen suchten die landesfürstlichen und reichsstädtischen Obrigkeiten zunächst einmal in ihren jeweiligen Herrschaftsgebieten zu einheitlichen, verbindlichen Lehrgrundlagen zu gelangen. Schon 1559 war das Weimarer Confutationsbuch im Herzogtum Sachsen zur verbindlichen Lehrnorm erklärt worden; seit Beginn der sechziger Jahre folgten weitere streng lutherische Bekenntnisschriften in einer ganzen Reihe norddeutscher Territorien und Städte. Auf philippistischer Seite erlangte das noch von Melanchthon selbst zusammengestellte Corpus doctrinae christianae von 1560 die größte Bedeutung: 1561 wurde dieses Bekenntnis in Pommern, 1566 in Kursachsen offiziell anerkannt; in Hessen, Nürnberg, Schleswig-Holstein und einigen anderen Territorien und Städten wurde es wenigstens faktisch zur Lehrnorm.

Diese Beruhigung, aber auch territoriale Zersplitterung der evangelischen Kirchen Deutschlands in ihren Lehrgrundlagen sollte freilich nicht das letzte Wort im Streit bleiben. Vielmehr kamen seit den späten sechziger Jahren neue Einigungsbestrebungen zum Zuge, die schließlich die große Mehrheit der protestantischen Stadt- und Landeskirchen zu einem gemeinsamen Bekenntnis, der Formula Concordiae von 1577, zusammenführten. Die Seele dieser Einigungsbemühungen war Jakob Andreä (1529–1590), Propst, Professor und Kanzler der Universität Tübingen, einflußreichstes Mitglied auch des württembergischen Kirchenrats. Er fand Unterstützung vor allem bei seinem Landesherrn, Herzog Christoph von Württemberg, aber auch bei Herzog Julius von Braunschweig-Wolfenbüttel, der Andreä 1568 für einige Zeit zum Aufbau des evangelischen Kirchenwesens in sein Land geholt hatte. Die wichtigsten theologischen Mitstreiter Andreäs waren Martin Chemnitz in Braunschweig, der bedeutendste protestantische Kritiker der tridentinischen Glaubensdekrete (‹Examen concilii tridentini› 1565–1573), und der zu Anfang der siebziger Jahre ebenfalls in Niedersachsen tätige Nikolaus Selnecker.

Die württembergisch-niedersächsischen Initiativen konnten freilich erst dann Entscheidendes bewegen, als die Hauptgegner im Streit abgetreten waren. Das galt für die Gnesiolutheraner im Grunde schon seit der Vertreibung des Flacius aus Jena (1561). Flacius hatte eine im ernestinischen Sachsen neu eingeführte Konsistorialordnung wegen ihrer Tendenz zur Ausweitung der landesherrlichen Kirchengewalt mit gewohnter Schärfe kritisiert und war daraufhin mit zahlreichen seiner Anhänger aus dem Herzogtum vertrieben worden. Ein Großteil der Ausgewiesenen konnte zwar einige Jahre später zurückkehren, nicht aber Flacius selbst, der seitdem ein ruheloses Leben führte; überdies hatte er sich durch seine schroffe Lehre von der Erbsünde viel von seinem früheren Ansehen verscherzt. In den siebziger Jahren kam es dann zum Sturz auch des Philippismus in dessen kursächsischem Zentrum. Zu den Häuptern dieses kursächsischen Philippismus gehörten Christoph Pezel, seit 1567 Professor in Wittenberg, der Hofprediger Schütz und der Superintendent Stößel, dazu eine Reihe humanistisch gebildeter Juristen und Mediziner wie etwa Caspar Peucer, Leibarzt und Vertrauter des Kurfürsten, und der Geheime Rat Georg Cracow – Männer, die sich von den lutherischen Grundlagen auch des Philippismus immer weiter entfernt hatten und insgeheim auf eine Union mit den Calvinisten hinarbeiteten. Das aber widersprach nicht nur der religiösen Überzeugung des Kurfürsten, sondern auch der kursächsischen Reichspolitik, die ja vor allem auf die Wahrung des Religionsfriedens im Reich bedacht war und deshalb jedes Bündnis mit den Calvinisten scheute. Als 1574 die Wahrheit ans Licht kam, reagierte Kurfürst August, der sich überdies persönlich hintergangen fühlte, unerwartet hart: Er ließ Peucer, Cracow, Schütz und Stößel für lange Jahre einkerkern; Pezel und andere wurden des Landes verwiesen. Der unglückliche Cracow starb 1575 in elender Verwahrlosung im Gefängnis, auch Stößel sah bis zu seinem Tode 1576 die Freiheit nicht wieder. Noch 1574 folgte dem Strafgericht die verbindliche Klarstellung der Lehre. Das Torgauer ‹Bekenntnis vom Abendmahl› formulierte unzweideutig, daß kraft der unio sacramentalis das Brot der Leib Christi und der Wein das Blut Christi seien; darum sei Christi Leib «wahrhaftig und wesentlich» präsent und werde auch den Unwürdigen gereicht. Das war eindeutig lutherisch; die Grenzen zum Calvinismus waren klar gezogen, dem «Kryptocalvinismus» der Philippisten ein Riegel vorgeschoben.

Seit der Entscheidung in Kursachsen war der Weg für eine umfassende Lehreinigung der lutherischen Kirchen frei; daß der Katholizismus sich zur gleichen Zeit in Reform und Gegenreformation zu stabilisieren begann, trieb den Entscheidungsprozeß auf lutherischer Seite voran. Im Frühjahr 1577 entstand aus einer Reihe von Vorarbeiten und Entwürfen württembergischer, niedersächsischer und badischer Theologen die Formula Concordiae; sie wurde in den folgenden Jahren von 86 Reichsständen und über 8000 evangelischen Theologen unterschrieben. Am 25. Juni 1580 endlich, genau 50 Jahre nach Überreichung der Confessio Augustana auf dem Augsburger Reichstag, erschien in Dresden das sogenannte ‹Konkordienbuch› mit den seitdem maßgebenden Bekenntnisschriften der evangelischen Kirchen Deutschlands: den drei altkirchlichen Symbolen, der Confessio Augustana, der Apologie, den Schmalkaldischen Artikeln Martin Luthers nebst Melanchthons Traktat ‹De potestate et primatu papae›, dem Großen und Kleinen Katechismus und schließlich der Formula Concordiae selbst.

Der Lehrkonsens der Konkordienformel konnte nach Lage der Dinge nur auf einer mittleren Ebene zwischen den extremen Positionen der Gnesiolutheraner einerseits, der Philippisten anderseits liegen. Dieses Ziel suchte man durch Rückbezug auf die Confessio Augustana von 1530, aber auch auf die Schriften Luthers zu erreichen. Und das gelang im wesentlichen durchaus – selbst wenn in manchen Lehrstücken, sogar in der Rechtfertigungslehre und in der Christologie, die Fülle der Theologie Luthers verfehlt wurde.

Als abschließende Bekenntnisbildung der lutherischen Reformation verharrte die Konkordienformel in scharfer Ablehnung der katholischen Kirche – in sehr viel schärferer Abgrenzung insbesondere als die Confessio Augustana –; zugleich aber verwarf sie erstmals und verbindlich auch die reformierte Lehre hinsichtlich des Abendmahls und einiger Stücke der Christologie. Damit wurde die konfessionelle Konstellation Deutschlands für rund zweieinhalb Jahrhunderte festgelegt. Ein fortdauerndes Element konfessioneller Unsicherheit des deutschen Luthertums war freilich, daß eine ganze Reihe evangelischer Reichsstände aus im einzelnen sehr unterschiedlichen Gründen der Konkordienformel nicht beitrat, darunter die Fürstenhäuser von Pommern, Holstein, Anhalt, Hessen und Pfalz-Zweibrücken, dazu die Grafen der Wetterau und die Mehrzahl der großen Reichsstädte Süddeutschlands, im Norden auch Bremen. In einigen dieser Territorien und Städte war es die immer noch ungebrochene Vorherrschaft des Philippismus, die den Anschluß an die Konkordienformel hinderte. Angesichts der gerade durch die Konkordienformel bewirkten Verfestigung des Luthertums geriet dieser Philippismus zunehmend in ein konfessionelles Niemandsland, und in nicht wenigen Fällen führte der Weg von da zum Anschluß an den Calvinismus. Im übrigen war die Ausgrenzung des Calvinismus aus den Kirchen der Confessio Augustana natürlich von hohem reichspolitischen Belang: Sie bedeutete ja den latenten Ausschluß der Calvinisten von der Friedensgarantie des Augsburger Religionsfriedens, die ihnen die lutherischen Reichsstände unter Führung Kursachsens bislang immer wieder gesichert hatten. Daß sich damit das ohnehin problematische Verhältnis der Calvinisten zur Ordnung des Religionsfriedens in Deutschland weiter verschlechterte, war unausweichlich. Ebenso folgerichtig war, daß die deutschen Calvinisten jetzt in verstärktem Maße nach politischen Bündnispartnern auch außerhalb des Reichs Ausschau hielten – und dies nun keineswegs unter Ausschluß der deutschen Lutheraner; im Gegenteil suchten sie auch die lutherischen Reichsstände immer wieder zu einem möglichst umfassenden Bündnis, insbesondere mit den Mächten des westeuropäischen Protestantismus, zu bewegen, um mit solcherart vereinten Kräften der bedrohlich vordringenden

Gegenreformation wirkungsvoller widerstehen zu können. Die daraus erwachsende Alternative zwischen einem Bündnis mit den Calvinisten einerseits, dem Festhalten an der Ordnung des Religionsfriedens anderseits wurde zum politischen Grundproblem des deutschen Luthertums in den beiden letzten Jahrzehnten des Jahrhunderts. Der Verlauf der Reichsgeschichte sollte dadurch tiefgreifend beeinflußt werden.

4. Grundlagen und Anfänge katholischer Reform und Gegenreformation

Das Begriffspaar «Katholische Reform und Gegenreformation» ist eine weder selbstverständliche noch auch nur traditionelle Begriffsbildung; sie ist vielmehr das relativ junge Ergebnis einer langen, zum Teil heftigen historiographischen Diskussion, in der es zugleich um Grundprobleme der Periodisierung der frühneuzeitlichen Geschichte ging.

Von «Gegenreformationen» – im Plural – sprach zuerst der Göttinger Staatsrechtslehrer Johann Stephan Pütter (1776). Er meinte damit die durch staatliche Gewalt erzwungenen Rückführungen protestantisch gewordener Bevölkerungen zur katholischen Kirche während des 16. und 17. Jahrhunderts. Die bei Pütter als Einzelaktionen verstandenen »Gegenreformationen» enthüllten sich indes bald als Teil eines großen Gesamtzusammenhangs der Restauration und Regeneration des Katholizismus. Leopold von Ranke nannte diesen bedeutenden Geschehenszusammenhang deshalb – im Singular – «Gegenreformation» und verwendete den Begriff zugleich als Epochenbezeichnung für die europäische Geschichte von 1555 bis 1648. In der Folge bürgerte sich dieser Terminus mit seinen französischen und englischen Entsprechungen in der europäischen Geschichtswissenschaft weithin ein; als Epochenbegriff setzte er sich freilich nur in Deutschland durch.

Seit einigen Jahrzehnten hat nun die Forschung das herkömmliche Bild der Gegenreformation in vielen Punkten differenziert und damit eine lebhafte Diskussion auch über die angemessenen Begrifflichkeiten entfacht. Einige, vor allem katholische, Historiker lehnten das Wort «Gegenreformation» wegen der mit ihm verbundenen Vorstellung einer bloßen und überdies bloß durch staatliche Gewalt zum Erfolg geführten Reaktion gegen die Reformation ohnehin stets ab und sprachen statt dessen von «Katholischer Reformation» oder «Katholischer Restauration». Auch diese Bezeichnungen aber waren einseitig und darum unbefriedigend. Je klarer nämlich gerade die zu den spätmittelalterlichen Reformansätzen zurückreichenden innerkatholischen Kontinuitäten ins Licht traten, desto deutlicher erwies sich doch auch die Abwehr des Protestantismus, und zwar sehr wesentlich mit Hilfe der staatlichen Gewalten, als bedeutsame Komponente der Entwicklung des Katholizismus im 16. und 17. Jahrhundert. In dieser Forschungssituation erscheint die von Hubert Jedin vorgeschlagene Verwendung des Begriffspaares «Katholische Reformation (Reform) *und* Gegenreformation» als plausibler terminologischer Fortschritt: «Die katholische Reform ist die Selbstbesinnung der Kirche auf das katholische Lebensideal durch innere Erneuerung, die Gegenreformation ist die Selbstbehauptung der Kirche im Kampf gegen den Protestantismus.»

Die neuere Forschung hat nun freilich des weiteren die Gemeinsamkeit grundlegender Strukturelemente der Katholischen Reform und Gegenreformation einerseits, des Luthertums und selbst des Calvinismus der Epoche anderseits aufgezeigt. Überall ging es um die Verfestigung der Kirchenlehre und der Gottesdienstformen wie der kirchlichen Organisation; hier wie dort entsprach dieser Verfestigung nach innen die polemische Abgrenzung nach außen, und auf allen Seiten hielt man diese polemische Abgrenzung für eine Verteidigung der göttlichen Wahrheit gegen verderblichen Irrtum und teuflische Verblendung. Allen Kirchen der Zeit gemeinsam war des weiteren das Streben nach einer intensiven religiösen Durchdringung des täglichen Lebens der Bevölkerung; in diesen Zusammenhang gehört nicht zuletzt die deutliche Wendung aller Kirchen des 16. Jahrhunderts zur Seelsorge. Schließlich war der Katholischen Reform und Gegenreformation wie dem Luthertum und auch dem Calvinismus – bei mancherlei Unterschieden im einzelnen – die besonders enge Verbindung mit den jeweiligen staatlichen Gewalten gemeinsam. Überall nahmen die Kirchen die Hilfe des Staats in Anspruch, sehr oft gingen die entscheidenden Impulse der Entwicklung überhaupt von der Staatsgewalt aus, die damit durchweg auch im Interesse der eigenen Modernisierung und Konsolidierung handelte; nur in Ausnahmefällen wurden wichtigere kirchliche Entscheidungen gegen die Staatsgewalt durchgesetzt. Für diese strukturellen Gemeinsamkeiten ist in der Geschichtswissenschaft der Begriff des «Konfessionalismus» geläufig geworden; die Katholische Reform und Gegenreformation ist insofern – in Analogie zur Konfessionalisierung von Luthertum und Calvinismus – als katholische Konfessionalisierung zu verstehen. Im übrigen erscheint von da aus der Begriff des Konfessionalismus auch als Epochenbezeichnung brauchbar – besser jedenfalls als der Rankesche Epochenbegriff der «Gegenreformation». Die Anfänge des Konfessionalismus reichen bis in die zwanziger Jahre, also in die Frühzeit der Reformation, zurück; zu epochenprägender Kraft gelangte er jedoch erst in der zweiten Jahrhunderthälfte – so jedenfalls nach der überwiegenden und wohlbegründeten Forschungsmeinung.

Ansätze zu einer inneren Reform der katholischen Kirche hatte es bereits vor der Reformation gegeben. Die Observantenzweige älterer Orden oder sonstige Reformkongregationen, die Brüder vom Gemeinsamen Leben, die Frömmigkeitsbewegung der devotio moderna, die Reform der spanischen Kirche unter dem Katholischen Königspaar wie die Reformbemühungen manch anderer fürstlicher oder städtischer Obrigkeiten, auch in Deutschland, liefern dafür achtenswerte Zeugnisse. Indessen waren das stets nur punktuelle oder allenfalls Teilreformen gewesen; die Versuche einer Gesamtreform der Kirche an Haupt und Gliedern, wie sie insbesondere die großen Konzilien des 15. Jahrhunderts angestrebt hatten, waren sämtlich gescheitert. Seit dem Auftreten Luthers mündeten dann manche dieser vorreformatorischen Reformströmungen in die Reformation selbst ein, und das wiederum hatte zur Folge, daß die alte Kirche und besonders das Papsttum den kirchlichen Reformansätzen jeglicher Provenienz mit großem Mißtrauen begegnete; noch die Reorganisation der römischen Inquisition unter Papst Paul III. 1542 galt nicht zuletzt der Abwehr innerkatholischer Reformforderungen und -ansätze, die man einer gefährlichen Nähe zur Reformation verdächtigte. Gleichwohl fehlte es schon frühzeitig nicht ganz an Männern, die auch in der Auseinandersetzung mit der Reformation der eigenen Reform wenn nicht den Vorrang, so doch den gleichen Rang zuerkennen wollten wie der Ausgrenzung und Bekämpfung der Reformation; zumeist galt ihnen die innerkirchliche Reform überhaupt als der beste Weg, um auch mit der Reformation selbst fertig zu werden. Kaiser Karl V. und manche katholische Reichsfürsten seiner Zeit dachten so, aber auch weitschauende Männer der kirchlichen Hierarchie wie etwa Papst Hadrian VI. oder Kardinal Contarini. Indessen erwiesen sich die Widerstände gegen eine Reform der Kirche an Haupt und Gliedern noch geraume Zeit als übermächtig. Eine grundsätzliche Wendung trat erst ein, als unabweisbar wurde, daß noch so gut gemeinte Teilreformen nicht ausreichen würden, um die Reformation wirklich aufzuhalten oder gar zurückzuwerfen – nicht einmal dann, wenn sich solche Teilreformen mit härtester Abwehr der Reformation verbanden. So waren es schließlich doch die Erfolge der Reformation in Europa, die in der katholischen Kirche der Einsicht in die Notwendigkeit grundlegender Reformen, freilich gekoppelt mit einer ebenso entschiedenen Ausgrenzung und Abwehr des Protestantismus, zum Siege verhalfen. Die Anfänge dieser grundsätzlichen Wendung fielen in den Pontifikat Pauls III. (1534–1549); ihre volle Wirkung erreichte die Katholische Reform und Gegenreformation jedoch erst in der zweiten Jahrhunderthälfte, in Deutschland noch einmal mit deutlicher Verzögerung gegenüber Spanien und Italien.

Die wichtigsten innerkirchlichen Faktoren der Erneuerung des Katholizismus waren die Gesellschaft Jesu und das Konzil von Trient. Daneben gewann das Papsttum, nachdem es sich einmal der Reform geöffnet hatte, steigende Bedeutung für die äußere und innere Restitution der katholischen Kirche. Kaum weniger wichtig aber war das Engagement weltlicher katholischer Obrigkeiten; ohne sie wäre die Konsolidierung des Katholizismus nach innen und außen unmöglich gewesen, sie übertrafen in ihrem Reformeifer nicht selten die Amtsträger der Kirche selbst.

Der Wille zur innerkirchlichen Erneuerung hatte bereits seit der ersten Hälfte des 16. Jahrhunderts zu einigen bedeutenden Neugründungen kirchlicher Orden oder Kongregationen geführt. Charakteristisch für all diese Neugründungen war, daß sie weniger eine vita contemplativa als vielmehr ein sehr aktives Leben im Dienst der Kirche anstrebten, vornehmlich in den Bereichen der karitativen Fürsorge für Kranke und sozial Schwache, der Predigt, der Jugendunterweisung, auch der Volksmission. Mit dieser Ausrichtung ihrer Tätigkeit wurden sie zu wichtigen Pflanzstätten der Katholischen Reform und Gegenreformation.

Die mit Abstand erfolgreichste dieser Neugründungen war die Societas Jesu. Schon bei den Zeitgenossen und seitdem bis ins 20. Jahrhundert umstritten – die Heilige Teresa oder Franz von Sales und selbst Päpste wie Paul IV. oder Clemens XIV. haben sie leidenschaftlich abgelehnt –, war die Gesellschaft Jesu doch ohne Zweifel einer der wirkungsvollsten Träger der Katholischen Reform und Gegenreformation, auch und gerade in Deutschland.

Die Societas Jesu geht auf den Basken Iñigo López de Loyola, latinisiert: Ignatius de Loyola, zurück. Seine Lebensdaten – er hat von 1491 bis 1556 gelebt – liegen ziemlich genau zwischen denen Luthers einerseits, Calvins anderseits und weisen damit auf die enge zeitliche Verschränktheit der späteren Phasen der Reformation mit der Katholischen Reform und Gegenreformation hin. 1521 als Offizier bei der Verteidigung der Feste Pamplona gegen die Franzosen schwer verwundet, wurde Loyola durch die Lektüre von Heiligenlegenden in seiner glutvollen, ja ekstatischen Frömmigkeit bestärkt und schließlich dazu veranlaßt, seine Kräfte fortan als geistlicher Ritter völlig in den Dienst der Kirche zu stellen. Sein geistliches Leben war zunächst ganz von Askese und Visionen bestimmt, deren Erfahrungen er bereits 1521/22 in seinen berühmten ‹Exercitia spiritualia› – einem Seelenführer von hinreißender Kraft geistlicher Pädagogik – aufarbeitete. Seit 1524 kümmerte er sich dann intensiv um seine bislang ziemlich vernachlässigte Bildung: Als 33jähriger setzte er sich in Barcelona auf die Schulbank und holte sich die Vorbildung für ein akademisches Studium, das er 1526 in Alcalá aufnahm und in Salamanca fortsetzte – hier wie dort nicht ohne gefährliche Berührungen mit der spanischen Inquisition, die ihn schließlich veranlaßten, nach Paris zu gehen. Zugleich warb er mit Ausdauer und Leidenschaft bei seinen Kommilitonen für seine Sache. 1534 legte er mit einigen Freunden – unter ihnen der Savoyarde Peter Faber, der Navarrese Franz Xaver und der Kastilier Jacob Lainez – auf dem Montmartre zu Paris das Gelübde der Armut und Keuschheit ab; 1537 kamen sie überein, ihre Dienste dem Papst für Aufgaben der Seelenrettung anzubieten. In der Folge verfestigte sich die Gemeinschaft Loyolas und seiner Freunde auch institutionell; 1539 beschlossen sie die Gründung eines Ordens mit dem Namen Societas Jesu. Durch eine päpstliche Bulle von 1540 und die Wahl Loyolas zum ersten Ordensgeneral wurde die Gründung der Societas Jesu förmlich gesichert und abgeschlossen. Der innere Ausbau nahm noch Jahrzehnte in Anspruch. Ignatius selbst lebte bis zu seinem Tode in Rom, das auch in der

Folge der ständige Sitz des Jesuitengenerals geblieben ist. Bereits 1545 erhielten die Jesuiten das päpstliche Privileg, überall, selbst ohne Erlaubnis des Diözesanbischofs, zu predigen und das Bußsakrament zu spenden; andere weitreichende Privilegien folgten.

Die historische Wirkung des Jesuitenordens beruhte zum einen auf seiner außerordentlich straffen, geradezu militärischen Verfassung, zum anderen auf der von ihm mit großer Beharrlichkeit festgehaltenen Richtung seiner Frömmigkeit. An der Spitze der Gesellschaft stand der von der Generalkongregation auf Lebenszeit gewählte General mit sozusagen monarchischer Gewalt und umfassenden Vollmachten. Unter ihm standen die Provinzialen, unter diesen wiederum Direktoren, d.h. die Vorsteher der einzelnen Ordenshäuser. Dem Eintritt in den Orden ging ein zweijähriges Noviziat voraus. Darauf folgte die Ablegung der drei Mönchsgelübde und die Aufnahme in die Klasse der Scholastiker – Studenten der Philosophie und Theologie –; nur die begabtesten Scholastiker erhielten nach etwa 15 Jahren die Priesterweihe und wurden in die Klasse der geistlichen Koadjutoren aufgenommen. Von diesen rückten wiederum nur die besonders Bewährten frühestens im Lebensalter von 45 Jahren in die Klasse der Professi auf, die zu den drei Mönchsgelübden noch das Gelübde des unbedingten Gehorsams gegenüber dem Papst abzulegen hatten. Die Professi bildeten den eigentlichen Kern des Ordens. Durch ein ausgeklügeltes Überwachungssystem, das sich auf alle Mitglieder der Gesellschaft, selbst auf den General, erstreckte, wurde die bedingungslose Unterordnung der einzelnen unter die Zwecke des Ganzen gesichert. Der General war überdies durch eine umfassende Korrespondenz über alle Vorgänge und Kräfte im Orden aufs genaueste unterrichtet.

In merkwürdigem und zugleich bezeichnendem Gegensatz zur inneren Disziplin und Gemeinsamkeit der Ordensmitglieder stand Ignatius' Verzicht auf ein Ordensgewand wie auf das gemeinsame feierliche Chorgebet der älteren Orden. Auch solcher Verzicht stand jedoch ganz im Dienste der Aufgaben der Gesellschaft Jesu; er sollte den Ordensbrüdern ihr Wirken in der Welt erleichtern, sie zeitlich und räumlich flexibel halten.

Die Religiosität der Jesuiten wurde insbesondere durch die geistlichen Übungen geformt, denen sich die Ordensmitglieder alljährlich vier Wochen hindurch unter Leitung eines kundigen Seelenführers zu unterwerfen hatten, im wesentlichen nach Maßgabe der Exercitia spiritualia des Ignatius. Unter starker Erregung der Einbildungskraft wurde hier die Betrachtung auf die Scheußlichkeit der Sünde einerseits, das Leben und Leiden des Heilandes, den auferstandenen und verklärten Christus anderseits gerichtet. Die Übungen sollten Schritt für Schritt auf Gefühl und Willen wirken, zu religiöser Hingabe und aktiver Mitarbeit am Reiche Christi erziehen. Ignatius griff dafür auf das reiche Erbe der Mystik, auch auf die asketischen Mittel der altmönchischen Tradition zurück; das spezifisch Neue lag demgegenüber in der gedanklichen Schärfe des Ignatius, auch in seiner systematischen Anwendung tiefer psychologischer Einsichten zur Formung des Willens. Grundelemente dieser Frömmigkeit, vor allem die gezielte Erregung sinnenhafter Emotionen, bestimmten auch die religiöse Volkspädagogik der Jesuiten. Ihre Pflege der Reliquien- und Heiligenverehrung, ihre Neubelebung des Wallfahrts- und Prozessionswesens, ihre frühzeitige Aufnahme auch der Bilder- und Figurenpracht des Barock in die Kirchen waren insofern, ganz abgesehen von den hier vermittelten geistlichen Inhalten, sehr bewußt eingesetzte Strategien religiöser Beeinflussung.

Die Societas Jesu konzentrierte alle ihre Kräfte auf das Doppelziel der Wiederherstellung und Ausbreitung der katholischen Kirche durch die Bekehrung und Bekämpfung von Ketzern und Heiden. Im Dienste dieser Zielsetzung wirkten sie – nach frühzeitigem Wegfall karitativer Aufgaben – vornehmlich in vier Funktionen: als Beichtväter und Prediger für das Volk, als Beichträte und Prinzenerzieher an den Höfen, als Lehrer an gehobenen Schulen und Universitäten und als Missionare in Übersee. Ihre stärkste und dauerhafteste Wirkung haben sie, jedenfalls in Deutschland, wohl über das Schulwesen erreicht; ihre Gymnasien machten in Lehrplan und Unterrichtsmethodik den Vorsprung der protestantischen Gelehrtenschulen wett und befestigten Generationen von Heranwachsenden besonders der gesellschaftlichen Oberschichten für ihr ganzes Leben im Katholizismus.

In Deutschland begann die Wirksamkeit der Jesuiten 1540 mit Peter Faber, der damals als Begleiter eines spanischen Diplomaten ins Reich kam; wenig später bereits waren Faber, Le Jay und Bobadilla als Berater der habsburgischen Majestäten tätig. Seit 1544 gab es eine erste Niederlassung des Ordens in Köln. Auf dem Reichstag zu Augsburg 1547/48 überzog zwar Nikolaus Bobadilla seine konfessionell intransigente Haltung dermaßen – auch in der Kritik an der Interimspolitik Karls V. –, daß der Kaiser ihn schließlich unter Bedeckung etlicher Reiter aus Augsburg und dann überhaupt aus Deutschland entfernen ließ. Das war jedoch ein nur kurzfristiger Rückschlag. Seit den fünfziger Jahren gewannen die Jesuiten an den wichtigsten katholischen Fürstenhöfen des Reichs maßgeblichen Einfluß. Es war vor allem ihr Werk, daß sich der weitverbreitete Defätismus der Katholiken gegenüber der vordringenden Reformation allmählich in eine Haltung kämpferischer Selbstbehauptung wandelte. Die wichtigsten der frühen Förderer des Ordens in Deutschland waren Kardinal Otto Truchseß in Augsburg, die bayerischen Herzöge und König Ferdinand; die bedeutendste Gestalt unter den Jesuiten selbst aber war Petrus Canisius. 1521 zu Nijmegen geboren und als Neunzehnjähriger an der Universität Köln zum Magister der Philosophie promoviert, war Canisius 1543 durch Peter Faber für die Gesellschaft Jesu gewonnen worden. 1547 ging er als Theologe des Kardinals von Augsburg zum Konzil nach Trient und dann nach Bologna, wurde aber noch im gleichen Jahr von Ignatius nach Rom gerufen. 1549, nach Ablegung der feierlichen Profeß, wies ihm der Ordensgeneral Deutschland als sein künftiges Arbeitsfeld zu, und hier hat Canisius dann in einer nahezu vierzigjährigen Tätigkeit Entscheidendes für seinen Orden und die katholische Kirche geleistet – als Prediger und Seelsorger, als Organisator, Publizist und Kirchenpolitiker. Das erste Zentrum seiner Wirksamkeit war die Universität Ingolstadt, an die er bereits 1549 als Professor berufen wurde. Später folgten längere Aufenthalte am Hof zu Wien, am Niederrhein, in Augsburg, Dillingen und schließlich Freiburg in der Schweiz. Dazwischen lagen ausgedehnte Reisen zu den Brennpunkten des kirchlichen Geschehens: 1562 erneut zum Konzil nach Trient, wiederholt zu den Reichstagen, mehrfach auch nach Rom. Unter den theologischen Werken des Canisius war der auf Anregung König Ferdinands entstandene, zuerst 1554 erschienene Katechismus besonders einflußreich, und zwar weit über Deutschland hinaus; das Werk wurde in ein rundes Dutzend europäischer und außereuropäischer Sprachen übersetzt, unter anderem ins Äthiopische und Japanische. Eine Kurzfassung des Katechismus (1561) diente – in genauer Analogie zum Kleinen Katechismus Martin Luthers – als Grundlage der religiösen Unterweisung des Volks, insbesondere der Kinder, und fand ebenfalls binnen kurzem weiteste Verbreitung. Noch wichtiger vielleicht als die theologische Arbeit des Canisius war sein erfolgreiches Bemühen um die Gründung von Jesuitenkollegien im Reich: zuerst 1552 in Wien, 1556 in Köln, Ingolstadt und Prag, 1559 in München, in den frühen sechziger Jahren dann in Trier, Innsbruck und Dillingen. Ursprünglich zur Heranbildung des Ordensnachwuchses an schon bestehenden Universitäten bestimmt, nahmen die Kollegien schon frühzeitig und zunehmend auch externe Alumnen auf und wurden damit zu jenen Jesuitengymnasien, die so maßgeblich zur Stabilisierung des Katholizismus in Deutschland beitrugen. Wie alle Institutionen einer Reform von Erziehung und Bildung brauchten freilich auch die Jesuitengymnasien Jahrzehnte, um ihre volle Wirksamkeit zu entfalten.

Neben den Jesuitenkollegien in Deutschland war das 1552 von Ignatius initiierte Collegium Germanicum in Rom für die Katholische Reform und Gegenreformation im Reich von herausragender Bedeutung. Die Konzeption des Kollegs als Pflanzstätte einer neuen Generation von Priestern zur Rückgewinnung Deutschlands wirkte schon frühzeitig als Vorbild für die vom Trienter Konzil geforderten Priesterseminare in den Diözesen; langfristig wurde das Collegium Germanicum zu einer – weitgehend von den Jesuiten geprägten – Eliteschule des Führungsnachwuchses der Kirche in Deutschland. Daß die finanzielle Ausstattung der Neugründung erst in den siebziger Jahren gesichert werden konnte, verzögerte allerdings die breite Wirksamkeit auch des Collegium Germanicum um Jahrzehnte.

Daß eine durchgreifende Reform der Kirche nur mit Hilfe eines allgemeinen Konzils zu erreichen sein werde, war schon seit den zwanziger Jahren des 16. Jahrhunderts eine communis opinio. Gleichwohl dauerte es bis 1545, ehe das Konzil wirklich in Trient eröffnet werden konnte, und auch dann wurde es in seiner Arbeit alsbald wieder unterbrochen: Bereits 1547 wurde es von

Trient in das päpstliche Bologna verlegt und wenig später überhaupt vertagt; eine zweite Konzilsphase – 1551/52 – war noch kürzer, und erst ein Jahrzehnt später konnte das Tridentinum in einer dritten Sitzungsperiode – 1562/63 – wirklich zum Abschluß gebracht werden.

Die Gründe für diese Verzögerungen und Stockungen lagen gutenteils in den europäischen Auseinandersetzungen der Häuser Habsburg und Valois. Während der immer wieder ausbrechenden Kriege zwischen diesen beiden Hauptmächten Europas war an die Beschickung eines Konzils nicht zu denken; überdies arbeitete der französische König jahrzehntelang dem Konzil entgegen, weil er von ihm eine Steigerung der Macht und Autorität des Kaisers – und sei es nur durch die Schwächung der Protestanten in Deutschland und Europa – befürchtete. Auch Rom scheute freilich ein solches Übergewicht des Kaisers, nicht zuletzt wegen der kaiserlichen Reformforderungen mit ihren deutlich antikurialen Akzenten. Hinzu kam noch die Sorge der Päpste vor konziliaristischen Strömungen; die Überordnung des Papsttums über das Konzil war – mehr als ein Jahrhundert nach den Konzilien von Konstanz und Basel – doch nicht völlig gesichert. Noch Papst Paul IV. (1555–1559) verweigerte deshalb die anstehende Berufung des Konzils zu dessen dritter Sitzungsperiode und versuchte statt dessen, den noch immer grassierenden Mißständen der Kirche durch einen päpstlichen Reformkonvent beizukommen, freilich ohne Erfolg. Erst sein Nachfolger Pius IV. (1559–1565) setzte sich dann von vornherein die Fortsetzung und Beendigung des Konzils zum Ziel. Im übrigen gab es natürlich eine auf allen Ebenen der Kirche weitverbreitete, aus Angst vor dem Verlust von Macht und Einkünften oder auch einfach aus Bequemlichkeit oder Verzagtheit geborene Reformunwilligkeit. Trotz all dieser Hemmnisse und Widerstände aber hat das Konzil seine Aufgabe schließlich doch sehr erfolgreich gelöst. Der Wille zur inneren wie äußeren Selbstbehauptung und Erneuerung der alten Kirche war bei den Konzilsvätern so stark – und wuchs noch deutlich während des Konzils selbst –, daß alle das Konzil hemmenden Schwierigkeiten und Spannungen überwunden oder doch durch tragfähige Kompromisse entschärft werden konnten.

Einen erheblichen Teil seiner Aufgaben, vor allem im Bereich der Kirchenlehre, hatte das Konzil bereits in seinen ersten beiden Sitzungsperioden bewältigen können. Auch danach standen jedoch wichtige Lehrentscheidungen des Konzils noch aus, z. B. über das Meßopfer, über Priestertum und Bischofsamt, über den Primat des Papstes, auch über die Verehrung der Heiligen und ihrer Bilder, nicht zuletzt über den Ablaß. Noch viel gravierender aber waren die in den ersten beiden Konzilsperioden nicht befriedigten Desiderate der kirchlichen Reform. Zwar hatte das Konzil parallel zu seinen dogmatischen Dekreten immer wieder auch Reformdekrete verabschiedet; ob diese Reformdekrete im einzelnen und insgesamt wirklich tief genug griffen, unterlag indessen manchem Zweifel, sogar bei den Konzilsvätern selbst. Über die Residenzpflicht der Bischöfe z. B. hatte es 1547 schwere

Auseinandersetzungen gegeben, die bis auf weiteres nur durch einen mühsamen, in der Sache selbst wenig befriedigenden Kompromiß hatten beendet werden können. Während der zweiten Konzilsperiode war anläßlich der Verhandlungen über das Weihe- und Ämterrecht von seiten kritischer Konzilsväter sogar in aller Offenheit der Vorwurf erhoben worden, daß die Kirchenversammlung unter dem Einfluß der päpstlichen Konzilslegaten ihre Reformaufgabe – vor allem gegenüber der Kurie – nicht mit der angemessenen Entschlossenheit wahrnehme. Nach dem Urteil Hubert Jedins, des besten Kenners der Geschichte des Tridentinums, hatten die Reformdekrete des Konzils während der ersten beiden Sitzungsperioden zwar «manche, aber keineswegs die drückendsten Mißstände» beseitigt.

Dem von Papst Pius IV. im November 1560 von neuem berufenen Konzil standen also noch umfangreiche und schwierige Aufgaben bevor. Erste Schwierigkeiten dieser Art traten bereits vor der Eröffnung der Kirchenversammlung zutage, und zwar anläßlich der Frage, ob das neuberufene Konzil eine Fortsetzung des bisherigen oder aber ein neues Konzil sein solle. Während Philipp II. von Spanien von der Kontinuität des Konzils ausging, weshalb die Beschlüsse der früheren Tagungsperioden – ungeachtet der noch ausstehenden päpstlichen Bestätigung – nicht neu aufzunehmen wären, forderten Frankreich und auch Kaiser Ferdinand ein «neues» Konzil: beide in der Absicht, die Möglichkeit neuer Vergleichsverhandlungen mit den Protestanten auf dem Konzil offenzuhalten, Ferdinand überdies in Sorge um den Bestand des Augsburger Religionsfriedens, dessen Forderung einer «freundlichen und endlichen Vergleichung der Religion und Glaubenssachen» mit den bisherigen Beschlüssen des Tridentinums in offensichtlichem Widerspruch stand. Ferdinand ließ auch ein umfängliches Reformlibell ausarbeiten, das – neben wohlüberlegten Forderungen nach Abstellung kirchlicher Mißstände, nicht zuletzt des Fiskalismus der Kurie – die Zulassung von Laienkelch, Priesterehe und Fastenerleichterungen verlangte. Angesichts dieser Dissense war monatelang unsicher, ob das Konzil überhaupt zustande kommen werde; erst die bedrohlichen Erfolge der Calvinisten in Frankreich ließen im Herbst 1561 die Bedeutung des innerkatholischen Streits zurücktreten und machten die Neueröffnung des Konzils im Januar 1562 möglich. Faktisch setzte sich in der Folge die Auffassung von der Kontinuität des Konzils durch.

Auch jetzt fiel dem Konzil die Lösung seiner Reformaufgaben nicht in den Schoß. Die Vorstellungen der Konzilsväter über die eigentlichen Ziele der Reform klafften nach wie vor weit auseinander; über den Streit um die Eigenständigkeit der bischöflichen gegenüber der päpstlichen Gewalt wäre das Konzil im Frühjahr 1563 beinahe auseinandergebrochen. Hinzu kamen zahlreiche und oft hemmende Einwirkungen von seiten der katholischen Herrscher, die ihre staatskirchenrechtlichen Befugnisse gegenüber der Kirche durch die Reform nicht mindern lassen wollten. Schließlich gelang es dem Konzil aber doch, neben den noch ausstehenden dogmatischen Dekreten eine sehr respektable Reihe von Reformdekreten zu verabschieden, die dem kirchlichen Leben eine neue Grundlage zu geben versprachen. Ihr unmittelbares Ziel bestand in der Stärkung der bischöflichen Jurisdiktion gegenüber den in den Jahrhunderten zuvor – nicht zuletzt aus fiskalischen Interessen der Kurie – erteilten unzähligen Exemtionen zugunsten von Klöstern, Stiften oder sonstigen kirchlichen Körperschaften. Diese Restitution der bischöflichen Gewalt blieb aber kein Wert an sich, sondern wurde selbst in den Dienst der Reform der Kirche gestellt: Die Forderung nach Vergeistlichung der Kirche, nach Rückbesinnung auf ihre eigentliche Aufgabe, wurde zunächst als Forderung an die Bischöfe selbst verstanden. Das Konzil wandte sich mit Entschiedenheit gegen die Wahl von Bischöfen, die allenfalls für politische, nicht aber für die geistlichen Geschäfte des Bischofsamts geeignet wären und vielleicht nicht einmal die Priesterweihe hätten – was in praxi eine grundlegende Kritik an der Institution des geistlichen Fürstentums und damit an der Grundstruktur der Reichskirche überhaupt bedeutete. Der Bischof sollte seiner Residenzpflicht genügen, selbst Gottesdienst halten, nach Möglichkeit auch persönlich in seiner Diözese firmen und weihen, vor allem aber mit Hilfe von Visitationen und Diözesansynoden den ihm anvertrauten Pfarrklerus, dazu die Laien und nicht zuletzt die Klöster bessern und reformieren. In der Sorge für einen ordnungsgemäßen Kultus begann das Konzil des weiteren mit Arbeiten zur Reform des Meßbuchs, überließ deren Vollendung dann aber dem Papst; das aus diesen Bemühungen erwachsene ‹Missale Romanum› (1570) stellte den Gottesdienst in der gesamten katholischen Kirche auf eine – mit begründeten Ausnahmen – einheitliche Grundlage und stärkte damit nachhaltig das Zusammengehörigkeitsbewußtsein der Katholiken in aller Welt.

Vielleicht noch wichtiger war die in Trient vollzogene grundsätzliche Wendung der Kirche zu einer verstärkten Seelsorge. Typische Merkmale dieser Neuorientierung waren die Forderung und Förderung von Predigt und Katechese sowie – als Voraussetzung dafür – einer verbesserten Ausbildung der Geistlichen, vor allem mit Hilfe der neuzugründenden Priesterseminare. Die Vollendung seiner Arbeiten über den Katechismus wie übrigens auch über das Breviergebet überließ das Konzil wiederum dem Papst; vornehmlich Pius V. hat sich dieser Aufgabe dann tatkräftig angenommen. In den größeren Zusammenhang der Seelsorge gehörte des weiteren die Revision des Index der verbotenen Bücher, dessen erste, auf Paul IV. zurückgehende Fassung von 1559 allzu rigoros die Mehrzahl selbst der Kirchenväterausgaben verboten hatte und damit die wissenschaftlich-theologische Arbeit unangemessen behinderte. Die in Trient begonnenen, in Rom abgeschlossenen Arbeiten führten 1564 zum sogenannten Tridentinischen Index; zur ständigen Fortschreibung des Index wurde 1571 bei der Kurie eine besondere Kongregation eingerichtet. Darüber hinaus beseitigte das Konzil manche Auswüchse des Ablaßwesens, nicht zuletzt das besondere Amt der Ablaßprediger. Auch das war unter dem Aspekt der Seelsorge von Bedeutung; zugleich aber wurden damit fiskalische Interessen der Kurie zurückgedrängt, und das war um so wichtiger, als das Konzil ansonsten – nicht zuletzt als Folge jenes Streits um die bischöfliche und päpstliche Gewalt in der Kirche – die Reform des Papsttums aussparte. Das Konzil brachte insofern ja noch immer nicht die lang ersehnte Reform der Kirche an Haupt und Gliedern; die Reform des Haupts blieb vielmehr diesem selbst überlassen. Daß sie wirklich in Gang kam, verdankte sie vor allem der Entschlossenheit des Reformwillens einiger bedeutender Päpste der zweiten Jahrhunderthälfte. Wichtige Ansätze zur Reform auch der Kurie zeitigte bereits der Papat Pauls III. (1534–1549); den vollen Durchbruch der Reform bei den Päpsten selbst brachten indessen erst die späteren fünfziger und beginnenden sechziger Jahre.

Die Geschichte dieses Reformpapsttums kann hier nicht im ganzen und einzelnen dargestellt werden; es muß genügen, einige für die deutsche Geschichte besonders wichtige Reforminitiativen und -maßnahmen der Päpste zu nennen.

Aus der Regierungszeit Papst Pius' IV. (1559–1565) gehört in diesen Zusammenhang neben der Neuberufung des Konzils vor allem die Professio fidei Tridentina: eine kurze Zusammenfassung der Lehrdekrete des Konzils, auf die sich künftig alle Bischöfe, Ordensoberen und Doktoren zu verpflichten hatten; die Professio erwies sich als langfristig sehr wirksames Instrument dogmatischer Abgrenzung und Disziplinierung. Auf Pius V. (1566–1572) ging dann die Errichtung einer eigenen Kardinalskongregation für die deutschen Angelegenheiten zurück. Wenn die Kurie Deutschland seit Jahrzehnten für die katholische Kirche verloren gegeben hatte, so wich diese Resignation jetzt dem Willen zur Erhaltung des noch Bestehenden, ja zur Rückeroberung des Verlorenen; die Kongregation wurde binnen kurzem zur wichtigsten Instanz der Koordinierung aller wichtigen Maßnahmen der Katholischen Reform und Gegenreformation in Deutschland. Darüber hinaus wurde Pius V. zu einer bedeutenden Kraft der Durchsetzung des Trienter Reformwerks. Der vom Tridentinum vorbereitete Catechismus Romanus wurde nach sorgfältiger theologischer und sprachlicher Überarbeitung im September 1566 publiziert; 1568 folgte das Breviarium Romanum, 1570 das Missale Romanum. An der Kurie selbst traf der Papst einschneidende organisatorische Maßnahmen, um der latenten Gefahr einer Aushöhlung der tridentinischen Reformen durch eine allzu lasche Dispenspraxis der römischen Behörden vorzubeugen. Auch bei den Ernennungen der Bischöfe brachte er zunehmend das tridentinische Bischofsideal zur Geltung. Papst Gregor XIII. (1572–1585) schließlich machte sich insbesondere um das kirchliche Ausbildungswesen verdient. Die großen Studienkollegien in Rom – unter anderem das Collegium Germanicum – verdankten diesem Papst ihre organisatorische und wirtschaftliche Sicherung; das Collegium Romanum der Jesuiten, bereits 1566 zur Universität erhoben, trägt noch heute nach seinem wichtigsten Förderer den Namen «Gregoriana». Rom wurde jetzt – und jetzt zuerst – zu einem Zentrum der theologischen Wissenschaften, zu einem Zentrum vor allem der Ausbildung des Nachwuchses für die kirchlichen Führungsstellen. Kaum weniger wichtig war die von Papst Gregor vorgenommene Umgestaltung der Nuntiaturen zu Werkzeugen der Kirchenreform. Schon früher niemals bloß diplomatische Vertretungen des Heiligen Stuhls, wurden sie nun mit weitreichenden Aufsichts- und Reformkompetenzen ausgestattet. Gerade für die deutsche Kirche, deren Bischöfe ja nach wie vor zugleich weltliche Fürsten waren und deshalb auf weltliche Interessen Rücksicht zu nehmen hatten, waren diese übergeordneten Kompetenzen der Nuntien ein wichtiger Hebel der Kirchenreform. Die der Reform so abträglichen politischen und Sozialstrukturen der Reichskirche hat freilich auch Gregor XIII. nicht verändern können; ja, er hat sie um der politischen Sicherung des Katholizismus in Deutschland willen sogar noch gestärkt. Das wichtigste Beispiel dafür bildete die päpstliche Unterstützung oder doch Duldung der bayerischen Bistumspolitik, in deren Konsequenz der – obendrein in seiner Lebensführung höchst ungeistliche – Ernst von Bayern gegen Ende des Jahrhunderts nicht weniger als fünf Bistümer in seiner Hand vereinigte, darunter das Erzbistum Köln. So gewiß diese Bistumskumulation in bayerischer Hand zur Erhaltung der katholischen Kirche in Nordwestdeutschland beitrug, so problematisch war doch der Widerspruch dieser Pfründenhäufung zu den tridentinischen Reformdekreten, nicht zuletzt zu dem auf dem Konzil so hart errungenen Gebot der bischöflichen Residenz.

Ungeachtet mancher Kontinuitäten der kirchlichen Erneuerung, die bis weit ins Mittelalter zurückreichten, kam die Katholische Reform und Gegenreformation in Deutschland erst seit dem ausgehenden 16. Jahrhundert bestimmend zum Zuge. Immerhin gelang es einigen katholischen Landesherren schon seit den sechziger Jahren, nicht nur ein weiteres Umsichgreifen der Reformation in ihren Territorien zu verhindern, sondern auch bereits protestantisch gewordene Teile ihrer Untertanenschaft zu rekatholisieren. Die wichtigsten Felder dieser frühen Gegenreformation – gelegentlich, aber nicht immer, mit Maßnahmen einer innerkirchlichen Reform verknüpft – waren Bayern, das zum Hochstift Mainz gehörende Eichsfeld und die Fürstabtei Fulda.

In Bayern hatten bis um die Jahrhundertmitte kirchliche Reformforderungen Platz gegriffen, die der Reformation zumindest nahestanden: die Forderung vor allem nach dem Laienkelch, aber auch nach der Priesterehe und nach Erleichterung der kirchlichen Fastengebote. Hauptträger dieser «Kelchbewegung» waren Angehörige des bayerischen Adels; ihr konfessioneller Dissens zum Landesherrn war nicht selten mit einer auch verfassungspolitischen Opposition verknüpft. Der seit 1550 regierende Herzog Albrecht V. war wegen der von seinen Vorgängern übernommenen enormen Schuldenlast und der daraus resultierenden finanzpolitischen Abhängigkeit von seinen Ständen vorerst nicht in der Lage, die Kelchbewegung zu unterdrücken. Auch sein Versuch, durch transitorische Kompromisse wenigstens einem völligen Abfall von der römischen Kirche entgegenzuwirken, hatte zunächst nicht viel Erfolg: Schon bald nach dem Religionsfrieden schritt ein Teil des bayerischen Adels zu dezidiert evangelischen Auffassungen fort; auch wurden die inmitten des Herzogtums gelegenen, aber reichsunmittelbaren Grafschaften Ortenburg und Haag sowie die Herrschaft Hohenwaldeck zum Ausgangspunkt einer lebhaften evangelischen Bewegung in den östlichen Teilen des Herzogtums. Auf dem Ingolstädter Landtag (März/April 1563) erreichte die religiös-ständische Opposition dann ihren Höhepunkt. Hier nämlich forderte eine Gruppe von 50 bayerischen Adligen unter Führung des Grafen Joachim von Ortenburg, der für seine Besitzungen im Herzogtum selbst auch auf dem bayerischen Landtag Sitz und Stimme hatte, die Zulassung der Augsburgischen Konfession im Herzogtum. Es gelang jedoch nicht, die Mehrheit der Landstände für diese Forderung zu gewinnen. Die adlige Opposition gegen den Herzog spaltete sich konfessionell auf; überdies stellte sich heraus, daß jedenfalls die entschiedenen «Konfessionisten» nur eine Minderheit von vielleicht 15 bis 20 Prozent des bayerischen Adels ausmachten. Herzog Albrecht aber, der hinter der Forderung nach Zulassung der Confessio Augustana eine weitreichende Adelsverschwörung wähnte – es war immerhin die Zeit der Grumbachschen Händel –, holte daraufhin zum Gegenschlag aus. Im Oktober 1563 ließ er die Grafschaft Ortenburg besetzen, im Sommer 1564 einer Reihe führender protestantischer Adliger seines Landes wegen Hochverrats den Prozeß machen. Das Verfahren brachte die Unhaltbarkeit der Anklage zutage; bis zum November 1564 waren alle Angeklagten, wenngleich unter mancherlei politischen und konfessionellen Auflagen, wieder auf freiem Fuß. Seinen abschreckenden Zweck aber erfüllte der Prozeß vollkommen: Es gab künftig keine geschlossene evangelische Gruppe unter den bayerischen Landständen mehr, und auch die Kelchbewegung verlor sich nach und nach.

Die folgenden Jahre und Jahrzehnte der bayerischen Religionspolitik standen im Zeichen einer kompromißlosen Gegenreformation. Die noch 1562 von Rom erbetene und 1564 wirklich erlangte Konzession des Laienkelchs wurde bald eingeschränkt; 1571 wurde die communio sub utraque in Bayern überhaupt wieder verboten. Seit 1568 verlangte der Herzog von allen Doktoren der Universität Ingolstadt die Ablegung der Professio fidei Tridentina; schon im Jahre darauf wurde diese Forderung auf alle Geistlichen, Beamten und Lehrer des Herzogtums ausgeweitet. Ein ergänzendes Zensurmandat sorgte für die Durchsetzung des tridentinischen Index der verbotenen Bücher im Herzogtum. Evangelische Untertanen, die bei ihrem Bekenntnis verharren wollten, wurden rigoros ausgewiesen. Zugleich freilich versuchte die herzogliche Regierung, auch die innerkirchliche Reform im Lande voranzubringen. Diese Verbindung von Gegenreformation und innerkatholischer Reform – im Grunde ein Ziel der bayerischen Religionspolitik schon seit 1522 – bestimmte insbesondere eine Reihe von Visitationen und Synoden der bayerischen Diözesen, die auf Drängen der bayerischen Herzöge seit Ausgang der sechziger Jahre zustande kamen. Allerdings ließen deren Erfolge auch jetzt zu wünschen übrig, weil die große Mehrheit der kirchlichen Amtsträger bis hinauf zu den Bischöfen mehr an der Abstellung ihrer Gravamina gegen die weltlichen Beamten des Herzogs interessiert war als an einer tatkräftigen Rezeption der tridentinischen Reformdekrete. Wiederum aber gab diese Reformunwilligkeit dem Herzog Anlaß und Ursache, sein landesherrliches Kirchenregiment noch einmal zu intensivieren. Als der Kardinallegat Morone 1576 bei der herzoglichen Regierung die Gravamina der bayerischen Bischöfe zur Sprache brachte, ließ ihm Herzog Albrecht selbstbewußt entgegnen: Niemand könne besser bezeugen als der Kardinal selbst, was schließlich und endlich auch in Bayern geschehen würde, wenn man den Bischöfen die Sorge für die Religion überließe, die für sie «anscheinend mehr eine Last und ein Ärger sei als ein Gegenstand ihres Eifers». Das bayerische Staatskirchentum repräsentierte schließlich eine Herrschaft des Staats über die katholische Kirche in Bayern, die derjenigen der evangelischen Landesherren über die Kirchen ihrer Territorien keineswegs nachstand.

Ungeachtet seines hohen staatskirchlichen Selbstbewußtseins bemühte sich Herzog Albrecht fortdauernd um die Unterstützung Roms für seine Kirchenpolitik – sei es auf dem Wege über die Jesuiten, sei es in direkten diplomatischen Verhandlungen mit der Kurie. Der wichtigste Erfolg dieser Bemühungen bestand in der Errichtung einer eigenen süddeutschen Nuntiatur 1573, die zunächst von Graf Portia, von 1576 bis 1583 von dem Dominikaner Felician Ninguarda wahrgenommen wurde. Ninguarda, der schon seit 1568 als Apostolischer Reformkommissar in Salzburg gewirkt hatte, gilt geradezu als Inspirator der tridentinischen Erneuerung Altbayerns. Ihm vor allem war auch ein allmählicher Ausgleich der kirchenpolitischen Spannungen zwischen der herzoglichen Regierung und den Bischöfen zu verdanken, der dem bayerischen Episkopat den Weg zur Reform erleichterte.

Im übrigen war das Verhältnis Herzog Albrechts zum Papsttum nicht nur durch die Ziele der Katholischen Reform und Gegenreformation bestimmt, sondern auch durch die dynastischen und Machtinteressen des Hauses Wittelsbach, vor allem durch das Interesse an Bischofsstühlen und sonstigen wichtigen kirchlichen Pfründen für Mitglieder der herzoglichen Familie. Bereits 1566 setzte Albrecht bei Pius V. die Ernennung seines gerade zwölfjährigen Sohnes Ernst zum Administrator in temporalibus der Diözese Freising durch; seit 1569 bemühte er sich für seinen Sohn um das reiche und mächtige Erzbistum Köln. Vorerst freilich blieb dieses Ausgreifen Bayerns nach Nordwestdeutschland noch ohne Erfolg; die spektakulären Ergebnisse der von Albrecht V. eingeleiteten Bistumspolitik, die die Mehrheit der nordwestdeutschen Bischofssitze zu bayerischen Sekundogenituren werden ließ, fielen erst in die Regierungszeit Herzog Wilhelms V. (1579–1597).

Nach der gegenreformatorischen Wende in Bayern 1563 kam es in den siebziger Jahren zu weiteren Vorstößen katholischer Landesherren zur Rekatholisierung ihrer Untertanen, vor allem auf dem Eichsfeld und in der Fürstabtei Fulda.

Auf dem Eichsfeld, dessen Städte und Ritterschaften mitsamt ihren Dörfern schon vor Jahrzehnten der Reformation zugefallen waren, begann der Mainzer Erzbischof Daniel Brendel (1555–1582) unter dem Einfluß und mit Hilfe der Jesuiten 1574 Maßnahmen der Gegenreformation. Die Widerstände waren erheblich, die Auseinandersetzungen überdauerten die Regierungszeit Daniel Brendels um Jahrzehnte; am Ende aber wurde das Eichsfeld wirklich rekatholisiert.

In Fulda war es der junge Fürstabt Balthasar von Dernbach, der sich alsbald nach seiner Wahl 1570 nicht nur gegen die in seinem Kloster herrschende Zuchtlosigkeit wandte, sondern auch gegen die – bereits seit den vierziger Jahren im Stift weithin durchgedrungene – Reformation. Der zugleich reformerische und gegenreformatorische Eifer des Fürstabts war freilich mehr, als die fuldische Ritterschaft und selbst sein eigenes Kapitel hinzunehmen bereit waren. Sie verbanden sich mit dem Bischof von Würzburg, Julius Echter von Mespelbrunn, und erzwangen 1576 die Abdankung Abt Balthasars. Das Stift kam unter würzburgische Regierung; nach der Vereinbarung mit Bischof Julius sollten die Evangelischen im Stift unbehelligt bleiben. Damit war der Streit jedoch noch nicht ausgestanden. Zum einen nämlich mußte der Würzburger Bischof die Regierung Fuldas schon 1577 an eine kaiserliche Kommission abgeben, die ihrerseits gerade die gegenreformatorischen Maßnahmen des Fürstabts fortführte; zum anderen bemühte sich Balthasar von Dernbach selbst mit Zähigkeit um seine Restitution, die er denn auch seit 1579 schrittweise durchzusetzen vermochte. Wie auf dem Eichsfeld endeten die Auseinandersetzungen auch im Stift Fulda im wesentlichen mit einem Sieg der Gegenreformation; immerhin konnte sich ein Teil des fuldischen Adels mitsamt seinen Dörfern evangelisch halten.

Die Bedeutung der Vorgänge in Fulda und auf dem Eichsfeld lag weniger im Umfang der durch sie bewirkten konfessionellen Verschiebungen als vielmehr in der Tatsache, daß es sich hier um eine Restauration des Katholizismus in nahezu rein evangelischen Gebieten handelte. Das durch den Augsburger Religionsfrieden garantierte jus reformandi der Reichsstände enthüllte damit zum ersten Mal seine volle Schärfe im Dienst der Gegenreformation. Zudem setzte sich die katholische Obrigkeit in beiden Fällen über die Declaratio Ferdinandea von 1555 hinweg, durch die König Ferdinand den evangelischen Reichsständen beim Abschluß des Religionsfriedens aus kaiserlicher Vollmacht zugesichert hatte, daß solche Ritterschaften, Städte und Gemeinden in geistlichen Gebieten, die sich bereits seit längerem der Confessio Augustana angeschlossen hätten, ungehindert und öffentlich bei ihrem Bekenntnis bleiben dürften. So war es nicht verwunderlich, daß es jetzt zu mancherlei Protesten von evangelischer Seite kam. Da jedoch

Kursachsen und mit ihm die Mehrheit der lutherischen Fürsten nicht bereit waren, für einen Kampf um die Declaratio Ferdinandea den ganzen übrigen Religionsfrieden aufs Spiel zu setzen, trug die größere Entschlossenheit der Katholiken den Sieg davon. Freilich: Fulda und das Eichsfeld stellten erst eng begrenzte Einzelfälle dar; daß diese Einzelfälle keine Ausnahmen blieben, sondern eine Trendwende einleiteten, sollte sich erst in den folgenden Jahrzehnten entscheiden.

Noch sehr viel bescheidener waren bis auf weiteres die Erfolge der innerkirchlichen Reformen in Deutschland. Gewiß gab es Bischöfe, die sich in ihrer Lebens- und Amtsführung der kirchlichen Erneuerung verpflichtet fühlten und ihre Bistümer, zumeist mit Hilfe der Jesuiten, den tridentinischen Reformen zu öffnen wußten. Der Trierer Erzbischof Jakob von Eltz, Kardinalbischof Otto Truchseß von Waldburg in Augsburg, Bischof Martin von Schaumburg in Eichstätt, Urban von Trennbach in Passau, auch Johann von Manderscheid in Straßburg waren solche Kirchenfürsten; neben ihnen sind reformfreudige Reichsäbte wie die von Einsiedeln und St. Gallen in der Schweiz zu nennen. Auch sonst gewannen Reformbewegungen des Ordens- und Weltklerus und selbst unter den Laien allmählich an Bedeutung. Indessen standen die weltlichen Aufgaben und Verpflichtungen der geistlichen Reichsfürsten, die traditionelle Einbindung der Domkapitel in die sozialen und politischen Interessen des Reichsadels, die ungünstige finanzielle Situation vieler Bistümer und nicht zuletzt zahlreiche Reibereien mit weltlichen Fürsten – selbst mit den gut katholischen Wittelsbachern und Habsburgern – einer umfassenden Reform immer wieder im Wege. Hinzu kam die zähe Gleichgültigkeit der großen Mehrheit der Laien wie des Klerus bis hinauf zu den geistlichen Reichsfürsten. So ließ etwa der Konstanzer Bischof und Kardinal Mark Sittich von Hohenems der – überraschend frühen – formellen Annahme des Tridentinums auf der Konstanzer Diözesansynode 1567 keinerlei Taten folgen und verwendete seine Zeit, fern von seinem Bistum, lieber auf großartige Bauprojekte in Rom als auf das mühselige Geschäft der Reform in Deutschland. Der Kölner Erzbischof Friedrich von Wied (1562–1567) verweigerte schon für seine Person die Ablegung des tridentinischen Glaubensbekenntnisses. Selbst Daniel Brendel von Mainz, der nicht nur die Rekatholisierung des Eichsfeldes betrieb, sondern immerhin auch die Jesuiten nach Mainz berief und sein Domkapitel zur Professio fidei Tridentina anhielt, lehnte doch eine Provinzialsynode zur förmlichen Annahme und praktischen Umsetzung der tridentinischen Dekrete strikt ab. Im übrigen wurden die Reformbeschlüsse der Diözesan- oder Provinzialsynoden, wenn sie überhaupt zustande kamen, zumeist nicht wirklich durchgeführt, und die – ebenfalls seltenen – Visitationen blieben vielfach wirkungslos, weil es an geeigneten Priestern fehlte, mit denen man dogmatisch unzuverlässige oder in ihrer Lebensführung untragbare Pfarrer hätte ersetzen können. Um so wichtiger war die Errichtung von Priesterseminaren, wie sie das Konzil gefordert hatte; auch deren Gründung aber kam, schon wegen der dabei anfallenden Kosten, nur sehr zögernd voran. Neben dem bereits 1564 gegründeten Seminar in Eichstätt war es bis zum Ende der siebziger Jahre nur das Würzburger Konvikt bei dem dortigen, von den Jesuiten betreuten Pädagogium, das den Ansprüchen eines tridentinischen Seminars einigermaßen entsprach. Die innerkatholische Reform war mithin ein langsamer und zäher Prozeß, in dessen Fortgang bis gegen Ende der siebziger Jahre Mißerfolge die Erfolge noch immer überwogen.

5. Der Religionsfriede und die Reichspolitik 1556–1576

Der Passauer Vertrag und ihm folgend der Augsburger Religionsfriede hatten am Ziel einer Vergleichung im Glaubensstreit festgehalten; nur unter diesem Vorbehalt war überhaupt der modus vivendi des dauernden politischen Friedstands zwischen den Konfessionen möglich geworden. Kein Geringerer als König Ferdinand war denn auch gewillt, alles ihm Mögliche zu tun, um einer Verständigung im Glaubensstreit den Weg zu bereiten; bereits die Proposition für den Regensburger Reichstag 1556/57 nannte neben der Türkenhilfe die friedliche Vergleichung in der Religion als Hauptagende des Reichstags. Die Initiative Ferdinands erweckte freilich alsbald tiefgreifende Meinungsverschiedenheiten, und zwar nicht nur zwischen Katholiken und Protestanten, sondern auch innerhalb der großen Glaubensparteien selbst. Bei den Katholiken waren sich die geistlichen und weltlichen Reichsstände über den Umfang etwaiger Zugeständnisse an die Protestanten alles andere als einig, bei den Protestanten verhinderten schon die Lehrstreitigkeiten zwischen Philippisten und Gnesiolutheranern eine einheitliche Willensbildung für verbindliche Verhandlungen.

Immerhin gelang es König Ferdinand zunächst noch, den Reichstag zur Anberaumung eines Religionsgesprächs zu bewegen, das dann auch im August/September 1557 in Worms unter Leitung des schon in den Religionsgesprächen der vierziger Jahre bewährten Bischofs von Naumburg, Julius Pflug, stattfand. Die Verhandlungen endeten jedoch mit einem Mißerfolg, noch ehe sie richtig begonnen hatten. Während nämlich die Mehrheit der anwesenden evangelischen Theologen bereit war, sich der Autorität des alten Melanchthon unterzuordnen, bestanden Matthias Flacius und seine herzoglich-sächsischen Kollegen darauf, daß als Voraussetzung jeder Diskussion mit den Katholiken zunächst einmal die Grundlagen der eigenen Kirchenlehre unzweideutig festgestellt und alle innerprotestantischen Ketzereien ausgeschieden werden müßten; die von ihnen vorgelegte Liste solcher Irrlehren umfaßte so gut wie alle theologischen Positionen der Philippisten im Streit mit den Gnesiolutheranern. Die Mehrheit der protestantischen Gesprächsteilnehmer lehnte die Forderungen des Flacius ab und beschloß überdies, den Streit als innerprotestantische Angelegenheit nicht nach außen dringen zu lassen. Als aber die Katholiken auf die notorischen Schulstreitigkeiten zwischen Deutschen und Schweizern, Jenensern und Wittenbergern hinwiesen und klare Auskunft begehrten, welche der protestantischen Lehren denn nun der Confessio Augustana entsprächen und welche nicht, hielten die herzoglich-sächsischen Theologen mit ihrer Verbannung der Philippisten nicht länger hinter dem Berg. Innerprotestantische Einigungsversuche zerschlugen sich; schließlich verließen die Flacianer die Versammlung unter förmlichem Protest. Die Mehrheit der Katholiken aber, über diesen Verlauf der Dinge keineswegs unglücklich, nahm den Auszug der Flacianer ihrerseits zum Anlaß, die Verhandlungen nicht weiter fortzuführen. Damit war das letzte protestantisch-katholische Religionsgespräch des 16. Jahrhunderts in Deutschland gescheitert – vordergründig an der Absonderung der Flacianer, im Grunde aber, wie der Abbruch des Gesprächs nach dem Abzug der Gnesiolutheraner zeigte, am Mangel eines wirklich entschiedenen Willens zur Verständigung auf allen Seiten. Auch König Ferdinand mußte das akzeptieren, freilich ohne deshalb ganz auf den Versuch weiterer Vermittlungen zu verzichten; sein großes Reformlibell für das Konzil von Trient (1563) mit dem Verlangen nach Zulassung von Priesterehe und Laienkelch zeigt das sehr deutlich.

Nicht die Verständigung im Glaubensstreit wurde so zum Hauptthema der Religionspolitik des Reichs zwischen 1556 und 1576, sondern die Forderung der sogenannten «Freistellung», die die Protestanten – ungeachtet ihrer sonstigen inneren Streitigkeiten – immer wieder zum Gegenstand der Reichstagsverhandlungen machten. Diese Forderung war freilich in ihren Zielen nicht eindeutig und erfuhr im Laufe der Zeit auch unterschiedliche Interpretationen. Sie richtete sich ursprünglich und vor allem auf die Beseitigung des Geistlichen Vorbehalts, aber auch auf die Freiheit evangelischen Bekenntnisses und Gottesdienstes in den Herrschaftsgebieten geistlicher oder überhaupt katholischer Reichsstände. Mitunter wurde, insbesondere von kurpfälzischer Seite, sogar die Glaubens- und Kultfreiheit aller Untertanen, gleich welchen Bekenntnisses, gefordert; doch stand die hier verlangte und angebotene Gegenseitigkeit der Duldung unter der stillschweigenden Voraussetzung, daß der endgültige Sieg der Reformation in Deutschland nur durch das jus reformandi einiger katholischer Reichsstände verhindert werde – eine aufrichtige und dauernde Tolerierung der Katholiken lag keineswegs im Sinne der kurpfälzischen Politik. Seit den sechziger Jahren bestand ein weiterer Schwerpunkt der Freistellungsforderung im Verlangen nach freiem, nicht etwa durch die Ablegung der Professio fidei Tridentina bedingten Zugang des Adels zu den Domkapiteln; diese Forderung wurde vor allem von seiten der Reichsgrafen geltend gemacht, die ihre soziale und politische Existenz durch den Ausschluß von den Domkapiteln gefährdet sahen. In der Endphase der Auseinandersetzungen um die Freistellung schließlich ging es – nach dem Mißerfolg aller früheren Bemühungen und dem Einsetzen der Gegenreformation in Fulda und auf dem Eichsfeld – im wesentlichen nur mehr um die Respektierung der Declaratio Ferdinandea von 1555 durch die geistlichen Reichsstände; die Freistellungsforderung der Protestanten gewann ein zunehmend defensives Gepräge.

Der eigentliche Vorkämpfer der Freistellung, und zwar vor allem mit der Stoßrichtung gegen die geistlichen Fürstentümer, war die Kurpfalz, und die Kurfürsten von der Pfalz waren es auch, die zu diesem Zweck eine möglichst geschlossene kirchenpolitische Front der protestantischen Reichsstände zustande zu bringen suchten. Der Grund dafür lag in den besonderen politischen und kirchenpolitischen Verhältnissen der Pfalz. Nach den Zeiten der schwankenden Religionspolitik Kurfürst Friedrichs II. erst seit dem Regierungsantritt Ottheinrichs 1556 definitiv der Reformation zugefallen, war die Kurpfalz konfessionspolitisch sehr viel weniger saturiert als etwa Kursachsen, Brandenburg oder andere evangelische Territorien Norddeutschlands, die sich längst der in ihren Gebieten oder auch nur an deren Rändern gelegenen Fürstbistümer und sonstigen Kirchengüter bemächtigt hatten. Dazu kam die schwierige geopolitische Lage der Kurpfalz: Alles andere als ein geschlossenes Territorium, war sie vielmehr in die räumlich weit getrennten, in ihrer politischen und sozialen Struktur sehr unterschiedlichen Länderkomplexe der Rheinpfalz und der Oberpfalz aufgespalten. Die Rheinpfalz stellte überdies ein vielfach zerrissenes und durchbrochenes Herrschaftsgebiet dar, an vielen Stellen an die Territorien geistlicher Reichsfürsten anstoßend und mit ihnen verzahnt, nicht selten sogar in Form von Kondominaten. Im Elsaß konkurrierte der politische Einfluß der Kurpfalz zudem mit habsburgischen Interessen. Anders als für die großen evangelischen Territorien Norddeutschlands standen für die protestantisch gewordene Kurpfalz also dauernde und schwierige Steitigkeiten mit ihren katholischen Nachbarn zu erwarten. Ein gemeinprotestantisches Bündnis konnte da nur hilfreich sein, und auch das Ziel einer Aufweichung der Garantie des Religionsfriedens für die geistlichen Fürstentümer lag der kurpfälzischen Politik gewiß besonders nahe.

Gleich auf dem Reichstag von Regensburg, im September 1556, ergriffen die Gesandten Kurfürst Ottheinrichs die Initiative. Sie beriefen eine Versammlung der anwesenden protestantischen Vertreter ein und schlugen vor, einander «gute Korrespondenz» zu halten, «damit wie aus einem Munde votiert» werde. Das erste und Hauptziel der Verhandlungen am Reichstag müsse die völlige Religionsfreiheit für jedermann, insbesondere aber die Aufhebung des Geistlichen Vorbehalts sein. So lange diese Forderungen nicht durch bindende Zusagen erfüllt seien, solle man sich auf keine anderen Verhandlungen einlassen, vor allem keine Türkensteuer bewilligen; angesichts der Türkengefahr werde dem König nichts anderes übrigbleiben, als in der Religionsfrage nachzugeben.

Solche Vorschläge standen nun freilich in scharfem Gegensatz zur politischen Linie Kursachsens. Zwar wäre die förmliche Aufhebung des Geistlichen Vorbehalts auch Kurfürst August willkommen gewesen. Er hatte ja ohnehin stets erklärt, dem Vorbehalt nie zugestimmt zu haben und deshalb nicht an ihn gebunden zu sein; auch die Praxis seiner territorialen Kirchenpolitik nahm darauf keine Rücksicht. Die weitergehende Forderung der Pfälzer aber auf völlige Religionsfreiheit schien ihm mit den Grundlagen des Religionsfriedens wie mit den ureigensten Interessen auch der protestantischen Fürsten und Stände unvereinbar. Ob man denn, fragte der kursächsische Gesandte in der Versammlung der protestantischen Reichsstände, wirklich gestatten wolle, daß die Katholiken nach Belieben wieder ihre papistische Religion aufrichteten? In der Tat wollte das niemand; selbst die kurpfälzischen Gesandten bekamen gegen ihren eigenen Vorschlag – «wenn es diesen Verstand haben sollte» – Bedenken. Auch sonst war Kurfürst August nicht bereit, zugunsten etwaiger Nachbesserungen des Religionsfriedens dessen Ordnung insgesamt zu gefährden. Darüber hinaus hatte er – ähnlich wie andere Fürsten im Osten des Reichs, auch Kurbrandenburg – ein sehr viel unmittelbareres Gefühl für die Türkengefahr als die Stände in Westdeutschland; wenn es nach ihm gegangen wäre, hätte der Reichstag überhaupt eine dauernde Türkenhilfe in beträchtlicher Höhe bewilligt. Es zeigte sich, daß die kursächsischen Bedenken bei der großen Mehrheit der protestantischen Reichsstände durchschlugen; so blieb von dem Paket der kurpfälzischen Forderungen nur das Verlangen nach Aufhebung des Geistlichen Vorbehalts übrig. Auch diese Forderung aber war gegen König Ferdinand und die Mehrheit der katholischen Stände des Reichstags nicht durchzusetzen. Schließlich begnügten sich die evangelischen Reichsstände mit einer feierlichen Protestation gegen den Vorbehalt; im übrigen bewilligten sie gemeinsam mit den Katholiken die erbetene Türkenhilfe, und zwar in einer Höhe von mehr als einer Million Gulden. Dieses Ergebnis, auch die schon berührte Vereinbarung eines Religionsgesprächs, entsprach im wesentlichen den Wünschen König Ferdinands, war aber auch für Kursachsen und dessen Anhänger unter den evangelischen Reichsständen akzeptabel; Kurfürst Ottheinrich mußte sich mit der größten Diskrepanz zwischen den Zielen seiner Reichspolitik und deren konkreten Erfolgen abfinden.

Die Reichspolitik der folgenden Jahre änderte an den Frontstellungen und Ergebnissen des Regensburger Reichstags von 1556/57 so gut wie nichts. Noch die Königswahl Maximilians im Spätjahr 1562 vollzog sich durchaus in diesen Konstellationen: Friedrich III. von der Pfalz, der Nachfolger des 1559 gestorbenen Kurfürsten Ottheinrich, versuchte zwar, die Wahl Maximilians von religionspolitischen Zugeständnissen der Freistellung abhängig zu machen oder gar die Wahl auf eine andere Dynastie zu bringen – aber auf wen? –; am Ende folgte er doch dem Votum der anderen Kurfürsten zugunsten Maximilians. Auf dem Augsburger Reichstag von 1566 hingegen gerieten die Dinge erneut in Bewegung, und zwar mit überraschenden Ergebnissen.

Der Grund für diese Veränderungen lag vor allem in dem immer eindeutigeren Übergang des pfälzischen Kurfürsten zum Calvinismus und in den daraus erwachsenden, auch innerprotestantischen, Spannungen. Dabei spielten theologische Dissense eine wichtige Rolle; dazu kamen politische Motive, die nur zum Teil mit den theologischen Streitigkeiten zu tun hatten. Vor allem die schon unter Ottheinrich deutliche, unter Kurfürst Friedrich noch zunehmende antihabsburgische Orientierung der Pfalz, erst recht die immer enger werdende Verbindung Friedrichs zum französischen und niederländischen Calvinismus mit der Gefahr einer Hineinziehung des Reichs in die westeuropäischen Konflikte wirkte auf die große Mehrheit der Reichsstände – schon der lutherischen – abschreckend. Hinzu kam die aggressive Konfessionspolitik des Kurfürsten gegenüber der lutherischen Oberpfalz sowie seinen – zumeist ebenfalls lutherischen – Lehensleuten aus der Ritterschaft. So geriet die Kurpfalz selbst unter den evangelischen Reichsständen in eine bedenkliche Isolierung.

Auf dem Reichstag von 1566 wurde die Situation für den Pfälzer dann auch reichspolitisch prekär. Kaiser Maximilian, der die Calvinisten im Reich wie in Europa ohnehin als gefährliche konfessionelle Störenfriede betrachtete, hatte schon im Ausschreiben und wieder in der Proposition für den Reichstag Maßnahmen gegen die «schädlichen Secten» gefordert, die «mit schrecklicher ärgerung und verwirrung vieler christlichen gewissen [...] gantz beschwerlich einwurtzeln»; es war klar, daß der Kaiser damit auch, ja in erster Linie, die Calvinisten meinte. Die Mehrheit der Reichsstände bezeigte zwar nur wenig Lust, sich auf die Initiative des Kaisers einzulassen. Maximilian aber ließ nicht locker. Zunächst nahm er einige beim Supplikationsrat eingereichte Beschwerden über Verstöße des Pfälzers gegen den Religionsfrieden zum Anlaß eines ungewöhnlich scharfen Mandats gegen Kurfürst Friedrich, in ausdrücklicher und schroffer Wendung gerade gegen dessen Calvinismus, der – im Widerspruch zu den Einlassungen des Kurfürsten – dem Augsburger Bekenntnis «in vielen und den fürnehmen Haupt-Articuln gäntzlich entgegen und zuwider» sei. Wenige Tage darauf begehrte der Kaiser überdies von den wichtigsten lutherischen Ständen eine Erklärung, ob der Pfalzgraf noch zu den Anhängern der Confessio Augustana zu zählen oder ob er «mit sondern Secten behengt» sei. Diese Anfrage des Kaisers brachte den pfälzischen Kurfürsten und mit ihm die deutschen Reformierten insgesamt in eine auf den ersten Blick sehr gefährliche Lage; das Bekenntnis der Calvinisten zur Confessio Augustana, an dem für sie der Schutz des Religionsfriedens hing, war ja in mehr als einer Beziehung fragwürdig. In den anschließenden Beratungen der evangelischen Reichsstände plädierte denn auch eine ganze Reihe wichtiger lutherischer Fürsten – Württemberg, Zweibrücken, Mecklenburg und Kurbrandenburg – für den Ausschluß des Pfälzers. Die schließliche Antwort der Evangelischen an den Kaiser lautete dann aber doch anders: Abgesehen von der Abendmahlslehre sei Kurfürst Friedrich in allen Hauptartikeln der Augsburger Konfession anhängig, und auch über den Abendmahlsartikel habe der Kurfürst weitere Verhandlungen angeboten; so sehe man keinen hinreichenden Grund, ihm die Zugehörigkeit zu den Ständen der Augsburgischen Konfession zu bestreiten. Auch ein weiterer Vorstoß des Kaisers, der mit «beschwertem Gemüt» vernommen habe, daß man die Abweichung des Pfälzers im Hauptartikel des Abendmahls so leicht nehme, hatte keinen Erfolg. In ihrer Antwort gaben die evangelischen Stände zu bedenken, daß gerade dieser Artikel bei den Theologen hoch umstritten sei und daß dabei auch mancherlei «Obskurität» gelehrt werde, die für einfache Leute ohnehin unverständlich bleibe; so wäre eine «Generalcondemnation» des Kurfürsten, zumal da er sich zu weiterem Gespräch erboten habe, wider den Geist der christlichen Kirche. Schließlich mußte Maximilian einsehen, daß er auch auf diesem Wege keine Verurteilung des Pfälzers erreichen konnte. Im Abschied des Reichstags war von einem Vorgehen gegen die «Secten» oder gar von einem Ausschluß der deutschen Calvinisten aus dem Religionsfrieden nicht mehr die Rede.

Die für diese Abwehr des kaiserlichen Angriffs auf die deutschen Reformierten letztlich maßgebende politische Kraft war Kursachsen. Angesichts der seit Jahren andauernden kirchlichen und kirchenpolitischen Gegensätze zwischen den beiden Vormächten des deutschen Protestantismus war das auf den ersten Blick erstaunlich. Es entsprach aber im Grunde doch den Prinzipien der kursächsischen Politik, die auf die Erhaltung des Religionsfriedens im Reich abzielte. Ein Ausschluß der Kurpfalz aus dem Religionsfrieden konnte zu unabsehbaren Weiterungen führen – möglicherweise zur Aberkennung der pfälzischen Kur und damit zur Aufhebung der konfessionellen Parität im Kurfürstenrat, möglicherweise sogar zu einem Religionskrieg. Überdies war die Gefahr nicht von der Hand zu weisen, daß ein Ausschluß der Pfalz nur den Anfang einer Kette von weiteren Verurteilungen bilden und am Ende zu einer völligen politischen Zersplitterung des deutschen Protestantismus führen würde. Gerade dieses Argument war es anscheinend auch, das schließlich selbst die hartnäckigsten Gegner der Kurpfalz, zuletzt Württemberg und Zweibrücken, zum Einlenken brachte.

Das religionspolitische Ergebnis des Reichstags von 1566 bestand mithin – nicht nur für den Kaiser unerwartet – in der reichsrechtlichen de facto-Anerkennung des kurpfälzischen Calvinismus. Damit waren die Voraussetzungen für eine Fortführung der Konfessions-, Reichs- und Außenpolitik Kurfürst Friedrichs sehr viel sicherer geworden als zuvor. Zugleich fiel auch für andere protestantische Reichsstände ein entscheidendes reichspolitisches Hemmnis für eine Annäherung an calvinistisches Kirchenwesen fort; das sollte insbesondere für die konfessionelle Entwicklung Nordwestdeutschlands in der Folgezeit Bedeutung gewinnen. Anderseits behauptete Kursachsen doch seine Stellung als Führungsmacht des deutschen Protestantismus, ohne dessen Zustimmung die Kirchenpolitik der Kurpfalz im Reich keine großen Chancen hatte. Eben das blieb die politische Grundkonstellation des deutschen Protestantismus bis zum Ende des Jahrhunderts.

Neben dem Streit um die Ausschließung der Kurpfalz aus dem Religionsfrieden ging auf dem Reichstag von 1566 auch die Auseinandersetzung um die Freistellung weiter. Dabei kam hier zuerst eine neue und für die Zukunft wichtige Konkretion des Freistellungsbegehrens ins Spiel: die von den Grafen der Wetterau vorgebrachte Forderung nämlich nach freiem Zugang der Söhne protestantisch gewordener Grafenfamilien zu den Domkapiteln, vor allem zu den – großenteils dem hohen Reichsadel vorbehaltenen – Kapiteln von Köln und Straßburg. Die Domkapitel waren ja von jeher wichtige Institutionen zur Versorgung der jüngeren Söhne des Adels, Institutionen auch des politischen Einflusses des Adels in der Landschaft. Die konfessionelle Verfestigung des Glaubensstreits erschwerte den Zugang protestantischer Adelssöhne zu den Domkapiteln immer mehr; die Dekrete des Tridentinums schlossen diese Möglichkeit überhaupt aus. So versuchten die Grafen der Wetterau seit 1565, Kurfürst und Kapitel des Erzbistums Köln für die Idee der Freistellung zu gewinnen – die Grafen der Wetterau stellten hier traditionell einen erheblichen Teil der Stiftskanoniker –, und stießen dabei auf nicht einmal unfreundliche Resonanz. 1566 folgte dann eine entsprechende Supplikation an den Reichstag. Daß diese Supplikation ohne Ergebnis blieb, schreckte die Grafen nicht ab; im Gegenteil intensivierten sie ihre Bemühungen, und zugleich weitete sich deren politischer Horizont: Über das unmittelbare Ziel der Sicherung der Stiftsplätze hinaus ging es namentlich Graf Johann VI. von Nassau-Dillenburg, dem jüngeren Bruder Wilhelms von Oranien, um die Sicherung eines Hinterlandes im Reich für den Freiheitskampf der Niederlande, und schließlich nahm sogar die Vision eines doch noch protestantisch werdenden Erzbistums Köln konkretere Gestalt an. Jedenfalls bemühten sich die Grafen, zusammen mit der Kurpfalz, intensiv um den Kölner Kurfürsten Salentin von Isenburg, dem man den Übergang zum Protestantismus und die Administration des Erzbistums, etwa nach dem Muster von Magdeburg, empfahl – dem Evangelium, dem Vaterland und dem Grafenstand zu Nutz und Frommen. Der Erfolg auch dieser Anstrengungen war freilich enttäuschend. Salentin von Isenburg winkte seinen gräflichen Standesgenossen kühl ab, und im Kreise der evangelischen Reichsstände setzte sich die Meinung Kursachsens durch, daß die Forderungen nach Aufhebung des Geistlichen Vorbehalts und nach Freistellung des Zugangs zu den Domkapiteln aussichtslos oder aber – falls man ernsthaft auf ihnen bestünde – friedensgefährdend seien. So konnten die Grafen der Wetterau auch auf dem Reichstag von Regensburg 1576 ihre Anträge nur in der Form von Supplikationen geltend machen, die wie zehn Jahre zuvor der Ablehnung verfielen. Selbst dieser Mißerfolg aber bedeutete noch keineswegs das Ende der wetterauischen Freistellungspolitik; diese Politik wurde vielmehr noch in den achtziger Jahren zu einem Kernelement der großen Auseinandersetzungen um das Erzstift Köln, die damals mit dem Abfall Erzbischof Gebhard Truchseß' von Waldburg aufbrachen.

Bereits auf dem Reichstag von 1576 spielten schließlich die Religionsbeschwerden der evangelischen Reichsstände über die Gegenreformation in Fulda und auf dem Eichsfeld eine wichtige Rolle. Dabei ging es vor allem um die Respektierung der Declaratio Ferdinandea, praktisch also um den Schutz evangelischer Minderheiten in den geistlichen Gebieten. Die Declaratio, 1555 nur als einseitige Erklärung des Königs ergangen und nicht in den Reichsabschied aufgenommen, war in der Folge, weil keine einzige der geistlichen Obrigkeiten Anstalten zu einer Rekatholisierung ihrer Untertanen gemacht hatte, nahezu in Vergessenheit geraten. Anläßlich der Gegenreformation in Fulda nun, in deren Zug der Fürstabt seine schon lange vor 1555 evangelisch gewordenen Untertanen bis hinauf zum Stiftsadel zur katholischen Messe oder aber zur Emigration zwingen wollte, hatte Kurfürst August von Sachsen, von den Bedrängten um Hilfe angegangen, die Declaratio geltend gemacht und sie auch in die Verhandlungen über die Wahl Erzherzog Rudolfs zum römischen König (1575) eingebracht. Die katholischen Fürsten aber bestritten die Verbindlichkeit oder überhaupt die Echtheit der Declaratio Ferdinandea; die Gegenreformation in Fulda und auch auf dem Eichsfeld nahm unverändert ihren Fortgang. So kam es auf dem Reichstag von Regensburg 1576 zu dem unvermeidlichen Konflikt, und jetzt, zum ersten Mal seit 1555 reichspolitisch wirklich in der Defensive, neigte die große Mehrheit der protestantischen Reichsstände auch zu einer härteren Gangart der Verhandlungen als bisher. Wie es die kurpfälzischen Räte seit zwanzig Jahren gefordert hatten, erklärte man die Abstellung der Religionsbeschwerden zur Voraussetzung jeder Bewilligung von Türkensteuern. Ob diese Verhandlungstaktik, wäre sie wirklich durchgehalten worden, zum Erfolg geführt hätte, steht dahin; unmöglich gewesen wäre es wohl nicht, zumal ein Großteil auch der katholischen und selbst der geistlichen Reichsstände den Religionsfrieden zwar im eigenen Interesse ausschöpfen, ihn aber nicht sprengen wollte. Tatsächlich kam es nicht zur Probe aufs Exempel. Die kursächsischen Räte nämlich erklärten sich auf Weisung Kurfürst Augusts in der entscheidenden Sitzung des Kurfürstenrats mit den – in Wirklichkeit wenig verbindlichen – Vertröstungen des Kaisers wegen der Religionsbeschwerden für befriedigt und stimmten, übrigens zusammen mit den Vertretern Kurbrandenburgs, für eine Türkenhilfe von nicht weniger als 60 Römermonaten zuzüglich zehn Monaten «eilender Hilfe» für den Fall eines Angriffs der Türken; die pfälzischen Räte wußten zu berichten, daß die Kursachsen sogar bereit gewesen wären, die exorbitante Türkensteuer von 96 Römermonaten zu bewilligen. Auch unter den Bedingungen der erstarkenden Gegenreformation hielt Kurfürst August von Sachsen also an seiner Politik der Erhaltung des Friedens, der Vermeidung großer konfessioneller Konflikte, der Verständigung mit dem Kaiserhaus und der unbedingten Bereitschaft zu wirksamer Türkenhilfe fest. Daß diese Politik den Sorgen und Wünschen vieler seiner Glaubensgenossen, insbesondere der protestantischen Untertanen geistlicher Reichsstände, nur wenig gerecht wurde, ist sicher. Ebenso sicher aber ist, daß die Friedenspolitik des Kurfürsten maßgebend dazu beitrug, dem Deutschland seiner Generation das Schicksal eines Religionskriegs zu ersparen, wie ihn das zeitgenössische

Frankreich zu durchleiden hatte. Und schließlich wird man auch seine Bereitschaft zur Türkenhilfe, so gewiß sie von handfesten landespolitischen Besorgnissen und Interessen mitbestimmt war, nicht geringer schätzen dürfen als die Politik der Kurpfalz, die die Last der Türkenabwehr allein – und mit höchst ungewissem Ausgang – den habsburgischen Ländern aufzubürden suchte.

VI.

Der Aufstand der Niederlande

Nach den gewaltigen Gebietsverlusten der burgundischen Staatsbildung als Folge der gescheiterten Großmachtpolitik Karls des Kühnen hatte Karl V. seinen burgundischen Erblanden wieder zu recht umfänglichen territorialen Gewinnen verholfen, vor allem im Nordosten – durch Friesland, Utrecht und Overijssel, durch Groningen und Drente, 1543 schließlich noch durch das Herzogtum Geldern mit der Grafschaft Zutphen.

Dieser beträchtliche Herrschaftskomplex war freilich durch starke innere Unterschiede und Spannungen gekennzeichnet. Da war schon die Unterschiedlichkeit der Sprachen mit ihrer prägenden kulturellen Kraft: Im Süden des Landes wie auch am Hof und in der Regierung wurde Französisch gesprochen; in großen Teilen Flanderns und Brabants, auch in Holland, Seeland und Utrecht waren flämische Dialekte geläufig; in den neuerworbenen östlichen Provinzen herrschten niedersächsische Idiome vor. Dazu kam ein erhebliches wirtschaftliches Gefälle. Zwar gehörten die Niederlande insgesamt zu den ökonomisch am weitesten entwickelten Regionen Europas, aber auf diesem hohen Niveau gab es doch deutliche regionale Unterschiede. So repräsentierten Flandern und Brabant mit ihren ausgeprägten Textilgewerbezonen eine Wirtschaftskraft, der Holland und Seeland – trotz hoher Zuwachsraten im Schiffsbau und Seehandel – und erst recht die agrarischen Provinzen im Osten vorerst nichts Gleichwertiges entgegenstellen konnten. Antwerpen, nicht Amsterdam, war das wirtschaftliche Zentrum der Niederlande und zugleich einer der führenden Handels- und Bankplätze Europas; der Niedergang Antwerpens und – ihm korrespondierend – der Aufstieg Amsterdams zu beherrschender Stellung war ein Vorgang erst des ausgehenden 16. Jahrhunderts. Freilich waren gerade die hochentwickelten Gewerbezonen Flanderns und Brabants auf den Export ihrer gewerblichen Erzeugnisse wie auf den Import von Getreide, namentlich aus dem baltischen Raum, angewiesen. Wenn es daher zu Stockungen oder gar zu Einbrüchen im Außenhandel kam – etwa als Folge von Auseinandersetzungen der nordeuropäischen Mächte um die Vorherrschaft im Ostseeraum –, so traf das nicht nur die ohnehin auf den Seehandel ausgerichteten Küstenstädte, sondern auch die Textilregionen der südlichen Niederlande; drastische Steigerungen der Getreidepreise, Schwierigkeiten im Absatz der gewerblichen Erzeugnisse und daraus folgende Arbeitslosigkeit summierten sich dann zu wirtschaftlichen und auch sozialen Krisen. Schließlich bildeten die Niederlande auch politisch keine sehr festgefügte Einheit. Die einzelnen Provinzen behaupteten umfängliche traditionelle Eigenständigkeiten im Verhältnis zueinander wie gegenüber dem Landesherrn und dessen – in der Regel: hochadligen – Statthaltern; die Ständeversammlungen der Provinzen, die sogenannten Staaten, wachten mißtrauisch über die Respektierung ihrer Privilegien. Bezeichnenderweise wurden selbst die Verhandlungen der Regierung um die Bewilligung von Steuern zumeist mit den Ständen der einzelnen Provinzen, nicht mit den Generalstaaten aller Provinzen geführt. Auf der anderen Seite war der Landesfürst auf den Ausbau seiner herrschaftlichen Positionen bedacht, und zwar nicht nur gegenüber den ständischen Organisationen, sondern auch und vor allem gegenüber den lokalen und regionalen Trägern von Recht und Macht. Das war – mit deutlichem Schwerpunkt im Süden des Landes – der Adel, das war aber auch das wohlhabende Bürgertum. Die Niederlande waren ja, abgesehen von den agrarischen Landschaften im Osten, ungewöhnlich intensiv urbanisiert, und die Bürgerschaften ihrer Städte genossen seit langem eine weitgehende Selbständigkeit ihrer Rechtsprechung und Verwaltung. Darüber hinaus hatte das reiche Bürgertum auch auf dem Lande bedeutenden Einfluß erlangt. Daß, namentlich im Norden des Landes, die adlige Grundherrschaft schon weithin aufgelöst war, hatte nicht nur die Entstehung eines freien Bauerntums, sondern auch das Eindringen bürgerlichen Kapitals und in der Folge sogar – zumindest pfandweise – den Übergang obrigkeitlicher Herrschaftspositionen auf das Bürgertum begünstigt. Gerade das Eindringen des Fürstenstaats in diese «Freiheiten» des Adels wie des Bürgertums in Stadt und Land war die Ursache latenter politischer Spannungen, die leicht in einen offenen Konflikt umschlagen konnten.

In der Zeit Karls V. wurden diese Gegensätze, nicht zuletzt dank der langjährigen klugen Führung der Regentschaft durch des Kaisers Schwester Maria, einigermaßen hintangehalten. So hart der Kaiser gegen rechtswidrige Unbotmäßigkeiten durchgriff – das Strafgericht über das aufständische Gent 1540 war eine unüberhörbare Warnung –, so wenig stellte er die Privilegien der Stände grundsätzlich in Frage; auch in der Expansion seiner fürstlichen Herrschaftsrechte in Stadt und Land ging er den Weg der kleinen Schritte und suchte offene Konflikte möglichst zu vermeiden. Die Königinregentin aber bemühte sich immer wieder und mit Erfolg, die spezifischen Interessen der Niederlande im Rahmen der gesamteuropäischen Politik des Kaisers zur Geltung zu bringen, nicht zuletzt die aus dieser Politik folgenden finanziellen Belastungen für das Land in erträglichen Grenzen zu halten. Einen großen Konflikt freilich gab es, den der Kaiser und seine Regentin weder beizulegen noch auch wirklich zu unterdrücken vermochten – das war der Glaubensstreit.

Schon in den frühen zwanziger Jahren hatte die reformatorische Bewegung von Deutschland aus auf die mittleren und nördlichen Provinzen der Niederlande übergegriffen; auch der harte Widerstand der habsburgischen Landesherrschaft – in Brüssel starben 1523 die ersten Märtyrer der Reformation den Feuertod – konnte ihre Ausbreitung nicht verhindern. Neben den Lutheranern fanden frühzeitig auch Taufgesinnte viel Zulauf in den Niederlanden; es waren Täufer aus Holland und Friesland, die 1535 den Anstoß zur Errichtung des Münsteraner Täuferreichs gaben. Ihre Verfolgung war noch unerbittlicher als die der Lutheraner; bei den mehreren tausend Menschen, die schon unter Karl V. in den Niederlanden als Ketzer hingerichtet wurden, handelte es sich in der Mehrzahl um Täufer. Seit den vierziger Jahren gewann dann, zuerst in Flandern und Brabant, der Calvinismus zunehmende Bedeutung und gab dem religiösen Gegensatz zur katholischen Landesherrschaft einen verstärkten politischen Akzent; auf katholischer Seite entsprach dem seit dem Regierungsantritt Philipps II. ein noch gesteigerter Einsatz der Staatsgewalt im Dienst der Ketzerverfolgung. In der Folge verband sich der religiöse und religionspolitische Konflikt mit dem verfassungspolitischen Kampf eines Großteils der adligen und bürgerlichen Eliten des Landes gegen das absolutistische System des Königs und seiner Klientel; soziale Konflikte wirkten zusätzlich auf die Frontstellungen wie auf den zeitlichen Ablauf des Konflikts ein. Keineswegs einfach der Freiheitskampf einer protestantischen Nation gegen ihre Unterdrückung durch eine katholische Fremdherrschaft, war der niederländische Aufstand vielmehr, jedenfalls bis in die achtziger Jahre hinein, ein Bürgerkrieg mit einer Vielzahl unterschiedlicher und überdies im Laufe der Zeit sich verändernder, auch regional sehr unterschiedlicher Konstellationen und Fronten.

Unter den konfessionellen Gruppen des Landes waren auf protestantischer Seite die Calvinisten die bei weitem aktivste Kraft. Zwar spielten zahlenmäßig neben ihnen die Lutheraner noch lange Zeit eine erhebliche Rolle; selbst in Antwerpen, einer Hochburg der Calvinisten, kamen noch 1584 auf 2131 calvinistische Haushaltungsvorstände nicht weniger als 940 lutherische. Politisch aber traten die Lutheraner nur wenig hervor, und das galt erst recht von den Taufgesinnten – zumeist Anhängern des quietistischen Menno Simons –, die in manchen Regionen des Nordostens an die 50 Prozent der Bevölkerung ausmachten. Der Grund für die frühe politische Führungsrolle der Calvinisten im niederländischen Protestantismus lag nicht zuletzt in der umsichtigen Förderung und Steuerung vom Genfer Zentrum des europäischen Calvinismus aus, vor allem durch Calvin selbst, der übrigens von den Niederländern mehr oder weniger als einer der Ihren angesehen wurde – er stammte ja aus der niederländisch-französischen Grenzlandschaft der Picardie, seine Mutter aus Cambrai; auch war er selbst mit einer Niederländerin verheiratet. Als eigentlicher Reformator der Niederlande aber gilt Guido de Bray (1522–1567), der nach Auslandsaufenthalten in England und Deutschland in Genf studiert hatte und von dort in die Niederlande zurückgekehrt war. Die von ihm verfaßte Confessio Belgica von 1561 war ursprünglich als Apologie der niederländischen Reformierten gegenüber Philipp II. gedacht – ganz analog also der Confessio Augustana von 1530 gegenüber Kaiser und Reich –; sie wurde in der Folge sehr bald von den niederländischen Gemeinden als verbindliche Grundlage ihrer Lehre und Verfassung angenommen. Gegen Ende der sechziger Jahre organisierte sich dann eine niederländische Gesamtkirche calvinistischer Prägung. Zugleich gelang es den Calvinisten, sich als die eigentliche konfessionelle und politische Alternative zum gegenreformatorischen Absolutismus der Spanier darzustellen.

Die entschiedenste Gegenposition zu den niederländischen Calvinisten bildeten diejenigen Katholiken, die sich der Katholischen Reform und Gegenreformation verpflichtet fühlten – auch sie von Anfang an freilich nur eine Minderheit, kaum stärker als die Calvinisten. Daß Philipp II. die volle politische und auch militärische Macht seines Königtums in den Dienst dieses gegenreformatorisch-tridentinischen Katholizismus stellte, bedeutete einerseits natürlich eine Stärkung dieser konfessionellen Position, machte sie anderseits aber auch und mit sehr problematischen Konsequenzen zur Partei im verfassungspolitischen Konflikt. Das kündigte sich schon in den Anfängen der Regierungszeit Philipps II. an. Bezeichnenderweise lag der Anlaß der ersten offenen Konflikte in einer kirchlichen Neuorganisation der Niederlande (1559), durch die die Kirche nicht nur für eine wirksame Reform geöffnet, sondern zugleich in bisher unbekannter Weise dem landesherrlichen Kirchenregiment unterworfen werden sollte – auf Kosten nicht nur des bisherigen Einflusses auswärtiger Kirchenoberer, sondern auch des niederländischen Adels. Daß der König sich die Besetzung der neuen Bischofsstühle vorbehielt, war für diese adelsfeindliche Tendenz der Reform symptomatisch, nicht minder die Regelung, daß künftig nur Theologen mit akademischem Grad zu Bischöfen ernannt werden dürften; da die Söhne des niederländischen Adels die Universitäten kaum zu besuchen pflegten, wurden sie durch diese Bestimmung praktisch von den Bischofsämtern ausgeschlossen.

Die Mehrheit der niederländischen Bevölkerung, und zwar durch alle sozialen Schichten hindurch, orientierte sich um die Mitte der sechziger Jahre freilich weder am Calvinismus noch auch am tridentinisch-gegenreformatorischen Katholizismus. Vielmehr bildete sie eine breite, obzwar wenig homogene, äußerlich zumeist katholische Mittelgruppe von konfessionell wenig dezidierter, undogmatischer, zum Teil von erasmianischen Ideen beeinflußter Haltung. Verfassungspolitisch standen diese Mittelgruppen überwiegend in Opposition zu den absolutistischen Tendenzen des Königs, aber viel weniger radikal als die Calvinisten; es ging ihnen im Grunde um die Bewahrung eines Gleichgewichts der monarchisch-zentralistischen und ständisch-regionalistischen Kräfte, wie es doch auch Karl V. nicht grundsätzlich in Frage gestellt hatte. Anfänglich neigten nicht wenige auch der dem tridentinischen Katholizismus verpflichteten niederländischen Katholiken dieser verfassungspolitischen Position zu. Es blieb jedoch nicht bei dieser Verwerfung der Fronten. Jene Mittelgruppen des «Zentrums» nämlich wurden in der Unerbittlichkeit des Kampfs der konfessionellen Extremisten allmählich zerrieben; zugleich verschmolzen die konfessionellen und verfassungspolitischen Frontstellungen miteinander und steigerten sich zu kompromißloser Gegensätzlichkeit. Die Geschichte des niederländischen Aufstands ist sehr wesentlich eine Geschichte dieser Polarisierung gewesen.

Als Philipp II. 1559 die Niederlande verließ, setzte er seine Halbschwester Margarete von Parma zur Regentin ein; der eigentliche Leiter der Politik war der jüngere Granvelle, den Philipp 1561 überdies zum Erzbischof von Mecheln und Primas der Niederlande machte. Granvelle suchte das Land getreu den gegenreformatorischen und absolutistisch-zentralistischen Prinzipien des Königs zu regieren, stieß damit jedoch alsbald auf zähen Widerstand, und zwar zunächst von seiten des Hochadels, der mit der Rigorosität der Ketzerverfolgung nicht einverstanden war und überdies – vor allem – um seine herkömmliche Stellung in Staat und Kirche fürchtete. Dieser Widerstand führte immerhin zu einem Teilerfolg. 1564 berief Philipp den Kardinal ab, der Hochadel gewann wenigstens einen Teil seines früheren Einflusses zurück. Die Hoffnung auf ein auch konfessionspolitisches Einlenken Philipps II. aber erwies sich rasch als illusionär; nach monatelangen Verhandlungen bekräftigte der König im November 1565 nur seine Forderung nach unerbittlicher Verfolgung der Ketzer.

Einige der hochadligen Statthalter der Provinzen – auch der mächtigste von ihnen, Wilhelm von Oranien – begegneten den Anordnungen Philipps II. mit stiller oder offener Obstruktion; andere erbaten ihre Entlassung. Darüber hinaus aber bildete sich jetzt eine weitere oppositionelle Einung aus Angehörigen vornehmlich des niederen Adels, die sich feierlich dem Kampf gegen die Inquisition verschrieb und bald beträchtlichen Zulauf von Protestanten wie von gemäßigten Katholiken erhielt. Schon drohte die Gefahr bewaffneten Widerstands und damit des Bürgerkriegs; doch begnügte sich der Adelsbund im April 1566 vorerst mit einer Massenpetition an die Regentin, durch die er die Aufhebung der Ketzeredikte und die Berufung der Generalstaaten für eine gemeinsame Lösung der Religionsfrage erbat.

Die Regentin versuchte zunächst, die Petenten durch vorläufige und letztlich unverbindliche Vertröstungen zu beschwichtigen. Ihre Antwort wurde jedoch von den Protestanten weithin als Ermutigung gedeutet; im Mai 1566 begannen öffentliche protestantische Predigten unter freiem Himmel. Das obrigkeitliche Verbot dieser «Heckenpredigten» war bald nicht mehr durchzusetzen. In den ländlichen Textilgebieten des Südens wirkten gleichzeitig akute soziale Probleme – hohe Getreidepreise und Arbeitslosigkeit als Folge von Stockungen im Ostseehandel – verschärfend auf die religiösen Gegensätze ein. Gerade hier entluden sich denn auch im August 1566 die ungelösten Spannungen in einem verheerenden Bilder- , Kirchen- und Klostersturm. In großen Teilen Flanderns, auch in Antwerpen, hörte der katholische Gottesdienst völlig auf; Terror und Anarchie machten sich breit.

In dieser Situation blieb Margarete nichts übrig, als die Großen des Landes – Oranien, Egmont, Hoorne, Hoogstraten – um ihre Unterstützung zu ersuchen. Diese aber machten ihre Hilfe, entsprechend der Petition des Adelsbundes vom April, von der Zulassung der protestantischen Predigt und der Einberufung der Generalstaaten abhängig, und diesmal konnte die Regentin sich nicht mehr aufs Temporisieren verlegen; am 23. August akzeptierte sie die Bedingungen. Die öffentliche Ordnung wurde wiederhergestellt; Oranien selbst machte mit den Rädelsführern der Schreckensherrschaft in Antwerpen kurzen Prozeß. Der katholische Gottesdienst wurde überall wieder eingeführt, daneben freilich auch die protestantische Predigt zugelassen; in einigen Städten erhielten die Protestanten eigene Plätze zum Kirchenbau.

Einige Wochen konnte es damals so scheinen, als wäre ein tragfähiger Kompromiß gefunden, als könnte die versöhnende Politik des Zentrums sich durchsetzen. Das war indessen eine Illusion: Zum einen stellte sich bald heraus, daß König Philipp nicht bereit war, die Zugeständnisse der Regentin zu sanktionieren; zum andern – und das war zunächst noch folgenreicher – riß der Kloster- und Bildersturm eine tiefe Kluft zwischen den Calvinisten und der Mehrheit der verfassungspolitisch bislang mit ihnen verbündeten Katholiken auf. Das bedeutete zugleich eine erste Aufspaltung des Zentrums: Einige seiner Vertreter, vor allem Oranien, schwenkten auf die protestantische Seite über, während andere und sogar die meisten fortan, jedenfalls bis auf weiteres, aus Furcht vor protestantischen Aggressionen die Politik der Regierung unterstützten; auch der Adelsbund fiel auseinander. Das wiederum gab der Regentin die Möglichkeit zur Gegenoffensive, und wirklich gelang es ihr bis zum Frühjahr 1567, das Land wieder unter ihre Kontrolle zu bringen. Alle Konzessionen an die Protestanten wurden kassiert. Egmont und Hoorne unterwarfen sich; Oranien, Hoogstraten und viele andere gingen ins Exil, Oranien zu seinem jüngeren Bruder Graf Johann VI. von Nassau.

Nicht zufrieden mit diesem Erfolg und auch in der nicht unbegründeten Sorge, daß Protestanten und gemäßigte Katholiken sich zu einem neuen Bündnis gegen die königliche Verfassungs- und Religionspolitik zusammenfinden könnten, entsandte König Philipp im Sommer 1567 den Herzog von Alba mit spanischen und italienischen Eliteeinheiten, um die religiösen wie die politischen Freiheitsforderungen der Niederländer in der Wurzel auszurotten; auch sollte Alba der königlichen Herrschaft im Lande eine neue und sicherere finanzielle Grundlage verschaffen. Im August traf der Herzog in Brüssel ein, gegen Ende des Jahres verließ die bisherige Regentin das Land.

Alba konstituierte alsbald – in schneidendem Widerspruch zu den Privilegien des Landes – einen «Rat der Unruhen» (Conseil des Troubles), um die Schuldigen zu bestrafen; zugleich setzte die Ketzerverfolgung von neuem und mit verstärkter Intensität ein. Der gewünschte Erfolg blieb Alba jedoch versagt, und zwar gerade deshalb, weil sich sein Blutregiment nicht bloß gegen die Ketzer richtete, sondern auch gegen die verfassungspolitische Opposition bis weit in das katholische Zentrum hinein; Egmont und Hoorne z. B., die im Juni 1568 hingerichtet wurden, waren ja nicht etwa Protestanten, sondern Katholiken, wenngleich Vertreter eines konfessionell wie verfasssungspolitisch gemäßigten Kurses. Die Rigorosität Albas konsolidierte also von neuem die Opposition all derer, die nicht zu den überzeugten Anhängern des absolutistischen Königtums und zugleich einer blutigen Gegenreformation gehörten, und das war – durch alle gesellschaftlichen Schichten hindurch – die große Mehrheit des Landes. Auch die fiskalischen Vorhaben des Regenten, vor allem die Einführung einer zehnprozentigen Steuer auf den Verkauf aller fahrenden Güter, ließen sich nicht befriedigend realisieren. Selbst das Heer Albas konnte schließlich nur in der Form unterhalten werden, daß die Truppen bei den Bürgern und auf deren Kosten einquartiert wurden. Daß ein solches Verfahren bei den Niederländern auf nur wenig Gegenliebe stieß, ist verständlich. Auch Handel und Gewerbe gingen zurück; die Unzufriedenheit über diesen Niedergang der Wirtschaft kehrte sich wiederum vor allem gegen Alba.

Auf der anderen Seite geriet die sich neu formierende Opposition jetzt unter zunehmenden Einfluß der Calvinisten. Wichtige Zentren dieser Opposition waren die seit 1566 rasch anwachsenden niederländischen Flüchtlingsgemeinden in England und Deutschland, die in diesen Jahren zielbewußt zu calvinistischen Ausbildungsstätten für die künftigen kirchlichen und politischen Führer der Niederlande gemacht wurden. Dazu kam der durch Wilhelm von Oranien von Deutschland aus organisierte militärische Widerstand; 1568 fiel Oranien sogar selbst ein erstes Mal mit einem Heer in die Niederlande ein, ohne freilich vorerst der vorzüglichen spanischen Infanterie gewachsen zu sein. Noch wichtiger als die Unternehmungen Oraniens war die Freibeuterei der sogenannten Wassergeusen. Ein Teil der vor dem spanischen Schreckensregiment Geflohenen nämlich führte den Kampf gegen Spanien zur See fort: Von der Basis englischer Häfen, aber auch Emdens und des Hugenottenorts La Rochelle aus verunsicherten sie den Seehandel der von Alba beherrschten Gebiete und schufen überdies durch überraschende «Landgänge» politische Unruhe – sie machten für jedermann deutlich, daß die spanische Herrschaft im Lande nicht unverwundbar war.

Von den Geusen und ihren vorwiegend adligen Kapitänen ging auch die Wende aus, die seit 1572 Holland und Seeland in die Hand der Aufständischen brachte; zum eigentlichen Führer des Aufstands aber wurde Oranien, der schon zuvor die Kooperation mit den Freibeutern gesucht hatte. Am 1. April 1572 eroberten die Geusen unter dem Admiral Willem van Lumey die Stadt Den Briel auf einer Insel westlich von Dordrecht, und dank ihrer Kontrolle der Flüsse und Meeresarme gelang es ihnen, die Stadt gegen die Spanier zu behaupten. Noch im April ging Vlissingen zu den Geusen über, andere Städte folgten. Als Oraniens Bruder Ludwig von Nassau Ende Mai von Frankreich aus in den Hennegau vorstieß und die Provinzhauptstadt Mons besetzte, schien Alba diese Gefährdung von der französischen Flanke her so bedrohlich, daß er seine Truppen aus dem Norden abzog. Damit hatten die Aufständischen hier freie Bahn. Bereits im Sommer des Jahres gewannen sie den größten Teil Hollands und Seelands für sich; auch eine

Reihe von Städten in Friesland, Overijssel und Geldern schloß sich ihnen an, dazu Mecheln in Brabant. Allerdings wurde Alba durch die Bartholomäusnacht (24. August 1572) von der Sorge vor einer weiteren Unterstützung der Aufständischen durch die französische Regierung befreit; seine alsbald einsetzende Gegenoffensive brachte ihm denn auch die Herrschaft über Mons, Mecheln und die östlichen Provinzen zurück. Holland und Seeland konnten sich jedoch gegen die spanische Übermacht behaupten; im Notfall scheuten die Aufständischen nicht davor zurück, zu ihrer Verteidigung die Deiche zu durchstechen und die tiefer gelegenen Landesteile unter Wasser zu setzen.

Anders als im Aufstand von 1566, der sein Zentrum in den ländlichen Textilgewerberegionen Flanderns und Brabants gehabt hatte, lag der Schwerpunkt des Widerstands jetzt – in Holland und Seeland – in den Städten, und zwar vor allem bei den bürgerlichen Oberschichten, die sich durch den Aufstand ihre traditionellen Rechte der städtischen Selbstregierung zurückzuholen suchten. Daneben bestand freilich auch bei den durch den Niedergang von Schiffahrt und Verkehr verarmten Fischern und Seeleuten der Küstenregionen ein erhebliches Appellpotential für die Predigt des Aufstands. Diese Predigt selbst aber gewann ein immer ausschließlicher calvinistisches Gepräge, und dem entsprach auch die kirchliche Neuordnung der aufständischen Provinzen. Zwar wurde auf einer Ständeversammlung in Dordrecht im Sommer 1572 die Freiheit des Gottesdienstes für Reformierte wie Katholiken beschlossen. Die damit ausgesprochene Anerkennung auch des Katholizismus ließ sich jedoch gegen den konfessionellen Rigorismus der Calvinisten nicht aufrechterhalten; an der Jahreswende 1572/73 wurde, bezeichnenderweise gegen das Votum Oraniens, in Holland und Seeland die Messe verboten. Daß dadurch – genau wie Oranien es befürchtet hatte – die gegenreformatorische Reaktion in den übrigen Landesteilen Auftrieb erhielt, daß auch das Bündnis mit den gemäßigten Katholiken des Zentrums erneut gefährdet wurde, stellte sich alsbald heraus. Indessen zeigte die Mehrheit der Bevölkerung, ohne selbst dem Calvinismus anzuhängen, doch nur wenig Bereitschaft, sich ernsthaft für die Freiheit des katholischen Gottesdienstes im Lande zu engagieren. Man unterstützte den Aufstand vor allem als Kampf für die alten Freiheiten und gegen Albas Tyrannei, und in diesem Kampf waren die Calvinisten nun einmal die aktivsten Kräfte. Darüber hinaus entschieden sich jetzt doch auch wichtige Repräsentanten des Zentrums persönlich für den Calvinismus; noch 1573 folgte Wilhelm von Oranien selbst ihrem Beispiel.

Der fortgesetzte Krieg war eine schwere Belastung für Holland und Seeland, aber auch – und wegen der Belastungen durch das spanische Heer sogar erst recht – für die südlichen Landesteile. Deren Stände drängten denn auch je länger desto entschiedener auf Friedensverhandlungen mit den Aufständischen, und Requesens, der den Herzog von Alba 1573 als Statthalter abgelöst hatte, ließ wirklich Sondierungen, im Frühjahr 1575 in Breda sogar offizielle Verhandlungen zu. Anders als Alba war Requesens von Philipp II. ermächtigt, gewisse verfassungspolitische Zugeständnisse zu machen; seine Entsendung bedeutete insofern einen politischen Kurswechsel des Königs. Über kirchenpolitische Konzessionen an die Protestanten aber, die immerhin von einem Großteil auch der katholischen Bevölkerung des Landes für wünschbar oder doch unvermeidlich gehalten wurden, waren nach wie vor keinerlei substantielle Verhandlungen möglich; die spanische Regierung blieb bei ihrem harten gegenreformatorischen Kurs, und das machte die Friedensinitiativen des Zentrums nahezu aussichtslos.

Da entstand im Frühjahr 1576 durch den unerwarteten und plötzlichen Tod Requesens' eine neue Situation. Die Nachfolge des Statthalters war ungeregelt, der – ohnehin nur als Beratungsgremium für den Statthalter amtierende – Staatsrat konnte sich im Lande keine eigene Autorität verschaffen, die nicht mehr besoldeten spanischen Truppen begannen zu meutern und zu plündern. In dieser Situation ergriff eine Gruppe einflußreicher gemäßigter Katholiken die Macht und berief mit Hilfe der Stände Brabants eine Versammlung der Generalstaaten nach Brüssel ein, die dem Aufstand wie dem konfessionellen Konflikt durch einen Kompromiß mit Holland und Seeland ein Ende machen sollte. In der Tat gelang es den Generalstaaten, im November 1576 die sogenannte Pazifikation von Gent zustande zu bringen; in ihr vereinbarte man das Prinzip einer gegenseitigen religiösen Toleranz der verschiedenen Provinzen, dazu ein gemeinsames, notfalls bewaffnetes, Bemühen um den Abzug der spanischen Truppen. In dem Ziel, die spanischen Truppen aus dem Lande zu bekommen, war man sich um so einiger, als der neu ernannte Statthalter Don Juan d'Austria, der Sieger von Lepanto, unmittelbar nach seinem Eintreffen in den Niederlanden Anfang November 1576 das reiche Antwerpen angreifen und nach der Eroberung brutal plündern ließ; die «Spaanse furie» mit ihrer Zerstörung von mehr als 1 000 Häusern und dem Mord an rund 8 000 Menschen trieb die Generalstaaten vollends zum Abkommen mit Oranien. Daß die Einberufung der Generalstaaten formell ungesetzlich war und daß auch die Genter Pazifikation nach Form und Inhalt dem politischen Willen Philipps II. widersprach, war keinem der Beteiligten zweifelhaft. Gleichwohl war das Ganze keineswegs als Provokation des Königs gemeint; vielmehr hofften die hinter der Berufung der Generalstaaten und der Genter Pazifikation stehenden gemäßigten Gruppen des Zentrums darauf, Philipp II. mit ihrem fait accompli doch noch zum Einlenken zu bringen – und zugleich die eigene Führungsposition im Lande, auch gegen die Calvinisten, zu sichern und zu befestigen.

Das gelang indessen nicht. Don Juan fand sich zwar bereit, die nichtniederländischen Truppen aus dem Lande abzuziehen, blieb aber, insoweit von Philipp II. ganz eindeutig instruiert, in der Religionsfrage hart und verlangte die vollständige Wiederherstellung des Katholizismus, selbst in Holland und Seeland. Das führte zum erneuten Auseinanderbrechen der gerade geeinten Gruppen und Landesteile. Durch die Aussicht auf den Abzug der spanischen Truppen erleichtert, versprachen die Generalstaaten mit ihrer katholischen Mehrheit aus den südlichen Provinzen im sogenannten Ewigen Edikt (Februar 1577), das katholische Bekenntnis zu wahren. Daraufhin verließen Holland und Seeland die Generalstaaten und bereiteten sich auf neue Kämpfe vor. Auch Oranien war zu keinem Entgegenkommen zu bewegen, zumal da er nach den Erfahrungen der Vergangenheit den Spaniern aufs tiefste mißtraute: «Wir können sehen, daß Ihr uns auszurotten wünscht», entgegnete Oranien den Abgeordneten des Königs, «aber wir wünschen nicht ausgerottet zu werden».

Kurz darauf machte Don Juan auch die durch das Ewige Edikt eröffnete Chance einer Befriedung wenigstens der südlichen Niederlande wieder zunichte. Als die Generalstaaten sich weigerten, an einem neuen Krieg gegen Holland und Seeland teilzunehmen, brachte er im Sommer 1577 mit List und Gewalt die Zitadelle von Namur in seinen Besitz und begann, von dort aus seinen Feldzug zu organisieren; darüber hinaus rief er im August die spanischen Truppen zurück. Die Folge bestand zum einen im Aufflammen neuer Aufstände, in denen nun auch im Süden höchst aktive calvinistische Gruppen zur Herrschaft drängten, zum andern aber und vor allem im definitiven Bruch selbst der gemäßigten Mehrheit der Generalstaaten mit der spanischen Herrschaft. Im Herbst 1577 luden die Generalstaaten Wilhelm von Oranien nach Brüssel ein; sein Einzug dort war zugleich persönlicher Triumph und Symbol der Neuorientierung des Zentrums. Im Dezember 1577 erklärten die Generalstaaten dem Statthalter des Königs als Landesfeind den Krieg.

Freilich gab es noch immer genug einflußreiche Katholiken auch in den Generalstaaten, die nicht ohne weiteres bereit waren, Oranien die politische Führung des Landes anzuvertrauen. Sie hatten bereits im August Erzherzog Matthias von Österreich, einen jüngeren Bruder des Kaisers und Neffen Philipps II., eingeladen, die Niederlande im Namen des Königs zu regieren, und setzten diese Einladung dann auch bei den Generalstaaten durch. An sich klug ausgedacht – auch als Versuch, eine dynastische Vermittlung im Streit mit dem König auf den Weg zu bringen –, blieb die Berufung des jungen Habsburgers jedoch so gut wie ohne Erfolg. Zum einen dachte König Philipp gar nicht daran, sich seinen Neffen von den Generalstaaten als Regenten aufdrängen zu lassen, zum andern aber sorgte Oranien dafür, daß die Vollmachten des Erzherzogs eng begrenzt blieben; Oranien selbst, obzwar formal nur Stellvertreter und Erster Berater des Regenten, wurde de facto Regierungschef.

Der Triumph Oraniens und mit ihm das ohnehin spannungsvolle Bündnis zwischen gemäßigten Katholiken und Protestanten waren jedoch nicht von Dauer. In der Schlacht von Gembloux nördlich von Namur wurde die Armee der Staaten bereits Ende Januar 1578 von den Truppen Don Juans geschlagen, und auch in der Folge verlief der Krieg für die Generalstaaten unglücklich. Unter dem Eindruck der militärischen Niederlagen aber kam es zu weiterer Radikalisierung der Calvinisten, die jetzt neue Machtkämpfe und Bilderstürme, ja einen wahren konfessionellen Terror inszenierten. Mittelpunkt dieses aggressiven Calvinismus war Gent mit seiner traditionell unruhigen Bevölkerung; hier verband sich der Calvinismus mit sehr alten und zugleich sehr virulenten demokratischen Tendenzen der Stadt, aufgeheizt noch durch akute soziale Spannungen. Natürlich wirkte dieses Umsichgreifen eines militanten Calvinismus – analog der Frontenverschiebung nach den Bilderstürmen des Jahres 1566 – abschreckend auf die Katholiken jeder Couleur im ganzen Lande; so zerbrach das politische Bündnis der gemäßigten Katholiken mit den Protestanten erneut, und diesmal definitiv. Statt dessen kam es jetzt zu einem politischen Zusammenschluß der – katholischen – wallonischen Provinzen im Süden mit dem Ziel einer Verständigung mit dem König. Im Januar/Februar 1579 fanden sie sich zur Union von Arras zusammen; im Mai des Jahres gingen sie einen Sonderfrieden mit Philipp II. ein, in dem der König den Provinzen vergleichsweise weitgehende verfassungspolitische Zugeständnisse machte, während umgekehrt die wallonischen Provinzen versprachen, ohne Abstriche an der katholischen Kirche festzuhalten. Nahezu gleichzeitig mit der Union von Arras aber und als deren Gegenstück entstand im Januar 1579 die Union von Utrecht, als politischer Zusammenschluß nämlich Hollands, Seelands und einiger anderer calvinistischer Stände des Nordens – bald auch Gents –, die fortan auf unbedingten Kampf und Sieg setzten. Wilhelm von Oranien selbst hielt sich zwar zunächst zurück, um noch einmal den Versuch einer Kooperation wenigstens mit den gemäßigten Katholiken außerhalb der Union von Arras zu unternehmen; als dieser Versuch mißlang, schloß auch er sich im Mai 1579 der Utrechter Union an.

Immerhin kam es 1579 noch einmal zu einer größeren Vermittlungsaktion, nämlich in Gestalt von Friedensverhandlungen, die auf Einladung des Kaisers vom Frühjahr bis zum November 1579 in Köln stattfanden. Die von den katholischen Vertretern des Königs wie der Generalstaaten nach langem Verhandlungsringen akzeptierten Vermittlungsvorschläge waren für die Protestanten der nördlichen Provinzen indessen schon deshalb unannehmbar, weil sie keinerlei Garantien einer wirklich dauernden Religions- oder auch nur Gewissensfreiheit boten. Überdies wollten die Calvinisten in ihrer großen Mehrheit ohnehin keinen Kompromißfrieden mehr; im Gegenteil provozierten sie gerade während der Kölner Verhandlungen in vielen Städten derjenigen Provinzen, die bislang weder der Union von Arras noch der Utrechter Union angehörten, heftige Auseinandersetzungen mit den friedenswilligen Katholiken und erzwangen damit eine fortschreitende Polarisierung. Im Laufe des Jahres schlossen sich Antwerpen, Brüssel, Ypern und Brügge der Union von Utrecht an; im November 1579 erklärte die Mehrheit der Generalstaaten die Kölner Vermittlungsverhandlungen für gescheitert. Damit war zugleich die Versöhnungspolitik des Zentrums endgültig fehlgeschlagen, seine politische Rolle ausgespielt. Daß der gemäßigt katholische

Statthalter der nördlichen Regionen George Lalaing, Graf von Rennenberg, sich jetzt auf die Seite des Königs schlug, war – ungeachtet der dabei mitwirkenden regionalen Verhältnisse – symptomatisch: Wenn die Anhänger der früheren Zentrumspolitik nicht zu den Calvinisten übergehen wollten, blieb ihnen nur mehr der Weg an die Seite König Philipps. Die Mehrheit der Generalstaaten war nach dem Scheitern der Kölner Verhandlungen allerdings nicht mehr bereit, unter das spanische Joch zurückzukehren, und der «Verrat» Rennenbergs förderte noch die separatistischen Tendenzen im Lande. Schließlich sagten die Generalstaaten sich auch förmlich von ihrem König los: Am 26. Juli 1581 publizierten sie das berühmte «Placaat der Verlatinge», ihre Erklärung der Absetzung Philipps II. Damit war zugleich das Ende der glücklosen Regentschaft des Erzherzogs Matthias gekommen; er verließ das Land und suchte nach anderen Gelegenheiten, seinen ungestillten Ehrgeiz zu befriedigen.

Die von den Generalstaaten zunächst angestrebte Verfassungsalternative war nicht die der Republik; vielmehr hatten die Niederländer schon Monate vor der förmlichen Absetzung König Philipps den Bruder und designierten Thronfolger des französischen Königs, Herzog Franz von Anjou, als «prince et seigneur» der Niederlande angenommen. Die ihm von den Generalstaaten zugestandenen Herrschaftsbefugnisse waren freilich bei weitem zu dürftig, als daß Herzog Franz eine wirkliche Regierung auf sie hätte gründen können. Als er jedoch daraufhin Anfang 1583 versuchte, sich mit Hilfe französischer Truppen in Flandern eine militärische Basis effektiver Herrschaft zu schaffen, scheiterte dieses Unternehmen nach einigen Anfangserfolgen schon militärisch und kostete den Franzosen überdies den Rest seiner politischen Autorität. Im Juni 1583 verließ er die Niederlande und kehrte bis zu seinem frühen Tode 1584 nicht wieder zurück. Die Generalstaaten ließen sich durch diesen Fehlschlag aber nicht von der Suche nach einem neuen Herrscher abhalten. Sie trugen nunmehr König Heinrich III. von Frankreich selbst die Herrschaft an, und als der König ebenso höflich wie bestimmt ablehnte, probierten sie es auch noch mit Königin Elisabeth von England, freilich wiederum ohne Erfolg. Sie mußten sich damit begnügen, mit dem Einverständnis Elisabeths den Befehlshaber ihres Entsatzheeres Robert Dudley, Graf von Leicester, zum Regenten zu wählen. Auch diese Regentschaft aber erwies sich bald als Mißerfolg. So lösten sich die Niederlande endlich, als Leicester 1587 das Land verließ, vom Wunschbild einer neuen Monarchie und begannen sich dauerhaft als Republik zu organisieren. Im Grunde waren freilich selbst jetzt nur die Calvinisten aus Überzeugung für diese republikanische Lösung, die übrigen stimmten nur zu, weil sie nach der Ablehnung ihres früheren Herrn keinen neuen fanden, der sich auf ihre Bedingungen einlassen wollte. Auch das aber war doch mehr als eine bloße Verlegenheit: Während die Mehrheit der europäischen Länder immer entschiedener den Weg zum Absolutismus ging, hatten sich die Niederländer in ihrer großen Mehrheit und sehr bestimmt dazu entschlossen, ihre alten und neuen Freiheiten nicht auf dem Altar absolutistischer Staatlichkeit zu opfern.

Die Jahre des verfassungspolitischen Wegs in die Republik waren noch immer eine Zeit großer politischer und militärischer Bedrängnisse. Nach dem Tode Don Juans (1578) war Alexander Farnese, ein Sohn der Margarete von Parma, von Philipp II. zum Regenten der Niederlande ernannt worden. Die Regierung Farneses war zwar zunächst nur von kurzer Dauer; denn König Philipp konzedierte der Union von Arras schon 1579 die Abberufung Farneses wie auch den Abzug aller fremden Truppen aus den Provinzen der Union. Statthalterin wurde 1580 erneut Margarete von Parma. Die Führer der wallonischen Provinzen erkannten jedoch bald, daß sie durch diese Bedingungen des Friedens mit dem König ihrer eigenen Sicherheit gegenüber der Utrechter Union keinen guten Dienst erwiesen hatten. Gegen Ende des Jahres 1581 akzeptierten sie den Fürsten von Parma erneut als ihren Regenten, im Februar 1582 erbaten sie zusätzlich die Entsendung italienischer und spanischer Truppen zu ihrer Verteidigung. Das veränderte die militärische Situation in den Niederlanden gründlich; bereits im Sommer des Jahres hatte Alexander Farnese ein Heer von rund 60000 Mann zur Verfügung. Die nordöstlichen Grenzprovinzen waren schon 1580 durch den Frontwechsel des Grafen Rennenberg wieder in die Obödienz des Königs zurückgeführt worden; jetzt gewann Farnese große Teile der Niederlande, darunter ganz Flandern und Brabant, wieder zurück. Selbst die Intervention eines englischen Expeditionscorps unter Leicester 1585 konnte den Vormarsch der Spanier nicht dauerhaft aufhalten; ohnehin beorderte Elisabeth ihre Truppen im Frühjahr 1587 zur Verteidigung der englischen Küsten gegen die drohende spanische Invasion zurück. Wilhelm von Oranien aber war im Juli 1584 durch einen von den Spaniern gedungenen Mörder umgebracht worden; das bedeutete für die Republik den Verlust auch ihres bedeutendsten politischen Kopfs.

Die Wende kam seit 1588 als Konsequenz der europäischen Politik Philipps II. Zugunsten der geplanten Invasion in England mußte Farnese zunächst seine aussichtsreiche Offensive gegen Holland und Seeland abbrechen; nach dem Ausbruch des spanisch-französischen Kriegs 1589 mußte er sein Heer überhaupt aus den Niederlanden abziehen und auf den französischen Kriegsschauplatz führen. Alle Versuche des Fürsten, seine militärischen und politischen Aktivitäten wieder stärker in die Niederlande zu verlagern, stießen auf die Ablehnung und den steigenden Unwillen König Philipps; als Farnese 1592 starb, ersparte ihm das die Schande einer Entlassung in Unehren. In Wahrheit bedeutete sein Tod freilich einen schweren Schlag für die Politik des Königs. Der zum Nachfolger ernannte Graf von Fuentes konnte sich in der Regierung, ja selbst im Kommando des Heeres nur schwer durchsetzen; gewisse Abwehrerfolge, die er dann doch gegen die erneut vordringenden Republikaner erzielte, standen in keinem Verhältnis zu den Siegen Farneses. Auch daß Philipp II. 1594 seinen Neffen Erzherzog

Ernst aus dem deutschen Kaiserhause und nach dessen frühem Tod (1595) mit Erzherzog Albert wiederum einen deutschen, wenngleich seit langem in hohen spanischen Staatsämtern stehenden Habsburger als Regenten in die Niederlande entsandte, konnte den Dingen keine neue Wendung geben. Die militärischen Operationen der Spanier litten unter ihrem gleichzeitigen Engagement gegen Frankreich und England und – damit zusammenhängend – unter der völligen Überanstrengung der spanischen Finanzen; die politische Idee des alten Königs aber, durch eine niederländische Erbfolge seiner Tochter Isabella, die dem Erzherzog Albert zur Gemahlin versprochen war, vielleicht doch noch den Gesamtbestand der Niederlande für die habsburgische Dynastie zu retten, kam viel zu spät, um noch Chancen einer Realisierung zu haben. Auf der anderen Seite gewannen die Aufständischen seit den späten achtziger Jahren wieder bedeutende politische und militärische Führer: Prinz Moritz, den Sohn Wilhelms von Oranien, als neuen Statthalter von Holland, Seeland und Utrecht, seinen Vetter Wilhelm Ludwig von Nassau als Statthalter von Friesland, dazu den «Ratspensionär» Johann von Oldenbarnevelt als eigentlichen Regierungschef der Republik seit 1586. Moritz von Oranien wurde überdies in enger Zusammenarbeit mit Wilhelm Ludwig von Nassau zum Schöpfer einer Heeresreform, die durch sorgfältige waffentechnische und taktische Ausbildung der Truppen ein überlegenes Operieren in kleinen, beweglichen Einheiten ermöglichte. Zwischen 1589 und 1598 gelang es den Aufständischen, alle Gebiete nördlich des Rheins und dazu große Teile Brabants zu erobern; 1600 konnte Moritz von Oranien bei Nieuwpoort zum ersten Mal die spanische Infanterie auch in offener Feldschlacht schlagen. Damit war die territoriale Substanz der niederländischen Republik für die Dauer gesichert; die weiteren Kriegshandlungen bis zum Waffenstillstand von 1609 und dann noch einmal während des Dreißigjährigen Kriegs brachten zwar einige Grenzveränderungen im Süden, aber keine existentielle Gefährdung der Republik mehr.

Der militärische Erfolg förderte auch die innere Konsolidation des Staatenregiments, der politischen Ordnung also des neuen Staatswesens. Ihr verfassungspolitisches Grundprinzip bestand im Gleichgewicht zwischen den Generalstaaten mit ihrer – im Grunde recht engen – sozialen Basis im gewerblichen und Handelspatriziat der Städte einerseits, dem fürstlichen Statthalter als Erben der monarchischen Gewalt anderseits; die Bedeutung des Adels, in den nördlichen Niederlanden ohnehin seit jeher geringer als im Süden, trat demgegenüber zurück. Die Kombination einer quasimonarchischen Gewalt des Statthalters mit der Bindung an die Generalstaaten erscheint in manchem als «Vorwegnahme der konstitutionellen Monarchie des 19. Jahrhunderts» (J.J. Woltjer). Diese verfassungspolitische Konstruktion war in Europa einzigartig und, weil ihr Funktionieren einen hohen Grad politischen Konsenses zwischen den beiden Trägern der Staatsgewalt voraussetzte, in einer Zeit tiefer geistiger und materieller Konflikte immer wieder auch gefährdet. Solche Gefährdungen gingen insbesondere von den fortdauernden konfessionellen Auseinandersetzungen aus. Staatskirche der Niederlande war der Calvinismus; tatsächlich konnten die Reformierten jedoch erst im Laufe des 17. Jahrhunderts die Mehrheit der Bevölkerung für sich gewinnen, und neben ihnen gab es fortdauernd erhebliche katholische und lutherische Minoritäten, in manchen Regionen – namentlich in Friesland – auch zahlreiche Täufer. Darüber hinaus standen sich innerhalb des Calvinismus eine strenge, gegenüber den anderen Konfessionen völlig intolerante, und eine gemäßigte Richtung gegenüber – die erste namentlich im niederen Bürgertum verankert, die Gemäßigten dagegen mit starkem Rückhalt bei den regierenden Kreisen. In den ersten Jahrzehnten des 17. Jahrhunderts erwuchs aus diesem konfessionellen Richtungsstreit eine umfassende innere Auseinandersetzung, die die junge Republik noch einmal an den Rand ihrer politischen Existenz brachte. Die für die Niederlande der Folgezeit und für das europäische Geistesleben des 17. Jahrhunderts so bedeutsame praktische Toleranz der Republik war erst eine Folge dieses Konflikts und seiner Bedrohungen für Staat und Gesellschaft.

Daß sich die Niederlande ungeachtet dieser inneren Probleme und Spannungen überhaupt gegen Spanien behaupten konnten, verdankten sie einerseits den wachsenden Widerständen, mit denen die spanische Hegemonialmacht auch sonst in Europa und Übersee zu tun hatte; diese Widerstände ließen Spanien an die Grenzen seiner wirtschaftlichen und finanziellen Ressourcen stoßen und banden zugleich die militärischen Kräfte, die der spanische König gebraucht hätte, um des Aufstands der Niederlande definitiv Herr zu werden. Auf seiten der Niederlande selber war es vor allem die religiöse Leidenschaft der calvinistischen Minorität, die zum Durchhalten zwang und auch die Kraft dafür gab. Ohne dieses religiöse Moment hätte, wie die Geschichte der südlichen Niederlande zeigt, auch der Widerstand gegen den Absolutismus und Zentralismus der spanischen Herrschaft wohl allenfalls zu einem verfassungspolitischen Kompromiß geführt. Dazu kam jedoch eine erstaunliche, durch den Krieg nur zeitweise unterbrochene wirtschaftliche Blüte, die die junge Republik – zum Teil auf Kosten der südlichen Niederlande – bis zum Beginn des 17. Jahrhunderts zur führenden Handelsmacht Europas werden ließ. Ohnehin seit dem späten Mittelalter eine Kernzone des europäischen Handels, vermochten die Niederlande ihren Handel jetzt noch beträchtlich auszubauen. Dabei nahm vor allem Holland einen gewaltigen Aufschwung. Amsterdam, schon vor dem Aufstand wegen seines Schiffsbaus und seines Ostseehandels bedeutend, hatte um 1565 knapp 30 000 Einwohner, im frühen 17. Jahrhundert waren es an die 100 000; die Bevölkerung der Gesamtprovinz Holland stieg zwischen 1514 und 1622 von 275 000 auf 672 000. Seit 1590 griff der holländische Handel – namentlich mit der Lieferung baltischen Korns – in den Mittelmeerraum über, wenige Jahre später begann der Aufbau des niederländischen Kolonialreichs in Südostasien. Daneben konnten die Holländer, nicht zuletzt auf Kosten der Hanse, auch ihre Stellung in dem noch immer wachsenden Ostseehandel ausbauen; bald nach der Jahrhundertwende waren 70 Prozent der den Sund passierenden Schiffe niederländischer Herkunft. Amsterdam wurde zum wichtigsten Stapelplatz des europäischen Handels und zugleich zum Zentrum des europäischen Geldverkehrs. Daß Amsterdam mit alledem das früher so bedeutende Antwerpen ablöste, war freilich eine Folge nicht nur der eigenständigen Wirtschaftskraft der Holländer, sondern auch ihres Handelskriegs gegen die spanischen Niederlande; vor allem die Sperrung der Scheldemündung seit 1585 war ein Schlag, von dem sich Antwerpen – ohnehin durch die spanische Plünderung von 1576 schwer geschädigt – nicht mehr erholte. Im übrigen wirkte sich in den südlichen Provinzen auch die Gegenreformation ökonomisch nachteilig aus, durch die Emigration nämlich zahlreicher Arbeitskräfte aus den Textilzentren Flanderns und Brabants. Der rapide Aufschwung des Leidener Textilgewerbes in den letzten beiden Jahrzehnten des Jahrhunderts war nicht zuletzt eine Folge dieser konfessionell bedingten Wanderungsbewegung.

Neben dem wirtschaftlichen Aufschwung darf schließlich die kulturelle Blüte des Landes nicht übersehen werden: auch sie ein Stück geistiger Selbstbehauptung, zugleich aber ein Element der weitgespannten, ganz Europa umfassenden Beziehungen der jungen Republik. Bereits 1575, also noch in den Zeiten unmittelbarster Existenzgefährdung der Aufständischen, wurde die Universität Leiden gegründet; sie wurde bald zu einem Forum europäischer Gelehrter und Gelehrsamkeit, in ihrer theologischen Fakultät ein geistiges Zentrum des europäischen Calvinismus. Der spezifisch bürgerliche Charakter der niederländischen Kultur fand seinen deutlichsten Ausdruck in der Architektur und Malerei des Landes. Die Höhepunkte der niederländischen Malerei – Höhepunkte in der Geschichte der Malerei überhaupt – lagen freilich erst im 17. Jahrhundert, im Werk Franz Hals', Johannes Vermeers und Rembrandts.

VII.

Vom Regierungsantritt Rudolfs II. (1576) bis zum Ausgang des Jahrhunderts: Der Kampf um den Religionsfrieden

1. Luthertum und Calvinismus seit der Konkordienformel; die «Zweite Reformation»

Die Konkordienformel von 1577 brachte eine gewisse Beruhigung der innerlutherischen Lehrstreitigkeiten mit sich. Die konfessionellen Fronten waren im wesentlichen geklärt, die Trennung von den Calvinisten vollzogen. Auf der Basis dieser – nach der Trennung von der katholischen Kirche: zweiten – Abgrenzung von Bekenntnis und Kirchenlehre nahm die Aufbau- und Reformarbeit der lutherischen Kirchen in Sachen der Lehre, der Organisation und der Gottesdienstformen, aber auch in der allmählichen kirchlich-konfessionellen Durchdringung des Volkslebens ihren Fortgang.

Ein besonders charakteristisches Element dieser konfessionellen Verfestigung bestand im fortschreitenden Ausbau der kirchlichen Lehre zu den umfassenden, weit in die Ethik ausgreifenden theologischen Systemen der sogenannten Orthodoxie. Mit mancherlei Rückgriffen auf aristotelisch-scholastische Denkstrukturen und nicht ohne Verengungen der Theologie Luthers, nicht ohne Tendenzen auch zu formalistischen Verknöcherungen, repräsentierte diese lutherische Orthodoxie im ganzen doch eine sehr respektable, systematische Reflexion über den christlichen Glauben und seine Bedeutung für die Welt. Sie lieferte damit zugleich handfeste geistige Orientierung für Generationen evangelischer Pfarrer und, vermittelt durch Predigt und Katechismusunterricht, auch für das einfache Kirchenvolk. Zugleich bildeten sich spezifisch lutherische Formen einer auf den Grundton fröhlicher Glaubenszuversicht gestimmten, mitunter – wie die Kirchenlieder der Zeit zeigen – von großer Innerlichkeit getragenen Bibelfrömmigkeit aus. Die Verbindlichkeit solcher Glaubenshaltungen trat in kirchlichen Notzeiten besonders deutlich zutage: in der Bereitschaft etwa zur Emigration um des Bekenntnisses willen, aber auch in dem – typisch lutherischen – Verzicht auf aktiven Widerstand selbst gegen eine katholische Obrigkeit, die im Zuge der Gegenreformation das evangelische Kirchenwesen ihres Landes auszurotten unternahm; vor allem die Geschichte des österreichischen Protestantismus liefert dafür sehr bemerkenswerte Belege.

Zumeist vollzog sich der Ausbau des lutherischen Kirchenwesens im Rahmen eines reichsständischen Landes- oder Stadtkirchentums; die kirchliche Verfestigung ging dann mit einer fortschreitenden Stärkung der staatlichen, insbesondere der Fürstengewalt einher. Daß die kirchenrechtliche

Doktrin des frühen 17. Jahrhunderts den protestantischen Landesherrn als «summus episcopus» seiner Landeskirche beschrieb, war bezeichnender Ausdruck einer geistlichen Überhöhung des Fürstentums, wie sie schon im späteren 16. Jahrhundert geläufig war. Zugleich aber verwischten sich, häufiger und stärker denn zuvor, die Grenzen zwischen geistlichem und weltlichem Regiment. Sehr bezeichnend dafür war das vielfach belegte Ineinanderfließen von Polizei- und Kirchenordnungen der lutherischen Territorien – bei übrigens stetig wachsendem Umfang; die kursächsische Kirchenordnung von 1580 z. B. umfaßte in der Originalausgabe nicht weniger als 471 Seiten in Folio. Vielleicht noch wichtiger war, daß nicht wenige dieser Kirchenordnungen des späteren 16. Jahrhunderts den großen Kirchenbann wieder einführten, und zwar durchweg als ein dem Landesherrn als Oberhaupt der Landeskirche vorbehaltenes Instrument der Kirchenzucht. Das gilt jedenfalls für Preußen, Braunschweig-Wolfenbüttel, Mecklenburg und Mansfeld; aber auch im Kurfürstentum Brandenburg wurde der große Bann verhängt, hier anscheinend einfach in Fortführung jurisdiktioneller Traditionen der alten Kirche durch das landesherrliche Konsistorium, ohne förmliche Rezeption durch die brandenburgische Kirchenordnung. Im übrigen zeigt die Fülle der disziplinarischen Bestimmungen der lutherischen Kirchen- und Polizeiordnungen sehr deutlich, daß die Kirchenzucht, wenngleich in weniger puritanischer Ausprägung als in manchen calvinistischen Ordnungen, auch im Luthertum des späteren 16. Jahrhunderts durchaus ernst genommen wurde. Die bei manchen reformierten Zeitgenossen wie bei späteren Historikern beliebte Entgegensetzung einer – durch Luther geleisteten – «Reformation der Lehre» zu der jetzt – im Zeichen des Calvinismus – erstrebten «Reformation des Lebens» entspricht mithin der historischen Wirklichkeit nur wenig.

Richtig ist dagegen, daß es im lutherischen Kirchenwesen einen sehr viel umfänglicheren Bestand fortdauernder oder gar neubelebter Gemeinsamkeiten mit der alten Kirche gab als im Calvinismus. Das galt schon für erhebliche Bereiche des Rechts, insbesondere des Eherechts, in dem das Corpus juris canonici im großen ganzen seine Gültigkeit behielt; mitunter blieb in lutherischen Territorien sogar die Zuständigkeit der bischöflichen – katholischen! – Jurisdiktion für Ehesachen erhalten. Noch sinnfälliger trat die Kontinuität zur alten Kirche im Gottesdienst und in der Gestaltung des Kirchenjahrs zutage. Zwar nahmen Predigt und Gemeindelied im lutherischen Gottesdienst viel breiteren Raum ein als in der alten Kirche; auch wurde aus der Liturgie alles ausgeschieden, was der reformatorischen Lehre von der Rechtfertigung allein aus Gnaden widersprach – vor allem der Canon missae, dazu das Offizium für die Toten, sowie die Anrufung der Heiligen. Ansonsten aber blieb die katholische Messe in ihrem Aufbau und in ihren Einzelelementen nahezu unverändert. Beibehalten wurden durchweg auch die Privatbeichte und -absolution, desgleichen der Exorzismus bei der Taufe; erhalten blieben des weiteren die liturgischen Gewänder, zumindest der Chorrock für die Geistlichen, erst recht der – in der Regel steinerne – Altar mit Kerzen. Neben den Hochfesten wurden zumeist einige Marienfeste, gelegentlich auch Mariae Himmelfahrt, sowie die Festtage sämtlicher Apostel und anderer Heiliger gefeiert, in Kurbrandenburg sogar Fronleichnam. Die lateinische Sprache spielte nach wie vor, vornehmlich in den großen Sonntagsgottesdiensten, eine erhebliche Rolle; manchenorts, so wieder in Brandenburg, blieb die Elevation von Brot und Wein mitsamt Klingelzeichen und Weihrauch üblich. Nicht ganz selten bestanden die Kirchenordnungen auch auf der Einhaltung von Fastenzeiten oder sonstigen geschlossenen Zeiten des Kirchenjahrs, in denen z.B. keine Hochzeiten stattfinden durften. Daneben lebte, auch im Widerspruch zu den Bekenntnisschriften oder zu den Kirchenordnungen, viel katholisches Brauchtum fort; die Visitationen förderten immer wieder problematische Formen der Verehrung von Andachtsbildern, der Sakramentsanbetung und dergleichen zutage.

Der regionale Vergleich zeigt, daß die fortbestehenden Gemeinsamkeiten der lutherischen Kirchen mit der katholischen im Osten und Nordosten des Reichs größer waren als im Westen und Süden, wo besonders das einflußreiche Württemberg in Gottesdienst und kirchlichem Brauchtum schon frühzeitig zwinglianisches Ideengut aufgenommen hatte. Ungeachtet solcher Unterschiede aber stand das deutsche Luthertum insgesamt, zumindest in seiner gottesdienstlichen Praxis, der katholischen Kirche fortdauernd sehr viel näher als der Calvinismus. Das hatte einschneidende innerprotestantische Folgen: Je heftiger nämlich die Auseinandersetzung des westeuropäischen Calvinismus mit den Mächten der katholischen Gegenreformation wurde, desto schärfer kritisierten auch die deutschen Reformierten die im Luthertum beibehaltenen Elemente katholischen Kirchenwesens als «papistischen Sauerteig» und Abgötterei, die es zu beseitigen gelte. Die Lutheraner aber reagierten darauf zumeist abwehrend, mit nun erst recht bewußtem Festhalten an den «Zeremonien»; Kruzifixe und Altäre, Chorrock und lateinische Gesänge, Privatbeichte und -absolution, der Exorzismus bei der Taufe, auch die Verwendung von Oblaten beim Abendmahl – in calvinistischer Terminologie: papistische Meßhostien – wurden damit zu Elementen einer konfessionellen Abgrenzung, die den ja doch begrenzten dogmatischen Konflikt zwischen Lutheranern und Reformierten nachhaltig vertieften und ausweiteten.

Allerdings gab es in den evangelischen Kirchen der Zeit auch ganz andere Strömungen. Nachdem nämlich bis um die Mitte der siebziger Jahre als einziger Reichsstand die Kurpfalz voll zum Calvinismus übergegangen war und nach dem Tode Kurfürst Friedrichs III. – während der kurzen Regierungszeit Kurfürst Ludwigs (1576–1583) – sogar noch einmal zum Luthertum zurückkehrte, führte jetzt eine ganze Reihe protestantischer Fürsten ihre Territorien dem Calvinismus zu; als einzige Stadt gesellte sich ihnen 1581 Bremen hinzu.

Für diesen Übergang evangelischer Territorien zum Calvinismus hat sich nach einem Vorschlag von J. Moltmann (1958) der Begriff «Zweite Reformation» eingebürgert. Diese Begriffsbildung ist problematisch, und zwar schon deshalb, weil die maßgebenden Fürsten und Theologen dieses Übergangs zum Calvinismus selbst keineswegs eine «zweite» Reformation im Sinne hatten, sondern die Vollendung oder auch nur Verbesserung der Reformation Martin Luthers, vor allem angesichts ihrer Bedrohung durch die erstarkende Gegenreformation; auch suggeriert die Rede von einer «Zweiten Reformation» historische Dimensionen des Geschehens, die von den tatsächlichen Vorgängen bei weitem nicht erreicht wurden. Neuerdings hat man deshalb vorgeschlagen, statt von einer «Zweiten Reformation» von einer «reformierten Konfessionalisierung» zu sprechen. Auch dieser Begriff hat jedoch seine Schwächen. Zwar ist gewiß richtig, daß die «Zweite Reformation» deutlich konfessionalistische Züge trug – nicht sehr viel anders als das gleichzeitige Luthertum oder auch die Katholische Reform und Gegenreformation –; die Rede von der «reformierten Konfessionalisierung» bringt aber das doch grundlegende Moment des konfessionellen Wechsels vom lutherischen, wenngleich oft philippistisch gefärbten Kirchenwesen zum Calvinismus überhaupt nicht zum Ausdruck. Der Begriff der «Zweiten Reformation» erscheint demgegenüber als das geringere Übel – jedenfalls, wenn man sich seiner Unzulänglichkeiten bewußt bleibt.

Die Zweite Reformation erstreckte sich zeitlich bis in die Anfänge des Dreißigjährigen Kriegs. Ihr erster Schwerpunkt lag – abgesehen von der Kurpfalz unter Kurfürst Friedrich III. – in den Grafschaften der Wetterau, wo die Grafen Johann VI. von Nassau-Dillenburg und Ludwig I. von Sayn-Wittgenstein, beide für ihre Person schon einige Jahre zuvor zum Calvinismus übergegangen, seit 1577 in ihren Territorien den Konfessionswechsel vollzogen; bis um die Mitte der neunziger Jahre folgte die Mehrheit des Grafenkollegs der Wetterau ihrem Beispiel. In der Kurpfalz setzte seit dem Tode Kurfürst Ludwigs 1583 dessen jüngerer Bruder Johann Kasimir als Administrator die Recalvinisierung des Landes durch. Ebenfalls noch in den achtziger Jahren wurde in einigen Grafschaften des Westfälisch-niederrheinischen Kreises – Moers, Bentheim, Tecklenburg, Steinfurt – sowie im Herzogtum Pfalz-Zweibrücken ein reformiertes Kirchenwesen eingeführt. Unter Kurfürst Christian I. (1586–1591) und seinem mit fast unumschränkter Macht regierenden Kanzler Nikolaus Crell neigte sogar die kursächsische Politik dem Calvinismus zu. Das blieb allerdings eine Episode: Nach dem frühen Tode Christians erfolgte in Kursachsen eine heftige lutherische Reaktion; Crell selbst bezahlte seine calvinistische Überzeugung und deren politische Konsequenzen, vor allem seine Entzweiung mit den lutherischen Ständen des Landes, mit dem Leben. Dafür kam der Calvinismus 1596 in Anhalt und kurz nach der Jahrhundertwende in der Grafschaft Lippe sowie unter Landgraf Moritz dem Gelehrten (1599–1627) in Hessen-Kassel zum Zuge. Schließlich führten noch mehrere der von ihrer habsburgischen Oberherrschaft nahezu unabhängigen schlesischen Fürstentümer den Calvinismus ein, zuletzt – noch 1619 – das wichtige Brieg.

Fast überall handelte es sich bei der Zweiten Reformation um Konfessionswechsel auf territorialer Ebene, und fast überall waren es die Landesfürsten, die die Initiative zu dem Konfessionswechsel ergriffen und ihn mit Hilfe ihres landesherrlichen Kirchenregiments durchsetzten. Der Übergang der Stadt Bremen zum Calvinismus war demgegenüber – als Fall einer Zweiten Reformation auf eigenständiger Ebene – eine Ausnahme, der allenfalls noch die Etablierung eines halbcalvinistischen Kirchenwesens in Colmar an die Seite gestellt werden kann. Die andere wichtige Ausnahme vom Normalbild einer landesfürstlich geprägten Zweiten Reformation war die konfessionelle Verfestigung des ostfriesischen Reformiertentums, das von den Ständen des Landes gegenüber den lutherischen Landesherren behauptet wurde; das calvinistisch gewordene Emden löste sich 1595 überhaupt aus dem Herrschaftsverband der Grafschaft und unterstellte sich dem Schutz der Niederlande. Umgekehrt gehörte der – mitunter heftige und langdauernde – Widerstand der betroffenen Kirchen und Bevölkerungen gegen den landesfürstlich verordneten Konfessionswechsel zum Calvinismus durchaus zur Regel des Geschehens. Mitunter scheiterte die Zweite Reformation sogar an diesem Widerstand, so etwa in Schleswig-Holstein und in Baden-Durlach; in Brandenburg blieb das 1613 von Kurfürst Johann Sigismund angenommene reformierte Bekenntnis im wesentlichen eine Hof- und Beamtenreligion schmaler adliger und bürgerlicher Führungsgruppen, ein Konfessionswechsel des ganzen Landes war gegen die Stände nicht durchzusetzen. Andernorts behaupteten sich wenigstens einzelne Städte und Gemeinden gegen die kirchliche Umgestaltung, z. B. die Stadt Lemgo in der Grafschaft Lippe; aus dem Fürstentum Anhalt wird berichtet, daß die Leute noch lange zu den lutherischen Gottesdiensten über die Grenze in die sächsischen und brandenburgischen Kirchen liefen. Zumeist freilich konnte solcher Widerstand im Laufe der Zeit gebrochen werden; die gerade im Kampf um die Zweite Reformation ausgebaute landesherrliche Kirchen- und Staatsverwaltung erwies sich auf die Dauer als überlegen.

Die Grundelemente der Zweiten Reformation ähnelten einander durchweg. Sie bestanden zum einen in der offiziellen Annahme des reformierten Bekenntnisses, zumeist in Gestalt des Heidelberger Katechismus, zum zweiten im Austausch der bisherigen lutherischen Theologen- und Beamtenschaft des Landes gegen Calvinisten, zum dritten in der Abschaffung der im Luthertum erhalten gebliebenen «papistischen» Zeremonien bzw. ihrer Ersetzung durch spezifisch reformierte Bräuche – so etwa in der Einführung des Brotbrechens beim Abendmahl –, schließlich in der Organisation einer straffen Kirchenzucht unter maßgeblichem Einfluß der weltlichen Obrigkeiten. Die gemeindekirchlichen Intentionen der Synode von Emden 1571, die für alle calvinistischen Kirchen Deutschlands – für die Kirchen unter dem Kreuz wie für die fürstlichen Landeskirchen der Zweiten Reformation – die

Einrichtung eigenständiger Presbyterien und Synoden forderte, wurden nur zum kleinen Teil realisiert, am ehesten noch während der letzten Regierungsjahre Friedrichs III. in der Kurpfalz; am anderen Ende der Skala stand Bremen, wo die Kirchenzucht völlig der Dominanz des Stadtrats unterlag. Im übrigen ging die Zweite Reformation regelmäßig mit einer reichs- und außenpolitischen Neuorientierung Hand in Hand, nämlich zugunsten eines Kurses verschärfter Konfrontation mit der katholischen Kirche und den katholischen Mächten in Deutschland und Europa, auch mit dem Kaiserhaus. Die reformierten Landesherren sahen ihre politische Rolle zunehmend im Kontext der für Westeuropa typischen Konfrontation des Calvinismus mit einer zur Vernichtung des gesamten Protestantismus ansetzenden Gegenreformation. Daß sie aus dieser Einschätzung der Lage heraus das Bündnis mit den westeuropäischen Calvinisten suchten, war nur folgerichtig. Das System des Augsburger Religionsfriedens dagegen mußte ihnen von da aus als bloß vorläufige und brüchige Ordnung erscheinen, auf die man nur taktische Rücksichten zu nehmen hatte – ohnehin wurde ja der noch 1566 bestätigte Schutz des Religionsfriedens für die Calvinisten seit der Konkordienformel von 1577 zunehmend unsicher. Der Erfolg dieser europäischen Konfessionspolitik der calvinistischen Landesherren des Reichs entsprach ihren hochfliegenden Absichten freilich nur im Negativen, in der Aushöhlung des Religionsfriedens. Die mehrfach erneuerten Hilfsverträge zugunsten der Hugenotten und der Aufständischen in den Niederlanden kosteten die deutschen Reformierten viel Blut und Geld und brachten ihnen kaum etwas ein; das daneben immer wieder angestrebte politisch-militärische Bündnis mit den deutschen Lutheranern aber scheiterte regelmäßig, bevor es hätte wirksam werden können.

Auch abgesehen von den Optionen der europäischen und Reichspolitik stand die Zweite Reformation vielfach in engem Zusammenhang mit spezifischen politischen Interessen der reformierten Landesherren. Insbesondere scheint die reformierte Konfessionalisierung in einer Reihe kleinerer Herrschaften, die mit der Staatsbildung der größeren fürstlichen Territorien des Reichs nicht Schritt gehalten hatten, ein wesentliches Moment der politischen und sozialen Modernisierung gewesen zu sein: durch ihre straffere Kirchenzucht als Mittel obrigkeitlicher Sozialdisziplinierung – in Gestalt der presbyterialen Kirchenzucht gar unter dem idealen Schein einer Selbstdisziplinierung der Untertanen –, vor allem aber durch ihre religiöse Aktivierung der Bereitschaft zu tiefgreifender Umgestaltung des gesellschaftlichen Lebens. Daß die Ausbildung des landesherrlichen Kirchenregiments in den Territorien der Zweiten Reformation mitunter überhaupt erst den Beginn einer eigentlich staatlichen Verwaltung markierte, ist für diese Zusammenhänge bezeichnend. Hinzu kamen spezifisch calvinistische Impulse für den Ausbau des Schul- und Bildungswesens; selbst die seit den achtziger Jahren von Nassau ausgehende Militärreform mit ihrer grundsätzlichen Verpflichtung der Untertanen zur Landesdefension stand im konfessionellen Kontext der Verteidigung des wahren – d. h. reformierten – Gottesdienstes gegen die Mächte der Gegenreformation.

Allerdings spielte das Vorhaben einer nachgeholten, beschleunigten Staatsbildung keineswegs in allen Territorien der Zweiten Reformation eine maßgebende Rolle. Was für die Grafschaft Lippe galt, galt doch nicht für Hessen, schon gar nicht für Kursachsen unter Christian I. und selbst für die Kurpfalz nur mit Einschränkungen. Vor allem aber wird man sich davor hüten müssen, in der politischen Bedeutung der Zweiten Reformation ohne weiteres auch deren eigentliches Motiv zu sehen. Daß die Zweite Reformation in aller Regel von den Landesherren ausging, besagt noch nicht viel – das war mutatis mutandis bei der konfessionellen Verfestigung des Katholizismus wie des Luthertums der Zeit nicht anders. Umgekehrt war etwa für Kurfürst Friedrich III. von der Pfalz das nach monatelangem inneren Ringen und intensivem Bibelstudium gewonnene Bekenntnis zum calvinistischen Verständnis des Abendmahls ein Akt des Glaubensgehorsams, der – schon wegen des drohenden Ausschlusses der Calvinisten vom Religionsfrieden in Deutschland – in sehr spannungsvoller Überordnung zu seinen «zeitlichen» Interessen stand. Die starke religiöse Prägung und tiefe persönliche Frömmigkeit Johanns VI. von Nassau, Ludwigs d. Ä. von Wittgenstein oder auch Simons VI. zur Lippe ist ebensowenig in Zweifel zu ziehen. Bei anderen Fürsten der Zeit mögen politische Motive für die Entscheidung zur Zweiten Reformation eine größere oder gar dominierende Rolle gespielt haben; jedoch kann es nicht angehen, die Zweite Reformation insgesamt als eine bloße Ideologisierung territorialer Staatsbildungsprozesse zu deuten.

Das schließt wiederum nicht aus, daß die konfessionellen Entscheidungen der zum Calvinismus übergehenden Landesherren selbst in mancherlei Abhängigkeiten von ihrem jeweiligen kirchlichen, politischen und sozialen Umfeld standen. So waren Erziehung und Bildung der jungen Fürsten offenbar von großer Bedeutung für ihre spätere konfessionspolitische Einstellung. Namentlich ein Studium in Straßburg bei dem in engen Beziehungen zu Calvin stehenden Humanisten Johann Sturm, später auch an der Universität Heidelberg, scheint vielfach den Übergang zum Calvinismus vorbereitet zu haben. Mit Johann VI. von Nassau, Arnold von Bentheim und Simon zur Lippe haben alle drei führenden Vertreter des Reformiertentums der westfälischen und wetterauischen Reichsgrafenschaft in Straßburg studiert; von Arnold von Bentheim weiß man, daß er in seiner Straßburger Studienzeit regelmäßig den Predigtgottesdienst der hugenottischen Gemeinde besuchte. Daneben vermittelten freundschaftliche und dynastisch-familiäre Beziehungen wichtige konfessionelle Einflüsse. Die reichsgräflichen Häuser der Wetterau und Westfalens etwa formierten geradezu ein enges Familiengeflecht eines reformierten Heiratskreises; von Nassau und der Kurpfalz aus reichten diese dynastischen Verbindungen tief in die Niederlande hinein. Dazu kamen die überterritorialen Querverbindungen zwischen den theologischen und politischen Ratgebern der reformierten

Landesherren. So wirkte der gräflich-bentheimische Lehensmann und Rat Johann von Münster, ein gelehrter Laientheologe und fruchtbarer Kontroversschriftsteller, außer in Bentheim auch an den Höfen von Dillenburg, Tecklenburg, Lippe-Detmold und Wied; überdies hatte er an den – allerdings fehlschlagenden – Versuchen der Zweiten Reformation in Schleswig-Holstein und Baden-Durlach maßgeblichen Anteil.

In den evangelischen Landeskirchen selbst bildeten philippistische Stimmungen und Strömungen vielfach einen guten Nährboden für die Zweite Reformation. Das gilt insbesondere für diejenigen Reichsstände und Theologen, die sich nicht zur Unterschrift unter die Konkordienformel hatten entschließen können und solcherart in konfessionspolitische Isolierung geraten waren. Daß philippistisch orientierte Reichsstände 1574 und wieder 1591 den aus Kursachsen vertriebenen Kryptocalvinisten, 1576 auch reformierten Theologen und Räten aus der Kurpfalz eine Heimstatt boten, trieb die Entwicklung zumeist kräftig voran; Christoph Pezel z. B. trug nach seiner Ausweisung aus Kursachsen 1574 maßgeblich zur Zweiten Reformation in Nassau-Dillenburg und später in Bremen bei. Der sächsische Adelige Otto von Grünrade hat 1586 – als damaliger Präsident des kurpfälzischen Kirchenrats – das konfessionell geprägte Lebensgefühl dieser einflußreichen Emigranten so zum Ausdruck gebracht: «[...] so ist mir mein irdisch Patria, Gott lob, so lieb nicht, das ich nicht lieber in Ecclesia reformata, so mein verior patria ist, als daselbst solte leben wollen».

Der kirchliche und politische Erfolg der Zweiten Reformation läßt sich nicht auf eine kurze Formel bringen; die Ergebnisse der Entwicklung klafften in einzelnen Territorien offenbar weit auseinander. Insbesondere ist zweifelhaft, ob die Lehr- und Kirchenzucht des reformierten Landeskirchentums durchweg größere Wirkungen zeitigte als die des zeitgenössischen Luthertums oder auch der allmählich wirksam werdenden Katholischen Reform und Gegenreformation. Freilich ist die Forschung über diese Fragen noch sehr im Fluß, ein abschließendes Urteil deshalb nicht gut möglich. Ziemlich sicher ist wiederum, daß der konfessionelle Oktroi der Zweiten Reformation nicht selten zu Zweifeln und Skepsis gegenüber dem konfessionellen Staatskirchentum der Zeit oder überhaupt gegenüber Kirche und Glauben führte. Mit dem spezifischen Inhalt des reformierten Bekenntnisses hatte das freilich weniger zu tun als mit der Tatsache des erneuten Konfessionswechsels als solchen; bezeichnenderweise sind derartige Formen religiösen Verschleißes vor allem aus der Oberpfalz bezeugt, die – nimmt man die Rekatholisierung des Landes nach 1621 hinzu – binnen eines Jahrhunderts nicht weniger als fünf Konfessionswechsel durchgemacht hat.

Die Geschichte der reformierten Reichsstände des ausgehenden 16. Jahrhunderts kann hier nicht im einzelnen verfolgt werden. Das neben der Kurpfalz reichspolitisch wichtigste und auch besonders charakteristische Beispiel der Grafschaft Nassau-Dillenburg soll immerhin etwas näher erörtert werden.

Das Haus Nassau hatte im hohen Mittelalter einen recht umfänglichen Besitz am Mittelrhein zusammengebracht, sich selbst dann aber durch verhängnisvolle Erbteilungen den weiteren Aufstieg abgeschnitten. Von den um die Mitte des 13. Jahrhunderts entstandenen beiden Hauptlinien war zunächst der walramische Zweig mit seinem Besitz südlich der Lahn der erfolgreichere, er wurde dann jedoch von der ottonischen Linie mit ihren Besitzungen um Siegen, Dillenburg, Hadamar und Diez überflügelt; durch den Erwerb von brabantischen Gütern sowie der Grafschaft Vianden in Luxemburg faßte dieser Zweig des Hauses auch in den burgundischen Niederlanden Fuß. Die Bedeutung dieses niederländischen Engagements nahm im 16. Jahrhundert noch einmal gewaltig zu. 1544 nämlich fiel dem 1533 geborenen ältesten Sohn Wilhelm des regierenden Grafen von Nassau-Dillenburg aufgrund einer testamentarischen Verfügung seines Vetters René von Chalon das Erbe des Hauses Chalon zu – mit umfänglichen burgundischen Besitzungen, dazu dem Fürstentum Orange in der Provence. Daß die Grafen von Nassau evangelisch geworden waren, stellte kein unüberwindliches Hindernis für den Antritt der Erbschaft dar; mit Zustimmung des regierenden Grafen Wilhelm des Reichen und nicht ohne Zutun Kaiser Karls V. wurde der junge Graf und jetzige Fürst Wilhelm von Oranien seit 1545 in den Niederlanden, vornehmlich am Hof der Königinregentin Maria in Brüssel, katholisch erzogen. Schon als junger Mann machte er in Diensten Karls V. und dann Philipps II. Karriere, zugleich war er einer der mächtigsten adeligen Herren des Landes. Um 1560 war er Statthalter von Holland, Seeland, Utrecht und der Franche Comté, auch gehörte er dem niederländischen Staatsrat an. Seine Erbansprüche auf die – im Vergleich zu seinen niederländischen Herrschaften bescheidenen – deutschen Stammlande hatte er 1557 preisgegeben; der dynastische Zusammenhalt des deutschen und des niederländischen Zweigs der Familie aber blieb eng und loyal. Gerade die deutschen Grafen, vor allem die jüngeren Brüder Wilhelms von Oranien, empfanden die dynastische Einheit des Hauses nach wie vor als sehr eng und stimmten ihre Politik weitgehend auf die Interessen des Oraniers ab. Daß sie damit in die verfassungs- und religionspolitischen Konflikte der Niederlande verwickelt wurden, war unvermeidlich.

Im Gegensatz zur glänzenden Position Wilhelms von Oranien waren die Verhältnisse des deutschen Zweigs der Familie beim Tode Wilhelms des Reichen 1559 nicht sehr großartig. Mangels einer Primogeniturregelung wurde die Grafschaft wieder einmal geteilt; die Folgen blieben nur deshalb erträglich, weil die nunmehr regierenden drei Brüder – der vierte und jüngste, Heinrich, wurde mit einer Pension abgefunden – ungewöhnlich gut miteinander auskamen. Die eigentliche Leitung der nassauischen Politik lag bei dem – nach Wilhelm von Oranien – ältesten der Brüder, Johann VI. von Nassau-Dillenburg. Noch viel schlimmer als die Erbteilung war der ungünstige Ausgang des jahrzehntelangen Streits mit den Landgrafen von Hessen um die reiche Grafschaft Katzenelnbogen. Es handelte sich dabei um einen seit dem Jahre 1500 akuten Erbfolgestreit, in dem das Haus Nassau zwar gute Gründe für seine Ansprüche vorbringen konnte und deshalb bereits 1507 ein ihm günstiges Urteil des Reichskammergerichts erstritten hatte; durchzusetzen aber war diese gerichtliche Entscheidung gegen die mächtigen Landgrafen nicht. Nach langem Hin und Her, zumeist in genauer Abhängigkeit von der reichspolitischen Situation Hessens, wurde der Streit endlich 1557 durch einen Vertrag beendet, kraft dessen die gesamte Grafschaft Katzenelnbogen mit ihren beiden Besitzkomplexen an der unteren Lahn und um Darmstadt an Hessen fiel, während das Haus Nassau sich, abgesehen von einem Tausch einiger Besitzungen in der Grafschaft Diez, mit einer Geldentschädigung begnügen mußte. Dieser Mißerfolg war um so gravierender, als die langen Auseinandersetzungen die nassauischen Finanzen schwer in Mitleidenschaft gezogen hatten. Darüber hinaus führte der Ausgang des Streits den Grafen ihre prekäre politische Situation gegenüber Hessen, ja überhaupt die politische Gefährdung der Grafschaften durch die Arrondierungstendenzen der großen fürstlichen Territorien des Reichs deutlich vor Augen.

Gerade diese bittere Erkenntnis trug nun allerdings wesentlich dazu bei, daß sich die Grafen von Nassau, voran Johann VI., ihrerseits nachdrücklich um die Konsolidierung ihrer Herrschaft bemühten: durch eine innenpolitische Modernisierung, insbesondere durch den Aufbau einer modernen Verwaltung, aber auch durch die Bemühung um politische Bündnispartner im Reich und in Europa. Neben der dynastischen Solidarität mit Wilhelm von Oranien war dies für die nächsten Jahrzehnte ein zweites Grundmoment der nassauischen Politik.

Den Anfang des neuen Kurses bildeten wirtschafts- und verwaltungspolitische Maßnahmen; seit 1565 griffen Johann VI. und seine Brüder dann aktiv in die Reichspolitik ein, kurz darauf auch in den niederländischen Konflikt. Dabei bestand ihr reichspolitisches Hauptziel in der Freistellung des Zugangs zu den Domkapiteln als wichtigster Voraussetzung für die Erhaltung und den Ausbau der politischen Stellung der Reichsgrafen, und zwar nicht nur des eigenen Hauses, sondern der Gesamtheit der Reichsgrafen als adligen Reichsstands. Es war nur folgerichtig, daß die Grafen von Nassau um dieses weiteren Ziels willen eine umfassende politische Einigung mit ihresgleichen anstrebten. In der Tat gelang ihnen noch 1565 die Erneuerung des alten, seit geraumer Zeit aber wenig effektiven und 1556 formal sogar ausgelaufenen Wetterauer Grafenvereins; im Jahre darauf begann man Verhandlungen mit den schwäbischen, später auch mit den fränkischen Grafen und anderen kleineren Reichsständen. Die Erfolge dieser Einigungspolitik blieben jedoch, abgesehen von der im ganzen gut funktionierenden Kommunikation der Wetterauer Grafenhäuser untereinander, sehr bescheiden.

Um so bedeutsamer wurde die niederländische Politik Nassaus. Seit der Mitte der sechziger Jahre war Wilhelm von Oranien das vornehmste Mitglied der Opposition des hohen niederländischen Adels gegen die absolutistisch-zentralistische und zugleich gegenreformatorische Politik König Philipps II. Daneben gab es einen oppositionellen Bund vornehmlich jüngerer Angehöriger des niederen Adels aus allen drei Bekenntnissen – eben jenen Adelsbund, der die Statthalterin Margarete in einer großen Petition im April 1566 zur Suspendierung der Religionsedikte aufgefordert und damit den offenen, bald auch mit den Waffen ausgetragenen Konflikt ausgelöst hatte. Die maßgebende Figur auch dieses Adelsbunds aber war wiederum ein Mitglied des Hauses Nassau, nämlich Graf Ludwig, einer der jüngeren Brüder Wilhelms von Oranien. Graf Johann VI. zögerte nicht, die Politik seiner Brüder militärisch wie politisch zu unterstützen. Zwar riet er zu konfessioneller Mäßigung, insbesondere zum eindeutigen Anschluß an die Confessio Augustana, um sich nicht selbst außerhalb des Religionsfriedens zu stellen; im übrigen aber wurde er zur wichtigsten politischen Stütze der Aufständischen im Reich, unbeirrt durch deren während langer Zeit so bedrängte militärische Lage. Als Wilhelm von Oranien 1567 für einige Jahre seine Operationsbasen in den Niederlanden einbüßte, fand er mitsamt seinem Hofstaat in Nassau-Dillenburg Zuflucht. Schon 1567/68 brachte Johann VI. dann eine Geldhilfe in Höhe des dreifachen Jahresetats seines Landes zur Finanzierung eines neuen Feldzugs in den Niederlanden auf; ergänzend warb er bei den deutschen Reichsständen und bei den Franzosen um Hilfe. 1574 stellten die Grafen von Nassau zusammen mit dem Pfälzer Kurfürsten sogar ein eigenes Heer gegen die Spanier auf, und selbst die vernichtende Niederlage dieses Heeres auf der Mooker Heide, bei der seine beiden noch lebenden jüngeren Brüder den Tod fanden, machte Johann VI. in seinem niederländischen Engagement nicht irre; 1578 amtierte er auf Bitten Wilhelms von Oranien als Statthalter von Geldern und gehörte 1579 zu den Initiatoren der Union von Utrecht. Erst die finanzielle Erschöpfung seines Landes, vor allem als Folge des verlustreichen und im Ergebnis erfolglosen Kampfs für die Freistellung des Erzstifts Köln (1583–1585), zwang den Grafen in seiner niederländischen Politik zu größerer Zurückhaltung. Seit dem Ausgang der achtziger Jahre war die Union von Utrecht freilich ohnehin von nassauischer Hilfe unabhängig; der offene Krieg Englands und Frankreichs gegen Spanien, dazu die militärischen Erfolge Moritz' von Oranien, der jetzt anstelle seines 1584 ermordeten Vaters die militärische Führung der Niederlande übernahm, befreiten die junge Republik von ihrer bisherigen Existenzgefährdung durch die Spanier.

Die dynastische Motivierung der niederländischen Politik der Grafen von Nassau liegt klar zutage. Dieses dynastische Interesse stand jedoch für die gräflichen Brüder, vor allem für Johann VI., in einem größeren Zusammenhang: Sie sahen das Haus Nassau, die Grafen der Wetterau, die reformierten und auch die lutherischen Reichsstände, ja überhaupt den europäischen Protestantismus in einem Abwehrkampf auf Tod und Leben gegen die Mächte der Gegenreformation, gegen Spanien vor allen anderen. Das war ein Verständnis der europäischen Situation, wie es im westeuropäischen Calvinismus und unter dessen Einfluß auch bei den Fürsten der Zweiten Reformation in Deutschland gang und gäbe war; bezeichnenderweise verband sich die Übernahme dieses Verständnisses durch Graf Johann VI. eng mit seiner eigenen Wendung zur Zweiten Reformation.

Diese Wendung fand ihren bekenntnishaften Ausdruck in der Einführung des Brotbrechens beim Abendmahl am Dillenburger Hof 1577. Dem öffentlichen Bekenntnisakt war indessen ein rund zehnjähriger Prozeß allmählicher Wandlungen im Denken des Grafen vorausgegangen. Noch 1566 ein entschiedener Gegner des niederländischen Calvinismus und dessen Bilderstürmerei, ließ er sich kurz darauf bei einer Reise in die Niederlande von der geistlichen und weltlichen Lebensführung der dortigen Calvinisten beeindrucken; die Exulanten, denen er in den Jahren darauf in seiner Grafschaft Zuflucht bot, verstärkten diesen positiven Eindruck. Daß sein Bruder Ludwig wie der ihm nahestehende Graf Ludwig von Wittgenstein zum Calvinismus übergingen, dürfte den Sinneswandel Johanns VI. noch gefördert haben. 1572 setzte er mit der Entlassung der entschieden lutherischen Superintendenten Bernhardi und Mörlin – den letzteren hatte er erst zwei Jahre zuvor berufen – ein erstes verbindliches Zeichen des neuen konfessionellen Kurses; seit dieser Zeit bekannte er sich auch in seiner Korrespondenz offen zum reformierten Bekenntnis als der «wahren» Religion. Bis zur öffentlichen Einführung des Calvinismus in der Grafschaft vergingen jedoch noch einmal mehrere Jahre – bis eben zu jenem ostentativen Brotbrechen am Dillenburger Hof im Juli 1577, der den Oktroi der Zweiten Reformation im Lande einleitete.

Es gibt keinen Grund, die Aufrichtigkeit des Konfessionswechsels Johanns VI. als einer persönlichen Glaubensentscheidung anzuzweifeln. Daß diese Glaubensentscheidung den dynastischen Interessen des Hauses Nassau – verkörpert in Oranien – und auch den ständischen Interessen der Grafen – konkretisiert im Kampf um die Freistellung – sehr genau entsprach, ist freilich erst recht deutlich: Unter beiden Aspekten hatte Graf Johann von seiten der deutschen und europäischen Calvinisten eher Unterstützung zu erwarten als von den Lutheranern. Religiöse Überzeugung und politisches Interesse lagen also, wie bei so vielen Zeitgenossen aller Konfessionen, eng beieinander und beeinflußten sich wohl auch gegenseitig. Zugleich aber konnte Johann VI. nicht umhin, auf die lutherischen Reichsstände Rücksicht zu nehmen, und das machte viele seiner politischen Wunschvorstellungen utopisch. Das lutherische Gegengewicht blieb schon im Wetterauer Grafenverein erhalten und verhinderte dessen Umfunktionierung zur Basis einer größeren Vereinigung calvinistischer Stände; die Pläne für ein umfassendes Bündnis der protestantischen Mächte Deutschlands oder gar Europas kamen vollends nie über erste Ansätze hinaus.

Die Zweite Reformation war durchweg stark obrigkeitlich geprägt, und in der Grafschaft Nassau war das nicht anders. Der Übergang zum reformierten Bekenntnis wurde vom Territorialherrn dekretiert und konnte nur gegen vielfältigen Widerstand der Bevölkerung durchgesetzt werden, ja gerade diese Schwierigkeiten bei der Durchsetzung des Bekenntnisoktrois machten einen entschiedenen Ausbau der Territorialherrschaft erforderlich und legitimierten ihn zugleich. Die Intensivierung der gräflichen Herrschaft über die Kirche des Landes ging damit Hand in Hand. Zwar übernahm Johann VI. für sein Herrschaftsgebiet die im niederländischen Calvinismus ausgebildeten Institutionen kirchlicher Eigenständigkeit in ihrer vollen Vierstufigkeit von Presbyterien, Klassikalkonventen, Spezial- und Generalsynoden und ging damit erheblich weiter als selbst die Kurfürsten von der Pfalz oder später die Landgrafen von Hessen-Kassel. Der obrigkeitliche Einfluß auf jene Institutionen bis hinunter zu den Presbyterien der Einzelgemeinden war jedoch auch in Nassau sehr stark, und die wichtigsten Entscheidungen des Kirchenregiments fielen ohnehin – nicht anders als in den meisten protestantischen Territorien des Reichs – im landesherrlichen Konsistorium, das seit 1581 ausdrücklich im Namen der weltlichen Obrigkeit handelte.

Neben der Intensivierung der Territorialverwaltung standen auch andere Bereiche der Konsolidierungs- und Modernisierungspolitik Graf Johanns VI. in engem Zusammenhang mit der Zweiten Reformation. Das gilt insbesondere für das Bildungs- und Heerwesen.

Die hohe Bedeutung des Schulwesens für die religiöse Erziehung des Volks war mittlerweile allen Obrigkeiten der Epoche geläufig. So war es nicht erstaunlich, daß zur Zweiten Reformation durchweg auch eine aktive Schulpolitik gehörte. Johann VI. handelte hier mit ungewöhnlicher Konsequenz und beachtlicher Großzügigkeit der Konzeption – durch den gezielten Ausbau nämlich eines dreistufigen Bildungswesens von den Volksschulen über die Lateinschulen bis hin zu der 1584 gegründeten Akademie von Herborn. In Herborn wirkten so hochkarätige Leute wie der aus der Kurpfalz gekommene, freilich schon 1587 gestorbene Kaspar Olevian, der biblische Exeget Johann Piscator und – vor allen anderen – Johannes Althusius, der als Theoretiker der Volkssouveränität bis heute wichtige und um die Wende des 16. Jahrhunderts überhaupt bedeutendste deutsche Staatsrechtslehrer. Ursprünglich vor allem als calvinistische Bildungsstätte der Söhne Johanns VI. sowie als Pflanzstätte für den Theologen- und Beamtennachwuchs der wetterauischen Grafschaften gedacht, wurde die Hohe Schule von Herborn sehr bald zu einem herausragenden Zentrum reformierten Geisteslebens, von dem einige Jahrzehnte hindurch stärkere Anregungen ausgingen als selbst von Heidelberg.

Die nassauischen Militärreformen schließlich standen in engem Zusammenhang mit der Heeresreform Wilhelms von Oranien in den Niederlanden; die Grundlagen des neuen Defensionswesens legte wiederum Graf Johann VI., der die entscheidenden Aufgaben der Konzeption und Organisation freilich schon frühzeitig seinem Sohn Johann VII. übertrug.

Den Ausgangspunkt der nassauischen Reformen bildete die offenkundige Diskrepanz zwischen der Bedrohung des Landes und seines Bekenntnisses durch die Mächte der Gegenreformation einerseits, der aus der finanziellen Schwäche des Landes resultierenden Unmöglichkeit der Besoldung hinreichender Söldnerheere zur Verteidigung anderseits. In dieser Situation erneuerten die Grafen von Nassau das schon auf mittelalterlichem Rechtsdenken beruhende Aufgebotsrecht – nun freilich mit neuer theoretischer Begründung, im Anschluß an die Kritik des Söldnerwesens bei Lazarus von Schwendi und an neustoizistische Gedankengänge des Leydener Staats- und Kriegstheoretikers Justus Lipsius: Sowohl der Landesherr wie die Untertanen, nicht etwa nur der Adel, waren danach persönlich und gegen nur geringe Entschädigung zur Landesverteidigung verpflichtet, unterlagen also einer allgemeinen Wehrpflicht. Für den Bewegungskrieg und auch für die offene Feldschlacht galten zwar die besser geschulten Söldner nach wie vor als unentbehrlich; im übrigen aber konnte und sollte die Landesverteidigung weitgehend den «Defensionern» übertragen werden. Überdies bildete das Defensionswerk ein Moment der politischen Identifikation von Landesherr, Ständen und Untertanen, dessen Bedeutung für die Konsolidierung der frühneuzeitlichen Territorialherrschaft von den Reformern mit Recht überaus hoch eingeschätzt wurde.

In der Praxis wurden aufgrund allgemeiner Musterungen die tauglichsten Wehrpflichtigen – faktisch nur ein kleiner Teil der männlichen Landesbewohner – bereits in Friedenszeiten und auf Dauer in Dienst genommen, zu einer militärisch durchgegliederten Einheit, dem sogenannten Ausschuß, zusammengefaßt und ausgebildet. Sie waren mithin eine Art stehenden Heeres, allerdings kein Berufsheer, sondern eine stehende Miliz, die nur zeitweise – bei besonderen Übungen am Wochenende und in den für die Landwirtschaft arbeitsärmeren Monaten, dazu natürlich im Kriegsfalle – Dienst tat, im übrigen aber ihrem bürgerlichen oder bäuerlichen Beruf nachging. Die militärische Ausbildung und Führung der Einheiten des Ausschusses oblag Mitgliedern des landständischen Adels oder der landesherrlichen Beamtenschaft; neben ihnen standen erfahrene Söldnerführer, auch sie jedoch in dauernder Bindung an den Landesherrn. Überhaupt war die Gesamtheit der Defensioner allein auf den Landesherrn verpflichtet – ein politisch entscheidender Fortschritt über das Söldnerwesen hinaus.

Natürlich konnte das Defensionswerk einer solch bescheidenen Herrschaft wie der nassauischen den spanischen Heeren im Ernstfall nicht Paroli bieten. So stand die Heerespolitik Graf Johanns VI. von vornherein im Zusammenhang weiterreichender Bemühungen um einen «Landrettungsverein» wenigstens der Grafen in der Wetterau, der in den neunziger Jahren dann auch wirklich zustande kam und sich mit einem Gesamtkontingent von nahezu 8 000 Mann bei der Sicherung des Landes gegen durchziehende Soldateska aller kriegführenden Parteien als durchaus nützlich erwies. Im übrigen wirkte das nassauische Beispiel als Vorbild auch für andere Territorien, so vor allem für die Kurpfalz – hier wurde das Defensionswerk am Ende des Jahrhunderts sogar unter persönlicher Leitung Johanns VII. von

Nassau reorganisiert und auf eine Stärke von insgesamt rund 30 000 Mann gebracht. Den Höhepunkt dieses Defensionswesens bildete dann die «Heidelberger Landrettungsnote» von 1603, in der die Kurpfalz, Pfalz-Zweibrücken, Brandenburg-Ansbach, Hessen-Kassel, Baden und die Wetterauer Grafenkorrespondenz sich auf eine gemeinsame Konzeption ihres Ausschußwesens einigten. Mit ihrem entschieden protestantischen Gepräge gehörte die Heidelberger Landrettung schon in die unmittelbare Vorgeschichte der protestantischen Union von 1608.

Die geistigen Väter des Defensionswesens hatten sehr wohl gesehen, daß ihre Ausschüsse, um nicht beim ersten Rencontre mit feindlichen Söldnern aufgerieben zu werden, eine waffentechnische und taktische Ausbildung brauchten, die das in den früheren Aufgeboten Übliche bei weitem überstieg. Das maßgebende Vorbild dafür lieferte ihnen die Heeresreform Wilhelms von Oranien und seines Sohnes Moritz in den Niederlanden, die zwar ganz am Söldnerwesen festhielten, aber die Organisation, Ausbildung und Taktik ihrer Söldner grundlegend umgestalteten und verbesserten. Vor allem die von den Oraniern eingeführte unmißverständliche Kommandosprache und die ständige Einübung der genauen Befolgung dieser Kommandos – der sogenannte Drill –, aber auch die aus solcher Übung erwachsende Möglichkeit des militärischen Operierens in kleinen, beweglichen Einheiten suchte man auf die Ausschüsse der Landesdefension zu übertragen, nach Möglichkeit mit Hilfe niederländischer Drillmeister. Die Zukunft sollte allerdings erweisen, daß die im Rahmen des Defensionswesens zu erzielende militärische Effektivität doch zu gering war, als daß die Defensioner sich mit Erfolg auf eine große Auseinandersetzung mit gut geschulten und geführten Berufssöldnern hätten einlassen können. So ging das Defensionswesen im Dreißigjährigen Krieg unter schweren Blutopfern zugrunde; die weitere Zukunft des Heerwesens stand im Zeichen der allmählich «stehend» werdenden, d. h. ständig im Dienst stehenden Söldnerheere des Absolutismus.

2. Die Selbstbehauptung des deutschen Katholizismus in Abwehr und Offensive

Die Grundlagen der Selbstbehauptung und Erneuerung der katholischen Kirche waren seit den vierziger Jahren des 16. Jahrhunderts gelegt worden. Es dauerte jedoch noch geraume Zeit, ehe die Katholische Reform und Gegenreformation voll wirksam wurden, und in Deutschland, dem Kernland der Reformation, dauerte es besonders lange. Bis in die späten siebziger Jahre verlor der Katholizismus in Deutschland noch immer mehr, als er zurückgewann; die innere Reform der katholischen Kirche zeitigte vollends nur sehr sporadische Erfolge. Im letzten Viertel des Jahrhunderts wendete sich das Blatt jedoch. Zwar mit der innerkirchlichen Reform ging es nach wie vor nur sehr langsam voran. Nicht eine einzige der deutschen Diözesen konnte bis zum Ende des Jahrhunderts die Trias der grundlegenden tridentinischen Reformen – Reformsynoden, -visitationen und Einrichtung von Priesterseminaren – verwirklichen. Der in Rom, vor allem im Collegium Germanicum, herangezogene Nachwuchs für die kirchlichen Führungsstellen in Deutschland war einstweilen noch zu wenig zahlreich, um die Kirchenreform auf breiter Ebene zur Geltung bringen zu können. Die politischen und sozialen Interessen der deutschen Fürstbischöfe und ihrer adligen Domkapitel überwogen das Interesse an der inneren Erneuerung der Kirche noch allzu oft. Von einem Durchdringen der Reform bei der Masse der Laien in Stadt und Land konnte vollends nicht die Rede sein. Und doch: Das Konzil hatte die Richtung der kirchlichen Erneuerung gewiesen, und die Bemühungen reformeifriger Bischöfe und Landesherren, das Wirken der Jesuiten und seit den achtziger Jahren – zuerst in der Schweiz – der Kapuziner, auch die Reformtätigkeit der Nuntien blieben nicht ganz ohne Erfolg. Die schmalen Bäche der Reform vereinigten sich allmählich zu einem breiter werdenden Strom. Vielleicht am wichtigsten war der Wandel der Einstellung: Am Ende des Jahrhunderts waren die Reformdekrete des Tridentinums auch im katholischen Deutschland grundsätzlich anerkannt; die von diesen Normen abweichende kirchliche Realität wurde nicht mehr als Selbstverständlichkeit, sondern als Defizit empfunden.

Überdies bildete sich – entsprechend der Entwicklung im protestantischen Bereich – allmählich eine spezifisch katholische Kirchlichkeit, auch ein spezifisch katholisches Konfessionsbewußtsein heraus. Daß dabei gerade die von der Reformation in Frage gestellten Elemente des traditionellen kirchlichen Lebens einen erhöhten Stellenwert bekamen, kann nicht verwundern; dazu gehörten insbesondere die Totenoffizien, die Heiligen- und Reliquienverehrung, die Fasten und Vigilien, die Bilder und geistlichen Schauspiele, die Prozessionen und Wallfahrten. Dazu aber kamen charakteristische neue Elemente des Katholizismus: eine stärkere Orientierung an der römischen Kirche – von der Verbindlichkeit des römischen Missale bis hin zu einer geradezu ekklesiologisch geprägten Frömmigkeit –, eine neue Verbindung von Askese und praxis pietatis, besonders in caritativer Tätigkeit, auch die tridentinische Neuorientierung an den Aufgaben der Seelsorge. Daß die innerkirchliche Reform in Deutschland zunächst gutenteils von Italienern und Spaniern getragen wurde, gab dem deutschen Katholizismus der Zeit zugleich einen stark romanischen Einschlag; das steigerte die ohnehin bestehenden konfessionellen Gegensätze zu den Protestanten durch ein zusätzliches Element des Gemüts und Temperaments. Bei alledem fehlte es jedoch auch nicht ganz an Übernahmen und Anregungen aus den Kirchen der Reformation. Das gilt etwa für die stärkere Berücksichtigung der deutschen Sprache im Gottesdienst sowie für die Einführung des Katechismus als Grundlage der kirchlichen Unterweisung, auch für die gesteigerte Bedeutung der Predigt. Noch wichtiger war, daß die katholische Seelsorge, wie etwa die Predigten des einflußreichen Kardinals und Bischofs von

Ermland Stanislaus Hosius zeigen, mitunter sehr viel deutlicher als zuvor die Gnade und Barmherzigkeit Gottes als Grund aller christlichen Existenz betonte. Aufs Ganze gesehen wurden derartige Annäherungen an reformatorische Anliegen freilich kaum als solche empfunden; beherrschend waren und blieben vielmehr für lange Zeit die apologetisch-polemischen, überhaupt die kämpferischen Züge katholischen Kirchenwesens. In der Abwehr und Zurückdrängung des Protestantismus erzielte der deutsche Katholizismus des späten 16. Jahrhunderts denn auch seine wichtigsten Erfolge.

Im gegenreformatorischen Kampf dieser Jahre gegen den Protestantismus ging es vor allem um zweierlei: zum einen um die Abwehr der ja noch immer akuten Gefahr weiteren Vordringens der Reformation, besonders in den geistlichen Fürstentümern, zum anderen um die Rekatholisierung protestantischer Bevölkerungen in den Herrschaftsgebieten katholischer Reichsstände. Im einen wie im anderen Falle konnten die katholischen Reichsstände sich auf den Augsburger Religionsfrieden berufen – auf den Geistlichen Vorbehalt wie auf ihr jus reformandi –; das bedeutete eine nicht zu unterschätzende reichsrechtliche Absicherung der Gegenreformation. Katholische Juristen wie der Reichshofrat Georg Eder und Andreas Erstenberger publizierten darüber hinaus konfessionelle Polemiken, in denen sie in der Tradition des mittelalterlichen Ketzerrechts die Bestimmungen des Augsburger Religionsfriedens, soweit sie den Protestanten ihr Lebensrecht im Reiche verbrieften, aufs äußerste einzuschränken suchten. Noch wichtiger freilich war die politische Absicherung, die von den bayerischen Herzögen, in zweiter Linie – von den Niederlanden aus – von den Spaniern und schließlich auch von den deutschen Habsburgern gewährt wurde; das Herzogtum Bayern war überhaupt die aktivste politische Macht der Gegenreformation in Deutschland. Die bedeutendsten Erfolge der Abwehr des Protestantismus wurden im Kampf um Köln und Straßburg sowie um die Reichsstadt Aachen erzielt; die wichtigsten Fälle der Rekatholisierung evangelischer Bevölkerungen durch katholische Obrigkeiten stellten das Fürstbistum Würzburg und die österreichischen Erblande der Habsburger dar.

Die Grundlagen der Politik Bayerns als Vormacht der Gegenreformation in Deutschland waren durch Albrecht V. gelegt worden. Seine Nachfolger Wilhelm V. (1579–1597) und Maximilian I. (1598–1651) setzten diese Politik konsequent und erfolgreich fort.

Herzog Wilhelm V. war ein Fürst von tiefer Frömmigkeit in strenger Bindung an die Glaubensautorität seiner Kirche. Diese Prägung seiner Persönlichkeit bestimmte sein privates Verhalten wie seine Politik und ließ ihn zum eigentlichen Fürstentyp der Gegenreformation werden; frühzeitig legte man ihm den Beinamen «der Fromme» bei. In besonderer Weise fühlte sich der Herzog den Jesuiten verbunden. Er pflegte persönlich ihre Andachtsformen, machte Mitglieder der Societas Jesu zu seinen Beichtvätern und förderte die Niederlassungen und Schulen der Jesuiten im Lande. Seit den späten achtziger Jahren überließ er ihnen sogar einige finanziell zerrüttete oder überhaupt verödete Benediktinerabteien; damit erhielten die Jesuiten Sitz und Stimme auf dem bayerischen Landtag. In München ließ der Herzog den Jesuiten die großartige Michaeliskirche erbauen, deren Fassade das Wirken des Fürsten für die Kirche in einen geradezu heilsgeschichtlichen Zusammenhang stellte.

Im Kampf gegen den Protestantismus in Bayern selbst ging es für Wilhelm V. nur mehr darum, die Reste evangelischer Gesinnung im Adel und Bürgertum des Herzogtums auszulöschen. Diesem Ziel diente der Ausbau eines immer dichteren staatskirchlichen Überwachungssystems, dazu die Abschirmung des Landes gegen ein erneutes Eindringen des Protestantismus von außen; die rigoros erzwungene Rekatholisierung der Herrschaft Hohenwaldeck 1581 bis 1584 gehört in diesen Zusammenhang. Zugleich aber suchte Herzog Wilhelm die innerkirchliche Erneuerung im Herzogtum durch die Unterstützung aller Kräfte der Reform voranzubringen: der Jesuiten vor allem, aber auch reformwilliger Kirchenfürsten wie z. B. des Bischofs von Passau, Urban von Trennbach (1561–1598), oder des Salzburger Erzbischofs Wolf Dietrich von Raitenau (1587–1612). Die fortschreitende Intensivierung der staatskirchlichen Herrschaftsansprüche des Herzogs hatte allerdings – wie schon zur Zeit Albrechts V. – mancherlei Spannungen mit den Bischöfen zur Folge, die der Kooperation der geistlichen und weltlichen Gewalten in der Kirchenreform nicht förderlich waren. 1583 gelang es immerhin durch Vermittlung des Nuntius Ninguarda, einige der Hauptpunkte des Streits durch ein Konkordat des Herzogs mit den bayerischen Kirchenfürsten aus der Welt zu schaffen. Das Konkordat garantierte dem Klerus des Herzogtums seinen herkömmlichen privilegierten Gerichtsstand in Strafsachen; dafür erlangte der Herzog die Bestätigung seines Anspruchs auf Besteuerung des Klerus sowie eine Art Staatsaufsicht über die gesamte kirchliche Vermögensverwaltung. Die schon in den zwanziger Jahren von Papst Clemens VII. konzedierten Präsentations- und Visitationsrechte der bayerischen Herzöge gegenüber der Kirche ihres Landes wurden damit in einer Weise abgerundet, die dem Landeskirchenregiment protestantischer Obrigkeiten kaum nachstand. Dagegen hatte der Versuch Herzog Wilhelms, auch die Bischofsstühle der bayerischen Diözesen an Angehörige des Hauses Wittelsbach zu bringen, nur in Freising Erfolg; in Passau, wo die Entscheidung lange Jahre hindurch auf des Messers Schneide stand, scheiterte der Herzog an der schließlich überlegenen Konkurrenz des habsburgischen Kaiserhauses, das kurz vor dem Tode Bischof Urbans 1598 bei der Kurie die Ernennung Erzherzog Leopolds zum Koadjutor mit dem Recht der Nachfolge im Bistum durchsetzte. Auch die noch weitergehenden Pläne Herzog Wilhelms, ein eigenes bayerisches Landesbistum zu errichten, dessen Bischof – als Untertan des Herzogs, nicht als Reichsfürst – mit ausgedehnten Aufsichtsrechten selbst über den Erzbischof von Salzburg ausgestattet werden sollte, ließen sich nicht verwirklichen.

Die bayerische Kirchenpolitik Herzog Wilhelms wurde ergänzt durch sein reichs- und außenpolitisches Engagement für den Katholizismus in Deutschland und Europa. Der Herzog unterhielt intensive diplomatische Beziehungen zu Rom – die überhaupt erste, in den achtziger Jahren eingerichtete ständige Gesandtschaft Bayerns war die beim Heiligen Stuhl. Kaum weniger dicht war seine Kommunikation mit der spanischen Regierung in den Niederlanden. In Deutschland unterstützte er vor allem die katholischen Fürsten, die sich die Rekatholisierung ihrer protestantisch gewordenen Untertanen zum Ziel gesetzt hatten. Mitunter war es überhaupt der Einfluß der bayerischen Politik, der die Gegenreformation in diesen Territorien allererst auf den Weg brachte; die Geschichte Innerösterreichs unter Erzherzog Karl und seinem Sohn Ferdinand, dem späteren Kaiser Ferdinand II., ist dafür ein charakteristisches Beispiel. Die Bestrebungen des Herzogs zur Errichtung eines Bundes aller katholischen Reichsstände – nach Möglichkeit unter Einschluß der spanischen Niederlande – hatten zwar ebensowenig Erfolg wie die entsprechenden Bemühungen der Kurpfalz und anderer calvinistischer Reichsstände auf protestantischer Seite; 1598 löste sich sogar der Landsberger Bund auf, der – ursprünglich gemischtkonfessionell, dann rein katholisch – ein zeitweise wichtiges Instrument politischer Einflußnahme der bayerischen Herzöge gewesen war. Dafür aber intervenierte Herzog Wilhelm 1583 unmittelbar und mit Erfolg im Kampf um das Erzbistum Köln: Sein konfessionelles Interesse an der Erhaltung des Katholizismus in Deutschland koinzidierte hier aufs genaueste mit den dynastischen und territorialstaatlichen Motiven der wittelsbachischen Bistumspolitik.

An sich hatte Bayern mit den Ursachen wie mit den ursprünglichen Frontstellungen des Kampfs um Köln nur wenig zu tun. Die in Köln zunächst zur Entscheidung stehenden Fragen waren vielmehr die des Zugangs der Söhne des protestantisch gewordenen Reichsadels – vor allem der Grafenfamilien der Wetterau – zu den Domkapiteln und darüber hinaus die Grundsatzfrage der Verbindlichkeit des Geistlichen Vorbehalts. Für die süddeutschen Bistümer stand die Gültigkeit des Geistlichen Vorbehalts unter dem maßgebenden politischen Einfluß Österreichs und Bayerns seit jeher außer Frage; umgekehrt hatten die großen protestantischen Territorien im Norden und Nordosten des Reichs die in ihrem Einflußbereich liegenden Bistümer auch und gerade nach 1555 mit der größten Selbstverständlichkeit der Reformation zugeführt oder sie überhaupt eingezogen. Sehr viel unklarer dagegen und zugleich spannungsvoller stellte sich die Situation für die Mehrzahl der nordwestdeutschen Stifte dar. Nicht im unmittelbaren Machtbereich eines dominierenden weltlichen Territoriums gelegen, war ihr konfessionelles Schicksal doch für alle Konfessionsparteien im Reich und ganz besonders für die Gegner des großen Konflikts in den benachbarten Niederlanden von höchstem Interesse. Das Erzstift Köln aber war dabei von besonderer Bedeutung, und zwar nicht nur wegen seines politischen und kirchlichen Einflusses auf den gesamten Nordwesten des Reichs, sondern auch wegen der Kurwürde des Erzbischofs: Wurde der Geistliche Vorbehalt im Falle Kölns durchbrochen, so war ja mit einer protestantischen Mehrheit im Kurfürstenkolleg zu rechnen; die Folgen, nicht zuletzt für künftige Königswahlen, waren dann unabsehbar.

Die Politik Kurfürst Friedrichs III. von der Pfalz und der Grafen der Wetterau hatte sich bereits in den sechziger und siebziger Jahren wiederholt um eine «Freistellung» des Erzstifts bemüht, damit jedoch nur wenig Erfolg gehabt; zuletzt, im Vorfeld des Regensburger Reichstags von 1576, hatte Erzbischof Salentin von Isenburg, obschon selbst einer Grafenfamilie der Wetterau angehörig, den konfessions- und standespolitischen Versuchungen seiner Standesgenossen mit Entschiedenheit widerstanden. Da ergab sich zu Beginn der achtziger Jahre eine neue Situation. Der 1577 zum Erzbischof gewählte Gebhard II. Truchseß von Waldburg nämlich, der ein Verhältnis mit der protestantischen Stiftsdame Agnes von Mansfeld hatte, wünschte dieses Verhältnis durch eine Heirat zu legalisieren und zum Protestantismus überzutreten, entschied sich aber – bestärkt durch die protestantischen Grafen der Wetterau – nicht zu einer Resignation seines Amts, wie es dem Geistlichen Vorbehalt entsprochen hätte; statt dessen sagte er sich 1582 vom Papsttum los und proklamierte die Gleichberechtigung der Konfessionen sowie die freie Bekenntniswahl der Domherren in seinem Erzstift.

Eben dies war die Situation, in der Herzog Wilhelm von Bayern, von der Kurie aufgefordert und unterstützt, in den Konflikt eingriff und damit zugleich der bayerischen Bistumspolitik eine neue Dimension gab. Schon Albrecht V. hatte wiederholt versucht, seinem Sohn Ernst zu dessen Bistum Freising das mächtige und reiche Erzstift Köln zu verschaffen; jedoch hatte sich das Kölner Domkapitel bei den Wahlen von 1569/70 und wieder 1577 gegen den wittelsbachischen Kandidaten entschieden. Auch ein Versuch zur Erlangung des Bischofsstuhls von Münster war vorerst mißlungen. Das Bistum Hildesheim, das Herzog Ernst 1573 zufiel, war für diese Wahlniederlagen bei weitem kein Ausgleich, zumal da von Hildesheim kaum ein Zuwachs an Reichtum und Macht, wohl aber eine Fülle von konfessions- und territorialpolitischen Schwierigkeiten zu erwarten war. Anders stand es dagegen schon um das Bistum Lüttich und die Reichsabteien Stablo und Malmedy, die Herzog Ernst 1581 in seine Hand bekam – bezeichnenderweise beide Male mit Unterstützung des spanischen Statthalters in den Niederlanden Alexander Farnese, der damit das Interesse Bayerns am Nordwesten des Reichs wachzuhalten suchte. 1582 eröffnete sich dann erneut die Chance des Zugriffs auf Köln, diesmal freilich nicht nur als Element der bayerischen Bistumspolitik, sondern zugleich als Teil des Kampfs um den Geistlichen Vorbehalt und um die Erhaltung des Katholizismus in Nordwestdeutschland. Dieser konfessionspolitische Aspekt war es denn auch, der Bayern die Unterstützung Roms und – wiederum – Spaniens sicherte; das entschied sehr wesentlich über den Ausgang des Kampfs. Schon die Initiative für das Eingreifen Bayerns ging von Rom aus. Im März 1583 enthob Gregor XIII. den Truchsessen aller seiner geistlichen Würden und sprach sich für eine Nachfolge Ernsts von Bayern aus. Bald darauf liefen sehr erhebliche Hilfsgelder aus Rom ein; die Spanier entsandten Truppen aus den Niederlanden. Der politische und militärische Rückhalt des exkommunizierten Erzbischofs war zu gering, um diesem bayerisch-spanisch-römischen Bündnis standzuhalten. Der kölnische Landtag hatte sich bereits im Februar 1583 gegen den Truchsessen gewandt; im Mai entschied sich das Domkapitel, in dem zunächst immerhin eine Minorität für den alten Erzbischof Partei ergriffen hatte, einstimmig zur Wahl Ernsts von Bayern. So waren es im Lande selbst nur wenige Städte und Angehörige des Adels, die sich auf die Seite Gebhard Truchseß' stellten. Gewichtiger schien die Unterstützung von außen: durch Kurfürst Ludwig von der Pfalz, durch seinen calvinistischen Bruder Johann Kasimir, durch Johann VI. von Nassau und auch aus den protestantischen Niederlanden. Die Pfälzer und Graf Johann bemühten sich zudem um die Bundesgenossenschaft weiterer lutherischer Reichsstände. Dieses Bündniswerben scheiterte jedoch – wie so oft – an Kurfürst August von Sachsen, der den Religionsfrieden selbst um den Preis Kölns nicht aufzukündigen bereit war. Solcherart konfessionspolitisch isoliert, hielt sich auch Kurfürst Ludwig in seinem Engagement für Gebhard Truchseß zurück; Johann Kasimir aber löste im Oktober 1583 sein für den Kampf um Köln geworbenes Heer auf, ehe es noch zu einer großen militärischen Auseinandersetzung gekommen war. So gelang es den spanisch-bayerischen Truppen binnen kurzem, dem neuen Erzbischof im Lande zur Herrschaft zu verhelfen. Die Kriegshandlungen dauerten freilich noch jahrelang fort, wuchsen sich zeitweise überhaupt zu einem Teil des großen niederländischen Konflikts aus und kosteten alle beteiligten Mächte viel Blut und Geld. Als Gebhard Truchseß von Waldburg 1589 endlich resignierte und sich auf seine – protestantische – Straßburger Domherrenstelle zurückzog, waren nicht nur die Kurpfalz und Nassau, sondern selbst das reiche Bayern, jedenfalls die herzogliche Finanzverwaltung, völlig erschöpft.

Für Bayern und seine katholischen Bündnispartner hatte sich der hohe Einsatz gelohnt: Der Geistliche Vorbehalt war erfolgreich verteidigt, eine protestantische Mehrheit im Kurkolleg verhindert worden. Überdies bedeutete die Behauptung Kölns als katholischen Eckpfeilers in Nordwestdeutschland eine wichtige Vorentscheidung zugunsten einer vollen Wiederherstellung des Katholizismus in den Vereinigten Herzogtümern am Niederrhein, zugunsten auch des Fortbestands der westfälischen Fürstbistümer. Daß Kurfürst Ernst selbst nach dem Sieg in Köln auch noch Bischof von Münster wurde und 1587 in Minden die Ernennung des katholischen Otto von Schauenburg zum Bischof durchsetzte, machte diese konfessionspolitische Konsequenz für jedermann deutlich. Zugleich hatten die bayerischen Wittelsbacher mit Köln für sich selbst eine sehr bedeutende geistliche Sekundogenitur und mit ihr den Zugang zum Kurkolleg gewonnen; der

Kölner Erzstuhl sollte bis 1761 in bayerischer Hand bleiben. Daß die Bistumskumulationen Herzog Ernsts und vieler seiner Nachfolger im Widerspruch zum Bischofsideal des Tridentinums standen, ist unbestreitbar. Die historische Gerechtigkeit gebietet indessen den Hinweis, daß zwar nicht der höchst weltliche Kurfürst Ernst, wohl aber sein Neffe Ferdinand, der ihm, bereits 1595 zum Koadjutor angenommen, 1612 auf allen Bischofsstühlen außer Freising folgte und einige Jahre später sogar noch das Bistum Paderborn dazugewann, ein durchaus reformeifriger Kirchenfürst war, unter dessen Herrschaft auch die innerkirchliche Reform im Erzstift Köln entscheidende Fortschritte erzielte und von da aus auf das gesamte katholische Nordwestdeutschland ausstrahlte.

Nach dem Kampf um Köln bildete der sogenannte Straßburger Kapitelstreit die zweite bedeutende Auseinandersetzung um den Geistlichen Vorbehalt zu Ausgang des Jahrhunderts. In Straßburg hatte sich Bischof Johann von Manderscheid (1569–1592) mit Eifer, wenngleich vorerst mit nur geringem Erfolg, um die Festigung und Erneuerung der alten Kirche bemüht. 1579 hatte er die Jesuiten nach Molsheim geholt, um ein katholisches Gegengewicht gegen die einflußreiche Straßburger Schule unter Johann Sturm zu schaffen, und mit Hilfe der Jesuiten schließlich auch den Kampf gegen den im Bistum und selbst im Domkapitel weitverbreiteten Protestantismus aufgenommen. An der Jahreswende 1583/84 spitzte sich der Konflikt zu. Der Bischof und ihm folgend die katholische Mehrheit des Domkapitels schlossen diejenigen – evangelischen – Domherren, die zugleich dem Kölner Domkapitel angehörten und dort wegen ihrer Parteinahme für Gebhard Truchseß von Waldburg der Exkommunikation verfallen waren, auch vom Straßburger Kapitel aus und versuchten, ihre Pfründen einzuziehen; die protestantischen Kapitulare brachten daraufhin mit Unterstützung des Stadtrats den Wirtschaftshof des Kapitels in ihre Gewalt. Damit war der Kampf um die Freistellung der Religion im Domkapitel in vollem Gang. Daß die Straßburger Kapitelspfründen traditionell den Söhnen reichsfürstlicher bzw. reichsgräflicher Familien vorbehalten waren, gab der Auseinandersetzung – ähnlich wie in Köln – zugleich einen standespolitischen Aspekt. Seit 1585 suchten sich die beiden Konfessionsparteien im Kapitel durch die Zuwahl von Angehörigen mächtiger reichsfürstlicher Familien zu verstärken: lothringischer und bayerischer Fürstensöhne auf der der einen, brandenburgischer Prinzen auf der anderen Seite.

Beim Tode Johanns von Manderscheid 1592 kam es dann zur Doppelwahl. Die mittlerweile zur Majorität gewordenen protestantischen Domherren entschieden sich für den Brandenburger Johann Georg, die katholische Minderheit wählte kurz darauf den Kardinal Karl von Lothringen. Herzog Wilhelm von Bayern hatte nach den schweren finanziellen Belastungen des Kölner Kriegs darauf verzichtet, einen seiner beiden geistlichen Söhne, die in Straßburg bepfründet waren, in das Rennen zu schicken. Statt dessen suchte jetzt der Herzog von Lothringen, der seinem jüngeren Sohn Karl schon 1578 das Bistum Metz und dazu den Kardinalshut verschafft hatte, seinen politischen Einflußbereich auf Straßburg auszudehnen; die dynastische Verbindung des lothringischen Herzogshauses mit Bayern – eine Schwester des Herzogs war mit Wilhelm V. von Bayern verheiratet – erleichterte die Straßburger Kandidatur. Das brandenburgische Interesse an dem Straßburger Bischofssitz war demgegenüber weniger unmittelbar. Immerhin suchten die Hohenzollern zur gleichen Zeit doch auch ihre Erbansprüche auf die Vereinigten Herzogtümer Kleve-Jülich-Berg zur Geltung zu bringen, und Markgraf Georg Friedrich von Ansbach als die eigentlich treibende Kraft der brandenburgischen Politik dieser Jahre dachte ohnehin in europäischen Maßstäben. Er war es denn auch, der alsbald in Straßburg erschien, um die brandenburgischen Interessen wahrzunehmen; damit war klar, daß die katholisch-lothringische Partei in Straßburg doch mit ernsthaftem Widerstand rechnen mußte. Wirklich sah es in den sogleich nach der Doppelwahl einsetzenden militärischen Auseinandersetzungen zunächst nach einem protestantischen Sieg aus. Die Reichspolitik der evangelischen Stände war jedoch wieder einmal zu träge und zerfahren, um ihre Glaubensgenossen in Straßburg – und sei es auch nur durch eine namhafte Geldhilfe – wirksam zu unterstützen. So kam es unter kaiserlicher Vermittlung im Februar 1593 zu einem Waffenstillstand, durch den das Stift auf der Basis des militärischen status quo vorläufig geteilt wurde; eine gemischtkonfessionelle Kommission sollte den Streit selbst schlichten. Diese Schlichtung scheiterte schon in den Ansätzen; neue gewaltsame Auseinandersetzungen, ein zweiter Waffenstillstand (1595) und ein erneuter Schlichtungsauftrag – ebenso ergebnislos wie der erste – folgten. Aber in der Zwischenzeit verschoben sich doch die Kräfteverhältnisse, und zwar zugunsten der Katholiken, wenngleich nicht so sehr zugunsten des Lothringers als vielmehr des habsburgischen Kaiserhauses, das sich, seit 1597 durch einige Erfolge gegen die Türken im Südosten entlastet, im Kampf um das Bistum Straßburg verstärkt engagierte.

Das Engagement auch der Habsburger war freilich nicht nur konfessioneller Art. Kaiser Rudolf wünschte nämlich, seinem steirischen Neffen Leopold – zusätzlich zu der gegen Bayern durchgesetzten Koadjutorie in Passau – den Straßburger Bischofsstuhl oder doch die Anwartschaft auf die Nachfolge zu verschaffen und damit das politische Gewicht des Hauses Habsburg im Elsaß zu vergrößern. Es zeigte sich bald, daß die katholischen Domkapitulare in Straßburg einer solchen habsburgischen Lösung eher zuneigten als der lothringischen, und 1598 gelang es Rudolf dann auch, sich mit dem Lothringer zu arrangieren: Der Kaiser erteilte dem Kardinal ein Lehensindult, der Kardinal fand sich damit ab, daß Erzherzog Leopold zum Koadjutor ernannt wurde. Im März 1599 folgte die endgültige Belehnung. Brandenburgische Proteste gegen das kaiserliche Vorgehen, auch eine förmliche Klage vor dem Reichshofrat, blieben erfolglos; zu einer Wiederaufnahme der militärischen Auseinandersetzung aber konnten sich die Protestanten nicht entschließen. So kam es einige Jahre später (1604) zum förmlichen Ausgleich zwischen den beiden Prätendenten, in dem sich der Brandenburger im wesentlichen mit einer Geldentschädigung abfinden ließ; den protestantischen Kapitularen wurden ein fünfzehnjähriger Waffenstillstand und für diese Zeit auch die Zuweisung bestimmter Stiftseinkünfte garantiert. Beim Tode des Kardinals (1607) folgte ihm Erzherzog Leopold dann ohne weitere Schwierigkeiten, und dessen Nachfolge trat 1625 wiederum ein Habsburger, ein Sohn Kaiser Ferdinands II., an; die politische Bilanz des Straßburger Kapitelstreits bestand mithin in einer beachtlichen Stärkung der habsburgischen Position im Westen des Reichs. Kirchenpolitisch war das entscheidende Ergebnis des Streits natürlich wiederum – wie zuvor im Erzbistum Köln – die Erhaltung des Bistums bei der katholischen Kirche. Dieser Grundentscheidung folgten alsbald entschlossene Maßnahmen der Gegenreformation, erst sehr viel später dann auch Maßnahmen der inneren Reform.

In der Reichsstadt Aachen hatte die Reformation mit der Zuwanderung niederländischer Meister des Tuchgewerbes schon seit den vierziger Jahren Fuß gefaßt. Zwar waren 1550 und wiederum 1560 – beide Male nicht ohne politischen Druck des Kaisers – Mandate des Stadtrats ergangen, die den Ausschluß der Protestanten vom Stadtregiment und überhaupt die Alleinherrschaft des Katholizismus in der Stadt sichern sollten; doch hatten diese Mandate das Vordringen der Reformation nicht auf die Dauer unterbinden können. Bereits seit den fünfziger Jahren bestanden zwei reformierte Gemeinden in der Stadt – eine wallonische und eine deutsche –, etwas später kam noch eine lutherische hinzu. Daß die Protestanten in den Aachener Zünften, den sogenannten Gaffeln, stark vertreten waren, gab ihnen trotz ihres Ausschlusses vom Stadtregiment eine auch verfassungspolitisch starke Stellung in der Stadt. Überdies war das konfessionspolitische Bündnis des katholischen Stadtrats mit dem Herzog von Kleve-Jülich-Berg und den spanischen Niederlanden bei der städtischen Bevölkerung bis weit in deren katholische Gruppen hinein nur wenig populär; die Bürger wußten sehr gut, daß aus diesen Verbindungen sehr leicht eine prinzipielle Gefährdung der Reichsunmittelbarkeit Aachens erwachsen könnte. 1574 gelang es den Protestanten über die Wahlen in den Zünften, auch wieder im Rat Fuß zu fasssen; unter dem Druck der Zünfte kassierte der Rat jenes Statut von 1560. In der Folge bauten die Protestanten ihre Stellung in der Stadt weiter aus; 1580 hielten sie die Zeit für gekommen, beim Rat der Stadt die Zulassung öffentlichen lutherischen und reformierten Gottesdienstes zu beantragen.

Dieser Vorstoß führte nun allerdings zu harten Auseinandersetzungen und konfessionellen Polarisierungen in der Bürgerschaft, und zugleich intensivierte sich die Einwirkung auswärtiger Mächte. Die herzogliche Regierung in Düsseldorf sperrte den Aachener Bürgern den Verkehr durch die Vereinigten Herzogtümer; Alexander Farnese ordnete gar die Verlegung spanischer Truppen in das Aachener Gebiet an. Auf der anderen Seite aber beschwerten sich die protestantischen Reichsstände in ungewohnter Solidarität beim Kaiser über jene Maßnahmen gegen die Reichsstadt und erreichten damit immerhin, daß Rudolf die Regierungen in Düsseldorf und Brüssel von ihrem eigenmächtigen Vorgehen abmahnte und den Streitfall zur Entscheidung des nächsten Reichstags stellte. Das Verhandlungsergebnis dieser Reichsversammlung – es war der Reichstag von Augsburg 1582 – war freilich bloß dilatorisch: Die Kurfürsten von Trier und Sachsen erhielten als paritätische Schlichtungskommission den Auftrag zu gütlicher Vermittlung; falls diese Vermittlung mißlingen würde, sollte der Kaiser aufgrund des Berichts der Kommissare die gebührende Entscheidung zu treffen haben.

Die sächsisch-trierischen Kommissionsverhandlungen begannen erst Anfang 1584 und führten auch dann, weil die Vermittler selbst im Prinzipiellen gegensätzliche Auffassungen einbrachten, in der Hauptsache zu keiner Einigung. Zwar stimmten beide Seiten darin überein, daß die Calvinisten, weil vom Religionsfrieden nicht anerkannt, auch in Aachen nicht zu dulden wären. Während aber Sachsen für die unbeschränkte Zulassung des Augsburger Bekenntnisses plädierte, hielt Trier dafür, daß auch den Lutheranern grundsätzlich weder das Recht öffentlichen Gottesdienstes noch der Zugang zum Rat und zu den Ämtern der Stadt zugestanden werden dürften; allenfalls wären einige Milderungen dieses Grundsatzes zu konzedieren, aber auch dies nur mit Zustimmung der Aachener Katholiken – woran angesichts des mittlerweile erbitterten konfessionellen Gegensatzes in der Bürgerschaft nicht zu denken war.

Die Entscheidung lag nun beim Kaiser; der aber ließ sich, unsicher über die politischen Folgen einer solchen Entscheidung, mit seiner Resolution beinahe ein Jahrzehnt Zeit – Jahre, während derer Lutheraner wie Calvinisten unter der Aachener Bürgerschaft weitere Anhänger fanden und schließlich das Recht freier öffentlicher Religionsausübung in der Stadt durchsetzten, Jahre freilich auch erneut zunehmenden Drucks von außen: 1589 suspendierte die spanische Regentschaft in Brüssel alle Zoll- und Steuerprivilegien, die die Aachener Bürger bisher in Brabant und Limburg genossen hatten; 1591 kündigte ihnen die Regierung in Düsseldorf Schutz und Geleit in den Vereinigten Herzogtümern. Im August 1593 endlich erging ein Urteil des Reichshofrats, das alle im Widerspruch zu dem Statut von 1560 vorgenommenen Neuerungen in Aachen für unrechtmäßig erklärte. Im Oktober drohte ein kaiserliches Mandat der Stadt für den Fall des Ungehorsams gegen dieses Urteil die Reichsacht an. Zwar zögerte Kaiser Rudolf, nach wie vor in Sorge vor den Weiterungen eines gewaltsamen Vorgehens gegen die Reichsstadt, noch jahrelang mit der wirklichen Verhängung der Reichsacht. 1598 war er dann aber von der politischen Uneinigkeit der deutschen Protestanten hinreichend überzeugt, um die Reichsacht und deren Exekution ohne die Gefahr eines größeren Konflikts wagen zu können, und der Erfolg gab ihm recht. Der mit der Vollstreckung beauftragte Kurfürst und Erzbischof von

Köln, Ernst von Bayern, konnte mit dem Rückhalt spanischer Truppen aus den Niederlanden gegen Aachen vorgehen, ohne daß die evangelischen Reichsstände eingriffen. Damit war die Situation der Aachener Protestanten aussichtslos geworden; sie fügten sich ins Unvermeidliche. Der Rat der Stadt wurde erneut rein katholisch besetzt, die Alleinherrschaft des Katholizismus in Gottesdienst und Unterricht, wenigstens in deren öffentlichen Formen, wieder hergestellt.

Nach der Entscheidung im Kölnischen Krieg hatte sich damit an strategisch wichtiger Stelle im Nordwesten des Reichs erneut der Katholizismus durchgesetzt. Die Geschichte der beiden folgenden Jahrzehnte zeigte zwar, daß die Ereignisse von 1598 noch immer keine definitive Entscheidung bedeuteten. Die fortbestehende soziale und wirtschaftliche Stärke der Protestanten in der Stadt, die ebenso fortbestehenden verfassungs- und außenpolitischen Schwierigkeiten des katholischen Stadtregiments, dazu einige – von den Protestanten bald als bedrohlich angesehene – Erfolge der katholischen Reform im Kampf um die Bürgerschaft bildeten eine explosive Mischung, die schon wenige Jahre später – 1608 und wieder 1611 – zum offenen Ausbruch des politischen und religiösen Protests und in dessen Folge sogar noch einmal zur Wahl eines im wesentlichen evangelischen Magistrats führte. Aber eine erneute Reichsacht und deren – diesmal blutige – Vollstreckung, wiederum auf der Basis spanischer Militärmacht, bestätigten 1614/16 doch die Entscheidung von 1598.

Die Würzburger Bischöfe waren seit den Anfängen der Reformation der alten Kirche stets treu geblieben, hatten aber weder den fortschreitenden Zerfall des katholischen Kirchenwesens noch das Umsichgreifen der Reformation in ihren geistlichen und weltlichen Herrschaftsgebieten hindern können. Bis um die Mitte der vierziger Jahre waren der Adel der Landschaft und auch die städtischen Bürgerschaften großenteils der Reformation zugefallen; mit Ausnahme der Dom- und Stiftsschulen war das ganze Bildungswesen des Landes in evangelische Hand geraten. Auch die Reformversuche Bischof Melchior Zobels (1554–1558) hatten bloß geringe Erfolge gezeitigt. Hinzu kamen die furchtbaren Verheerungen des Bistums durch die Raubzüge des Albrecht Alkibiades und später die Drangsale der Grumbachschen Händel, in denen der Bischof selbst sein Leben verlor; für eine durchgreifende Erneuerung des kirchlichen Lebens ließen diese äußeren Bedrängnisse nur geringe Möglichkeiten. Eine erste Wendung zum Besseren trat unter Bischof Friedrich von Wirsberg ein. 1567 gelang ihm die Gründung eines Jesuitengymnasiums mit angeschlossenem Knabenkonvikt, das bereits im Jahr darauf an die 300 Schüler zählte; 1570 konnte der Bischof sein Domkapitel auch dazu bewegen, die Professio fidei Tridentina abzulegen. Freilich bremste gerade das Domkapitel die sonstigen Aktivitäten des Bischofs zur Stabilisierung der Würzburger Kirche – nicht zuletzt mit Rücksicht auf die weithin evangelische Ritterschaft, deren Familien die Kapitulare ja gutenteils selbst entstammten. Von einer Zurückdrängung evangelischen Kirchenwesens auf breiter Front konnte angesichts dieser Verhältnisse nicht die Rede sein; im Gegenteil machte der Protestantismus unter dem Kirchenvolk, selbst in der Haupt- und Residenzstadt des Bischofs, noch immer Fortschritte.

Die Situation änderte sich grundlegend unter Bischof Julius Echter von Mespelbrunn (1573–1617). Der 1545 auf dem Familienschloß Mespelbrunn im Spessart geborene Sohn streng katholischer Eltern hatte seine erste Ausbildung auf der Domschule zu Würzburg erhalten; später hatte er das Jesuitenkolleg zu Köln besucht und dann – aus den finanziellen Mitteln früh verliehener Mainzer und Würzburger Kirchenpfründen – ausgedehnte Studien an französischen und italienischen Universitäten betrieben. Als solide gebildeter Jurist war er 1569 nach Würzburg zurückgekehrt und bereits im folgenden Jahre Domscholaster, ja sogar Domdekan geworden. Als solcher lernte er die Angelegenheiten von Stift und Bistum Würzburg gründlich kennen. Zugleich erfuhr er seine endgültige religiöse Formung: 1571 ließ er sich zum Priester weihen; als Vorbereitung dazu unterzog er sich den großen Exerzitien des Ignatius von Loyola. Als er 1573 zum Bischof gewählt wurde, galt das bereits als ein Signal der Katholischen Reform und Gegenreformation in Würzburg.

Die wichtigsten Maßnahmen der ersten Regierungsjahre Julius Echters galten jedoch zunächst einmal der rechtlichen, politischen und finanziellen Festigung seiner Herrschaft. Bereits 1574 gelang es ihm, die durch die Wahlkapitulation dem Domkapitel zugestandenen Regierungsrechte kräftig zurückzustutzen. Durch eiserne Sparsamkeit, nicht zuletzt auch durch die Einziehung erledigter Lehen, konnte der Bischof in erstaunlich kurzer Zeit die gewaltigen Schulden des Landes abbauen, ja sogar beträchtliche finanzielle Reserven anlegen, die ihm wiederum ein größeres Maß von Unabhängigkeit gegenüber dem Domkapitel wie gegenüber den Ständen des Landes verschafften. Hinzu kam eine durchgreifende Straffung der Verwaltung mit Hilfe gelehrter Räte; die gesamte Verwaltung war fortan nur mehr auf den Landesherrn, nicht auch auf das Domkapitel verpflichtet. Eine völlige Verdrängung des evangelischen Adels aus der Landesverwaltung konnte der Fürstbischof vorläufig zwar noch nicht riskieren; die Auslösung vieler bisher an den Adel verpfändeter Ämter des Stifts ermöglichte es ihm jedoch, die frei werdenden Stellen der Amtleute nur mehr mit Katholiken zu besetzen. Andere frühe Reformen galten dem Rechts- und Spitalwesen des Landes. Unter den zahlreichen Reorganisationen und Neugründungen von Spitälern ragt die Errichtung des – bis heute nach dem Bischof benannten – Julius-Spitals in Würzburg (1576) hervor. Seine strenge äußere Ordnung und geistliche Zucht wie seine durch und durch obrigkeitliche Organisation lassen das Julius-Spital nicht nur als bedeutende soziale Einrichtung, sondern zugleich als typische Institution eines neuartigen kirchlichen Absolutismus erscheinen.

Durch den Versuch, die Fürstabtei Fulda unter seine Administration zu bringen (1576), hatte Julius Echter im Reich – auch bei den katholischen Reichsständen – viele Sympathien eingebüßt. Es gelang ihm jedoch bald, die ungünstigen Folgen der fehlgeschlagenen Intervention in Fulda wieder auszugleichen, vor allem durch eine verstärkte Anlehnung an das Kaiserhaus und an Bayern, deren Politik der Fürstbischof durch beträchtliche Finanzhilfen unterstützte. Von Herzog Wilhelm V. von Bayern erlangte er daraufhin 1586 ein förmliches und generelles Hilfsversprechen für den Fall einer Bedrohung seiner fürstbischöflichen Herrschaft.

Das bayerische Schutzversprechen war für Julius Echter um so wichtiger, als er seit Ausgang der siebziger Jahre einen politischen Kurs konfessioneller Konfrontation steuerte, der alsbald zu erheblichen Konflikten auch mit dem evangelischen Adel der Landschaft führte. 1577 begann Bischof Julius damit, evangelische Prädikanten in Stadt und Land zur Auswanderung zu zwingen. Die evangelische Ritterschaft, die sehr wohl sah, daß hier die Existenz des Protestantismus im Stift in Frage gestellt wurde, protestierte nachdrücklich gegen diese offenkundige Verletzung der Declaratio Ferdinandea. Julius Echter aber nahm diese Proteste nur zum Anlaß, seine protestantischen Amtleute verstärkt durch Katholiken zu ersetzen. In den daraus erwachsenden Auseinandersetzungen erwies sich sehr bald, daß die evangelischen Adligen der Landschaft nicht stark genug waren, um dem Fürstbischof erfolgreich Widerstand leisten zu können – und dies um so weniger, als sie auch auf der politischen Ebene des Reichs keine wirksame Unterstützung erfuhren; die großen lutherischen Reichsstände waren ja nicht gewillt, den Religionsfrieden als Ganzes durch einen ernsthaften Konflikt über die Declaratio Ferdinandea zu gefährden.

1585 sah Julius Echter die Zeit für eine großangelegte Rekatholisierung des ganzen Stifts Würzburg gekommen. Binnen drei Jahren wurde mit Hilfe der Jesuiten und häufig unter persönlicher Leitung des Fürstbischofs eine umfassende Visitation durchgeführt, durch die – mit Belehrungen und Zwangsmaßnahmen – rund 100 000 Untertanen des Stifts rekatholisiert wurden. 1587 mußte auswandern, wer sich nicht bekehren wollte. Daß der Bischof ein Drittel des Vermögens der Emigranten für sich einzog, verstieß nicht bloß gegen die Declaratio Ferdinandea, sondern auch gegen das Emigrationsprivileg des Religionsfriedens. Den Sturm der protestantischen Publizistik über dieses Vorgehen nahm Julius Echter indessen ungerührt hin; nach dem Ergebnis der Reichstage von 1576 und 1582 zeigte ja auch der Verlauf des Kölnischen Kriegs und des Straßburger Kapitelstreits, daß eine geschlossene Abwehr der Gegenreformation von seiten der protestantischen Reichsstände bis auf weiteres nicht zu befürchten stand.

Die Kirchenpolitik Julius Echters zeichnete sich freilich nicht nur durch die Entschlossenheit und das sichere politische Kalkül seiner gegenreformatorischen Maßnahmen aus, sondern auch durch den Weitblick und die Zähigkeit seiner Bemühungen um eine innerkirchliche Reform. Er hatte frühzeitig erkannt, daß ein dauernder Erfolg der Restauration des Katholizismus nur über die Neugestaltung des Bildungswesens zu erreichen sei: vor allem durch die Heranziehung eines neuen Klerus, aber auch durch die Erziehung und Festigung der adligen und bürgerlichen Eliten in der katholischen Religion. 1578 bereits gestaltete er das Knabenkonvikt beim Jesuitenkollegium in Würzburg so um, daß es den Anforderungen des Tridentinums an ein Priesterseminar einigermaßen entsprach; in der Folge setzte er gegen mancherlei Widerstände seines Domkapitels die Errichtung eines großzügigen Seminarbaus und die Leitung des Instituts durch die Jesuiten durch. Seit der Mitte der achtziger Jahre war das Seminar in drei aufeinander aufbauende Kollegien gegliedert, die die Absolventen von der Vorschule über das Gymnasium bis zum eigentlichen Seminar führten. Im übrigen versäumte es Bischof Julius nicht, begabte junge Theologen seines Seminars angelegentlich zur Aufnahme in das Collegium Germanicum in Rom zu empfehlen.

Noch mehr als das Seminar lag dem Fürstbischof die Gründung einer eigenen Universität am Herzen, und auch dieses Ziel erreichte er – wiederum gegen den mißmutigen Widerstand seines Domkapitels, das die Kosten des Unternehmens scheute und dem erwartbaren Einfluß der Jesuiten nach wie vor ablehnend gegenüberstand. 1575 bereits erlangte der Bischof von Papst Gregor XIII. das erforderliche Universitätsprivileg, 1582 konnte die Universität eröffnet werden. Räumlich und organisatorisch wurden Universität und Seminar eng miteinander verbunden; wie für das Seminar galt auch für die Universität – von den Professoren bis hinunter zu den Pedellen – das tridentinische Glaubensbekenntnis als unbedingt verpflichtend. Die wissenschaftlichen Leistungen der neuen Universität blieben, wohl gerade wegen ihrer konfessionellen Enge, vorerst bescheiden; ihre kirchliche und politische Aufgabe der Heranziehung eines zuverlässig katholischen Nachwuchses für Staat und Kirche aber erfüllte die Universitätsgründung von vornherein.

Über das Schul- und Bildungswesen hinaus bemühte sich die Politik Julius Echters um eine intensive obrigkeitliche Regelung des gesamten kirchlichen und gesellschaftlichen Lebens, von den Gottesdienstformen bis zur Zensur des Buchhandels oder der konfessionellen Kontrolle der in das Stift Zuwandernden; die würzburgische Kirchenordnung von 1584 und besonders ihre erweiterte Fassung von 1589 vermitteln von alledem einen sehr konkreten Eindruck. Wie in Bayern oder auch in manchen calvinistischen Territorien der Zeit sollte ein ausgedehntes System gegenseitiger Überwachung von Geistlichen und Weltlichen, aber auch der Geistlichen untereinander, für eine bessere Durchsetzung der obrigkeitlich-kirchlichen Sittenpolizei sorgen. Die angestrebten Erfolge dieser Reformen, insbesondere bei den Laien und erst recht bei den rekatholisierten Protestanten, ließen freilich noch geraume Zeit auf sich warten. Auch die eifrige Pflege der von den Jesuiten als Mittel der Volksmission so geschätzten Prozessionen und Marienandachten, Reliquienverehrungen und geistlichen Bruderschaften entfaltete ihre Wirkung erst allmählich. Als der Fürstbischof nach einer ungewöhnlich langen Regierungszeit 1617 starb, hatte aber doch ein Großteil der mittlerweile herangewachsenen Generation seine geistliche und geistige Heimat wieder in der katholischen Kirche gefunden. Überdies wirkte das Würzburger Beispiel als Vorbild für die anderen fränkischen Bistümer und bereitete so auch hier der Katholischen Reform und Gegenreformation den Weg.

In den österreichischen Erblanden hatte sich – abgesehen von Tirol und Vorarlberg – bis in die siebziger Jahre des Jahrhunderts ein blühendes evangelisches Kirchenwesen entfaltet. Seine rechtliche Basis war freilich nur schmal. Im Grunde hatten die habsburgischen Landesherren doch bloß dem Adel das Recht der Religionsübung nach der Augsburger Konfession verbindlich zugesichert. Schon die Frage aber, ob und in welchem Umfang auch die Untertanen des Adels in dieses Recht eingeschlossen seien, war nicht eindeutig geklärt worden. Vollends die Städte und Märkte verfügten nur in Innerösterreich über eine ausdrückliche Zusage der Duldung des Landesherrn, und selbst diese Konzession, die Erzherzog Karl auf dem Landtag zu Bruck an der Mur 1578 erteilt hatte, war schon formal unsicher: Die alsbald von den Ständen publizierte Fassung der landesfürstlichen Erklärungen, das sogenannte Brucker Libell, ging erheblich weiter als die – erst später publizierte – Fasssung, die der landesfürstliche Kanzler Wolfgang Schranz den mündlichen Zusagen des Erzherzogs gegeben hatte. Im übrigen waren so gut wie alle Religionskonzessionen, -assekurationen und -pazifikationen der habsburgischen Landesherren mit Unklarheiten oder gar Zweideutigkeiten gespickt, die jedenfalls auch die Möglichkeit sehr restriktiver Interpretationen zuließen. Politischen Rückhalt hatten die evangelischen Kirchen Österreichs demgegenüber allein bei den Ständen. Eben deshalb war ihr Schicksal auch aufs engste mit dem Schicksal des österreichischen Ständewesens verflochten. Daß sich in einem langen und wechselvollen politischen Prozeß schließlich die fürstliche Gewalt der Habsburger entscheidend gegenüber den Ständen durchsetzte, bedeutete mithin zugleich den Sieg der Gegenreformation über die evangelischen Kirchen Österreichs.

Die faktisch weitgehende Duldung des Protestantismus in den österreichischen Erblanden fand alsbald nach dem Regierungsantritt Kaiser Rudolfs II. ihr Ende. Der Kaiser selbst stand zwar der römischen Kirche und erst recht der Gegenreformation mit großer Skepsis und vielen Vorbehalten gegenüber. In seinen späteren Jahren ging er so selten zur Messe, daß der Papst ihn eigens beglückwünschte, wenn er einmal das Altarsakrament empfing, und der Kardinal Borghese konstatierte bekümmert: «Nicht nur, daß Seine Majestät nicht beichtet – sie zeigt auch nicht die geringste Zerknirschung». Ohnehin war Rudolfs Weltbild wohl maßgeblich durch Vorstellungen eines «magischen Universums» (R. Evans) bestimmt, die ja auch sonst in der Spätrenaissance eine nicht zu unterschätzende Rolle spielten; diese Kosmologie und die ihr entsprechende Mentalität mitsamt ihrer Neigung zum

Okkultismus stand zum christlichen Offenbarungsglauben in kaum auszugleichenden Spannungen. So war es nicht erstaunlich, daß Rudolf – ganz abgesehen von seiner notorischen Handlungsschwäche – sich auch im konfessionspolitischen Streit lange Zeit kaum engagierte und nichts dabei fand, protestantische Fürsten und Juristen zu seinen wichtigsten Ratgebern zu machen. Zu einer stärker gegenreformatorischen Ausrichtung der kaiserlichen Politik kam es erst seit 1606, als nämlich Rudolfs Bruder Matthias in seiner Opposition gegen den Kaiser mit den protestantischen Ständen in Österreich, Ungarn und Mähren zu konspirieren begann, und auch dann lag das Motiv des konfessionspolitischen Kurswechsels nicht etwa in religiösen Skrupeln des Kaisers, sondern in der Empörung über die Verletzung seiner kaiserlichen Autorität.

Die konfessionspolitischen Prinzipien Rudolfs waren indessen nur für Böhmen von unmittelbarer und ausschlaggebender Bedeutung. Für die österreichischen Erblande viel wichtiger war die Haltung der jüngeren Brüder des Kaisers, der Erzherzöge Ernst und Matthias, die nacheinander als Statthalter des Kaisers die Regierung Ober- und Niederösterreichs führten, dazu des Erzherzogs Karl, der schon seit dem Tode Ferdinands I. Landesherr der innerösterreichischen Herzogtümer war. Von ihnen nun verfolgten der in Spanien erzogene Erzherzog Ernst wie auch Erzherzog Karl schon seit den späten siebziger Jahren eine entschieden gegenreformatorische Politik, und auch Matthias, der ursprünglich den Ideen eines konfessionellen Ausgleichs nähergestanden hatte, setzte als Statthalter von Ober- und Niederösterreich seit 1594 im wesentlichen die gegenreformatorische Linie seines Bruders und Vorgängers Ernst fort. Zum eigentlichen Motor der Gegenreformation in den habsburgischen Donauländern aber, vornehmlich in Niederösterreich, wurde Melchior Khlesl. Seit 1579 Propst zu St. Stephan in Wien und Kanzler der Wiener Universität, wurde er kurz darauf Passauer Generalvikar für Niederösterreich und 1588 Administrator des Bistums Wiener Neustadt; seit 1590 leitete er die sogenannte Reformationskommission, die landesherrliche Zentralbehörde für die Durchführung der Gegenreformation.

Am frühesten kam die Gegenreformation der habsburgischen Erblande in Niederösterreich zum Zuge. Ihre Strategie verfolgte vier Hauptziele: 1. die «Reformation» – d. h. Gegenreformation – der landesfürstlichen Städte und Märkte, für die das jus reformandi des Landesherrn rechtlich außer Frage stand; 2. die immer restriktivere Auslegung der landesfürstlichen Religionskonzessionen für den Adel, insbesondere durch die Beschränkung des evangelischen Gottesdienstes zunächst auf die Patronatskirchen und schließlich überhaupt bloß auf die Hauskirchen der adligen Familien. Dazu kam 3. die konfessionelle Säuberung der landesfürstlichen Verwaltung und anderer Institutionen des Landes, insbesondere der Universität Wien. 4. schließlich suchte man den landesfürstlichen Einfluß in kirchlichen Angelegenheiten durch Maßnahmen der Verwaltungsorganisation zu stärken; die Einrichtung des Klosterrats unter Maximilian II. hatte hierfür den Weg gewiesen.

Nicht ganz selten stieß die Gegenreformation mit ihren Maßnahmen der Zerstörung und Unterdrückung evangelischen Kirchenwesens, auch mit ihrem Zwang zur Beichte bei den neu eingeführten katholischen Priestern, auf offenen Ungehorsam der Bevölkerung; dann scheute die Regierung nicht vor militärischer Gewalt zurück, um ihre Ziele durchzusetzen. Im großen ganzen aber betrieb man, besonders gegenüber dem Adel, sehr bewußt eine Politik nicht der großen Konfrontation, sondern der kleine Schritte, und diese Taktik erwies sich langfristig auch als erfolgreich. Vor allem gelang es – nicht zuletzt durch die Nobilitierung von Katholiken, auch durch die gezielte Förderung katholischer Adliger am Hofe –, die konfessionelle Front der weltlichen Stände aufzubrechen. Damit verlor das evangelische Kirchenwesen des Landes entscheidend an politischem Rückhalt. Dazu kam, daß die Evangelischen sich aus Gewissensgründen nicht zu einem aktiven Widerstand gegen die Rekatholisierungspolitik der habsburgischen Regierung entschließen mochten: So sehr ihnen daran lag, ihren Glauben und damit das «Kleinod der Religionsfreiheit» zu bewahren, so wenig wollten sie als gute Lutheraner doch ihre Untertanenpflicht gegenüber dem Landesherrn und Kaiser verletzen. Daß ihnen diese Entscheidung nicht leicht fiel, ist gut verständlich; sie erbaten denn auch von evangelischen Universitäten des Reichs, z. B. von Rostock und Tübingen, wiederholt theologische Gutachten über die Grenzen ihrer Gehorsamspflicht. Die Ratschläge der lutherischen Theologen sprachen sich jedoch eindeutig für einen bloß passiven Widerstand aus, und dieser Gewissensrat zu einem leidenden Gehorsam wurde von den Gemeinden respektiert. Ein Vorgang der Wiener Stadtgeschichte war für diese Haltung der lutherischen Gemeinden sehr bezeichnend: Hier nämlich überreichte am 19. Juli 1579, einige Monate nach dem vollen Einsetzen der Gegenreformation, eine Gruppe führender Protestanten dem Statthalter eine Bittschrift um Zulassung der Augsburger Konfession, während gleichzeitig 5 000 evangelische Bürger Wiens vor der Hofburg einen Kniefall taten und damit nicht nur ihre evangelische Glaubensüberzeugung, sondern auch ihre Ergebenheit gegenüber dem Landesherrn demonstrierten. Der habsburgischen Regierung bot diese Demonstration freilich nur den Anlaß zu verschärfter Verfolgung. Die wichtigsten der evangelischen Bürger wurden verhaftet und dann der Stadt verwiesen, der Hof von allen noch vorhandenen evangelischen Beamten gesäubert, zur Sicherung der Gegenreformation eine militärische Besatzung in die Stadt gelegt. Um 1580 war der offene Widerstand Wiens im wesentlichen gebrochen, der Protestantismus lebte nur mehr im Verborgenen fort. Ähnlich sah es in den anderen Städten Niederösterreichs aus, und auch auf dem Lande wurde das evangelische Kirchenwesen bis um die Jahrhundertwende auf den unmittelbaren Umkreis der – allerdings nach wie vor zahlreichen – protestantischen Adelsfamilien zurückgedrängt.

In Oberösterreich kam die Gegenreformation erst später zum Zuge als in Niederösterreich, vor allem wegen der hier besonders starken verfassungspolitischen Stellung der Stände. Eine grundsätzliche Wende trat erst mit dem oberösterreichischen Bauernkrieg 1595–1597 ein, der zu einer tiefen Spaltung zwischen dem evangelischen Adel und dessen evangelischen Bauern und in der Folge zu einer politischen Schwächung des Adels wie überhaupt der oberösterreichischen Stände gegenüber dem Landesherrn führte.

Ursprünglich hatte dieser Bauernkrieg, der in Ausläufern auch nach Niederösterreich hinüberwirkte, mit den konfessionellen Streitigkeiten der Zeit nur wenig zu tun. Zwar richteten sich die bäuerlichen Beschwerden an manchen Orten auch gegen Beeinträchtigungen des evangelischen Kirchenwesens durch landesfürstliche Beamte oder katholische Prälaten; der Kern der Beschwerden und damit der Aufstände selbst war jedoch wirtschaftlicher und sozialer Art. Ohnehin und seit jeher durch Abgaben und Frondienste für ihre Grundherren stark belastet, wurden die Bauern jetzt, vor allem seit Ausbruch des großen Türkenkriegs 1593, zusätzlich von seiten des Landesherrn mit schweren militärischen und finanziellen Lasten konfrontiert. Die Bauern des niederösterreichischen Marchfeldes z. B. klagten, sie hätten schon bisher jeden dreißigsten, dann jeden zehnten wehrfähigen Mann ins Feld stellen und ausrüsten müssen; jetzt drohe gar die Verordnung auf Stellung des fünften Mannes. Überdies würden sie durch die das Land durchziehende zügellose Soldateska bedrückt, gegen die sie bei ihren Herren keinen Schutz fänden – im Gegenteil suche die Herrschaft sich für ihre eigenen Verluste bei den Untertanen schadlos zu halten.

Der Aufstand flammte zunächst im Mühlviertel auf, griff dann aufs Hausruckviertel über und erreichte im Traunviertel seinen gewalttätigen Höhepunkt. Durch die Rebellion vielerorts in bedrängte Lage geraten, blieb dem Adel kaum etwas anderes übrig, als sich mit dem Landesherrn zu verbünden. So geschah es im Auftrag des Kaisers und mit Unterstützung des fürstlichen Landeshauptmanns, daß Gotthard von Starhemberg, selbst ein Führer des protestantischen Adels im Lande, den Aufstand niederschlug. Daß damit die bisherige konfessionell begründete Gemeinsamkeit von Adel und Bauern gegenüber der katholisch-gegenreformatorischen Politik des Landesherrn zerbrach, war unvermeidlich, und die Regierung zögerte nicht, diese Spaltung auszunutzen. Noch 1597 setzte die Gegenreformation in Oberösterreich mit voller Kraft ein – auf dem Lande und, begünstigt durch die Schwächung der Stände insgesamt, auch in den Städten. Wenige Jahre später war das öffentliche evangelische Bekenntnis wie in Niederösterreich so im Land ob der Enns im wesentlichen auf den unmittelbaren Herrschaftsbereich des Adels zurückgedrängt. Der besonders hartnäckige konfessionelle Widerstand der Bergherren und Knappen des Salzkammerguts wurde 1601/02 mit militärischer Hilfe des Erzbischofs von Salzburg gebrochen. Immerhin blieb die Stellung der Stände in Oberösterreich fortdauernd stärker als in Niederösterreich, und das gab den Evangelischen im Lande vorerst noch einen gewissen Rückhalt. Gerade Oberösterreich war es deshalb, wo der Protestantismus im Schatten des habsburgischen Bruderzwistes im letzten Jahrzehnt vor dem Dreißigjährigen Krieg noch einmal eine eindrucksvolle Blüte erlebte; die definitive Entscheidung zugunsten des Katholizismus fiel hier erst in den zwanziger Jahren des 17. Jahrhunderts.

In Innerösterreich schließlich hatte die Reformation auf dem Landtag zu Bruck an der Mur 1578 ihre weitestgehenden Erfolge in den österreichischen Erblanden überhaupt erzielt. Gerade dieser Erfolg löste allerdings auch die stärksten Gegenwirkungen aus; bis zur Jahrhundertwende wurden gerade die innerösterreichischen Länder zu einem Zentrum der Gegenreformation mit weiter Ausstrahlung. Die wichtigste Kraft dieser Gegenwirkungen war der bayerische Hof, der mit der steirischen Linie der Habsburger dynastisch eng verbunden war: Erzherzog Karl war mit Maria, der Schwester Wilhelms V. von Bayern, verheiratet. Die durch diese Ehe vermittelte politische Kooperation zwischen den Höfen von München und Graz führte im Oktober 1579 dazu, daß in gemeinsamen Beratungen in München ein förmliches Programm der Gegenreformation Innerösterreichs entworfen wurde – auch hier mit dem Ziel, zunächst die unklaren Bestimmungen der landesherrlichen Zugeständnisse gegen die Evangelischen auszulegen und anzuwenden, vor allem gegen die evangelischen Bürgerschaften der Städte, schließlich aber überhaupt den Protestantismus im Lande auszurotten: «non verbis sed factis, non fulminater, sed pedetentim et graduatim» («nicht durch Worte, sondern durch Taten, aber nicht auf einen Schlag, sondern Schritt für Schritt und Stufe um Stufe»). Neben den bayerischen Ratgebern vermittelten die bereits 1572 nach Graz berufenen Jesuiten wichtige Impulse für die Gegenreformation des Landes, seit der Einrichtung einer eigenen Grazer Nuntiatur 1580 auch der Nuntius.

Der erste Schritt der Gegenreformation Innerösterreichs bestand in der Säuberung des Hofs und der landesfürstlichen Verwaltung von allen protestantischen Elementen; statt ihrer wurde neues Personal, vielfach aus Bayern und aus Italien, eingestellt. Als nächstes folgte das Verbot evangelischen Gottesdienstes für die städtischen Bürger; auch die von den Ständen eingerichteten evangelischen Schulen durften von den Bürgerkindern nicht mehr besucht werden. 1585 wurde das Grazer Jesuitenkolleg zur Universität erhoben, der Besuch fremder Lateinschulen oder Universitäten bei Strafe der Ausweisung untersagt. Evangelische Prediger und Schulmeister wurden vertrieben, die Protestanten von den städtischen Räten ausgeschlossen. 1587 wurde eine geistlich-weltliche «Reformationskommission» eingerichtet, die die Bürger – notfalls mit Gewalt – rekatholisieren sollte; 1588 schrieb die Regierung für alle Städte einen katholischen Bürgereid vor.

Der Tod Erzherzog Karls im Jahre 1590 verschaffte den Evangelischen noch einmal eine Atempause. Als aber Karls Sohn Ferdinand, der spätere Kaiser Ferdinand II., 1595 zur Regierung kam, wurde die Bedrängnis der Protestanten um so ärger. Von seiner bayerischen Mutter frühzeitig im Geist eines unerbittlichen gegenreformatorischen Absolutismus erzogen, von den Jesuiten in Ingolstadt gebildet, von den nicht weniger gegenreformatorisch gesonnenen Bischöfen von Seckau, Lavant und Laibach umgeben, machte der junge Erzherzog die völlige Unterdrückung des evangelischen Kirchenwesens zur vordringlichen Aufgabe seiner Regierung. Dabei gehörten für ihn der Kampf gegen den Protestantismus und gegen die politische Eigenständigkeit des Adels im Lande aufs engste zusammen; nicht zufällig wurde Ferdinand als Landesfürst der innerösterreichischen Erblande und später als Kaiser zum maßgebenden Fürstentyp des konfessionellen Absolutismus im Reiche. 1598 wurden die evangelischen Landschaftsschulen geschlossen, bald darauf verlor der Adel auch das Recht, eigene Prediger zu halten; die offiziell nicht bestrittene persönliche Gewissensfreiheit des Adels wurde damit zur Chimäre. 1599 erneuerte Ferdinand die Reformationskommission, um die Reste des noch funktionierenden evangelischen Kirchenwesens im Lande – auch unter Einsatz militärischer Gewalt – vollends zu zerschlagen. In der Steiermark wie in Kärnten kennzeichneten ausgeraubte Pfarrhäuser, zerstörte Kirchen und Friedhöfe und die Aschenhaufen der Bücherverbrennungen den Weg der Kommission; allein in der Landeshauptstadt Graz waren es im August 1600 etwa 10000 Bücher, die den Flammen übergeben wurden. Kurz nach der Jahrhundertwende gab es in Innerösterreich keinen öffentlichen evangelischen Gottesdienst mehr, selbst die private Lektüre evangelischer Erbauungsbücher war seit 1601 verboten. Erst recht stand jeder Versuch, «das gifftige und schedliche Exercitium» der Augsburgischen Konfession außerhalb des Landes aufzusuchen, unter Androhung schwerer Strafen.

Auch in Innerösterreich war es bei alledem zu keinem aktiven Widerstand der Stände gekommen. Die hier besonders fühlbare Bedrohung durch die Türken bewog die Stände immer wieder zu erhöhter Loyalität gegenüber dem Landesherrn, auch wohl zu der – freilich vergeblichen – Hoffnung auf eine versöhnliche Haltung Erzherzog Ferdinands gegenüber seinen evangelischen Untertanen; hinzu kam das lutherische Ethos des leidenden Gehorsams. Die einzige Möglichkeit der Gegenwehr bestand schließlich in der Wahrnehmung des jus emigrandi; allein in den Jahren 1599 und 1600 dürften aus Kärnten und der Steiermark rund 5000 evangelische Männer und Frauen abgewandert sein.

Natürlich ging es der Gegenreformation auch in den habsburgischen Ländern nicht bloß um die äußerliche Restitution des Katholizismus. Die Bemühungen um eine echte, innere Rückgewinnung der Bevölkerung für die katholische Kirche wie überhaupt für eine innerkirchliche Reform kamen jedoch nur sehr zögerlich in Gang. Das vorherrschende konfessionspolitische Klima blieb für lange Zeit das der Unterdrückung der evangelischen Minderheiten, und dem entsprachen – bis tief ins 18. Jahrhundert hinein – immer neue Wellen von Emigrationen österreichischer Familien wegen ihrer evangelischen Überzeugung. Im übrigen erhielt sich in manchen Landschaften, vor allem in ländlichen Gegenden, durch die Generationen hindurch ein nicht unbeträchtlicher Kryptoprotestantismus, der trotz aller Verfolgungen nicht auszurotten war. Daß allein in Regensburg um die Mitte des 17. Jahrhunderts bei jeder dritten evangelischen Trauung junge Paare aus Ober- und Niederösterreich vor dem Altar standen, ist dafür ein signifikanter Beleg.

Schaut man von den Einzelvorgängen der Gegenreformation auf das Ganze der konfessionellen Entwicklung im Reich hin, so ist der Wandel der Situation zwischen 1570 und 1600 unübersehbar. Das Vordringen des Protestantismus hatte so gut wie überall sein Ende gefunden. Die Rekatholisierung großer Teile Süddeutschlands – der habsburgischen Erblande, der fränkischen Bistümer – war kaum noch aufzuhalten; im Anschluß an den Umschwung in Österreich waren entscheidende Gewinne der Gegenreformation auch für Böhmen und dessen Nebenländer abzusehen. Selbst in dem konfessionell so durchwachsenen Westen und Nordwesten des Reichs zeichnete sich seit der erfolgreichen Abwehr des Protestantismus in Köln und Straßburg ein katholisches Übergewicht ab. Zwar an eine Rekatholisierung des ganzen Reichs war angesichts der Macht der großen lutherischen Territorien vor allem im Norden und Nordosten Deutschlands kaum zu denken, aber ebenso deutlich war, daß das Reich nicht als Ganzes dem Protestantismus zufallen werde. Das im Augsburger Religionsfrieden 1555 nur als Provisorium ins Auge gefaßte Nebeneinander verschiedener Konfessionskirchen wurde allmählich zu einem Grundelement der politischen Ordnung des Reichs. Bis dieses Resultat des Glaubensstreits von allen Konfessionsparteien definitiv und verbindlich anerkannt wurde, sollten freilich noch Jahrzehnte vergehen, und zwar Jahrzehnte tiefer innerer Krisen bis hin zum Dreißigjährigen Krieg.

3. Außenpolitische Verwicklungen des Reichs im Zeichen verschärfter konfessioneller Konflikte

Die um die Mitte des Jahrhunderts ausgebildeten Grundkonstellationen der europäischen Politik veränderten sich bis zum Ende des Jahrhunderts nicht grundlegend. Spanien blieb die vorherrschende Macht in Europa, jedenfalls im Westen und Süden des Kontinents; im Osten und Nordosten dominierte, wenngleich mit abnehmendem Gewicht, Polen-Litauen; im Südosten stellten die Osmanen eine latente, gegen Ende des Jahrhunderts auch wieder akute Bedrohung des christlichen Abendlands dar. Das Reich, obzwar nach Gebiet, Menschenzahl und Wirtschaftskraft noch immer ein Machtfaktor ersten Ranges, spielte in der europäischen Außenpolitik eine überwiegend passive, allenfalls reaktive Rolle. Die vielbeklagte Passivität des menschenscheuen Kaisers Rudolf verstärkte noch die an sich ja strukturelle, nämlich verfassungs- und konfessionspolitisch bedingte, Handlungsschwäche des Reichs. Im Rahmen dieser Grundkonstellation des europäischen Staatensystems vollzogen sich in den letzten beiden Jahrzehnten des Jahrhunderts jedoch gewisse Verschiebungen, die sich kurz- oder langfristig auch auf die deutsche Geschichte auswirkten.

Vor allem stieß die spanische Präponderanz seit den achtziger Jahren immer deutlicher an ihre Grenzen. In den Niederlanden ließ sich der gegenreformatorische Absolutismus Philipps II. nicht durchsetzen. Auf dem Atlantik wurde die britische Konkurrenz zunehmend spürbar – der Untergang der Armada 1588 war, obschon seestrategisch bald wieder wettgemacht, ein empfindlicher Schlag gegen das Prestige der Spanier als Herren der Weltmeere. In den neunziger Jahren scheiterte die aus dynastischen wie katholisch-gegenreformatorischen Motiven unternommene Intervention Philipps II. in Frankreich am neu erstarkenden, selbst die Gräben des konfessionellen Zwiespalts überbrückenden Nationalbewußtsein der Franzosen. Die wirtschaftlichen und finanziellen Kräfte Spaniens waren den Anforderungen des von Philipp II. geführten Mehrfrontenkriegs je länger desto weniger gewachsen; wiederholte Staatsbankrotte zeigten die Erschöpfung des Landes an. Auf der anderen Seite fehlte es Heinrich IV. von Frankreich, obzwar sein Königtum seit 1593 nicht mehr ernsthaft gefährdet war, erst recht an mobilisierbaren Ressourcen, um die Spanier entscheidend zu schlagen. So bestätigte der spanisch-französische Friede von Vervins 1598 im wesentlichen noch einmal den Vorrang Spaniens gegenüber Frankreich. Das vorläufige Ende des spanisch-französischen Kriegs aber minderte auch die Kampfbereitschaft der Engländer, die ihrerseits wenige Jahre nach den Franzosen auf der Basis des status quo mit Spanien Frieden schlossen. Zwar waren die Engländer nicht bereit, das von den Spaniern nach wie vor beanspruchte Monopol des Amerikahandels anzuerkennen, aber es gelang ihnen auch nicht, die Spanier zum Verzicht auf ihre Ansprüche zu bewegen – der Friedensvertrag traf insoweit gar keine Regelungen. Die unvermeidliche Folge war, daß das atlantische Gerangel der beiden Mächte ungeachtet des Friedensvertrags fortging; in Europa jedoch verzichteten die Engländer in der Folge auf weitere Interventionen. Abgesehen von der schwärenden Wunde des niederländischen Konflikts war damit die Stellung Spaniens in Europa am Ende des Jahrhunderts kaum weniger dominant als nach dem Frieden von Cateau-Cambrésis 1559; der Niedergang Spaniens war, so gewiß seine Wurzeln tief ins 16. Jahrhundert zurückreichten, eine Sache erst des 17. Jahrhunderts.

Für das Verhältnis des Reichs zu Spanien lagen auch in der Regierungszeit Rudolfs II. die wichtigsten Problemzonen in Oberitalien und in den Niederlanden.

In Oberitalien setzte Philipp II. seine Politik einer Arrondierung der spanischen Lehen fort und hatte dabei dank der wenig entschlossenen Abwehr des Reichs auch weitere Erfolge zu verzeichnen. Vor allem die langwierigen Auseinandersetzungen um das Herzogtum Piombino endeten schließlich – endgültig allerdings erst zu Beginn des 17. Jahrhunderts – mit einem spanischen Erfolg. Noch unerfreulicher gestalteten sich die Verhältnisse seit dem spanischen Thronwechsel von 1598: Wenn Philipp II. wenigstens die fortbestehende Lehenshoheit des Reichs über Mailand wie über die anderen unter seine Herrschaft gelangten Reichslehen anerkannt hatte, so forderte Philipp III. die völlige Unabhängigkeit seiner oberitalienischen Herrschaften vom Reich – es sei denn, er erhielte doch noch das schon von Philipp II. angestrebte Reichsvikariat über ganz Reichsitalien. Diese Steigerung der spanischen Ansprüche mitsamt den sie begleitenden Gewalttaten stieß nun freilich nicht nur in Italien selbst auf wachsenden Widerstand, sondern veranlaßte auch den Kaiser, die italienischen Lehensrechte des Reichs mit größerer Entschiedenheit wahrzunehmen. Als 1603/04 der Hofrat Paul Garzweiler im Auftrag Kaiser Rudolfs endlich einmal vor Ort den wirklichen Bestand der Reichslehen in Italien geklärt hatte und kurz darauf in Mailand eine eigene «Plenipotenz» als Reichsbehörde zur Wahrnehmung der Rechte des Reichs in Italien eingerichtet wurde, bedeutete das einen Wendepunkt in den Verhältnissen Reichsitaliens. Der Zusammenhalt der italienischen Lehen mit dem Reich wurde zunehmend enger; im Laufe des 17. Jahrhunderts sollte der Kaiser dann überhaupt das Übergewicht über die zerfallende spanische Herrschaft erlangen. Allerdings kam dieser politische Gewinn weniger dem Reiche selbst als vielmehr den deutschen Habsburgern zugute. Die Reichsrechte in Italien dienten fortan und bis ins 19. Jahrhundert hinein vor allem als Rechtsbasis der österreichischen Vorherrschaft auf der Apenninenhalbinsel.

In den Niederlanden zeichnete sich um die Mitte der siebziger Jahre ein Wechsel der außenpolitischen Orientierung Wilhelms von Oranien ab: eine zunehmende Anlehnung an Frankreich nämlich unter gleichzeitiger Distanzierung von den wenig hilfreichen protestantischen Reichsständen. Diese Wendung lag insofern im Interesse des Kaisers wie der Mehrheit der Reichsstände, als sie die Gefahr einer Involvierung des Reichs in den niederländischen Konflikt minderte. Zugleich freilich entstand die Gefahr, daß das Zusammengehen des Oraniers mit Frankreich in eine Herrschaft der Franzosen über die Niederlande umschlagen könne, und diese Gefahr löste überraschende Gegenwirkungen aus. Eine erneute Gesandtschaft des Kaisers zur Vermittlung von Ausgleichsverhandlungen zwar hatte von vornherein nicht mehr Chancen als die früheren Versuche Maximilians II. und blieb denn auch ohne größere Resonanz. Etwas anders stand es jedoch schon um die von einer Gruppe konfessionell gemäßigter niederländischer Stände 1577 bei den Generalstaaten durchgesetzte Berufung des Erzherzogs Matthias, eines jüngeren Bruders des Kaisers, zum Statthalter der Niederlande. Daß ein Mitglied der habsburgischen Familie, wenngleich ihres deutschen Zweiges, als Repräsentant der ständischen Opposition zur Schlüsselfigur eines Ausgleichs im niederländischen Konflikt werden könnte, war eine politisch ja keineswegs unsinnige Vorstellung. Kaiser Rudolf, der bei dieser Berufung von Matthias selbst wie von den Niederländern aufs unhöflichste übergangen worden war, ließ sich denn auch nachträglich um des Friedens willen auf das Unternehmen ein. König Philipp allerdings dachte nicht daran, sich von seinen Rebellen einen Statthalter aufnötigen zu lassen, sah wohl auch die Gefahr eines langfristigen Verlustes der Niederlande an die deutschen Habsburger und empfahl dem Erzherzog, schleunigst von seinem Vorhaben abzustehen – widrigenfalls er zu gewärtigen habe, als Feind behandelt zu werden. Auch Wilhelm von Oranien war keineswegs gesonnen, sich durch Matthias von den Schaltstellen der Macht verdrängen zu lassen, und der Erzherzog war viel zu unerfahren, um sich gegen den Oranier durchsetzen zu können; so hatte seine Anwesenheit alsbald nur mehr symbolische Bedeutung. Immerhin: Die Statthalterschaft des jungen Habsburgers trug doch dazu bei, das Bewußtsein der Mitverantwortung des Kaiserhofs und auch des Reichs für die niederländischen Angelegenheiten zu stärken. So unternahm der Kaiser bereits 1578 einen neuen Vermittlungsversuch. Daß Rudolf die uneingeschränkte Religionshoheit König Philipps für die Niederlande grundsätzlich anerkannte, erleichterte es dem spanischen König, auf die Vermittlung einzugehen; sogar die Bestellung eines deutschen Habsburgers – freilich nicht des kompromittierten Matthias, wohl aber seines Bruders Ernst – zum Statthalter der Niederlande stellte er in Aussicht. Die aus alledem erwachsenden Friedensverhandlungen des Kölner Pazifikationstags von 1579 scheiterten dann aber doch, und im entscheidenden wiederum an der Religionsfrage: Ohne konfessionelle Zugeständnisse des Königs an die Niederländer konnte es keinen Frieden geben, und zu solchen Zugeständnissen war Philipp II. nach wie vor nicht bereit.

Kurz darauf brachen die Niederlande auseinander. Die katholisch gebliebenen wallonischen Provinzen schlossen sich zur Union von Arras zusammen, trennten sich offiziell von den Generalstaaten und arrangierten sich gegen verfassungspolitische Zugeständnisse Philipps II. mit dem König; die nördlichen, überwiegend protestantischen Provinzen aber, die sich in der Union von Utrecht vereinigten, nahmen immer deutlicheren Kurs auf eine völlige Trennung von Spanien und – trotz anfänglicher Versuche, die Bindungen an das Reich zu erhalten oder gar zu verstärken – auf eine fortschreitende Loslösung auch vom Reich. Wenige Wochen nachdem die Utrechter Union im Manifest vom Haag 1581 die förmliche Absetzung Philipps II. erklärt hatte, verließ Erzherzog Matthias sang- und klanglos das Land; seitdem gab es von Reichs wegen keinen Versuch mehr, die Trennung der Niederlande vom Reich noch einmal aufzuhalten. Zwar bestellte König Philipp von sich aus in den neunziger Jahren, wie er das schon 1578 erwogen hatte, nacheinander die jüngeren Brüder Kaiser Rudolfs, die Erzherzöge Ernst und – nach dessen frühem Tod 1595 – Albert, zu Statthaltern der Niederlande; 1598 trat er die Niederlande sogar in aller Form an Albert und dessen Gemahlin, Philipps älteste Tochter Isabella, ab. Wenn Philipps Wunsch sich erfüllt hätte, auf diese Weise die politische Einheit der Niederlande doch noch zu retten, so wäre dadurch möglicherweise auch die Reichszugehörigkeit des ganzen Landes neu befestigt worden. Indessen war selbst dieser Versuch Philipps nur halbherzig – der Abtretungsvertrag enthielt weitgehende Vorbehaltsrechte zugunsten der spanischen Krone –, und vor allem kam er viel zu spät, um den Lauf der Dinge noch einmal umzukehren. Im Waffenstillstand von 1609 mußten Philipp III. und Erzherzog Albert die Souveränität der Republik der Vereinigten Niederlande anerkennen. Die förmliche Bestätigung ihrer Unabhängigkeit auch vom Reich durch den Westfälischen Frieden 1648 war nur mehr die völkerrechtliche Legitimierung politischer Verhältnisse, die schon zwei Menschenalter zuvor irreversibel geworden waren.

Die Neutralitätspolitik des Reichs im niederländischen Konflikt wie überhaupt in Westeuropa war schon seit den Zeiten Ferdinands I. mehrfach durch eigenmächtige außenpolitische Initiativen einzelner Reichsstände und Ständegruppen überlagert worden, in denen sich die Entstehung europäischer Bündnissysteme auf konfessioneller Grundlage ankündigte. Einige dieser Initiativen hatten sogar zu Geld- oder Truppenhilfen für die Hugenotten oder für die aufständischen Niederländer geführt, aber es war im Grunde doch immer nur bei eng begrenzten Aktionen geblieben. Die Mehrheit der lutherischen Reichsfürsten mit Kurfürst August von Sachsen an der Spitze hatte eine entschiedene Parteinahme in den westeuropäischen Konflikten immer wieder verweigert, um nicht den Religionsfrieden im Reich aufs Spiel zu setzen, und ganz entsprechend war auf katholischer Seite der Versuch Bayerns, den Landsberger Bund zu einem katholisch-gegenreformatorischen Bündnis umzugestalten, am Widerstand schon des Kaiserhofs gescheitert. Mit dem Vordringen der Gegenreformation und der Verhärtung der konfessionellen Gegensätze wuchs indessen seit den achtziger Jahren, besonders bei den protestantischen Reichsständen, die Bereitschaft zu einer konfessionell orientierten europäischen Bündnispolitik; das System des Augsburger Religionsfriedens mitsamt seinen neutralisierenden Wirkungen auch für die Außenpolitik wurde brüchig.

Die Initiative ging zunächst von England aus. Königin Elisabeth nämlich bemühte sich gleichzeitig mit ihrer Intervention in den Niederlanden 1585 am dänischen Hof und eben auch bei den protestantischen Reichsfürsten um flankierende politische und militärische Absprachen – konkret um die Werbung deutscher Söldner mit Hilfe englischen und dänischen Geldes. Auch Heinrich von Navarra verstärkte jetzt sein Bündniswerben bei den protestantischen Ständen. In der Tat ging eine Reihe der wichtigeren protestantischen Fürsten auf die Initiativen ein, an ihrer Spitze der calvinistische Pfalzgraf Johann Kasimir, der nach dem Tode seines Bruders, des pfälzischen Kurfürsten Ludwig (1583), die Vormundschaft über den Kurprinzen und die Administration des Landes an sich gebracht hatte; im Zeichen sich verschärfender Konflikte mit dem Katholizismus der Gegenreformation wurde er jetzt zur treibenden Kraft protestantischer Bündnispolitik im Reich. Unterstützung fand er vor allem bei Landgraf Wilhelm von Hessen, der schon früher finanzielle Hilfe an die Hugenotten geleistet hatte und nunmehr erst recht zu weitreichenden Abmachungen bereit war. Aber auch andere lutherische Reichsfürsten ließen sich unter Hintansetzung ihrer traditionellen konfessionellen und reichspolitischen Bedenken auf die Verhandlungen mit den westeuropäischen Protestanten ein. Nach dem Tode Kurfürst Augusts von Sachsen im Februar 1586 gesellte sich ihnen sogar der neue sächsische Kurfürst Christian hinzu. Das tatsächliche Ergebnis der Verhandlungen war gleichwohl dürftig. Erneute konfessionspolitische Vorbehalte der Lutheraner, auch die Risikoscheu der fürstlichen Herren führten dazu, daß man sich nach längerem Hin und Her lediglich auf eine – dann übrigens völlig erfolglose – Gesandtschaft an König Heinrich III. von Frankreich zugunsten der Hugenotten einigte; alle weitergehenden Pläne für ein festes, politisch und militärisch handlungsfähiges Bündnis hingegen blieben stecken. So war es endlich nur Johann Kasimir, der 1587 mit englischen und dänischen Geldern Söldner aus Oberdeutschland und der Schweiz anwarb und den Hugenotten zu Hilfe schickte. Der Erfolg auch dieses Unternehmens blieb jedoch höchst bescheiden. Zwar wurde Heinrich von Navarra vorübergehend militärisch entlastet, aber schon im November 1587 verließen die Schweizer, von französischem Geld verlockt, die protestantische Armee; wenige Tage darauf erlitten die deutschen Söldner eine schwere Niederlage, in deren Folge das Heer sich auflöste.

Einen nächsten Anlauf nahm die protestantische Bündnispolitik im Jahre 1590. Den Anstoß gaben erneute Werbungen Heinrichs von Navarra, der jetzt als Nachfolger des ermordeten Königs Heinrich III. um die Anerkennung seines Königtums kämpfte. Auf seiten der Reichsstände war es wiederum Johann Kasimir, der sich zum Promotor eines Bündnisses mit dem westeuropäischen Protestantismus machte. Im Frühjahr 1590 gelang es ihm, den sächsischen Kurfürsten Christian auf die Linie seiner konfessionellen und Bündnispolitik zu bringen. Man kam überein – und gewann auch den brandenburgischen Kurfürsten dafür –, dem Kaiser eine lange Reihe geharnischter Beschwerden und Wünsche in Religionssachen vorzutragen; zugleich nahm man ein Treffen der wichtigeren protestantischen Fürsten des Reichs in Aussicht, auf dem eine namhafte Unterstützung Heinrichs IV. und darüber hinaus ein umfassendes protestantisches Bündnis beschlossen werden sollten.

Die Einberufung dieser Tagung wurde allerdings dadurch verzögert, daß es von seiten der Reichskreise zu einer konkurrierenden Initiative kam, die Grenzterritorien des Reichs gegen die Einfälle auswärtiger Kriegsparteien – der Niederländer und Spanier im Nordwesten, der Franzosen am Oberrhein und im Elsaß – sicherer zu machen. In der Tat waren ja nach geltendem Reichsrecht die Reichskreise für die Wahrung des Landfriedens verantwortlich; in der konkreten Situation gewann diese Aufgabe auch außenpolitische Dimensionen. Noch im Frühjahr 1590 traten die Deputierten des westfälischen und der beiden rheinischen Kreise, später auch des niedersächsichen Kreises, zu Beratungen über die erforderlichen Maßnahmen zusammen, vorab gegen die besonders rücksichtslosen spanischen Übergriffe. Man wurde sich schnell darüber einig, daß es zu einer wirklich effektiven Gegenwehr der Hilfe des gesamten Reichs bedürfte, und beantragte deshalb beim Mainzer Kurfürsten und Erzkanzler die Einberufung eines Reichsdeputationstags, der diese Reichshilfe auf den Weg bringen sollte. Der Deputationstag fand denn auch im September 1590 in Frankfurt/Main statt; seine Verhandlungen endeten jedoch mit einem völligen Fehlschlag. Die weit fortgeschrittene Konfessionalisierung der Reichspolitik ließ jedes Vorgehen gegen die Spanier als ein antikatholisches Vorhaben erscheinen, und dafür waren weder Kaiser Rudolf noch die katholische Mehrheit des Deputationstags zu haben; sie setzten statt dessen wieder nur auf den schon so oft gescheiterten Versuch gütlicher und Vermittlungsverhandlungen. Schließlich machten die protestantischen Kurfürsten den wenig ergiebigen Beratungen ein Ende, indem sie abreisten und damit den Deputationstag sprengten.

Ein protestantisches Sonderbündnis erschien nun erst recht legitim und dringlich. Auf pfälzisch-sächsische Einladung traf bereits Anfang Februar 1591 in Torgau eine eindrucksvolle Reihe protestantischer Reichsstände zusammen und einigte sich ziemlich rasch darauf, König Heinrich IV. mit einem Söldnerheer von rund 8000 Mann zu Fuß und 5000 bis 6000 Reitern zu Hilfe zu kommen; der Oberbefehl sollte bei dem jungen Christian von Anhalt liegen. Die näheren Vereinbarungen wurden einige Wochen später mit einem Gesandten des französischen Königs am kursächsischen Hofe getroffen. Als Gegenleistung versprach Heinrich IV., nach Festigung seiner königlichen Herrschaft den deutschen Vertragspartnern, falls sie selber bedrängt würden, mit einem Heer von 8000 Mann beizuspringen; das Ganze war mithin ein wechselseitiges Schutzbündnis zwischen Frankreich und den protestantischen Reichsständen. Auch an englischer Beteiligung fehlte es nicht ganz; die Engländer trugen immerhin 75 000 Gulden zu den für das Unternehmen zunächst veranschlagten Kosten von 400 000 Gulden bei. Tatsächlich konnte Christian von Anhalt im Herbst 1591 mit über 15 000 Mann nach Lothringen ziehen und sich dort mit den Truppen Heinrichs IV. vereinigen; in der Folge leistete das deutsche Hilfsheer einen ansehnlichen Beitrag zur Selbstbehauptung des französischen Königs gegen die Heere Philipps II. und der mit ihm verbündeten katholischen Liga.

Im Grunde noch wichtiger als diese einmalige Hilfeleistung war das Projekt eines dauernden politischen Bündnisses der Protestanten, das Johann Kasimir und Christian von Sachsen der Torgauer Versammlung vorschlugen. Hier nun machten sich freilich die alten Bedenken gegen ein politisches Zusammengehen von Calvinisten und Lutheranern alsbald von neuem geltend. Auch über den Zweck des Bundes – ob er nur der Verteidigung oder überhaupt der Durchsetzung protestantischer Interessen dienen solle – erhoben sich Meinungsverschiedenheiten, ja sogar über die für den verbindlichen Abschluß des Bündnisses erforderliche Mindestzahl von Mitgliedern. Schließlich konnte sich die Mehrheit der Versammlung auf den

Entwurf wenigstens eines Defensivbündnisses zugunsten aller lutherischen oder auch calvinistischen Reichsstände einigen, die dem Bündnis beitreten würden. Bis zum Herbst 1591 erklärte in der Tat ein Großteil der protestantischen Reichsfürsten die verbindliche Bereitschaft zur Teilnahme; auch die Bedenken der noch abseits verharrenden Stände – unter ihnen immerhin Württemberg, Braunschweig-Wolfenbüttel und Mecklenburg – schienen nicht unüberwindlich.

Der Torgauer Bund zielte primär auf eine Vereinigung nur der deutschen Protestanten. Es stand jedoch zu erwarten, daß die Einung, einmal wirklich ins Leben getreten, über diesen nationalen Rahmen bald hinausgreifen würde. Johann Kasimir und Landgraf Wilhelm von Hessen jedenfalls plädierten schon seit langem für ein europäisches Bündnissystem, und auch Kurfürst Christian von Sachsen hatte sich diese Konzeption zu eigen gemacht. Eben diese drei wichtigsten Fürsten des Torgauer Bundes aber wurden jetzt im Abstand weniger Monate vom Tode dahingerafft: im Oktober 1591 der gerade dreißigjährige Christian, im Januar 1592 Pfalzgraf Johann Kasimir, im September 1592 schließlich Landgraf Wilhelm. Der Tod dieser Protagonisten des Bündnisses und das Aufleben neuer konfessionspolitischer Gegensätze zwischen Kursachsen und der Pfalz – die kursächsische Religionspolitik nahm nach Christians Tod eine wiederum scharf anticalvinistische Wendung – ließen den Torgauer Bund zerbrechen, ehe er noch politisch wirksam werden konnte; von einer engeren Kooperation der deutschen Protestanten mit den protestantischen Mächten Europas war vollends jahrelang nicht mehr die Rede.

Noch vor dem Ende des Jahrhunderts kam es jedoch zu einer Neuauflage der Bündnisprojekte von 1590/91. Den Anlaß dazu gaben vor allem wieder die Spanier. Seit 1597 aus den Provinzen der Utrechter Union vertrieben, bedrängten die Spanier die benachbarten Territorien Nordwestdeutschlands nur um so rücksichtsloser mit militärischen Durchzügen, Besatzungen und Zwangskontributionen, mit Erpressungen, Raub und Mord einer zügellosen Soldateska, mit gewaltsamen Maßnahmen nicht zuletzt zur Rekatholisierung der von ihnen besetzten Gebiete. Im Winter 1598/99 erreichten diese Plagen ein bisher nie gekanntes Maß, und das brachte die Kräfte der Gegenwehr des Reichs doch erneut in Bewegung: wiederum – ähnlich wie 1590/91 – zum einen durch die Aktivierung der Reichskreise, zum anderen durch die Erneuerung protestantischer Bündnisprojekte.

Den Anfang machten, umständlich genug, die Reichskreise. Auf Ansuchen des westfälischen und dann auch der beiden rheinischen Kreise traten im Frühjahr 1599 die Deputierten von fünf Reichskreisen in Koblenz zusammen und beschlossen die Aufstellung eines respektablen Heeres; die Finanzierung der Truppen sollte durch die Gesamtheit der Reichskreise erfolgen. Eine erhebliche Minderheit katholischer Reichsstände, auch die Kommissare des Kaisers, votierten allerdings gegen diesen Beschluß. Wie schon 1590 waren sie zu keinem entschiedenen Vorgehen gegen die Spanier bereit; auch schienen ihnen die Gefahren des 1593 neu ausgebrochenen Türkenkriegs bedrohlicher als die spanischen Übergriffe im Nordwesten des Reichs – alles verfügbare Geld müsse zum Kampf gegen die Osmanen verwendet werden. Überdies stellte sich bald heraus, daß die in Koblenz nicht vertretenen Reichskreise die ihnen zugedachten finanziellen Beiträge kaum leisten würden. Damit war das Vorhaben einer Abwehr der Spanier und überhaupt einer Sicherung der Reichsgrenzen mit Hilfe der Reichskreise erneut gescheitert.

Je deutlicher sich die Erfolglosigkeit der Koblenzer Kreisversammlung abzeichnete, desto größer wurden – genauso wie schon 1590/91 – die Chancen eines Sonderbündnisses der protestantischen Stände. Zwar die Vorkämpfer des Torgauer Bundes lebten nicht mehr; Kursachsen blieb jetzt überhaupt ganz abseits. Aber die Kurpfalz setzte die von Johann Kasimir vorgezeichnete Konfessions- und Bündnispolitik unbeirrt fort und fand dafür angesichts der fortdauernden Übergriffe der Spanier im Nordwesten des Reichs erneute Resonanz bei refomierten wie lutherischen Reichsständen. Im Dezember 1598 und wieder im Februar/März 1599 fanden in Frankfurt/Main protestantische Ständeversammlungen statt, auf denen über die Abwehr der Spanier und zugleich über ein dauerndes Bündnis zum gegenseitigen Schutz der Bundesgenossen beraten wurde. Man nahm die Aufstellung eines Heeres von rund 16000 Mann in Aussicht und begann alsbald mit der Anwerbung von Söldnern; den Oberbefehl des Heeres sollte wieder Christian von Anhalt führen. Über diesen eifrigen Beschlüssen und Maßnahmen blieb die politische Grundfrage nach dem eigentlichen Sinn und Ziel des Bündnisses allerdings vorerst in der Schwebe. Sollte es nur darum gehen, die spanische Invasion in Nordwestdeutschland abzuwehren – nach Möglichkeit sogar mit Hilfe auch der katholischen Reichsstände dieser Landschaften – oder wollte man auf ein europäisches Bündnis der protestantischen Mächte zur Abwehr der Gegenreformation hinarbeiten? Und wie wollte man sich dann gegenüber dem Kaiser, auch gegenüber den katholischen Mitständen des Reichs verhalten? Es war vor allem Christian von Anhalt, der diese einstweilen vertagten Kernfragen des Bündnisses mit schneidender Schärfe zur Diskussion stellte und damit über das Schicksal des Bündnisses entschied.

Der junge Fürst war ein nach Körper und Geist vorzüglich gebildeter Mann, bereits als Jüngling weit gereist – bis in die Türkei –, mit Heinrich IV. von Frankreich befreundet, trotz seines Übertritts zum Calvinismus 1592 auch an den lutherischen Fürstenhöfen Deutschlands wohlgelitten, ein tüchtiger Heerführer und – vor allem – eine politische Natur durch und durch. Noch ohne ein eigenes Fürstentum, bekleidete er seit 1595 das wichtige kurpfälzische Amt eines Statthalters der Oberpfalz; das gab seiner Stimme in der kurpfälzischen Politik und über die Pfalz hinaus auch institutionelles Gewicht. Christian war unter hugenottischem Einfluß zu der Überzeugung gelangt, daß das Grundziel der spanischen Weltmacht in der

Vernichtung des Protestantismus und in der gerade dadurch dauerhaft zu befestigenden Hegemonie Spaniens über Europa bestehe. Darüber hinaus hielt er für ausgemacht, daß in diesem bevorstehenden Vernichtungskrieg die katholischen und insbesondere die geistlichen Reichsstände aus konfessionellen Motiven wie aus Gründen der politischen Selbsterhaltung letztlich auf der Seite der Spanier stehen würden; nach seinen Erfahrungen mit den mannigfachen Friedensbrüchen der französischen Religionskriege hielt er die neutralisierende Wirkung auch des Augsburger Religionsfriedens von 1555 für unzureichend und verbraucht. Aus dieser Einschätzung der europäischen Lage ergaben sich für ihn die Bedingungen, an die er die Übernahme der militärischen Führung des Bündnisses knüpfte: Zum ersten verlangte er die Aufstellung eines Heeres, das den kriegserprobten spanischen Armeen – wenigstens den in den Niederlanden und in Nordwestdeutschland stehenden – wirklich gewachsen wäre. Zum anderen hielt er ein Kriegsbündnis mit den Generalstaaten, nach Möglichkeit auch mit anderen protestantischen Staaten Europas, für unverzichtbar, um für den Krieg gegen Spanien – und einen solchen ernsthaften Krieg sah er voraus – politische und militärische Rückendeckung zu gewinnen. Zum dritten schließlich hielt er es für geboten, sich auf einen offenen Krieg auch mit dem Kaiser und den geistlichen Reichsfürsten gefaßt zu machen. Nach allen Bedenklichkeiten, die bei den protestantischen Reichsständen schon bisher einem politisch effizienten Zusammenschluß entgegengestanden hatten, wäre es höchst erstaunlich gewesen, wenn sie sich jetzt auf eine dermaßen ins Weite der europäischen Politik ausgreifende, auf die Bindungen des Reichs kaum noch Rücksicht nehmende und überdies gewiß risikoreiche politische Konzeption eingelassen hätten. Es geschah denn auch nicht. So lehnte Christian den ihm angetragenen Oberbefehl ab und riet überhaupt zum Verzicht auf eine offene Auseinandersetzung mit den Spaniern; allenfalls könne man versuchen, die Niederlande und Frankreich zu einem neuen Angriff zu bewegen.

Damit war das Projekt eines umfassenden politischen Bündnisses der Protestanten erneut gescheitert. Mit Mühe und Not gelang es im April 1599, die bereits geworbenen Söldner der eben zu Ende gehenden Koblenzer Kreisversammlung anzudienen, und die so formierten Kreistruppen hatten das Glück, nur mehr auf Restposten der Spanier zu treffen – die Hauptmasse der spanischen Armee war in der Zwischenzeit in die Niederlande abgezogen –; so blieb ihnen eine spektakuläre Niederlage erspart. Schon der wohlorganisierte Widerstand der kleinen spanischen Besatzung der Stadt Rees genügte freilich, um der Kreisarmee den Schneid abzukaufen, und wenig später tat das Ausbleiben der Besoldung das übrige: Im September 1599 löste sich das Heer völlig auf. Daß dieser erneute Mißerfolg nicht das Ende konfessioneller Bündnispolitik im Reich und in Europa bedeuten werde, war freilich abzusehen.

Die Bilanz der spanisch-niederländischen Politik des Reichs im späteren 16. Jahrhundert war mithin ziemlich kläglich: Das Reich hatte sich als unfähig erwiesen, den niederländischen Konflikt unter seine Kontrolle zu bringen; selbst die gutgemeinten Versuche zur Vermittlung zwischen den streitenden Parteien waren erfolglos geblieben. Statt dessen hatte der Konflikt auf die nordwestdeutschen Territorien übergegriffen, und nicht einmal zur Abwehr dieser Übergriffe mit ihren immensen Schäden für Land und Leute hatte das Reich sich aufraffen können. Angesichts dieses – im wesentlichen konfessionspolitisch begründeten – Versagens war es ansatzweise zu einer protestantischen Sonderpolitik von europäischem Zuschnitt gekommen. Die fortbestehenden konfessionellen Gegensätze zwischen Lutheranern und Calvinisten, auch das Weiterwirken reichspolitischer Bindungen vor allem bei den lutherischen Reichsständen, dazu gewiß eine tüchtige Portion politischer Kurzsichtigkeit hatten es indessen auch bei den protestantischen Reichsständen zu keiner geschlossenen und effizienten Außenpolitik kommen lassen. Die neuentstandene Republik der Vereinigten Niederlande aber hatte über alledem ihre Verbindungen zum Reich auf irreversible Weise aufgelöst.

In Osteuropa gelangte Polen-Litauen nach einigen Jahren der Unsicherheit über die Thronfolge unter dem 1575 gewählten König Stefan Báthory noch einmal auf einen Höhepunkt seiner Macht. Es gelang in zeitweiligem Bündnis mit Schweden, die Russen fast vollständig aus Livland hinauszudrängen. 1581 kam auch Riga unter polnische Herrschaft; als der zum Parteigänger Rußlands gewordene Magnus von Holstein 1583 starb, konnte zudem das Stift Kurland erworben werden. Nach dem Tode Zar Ivans IV. (1584) eröffneten sich dem polnischen König sogar Aussichten auf die Zarenkrone. Indessen starb Báthory bereits im Dezember 1586, und die daraufhin erneut ausbrechenden Thronstreitigkeiten führten zu einem für Polen-Litauen sehr zwiespältigen Ergebnis.

Im Kampf um die Königskrone standen einander vor allem zwei Parteien gegenüber: Die eine plädierte für den mittlerweile zwanzigjährigen Sigismund Vasa, den – katholischen – Sohn des schwedischen Königs und Neffen des letzten Jagiellonen; die andere setzte sich erneut für die Wahl eines Habsburgers ein, ohne sich freilich von vornherein auf eine bestimmte Person festzulegen – was die habsburgischen Wahlchancen nicht gerade erhöhte. Der Streit um die Königswahl war hart und leidenschaftlich. Auf dem Wahlreichstag im Sommer 1587 erschienen die Parteien in Waffen, ein Bürgerkrieg schien nicht fern. Es kam denn auch zu einer Doppelwahl. Die Mehrheit der Wahlversammlung entschied sich für Sigismund, dessen Wahlkommissare den Polen die Abtretung Estlands in Aussicht gestellt hatten; eine Minderheit aber wählte wenige Tage darauf den dritten Bruder Kaiser Rudolfs, Erzherzog Maximilian. In den anschließenden Machtkämpfen konnte sich die schwedische Partei durchsetzen, im Dezember 1587 wurde Sigismund in Krakau gekrönt. Die Parteigänger Maximilians wurden Anfang 1588 auch militärisch geschlagen. Maximilian selbst geriet in polnische

Gefangenschaft, aus der ihn der Kaiserhof nur gegen beträchtliche politische Zugeständnisse wieder freibekam. Die dritte Thronkandidatur der Habsburger seit dem Aussterben der Jagiellonen endete also wiederum mit einem Mißerfolg und zugleich mit einer weiteren Stärkung der Stellung Polen-Litauens in Ostmitteleuropa auf Kosten der Habsburger.

Allerdings führte die durch die Thronfolge Sigismunds eingeleitete Personalunion des Doppelreichs mit Schweden binnen weniger Jahre zu schweren innen- wie außenpolitischen Auseinandersetzungen, die im Ergebnis die Niederlage der Habsburger im polnischen Thronfolgestreit wieder ausglichen. In diesen Auseinandersetzungen spielten konfessionelle Gegensätze zwischen dem überwiegend katholischen Polen und dem lutherischen Schweden, dazu die polnisch-schwedische Konkurrenz um Estland, im übrigen aber auch verfassungs- und sozialpolitische Konflikte innerhalb der beiden Reiche eine wichtige Rolle. Die Einzelheiten können hier auf sich beruhen; es genügt, die wichtigsten Ergebnisse festzuhalten.

Sigismund, der 1592 als Nachfolger seines Vaters Johann III. auch in Schweden auf den Thron gelangte, konnte seine Herrschaft dort nur wenige Jahre behaupten. 1599 sagte der schwedische Reichstag ihm den Gehorsam auf und wählte Herzog Karl von Södermanland, den Vater des späteren Königs Gustav Adolf, zum «regierenden Erbfürsten» des Reichs. Damit war die schwedisch-polnische Union faktisch zerbrochen; das Festhalten Sigismunds an seinen schwedischen Thronansprüchen stürzte die beiden Länder obendrein in einen jahrzehntelangen und verlustreichen Krieg, an dessen Ende Polen-Litauen die Vormachtstellung Schwedens im Ostseeraum anerkennen mußte. Aber auch in Polen-Litauen selbst erregte die Herrschaft Sigismunds mit ihren absolutistischen Neigungen wie mit ihrer harten Verfolgung der protestantischen und orthodoxen Minderheiten des Landes gefährliche Reibungen und Widerstände. Angesichts dieser inneren und äußeren Konflikte bemühte sich Sigismund bereits seit dem Ausgang der achtziger Jahre um eine außenpolitische Unterstützung durch die katholischen Mächte Europas, um eine deutliche Annäherung auch – bezeichnenderweise unter päpstlicher und spanischer Vermittlung – an den Kaiserhof. Das von Sigismund zeitweilig erwogene Projekt eines Verzichts auf die polnische Krone zugunsten eines habsburgischen Prinzen scheiterte zwar schon an innerhabsburgischen Querelen, aber 1592 kam doch die Heirat Sigismunds mit einer habsburgischen Prinzessin zustande, und aus dieser dynastischen Verbindung erwuchs in der Folge ein dauerhaftes Bündnis. Die für die Geschichte des Dreißigjährigen Kriegs so wichtige politische Verbindung des Kaiserhofs mit Spanien und Polen als den katholischen Vormächten im Südwesten und Nordosten Europas begann sich abzuzeichnen.

Im Abwehrkampf gegen die Türken schließlich trat seit dem Waffenstillstand von 1568 für mehr als zwei Jahrzehnte eine gewisse Beruhigung der Verhältnisse ein. Die Osmanen waren zunächst durch innenpolitische Probleme in

Anspruch genommen, seit den späten siebziger Jahren hinderte sie ein langwieriger Krieg mit den Persern an größeren Unternehmungen in Ungarn. Zudem gelang es den Habsburgern, den Ausbau der Militärgrenze gegen die Türken mit Hilfe sehr erheblicher finanzieller Mittel auch von seiten des Reichs voranzutreiben. So konnte der achtjährige Waffenstillstand von 1568 mehrfach verlängert werden, zuletzt 1590 für die Jahre 1592 bis 1600. Wirklich sicher war der Friedstand mit den Türken freilich nie, und seitdem es den Osmanen 1590 gelungen war, ihren kräftezehrenden Krieg mit den Persern erfolgreich zu beenden, gewannen am Hofe des Sultans die Befürworter eines weiteren Expansionsstoßes nach Norden die Oberhand. 1593 kam es zu einem neuen, großen Türkenkrieg.

Wiederum fanden sich die Reichsstände zu erheblichen, auch gegenüber den Bewilligungen von 1576 und 1582 noch einmal gewaltig gesteigerten Finanzhilfen bereit. Darüber hinaus gelang es den Kaiserlichen, zusätzliche finanzielle und organisatorische Hilfen von den einzelnen Reichskreisen zu erlangen; auch die wirtschaftlichen und militärischen Ressourcen der habsburgischen Erbländer selbst wurden voll mobilisiert. Dazu kamen spanische und päpstliche Subsidien. Die Voraussetzungen für eine erfolgreiche Abwehr der Türken waren insofern nicht ungünstig. Trotzdem nahm der Krieg einen für die kaiserlichen Truppen zunächst wenig günstigen Verlauf. Zwar konnten sie den Türken 1595 Gran entreißen und damit in die Nähe von Ofen vorstoßen; umgekehrt aber gelang es dem osmanischen Heer, Raab im Süden und Erlau im Norden zu erobern und damit an beiden Flanken der christlichen Verteidigungsfront Brückenköpfe für ein Vordringen gegen Innerösterreich oder gegen Böhmen und Schlesien zu gewinnen. Die Kaiserlichen mußten froh sein, durch die Unterstützung des Fürsten der Walachei eine gewisse Entlastung zu bekommen. Seit 1597 wurde jedoch ein allmähliches Nachlassen des türkischen Drucks spürbar. Die Beziehungen der Osmanen zu den Persern verschlechterten sich erneut – persische Gesandte verhandelten im Sommer dieses Jahres sogar am Kaiserhofe wegen eines Bündnisses. Dazu kamen innere Spannungen, die 1599 in Kleinasien zu einem offenen Aufstand gegen die osmanische Herrschaft eskalierten. 1598 gelang den kaiserlichen Truppen im Handstreich die Rückeroberung von Raab. Vor allem aber: Der junge Fürst von Siebenbürgen, Sigismund Báthory, entschloß sich 1597, gegen ein Jahrgeld und die Belehnung mit zwei schlesischen Fürstentümern sein viel umkämpftes Land an den Kaiser als König von Ungarn abzutreten. Wäre dieser Herrscherwechsel geglückt, so hätte das wohl schon damals eine grundsätzliche Wende im Kampf um Südosteuropa bedeutet, jedenfalls einen gewaltigen Zuwachs an Macht und Prestige für Kaiser Rudolf. Diese glänzenden Aussichten erfüllten sich indessen nicht. Vielmehr erwies sich sehr bald, daß der Kaiser zu schwach war, um die Chance eines Erwerbs von Siebenbürgen wirklich nutzen zu können. Gleich 1598 kam es zu einer wirren Vielfalt von Kämpfen um den Thron des Fürstentums, in die sich alsbald auch Türken, Polen und Walachen einmischten; obendrein erschien Sigismund Báthory mehrfach wieder im Lande, um die Herrschaft von neuem an sich zu nehmen. Zu Beginn des neuen Jahrhunderts hatte es dann zwar den Anschein, als gelänge es dem kaiserlichen General Basta, das Fürstentum mit blutiger Gewalt unter seine Kontrolle zu bringen. Das Schreckensregiment des habsburgischen Befehlshabers, nicht zuletzt die gleichzeitig einsetzende gewaltsame Rekatholisierung des Landes, führte jedoch 1604 zu einem Aufstand unter Führung des siebenbürgischen Magnaten Stefan Bocskay, der nach wenigen Wochen auch auf Ungarn übergriff und in der Folge die Staatskrise des habsburgischen Bruderzwistes auslöste. Es war noch ein Glück für das Haus Habsburg und auch für das Reich, daß die in dieser Krise zutage tretende Schwäche der habsburgischen Staatsbildung zeitlich mit dem Nachlassen des osmanischen Expansionsdrangs zusammenfiel; die Folgen eines zu Beginn des 17. Jahrhunderts mit wirklich geballter Kraft vorgetragenen türkischen Angriffs in Südosteuropa wären unabsehbar gewesen.

4. Der Verfall der Reichspolitik und die Lähmung der Reichsorgane im letzten Viertel des Jahrhunderts

In der ersten Hälfte des Jahrhunderts waren die großen Entscheidungen der deutschen Geschichte immer wieder auf der politischen Bühne der Reichstage durchgekämpft worden: in Worms 1521, in Speyer 1526 und 1529, in Augsburg 1530, 1547/48 und wieder 1555. Unter Ferdinand I. und Maximilian II. hatte sich das zu ändern begonnen, und zwar vor allem als Folge des Augsburger Religionsfriedens von 1555, der ja die grundlegenden politischen Ergebnisse der vorangegangenen Konflikte festgeschrieben und überdies die strittigen konfessionellen Entscheidungen im Reich gutenteils auf die Ebene der einzelnen Reichsstände verlagert hatte. Immerhin hatte doch auch noch auf den Reichstagen von 1556 bis 1576 eine ganze Reihe wichtiger politischer Probleme zur Diskussion und Entscheidung gestanden: 1556/57 die – in der Folge mehrfach wiederkehrende – protestantische Forderung der Freistellung, 1559 und wieder 1566 die Neuordnung des Reichsmünzwesens, 1566 auch die Frage der reichsrechtlichen Anerkennung des deutschen Calvinismus, 1570 dann die Reform des Reichsheeres, 1576 schließlich die Verbindlichkeit der Declaratio Ferdinandea. Seit dem Regierungsantritt Rudolfs II. aber wurde der Themenkreis der Reichspolitik, obwohl es außen- wie innenpolitisch für das Reich durchaus Aufgaben und Themen von Belang gegeben hätte, zunehmend enger und dürftiger. Die fortdauernde Passivität des Reichs gegenüber dem immer deutlicheren Verlust der lothringischen Bistümer und Livlands, die Unfähigkeit zur Befriedung oder auch nur zur sicheren Begrenzung des niederländischen Konflikts, dazu das Ausbleiben der vom Reichskammergericht wiederholt angemahnten verbindlichen Interpretation des Religionsfriedens waren nur die wichtigsten Fälle solch reichspolitischer Abstinenz. Auch die großen Auseinandersetzungen um Köln und Straßburg, in denen es mit dem Geistlichen Vorbehalt immerhin um eine Grundfrage des Religionsfriedens ging, fanden mehr oder weniger unter Ausschluß des Reichs statt. Von sonstigen politischen Initiativen des Reichs, etwa in der Legislative, war vollends nicht mehr die Rede. Daß 1577 der Reichsdeputationstag eine Neufassung der Reichspolizeiordnung verabschiedete, war schon viel; es war zugleich für lange Zeit der letzte Akt einer Gesetzgebung des Reichs überhaupt, die die gesellschaftliche Ordnung Deutschlands in einiger Breite zu gestalten suchte.

Der wichtigste Grund für diese Auszehrung der Reichspolitik – zunächst: der Politik der Reichstage – bestand in dem immer stärker werdenden Einfluß der konfessionellen Konflikte und Konstellationen auf alle Bereiche des gesellschaftlichen Lebens. Die zunehmende Härte der konfessionellen Konfrontation ließ den Reichsständen nur wenig Chancen einer interkonfessionellen Kooperation und Verständigung über die anstehenden politischen Fragen. Die Kurpfalz und ihre calvinistischen Verbündeten waren zwar durchaus gewillt, jedenfalls ihre Beschwerden wegen des Religionsfriedens auf den Reichstagen einzubringen – zumeist übrigens in der Absicht, die Bewilligung der vom Kaiser erbetenen Türkensteuern von religionspolitischen Zugeständnissen der Katholiken abhängig zu machen. Die Mehrheit der lutherischen Reichsstände unter Führung Kursachsens aber befürchtete von einem solchen Vorgehen nur das völlige Zerbrechen des Religionsfriedens und verhinderte deshalb zumeist schon im Vorfeld der Reichsversammlungen durch innerprotestantische Absprachen, daß die Forderungen der Kurpfalz und ihrer Verbündeten zum Gegenstand der eigentlichen Reichstagsverhandlungen wurden. Erst 1594 gelang es den kurpfälzischen Räten, eine größere Gruppe vornehmlich süddeutscher protestantischer Reichsstände auf einer Tagung in Heilbronn für eine konfessionell aktivere Reichstagspolitik zu gewinnen. Für den folgenden Reichstag von Regensburg selbst hatte das freilich nur die politische Spaltung der Protestanten zur Folge, und die Mehrheit der lutherischen Reichsstände stimmte im Verein mit den Katholiken die Stände des Heilbronner Konvents in der Kurfürsten- wie in der Fürstenkurie nieder. Im übrigen beschränkten sich auch die Initiativen der Kurpfalz für den Reichstag im wesentlichen auf konfessionspolitische Fragen und ließen überdies keinerlei Bereitschaft zu irgendeinem Kompromiß erkennen, über den man sinnvollerweise hätte verhandeln können; die kursächsische Reichstagspolitik der Konfliktvermeidung war demgegenüber, wenn man den Reichstag einigermaßen funktionsfähig erhalten wollte, nicht unverständlich. Allerdings brachte auch Kursachsen keine Alternative einer Erneuerung und inhaltlichen Bereicherung der Reichstagsverhandlungen ins Spiel. Gegen die konfessionelle Auszehrung der Reichspolitik war offenbar kein Kraut gewachsen, ja sie wurde anscheinend nicht einmal mehr als Defizit empfunden.

In die gleiche Richtung einer Auszehrung der Reichspolitik wirkten Person und Politik Kaiser Rudolfs. Mit seinem Vater Maximilian II. teilte Rudolf die Liebe zur Musik, zu den bildenden Künsten und zur Wissenschaft. Die Kunstsammlungen, die er in seiner prachtvollen Residenz auf dem Hradschin zu Prag zusammentrug, gehörten zu den großartigsten Konzentrationen der europäischen Malerei und Plastik des ausgehenden 16. Jahrhunderts. Er war auch ein sprachenkundiger Mann; neben der deutschen Sprache, die er im persönlichen Umgang bevorzugte, beherrschte er Latein, Italienisch, Französisch und Spanisch, weniger gut das Tschechische. An politischem Intellekt fehlte es ihm an sich nicht; zumindest bis in die neunziger Jahre hinein durchschaute er die politischen Verhältnisse seiner Zeit nicht weniger klar als irgendein anderer Fürst der Epoche. Politisches Handeln aber war seine Sache nicht. Im Gegensatz zu seinem Vater war Rudolf ein grüblerischer, ernster, nach innen gekehrter Mann; es fehlte ihm gleichermaßen – und zunehmend – an Entschlußkraft wie an Geschmeidigkeit in der Umsetzung einmal gefaßter Beschlüsse in die so widerspenstige politische Realität. Schon daß er die Regierung seiner österreichischen Erblande seinen jüngeren Brüdern Ernst und, seit 1595, Matthias überließ – wenngleich mit mancherlei Vorbehaltsrechten, deren oft zögerliche Ausübung den Brüdern das Regieren nicht einfacher machte –, war für die Handlungsschwäche des Kaisers sehr bezeichnend. Ähnliches gilt für seine dynastische Politik. Daß er seine Entscheidung über die bereits 1568 ins Auge gefaßte Ehe mit der spanischen Königstochter Isabella nahezu dreißig Jahre hinauszögerte, bis dann schließlich sein jüngster Bruder Albrecht die Infantin heiratete, war schon beinahe komisch, belastete aber die innerhabsburgischen Beziehungen ungemein. Dazu kam Rudolfs ständige Furcht vor gefährlichen Abhängigkeiten von anderen politischen Mächten Europas – nicht zuletzt von Spanien – oder auch von seinen eigenen Beratern. So weigerte er sich voller Mißtrauen immer wieder und über Monate hinweg, die auswärtigen Gesandten am Hof überhaupt zu empfangen; seine leitenden Beamten aber mußten stets damit rechnen, unvermittelt ihrer Ämter enthoben oder gar eingesperrt zu werden. Ohnehin schätzte Rudolf den Umgang mit Künstlern und Sternkundigen mehr als mit Staatsmännern, rechnete auch wohl mit dem Wirken geheimnisvoller Kräfte in Natur und Geschichte, denen eher durch magische Formeln als durch rationales Handeln beizukommen wäre. Diese problematischen Züge seines Wesens verstärkten sich im Laufe der Zeit in fataler Weise. Politisch und auch menschlich immer mehr isoliert, sah der Kaiser offenbar immer weniger Möglichkeiten, die Probleme der Zeit zu lösen – in den Worten Grillparzers:

> «Gemartert vom Gedanken drohnder Zukunft
> dacht ich die Zeit mit gleicher Furcht bewegt
> im weisen Zögern sehnd die einzige Rettung».

Bereits 1586 trug sich Rudolf mit Resignationsabsichten; in der außenpolitischen und dynastischen Krise des Jahres 1600 scheint er einen Selbstmordversuch unternommen zu haben, zeitweise litt er unter manischen Depressionen.

Reichspolitische Initiativen waren von diesem Kaiser je länger desto weniger zu erwarten. Nach dem noch von Maximilian II. einberufenen Reichstag von Regensburg 1576 hielt Rudolf erst 1582 wieder eine Reichsversammlung ab, und mit den folgenden beiden Reichstagen – den letzten des Jahrhunderts überhaupt – ließ er sich gar über ein Jahrzehnt Zeit, bis nämlich der Ausbruch des großen Türkenkriegs 1593 die erneute Bewilligung von Türkensteuern durch die Reichsstände unabweisbar machte. Dieser zögerlichen Haltung bei der Einberufung der Reichstage entsprach die Reduzierung der vom Kaiser vorgeschlagenen Verhandlungsgegenstände der Reichsversammlung: 1582 ging es ihm, abgesehen von der Türkenhilfe, immerhin noch um die Unterstützung der Reichsstände für eine politische Vermittlung und die Wahrung der Reichsinteressen in den Niederlanden; 1594 aber wünschte er den Reichstag überhaupt nur mehr – unter ausdrücklicher Vertagung aller anderen Fragen – mit der Bewilligung von Türkensteuern zu befassen, und 1597 war es nicht anders. Seit 1593 bemühte sich die kaiserliche Politik überdies, sogar das Problem der Türkenhilfe auf die politische Ebene der Reichskreise zu verlagern.

Daß diese Reichstagspolitik Rudolfs II. die ständische Struktur der Reichsverfassung empfindlich tangierte, liegt auf der Hand. Um so erstaunlicher ist deshalb, jedenfalls auf den ersten Blick, daß das kaiserliche Verlangen nach Türkensteuern auf den Reichstagen – wie übrigens auch in den Reichskreisen und bei der Reichsritterschaft – durch die Jahrzehnte hindurch eine überaus positive Resonanz fand. Die konfessionelle Zerrissenheit des Reichs hinderte nicht, daß zwischen 1576 und 1603 von den Reichsständen nahezu 20 Millionen Gulden als Türkensteuer aufgebracht wurden; allein die Bewilligungen von 1594 und 1598 beliefen sich mit insgesamt 140 Römermonaten auf nahezu das Doppelte der Beträge, zu denen sich die Reichsstände während der gesamten Regierungszeit Karls V. bereitgefunden hatten. Inflationsbereinigt erscheint der Vergleich mit den Zahlen der ersten Jahrhunderthälfte etwas weniger spektakulär, aber immer noch eindrucksvoll genug, zumal da sich die Zahlungsmoral der Reichsstände in der zweiten Jahrhunderthälfte überraschend konsolidierte; von den in diesen Jahrzehnten bewilligten Türkensteuern wurden über 80 Prozent wirklich gezahlt. Bezeichnenderweise war es denn auch gerade die Türkensteuer, die zur Entstehung einer wirklich kontinuierlichen Finanzverwaltung des Reichs führte. Seit 1589 stand sie unter der Leitung des hochbegabten, damals noch sehr jungen Zacharias Geizkofler, der einer im Bergbau und in der Verwaltung Südtirols tätigen Familie entstammte und kurze Zeit auch in den Diensten der Fugger gestanden hatte.

Die Gründe für den erstaunlichen Erfolg der Türkensteuerpolitik des Kaisers lagen großenteils in dem wachsenden Gefühl des Bedrohtseins durch die Osmanen und den Islam. Im Osten und Südosten des Reichs war diese Bedrohung schon Jahrzehnte zuvor sehr lebendig empfunden worden und hatte deshalb gerade die Reichsstände dieser Landschaften zu beträchtlichen Türkenhilfen motiviert; im letzten Viertel des Jahrhunderts weitete sich diese Einstellung auf das ganze Reich aus, gefördert von einer regen Propaganda geistlicher wie weltlicher Obrigkeiten. In dieser Propaganda spielten die diffizilen theologischen und Rechtsprobleme eines Kreuzzugs, wie sie zu Beginn des Jahrhunderts die Diskussion über den Türkenkrieg noch wesentlich mitbestimmt hatten, keine Rolle mehr; vielmehr galt der Türkenkrieg als unausweichliche Daueraufgabe zur Verteidigung von Land und Leuten, von Haus und Familie. Mitunter nahm das publizistische Bild der Türken überhaupt pathologische Züge eines Erbfeindes an. Es war aber nicht nur das Gefühl des Bedrohtseins durch die Muslime, das die Reichsstände zu ihren erstaunlichen Türkensteuerbewilligungen brachte; daneben standen vielmehr sehr handfeste steuer- und verfassungspolitische Motive. Zum einen nämlich verfolgten nicht wenige der Reichsfürsten die Absicht, über die Bewilligung immer wiederkehrender Türkensteuern ihre Landstände – und ihre Bevölkerungen – an die Regelmäßigkeit von Steuern überhaupt zu gewöhnen: Dem moralischen Druck der Forderung des Reichs nach Türkenhilfe konnten die Landstände kaum widerstehen, und war erst einmal diese Bresche geschlagen, so mußte es in Zukunft leichter fallen, auch für andere Vorhaben des Landesherrn zum «gemeinen Nutz» die Bewilligung von Steuern zu erlangen. Zum andern aber hatten sich die Reichsstände – und das war wohl noch wichtiger – das Recht konzediert, die Türkensteuer bei deren Umlage auf die Untertanen höher zu veranschlagen, als es ihrer Zahlungspflicht gegenüber dem Reich entsprach. An sich nur dazu bestimmt, die unvermeidlichen Steuerausfälle im Lande auszugleichen, wurde dieser Zuschlag von vielen Reichsständen stillschweigend dermaßen hoch angesetzt, daß ihnen dabei ein beträchtlicher fiskalischer Gewinn verblieb. So zog der Bischof von Würzburg für seinen Anteil an der Reichstürkensteuer von 1566 und 1576 in Höhe von insgesamt etwas über 108 000 Gulden nicht weniger als 212 666 Gulden von seinen Untertanen ein, und auch der benachbarte Markgraf von Brandenburg-Ansbach erhob gegen Ende des Jahrhunderts rund doppelt soviel Türkensteuer von seinen Untertanen, wie er an das Reich abführte. Natürlich war das rechtswidrig und mußte deshalb gegenüber dem Reich wie gegenüber den Landständen verheimlicht werden; an der weiten Verbreitung dieser Praxis ist gleichwohl kaum zu zweifeln. Die zunächst so überraschend großzügige Türkensteuerpolitik der Reichsstände enthüllt sich von hier aus als wohlkalkuliertes Element verfassungs- und steuerpolitischer Staatsräson.

Zur inhaltlichen Auszehrung der Reichspolitik, wie sie sich in den Agenden der Reichstage Kaiser Rudolfs spiegelte, kam die beginnende Lahmlegung wichtiger Reichsorgane selbst – auch sie eine Folge der konfessionellen Gegensätze im Reich, die selbst durch eine irenische Reichspolitik, wie sie zumeist und vor allem von Kursachsen betrieben wurde, auf die Dauer nicht neutralisiert werden konnten. Diese Lähmung betraf zuerst die politisch sehr bedeutsame Visitationskommission, die als Aufsichts- und zugleich Beschwerdeinstanz gegenüber dem Reichskammergericht fungierte. Um die Jahrhundertwende folgten der Deputationstag und das Kammergericht selbst; die Sprengung des Reichstags von 1608 hob die Reichsverfassung dann vollends aus den Angeln. Daneben wurden auch die Reichskreise infolge des konfessionellen Konflikts zunehmend funktionsunfähig; daß sie in den achtziger und neunziger Jahren nicht imstande waren, den Landfrieden der westdeutschen Territorien gegen die Einfälle von Spaniern, Niederländern und Franzosen zu sichern, war dafür überaus bezeichnend.

Die Lähmung der zentralen Reichsorgane, von der hier nur die Anfänge darzustellen sind, hatte ihre nächste Ursache im sogenannten Magdeburger Sessionsstreit.

In den der Reformation zugefallenen Bistümern Nord- und Nordostdeutschlands war die traditionelle Verbindung der geistlichen und weltlichen Regierung in der Hand der Bischöfe zumeist aufgehoben worden. Die innerkirchliche Organisation wurde regelmäßig in Analogie zu den evangelischen Landeskirchen geregelt, an die Spitze der weltlichen Regierung aber traten Administratoren aus den Fürstenhäusern der benachbarten evangelischen Territorien. Soweit es sich dabei um landsässige Bistümer handelte, verursachte diese Umgestaltung politisch keine besonderen Schwierigkeiten. Anders dagegen stand es um die Reichsbistümer, deren weltliche Herrschaft mitsamt ihrer reichsständischen Position im wesentlichen auf der Belehnung durch den König beruhte; denn nach dem reichsrechtlichen Herkommen sollten solche Belehnungen ja erst nach einer ordnungsgemäßen Bischofswahl und der Konfirmation des Gewählten durch den Papst vorgenommen werden. Zwar gab es die Möglichkeit einer vorläufigen Belehnung durch ein sogenanntes Lehensindult in Erwartung der päpstlichen Konfirmation, und manche zur Reformation neigende Bischöfe sind auf diese Weise – mit oder ohne folgende päpstliche Bestätigung – in den Besitz ihrer weltlichen Herrschaftsrechte gelangt. Je deutlicher und fester jedoch die konfessionellen Fronten wurden, desto unglaubwürdiger wurde die Erwartung der päpstlichen Konfirmation evangelisch gesonnener Bischöfe, und damit entfiel die notwendige Voraussetzung auch eines Lehensindults; erst recht galt das für die evangelischen Administratoren. Ohne Belehnung oder Lehensindult aber stand die Herrschaft der evangelischen Bischöfe und Administratoren mitsamt ihrer reichsständischen Position rechtlich auf schwankendem Boden.

Von solchen Unsicherheiten war nicht zuletzt Magdeburg betroffen, wo seit 1567 Joachim Friedrich, ein Enkel Kurfürst Joachims II. von Brandenburg, als Administrator amtierte. Zwar hatte Maximilian II. anläßlich der Verhandlungen über seine Wahl zum römischen König dem Hause Brandenburg sehr weitgehende Absichtserklärungen gegeben, die – zumindest – auf ein erbliches Nominationsrecht der Kurfürsten für den Magdeburger Erzstuhl hinausliefen. Nach seinem Regierungsantritt aber erklärte Maximilian solche Absichten für undurchführbar, und auch zur Belehnung oder zu einem Lehensindult für den brandenburgischen Administrator fand er sich nicht bereit. Von Rudolf II. war erst recht nichts zu erlangen; alle Vorstöße des Administrators und des Kurfürsten von Brandenburg – das war jetzt Johann Georg, der Vater des Administrators – blieben ergebnislos. Die Herrschaft im Lande selbst konnte Joachim Friedrich zwar dank brandenburgischer Rückendeckung ohne weiteres behaupten; auf den Reichstagen aber blieb ihm der magdeburgische Sitz im Fürstenrat vorenthalten. Eben diese ärgerliche Zurücksetzung beschlossen die Brandenburger schließlich via facti zu beseitigen: In Absprache mit seinem Vater, dem Kurfürsten, und dem Magdeburger Domkapitel begab sich der Administrator 1582 persönlich zum Reichstag und sandte einen seiner Räte in den Fürstenrat, um dort den Magdeburger Sitz einzunehmen. Dieses Vorgehen stieß jedoch sofort auf sehr entschiedenen Widerstand der katholischen Reichsstände. Sie forderten kategorisch, daß der Administrator seinen Sitz im Fürstenrat zu räumen habe; andernfalls würden die Katholiken den Reichstag verlassen. Der Streit setzte vor allem Kaiser Rudolf in Verlegenheit, der die Sprengung des Reichstags und damit das Nichtzustandekommen der erbetenen Türkenhilfe befürchten mußte. Daß gleichzeitig der Streit um Aachen als Konflikt um das jus reformandi der Reichsstädte aufflammte und die protestantischen Reichsstädte ebenfalls mit ihrem Abzug vom Reichstag drohen ließ, machte die Verlegenheit nur um so größer. Unsicher, was zu tun wäre, erfuhr der Kaiser wieder einmal Schützenhilfe von seiten Kurfürst Augusts: Der nämlich ließ alsbald erkennen, daß ihm die Magdeburger Sessionsansprüche keinen großen Konflikt mit den katholischen Reichsständen wert wären. Als auch der Versuch eines vorläufigen, nur für diesen Reichstag geltenden Abkommens gescheitert war, zog der Administrator deshalb vor, für diesmal auf eine Durchsetzung seiner Ansprüche zu verzichten und seinerseits den Reichstag zu verlassen. Auch in der Folge gelang es dem Magdeburger wie den anderen evangelischen Administratoren nicht, die begehrte Session im Fürstenrat zu erlangen; Kursachsen und die von ihm geführte, wenngleich allmählich abbröckelnde Mehrheit der evangelischen Stände waren nicht bereit, die ohnehin bedrohte Funktionsfähigkeit des Reichstags für die Sessionswünsche der Administratoren aufs Spiel zu setzen.

Auch diese Zurückhaltung der evangelischen Stände konnte freilich nicht verhindern, daß aus dem Magdeburger Sessionsstreit ein neuer Verfassungskonflikt erwuchs. Diesmal ging es um die Reichsjustiz, konkret: um die Besetzung der Kommission für die Visitation des Kammergerichts, der auch die Erledigung von Revisionsbegehren gegen Urteile des Kammergerichts oblag. Von der ordnungsgemäßen Tätigkeit dieser Visitationskommission hing ein gut Teil der Autorität des Gerichts, vor allem aber die Ausführbarkeit seiner Urteile ab; denn vor der Erledigung einmal eingelegter Revisionen wurden die angefochtenen Urteile nicht rechtskräftig, geschweige denn vollstreckbar. Nun rotierte die Mitgliedschaft in der Kommission nach einem seit langem festgelegten Schlüssel unter den Reichsständen, und 1588 stand Magdeburg zur Berufung in die Kommission an. Ein neuer Konflikt schien unvermeidlich, und sein Ausgang war diesmal um so unsicherer, als die kursächsische Politik unter Christian I. eine sehr viel weniger irenische Wendung genommen hatte als unter dem 1586 gestorbenen Kurfürsten August. Auch angesichts des noch nicht endgültig ausgestandenen Kampfs um Köln und der zunehmenden Spannungen im Straßburger Kapitelstreit schien dem Kaiser die Situation so gefährlich, daß er den für die Berufung der Kommission zuständigen Kurfürsten von Mainz veranlaßte, die Visitation für diesmal zu vertagen – und diese Vertagung wiederholte sich auch in den darauffolgenden Jahren, weil die konfessionspolitische Situation im Reich sich ja keineswegs entspannte. Die Folge war, daß die bislang verschwindend geringe Zahl der Revisionsanträge gegen Urteile des Kammergerichts hinaufschnellte und damit die Tätigkeit des Gerichts illusorisch zu machen begann.

Um der drohenden Lähmung der Reichsjustiz – oder doch deren völliger Verlagerung auf den kaiserlichen Hofrat – entgegenzuwirken, beschloß der Reichstag 1594 gegen eine starke protestantische Minorität, die Visitation des Kammergerichts wenigstens für einmal und ausnahmsweise dem Reichsdeputationstag zu übertragen, der ohnehin seit Jahren auch mit Anregungen des Gerichts für Verbesserungen im Prozeßrecht befaßt war. Da Magdeburg dem Deputationstag nicht angehörte, hoffte man so das Problem des Sessionsstreits für die Visitation zu umgehen. Allerdings gelang dem Deputationstag, als er 1595 in Speyer zur Visitation des Kammergerichts zusammentrat, die Erledigung nur eines kleinen Teils seiner Aufgaben; vor allem war und blieb schon unter den Mitgliedern des Deputationstags selbst umstritten, ob man auch für die Entscheidung der aufgelaufenen Revisionen zuständig wäre. So dauerte es bis zum Reichstag von 1597/98, ehe der Ausschuß einen eindeutigen Auftrag auch für die Revision der Kammergerichtsurteile erhielt, und tatsächlich konnte der Deputationstag überhaupt erst wieder im Juni 1600 zusammentreten. Mittlerweile aber war die konfessionsrechtliche Judikatur des Kammergerichts selbst zum Gegenstand erbitterter Auseinandersetzungen geworden, und so war abzusehen, daß es auch bei der Revision nicht ohne schwere Konflikte abgehen werde – ein erheblicher Teil der protestantischen Reichsstände plädierte ohnehin dafür, die strittigen Rechtsprobleme des Religionsfriedens nicht durch das Kammergericht und schon gar nicht durch eine Revisionskommission, sondern durch den Reichstag entscheiden zu lassen.

Die Rechtsprechung des Kammergerichts, die in diesen letzten Jahren des Jahrhunderts den Anlaß zur Verschärfung des konfessionspolitischen Konflikts bildete, betraf die Unterlassungs- bzw. Herausgabeansprüche von vier Klöstern gegen protestantische Stände, die in das Vermögen und die Verwaltung dieser Klöster eingegriffen hatten. Zugleich aber und politisch ging es in diesem sogenannten Vierklosterstreit um eine Grundfrage des Religionsfriedens, um die Frage nämlich der Rechtmäßigkeit oder Unrechtmäßigkeit der Einziehung reichsmittelbaren Kirchenguts durch protestantische Obrigkeiten nach 1552. Das Kammergericht hatte sich – aus guten rechtlichen wie politischen Gründen – stets gehütet, dieses brisante Problem selbst lösen zu wollen, und statt dessen, obzwar vergeblich, wiederholt eine politische Entscheidung von Kaiser und Reich angemahnt. In den Entscheidungen über die Prozesse der vier Klöster nun schien das Gericht seine bisher gewahrte Reserve zu verlassen und sich der katholischen Auslegung des Religionsfriedens anzuschließen, nach der jene Einziehungen von Kirchengut rechtswidrig waren. So jedenfalls stellten sich die Urteile des Kammergerichts im Vierklosterstreit in ihrer Einschätzung durch die Prozeßunterlegenen dar, und die kurpfälzische Propaganda versäumte nicht, den protestantischen Mitständen die aus einer solchen Wendung des Kammergerichts resultierenden Gefahren für den deutschen Protestantismus eindrücklich vor Augen zu stellen: Wenn die Reichsjustiz sich dafür entschied, das jus reformandi der Reichsstände gegenüber den Klöstern und anderem reichsmittelbaren Kirchengut zu verneinen, dann war ja eine Lawine katholischer Restitutionsansprüche zu erwarten, die die finanzielle und politische Existenz vieler protestantischer Reichsstände ruinieren würde. Ob jene – von der katholischen Publizistik alsbald übernommene – Beurteilung der kammergerichtlichen Judikatur im Falle der vier Klöster als einer grundsätzlichen Wendung wirklich zutraf, ist indessen sehr zweifelhaft. Die zum Vierklosterstreit erhaltenen, allerdings sehr unvollständigen Gerichtsakten legen vielmehr die Vermutung nahe, daß es sich hier durchweg um Grenz- und Sonderfälle handelte, die das Kammergericht sehr wohl entscheiden konnte, ohne sich in der prinzipiellen Frage des jus reformandi gegenüber reichsmittelbarem Kirchengut festzulegen – was hätte den Kammerrichter und seine Assessoren auch bewegen sollen, ihre Neutralität im Konfessionsstreit aufzugeben und damit die politische Existenz des Gerichts aufs äußerste zu gefährden? So beruhte das Urteil zugunsten des Kartäuserklosters Christgarten gegen die Grafen von Oettingen und ebenso die Entscheidung zugunsten des Klosters Hirschhorn gegen die dortigen Reichsritter anscheinend schon darauf, daß den beklagten weltlichen Herren gegenüber den Klöstern überhaupt keine hinreichenden Rechte der Landeshoheit zustanden, die ein jus reformandi allererst hätten begründen können. Im Fall des Klosters Frauenalb handelte es sich sogar überhaupt um einen bloßen Pfändungsprozeß, dem die Beklagten – der Markgraf von Baden-Durlach und der Graf von Eberstein – erst in einer späten Prozeßphase eine religionsrechtliche Zuspitzung zu geben suchten, um den für sie ungünstigen Verlauf des Verfahrens aufzuhalten. Die Rechts- und Sachlage im Streit zwischen der Reichsstadt Straßburg und dem dortigen Margaretenkloster schließlich wird sich wegen des Verlustes der einschlägigen Akten vermutlich nicht mehr rekonstruieren lassen. So wenig sicher also die Anhaltspunkte für eine wirkliche Wendung in der kammergerichtlichen Judikatur auch waren – die Unterstellung dieser Wendung war politisch sehr wirksam. Daß die Urteile selbst, wie es der Praxis des Kammergerichts entsprach, die tatsächlichen und rechtlichen Gründe der Entscheidung nicht verlautbarten, erleichterte gewiß eine derartige Unterstellung; deren politischer Erfolg aber beruhte doch vor allem auf der Härte und Ausschließlichkeit der konfessionellen Gegensätze zu Ausgang des Jahrhunderts, in denen man selbst vom Kammergericht keinen Verzicht auf konfessionelle Parteinahme mehr erwarten zu können glaubte.

Die Folgen des Vierklosterstreits für den Deputationstag von 1600/01 entsprachen dieser Vergiftung der Situation. Die protestantischen Mitglieder des Deputationstags verlangten die Verweisung der Revision über die vier Urteile an den Reichstag, die katholische Majorität des Ausschusses lehnte das ab. Daraufhin verließen die Protestanten den Deputationstag; die Katholiken sahen danach auch ihrerseits keine Möglichkeit mehr für eine erfolgreiche Arbeit und vertagten sich auf unbestimmte Zeit. Damit waren der Deputationstag und darüber hinaus das Kammergericht selbst lahmgelegt. Ob es dem Reichstag gelingen würde, dieser verfassungspolitischen Paralysierung des Reichs noch einmal Einhalt zu gebieten, war eine offene Frage; die Entwicklung der politischen Ordnung des Reichs während der letzten beiden Jahrzehnte des Jahrhunderts ließ für die Zukunft freilich nicht viel Gutes erwarten. Die Zeichen einer tiefgreifenden Krise waren unübersehbar.

Dritter Teil

Bilanz des Jahrhunderts

I.

Das Reich und die europäischen Mächte

Das 16. Jahrhundert brachte dem Reich einige Gewinne an festerer, vor allem lehensrechtlicher Zugehörigkeit von Herrschaftsgebieten, die sich im Laufe des späteren Mittelalters schon fast völlig vom Reich gelöst hatten; das gilt insbesondere für die Reichslehen Oberitaliens. Dazu kam der Neugewinn ehemals französischer Lehen in Flandern und im Artois. Es gelang jedoch kaum, solche peripher gelegenen Landschaften der durch die Reichsreform verdichteten – in Ansätzen: verstaatlichten – politischen Ordnung des Reichs einzufügen; am weitesten ging noch der Burgundische Vertrag von 1548, der die Einbeziehung der Niederlande in den Reichslandfrieden wie in die Kreisverfassung bestätigte und auch eine finanzielle Beteiligung der Niederlande an den Kosten des Reichs vorsah. Im Gegenteil führte die Intensivierung der Herrschaft des Reichs gerade an dessen Peripherie vielfach zu rechtlichen und politischen Abschichtungen, die langfristig auf die Lösung vom Reich hinausliefen. Das klarste Beispiel dafür lieferte die Schweizer Eidgenossenschaft, die sich letztlich nur deshalb noch immer nicht ganz vom Reichsverband trennte, weil sie selbst den Weg zu einer eigenen, eidgenössischen Staatlichkeit nur zögernd einschlug.

Eine für das Reich günstigere Entwicklung nahmen die Dinge nur dann, wenn die fortdauernde Reichszugehörigkeit im eindeutigen politischen Interesse des jeweiligen Landesherrn lag – sei es, daß er auf den Schutz des Reichs gegen mächtige Nachbarn nicht verzichten wollte wie etwa der Herzog von Lothringen, sei es, daß das Reichsrecht überhaupt die Grundlage der eigenen fürstlichen Herrschaft darstellte wie im Falle der habsburgischen Reichslehen in Oberitalien. Die Nichteinbeziehung auch dieser Gebiete in die Institutionen der Reichsreform – Reichstag, Reichskreise, Reichskammergericht, Reichssteuer – ließen ihre Bindungen an das Reich gegenüber denen an ihre fürstlichen Dynastien freilich noch weiter zurücktreten, als es in Deutschland sonst ohnehin der Fall war. Überhaupt konnte die rechtliche Zugehörigkeit zum Reich nach wie vor vielfältig abgestuft und im einzelnen sehr unterschiedlich ausgestaltet sein. Insbesondere verhinderte sie keineswegs, daß manche Glieder des Reichs eine eigene, den politischen Interessen von Kaiser und Reich nicht selten zuwiderlaufende Außenpolitik betrieben. So suchten die spanischen Könige als Lehensleute des Kaisers in Mailand ihre Herrschaft in Oberitalien durchaus auf Kosten auch der Reichslehen zu erweitern; die Herzöge von Lothringen und Savoyen – die letzteren immerhin auch in die Kreisverfassung des Reichs einbezogen – trieben in der zweiten Jahrhunderthälfte eine wahre Schaukelpolitik zwischen dem Reich und Frankreich. Die Schweizer Eidgenossen aber, deren politische Sympathien als Folge des alten Gegensatzes gegen die Habsburger traditionell zumeist auf seiten der Franzosen lagen, entwickelten allmählich Prinzipien einer helvetischen Neutralität, wie sie im 17. Jahrhundert dann überhaupt zum Grundgesetz der eidgenössischen Politik in Europa werden sollte. Daneben gab es freilich sehr unterschiedliche – wirtschaftlich oder konfessionell begründete – außenpolitische Optionen einzelner Gruppen eidgenössischer Orte.

Noch gravierender als derartige Verdünnungen der Reichszugehörigkeit waren natürlich die erheblichen totalen Verluste an der Peripherie des Reichs. Im Nordosten lösten zunächst Preußen und später ganz Livland ihre ohnehin unsicheren Bindungen an das Reich; hier war Polen-Litauen der Hauptgewinner auf Kosten des Reichs. Im Westen kamen die lothringischen Bischofsstädte unter französische Herrschaft. Ungeachtet der fragwürdigen Rechtsbasis dieses Erwerbs im Vertrag von Chambord 1552 fanden sich Kaiser und Reichsstände allmählich mit dem Faktum der französischen Herrschaft ab; ja die Franzosen konnten sogar damit beginnen, auch auf die Gebiete der lothringischen Bistümer überzugreifen. Des weiteren gingen – im Gefolge ihrer Trennung von der spanischen Herrschaft – auch die nördlichen Niederlande für das Reich verloren. Die völkerrechtliche Anerkennung der Unabhängigkeit der jungen Republik erfolgte zwar erst im Westfälischen Frieden 1648, aber schon ein halbes Jahrhundert zuvor waren alle früheren Bindungen an das Reich obsolet geworden.

Dazu kam schließlich, daß sich das politische Gewicht des Reichs in Europa seit der Resignation Karls V. empfindlich verringerte. Die mit Abstand bedeutendste europäische Macht des späteren 16. Jahrhunderts war Spanien mit seinen Nebenkönigreichen und Herrschaften in Italien und den Niederlanden. Daneben begann Frankreich seine durch die Religionskriege geschwächten Kräfte neu zu sammeln; in Übersee kündigte sich die britische Dominanz an. Im Osten Europas war Polen-Litauen die führende Macht, hinter der Schweden und Rußland als neue Potenzen bedrohlich aufstiegen. Das Reich spielte demgegenüber eine nur mehr zweitrangige Rolle – nicht aus Mangel an Menschen oder an materiellen und geistigen Ressourcen, sondern aus Mangel an Geschlossenheit des politischen Willens. Die große Mehrheit der Reichsstände hatte nur ihre eigenen Interessen im Auge, und die monarchische Gewalt war zu schwach, um diese Interessen auszugleichen und im Interesse des Reichs zu bündeln. Überdies waren Kaiser und Reichsstände je länger desto weniger in der Lage, die anstehenden außenpolitischen Entscheidungen von den sich verschärfenden konfessionellen Konflikten freizuhalten, abgesehen allenfalls von der fortdauernd als gemeinsam empfundenen Aufgabe der Türkenabwehr. Das machte das Reich außenpolitisch erst recht handlungsunfähig; gegen Ausgang des Jahrhunderts verstärkten sich sogar die Ansätze zu einer je eigenen Außenpolitik der konfessionell zerstrittenen Ständegruppen – Vorstufen von Union und Liga, Vorstufen überhaupt der außenpolitischen Katastrophe des Dreißigjährigen Kriegs.

II.

Bevölkerung und Wirtschaft

Der Umschwung der demographischen Konjunktur, der der Bevölkerungsstagnation des ausgehenden Mittelalters an der Wende des 15. Jahrhunderts ein Ende gemacht hatte, erwies sich als dauerhaft: Das 16. Jahrhundert war im ganzen und bis zu seinem Ende eine Zeit kräftiger Bevölkerungszunahme. Dabei lagen die Wachstumsraten in der ersten Jahrhunderthälfte mit etwa 6 Prozent im Jahrzehnt so hoch, daß die Bevölkerungsverluste des späteren Mittelalters um die Jahrhundertmitte oder bald danach wieder ausgeglichen waren; seitdem verringerte sich das Wachstum der Bevölkerung auf etwa 3 Prozent im Jahrzehnt. Um 1600 dürfte das Reich – ohne Reichsitalien und trotz seiner Gebietsverluste in Ost und West – über 20 Millionen Einwohner gehabt haben, etwa ebensoviel wie das zeitgenössische Frankreich, erheblich mehr als alle anderen europäischen Länder. Zwischen Rückgang und Stagnation der Bevölkerung im späten Mittelalter und der großen, vor allem durch den Dreißigjährigen Krieg verschärften demographischen Krise des 17. Jahrhunderts war damit das 16. Jahrhundert eine Zeit säkularer Bevölkerungshausse.

Dabei blieb das herkömmliche Gefälle der Bevölkerungsdichte von Süd und West nach Nord und Ost im großen ganzen erhalten; die größeren Reserven an landwirtschaftlich nutzbarer Fläche und damit an Nahrungsspielraum im Osten und Norden des Reichs wirkten sich noch kaum aus. Nicht zuletzt das im Osten weitverbreitete System der Gutsherrschaft mit seinen hohen und noch steigenden Belastungen der Gutsuntertanen war der Gründung zusätzlicher Familien offenbar nur wenig günstig.

Überhaupt hatte die unterschiedliche Ausgestaltung der Agrarverfassung erhebliche Unterschiede auch der demographischen Entwicklung zur Folge. So war die Bevölkerungszunahme in Regionen schwach ausgeprägten bäuerlichen Erbrechts, aber auch in Gegenden vorherrschenden Anerbenrechts signifikant geringer als in solchen Landschaften, in denen die Realteilung des bäuerlichen Erbes möglich und üblich war. Das machte sich sogar auf engem Raum bemerkbar: Während z. B. die Bevölkerung im Realteilungsgebiet um Weimar zwischen 1555 und 1588 um nicht weniger als 30 Prozent anwuchs, ging sie im benachbarten Gebiet um Altenburg, in dem Anerbenrecht galt, im gleichen Zeitraum um über 3,5 Prozent zurück.

Neben den Bedingungen der Agrarverfassung waren die Unterschiede der Bodennutzung und ihrer Intensität von maßgebender Bedeutung. Ungeachtet mancher qualitativen Verbesserungen der Landwirtschaft konnte der steigende Nahrungsmittelbedarf der wachsenden Bevölkerung größtenteils doch nur dadurch befriedigt werden, daß man zusätzliche Böden unter den

Pflug nahm, und zwar schließlich auch in kargeren Höhenlagen, die man in der Agrarbaisse des späten Mittelalters aufgegeben hatte. Je geringer aber die Landreserven waren, die solcherart und zu noch akzeptablen Kosten ausgenutzt werden konnten, desto früher stieß die Bevölkerungszunahme auf Grenzen des Nahrungsspielraums. Tatsächlich scheint in nicht wenigen Regionen, vor allem in Gebieten vorherrschender Realteilung, die Bevölkerung stärker gewachsen zu sein, als es den Möglichkeiten des Landesausbaus entsprochen hätte. Zahlreiche Höfe wurden im Erbfall ohne Vergrößerung ihrer landwirtschaftlichen Nutzfläche geteilt; die neu entstehenden kleineren Betriebe waren trotz intensiverer Bewirtschaftung zumeist weniger ertragreich; spätestens im Fall erneuter Erbteilung waren die Höfe nicht mehr in der Lage, auch nur die Selbstversorgung der bäuerlichen Familie zu sichern – deutliche Symptome einer relativen Übervölkerung.

Um so wichtiger war natürlich das Angebot von Arbeitsplätzen in der gewerblichen Wirtschaft, für die der Bevölkerungsanstieg ja ebenfalls eine Steigerung der Nachfrage und damit einen Wachstumsanreiz bedeutete. Der traditionelle Ort dieser gewerblichen Wirtschaft waren die Städte, und so kann der Anstieg auch der städtischen Bevölkerungszahlen nicht verwundern. Indessen nahm der Grad der Verstädterung insgesamt wohl nur in geringem Maße, vielleicht überhaupt nicht, zu. Wenn es besonders in den Bergbauregionen des Reichs im Zuge der Hochkonjunktur des Berg- und Hüttenwesens zu Beginn des Jahrhunderts noch einmal eine Reihe von Städtegründungen gegeben hatte, so lief diese Welle doch bald aus; seit der Jahrhundertmitte wurden so gut wie keine Städte mehr neu gegründet. Die Einwohnerzahlen der bestehenden Städte aber wuchsen im Durchschnitt nicht schneller als die des platten Landes; das rasche Wachstum mancher Handels- oder Residenzstädte wie Amsterdam, Hamburg, Leipzig, Dresden oder München war eine Ausnahme, die die Regel bestätigte. Nicht das städtische Gewerbe war es, das den Bevölkerungsüberschuß noch am ehesten auffing, sondern das überwiegend ländliche Verlagsgewerbe. Auch hier aber scheint das Angebot an Arbeitsplätzen oft geringer gewesen zu sein als die Nachfrage; unter den gegebenen ökonomischen Bedingungen hatte die Bevölkerungszunahme mithin gravierende soziale Folgen.

So deutlich die Bevölkerungskonjunktur des 16. Jahrhunderts sich von der des späteren Mittelalters unterschied, so wenig veränderte sich die Struktur der Bevölkerungsweise. Nach wie vor lagen die durchschnittlichen Geburten- und Sterbeziffern sehr hoch, viel höher jedenfalls als im 19./20. Jahrhundert, mit erheblichen kurzfristigen Schwankungen, mit einem immer wiederkehrenden plötzlichen Anstieg insbesondere der Mortalität. Die Reihe der großen Epidemien riß lange nicht ab, namentlich die Pest brachte immer wieder schwere Bevölkerungsverluste. In Augsburg z. B., dessen Einwohnerzahl um 1500 bei rund 30 000 gelegen haben mag, forderten in der ersten Jahrhunderthälfte acht Pestjahre mehr als 38 000 Menschenleben; die Bilanz der zweiten Jahrhunderthälfte mit sieben Pestjahren und 20 600 Toten war noch immer schrecklich genug. Und auch die kleinen Städte, Flecken und Dörfer blieben von den Epidemien nicht verschont. Die Akten der Kirchenvisitationen wissen vielfach davon zu berichten, daß der Schulunterricht in kleinen Orten jahrelang ausfallen mußte, weil eine vorangegangene Pest fast alle Kinder dahingerafft hatte. Um so erstaunlicher ist der stets rasche Ausgleich dieser Verluste wie überhaupt die beträchtliche Bevölkerungszunahme durch das ganze Jahrhundert hindurch. Sie beruhte auf einer die hohe Sterblichkeit in der Bilanz immer noch übersteigenden Geburtenfreudigkeit als Folge des vergleichsweise niedrigen Heiratsalters der Frauen – eine elementare Kontinuität des Lebens in den tiefgreifenden Wandlungen und Brüchen des Zeitalters.

Das Wachstum der Bevölkerung sorgte durch das ganze Jahrhundert hindurch für eine steigende Nachfrage nach den Produkten der Landwirtschaft; die säkulare demographische Hausse hatte eine säkulare agrarische Hausse zur Folge. An kurzfristigen Einbrüchen dieser guten Konjunktur fehlte es zwar auch jetzt nicht ganz; der Verlauf der Agrarpreiskurve zeigt aber deutlich – in genauem Gegensatz zu den spätmittelalterlichen Verhältnissen – das für eine Hausse typische Bild flacher Täler und ausgeprägter Höhen.

Steigende Nachfrage und gute Preise wirkten als dauerhafter Produktionsanreiz. Dieser Produktionsanreiz führte zu einem kräftigen Intensivierungsschub. Die Literatur des ausgehenden 16. Jahrhunderts berichtet von einer erstaunlichen Fülle von Früchten, die bereits damals feldmäßig angebaut wurden: Möhren, Pastinaken, Rapunzeln, Rettiche, Radieschen, Rüben unterschiedlicher Sorten, dazu Kohl, Erbsen, Bohnen, Linsen, Wicken, Lupinen und – in Westdeutschland – die Luzerne. Zur Ölgewinnung dienten Raps, Rüben und Mohn, auch Lein und Hanf; dazu kamen als Farbpflanzen Waid, Krapp und Safran. Durch ausreichende Düngung – mit Stallmist, Kompost, Gründüngung, Mergel, Kalk und Asche – suchte man den Boden in seiner Fruchtbarkeit zu erhalten. In günstig gelegenen Regionen wurde eine vielfältige Fruchtwechselfolge üblich; die Brache verschwand hier allmählich, auch Stallfütterung ist bezeugt. In guten Lagen wie etwa im holländischen Friesland brachte der Weizen das Zehnfache der Aussaat, die Gerste das Neunfache. Diese Erfolge stellten sich freilich nicht von selbst ein, sondern setzten eine genaue Kenntnis der natürlichen und ökonomischen Möglichkeiten der Landwirtschaft voraus, und diese Kenntnis erwuchs in zunehmendem Maße nicht mehr bloß aus Erfahrung, sondern auch aus der Lektüre einschlägigen Schrifttums; das spätere 16. Jahrhundert sah die Anfänge einer eigenen landwirtschaftlichen Literatur in Deutschland. Die bedeutendsten dieser frühen deutschen Landbauschriftsteller waren Conrad Heresbach, ein Jurist und Landwirt vom Niederrhein, der schlesische Pfarrer Martin Grosser und Johann Coler, ebenfalls ein Pfarrer, der lange Jahre in Sachsen und Brandenburg lebte; Colers ‹Oeconomia ruralis et domestica› (seit 1593) begründete zugleich die Gattung der sogenannten

Hausväterliteratur und erlebte bis ins 18. Jahrhundert hinein zahlreiche Auflagen.

Die Möglichkeiten der landwirtschaftlichen Intensivierung blieben freilich fortdauernd durch die Abhängigkeit von Boden und Klima sowie von der Verkehrslage beschränkt. Für die natürlichen Verhältnisse von Boden und Klima versteht sich das von selbst; nicht minder wichtig aber waren die Verkehrsbedingungen. Die Erzeugnisse der intensiv betriebenen Landwirtschaft bis hin zu Gartenfrüchten und Milchprodukten konnten nur in dicht besiedelten, weithin urbanisierten Landschaften mit Erfolg vermarktet werden; so gruppierten sich die Regionen derart intensiver Landwirtschaft nach wie vor um die großen Gewerbezentren. Überhaupt reagierte die Landwirtschaft unbeschadet jener Intensivierung in weiten Teilen des Reichs auf die verstärkte Nachfrage vor allem durch einen fortgesetzten Landesausbau. Der Rekultivierung brachliegenden Ackerlandes, das man in der Agrarbaisse des ausgehenden Mittelalters aufgegeben hatte, folgte die Umwandlung von Wiesen in Ackerland, sodann die Erschließung von Neuland in Wald und Gebirge, auch am Meer. An den Küsten der Niederlande wurden am Meer zwischen 1565 und 1615 rund 44 000 Hektar Land abgerungen; das war hier der größte Landgewinn bis zum 19. Jahrhundert. Ähnliches gilt von den Eindeichungen an der niedersächsischen Küste. Von der Schwäbischen Alb aber wußte der Balinger Stadtschreiber zu Beginn des 17. Jahrhunderts zu berichten, daß «rauhe und felsige sowohl eigene als Gemeinäcker», die man lange Zeit geringgeachtet habe, «mehrenteils erst danach bei den angefallenen langwierigen Teuerungsjahren [...] ausgereutet und umgerissen» worden seien. Dieses Zeugnis ist typisch: Es zeigt, daß der – überhaupt oder zu noch erträglichen Kosten – landwirtschaftlich nutzbare Boden knapp wurde.

Trotz Intensivierung und Landesausbau blieb die landwirtschaftliche Produktion bis gegen Ende des Jahrhunderts hinter der Nachfrage zurück, und das wiederum war, neben der Vermehrung des umlaufenden Edelmetalls als Folge der Silberimporte aus Amerika, die Ursache eines langfristigen Anstiegs der Preise für die agrarischen Erzeugnisse. Nun darf man das Ausmaß dieser sogenannten «Preisrevolution» des 16. Jahrhunderts nicht überschätzen. Die Preise der landwirtschaftlichen Produkte stiegen in Deutschland vom ersten bis zum letzten Jahrzehnt des Jahrhunderts auf ungefähr das Zweieinhalbfache; das entsprach bei kumulativer Rechnung einem jährlichen Preisanstieg von wenig mehr als einem Prozent. Immerhin: In ihrer Langfristigkeit war diese Preissteigerung eben doch empfindlich, und dies umso mehr, als die gewerblichen Preise und erst recht die Löhne – diese mit einem Anstieg auf wenig mehr als das Eineinhalbfache ihrer Höhe zu Beginn des Jahrhunderts – hinter dem Anstieg der Agrarpreise weit zurückblieben.

Eine sehr unmittelbare Folge dieser Entwicklung von Preisen und Löhnen bestand darin, daß die Nachfrage nach landwirtschaftlichen Produkten sich zugunsten der vergleichsweise billigeren Erzeugnisse des Ackerbaus – Getreide und Hülsenfrüchte – verschob, während der Pro-Kopf-Verbrauch des teureren Fleisches zurückging. Zwar gab es nach wie vor einen, auch grenzüberschreitenden, Ochsenhandel von erstaunlichem Umfang; vor allem das dänische Jütland wurde jetzt zum bedeutenden Viehexporteur, während der relative Anteil der Lieferungen aus Osteuropa zurückging. Die Zeiten des hohen Fleischverbrauchs durch alle Schichten der Bevölkerung hindurch waren aber vorbei; die auch jetzt noch belegten Beispiele von Gastereien mit gewaltigem Fleischverzehr spiegeln nur mehr die Konsumgewohnheiten wohlhabender Gruppen der Bevölkerung. Dem entsprach, daß der Anstieg der Vieh- und Fleischpreise mit dem des Getreides nur ausnahmsweise Schritt halten konnte. Die wichtigste dieser Ausnahmen bildete Schleswig-Holstein, dessen Viehwirtschaft von seiner günstigen Verkehrslage zu den niederländischen Gewerbezentren profitierte. Im großen ganzen war die Agrarhausse des Zeitalters eine Hausse vor allem des Getreidebaus.

Nutznießer dieser Hausse waren alle für den Markt produzierenden Landwirte: Bauern und Adlige bis hinauf zu den Fürsten. Gerade die Landesherren gingen unter dem Eindruck der günstigen Konjunktur verstärkt zum Erwerb von Domänen über; in protestantisch gewordenen Gebieten diente die Einziehung des Landbesitzes aufgehobener Klöster – ökonomisch gesehen – vor allem diesem Ziel. Überhaupt bedeutete die Agrarhausse einen kräftigen Anreiz zur Vergrößerung der adligen Eigenwirtschaft, mit erheblichen Wirkungen vor allem im Osten des Reichs: Hier nämlich kam es im 16. Jahrhundert zu einer Ausweitung der Gutsbetriebe wie nie zuvor oder danach – in der Uckermark mit einem Flächenzuwachs von über einem Prozent pro Jahr –, und zwar nicht nur durch die Neukultivierung wüst gewordenen Landes, sondern auch und in zunehmendem Maße durch systematisches Bauernlegen; die nötigen Arbeitskräfte beschafften sich die ostdeutschen Gutsherren durch zwangsweise durchgesetzte Frondienstverpflichtungen ihrer Untertanen, die jetzt vielfach kaum noch oder gar kein eigenes Land mehr bewirtschafteten.

Zum Teil war der Anstieg der Getreidepreise durch die hohen Kosten des Ackerbaus auf ärmeren Böden oder überhaupt in ungünstigeren Lagen bedingt; insoweit bedeutete der Preisanstieg keinen zusätzlichen Gewinn für die Landwirte. Auch zehrte die Vergrößerung der bäuerlichen Familien sicherlich einen beträchtlichen Teil der Gewinne wieder auf. Trotzdem steht, auf das Ganze des Reichs gesehen, ein deutlicher Anstieg der Grundrente und ein wachsender Wohlstand der größeren bäuerlichen wie der adligen Landwirte des Zeitalters außer Frage. Besonders gut waren die Verhältnisse offenbar wiederum in Schleswig-Holstein, von dessen bäuerlichem Reichtum der Epoche noch heute viele prächtige Exponate in den Museen zeugen. Zur gleichen Zeit baute sich der niedersächsische Landadel die großzügigen Herrensitze und Schlösser der Weserrenaissance; neben den Kriegsgewinnen der adligen Herren, insbesondere aus französischen Diensten, dürften ihre Einkünfte aus der Landwirtschaft dafür die finanzielle Grundlage gebildet haben. Und auch im Süden und Südwesten Deutschlands nahm der Wohlstand auf dem Lande zu. In dem württembergischen Kornwestheim z. B. hinterließ ein Bauer bei seinem Tode 1599 ein Vermögen von rund 70 000 Gulden; dazu gehörten neben 424 Morgen Äcker, Wiesen und Weinbergen mehr als 38 000 Gulden in Gestalt von Forderungen, zumeist aus Krediten. Nun war das gewiß ein Extremwert, von dem das Gros der deutschen Bauern nur träumen konnte; daß aber die gute Agrarkonjunktur in einiger Breite auf das Einkommen der Landwirte durchschlug, ist kaum zu bezweifeln. Bezeichnenderweise erhöhten sich auch die Kaufpreise und Pachtzinsen bäuerlicher Wirtschaften im Laufe des Jahrhunderts erheblich, in Erwartung weiterer künftiger Getreidepreissteigerungen sogar noch stärker als die Getreidepreise selbst. Der Kauf von Höfen und Gütern, mitunter durch hohe Kredite finanziert, bekam damit einen geradezu spekulativen Charakter. Als zu Ausgang des Jahrhunderts das steigende Getreideangebot der Nachfrage näherkam und der Anstieg der Preise sich deutlich verlangsamte, hatte das folgerichtig den Zusammenbruch dieser Spekulation und zahlreiche Konkurse zur Folge. Im übrigen darf man über der Steigerung der landwirtschaftlichen Einkommen nicht aus dem Auge verlieren, daß die Agrarhausse des Jahrhunderts, weil die gewerblichen Preise und erst recht die Löhne mit dem Anstieg der Getreidepreise nicht Schritt hielten, zu einem deutlichen Absinken des Lebensstandards der städtischen und auch der lohnabhängigen Bevölkerung auf dem Lande führte. Das war der «Januskopf» (W. Abel) der säkularen Konjunktur der Landwirtschaft.

Die Jahrhundertbilanz von Gewerbe und Handel ist schwerer zu ziehen als die der Landwirtschaft. Manche der traditionellen Zentren von Gewerbe und Handel wie etwa Regensburg und Konstanz oder auch Straßburg und Lübeck mußten einen Rückgang ihrer Wirtschaft hinnehmen, andere dagegen wie Frankfurt/Main, Leipzig, Hamburg oder auch Breslau kamen gerade jetzt in Flor. Dem entsprachen Verschiebungen im Gewicht einzelner Gewerbezweige und in der Bedeutung mancher Güter und Wege des Handels; dem entsprachen auch Auf- und Abstieg der großen Unternehmerfamilien der Epoche. Viele der Kaufmannsdynastien des frühen 16. Jahrhunderts – die Fugger, Welser, Höchstetter, Paumgartner, Manlich oder Herbrot in Augsburg, die Imhof in Nürnberg, die Zangmeister in Augsburg und Memmingen oder auch die Prechter und Ingold in Straßburg – spielten am Ende des Jahrhunderts in Handel und Gewerbe keine Rolle mehr; sie waren, nicht zuletzt infolge der französischen und spanischen Staatsbankrotte seit der Mitte des Jahrhunderts, in Konkurs gegangen oder hatten den erworbenen Reichtum benutzt, um in eine adlige Existenz auf dem Lande überzuwechseln; die Fugger hatten es gar bis zu Fürstentum und Reichsstandschaft gebracht. An ihre Stelle aber waren andere sehr erfolgreiche Unternehmerfamilien getreten, die sich, unter Verzicht auf das risikoreiche Geschäft mit Staatskrediten, vor allem in der Lenkung und Entwicklung zukunftsträchtiger Gewerbe engagierten. Namentlich in Nürnberg gelangten manche der neuen Häuser, gelegentlich mit den alten versippt, zu internationalem Rang:

die Viatis vor allem, neben ihnen die Peller und Gewandschneider, die Koch – diese auch in Memmingen und Augsburg tätig – und die Schwendendörfer, die Heugel und Lebzelter. Daneben sind bedeutende Kaufleute auch in Köln und in Norddeutschland zu nennen, in Köln z.B. die aus Antwerpen gekommenen Portugiesen Nunes, Rodrigues Evora und Alvares Caldeira, in Hamburg die Bodeck und van Uffeln sowie eine ganze Reihe niederländischer und wiederum portugiesischer Zuwanderer – die letzteren übrigens vielfach jüdischen Glaubens; daß das weltoffene Hamburg den aus den Reichen Philipps II. vertriebenen jüdischen Kaufleuten eine Heimstatt bot, trug nicht unwesentlich zum wirtschaftlichen Aufschwung der Stadt bei. Das Beispiel Augsburgs aber lehrt zugleich, daß das Verschwinden der ganz großen Vermögen keineswegs den Rückgang der Wirtschaft und der bürgerlichen Vermögen insgesamt bedeuten mußte: Zwischen 1558 und 1618 vergrößerte sich der Kreis derjenigen Augsburger Bürger, die mehr als 500 Gulden zu versteuern hatten, von 189 auf 306 Personen, das Steueraufkommen dieser Gruppe wuchs sogar auf mehr als das Doppelte; daß gleichzeitig der Anteil der – gemessen an der Steuerpflicht – ärmsten Bevölkerungsschicht von über 80 Prozent auf kaum mehr als 40 Prozent zurückging, vermittelt vollends den Eindruck einer im ganzen gesunden Entwicklung der Augsburger Wirtschaft. Daß ein solcher Ausgleich keineswegs überall gelang, wo es zum Untergang bedeutender Firmen oder überhaupt zum Niedergang ganzer Branchen kam, ist freilich unbestreitbar.

Der mit Abstand wichtigste Bereich des Gewerbes war nach wie vor die Textilindustrie. Innerhalb dieses bedeutenden Gewerbes kam es jedoch zu folgenreichen Verschiebungen: in der Art der Erzeugnisse, in den Standorten und in der Organisation der Produktion. Wichtig war vor allem die Verschiebung der Nachfrage auf leichtere, auch billigere Qualitäten. Die herkömmlichen schweren Wolltuche waren zu teuer, als daß sie angesichts des Sinkens der Reallöhne in hinreichenden Quantitäten hätten abgesetzt werden können; auch die Chancen des Exports – nach Osteuropa, in den Mittelmeerraum und, seit dem späteren 16. Jahrhundert rasch zunehmend, in die amerikanischen Reiche der spanischen Krone – waren für leichte und billige Textilien ungleich besser als für die herkömmlichen schweren Qualitäten. Im Grunde bedeutete schon die Umstellung des oberschwäbischen Textilgewerbes auf die Barchentproduktion im 15. Jahrhundert einen Schritt in diese Richtung; im Laufe des 16. Jahrhunderts folgte dem die Umstellung auf noch billigere, ungekämmte Mischgewebe, die man «Zeuge» oder «Sayen» nannte. Diese neue Produktion fand weite Verbreitung, am Niederrhein und in Norddeutschland, in Hessen wie in Sachsen. Zu ihrem wichtigsten Zentrum aber wurde die Gegend um das württembergische Calw; im 17. Jahrhundert wuchs die Calwer Zeughandelscompagnie zum bedeutendsten Unternehmen ihrer Art heran. Neben den Sayen profitierte auch das Leinen von der Verlagerung der Nachfrage. Neben Oberschwaben und Westfalen als den alten Regionen der Leinenproduktion erlebten jetzt Ostmitteldeutschland und Schlesien mit der Lausitz, im Nordwesten Holland – deutlich auf Kosten der südniederländischen Tuchindustrie – als neuere Zentren der Leinenindustrie einen kräftigen Aufschwung.

Wenn schon das Barchent- und das Leinengewerbe des beginnenden 16. Jahrhunderts zum guten Teil in Form des Verlags organisiert gewesen waren, so galt das erst recht für die Produktion der neuen, billigen Qualitäten; sie wurden zur Domäne des verlagsmäßigen Landhandwerks mit angelernten, zumeist gering entlohnten Arbeitskräften. Gutenteils lag die Leitung dieser Verlage wie schon seit den Anfängen des Verlagswesens in der Hand kapitalkräftiger Kaufleute; so wurde die schlesische Leinenindustrie im wesentlichen von Nürnberger Kaufleuten organisiert, gegen Ende des Jahrhunderts bereits in Konkurrenz mit niederländischem und sogar englischem Kapital. Gelegentlich waren es aber auch Handwerker der Endfertigung, die, ohnehin stets dichter am Markt als andere, ein Verlagswesen aufbauten. Das gilt z. B. für die Calwer Zeugindustrie, in der die Färber das Sagen hatten und zu großen Herren wurden, während das Gros der Landhandwerker weit hinter ihnen zurückblieb. An Widerstand von seiten des zünftischen Gewerbes gegen die Verlage fehlte es begreiflicherweise nicht. Auch die zünftischen Handwerker in den Städten konnten sich jedoch auf die Dauer nicht der Erkenntnis verschließen, daß es für ihre herkömmlichen, teuren Qualitäten einfach nicht genug zahlungskräftige Abnehmer gab; so schwenkten nicht wenige von ihnen auf die neuen Produktionen um und suchten sich im Rahmen des Verlagswesens so gut zu behaupten, wie es eben ging. In Oberdeutschland nahm die städtisch-zünftische Textilproduktion in der zweiten Hälfte des Jahrhunderts um rund die Hälfte ab; auch für Westfalen ist eine Verkümmerung des traditionellen Textilgewerbes der Städte bezeugt.

In Zeiten und Regionen ländlicher Übervölkerung bot das Verlagsgewerbe oft die einzige Chance des Lebensunterhalts. Dieser Situation einer starken Nachfrage nach Arbeitsplätzen entsprach die zumeist ungünstige Lohnsituation des Verlagshandwerks mitsamt ihrer typischen Folge von Frauen- und Kinderarbeit. Immerhin gab es doch auch wirtschaftlich und sozial gut ausgewogene Formen des Verlagswesens wie vor allem den sogenannten Zunftkauf, der sich in Sachsen und Schlesien weithin durchsetzte. Hier wurde der Verlagsvertrag, oft unter Kontrolle der Obrigkeiten, nicht mit den einzelnen Handwerkern, sondern mit einer ganzen Zunft geschlossen, und zwar mit der Maßgabe, daß der einzelne Handwerker frei blieb, einen beliebigen Teil seiner Produktion selbst auf den Markt zu bringen; im übrigen konnte die Zunft ihren Verleger wechseln oder auch mit mehreren Verlegern zu gleicher Zeit abschließen. Der Zunftkauf bedeutete mithin für den einzelnen Handwerker kaum etwas anderes als eine Absatzgarantie zu einem von Zünften und Stadtrat kontrollierten Preis. Daß eine solche Ausgestaltung des Verlagswesens dem Interesse beider Partner gut entsprach – auch dem des Verlegers, der hier vor allem für den Export sorgte –, wird daran sehr deutlich, daß diese sächsischen und schlesischen Verlagsverträge nicht selten ein Jahrhundert oder noch länger Bestand gehabt haben, durch alle Schwankungen der Konjunktur hindurch.

Neben der Textilindustrie waren Bergbau, Hüttenwesen und Metallgewerbe fortdauernd die wichtigsten Bereiche der nichtagrarischen Wirtschaft. Von ihnen erlebte der Silberbergbau seinen Höhepunkt bereits in den vierziger Jahren; seitdem verlor er wegen der rasch zunehmenden Silberimporte aus Amerika an Bedeutung. Auch die Kupferproduktion, deren europäische Zentren in Tirol, Oberungarn und Thüringen nach wie vor von oberdeutschen Kapitalgesellschaften beherrscht wurden, ging schon seit dem vierten Jahrzehnt des Jahrhunderts zurück; daß Anton Fugger 1546 das ungarische Kupfergeschäft aufgab, in dem die Fugger über Jahrzehnte eine dominierende Position innegehabt hatten, war für die Trendwende bezeichnend. Dem entsprach die Entwicklung im verarbeitenden Gewerbe. Immerhin blieb die Verarbeitung von Kupfer – vor allem in der Legierung mit Galmei zu Messing – in Nürnberg und im Aachener Raum ein regional sehr bedeutender Wirtschaftszweig; Nürnberger Messingspangen, -töpfe und -kessel gingen in beträchtlichen Mengen, gelegentlich auf Grund von Großaufträgen über mehrere tausend Zentner, in den Export, vor allem nach Afrika.

Im Gegensatz zu Kupfer und Silber wurde das Eisen in nahezu ständig zunehmendem Umfang gewonnen und verarbeitet. Die europäische Produktion verdoppelte sich im Laufe des Jahrhunderts, ihr wichtigstes Zentrum war und blieb die Oberpfalz, auch wenn daneben andere Reviere an Bedeutung gewannen. In der Eisenverarbeitung nahmen insbesondere die Nürnberger Waffenschmiede, die sogenannten Plattner, eine führende Stellung ein. Bis um die Jahrhundertmitte profitierten sie von den Kriegen Karls V.; in der zweiten Jahrhunderthälfte brachten die Bemühungen um die Abwehr der Türken eine gewaltige Nachfrage, der die Nürnberger Plattner kaum nachkommen konnten. Schon 1557 sollen hier 90 000 bis 100 000 Klingen pro Woche geschmiedet worden sein; dazu kamen Harnische, Hakenbüchsen, Salvengeschütze und andere Waffen. 1566 mußte man Kaiser Maximilian, der in Ungarn gegen die Türken kämpfte, mitteilen, daß man die erbetenen Harnische nicht liefern könne, weil man ausverkauft sei; lieferbar seien immerhin 440 lange Handwehren mit Feuerschlössern. Die Organisation auch dieses eisenverarbeitenden Gewerbes war zunehmend die des Verlagswesens, und gerade in Nürnberg griff das Verlagswesen sogar auf das städtische Gewerbe über. Den Landwebern der Textilverlage entsprachen hier die im Akkord arbeitenden städtischen Stückarbeiter, die jeweils nur einen Teil der in unterschiedliche Produktionsschritte zerlegten Fertigung zu leisten hatten, mitunter sogar in manufakturähnlicher Konzentration. Als Verleger fungierten zumeist organisatorisch und kaufmännisch versierte Meister des Gewerbes, die mit der Menge ihrer Handwerksgenossen bald nur mehr wenig gemein hatten. Ein erheblicher Teil der kleinen Meister wurde sogar selbst in die Verlagsorganisation einbezogen – in übergeordneter Stellung zwar gegenüber den Stückwerkern, aber doch vielfach schon auf spezielle Arbeitsgänge beschränkt und selbst auf dem Höhepunkt der Konjunktur in deutlich sich verschlechternden Einkommensverhältnissen, offensichtlich in hartem Preiskampf mit billigen auswärtigen, wohl auch ländlichen, Zulieferern. Gewiß dürfte es sich dabei um spezifisch nürnbergische Verhältnisse handeln, bedingt auch dadurch, daß es hier keine Zünfte gab, die den Handwerksmeistern wirtschaftspolitischen Schutz hätten gewähren können. Die grundlegende Tendenz zum Verlag oder gar zur Manufaktur aber war auch im Metallgewerbe allgemein – «die Arbeit [...] intensivierend und verbilligend, aber auch arm und reich auf große Distanz trennend» (I. Bog). Und selbst wenn die Zünfte politisch stark genug waren, um solche Entwicklungen zu verhindern, führte das langfristig doch nur zur Verlagerung des Gewerbes in andere Regionen; der Aufstieg der Stolberger Kupferindustrie auf Kosten der Aachener Meister seit der Jahrhundertwende ist dafür ein charakteristisches Beispiel.

Die treibende Kraft der gewerblichen Produktion, und zwar gerade in ihren expandierenden Zweigen, war das Handelskapital. Damit aufs engste verbunden aber war die Funktion des Handels im interregionalen und internationalen Güteraustausch, und der expandierte im 16. Jahrhundert überall in Europa: zu Wasser und zu Lande, im Ostseeraum und im Mittelmeergebiet, an den Küsten des Atlantiks wie in Zentraleuropa. Den Bedürfnissen des wachsenden Handels entsprach die Ausweitung des Kreditsystems, vor allem durch die Einführung von Inhaberschuldscheinen und durch die Anerkennung des Indossaments beim Wechsel, der damit voll negotiabel wurde; die Diskontierung beider Wertpapiere wurde üblich. Messen und Börsen nahmen einen steilen Aufstieg: zunächst Antwerpen und Lyon, nach dem Fall Antwerpens dann die genuesischen Messen. In Deutschland waren Frankfurt/Main und Leipzig die bedeutendsten Zentren des Waren- und Kapitalverkehrs.

Ein wesentlicher Anreiz für die Ausdehnung des Handels bestand in der zunehmenden Arbeitsteilung zwischen vorwiegend gewerblichen und agrarischen Regionen. Dabei war der Handelsverkehr zwischen den nordwesteuropäischen Gewerbezentren und den Getreideregionen des Ostseeraums von hervorragender, immer noch wachsender Bedeutung; sein mengenmäßiger Umfang dürfte im Laufe des Jahrhunderts um rund 700 Prozent zugenommen haben. An diesen Nord-Ostseehandel kristallisierte sich ein weitgespannter Güteraustausch an, der von Portugal und Spanien bis zum Finnischen Meerbusen reichte: mit Getreide, Holz und anderen Naturprodukten des europäischen Ostens und Nordens – übrigens auch mit Eisen und Kupfer aus Schweden – auf der einen Seite, mit westeuropäischen Textilien und Metallwaren, dazu mit dem Baiensalz auf der anderen Seite. Daneben nahm der Überseehandel mit Asien und Amerika kräftig zu, ebenfalls auf rund das Achtfache der Jahrestonnagen vom Anfang des

Jahrhunderts. Mengenmäßig waren das zwar bloß sechs bis sieben Prozent des Nord-Ostseehandels; der Wert der im Überseehandel umgeschlagenen Güter aber mit ihrem hohen Anteil an teueren Gewürzen und Edelmetallen überstieg den des nordeuropäischen Handels bei weitem. Im übrigen wurden die amerikanischen Reiche der spanischen Krone zunehmend zum Ziel europäischer Warenexporte; schon in den siebziger Jahren erreichte der Wert dieser Exporte nahezu die Hälfte des aus Amerika nach Spanien verschifften Silbers.

Demgegenüber trat der durch Venedig vermittelte Nord-Süd-Handel mit den Luxusartikeln des Mittelmeerraums und des Orients nach einer letzten Hochblüte in den sechziger Jahren allmählich zurück: wenn nicht absolut – da erfolgten die großen Einbrüche erst im 17. Jahrhundert –, so doch relativ zu den beiden anderen großen Handelsströmen der Epoche. Der auf dem Landweg betriebene Handel mit Osteuropa konnte wiederum kräftig zulegen; sein wichtigstes Zentrum war Leipzig, deutsche Kaufleute spielten hier fortdauernd eine maßgebende Rolle.

Überhaupt vermochte sich der deutsche Handel das ganze 16. Jahrhundert hindurch recht eindrucksvoll zu behaupten. So hielten die deutschen Kaufleute mit der gewaltigen Expansion des Nord-Ostseehandels durchaus mit: Von den gegen Ende des Jahrhunderts jährlich über 6600 Schiffen, die den Sund passierten, waren rund 20 Prozent deutscher Herkunft; dieser Anteil war kaum geringer als zu Beginn des Jahrhunderts. Auch waren es nach wie vor hansische Kaufleute, die die große Mehrheit dieser Schiffe ausrüsteten. Dieser Erfolg der Hanse konnte freilich nicht darüber hinwegtäuschen, daß der wirtschaftspolitische Druck der nord- und nordwesteuropäischen Staaten auf die Hanse sich nahezu kontinuierlich verstärkte, ohne daß es von seiten des Reichs zu irgendwelchen Gegenwirkungen gekommen wäre; im Gegenteil suchten nicht wenige auch der deutschen Territorialfürsten aus eigenen wirtschaftspolitischen Interessen der Hanse entgegenzuarbeiten. Daß kurz nach der Jahrhundertwende (1603) das Londoner Kontor der Hanse, der sogenannte Stahlhof, geschlossen werden mußte, war ein deutliches Zeichen des Niedergangs. Unter den deutschen Seestädten trat Lübeck, das alte Haupt der Hanse, ganz hinter Hamburg zurück, dessen große Zeit jetzt begann. Zur führenden Stellung im europäischen Handel aber – in Übersee wie in Nord-Ostseehandel – stiegen die Niederländer auf, insbesondere die Holländer. Ihre Handelsflotte war bereits um 1570 mit einer Gesamttonnage von 232000 t mehr als doppelt so groß wie die der Hanse.

Immerhin spielten deutsche Kaufleute nicht nur im europäischen, sondern im Asien- und Amerikahandel noch in der zweiten Jahrhunderthälfte eine respektable Rolle. Die von den Fuggern begründete, auf dem Austausch von Gewürzen und Edelmetallen beruhende «portugiesisch-deutsche Handelsallianz» (Hermann van der Wee) verlor mit dem Scheitern des portugiesischen Gewürzmonopols und dem Anstieg der amerikanischen Silberimporte zwar an Bedeutung; gleichwohl war Antwerpen als europäisches Zentrum des

Überseehandels bis zu seinem Niedergang eine Domäne des oberdeutschen Handelskapitals. Die Verlagerung der Gewichte des europäischen Handels an die Peripherie des Kontinents, die sich im ausgehenden 16. Jahrhundert mit der Entstehung der niederländischen und englischen joint-stock-companies für den Überseehandel ankündigte, war im wesentlichen eine Entwicklung erst des 17. Jahrhunderts.

Alle positiven Daten der Jahrhundertbilanz von Gewerbe und Handel ändern freilich nichts daran, daß es nicht gelang, den vom säkularen Wachstum der Bevölkerung und dem Anstieg der Agrarpreise ausgehenden Druck auf den Lebensstandard auszugleichen. Im Laufe des Jahrhunderts fielen die Reallöhne – gemessen am Roggenäquivalent der Geldlöhne – im Durchschnitt um wohl mehr als 30 Prozent, in manchen Städten wie z. B. in Augsburg, Würzburg oder Frankfurt/Main sogar über 50 Prozent; nur in dem florierenden Gewerbe der Niederlande scheinen sich die Löhne einigermaßen behauptet zu haben. In Oberdeutschland waren nach vorsichtigen Schätzungen schließlich 20 Prozent der Bevölkerung überhaupt ohne festes Einkommen und qualitativ wie quantitativ unzureichend ernährt. Wenn das beginnende 16. Jahrhundert für die lohnabhängige Bevölkerung ein goldenes Zeitalter gewesen war, so trug der Ausgang des Jahrhunderts für sie alle Zeichen eines wahrhaft eisernen Zeitalters.

III.

Die ständische Gesellschaft

Die grundlegenden Strukturen der Gesellschaft blieben das ganze 16. Jahrhundert hindurch erhalten: die korporativen Einbindungen der Menschen in Haus und Verwandtschaft, in Zunft und Gilde, in Dorf und Stadt, aber auch die Gliederung und Schichtung der Gesellschaft vor allem in Gestalt der ständischen Ordnung; die Gefährdung dieser Ordnung durch den Bauernkrieg hatte im Endergebnis nicht zu ihrer Auflösung, sondern zu ihrer Festigung geführt. In diesem allgemeinen Rahmen quasikonstanter Strukturen kam es jedoch – als Folge der ökonomischen, politischen und kirchlichen Wandlungen und Brüche der Epoche, vielfach auch in Wechselwirkung mit ihnen – zu tiefgreifenden Veränderungen der gesellschaftlichen Verhältnisse. Sie betrafen zumeist die einzelnen Stände und deren Beziehungen zueinander, doch fehlte es auch nicht an ständeübergreifenden Umschichtungen.

Die ständeübergreifenden Veränderungen des Jahrhunderts ergaben sich insbesondere aus dem Glaubensstreit, genauer: aus der Tatsache, daß in weiten Teilen des Reichs evangelische Stadt- und Landeskirchen an die Stelle der katholischen Kirche des Mittelalters traten. Die Kirchenspaltung war ja nicht bloß ein kirchlich-religiöser Bruch; die alte Kirche war vielmehr zugleich – ganz abgesehen noch von ihrer verfassungspolitischen Bedeutung – eine gesellschaftliche Größe ersten Ranges gewesen, und die Kirchenspaltung betraf eben auch diese traditionelle Rolle der Kirche. Dabei waren die gesellschaftlichen Folgen der Kirchenspaltung für den Adel gewiß am empfindlichsten; im Unterschied zur katholischen Kirche gewährten die neuen evangelischen Kirchen dem Adel ja kaum irgendwelche Privilegien. Andere Konsequenzen der Kirchenspaltung aber wirkten sich sehr unmittelbar auf die Gesamtheit der Gesellschaft aus. Besonders der Wegfall der Klöster und Stifte in den evangelisch gewordenen Gebieten hatte solche Konsequenzen. Zum einen nämlich entfiel mit ihnen eine Chance sozialen Aufstiegs vom einfachen Bürger- oder Bauernkind bis zum Abt bzw. zur Äbtissin, möglicherweise mit fürstengleichem Rang; zum anderen bedeutete der Untergang der Klöster und Stifte den Verlust wichtiger Institutionen zur Versorgung nachgeborener Kinder und überdies den Verlust der wichtigsten traditionellen Möglichkeit, einer ungewollten Ehe zu entgehen – eine besonders für die Frauen aller Stände bis hinauf zu den Töchtern der Reichsfürsten einschneidende Konsequenz der Reformation. Des weiteren war die Ersetzung des katholischen Klerus durch evangelische Pfarrer jedenfalls insofern ein gesamtgesellschaftliches Phänomen, als die evangelischen Pfarrer durchweg sehr viel stärker in die Gesellschaft insgesamt integriert waren, als es der katholische Klerus wegen seiner kirchenrechtlichen und sakramentalen Sonderstellung je sein konnte: Der Kleriker als Bürger – das war stets ein Problem; der protestantische Pfarrer als Bürger – das war von vornherein eine Selbstverständlichkeit. Und schließlich dürfen auch die Abgrenzungen und Konflikte der Konfessionen in ihren Auswirkungen auf Recht und Brauchtum, auf Denken und Fühlen der Gesellschaft durch alle Stände hindurch nicht unterschätzt werden; die Bevölkerung des Reichs begann sich konfessionell aufzuspalten und in dieser Spaltung zu verfestigen.

Für den Adel brachte die sozialgeschichtliche Entwicklung des Jahrhunderts zunächst einmal eine deutlich zunehmende Ausdifferenzierung in Gruppen unterschiedlicher politischer Rechte. Die schmale Gruppe der Landesherren – die Kurfürsten und Fürsten, daneben, wenngleich nur im Westen und Norden des Reichs und auch hier in zuweilen unsicherer Position, die Grafen und Herren – hoben sich zunehmend deutlich von dem nicht zur Landesherrschaft aufsteigenden Adel ab. Im Norden und Osten des Reichs, aber auch in Österreich und Bayern, verband sich damit der verfassungsrechtliche Unterschied von Reichsunmittelbarkeit und Reichsmittelbarkeit; im Westen und Südwesten dagegen gelang es dem niederen Adel im Laufe des Jahrhunderts weithin, sich dem Sog der landesfürstlichen Territorialisierung zu entziehen und als Reichsritterschaft seine Reichsunmittelbarkeit zu erhalten bzw. neu zu gewinnen, wenngleich mit nur beschränkten Rechten der Landeshoheit und insofern in charakteristischer Zwischenstellung zwischen den Landesherren einerseits, dem landständischen Adel anderseits. Auf der Basis dieser sozialen Differenzierung des Adels kam es dann zu einem gewissen Ausgleich der Spannungen zwischen Landesfürst und niederem Adel: Die Momente adliger Gemeinschaft, auch des politischen Angewiesenseins aufeinander, erhielten zunehmendes Gewicht, die Gegensätze traten zurück. Konfessionspolitische Konflikte konnten diesen Ausgleich allerdings verhindern oder gar in sein Gegenteil verkehren; die Auseinandersetzungen der Habsburger mit dem Adel ihrer östlichen Erblande sind dafür das wichtigste Beispiel.

Innerhalb des Adels profitierte die Spitzengruppe der weltlichen Kurfürsten und Fürsten am stärksten von den Veränderungen des Jahrhunderts. Das hing wiederum sehr wesentlich mit der politischen Verfestigung der Landesherrschaft zusammen, doch ging die soziale Wirklichkeit des Fürstentums nicht in der Landesherrschaft auf; vielmehr bildeten die Fürsten zugleich eine oberste soziale Schicht des Adels mit eigenen Interessen auch gegenüber spezifisch landespolitischen Zielsetzungen. Die daraus erwachsende, selbst die konfessionellen Auseinandersetzungen übergreifende standespolitische Solidarität der Fürsten bewährte sich im Kampf gegen Sickingen wie im Bauernkrieg, im Markgräflerkrieg wie in den Grumbachschen Händeln, in der Mitte des Jahrhunderts auch gegenüber der drohenden Dominanz Kaiser Karls V. im Reiche. Das Abreißen des fürstlichen Konnubiums zwischen katholischen und protestantischen Fürstenhäusern bedeutete dann freilich einen schweren Schlag gegen die Geschlossenheit dieser «Großfamilie» des Hochadels. Um so bemerkenswerter ist, daß die Fürsten beider großen Konfessionen es bis zum Ende des Jahrhunderts durchweg vermieden, allzu entschieden zugunsten ihrer Glaubensgenossen unter der Herrschaft andersgläubiger Landesherrschaften zu intervenieren; das war zugleich ein wesentliches Moment der Sicherung des Religionsfriedens im Reiche. Erst am Vorabend des Dreißigjährigen Kriegs hat die Kurpfalz durch ihr Bündnis mit den österreichischen und böhmischen Ständen diese standespolitische Spielregel des Fürstentums durchbrochen – und bezeichnenderweise selbst dann kaum Unterstützung bei den protestantischen Mitfürsten gefunden.

Deutlichste Dokumentation und zugleich wichtiges Instrument des fürstlichen Prestigegewinns war der Fürstenhof, dessen große Zeit jetzt begann: als Ort einer zentralen Repräsentation des Fürsten gegenüber den Untertanen wie gegenüber den adligen Standesgenossen oder sogar gegenüber ausländischen Potentaten, als Ort auch der gesellschaftlichen, politischen und konfessionellen Anbindung des niederen Adels der Region an den Landesherrn – des landständischen Adels wie der reichsritterschaftlichen Klientel der Landesfürsten. Der konfessionelle Einschlag des Hoflebens brachte es mit sich, daß die großen katholischen Höfe wie etwa Prag, Wien und München bevorzugt Anregungen aus Italien und Spanien aufnahmen, während sich die bedeutenderen protestantischen Höfe, vor allem Heidelberg, stärker an Frankreich und an den Niederlanden orientierten. Hier wie dort aber gewann die deutsche Residenzkultur des späteren 16. Jahrhunderts vielfältige und enge Kontakte zur kulturellen Entwicklung auch anderer europäischer Länder.

Die höfische Kultur erfaßte weite Bereiche von Kunst und Wissenschaft. So begann jetzt die Zeit einer blühenden Schloßarchitektur und höfischen Gartenkunst – von den Prachtbauten Herzog Adolfs von Holstein in Schleswig über die zahlreichen Schlösser Kurfürst Augusts von Sachsen bis zur neuen Residenz Erzbischof Wolf Dietrichs in Salzburg oder den Schönbrunner Parkanlagen Maximilians II. in Wien. Auch die bildenden Künste mitsamt dem Kunsthandwerk und die Musik erfuhren im Dienst fürstlicher Selbstdarstellung und höfischen Glanzes reiche Förderung. Namentlich die Musik als unverzichtbares Element höfischer Geselligkeit galt als so wichtig, daß für sie selbst die konfessionellen Grenzen durchlässig wurden: In Kurfürst Augusts Hofkapelle musizierten katholische Niederländer; Kaiser Rudolf II. zog den Lutheraner Hans Leo Haßler aus Nürnberg immer wieder an seinen Hof und nobilitierte ihn schließlich sogar (1604), zusammen mit seinen Brüdern, die ohnehin am Prager Hof tätig waren; der calvinistische Landgraf Moritz von Hessen-Kassel holte den jungen Heinrich Schütz aus dem lutherischen Weißenfels an seine Hofkapelle nach Kassel und gewährte ihm einige Jahre später ein Stipendium zum Studium bei Giovanni Gabrieli, dem Großmeister der katholischen Kirchenmusik an San Marco in Venedig. Dazu kam fürstliches Interesse und Engagement auch für die Wissenschaft, insbesondere für die Mathematik, die Astronomie, die Geographie und die Botanik. Der Flame Ghislain de Busbecq – ein bedeutender Sammler griechischer Inschriften und Entdecker des «Monumentum Ancyranum» – spielte als kaiserlicher Gesandter in Konstantinopel wie als Erzieher der Söhne Maximilians II. am habsburgischen Hof eine geachtete Rolle; Busbecq war es übrigens, der, um seinem gartenliebenden Herrn eine Freude zu machen, 1562 zum ersten Mal Tulpen, Flieder und Levkojen aus dem Orient nach Wien brachte. Albrecht V. von Bayern förderte den berühmten Geographen Apian d. J., und zwar auch dann noch, als Apian wegen seines evangelischen Bekenntnisses nicht länger in Bayern bleiben konnte und an die Universität Tübingen ging. Am Kaiserhof Rudolfs II. wirkten der Astronom Tycho Brahe und, seit 1600, Johannes Kepler.

Mit ihrem kulturellen Niveau wuchs die Bedeutung der Fürstenhöfe auch für den Adel: nicht nur als Kommunikationszentrum mit gelegentlich weitgespannten Angeboten beruflicher Chancen und familiärer Verbindungen, sondern auch als Bildungsstätte – die höfische Bildung wurde allmählich zum Leitbild adliger Erziehung. Vor allem jedoch trug die adlige Hofgesellschaft dazu bei, den Glanz der fürstlichen Repräsentation zu erhöhen; der gesellschaftliche Vorrang des Fürsten wurde solcherart dokumentiert und verstärkt. Die Kehrseite der Medaille bestand in den wachsenden Kosten der Hofhaltung. Bereits beim Regierungsantritt Rudolfs II. verschlang der Kaiserhof jährlich an die 90000 Gulden, und dieser Betrag stieg von Jahr zu Jahr. Die kostspielige Hofhaltung und Bautätigkeit der bayerischen Herzöge brachte die Finanzen des Landes gegen Ende des Jahrhunderts überhaupt an den Rand des Ruins; in der Kurpfalz war es nicht viel anders.

Nach Möglichkeit suchten die Grafen und Herren es den Fürsten in ihrer Repräsentation gleichzutun. Trotz aller Anstrengungen besonders in der zweiten Jahrhunderthälfte blieben hier jedoch deutliche Abstände. Politisch und finanziell durchweg schwächer fundiert, blieben ihre Höfe bescheidener, von geringerer Ausstrahlungs- und Integrationskraft; die Grafen von Nassau mit ihrer bedeutenden Akademiegründung in Herborn waren doch eine Ausnahmeerscheinung. Daß fürstliche Lehen und Dienste für die Grafen und Herren fortdauernd eine wichtige Rolle der Existenzsicherung und Versorgung spielten, ist für die Rangunterschiede innerhalb des hohen Adels nicht minder bezeichnend.

Auch für den niederen Adel bestand ein erstes grundlegendes Ergebnis der sozialgeschichtlichen Entwicklung des Jahrhunderts in einer verfassungsrechtlichen Ausdifferenzierung: in die reichsunmittelbare Reichsritterschaft im Westen und Südwesten des Reichs einerseits, den landständischen Adel der nord- und ostdeutschen Territorien, aber auch Bayerns und Österreichs, anderseits. Die sozialgeschichtliche Bedeutung dieser verfassungsrechtlichen

Ausdifferenzierung war beträchtlich, zumal da das Recht der konfessionellen Selbstbestimmung seit dem Augsburger Religionsfrieden von 1555 an der Reichsunmittelbarkeit hing. Gleichwohl dürfen die Gegensätze hier nicht zu scharf gesehen werden. Zum einen genoß der landständische Adel weithin – im Norden des Reichs wie in den österreichischen Erblanden, weniger allerdings in Sachsen und Bayern – eine nach wie vor weitgespannte Autonomie in seinen ländlichen Lebensbereichen; zum anderen begünstigte die wirtschaftliche Entwicklung des Jahrhunderts, vor allem die säkulare Hausse des Ackerbaus, den eigenwirtschaftenden Adel Nord- und Ostdeutschlands sehr viel stärker als den in höherem Maße auf Renteneinkommen angewiesenen reichsritterschaftlichen Adel im Westen und Südwesten des Reichs. Daß auch die Reichsritter von der glänzenden Agrarkonjunktur profitierten, darf darüber freilich nicht übersehen werden.

Zur ökonomischen Konsolidierung als Folge der Agrarhausse kam der Gewinn neuer sozialer Positionen des niederen Adels in Anpassung an das veränderte Gefüge der Reichs- und Territorialverfassung, vor allem durch die Übernahme von Führungsstellen in Militär und Verwaltung der großen Landesfürsten oder womöglich des Kaisers. Die Voraussetzung dafür, zumindest für die Wahrnehmung einer bedeutenderen Verwaltungsaufgabe, bestand in einer hinreichenden Bildung, die – schon wegen der zunehmenden Bedeutung des römischen Rechts für die Gerichts- und Verwaltungspraxis – kaum anders als durch ein juristisches Studium zu erlangen war. Tatsächlich schickte eine immer noch wachsende Zahl adliger Familien ihre Söhne auf die Universitäten, wenngleich in der Regel nicht mit dem Ziel eines förmlichen akademischen Abschlusses. Wenn man es sich leisten konnte, folgte dem Studium noch eine Kavalierstour, zumeist nach West- oder Südeuropa; damit gewann der junge Adlige sogar einen gewissen Bildungsvorsprung vor seinen bürgerlichen Konkurrenten. Dazu kam – im Zuge des politischen und sozialen Ausgleichs zwischen Landesfürst und niederem Adel – die Förderung des adligen Nachwuchses von seiten des Landesherrn, vor allem über den Hof. Bei der Vergabe der höheren Verwaltungsstellen wurde vielfach eine ständische Paritätenregelung üblich; die wichtigsten Führungsstellen wurden nicht selten überhaupt zur Domäne des Adels. Allerdings gab es unter den adligen Führungskräften der Verwaltung auch Männer bürgerlicher Herkunft, die ihrerseits erst auf dem Wege über eine Verwaltungskarriere in den Adel aufgestiegen waren. Das Verhältnis dieser neuen noblesse de robe zu den alten Adelsfamilien war mitunter nicht ohne Spannungen; daß der alte ritterschaftliche Adel die Anforderungen der adligen Abkunft als Voraussetzung insbesondere des Zugangs zu den Domkapiteln immer wieder – und im Ergebnis auch erfolgreich – zu erhöhen suchte, gehört in diesen Zusammenhang oligarchischer Abwehr der neu Nobilitierten.

Die sozialen Folgen der Reformation waren für den niederen Adel, insbesondere für seine evangelisch gewordenen Familien, wenig günstig. Wo sich die Reformation durchsetzte, beseitigte sie auch die adelskirchliche Prägung der alten Kirche; wie die Klöster verschwanden ja zumeist auch die Domkapitel und die adligen Herren- und Damenstifte. Daß in den evangelisch gewordenen Territorien des Nordens und Ostens einige der Dom- und Stiftskapitel als adlige Sinekuren erhalten blieben, fiel insgesamt kaum ins Gewicht. Der Fortbestand der katholischen Kirche im Süden und Westen des Reichs perpetuierte demgegenüber zwar auch die sozialen Chancen des Adels; das galt nun aber – und in immer entschiedenerer Ausschließlichkeit – nur mehr für den katholischen Adel, der insofern seinen evangelischen Standesgenossen den Rang ablief. Sofern nicht Gewissensgründe oder auch starke Bindungen an einen evangelischen Fürstenhof dagegen sprachen, lag mithin für den Adel eine Option zugunsten des Katholizismus gewiß näher als eine Entscheidung für die Reformation; die nicht seltenen Konversionen west- und süddeutscher adliger Familien zur katholischen Kirche dürften sehr wesentlich vor diesem Hintergrund zu sehen sein. Im übrigen verminderte sich allmählich auch in der alten Kirche der Einfluß des Adels – sei es zugunsten der katholischen Landesherren, sei es zugunsten der durch das Tridentinum gestärkten Bischöfe.

Für das städtische Bürgertum brachten die politischen und ökonomischen Entwicklungen des Jahrhunderts einen unverkennbaren Bedeutungsschwund gegenüber dem Adel wie auch gegenüber dem Bauerntum – jedenfalls, sofern dieses Bauerntum an der Agrarhausse des Zeitalters teilhatte. Religions- und verfassungspolitisch verloren die Städte an Gewicht gegenüber den Fürsten; gleichzeitig verschlechterte sich die Einkommenssituation weiter Kreise der städtischen Bevölkerung. Auch das Zurückbleiben der gewerblichen hinter den Agrarpreisen und der Reallohnverfall des Jahrhunderts trafen das Bürgertum aufs Ganze gesehen sehr viel stärker als den Adel oder das Bauerntum.

Neben dieser Verschiebung im gesellschaftlichen Status des Gesamtbürgertums vollzogen sich auch innerhalb des Bürgertums, vor allem in dessen Oberschichten, folgenreiche Veränderungen.

Schon im späten Mittelalter war es in einer Vielzahl oberdeutscher Städte, insbesondere in den Reichsstädten, zur Sprengung des älteren Patriziats oder doch seiner Alleinherrschaft in der Stadt gekommen; neue Kaufmanns- und auch reich gewordene Handwerkerfamilien hatten ihren Zugang zum Stadtrat, ja selbst zum Bürgermeisteramt, erzwungen. Diese Umstrukturierung der städtischen Oberschichten griff im Laufe des 16. Jahrhunderts, vor allem im Zusammenhang mit den reformatorischen Bewegungen, auch auf den Norden und besonders den Nordwesten des Reichs über. In den Reichs- und Hansestädten dieser Landschaften etablierte sich jetzt nahezu überall eine neue bürgerliche Führungsschicht auf erweiterter sozialer Basis. Gelegentlich kam es dabei, wiederum wie schon zuvor in Oberdeutschland, zu einer sozialen Amalgamierung der alten und neuen Eliten unter gleichzeitiger

Abschottung gegenüber anderen aufsteigenden Familien und Gruppen der städtischen Bevölkerung; noch häufiger aber schloß sich das alte Patriziat gesellschaftlich – in exklusiven «Herrentrinkstuben», auch durch Heiratsbeschränkungen – von den neuen Honoratioren ab. Beide Formen solcher Abschließung führten langfristig zu gefährlichen Verkrustungen der bürgerlichen Oberschichten. Freilich unterschieden sich die Verhältnisse von Stadt zu Stadt, von Landschaft zu Landschaft beträchtlich. So scheint in Oberdeutschland der Verfassungsoktroi Karls V. 1548/1552 mit seinem Prinzip erneuter Monopolisierung des Stadtregiments beim Patriziat dessen soziale Abschließung besonders dauerhaft verfestigt zu haben; ähnliche Wirkungen hatte die Katastrophe Wullenwebers in Lübeck, die zu einer langdauernden Restituierung des alten Patriziats führte. Umgekehrt waren die Oberschichten Bremens und vor allem Hamburgs durch eine respektable soziale Offenheit gekennzeichnet, mit positiven Folgen nicht zuletzt für die städtische Wirtschaft.

Zur verstärkten Ablösung oder doch Ergänzung des älteren Patriziats durch ein neues Honoratiorentum reichgewordener Kaufleute und Handwerker kam – als zweites wichtiges Moment langfristiger Umstrukturierungen – die zunehmende Loslösung des maßgebenden Wirtschaftsbürgertums aus den traditionellen sozialen und politischen Ordnungen der Stadt. Die Anfänge auch dieser Entwicklung reichen ins Mittelalter zurück; vor allem durch ihr Engagement im ländlichen Verlagsgewerbe hatten erfolgreiche Kaufleute und Handwerker ihren Berufskreis schon räumlich weit über die Stadt hinaus ausgeweitet und sich zugleich von den herkömmlichen Zunft- und Gildeordnungen der Stadt gelöst. Im 16. Jahrhundert verstärkte sich diese Tendenz, ja: sie gewann durch die beginnende Trennung wirtschaftlicher und politischer Führungspositionen in den bürgerlichen Oberschichten eine neue, typisch neuzeitliche Dimension. Die Gründe dafür lagen zum Teil in der fortschreitenden Ausweitung des Verlagsgewerbes auf dem Land und sogar in den Städten selbst; daneben aber hat man es mit sehr spezifischen Folgen konfessioneller Verfestigungen des Glaubensstreits zu tun.

Eine erste typische Folge dieser Art bestand darin, daß konfessionell dissidierende Minderheiten der städtischen Kaufleute oder Handwerker angesichts ihrer konfessionellen Zurücksetzung in der Stadt ihre berufliche Tätigkeit auf das Land verlegten und dort neue Wirtschaftszentren schufen, sehr oft in Form des Verlagswesens und in direkter Konkurrenz zum zünftischen Gewerbe der Stadt. Vor allem im Rheinland entstand so ein sehr erfolgreiches protestantisches Wirtschaftsbürgertum, das mehr und mehr auf seine stadtbürgerliche Existenz in den katholisch gebliebenen oder rekatholisierten Städten der Region verzichtete; die Sozial- und Wirtschaftsgeschichte Aachens im 17. Jahrhundert liefert dafür eindrückliche Belege. Etwas anders war die Situation, wenn konfessionelle Minoritäten in der Stadt eine weitgehende Toleranz genossen, wenn insbesondere ihrer wirtschaftlichen Entfaltung keine Hindernisse in den Weg gelegt wurden, wie das für die calvinistischen Minderheiten in offiziell lutherischen Städten Nord- und Nordwestdeutschlands oft bezeugt ist. Hier gelang es den Calvinisten – gutenteils beruflich sehr aktiven Zuwanderern aus den Niederlanden – häufig, in die wirtschaftliche Oberschicht der Stadt vorzudringen. Der trennende Gegensatz der Konfessionen blieb jedoch auch hier wirksam, nicht zuletzt in Form konfessionell geschlossener Heiratskreise; so führte der Aufstieg der konfessionellen Minoritäten zu einer konfessionellen Segmentierung der bürgerlichen Oberschicht. Noch wichtiger aber war, daß in aller Regel die konfessionelle Geschlossenheit des Stadtregiments, vor allem die Verpflichtung des Stadtrats auf das lutherische Bekenntnis, erhalten blieb und also dem konfessionell dissidierenden Teil der wirtschaftlichen Oberschicht den Zugang zu den politischen Führungsstellen der Stadt versperrte. Das bedeutete einen langfristig sehr folgenreichen Schritt auf dem Wege zur Auflösung der älteren Sozialordnung des Bürgertums mit seiner typischen Verbindung wirtschaftlicher und sozialer Führungspositionen. Überdies erwies sich bald, daß der Ausschluß von den politischen Ämtern eher eine Entlastung als eine Benachteiligung bedeutete; das neue Wirtschaftsbürgertum ließ die älteren wirtschaftlich-politischen Eliten der Stadt ökonomisch oft weit hinter sich zurück. Das aber hatte seinen Grund nicht zuletzt darin, daß das von den Herrschaftsfunktionen der älteren Oberschicht «befreite» Wirtschaftsbürgertum auf die traditionellen zünftischen Ordnungen der Stadt und – im Falle der Landstädte – auch auf die Wahrung der städtischen Autonomie gegenüber dem Landesherrn nur wenig Rücksicht zu nehmen brauchte und gerade deshalb wirtschaftliche Chancen wahrnehmen konnte, die sich ihm nur im größeren Rahmen des erstarkenden Territorialstaats boten.

Des weiteren gehörte der gesellschaftliche Aufstieg der Juristen zur sozialgeschichtlichen Bilanz der Epoche für das Bürgertum. Einzelne Juristen hatten schon im frühen 16. Jahrhundert, nicht zuletzt im Zusammenhang städtischer oder auch territorialer Reformationsvorgänge, eine erhebliche Rolle gespielt. Zur gesellschaftlichen Oberschicht der Städte aber gehörten die Juristen, wenn sie nicht ohnehin einer Familie des Patriziats angehörten, zunächst nicht. Mit ihrer zunehmenden Bedeutung für die Stadt jedoch war ihr Aufstieg in die bürgerliche Oberschicht einschließlich des Zugangs zum Rat nicht aufzuhalten, und das bedeutete wiederum keinen bloßen Pairsschub: Die Legitimation ihres Aufstiegs lag ja nicht mehr in ihren familiären Zugehörigkeiten und auch nicht in ihrem Vermögen, sondern in ihrer akademischen Ausbildung und fachlichen Leistung. Damit wurden neue, typisch neuzeitliche Kriterien gesellschaftlicher Schichtung wirksam – auch das ein langfristig bedeutsames Element der Umstrukturierung des Bürgertums. Freilich ist nicht zu übersehen, daß die Familien des älteren Patriziats oder auch des neueren Honoratiorentums ihre jüngeren Söhne bevorzugt zum Studium der Jurisprudenz schickten und damit schon innerhalb der bürgerlichen Oberschicht für den städtischen Juristennachwuchs sorgten;

die durch den Aufstieg der Juristen in der Stadtgesellschaft ausgelöste soziale Mobilität hielt sich mithin zumeist in engen Grenzen.

Die bürgerlichen Juristen fanden nun allerdings ihren Wirkungskreis nicht nur im Dienst und im Rahmen der städtischen Gesellschaft; sie waren vielmehr zugleich die wichtigsten Träger des Ausbaus der fürstlichen Territorialherrschaft, nicht zuletzt: die wichtigsten Träger der territorialen Konfessionsbildung neben den Pfarrern. Daß die Landesherren städtearmer Territorien zur Durchsetzung der Reformation immer wieder bürgerliche Juristen aus den Reichsstädten oder aus städtereichen evangelischen Territorien, z. B. aus dem wettinischen Sachsen, ins Land zogen, ist dafür sehr bezeichnend; auch die Förderung evangelischer Landesuniversitäten diente nicht zuletzt dem Zweck, ein politisch wie konfessionell zuverlässiges Beamtentum heranzuziehen. Auf katholischer Seite kam es im Zuge der katholischen Reform und Gegenreformation des späteren 16. Jahrhunderts zu ganz analogen Vorgängen. Soweit nun die Juristen aus den Reichsstädten kamen, bereitete der Übergang in den Fürstendienst und auch die etwaige Rückkehr in ein reichsstädtisches Amt offenbar kaum Probleme. Anders war dagegen die Situation in den Landstädten, zumal wenn sie mit ihren Landesherren in längerdauernden Konflikten um ihre politische Eigenständigkeit standen; hier nämlich konnten und mußten die Juristen sich entscheiden, auf welche Seite des Konflikts sie sich schlagen wollten. Regelmäßig scheinen sie sich dabei für den Landesherrn entschieden zu haben, der ihnen innerhalb wie außerhalb der Stadt die größeren Aufstiegschancen zu bieten hatte. In Braunschweig etwa, das einen jahrhundertelangen Kampf um seine Freiheit von der Stadtherrschaft der Herzöge von Braunschweig-Wolfenbüttel führte, waren die Juristen im Stadtregiment seit dem späteren 16. Jahrhundert die eigentlichen Platzhalter des Territorialstaats; in anderen Städten waren die Konstellationen offenbar sehr ähnlich. Daß solche Verhältnisse zu starken inneren Spannungen in der Bürgerschaft führten – und nun eben schon innerhalb der bürgerlichen Oberschicht –, kann nicht wundernehmen.

Unzweifelhaft eröffnete die juristische Laufbahn im Fürstendienst die bedeutendsten Chancen sozialen Aufstiegs für eine bürgerliche Familie der Epoche. Das galt um so mehr, als die immer noch maßgebende Bedeutung des Adels für die – katholische – Reichskirche einerseits, die strikte Unterordnung der neuen evangelischen Kirchen unter ihre fürstlichen oder städtischen Obrigkeiten anderseits für eine bürgerliche Karriere in der Kirche nur wenig Raum ließen. Der Fürstendienst dagegen bot dem bürgerlichen Juristen mit der Ausweitung seines beruflichen Wirkungskreises über die Stadt hinaus zugleich die Möglichkeit gesellschaftlichen Aufstiegs in die politische und soziale Elite des Landes, gelegentlich sogar in den Adel und damit über das Bürgertum hinaus. Auch diese Formierung bürgerlich-juristischer Beamtenaristokratien auf territorialer Ebene scheint im Süden des Reichs früher zum Zuge gekommen zu sein als im Norden; im späteren

16. Jahrhundert war diese neue Elitebildung dann aber eine gesamtdeutsche Erscheinung. Allerdings machten sich in diesen Jahrzehnten – und wiederum zuerst im Süden und Südwesten des Reichs – auch kräftige Gegenwirkungen bemerkbar, und zwar vor allem von seiten des Adels, der seine ökonomische und politische Stellung erfolgreich zu konsolidieren wußte. Die Konkurrenz des Adels im Fürstendienst wurde allmählich schärfer, und in manchen Territorien gerieten die bürgerlichen Juristen gegen Ende des Jahrhunderts deutlich in die Defensive. Vermutlich lag hierin der maßgebliche Grund für die unverkennbaren Oligarchisierungstendenzen auch der bürgerlichen Beamteneliten in den Territorien, für ihren Versuch vor allem der Abschließung gegenüber neu aufsteigenden Familien des Bürgertums.

Die sozialen Folgen des Glaubensstreits für das Bürgertum betrafen insbesondere die evangelisch gewordenen Städte und hier wiederum in erster Linie die traditionellen bürgerlichen Oberschichten, die in Folge der Reformation ihre Positionen der Versorgung und des Einflusses in Klöstern und Stiften verloren. Die aus dem Vermögen aufgelöster Klöster finanzierte neue kirchlich-kommunale Armenfürsorge bot dafür keinen Ersatz; sie verfolgte ja auch ganz andere Ziele. Daneben darf jedoch nicht übersehen werden – und das war nun für die Gesamtheit der stadtbürgerlichen Gesellschaft von Bedeutung –, daß mit dem Auszug des Klerus und der Sistierung der geistlichen Jurisdiktion über die Stadt eine Verbürgerlichung der Kirche eintrat, wie sie von den Bürgern seit langem gewünscht, aber nie zuvor erreicht worden war. Das galt prinzipiell für alle evangelisch gewordenen Städte, auch für diejenigen, die einer mehr oder minder intensiven fürstlichen Landesherrschaft unterlagen; das galt aber ganz besonders für die Reichsstädte, in denen die Bürgerschaft jetzt die uneingeschränkte Befugnis zur Verfügung über das Kirchenvermögen und zur Entscheidung über die Besetzung kirchlicher Stellen erlangte. Zur sozialgeschichtlich wichtigsten Ausprägung dieser verbürgerlichten Kirche wurde die evangelische Pfarrerschaft als eine eindeutig bürgerliche, nach unten vergleichsweise offene Schicht gehobenen sozialen Prestiges. Dabei gab es freilich fortdauernd sehr bezeichnende Unterschiede zwischen den großen Reichsstädten und der Masse der landesfürstlichen Städte. Während nämlich in den Reichsstädten die Pfarrer als Diener der reichsstädtischen Obrigkeit galten und deshalb – anders als die in das Stadtregiment vorgedrungenen Juristen – fortdauernd von der bürgerlichen Oberschicht ausgeschlossen blieben, war ihre Zugehörigkeit zu den Patriziern und Honoratioren der Landstädte nahezu selbstverständlich. Der Grund dafür lag nicht nur darin, daß ein erheblicher Teil der Pfarrer selbst dieser landstädtischen Oberschicht entstammte; dazu kam vielmehr, daß die Pfarrer hier – nicht anders als zumeist die Juristen – als Exponenten des Landesherrn in der Stadt galten, dessen Autorität auf ihr Prestige ausstrahlte. Im übrigen waren die evangelischen Pfarrer, selbst in kleineren Städten oder gar auf den Dörfern, durch einen oft beachtlichen Bildungsstand ausgezeichnet, dem der katholische Klerus in seiner Breite noch lange nichts entgegenzusetzen hatte. Daß die evangelischen Pfarrer zumeist verheiratet waren und Kinder hatten, ließ das evangelische Pfarrhaus überhaupt zu einer Bildungsinstitution werden, deren Bedeutung für das deutsche Geistesleben bis tief ins 19. Jahrhundert hinein kaum überschätzt werden kann.

Für die mittleren und unteren Schichten des Bürgertums stellte sich die soziale Bilanz des Jahrhunderts am ungünstigsten dar. Ihr Streben nach stärkerer politischer Partizipation, das in den städtischen Unruhen der Spätzeit Maximilians I. und vielfach auch in der reformatorischen Bewegung der zwanziger Jahre wirksam geworden war, ermattete bald; die in der Stadtgeschichte seit jeher latente Tendenz zu oligarchischen Regimentsformen setzte sich von neuem bestimmend durch. In der Wirtschaft wirkte die Ausdehnung des Verlagsgewerbes bis in die Städte hinein für die Mehrheit der Handwerker sozial deklassierend. Daß die Zünfte in der Abwehr des Verlagsgewerbes verstärkt auf Abschließung und Restriktion der städtisch-zünftischen Gewerbe setzten, bedeutete überdies eine unfruchtbare Verkrustung des Zunftbürgertums auf Kosten seiner schwächsten Mitglieder, der Gesellen und Lehrlinge vor allem und der Frauen. Dazu kam die in der säkularen Entwicklung der Wirtschaft sich öffnende Schere zwischen den agrarischen Preisen einerseits, den gewerblichen Preisen und erst recht den Löhnen anderseits. Gewiß war die Situation in vielen Gewerben und für den größten Teil der lohnabhängigen Bevölkerung zu Beginn des Jahrhunderts besonders günstig gewesen; die gegenläufige Entwicklung der folgenden Jahrzehnte bedeutete insofern – langfristig gesehen – zunächst einmal eine Art von Normalisierung der Verhältnisse. Aber bis zum Ende des Jahrhunderts schlug das Pendel doch weit in die Gegenrichtung aus; nicht unerhebliche Teile des Bürgertums wurden überhaupt in die Marginalität städtischer Unterschichten abgedrängt. Daß es – branchen- und regionalspezifisch – auch freundlichere Verhältnisse gab, ist sicher; das gilt nicht nur für die blühenden Gewerbe der Niederlande, sondern sogar für das mitteldeutsche Verlagsgewerbe, sofern sich hier die Verlagsform des Zunftkaufs durchgesetzt hatte. In ihrer großen Mehrheit aber standen die mittleren und unteren Schichten des Bürgertums zu Ausgang des Jahrhunderts in einem deutlich härter werdenden Existenzkampf.

In der sozialgeschichtlichen Bilanz des Bauerntums schließlich schlug zunächst und vor allem die zunehmende Ausdifferenzierung der Agrarverfassung zu Buche. Während die Bauern im Bereich der Grundherrschaft – nicht zuletzt im Gefolge des Bauernkriegs – eine gewisse Stabilisierung ihrer agrarverfassungsrechtlichen Lage erreichen konnten, kam es im Bereich der Gutsherrschaft weithin zum Bauernlegen, d. h. zur Einziehung bäuerlichen Landes zugunsten der adligen Gutsherrschaft, überdies zur Belastung der Gutsuntertanen durch Gesindezwangsdienste. Den Landesherren war diese Entwicklung, besonders das adlige Bauernlegen, aus fiskalischen Gründen unerwünscht, weil ja das bäuerliche Land durch seine Einziehung zum Gutsland der Landessteuer entzogen wurde. Zumeist aber waren die Landesherren zu schwach, um gegenüber ihrem Adel einen wirksamen Bauernschutz durchzusetzen; die Ausnahme Kursachsens bestätigt nur die Regel. Wegen des Vorwiegens der Grundherrschaft im Westen, der Gutsherrschaft im Osten des Reichs bedeutete diese Polarisierung der Agrarverfassung zugleich eine wachsende Kluft in der bäuerlichen Sozialstruktur West- und Ostdeutschlands.

Zur Differenzierung der Agrarverfassung kam eine weitere, ökonomische: Während die für den Markt produzierenden, größeren bäuerlichen Betriebe von der glänzenden Agrarkonjunktur des Jahrhunderts profitierten, blieben die kleineren Bauern weit dahinter zurück oder verloren gar. Zusammen mit dem gerade auf dem Lande rapiden Anstieg der Bevölkerung führte das zur Entstehung zahlreicher bäuerlicher Minderstellen sowie überhaupt zum Anwachsen einer unterbäuerlichen Schicht von Gärtnern, Häuslern, Tagelöhnern usw. Die dörfliche Gesellschaft polarisierte sich stärker denn zuvor in Reiche und Arme.

Der Bauernkrieg hatte für den Westen und Süden des Reichs ein beträchtliches Potential bäuerlichen Widerstands gegen die Steigerung grund- und leibherrlicher Ansprüche wie gegen die wachsenden Ansprüche des Territorialstaats unter Beweis gestellt. Dieses Potential wurde durch die Niederlage im Bauernkrieg selbst zwar geschmälert, aber keineswegs vernichtet, zumal da auch die Institutionen der bäuerlichen Selbst- und Mitbestimmung als Kristallisationskerne des Widerstands bestehen blieben oder gar noch ausgebaut wurden. Allerdings vollzogen sich die Auseinandersetzungen der Bauern mit ihrer Herrschaft jetzt vorwiegend in Form gerichtlicher Prozesse, die nicht selten bis zum Reichshofrat hinaufgetrieben wurden. Diese Justizialisierung der Konflikte schloß jedoch andere, außerjuristische Formen der Auseinandersetzung nicht aus; sie reichten – in durchaus kalkulierter Eskalation – von partieller zu genereller Leistungsverweigerung, von Beschwerden bei Landesfürst und Ständen bis zum bewaffneten Aufstand. Die im Laufe des Jahrhunderts verfestigte Staatsgewalt der Landesherren ließ derartigen Aufständen zwar kaum eine Chance; gleichwohl hatte der bäuerliche Widerstand zumeist – und zumeist schon auf frühen Stufen der Eskalation – einigen Erfolg, weil nämlich weder die Landesfürsten noch auch die ständischen Führungsschichten es auf einen großen Konflikt ankommen lassen wollten. In besonderen Situationen hielten derartige Sicherungen freilich nicht. So schlug in Oberösterreich die Häufung sozialer und konfessioneller Gegensätze, dazu der Druck des Türkenkriegs mit den immensen Anforderungen der Landesherrschaft an Mannschafts- und Steuerleistungen, in den zeitweise sehr bedrohlichen Bauernkrieg der neunziger Jahre des Jahrhunderts um.

Die sozialen Folgen des Glaubensstreits für die Bauern lagen vor allem darin, daß die bäuerliche Bevölkerung verstärkt zum Adressaten obrigkeitlicher Bildungsbemühungen wurde, mit deutlichem zeitlichen Vorsprung der protestantischen Gebiete, in denen das Netz dörflicher Schulen im Laufe des Jahrhunderts mitunter eine respektable Dichte gewann. Auch begannen Pfarrer und Visitatoren auf dem Lande systematisch nach «feinen ingenii» Ausschau zu halten, und eröffneten ihnen, zumeist mit Hilfe fürstlicher Stipendien, zusätzliche Bildungs- und Aufstiegschancen. Der generelle Bildungsrückstand des Landes gegenüber der Stadt wurde dadurch freilich nicht aufgehoben – er ist ja bis heute nicht ganz verschwunden.

IV.

Die politische Ordnung

Die Geschichte der verfassungspolitischen Ordnung Deutschlands war das ganze Jahrhundert hinweg durch erstaunliche Kontinuitäten, zugleich aber auch durch tiefgreifende Wandlungen und Brüche gekennzeichnet. Zu den Kontinuitäten gehörte insbesondere die Fortdauer und Verfestigung der spannungsvollen Polarität von fürstlicher und ständischer Gewalt, und zwar auch in ihrer für Deutschland so typischen Doppelstufigkeit von Reich und Territorien; zu den Kontinuitäten gehörte des weiteren die fortschreitende Verdichtung der Herrschaft im Sinne neuzeitlicher Staatlichkeit – vornehmlich in den Territorien, während die verfassungspolitische Modernisierung des Reichs, wie sich das ebenfalls schon zu Beginn des Jahrhunderts angekündigt hatte, weit zurückblieb oder überhaupt in gegenläufige Strömungen geriet. Mit diesen Kontinuitäten, sie auf vielfältige Weise stützend oder auch störend und überhaupt in Frage stellend, verbanden sich grundlegende Änderungen der politischen Ordnung. Sie ergaben sich vor allem aus dem Zerfall der einen mittelalterlichen Kirche in eine Pluralität von Konfessionskirchen auf der politischen und Rechtsbasis der einzelnen Reichsstände.

Was zunächst die Reichsverfassung betrifft, so blieben – abgesehen von den reichskirchenrechtlichen Problemen – das Verhältnis von Krongewalt und Reichsständen und auch die Verhältnisse zwischen den verschiedenen Gruppen von Reichsständen, wie sie sich bis zur Kaiserwahl von 1519 und dem Wormser Reichstag von 1521 herausgebildet hatten, im wesentlichen erhalten. Allerdings bedeutete die Verfestigung der Reichskreise im ganzen eine Stärkung der ständischen Elemente der Reichsverfassung – eine Stärkung insbesondere der kleineren Reichsstände –; die Neuerrichtung des Hofrats durch Ferdinand I. umgekehrt schlug jedoch kaum weniger stark zugunsten der monarchischen Gewalt zu Buche. Einige Ansätze, die verfassungsrechtliche Präeminenz der Kurfürsten auf den Reichstagen und damit die ständische Hierarchie der Reichsverfassung zu unterlaufen – z. B. in den Reichskreis- und Deputationstagen der fünfziger und sechziger Jahre –, schlugen fehl; selbst an der unsicheren reichsrechtlichen Stellung der Reichsstädte änderte sich trotz aller Bemühungen der städtischen Vertreter, sehr nachdrücklich noch auf dem Reichstag von 1582, bis zum Ende des Jahrhunderts nichts. Daß sich im Laufe des Jahrhunderts, endgültig wiederum 1582, das Prinzip der Territorialisierung der Virilstimmen im Fürstenrat durchsetzte – Länderteilungen führten danach nicht mehr zur Begründung neuer Stimmen, Ländererwerb nicht mehr zum Stimmenverlust –, war zwar für das Zurücktreten der personalen Bezüge zwischen König und Ständen bezeichnend und insofern nicht ohne Bedeutung, stellte aber auf der Grundlage der Reichstagsverfassung, wie sie sich schon zu Jahrhundertbeginn herausgebildet hatte, eher eine Klarstellung als eine wirkliche Änderung dar.

Anders stand es immerhin um die Konsolidierung der Reichsritterschaft, die sich seit den vierziger Jahren zu organisieren begann. Den Kern dieser Organisation bildeten die schließlich 14 Kantone als Zwangseinungen der Ritterschaft in quasi territorialen Formen und mit der Verpflichtung zu «subsidia charitativa» an das Reich, die in der Sache nichts anderes waren als Reichssteuern. Diese Verfestigung der Reichsritterschaft sicherte ihre Reichsunmittelbarkeit; daß die Ritter weder auf den Reichstagen vertreten waren noch auch den Reichskreisen angehörten, schloß sie freilich fortdauernd von der Willensbildung wichtigster Institutionen des Reichs aus. Auch gelangten die Reichsritter, obwohl sie mit der Zuerkennung der Religionshoheit 1555 ein wichtiges Element der Landeshoheit erhielten, nicht zu voller Landesherrschaft; insbesondere verfügten sie über ein nur untergeordnetes Besteuerungsrecht, nämlich bloß zur Umlage von Reichs- oder Kantonalsteuern auf ihre Untertanen. Langfristig gewannen immerhin die Ritterkantone, wenngleich nicht die einzelnen Ritter, eine der Landeshoheit nahekommende Herrschaft; dagegen entfalteten die drei Ritterkreise – in Schwaben, Franken und am Rhein – und erst recht der in den siebziger Jahren begründete Generalkonvent der gesamten Ritterschaft des Reichs eine nur geringe Wirksamkeit.

Die bei weitem wichtigsten Änderungen der Reichsverfassung ergaben sich aus dem Glaubensstreit. Eine erste wichtige Folge dieser Art bestand schon im Untergang einer Vielzahl von Reichsbistümern und -abteien Nord- und Ostdeutschlands. Ihre weltlichen Herrschaftsrechte gingen in der Regel auf evangelische Fürsten der Region über; ihre reichsrechtlichen Positionen, z. B. auf den Reichstagen, wurden nicht selten zum Gegenstand heftiger konfessioneller und zugleich verfassungspolitischer Auseinandersetzungen – der Magdeburger Sessionsstreit der achtziger Jahre leitete überhaupt die Lähmung der Reichsinstitutionen des ausgehenden Jahrhunderts ein.

Von noch prinzipiellerer Bedeutung war, daß das Reich im Augsburger Religionsfrieden 1555 auf die Durchsetzung der Alleingültigkeit katholischen Kirchenwesens verzichtete und statt dessen – unter Ausklammerung der Wahrheitsfrage – eine politische Friedensordnung für die neu entstehenden, jede für sich mit dem absoluten Anspruch der Wahrheit auftretenden Konfessionskirchen schuf. Damit wurden nicht nur die traditionellen Bindungen von Kaiser und Reich an die römische Kirche gelockert, sondern die religiös-kirchlichen Elemente der Reichsverfassung überhaupt in Frage gestellt. Damit gingen auch die universalistischen Bezüge des Kaisertums, die noch für Karl V. so wichtig gewesen waren, weitgehend verloren; seit der Regierungszeit Ferdinands I. war das Kaisertum gegenüber dem Königtum nahezu ohne eigene politische Bedeutung, fest eingebunden auch in die ständische Verfassungsstruktur des Reichs. Der Verlust an religiöser Substanz wie an universaler Reichweite des Kaisertums spiegelte sich besonders deutlich in der Geschichte der Krönungen des Reichsoberhaupts: An die Stelle der traditionellen Doppelkrönung des deutschen Herrschers in Aachen – zum König – und in Rom – zum Kaiser – trat seit 1558 bzw. 1562 eine einzige Krönungshandlung, und zwar in unmittelbarem Anschluß an die Königswahl und gleich am Wahlort, also in Frankfurt/Main; dabei gingen wichtige Elemente nicht nur der römischen Kaiserkrönung, sondern auch der Aachener Königskrönung verloren. Immerhin hielt man im wesentlichen an der herkömmlichen gottesdienstlichen Ausgestaltung der Krönung fest; daß die protestantischen Kurfürsten die Krönungsmesse während des Meßkanons zu verlassen pflegten, ließ indessen keinen Zweifel an der Brüchigkeit auch dieser Tradition.

Gleichwohl: Alles dies waren erst Anfänge, erste Schritte auf dem Wege zur Säkularisierung der politischen Ordnung des Reichs. Die Lösung des Religionsfriedens war noch immer erst vorläufig gemeint, die herkömmliche advocatia ecclesiae des Kaisers zugunsten der römischen Kirche blieb, wenngleich nicht ohne Vorbehalte der evangelischen Reichsstände, bestehen; überdies erstreckte sich die Friedensgarantie des Reichs lediglich auf die alte Kirche und auf die Kirchen der Confessio Augustana – alle anderen Bekenntnisse blieben ja außerhalb des Religionsfriedens. Jener erste Schritt zur Säkularisierung des Reichsrechts bedeutete mithin zunächst und vor allem eine Friedensgarantie für den doppelt-konfessionellen Charakter des Reichs. Dazu kam, daß der Religionsfriede das Recht zur Wahl der Konfession nicht den einzelnen Untertanen des Reichs konzedierte, sondern – abgesehen von den Reichsrittern – nur den Reichsständen, die zugleich das Recht der Konfessionsbestimmung für die Gesamtheit ihrer jeweiligen Untertanen, gemindert nur durch das Emigrationsprivileg, behaupteten. Gerade dieses jus reformandi der Reichsstände galt aus guten Gründen bald als kostbarstes Stück der Landeshoheit, und das hatte auch zeitlich weitreichende Folgen: «Der deutsche Föderalismus, der die Verfassungsentwicklung Deutschlands bis zur Gegenwart bestimmte, hat eine seiner Hauptwurzeln im Staatskirchenrecht des konfessionellen Zeitalters» (M. Heckel).

Das Nebeneinander von konfessioneller Freiheit der Reichsstände und Konfessionszwang gegenüber ihren Untertanen, von – zumindest tendenzieller – Parität der Konfessionen auf der Ebene des Reichs und konfessioneller Geschlossenheit der Territorien, von politischem Frieden und unversöhnlichem religiösem Gegensatz der Glaubensparteien war freilich schon 1555 nur schwer in Balance zu bringen gewesen. Der Religionsfriede hatte viele Lücken offengelassen; überdies enthielt er zahlreiche Unbestimmtheiten und dissimulierende Mehrdeutigkeiten, hinter denen sich sehr gegensätzliche Interpretationsabsichten der Religionsparteien verbargen. Damit war eine Fülle von Konflikten vorprogrammiert. Zwar schrieb der Religionsfriede für den Austrag dieser Konflikte den Rechtsweg vor dem Reichskammergericht vor, und gewiß hat die Reichsjustiz wesentlich zur Eindämmung von Gewalttätigkeit unter konfessionellen Vorzeichen – oder auch nur unter konfessionellen Vorwänden – beigetragen; als Folge dieser Justizialisierung des Glaubenskonflikts aber geriet das Kammergericht selbst zunehmend in die Gefahr, im konfessionellen Streit zerrissen und zerrieben zu werden. Im Grunde wäre eine Entschärfung der konfessionellen Konflikte mit all ihren politischen und sozialen Folgen wohl im Rahmen paritätischer Verfahren auf allen wichtigen Ebenen der Legislative, Verwaltung und Justiz möglich gewesen, und immerhin hat es in der Reichsverfassung nicht an Ansätzen dazu gefehlt: So wurden am Reichstag Sonderberatungen der katholischen und protestantischen Stände üblich, die der sogenannten itio in partes des Westfälischen Friedens schon recht nahekamen; auch waren die in religionsrechtlich relevanten Fällen verhandelnden Senate des Reichskammergerichts spätestens seit 1560 stets paritätisch besetzt. Gerade die Geschichte des Reichskammergerichts zeigt freilich, daß solche Parität leicht auch zur Handlungsunfähigkeit führen konnte; denn wenn jede der jeweils gegnerischen Positionen für sich selbst das ausschließliche Recht göttlicher Wahrheit in Anspruch nahm und sich durch diese Wahrheit gebunden fühlte, dann half auch kein paritätisches Verfahren. Das galt auch vom Reichstag, der sich allen Bitten gerade des Reichskammergerichts, in den strittigen Fragen des Religionsfriedens eine politische Entscheidung zu fällen, versagte. Kaiser und Reichsstände gaben entsprechenden Verhandlungen je länger desto weniger eine Chance; ja: man befürchtete schon vom bloßen Versuch solcher Verhandlungen eine Gefährdung des Religionsfriedens insgesamt und blieb deshalb überhaupt untätig. Der Glaubenskonflikt mitsamt seinen politischen Implikationen war auf diese Weise aber nicht zu neutralisieren; im Gegenteil führte er gegen Ende des Jahrhunderts Stück um Stück zur Lähmung der Reichsverfassung. Seit den achtziger Jahren war mit der Visitationskommission für das Reichskammergericht die höchste Gerichtsbarkeit des Reichs bedroht; in den neunziger Jahren scheiterten die Reichskreise an der Aufgabe, in den westlichen Landschaften des Reichs den Landfrieden gegen Franzosen, Niederländer und Spanier zu wahren; an der Jahrhundertwende wurde dann der so wichtige Reichsdeputationstag gesprengt und damit zugleich der Reichsjustiz ein weiterer schwerer Schlag versetzt. Abgesehen vom Kaiser und dessen Reichshofrat bestand damit von den Verfassungsorganen des Reichs nur mehr der Reichstag, und auch der war schon seit geraumer Zeit von einer zunehmenden Verengung seines Handlungsspielraums betroffen. Gleichzeitig aber gewannen konfessionelle Ständebünde, die in mancherlei Verbindungen zu den europäischen Mächten und in Abhängigkeit von ihnen standen, an politischer Bedeutung im Reich; die Katastrophe des Dreißigjährigen Kriegs kündigte sich unübersehbar an.

Für die Verfassung der deutschen Territorien brachte das 16. Jahrhundert weniger folgenreiche Umbrüche und Gefährdungen als für die Reichsverfassung. Das gilt selbst für die – obzwar auch hier tiefgreifenden – Folgen des Glaubensstreits.

Das Mit- und Gegeneinander von Landesfürst und Ständen blieb als Grundkonstellation der politischen Ordnung der Territorien zumeist erhalten und verfestigte sich sogar noch. Die Landesherren blieben fortdauernd auf die Gewährleistung ihrer Herrschaft durch die Stände angewiesen; bei vielen wichtigen Entscheidungen der Legislative, z. B. beim Erlaß der jetzt häufiger werdenden umfassenden Landesordnungen, auch bei der Organisation des Wehrwesens, erst recht bei der Erhebung von Steuern war und blieb die Mitwirkung der Stände grundsätzlich unverzichtbar. Zudem kristallisierte sich allmählich die Anerkennung eines Grundbestands ständischer, insbesondere adliger Herrschaftsrechte auf lokaler und regionaler Ebene durch die Fürsten heraus; das trug dazu bei, dem politischen Ständewesen seine soziale Substanz zu sichern.

Mitunter kam es sogar zur Verlagerung der verfassungspolitischen Gewichte im Lande zugunsten der Stände, insbesondere in Situationen einer schwierigen Thronfolge oder der Vormundschaft für einen unmündigen Fürsten, als Folge auch einer längerdauernden Abwesenheit oder eines eklatanten politischen Versagens des Landesherrn, nicht zuletzt: angesichts der Gefahr fürstlicher Landesteilungen. Derartige Verhältnisse waren indessen zumeist bloß transitorisch. Ein dauerndes Übergewicht über die fürstliche Gewalt erlangten die Stände nur ausnahmsweise; die wichtigste dieser Ausnahmen war das Herzogtum Württemberg. Im Gegenteil brachte die verfassungspolitische Entwicklung des Jahrhunderts – im Rahmen der fortbestehenden Bipolarität zwischen Landesfürst und Ständen – für gewöhnlich eine deutliche Stärkung der landesfürstlichen Position. Die Gründe dafür waren vielschichtig; dementsprechend gab es von Territorium zu Territorium erhebliche, auf den ersten Blick mitunter verwirrende Unterschiede der Entwicklung in ihren maßgebenden Impulsen und in ihren Phasen. Immerhin lassen sich doch eine Reihe typischer Gründe und Erscheinungsformen jener Verschiebung der verfassungspolitischen Gewichte ausmachen.

Ein erstes typisches Element dieser Art hing mit der Bedeutung des Adels als eigentlich tragender Basis des politischen Ständewesens zusammen. Wo der Adel einer Landschaft sich der Landeshoheit der Fürsten entzog und im Rahmen der Reichsritterschaft seine Reichsunmittelbarkeit behauptete, wie das weithin im Süden und Westen des Reichs, zuletzt noch in Trier und Fulda, geschah, da minderte sich das Gewicht des solcherart entkernten Ständewesens entscheidend; der Auszug des Adels aus den Landtagen bereitete in aller Regel dem fürstlichen Absolutismus den Weg. Die große Ausnahme bildete wiederum Württemberg, wo sich die in den Ständen dominierende Ehrbarkeit des Landes fortdauernd als stark genug erwies, um den Herzögen Paroli zu bieten.

Neben dem Ausscheiden des Adels aus den Ständen mancher Territorien schlug der Ausbau der fürstlichen Verwaltung wie überhaupt der Aufbau des landesherrlichen Staatswesens zu Buche. Die fürstliche Gesetzgebung, namentlich in Form der landesherrlichen Polizeiordnungen, weitete sich kontinuierlich aus; die Ausfächerung der landesherrlichen Zentralverwaltung in Sachressorts wie ihre zunehmende Präsenz auch auf der unteren Verwaltungsebene ließen die in der Legislative angestrebte Expansion fürstlich-staatlicher Gestaltung und Kontrolle des gesellschaftlichen Lebens allmählich Realität werden. Allerdings wird man die Effektivität dieser Verwaltung auch nicht überschätzen dürfen: Die Verwaltung des platten Landes und weite Bereiche der Finanzverwaltung lagen ja vielfach fortdauernd in ständischer Hand, und selbst in Territorien mit einer besonders gut ausgebauten fürstlichen Verwaltung wie etwa Sachsen und Bayern – hier gab es sogar eine funktionierende Dreistufigkeit des Verwaltungsaufbaus – blieb der Adel von der Gewalt der fürstlichen Behörden zumeist eximiert. Um so wichtiger war, daß es den Fürsten gelang, die dynastische und Außenpolitik des Landes, zumeist auch die wichtigsten Fragen der Finanzpolitik, ihrer eigenen Entscheidung vorzubehalten, insoweit beraten nur von einem engsten, ausschließlich vom persönlichen Vertrauen des Fürsten getragenen Kreis «geheimer» oder Kammerräte. Gelegentlich kam es, sozusagen als institutionelle Verfestigung dieses persönlichen Regiments der Landesfürsten, auch schon zur Ausbildung eines behördlich organisierten Geheimen Rats in bezeichnender Überordnung gegenüber dem Hofrat. Am frühesten sind solche behördliche Verfestigungen in den zwanziger Jahren des Jahrhunderts unter Erzherzog Ferdinand in Österreich belegt; 1574 bzw. 1582 folgten Kursachsen und Bayern, kurz nach der Jahrhundertwende dann Brandenburg und Hessen-Kassel. Daß dem Hofrat und selbst dem Geheimen Rat nicht selten adlige Herren angehörten, die zugleich in den ständischen Organisationen des Landes eine wichtige Rolle spielten, bedeutete im übrigen eine bemerkenswerte Neutralisierung der verfassungspolitischen Gegensätze von Fürst und Ständen, zumeist wohl zugunsten des Landesherrn.

Ein weiteres Element allmählichen Bedeutungsschwunds der Stände lag darin, daß die ständischen Steuerbewilligungen – zu Beginn des Jahrhunderts noch eine Ausnahme – allmählich zur Routine wurden. Die Umlage der Türkensteuern des Reichs, denen die Landstände sich kaum entziehen konnten, wirkte dabei offenbar bahnbrechend. Gegen Ende des Jahrhunderts galt die Erhebung von Steuern auch zugunsten des territorialen bonum commune als Selbstverständlichkeit; ihre Bewilligung konnte immer weniger zum Hebel verfassungspolitischer Forderungen gegenüber dem Landesherrn gemacht werden. Daß die politischen Funktionen der Stände zahlreicher Territorien allmählich auf bloße ständische Ausschüsse übergingen, verschob die Gewichte ebenfalls regelmäßig zugunsten des Landesherrn. An sich nicht nur billiger, sondern auch entscheidungsfähiger als die Gesamtlandtage mit ihrem umständlichen Verfahren, erlagen die Ausschüsse doch weithin der Gefahr einer allzu weitgehenden Interessenidentifikation mit dem Landesherrn oder gar einer politischen Korrumpierung durch fürstliche Gnadenerweise. Langfristig bedeutete die Verdrängung der Landtage durch die Ausschüsse zumeist überhaupt den Anfang vom Ende der landständischen Verfassung, so etwa in Bayern und Brandenburg; umgekehrt hat freilich die württembergische Landschaft gerade im Ausschuß ein sehr effektives Organ zur dauernden Überwachung ihrer Herzöge gefunden.

Schließlich erwuchs den Landesherren aus dem Ausbau ihres Kirchenregiments ein dauernder Zuwachs an Macht und Autorität. Das gilt nicht nur für die evangelischen Fürsten; insbesondere die bayerischen Herzöge haben ihre staatskirchenrechtlichen Befugnisse im Laufe des 16. Jahrhunderts in einem Maße ausgedehnt, das dem landesherrlichen Kirchenregiment vieler evangelischer Fürsten nicht nachstand. Gleichwohl bedeuteten die weltumspannende Organisation und Lehre der katholischen Kirche stets eine gewisse Beschränkung katholischen Landeskirchenregiments; auch die fortdauernd starke Stellung des Adels in den maßgebenden Institutionen der Reichskirche, insbesondere in den Domkapiteln, zwang die katholischen Landesherren zur Rücksichtnahme. Dazu kam noch, daß in den protestantisch gewordenen Territorien – und nur in ihnen – das Kirchenvermögen größtenteils in die Verfügungsgewalt der Landesherren überging; die Stände konnten demgegenüber allenfalls die Erhaltung einiger Dom- und Kollegiatstifte als Institutionen adliger Pfründen erreichen. Zwar fiel das Kirchengut, insbesondere das Vermögen aufgehobener Klöster, keineswegs generell dem fürstlichen Kammergut der protestantischen Landesherren zu; der größte Teil des Kirchenguts blieb vielmehr zumeist für Zwecke der Kirche, insbesondere für die bessere Ausstattung von Pfarreien, oder für die Neugestaltung des Schul- und Armenwesens erhalten. Die Entscheidungsgewalt in alledem aber ging doch auf die Landesherren über, die insoweit auch jede ständische Mitbestimmung in aller Regel auszuschalten wußten.

Die wichtigste Stütze der Landesherren in ihrer Auseinandersetzung mit den Ständen wie beim Aufbau ihres Staatswesens waren das ganze Jahrhundert hindurch die humanistisch gebildeten bürgerlichen Juristen – Beamteneliten, die im Dienst des Fürstenstaats ihren sozialen Aufstieg gefunden hatten und durch gemeinsame, zumeist an der Landesuniversität erworbene Bildung, durch Familienbeziehungen und soziale Interessen untereinander eng verbunden waren. Daß im Laufe des Jahrhunderts der Adel an politischem Gewicht zurückgewann, ging auf Kosten dieser bürgerlichen Beamteneliten, machte sie aber keineswegs überflüssig; in manchen katholischen Ländern gelangten sie überhaupt erst jetzt – im Zusammenhang der katholischen Reform und Gegenreformation – auf den Höhepunkt ihrer Bedeutung. Wegen der vielfältigen Verquickungen der Konfessionsbildung mit der staatlichen Durchformung der Territorien kam des weiteren den Geistlichen, vor allem den evangelischen, eine wichtige politische Funktion zu; auch sie wurden, in strikter Abhängigkeit vom Landesherrn, zu einer Kraft nicht nur der konfessionellen, sondern zugleich der politischen Kohäsion des Territoriums. Daß katholische wie evangelische Prälaten auf den Landtagen zumeist als Parteigänger der landesfürstlichen Politik agierten, ließ jene Abhängigkeiten sogar im politischen Ständewesen selbst durchschlagen.

Wenn der Glaubensstreit des 16. Jahrhunderts in der Regel auf allen Seiten des Streits die Fürstenmacht stärkte – gegenüber Kaiser und Reich wie gegenüber den Ständen und Untertanen der Territorien selbst –, so sah die Bilanz, wenigstens vorläufig, doch anders aus, wenn ein starkes Ständewesen in konfessioneller Opposition zum Landesherrn stand, wie das vor allem in den östlichen der österreichischen Erblande der Fall war. Die Weiträumigkeit und geringe politische Durchdringung dieser Landschaften gab den Großen des Landes, zu denen hier ja auch Grafen und Herren zählten, von jeher ein besonderes Gewicht; ihre Unentbehrlichkeit für die Abwehr der Türken kam verstärkend hinzu. Daß die weltlichen Stände dieser Länder – der Adel wie die Städte – sich in ihrer großen Mehrheit für die Reformation entschieden, war deshalb von seiten der katholisch bleibenden habsburgischen Landesherrschaft weder von vornherein zu verhindern noch ohne weiteres rückgängig zu machen. Der konfessionelle Konflikt wirkte aber auf die verfassungspolitischen Verhältnisse zurück, und zwar als Verschärfung des politischen Dualismus von Landesherren und Ständen. In den daraus resultierenden Kämpfen gewann die habsburgische Landesherrschaft gegen Ende des Jahrhunderts allmählich an Boden. Nach dem Rückschlag des habsburgischen Bruderzwistes und des böhmischen Aufstands sollte die Schlacht am Weißen Berge 1620 dann die endgültige Entscheidung gegen den Protestantismus wie gegen das Ständewesen Böhmens und der österreichischen Erblande bringen; damit mündete die Entwicklung in einen konfessionellen Absolutismus, wie ihn in vergleichbarer oder wohl noch härterer Form nur das Bayern des Herzogs und späteren Kurfürsten Maximilian I. (1598–1651) erlebt hat.

Die verfassungsgeschichtliche Bilanz der Reichsstädte schließlich entsprach im wesentlichen den schon zu Beginn des Jahrhunderts maßgebenden Tendenzen der Entwicklung. Das schloß jedoch wiederum gewisse Verschiebungen zugunsten der einen oder anderen zunächst noch offenen Alternative der verfassungspolitischen Strukturen nicht aus; die wichtigsten dieser Verschiebungen waren Folgen des Glaubensstreits sowie der Verfassungsreformen Karls V. in den oberdeutschen Städten nach dem Schmalkaldischen Krieg.

Die Reichsunmittelbarkeit und mit ihr die Reichsstandschaft der Reichsstädte, die sich gegen Ende des 15. Jahrhunderts herausgebildet hatten, blieben unbestritten erhalten. Es gelang den Reichsstädten jedoch nicht, ihre reichsständische Position zur ganzen Fülle der kurfürstlichen oder fürstlichen Reichsstandschaft auszubauen. Das Stimmrecht der Städte auf den Reichstagen war nach wie vor ein Recht nur der Beratung, nicht der wirklichen Entscheidung; auch sonst blieben die Städte im Verfahren des Reichstags gegenüber den oberen Kurien benachteiligt. Diesem minderen Rechtsstatus entsprach die ausdrückliche Beschränkung des jus reformandi der Reichsstädte durch den Augsburger Religionsfrieden: Das volle jus reformandi galt ja sehr bald als Kernstück reichsständischer Landeshoheit, seine Beschränkung bedeutete mithin ein empfindliches verfassungspolitisches Defizit der Städte. Zwar nahm eine ganze Reihe von Reichsstädten auch nach 1555 faktisch ein weitgehendes Reformationsrecht in Anspruch, ohne daß das Reich mit Entschiedenheit dagegen einschritt. Der Fall Aachens zeigte jedoch zu Ausgang des Jahrhunderts sehr deutlich, daß die Reichsstädte hier nicht nur rechtlich, sondern auch politisch auf schwankendem Boden standen – zumal dann, wenn es in der Nachbarschaft mächtige katholische Fürsten gab, die sich von einer Intervention gegen die Stadt im Namen des Reichsrechts politische Vorteile versprechen konnten. Überdies brachte Karl V. mit seinen Verfassungsreformen in den oberdeutschen Reichsstädten 1548 bzw. 1551/52 die alte Rechtsmacht des Kaisers gegenüber den Reichsstädten sehr eindrücklich in Erinnerung und führte damit zugleich aller Welt die reichsrechtliche Minderstellung der Reichsstädte gegenüber dem reichsständischen Adel vor Augen.

In der inneren Ordnung der Reichsstädte blieb überall die Ratsverfassung als verfassungsrechtlicher Rahmen des Stadtregiments erhalten. Die soziale Basis des Rats wurde in vielen Städten erweitert: im Norden und Nordwesten des Reichs, wie früher schon in Oberdeutschland, durch ein Honoratiorentum reichgewordener Kaufleute und Handwerker, die in das Stadtregiment aufrückten, dazu in Nord und Süd durch das Eindringen akademisch gebildeter Juristen in den Rat. Eine durchgreifende genossenschaftliche Umstrukturierung der Stadtverfassung, wie sie im Umfeld des Bauernkriegs gelegentlich propagiert wurde, kam aber nirgends zustande. Im Gegenteil: Auch bescheidene Forderungen nach einer breiteren Teilhabe der Stadtbevölkerung am Stadtregiment verstummten nach dem Bauernkrieg für lange Jahrzehnte fast völlig; statt dessen sorgten alte und neue Eliten für eine zunehmende Hierarchisierung und Oligarchisierung der politischen Rechte in der Stadt. Schon die Erteilung des vollen Bürgerrechts wurde restriktiver gehandhabt denn je zuvor. In Nürnberg, Augsburg und Ulm z. B. machten die Vollbürger deutlich weniger als 20 Prozent der erwachsenen männlichen Stadtbevölkerung aus. Sofern Frauen das Bürgerrecht erwerben konnten – und das war keineswegs überall der Fall –, blieben sie doch zumeist von wichtigen Abstimmungen, auch von den Zunftwahlen, ausgeschlossen; Angehörigen bestimmter Berufsgruppen wurde im Interesse einer Beschränkung innerstädtischer Konkurrenz für die eingesessenen Meister das Bürgerrecht zeitweise überhaupt versagt.

Erst recht blieb der Zugang zum Rat zumeist bald wieder auf nur wenige Familien beschränkt. In einer traditionell vom Patriziat beherrschten Stadt wie Nürnberg war das schon immer so gewesen; in den von der Verfassungsreform Karls V. betroffenen Städten wurde es von neuem üblich. Aber auch in Köln stellten Generationen hindurch nicht mehr als 17 Familien die Gesamtheit der Ratsmitglieder, und in Lübeck war es lange Zeit kaum anders. Bezeichnenderweise wurden die Ratsgremien zumeist auch nicht mehr durch Wahl aus der Bürgerschaft besetzt, sondern sie ergänzten sich selbst im Wege der Kooptation, und wo man noch an alten Formen der Wahl festhielt, erstarrten diese Formen oft zu leeren Ritualen, deren Ergebnisse von vornherein feststanden. In Ulm z. B. pflegte der Stadtschreiber, um sich durch das formal sehr komplizierte Wahlverfahren nicht verwirren zu lassen, die Listen mit den Wahlergebnissen immer schon vorab fertigzustellen – nachträgliche Korrekturen wurden nur selten erforderlich.

Dem Ausschluß der Bürgerschaft von der Besetzung des Rats entsprach ihr weitgehender Ausschluß auch vom Stadtregiment selbst; die Bürgerschaft der Reichsstädte wurde immer mehr zum Objekt der Ratsherrschaft. Wenn der Rat einiger Städte schon im ausgehenden Mittelalter seine Bürger als Untertanen bezeichnet und behandelt hatte, so wurde das jetzt zur gängigen Praxis; daß die reichsstädtischen Spätreformationen der zweiten Jahrhunderthälfte in aller Regel ohne Zustimmung der Bürgerschaften von den jeweiligen Räten verordnet wurden, war dafür – und zugleich für den Wandel der Dinge seit den zwanziger und dreißiger Jahren des Jahrhunderts – bezeichnend. Immerhin fehlte es nicht ganz an Widerständen und Gegenströmungen. So wurde die Fassung des Bürgereids – ob nämlich die Bürger, wenn überhaupt, der gesamten Stadt oder nur dem Rat Gehorsam zu schwören hätten – vielerorts zum Gegenstand lebhafter Auseinandersetzungen, und die Juristen auf beiden Seiten des Streits stellten im Zusammenhang solcher Streitigkeiten mitunter sogar die Regierungsform der Stadt grundsätzlich zur Diskussion. In Lübeck etwa vertrat der Rat um die Jahrhundertwende die Auffassung, daß durch eine eidliche Gehorsamsverpflichtung der Bürger auch gegenüber der Stadt die bestehende «Aristocratia» in eine «hochschädliche Democratia» verwandelt würde; umgekehrt erkannte die Bürgerschaft zwar an, daß die Regierungsform Lübecks von Rechts wegen eine Aristokratie sei, aber doch nur in dem Sinne, daß die Herren des Rats als «rectores civitatis« regierten und nicht als «domini» – dominium und summa potestas stünden vielmehr der Gesamtheit von Rat und Bürgerschaft zu. In der Tat setzte sich in Lübeck die Auffassung der Bürgerschaft durch, und auch andernorts wurde das Verständnis der politischen Ordnung der Stadt als einer aus aristokratischen und demokratischen Elementen «gemischten» Verfassung geläufig; in der Praxis überwogen freilich zumeist die aristokratischen – um nicht zu sagen: oligarchischen – Tendenzen. Am ehesten erhielt sich eine wenigstens kontrollierende Mitwirkung der Bürgerschaft am Stadtregiment dann, wenn es zur Einrichtung besonderer Bürgerausschüsse neben dem Rat gekommen war; diese Bürgerausschüsse erzwangen nicht selten sogar die Offenlegung der städtischen Finanzen, die ansonsten vom Rat als arcanum regiminis behandelt wurden. Daß bei solcher Offenlegung mancherlei Mißstände und Vetternwirtschaft im Stadtregiment ans Licht kamen, förderte wie eh und je die bürgerschaftliche Opposition, bewirkte aber kaum irgendwo prinzipielle Reformen.

V.

Kirche und geistiges Leben

Die tiefsten Brüche und Wandlungen des 16. Jahrhunderts waren Brüche und Wandlungen des kirchlichen Lebens: Die eine abendländische Kirche des Mittelalters spaltete sich in eine Pluralität von Konfessionen auf. Die Anfänge dieser Aufspaltung lagen bereits in der Frühgeschichte Luthers und der Reformation; zur vollen und damit auch epochenprägenden Ausformung der Konfessionen kam es dann in der zweiten Jahrhunderthälfte. Die wichtigsten von ihnen waren der Katholizismus, das Luthertum und der Calvinismus. Daneben lebten andere kirchliche Gruppen mit zumeist spiritualistischem oder mystischem Einschlag – auch und vor allem die Täufer – trotz immer wiederkehrender Verfolgungen im Untergrund fort, bis auf weiteres jedoch ohne größere Bedeutung.

Die neu entstandenen Konfessionen waren nach wie vor nicht ohne grundlegende Gemeinsamkeiten in theologischen Grundauffassungen und Lebenseinstellungen. So blieben die altkirchlichen Symbole überall in Kraft, auch die Taufe wurde hinüber und herüber anerkannt, und ein Vergleich der abendländischen Konfessionen etwa mit der Ostkirche läßt alsbald weitere prinzipielle Gemeinsamkeiten der abendländischen Konfessionskirchen zutage treten. Für die Zeitgenossen selbst standen freilich nicht diese fortbestehenden Gemeinsamkeiten, sondern die Unterschiede und Gegensätze der Konfessionen in Dogma, Kultus, Brauchtum und Recht ganz im Vordergrund. Diese unterschiedlichen und gegensätzlichen Ausprägungen der Konfessionen sind bereits in früheren Kapiteln des genaueren erörtert worden. Auch und gerade in ihren gegensätzlichen Positionen aber wiesen die einzelnen Konfessionen zugleich sehr bezeichnende strukturelle Übereinstimmungen auf. Diese strukturellen Übereinstimmungen sind es überhaupt, die es allererst erlauben, die Pluralität der frühneuzeitlichen Kirchen in den Begriff der «Konfessionen» zusammenzufassen.

Ein erstes Grundmerkmal der Konfessionen bestand darin, daß jede von ihnen – nicht anders als die eine mittelalterliche Kirche – gerade für sich und nur für sich den Anspruch des unverkürzten Zeugnisses der göttlichen Wahrheit erhob. Anspruch und Realität standen mithin offensichtlich in harter Spannung, und diese Spannung entlud sich im leidenschaftlichen Streit mit den je anderen, konkurrierenden Konfessionen.

Dieser Streit war primär ein Streit nicht um den Kultus oder um das Recht, sondern um die rechte Lehre, um das Dogma als theoretische Entfaltung des christlichen Glaubens. Der Begriff der Konfession trifft insofern einen zentralen Aspekt der Sache: Die kirchliche Verselbständigung schon der deutschen Reformation knüpfte ja ganz wesentlich an ein dogmatisch durchgearbeitetes Glaubensbekenntnis, nämlich an die Confessio Augustana von 1530, an; Ähnliches galt in der Folge für nahezu alle anderen reformatorischen Kirchen von Genf bis nach Schottland, und auch die dogmatischen Dekrete des Tridentinums waren – historisch gesehen – nichts anderes als eine Bekenntnisschrift der katholischen Kirche, auch wenn sie sich selbst als allgemeinverbindlich verstanden. Gerade im Bereich dieser dogmatischen Auseinandersetzungen wurden die konfessionellen Konflikte auch mit besonderer Entschiedenheit und Härte ausgefochten. Dabei schoß die grobe Polemik des Streits vielfach über das Ziel hinaus; schon unter den Zeitgenossen gab es manche Klage über die rabies theologorum. Die prinzipielle religiöse – obzwar nicht notwendigerweise auch politische – Intoleranz beider Seiten war jedoch kaum vermeidbar: Wenn das Bekenntnis einer Kirche wirklich der göttlichen Wahrheit und Offenbarung entsprach, wie man glaubte, dann waren davon eben keine Abstriche und darüber keine Kompromisse möglich – um der Ehre Gottes und auch um des eigenen Seelenheils willen.

Die gelehrten Theologen aller Konfessionen machten es sich zur Aufgabe, die Kirchenlehre in ihrer jeweiligen konfessionellen Ausprägung zu umfassenden, von der Erkenntnistheorie bis zur Sozialethik reichenden Lehrgebäuden auszugestalten. Darüber hinaus bemühte man sich, gerade die kirchlichen Unterscheidungslehren auch den Pfarrern in Stadt und Land und selbst dem Kirchenvolk einzuprägen. Der Vermittlung differenzierterer theologischer Zusammenhänge und Dissense an das einfache Kirchenvolk blieben freilich enge Grenzen gesetzt. Über die Grundlehren des Katechismus reichte das religiöse Wissen wohl nur selten hinaus, und oft genug blieb es trotz aller Bemühungen weit dahinter zurück. Erhebliche Teile des theologischen Streits um die rechte Auslegung der Heiligen Schrift, um Rechtfertigung und Abendmahl, um Prädestination und freien Willen, um Sakramente und kirchliche Ordnung waren demgegenüber eine ziemlich akademische Angelegenheit, wenngleich gelegentlich auch hier mit grobem Geschütz geschossen wurde. Gerade als Streit um die rechte Lehre führte der Glaubensstreit zu einer Intellektualisierung des Dogmas, dessen feine Distinktionen für die Frömmigkeit und für die praktische Lebensführung der Gläubigen wohl nur in seltenen Fällen von Bedeutung waren.

Um so wichtiger waren andere Gegensätze der Konfessionen in Kultus und Rechtsordnung, Frömmigkeitsformen und kirchlichem Brauchtum, die – zumeist konkreter, auch sinnlich deutlicher faßbar – von der großen Mehrheit der Gläubigen stärker empfunden wurden als die theologischen Dissense, die dem Streit eigentlich zugrunde lagen. Wenn noch um die Jahrhundertmitte in vielen Landschaften des Reichs die Leute von sich selbst nicht zu sagen wußten, ob sie eigentlich evangelisch oder katholisch wären, so änderte sich das in den folgenden Jahrzehnten gründlich; auf allen Seiten entstand ein deutlich ausgeprägtes Konfessionsbewußtsein. Dabei waren sich Luthertum und Calvinismus in ihrer Ablehnung des Katholizismus grundsätzlich einig, wie natürlich auch umgekehrt die katholische Kirche beiden protestantischen Bekenntnissen jede Existenzberechtigung absprach. Darüber dürfen jedoch die tiefgreifenden Gegensätze zwischen Luthertum und Calvinismus nicht übersehen werden, die das lutherische Kirchenwesen in den Augen der Calvinisten als halb papistisch erscheinen ließen.

Zur Eigenart der frühen Konfessionskirchen gehörte des weiteren, daß sie die Kirchenreform, und zwar im Sinne einer reformerischen Durchdringung nicht nur der kirchlichen Institutionen, sondern auch des Kirchenvolks, als eine fundamentale und dauernde Aufgabe ansahen. Für die reformatorischen Kirchen war das ein Erbteil schon ihrer Ursprünge als Reformbewegung, aber auch für die katholische Kirche setzte sich dieses Moment im letzten Drittel des Jahrhunderts mehr und mehr durch: ecclesia semper reformanda – das galt jetzt für alle abendländischen Konfessionskirchen. Wiederum wird man die Tiefenwirkung dieser Reformen bei der einfachen Bevölkerung wohl nicht überschätzen dürfen. Noch gegen Ende des Jahrhunderts hatten die Kirchenvisitationen aller Konfessionen neben viel Unwissenheit und hartnäckiger Gleichgültigkeit eine Fülle von konkreten geistlichen und sittlichen Defekten zu beklagen. Selbst wenn man unterstellt, daß die Maßstäbe der Reform sich im Laufe der Zeit verschärften, steht die zähe Langwierigkeit der kirchlichen Reformprozesse außer Frage. Daß die katholische Kirche dabei und gerade in Deutschland besonders langsam vorankam, hatte seinen Grund nicht zuletzt darin, daß sie – im Widerspruch zu Grundintentionen des Tridentinums, aber mit Billigung Roms – eine Adelskirche blieb, in der spezifisch adlige Interessen noch lange Zeit eine maßgebende Rolle spielten: von den Versorgungsbedürfnissen einer kleinen ritterschaftlichen Familie bis hin zu den Machtinteressen der bayerischen oder auch der habsburgischen Bistumspolitik in Lüttich und Köln, Passau und Straßburg. Im übrigen blieben die Erfolge der kirchlichen Reform, und zwar in allen Konfessionen, zumeist auch deshalb begrenzt, weil der Versuch der christlich-konfessionellen Durchdringung der Bevölkerung auf ein ziemlich festes Gefüge herkömmlicher, zum Teil sehr alter, von der Christianisierung kaum je tangierter Lebensanschauungen und -praktiken stieß. Diese «Volkskultur», die mit ihrem vielfältigen Brauchtum – nicht zuletzt mit ihrem Aberglauben – das Leben des einfachen Volks tiefgreifend bestimmte, erwies sich gegenüber allen Bemühungen um eine tiefergreifende Christianisierung als ungemein resistent. Von einer Zerstörung dieser «Volkskultur» durch die «Elitenkultur» der Konfessionskirchen des Zeitalters, wie es in der Forschung gelegentlich behauptet worden ist, kann jedenfalls nicht die Rede sein – ganz abgesehen davon, daß schon der hier vorausgesetzte Gegensatz von «Volks»- und «Elitenkultur» den komplexen Verhältnissen Deutschlands im 16. Jahrhundert nur wenig entspricht.

Die konfessionellen Ausprägungen und Abgrenzungen wirkten, über den engeren kirchlichen Bereich weit hinaus, auf nahezu alle Gebiete des gesellschaftlichen Lebens ein und standen in Wechselwirkung mit ihnen. In besonders hohem Maße galt das natürlich für das Schul- und Bildungswesen. Das Schulwesen der Zeit verdankte dem konfessionell-kirchlichen Interesse an der Erziehung der Jugend überhaupt seine wichtigsten Impulse; am Ende des Jahrhunderts standen sich die protestantische «Gelehrtenschule», die im wesentlichen auf die Konzeptionen Melanchthons zurückging, und das Jesuitengymnasium als die wichtigsten Typen des gelehrten Unterrichtswesens in Deutschland gegenüber. Auch die Universitäten wurden im Zuge des Glaubensstreits umgestaltet, zunehmend konfessionell diszipliniert und selbst wieder zum Instrument konfessioneller Disziplinierung des Landes gemacht, vorab der geistlichen und weltlichen Beamtenschaft; die Neugründungen von Universitäten – Marburg, Königsberg, Jena und Helmstedt auf evangelischer, Dillingen, Würzburg und Graz auf katholischer Seite – standen ohnehin von vornherein im Zeichen des Glaubensstreits. Entsprechendes gilt für die «akademischen Gymnasien» von Straßburg und Nürnberg, auch für die «Hohe Schule» von Herborn. Konfessionelle Prägungen und Ausgrenzungen wurden aber auch für weite Bereiche der Verfassungs-, Innen- und Außenpolitik des Reichs und der Territorien bestimmend. Am Ende des Jahrhunderts hatte diese Konfessionalisierung der Politik einen solchen Grad erreicht, daß selbst der Religionsfriede und mit ihm die Reichsverfassung an ihr zerbrachen.

Der Konfessionalisierung der Politik entsprach umgekehrt die maßgebliche Rolle der staatlichen Obrigkeiten, im wesentlichen der Reichsstände, für die Ausbildung der Konfessionen. Überall war die Entscheidung für eine bestimmte Konfession letztlich eine Entscheidung der weltlichen Obrigkeit, überall wirkten die weltlichen Obrigkeiten auch bei der inneren Verfestigung der Konfessionen entscheidend mit: durch den Schutz der Landeskirche nach außen, durch die Beteiligung an Visitationen, durch den Erlaß und die Durchsetzung von Kirchenordnungen wie durch mancherlei sonstige Fürsorge im Innern, weit über den engeren Bereich des landesherrlichen Kirchenregiments hinaus. In alledem zeigt sich zugleich eine tiefe gegenseitige Durchdringung von Prozessen der Konfessionalisierung einerseits, der Territorialisierung anderseits, und auch die tragenden Kräfte der Entwicklung waren hier wie dort dieselben – neben den Reichsständen selbst vor allem deren, zumeist bürgerliche, Beamteneliten. In den evangelischen Territorien läßt sich das schon in den Anfängen der Reformation beobachten; in den katholischen Gebieten kam es im Zusammenhang der Katholischen Reform und Gegenreformation im letzten Drittel des Jahrhunderts zu einer ganz entsprechenden Entwicklung.

An sich waren die konfessionellen Bindungen der weltlichen Obrigkeiten mit einer Politik religionspolitischer Toleranz nicht vereinbar; auch der Augsburger Religionsfriede gab konfessionell dissentierenden Untertanen nur geringe Ansprüche auf Duldung. Gleichwohl gab es doch deutliche Nuancen der konfessionellen Geschlossenheit in Stadt und Land. Diese Unterschiede waren ihrerseits weniger durch Unterschiede der Konfessionen bestimmt als vielmehr durch verfassungspolitische Unterschiede im Verhältnis von Fürst und Ständen oder durch außenpolitische Rücksichten auf mächtige territoriale Nachbarn, mitunter auch durch wirtschaftliche Rücksichten – etwa bei der Duldung solcher andersgläubiger Untertanen, auf deren Berufe man aus wirtschaftspolitischen Gründen nicht verzichten konnte oder doch wollte. Im übrigen fehlte es nicht ganz an grundsätzlichen Empfehlungen einer konfessionspolitischen Toleranz: sei es aus vorwiegend reichspolitischem Interesse wie etwa bei Lazarus von Schwendi, sei es aus der Einsicht, daß der konfessionelle Dissens keineswegs unausweichlich die Grundlagen allen Zusammenlebens und allen gegenseitigen Vertrauens zerstören müsse, wie es vor allem Zacharias Geizkofler, der Reichspfennigmeister und einflußreiche Berater des Kaiserhofs, immer wieder geltend machte. Tatsächlich konnten solche prinzipiellen Erwägungen oder – gewiß häufiger – jene politischen und ökonomischen Rücksichten dazu führen, daß der Grad konfessioneller Vereinheitlichung und zugleich Durchformung vorerst oder auch auf Dauer bescheiden blieb; das galt insbesondere für einige Territorien im Nordwesten des Reichs, aber auch für Böhmen und seine Nebenländer.

Ohnehin war die zugleich prägende und trennende Kraft der Konfessionen doch nicht für alle Lebensbereiche gleichermaßen und ausschließlich wirksam. Neben höfischen und territorialpolitischen Interessen, die in eine andere Richtung weisen konnten, standen konfessionsübergreifende Gemeinsamkeiten der Reichspolitik vor allem in der Türkenabwehr; auch standespolitische Solidaritäten, z. B. der Reichsritterschaft, hielten der trennenden Gewalt des konfessionellen Streits noch immer stand. Erst recht blieb die Wirtschaft gegenüber den konfessionellen Verfestigungen und Verengungen weitgehend autark. Daß die protestantischen Kaufleute der Niederlande selbst auf dem Höhepunkt des Konflikts mit König Philipp II. Spanien und Portugal mit osteuropäischem Getreide versorgten – und glänzend dabei verdienten –, ist dafür ein charakteristisches Beispiel; für den internationalen Geschäftskreis des deutschen Exportgewerbes gilt Analoges.

Von besonderer Bedeutung waren schließlich Entwicklungen in den Wissenschaften, die mit den konfessionellen Interessen und Abgrenzungen der Epoche wenig oder gar nichts zu tun hatten. Diese Entwicklungen fanden gutenteils, wenngleich keineswegs ausschließlich, an den Universitäten statt. Zwar waren die Universitäten des Zeitalters – alte wie neu gegründete – weithin in den Dienst der Konfessionen gestellt worden, und ihre dadurch bedingte Enge hat ihnen in der Wissenschaftsgeschichte nicht selten den Vorwurf der Sterilität eingetragen. Daran ist manches Richtige, doch dürfen über solcher Kritik auch die fruchtbaren und zukunftsträchtigen Neuansätze nicht übersehen werden. Ein erster solcher Neuansatz bestand schon in der allgemeinen Durchsetzung des humanistischen Grundstudiums an den neu formierten Philosophischen Fakultäten. Dieses humanistische Grundstudium hob nicht nur das allgemeine akademische Niveau der Sprach- und

Denkfähigkeit, sondern legte auch neue Grundlagen für einen methodischen, nicht zuletzt: kritischen Umgang mit Texten. Das hatte insbesondere für die biblische Theologie und für die Rechtswissenschaft weittragende Konsequenzen: Biblische und Gesetzestexte, vor allem das justinianeische Recht, begannen in ihrer historischen Bedingtheit sichtbar zu werden und verloren damit allmählich ihre naive Normativität. Vielleicht noch folgenreicher war die immer breitere Anerkennung des Prinzips empirischer Beobachtung als Grundlage wissenschaftlicher Erkenntnis. Für dieses methodische Prinzip konnte man an die via moderna der spätmittelalterlichen Philosophie anknüpfen; wichtige zusätzliche Anregungen kamen von den norditalienischen Universitäten, vornehmlich von Padua, dessen berühmte Mediziner sich besonders intensiv auch um die methodischen Grundlagen ihrer Wissenschaft bemühten. Gerade diese Methoden- und Theoriediskussion wurde im Laufe des 16. Jahrhunderts in Deutschland aufgenommen und fortgeführt – zunächst und vor allem an den protestantischen Universitäten, dann aber auch an den katholischen. Das immer eindeutigere Ergebnis dieser Diskussion war, daß sich die Wissenschaften nicht wie bisher in der Interpretation alter – und sei es antiker – Autoritäten erschöpfen dürften. Man müsse sich vielmehr um eine formal wie inhaltlich eigenständige Erneuerung der Wissenschaften auf der Grundlage genauer Beobachtung von Natur und Gesellschaft bemühen; die Unterschiedlichkeit der verschiedenen Lebensbereiche aber mache zugleich die Entwicklung fachspezifischer Methoden wünschbar und notwendig. Tatsächlich entstanden im späteren 16. Jahrhundert Dutzende solcher Methodenlehren, und auch die Forderung nach eigenständiger empirischer Arbeit fand breite Resonanz. Als Beispiel dafür sei die Botanik genannt, in der die aus Süddeutschland stammenden Hieronymus Bock, Otto Brunfels und Leonhard Fuchs sowie der Schweizer Konrad Geßner, später die Niederländer Dodonaeus, Lobelius und Clusius eine führende Stellung in Europa einnahmen; in der kurzen Zeitspanne zwischen 1530 und 1610 wurden rund 6 000 Pflanzen zum ersten Mal wissenschaftlich beschrieben. Noch wichtiger waren die Ergebnisse der Astronomie: zunächst – mit einer im wesentlichen noch traditionellen Methode – die Begründung des heliozentrischen Weltbilds durch Kopernikus, an der Wende des Jahrhunderts dann der Nachweis der elliptischen Bewegung der Planeten um die Sonne, mit dem der aus dem Schwäbischen stammende Johannes Kepler (1571–1630) das Tor zur neuzeitlichen Astrophysik aufstieß. Bezeichnenderweise leistete Kepler auch für die Optik Bahnbrechendes; die Theorie der Linsen und des Fernrohrs (mit zwei Konvexlinsen) geht auf ihn zurück. Zugleich jedoch hielt Kepler zeitlebens daran fest, daß die Konstellation der Gestirne bei der Geburt des Menschen dessen Schicksal auf geheimnisvolle Weise vorausbestimme, und stellte auch selbst das Horoskop.

Die astrologischen Überzeugungen selbst eines Kepler waren nun freilich nicht etwa bloß individuelle Fehlleistungen eines großen Gelehrten. Sie waren vielmehr sehr typische Elemente einer auf die Renaissance zurückgehenden, im Späthumanismus weitverbreiteten Kosmologie, die das Universum als ein von magischen Kräften zusammengehaltenes Ganzes von geheimnisvoller Harmonie zu erfassen suchte. Hinter diesen Vorstellungen stand der uralte Wunsch der Menschheit, das Ganze der Welt als solches zu begreifen und womöglich zu beeinflussen. Das Zerbrechen der einen Kirche des Mittelalters und ihres Weltbildes, dazu die offensichtliche Vorläufigkeit und Begrenztheit der neuen wissenschaftlichen Erkenntnisse mochte diesen Wunsch wohl verstärkt auf magische oder okkulte Theorien und Praktiken hinlenken. Kein Geringerer als Kaiser Rudolf II. war von solchen Ideen eines magischen Universums durchdrungen und gab ihnen an seinem Hofe Raum; daß Kepler zu Beginn des neuen Jahrhunderts für mehr als ein Jahrzehnt an den Kaiserhof ging, gehört auch und gerade in diesen Zusammenhang.

Im Grunde waren die kosmologischen Vorstellungen des deutschen Späthumanismus freilich nur eine sehr spezifische Theoretisierung alten Volksglaubens und damit eines Teils der herkömmlichen Volkskultur – auch unter diesem Aspekt wird man gut daran tun, die Unterschiede von Eliten- und Volkskultur nicht zum ausschließenden Gegensatz zu machen. Gerade dieser traditionelle Volksglaube aber mitsamt seinem gelehrten Überbau erwies sich nicht nur als weitgehend resistent gegenüber allen Bemühungen einer christlich-konfessionellen Durchformung der Bevölkerung, sondern wirkte seinerseits in mannigfacher Weise auf das kirchliche Leben zurück. Dabei handelte es sich gutenteils um ziemlich harmlose Erscheinungen, z. B. um abergläubische Übertreibungen des Heiligen- und Reliquienkults oder um magische Interpretationen kirchlicher Segenshandlungen. Es gab hier jedoch auch sehr verhängnisvolle Entwicklungen, und zwar vor allem im Hexenglauben, der im späteren 16. Jahrhundert in eine geradezu epidemische Hexenverfolgung umschlug.

Der Hexenglaube selbst als eine Verschmelzung vorchristlichen Volks- bzw. Aberglaubens mit kirchlichen Ketzervorstellungen war bereits im ausgehenden Mittelalter voll ausgebildet worden, und seitdem hatte es immer wieder einzelne Hexenprozesse und -hinrichtungen gegeben. Seit der zweiten Hälfte des 16. Jahrhunderts aber kam es während einiger Jahrzehnte zu massenhaften Hexenverfolgungen, die allein in Deutschland über 100 000 Opfer forderten. Dabei konzentrierten sich die Verfolgungen auffällig auf bestimmte Landschaften: Südwest- und Mitteldeutschland von der Schweiz bis zum Herzogtum Westfalen, von Lothringen bis zu den fränkischen Bistümern, dazu im Süden die österreichischen Alpenländer, im Norden das Herzogtum Mecklenburg; überall scheinen die Dörfer und kleinen Städte schlimmer betroffen gewesen zu sein als die großen Städte. Dagegen war der Unterschied der Konfessionen anscheinend kaum von Bedeutung, die Hexenverfolgungen grassierten gleichermaßen in katholischen wie in lutherischen oder auch calvinistischen Gebieten. Im zeitlichen

Ablauf des Geschehens lassen sich wiederum deutliche Konzentrationen besonders heftiger Verfolgungen auf jeweils eine Reihe von Jahren deutlich erkennen; die erste ganz große Welle der Hexenprozesse fiel in die Jahre um 1590.

Die Hexenprozesse kamen zumeist auf Drängen der Untertanen zustande, die ihren Obrigkeiten mit Gerüchten – oft schon auf bestimmte Personen bezogen – in den Ohren lagen, um sie zum Einschreiten gegen die angeblich Land und Leute verderbenden Hexen zu bewegen. Keineswegs alle Obrigkeiten gaben solchem Drängen nach; daß Jülich-Kleve-Berg, die welfischen Fürstentümer, Kurbrandenburg, Kursachsen und – zunächst – Bayern von den Hexenverfolgungen weniger betroffen wurden als andere Territorien, hatte in der ablehnenden Haltung ihrer Landesherren seinen wichtigsten Grund. Auch fehlte es nicht ganz an literarischen Gegnern der Hexenprozesse, von denen der am Niederrhein wirkende Arzt Johann Weyer (1516–1588) wohl der einflußreichste war. Sobald aber die Obrigkeiten dem Druck von unten nachgaben, lösten sie eine ganze Lawine von Prozessen aus. Zum Gerücht als erstem Indiz der Hexerei kam nämlich jetzt die «Besagung», d.h. die Nennung weiterer Verdächtiger durch die bereits Angeklagten unter dem Druck der Folter. Zum Hexenwahn gehörte ja die fatale Vorstellung ganzer Hexengemeinschaften, konkretisiert im Hexentanz; das veranlaßte die inquirierenden Gerichte zu entsprechenden Befragungen, und aus Angst vor der Folter oder unter den Qualen der Folter selbst bekannten die Opfer, was man von ihnen hören wollte: Selbst unschuldig, zogen sie andere Unschuldige mit ins Verderben. Die Chance, einen einmal eingeleiteten Hexenprozeß zu überleben, war zumeist wohl nur minimal; der Folter folgte das Geständnis, dem Geständnis das Urteil, dem Urteil die Hinrichtung. Diese schreckliche Zwangsläufigkeit der Hexenprozesse wurde noch am ehesten durchbrochen, wenn die Prozeßakten zur Begutachtung an eine Juristische Fakultät gingen; die Marburger Universitätsjuristen z.B. scheinen zeitweise in etwa jedem vierten der ihnen vorgelegten Fälle durch ihr Votum das Leben der Angeklagten gerettet zu haben. Die Gesamtbilanz auch der Universitätsgutachten war allerdings sehr viel ungünstiger; denn selbst unter den humanistisch gebildeten Professoren stand nur eine kleine Minderheit dem Hexenwahn oder auch bloß den Hexenverfolgungen kritisch gegenüber. Die Forschungen W. Behringers haben jedoch neuestens erwiesen, daß – zumindest regional – ein sehr viel größerer Anteil der Hexenprozesse mit Freispruch oder Einstellung des Verfahrens endete, als man früher angenommen hat; ein abschließendes, generelles Urteil über diese Frage steht noch aus. Unter den Opfern der Verfolgungen befanden sich Frauen und Männer aus allen Ständen, Geistliche und Weltliche, Greise und Kinder. Anscheinend waren die Unterschichten in Stadt und Land besonders stark betroffen, während Angehörige der Oberschichten wohl nur in seltenen Fällen in den Strudel der Verfolgung gerieten.

Die historische Erklärung der Hexenverfolgungen stößt bis heute auf große Schwierigkeiten. Carlo Ginzburg hat anhand eines Beispiels aus Friaul gezeigt, daß der Vorwurf der Hexerei an das Fortleben heidnischen Brauchtums anknüpfen konnte, etwa eines archaischen Abwehrzaubers gegen Ernteschäden, der zur Hexerei umgedeutet wurde. Ob aber eine solche Uminterpretation agrarischer Kultelemente heidnischen Ursprungs in diabolische Hexerei mehr als bloß regionale Bedeutung hatte, ist sehr zweifelhaft. Die Erklärung der Hexenprozesse als Versuch einer brutalen Sozialdisziplinierung der Untertanen von seiten der geistlichen und weltlichen Obrigkeiten reicht ebenfalls nicht sehr weit, zumal da die Anstöße zu den Hexenverfolgungen in aller Regel gerade nicht von den Obrigkeiten, sondern von den Untertanen selbst ausgingen. Erst recht unbefriedigend erscheint der Versuch, die Hexenverfolgungen insgesamt als Maßnahmen zur Unterdrückung naturheilkundiger «weiser Frauen» zu verstehen – dies schon deshalb, weil solche «weisen Frauen» nur einen kleinen Bruchteil der Verfolgten ausmachten. Und auch die Interpretation der Hexenverfolgungen als «Feldzug gegen das weibliche Geschlecht» dürfte viel zu weit gehen und überhaupt den Kern des Problems verfehlen. Zwar trug die zeitgenössische Hexenliteratur unbestreitbar frauenfeindliche Züge; der berüchtigte «Hexenhammer» von 1487, der seit den sechziger Jahren des 16. Jahrhunderts weite Verbreitung fand, liefert dafür krasse Belege. Auch wurden faktisch von den Hexenprozessen überwiegend Frauen betroffen, bei regionalen Unterschieden von etwa 50 bis über 95 Prozent der Opfer. Gleichwohl läßt sich Frauenfeindlichkeit als eigentliche und generelle Triebkraft der Hexenverfolgungen aus den Quellen nicht belegen; sie war kaum mehr als ein Einschlag im Gewebe. Vermutlich wird man überhaupt mit einer Pluralität von gesellschaftlichen Konfliktlagen rechnen müssen, die in die Hexenprozesse umschlugen, wie das ja auch immer wieder in den Judenverfolgungen geschehen ist. Die deutliche Häufung der Hexenverfolgungen in Dörfern und kleinen Ackerbürgerstädten legt im übrigen die Vermutung nahe, daß die aus der Diskrepanz von Bevölkerungs- und Wirtschaftswachstum resultierenden sozialen Spannungen auf dem Lande als auslösendes Moment der Hexenverfolgungen von besonderer Bedeutung waren. Doch sind hier noch viele Fragen offen, die sich erst auf Grund weiterer intensiver und geduldiger Bemühungen um die historischen Quellen werden beantworten lassen.

Anhang

Nachwort

Das vorliegende Buch ist ursprünglich für die Reihe der im gleichen Verlag erscheinenden ‹Neuen Deutschen Geschichte› konzipiert worden. Als sich erwies, daß der Umfang der Darstellung den Rahmen der Reihe sprengen würde, hat der Verlag vorgeschlagen, vorab eine stark gekürzte Fassung als Band 4 der ‹Neuen Deutschen Geschichte› zu veröffentlichen und ihr etwas später die ungekürzte Darstellung folgen zu lassen. Ich habe diesen Vorschlag gern aufgegriffen. Die Kurzfassung ist mittlerweile (1989) unter dem Titel ‹Reich und Glaubensspaltung. Deutschland 1500–1600› erschienen; hier liegt nun die größere Fassung vor.

Wenn solcherart der Verlag einen wichtigen Anstoß für die Entstehung des Buchs gegeben hat, so kamen dazu doch auch Gründe der eigenen wissenschaftlichen Biographie: Es schien mir sinnvoll, nach rund drei Jahrzehnten akademischer Forschung und Lehre für einen Hauptgegenstand dieser Bemühungen – eben die Geschichte des 16. Jahrhunderts – eine Art Zwischenbilanz zu ziehen und sie in die Form einer größeren zusammenhängenden Darstellung zu gießen. Ich bin sehr dankbar, daß ich dieses Vorhaben trotz mancher Widrigkeiten, vor allem: zeitweise erheblicher gesundheitlicher Beeinträchtigungen, habe zu Ende führen können.

Es versteht sich, daß ein solcher Versuch der Bilanz auf den Fragestellungen und Ergebnissen der neueren Geschichtswissenschaft, insbesondere auf den Forschungen zur Geschichte des 16. Jahrhunderts selbst, beruht. Das gilt vor allem für die vergleichsweise ausführliche Analyse der Strukturen des Zeitalters in Wirtschaft und Gesellschaft, in der inneren und äußeren Staatenbildung wie im kirchlichen und geistigen Leben – Strukturen, die in ihren Kontinuitäten und Brüchen von der überwältigenden Mehrheit der Zeitgenossen als immer schon vorgegebenes, kaum beeinflußbares Bedingungsgefüge ihrer Existenz erfahren wurden und doch gerade durch die Entscheidungen des Jahrhunderts tiefgreifend verändert worden sind. Das Interesse für diese Strukturen bestimmt schon den Aufbau der Darstellung: Der erste Teil des Buchs ist ausschließlich ihrer Analyse gewidmet; das Interesse für ihre Kontinuitäten, Wandlungen und Brüche bestimmt aber auch, obzwar nicht ausschließlich, die Auswahl der «Ereignisse und Entscheidungen» des zweiten und Hauptteils der Darstellung; der dritte und letzte Teil schließlich zieht die «Bilanz des Jahrhunderts» wiederum vornehmlich unter strukturgeschichtlichen Fragestellungen. Dieser Ansatz ist nicht völlig neu; er spielt bereits seit den späteren siebziger Jahren, zuerst wohl bei Bernd Moeller (1977), eine zunehmend wichtige Rolle. Die vorliegende Darstellung unterscheidet sich von ihren Vorgängern – jedenfalls der Absicht nach – durch den

Versuch einer systematischen Aufarbeitung der Gesamtheit strukturgeschichtlicher Bedingungen von den Bevölkerungsverhältnissen bis hin zu den Denkweisen der zeitgenössischen Theologie. Daß dieser Versuch noch immer erst am Anfang einer wichtigen Forschungsrichtung steht, ist mir sehr wohl bewußt.

Im weiteren Rahmen strukturgeschichtlicher Analysen hat in den letzten Jahrzehnten die Bedeutung sozialer und verfassungspolitischer Kräfte und Konflikte für die Geschichte der Reformation eine besonders große, mitunter einseitig dominierende Rolle gespielt. Den maßgeblichen Anstoß dafür hat wiederum zunächst, und zwar für den städtisch-bürgerlichen Bereich, Bernd Moeller gegeben (1962); seit den siebziger Jahren hat sich das Interesse, vor allem im Anschluß an die wissenschaftliche Diskussion der Geschichte des Bauernkriegs, zunehmend auch auf den ländlich-bäuerlichen Bereich ausgeweitet. Dabei hat insbesondere das Streben von Bürgern und Bauern nach größerer politischer Partizipation und Selbstbestimmung auf gemeindlicher Ebene das Interesse vieler Historiker gefunden. Peter Blickle sieht in diesem «Kommunalismus» neuerdings überhaupt eine Grundkraft des Zeitalters, von der auch die Reformation, jedenfalls in ihren frühen Phasen, maßgeblich bestimmt gewesen sei. Von solchen – freilich lebhaft umstrittenen – Einschätzungen aus liegt dann auch die Reduzierung der Geschichte der Glaubensspaltung auf eine bloße Sozialgeschichte nicht allzu fern, und in der Tat fehlt es nicht an Forderungen nach einer solchen «Enttheologisierung» der Reformationsgeschichte; die dem historischen Materialismus verpflichteten marxistischen Historiker haben derartige Forderungen ja ohnehin seit jeher erhoben und sie auch in ihrer Forschungspraxis einzulösen versucht. Solchen Deutungsmustern konnte und wollte ich nicht folgen. So wichtig es mir erscheint, den mannigfachen Wechselwirkungen der Reformation oder auch der Katholischen Reform und Gegenreformation mit den sozioökonomischen und politischen Strukturen des Zeitalters und deren Brüchen nachzuspüren, so wenig fruchtbar scheint mir der Versuch, die großen religiösen Positionen und Konflikte der Epoche in bloße ökonomische oder Machtinteressen und Gegensätze gesellschaftlicher Gruppen aufzulösen. Daß in der vorliegenden Darstellung die Wiedergabe der innerkirchlichen – auch der theologischen – Entwicklungen des Zeitalters einen nicht ganz marginalen Stellenwert beansprucht, ist insofern nicht das Ergebnis naiven Festhaltens an älteren Traditionen der Historiographie, sondern das Ergebnis grundsätzlicher methodischer und theoretischer Überlegungen.

Neben den strukturgeschichtlichen Analysen schien mir die zusammenhängende Darstellung eines Grundbestands wichtiger Ereignisse und Entscheidungen des Jahrhunderts unverzichtbar zu sein. Geschichte vollzieht sich ja nicht nur im allmählichen und langfristigen, kaum merkbaren Wandel ihrer Strukturen, sondern immer wieder auch in Form plötzlicher tiefer Brüche oder Kursänderungen, und diese krisenhaften Beschleunigungen des geschichtlichen Wandels pflegen durch Einzelereignisse und Entscheidungen weniger Menschen oder gar einzelner in Gang gesetzt und in ihrer Richtung bestimmt zu werden. Gerade die Geschichte der Glaubensspaltung liefert dafür unmittelbar einleuchtende und schlagende Belege: Ohne die klösterlichen Glaubenskämpfe des einen Martin Luther und ohne bestimmte inhaltliche Schwerpunkte seiner aus diesen Kämpfen erwachsenen Theologie hätte die Geschichte des 16. Jahrhunderts mit Sicherheit einen ganz anderen Verlauf genommen, als es tatsächlich der Fall war; noch einmal anders hätten sich aller Wahrscheinlichkeit nach die Dinge gestaltet, wenn 1519 statt des Habsburgers Karl V. der französische König Franz I. zum Kaiser gewählt worden wäre usw. – die Argumentationsreihe ließe sich leicht verlängern.

Unter den Ereignissen und Entscheidungen, die es für den Historiker zu verstehen und darzustellen gilt, sind diejenigen der politischen Geschichte – jedenfalls die folgenreichen unter ihnen und gerade wegen ihrer weitreichenden Folgen – von besonderer Bedeutung. Das gilt nicht zuletzt für die Außenpolitik, insbesondere für die Entscheidungen über Krieg und Frieden. Die deutsche Geschichtswissenschaft der letzten Jahrzehnte hat nun freilich die politische Geschichte und erst recht die Geschichte der außenpolitischen Probleme und Entscheidungen weithin vernachlässigt oder überhaupt verdrängt. Unter den Tausenden von kleineren und größeren Untersuchungen zur deutschen Geschichte des 16. Jahrhunderts, die seit den fünfziger Jahren geschrieben worden sind, gibt es kaum mehr als zwei Dutzend, die sich ernsthaft mit den außenpolitischen Verhältnissen des Reichs auseinandersetzen. Daß man es hier mit einem Ausdruck der tiefen Unsicherheit der Deutschen über ihre vergangene und gegenwärtige Stellung in der Welt zu tun hat, dürfte sicher sein. Es sollte aber nicht bei dieser Denklähmung bleiben; die Historiker könnten und sollten hier wohl einen Neuanfang wagen. Daß der Beitrag des vorliegenden Buchs zu einem solchen Neuanfang, etwa im Rahmen der Erörterung der Reichsgrenzen bzw. der Reichszugehörigkeit oder auch der neuen Diplomatie des 16. Jahrhunderts, nur vorläufig sein konnte, ist mir wiederum wohl bewußt. Aber vielleicht ist es ja überhaupt ein sinnvoller erster Schritt, die schon von früheren Forschergenerationen erarbeiteten Erkenntnisse über die Rolle Deutschlands im älteren europäischen Staatensystem neu ins historische Bewußtsein zu rükken.

Schon über die Geschichte der wichtigen Ereignisse und Entscheidungen des Jahrhunderts werden einzelne Personen der Epoche zum Gegenstand der historischen Bemühung. Aber auch davon abgesehen hat man es in der Geschichte ja nicht bloß mit mehr oder minder diffusen gesellschaftlichen Massen und deren – allenfalls quantifizierend analysierbaren – Verhaltensweisen zu tun, sondern immer wieder auch mit einzelnen Menschen oder überschaubaren Gruppen. Die durch die Geschichte vermittelte Begegnung mit diesen Menschen der Vergangenheit – auch und gerade mit der Fremdheit ihres Denkens und Handelns, die die Geschichtswissenschaft allererst verständlich machen muß – ist eine unverzichtbare Bereicherung des Menschen- und Weltverständnisses jeder neuen Gegenwart. Der klassische historiographische Ort einer solchen Begegnung ist die historische Biographie, nicht die Gesamtdarstellung einer ganzen Epoche. Auch in ihrem Rahmen aber schienen mir wenigstens einige biographische Skizzen sinnvoll. Ich habe mich um solche Skizzen und biographische Umrisse vor allem für die großen Reformatoren bemüht, aber auch für Erasmus von Rotterdam oder Thomas Müntzer und einige andere.

Bei der Mehrzahl auch der größeren neueren Darstellungen zur Geschichte des 16. Jahrhunderts handelt es sich um Bücher über mehr oder minder strikt ausgewählte Aspekte des Geschehens, und zwar ganz überwiegend der ersten Jahrhunderthälfte. Diese Art der Darstellung hat ihr gutes Recht und auch ihre Annehmlichkeiten für den Autor – nicht zuletzt, weil sie es erlaubt, sich sehr dicht an der aktuellen Forschung zu orientieren und in deren Bahnen zu argumentieren. Das vorliegende Buch ist von anderer Art: Es versucht eine grundsätzlich umfassende Gesamtdarstellung, in der also alle konstitutiven Kräfte und Konflikte des Jahrhunderts zur Sprache kommen, und es versucht überdies, die Dinge so darzustellen, daß sie aus dem Kontext der Darstellung selbst, also ohne Hinzunahme anderer, speziellerer Literatur, verständlich werden. Die Ausführlichkeit der Darstellung ist vor allem durch dieses Ziel bedingt und insofern durchaus beabsichtigt. Das Buch ist nicht für die Auguren des Fachs geschrieben, sondern für ein breiteres Publikum – für ein Publikum freilich, das fähig und bereit ist, sich mit nicht allzu kurzem Atem auf die europäische und deutsche Historie in einer ihrer faszinierendsten Epochen einzulassen.

Neben der breiten Basis der älteren und neueren Forschung liegen der Darstellung mancherlei eigene Arbeiten zur Geschichte des 16. Jahrhunderts zugrunde – darunter auch solche, deren Ergebnisse in diesem Buch überhaupt zum ersten Mal zur Diskussion gestellt werden. Solche Schwerpunkte der eigenen Forschungsarbeit bestehen z. B. in der historischen Analyse der Reichszugehörigkeit sowie des politischen Systems Karls V., insbesondere der Regentschaften des Kaisers und der Kommunikationsstrukturen seiner Regierung, des weiteren in der genaueren Klärung der Religions- und Verfassungspolitik des Reichs, vor allem in den dreißiger und vierziger Jahren des Jahrhunderts, sowie der Bedeutung des Reichskammergerichts für die Wahrung des Religionsfriedens von 1555, darüber hinaus schließlich in der vertieften Analyse der vielberufenen Lähmung der Reichsorgane an der Wende des Jahrhunderts. Ich hoffe, mit diesen spezielleren Bemühungen auch die Forschung einige Stücke weiter voranzubringen – die Wahrheit des «vita brevis ars longa» steht mir freilich auch dabei deutlich vor Augen.

Ohnehin stößt der Versuch einer Gesamtdarstellung, wie er hier unternommen worden ist, unvermeidlich auf Grenzen der wissenschaftlichen Kompetenz des Autors. Besonders deutlich empfinde ich selbst diese Grenzen für die Geschichte der Literatur sowie der Bildenden Künste und auch der Musik – letzteres trotz einer gewissen theoretischen wie praktischen Vertrautheit vor allem mit der Kirchenmusik der Epoche. Der interessierte Leser sei insoweit nachdrücklich auf die einschlägigen Darstellungen der Literatur-, Kunst- und Musikgeschichte hingewiesen. Ein weiterer Bereich, den ich – nun freilich vor allem in Sorge über den Umfang der Darstellung – vernachlässigt habe, ist die Alltagsgeschichte der verschiedenen Schichten und Gruppen der Gesellschaft: in ihren Kleidungs- und Eßgewohnheiten, ihren Wohnbedingungen, ihren Tagesabläufen in Arbeit und Muße, ihren Festen und Feiern, in ihrem Umgang mit Kindern und Alten usw. Gerade für diesen großen Themenbereich gibt es freilich neben einigen förderlichen Einzeluntersuchungen eine vortreffliche Gesamtdarstellung, auf die ich deshalb gern verweise: Ernst Walter Zeeden, Deutsche Kultur in der frühen Neuzeit (1968).

Bei der Arbeit an dem Buch ist mir von Freunden, Kollegen und Schülern mancherlei Ermunterung, Rat und Hilfe zuteil geworden. Von ihnen seien insbesondere mein Kollege Professor Dr. Volker Press in Tübingen sowie Dr. Heide Stratenwerth, Dr. Christine Roll, Bettina Braun M. A., Inge Becher M. A. und Bettina Hamann in Konstanz genannt; die beiden Letztgenannten haben die Hauptlast der Arbeit an der Bibliographie getragen. Im einzelnen ungenannt bleiben müssen die studentischen Teilnehmer an weit über einem Dutzend von Seminaren zur Geschichte des 16. Jahrhunderts, die ich im letzten Jahrzehnt gehalten habe; manche der wissenschaftlichen Beiträge der Seminarteilnehmer und noch mehr ihre Fragen haben mir wichtige Anregungen gegeben. Die Herstellung des druckfertigen Manuskripts lag wie stets in den bewährten Händen von Renate Prinz. Ihnen allen danke ich herzlich. Daneben gilt mein besonderer Dank Dr. Ernst-Peter Wieckenberg und Dr. Detlef Felken vom Verlag C. H. Beck, die die Entstehung des Buchs in jeder Phase mit großer Umsicht, mit sachlichem und persönlichem Verständnis und steter Hilfsbereitschaft gefördert haben.

Literaturhinweise

Vorbemerkung

Die deutsche Geschichte des 16. Jahrhunderts gehört zu den am gründlichsten erforschten Epochen der deutschen und europäischen Geschichte. Die Zahl der einschlägigen Quellen- und Forschungspublikationen ist denn auch gewaltig; schon Karl Schottenloher, Bibliographie zur deutschen Geschichte im Zeitalter der Glaubensspaltung, 7 Bände, 2. Aufl. Stuttgart 1956–1966, verzeichnet bis zum Erscheinungsjahr 1960 über 65 000 Titel, und seitdem sind – bei allerdings ziemlich enger Konzentration auf wenige Themenbereiche insbesondere der Sozial- und Verfassungsgeschichte – Tausende neuer Arbeiten dazugekommen. Natürlich handelt es sich dabei vielfach um Titel von zeitlich oder regional sehr beschränkter Bedeutung; die älteren Arbeiten sind überdies nicht selten in ihren Fragestellungen überholt. Gleichwohl beträgt die Zahl derjenigen Publikationen, die den heute maßgebenden Stand der Forschung repräsentieren, ein Vielfaches der Titel, die in der hier folgenden Bibliographie Aufnahme finden konnten. Um so nachdrücklicher sei der interessierte Leser auf die – wiederum gerade für die Geschichte des 16. Jahrhunderts besonders ergiebigen – Bibliographien und Forschungsberichte verwiesen, die zu Beginn des folgenden Verzeichnisses genannt sind.

Wegen der Knappheit des verfügbaren Platzes sind neben den Titeln der Sammelbände die in ihnen publizierten Aufsätze und Vorträge in der Regel nicht gesondert aufgenommen; auch sind die Herausgeber geläufiger Reihenwerke nicht eigens genannt. Die verwendeten Abkürzungen entsprechen nach Möglichkeit der Zitierweise der neuesten Auflage des Dahlmann-Waitz.

I. Bibliographien, Forschungsberichte, Geschichte der Geschichtsschreibung

Archiv für Reformationsgeschichte, Bd. 1 ff. [seit 1972 jährlich gesonderte Literaturberichte]. Leipzig/Gütersloh 1903 ff.

Bäumer, Remigius: Das Konzil von Trient und die Erforschung seiner Geschichte. In: Concilium Tridentinum, hrg. v. R. Bäumer (Wege der Forschung 313). Darmstadt 1979, S. 3–48.

Bäumer, Remigius: Die Erforschung der kirchlichen Reformationsgeschichte seit 1931. Reformation, katholische Reform und Gegenreformation in der neueren katholischen Reformationsgeschichtsschreibung in Deutschland (Erträge der Forschung 34). Darmstadt 1975, S. 39–157.

Bibliographie de la Réforme, 1450–1648, hrg. v. d. Commission Internationale d'Histoire Ecclésiastique, bisher 8 Bde. Louvain 1958 ff.

Bierbrauer, Peter: Bäuerliche Revolten im Alten Reich. Ein Forschungsbericht. In: Aufruhr und Empörung? Studien zum bäuerlichen Widerstand im Alten Reich, hrg. v. P. Blickle. München 1980, S. 1–68.

Bornkamm, Heinrich: Luther zwischen den Konfessionen. 400 Jahre katholischer Lutherforschung. In: Festschrift Gerhard Ritter, hrg. v. R. Nürnberger. Tübingen 1950, S. 210–231.

Büsser, Fritz: Das katholische Zwinglibild. Von der Reformation bis zur Gegenwart. Zürich 1968.

Dahlmann-Waitz: Quellenkunde der deutschen Geschichte. Bibliographie der Quellen und der Literatur zur deutschen Geschichte, hrg. v. H. Heimpel/H. Geuss. 10. Aufl. im Erscheinen. Stuttgart 1967 ff.

Dotzauer, Winfried: Das Zeitalter der Glaubensspaltung (1500–1618) (Quellenkunde zur deutschen Geschichte der Neuzeit von 1500 bis zur Gegenwart, hrg. v. W. Baumgart, Bd. 1). Darmstadt 1987.

Foschepoth, Josef: Reformation und Bauernkrieg im Geschichtsbild der DDR (Historische Forschungen 10). Berlin 1976.

Friesen, Abraham: Die ältere und die marxistische Müntzerdeutung. In: Thomas Müntzer, hrg. v. A. Friesen/H. J. Goertz (Wege der Forschung 491). Darmstadt 1978, S. 447–480.

Friesen, Abraham: Reformation and Utopia. The Marxist Interpretation of the Reformation and its Antecedents (VeröffInstEurG Mainz 71). Wiesbaden 1974.

Gäbler, Ulrich: Huldrych Zwingli im 20. Jahrhundert. Forschungsbericht und annotierte Bibliographie 1897–1972. Zürich 1975.

Goertz, Hans-Jürgen: Schwerpunkte der neueren Müntzerforschung. In: Thomas Müntzer, hrg. v. A. Friesen/H.-J. Goertz (Wege der Forschung 491). Darmstadt 1978, S. 481–536.

Goertz, Hans-Jürgen (Hrg.): Umstrittenes Täufertum 1525 bis 1975. Neue Forschungen. 2. Aufl. Göttingen 1977.

Greyerz, Kaspar von: Stadt und Reformation: Stand und Aufgaben der Forschung. In: ARG 76 (1985) S. 6–63.

Hammer, Wilhelm: Die Melanchthon-Forschung im Wandel der Jahrhunderte, 3 Bde. (QForschRefG 35, 36, 49). Gütersloh 1967–1980.

Hillerbrand, Hans J. (Hrg.): Bibliographie des Täufertums 1520–1630 (Quellen zur Geschichte der Täufer 10 = QForschRefG 30). Gütersloh 1962.

Humanismusforschung seit 1945 (Deutsche Forschungsgemeinschaft. Mitt. der Komm. für Humanismusforschung 2). Bonn/Bad Godesberg 1975.

Janssen, Wilhelm: Die Anfänge des modernen Völkerrechts und der neuzeitlichen Diplomatie. Ein Forschungsbericht. Stuttgart 1965.

Jedin, Hubert: Das Konzil von Trient. Ein Überblick über die Erforschung seiner Geschichte. Rom 1948.

Jedin, Hubert: Die Erforschung der kirchlichen Reformationsgeschichte seit 1876. Leistungen und Aufgaben der deutschen Katholiken (Erträge der Forschung 34). Darmstadt 1975, S. 1–38.

Klaiber, Wilbirgis (Hrg.): Katholische Kontroverstheologen und Reformer des 16. Jahrhunderts. Ein Werkverzeichnis. Mit einer Einführung von R. Bäumer (RefGeschichtl Stud 116). Münster 1978.

Köhn, Mechthild: 25 Jahre Bucer-Forschung 1951–1976. In: Horizons européens de la Réforme en Alsace, hrg. v. d. Soc. savante d'Als. et des régions de l'est, Sér. I, 17, Festschrift Jean Rott. Strasbourg 1980, S. 161–175.

Kopitzsch, Franklin/Wohlfeil, Rainer: Neue Forschungen zur Geschichte des deutschen Bauernkriegs. In: Der Deutsche Bauernkrieg 1524–1526, hrg. v. H. U. Wehler (Geschichte und Gesellschaft, Sonderheft 1). Göttingen 1975, S. 305–354.

Kroker, Werner/Westermann, Ekkehard: Montanwirtschaft Mitteleuropas vom 12. bis 17. Jahrhundert. Stand, Wege und Aufgaben der Forschung (Veröff. aus dem Deutschen Bergbau-Museum Bochum 30. Der Anschnitt, Beiheft 2). Bochum 1984.

Locher, Gottfried W.: Die Wandlung des Zwingli-Bildes in der neueren Forschung. In: Zwingliana 11 (1963) S. 560–585. Abdruck in: Gottfried W. Locher, Huldrych Zwingli in neuer Sicht. Stuttgart/Zürich 1969, S. 137–171.

Loewenich, Walther von: Probleme der Lutherforschung und der Lutherinterpretation (SbbAkad. München 1984, 1). München 1984.

Lutz, Heinrich: Zum Wandel der katholischen Lutherinterpretation. In: Objektivität und Parteilichkeit, hrg. v. R. Koselleck/W. J. Mommsen/J. Rüsen (Beiträge zur Historik 1). München 1977, S. 173–198.
Manns, Peter (Hrg.): Zur Lage der Lutherforschung heute. Wiesbaden 1982.
Niesel, Wilhelm: Calvin-Bibliographie 1901–1959. München 1961.
Nipperdey, Thomas: Die Reformation als Problem der marxistischen Geschichtswissenschaft. In: Reformation oder frühbürgerliche Revolution? hrg. v. R. Wohlfeil. München 1972, S. 205–229.
Pollet, Jacques V.: Huldrych Zwingli et le Zwinglianisme. Essai de synthèse historique et théologique mise à jour d'après les recherches récentes. Paris 1988.
Revue d'Histoire Ecclésiastique. Bibliographie, Bd. 1 ff. Louvain 1900 ff.
Rublack, Hans-Christoph: Forschungsbericht Stadt und Reformation. In: Stadt und Kirche im 16. Jahrhundert, hrg. v. B. Moeller (SchrrVRefG 190). Gütersloh 1978, S. 9–26.
Schnabel, Franz: Deutschlands geschichtliche Quellen und Darstellungen in der Neuzeit. Erster Teil: Das Zeitalter der Reformation 1500–1550, Nachdruck der Ausgabe Leipzig/Berlin 1931. Darmstadt 1972.
Schottenloher, Karl: Bibliographie der deutschen Geschichte im Zeitalter der Glaubensspaltung 1517–1585, 7 Bde. 2. Aufl. Stuttgart 1956–1966.
Smit, J. W.: The Present Position of Studies regarding the Revolt of the Netherlands. In: Britain and the Netherlands 1, hrg. v. J. S. Bromley/E. H. Kossmann. London 1960, S. 11–28.
Stupperich, Robert: Das Münsterische Täufertum. Ergebnisse und Probleme der neueren Forschung. Münster 1958.
Winterhager, Friedrich: Der Bauernkrieg von 1525 in der historischen Literatur. Positionen der Forschung vom Vormärz bis heute. Diss. phil. Berlin 1979.
Wolf, Gustav: Quellenkunde der deutschen Reformationsgeschichte, 3 Bde., Nachdruck der Ausgabe Gotha 1915–1922. Nieuwkoop/Hildesheim 1966.
Zeeden, Ernst W.: Bibliographie zur Gegenreformation und zur katholischen Reform. In: Gegenreformation, hrg. v. E. W. Zeeden (Wege der Forschung 311). Darmstadt 1973, S. 475–499.
Zeeden, Ernst W./Molitor, Hansgeorg (Hrg.): Die Visitation im Dienst der kirchlichen Reform, mit einer Bibliographie gedruckter und einem archivalischen Verzeichnis ungedruckter Visitationsquellen (Katholisches Leben und Kirchenreform im Zeitalter der Glaubensspaltung 25/26). 2. Aufl. Münster 1977.

II. Quellen

Aufzeichnungen des Kaisers Karl's des Fünften (1515–1548), hrg. v. Baron Kervyn van Lettenhove. Deutsche Übersetzung der belgischen Ausgabe Brüssel 1862. Leipzig 1862.
Die Bekenntnisschriften der evangelisch-lutherischen Kirche, hrg. v. Rat der Evangelischen Kirche in Deutschland. 10. Aufl. Göttingen 1986.
Müller, E. F. Karl (Hrg.): Die Bekenntnisschriften der reformierten Kirche. Nachdruck der Ausgabe Leipzig 1903. Zürich 1987.
Bömer, Aloys (Hrg.): Epistolae Obscurorum Virorum (1515–1517), Nachdruck der Ausgabe Heidelberg 1924. Aalen 1978.
Martini Buceri Opera Omnia, Series I: Deutsche Schriften, hrg. v. R. Stupperich, Bd. 1–5, 7, 17. Gütersloh/Paris 1960–1981.
Martini Buceri Opera Omnia, Series II: Opera Latina, hrg. v. F. Wendel, Bd. 1, 15, 1–2. Gütersloh/Paris 1954–1982.

Ioannis Calvini Opera Quae Supersunt Omnia, hrg. v. W. Baum/E. Cunitz/E. Reuss u. a. (Corpus Reformatorum 29–87), Nachdruck der Ausgabe Braunschweig/Berlin 1863–1900. New York 1964.

Johannes Calvins Lebenswerk in seinen Briefen. Eine Auswahl von Briefen in deutscher Übersetzung, hrg. v. R. Schwarz, 3 Bde., Nachdruck der zweibändigen Ausgabe Freiburg 1909. Neukirchen 1961/62.

Beati Petri Canisii Societatis Jesu Epistulae et Acta, hrg. v. O. Braunsberger, 8 Bde. Freiburg 1896–1923.

Clemen, Otto (Hrg.): Flugschriften aus den ersten Jahren der Reformation, 4 Bde., Nachdruck der Ausgabe Leipzig/Halle 1907–11. Nieuwkoop/Hildesheim 1967.

Concilium Tridentinum: Diariorum, Actorum, Epistolarum, Tractatuum Nova Collectio, hrg. von der Görres-Gesellschaft, 13 Bde., 1.–2. Aufl. Freiburg 1901–1967.

Corpus Catholicorum: Werke katholischer Schriftsteller im Zeitalter der Glaubensspaltung [u. a. Schriften v. J. Eck, J. Cochlaeus, H. Emser, K. Schatzgeyer, G. Contarini, B. Latomus, J. Fisher, Th. de Vio Caietanus, Augustin von Alfeld, N. Herborn, G. Witzel] bisher 38 Bde. Münster 1919 ff.

Deutsche Reichstagsakten. Jüngere Reihe, hrg. durch die Hist. Komm. d. [früher: Königlichen] Bayer. Akad. d. Wiss. = Deutsche Reichstagsakten unter Kaiser Karl V., bisher Bd. 1–4, Gotha 1893–1905; Bd. 7, 1–2, Stuttgart 1935; Bd. 8, 1–2, Göttingen 1971.

Deutsche Reichstagsakten. Reichsversammlungen 1556–1662, hrg. durch die Hist. Komm. d. Bayer. Akad. d. Wiss., bisher: Der Reichstag zu Speyer 1570, Göttingen 1988.

Druffel, August von (Hrg.): Beiträge zur Reichsgeschichte, 4. Bde., Bd. 4 ergänzt u. bearb. v. K. Brandi (Briefe und Akten zur Geschichte des 16. Jahrhunderts mit besonderer Rücksicht auf Bayerns Fürstenhaus, hrg. bei der Königlichen Acad. d. Wiss.). München 1873–1896.

Dülmen, Richard van (Hrg.): Das Täuferreich zu Münster 1534–1535. Berichte und Dokumente. München 1974.

Egli, Emil (Hrg.): Actensammlung zur Geschichte der Zürcher Reformation in den Jahren 1519–1533, Nachdruck der Ausgabe Zürich 1879. Aalen 1973.

Desiderii Erasmi Roterodami Opus Epistolarum, hrg. v. P. S. Allen u. a., 12 Bde. Oxford 1906–1965.

Desiderii Erasmi Roterodami Opera Omnia, hrg. v. Joh. Clericus, 10 Bde., Nachdruck der Ausgabe Leiden 1703–1706. Hildesheim 1961–1967.

Fast, Heinold (Hrg.): Der linke Flügel der Reformation. Glaubenszeugnisse der Täufer, Spiritualisten, Schwärmer und Antitrinitarier (Klassiker des Protestantismus 4). Bremen 1962.

Franz, Günther (Hrg.): Quellen zur Geschichte des Bauernkrieges (Ausgewählte Quellen zur deutschen Geschichte der Neuzeit 2). München/Wien 1963.

Gattinara: Historia vite et gestorum per dominum magnum cancellarium (Mercurino Arborio di Gattinara), hrg. von C. Bornate. In: Miscellanea di storia italiana, 3. Ser. 17 (1915) S. 231–585.

Gross, Lothar/Lacroix, Robert (Hrgg.): Urkunden und Aktenstücke des Reichsarchivs Wien zur reichsrechtlichen Stellung des Burgundischen Kreises. Bd. 1 (1454–1548) und 2 (1548–1643). Wien 1944/45.

Gussmann, Wilhelm (Hrg.): Quellen und Forschungen zur Geschichte des Augsburgischen Glaubensbekenntnisses, 2 Bde. Berlin/Kassel 1911/1930.

Das Reichstagsprotokoll des kaiserlichen Kommissars Felix Hornung vom Augsburger Reichstag 1555, mit einem Anhang: Die Denkschrift des Reichsvizekanzlers G. S. Seld für den Augsburger Reichstag, hrg. v. H. Lutz/A. Kohler (Österr. Akad. d. Wiss., Phil.-Hist. Klasse, Denkschriften 103). Wien/Köln/Graz 1971.

Kaiser, Jacob (Hrg.): Amtliche Sammlung der älteren Eidgenössischen Abschiede, bearb. v.

A. P. Segesser/J. Strickler/K. Deschwanden u. a. [für das 16. Jahrhundert: Bd. 3,2–5,1]. Luzern/Zürich/Bern/Brugg 1869–1872.
Die Korrespondenz Ferdinands I., bisher 3 Bde. [bis 1532] Bd. 1 bearb. v. W. Bauer, Bd. 2 bearb. v. W. Bauer/R. Lacroix, Bd. 3, 1–2 bearb. v. H. Wolfram/C. Thomas (Veröff. der Komm. für neuere Geschichte Österreichs 11, 30/31, 58). Wien 1912–1984.
Die Korrespondenz Maximilians II., hrg. v. V. Bibl, 2 Bde. (Veröff. der Komm. für neuere Geschichte Österreichs 14, 16), Nachdruck der Ausgabe Wien 1916/21. Nendeln/Liechtenstein 1970.
Lanz, Karl (Hrg.): Actenstücke und Briefe zur Geschichte Kaiser Karl V. (Monumenta Habsburgica, 2. Abt., Bd. 1). Wien 1853.
Lanz, Karl (Hrg.): Correspondenz des Kaisers Karl V., 3 Bde., Nachdruck der Ausgabe Leipzig 1844–46. Frankfurt/M. 1966.
Lanz, Karl (Hrg.): Staatspapiere zur Geschichte des Kaisers Karl V. Stuttgart 1845.
Laube, Adolf (Hrg.): Flugschriften der frühen Reformationsbewegung 1518–1524, 2 Bde. Berlin (O.)/Vaduz 1983.
Loserth, Johann (Hrg.): Acten und Correspondenzen zur Geschichte der Gegenreformation in Innerösterreich unter Erzherzog Karl II. (1578–1590), (FontRerAustr II, 50). Wien 1898.
Loserth, Johann (Hrg.): Akten und Korrespondenzen zur Geschichte der Gegenreformation in Innerösterreich unter Ferdinand II., 2 Teile (FontRerAustr II, 58, 60). Wien 1906/07.
D. Martin Luthers Werke. Kritische Gesamtausgabe [Weimarer Ausgabe]. In 4 Abt.: 1. Werke, 2. Tischreden, 3. Die deutsche Bibel, 4. Briefwechsel, bislang 101 Bde. 1.–2. Aufl. Weimar 1883 ff.
Mehlhausen, Joachim (Hrg.): Das Augsburger Interim von 1548. Nach den Reichstagsakten deutsch und lateinisch (Texte zur Geschichte der evangelischen Theologie 3). Neukirchen 1970.
Opera Philippi Melanthonis, hrg. v. C. G. Bretschneider u. H. E. Bindseil (Corpus Reformatorum 1–28), Nachdruck der Ausgabe Halle/Braunschweig 1834–1860. New York 1963.
Merx, Otto/Franz, Günther/Fuchs, Walter P. (Hrgg.): Akten zur Geschichte des Bauernkrieges in Mitteldeutschland, 2 Bde. in 3 Teilen. Leipzig/Berlin/Jena 1923–1942.
Moritz von Sachsen: Politische Korrespondenz des Herzogs und Kurfürsten, bisher 3 Bde. [1529–1548]; Bd. 1 u. 2 hrg. v. Erich Brandenburg, Nachdruck der Ausgabe Leipzig 1900/1904. Berlin 1982/83. Bd. 3 hrg. von Johannes Herrmann und Günther Wartenberg. Berlin 1978.
Thomas Müntzer: Schriften und Briefe. Kritische Gesamtausgabe, hrg.v. P. Kirn/G. Franz (QForschRefG 33). Gütersloh 1968.
Ney, Julius (Hrg.): Die Appellation und Protestation der evangelischen Stände auf dem Reichstage zu Speyer 1529 (Quellenschriften zur Geschichte des Protestantismus 5), Nachdruck der Ausgabe Leipzig 1906. Darmstadt 1967.
Nuntiaturberichte aus Deutschland:
Erste Abt. (1533–1559), hrg. v. Deutschen [früher: Preußischen] Historischen Institut in Rom, 17 Bde. und 2 Erg.-Bde. Gotha/Tübingen 1892–1981.
Zweite Abt. (1560–1572), hrg. v. der Hist. Komm. der Österr. Akad. d. Wiss., 8 Bde. Wien 1897–1967.
Dritte Abt. (1572–1585), hrg. v. Deutschen [früher: Preußischen] Historischen Institut in Rom, bisher 6 Bde. Gotha 1892 ff.
Nuntiaturberichte aus Deutschland, hrg. durch die Görresgesellschaft, bisher 12 Bde., teilw. i. Halbbänden, teilw. Nachdruck. Paderborn/München/Wien 1895 ff.
Grazer Nuntiatur, hrg. v. Österr. Kulturinstitut in Rom u. d. Österr. Akad. der Wiss., bisher 2 Bde. [1580–1587]. Wien 1973 ff.
Pfeilschifter, Georg (Hrg.): Acta Reformationis Catholicae Ecclesiam Germaniae Con-

cernentia saec. XVI. Die Reformverhandlungen des deutschen Episkopats von 1520–1570, 6 Bde. Regensburg 1959–1974.

Quellen zur Geschichte der Täufer in der Schweiz, Bd. 1, 2, 4; Bd. 1 in 2. Aufl. Zürich 1973/74.

Quellen zur Geschichte der Wiedertäufer, ab Bd. 4: Quellen zur Geschichte der Täufer, bisher 16 Bde. (QForschRefG 13, 16, 20, 22–24, 26, 27, 29–31, 34, 41, 50, 53, 54). Leipzig 1930–1938, Gütersloh 1951 ff.

[Schmauss, Johann J./Senckenberg, Heinrich C. von (Hrgg.)]: Neue und vollständigere Sammlung der Reichsabschiede, welche von den Zeiten Kayser Conrads II. bis jetzo, auf den Teutschen Reichs-Tägen abgefasset worden, sammt den wichtigsten Reichs-Schlüssen... 4 Teile in 2 Bdn., Nachdruck der Ausgabe Frankfurt/M. 1747. Osnabrück 1967.

Schottenloher, Karl (Hrg.): Flugschriften zur Ritterschaftsbewegung des Jahres 1523 (Ref GeschichtlStud 53). Münster 1929.

Sehling, Emil (Hrg.): Die evangelischen Kirchenordnungen des 16. Jahrhunderts, bisher 15 Bde. (ab Bd. 6, 1955, hrg. durch das Institut f. evangelisches Kirchenrecht der evangelischen Kirche in Deutschland in Göttingen). Leipzig 1902–1913, Tübingen 1955 ff.

Strickler, Johannes (Hrg.): Actensammlung zur Schweizerischen Reformationsgeschichte in den Jahren 1521–1532 im Anschluß an die gleichzeitigen eidgenössischen Abschiede, 5 Bde. Zürich 1878–1884.

Stupperich, Robert (Hrg.): Die Schriften der Münsterischen Täufer und ihrer Gegner, Teile 1–3 (VeröffHistKomm. Westfalen 32). Münster 1970–1983.

Valentin von Tetleben: Protokoll des Augsburger Reichstages 1530, hrg. v. H. Grundmann (Schrr. Reihe d. Hist. Komm. bei der Bayer. Akad. d. Wiss. 4 = SchrrVRefG 177). Göttingen 1958.

Virck, Hans/Winckelmann, Otto/Gerber, Harry/Friedensburg, Walter (Hrgg.): Politische Correspondenz der Stadt Straßburg im Zeitalter der Reformation, 5 Bde. Straßburg/Heidelberg 1882–1933.

Huldreich Zwinglis sämtliche Werke, hrg. v. E. Egli/G. Finsler/W. Köhler/O. Farner/F. Blanke/L. von Muralt/E. Künzli/R. Pfister/J. Staedtke/F. Büsser (Corpus Reformatorum 88–101). Berlin/Leipzig/Zürich 1905–1968.

III. Darstellungen

1. Allgemeine Geschichte

1.1 Europa, Deutschland und das Reich. Allgemeines und Übergreifendes

Andreas, Willy: Deutschland vor der Reformation: Eine Zeitenwende. 6. Aufl. Stuttgart 1959.

Angermeier, Heinz (Hrg.): Säkulare Aspekte der Reformationszeit (Schriften des Historischen Kollegs, Kolloquien 5). München 1983.

Brandi, Karl: Reformation und Gegenreformation. 5. Aufl. Frankfurt/Main 1979.

Diwald, Hellmut: Anspruch auf Mündigkeit um 1440–1555 (Propyläen-Geschichte Europas Bd. 1). Berlin 1975.

Droysen, Gustav: Geschichte der Gegenreformation (Allgemeine Geschichte in Einzeldarstellungen 3,3,1). Berlin 1893.

Dülmen, Richard van: Entstehung des frühneuzeitlichen Europa, 1550–1648 (Fischer-Weltgeschichte 24). Frankfurt/M. 1982.

Elliott, John H.: Das geteilte Europa 1559–1598 [Deutsche Übersetzung der englischen Ausgabe New York 1968]. München 1980.

Elton, Geoffrey R.: Europa im Zeitalter der Reformation 1517–1559 [Deutsche Übersetzung der englischen Ausgabe London 1963]. München 1982.

Engel, Josef (Hrg.): Die Entstehung des neuzeitlichen Europa. Handbuch der europäischen Geschichte, hrg. v. Th. Schieder, Bd. 3. Stuttgart 1971.

Evans, Robert J. W.: Das Werden der Habsburgermonarchie 1550–1700. Gesellschaft, Kultur, Institutionen [Deutsche Übersetzung der englischen Ausgabe Oxford 1979]. Wien/Köln/Graz 1986.

Grundmann, Herbert (Hrg.): Handbuch der deutschen Geschichte, begründet von B. Gebhardt, Bd. 2. 9. Aufl. Stuttgart 1970.

Heckel, Martin: Deutschland im konfessionellen Zeitalter (Deutsche Geschichte, hrg. v. J. Leuschner, Bd. 5). Göttingen 1983.

Joachimsen, Paul: Die Reformation als Epoche der deutschen Geschichte, hrg. v. O. Schottenloher. Neudruck der Ausgabe München 1951. Aalen 1970.

Koenigsberger, Helmut G.: The Habsburgs and Europe 1515–1660. Ithaca und London 1971.

Koenigsberger, Helmut G./Mosse, George L.: Europe in the Sixteenth Century. New York 1973.

Lutz, Heinrich: Das Ringen um deutsche Einheit und kirchliche Erneuerung. Von Maximilian I. bis zum Westfälischen Frieden, 1490–1648 (Propyläen-Geschichte Deutschlands, Bd. 4). Berlin 1983.

Lutz, Heinrich: Reformation und Gegenreformation (Oldenbourg-Grundriß der Geschichte, Bd. 10). 2. Aufl. München 1982.

Moeller, Bernd: Deutschland im Zeitalter der Reformation (Deutsche Geschichte, hrg. v. J. Leuschner, Bd. 4). 2. Aufl. Göttingen 1981.

Potter, George R. (Hrg.): The Renaissance 1495–1520 (The New Cambridge Modern History, Bd. 1). Cambridge 1964.

Ranke, Leopold von: Deutsche Geschichte im Zeitalter der Reformation, 6 Bde., hrg. v. P. Joachimsen. München 1925/26.

Ranke, Leopold von: Zur deutschen Geschichte. Vom Religionsfrieden bis zum Dreißigjährigen Krieg. 3. Aufl. Leipzig 1888.

Ritter, Moriz: Deutsche Geschichte im Zeitalter der Gegenreformation und des Dreißigjährigen Krieges (1555–1648), 3 Bde., Nachdruck der Ausgabe Stuttgart 1889–1908. Darmstadt 1962.

Romano, Ruggiero/Tenenti, Alberto: Die Grundlegung der modernen Welt. Spätmittelalter, Renaissance, Reformation (Fischer Weltgeschichte Bd. 12). Frankfurt/M. 1967.

Schilling, Heinz: Aufbruch und Krise. Deutschland 1517–1618. Berlin 1988.

Schulze, Winfried: Deutsche Geschichte im 16. Jahrhundert: 1500–1618 (edition suhrkamp 268). Frankfurt/Main 1987.

Skalweit, Stephan: Reich und Reformation (Propyläen Bibliothek der Geschichte). Berlin 1967.

Steinmetz, Max: Deutschland von 1476 bis 1648. Von der frühbürgerlichen Revolution bis zum Westfälischen Frieden (Lehrbuch der deutschen Geschichte, hrg. v. J. Streisand, Bd. 3). 2. Aufl. Berlin 1978.

Zeeden, Ernst W.: Das Zeitalter der Gegenreformation. Freiburg/Basel/Wien 1967.

Zeeden, Ernst W.: Deutsche Kultur in der frühen Neuzeit (Handbuch der Kulturgeschichte, hrg. v. H. Kindermann, 1. Abt.: Zeitalter deutscher Kultur). Frankfurt/M. 1968.

Zeeden, Ernst W.: Hegemonialkriege und Glaubenskämpfe 1556–1648 (Propyläen-Geschichte Europas, Bd. 2). Berlin 1977.

1.2. Deutsche Könige und Kaiser

MAXIMILIAN I.

Ankwicz-Kleehoven, Hans: Der Wiener Humanist Johannes Cuspinian, Gelehrter und Diplomat zur Zeit Maximilians I. Wien/Graz/Köln 1959.

Huter, Franz: Kaiser Maximilian und die oberdeutsche Wirtschaftsmacht. In: Jakob Fugger, Kaiser Maximilian und Augsburg 1459–1959. Augsburg 1959, S. 41–57.

Legers, Paul: Kardinal Matthäus Lang, ein Staatsmann im Dienste Kaiser Maximilians I. In: MittGesSalzLdKde 46 (1906) S. 437–517.

Maximilian I., Katalog der Ausstellung Innsbruck 1969. Innsbruck 1969.

Maximilian I. 1459–1519, Katalog der Ausstellung Wien. Wien 1959.

Müller, Jan-Dirk: Gedechtnus. Literatur und Hofgesellschaft um Maximilian I. München 1982.

Schröcker, Alfred: Maximilians I. Auffassung vom Königtum und das ständische Reich. In: QForschItalArchBibl 50 (1971) S. 181–204.

Wiesflecker, Hermann: Kaiser Maximilian I. Das Reich, Österreich und Europa an der Wende zur Neuzeit, 5 Bde. München 1971–1986.

KARL V.

Brandi, Karl: Kaiser Karl V. Werden und Schicksal einer Persönlichkeit und eines Weltreiches, 2 Bde., Bd. 1: 8. Aufl. Frankfurt/M. 1986, Bd. 2: 2. Aufl. Darmstadt 1967.

Carande, Ramón: Carlos V y sus banqueros, 3 Bde. Madrid 1943–1967.

Fernández Alvarez, Manuel: Imperator Mundi. Karl V., Kaiser des Heiligen Römischen Reiches Deutscher Nation [Deutsche Übersetzung der englischen Ausgabe London 1975]. Stuttgart/Zürich 1977.

Häpke, Rudolf: Die Regierung Karls V. und der europäische Norden (Veröff. zur Geschichte der Freien und Hansestadt Lübeck 3), Nachdruck der Ausgabe Lübeck 1914. Hildesheim/New York 1976.

Headley, John M.: The Emperor and his Chancellor. A Study of the Imperial Chancellery under Gattinara. Cambridge/Mass. 1983.

Keniston, Hayward: Francisco de los Cobos. Secretary of the Emperor Charles V. Pittsburgh 1960.

Lapeyre, Henri: Charles Quint. Paris 1971.

Laubach, Ernst: Karl V., Ferdinand I. und die Nachfolge im Reich. In: MittÖsterrStaatsarch 29 (1976) S. 1–51.

Lehmann, Hartmut: Universales Königtum, dynastische Weltmacht oder Imperialismus. Zur Beurteilung der Politik Karls V. In: Beiträge zur neueren Geschichte Österreichs, hrg. v. H. Fichtenau/E. Zöllner (VÖIG 20). Wien/Köln/Graz 1974, S. 1–83.

Ludolphy, Ingetraut: Die Voraussetzungen der Religionspolitik Karls V. (Arbeiten zur Theologie, Reihe 1, Heft 24). Stuttgart 1965.

Lutz, Heinrich: Christianitas afflicta. Europa, das Reich und die päpstliche Politik im Niedergang der Hegemonie Kaiser Karls V. 1552–1556. Göttingen 1964.

Lutz, Heinrich/Müller-Luckner, Elisabeth (Hrgg.): Das römisch-deutsche Reich im politischen System Karls V. (Schriften des Historischen Kollegs. Kolloquien 1). München/Wien 1982.

Rabe, Horst: Reichsbund und Interim. Die Verfassungs- und Religionspolitik Karls V. und der Reichstag von Augsburg 1547/48. Köln/Wien 1971.

Rassow Peter: Die Kaiser-Idee Karls V., dargestellt an der Politik der Jahre 1528–1540 (HistStudEbering 217), Nachdruck der Ausgabe Berlin 1932. Vaduz 1965.

Rassow, Peter: Die politische Welt Karls V. 2. Aufl. München 1946.

Rassow, Peter/Schalk, Fritz (Hrgg.): Karl V. Der Kaiser und seine Zeit, Kölner Colloquium 26.–29. 11. 1958. Köln/Graz 1960.

Thomas, Christiane: «Moderación del poder»: Zur Entstehung der geheimen Vollmacht für Ferdinand I. In: MittÖsterrStaatsarch 27 (1974) S. 101–140.

Tyler, Royall: Kaiser Karl V. [Gekürzte deutsche Übersetzung der englischen Ausgabe London 1956]. 3. Aufl. Stuttgart 1961.

FERDINAND I.

Bucholtz, Franz Bernhard von: Geschichte der Regierung Ferdinand des Ersten, 9 Bde., Nachdruck der Ausgabe Wien 1831–1838, mit einer Einleitung von Berthold Sutter. Graz 1968–1971.

Goetz, Helmut: Die geheimen Ratgeber Ferdinands I. (1503–1564). Ihre Persönlichkeit im Urteil der Nuntien und Gesandten. In: QForschItalArchBibl 42/43 (1963) S. 453–494.

Kohler, Alfred: Antihabsburgische Politik in der Epoche Karls V. Die reichsständische Opposition gegen die Wahl Ferdinands I. zum römischen König und gegen die Anerkennung seines Königtums (1524–1534) (SchrrReihe der Hist. Komm. bei der Bayerischen Akad. der Wiss. 19). Göttingen 1982.

Lhotsky, Alphons: Das Zeitalter des Hauses Österreich. Die ersten Jahre der Regierung Ferdinands I. in Österreich (1520–1527) (Österr. Akad. der Wiss. Komm. für Geschichte Österreichs. Veröffentlichungen 4). Wien/Köln/Graz 1971.

Pölnitz, Götz von: Anton Fugger und die Römische Königswahl Ferdinands I. In: ZBayerLdG 16 (1952) S. 317–349.

Rill, Gerhard/Thomas, Christiane: Bernhard Cles als Politiker. Kriterien für das Verhaltensbild eines frühneuzeitlichen Staatsmannes (Kleine Arbeitsreihe zur Europäischen und Vergleichenden Rechtsgeschichte 18). Graz 1987.

Sutter-Fichtner, Paula: Ferdinand I. Wider Türken und Glaubensspaltung [Deutsche Übersetzung der amerikanischen Ausgabe New York 1982]. Wien/Köln/Graz 1986.

MAXIMILIAN II.

Altfahrt, Margit: Die politische Propaganda für Maximilian II. In: MIÖG 88 (1980) S. 283–312; 89 (1981) S. 53–92.

Bibl, Viktor: Maximilian II., der rätselhafte Kaiser. Ein Zeitbild. Hellerau bei Dresden 1929.

Holtzmann, Robert: Kaiser Maximilian II. bis zu seiner Thronbesteigung (1527–1564). Berlin 1903.

Lanzinner, Maximilian: Der Aufstand der Niederlande und der Reichstag zu Speyer 1570. In: Fortschritte in der Geschichtswissenschaft durch Reichstagsaktenforschung: Vier Beiträge aus der Arbeit an den Reichstagsakten des 15. und 16. Jahrhunderts, hrg. v. H. Angermeier/E. Meuthen (SchrrReihe der Hist. Komm. bei der Bayerischen Akad. der Wiss. 35). Göttingen 1988, S. 102–117.

RUDOLF II.

Evans, Robert J. W.: Rudolf II. Ohnmacht und Einsamkeit. Deutsche Übersetzung der englischen Ausgabe Oxford 1973. Wien/Köln/Graz 1985.

Schulze, Winfried: Das Haus Österreich auf den Reichstagen des späten 16. Jahrhunderts. In: Österreich in Geschichte und Literatur 16 (1972) S. 121–131.

Sturmberger, Hans: Die Anfänge des Bruderzwistes in Habsburg. Das Problem einer österreichischen Länderteilung nach dem Tode Maximilians II. und die Residenz des Erherzogs Matthias in Linz. In: MittObÖsterrLdArch 5 (1957) S. 143–188.

Vocelka, Karl: Rudolf II. und seine Zeit. Wien/Köln/Graz 1982.

1.3. Einzelne Landschaften, Territorien, Fürsten und Städte

Blaschke, Karlheinz: Moritz von Sachsen. Ein Reformationsfürst der zweiten Generation (Persönlichkeit und Geschichte 113). Zürich/Göttingen 1984.

Blaschke, Karlheinz: Sachsen im Zeitalter der Reformation (SchrrVRefG 185). Gütersloh 1970.

Clasen, Claus-Peter: The Palatinate in European History 1555–1618. 2. Aufl. Oxford 1966.

Franz, Eugen: Nürnberg, Kaiser und Reich. Studien zur reichsstädtischen Außenpolitik. München 1930.

Hillerbrand, Hans J.: Landgrave Philipp of Hesse 1504–1567. Religion and Politics in the Reformation. St. Louis 1967.

Höss, Irmgard: Georg Spalatin 1484–1545. Ein Leben in der Zeit des Humanismus und der Reformation. 2. Aufl. Weimar 1989.

Houtte, Jan A. van (Hrg.): Algemene geschiedenis der Nederlanden. Bd. 4: De bourgondisch-habsburgse monarchie 1477–1567; Bd. 5: De Tachtigjarige oorlog 1567–1609. Utrecht 1952.

Jahns, Sigrid: Frankfurt, Reformation und Schmalkaldischer Bund: Die Reformations-, Reichs- und Bündnispolitik der Reichsstadt Frankfurt am Main 1525–1536 (Studien zur Frankfurter Geschichte 9). Frankfurt/M. 1976.

Jongh, Jane de: De koningin: Maria van Hongarije, landvoogdes der Nederlanden 1505–1558 (Regentessen der Nederlanden 2). 4. Aufl. Amsterdam 1966.

Ludolphy, Ingetraut: Friedrich der Weise, Kurfürst von Sachsen 1463–1525. Göttingen 1984.

Mentz, Georg: Johann Friedrich der Großmütige 1503–1554, 3 Bde. (BeitrrNeuerGThür 1/1–3). Jena 1903–1908.

Metzger, Edelgard: Leonhard von Eck (1480–1550). Wegbereiter und Begründer des frühabsolutistischen Bayern. München/Wien 1980.

Moltke, Konrad von: Siegmund von Dietrichstein. Die Anfänge ständischer Institutionen und das Eindringen des Protestantismus in die Steiermark zur Zeit Maximilians I. und Ferdinands I. Göttingen 1970.

Muralt, Leonhard von: Renaissance und Reformation. In: Handbuch der Schweizer Geschichte, Bd. 1. Zürich 1972, S. 389–570.

Petri, Franz: Die frühen Habsburger in der niederländischen Geschichte. In: BijdrMeded HistGenootschapUtrecht 72 (1958) S. 11*–46*.

Petri, Franz: Herzog Heinrich der Jüngere von Braunschweig-Wolfenbüttel, ein niederdeutscher Territorialfürst im Zeitalter Luthers und Karls V. In: ARG 72 (1981) S. 122–157.

Petri, Franz: Im Zeitalter der Glaubenskriege 1500–1648. In: Rheinische Geschichte, Bd. 2, hrg. v. F. Petri/E. Boshof. 2. Aufl. Düsseldorf 1980, S. 1–217.

Press, Volker: Calvinismus und Territorialstaat. Regierung und Zentralbehörden der Kurpfalz 1559–1619 (Kieler Historische Studien 7). Stuttgart 1970.

Schultze, Johannes: Die Mark Brandenburg. Bd. 4: Von der Reformation bis zum Westfälischen Frieden 1535–1648. Berlin 1964.

Spindler, Max (Hrg.): Handbuch der bayerischen Geschichte, Bd. 2: Das alte Bayern. Der Territorialstaat vom Ausgang des 12. Jahrhunderts bis zum Ausgang des 18. Jahrhunderts. 2. Aufl. München 1977; Bd. 3, 1–2: Franken, Schwaben, Oberpfalz bis zum Ausgang des 18. Jahrhunderts. 2. Aufl. München 1979.

Stadler, Peter: Das Zeitalter der Gegenreformation. In: Handbuch der Schweizer Geschichte, Bd. 1. Zürich 1972, S. 571–672.

Weller, Karl/Weller, Arnold: Württembergische Geschichte im südwestdeutschen Raum. 10. Aufl. Stuttgart 1989.

Wittram, Reinhard: Baltische Geschichte. Grundzüge und Durchblicke. Die Ostseelande, Livland, Estland, Kurland 1180–1918, Nachdruck der Ausgabe München 1954. Darmstadt 1973.

Zöllner, Erich: Geschichte Österreichs von den Anfängen bis zur Gegenwart. 7. Aufl. München 1984.

2. *Äußere Staatenbildung, Außenpolitik*

2.1 *Reichsgrenzen, -zugehörigkeit*

Aretin, Karl O. von: Die Lehensordnungen in Italien im 16. und 17. Jahrhundert und ihre Auswirkungen auf die europäische Politik. Ein Beitrag zur Geschichte des europäischen Spätfeudalismus. In: Politische Ordnungen und soziale Kräfte im alten Reich, hrg. v. H. Weber. Wiesbaden 1980, S. 53–84.

Höss, Irmgard: Das Reich und Preußen in der Zeit der Umwandlung des Ordenslandes in das Herzogtum. In: Aus der Arbeit an den Reichstagen unter Kaiser Karl V., hrg. v. H. Lutz/A. Kohler (Schrr Reihe der Hist. Komm. bei der Bayerischen Akad. der Wiss. 26). Göttingen 1986, S. 130–157.

Kirn, Paul: Politische Geschichte der deutschen Grenzen. 4. Aufl. Mannheim 1958.

Liebmann, Hans: Deutsches Land und Volk nach italienischen Berichterstattern der Reformationszeit (HistStudEbering 81). Nachdruck der Ausgabe Berlin 1910. Vaduz 1965.

Mohnhaupt, Heinz: Das Verhältnis des «Corpus Helveticum» zum Reich und seinen Verfassungsinstitutionen. In: Schweizerisch-deutsche Beziehungen im konfessionellen Zeitalter. Beiträge zur Kulturgeschichte 1580–1650, hrg. v. M. Bircher/W. Sparn/E. Weyrauch (Wolfenbütteler Arbeiten zur Barockforschung 12). Wiesbaden 1984, S. 57–76.

Mommsen, Karl: Eidgenossen, Kaiser und Reich. Studien zur Stellung der Eidgenossenschaft innerhalb des heiligen römischen Reiches (BaslerBeitrrGWiss 72). Basel 1958.

Stadler, Peter: Vom eidgenössischen Staatsbewußtsein und Staatensystem um 1600. In: SchweizZG 8(1958) S. 1–20.

2.2 *Diplomatie, Völkerrecht*

Lunitz, Martin: Diplomatie und Diplomaten im 16. Jahrhundert. Studien zu den ständigen Gesandten Kaiser Karls V. in Frankreich. Diss. phil. Konstanz 1987.

Mattingly, Garrett: Renaissance Diplomacy (The Bedford Historical Series 8). 2. Aufl. London 1963.

Picard, Bertold: Das Gesandtschaftswesen Ostmitteleuropas in der frühen Neuzeit. Beiträge zur Geschichte der Diplomatie in der ersten Hälfte des 16. Jahrhunderts nach den Aufzeichnungen des Freiherrn Sigmund von Herberstein (Wiener Archiv für Geschichte des Slaventums und Osteuropas 6). Wien/Köln/Graz 1967.

2.3 *Konfliktfelder der Außenpolitik; Türkenabwehr*

Bauer, Clemens: Die europäische politische Situation von 1559 und ihre finanziellen Hintergründe. In: HJb 53 (1933) S. 27–44.

Donnert, Erich: Der livländische Ordensritterstaat und Rußland. Der livländische Krieg und die baltische Frage in der europäischen Politik 1558–1583. Berlin 1963.

Fueter, Eduard: Geschichte des europäischen Staatensystems von 1492–1559 (Handbuch der mittleren und neueren Geschichte 2,1). Nachdruck der Ausgabe München/Berlin 1919. Osnabrück 1972.

Glassl, Horst: Das Heilige Römische Reich und die Osmanen im Zeitalter der Reformation. In: Südosteuropa unter dem Halbmond. Untersuchungen über Geschichte und Kultur der südosteuropäischen Völker während der Türkenzeit, hrg. v. P. Bartl/H. Glassl. Festschrift Georg Stadtmüller (Beiträge zur Kenntnis Südosteuropas und des Nahen Ostens 16). München 1975, S. 61–72.

Mariotte, Jean: François Ier et la Ligue de Smalkalde. De la trêve de Nice à la paix de Créspy 1538–1544. In: SchweizZG 16 (1966) S. 206–242.

Platzhoff, Walter: Geschichte des europäischen Staatensystems 1559–1660 (Handbuch der mittleren und neueren Geschichte 2,2). Nachdruck der Ausgabe München/Berlin 1928. Darmstadt 1967.

Potter, David L.: Foreign Policy in the Age of the Reformation: French Involvement in the Schmalkaldic War, 1544–1547. In: HistJourn 20 (1977) S. 525–544.

Rothenberg, Guenther: The Austrian Military Border in Croatia 1522–1747. Urbana/Illinois 1960.

Schulze, Winfried: Reich und Türkengefahr im späten 16. Jahrhundert. Studien zu den politischen und gesellschaftlichen Auswirkungen einer äußeren Bedrohung. München 1978.

Uebersberger, Hans: Österreich und Rußland seit dem Ende des 15. Jahrhunderts. Bd. 1: 1488–1605, Nachdruck der Ausgabe Wien/Leipzig 1906. Nendeln/Liechtenstein 1969.

Zeller, Gaston: La réunion de Metz à la France 1552–1648, 2 Bde. Paris 1926/27.

Zeller, Gaston: Les temps modernes. De Christoph Colomb à Cromwell (Histoire des relations internationales, Bd. 2). Paris 1953.

3. Bevölkerung, Wirtschaft, Gesellschaft

3.1 Allgemeines, Übergreifendes

Abel, Wilhelm: Massenarmut und Hungerkrisen im vorindustriellen Europa. Versuch einer Synopsis. Hamburg 1974.

Aubin, Hermann/Zorn, Wolfgang (Hrgg.): Handbuch der deutschen Wirtschafts- und Sozialgeschichte, Bd. 1. Stuttgart 1971.

Bog, Ingomar: Wachstumsprobleme der oberdeutschen Wirtschaft 1540–1618. In: JbbNationökonStat 179 (1966) S. 493–537. Abdruck in: I. Bog, Oberdeutschland. Das Heilige Römische Reich des 16. bis 18. Jahrhunderts in Funktion. Idstein 1986, S. 1–42.

Endres, Rudolf: Zur wirtschaftlichen und sozialen Lage in Franken vor dem Dreißigjährigen Krieg. In: JbFränkLdForsch 28 (1968) S. 5–52.

Hauser, Albert: Schweizerische Wirtschafts- und Sozialgeschichte. Erlenbach/Zürich/Stuttgart 1961.

Lütge, Friedrich: Deutsche Sozial- und Wirtschaftsgeschichte. Ein Überblick. 3. Aufl. Berlin 1966.

Sigg, Otto: Bevölkerungs-, agrar- und sozialgeschichtliche Probleme des 16. Jahrhunderts am Beispiel der Zürcher Landschaft. In: SchweizZG 24 (1974) S. 1–25.

Tremel, Ferdinand: Wirtschafts- und Sozialgeschichte Österreichs von den Anfängen bis 1955. Wien 1969.

3.2 Bevölkerung

Blaschke, Karlheinz: Bevölkerungsgeschichte von Sachsen bis zur industriellen Revolution. Weimar 1967.

Dupâquier, Jacques: De l'animal à l'homme: le mécanisme autorégulateur des populations traditionelles. In: Revue de l'Institut de Sociologie 45 (1972) S. 177–211.

Endres, Rudolf: Zur Einwohnerzahl und Bevölkerungsstruktur Nürnbergs im 15./16. Jahrhundert. In: MittVGNürnb 57 (1970) S. 242–271.

Klein, Kurt: Die Bevölkerung Österreichs vom Beginn des 16. bis zur Mitte des 18. Jahrhunderts mit einem Abriß der Bevölkerungsentwicklung von 1754–1869. In: Beiträge zur Bevölkerungs- und Sozialgeschichte Österreichs, hrg. v. H. Helczmanovszki. Wien 1973, S. 47–112.

Koerner, Fritz: Die Bevölkerungsverteilung in Thüringen am Ausgang des 16. Jahrhunderts. In: Wiss. Veröff. des deutschen Instituts für Länderkunde NF 15/16 (1958) S. 178–315.

Mattmüller, Markus: Bevölkerungsgeschichte der Schweiz. Teil 1: Die frühe Neuzeit, 2 Bde. (BaslerBeitrrGWiss 154, 154a). Basel 1987.

Slicher van Bath, Bernard H.: De demographische ontwikkeling tijdens de Republiek. In: Vaderlands Verleden in Veelvoud, Deel I: 16e–18e eeuw. Den Haag 1980, S. 1–25.

3.3 Wirtschaft

3.3.1 Allgemeines, Übergreifendes

Blaich, Fritz: Die Wirtschaftspolitik des Reichstags im Heiligen Römischen Reich. Ein Beitrag zur Problemgeschichte wirtschaftlichen Gestaltens (Schriften zum Vergleich von Wirtschaftsordnungen 16). Stuttgart 1970.

Helbig, Herbert (Hrg.): Führungskräfte der Wirtschaft in Mittelalter und Neuzeit (1350–1850), Teil I (Deutsche Führungsschichten in der Neuzeit, hrg. v. G. Franz, Bd. 6). Limburg/Lahn 1973.

Houtte, Jan A. van: An Economic History of the Low Countries 800–1800. London 1977.

Kellenbenz, Hermann: Deutsche Wirtschaftsgeschichte, Bd. 1: Von den Anfängen bis zum Ende des 18. Jahrhunderts. München 1977.

Kellenbenz, Hermann: Wirtschaftsgeschichte Kölns im 16. und beginnenden 17. Jahrhundert. In: Zwei Jahrtausende Kölner Wirtschaft, hrg. v. H. Kellenbenz unter Mitarbeit von K. van Eyll, Bd. 1. Köln 1975, S. 321–427.

Kellenbenz, Hermann (Hrg.): Schwerpunkte der Eisengewinnung und Eisenverarbeitung in Europa 1500–1650 (Kölner Kolloquien zur internationalen Sozial- und Wirtschaftsgeschichte 2). Köln/Wien 1974.

Kellenbenz, Hermann (Hrg.): Schwerpunkte der Kupferproduktion und des Kupferhandels in Europa 1500–1650 (Kölner Kolloquien zur internationalen Sozial- und Wirtschaftsgeschichte 3). Köln/Wien 1977.

Kriedte, Peter: Spätfeudalismus und Handelskapital. Grundlinien der europäischen Wirtschaftsgeschichte vom 16. bis zum Ausgang des 18. Jahrhunderts. Göttingen 1980.

Rich, Edwin E./Wilson, Charles H. (Hrgg.): The Economy of Expanding Europe in the Sixteenth and Seventeenth Centuries (The Cambridge Economic History of Europe, Bd. 4). Cambridge 1967.

Rich, Edwin E./Wilson, Charles H. (Hrgg.): The Economic Organization of Early Modern Europe (The Cambridge Economic History of Europe, Bd. 5). Cambridge 1977.

Saalfeld, Diedrich: Die Wandlungen der Preis- und Lohnstruktur während des 16. Jahrhunderts in Deutschland. In: Beiträge zu Wirtschaftswachstum und Wirtschaftsstruktur im 16. und 19. Jahrhundert, hrg. v. W. Fischer (SchrrVSozialpol 63). Berlin 1971, S. 9–28.

Stuijvenberg, Jan H. van (Hrg.): De economische geschiedenis van Nederland. Groningen 1977.

3.3.2 Landwirtschaft und Agrarverfassung

Abel, Wilhelm: Agrarkrisen und Agrarkonjunktur. Eine Geschichte der Land- und Ernährungswirtschaft Mitteleuropas seit dem hohen Mittelalter. 3. Aufl. Hamburg 1978.

Abel, Wilhelm: Geschichte der deutschen Landwirtschaft vom frühen Mittelalter bis zum 19. Jahrhundert (Deutsche Agrargeschichte, hrg. v. G. Franz, Bd. 2). 3. Aufl. Stuttgart 1978.

Blaschke, Karlheinz: Das Bauernlegen in Sachsen. In: VjschrSozialWirtschG 42 (1955) S. 97–116.

Blaschke, Karlheinz: Grundzüge und Probleme einer sächsischen Agrarverfassungsgeschichte. In: ZSRG. Germ 82 (1965) S. 223–287.

Heimpel, Christian: Die Entwicklung der Einnahmen und Ausgaben des Heiliggeistspitals zu Biberach an der Riß: Von 1500–1630 (Quellen und Forschungen zur Agrargeschichte 15). Stuttgart 1966.

Henning, Friedrich W.: Landwirtschaft und ländliche Gesellschaft in Deutschland, Bd. 1: 800–1750. Paderborn 1979.

Lütge, Friedrich: Geschichte der deutschen Agrarverfassung. Vom frühen Mittelalter bis zum 19. Jahrhundert (Deutsche Agrargeschichte, hrg. v. G. Franz, Bd. 3). 2. Aufl. Stuttgart 1967.

North, Michael: Untersuchungen zur adligen Gutswirtschaft im Herzogtum Preußen des 16. Jahrhunderts. In: VjschrSozialWirtschG 70 (1983) S. 1–20.

Slicher van Bath, Bernard H.: Een Fries landbouwbedrijf in de tweede helft van de 16e eeuw. In: Agronomisch-historisch bijdr. 4 (1958) S. 67–208.

Strobel, Albrecht: Agrarverfassung im Übergang. Studien zur Agrargeschichte des badischen Breisgaus vom Beginn des 16. bis zum Ausgang des 18. Jahrhunderts (Forschungen zur oberrheinischen Landesgeschichte 33). Freiburg/München 1972.

Vries, Jan de: The Role of the Rural Sector in the Expansion of the Dutch Economy: 1500–1700. Yale University, Ph. D. 1970.

Weis, Eberhard: Ergebnisse eines Vergleichs der grundherrschaftlichen Strukturen Deutschlands und Frankreichs vom 13. bis zum Ausgang des 18. Jahrhunderts. In: VjschrSozialWirtschG 57 (1970) S. 1–14.

3.3.3 Bergbau und Gewerbe; Zünfte, Verlagswesen

Aubin, Gustav/Kunze, Arno: Leinenerzeugung und Leinenabsatz im östlichen Mitteldeutschland zur Zeit der Zunftkäufe. Ein Beitrag zur industriellen Kolonisation des deutschen Ostens. Stuttgart 1940.

Aubin, Hermann: Formen und Verbreitung des Verlagswesens in der Altnürnberger Wirtschaft. In: Beiträge zur Wirtschaftsgeschichte Nürnbergs, hrg. v. Stadtarchiv Nürnberg Bd. 2 (Beiträge zur Geschichte und Kultur der Stadt Nürnberg 11,2). Nürnberg 1967, S. 620–668.

Fröhlich, Sigrid: Die soziale Sicherung bei Zünften und Gesellenverbänden; Darstellung, Analyse, Vergleich. Berlin 1976.

Henschke, Ekkehard: Landesherrschaft und Bergbauwirtschaft. Zur Wirtschafts- und Verwaltungsgeschichte des Oberharzer Bergbaugebietes im 16. und 17. Jahrhundert (Schriften zur Wirtschafts- und Sozialgeschichte 23). Berlin/München 1975.

Kriedte, Peter/Medick, Hans/Schlumbohm, Jürgen: Industrialisierung vor der Industrialisierung. Gewerbliche Warenproduktion auf dem Land in der Formationsperiode des Kapitalismus (Veröff. des Max-Planck-Instituts für Geschichte 53). Göttingen 1977.

Laube, Adolf: Studien über den erzgebirgischen Silberbergbau von 1470 bis 1546. Seine Geschichte, seine Produktionsverhältnisse, seine Bedeutung für die gesellschaftlichen Veränderungen und Klassenkämpfe in Sachsen am Beginn der Übergangsepoche vom Feudalismus zum Kapitalismus (Forschungen zur mittelalterlichen Geschichte 22). Berlin 1974.

Mitterauer, Michael (Hrg.): Österreichisches Montanwesen. Produktion, Verteilung, Sozialformen. München/Wien 1974.

Posthumus, Nicolaas W.: De geschiedenis van de Leidsche lakenindustrie. 1. De Middeleeuwen (14e-16e eeuw). Den Haag 1908.

Proesler, Hans: Das gesamtdeutsche Handwerk im Spiegel der Reichsgesetzgebung von 1530–1806 (Nürnberger Abhh. zu den Wirtschafts- und Sozialwissenschaften 5). Berlin 1954.

Redlich, Fritz: Der deutsche fürstliche Unternehmer, eine typische Erscheinung des 16. Jahrhunderts. In: Tradition 3 (1958) S. 17–32.

Strieder, Jakob: Die deutsche Montan- und Metallindustrie im Zeitalter der Fugger (Abhandlungen und Berichte des Deutschen Museums 3,6). Berlin 1931.

3.3.4 *Handel und Geldwesen; Hanse; oberdeutscher Handelskapitalismus, Monopolienstreit*

Bog, Ingomar (Hrg.): Der Außenhandel Ostmitteleuropas 1450–1650. Die ostmitteleuropäischen Volkswirtschaften in ihren Beziehungen zu Mitteleuropa. Wien/Köln 1971.

Ehrenberg, Richard: Das Zeitalter der Fugger. Geldkapital und Kreditverkehr im 16. Jahrhundert, 2 Bde. Jena 1922.

Kellenbenz, Hermann: Spanien, die nördlichen Niederlande und der skandinavisch-baltische Raum in der Weltwirtschaft und Politik um 1600. In: VjschrSozialWirtschG 41 (1954) S. 289–332.

Kellenbenz, Hermann: Unternehmerkräfte im Hamburger Portugal- und Spanienhandel 1590–1625 (Veröff. der Wirtschaftsgeschichtl. Forschungsstelle 10). Hamburg 1954.

Lütge, Friedrich: Strukturwandlungen im ostdeutschen und osteuropäischen Fernhandel des 14. bis 16. Jahrhunderts (SbbAkad München 1964, 1). München 1964.

Wee, Hermann van der: The Growth of the Antwerp Market and the European Economy (Fourteenth-sixteenth Centuries) 3 Bde. Den Haag 1963.

Westermann, Ekkehard (Hrg.): Internationaler Ochsenhandel 1350–1750. 7th International Economic History Congress, Edinburgh 1978 (Beiträge zur Wirtschaftsgeschichte 9). Stuttgart 1979.

Hanse

Beutin, Ludwig: Hanse und Reich im handelspolitischen Endkampf gegen England (StudGWirtschGeistKultur 6). Berlin 1929.

Dollinger, Philippe: Die Hanse. 2. Aufl. Stuttgart 1976.

Häpke, Rudolf: Reichswirtschaftspolitik und Hanse nach den Wiener Reichsakten des 16. Jahrhunderts. In: HansGBll 50 (1925) S. 164–209.

Pitz, Ernst: Steigende und fallende Tendenzen in Politik und Wirschaftsleben der Hanse im 16. Jahrhundert. In: HansGBll 102 (1984) S. 39–77.

Stromer von Reichenbach, Wolfgang: Der innovatorische Rückstand der hansischen Wirtschaft. In: Beiträge zur Wirtschafts- und Sozialgeschichte des Mittelalters, hrg. v. K. Schulz. Festschrift Herbert Helbig. Köln/Wien 1976, S. 204–217.

Zoellner, Klaus-Peter: Seehandel und Handelspolitik der Hanse in der Zeit ihres Niedergangs 1550 bis 1600. In: Jb. für Wirtschaftsgeschichte 3 (1970) S. 221–238.

Oberdeutscher Handelskapitalismus, Monopolienstreit

Bauer, Clemens: Conrad Peutingers Gutachten zur Monopolfrage. Eine Untersuchung zur Wandlung der Wirtschaftsanschauungen im Zeitalter der Reformation. In: ARG 45 (1954) S. 1–43; 145–196.

Blaich, Fritz: Die Reichsmonopolgesetzgebung im Zeitalter Karls V. Ihre ordnungspolitische Problematik (Schriften zum Vergleich von Wirtschaftsordnungen 8). Stuttgart 1967.

Dietrich, Richard: Untersuchungen zum Frühkapitalismus im mitteldeutschen Erzbergbau und Metallhandel. In: JbGMitteldtld 7 (1958) S. 141–206; 8 (1959) S. 51–119; 9/10 (1961) S. 127–194.

Lutz, Elmar: Die rechtliche Struktur süddeutscher Handelsgesellschaften in der Zeit der Fugger, 2 Bde. (Studien zur Fuggergeschichte 25 = Schwäb. Forschungsgemeinschaft bei der Komm. für Bayer. LdG. Reihe 4, Bd. 16). Tübingen 1976.

Pölnitz, Götz Frhr. von: Anton Fugger, 4 Bde. (Studien zur Fuggergeschichte 13, 17, 20, 22). Tübingen 1958–1971.

Pölnitz, Götz Frhr. von: Jakob Fugger. Kaiser, Kirche und Kapital in der oberdeutschen Renaissance, 2 Bde. Tübingen 1949/1951.

Scheuermann, Ludwig: Die Fugger als Montanindustrielle in Tirol und Kärnten. Ein Beitrag zur Wirtschaftsgeschichte des 16. und 17. Jahrhunderts (Studien zur Fuggergeschichte 8). München 1929.

Strieder, Jakob: Zur Genesis des modernen Kapitalismus. 2. Aufl. München/Leipzig 1935.

Tremel, Ferdinand: Der Frühkapitalismus in Innerösterreich. Graz 1954.

Werner, Theodor G.: Bartholomäus Welser. Werden und Wirken eines königlichen Kaufmanns in der Renaissance. In: Scripta mercaturae 1967/1, S. 71–88; 1968/1, S. 89–107; 1968/2, S. 75–103.

3.4 Gesellschaft

3.4.1 Allgemeines, Übergreifendes

Bog, Ingomar: Über Arme und Armenfürsorge in Oberdeutschland und in der Eidgenossenschaft im 15. und 16. Jahrhundert. In: JbFränkLdForsch 34/35 (1975) S. 983–1001. Abdruck in: I. Bog, Oberdeutschland. Das Heilige Römische Reich des 16. bis 18. Jahrhunderts in Funktion. Idstein 1986, S. 56–72.

Endres, Rudolf: Die deutschen Führungsschichten um 1600. In: Deutsche Führungsschichten in der Neuzeit. Eine Zwischenbilanz. Büdinger Vorträge 1978, hrg. v. H. H. Hofmann/G. Franz (Deutsche Führungsschichten in der Neuzeit 12). Boppard 1980, S. 79–109.

Händler-Lachmann, Barbara: Die Berufstätigkeit der Frau in den deutschen Städten des Spätmittelalters und der beginnenden Neuzeit. In: HessJbLdG 30 (1980) S. 131–175.

Kamen, Henry: European Society, 1500–1700. London 1984.

Kamen, Henry: The Iron Century. Social Change in Europe 1550–1650. London 1971.

Mitterauer, Michael: Grundtypen alteuropäischer Sozialformen. Haus und Gemeinde in vorindustriellen Gesellschaften (Kultur und Gesellschaft. Neue historische Forschungen 5). Stuttgart 1979.

Press, Volker: Führungsgruppen in der deutschen Gesellschaft im Übergang zur Neuzeit um 1500. In: Deutsche Führungsschichten in der Neuzeit. Eine Zwischenbilanz. Büdinger Vorträge 1978, hrg. v. H. H. Hofmann/G. Franz (Deutsche Führungsschichten in der Neuzeit 12). Boppard 1980, S. 29–77.

Press, Volker: Soziale Folgen der Reformation in Deutschland. In: Schichtung und Entwicklung der Gesellschaft in Polen und Deutschland im 16. und 17. Jahrhundert, hrg. v. M. Biskup und K. Zernack (VjschrSozialWirtschG Beiheft 74). Wiesbaden 1983, S. 196–243.

Weis, Eberhard: Gesellschaftsstrukturen und Gesellschaftsentwicklung in der frühen Neuzeit. In: Die Gesellschaft in Deutschland, hrg. v. K. Bosl/E. Weis, Bd. 1. München 1976, S. 131–287.

Wesoly, Kurt: Der weibliche Bevölkerungsanteil in spätmittelalterlichen und frühneuzeitlichen Städten und die Betätigung von Frauen im zünftigen Handwerk insbesondere am Mittel- und Oberrhein. In: ZGORh NF 89 (1980) S. 69–117.

3.4.2 Adel

Endres, Rudolf: Adelige Lebensformen in Franken zur Zeit des Bauernkriegs (NeujahrsbllGesFränkG 35). Würzburg 1974.

Hahn, Peter-Michael: Struktur und Funktion des brandenburgischen Adels im 16. Jahrhundert (Historische und pädagogische Studien 9). Berlin 1979.

MacHardy, Karin J.: Der Einfluß von Status, Konfession und Besitz auf das politische Verhalten des niederösterreichischen Ritterstandes 1580–1620. In: Spezialforschung und «Gesamtgeschichte», hrg. v. G. Klingenstein/H. Lutz (Wiener Beiträge zur Geschichte der Neuzeit 8). München 1982, S. 56–83.

Merker, Otto: Die Ritterschaft des Erzstifts Bremen im Spätmittelalter. Herrschaft und politische Stellung als Landstand 1300–1550 (Einzelschrr. des Stader Geschichts- und Heimatvereins 16). Stade 1962.

Pfeiffer, Gerhard: Studien zur Geschichte der fränkischen Reichsritterschaft. In: JbfränkLdForsch 22 (1962) S. 173–280.

Press, Volker: Adel, Reich und Reformation. In: Stadtbürgertum und Adel in der Reformation. Studien zur Sozialgeschichte der Reformation in England und Deutschland, hrg. v. W. J. Mommsen (Veröff. des Hist. Instituts London 5). Stuttgart 1979, S. 330–383.

Press, Volker: Adel im Reich um 1600. In: Spezialforschung und «Gesamtgeschichte», hrg. v. G. Klingenstein/H. Lutz (Wiener Beiträge zur Geschichte der Neuzeit 8). München 1982, S. 15–47.

Press, Volker: Wilhelm von Grumbach und die deutsche Adelskrise der 1560er Jahre. In: BllDtLdG 113 (1977) S. 396–431.

Rößler, Hellmuth (Hrg.): Deutscher Adel 1430–1555 (Schriften zur Problematik der deutschen Führungschichten in der Neuzeit 1). Darmstadt 1965.

Rößler, Hellmuth (Hrg.): Deutscher Adel 1555–1740 (Schriften zur Problematik der deutschen Führungsschichten in der Neuzeit 2). Darmstadt 1965.

Rosenberg, Hans: Die Ausprägung der Junkerherrschaft in Brandenburg-Preußen 1410–1680. In: H. Rosenberg, Machteliten und Wirtschaftskonjunkturen. Studien zur neueren deutschen Sozial- und Wirtschaftsgeschichte (Kritische Studien zur Geschichtswissenschaft 31). Göttingen 1978, S. 24–82; 298–308.

Ulmschneider, Helgard: Götz von Berlichingen. Ein adeliges Leben der deutschen Renaissance. Sigmaringen 1974.

3.4.3 Bürgertum

Bátori, Ingrid: Das Patriziat der deutschen Stadt. Zu den Forschungsergebnissen über das Patriziat besonders der süddeutschen Städte. In: Zeitschrift für Stadtgeschichte, Stadtsoziologie und Denkmalspflege 2 (1975) S. 1–30.

Endres, Rudolf: Sozial- und Bildungsstrukturen fränkischer Reichsstädte im Spätmittelalter und in der Frühen Neuzeit. In: Literatur in der Stadt, hrg. v. H. Brunner, Göppingen 1982, S. 37–72.

Fischer, Thomas: Städtische Armut und Armenfürsorge im 15. und 16. Jahrhundert (Göttinger Beiträge zur Wirtschafts- und Sozialgeschichte 4). Göttingen 1979.

Franz, Günther (Hrg.): Beamtentum und Pfarrerstand 1400–1800 (Deutsche Führungsschichten in der Neuzeit 5). Limburg 1972.

Füglister, Hans: Handwerksregiment. Untersuchungen und Materialien zur sozialen und politischen Struktur der Stadt Basel in der ersten Hälfte des 16. Jahrhunderts (Basler BeitrrGWiss 143). Frankfurt/M. 1981.

Kaser, Kurt: Politische und soziale Bewegungen im deutschen Bürgertum zu Beginn des 16. Jahrhunderts, mit besonderer Rücksicht auf den Speyerer Aufstand 1512. Stuttgart 1899.

Kramm, Heinrich: Studien über die Oberschichten der mitteldeutschen Städte im 16. Jahrhundert: Sachsen, Thüringen, Anhalt (Mitteldeutsche Forschungen 87), 2 Teilbände. Köln 1981.

Maschke, Erich/Sydow, Jürgen (Hrgg.): Gesellschaftliche Unterschichten in den südwestdeutschen Städten. Protokoll über die 5. Arbeitstagung des Arbeitskreises für südwestdeutsche Stadtgeschichtsforschung, Schwäbisch Hall 1966 (Veröff. der Komm. für geschichtl. Landeskunde in Baden-Württemberg, Reihe B, Bd. 41). Stuttgart 1967.

Petri, Franz (Hrg.): Bischofs- und Kathedralstädte des Mittelalters und der frühen Neuzeit (Städteforschung. Veröff. des Instituts für vergleichende Städtegeschichte in Münster, Reihe A, Bd. 1) Wien/Köln/Graz 1976.

Rausch, Wilhelm (Hrg.): Die Stadt am Ausgang des Mittelalters (Beiträge zur Geschichte der Städte Mitteleuropas 3). Linz 1974.

Schildhauer, Johannes: Soziale, politische und religiöse Auseinandersetzungen in den Hansestädten Stralsund, Rostock und Wismar im ersten Drittel des 16. Jahrhunderts (Abhh. zur Handels- und Sozialgeschichte 2). Weimar 1959.

Schilling, Heinz: Wandlungs- und Differenzierungsprozesse innerhalb der bürgerlichen Oberschichten West- u. Nordwestdeutschlands im 16. und 17. Jahrhundert. In: Schichtung und Entwicklung der Gesellschaft in Polen und Deutschland im 16. und 17. Jahrhundert, hrg. v. M. Biskup/K. Zernack (VjschrSozialWirtschG Beiheft 74). Wiesbaden 1983, S. 121–173.

Stoob, Heinz (Hrg.): Altständisches Bürgertum, 2 Bde. (Wege der Forschung 352, 417). Darmstadt 1978.

3.4.4 Bauerntum; Bauernkrieg

Blaschke, Karlheinz: Das Bauernlegen in Sachsen. In: VjschrSozialWirtschG 42 (1955) S. 97–116.

Boelcke, Willi A.: Bäuerlicher Wohlstand in Württemberg Ende des 16. Jahrhunderts. In: JbbNationalökonStat 176 (1964) S. 241–280.

Eckhardt, Hans W.: Herrschaftliche Jagd, bäuerliche Not und bürgerliche Kritik. Zur Geschichte der fürstlichen und adeligen Jagdprivilegien vornehmlich im süddeutschen Raum (Veröff. des Max-Planck-Instituts für Geschichte 48). Göttingen 1976.

Franz, Günther: Geschichte des deutschen Bauernstandes vom frühen Mittelalter bis zum 19. Jahrhundert (Deutsche Agrargeschichte, hrg. v. G. Franz, Bd. 4). 2. Aufl. Stuttgart 1976.

Franz, Günther (Hrg.): Bauernschaft und Bauernstand 1500–1970 (Deutsche Führungsschichten in der Neuzeit 8). Limburg 1975.

Grüll, Georg: Der Bauer im Lande ob der Enns am Ausgang des 16. Jahrhunderts. Abgaben und Leistungen im Lichte der Beschwerden und Verträge von 1597–1598 (Forschungen zur Geschichte Oberösterreichs 11). Wien/Köln/Graz 1969.

Öhler, Heinrich: Der Aufstand des Armen Konrad im Jahr 1514. In: WürttVjhefteLdG 38 (1932) S. 401–486.

Rosenkranz, Albert: Der Bundschuh, die Erhebung des südwestdeutschen Bauernstandes in den Jahren 1493–1517, 2 Bde. Heidelberg 1927.

Sabean, David W.: Landbesitz und Gesellschaft am Vorabend des Bauernkriegs. Eine Studie der sozialen Verhältnisse im südlichen Oberschwaben in den Jahren vor 1525 (QForschAgrarG 26). Stuttgart 1972.

Schulze, Winfried: Oberdeutsche Untertanenrevolten zwischen 1580 und 1620. Reichssteuern und bäuerlicher Widerstand. In: Bauer, Reich und Reformation, hrg. v. P. Blickle. Festschrift Günther Franz. Stuttgart 1982, S. 120–147.

Troßbach, Werner: «Südwestdeutsche Leibeigenschaft» in der Frühen Neuzeit – eine Bagatelle? In: Geschichte und Gesellschaft 7 (1981) S. 69–90.

Wunder, Heide: Das Dorf um 1600 – der primäre Lebenszusammenhang der ländlichen Gesellschaft. In: Literatur und Volk im 17. Jahrhundert, hrg. v. W. Brückner/P. Blickle/D. Breuer, Teil 1 (Wolfenbütteler Arbeiten zur Barockforschung 13). Wiesbaden 1985, S. 69–87.

BAUERNKRIEG

Arnold, Klaus: damit der arm man vnnd gemainer nutz iren furgang haben ... Zum deutschen «Bauernkrieg» als politischer Bewegung: Wendel Hiplers und Friedrich Weygandts Pläne einer «Reformation» des Reiches. In: ZHF 9 (1982) S. 257–313.

Blickle, Peter: Die Revolution von 1525. 2. Aufl. München 1981.

Blickle, Peter (Hrg.): Revolte und Revolution in Europa (HZ, Beiheft 4 NF). München 1975.

Blickle, Peter (Hrg.): Der deutsche Bauernkrieg von 1525 (Wege der Forschung 460). Darmstadt 1985.

Brendler, Gerhard/Laube, Adolf (Hrg.): Der deutsche Bauernkrieg 1524/25. Geschichte, Traditionen, Lehren (Akad. d. Wiss. der DDR: Schrr. des Zentralinstituts für Geschichte 57). Berlin 1977.

Bücking, Jürgen: Michael Gaismair: Reformer – Sozialrebell – Revolutionär. Seine Rolle im Tiroler «Bauernkrieg» 1525/32. (Spätmittelalter und Frühe Neuzeit. Tübinger Beiträge zur Geschichtsforschung 5). Stuttgart 1978.

Buszello, Horst: Der deutsche Bauernkrieg von 1525 als politische Bewegung. Mit besonderer Berücksichtigung der anonymen Flugschrift an die Versammlung gemayner Pawerschafft (Studien zur europäischen Geschichte 8). Berlin 1969.

Dörrer, Fridolin (Hrg.): Die Bauernkriege und Michael Gaismair. Protokoll des Internationalen Symposiums 1976 in Innsbruck-Vill (Veröff. des Tiroler Landesarchivs 2). Innsbruck 1982.

Franz, Günther: Der deutsche Bauernkrieg. 11. Aufl. Darmstadt 1977.

Klaassen, Walter: Michael Gaismair, Revolutionary and Reformer (Studies in Medieval and Reformation Thought 23). Leiden 1978.

Klein, Thomas: Die Folgen des Bauernkrieges von 1525. In: HessJbLdG 25 (1975) S. 65–116.

Ludwig, Karl-Heinz: Bergleute im Bauernkrieg. In: ZHF 5 (1978) S. 23–47.

Moeller, Bernd (Hrg.): Bauernkriegs-Studien (SchrrVRefG 189). Gütersloh 1975.

Oberman, Heiko A. (Hrg.): Deutscher Bauernkrieg. In: ZKG 85/2 (1974) S. 147–316.

Steinmetz, Max (Hrg.): Der Deutsche Bauernkrieg und Thomas Müntzer. Leipzig 1976.

Struck, Wolf-Heino: Der Bauernkrieg am Mittelrhein und in Hessen. Darstellung und Quellen (VeröffHistKomm. Nassau 21). Wiesbaden 1975.

Vogler, Günter: Der Deutsche Bauernkrieg und die Verhandlungen des Reichstags zu Speyer 1526. In: ZGWiss 23 (1975) S. 1396–1410.

Wehler, Hans U. (Hrg.): Der Deutsche Bauernkrieg 1524–1526 (Geschichte und Gesellschaft, Sonderheft 1). Göttingen 1975.

Wohlfeil, Rainer (Hrg.): Der Bauernkrieg 1524–26. Bauernkrieg und Reformation (Nymphenburger Texte zur Wissenschaft 21). München 1975.

3.4.5 Randgruppen der Gesellschaft; Juden

Battenberg, Friedrich: Zur Rechtsstellung der Juden am Mittelrhein in Spätmittelalter und früher Neuzeit. In: ZHF 6 (1979) S. 129–183.

Brilling, Bernhard: Die Entstehung der jüdischen Gemeinde in Emden 1570–1613. In: Westfalen 51 (1973) S. 210–224.

Brilling, Bernhard: Die Prager jüdische Gemeinde als Fürsprecherin und Vertreterin des deutschen Judentums im 16. und 17. Jahrhundert. In: Theokratia 3 (1973) S. 185–198.

Danckert, Werner: Unehrliche Leute. Die verfemten Berufe. Bern 1963.

Deppermann, Klaus: Judenhaß und Judenfreundschaft im frühen Protestantismus. In: Die Juden als Minderheit in der Geschichte, hrg. v. B. Martin/E. Schulin. 2. Aufl. München 1982, S. 110–130.

Haverkamp, Alfred (Hrg.): Zur Geschichte der Juden im Deutschland des späten Mittelalters und der frühen Neuzeit (Monographien zur Geschichte des Mittelalters 24). Stuttgart 1981.

Irsigler, Franz/Lassotta, Arnold: Bettler und Gaukler, Dirnen und Henker. Randgruppen und Außenseiter in Köln 1300–1600. Köln 1984.

Maurer, Wilhelm: Die Zeit der Reformation. In: Kirche und Synagoge, hrg. v. K. H. Rengstorf/S. von Kortzfleisch, Bd. 1. Stuttgart 1968, S. 363–452.

Oberman, Heiko A.: Wurzeln des Antisemitismus. Christenangst und Judenplage im Zeitalter von Humanismus und Reformation. Berlin 1981.

Overdick, Renate: Die rechtliche und wirtschaftliche Stellung der Juden in Südwestdeutschland im 15. und 16. Jahrhundert, dargestellt an den Reichsstädten Konstanz und Esslingen und an der Markgrafschaft Baden (Konstanzer Geschichts- und Rechtsquellen = NF der Konstanzer Stadtrechtsquellen 15). Konstanz 1965.

Stern, Selma: Josel von Rosheim. Befehlshaber der Judenschaft im Heiligen Römischen Reich Deutscher Nation. Stuttgart 1959.

4. *Recht und Verfassung*

4.1 *Allgemeines, Übergreifendes*

Conrad, Hermann: Deutsche Rechtsgeschichte, Bd. 2: Neuzeit bis 1806. Karlsruhe 1966.

Hartz, Werner: Die Gesetzgebung des Reichs und der weltlichen Territorien in der Zeit von 1495 bis 1555. Diss. phil. Marburg 1931.

Jeserich, Kurt G./Pohl, Hans/Unruh, Georg-Christoph von (Hrgg.): Deutsche Verwaltungsgeschichte, Bd. 1. Stuttgart 1983.

Merk, Walter: Der Gedanke des gemeinen Besten in der deutschen Staats- und Rechtsentwicklung. 2. Aufl. Darmstadt 1968.

Mesnard, Pierre: L'essor de la philosophie politique au XVIe siècle. Paris 1969.

Mitteis, Heinrich: Deutsche Rechtsgeschichte. Ein Studienbuch, neu bearb. v. H. Lieberich. 17. Aufl. München 1984.

Oestreich, Gerhard: Geist und Gestalt des frühmodernen Staats. Berlin 1969.

Oestreich, Gerhard: Zur Vorgeschichte des Parlamentarismus: Ständische Verfassung, landständische Verfassung und landschaftliche Verfassung. In: ZHF 6 (1979) S. 63–80.

Rausch, Heinz: Die geschichtlichen Grundlagen der modernen Volksvertretung. Die Entwicklung von den mittelalterlichen Korporationen zu den deutschen Parlamenten, 2 Bde. (Wege der Forschung 196, 469). Darmstadt 1974/1980.

Trusen, Winfried: Römisches und partikuläres Recht in der Rezeptionszeit. In: Rechtsbewahrung und Rechtsentwicklung, hrg. v. K. Kuchinke. Festschrift Heinrich Lange. München 1970, S. 97–120.

4.2 *Das Reich*

Angermeier, Heinz: Die Reichsreform 1410–1555. Die Staatsproblematik in Deutschland zwischen Mittelalter und Gegenwart. München 1984.

Becker, Winfried: Der Kurfürstenrat. Grundzüge seiner Entwicklung in der Reichsverfassung und seine Stellung auf dem Westfälischen Friedenskongreß (Schriftenreihe der Vereinigung zur Erforschung der Neueren Geschichte 5). Münster 1973.

Diestelkamp, Bernhard: Das Reichskammergericht im Rechtsleben des 16. Jahrhunderts. In: Rechtsgeschichte als Kulturgeschichte, hrg. v. H.-J. Becker/G. Dilcher/ E. Gudian/ W. Kaufmann/W. Sellert. Festschrift Adalbert Erler. Aalen 1976, S. 435–480.

Dotzauer, Winfried: Die deutschen Reichskreise in der Verfassung des Alten Reiches und ihr Eigenleben 1500–1806. Darmstadt 1989.

Dotzauer, Winfried: Die Entstehung der frühneuzeitlichen deutschen Thronerhebung: Säkularisation und Reformation. In: Herrscherweihe und Königskrönung im frühneuzeitlichen Europa, hrg. v. H. Duchhardt (Schriften der Mainzer Philosophischen Fakultätsgesellschaft 8). Wiesbaden 1983, S. 1–20.

Duchhardt, Heinz: Protestantisches Kaisertum und altes Reich. Die Diskussion über die Konfession des Kaisers in Politik, Publizistik und Staatsrecht. Wiesbaden 1977.

Duchhardt, Heinz: Reichsritterschaft und Reichskammergericht. In: ZHF 5 (1978) S. 315–337.

Gschliesser, Oswald von: Der Reichshofrat. Bedeutung und Verfassung, Schicksal und Besetzung einer obersten Reichsbehörde von 1559 bis 1806. Nachdruck der Ausgabe

Wien 1942 mit einer «Vorbemerkung» von W. Sellert sowie zahlreichen Korrekturen des Verfassers. Nendeln/Liechtenstein 1970.

Kleinheyer, Gerd: Die kaiserlichen Wahlkapitulationen. Geschichte, Wesen und Funktion (Studien und Quellen zur Geschichte des deutschen Verfassungsrechts, Studien A, Bd. 1). Heidelberg/Karlsruhe 1968.

Laubach, Ernst: «Nationalversammlung» im 16. Jahrhundert. Zu Inhalt und Funktion eines politischen Begriffs. In: MittÖsterrStaatsarch 38 (1985) S. 1–48.

Laufs, Adolf: Der Schwäbische Kreis. Studien über Einungswesen und Reichsverfassung im deutschen Südwesten zu Beginn der Neuzeit (UntersDtStaatsRG, NF 16). Aalen 1971.

Luttenberger, Albrecht P.: Reichspolitik und Reichstag unter Karl V.: Formen zentralen politischen Handelns. In: Aus der Arbeit an den Reichstagen unter Kaiser Karl V., hrg. v. H. Lutz/A. Kohler (Schrr Reihe der Hist. Komm. bei der Bayer. Akad. d. Wiss. 26). Göttingen 1986, S. 18–68.

Mohnhaupt, Heinz: Die verfassungsrechtliche Einordnung der Reichskreise in die Reichsorganisation. In: Der Kurfürst von Mainz und die Kreisassoziationen 1648–1746. Zur verfassungsmäßigen Stellung der Reichskreise nach dem Westfälischen Frieden, hrg. v. K. O. von Aretin (VeröffInstEurG Mainz, Abt. Universalgeschichte Beiheft 2). Wiesbaden 1975, S. 1–29.

Neuhaus, Helmut: Reichsständische Repräsentationsformen im 16. Jahrhundert. Reichstag – Reichskreistag – Reichsdeputationstag (Schriften zur Verfassungsgeschichte 33). Berlin 1982.

Schlaich, Klaus: Die Mehrheitsabstimmung im Reichstag zwischen 1495 und 1613. In: ZHF 10 (1983) S. 299–340.

Schlaich, Klaus: Maioritas – protestatio – itio in partes – Corpus Evangelicorum. Das Verfahren im Reichstag des Hl. Römischen Reichs Deutscher Nation nach der Reformation. In: ZSRG.Kan 94 (1977) S. 264–299; 95 (1978) S. 139–179.

Schröcker, Alfred: Unio atque concordia. Reichspolitik Bertholds von Henneberg 1484–1504. Diss. phil. Würzburg 1970.

Schroeder, Friedrich-Christian (Hrg.): Die Carolina. Die Peinliche Gerichtsordnung Kaiser Karls V. von 1532 (Wege der Forschung 626). Darmstadt 1986.

Schubert, Friedrich H.: Die deutschen Reichstage in der Staatslehre der frühen Neuzeit (Schrr Reihe der Hist. Komm. bei der Bayer. Akad. d. Wiss. 7). Göttingen 1966.

Schulze, Winfried: Reichstage und Reichssteuern im späten 16. Jahrhundert. In: ZHF 2 (1975) S. 43–58.

Smend, Rudolf: Das Reichskammergericht. Geschichte und Verfassung, Nachdruck der Ausgabe Weimar 1911. Aalen 1965.

Steglich, Wolfgang: Die Reichstürkenhilfe in der Zeit Karls V. In: Militärgeschichtliche Mitteilungen 11/1 (1972) S. 7–55.

4.3 Die Territorien

Birtsch, Günter: Die landständische Verfassung als Gegenstand der Forschung. In: Ständische Vertretungen in Europa im 17. und 18. Jahrhundert, hrg. v. D. Gerhard (Veröff. d. Max-Planck-Instituts für Geschichte 27). Göttingen 1969, S. 32–55.

Blaschke, Karlheinz: Wechselwirkungen zwischen der Reformation und dem Aufbau des Territorialstaates. In: Der Staat 9 (1970) S. 347–364.

Blickle, Peter: Landschaften im Alten Reich. Die staatliche Funktion des Gemeinen Mannes in Oberdeutschland. München 1973.

Bosl, Karl: Repräsentierte und Repräsentierende. Vorformen und Traditionen des Parlamentarismus an der gesellschaftlichen Basis der deutschen Territorialstaaten vom 16. bis 18. Jahrhundert. In: Der moderne Parlamentarismus und seine Grundlagen in der ständischen Repräsentation, hrg. v. K. Möckl/K. Bosl. Berlin 1977, S. 99–120.

Demandt, Karl E.: Amt und Familie. Eine soziologisch-genealogische Studie zur hessischen Verwaltungsgeschichte des 16. Jahrhunderts. In: HessJbLdG 2 (1952) S. 79–133.

Droege, Georg: Die finanziellen Grundlagen des Territorialstaates in West- und Ostdeutschland an der Wende vom Mittelalter zur Neuzeit. In: VjschrSozialWirtschG 53 (1966) S. 145–161.

Dülfer, Kurt: Fürst und Verwaltung. Grundzüge der hessischen Verwaltungsgeschichte im 16.–19. Jahrhundert. In: HessJbLdG 3 (1953) S. 150–223.

Fellner, Thomas/Kretschmayr, Heinrich: Die österreichische Zentralverwaltung, 1. Abt., Bd. 1 u. 2. Wien 1907.

Helbig, Herbert: Fürsten und Landstände im Westen des Reiches im Übergang vom Mittelalter zur Neuzeit. In: RheinVjBll 29 (1964) S. 32–72. Abdruck in: Die geschichtlichen Grundlagen der modernen Volksvertretung, Bd. 2: Reichsstände und Landstände, hrg. v. H. Rausch. Darmstadt 1974, S. 123–180.

Krüger, Kersten: Finanzstaat Hessen 1500–1567. Staatsbildung im Übergang vom Domänenstaat zum Steuerstaat (VeröffHistKomm. für Hessen 24, 5). Marburg 1980.

Lanzinner, Maximilian: Fürst, Räte und Landstände. Die Entstehung der Zentralbehörden in Bayern 1511–1598 (Veröff. d. Max-Planck-Instituts für Geschichte 61). Göttingen 1980.

Lieberich, Heinz: Die Anfänge der Polizeigesetzgebung des Herzogtums Baiern. In: Festschrift Max Spindler, hrg. v. D. Albrecht/A. Kraus/K. Reindel. München 1969, S. 307–378.

Lieberich, Heinz: Die gelehrten Räte. Staat und Juristen in Baiern in der Frühzeit der Rezeption. In: ZBayerLdG 27 (1964) S. 120–189.

Maurer, Hans-Martin: Die Ausbildung der Territorialgewalt oberschwäbischer Klöster vom 14. bis 17. Jahrhundert. In: BllDtLdG 109 (1973) S. 151–195.

Peyer, Hans C.: Verfassungsgeschichte der alten Schweiz. Zürich 1978.

Press, Volker: Formen des Ständewesens in den deutschen Territorialstaaten des 16. und 17. Jahrhunderts. In: Ständetum und Staatsbildung in Brandenburg-Preußen, hrg. v. P. Baumgart (VeröffHistKomm. zu Berlin 55). Berlin/New York 1983, S. 280–318.

Press, Volker: Herrschaft, Landschaft und «Gemeiner Mann» in Oberdeutschland vom 15. bis zum frühen 19. Jahrhundert. In: ZGORh NF 84 (1975) S. 169–214.

Press, Volker: Steuern, Kredit und Repräsentation. Zum Problem der Ständebildung ohne Adel. In: ZHF 2 (1975) S. 59–93.

Quarthal, Franz: Landstände und landständisches Steuerwesen in Schwäbisch-Österreich (Schriften zur südwestdeutschen Landeskunde 16). Stuttgart 1980.

Schleif, Karl H.: Regierung und Verwaltung des Erzstifts Bremen am Beginn der Neuzeit (SchrReihe des Landschaftsverbandes Stade 1). Hamburg 1972.

Schubert, Ernst: Die Landstände des Hochstifts Würzburg (VeröffGesFränkG, Reihe 9, Bd. 22). Würzburg 1967.

Willoweit, Dietmar: Rechtsgrundlagen der Territorialgewalt. Landesobrigkeit, Herrschaftsrechte und Territorium in der Rechtswissenschaft der Neuzeit (Forschungen zur deutschen Rechtsgeschichte 11). Köln/Wien 1975.

4.4 Die Städte, insbesondere die Reichsstädte

Brady, Thomas A. jr.: Turning Swiss. Cities and Empire 1450–1550. Cambridge/London/New York 1985.

Brunner, Otto: Souveränitätsproblem und Sozialstruktur in den deutschen Reichsstädten der Frühen Neuzeit. In: O. Brunner, Neue Wege der Verfassungs- und Sozialgeschichte. 2. Aufl. Göttingen 1968, S. 294–321.

Ehbrecht, Wilfried (Hrg.): Städtische Führungsgruppen und Gemeinde in der werdenden Neuzeit (Städteforschung. Veröff. des Instituts für vergleichende Städtegeschichte in Münster, Reihe A, Bd. 9). Köln/Wien 1980.

Isenmann, Eberhard: Reichsstadt und Reich an der Wende vom späten Mittelalter zur frühen Neuzeit. In: Mittel und Wege früher Verfassungspolitik, hrg.v. J. Engel (Spätmittelalter und frühe Neuzeit. Tübinger Beiträge zur Geschichtsforschung 9). Stuttgart 1979.

Laufs, Adolf: Reichsstädte und Reichsreform. In: ZSRG.Germ 84 (1967) S. 172–201.

Leiser, Wolfgang: Territorien süddeutscher Reichsstädte. Ein Strukturvergleich. In: ZBayerLdG 38 (1975) S. 967–981.

Moraw, Peter: Reichsstadt, Reich und Königtum im späten Mittelalter. In: ZHF 6 (1979) S. 385–424.

Naujoks, Eberhard: Obrigkeitsgedanke, Zunftverfassung und Reformation: Studien zur Verfassungsgeschichte von Ulm, Esslingen und Schwäbisch Gmünd (Veröff. d. Komm. für geschichtliche Landeskunde in Baden-Württemberg, Reihe B, Bd. 3). Stuttgart 1958.

Schmidt, Georg: Der Städtetag in der Reichsverfassung. Eine Untersuchung zur korporativen Politik der Freien und Reichsstädte in der ersten Hälfte des 16. Jahrhunderts (Veröff InstEurG Mainz, Abt. Universalgeschichte, Bd. 113 = Beiträge zur Sozial- und Verfassungsgeschichte des Alten Reiches 5). Wiesbaden 1984.

Specker, Hans E.: Vergleich zwischen der Verfassungsstruktur der Reichsstadt Ulm und anderer oberdeutscher Reichsstädte mit den eidgenössischen Stadtrepubliken. In: Schweizerisch-deutsche Beziehungen im konfessionellen Zeitalter. Beiträge zur Kulturgeschichte 1580–1650, hrg. v. M. Bircher/W. Sparn/E. Weyrauch (Wolfenbütteler Arbeiten zur Barockforschung 12). Wiesbaden 1984, S. 77–99.

4.5 *Die Reichsritterschaft*

Hellstern, Dieter: Der Ritterkanton Neckar-Schwarzwald 1560–1805. Untersuchungen über die Korporationsverfasssung, die Funktionen des Ritterkantons und die Mitgliedsfamilien (Veröff. d. Stadtarchivs Tübingen 5). Tübingen 1971.

Knapp, Theodor: Der schwäbische Adel und die Reichsritterschaft. In: WürttVjhefteLdG 31 (1922/24) S. 129–175.

Press, Volker: Die Reichsritterschaft im Reich der frühen Neuzeit. In: NassAnn 87 (1976) S. 101–122.

Press, Volker: Kaiser Karl V., König Ferdinand und die Entstehung der Reichsritterschaft (InstEurG Mainz, Vorträge 60). 2. Aufl. Wiesbaden 1980.

5. *Heerwesen*

Baumann, Reinhard: Georg von Frundsberg. Der Vater der Landsknechte und Feldhauptmann von Tirol. München 1984.

Moeller, Hans-Michael: Das Regiment der Landsknechte. Untersuchungen zu Verfassung, Recht und Selbstverständnis in deutschen Söldnerheeren des 16. Jahrhunderts (Frankfurter Historische Abhh. 12). Wiesbaden 1976.

Oestreich, Gerhard: Graf Johann VII. Verteidigungsbuch für Nassau-Dillenburg 1595. Der Unterschied der nassauischen von der oranischen Staats- und Wehridee. In: Nass Ann 69 (1958) S. 135–165.

Papke, Gerhard: Von der Miliz zum Stehenden Heer. Wehrwesen im Absolutismus (Handbuch zur deutschen Militärgeschichte, Abschnitt 1, Bd. 1). München 1979.

Redlich, Fritz: The German Military Enterpriser and his Work Force. A Study in European Economic and Social History, 2 Bde. (VjschrSozialWirtschG, Beihefte 47/48). Wiesbaden 1964/65.

Schulze, Winfried: Landesdefension und Staatsbildung, Studien zum Kriegswesen des innerösterreichischen Territorialstaates (1564–1619) (Komm. f. neuere Geschichte Österreichs, Veröff. 60). Wien/Köln/Graz 1973.

6. *Bildungs- und Informationswesen. Humanismus*

6.1 *Bildungswesen, Universitäten*

Baumgart, Peter/Hammerstein, Notker (Hrgg.): Beiträge zu Problemen deutscher Universitätsgründungen der frühen Neuzeit (Wolfenbütteler Forschungen 4). Nendeln/Liechtenstein 1978.

Grenzmann, Ludger/Stackmann, Karl (Hrgg.): Literatur und Laienbildung im Spätmittelalter und in der Reformationszeit. Stuttgart 1984.

Klingenstein, Grete/Lutz, Heinrich/Stourzh, Gerhard (Hrgg.): Bildung, Politik und Gesellschaft. Studien zur Geschichte des europäischen Bildungswesens vom 16. bis zum 20. Jahrhundert (Wiener Beiträge zur Geschichte der Neuzeit 5). Wien 1978.

Moeller, Bernd/Patze, Hans/Stackmann, Karl (Hrgg.): Studien zum städtischen Bildungswesen des späten Mittelalters und der frühen Neuzeit (AbhhGesWiss Göttingen, Phil.-Hist. Klasse, Nr. 137). Göttingen 1983.

Müller, Rainer: Universtität und Adel. Eine soziokulturelle Studie zur Geschichte der bayerischen Landesuniversität Ingolstadt 1472–1648 (Ludovico-Maximilianea, Forschungen 7). Berlin 1974.

Paulsen, Friedrich: Geschichte des gelehrten Unterrichts auf den deutschen Schulen und Universitäten. Vom Ausgang des Mittelalters bis zur Gegenwart. Mit besonderer Rücksicht auf den klassischen Unterricht, Bd. 1. 3. Aufl. Leipzig 1919.

Rößler, Hellmuth/Franz, Günther (Hrgg.): Universität und Gelehrtenstand 1400–1800 (Deutsche Führungsschichten in der Neuzeit 4). Limburg 1970.

Schindling, Anton: Humanistische Hochschule und freie Reichsstadt: Gymnasium und Akademie in Straßburg, 1538–1621 (VeröffInstEurG Mainz 77). Wiesbaden 1977.

Schreiner, Klaus: Laienbildung als Herausforderung für Kirche und Gesellschaft. Religiöse Vorbehalte und soziale Widerstände gegen die Verbreitung von Wissen im späten Mittelalter und in der Reformation. In: ZHF 11 (1984) S. 257–354.

Schwinges, Rainer C.: Universitätsbesucher im Reich vom 14. zum 16. Jahrhundert. Wachstum und Konjunkturen. In: Geschichte und Gesellschaft 10 (1984) S. 5–30.

6.2 *Buchdruck, Publizistik, Nachrichtenwesen*

Bietenholz, Peter: Der italienische Humanismus und die Blütezeit des Buchdrucks in Basel. Die Basler Drucke italienischer Autoren von 1530 bis zum Ende des 16. Jahrhunderts (Basler BeitrrGWiss 73). Basel/Stuttgart 1959.

Blühm, Elgar: Die ersten Zeitungen Deutschlands und der Schweiz und der Beginn der europäischen Pressegeschichte. In: Schweizerisch-deutsche Beziehungen im konfessionellen Zeitalter, hrg. v. M. Bircher/W. Sparn/E. Weyrauch (Wolfenbütteler Arbeiten zur Barockforschung 12). Wiesbaden 1984, S. 101–117.

Eisenstein, Elizabeth: The Printing Press as an Agent of Change. Communications and Cultural Transformations in Early-Modern Europe, 2 Bde. Cambridge 1979.

Hirsch, Rudolf: Printing, Selling and Reading 1450–1550. Wiesbaden 1967.

Kleinpaul, Johannes: Das Nachrichtenwesen der deutschen Fürsten im 16. und 17. Jahrhundert. Ein Beitrag zur Geschichte der Geschriebenen Zeitungen. Leipzig 1930.

Köhler, Hans-Joachim: Flugschriften als Massenmedium der Reformationszeit (Spätmittelalter und Frühe Neuzeit. Tübinger Beiträge zur Geschichtsforschung 13). Stuttgart 1981.

Schottenloher, Karl: Der Buchdrucker als neuer Berufsstand des 15. und 16. Jahrhunderts (Kleiner Druck der Gutenberg-Gesellschaft 23). Mainz 1935.

6.3. *Humanismus, auch: Verhältnis des Humanismus zum Glaubensstreit*

Augustijn, Cornelis: Die Stellung der Humanisten zur Glaubensspaltung 1518–1530. In:

Confessio Augustana und Confutatio. Der Augsburger Reichstag 1530 und die Einheit der Kirche, hrg. v. E. Iserloh. Münster 1980, S. 36–48.

Augustijn, Cornelis: Erasmus von Rotterdam. Leben–Werk–Wirkung. München 1986.

Buck, August (Hrg.): Zu Begriff und Problem der Renaissance (Wege der Forschung 204). Darmstadt 1969.

Cantimori, Delio: Umanesimo e Religione nel Rinascimiento. Turin 1975.

Eckert, Willehad P.: Erasmus von Rotterdam. Werk und Wirkung, 2 Bde. (Zeugnisse der Buchkunst 4, 1.2). Köln 1967.

Eckert, Willehad P./Imhoff, Christoph von: Willibald Pirckheimer. Dürers Freund im Spiegel seines Lebens, seiner Werke und seiner Umwelt (Zeugnisse der Buchkunst 5). Köln 1971.

Enno van Gelder, Herman A.: The Two Reformations in the Sixteenth Century. A Study of the Religious Aspects and Consequences of Renaissance and Humanism. 2. Aufl. Den Haag 1964.

Grandes figures de l'humanisme alsacien. Courants, milieux, destins (Soc. savante d'Als. et des regions de l'Est. Coll.: Grandes publ. 14). Strasbourg 1978.

Grimm, Heinrich: Ulrich von Hutten. Wille und Schicksal (Persönlichkeit und Geschichte 60/61). Göttingen 1971.

Herding, Otto/Stupperich, Robert (Hrgg.): Die Humanisten in ihrer politischen und sozialen Umwelt (Deutsche Forschungsgemeinschaft. Mitt. der Komm. für Humanismusforschung 3). Bonn-Bad Godesberg 1976.

Huizinga, Johan: Erasmus. Deutsche Übersetzung der niederländischen Ausgabe Haarlem 1924. Basel 1928 [zahlreiche Nachdrucke].

Kohls, Ernst-Wilhelm: Luther oder Erasmus. Luthers Theologie in der Auseinandersetzung mit Erasmus, 2 Bde. Basel 1972.

Krebs, Manfred (Hrg.): Johannes Reuchlin 1455–1522. Festgabe seiner Vaterstadt Pforzheim zur 500. Wiederkehr seines Geburtstags. Pforzheim 1955.

Kristeller, Paul O.: Humanismus und Renaissance, 2 Bde. (Humanistische Bibliothek Reihe 1, 21.22) Neudruck der Ausgabe München 1974/1976 [deutsche Übersetzung der amerikanischen Ausgabe: Renaissance Thought, 2 Bde., New York 1961/1965]. München 1980.

Lutz, Heinrich: Conrad Peutinger, Beiträge zu einer politischen Biographie (Abhandlungen zur Geschichte der Stadt Augsburg 9). Augsburg 1958.

Maurer, Wilhelm: Offenbarung und Skepsis. Ein Thema aus dem Streit zwischen Luther und Erasmus. In: W. Maurer, Kirche und Geschichte. Gesammelte Aufsätze, Bd. 2. Göttingen 1970, S. 366–402.

Moeller, Bernd: Die deutschen Humanisten und die Anfänge der Reformation. In: ZKG 70 (1959) S. 46–61.

Overfield, James H.: Scholastic Opposition to Humanism in Pre-Reformation Germany. In: Viator 7 (1976) S. 391–420.

Pfeiffer, Rudolf: Erasmus und die Einheit der klassischen und der christlichen Renaissance. In: HJb 74 (1955) S. 175–188.

Reicke, Emil: Willibald Pirckheimer. Leben, Familie und Persönlichkeit. Jena 1930.

Reinhard, Wolfgang (Hrg.): Humanismus und Bildungswesen des 15. und 16. Jahrhunderts (Deutsche Forschungsgemeinschaft. Mitt. der Komm. für Humanismusforschung 12). Bonn-Bad Godesberg 1984.

Spitz, Lewis W.: The Religious Renaissance of the German Humanists. Cambridge/Mass. 1963.

Spitz, Lewis W./Büsch, Otto/Rollka, Bodo (Hrgg.): Humanismus und Reformation als kulturelle Kräfte in der deutschen Geschichte. Ein Tagungsbericht (VeröffHistKomm Berlin 51). Berlin/New York 1980.

7. *Religion und Kirche*

7.1 *Gesamtdarstellungen und Übergreifendes*

Andresen, Carl (Hrg.): Handbuch der Dogmen- und Theologiegeschichte, Bd. 2: Die Lehrentwicklung im Rahmen der Konfessionalität. Göttingen 1980.

Bäumer, Remigius/Ganoczy, Alexandre/Moeller, Bernd: Geschichte der Reformation, der katholischen Reform und Gegenreformation. In: Ökumenische Kirchengeschichte, hrg. v. R. Kottje/B. Moeller, Bd. 2. 2. Aufl. München/Mainz 1978, S. 277–438.

Fuchs, Walther P. (Hrg.): Staat und Kirche im Wandel der Jahrhunderte. Stuttgart/Berlin/Köln/Mainz 1966.

Iserloh, Erwin/Glazik, Josef/Jedin, Hubert: Reformation, katholische Reform und Gegenreformation (Handbuch der Kirchengeschichte, Bd. 4). 2. Aufl. Freiburg 1975.

Lecler, Joseph: Geschichte der Religionsfreiheit im Zeitalter der Reformation, 2 Bde. [Deutsche Übersetzung der französischen Ausgabe Paris 1955]. Stuttgart 1965.

Lutz, Heinrich (Hrg.): Zur Geschichte der Toleranz und Religionsfreiheit (Wege der Forschung 246). Darmstadt 1977.

Moeller, Bernd: Das religiöse Leben im deutschen Sprachgebiet am Ende des 15. und am Ende des 16. Jahrhunderts. In: 12e Congrès international des sciences historiques, Vienne 1965, Rapports 3. Wien 1965, S. 129–151.

Müller, Karl: Kirchengeschichte, Bd. 2,2 (Grundriß der theologischen Wissenschaften 4). Tübingen 1923.

Schmidt, Kurt D./Wolf, Ernst (Hrgg.): Die Kirche in ihrer Geschichte. Ein Handbuch, Bd. 3 [darin insbesondere: Reinhard Schwarz, Luther; Gottfried W. Locher, Zwingli und die schweizerische Reformation; Franz Lau, Reformationsgeschichte bis 1532; Ernst Bizer, Reformationsgeschichte 1532–1555; Kurt D. Schmidt, Die katholische Reform und die Gegenreformation]. 1.–2. Aufl. Göttingen 1969–1986.

Wolgast, Eike: Die Religionsfrage als Problem des Widerstandsrechts im 16. Jahrhundert. (SbbAkadHeidelberg, Abh. 9). Heidelberg 1980.

7.2 *Die Kirche am Vorabend der Reformation*

Hashagen, Justus: Staat und Kirche vor der Reformation. Eine Untersuchung der vorreformatorischen Bedeutung des Laieneinflusses in der Kirche. Essen 1931.

Kießling, Rolf: Bürgerliche Gesellschaft und Kirche in Augsburg im Spätmittelalter. Ein Beitrag zur Strukturanalyse der oberdeutschen Reichsstadt (Abhh. zur Geschichte der Stadt Augsburg, Schriftenreihe 19). Augsburg 1971.

Kurze, Dietrich: Pfarrerwahlen im Mittelalter. Ein Beitrag zur Geschichte der Gemeinde und des Niederkirchenwesens (Forschungen zur kirchlichen Rechtsgeschichte und zum Kirchenrecht 6). Köln/Graz 1966.

Moeller, Bernd: Frömmigkeit in Deutschland um 1500. In: ARG 56 (1965) S. 5–31.

Moeller, Bernd: Kleriker als Bürger. In: Festschrift H. Heimpel, Bd. 2. Göttingen 1972, S. 195–224.

Oediger, Friedrich W.: Über die Bildung der Geistlichen im späten Mittelalter (Studien und Texte zur Geistesgeschichte des Mittelalters 2). Köln/Leiden 1953.

Post, Regnerus R.: The Modern Devotion Confrontation with Reformation and Humanism (Studies in Medieval and Reformation Thought 3). Leiden 1968.

Rankl, Helmut: Das vorreformatorische landesherrliche Kirchenregiment in Bayern 1378–1526 (Miscellanea bavarica monacensia 34). München 1971.

Rapp, Francis: Réformes et réformation à Strasbourg. Eglise et société dans la diocèse de Strasbourg 1450–1525 (Collection de l'Institut des Hautes Etudes Alsaciennes 23). Paris 1974.

Staber, Joseph: Volksfrömmigkeit und Wallfahrtswesen des Spätmittelalters im Bistum Freising (Beiträge zur altbayerischen Kirchengeschichte 20/1). München 1955.

Vasella, Oskar: Über das Konkubinat des Klerus im Spätmittelalter. In: Mélanges d'histoire et de littérature, offerts à Charles Gilliard. Lausanne 1944, S. 269–283.

7.3 Die Reformation im Rahmen der Reichsgeschichte 1517–1555

7.3.1 Allgemeines, Übergreifendes

Blickle, Peter: Gemeindereformation. Die Menschen des 16. Jahrhunderts auf dem Weg zum Heil. München 1985.
Dülmen, Richard van: Reformation als Revolution. Soziale Bewegung und religiöser Radikalismus in der deutschen Reformation. 2. Aufl. München 1987.
Fendt, Leonhard: Der lutherische Gottesdienst des 16. Jahrhunderts. Sein Werden und sein Wachsen (Aus der Welt christlicher Frömmigkeit 5). München 1923.
Graff, Paul: Geschichte der Auflösung der alten gottesdienstlichen Formen in der evangelischen Kirche Deutschlands, Bd. 1. 2. Aufl. Göttingen 1937.
Heckel, Martin: Reformation, rechtsgeschichtlich. In: Evangelisches Staatslexikon. 3. Aufl. Stuttgart 1987, Spalte 2897–2931.
Hoyer, Siegfried (Hrg.): Reform, Reformation, Revolution. Leipzig 1980.
Hubatsch, Walther (Hrg.): Wirkungen der deutschen Reformation bis 1555 (Wege der Forschung 203). 2. Aufl. Darmstadt 1970.
Lortz, Joseph: Die Reformation in Deutschland, 2 Bde. 5. Aufl. Freiburg 1962.
Oberman, Heiko A.: Reformation: Epoche oder Episode. In: ARG 68 (1977) S. 56–111.
Oberman, Heiko A.: Werden und Wertung der Reformation. Vom Wegestreit zum Glaubenskampf (Spätscholastik und Reformation 2). 2. Aufl. Tübingen 1979.
Pfister, Rudolf: Reformation, Türken und Islam. In: Zwingliana 10 (1956) S. 345–375.
Rublack, Hans-Christoph: Gescheiterte Reformation: Frühreformatorische und protestantische Bewegungen in süd- und westdeutschen geistlichen Residenzen (Spätmittelalter und frühe Neuzeit. Tübinger Beiträge zur Geschichtsforschung 4). Stuttgart 1978.
Rückert, Hanns: Die geistesgeschichtliche Einordnung der Reformation. In: ZTheolK 52 (1955) S. 43–64.
Schlink, Edmund: Theologie der lutherischen Bekenntnisschriften. Einführung in die evangelische Theologie. 3. Aufl. München 1948.
Stern, Leo/Steinmetz, Max (Hrgg.): 450 Jahre Reformation. Berlin 1967.
Strauss, Gerald: Success and Failure in the German Reformation. In: Past and Present 67 (1975) S. 30–63.
Stupperich, Robert: Die Reformation in Deutschland. 2. Aufl. Gütersloh 1980.
Wohlfeil, Rainer (Hrg.): Reformation oder frühbürgerliche Revolution? (Nymphenburger Texte zur Wissenschaft 5). München 1972.

7.3.2 Deutsche Reformatoren

Luther

Bornkamm, Heinrich: Martin Luther in der Mitte seines Lebens. Das Jahrzehnt zwischen dem Wormser und dem Augsburger Reichstag, aus dem Nachlaß hrg. v. K. Bornkamm. Göttingen 1979.
Brecht, Martin: Martin Luther, 3 Bde. 1.–2. Aufl. Stuttgart 1983–1987.
Ebeling, Gerhard: Luther. Einführung in sein Denken. 4. Aufl. Tübingen 1981.
Franzen, August (Hrg.): Um Reform und Reformation. Zur Frage nach dem Wesen des «Reformatorischen» bei Martin Luther (Katholisches Leben und Kirchenreform im Zeitalter der Glaubensspaltung 27/28). 2. Aufl. Münster 1972.
Hermann, Rudolf: Luthers Theologie, hrg. v. H. Beintker. Göttingen 1967.
Junghans, Helmar: Der junge Luther und die Humanisten (ArbbKG 8). Weimar 1984.
Lau, Franz: Luther. 2. Aufl. Berlin 1966.

Lohse, Bernhard: Martin Luther. Eine Einführung in sein Leben und sein Werk. 2. Aufl. München 1982.

Lohse, Bernhard (Hrg.): Der Durchbruch der reformatorischen Erkenntnis bei Luther (Wege der Forschung 123). Darmstadt 1968.

Martin Luther und die Reformation in Deutschland. Katalog der Ausstellung zum 500. Geburtstag Martin Luthers, veranstaltet vom Germanischen Nationalmuseum Nürnberg in Zusammenarbeit mit dem Verein für Reformationsgeschichte. Frankfurt/M. 1983.

Manns, Peter: Martin Luther. Mit Farbtafeln von H. N. Loose. 2. Aufl. Freiburg/Basel/Wien/Lahr 1983.

Schrey, Heinz H. (Hrg.): Reich Gottes und Welt. Die Lehre Luthers von den zwei Reichen (Wege der Forschung 107). Darmstadt 1969.

Wolf, Gunther (Hrg.): Luther und die Obrigkeit (Wege der Forschung 85). Darmstadt 1972.

Melanchthon

Greschat, Martin: Melanchthon neben Luther. Studien zur Gestalt der Rechtfertigungslehre zwischen 1528 und 1537 (Untersuchungen zur Kirchengeschichte 1). Witten 1965.

Maurer, Wilhelm: Der junge Melanchthon zwischen Humanismus und Reformation, 2 Bde. Göttingen 1967/1969.

Maurer, Wilhelm: Melanchthon-Studien (SchrrVRefG 181). Gütersloh 1964.

Neuser, Wilhelm: Die Abendmahlslehre Melanchthons in ihrer geschichtlichen Entwicklung (1519–1530) (Beiträge zur Geschichte und Lehre der Reformierten Kirche 26). Neukirchen-Vluyn 1968.

Stupperich, Robert: Der unbekannte Melanchthon. Wirken und Denken des Praeceptor Germaniae in neuer Sicht. Stuttgart 1961.

Stupperich, Robert: Melanchthon. Berlin 1960.

Butzer

Bornkamm, Heinrich: Martin Bucers Bedeutung für die europäische Reformationsgeschichte (SchrrVRefG 169). Gütersloh 1952.

Kittelson, James M.: Martin Bucer and the Sacramentarian Controversy. The Origins of His Policy of Concord. In: ARG 64 (1973) S. 166–183.

Kroon, Marijn de/Krüger, Friedhelm (Hrgg.): Bucer und seine Zeit. Forschungsbeiträge und Bibliographie (VeröffInstEurG Mainz 80). Wiesbaden 1976.

Sonstige

Delius, Walter: Justus Jonas 1493–1555. Lehre und Leben. Gütersloh 1952.

Lau, Franz: Georg III. von Anhalt, 1507–1553, erster evangelischer «Bischof» von Merseburg. Seine Theologie und seine Bedeutung für die Geschichte der Reformation in Deutschland. In: WissZUnivLeipzig. Gesellschafts- und sprachwiss. Reihe 3,2.3 (1953/54) S. 139–151.

Moeller, Bernd (Hrg.): Der Konstanzer Reformator Ambrosius Blarer 1492–1564, Gedenkschrift zu seinem 400. Todestag. Konstanz/Stuttgart 1964.

Schäfer, Gerhard/Brecht, Martin (Hrgg.): Johannes Brenz 1499–1570. Beiträge zu seinem Leben und Wirken (BllWürttKG 70). Stuttgart 1970.

Seebaß, Gottfried: Das reformatorische Werk des Andreas Osiander (Einzelarbeiten aus der Kirchengeschichte Bayerns 44). Nürnberg 1967.

Sprengler-Ruppenthal, Anneliese: Bugenhagen und das protestantische Kirchenrecht. In: ZSRG.Kan 88 (1971) S. 196–233.

Wolf, Ernst: Johannes Bugenhagen, Gemeinde und Amt. In: E. Wolf, Peregrinatio, Bd. 1. 2. Aufl. München 1962, S. 257–278.

7.3.3 Die causa Lutheri 1517–1521

Aland, Kurt (Hrg.): Die 95 Thesen Martin Luthers und die Anfänge der Reformation. Gütersloh 1983.

Bäumer, Remigius (Hrg.): Lutherprozeß und Lutherbann. Vorgeschichte, Ergebnis, Nachwirkung (Katholisches Leben und Kirchenreform im Zeitalter der Glaubensspaltung 32). Münster 1972.

Iserloh, Erwin: Luther zwischen Reform und Reformation. Der Thesenanschlag fand nicht statt (Katholisches Leben und Kämpfen im Zeitalter der Glaubensspaltung 23/24). 3. Aufl. Münster 1968.

Kirn, Paul: Friedrich der Weise und die Kirche. Seine Kirchenpolitik vor und nach Luthers Hervortreten im Jahre 1517 (BeitrrKulturgMARenaiss 30). Nachdruck der Ausgabe Leipzig 1926. Hildesheim 1972.

Müller, Gerhard: Die römische Kurie und die Anfänge der Reformation. In: ZReligGeistG 19 (1967) S. 1–32.

Reuter, Fritz (Hrg.): Der Reichstag zu Worms von 1521. Reichspolitik und Luthersache. Worms 1971.

Selge, Kurt-Victor: Das Autoritätengefüge der westlichen Christenheit im Lutherkonflikt 1517–1521. In: HZ 223 (1976) S. 591–617.

Selge, Kurt-Victor: Der Weg zur Leipziger Disputation zwischen Luther und Eck im Jahr 1519. In: Festschrift H. von Campenhausen, hrg. v. B. Moeller/G. Ruhbach. Tübingen 1973, S. 169–210.

Selge, Kurt-Victor: Die Augsburger Begegnung von Luther und Kardinal Cajetan im Oktober 1518. Ein erster Wendepunkt auf dem Weg zur Reformation. In: JbHessKG Vereinig 20 (1969) S. 37–54.

7.3.4 Zwingli und die Reformation in der Schweiz

Farner, Oskar: Huldrych Zwingli: Der Schweizerische Reformator, 4 Bde. Zürich 1943–1960.

Gäbler, Ulrich: Huldrych Zwingli. Eine Einführung in sein Leben und sein Werk. München 1983.

Gäbler, Ulrich (Hrg.): Heinrich Bullinger 1504–1575. Gesammelte Aufsätze zum 400. Todestag, 2 Bde. (Zürcher Beiträge zur Reformationsgeschichte 7, 8). Zürich 1975.

Jacob, Walter: Politische Führungsschicht und Reformation. Untersuchungen zur Reformation in Zürich 1519–1528 (Zürcher Beiträge zur Reformationsgeschichte 1). Zürich 1970.

Köhler, Walther: Zürcher Ehegericht und Genfer Konsistorium, 2 Bde. (Quellen und Abhh. zur Schweizerischen Reformationsgeschichte, Bd. 7, 10). Leipzig 1932/1942.

Locher, Gottfried W.: Die Zwinglische Reformation im Rahmen der europäischen Kirchengeschichte. Göttingen/Zürich 1979.

Moeller, Bernd: Zwinglis Disputationen. Studien zu den Anfängen der Kirchenbildung und des Synodalwesens im Protestantismus. In: ZSRG.Kan 56 (1970) S. 275–324; 60 (1974) S. 213–364.

Staehelin, Ernst: Das theologische Lebenswerk Johannes Oekolampads (QForschRefG 21). Nachdruck der Ausgabe Leipzig 1939. New York 1971.

Vasella, Oskar: Reform und Reformation in der Schweiz. Zur Würdigung der Anfänge der Glaubenskrise (Katholisches Leben und Kämpfen im Zeitalter der Glaubensspaltung 16). 2. Aufl. Münster 1965.

7.3.5 Die reformatorische Bewegung bis 1525

Blickle, Peter (Hrg.): Zugänge zur bäuerlichen Reformation (Bauer und Reformation 1). Zürich 1987.

Conrad, Franziska: Reformation in der bäuerlichen Gesellschaft. Zur Rezeption reformatorischer Theologie im Elsaß (VeröffInstEurG Mainz 116). Wiesbaden 1984.

Geisberg, Max: Die Reformation in den Kampfbildern der Einblatt-Holzschnitte aus der ersten Hälfte des 16. Jahrhunderts. München 1927.

Göller, Emil: Sickingen und seine Beziehungen zur Reformation. In: BllPfälzKG 2 (1926) S. 36–46.

Goertz, Hans-Jürgen: Pfaffenhaß und groß Geschrei. Die reformatorischen Bewegungen in Deutschland 1517–1529. München 1987.

Moeller, Bernd: Stadt und Buch. Bemerkungen zur Struktur der reformatorischen Bewegung in Deutschland. In: Stadtbürgertum und Adel in der Reformation. Studien zur Sozialgeschichte der Reformation in England und Deutschland, hrg. v. W. J. Mommsen/P. Alter/R. W. Scribner (Veröff. d. DHI London 5). Stuttgart 1979, S. 25–39.

Moeller, Bernd: Was wurde in der Frühzeit der Reformation in den deutschen Städten gepredigt? In: ARG 75 (1984) S. 176–193.

Preus, James S.: Carlstadt's Ordinaciones and Luther's Liberty. A Study of the Wittenberg Movement 1521–22. Cambridge/Mass. 1974.

Scheible, Heinz: Reform, Reformation, Revolution. Grundsätze zur Beurteilung der Flugschriften. In: ARG 65 (1974) S. 108–134.

Seebaß, Gottfried: Dürers Stellung in der reformatorischen Bewegung. In: Albrecht Dürers Umwelt. Festschrift zum 500. Geburtstag (Nürnberger Forschungen 15). Nürnberg 1971, S. 101–131.

Stirm, Margarete: Die Bilderfrage in der Reformation (QForschRefG 45). Gütersloh 1977.

7.3.6 Thomas Müntzer

Elliger, Walter: Thomas Müntzer. Leben und Werk. 3. Aufl. Göttingen 1976.

Friesen, Abraham/Goertz, Hans-Jürgen (Hrgg.): Thomas Müntzer (Wege der Forschung 491). Darmstadt 1978.

Hinrichs, Carl: Luther und Müntzer. Ihre Auseinandersetzung über Obrigkeit und Widerstandsrecht (ArbbKG 29). 2. Aufl. Berlin 1962.

Lohse, Bernhard: Luther und Müntzer. In: Luther 45 (1974) S. 12–32.

Nipperdey, Thomas: Theologie und Revolution bei Thomas Müntzer. In: ARG 54 (1963) S. 145–179; Abdruck in: Thomas Nipperdey, Reformation, Revolution, Utopie. Studien zum 16. Jahrhundert. Göttingen 1975, S. 38–76.

Scott, Tom: Thomas Müntzer. Theology and Revolution in the German Reformation. Houndmills/Basingstoke/Hampshire 1989.

Wolgast, Eike: Thomas Müntzer, ein Verstörer der Ungläubigen (Persönlichkeit und Geschichte 111/112). Göttingen/Zürich 1981.

7.3.7 Das Täufertum. Das Täuferreich von Münster 1534/35. Spiritualisten

Blanke, Fritz: Brüder in Christo. Die Geschichte der ältesten Täufergemeinde Zollikon 1525 (Zwingli-Bücherei 71). Zürich 1955.

Brandsma, Jan A.: Menno Simons von Witmarsum, Vorkämpfer der Täuferbewegung in den Niederlanden. [Deutsche Übersetzung der niederländischen Ausgabe Drachten 1960]. Kassel 1962.

Brendler, Gerhard: Das Täuferreich zu Münster 1534/35 (Leipziger Übersetzungen und Abhandlungen zum Mittelalter, Reihe B, Bd. 2). Berlin 1966.

Clasen, Claus-Peter: The Anabaptists in South and Central Germany, Switzerland, and Austria. Ann Arbor/Mich. 1978.

Deppermann, Klaus: Melchior Hoffman. Soziale Unruhen und apokalyptische Visionen im Zeitalter der Reformation. Göttingen 1979.

Goertz, Hans-Jürgen: Die Täufer, Geschichte und Deutung. München 1980.

Kirchhoff, Karl-Heinz: Die Täufer in Münster 1534/35. Untersuchungen zum Umfang und zur Sozialstruktur der Bewegung (Geschichtliche Arbeiten zur Westfälischen Landesforschung 12). Münster 1973.
Krahn, Cornelius: Dutch Anabaptism. Origin, Spread, Life, and Thought 1450–1600. Den Haag 1968.
Littell, Franklin H.: Landgraf Philipp und die Toleranz. Bad Nauheim 1957.
Maron, Gottfried: Individualismus und Gemeinschaft bei Caspar von Schwenckfeld. Seine Theologie dargestellt mit besonderer Ausrichtung auf seinen Kirchenbegriff (Kirche im Osten, Beiheft 2). Stuttgart 1961.
Oyer, John S.: Lutheran Reformers against Anabaptists. Luther, Melanchthon, and Menius, and the Anabaptists of Central Germany. Den Haag 1964.
Peachey, Paul.: Die soziale Herkunft der Schweizer Täufer in der Reformationszeit. Eine religionssoziologische Untersuchung (SchrrReihe des Mennonitischen Geschichtsvereins 4). Karlsruhe 1954.
Rammstedt, Otthein: Sekte und soziale Bewegung. Soziologische Analyse der Täufer in Münster 1534–1535 (Dortmunder Schriften zur Sozialforschung 34). Köln/Opladen 1966.
Stalnaker, John C.: Anabaptism, Martin Bucer, and the Shaping of the Hessian Protestant Church. In: JournModHist 48 (1976) S. 601–643.
Weigelt, Horst: Sebastian Franck und die lutherische Reformation (SchrrVRefG 186). Gütersloh 1972.
Wolgast, Eike: Herrschaftsorganisation und Herrschaftskrisen im Täuferreich von Münster 1534/35. In: ARG 67 (1976) S. 179–202.
Yoder, John H.: Täufertum und Reformation im Gespräch. Dogmengeschichtliche Untersuchungen der frühen Gespräche zwischen Schweizer Täufern und Reformatoren (Basler Studien zur historischen und systematischen Theologie 13). Zürich 1968.
Zschäbitz, Gerhard: Zur mitteldeutschen Wiedertäuferbewegung nach dem großen Bauernkrieg (Leipziger Übersetzungen und Abhandlungen zum Mittelalter, Reihe B, Bd. 1). Berlin 1958.

7.3.8 *Kirchliche und politische Abgrenzungen und Verfestigungen der Reformation 1525–1546.*

Augustijn, Cornelis: De godsdienstgesprekken tusssen roomskatholieken en protestanten van 1538 tot 1541. Haarlem 1967.
Bornkamm, Heinrich: Das Ringen reformatorischer Motive in den Anfängen der sächsischen Kirchenverfassung. In: ARG 41 (1948) S. 93–115.
Brunner, Peter: Nikolaus von Amsdorf als Bischof von Naumburg. Eine Untersuchung zur Gestalt des evangelischen Bischofsamtes in der Reformationszeit (SchrrVRefG 179). Gütersloh 1961.
Fabian, Ekkehart: Die Entstehung des Schmalkaldischen Bundes und seiner Verfasssung 1529–1531/33. Brück, Landgraf Philipp von Hessen und Jakob Sturm. Mit archivalischen Beilagen und einer Brück-Bibliographie (Schriften zur Kirchen- und Rechtsgeschichte 1). 2. Aufl. Tübingen 1962.
Grane, Leif: Die Confessio Augustana. Einführung in die Hauptgedanken der lutherischen Reformation. Aus dem Dänischen von Eberhard Harbsmeier. 3. Aufl. Göttingen 1986.
Hauswirth, René: Landgraf Philipp von Hessen und Zwingli. Voraussetzungen und Geschichte der politischen Beziehungen zwischen Hessen, Straßburg, Konstanz, Ulrich von Württemberg und reformierten Eidgenossen 1526–1531 (Schriften zur Kirchen- und Rechtsgeschichte 35). Tübingen/Basel 1968.
Immenkötter, Herbert: Um die Einheit im Glauben. Die Unionsverhandlungen des Augsburger Reichstages im August und September 1530 (Katholisches Leben und Kirchenreform im Zeitalter der Glaubensspaltung 33). 2. Aufl. Münster 1974.

Iserloh, Erwin/Hallensleben, B. (Hrgg.): Confessio Augustana und Confutatio. Der Augsburger Reichstag 1530 und die Einheit der Kirche. Internationales Symposium der Gesellschaft zur Herausgabe des Corpus Catholicorum in Augsburg 1979 (RefGeschichtlStud 118). Münster 1980.

Köhler, Walther: Zwingli und Luther. Ihr Streit über das Abendmahl nach seinen politischen und religiösen Beziehungen. Bd. 1: Leipzig 1924; Bd. 2 aus dem Nachlaß hrg. v. E. Kohlmeyer/H. Bornkamm. Gütersloh 1953.

Kühn, Johannes: Die Geschichte des Speyrer Reichstags 1529 (SchrrVRefG 146). Leipzig 1929.

Lehnert, Hans: Kirchengut und Reformation. Eine kirchenrechtsgeschichtliche Studie (Erlanger AbhhMittlNeuerG 20). Erlangen 1935.

Luttenberger, Albrecht P.: Glaubenseinheit und Reichsfriede. Konzeptionen und Wege konfessionsneutraler Reichspolitik 1530–1552. Kurpfalz, Jülich, Kurbrandenburg (SchrrReihe der Hist. Komm. bei der Bayer. Akad. der Wiss. 20). Göttingen 1982.

Maurer, Wilhelm: Franz Lambert von Avignon und das Verfassungsideal der Reformatio ecclesiarum Hassiae von 1526. In: ZKG 48, NF. 11 (1929) S. 208–260.

Müller, Gerhard (Hrg.): Die Religionsgespräche der Reformationszeit (SchrrVRefG 191). Gütersloh 1980.

Press, Volker: Stadt und territoriale Konfessionsbildung. In: Kirche und gesellschaftlicher Wandel in deutschen und niederländischen Städten der werdenden Neuzeit, hrg. v. F. Petri (Städteforschung. Veröff. des Instituts für vergleichende Städtegeschichte in Münster. Reihe A, Bd. 10). Köln/Wien 1980, S. 251–296.

Reinhard, Wolfgang (Hrg.): Bekenntnis und Geschichte. Die Confessio Augustana im historischen Zusammenhang. München 1981.

Schubert, Hans von: Bekenntnisbildung und Religionspolitik 1529/30 (1524–1534). Gotha 1910.

Seebaß, Gottfried: Die reformatorischen Bekenntnisse vor der Confessio Augustana. In: Kirche und Bekenntnis, hrg. v. P. Meinhold. Wiesbaden 1980, S. 26–55.

Wohlfeil, Rainer: Der Speyerer Reichstag von 1526. In: BllPfälzKG 43 (1976) S. 5–20.

Wolgast, Eike: Das Konzil in den Erörterungen der kursächsischen Theologen und Politiker 1533–1537. In: ARG 73 (1982) S. 122–152.

Wolgast, Eike: Die Wittenberger Theologie und die Politik der evangelischen Stände. Studien zu Luthers Gutachten in politischen Fragen (QForschRefG 47). Gütersloh 1977.

7.3.9 Krise und Rettung des deutschen Protestantismus: Vom Interim zum Religionsfrieden 1546–1555.

Bellardi, Werner: Bucer und das Interim. In: Horizons européens de la Réforme en Alsace, hrg. v. M. de Kroon/M. Lienhard. Festschrift Jean Rott. Straßburg 1980, S. 267–311.

Bossert, Gustav: Das Interim in Württemberg (SchrrVRefG 46/47). Halle 1895.

Hauschild, Wolf-Dieter: Zum Kampf gegen das Augsburger Interim in norddeutschen Hansestädten. In: ZKG 84 (1973) S. 60–81.

Manschreck, Clyde L.: The Role of Melanchthon in the Adiaphora Controversy. In: ARG 48 (1957) S. 165–182.

Pfeiffer, Gerhard: Der Augsburger Religionsfrieden und die Reichsstädte. In: ZHistVereins für Schwaben 61 (1955) S. 211–320.

Simon, Matthias: Der Augsburger Religionsfriede. Ereignis und Aufgabe. Augsburg 1955.

Wartenberg, Günther: Philipp Melanchthon und die sächsisch-albertinische Interimspolitik. In: Lutherjahrbuch 55 (1988) S. 60–80.

Weyrauch, Erdmann: Konfessionelle Krise und soziale Stabilität. Das Interim in Straßburg (1548–1562) (Spätmittelalter und Frühe Neuzeit. Tübinger Beiträge zur Geschichtsforschung 7). Stuttgart 1978.

7.3.10 Reformation und städtische Gesellschaft

Bátori, Ingrid (Hrg.): Städtische Gesellschaft und Reformation (Spätmittelalter und Frühe Neuzeit. Tübinger Beiträge zur Geschichtsforschung 12, Kleine Schriften 2). Stuttgart 1980.

Brady, Thomas A.: Ruling Class, Regime and Reformation in Strasbourg 1520–1555 (Studies in Medieval and Reformation Thought 22). Leiden 1978.

Eitel, Peter: Die Auswirkungen der Reformation auf die Stadtrepubliken Oberschwabens und des Bodenseeraumes. In: Die Stadt an der Schwelle zur Neuzeit, hrg. v. W. Rausch (Beiträge zur Geschichte der Städte Mitteleuropas 4). Linz 1980, S. 53–74.

Korell, Günter: Jürgen Wullenwever. Sein sozialpolitisches Wirken in Lübeck und der Kampf mit den erstarkenden Mächten Nordeuropas (Abhandlungen zur Handels- und Sozialgeschichte 19). Weimar 1980.

Moeller, Bernd (Hrg.): Stadt und Kirche im 16. Jahrhundert (SchrrVRefG 190). Gütersloh 1978.

Moeller, Bernd: Reichsstadt und Reformation (SchrrVRefG 180). Gütersloh 1962.

Mörke, Olaf: Rat und Bürger in der Reformation. Soziale Gruppen und kirchlicher Wandel in den welfischen Hansestädten Lüneburg, Braunschweig und Göttingen (Veröff. des Instituts für Hist. Landesforschung der Universität Göttingen 19). Hildesheim 1983.

Petri, Franz (Hrg.): Kirche und gesellschaftlicher Wandel in deutschen und niederländischen Städten der werdenden Neuzeit (Städteforschung. Veröff. des Instituts für vergleichende Städtegeschichte in Münster. Reihe A, Bd. 10). Köln/Wien 1980.

Schilling, Heinz: Die politische Elite nordwestdeutscher Städte in den religiösen Auseinandersetzungen des 16. Jahrhunderts. In: Stadtbürgertum und Adel in der Reformation. Studien zur Sozialgeschichte der Reformation in England und Deutschland, hrg. v. W. J. Mommsen/P. Alter/R. W. Scribner (Veröff. des Deutschen Hist. Instituts London 5). Stuttgart 1979, S. 235–308.

7.4 Protestantismus im Reich 1555–1600

7.4.1 Das deutsche Luthertum seit dem Augsburger Religionsfrieden

Bizer, Ernst: Frühorthodoxie und Rationalismus (Theologische Studien 71). Zürich 1963.

Brecht, Martin/Schwarz, Reinhard (Hrgg.): Bekenntnis und Einheit der Kirche. Studien zum Konkordienbuch. Stuttgart 1980.

Ebel, Jobst: Jacob Andreae (1528–1590) als Verfassser der Konkordienformel. In: ZKG 89 (1978) S. 78–119.

Mathias Flacius Illyricus 1575–1975, mit Beiträgen von Jörg Baur, Hermann Bürckstümmer u. a. (SchrrReihe des Regensburger Osteuropainstituts 2). Regensburg 1975.

Greyerz, Kaspar von: The Late City Reformation in Germany. The Case of Colmar 1522–1618 (VeröffInstEurG Mainz 98). Wiesbaden 1980.

Heckel, Martin: Staat und Kirche nach den Lehren der evangelischen Juristen Deutschlands in der ersten Hälfte des 17. Jahrhunderts. In: ZSRG. Kan 42 (1956) S. 117–247 und 43 (1957) S. 202–308; Abdruck als: Jus ecclesiasticum Bd. 6, München 1968.

Lohse, Bernhard: Das Konkordienwerk von 1580. In: Kirche und Bekenntnis, hrg. v. P. Meinhold. Wiesbaden 1980, S. 94–122.

Reingrabner, Gustav: Adel und Reformation. Beiträge zur Geschichte des protestantischen Adels im Lande unter der Enns während des 16. und 17. Jahrhunderts (Forschungen zur Landeskunde von Niederösterreich 21). Wien 1976.

Reingrabner, Gustav: Ständische Libertät und kirchliche Ordnung. Die niederösterreichischen Stände als Träger evangelischen Kirchenwesens. In: Österreich in Geschichte und Literatur 14 (1970) S. 342–457.

Schäfer, Walter: Eberhard von Holle, Bischof und Reformator (JbGesNdSächsKG 65. Beiheft). Verden 1967.

Spitz, Lewis/Lohff, Wenzel (Hrgg.): Widerspruch, Dialog und Einigung. Studien zur Konkordienformel der Lutherischen Reformation. Stuttgart 1977.

Winterfeld, Luise von: Der Durchbruch der Reformation in Dortmund. In: BeitrGDortmund 34 (1927) S. 53–146.

7.4.2 Calvin und der Calvinismus in Deutschland; die «Zweite Reformation»

Cohn, Henry J.: The Territorial Princes in Germany's Second Reformation. In: International Calvinism 1541–1715, hrg. v. M. Prestwich. Oxford 1985, S. 139–165.

Dankbaar, Willem: Calvin, sein Weg und sein Werk. Deutsche Übersetzung der niederländischen Ausgabe Nijkerk 1957. 2. Aufl. Neukirchen 1966.

Glawischnig, Rolf: Niederlande, Kalvinismus und Reichsgrafenstand (1559–1584). Nassau-Dillenburg unter Graf Johann VI. (Schriften des hessischen Landesamtes für geschichtliche Landeskunde 36). Marburg 1973.

Imbart de la Tour, Pierre: Calvin. Der Mensch. Die Kirche. Die Zeit. München 1936.

Klein, Thomas: Der Kampf um die zweite Reformation in Kursachsen 1586–1591 (Mitteldeutsche Forschungen 27). Köln/Graz 1962.

Klueting, Harm: Zweite Reformation oder reformierte Konfessions- und Kirchenbildung? In: Monatshefte für Ev. Kirchengesch. d. Rheinlandes 34 (1985) S. 19–40.

Moltmann, Jürgen: Christoph Pezel (1539–1604) und der Calvinismus in Bremen (Hospitium Ecclesiae. Forschungen zur Bremischen Kirchengeschichte, Bd. 2). Bremen 1958.

Münch, Paul: Zucht und Ordnung. Reformierte Kirchenverfasssungen im 16. und 17. Jahrhundert (Nassau-Dillenburg, Kurpfalz, Hessen-Kassel) (Spätmittelalter und Frühe Neuzeit. Tübinger Beiträge zur Geschichtsforschung 3). Stuttgart 1978.

Niesel, Wilhelm: Die Theologie Calvins. 2. Aufl. München 1957.

Press, Volker: Die Grafen von Erbach und die Anfänge des reformierten Bekenntnisses in Deutschland. In: Aus Geschichte und Hilfswissenschaften. Festschrift Walter Heinemeyer, hrg. v. H. Bannasch/H. P. Lachmann (Veröff. d. Hist. Komm. für Hessen 40). Marburg 1979, S. 652–685.

Schilling, Heinz: Konfessionskonflikt und Staatsbildung. Eine Fallstudie über das Verhältnis von religiösem und sozialem Wandel in der Frühneuzeit am Beispiel der Grafschaft Lippe (QForschRefG 48). Gütersloh 1981.

Schilling, Heinz (Hrg.): Die reformierte Konfessionalisierung in Deutschland – Das Problem der «Zweiten Reformation». Wissenschaftliches Symposion des Vereins für Reformationsgeschichte 1985 (SchrrVRefG 195). Gütersloh 1986.

Wolf, Erik: Theologie und Sozialordnung bei Calvin. In: ARG 42 (1951) S. 11–31.

7.5 Die katholische Kirche

7.5.1 Allgemeines, Übergreifendes; Papsttum, Konzil von Trient, Jesuiten

Bäumer, Remigius (Hrg.): Concilium Tridentinum (Wege der Forschung 313). Darmstadt 1979.

Becher, Hubert: Die Jesuiten. Gestalt und Geschichte des Ordens. München 1951.

Duhr, Bernhard: Geschichte der Jesuiten in den Ländern deutscher Zunge im 16. Jahrhundert (Geschichte der Jesuiten in den Ländern deutscher Zunge, Bd. 1). Freiburg/Regensburg 1907.

Franzen, August: Innerdiözesane Hemmungen und Hindernisse der kirchlichen Reform im 16. und 17. Jahrhundert. In: Festgabe Wilhelm Neuß, hrg. v. E. Hegel. Köln 1947, S. 163–201.

Jedin, Hubert: Geschichte des Konzils von Trient, 4 Bde. 1–3. Aufl. Freiburg 1949–1978.

Jedin, Hubert: Katholische Reformation oder Gegenreformation? Ein Versuch zur Klärung der Begriffe nebst einer Jubiläumsbetrachtung über das Trienter Konzil. Luzern 1946.

May, Georg: Die deutschen Bischöfe angesichts der Glaubensspaltung des 16. Jahrhunderts. Wien 1983.

Meyer, Helmut: Die deutschen Protestanten an der Zweiten Tagungsperiode des Konzils von Trient 1551/52. In: ARG 56 (1965) S. 166–209.

Müller, Gerhard: Die römische Kurie und die Reformation 1523–1534. Kirche und Politik während des Pontifikates Clemens' VII. (QForschRefG 38). Gütersloh 1969.

Müller, Joachim: Die Politik Karls V. am Trienter Konzil im Jahre 1545. In: ZKG 44 (1925) S. 225–275; 338–427.

Pastor, Ludwig von: Geschichte der Päpste seit dem Ausgang des Mittelalters, 16 Bde. 1–7. Aufl. Freiburg 1886–1933.

Rahner, Hugo: Ignatius von Loyola. Briefwechsel mit Frauen. Freiburg 1956.

Rahner, Hugo: Ignatius von Loyola als Mensch und Theologe. Basel/Freiburg/Wien 1964.

Reinhard, Wolfgang: Nepotismus. Der Funktionswandel einer papstgeschichtlichen Konstanten. In: ZKG 86 (1975) S. 145–185.

Repgen, Konrad: Die römische Kurie und der Westfälische Friede. Idee und Wirklichkeit des Papsttums im 16. und 17. Jahrhundert. Bd. 1 (2 Teile): Papst, Kaiser und Reich 1521–1644. Tübingen 1962/1965.

Schreiber, Georg (Hrg.): Das Weltkonzil von Trient. Sein Werden und Wirken, 2 Bde. Freiburg 1951.

Seppelt, Franz Xaver: Geschichte der Päpste von den Anfängen bis zur Mitte des 20. Jahrhunderts. Bd. 4: Das Papsttum im Spätmittelalter und in der Renaissance. Von Bonifaz VIII. bis zu Klemens VII.; Bd. 5: Das Papsttum im Kampf mit Spätabsolutismus und Aufklärung. Von Paul III. bis zur französischen Revolution. 2. Aufl. bearb. v. G. Schwaiger. München 1957/1959.

Stupperich, Robert: Die Reformatoren und das Tridentinum. In: ARG 47 (1956) S. 20–63.

7.5.2 Die katholische Kirche in Deutschland bis zum Tridentinum

Bäumer, Remigius: Johannes Cochlaeus 1479–1552. Leben und Werk im Dienst der katholischen Reform (Katholisches Leben und Kirchenreform im Zeitalter der Glaubensspaltung 40). Münster 1980.

Chaix, Gérald: Réforme et Contre-Réforme catholiques. Recherches sur la Chartreuse de Cologne au 16ᵉ siècle, 3 Bde. (Anal. Cartusiana 80). Salzburg 1981.

Dolan, John P.: The Influence of Erasmus, Witzel and Cassander in the Church Ordinances and Reform Proposals of the United Duchees of Cleve during the Middle Decades of the 16th Century (RefGeschichtlStud 83). Münster 1957.

Franzen, August: Das Schicksal des Erasmianismus am Niederrhein im 16. Jahrhundert. Wende und Ausklang der erasmischen Reformbewegung im Reformationszeitalter. In: HJb 83 (1964) S. 84–112.

Iserloh, Erwin: Johannes Eck 1486–1543. Scholastiker, Humanist, Kontroverstheologe (Katholisches Leben und Kirchenreform im Zeitalter der Glaubensspaltung 41). Münster 1981.

Jedin, Hubert: Das konziliare Reformprogramm Friedrich Nauseas. In: HJb 77 (1957) S. 229–253.

Jedin, Hubert: Die geschichtliche Bedeutung der katholischen Kontroversliteratur im Zeitalter der Glaubensspaltung. In: HJb 53 (1933) S. 70–97.

Jedin, Hubert: Kardinal Contarini als Kontroverstheologe (Katholisches Leben und Kämpfen im Zeitalter der Glaubensspaltung 9). Münster 1949.

Kötter, Franz J.: Die Eucharistielehre in den katholischen Katechismen des 16. Jahrhunderts bis zum Erscheinen des Catechismus Romanus 1566 (RefGeschichtlStud 98). Münster 1969.

Lauchs, Joachim: Bayern und die deutschen Protestanten 1534–1546. Deutsche Fürstenpolitik zwischen Konfession und Libertät (Einzelarbeiten aus der Kirchengeschichte Bayerns 56). Neustadt/Aisch 1978.

Lutz, Heinrich: Bayern und der Laienkelch 1548–1556. In: QForschItalArchBibl 34 (1954) S. 203–235.

Pollet, Jacques V.: Johann Gropper und Julius Pflug nach ihrer Korrespondenz. In: Paderbornensis Ecclesia. Festschrift für Lorenz Kardinal Jaeger, hrg. v. P.-W. Scheele. Paderborn 1972, S. 223–244.

Schrader, Franz: Kardinal Albrecht von Brandenburg, Erzbischof von Magdeburg, im Spannungsfeld zwischen alter und neuer Kirche. In: Von Konstanz nach Trient. Festschrift August Franzen, hrg. v. R. Bäumer. München/Paderborn/Wien 1972, S. 419–445.

Trusen, Winfried: Um die Reform und Einheit der Kirche. Zum Leben und Werk Georg Witzels (Katholisches Leben und Kämpfen im Zeitalter der Glaubensspaltung 14). Münster 1957.

Vossler, Otto: Herzog Georg der Bärtige und seine Ablehnung Luthers. In: HZ 184 (1957) S. 272–291.

Ziegler, Walter: Die Bursfelder Kongregation in der Reformationszeit. Dargestellt an Hand der Generalkapitelsrezesse der Bursfelder Kongregation (Beiträge zur Geschichte des alten Mönchtums und des Benediktinerordens 29). Münster 1968.

7.5.3 Katholische Reform und Gegenreformation seit dem Tridentinum

Brodrick, James: Petrus Canisius 1521–1597 [Deutsche Übersetzung der englischen Ausgabe London 1935], 2 Bde. Wien 1950.

Dölle, Adalbert: Erzbischof Daniel Brendel von Homburg und die Gegenreformation auf dem Eichsfeld. In: Aus Kirche, Kunst, Leben. Festschrift Albert Stohr, hrg. v. L. Lenhart, Bd. 2. Mainz 1960, S. 110–125.

Fischer, Rainald: Die Gründung der Schweizer Kapuzinerprovinz 1581–1589. Ein Beitrag zur Geschichte der katholischen Reform (ZSchweizKG Beiheft 14). Freiburg i. Ü. 1955.

Heckel, Martin: Autonomia und Pacis Compositio. Der Augsburger Religionsfriede in der Deutung der Gegenreformation. In: ZSRG. Kan 45 (1959) S. 141–248.

Krasenbrink, Josef: Die Congregatio Germanica und die katholische Reform in Deutschland nach dem Tridentinum (RefGeschichtlStud 105). Münster 1972.

Lojewski, Günther von: Bayerns Weg nach Köln. Geschichte der bayerischen Bistumspolitik in der zweiten Hälfte des 16. Jahrhunderts (Bonner historische Forschungen 21). Bonn 1962.

Lortz, Josef (Hrg.): Kardinal Stanislaus Hosius. Gedenkschrift zum 350. Todestag. Braunsberg 1931.

Lossen, Max: Der Kölnische Krieg, 2 Bde. Gotha 1882 und München/Leipzig 1897.

Mayer, Johann G.: Das Konzil von Trient und die Gegenreformation in der Schweiz, 2 Bde. Stans 1901/03.

Molitor, Hansgeorg: Kirchliche Reformversuche der Kurfürsten und Erzbischöfe von Trier im Zeitalter der Gegenreformation (VeröffInstEurG Mainz 43). Wiesbaden 1967.

Reinhard, Wolfgang: Gegenreformation als Modernisierung? Prolegomena zu einer Theorie des konfessionellen Zeitalters. In: ARG 68 (1977) S. 226–252.

Schaffrath, Otto: Fürstabt Balthasar von Dernbach und seine Zeit. Studien zur Geschichte der Gegenreformation in Fulda (Fuldaer Geschichtsverein, Veröff. 44). Fulda 1967.

Schellhass, Karl: Der Dominikaner Felician Ninguarda und die Gegenreformation in Süddeutschland und Österreich 1560–1583, Bd. 1 (Bibliothek d. Preußischen Historischen Instituts in Rom 17). Rom 1930.

Schilling, Heinz: Bürgerkämpfe in Aachen zu Beginn des 17. Jahrhunderts. Konflikte im Rahmen der alteuropäischen Stadtgesellschaft oder im Umkreis der frühbürgerlichen Revolution? In: ZHF 1 (1974) S. 175–231.

Siebert, Ferdinand: Zwischen Kaiser und Papst. Kardinal Truchseß von Waldburg und die Anfänge der Gegenreformation in Deutschland. Berlin 1943.

Specker, Hans E.: Die Reformtätigkeit der Würzburger Fürstbischöfe Friedrich von Wirsberg (1558–1573) und Julius Echter von Mespelbrunn (1573–1617). In: Würzburger DiözGBll 27 (1965) S. 29–125.

Vasella, Oskar: Klerus und Volk im Kampf um die tridentinische Reform in der Schweiz. In: HJb 84 (1964) S. 86–100.

Wolf, Karl: Der Straßburger Kapitelstreit (1584–1604) und der Wetterauer Grafenverein. In: NassAnn 68 (1957) S. 127–155.

Zeeden, Ernst W. (Hrg.): Gegenreformation (Wege der Forschung 311). Darmstadt 1973.

7.6 *Konfessionsbildung. Die Konfessionen in Verfassung, Justiz und Politik des Reichs 1555–1600*

Bornkamm, Heinrich: Die religiöse und politische Problematik im Verhältnis der Konfessionen im Reich. In: ARG 56 (1965) S. 209–218.

Franzen, August: Die Herausbildung des Konfessionsbewußtseins am Niederrhein im 16. Jahrhundert. In: AnnHistVNdRh 158 (1956) S. 164–209.

Hollweg, Walter: Der Augsburger Reichstag von 1566 und seine Bedeutung für die Entstehung der reformierten Kirche und ihres Bekenntnisses (Beiträge zur Geschichte und Lehre der Reformierten Kirche 17). Neukirchen 1964.

Lau, Franz: La vie réligieuse dans les pays protestants de langue allemande à la fin du XVIe siècle. In: Colloque d'histoire réligieuse, Lyon 1963. Commission internationale et souscommission française d'histoire ecclésiastique comparée. Grenoble 1963, S. 101–115.

Nottarp, Hermann: Das katholische Kirchenwesen der Grafschaft Ravensberg im 17. und 18. Jahrhundert (Studien und Quellen zur westfälischen Geschichte 2). Paderborn 1961.

Rabe, Horst: Der Augsburger Religionsfriede und das Reichskammergericht 1555–1600. In: Festschrift für Ernst Walter Zeeden, hrg. v. H. Molitor/H. Rabe/ H. Chr. Rublack (RefGeschichtlStud Suppl. Bd. 2). Münster 1976, S. 260–280.

Reinhard, Wolfgang: Zwang zur Konfessionalisierung? Prolegomena zu einer Theorie des konfessionellen Zeitalters. In: ZHF 10 (1983) S. 257–277.

Schilling, Heinz: Die Konfessionalisierung im Reich. Religiöser und gesellschaftlicher Wandel in Deutschland zwischen 1555 und 1620. In: HZ 246 (1988) S. 1–45.

Schmitz, Walter: Verfassung und Bekenntnis. Die Aachener Wirren im Spiegel der kaiserlichen Politik (1550–1616) (Europ. Hochschulschrr, Reihe 2, Bd. 202). Frankfurt/M. 1983.

Vogler, Bernard: Vie réligieuse en pays rhénan dans la seconde moitié du 16e siècle, 3 Bde. Paris/Lille 1972.

Westphal, Gudrun: Der Kampf um die Freistellung auf den Reichstagen zwischen 1556 und 1576. Diss. phil. Marburg 1975.

Wirsching, Andreas: Konfessionalisierung und Außenpolitik. Die Kurpfalz und der Beginn der französischen Religionskriege (1559–1562). In: HJb 106 (1986) S. 333–360.

Zeeden, Ernst W.: Die Entstehung der Konfessionen. Grundlagen und Formen der Konfessionsbildung im Zeitalter der Glaubenskämpfe. München 1965.

Zeeden, Ernst W.: Katholische Überlieferungen in den lutherischen Kirchenordnungen des 16. Jahrhunderts (Katholisches Leben und Kirchenreform im Zeitalter der Glaubensspaltung 17). Münster 1959.

Zeeden, Ernst W.: Konfessionsbildung. Studien zur Reformation, Gegenreformation und katholischen Reform. Stuttgart 1985.

7.7 *Hexenwahn und Hexenverfolgung*

Behringer, Wolfgang: Hexenverfolgung in Bayern: Volksmagie, Glaubenseifer und Staatsräson in der Frühen Neuzeit. München 1988.

Ginzburg, Carlo: Die Benandanti. Feldkulte und Hexenwesen im 16. und 17. Jahrhundert [Deutsche Übersetzung der italienischen Ausgabe 3. Aufl. Turin 1979]. Frankfurt/M. 1980.

Hansen, Joseph: Zauberwahn, Inquisition und Hexenprozeß im Mittelalter und die Entstehung der großen Hexenverfolgung. Nachdruck der Ausgabe München 1900. Aalen 1964.

Hansen, Joseph (Hrg.): Quellen und Untersuchungen zur Geschichte des Hexenwahns und der Hexenverfolgung im Mittelalter. Nachdruck der Ausgabe Bonn 1901. Hildesheim 1963.

Lehmann, Hartmut: Hexenverfolgungen und Hexenprozesse im Alten Reich zwischen Reformation und Aufklärung. In: Jb. d. Instituts f. Deutsche Geschichte 7 (1978) S. 13–70.

Midelfort, H. C. Erik: Witch Hunting in Southwestern Germany 1562–1648. The Social and Intellectual Foundations. Stanford 1972.

Schormann, Gerhard: Hexenprozesse in Deutschland. 2. Aufl. Göttingen 1986.

Trevor-Roper, Hugh R.: Der europäische Hexenwahn des 16. und 17. Jahrhunderts. In: H. R. Trevor-Roper: Religion, Reformation und sozialer Umbruch. Frankfurt/M. 1970, S. 95–179.

8. Der Aufstand der Niederlande

Berkelbach van der Sprenkel, Jan W.: Oranje en de vestiging van de Nederlandse staat. 2. Aufl. Amsterdam 1960.

Delfos, Leo: Die Anfänge der Utrechter Union 1577–87. Ein Beitrag zur Geschichte der niederländischen Erhebung. Nachdruck der Ausgabe Berlin 1941. Vaduz 1965.

Deursen, A. Th. van: Maurits. In: Nassau en Oranje in de Nederlandse geschiedenis, hrg. v. C. A. Tamse. Alphen aan de Rijn 1979, S. 85–109. Abdruck in: Vaderlands Verleden in Veelvoud, Deel I: 16e–18e eeuw. Den Haag 1980, S. 133–159.

Duke, Alastair C.: From King and Country to King or Country? Loyalty and Treason in the Revolt of the Netherlands. In: TransactHistSocLondon, Ser. 5, Bd. 37 (1982) S. 113–135.

Duke, Alastair C./Kolff, D.: The Time of Troubles in the County of Holland, 1566–67. In: TGGroningen 82, 3 (1969) S. 316–337.

Essen, Léon van der: Alexandre Farnèse, prince de Parme, gouverneur général des Pays-Bas (1545–1592), 5 Bde. Brüssel 1933–1937.

Enno van Gelder, Herman A.: Getemperde vrijheid (Hist. Stud. 26). Groningen 1972.

Geurts, P. A.: De Nederlandse opstand in de pamfletten, 1566–1584. Nijmegen/ Utrecht 1956.

Geurts, P. A. Het beroep op de Blijde Incomste in de pamfletten uit de Tachtigjarige Oorlog. In: Standen en landen 16 (1958) S. 1–15.

Groenveld, S./Leeuwenberg, H. L.: De Unie van Utrecht. Wording en werking van een verbond en verbondsacte (Geschiedenis in veelvoud 6). Den Haag 1979.

Groenveld, S./Leeuwenberg, H. L./Mout, Nicolette/Zappey, W. M.: De kogel door de kerk? De Opstand in de Nederlanden en de rol van de Unie van Utrecht 1559–1609. Zutphen 1979.

Herwerden, P. J.: Bij den oorsprong van onze onafhankelijkheid. Een studie over het aandeel van de standen aan het verzet tegen Spanje in de jaren 1559–1572. Groningen 1947.

Iongh, Jane de: Margaretha van Oostenrijk, Hertogin van Parma en Piacenza 1522–1586 (Jane de Iongh, Regentessen der Nederlanden 3). 2. Aufl. Amsterdam 1967.

Lademacher, Horst: Die Stellung des Prinzen von Oranien als Statthalter in den Niederlanden von 1572 bis 1584. Ein Beitrag zur Verfassungsgeschichte der Niederlande (Rhein Arch 52). Münster 1958.

Maltby, William S.: Alba. A Biography of Fernando Alvarez de Toledo, Third Duke of Alba 1507–1582. Berkeley/Calif. 1983.

Parker, Geoffrey: Der Aufstand der Niederlande. Von der Herrschaft der Spanier zur Gründung der Niederländischen Republik 1549–1609 [Deutsche Übersetzung der englischen Ausgabe London 1977]. München 1979.

Parker, Geoffrey: The Dutch Revolt and the Polarization of International Politics. In: TGGroningen 89, 3 (1976) S. 429–444.

Petri, Franz: Die Kultur der Niederlande. Frankfurt/M. 1972.

Press, Volker: Wilhelm von Oranien, die deutschen Reichsstände und der niederländische Aufstand. In: Bijdr. en mededeelingen betreffende de geschiedenis der Nederlanden 99 (1984) S. 677–707.

Roosbroeck, Robert van: Wilhelm von Oranien, der Rebell (Persönlichkeit und Geschichte 15). Göttingen 1959.

Schilling, Heinz: Der Aufstand der Niederlande: Bürgerliche Revolution oder Elitenkonflikt? In: Geschichte und Gesellschaft. Sonderheft 2: 200 Jahre amerikanische Revolution und moderne Revolutionsforschung. Göttingen 1976, S. 177–231.

Schilling, Heinz: Religion und Gesellschaft in der calvinistischen Republik der Vereinigten Niederlande. In: Kirche und gesellschaftlicher Wandel in deutschen und niederländischen Städten der werdenden Neuzeit, hrg. v. F. Petri (Städteforschung. Veröff. d. Instituts für vergleichende Städtegeschichte in Münster. Reihe A, Bd. 10). Köln/Wien 1980, S. 197–250.

Smit, J. W.: The Netherlands Revolution. In: Preconditions of Revolution in Early Modern Europa, hrg. v. J. P. Greene. Baltimore/London 1970, S. 19–54; Abdruck in: Vaderlands Verleden in Veelvoud, Deel I: 16ᵉ–18ᵉ eeuw. Den Haag 1980, S. 26–54.

Swart, K. W.: Willem de Zwijger. In: Nassau en Oranje in de Nederlandse geschiedenis, hrg. v. C. A. Tamse. Alphen aan den Rijn 1979, S. 47–82; Abdruck unter dem Titel: Willem van Oranje en de Nederlandse Opstand, in: Vaderlands Verleden in Veelvoud, Deel I: 16ᵉ–18ᵉ eeuw. Den Haag 1980, S. 99–132.

Tex, J. den: Oldenbarnevelt, 5 Bde. Haarlem 1966–1972.

Wee, Herman van der: De economie als factor bij het begin van de Opstand in de Zuidelijke Nederlanden. In: Bijdr. en mededeelingen betreffende de geschiedenis der Nederlanden 83 (1968) S. 15–32; Abdruck in: Vaderlands Verleden in Veelvoud, Deel I: 16ᵉ–18ᵉ eeuw. Den Haag 1980, S. 55–70; engl. Übersetzung in: Acta Hist. Neerlandica 5 (1971) S. 52–67.

Register

Das Register umfaßt Orts-, Länder-, Landschafts- und Personennamen. Von diesen Namen abgeleitete, insbesondere adjektivische Wortbildungen (z. B. «fränkisch» von «Franken», «lübisch» von «Lübeck») wurden nicht eigens aufgenommen, auch nicht – wegen der allzu großen Dichte der Belegstellen – die Stichworte «Deutschland», «Luther», «Karl V.» und «Ferdinand I.».

Aachen 111, 155, 227, 499, 505, 571, 578–580, 609, 635, 644, 650
Aalen 497f.
Aargau 145
Abbach, Bad 331
Adolf, Herzog von Holstein (1544–1586) 631
Adrianopel 37
Afrika 60, 63, 162, 625
Agricola, Georg 55
Agricola, Rudolf 163
Agricola, Johannes 268, 324, 344, 347f., 419, 420
Ägypten 37
Aigues-Mortes 308
Alba, Fernando Alvarez de Toledo, Herzog von 394, 436, 440, 454, 463, 467, 544–547
Albanien 37
Alber, Erasmus 266
Alber, Matthäus 423
Albert [= Albrecht], Erzherzog von Österreich, Vizekönig von Portugal (1583–1596), Statthalter der spanischen Niederlande (1596–1621) 552, 593f., 605
Albrecht Alkibiades, Markgraf von Brandenburg-Kulmbach (1541–1554) 394, 397, 401, 433f., 436, 439f., 442–444, 446, 476f., 580
Albrecht, Markgraf von Brandenburg, Erzbischof und Kurfürst von Mainz (1514–1545) 212f., 231
Albrecht, Markgraf von Brandenburg-Ansbach, Hochmeister des Deutschen Ordens (1511–1525), Herzog von Preußen (1525–1568) 20, 185, 337f., 423, 432f., 469, 471
Albrecht IV., Herzog von Bayern (1465/93–1508) 188, 194
Albrecht V., Herzog von Bayern (1550–1579) 396, 447, 475, 478, 525–527, 571f., 574, 632
Albret, Henri d', Thronprätendent des Königreichs Navarra 225
Alcalá 517
Aldegrever, Heinrich 174
Aleander, Girolamo, Nuntius am Kaiserhof 235, 237, 377
Alexander VI., Papst (1492–1503) 31f., 40, 150
Algier 37, 307, 309
Allgäu 93, 289
Allstedt 274–277
Alsfeld 170
Altdorf 189
Altdorfer, Albrecht 172–174
Altenburg/Thür. 617
Althusius, Johannes 567
Altötting 155
Alvares Caldeira, portugiesische Kaufmannsfamilie 623
Amberg 504
Amerbach, Johann 165
Amerika 41, 162, 620, 625–627
Amorbach 292
Amsdorf, Nikolaus von 347, 376, 386f., 424, 509
Amsterdam 355, 539, 553f., 618
Andreä, Jakob 511
Angoulême, Franz von s. Franz I., König von Frankreich
Angoulême, französische Grafschaft, seit 1515 Herzogtum 179
Anhalt; 321, 324, 513, 558f.

Anhalt-Dessau 337; s. auch Anhalt
Anjou, französisches Fürstengeschlecht 30f., 550
Anna von Österreich, 4. Gemahlin König Philipps II. von Spanien 465
Anna, Landgräfin von Hessen 76
Anna, Tochter König Wladislaws II. von Böhmen und Ungarn, Gemahlin Kaiser Ferdinands I. 184f.
Anne de Foix, 2. Gemahlin König Wladislaws II. von Böhmen und Ungarn 36, 184
Ansbach 476; s. auch Brandenburg-Ansbach, Markgrafschaft
Anton, Herzog von Lothringen (1508–1544) 298
Antwerpen 43, 311, 539, 541, 543f., 547, 549, 554, 623, 626f.
Apian d.J., Philipp 632
Appenzell 146
Apulien 31
Aragón 30–33, 178, 182–184, 216, 441
Arelat 15
Aristoteles 205
Arnold, Graf von Bentheim (1573–1606) 561
Arras (Union) 549, 551, 593
Arras, Bischof von s. Perrenot, Antoine
Artois 18, 181, 224, 226, 306, 310–312, 611
Asien 626
Asti 30
Augsburg, Fürstbistum 458, 519, 529
Augsburg, Reichsstadt 43, 58, 90, 118, 142, 164f., 171, 173, 186, 190, 195, 216, 231, 314, 323, 325f., 330, 334, 348–350, 379, 399, 405, 407, 423, 425–427, 434, 448f., 453, 461, 473, 478, 484, 498, 519f., 579, 603, 618, 622f., 628, 650
August, Kurfürst von Sachsen (1553–1586) 443, 448, 459, 475, 478, 512, 532f., 537, 575, 594f., 610, 631
Augustinus 101, 210, 279, 358, 381
Avalos, Fernando Francisco de, Markgraf von Pescara 225

Báthory, Sigismund s. Sigismund Báthory
Báthory, Stefan s. Stefan Báthory
Baar 288
Baden im Aargau 326
Baden, Markgrafschaft 132
Baden-Baden, Markgrafschaft 490, 569
Baden-Durlach, Markgrafschaft 489f., 559, 562, 569, 611
Balançon s. Rye, Joachim de
Baldung gen. Grien, Hans 173f., 267
Balthasar von Dernbach, Fürstabt von Fulda (1570–1606) 528
Baltikum; 52, 80; s. auch Livland
Bamberg, Fürstbistum 476
Barcelona 226, 306, 322, 517
Barletta, Gabriel 158
Basel, Fürstbistum 130, 146
Basel, Stadt 17, 88, 146, 165, 169, 174, 201, 231, 254, 262, 272, 278, 292, 323, 326, 359, 499f., 521
Basta, Georg 603
Bautzen 377
Bayern, Herzogtum 61, 77, 93, 97, 99, 124, 128, 132, 134f., 188f., 194, 220, 246, 263, 281f., 285, 288, 294, 298f., 317, 327, 330, 332, 394, 376f., 389, 396, 439, 442, 458, 463, 475, 478, 498, 525–528, 571–577, 582f., 588, 594, 630, 632f., 647–649, 659
Bayern-Landshut, Herzogtum 188
Bayern-München, Herzogtum 188
Bayonne 433
Beatrix von Neapel, 1. Gemahlin König Wladislaws II. von Böhmen und Ungarn 36
Beatus Rhenanus 166
Behaim, Martin 163
Beham, Barthel 174
Beham, Hans Sebald 174
Belfort 342
Belgrad 302
Bentheim, Grafschaft 558, 561f.
Berchtesgaden, Fürstpropstei 130
Berg, Herzogtum s. Jülich-Kleve-Berg
Bergen 62
Berlichingen, Götz von 82, 291, 298
Berlin 344, 348
Bern 144, 173f., 254, 262, 266, 308, 326
Bernhard von Clairvaux 264
Bernhard von Cles, Fürstbischof von Trient (1514–1539), oberster Kanzler König Ferdinands 329
Bernhardi, Bernhard 566
Berthold von Henneberg, Erzbischof und Kurfürst von Mainz (1484–1504) 22, 186, 188f., 194
Berthold Pirstinger [Pürstinger], Bischof von Chiemsee (1508–1543) 267

Beukelsz, Jan 355
Bianca Maria Sforza, 2. Gemahlin Kaiser Maximilians I. 178
Bibra, Konrad von s. Konrad von Bibra
Biel, Gabriel 205
Billick, Eberhard 387, 395, 417, 421
Blarer, Ambrosius 342f., 349, 423
Blaurock, Jörg 350
Blois 179
Bobadilla, Nikolaus 519
Böblingen 298
Bock, Hieronymus 657
Bocskay s. Stefan Bocskay, Fürst von Siebenbürgen
Bodeck, Hamburger Kaufmannsfamilie 623
Bodenstein, Andreas von, gen. Karlstadt 217, 271f., 370, 373
Bodin, Jean 103, 132
Böhmen 15f., 21f., 29, 34–37, 42, 55–57, 93, 111, 129, 154, 165, 171, 177, 184f., 187, 191, 241, 246, 273, 288, 302f., 402f., 462, 493, 496f., 585, 590, 602, 649, 656
Bologna 305f., 313, 329, 401, 407, 413, 415f., 420, 430, 519, 521
Bomy 308
Bonn 292
Bora, Katharina von s. Luther, Katharina
Borghese, Scipione, Kardinal 584
Borgia, spanisches Fürstengeschlecht 150
Borgia, Cesare 32
Bosch, Hieronymus 172
Bosnien 37
Boulogne 181, 309
Bourbon, Karl, Herzog von (gest. 1527) 225, 304f.
Bourgneuf 61
Bourgogne s. Burgund, Herzogtum
Bouts, Dirk 172
Brabant 43, 310, 539, 541, 546f., 551, 554, 579
Brahe, Tycho 632
Brandenburg, Bistum 213, 344, 488
Brandenburg, Brandenburger 212f., 608f.; s. auch Hohenzollern, Fürstengeschlecht
Brandenburg, Kurfürstentum 49, 111, 129, 132, 134, 212, 239, 281, 317, 337, 343, 348, 362, 377, 394, 415, 419f., 422, 443, 448, 532–534, 537, 556f., 559, 607, 609, 619, 647f., 659
Brandenburg, Mark s. Brandenburg, Kurfürstentum
Brandenburg-Ansbach, Markgrafschaft 185, 194, 321, 324, 335, 337, 368f., 389, 476, 569, 607
Brandenburg-Kulmbach, Markgrafschaft 394
Brant, Sebastian 168
Braunschweig, Stadt 62, 142, 268–270, 337, 385f., 444, 511, 637
Braunschweig-Lüneburg, Herzogtum 128, 220, 321, 324, 335, 368
Braunschweig-Wolfenbüttel, Herzogtum 317, 340f., 369, 376, 385, 394, 397, 444, 488–490, 511, 556, 597, 637
Bray, Guido de 541
Breda 546
Breisach 288
Breisgau 197f.
Bremen, Erzstift 488f.
Bremen, Stadt 61f., 337, 402, 427, 513, 557, 559f., 562, 635
Brendel, Daniel s. Daniel Brendel
Brenz, Johannes 232, 323, 343, 379, 395, 423, 431
Breslau, Fürstbistum 497
Breslau, Stadt 155, 320, 622
Bretagne 179
Breu d. Ä., Jörg 173
Brieg 337, 497, 559
Brixen, Fürstbistum 299
Brou (Franche-Comté) 171
Bruck an der Mur 495, 584, 588
Brück, Christian 478
Brück, Gregor 232, 324
Bruegel d. Ä., Pieter 172
Brügge 43, 62, 172, 549
Brüggemann, Hans 171
Brunfels, Otto 657
Brüssel 43, 244, 268, 441, 443, 446f., 453, 459, 461, 540, 544, 547–549, 563, 579
Bugenhagen, Johannes 232, 339, 345, 369, 373
Bulgarien 37
Burckhardt, Jacob 149
Burgenland 332
Burgkmair, Hans 173f.
Burgund, Freigrafschaft 14, 18, 171, 181, 439, 462, 563
Burgund, Herzogtum 18f., 23f., 26, 109, 144, 179, 181, 219, 224, 226, 238, 306, 310f.

Bursfeld 153
Busbecq, Ogier Ghislain de 632
Butzer [= Bucer], Martin 232, 266, 284, 323, 343 f., 348 f., 353, 370, 376, 379 f., 387 f., 423, 500

Cajetan de Vio, Kardinal 215 f.
Calvin [= Caulvin, Cauvin], Johannes 260, 375 f., 379, 487, 499–504, 508 f., 517, 541, 561
Calw 623
Cambrai 306 f., 316, 322, 434, 541
Cambridge 423
Campeggio, Lorenzo, Nuntius am Kaiserhof 253
Canisius, Petrus 519 f.
Capito, Wolfgang 379 f., 500
Carlos, Sohn König Philipps II. von Spanien (gest. 1568) 441, 465
Cassander, Georg 492 f.
Cateau-Cambrésis 462 f., 466, 477, 591
Celle 337
Celtis, Konrad 164–167
Ceresole 312
Cervino, Marcello, Konzilslegat, als Papst (1555) Marcellus II. 393, 401, 449
Chaireddin gen. Barbarossa, Bey von Algier 37, 307–309
Chalon, Grafschaft 563
Chalon, René de 563
Chambord 433 f., 616
Champagne 225
Chemnitz 53
Chemnitz, Martin 511
Chiemsee, Bistum 267, 572
Chieregati, Francesco, päpstlicher Legat beim Reichstag 1523 252
Chièvres s. Croy, Guillaume de
Christgarten 611
Christian I., Fürst von Anhalt-Bernburg (1603–1630), Statthalter der Oberpfalz (1595–1621) 596, 598 f.
Christian II., König von Dänemark (1513–1523) 340 f.
Christian III., König von Dänemark (1533–1559) 309, 311, 341
Christian I., Kurfürst von Sachsen (1586–1591) 558, 561, 595–597, 610
Christoph von Madruzzo, Fürstbischof von Trient (1539–1567) 416, 418
Christoph, Herzog von Braunschweig-Wolfenbüttel, Erzbischof von Bremen, Bischof von Verden (1511–1558) 488
Christoph, Graf von Oldenburg 340
Christoph, Herzog von Württemberg (1550–1568) 343, 429, 447, 493, 511
Chytraeus, David 495
Cicero 395
Cisneros, Francisco Jiménez de, Erzbischof von Toledo (1495–1517), 1516/17 spanischer Regent 184
Claudia [= Claude de Bretagne], 1. Gemahlin König Franz' I. von Frankreich 179
Clemens VII., Papst (1523–1534) 226, 246, 253, 264, 282, 305, 313 f., 319, 572
Clemens XIV., Papst (1769–1774) 517
Cles, Bernhard von, s. Bernhard von Cles
Cluny 148
Clusius, Carolus [= Escluse, Charles de l'] 657
Cobos, Francisco de los 328
Coburg 325
Cochlaeus, Johannes 13, 379, 395
Cognac 226, 307, 319
Coler, Johannes 619
Colet, John 201
Colmar 172, 497 f., 559
Concenius [= Conzenius, Contzen], Adam 268
Contarini, Gasparo, Kardinallegat 344, 381, 516
Cordatus, Konrad 347
Corvinus s. Matthias Corvinus
Cosimo I. de' Medici, Großherzog der Toskana (1537/69–1574) 441, 462, 466 f.
Cotta, Bürgerfamilie in Eisenach 204
Cracow, Georg 512
Cranach d. Ä., Lucas 173 f., 267
Crell, Nikolaus 558
Crépy 312, 316, 384
Cronberg, Hartmut von 231
Croy, Guillaume de, Herr von Chièvres, Herzog von Arschot 182
Cruciger, Caspar 345, 508
Cruciger, Elisabeth 268
Cruningen, Jobst von 402
Cuspinian, Johannes 165, 329

Dalberg, Johann von s. Johann von Dalberg 165
Dänemark 49, 51, 60, 309, 311, 322, 330, 337, 339–341, 377, 432, 471 f.

Daniel Brendel, Erzbischof und Kurfürst von Mainz (1555–1582) 528f.
Danzig 43, 62
Darmstadt 564
Daucher, Adolf 171
Daucher, Hans 171
David, Gerard 172
Decius, Nikolaus 268
del Monte, Giovanni Maria, Konzilslegat, als Papst Julius III. (1550–1555) 393
Den Briel [= Brielle] 545
Denk [= Denck], Hans 350–352
Dernbach, Balthasar von s. Balthasar von Dernbach
Dessau 317
Deventer 153, 198, 200
Dietrich, Veit 395
Diez, Grafschaft 563f.
Dillenburg s. Nassau-Dillenburg
Dillingen 520, 655
Dithmarschen 130, 340
Dodonaeus [= Dodoens], Rembert 657
Donauwörth 498
Dordrecht 545
Doria, Andrea 305f., 441
Dorpat, Fürstbistum 469
Dorpat, Stadt 470
Dortmund 292, 497
Dragut, Bey von Tripolis (1551–1565) 441
Drakenburg 402f.
Drente 310, 539
Dresden 170, 209, 512, 618
Dudley, Robert, Graf von Leicester 550f.
Duns Scotus 255
Dürer, Albrecht 164, 172–174
Düsseldorf 292, 578f.

Eberhard von Holle, Bischof von Verden (1566–1586) 489
Eberhard im Barte, Graf und Herzog von Württemberg (1459/1495–1496) 137, 157
Eberhard II., Herzog von Württemberg (1496–1498) 220
Eberlin von Günzburg, Johann 266
Ebernburg 231, 284
Eberstein, Grafschaft 611
Echter von Mespelbrunn, Julius s. Julius Echter von Mespelbrunn
Eck, Johannes 215, 217, 233, 267, 271, 281f., 324f., 346, 379–381
Eck, Leonhard von 289, 332, 412
Eder, Georg 571
Eduard VI., König von England (1547–1553) 441
Eger 342, 401, 443
Egerland 21f.
Egmont, Lamoral Graf 543f.
Eichsfeld 525, 528f., 537
Eichstätt, Fürstbistum 129, 529f., 536
Eidgenossenschaft s. Schweizer Eidgenossenschaft
Einbeck 61
Einsiedeln 155, 256, 519
Eisenach 203f., 239
Eisleben 203, 347, 395
Elberfeld 54
Elbing 19
Eleonore, Schwester Karls V., Gemahlin König Manuels von Portugal, in zweiter Ehe (seit 1530) König Franz' I. von Frankreich 226, 308
Elisabeth I., Königin von England (1558–1603) 442, 550f., 594
Elisabeth, Gemahlin Pfalzgraf Ruprechts 188
Ellwangen, Fürstpropstei 498
Elsaß 61, 78, 140, 198, 232, 290f., 295, 497, 499, 532, 577, 595
Eltz, Jakob von s. Jakob von Eltz
Emanuel Philibert, Herzog von Savoyen (1553–1580) 466
Emden 505, 545, 559
Engels, Friedrich 287
England 23, 43, 59f., 102, 168, 180–182, 201, 219, 225f., 244, 309, 311, 337, 357, 416, 423, 441, 464, 504f., 541, 545, 550–552, 565, 594
Erasmus von Rotterdam, Desiderius 153, 167, 169, 200–202, 231f., 234, 255–257, 260, 271, 278, 279f., 344, 359, 373
Erfurt 204–206, 208
Erhard von Queis, Bischof von Pomesanien (1523–1529) 338
Erlau 602
Ermes 470
Ermland 19, 571
Ernst, Erzherzog, Sohn Kaiser Maximilians II., Statthalter der spanischen Niederlande (1594/95) 474, 551, 585, 593, 605
Ernst, Herzog von Bayern, Erzbischof und

Kurfürst von Köln (1583–1612); auch Fürstbischof von Freising (seit 1566) Hildesheim (seit 1573), Lüttich (seit 1581) und Münster (seit 1585) 525, 527, 574–576, 580
Ernst der Bekenner, Herzog von Braunschweig-Lüneburg (1521–1536) 321
Erstenberger, Andreas 571
Eßlingen 245, 426, 497f.
Estland 19, 471f., 600f.
Eugen, Prinz von Savoyen 302
Europa 55, 60, 63, 107, 150, 177, 196, 302, 306, 322, 326, 328, 463, 465, 521, 534, 539, 616, 626, 657
Eyck, Hubert van 171f.
Eyck, Jan van 171f.

Faber, Petrus 517, 519
Fabri, Johann, Generalvikar von Konstanz, Bischof von Wien (1530–1541) 258, 379
Fannemann, Balthasar, Weihbischof von Hildesheim 417
Farel, Wilhelm [= Guillaume] 499
Farnese, Alessandro, Kardinal 392f.
Farnese, Alexander, Herzog von Parma, Statthalter der spanischen Niederlande (1578–1592) 551, 574, 578
Farnese, Ottavio, Herzog von Parma (1547–1586) 311, 433
Farnese, Pier Luigi, Herzog von Parma und Piacenza (1545–1547) 415, 433
Fellin 470
Ferdinand, Erzherzog von Österreich, Landesherr der innerösterreichischen Erblande (1595–1637), seit 1617 als Ferdinand II. Kaiser 573, 578, 588f.
Ferdinand III., Kaiser (1637–1657) 479
Ferdinand der Katholische, König von Aragón und Kastilien (1479–1516) 31f., 178, 182–184
Ferdinand, Erzherzog von Österreich, Landesherr von Tirol (1563–1595) 441, 462, 493
Ferdinand, Herzog von Bayern, seit 1595 Koadjutor, 1612–1650 Erzbischof und Kurfürst von Köln sowie Fürstbischof von Hildesheim, Lüttich und Münster, seit 1618 auch von Paderborn 576
Ferrara, Herzogtum 225
Finale, Grafschaft 467
Finnland 340
Fiume 179
Flacius, Matthias 424, 508–510, 512, 530
Flandern 14, 18, 181, 224, 226, 306, 310–312, 539, 541, 543, 546, 550f., 554, 615
Florenz 16, 30–32, 167, 226, 305f., 441, 462, 466f.
Francesco II. Sforza, Herzog von Mailand (1521–1525, 1529–1535) 308
Franche Comté s. Burgund, Freigrafschaft
Franck, Sebastian 358–360
Franken 78, 124, 285, 295f., 298, 364, 389, 398, 440, 477f., 643
Frankenhausen 299
Frankfurt/Main 54, 102, 111, 117, 292, 438, 446f., 459f., 596, 598, 622, 626, 628, 644
Frankfurt/Oder 137, 215, 272
Frankreich 15, 18f., 23f., 31–33, 39–43, 63, 102f., 112, 123, 152, 162, 168, 178–182, 188, 192, 195f., 201, 219, 224–227, 235, 247, 260, 284, 289, 304–312, 314–316, 320, 322, 326, 330, 337, 342, 383f., 400f., 404, 415f., 432f., 435, 437, 439–445, 452, 458, 462–464, 468, 474, 477, 487, 499, 522, 537, 545, 550, 552, 565, 591f., 595f., 598f., 615–617, 631
Franz I., König von Frankreich 23, 33, 179f., 182, 185, 219, 225f., 260, 263, 289, 304, 306–309, 311–316, 341f., 377, 383, 385, 400, 406, 439, 499
Franz, Herzog von Anjou (gest. 1584) 550
Franz von Waldeck, Fürstbischof von Münster und Osnabrück (1532–1553) 356, 394, 483
Frauenalb 611
Freiburg/Br. 137, 201, 288
Freiburg i. Ü. 146, 520
Freising, Fürstbistum 527, 572, 574, 576
Fresse, Jean de s. Jean de Fresse
Friaul 660
Fribourg s. Freiburg i. Ü.
Friedewalde 433
Friedrich III., Kaiser (1440–1493) 21, 36, 124
Friedrich, Graf von Wied, Erzbischof und Kurfürst von Köln (1562–1567) 529
Friedrich, Markgraf von Brandenburg, Erzbischof von Magdeburg (1550–1552) 432

Friedrich II., Kurfürst von der Pfalz (1544–1556) 245, 381, 399, 415, 532
Friedrich III., Kurfürst von der Pfalz (1559–1576) 464, 468, 475, 503f., 511, 533–535, 557f., 560f., 574
Friedrich III. der Weise, Kurfürst von Sachsen (1486–1525) 131, 155, 195, 207, 216f., 222, 228, 232, 234f., 238, 275, 290, 298, 360, 366
Friedrich von Sachsen, Hochmeister des Deutschen Ordens (1498–1510) 20
Friedrich von Wirsberg, Fürstbischof von Würzburg (1558–1573) 580
Friesland 51, 310, 539, 541, 546, 552f., 619
Fritz, Joß 197
Froschauer, Christoph 257
Frundsberg, Georg von 29, 84, 304f.
Fuchs, Leonhard 657
Fuentes, Carlos de Heredia, Graf von, Statthalter der spanischen Niederlande (1592–1594) 551
Fugger, Augsburger Kaufmannsfamilie 56, 63–65, 213, 222, 249, 606, 622, 625, 627
Fugger, Anton 436, 625
Fugger «der Reiche», Jakob 65f., 221f.
Fulda, Fürstabtei 525, 528f., 536f., 582, 646
Fürstenberg, Wilhelm von, livländischer Ordensmeister (1557–1559) 470f.

Gabrieli, Giovanni 631
Gaismair, Michael 294f., 299
Gallus, Nikolaus 424
Gama, Vasco da 162
Garzweiler, Paul 592
Gattinara, Mercurino di, Großkanzler Karls V. (1519–1530) 224–226, 235, 328
Gebhard Truchseß von Waldburg, Erzbischof und Kurfürst von Köln (1577–1583) 489, 536, 574–576
Geert tom Kloster 355
Geertgen tot Sint Jans 172
Geiler von Kaisersberg, Johann 91, 156
Geizkofler, Zacharias 606, 656
Geldern, Herzogtum 181, 309–312, 384, 539, 546, 565
Gembloux 548
Gemmingen, Dietrich von 231
Gemmingen, Uriel von s. Uriel von Gemmingen
Genf 327, 499f., 502, 541, 653
Gensfleisch, gen. Gutenberg, Johannes 167
Gent 43, 309, 540, 547, 549
Genua 14, 16, 30, 31, 63, 226, 305–307, 309, 466
Georg Podiebrad, König von Böhmen (1458–1471) 21, 35f.
Georg der Reiche, Herzog von Bayern-Landshut (1479–1503) 188
Georg, Markgraf von Brandenburg-Ansbach (1527–1543) 321
Georg, Herzog von Braunschweig-Wolfenbüttel, Bischof von Minden sowie Erzbischof von Bremen und Bischof von Verden (1553/1558–1566) 487
Georg Friedrich, Markgraf von Brandenburg-Ansbach (1556–1603) und Herzog von Jägerndorf, seit 1577 Kurator in Preußen 577
Georg, Herzog von Sachsen (1500–1539) 252, 281, 291, 298f., 377
Georg von Polentz, Bischof von Samland (1519–1550) 338
Germaine de Foix, 2. Gemahlin König Ferdinands von Aragón 183
Geßner, Konrad 657
Gewandschneider, Nürnberger Kaufmannsfamilie 623
Geyer, Florian 291, 298
Glarus 144, 254–256
Goes, Hugo van der 172
Göler von Ravensburg, Bernhard 231
Gonsalvo de Córdoba 32
Gonzaga di Guastalla, Ferrante, Vizekönig von Sizilien (1536–1546) und Mailand (1546–1555) 415
Görz, Grafschaft 30, 179, 181
Goslar 143, 337, 385f.
Gossembrot, Augsburger Kaufmannsfamilie 65
Gotha 478
Göttingen 153, 337
Graf, Urs 174
Gran 602
Grandson 26
Granvelle s. Perrenot, Nicolas bzw. Perrenot, Antoine
Gratius, Ortwin 200
Graubünden 18, 299, 301
Graz 588f., 655
Grebel, Konrad 259, 350, 352

Gregor XIII., Papst (1572–1585) 524f., 575, 583
Greiffenklau, Richard von s. Richard von Greiffenklau
Greyerz, Grafschaft 146
Grillparzer, Franz 605
Grimma 297, 373
Groningen 310, 539
Groote, Gert 153
Gropper, Johannes 344, 379–381, 387, 421
Grosser, Martin 619
Grumbach, Argula von 266
Grumbach, Wilhelm von 476–478, 510
Grünewald s. Neithart
Grünrade, Otto von 562
Guise, Franz von, Herzog von Lothringen (1519–1563) 440
Guise, Karl II. von, gen. Kardinal von Lothringen, Fürstbischof von Metz (1578–1607), seit 1592 auch von Straßburg 576f.
Gurk, Fürstbistum 195
Gustav Vasa, König von Schweden (1523–1560) 340
Gustav II. Adolf, König von Schweden (1611–1632) 601
Gutenberg s. Gensfleisch

Haag, Grafschaft 526
Haag (Niederlande) 593
Habsburg, Habsburger 16–18, 22–24, 30f., 33, 35f., 40, 65–67, 76, 78, 84, 110, 117, 125, 144, 150, 165, 177, 181–185, 216, 219–222, 225–227, 246, 282, 299, 302–304, 306–310, 315, 317, 319f., 322, 329f., 332, 337, 341–343, 363, 376, 390, 394, 398f., 403f., 411–413, 423, 425f., 428–430, 441–443, 453, 458, 460, 462f., 465f., 472, 474, 499, 521, 529, 552, 577, 584, 600–603, 616, 630
Hadamar 563
Hadrian VI., Papst (1522–1523) 150, 252, 263, 516
Hagenau 378–380, 497f.
Hagnower, Niklas 171
Halberstadt, Fürstbistum 212f., 397, 488f.
Hals, Frans 554
Hamburg 54, 61f., 337, 369, 618, 622f., 627, 635
Hannover 444
Hannoversch-Münden 170
Hans von Küstrin, Markgraf von Brandenburg, Landesherr der Neumark (1535–1571) 343, 394, 397, 420f., 431–433
Haß [= Has, Haas, Hase], Heinrich 426
Haßler, Hans Leo 631
Hätzer, Ludwig 350f.
Hauben, Asmus von der 291
Hausruckviertel 587
Havelberg, Bistum 488
Hedio, Caspar 323
Hegau 278, 288
Heidelberg 165, 170, 215, 561, 567, 631
Heidenheim 189
Heilbronn 291, 296, 497, 604
Heinrich IV., Kaiser (1056–1106) 109
Heinrich VIII., König von England (1509–1547) 219, 225, 406, 441
Heinrich II., König von Frankreich (1547–1559) 23, 33, 401, 415f., 433–435, 442, 458
Heinrich von Valois, König von Polen (1574), als Heinrich III. König von Frankreich (1574–1589) 474, 550, 595
Heinrich von Bourbon, König von Navarra (1562–1610), seit 1589 als Heinrich IV. König von Frankreich 464, 591, 594–596, 598
Heinrich d.J., Herzog von Braunschweig-Wolfenbüttel (1514–1568) 340f., 385f., 394, 397, 488, 490
Heinrich, Herzog von Sachsen-Lauenburg, Erzbischof von Bremen (1566–1586) 489
Heinrich Julius, Bischof von Halberstadt und Herzog von Braunschweig-Wolfenbüttel (1578/1589–1613) 488f.
Heinrich, Graf von Nassau, jüngster Sohn Graf Wilhelms des Reichen von Nassau 563
Heinrich, Graf von Württemberg, Vater Herzog Ulrichs 220
Held, Matthias, Reichsvizekanzler 376, 378
Helding, Michael, s. Michael Helding
Helmstedt 655
Henlein, Peter 53
Henneberg, Berthold von s. Berthold von Henneberg
Hennegau 545
Herberstein, Sigismund von 79

Herborn 567, 632, 655
Herbrot, oberdeutsche Kaufmannsfamilie 64, 622
Heresbach, Conrad 619
Hermann, Graf von Wied, Erzbischof und Kurfürst von Köln (1515–1546) 385, 387f., 393, 395, 489
Hermannstadt 64
Herold, Johannes 158
Hesdin 441
Hessen 58, 76, 99, 123, 153, 283f., 298, 307, 317, 319, 320–322, 324, 326, 329f., 336, 341f., 348, 350, 353f., 356, 368, 376, 378, 382, 384f., 397–399, 402f., 432f., 443, 448, 511, 513, 561, 563f., 569, 594, 597, 623
Hessen-Kassel 558, 567, 631, 647
Heßhusen, Tileman 509
Heugel, Nürnberger Kaufmannsfamilie 623
Heyden, Sebald 268
Hildesheim, Fürstbistum 417, 490, 574
Hildesheim, Stadt 88, 369
Hipler, Wendel 291, 296
Hirschhorn 611
Höchstetter, Augsburger Kaufmannsfamilie 622
Hoffmeister, Johannes 395
Hofmann, Melchior 350, 352, 355
Hohenems, Mark Sittich von s. Mark Sittich, Graf von Hohenems
Hohenstaufen s. Staufer
Hohentwiel 289
Hohenwaldeck, Herrschaft 526, 572
Hohenzollern, Fürstengeschlecht 131, 488, 577; s. auch Brandenburg, Brandenburger
Holbein d. Ä., Hans 173
Holbein d. J., Hans 174, 267
Holland 43, 310, 356, 539, 541, 545–549, 551–553, 563, 624
Holle, Eberhard von s. Eberhard von Holle
Holstein, Herzogtum 14, 51f., 130, 340, 369, 471, 513, 600, 631
Holstein-Gottorf, Fürstengeschlecht 488
Hoogstraten s. Lalaing
Hoorne, Philipp II. von, Graf von Montmorency-Nivelle 543f.
Hosius, Stanislaus s. Stanislaus Hosius
Hoya, Johann von s. Johann, Graf von Hoya
Huber, Wolf 174
Hubmaier, Balthasar 288, 294, 350f.
Hus, Johannes 21, 217, 236
Hut, Hans 350, 352
Hutten, Hans von 221, 231
Hutten, Ulrich von 47, 167, 200, 202, 231f., 283
Hutter, Jakob 350, 496

Iglau 268
Ignatius von Loyola 153, 517f., 520, 581
Imhof, oberdeutsche Kaufmannsfamilie 64, 622
Indien 41, 63, 162
Ingold, oberdeutsche Kaufmannsfamilie 622
Ingolstadt 137, 520, 526, 588
Innerösterreich 55, 196, 290, 462, 492f., 495f., 573, 584, 588f., 602
Innsbruck 171, 227, 299f., 434–436, 520
Institoris, Heinrich 159
Isabella, Gemahlin Kaiser Karls V. 327
Isabella die Katholische, Königin von Kastilien und Aragón (1474/79–1504) 31, 183
Isabella, Tochter des Katholischen Königspaares, Gemahlin König Manuels von Portugal 182
Isabella de Valois, 3. Gemahlin König Philipps II. von Spanien 465
Isabella, Tochter König Philipps II. und Gemahlin Erzherzog Alberts von Österreich 552, 593, 605
Isabella, Gemahlin Johanns I. Zapolya von Siebenbürgen 304
Isenburg, Salentin von s. Salentin, Graf von Isenburg
Italien 15–17, 24f., 29–33, 37, 41–43, 63, 65, 78, 109, 150, 152, 163, 165, 168, 172, 177–181, 183, 188, 192, 201, 224–226, 263, 300, 304–307, 309, 312, 315, 322, 337, 393, 397, 415f., 428f., 433, 441, 453, 466f., 516, 588, 592, 616, 631
Ivan III., Großfürst von Moskau, russischer Zar (1462–1505) 35, 62, 470
Ivan IV. Groznyi, russischer Zar (1533–1584) 470, 600

Jagiellonen 34, 36, 184, 464, 474f.
Jakob II., Markgraf von Baden, Erzbischof und Kurfürst von Trier (1503–1511) 194

Jakob von Eltz, Erzbischof und Kurfürst von Trier (1567–1581) 529
Jan van Leiden 356f.
Jean de Fresse, Bischof von Bayonne 433
Jedin, Hubert 514, 522
Jena 508, 510, 512, 655
Jerusalem 351
Joachim I., Kurfürst von Brandenburg (1499–1535) 212, 239, 281, 343
Joachim II., Kurfürst von Brandenburg (1535–1571) 343f., 348, 377, 402, 406, 422, 608
Joachim Friedrich, Administrator von Magdeburg (seit 1567), Kurfürst von Brandenburg (1598–1608) 608f.
Joachim, Graf von Ortenburg (1530–1600) 526
Johann III., König von Schweden (1569–1592) 601
Johann Georg, Kurfürst von Brandenburg (1571–1598) 609
Johann Sigismund, Kurfürst von Brandenburg (1608–1619) 559
Johann von Weeze, postulierter Erzbischof von Lund (1522), Fürstbischof von Konstanz (1537–1548) 377f.
Johann Albrecht I., Herzog von Mecklenburg-Schwerin (1547–1576) 432
Johann VI., Graf von Nassau (1559–1606) 536, 544, 558, 561, 563–568, 575
Johann VII., Graf von Nassau (1606–1623) 567f.
Johann, Graf von Hoya, Fürstbischof von Osnabrück, Münster und Paderborn (1553/1566/1568–1573) 489
Johann Kasimir, Pfalzgraf, Landesherr von Pfalz-Lautern (1576–1592), seit 1583 Administrator der Kurpfalz 468, 558, 575, 594–598
Johann der Beständige, Kurfürst von Sachsen (1525–1532) 275, 318, 321, 327, 341, 366
Johann Friedrich I., Kurfürst/Herzog von Sachsen (1532–1547/54) 276, 341f., 378, 386, 397f., 402, 436, 439, 443
Johann Friedrich II., Herzog von Sachsen (1554–1567) 477f., 510f.
Johann I. Zapolya, Fürst von Siebenbürgen (1511–1540), König von Ungarn (1526–1538) 185, 303, 307
Johann II. Sigismund Zapolya, Fürst von Siebenbürgen (1540–1571) 473
Johann von Manderscheid, Fürstbischof von Straßburg (1569–1592) 529, 576
Johann Georg, Markgraf von Brandenburg, Fürstbischof von Straßburg (1592–1604) 576
Johann von Dalberg, Fürstbischof von Worms (1482–1503) und kurpfälzischer Kanzler 165
Jonas, Justus 232, 323f., 345
Juan, Sohn des Katholischen Königspaares (gest. 1497) 33, 182
Juan d'Austria, natürlicher Sohn Karls V., Statthalter der spanischen Niederlande (1576–1578) 547f., 551
Juana, Tochter des Katholischen Königspaares, Gemahlin König Philipps des Schönen (gest. 1555) 33, 182–184
Jud, Leo 260f.
Jülich 355
Jülich-Kleve-Berg, Vereinigte Herzogtümer 142, 309f., 344, 356, 383, 442, 504, 577f., 659
Julius II., Papst (1503–1513) 66, 180, 192f., 202
Julius III., Papst (1550–1555) 427, 442, 449
Julius, Herzog von Braunschweig-Wolfenbüttel (1568–1589) 488, 511
Julius von Pflug, Fürstbischof von Naumburg (1541/47–1564) 344, 379f., 386f., 417–419, 530
Julius Echter von Mespelbrunn, Fürstbischof von Würzburg (1573–1617) 528, 581–583
Jütland 621

Kaaden 342
Kaisersberg 291
Kalkbrenner, Gerhard 387
Kammin, Bistum 488
Kappel 326
Karl der Große, fränkischer König (768–814), seit 800 Kaiser 31, 111
Karl VIII., König von Frankreich (1483–1498) 24, 31f., 178f.
Karl IX., König von Frankreich (1560–1574) 474
Karl IX., Herzog von Södermanland, König von Schweden (1604–1611) 601

Karl der Kühne, Herzog von Burgund (1467–1477) 18, 26, 181, 310, 539
Karl, Herzog von Geldern (1492–1538) 181, 220, 310f.
Karl von Lothringen s. Guise, Karl II. von, gen. Kardinal von Metz
Karl, Erzherzog von Österreich, Landesherr der innerösterreichischen Erblande (1564–1590) 462, 493, 495, 573, 584f., 588
Karl III., Herzog von Savoyen (1504–1553) 308
Karlstadt s. Bodenstein, Andreas von, gen. Karlstadt
Kärnten, Herzogtum 37, 589
Kassel 349, 631
Kastilien 31, 183f.
Katharina von Aragón, Tochter des Katholischen Königspaares, 1. Gemahlin König Heinrichs VIII. von England 441
Katharina von Medici, Gemahlin König Heinrichs II. von Frankreich 464
Katzenelnbogen, Grafschaft 563f.
Kempten, Fürstabtei 95, 197, 286, 289, 301, 337
Kepler, Johannes 632, 657f.
Kettler, Gotthard, livländischer Ordensmeister (1559–1561), Herzog von Kurland (1561–1587) 471
Khlesl, Melchior s. Melchior Khlesl
Kirchberg, Grafschaft 66
Kirchenstaat 16, 216, 225, 304f.
Kitzbühel 189
Kleinasien 36
Klettgau 278, 288
Kleve s. Jülich-Kleve-Berg
Knipperdolling, Bernhard 357
Koblenz 597f.
Koch, oberdeutsche Kaufmannsfamilie 623
Koch, gen. Wimpina, Konrad 215
Köln, Erzstift und Kurfürstentum 111, 135, 152, 344, 356, 387, 430, 489, 525, 527, 536, 565, 571, 573–576, 578, 580, 590, 603, 610, 654
Köln, Reichsstadt 43, 49, 61f., 76, 142f., 155, 158, 170, 189, 191, 199, 292, 387f., 499, 505, 519f., 549, 581, 623, 650
Kolumbus, Christoph 162
Königsberg i. Pr. 338, 432, 655
Königshofen 298
Konrad von Thüngen, Fürstbischof von Würzburg (1519–1540) 476
Konrad von Bibra, Fürstbischof von Würzburg (1540–1544) 476
Konstantinopel 37, 393, 632
Konstanz, Fürstbistum 129, 155
Konstanz, Stadt (bis 1548 Reichsstadt) 18, 53, 90, 198, 257f., 266, 324, 337, 348f., 360, 365, 423, 521, 622
Kopenhagen 340
Kopernikus, Nikolaus 163, 657
Kornwestheim 622
Korsika 441, 462
Krafft, Adam 171
Kraichgau 283
Krain, Herzogtum 15f., 37, 492
Krakau 338, 474, 600
Krechting, Bernhard 357
Krems 495
Kufstein 188f.
Kulm 153
Kulmerland 19
Kunigunde, Schwester Kaiser Maximilians I., Gemahlin Herzog Albrechts IV. von Bayern 194
Kurbrandenburg s. Brandenburg, Kurfürstentum
Kurköln s. Köln, Erzstift und Kurfürstentum
Kurland 469, 471, 600
Kurmainz s. Mainz, Erzstift und Kurfürstentum
Kurpfalz s. Pfalz, Kurfürstentum
Kursachsen s. Sachsen, Kurfürstentum
Kurtrier s. Trier, Erzstift und Kurfürstentum

Ladislaus Postumus, König von Ungarn und Böhmen (1440/53–1457) 22
La Goleta 307
Laibach, Fürstbistum 589
Lainez, Jacob 517
Lalaing, Antoine de, Graf von Hoogstraten 543f.
Lalaing, George de, Graf von Rennenberg 550f.
Landschad von Steinach, Hans 231
Landshut 170, 188
Landstuhl 284
Lang von Wellenburg, Matthäus s. Matthäus Lang von Wellenburg

Languedoc 224
Lannoy, Charles de 305
La Rochelle 545
Lasco [=Laski], Johannes a 503 f.
Lauenburg s. Sachsen-Lauenburg, Herzogtum
Lauffen/Neckar 342
Lausitz 21 f., 624
Lauterstein, Herrschaft 47
Lavant, Fürstbistum 589
Lebus, Bistum 488
Lebzelter, Nürnberger Kaufmannsfamilie 623
Leicester s. Dudley
Leiden 355, 554
Leinberger, Hans 171
Leipheim 298
Leipzig 62, 205, 228, 272, 618, 622, 626f.
Le Jay, Claude 519
Lemgo 559
Leo X., Papst (1513–1521) 150, 201, 230, 233
Leopold, Erzherzog von Österreich, Fürstbischof von Passau (1605–1625), seit 1607 auch von Straßburg; 1625 laisiert, Graf von Tirol (1625–1632) 572, 577f.
Lepanto 463, 547
Lettland 19
Liegnitz 337
Limburg (Niederlande) 579
Lindau 324, 337, 348
Linz 434
Lippe, Grafschaft 558f., 561f.
Lippe-Detmold s. Lippe, Grafschaft
Lipsius, Justus 568
Lissabon 63
Litauen 19, 34, 41, 338, 471; s. auch Polen-Litauen
Livland 20, 337, 464, 469–472, 600, 603, 616
Lobelius [= l'Obel], Matthias 657
Lombardei 305
Lombardus, Petrus s. Petrus Lombardus
London 43, 62, 64
Lortz, Joseph 149
Lothringen, Herzogtum 14, 18, 122, 283, 298, 434, 439, 446, 576f., 596, 615, 658
Lotter d.J., Melchior 265
Lotzer, Sebastian 289
Löwen 311, 388
Loyola s. Ignatius
Lübeck 43, 62, 143, 171, 337, 339–341, 369, 471, 488, 622, 627, 635, 650f.
Lucca 16
Luder, Hans 203f., 206
Ludovico Sforza, gen. el Moro, Herzog von Mailand (1476–1500) 31f., 178
Ludwig XI., König von Frankreich (1461–1483) 181
Ludwig XII., König von Frankreich (1498–1515) 32, 178f., 187f., 193
Ludwig II., König von Ungarn und Böhmen (1516–1526) 185, 302
Ludwig X., Herzog von Bayern (1516–1545) 281
Ludwig, Graf von Helfenstein 294
Ludwig, Graf von Nassau (1538–1574) 545, 565f.
Ludwig II. von Orléans s. Ludwig XII., König von Frankreich
Ludwig V., Kurfürst von der Pfalz (1508–1544) 245
Ludwig VI., Kurfürst von der Pfalz (1576–1583) 468, 557f., 575, 594
Ludwig I., Graf von Sayn-Wittgenstein (1570–1605) 558, 561, 566
Luise von Savoyen, Mutter König Franz' I. von Frankreich 306
Lumey, Willem van 545
Lund 378
Lüneburg 61
Lunigiana 466f.
Luther, Katharina, geb. von Bora, Gemahlin Martin Luthers 297
Lüttich, Fürstbistum 388, 574, 654
Lüttich, Stadt 198
Luxemburg, Herzogtum 18, 311, 563
Luzern 144, 326
Lyon 60, 63, 626

Machiavelli, Niccolò 31
Madrid 219, 226, 251, 304, 306, 378, 465
Madruzzo, Christoph von s. Christoph von Madruzzo
Magdeburg, Erzstift 212f., 377, 397, 488, 536, 608, 610
Magdeburg, Stadt 62, 204, 209, 317, 337, 361, 423f., 427, 432, 434, 509
Magnus, Herzog von Holstein (1540–1583) 471, 600
Mähren, Markgrafschaft 15f., 21f., 350, 357, 496f., 585

Mailand 14, 16f., 30–32, 63, 177–180, 186, 225f., 255, 306, 308f., 311f., 317, 377, 415, 428, 433, 462, 466, 592, 615
Mainz, Erzstift und Kurfürstentum 15, 22, 111, 116, 118, 129, 156, 167, 186, 212f., 291, 320, 330, 417, 420, 440, 442, 525, 529, 610
Mainz, Stadt 142, 292, 408
Major, Georg 395, 508
Malmedy 574
Malvenda, Pedro de 395, 417, 419
Manderscheid, Johann von s. Johann von Manderscheid
Manlich, oberdeutsche Kaufmannsfamilie 64, 622
Mansfeld, Grafschaft 55, 203f., 206, 395, 506, 556
Mansfeld, Agnes von 574
Mantua 314f.
Manuel I., König von Portugal (1495–1521) 182
Manuel, gen. Deutsch, Niklas 173f., 266
Manz, Felix 350
Marburg 155, 323, 655
Marciano 441
Margarete, Tochter Kaiser Maximilians I., Gemahlin Don Juans von Kastilien (1497), in zweiter Ehe (1501–1504) Herzog Philiberts II. von Savoyen, Regentin der Niederlande (1507–1515, 1517/19–1530) 33, 171, 182, 227, 306, 327
Margarete, natürliche Tochter Karls V., Gemahlin Herzog Ottavios von Parma, 1559–1567 und 1580–1583 Statthalterin der spanischen Niederlande 543, 551, 565
Maria, Tochter Herzog Karls des Kühnen von Burgund, I. Gemahlin Maximilians I. 18, 181, 183
Maria, Schwester Karls V., Gemahlin König Ludwigs II. von Ungarn, seit 1531 Königinregentin der Niederlande 185, 303, 311, 327f., 398, 411, 429, 540, 563
Maria, Tochter Karls V., Gemahlin Maximilians II. 428, 465
Maria Tudor, Königin von England, (1553–1558), 2. Gemahlin König Philipps II. von Spanien 441, 505
Maria, Schwester Herzog Wilhelms V. von Bayern, Gemahlin Erzherzog Karls von Österreich 588
Maria von Portugal, 1. Gemahlin Philipps II. 311
Maria Einsiedeln s. Einsiedeln
Marienburg 19
Marignano 180, 225, 256
Mark, Grafschaft 505
Markgräflerland 288, 300
Mark Sittich, Graf von Hohenems, Fürstbischof von Konstanz (1561–1598) 529
Marseille 225
Martin von Schaumburg, Fürstbischof von Eichstätt (1560–1590) 529
Mathys, Jan 355f.
Matthäus Lang von Wellenburg, Fürstbischof von Gurk (1505–1523), Erzbischof von Salzburg (1519/1540) 26, 152, 195, 281, 293
Matthias, Erzherzog von Österreich, Kaiser (1612–1619) 548, 550, 585, 592f., 605
Matthias Corvinus, König von Ungarn (1458–1490) 22, 36
Maximilian I., deutscher König (1493–1519), seit 1508 Kaiser 16–18, 20, 24–27, 31, 33–36, 62, 65f., 76, 83, 91, 109–111, 113–115, 121, 124, 134, 152, 164–166, 173, 177–190, 192–197, 216, 219, 221f., 231, 240, 243f., 282f., 333, 412, 460, 463, 466, 476, 639
Maximilian II., Kaiser (1564–1576) 428–430, 462, 464f., 467f., 474f., 478, 483, 485, 493–496, 533–535, 585, 592, 603, 605f., 608f., 625, 631f.
Maximilian, Erzherzog von Österreich, jüngerer Bruder Rudolfs II. 600
Maximilian I., Herzog von Bayern (1598–1651) 498, 571, 649
Mecheln, Erzbistum 543
Mecheln, Stadt 546
Meckau, Melchior von s. Melchior von Meckau
Mecklenburg, Herzogtum 337, 432, 488, 534, 556, 597, 658
Medici, italienisches Fürstengeschlecht 30–32, 150, 226, 305
Medici, Lorenzo de' 150
Mehmed II., Sultan (1451–1481) 37, 39
Meißen 155, 373, 402
Meißen, Bistum 488
Meit, Konrad 171
Melanchthon, Philipp 206, 232f., 274, 315, 323–325, 331, 343f., 347, 349, 355, 368,

370, 372, 374, 379–382, 388, 395, 424, 495, 500f., 503, 508, 510f., 513, 530, 655
Melchior von Meckau, Kardinal, Fürstbischof von Brixen (1482–1509) 65f.
Melchior Khlesl, Kardinal, Bischof von Wien (1602–1630) 585
Melchior Zobel von Giebelstadt, Fürstbischof von Würzburg (1544–1558) 476f., 580
Memling, Hans 172
Memmingen 289, 324, 337, 348, 368, 622f.
Mendoza, Diego Hurtado de 416, 418
Menius, Justus 508
Merseburg, Bistum 488
Metz, Fürstbistum 577
Metz, Stadt 316, 434, 440f.
Michael Helding, Weihbischof von Mainz (1537–1549) und Fürstbischof von Merseburg (1549–1561) 344, 417–419
Micron, Marten 504
Miltitz, Karl von 217, 230
Minden, Fürstbistum 394, 399, 489, 575
Modena 16
Mohács 247, 302, 319
Mohammed 38
Möhra 203
Molsheim 576
Mömpelgard, Grafschaft 342
Mons 545f.
Moritz der Gelehrte, Landgraf von Hessen-Kassel (1592–1627/1632) 558, 631
Moritz, Fürst von Oranien, Statthalter von Holland und Seeland (1584–1625) 552, 565, 569
Moritz, Herzog von Sachsen (1541–1553), seit 1547 Kurfürst 394, 396–398, 401–404, 414, 420f., 424, 427, 432–440, 443–445, 459
Mörlin, Joachim 509, 566
Morone, Giovanni, Nuntius und Konzilslegat 381, 449, 527
Mörs, Grafschaft 558
Moskau, Großfürstentum 34f., 41, 62, 79, 185, 470
Mühlberg 402
Mühldorf am Inn 281
Mühlhausen/Thüringen 143, 277f., 497
Mühlviertel 587
München 520, 572, 588, 618, 631
Münster, Fürstbistum 293, 356, 394f., 489, 574f.
Münster, Stadt 88, 292, 354–357
Münster, Johann von 562
Müntzer, Thomas 271–278, 294–296, 299, 350, 370
Murner, Thomas 267
Murten 26
Musculus, Wolfgang 423
Mutian, Konrad 167, 200
Myconius, Oswald 261
Mynsinger, Joachim 408

Namur 548
Nancy 18, 181
Narva 64, 470
Nassau, Grafschaft 464, 468, 544f., 560f., 563–569, 575, 632
Nassau-Dillenburg 536, 558, 562f., 565
Naumburg, Fürstbistum 344, 386f., 488, 530
Naumburg, Stadt 448, 511
Nausea, Friedrich, Bischof von Wien (1541–1552) 379
Navarra 225
Neapel 30–33, 40, 64, 216, 219, 225f., 305f., 309, 428, 436, 441, 459, 462, 466
Neisse, Fürstentum 497
Neithart, gen. Grünewald, Mathis Gothart 172f.
Neuchâtel 326
Neuendorf 275
Neumark 343, 394
Nidbruck, Kaspar von 493
Niederbayern 189; s. auch Bayern-Landshut
Niederlande 14, 16, 18f., 31, 33, 42f., 49, 51, 58, 62, 76, 122, 152f., 162, 171f., 181f., 201, 219, 227, 245, 263, 281, 288, 306f., 309, 310–312, 327f., 339–341, 350, 356f., 394, 398f., 407, 412f., 428f., 434, 439f., 452f., 459, 462–468, 487, 502–505, 536, 539–543, 545, 547f., 550–554, 559–561, 563, 565–567, 569, 571, 573–575, 578, 580, 591–594, 599f., 606, 615f., 620, 628, 631, 635, 639, 656
Niederösterreich 462, 491, 493–495, 585–587, 590
Niedersachsen 58, 97, 220, 288, 511
Nieuwpoort 552
Nijmegen 519; s. auch Nimwegen
Niklashausen 196
Nikolaus von Hagenau s. Hagnower, Niklas

Nimbschen 297
Nimwegen, Reich 310f.
Ninguarda, Felician, Nuntius 527
Nizza 308f., 312, 377
Nordhausen 143
Nördlingen 399
Nordtirol s. Tirol
Notke, Bernt 171
Novara 180
Novgorod 35, 62
Noyon 182, 499
Nunes, portugiesische Kaufmannsfamilie 623
Nürnberg 43, 53, 55, 57f., 60, 90, 111, 142–144, 156, 164f., 171, 187–189, 232, 245, 268, 321, 324, 331f., 337f., 350, 359f., 365, 368f., 375f., 383, 395, 399, 422f., 425f., 434, 459, 476, 498, 511, 622, 625, 631, 650, 655

Oberdeutschland 53, 58, 60, 65, 87, 90, 221, 264, 299, 337, 366, 397–400, 423, 426, 434, 439, 595
Oberfranken 155
Oberitalien 14f., 17, 30, 33, 43, 60, 177–181, 216, 225, 305–307, 464–466, 591, 615; s. auch Italien
Oberösterreich 173, 462, 491, 493–495, 585–587, 590, 640
Oberpfalz 55, 57, 301, 490, 504, 532, 562, 598, 625
Oberschwaben 58, 64, 95, 195, 289f., 390, 499, 623
Oberungarn s. Ungarn
Occam, Wilhelm von 161, 205, 210, 255
Ofen 22, 304, 602
Oekolampad, Johannes 262, 284, 323, 326
Oettingen, Grafschaft 611
Oldenbarnevelt, Johann van 552
Olevian, Kaspar 504, 567
Oppeln-Ratibor, Herzogtum 497
Orange, Fürstentum 563; s. auch Oranien
Oranien [= Orange], Fürstentum 464, 468, 536, 543–549, 551f., 563–567, 569, 592f.
Oranien s. Moritz von Oranien, Wilhelm von Oranien
Orléans 30, 32, 178, 308, 312
Orlamünde 272
Ortenau 300
Ortenburg, Grafschaft 526
Ösel-Wieck, Fürstbistum 469, 471
Osiander, Andreas 232, 323, 338, 347, 379, 423
Osmanen 36, 37–40, 63, 179, 302–304, 307, 309, 322, 382, 459, 464, 607
Osnabrück, Fürstbistum 293, 394, 489
Osnabrück, Stadt 292, 422
Österreich 37, 74, 93, 117, 128, 147, 195, 227, 238, 299, 396, 465, 548, 573, 584f., 590, 630, 632, 647
Ostfriesland 130, 350, 503
Ostindien s. Indien
Ostpreußen s. Preußen
Otranto 37
Ottheinrich, Kurfürst von der Pfalz (1556–1559) 458, 489, 503f., 532–534
Otto I., deutscher König (936–973), seit 962 Kaiser 109
Otto Truchseß von Waldburg, Fürstbischof von Augsburg (1543–1573) 418, 519, 529
Otto von Schauenburg [= Schaumburg], Fürstbischof von Minden (1587–1599) 483, 575
Overijssel 539, 546
Oxford 201

Pack, Otto von 320
Paderborn, Fürstbistum 269, 489, 576
Padua 300, 657
Pamplona 517
Paris 43, 201, 312, 517
Parma, Stadt und Herzogtum 16, 225, 415, 433, 543, 551
Passau, Fürstbistum 529, 572, 577, 654
Passau, Stadt 174, 435–440, 445, 448
Patrimonium Petri s. Kirchenstaat
Paul III., Papst (1534–1549) 311, 313–316, 382, 393, 400f., 413, 415f., 422, 427, 516, 524
Paul IV., Papst (1555–1559) 442, 453f., 517, 521, 523
Paulus, Apostel 211f.
Paumgartner, oberdeutsche Kaufmannsfamilie 64f., 622
Pavia 226, 289
Peller, Nürnberger Kaufmannsfamilie 623
Pellikan, Konrad 261
Pencz, Georg 174
Peraudi, Raimund s. Raimund Peraudi

Perrenot, Antoine, Herr von Granvelle, Bischof von Arras 429, 442, 543
Perrenot, Nicolas, Herr von Granvelle 328, 379–381, 429
Pescara s. Avalos, Fernando Francisco de
Peter der Große, russischer Zar (1682/89–1725) 472
Petrarca 163
Petrus Lombardus 208
Peucer, Caspar 512
Peutinger, Conrad 66, 164–166, 249, 335
Pezel, Christoph 508, 512, 562
Pfalz, Kurfürstentum 111, 129, 188, 221, 240, 283f., 330, 350, 394f., 399, 415, 419f., 422, 426, 442, 458, 464, 475, 489, 503f., 511, 532–536, 538, 557f., 560–562, 567–569, 573–575, 597f., 604, 631f.
Pfalz-Lautern 468
Pfalz-Neuburg 189, 194, 337
Pfalz-Simmern 490
Pfalz-Sulzbach 337
Pfalz-Zweibrücken 513, 534f., 558, 569
Pfauser, Johann Sebastian 493
Pfefferkorn, Johannes 199f.
Pfeffinger, Johannes 508
Pfeiffer, Heinrich 277f.
Pfintzing, Paul 453
Pflug, Julius von, s. Julius von Pflug
Pforta 373
Philipp der Schöne, Herzog von Burgund, König von Kastilien (1504–1506) 16, 33, 76, 181–183, 310
Philipp II., König von Spanien (1556–1598) 309, 311, 428f., 430, 441f., 443, 453f., 459, 461–463, 465f., 468, 522, 541–544, 547–551, 563, 565, 591–593, 596, 623, 656
Philipp III., König von Spanien (1598–1621) 465, 592, 594
Philipp, Markgraf von Baden (1569/71–1588) 490
Philipp der Gute, Herzog von Burgund (1419–1467) 18
Philipp der Kühne, Herzog von Burgund (1363–1404) 18
Philipp, Kurfürst von der Pfalz (1476–1508) 188
Philipp, Landgraf von Hessen (1518–1567) 76, 298, 307, 317f., 320–323, 326, 330, 341f., 348, 353, 378, 382–384, 394, 397–399, 402f., 432, 434f., 439
Philipps, Dirk 357
Philipps, Obbe 357
Piacenza 225, 415f.
Picardie 18, 225, 499, 541
Piemont 16, 312, 433, 436
Pilgram, Anton 171
Piombino, Herzogtum 591
Pirckheimer, Willibald 164f., 167, 373
Pirstinger, Berthold, s. Berthold Pirstinger [= Pürstinger]
Pisa 16, 193
Piscator, Johann 567
Pistorius, Johannes d. Ä. 380
Pius III., Papst (1503) 66
Pius IV., Papst (1559–1565) 460, 494, 521f., 524
Pius V., Papst (1565–1572) 467, 523f., 527
Pius XII., Papst (1939–1958) 457
Planitz, Hans von der 252
Platter, Thomas 18
Plautus 205
Plettenberg, Wolter von, livländischer Ordensmeister 469
Podiebrad s. Georg Podiebrad, König von Böhmen
Polen 15, 19f., 25, 34f., 41, 49, 60, 63, 165, 185, 337f., 432, 464, 469–472, 474f., 496, 601; s. auch Polen-Litauen
Polen-Litauen 19, 34, 35f., 102, 337, 464, 469–471, 590, 600f., 616; s. auch Litauen, Polen
Polentz, Georg von s. Georg von Polentz
Pomesanien, Bistum 338, 509
Pommerellen 19
Pommern 15, 19, 49, 232, 337, 369, 511, 513
Portia, Girolamo, Graf von, Nuntius 527
Portugal 62, 183, 311, 335, 460, 463, 626, 656
Posen 34
Prag 43, 170, 520, 605, 631
Prechter, oberdeutsche Kaufmannsfamilie 622
Preußen 19f., 34, 49, 93, 185, 288, 336–338, 361, 365f., 368, 423, 433, 469–471, 509, 556, 616
Preßburg 36, 184, 303
Prierias, Sylvester 215
Provence 224, 308, 563
Pütter, Johann Stephan 514

Queis, Erhard von s. Erhard von Queis

Raab 602
Raimund Peraudi, Kardinal und Fürstbischof von Gurk (1491–1505) 156, 191
Raitenau, Wolf Dietrich von, s. Wolf Dietrich von Raitenau
Ranke, Leopold von 120, 514
Rathgeb, Jörg 173
Rattenberg 189
Ratzeburg, Fürstbistum 488
Ravensberg, Grafschaft 505
Rees 599
Regensburg, Fürstbistum 572
Regensburg, Reichsstadt 102, 170, 172, 174, 188, 198, 315, 330, 379f., 395f., 452, 459, 473, 532, 536f., 590, 604, 606, 622
Reichsburgund 15
Reichsitalien 16, 42, 109, 112, 178, 592, 617
Rembrandt, Harmensz van Rijn 174, 554
Renard, Simon 441
Rennenberg, Graf von, s. Lalaing, George de
Requesens y Zúñiga, Luis de, Statthalter der Niederlande (1573–1576) 546f.
Reublin [= Röubli], Wilhelm 350
Reuchlin, Johannes 199f.
Reutlingen 221, 324, 337, 423, 426
Reval, Fürstbistum 471
Reval, Stadt 62, 64
Rheingau 292
Rheinland 51
Rheinpfalz 504, 532
Richard von Greiffenklau, Erzbischof und Kurfürst von Trier (1512–1531) 284
Riemenschneider, Tilman 171
Riepen 14
Riga, Erzstift 469f.
Riga, Stadt 15, 62, 268, 337, 469, 471, 600
Rimini 19
Rinck, Melchior 350
Rodrigues Evora, portugiesische Kaufmannsfamilie in Hamburg 623
Rohrbach, Jäcklein 294
Rom 33, 138, 151, 177, 192f., 208, 212f., 215f., 223, 229f., 233f., 235, 238, 243, 247, 252f., 270, 281, 305, 307, 313f., 381, 385, 393, 416, 422, 449, 460, 517, 519–521, 523, 525–527, 573–575, 583, 644, 654
Romagna 32
Rosheim, Josel von 333
Rossem, Martin van 311
Rostock 90, 153, 340, 586
Roswitha von Gandersheim 166
Rothenburg 170, 291
Rothmann, Bernhard 354, 356f.
Rotterdam 200
Rottweil 142, 425f., 499
Rubeanus, Crotus 200
Rudolf II., Kaiser (1576–1612) 462, 464, 498, 537, 555, 577, 579, 584f., 590f., 592f., 596, 600, 602f., 605–607, 609, 631f., 658
Ruprecht, Pfalzgraf († 1504) 188f.
Rußland 23, 41, 49, 79, 185, 469, 471, 600, 616
Rye, Joachim de, Herr von Balançon 435

Sachsen 51, 55, 58, 77, 93, 250, 362, 510, 512, 619, 623f., 633, 637; s. auch Sachsen, Kurfürstentum; Sachsen, Herzogtum
Sachsen, Herzogtum 111, 132, 155f., 220, 252, 263, 291, 298f., 317, 337, 373, 376–378, 394, 443, 448, 506, 511
Sachsen, Kurfürstentum 116, 128f., 134f., 155f., 195, 216, 234, 236, 239f., 252f., 271f., 313, 320f., 324, 329, 336, 341f., 353, 356, 360, 366, 368, 378, 385f., 397–399, 402–405, 414f., 430, 432, 443, 448, 475, 477f., 503, 506, 510–512, 529, 532, 535–537, 558, 561f., 575, 579, 594f., 597f., 604, 608f., 631, 640, 647, 659
Sachsen-Lauenburg, Herzogtum 220
Sachsen-Lauenburg, Heinrich von, Herzog s. Heinrich, Herzog von Sachsen-Lauenburg
Salamanca 517
Salentin, Graf von Isenburg, Erzbischof und Kurfürst von Köln (1567–1577) 536, 574
Sales, Franz von 517
Saltzer, Michael 419
Salzburg, Erzstift 26, 117, 130, 152, 195, 269, 281f., 290, 295, 299, 377, 458, 527, 572, 587
Salzburg, Stadt 631
Salzkammergut 61, 587
Samland 338, 509
St. Gallen 53, 145f., 262, 326, 529

Sattler, Michael 350
Savonarola, Girolamo 32, 264
Savoyen 14, 16, 191, 308, 312, 314, 462, 464, 467, 499, 615; s. auch Karl III. von Savoyen; Luise von Savoyen; Emanuel Philipp von Savoyen
Sayn-Wittgenstein s. Wittgenstein
Schaffhausen 146, 262, 326
Schaffner, Martin 173
Schalbe, Bürgerfamilie in Eisenach 204
Schamaiten 19
Schappeler, Christoph 289
Schatzgeyer, Kaspar 267
Schauenburg [= Schaumburg], Otto von, s. Otto von Schauenburg [= Schaumburg]
Schäuffelein, Leonhard 174
Schaumburg, Martin von s. Martin von Schaumburg
Schaumburg, Sylvester von 231
Schladming 299
Schlesien 15f., 22, 48, 58, 60, 154, 358, 496f., 602, 624
Schleswig, Herzogtum 14
Schleswig, Stadt 171, 631
Schleswig-Holstein 97, 123, 511, 559, 562, 621
Schlettstadt 166
Schmalkalden 315, 329
Schnepf, Erhard 343, 349, 395
Schoeffer, Ivo 408
Schonen 340
Schongauer, Martin 174
Schottland 309, 502, 653
Schranz, Wolfgang 584
Schurff, Hieronymus 408
Schütz, Christian 512
Schütz, Heinrich 631
Schwaben 48, 78, 82, 124, 130, 289, 292, 295, 364, 398, 425, 478, 643
Schwäbisch Gmünd 426, 499
Schwäbisch Hall 142, 399, 423, 426, 497
Schwarzenberg, Johann von 231, 333
Schweden 337, 340f., 377, 464, 471f., 600f., 616, 626
Schweinfurt 331f.
Schweiz 18, 42, 93, 123, 130, 144, 197, 220, 254, 260f., 290, 322, 326, 350, 364, 366, 423, 430, 487, 496, 529, 595, 658; s. auch Schweizer Eidgenossenschaft
Schweizer Eidgenossenschaft 16, 42, 122f., 144–147, 326f., 615; s. auch Schweiz
Schwenckfeld, Kaspar von 358f.
Schwendendörfer, Nürnberger Kaufmannsfamilie 623
Schwendi, Lazarus von 473, 484f., 568, 656
Schwyz 144, 147, 326
Seckau, Fürstbistum 589
Seeland 539, 545–549, 551f., 563
Seld, Georg Sigismund, Reichsvizekanzler 435, 440
Selim I., Sultan (1512–1520) 37
Selim II., Sultan (1566–1574) 473
Selnecker, Nikolaus 511
Senlis 181
Servet, Michael 502
Sevilla 64
Sfondrato, Francesco, Nuntius und Kardinal 418
Sforza, italienisches Fürstengeschlecht 30f., 178–180, 225, 308; s. auch Ludovico Sforza, gen. el Moro; Bianca Maria Sforza; Francesco II. Sforza
Sickingen, Franz von 83, 220, 231, 283f., 389, 477, 630
Siebenbürgen 64, 303, 337, 433, 459, 473f., 496, 602
Siegen 563
Siegerland 55
Siena 16, 441, 462, 466
Sievershausen 444
Sigismund, Kaiser (1410–1437) 19, 21, 35, 145, 236
Sigismund I., König von Polen (1506–1548)
Sigismund II. August, König von Polen (1548–1572) 185, 474
Sigismund III. Vasa, König von Polen (1587–1632) und Schweden (1592–1604) 600f.
Sigismund, Markgraf von Brandenburg, Administrator von Magdeburg (1553–1566) 488
Sigismund Báthory, Fürst von Siebenbürgen (1581/86–1598/1602) 602f.
Sigmund, Herzog von Tirol (1446–1490/96) 65
Simon VI., Graf zur Lippe (1575–1613) 561
Simons, Menno 357, 541
Sitten, Bistum 146
Sixtus IV., Papst (1471–1484) 150

Sizilien 30f., 33, 216, 219, 428, 462
Skandinavien 60
Soest 142, 174, 292
Solothurn 146, 197, 262
Soto, Pedro de 417, 419
Spalatin, Georg 232, 324
Spandau 343
Spanien 23, 31, 33, 39, 43, 59f., 62, 123, 152, 168, 177, 179f., 182–184, 196, 216, 221, 225f., 238, 244f., 304, 306, 309, 311f., 318, 327, 335, 357, 428f., 436, 459–461, 464–467, 516, 522, 545, 553, 565, 574, 585, 590f., 593, 599, 601, 605, 616, 626f., 631, 656
Spengler, Lazarus 232, 266
Speratus, Paul 268
Speyer, Fürstbistum 129, 198
Speyer, Reichsstadt 197, 318–321, 326, 378, 383, 392, 482, 485, 603, 610
Sprenger, Jakob 159
Stablo 574
Stanislaus Hosius, Kardinal, Bischof von Ermland (1551–1579) 571
Stans 146
Starhemberg, Gotthard von 587
Stato dei Presidi 466
Staufer 16, 30, 110, 112
Staupitz, Johann von 207f., 210
Stefan Báthory, Fürst von Siebenbürgen (1571–1586), seit 1575 König von Polen 474, 600
Stefan Bocskay, Fürst von Siebenbürgen (1605–1606) 603
Steiermark, Herzogtum 37, 55, 287, 291, 495, 589
Steinfurt 558
Stolberg, Grafschaft 272
Stoß, Veit 171
Stößel, Johannes 512
Stotternheim 206
Stralsund 62, 337, 340, 361
Straßburg, Fürstbistum 529, 536, 571, 576f., 390, 604, 654
Straßburg, Reichsstadt 142, 159, 170, 292, 321, 323f., 329, 337, 343, 348, 350, 354f., 358–360, 368, 375f., 399, 422f., 431, 497f., 500, 561, 611, 622, 655
Strigel, Bernhard 173
Strigel, Viktorin 508
Strozzi, Pietro 441
Stühlingen 288
Stuhlweißenburg 303
Stumpf, Simon 259, 350
Sturm, Jakob 500
Sturm, Johannes 373, 561, 576
Stuttgart 246, 289
Südtirol 30, 51, 285, 299, 606; s. auch Tirol
Suleiman II., Sultan (1522–1566) 37, 302f., 332, 433, 464, 473
Sundgau 227
Syrien 37
Sziget 473

Tacitus 166
Tauler, Johannes 272
Tecklenburg, Grafschaft 558, 562
Teresa von Avila 517
Tetzel, Johannes 213, 215
Thérouanne 308, 441
Thomas von Aquin 161
Thomas von Kempen 153
Thorn 163
Thüngen, Konrad von s. Konrad von Thüngen
Thüringen 60, 93, 143, 285, 287, 290f., 296, 298f., 301, 350, 444, 497, 625
Thurzo, polnische Kaufmannsfamilie 65
Tirol 16, 55f., 65, 93, 97, 124, 130, 135, 180f., 197, 227, 250, 287, 290f., 294f., 299–301, 350, 431, 434f., 462, 491, 493, 496, 584, 625; s. auch Südtirol
Tizian, eigentlich Tiziano Vecellio 441
Toggenburg 147, 254
Toledo 308
Torgau 170, 317, 432, 596
Toskana 14, 305, 467
Toul, Stadt 434
Toulon 309
Traunviertel 587
Trennbach, Urban von, s. Urban von Trennbach
Trient, Fürstbistum und Konzilsort 192f., 295, 316, 329, 344, 392f., 395f., 399, 401, 407, 413–416, 430f., 440, 516, 519–521, 523, 531
Trier, Erzstift und Kurfürstentum 111, 194, 284, 440, 442, 579, 644
Trier, Stadt 142, 155, 284, 520
Triest 30, 179
Truber, Primus 492
Tübingen 137, 343, 511, 586, 632
Tucher, oberdeutsche Kaufmannsfamilie 64

Tudor, englisches Fürstengeschlecht 23
Tunis 307, 309
Türkei 307

Überlingen 390, 425, 499
Uckermark 621
van Uffeln, Hamburger Kaufmannsfamilie 623
Ukraine 35
Ulm 58, 142f., 170, 321, 323, 358f., 368, 398f., 405, 425f., 498, 650f.
Ulrich, Herzog von Württemberg (1503–1519, 1534–1550) 197, 220f., 227, 231, 283, 288f., 298, 320, 341–343, 385, 397, 399, 423, 429
Ungarn 22, 24, 29, 34f., 37, 49, 61, 63, 165, 177, 184f., 226, 246f., 302f., 309, 337, 342, 382f., 433, 436, 439, 459, 462, 472–474, 493, 585, 602f., 625
Unterwalden 144, 326
Urban von Trennbach, Fürstbischof von Passau (1561–1598) 529, 572
Uri, 144, 326
Uriel von Gemmingen, Erzbischof und Kurfürst von Mainz (1508–1514) 194
Ursinus, Zacharias 504
Utrecht, Fürstbistum 310, 388, 539, 552, 563
Utrecht [Union von] 549, 565, 593

Vadian [= von Watt], Joachim 326
Valla, Lorenzo di 231
Valladolid 249
Valois, französisches Fürstengeschlecht 16, 23, 31–33, 150, 177, 182, 219f., 302, 304, 306, 308, 315, 521
Valois-Orléans s. Valois
Vaucelles 458
Veltwyk, Gérard 380
Veluwe 310f.
Venedig 16, 25, 30f., 33, 39, 58, 63, 177, 179f., 192, 225f., 299, 322, 627, 631
Venlo 311
Verallo, Girolamo, Nuntius am Kaiserhof 400
Verden, Fürstbistum 399, 432, 488f.
Verdun, Stadt 434
Vergerio, Pietro Paolo, Nuntius am Kaiserhof 314
Vergil 205; s. auch Virgil
Vermeer, Johannes 554
Vianden, Grafschaft 563
Viatis, Nürnberger Kaufmannsfamilie 623
Vierzehnheiligen 155
Villach 435, 438, 445
Virgil 395; s. auch Vergil
Vischer, Peter 171
Visconti, italienisches Fürstengeschlecht 30, 178
Viterbo, Aegidius von 208
Vlissingen 545
Vögeli, Jörg 266
Vorarlberg 130, 491, 496, 584
Vorderösterreich 130, 462, 493

Waadt 308
Walachei 602
Waldburg, Gebhard Truchseß von s. Gebhard Truchseß von Waldburg
Waldburg, Georg Truchseß von 294, 298
Waldburg, Otto Truchseß von, s. Otto Truchseß von Waldburg
Waldeck, Franz von, s. Franz von Waldeck
Waldshut 288, 350
Wallis 145
Walter, Johann 268
Warschau 474
Wartburg 239, 252, 265, 271, 272
Weesen 254
Weeze, Johann von, s. Johann von Weeze
Weimar 276, 617
Weinsberg 294
Weiße, Michael 268
Weißenfels 631
Weißenhorn, Herrschaft 66
Weißruthenien 35
Wels 196
Welsche Confinen 181
Welser, Augsburger Kaufmannsfamilie 63f., 622
Werden, Johann von 158
Westfalen 58, 97, 288, 292, 350, 561, 623f., 658
Westindische Inseln 63
Westpreußen 93
Wetterau 459, 513, 536, 558, 561, 565, 568, 573f.
Weyden, Rogier van der 171f.
Weyer, Johann 659
Wied, Grafschaft 562
Wied, Friedrich von s. Friedrich, Graf von Wied

Wied, Hermann von, s. Hermann, Graf von Wied
Wiegand, Johannes 509
Wien 165f., 171, 185, 247, 254, 303, 320, 332, 379, 473, 495, 520, 585f., 631f.
Wiener Neustadt, Bistum 585
Wiener Neustadt, Stadt 36, 303
Wildenauer, gen. Egranus, Johannes 273
Wildhaus 254
Wilhelm IV., Herzog von Bayern (1508/11–1550) 246, 281, 396
Wilhelm V., Herzog von Bayern (1579–1597) 527, 571–573, 576f., 582, 588
Wilhelm V., Herzog von Geldern (1538–1543) und von Jülich-Kleve-Berg (1539–1592) 310f., 505
Wilhelm IV., Landgraf von Hessen-(Kassel) (1567–1592) 432, 464, 594, 597
Wilhelm der Reiche, Graf von Nassau (1516–1559) 563
Wilhelm Ludwig, Graf von Nassau (1606–1620) 552
Wilhelm der Schweiger, Fürst von Oranien, Graf von Nassau († 1584) 464, 468, 536, 543–549, 569, 592f.
Wilhelm, Markgraf von Brandenburg, Erzbischof von Riga (1539–1563) 469, 471
Wilna 471f.
Wimpfeling, Jakob 166f.
Wimpfen 142, 497
Wimpina s. Koch
Wirsberg, Friedrich von, s. Friedrich von Wirsberg
Wismar 340
Wittelsbach, Wittelsbacher 318, 527, 529, 572
Wittenberg 137, 154, 156, 207–209, 216f., 232, 236, 252, 265, 271f., 275, 338, 349, 370, 395, 402, 424, 510, 512
Wittgenstein, Grafschaft 558, 561, 566
Witzel, Georg 343
Wladislaw II., König von Böhmen (1471–1516) und – als Wladislaw III. – von Ungarn (1490–1516) 21f., 36, 165, 184f.
Wola 474
Wolf Dietrich von Raitenau, Erzbischof von Salzburg (1587–1612) 572, 631
Wolfgang, Fürst zu Anhalt-Köthen (1508–1562) 321
Wolfgang, Herzog von Bayern(-München) († 1514) 188
Wolhynien 35
Worms, Fürstbistum 129, 165
Worms, Reichsstadt 20, 102, 118, 171, 186, 196, 228, 235f., 238f., 246, 254, 263, 379, 392f., 395f., 446, 530, 603
Wullenweber [= Wullenwever], Jürgen 339–341
Württemberg 124, 132, 135, 153, 189, 194, 197, 220, 227, 231, 244, 283, 288, 290, 295, 320, 337, 341–343, 349f., 353f., 371, 376, 385, 389, 397–399, 422f., 429f., 439, 442, 459, 478, 506, 534f., 557, 597, 644
Würzburg, Fürstbistum 320, 476f., 528, 571, 581f., 607
Würzburg, Stadt 171, 298, 583, 628, 655

Xaver, Franz 517

Ypern 43, 543
Yuste 459f.

Zabern 298
Zangmeister, oberdeutsche Kaufmannsfamilie 64, 622
Zapolya, Johann I. s. Johann I. Zapolya
Zapolya, Johann II. Sigismund s. Johann II. Sigismund Zapolya
Zeiß, Hans 275
Zell, Katharina 266
Zevenbergen, Maximilian, Herr von Berghes 227
Zobel, Melchior, s. Melchior Zobel von Giebelstadt
Zrinyi, Nikolaus 473
Zug 144, 326
Zürich 144, 147, 256–258, 260–262, 272, 326, 350, 353, 360, 364f.
Zutphen 310f., 539
Zweibrücken s. Pfalz-Zweibrücken
Zwichem, Viglius van 412
Zwickau 271–273
Zwilling, Gabriel 271, 370
Zwingli, Ulrich 231, 254–262, 264, 268, 288f., 321–323, 326, 342, 346, 349f., 352, 360, 364, 501, 504